HTML5와 폰갭으로 웹앱 나도 만든다

By 아울연구소 이두진

- 저자 : 이두진

아울연구소 (www.owllab.com)는 아울 (www.owl.co.kr)이라는 소프트웨어 개발 회사가 앞선 IT 기술의 동향과 발전 추이를 스터디하는 목적으로 설립한 연구소입니다. 아울은 스마트폰의 탄생과 함께 바로 다양한 상업적 앱 개발을 진행해 왔으며, 앱북과 앱콘텐츠의 개발과 배포 사업을 진행하고 있습니다. 저서로는 "안드로이드 앱 개발 완벽 가이드", "아이폰 앱 개발 완벽 가이드". "안드로이드 기초와 실전 앱 프로젝트" 등이 있습니다.

폰갭과 소스 코드를 웹하드 (www.webhard.co.kr)에서 다운받을 수 있습니다.
- ID : pisibook　　• 비밀번호 : webhard　　• 폴더 : 내리기 전용

HTML5와 폰갭으로 웹앱 나도 만든다

초판 2쇄 발행일 : 2012년 3월 20일

발행인 : 이병재
펴낸곳 : 도서출판 PCBOOK
지은이 : 이두진
편집인 : 홍아트

주소 : 서울시 마포구 연남동 562-25 2층
전화 : 02)325-0837-8
팩스 : 02)325-0836

ISBN : 978-89-8193-138-4
등록번호 : 제 10-1205호
책 값 : 30,000원

도서출판 PCBOOK
이메일 : pcbk@chol.net
홈페이지 : www.pisibook.co.kr

저자가 드리는 글

국내에 폰갭이 알려지기 전 스마트폰의 본고장인 미국에서 흘러들어 온 많은 용어들이 난무하면서 한때는 웹앱 (Web App)과 하이브리드앱 (Hybrid App)이라는 용어에서부터 불필요한 논쟁이 있기도 했습니다. 요즘 개그에서 유행하는 것처럼 애매한 것을 필자가 정리해보겠습니다.

이 두 용어는 서로 다른 시각에서 같은 솔루션을 이야기한 것입니다. 웹앱은 HTML로도 앱을 만들 수 있다는 시각에서 나온 용어이고, 하이브리드앱은 하나의 앱 소스로 멀티 플랫폼에서 작동할 수 있는 앱을 만들 수 있다는 경제적인 시각에서 나온 용어입니다.

폰갭은 차세대 앱의 대표 주자가 될 수밖에 없는 대중적인 솔루션입니다. 첫째는 개발 언어를 HTML5와 자바스크립트, CSS 스타일을 중심으로 사용하기 때문에 네이티브앱 (Native App) 프로그래밍보다 매우 쉽습니다. 어렵고 복잡한 네이티브 프로그래밍 부분은 폰갭에서 알아서 고민하고 개발하고 업그레이드하기 때문입니다.

둘째는 폰갭에서 아직 지원하지 않는 솔루션은 네이티브 프로그램으로 해결할 수 있는 플러그인 방식을 사용하기 때문입니다. 웹 소스에서 연동 방식으로 구현할 수 있고 순수한 네이티브 기술만으로도 원하는 기능을 확장할 수 있는 구조로 되어 있습니다. 예전에 웹 개발자들이 가졌던 스마트앱에 대한 장벽을 폰갭이 허물어 주고 있습니다.

수 년 동안 고생해서 만든 폰갭의 솔루션을 활용하십시오!

세계적인 소프트웨어 업체들이 폰갭을 바탕으로 자신들의 솔루션을 급진적으로 발전시키고 확장해 나가고 있습니다. 이런 현상은 단순히 좋은 솔루션을 만들었기 때문만은 아닙니다. 그만한 마케팅 능력과 내공이 있어서 가능한 것입니다. 이런 측면을 무시하고 단순히 "나도 만들 수 있어!"라고 생각한다면 우물 안의 개구리와 다르지 않습니다.

만든다는 것은 눈으로 보이는 실체도 있지만 눈에 보이지 않는 영향력도 중요하기 때문이라는 사실을 개발자들이 깨달아야 합니다. 필자가 폰갭 같은 솔루션을 만든다면 수개월이면 충분히 그 이상의 솔루션을 만들 수도 있습니다. 그런데 왜 그렇게 못할까요? 소모적이고 터무니없는 욕심을 버리고 후발 주자이니 만큼 그 바탕 위에 창조적인 새로운 세계를 만들어 가십시오. 무언가 획기적인 업적을 만들자고 고대 이집트의 수학을 다시 정립하는 일부터 시작할 수는 없지 않습니까?

차례

차례

Part II 폰갭 API 사용하기

7장　Notification : 대화상자와 알림

8장   Device : 단말기 정보

차례

9장   Events : 이벤트

10장 Media : 오디오와 비디오

11장   Camera : 카메라 제어

12장   File : 파일 제어

차례

13장   Capture : 미디어 캡처

14장 Sensor : 센서

15장   Contacts : 연락처

16장   Connection : 네트웍 통신

차례

PART I

폰갭 시작하기

1부에서는 폰갭을 사용해서 웹앱을 만드는 작업을 하기 위해서 필요한 기본 지식을 습득합니다. 이 책은 앱을 만들어본 경험이 없는 웹디자이너와 초보 프로그래머를 독자로 설정하고 있어 가능한 쉽고 단계적으로 학습할 수 있도록 내용을 구성하고 있습니다. 이 파트를 통해 HTML5와 웹앱에 대한 개념을 잡고 웹앱을 만드는데 필요한 프로그램과 도구들을 설치하게 됩니다. 또한 폰갭에서 제공하는 샘플 웹앱을 가져와 실행하고 분석함으로써 웹앱의 실제 형식과 폰갭을 익히게 됩니다. 또한 디자인 작업을 위해 드림위버를 보조 도구로 사용하는 방법도 살펴봅니다.

Chapter 01

HTML5와 웹앱 살펴보기

이 장에서는 새로운 웹 표준인 HTML5의 특징과 새로운 기능에 대해서 간단히 정리를 하고 웹앱과 폰갭에 대해서 살펴봅니다. 이 책에서 설명하는 웹앱은 웹 기술을 이용해서 앱을 만들기 때문에 HTML5에 대한 기본적인 지식이 필요하며 폰갭을 이용해서 웹앱을 만들기 전에 웹앱의 특성과 폰갭의 역할을 알아둘 필요가 있습니다.

1.1 HTML5의 탄생 배경 살펴보기

HTML5는 웹 표준 기구인 W3C (World Wide Web Consortium)에서 지원하고 있는 차세대 웹 표준안입니다. 새로운 표준안이기는 하지만 HTML5는 여전히 태그와 CSS와 자바스크립트를 기반으로 개발되고 있습니다. HTML5는 아직도 개발 작업 중에 있으나 마이크로소프트, 모질라, 애플, 구글, 오페라 등 모든 웹 브라우저 벤더들이 개발에 참여하여 이들이 제공하는 대부분의 최신 브라우저들이 점진적으로 HTML5의 지원을 늘려가고 있습니다.

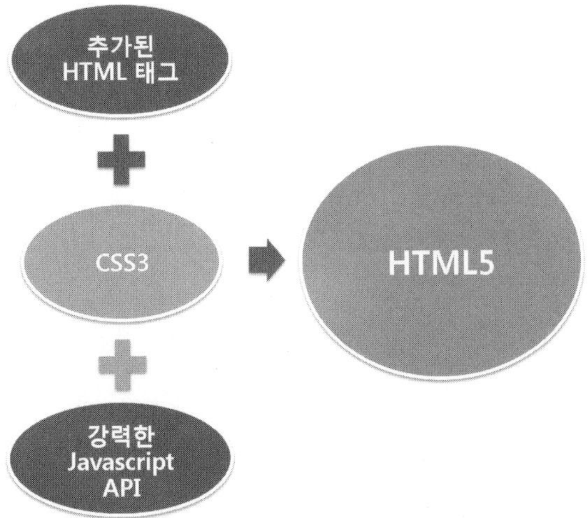

HTML은 텍스트 형식의 마크업 (태그)를 이용해서 정보를 표현하고 공유할 수 있다는 간편성으로 인해 인터넷을 통한 웹문서의 공유는 폭발적으로 증가했습니다.

그러나 구글과 같은 검색 엔진의 성장과 블로그와 같이 사용자가 만들어 내는 콘텐츠가 많아지면서 기존의 단순 명료한 HTML만으로는 한계에 부딪히게 되어 업계에서 자생적으로 웹 2.0이라는 새로운 표준이 만들어집니다.

웹 2.0의 대표적인 기술이 비동기 방식의 자바스크립트와 XML인 Ajax (Asynchronous JavaScript and XML)이며 이에 더해 Open API의 활용이 가능해지면서 웹이 단순한 문서가 아니라 하나의 애플리케이션 플랫폼으로 사용되기 시작합니다.

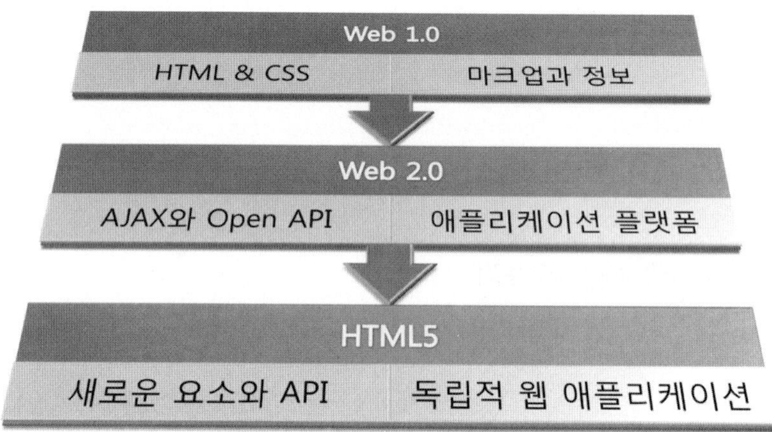

웹 표준 기구인 W3C 밖에서 진행되는 이런 일련의 발전은 2006년 WHATWG (Web Hypertext Application Technology Working Group : 웹 하이퍼텍스트 워킹 그룹)을 탄생시켜 HTML의 혁신을 준비합니다. W3C와 관계없이 누구나 표준안 개발에 참여할 수 있는 이 그룹은 Web Form 2.0과 Web Applications 1.0이라는 새로운 표준안을 만들어 냅니다.

이에 HTML에서 XHTML로의 전환을 꾀하던 W3C가 2007년 3월에 XHTML을 포기하고 WHATWG을 수용하여 W3C의 새로운 HTML 워킹 그룹을 탄생시킵니다. 여기서 새 표준의 이름을 HTML5라고 결정하고 WHATWG가 진행해온 표준안을 거의 대부분 수용하여 개발을 진행하고 있습니다.

일각에서는 표준안의 완성에 많은 시간이 걸릴 것으로 예견하며 회의적인 시각을 보내기도 했지만 HTML5의 기능들 중 상당 부분이 이미 파이어폭스, 오페라, 사파리와 크롬 등에 구현되어 있으며 마이크로소프트의 IE도 적극적으로 지원하고 있습니다.

HTML5가 중요한 이유는 그동안의 다양한 변화의 시도를 하나로 묶어내어 근본적인 웹의 변화를 주도할 표준이기 때문이며 서버에 독립적인 웹 애플리케이션 플랫폼으로 기능할 수 있는 커다란 변화를 했기 때문입니다.

1.2 HTML5의 요소 살펴보기

W3C에서는 다음과 같은 기본 개발 정책에 의해 HTML5를 개발하고 있습니다.

- 새로운 기능은 HTML, CSS, DOM, JavaScript를 기반으로 개발되어야 한다.
- 외부 플러그인을 최소화해야 한다. (플래시 같은).
- 에러 핸들링을 쉽게 할 수 있어야 한다.
- 스크립트를 대체할 수 있는 더 많은 태그를 만든다.
- 장치에 독립적이어야 한다.
- 개발 과정이 공개되어야 한다.

이러한 개발 정책을 바탕으로 HTML5에서는 일부 요소 (Element)들이 새로 정의, 추가되었으며 새로운 강력한 자바스크립트 API도 추가되었습니다. 하지만 HTML5로 만든 문서는 HTML4나 XHTML 1.0과 거의 완전하게 호환이 되며 이전에 문법 검사에 사용되었던 W3C Markup Validation Service (http://validator.w3.org/)를 이용하면 HTML5의 문법 검사도 할 수 있습니다.

HTML5에 많은 변화가 있지만 특히 가장 주목을 받는 새로운 요소들은 다음과 같습니다.

- 그림을 그리는 canvas 요소
- 미디어 작동을 위한 video와 audio 요소
- 구조적 콘텐츠 지정을 위한 article, footer, header, nav, section 요소
- 새로운 폼 콘트롤을 위한 calendar, date, time, email, url, search 요소
- 로컬 오프라인 스토리지의 지원 향상

HTML5에서 제공하는 요소는 문서에 포함되는 콘텐츠를 기준으로 크게 8개의 범주로 구분됩니다. 각 요소는 여러 범주에 속할 수도 있고 특정 범주에만 속할 수 있는데 HTML5의 요소 전체를 구분해보면 다음과 같습니다.

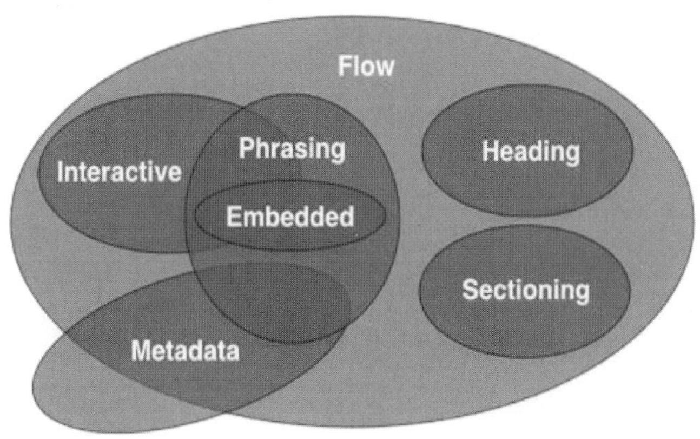

범 주	기 능	요 소
Metadata Content	콘텐츠의 모양이나 동작을 설정하거나 현재 문서와 다른 문서와의 관계를 설정한다.	base, command, link, meta, noscript, script, style, title
Flow Content	문서의 Body에서 사용되는 대부분의 요소들이 포함된다. 플로우 콘텐츠는 하위에 텍스트나 임베디드 콘텐츠를 포함한다.	a, abbr, address, area, article, aside, audio, b, bdi, bdo, blockquote, br, button, canvas, cite, code, command, datalist, del, details, dfn, div, dl, em, embed, fieldset, figure, footer, form, h1, h2, h3, h4, h5, h6, header, hgroup, hr, i, iframe, img, input, ins, kbd, keygen, label, map, mark, math, menu, meter, nav, noscript, object, ol, output, p, pre, progress, q, ruby, s, samp, script, section, select, small, span, strong, style[scoped], sub, sup, svg, table, textarea, time, ul, var, video, wbr,text
Sectioning Content	Headings와 Footers의 범위를 정의한다. 모든 Sectioning Content는 헤딩과 아웃라인을 가지고 있다.	article, aside, nav, section
Heading Content	Section의 Header를 정의한다.	h1, h2, h3, h4, h5, h6, hgroup
Phrasing Content	문서의 text를 의미한다. 프레이징 콘텐츠는 하위에 텍스트나 임베디드 콘텐츠를 포함한다.	a, abbr, area, audio, b, bdi, bdo, br, button, canvas, cite, code, command, datalist, del, dfn, em, embed, i, iframe, img, input, ins, kbd, keygen, label, map, mark, math, meter, noscript, object, output, progress, q, ruby, s, samp, script, select, small, span, strong, sub, sup, svg, textarea, time, var, video, wbr, text
Embedded Content	문서 내에 다른 Resource (이미지, 비디오, 플래시 등)를 삽입한다.	audio, canvas, embed, iframe, img, math, object, svg, video
Interactive Content	사용자와 상호작용을 한다.	a, audio[controls], button, details, embed, iframe, img[usemap], input, keygen, label, menu, object [usemap], select, textarea, video[controls]
Transparent content	부모 요소의 콘텐츠에 따라 포함하는 콘텐츠의 분류가 바뀌는 요소를 의미한다.	

1.3 HTML5의 새로운 기능 살펴보기

HTML5는 여러 가지 측면에서 변화가 있지만 그 중에서도 많이 사용하게 되며 반드시 알아두어야 할 기능들을 정리해봅니다. 새로운 기능을 크게 분류하면 문서를 구조적으로 표현할 수 있는 기능과 비디오, 오디오 등의 미디어 콘텐츠 기능, 그림을 그리는 기능 그리고 독립적인 애플리케이션 플랫폼으로 사용될 수 있을 만큼 강화된 자바스크립트 API를 꼽을 수 있습니다.

구조적 표현을 위한 태그

다음의 태그들은 웹 문서의 구조를 명확하게 표현하기 위해 추가되었습니다. 이 태그들을 사용하면 문서의 본문과 그 외의 메뉴나 내비게이션 부분들을 구분하기가 쉬워지며 문서의 구성 요소들 간에 의미와 관련성이 명확해져 시맨틱 (Semantic : 데이터의 의미를 내포한) 웹을 구현하게 됩니다.

이전의 웹에서는 태그가 단순히 데이터를 표현하는 언어로서만 기능을 했지만 시맨틱 웹에서는 태그 자체가 그 태그가 표현하는 데이터의 의미를 표시합니다. 이로 인해 웹 데이터의 검색 효율이 좋아질 뿐 아니라 웹 데이터를 하나의 커다란 데이터베이스로 구성할 수 있게 됩니다.

태 그	기 능
<header>	문서의 머리 부분으로 사이트 소개, 로고, 내비게이션 등을 표시합니다.
<footer>	문서의 꼬리 부분으로 사이트 제작자나 저작권 등을 표시합니다.
<nav>	다른 페이지로 이동하는 링크와 같은 내비게이션 요소를 표시합니다.
<section>	문서의 영역을 구분하며, <h1> ~ <h6>와 함께 사용합니다.
<article>	문서의 메인 콘텐츠(본문)을 표시합니다.
<aside>	문서의 본문과 관련된 주석 내용을 표시합니다.
<hgroup>	<h1> ~ <h6>과 같은 헤더를 묶을 때 사용합니다.
<figure>	그림이나 다이아그램과 같은 독립적인 콘텐츠를 지정합니다.
<figcaption>	<figure> 태그 내에서 독립적인 콘텐츠의 캡션을 지정할 때 사용합니다.

이전의 HTML4에서는 문서를 그림과 같이 구성했습니다.

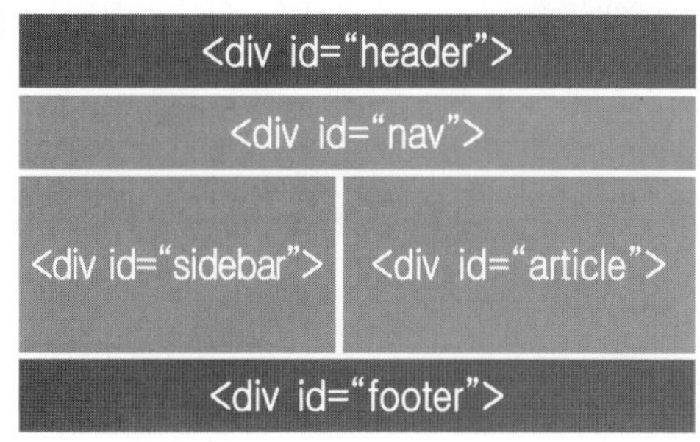

그러나 HTML5에서는 새로운 태그를 이용하여 다음과 같이 구조적이고 간결한 형식으로 시맨틱한 문서를 작성할 수 있습니다.

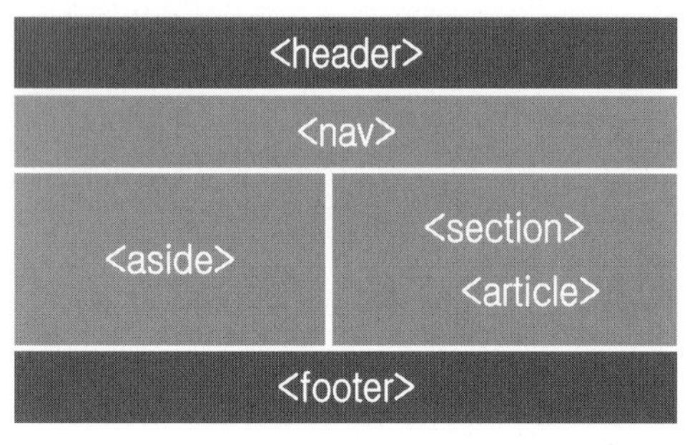

[또는]

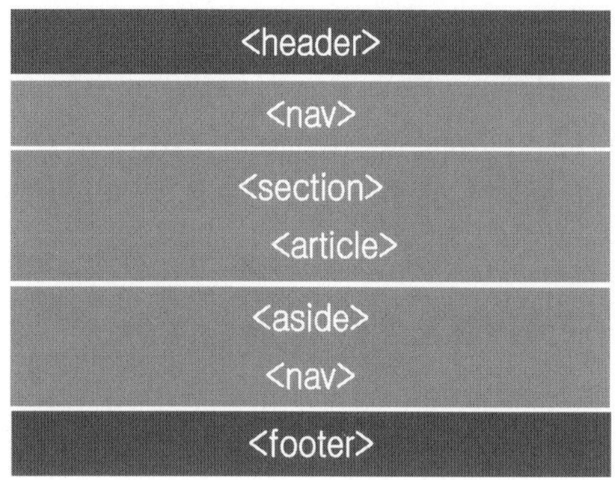

미디어 콘텐츠를 표시하는 태그

HTML5에서 주목 받는 부분이 비디오와 오디오 및 멀티미디어 콘텐츠를 표시하는 태그들입니다. 이 태그들로 인해 외부 플러그인이 필요 없어졌으며 브라우저별로 달랐던 미디어 파일 형식을 HTML5에서 표준으로 지원하고 있습니다.

태 그	기 능
<audio>	소리나 음악을 표현합니다.
<video>	동영상을 표시합니다.
<embed>	플러그인과 같은 임베디드 콘텐츠를 사용하게 합니다.

브라우저별로 현재 지원되는 오디오와 비디오 포맷은 다음과 같습니다.

■ 오디오 포맷

포맷	IE	Firefox	Opera	Chrome	Safari
Ogg	No	3.5+	10.5+	5.0+	No
MPEG 4	9.0+	No	No	5.0+	3.0+
WebM	No	4.0+	10.6+	6.0+	No

■ 비디오 포맷

포맷	IE 9	Firefox 3.5	Opera 10.5	Chrome 3.0	Safari 3.0
Ogg Vorbis	No	Yes	Yes	Yes	No
MP3	Yes	No	No	Yes	Yes
Wav	No	Yes	Yes	Yes	Yes

그림을 그리는 태그

HTML5에서는 그림을 그리는 <canvas> 태그가 추가되었습니다.

태 그	기 능
<canvas>	자바스크립트로 그림을 그립니다.

canvas는 사각의 영역으로 이 영역 안에 그림을 그립니다. <canvas> 태그는 그림을 그릴 영역을
정의하는 역할을 하며, 그 영역 안에 실제로 그림을 그리는 작업은 자바스크립트를 이용합니다.
다음은 간단한 코드의 예입니다.

```
<!DOCTYPE html>
<html>
<body>

<canvas id="myCanvas" width="200" height="100" style="border:1px solid #c3c3c3;">
</canvas>

<script type="text/javascript">
    var c=document.getElementById("myCanvas");
    var cxt=c.getContext("2d");
    cxt.fillStyle="#FF0000";
    cxt.fillRect(0,0,150,75);
</script>

</body>
</html>
```

이 소스에 의해 그려지는 결과는 다음과 같습니다. 지정된 canvas 영역 내에 빨간색의 사각형
그림이 표시됩니다.

<canvas> 태그는 모든 브라우저에서 사용할 수 있습니다.

새로워진 폼 태그

HTML5에서는 다음과 같이 <form> 태그 내에 다음과 같은 새로운 필드를 지정할 수 있습니다.

태 그	기 능
<datalist>	입력 가능한 값의 목록을 지정한다.
<keygen>	사용자 확인을 위한 공용 키와 개인 키를 생성하는 필드를 지정한다.
<output>	자바스크립트의 실행 결과나 계산의 결과와 같은 출력 값을 표시한다.

이 태그들의 브라우저별 지원 현황은 다음과 같습니다.

태 그	IE	Firefox	Opera	Chrome	Safari
<datalist>	No	4.0	9.5	No	No
<keygen>	No	4.0	10.5	3.0	No
<output>	No	No	9.5	10.0	No

새로운 input 타입

HTML5에서는 정확한 입력을 위해서 <input> 태그에 다음과 같은 필드 type을 지정할 수 있습니다.

Type	입력 값
search	검색 필드
url	웹 주소
email	이메일 주소
datetime	날짜와 (또는) 시간 (UTC 시간대 기준)
date	날짜 (yyyy-mm-dd 형식)
month	월 (yyyy-mm 형식으로 월까지 입력)
week	주 (yyyy-주번호 형식)
time	시간 (hh:mm 형식)
datetime-local	날짜와 시간 (로컬, yyyy-mm-ddThh:mm 형식)
number	숫자
range	슬라이드 막대로 숫자 입력
color	#FF8800와 같은 16진수 색상 값

이 타입들 중에서 datetime, date, month, week, time과 같은 날짜와 시간 관련 타입을 Date Picker라고 합니다. 이 Type들의 브라우저별 지원 현황은 다음과 같습니다.

Input type	IE	Firefox	Opera	Chrome	Safari
email	No	4.0	9.0	10.0	No
url	No	4.0	9.0	10.0	No
number	No	No	9.0	7.0	5.1
range	No	No	9.0	4.0	4.0
Date pickers	No	No	9.0	10.0	5.1
search	No	4.0	11.0	10.0	No
color	No	No	11.0	12	No

새로운 input 속성

HTML5에서는 <input> 태그에 다음과 같은 새로운 속성이 추가되었습니다.

Attribute	기 능
autocomplete	유사한 이전 입력 내용을 표시한다.
autofocus	입력 필드에 마우스 커서를 자동으로 위치시킨다.
form	해당 input 필드가 속할 폼을 지정한다.
form overrides	formaction, formenctype, formmethod, formnovalidate, formtarget 속성을 의미하며 <form> 태그에서 지정한 action, enctype, method, novalidate, target 속성을 재정의한다.
list	입력 가능한 데이터 목록을 지정한다.
min, max, step	입력 값의 허용 범위를 지정한다.
placeholder	입력 필드의 힌트 정보를 지정한다.
required	반드시 입력해야 하는 필드를 지정한다.

이 Attribute들의 브라우저별 지원 현황은 다음과 같습니다.

Attribute	IE	Firefox	Opera	Chrome	Safari
autocomplete	8.0	3.5	9.5	3.0	4.0
autofocus	No	4.0	10.0	3.0	4.0
form	No	4.0	9.5	10.0	No
form overrides	No	4.0	10.5	10.0	No
list	No	4.0	9.5	No	No
min, max, step	No	No	9.5	3.0	No
placeholder	No	4.0	11.0	3.0	3.0
required	No	4.0	9.5	3.0	No

1.4 HTML5의 API 살펴보기

HTML5에는 독립적인 애플리케이션 플랫폼으로 사용할 수 있을 정도로 유용한 API가 추가되었으며 지금도 새로운 API가 연구되고 있습니다. 여기서는 중요한 새로운 API를 간단히 살펴봅니다.

애플리케이션 캐시

인터넷 접속이 되지 않은 상태에서도 웹 프로그램을 작동시킬 수 있는 기능으로 오프라인 상태에서도 접근할 수 있을 뿐만 아니라, 로컬 영역에 저장된 자원들을 이용하므로 빠른 속도로 호출할 수 있으며, 리소스가 변경된 경우에만 브라우저가 다운로드를 시도하게 됩니다.

드래그앤 드롭과 파일 API

이 API들을 사용하면 바탕화면이나 탐색기의 파일 또는 그 외의 다양한 요소를 브라우저에 끌어다 놓는 작업을 할 수 있습니다. 즉, 단순한 드래그앤 드롭만으로 파일을 웹에 업로드할 수 있습니다.

웹 스토리지와 웹 SQL 데이터베이스

이 API들은 클라이언트 측에 데이터를 보관하는 특징이 있습니다. 웹 스토리지는 키/값 형식으로 간단한 데이터를 보관하며, 웹 데이터베이스는 클라이언트의 저장 공간에 풍부한 쿼리를 사용할 수 있는 DB 구축을 가능하게 합니다.

지오로케이션

사용자의 지리적 위치를 알아내어 그 정보를 애플리케이션에서 이용할 수 있게 합니다. 현재 위치뿐만 아니라 이동하는 위치를 계속 추적할 수 있어 위치 기반 애플리케이션을 작성할 수 있습니다.

웹 워커

브라우저에 부담을 주지 않고 백그라운드에서 자바스크립트를 실행하는 기능으로 시간이 많이 걸리는 작업을 별도의 백그라운드 쓰레드 (Thread)로 처리하여 작업의 효율을 높이게 됩니다.

웹 소켓

HTTP 프로토콜과는 달리 웹 서버와 클라이언트가 양방향으로 통신을 할 수 있는 API이며, 연결을 계속 유지할 수 있기 때문에 서버 푸시 (push) 처리나 실시간 채팅 프로그램과 같은 애플리케이션을 구현할 수 있습니다.

1.5 웹앱 (WebApp)과 폰갭 (PhoneGap)

스마트폰 앱 시장이 등장하고 비약적으로 성장하면서 애플리케이션 개발자들은 PC 한 대만 있으면 자신만의 아이디어를 앱으로 구현하고 그 앱을 전 세계를 대상으로 판매할 수 있는 열린 유통 채널이 마련되어 그야말로 신천지를 맞이하게 되었습니다. 하지만 또 한편으로는 동일한 앱을 안드로이드용, 아이폰용, 윈도우폰용 등 플랫폼별로 개발해야 하는 어려움도 있습니다. 개발에 소요되는 인원과 시간 등의 비용을 고려하면 결코 만만한 작업이 아니며 이런 어려움을 타개할 방법이 다양하게 모색된 결과 등장한 것이 하이브리드 웹앱 (Hybrid WebApp) 기술입니다.

웹앱의 개념

하이브리드 웹앱이라는 용어를 간단히 풀이하면 "표준 웹 기술과 네이티브 앱 기술을 혼용해서 만드는 앱" 이라고 정의할 수 있습니다. 기존의 네이티브 앱은 플랫폼별로 각기 Java (안드로이드)나 Objective-C (아이폰), C# (윈도우폰) 등의 언어를 이용해서 개발해야 했기 때문에 중복 개발의 어려움이 있습니다. 그런데 앞서 살펴본 HTML5라는 웹 표준이 탄생하면서 대부분의 스마트폰 브라우저가 웹 표준을 지원하기 시작했고, 이 웹 표준이라는 공통점을 활용하여 멀티플랫폼 서비스가 가능한 앱 개발에 관한 솔루션들이 등장하게 되었습니다.

HTML5라는 웹 표준을 공통 기반으로 앱을 개발한다는 것은 곧 브라우저 고유의 기능인 HTML 태그와 자바스크립트를 이용해서 앱을 개발한다는 것을 의미합니다. 즉, HTML 태그와 자바스크립트로 웹 페이지를 만들어 앱으로 변환하는 기술이 등장하게 된 것입니다. 웹앱은 하나의 소스를 구성한 후 그 소스를 하이브리드 웹앱 프레임웍 (Hybrid WepApp Framework)을 이용하여 안드로이드, 아이폰, 윈도우폰 ... 등 다양한 플랫폼의 앱으로 변환하는 방법을 사용합니다.

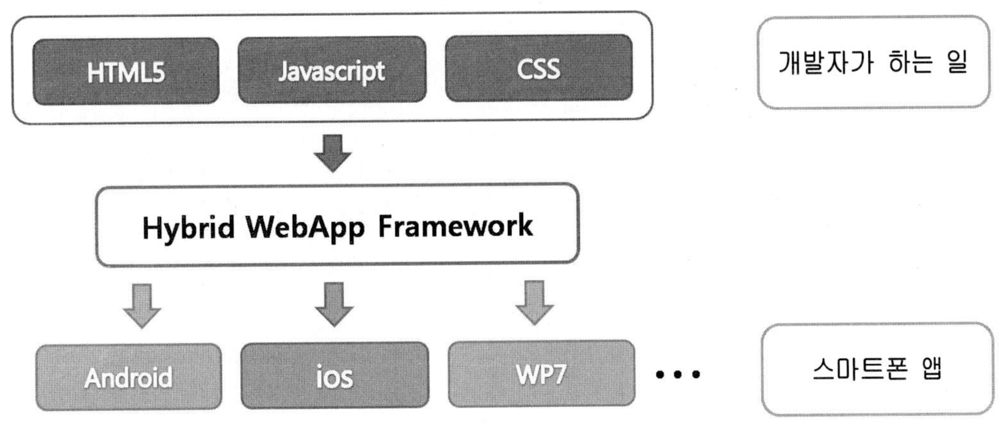

폰갭의 기능

우리가 앞으로 학습하게 될 폰갭 (PhoneGap)이 앞서 설명한 하이브리드 웹앱 프레임웍입니다. 폰갭 이외도 몇 가지 프레임웍이 있으나 현재 제공되는 프레임웍 중에서 가장 쉽고, 효율적이며, 대중적인 확장성이 높은 프레임웍이 폰갭입니다. 폰갭을 이용한 앱 개발 작업은 다음과 같이 진행됩니다.

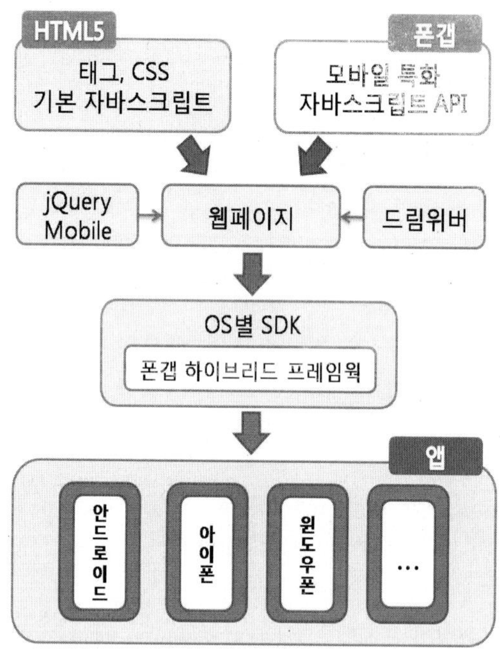

폰갭은 모바일에 특화된 자바스크립트 라이브러리를 제공하며 플랫폼별로 SDK에 이 폰갭 라이브러리를 등록해야 합니다. 개발자는 HTML5에서 제공하는 기본 자바스크립트와 폰갭의 자바스크립트를 혼용해서 웹 페이지를 구성합니다. 웹 페이지를 구성할 때 디자인 문제를 해결하기 위해 보조 수단으로 드림위버와 jQuery Mobile을 사용할 수도 있으며, 이렇게 구성된 웹 페이지를 SDK로 가져와 프로젝트를 생성합니다. 이 때 폰갭 프레임웍은 자바스크립트 라이브러리를 제공할 뿐만 아니라, 웹 기술로 작성된 웹 페이지를 해당 플랫폼이 실행할 수 있는 코드로 변환해주는 역할을 합니다.

폰갭은 스마트폰 앱에 특화된 자바스크립트 API 라이브러리 (Accelerometer, Camera, Capture, Compass, Connection, Contacts, Device, Events, File, Geolocation, Media, Notification, Storage 등)를 제공하며 다른 하이브리드 프레임웍에 비해 사용하기도 쉽고 코드의 실행 효율도 좋습니다. 폰갭은 향후 버전이 올라가면서 더 많은 API가 추가될 것으로 예고하고 있어 앞으로는 폰갭을 이용한 쉬운 앱 개발이 더 큰 호응을 얻을 것으로 예상됩니다.

Chapter 02

폰갭 개발 환경 둘러보기

폰갭으로 앱을 만들려면 먼저 각 스마트 운영체제의 개발 환경이 설치되어 있어야 합니다. 예를 들어, 내가 작성한 자바스크립트 코드로 안드로이드용과 아이폰용 앱을 만들려면 안드로이드와 아이폰의 개발 환경이 설치되어 있어야 합니다. 폰갭은 그런 개발 환경에 플러그인되는 형식으로 사용합니다. 이 장에서는 폰갭과 안드로이드, 아이폰, 윈도우폰의 개발 환경을 둘러봅니다.

2.1 폰갭의 기능 알아보기

폰갭은 HTML5와 자바스크립트 언어(PhoneGap API)로 소스 코드를 작성하면 이 소스 코드를 각각의 스마트 운영체제에 맞는 언어로 인식하여 앱을 작동하게 합니다. 쉽게 생각하면 폰갭은 일종의 "번역기"라고 할 수 있으며 기술적으로는 "스크립트 기술" 또는 "변환기"라고 할 수 있습니다.

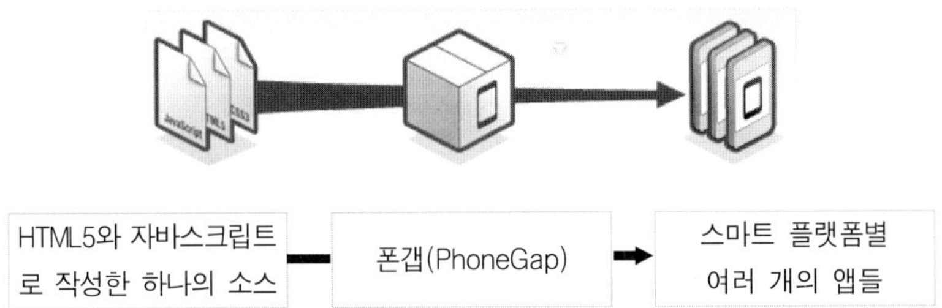

Android, iOS, Windows Phone을 개발할 수 있는 운영체제와 기반 프레임웍은 다음과 같이 정리할 수 있습니다.

스마트 운영체제	단말기	개발환경 지원 운영체제	기반 언어
Android	안드로이드폰/패드	MS Windows, Mac OS X, Linux 등	JAVA
iOS	아이폰/패드	Mac OS X	Objective-C
Windows Phone	윈도우폰/패드	MS Windows	C#

폰갭은 HTML5와 자바스크립트 언어를 기반으로 앱을 개발하기 때문에 안드로이드, iOS, 윈도우폰 등 모두 개발 소스가 거의 동일합니다. 단지, 각 스마트 운영체제의 근본적인 차이 때문에 몇 가지 주의할 사항들이 있거나 특정 폰에서는 지원하지 않는 기능이 있을 수 있습니다.

따라서 안드로이드폰, 아이폰, 윈도우폰 등 어느 폰에서 실행해도 그러한 소소한 제약사항을 제외하고는 대부분의 기능들을 사용할 수 있습니다. 이미 많은 앱들이 폰갭으로 만들어져 사용되고 있으며 앞으로도 폰갭은 지속적으로 업그레이드될 것을 예고하고 있어 좀 더 쉽고 빠른 앱 개발의 또 다른 흐름을 형성하고 있습니다.

2.2 폰갭 다운로드하기

폰갭 사이트를 방문해서 폰갭을 다운받는 작업부터 시작해봅시다.

스텝 **1**

원래는 다음과 같이 폰갭 사이트(http://www.phonegap.com)에서 다운로드 버튼을 찾아 폰갭을 다운받을 수 있습니다. 그러나 폰갭은 매우 빠른 버전 업을 하고 있어 필자가 책을 집필하고 있는 시점과 독자들이 이 책을 보는 시점에는 어쩔 수 없이 버전의 차이가 나게 됩니다.

필자는 현재 1.1.0 버전으로 설명을 시작하고 있으나 폰갭의 로드맵에 의하면 매우 빠른 버전 업을 보일 것입니다. 필자도 서적 출간 시점의 최신 버전을 적용하려고 했으나 매월 버전이 조금씩 올라가고 있어 버전을 맞추는 작업이 불가능했습니다. 하지만 버전 업이 되어도 폰갭의 기본 사용법은 동일하기 때문에 1.1.0 버전으로 학습을 하고 나면 이후의 버전 업에 따르는 소소한 차이는 독자들이 충분히 해결할 수 있습니다. 또한 본서의 9장에서는 버전 업에 대처하는 방법을 알려줄 것입니다.

필자가 설명하는 1.1.0 버전은 https://github.com/callback/phonegap/tags를 방문하거나 이 책의 소스 코드를 제공하는 다음의 웹하드에서 다운받을 수 있습니다(웹하드에 1.2.0과 1.3.0 버전도 있습니다. 9장과 12장에서 필요하니 나머지 버전도 다운받아 놓으세요)

- 웹하드 : http://www.webhard.co.kr
- 아이디 : pisibook
- 비밀번호 : webhard   • 폴더 : 내리기 전용

스텝 **2**

다운받은 파일의 압축을 풀고 살펴보면 그림과 같이 폰갭이 안드로이드, iOS (아이폰/아이패드용) 뿐만 아니라, 바다 (Bada, 삼성 스마트폰용), 블랙베리, 심비안 (Symbian, Nokia용), 웹OS (webOS, Palm, hp용), WP7 (MS Windows Phone 7) 등 다양한 스마트폰 단말기 플랫폼을 지원하는 것을 알 수 있습니다.

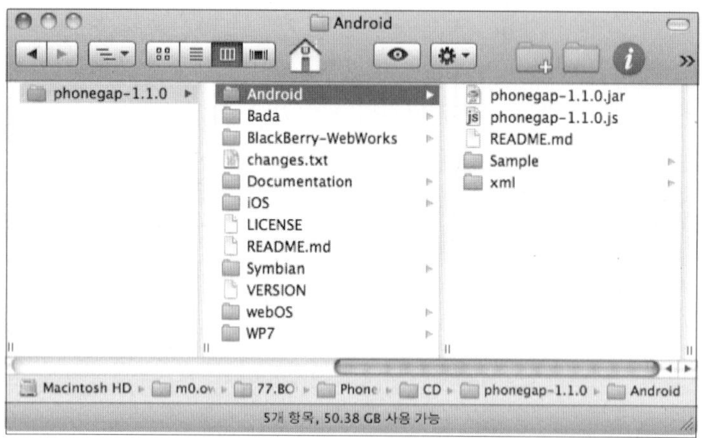

그 중 가장 대중적인 Android 폴더와 iOS 폴더, WP7 폴더를 눈여겨보기 바랍니다. 본서에서는 이 3가지의 플랫폼에서 폰갭을 활용하는 방법을 소개할 것입니다. 나머지 플랫폼들은 각자 필요에 따라 알아서...

2.3　폰갭 둘러보기

폰갭이라는 생소한 프로그램과 친해지기 위해서 먼저 폰갭 사이트(http://www.phonegap.com)를
둘러봅시다.

스텝 1

처음 보는 프로그램이니까 설치방법을 찾아보겠습니다. 다행히 그림과 같이 배포 사이트에서 대충이
나마 각 스마트 플랫폼에 대한 설치방법을 안내하고 있습니다. 사실 설치라기보다는 라이브러리의
활용 방법을 소개하고 있습니다. 각 플랫폼마다 개발 언어와 도구가 다르기 때문에 폰갭이 어떤
개발 환경을 지원하는지를 설명하고 있습니다.

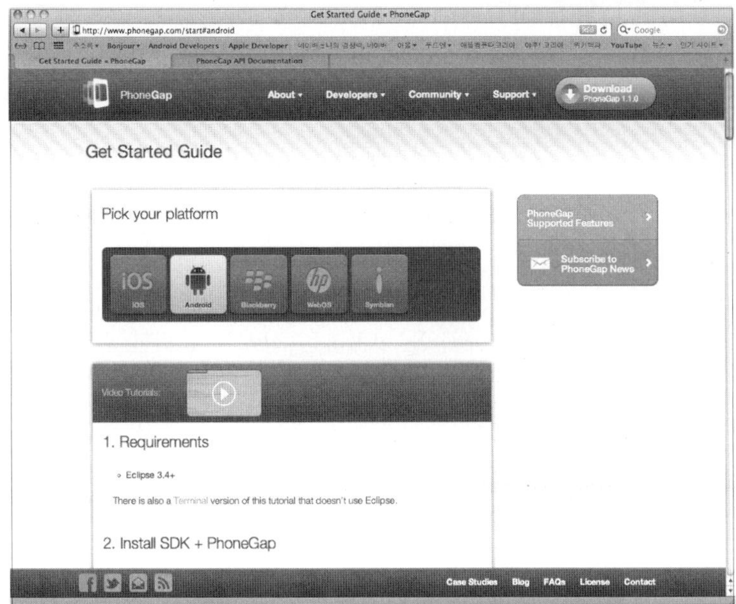

폰갭 배포자의 입장에서는 각 플랫폼에 대한 개발 환경을 일일이 설명할 수 없는 상황과 법적인
제약이 있을 것입니다. 그래서 각 플랫폼에 대한 구체적인 개발 환경 구축은 해당 사이트 링크로
안내하고 있습니다. 안드로이드의 경우 범용 개발 도구인 이클립스에 초점을 맞추어 안내하고
있습니다.

스텝 2

그림과 같이 각 플랫폼에 대한 폰갭의 사용법을 동영상으로 배포하는 노력도 하고 있습니다. 영어
듣기가 가능하신 분들은 한번 보시는 것도 좋을 듯...

스텝 **3**

그림과 같이 안드로이드 개발 환경을 구축하는 간단한 안내도 볼 수 있습니다. 네이티브 앱 개발을
해본 경험이 없는 경우는 이러한 플랫폼별로 개발 환경을 설치하는 작업부터 해야 합니다.

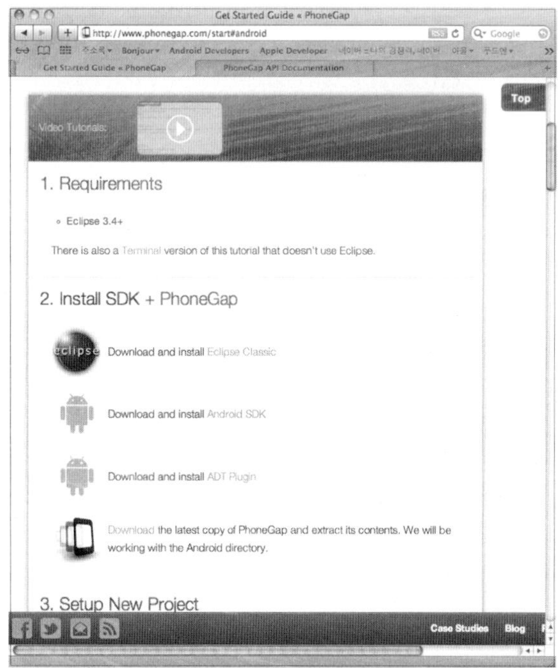

2.4 안드로이드용 개발 환경 둘러보기

안드로이드 개발 환경을 구축하는 과정을 상세히 보여주려면 많은 지면을 할애해야 하고 이미
많은 자료가 인터넷과 서적으로 배포되고 있어 본서에서는 개발 환경 설치를 간략하게 알아봅니다.

> **참고 안드로이드와 아이폰 개발 환경 설치**
>
> 안드로이드 개발 환경과 아이폰 개발 환경을 설치하는 자세한 방법은 이 책의 소스 코드를 제공하는 웹하드에
> PDF 문서로 수록해두었습니다. 필요하신 분은 그 문서를 참조하세요.

스텝 **1**

자바 개발 도구인 Java JDK(Java Development Kit)를 설치합니다.

- 설치본 사례 : jdk_6u26_windows-i586.exe
- 배포 사이트 : java.sun.com

스텝 **2**

자바 개발을 보다 손쉽게 지원하는 대표적인 자바 개발 도구인 이클립스(Eclipse)를 설치합니다.

- 설치본 사례 : eclipse-jee-helios-SR2-win32.zip
- 배포 사이트 : www.eclipse.org

> **주 의 이클립스 3.4 이상 설치**
>
> 폰갭용으로 이클립스를 설치해야 하므로 폰갭 배포 사이트에서 안내하는 것과 같이 이클립스 3.4 이상 버전을
> 설치해야 합니다.

스텝 **3**

이클립스용 플러그인이며 구글에서 지원하는 안드로이드 개발 도구인 ADT (Android Development
Tool) Eclipse Plugin을 설치합니다. "이클립스 > Help > Install New Software..." 메뉴를 이용하여
플러그인을 설치합니다.

- ADT 사이트 : https://dl-ssl.google.com/android/eclipse/

스텝 **4**

안드로이드 개발 도구인 Android SDK (Software Development Kit)를 설치합니다.

- 설치본 사례 : installer_r11-windows.exe
- 배포 사이트 : developer.android.com

스텝 **5**

안드로이드 앱을 실험할 수 있는 가상 단말기기인 AVD (Android Virtual Device)를 설치합니다. 가상기기를 사용하지 않고 실물 단말기를 사용할 것이라면 이 설치과정은 생략해도 됩니다.

위와 같이 안드로이드 개발 환경이 구축된 상태에서 앞서 다운받은 폰갭 패키지의 "Android" 폴더에 있는 두 개의 라이브러리 파일을 개발하고자 하는 안드로이드 프로젝트에 추가하면 설치과정 이 완료됩니다. 구체적인 설치과정은 다음 장에서 설명합니다.

참고 **폰갭 패키지의 샘플 코드**

폰갭 패키지의 "Android" 폴더에 "Sample" 폴더가 있는데 이 폴더에는 폰갭을 이용한 안드로이드 프로젝트 샘플 소스가 있습니다. 이 폴더를 기억해두기 바랍니다. 다음 장에서 이 샘플 프로젝트를 이용하여 폰갭이 작동하는 원리와 실체를 보여 줄 것입니다.

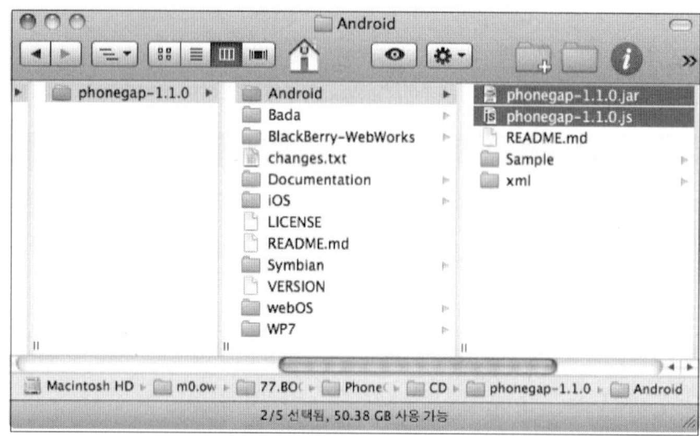

2.5　아이폰용 개발 환경 둘러보기

여기서는 아이폰 개발 환경 설치에 대해서 간단하게 알아봅니다. 본서의 소스 코드를 제공하는
웹하드에 아이폰 개발 환경 구축을 자세하게 설명한 PDF 문서가 있습니다. 필요하면 참고하세요.

스텝 1

아이폰도 그림에서 안내하는 바와 같이 Xcode라는 iOS 개발 도구를 설치해야 합니다. 물론 Mac
OS X를 기반으로 개발 환경을 구축할 수 있습니다. 아이폰은 안드로이드보다 설치과정이 단순합니다.
애플 개발자 사이트에서 배포하고 있고 마우스로 몇 번만 클릭하면 Xcode 설치과정이 끝납니다.

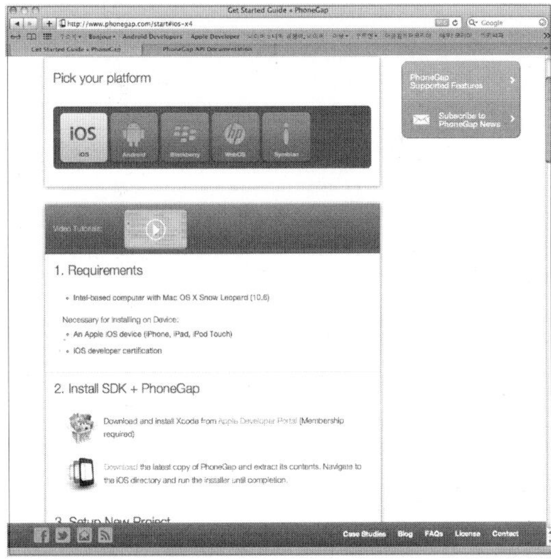

스텝 2

Xcode로 아이폰 개발 환경을 구축한 후 폰갭 패키지의 "iOS" 폴더에 있는 "PhoneGap-X.X.X.dmg"
파일을 더블클릭하여 설치과정을 시작합니다. 안드로이드 보다는 간단하게 자동으로 폰갭 라이브러
리를 설치할 수 있어 편리합니다. 구체적인 설치과정은 다음 장에서 소개하겠습니다.

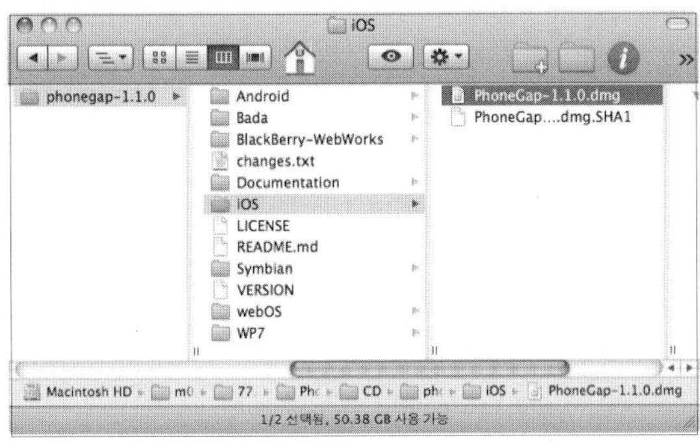

2.6 원도우폰 개발 환경 설치하기

원도우폰의 개발 도구는 Windows Phone SDK입니다. 마이크로소프트 사이트에서 Windows Phone SDK를 다운받아 설치하면 이와 관련한 여러 가지 프로그램을 자동으로 설치해 줍니다. 설치과정을 보면 알겠지만 설치할 패키지들이 많아서 좀 오래 걸리고 컴퓨터를 재시동하는 과정도 필요하다는 점이 다소 불편합니다. 나중에는 흔해지겠지만 집필 당시는 원도우폰에 관한 자료가 부족하므로 본서에서 원도우폰 개발 환경을 구축하는 과정을 모두 설명하겠습니다.

Windows Phone SDK 다운받기

스텝 **1**

그림과 같이 마이크로소프트 다운로드 센터에 접속해서 "Windows Phone"을 다운받는 메뉴를 찾습니다. 그림은 이 사이트가 리뉴얼되면서 달라질 수도 있다는 점을 참고하면서 보기 바랍니다.

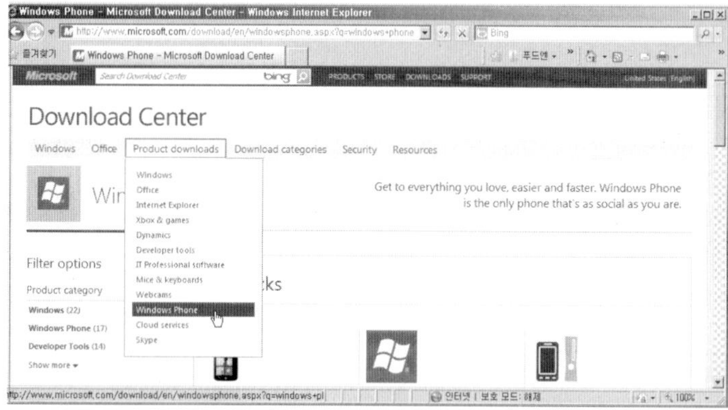

스텝 **2**

그림과 같이 "Windows Phone SDK X.X" 최신 버전을 선택합니다.

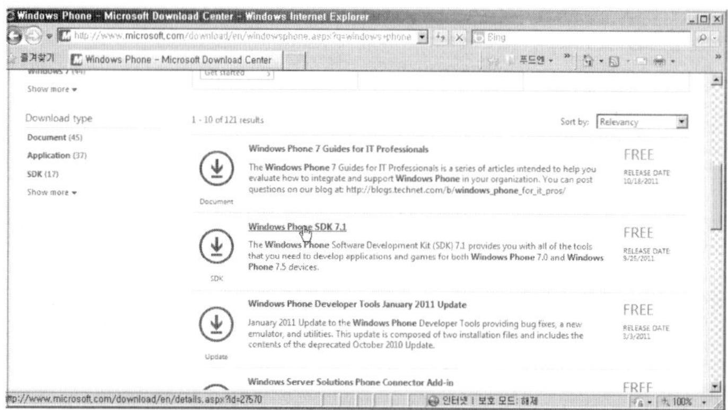

스텝 **3**

언어를 선택하는 옵션이 나타나면 "한글(Korean)"을 선택합니다.

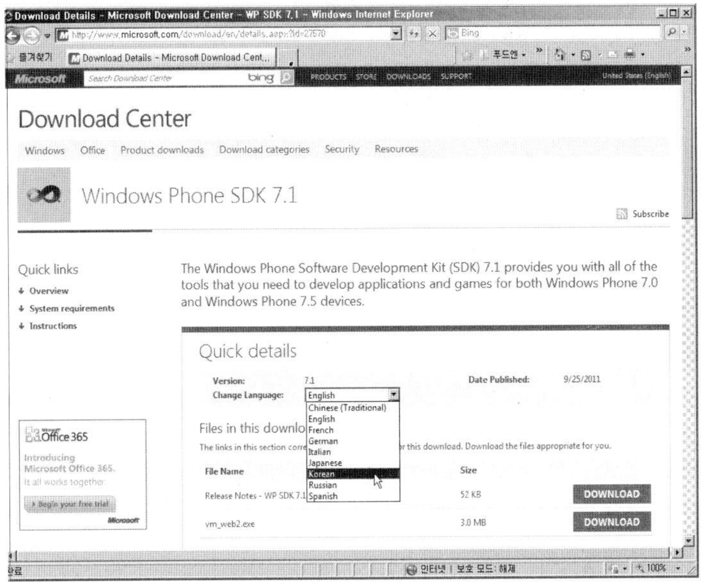

스텝 **4**

다운로드 페이지가 한글 화면으로 바뀝니다. 한국에서 마이크로소프트에 많이 투자한 덕이겠죠! "wm_web2.exe" 파일을 선택하여 다운받습니다. 이 파일은 용량이 얼마 안 되기 때문에 금방 다운받을 수 있을 겁니다. 하지만 윈도우폰을 개발하는 도구가 이 정도의 용량이라 착각하시면 오산입니다. 마이크로소프트의 웹 설치 방식은 이와 같이 가벼운 설치 스크립트 파일만 다운받고 실제 설치할 파일들은 이 설치 스크립트가 자동으로 다운받게 해줍니다.

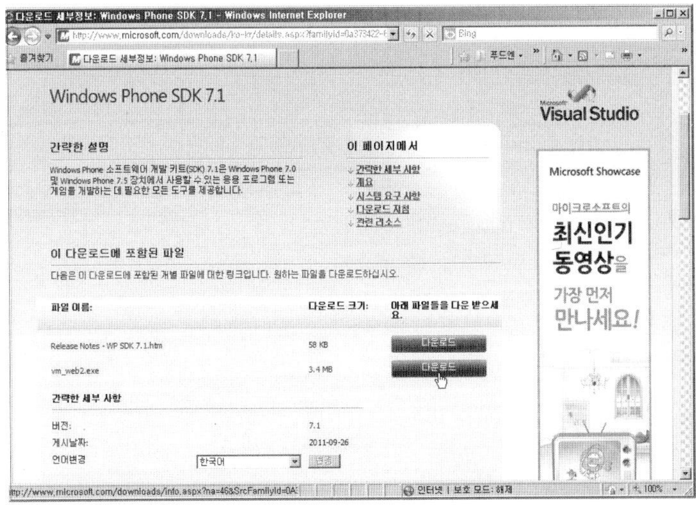

스텝 5

그림과 같이 설치본 파일을 다운받았습니다. 이 파일을 더블클릭하여 설치과정을 시작합니다. 단, 주의할 점은 필요에 따라 컴퓨터를 재시동해야 하므로 중요한 작업 파일들은 미리 저장해 둘 것을 권장합니다. 나중에 재시동할 것인지를 묻는 대화상자가 나타나지만, 작업 중에 무의식적으로 재시동 버튼을 클릭했다가 낭패를 보는 경우가 종종 있습니다.

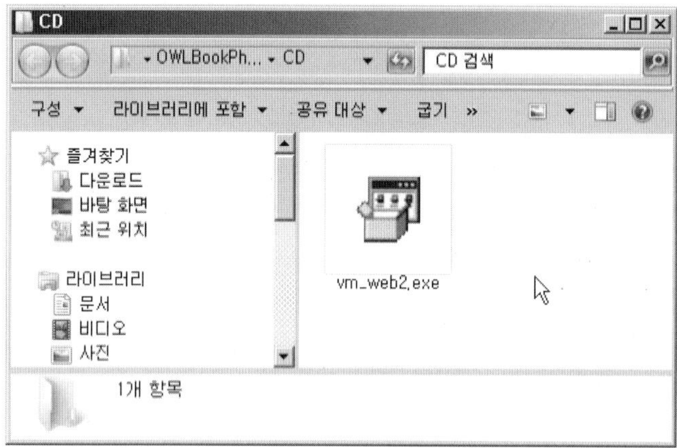

Windows Phone SDK 설치 마법사 실행하기

스텝 1

인터넷에서 다운받은 실행 파일이기 때문에 신뢰할 것인지를 묻는 대화상자가 나타납니다. 물론 설치해야 하니까 "실행" 버튼을 클릭해서 설치과정을 진행시킵니다.

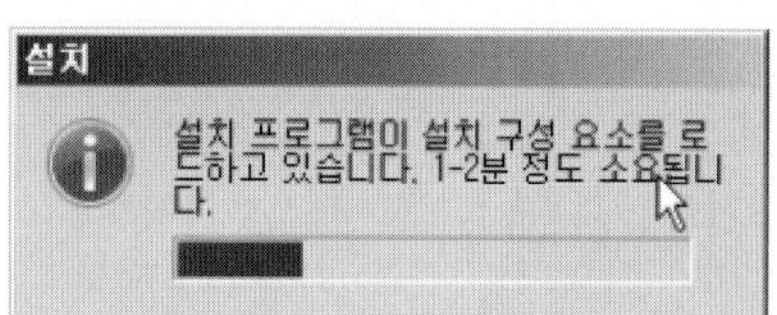

스텝 **2**

그림과 같이 달리 선택의 여지없이 사용권 계약서에 도장 찍고 다음 과정으로 넘어갑니다. 필자는 개인적으로 이런 과정이 매번 불합리하게 느껴집니다. 너무 일방적이지 않나요?

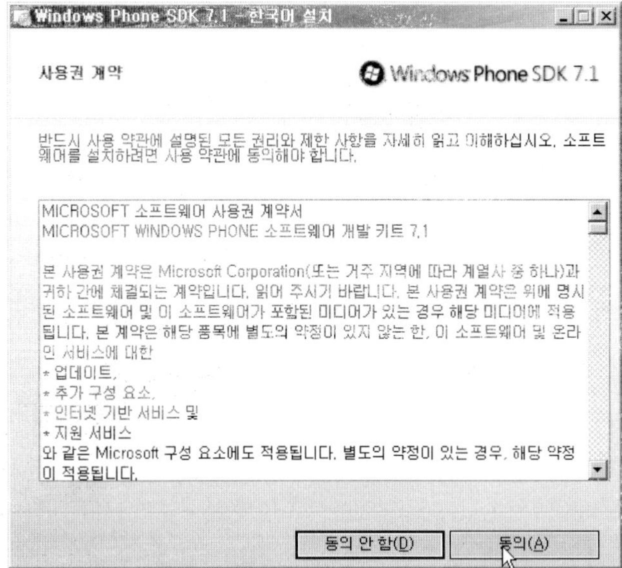

스텝 **3**

그림과 같이 "지금 설치" 버튼을 클릭하여 설치 마법사를 실행합니다.

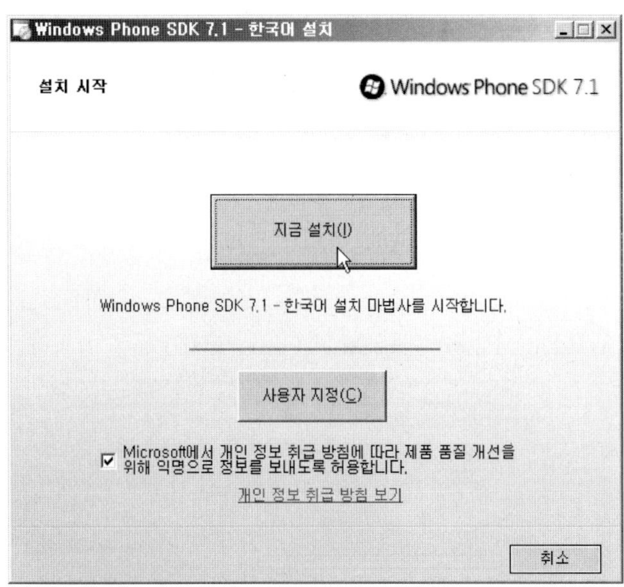

스텝 **4**

그림과 같이 설치 마법사가 20개의 패키지를 다운받기 시작합니다. 시간이 좀 걸리겠지요!

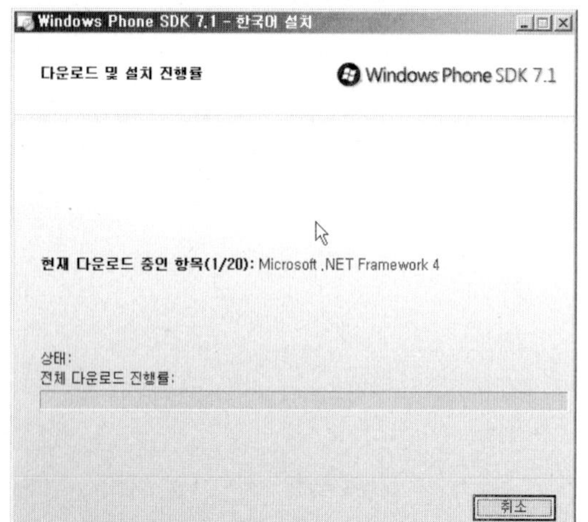
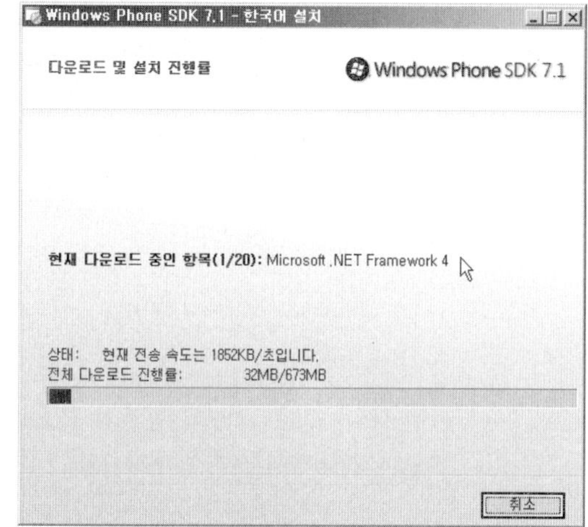

스텝 **5**

필요한 패키지를 다운받고 설치를 진행하는 과정에서 재시동해야 한다는 안내창이 나타날 수 있습니다. MS Windows의 구조적인 문제라 어쩔 도리가 없습니다. 마이크로소프트도 그러고 싶지 않았을 겁니다. 혹시 다른 중요한 작업을 진행하고 있었다면 모두 저장하고 "지금 다시 시작" 버튼을 클릭하여 컴퓨터를 재시작합니다. 컴퓨터가 재시동하면서 설치과정이 계속 이어집니다.

스텝 **6**

그림과 같이 .NET Framework, DirectX, Windows Phone SDK, XNA Game Studio 등을 설치하는 과정이 계속 진행됩니다.

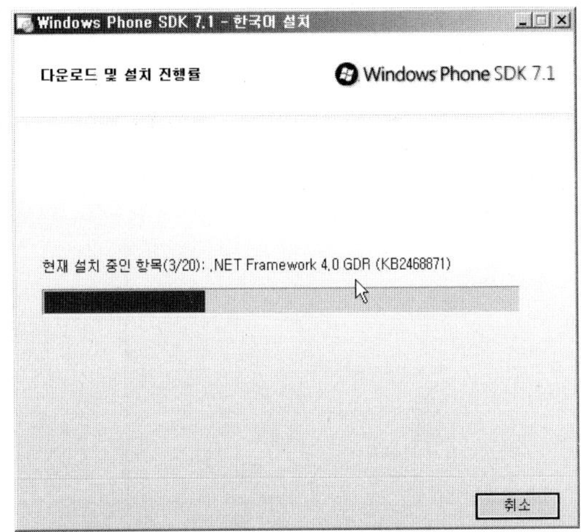 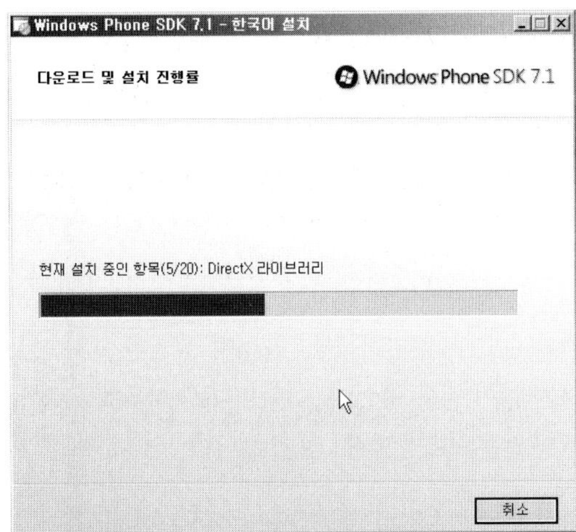

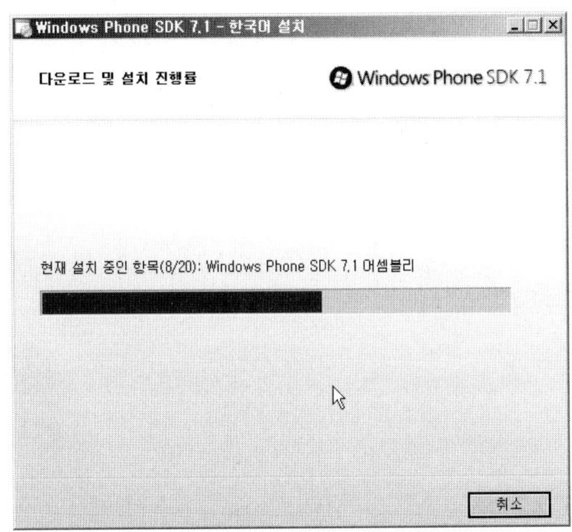 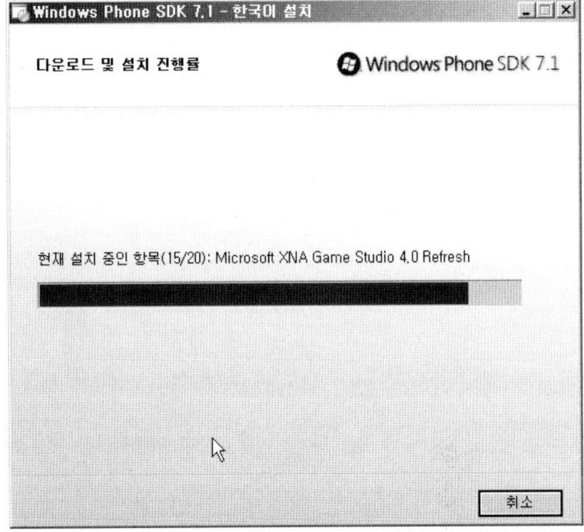

스텝 7

설치가 완료되면 그림과 같이 나타납니다. "지금 제품 실행" 버튼을 클릭하면 윈도우폰 개발 도구가 실행됩니다. 물론 시작메뉴에서도 실행할 수 있지만 윈도우폰 개발 환경은 여러 개의 개발 프로그램들이 모여서 구성되기 때문에 초보자가 잘 모를까 봐 친절하게 안내하는 것입니다.

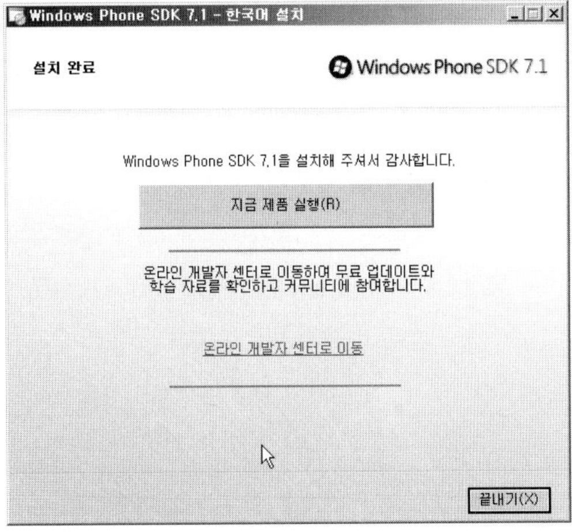

Windows Phone 개발 도구 살펴보기

스텝 **1**

"Windows Phone용 Microsoft Visual Studio XXXX Express"라는 윈도우폰 개발 도구가 나타났습니다.

뼈를 깎는 고뇌의 시간이 흘러야 성공한다는데 이 정도 쯤이야 … 한 거라곤 겨우 기다리는 수고 밖에 없었습니다.

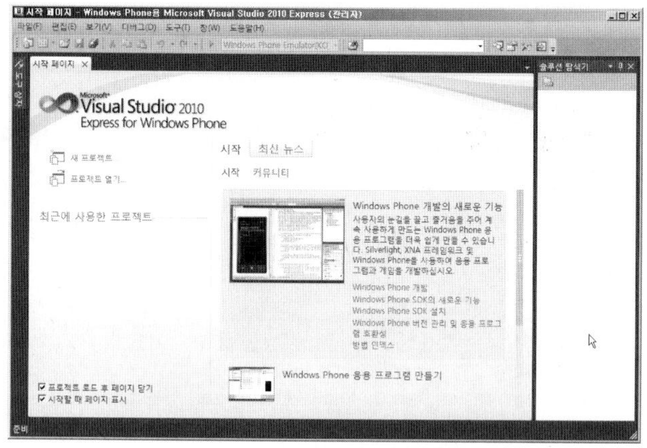

스텝 **2**

그림과 같이 시작 메뉴를 보면 Microsoft Visual Studio XXXX Express를 중심으로 해서 Microsoft XNA Game Studio, Microsoft Silverlight, Windows Phone SDK까지 여러 가지 프로그램이 설치된 것을 알 수 있습니다.

그동안 마이크로소프트가 가지고 있던 솔루션을 집결하여 윈도우폰 솔루션을 만들었다는 것을 짐작할 수 있습니다.

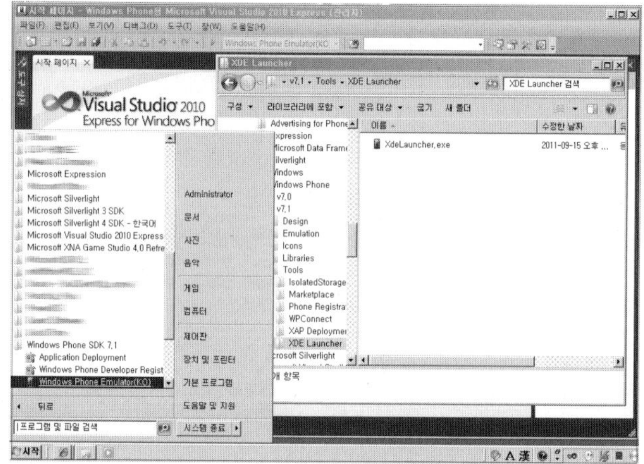

스마트폰 개발에서 개발자가 가장 먼저 찾는 도구는 앱을 만들기 위한 프로젝트 도구와 만든 프로젝트를 실험할 수 있는 가상기기 (Emulator)입니다. 프로젝트 도구는 이미 본 MS Visual Studio라는 것을 눈치 챘을 것이고, 가상기기는 그림에서와 같이 "시작메뉴 > Windows Phone SDK X.X > Windows Phone Emulator(KO)" 메뉴를 실행하면 나타납니다.

스텝 **3**

"시작메뉴 > Windows Phone SDK X.X > Windows Phone Emulator(KO)" 메뉴를 실행하면
윈도우폰 가상기기가 나타나면서 부팅됩니다. 부팅이 완료되면 꼴랑 인터넷 익스플로러 앱 하나만
나타나는군요. 아직은 준비가 덜된 모양입니다. 한편으로는 광활한 미개척지가 보입니다.

스텝 **4**

가상기기 우측상단에 있는 "추가 도구" 버튼을 클릭하면 그림과 같이 가속도계, 위치 스크린샷
정도의 실험 기능이 제공됩니다. 안드로이드나 아이폰에 비하면 걸음마도 떼지 못한 갓난아기입니다.
귀엽네요.

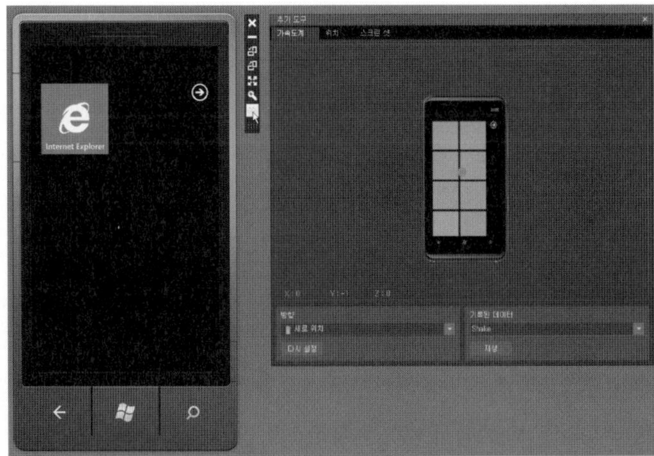

Windows Phone 개발 도구 제품 등록하기

잊지 말아야 할 부분입니다. 다음에 설명하는 제품 등록 과정을 실행하지 않으면 30일 후에는 더 이상 사용할 수 없습니다. 단, 이 조건은 필자가 설치해볼 당시의 이야기입니다. 나중에 마이크로소 프트의 정책이 바뀔 수도 있습니다. MS 비주얼 스튜디오는 예전부터 고가의 유료 프로그램이었습니 다. 무료인 Express 버전이 대세이고 안드로이드와 아이폰이 개발 도구를 무료로 배포하고 앱 마켓 또는 앱 스토어에서 수익을 기대하는 상황이기 때문에 Express 버전으로 Windows Phone 개발 도구를 배포하기로 한 것 같습니다.

스텝 1

"MS 비주얼 스튜디오"에서 "도움말 > 제품 등록" 메뉴를 실행합니다.

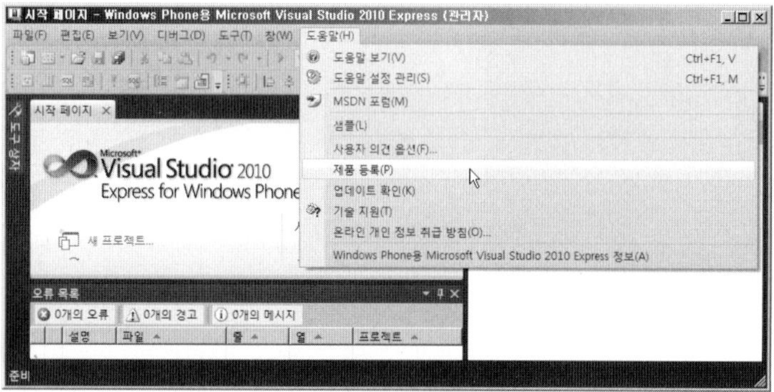

스텝 2

그림과 같이 "등록 키"를 입력하는 대화상자가 나타납니다. "등록 키"를 발급받기 위해 "온라인으로 등록 키 받기" 버튼을 클릭합니다. 안내문에 나오듯이 등록은 "무료"라고 하니까 오래 전 마이크로소프 트 프로그램들을 생각하여 오해하지 마시고... 잘 읽어보고 안심해도 됩니다.

스텝 **3**

웹브라우저가 나타나면서 그림과 같이 로그인 화면이 나타납니다. "Windows Live ID"에 대한 두려움을 갖지 말고 오른쪽 Sign in 폼에서 자신의 이메일 주소와 적당한 암호를 입력하고 "Sign in" 버튼을 클릭합니다. 이메일 주소는 지금 당장 수신할 수 있는 주소를 입력해야 합니다. 입력한 암호도 잘 메모해두세요. 나중에 쓸 일이 있을 겁니다.

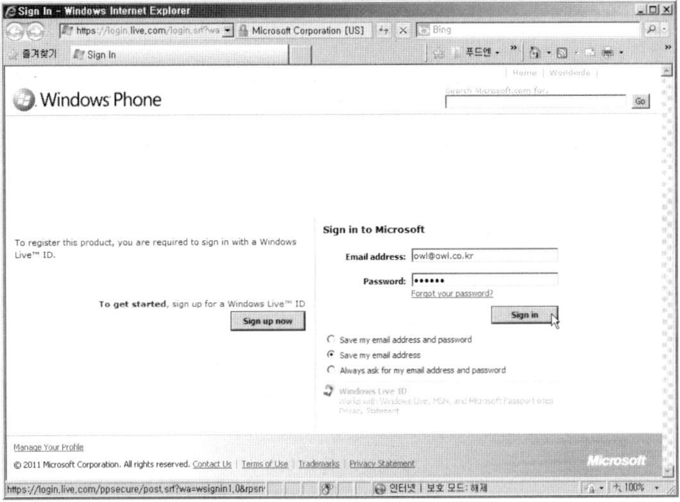

스텝 **4**

당연히 라이선스 키를 그냥은 안 주겠죠. 그림과 같이 간단한 정보를 입력해야 합니다. 별표(*) 항목이 필수 입력 항목입니다. 이외의 항목은 윈도우폰 개발 도구에 애정이 있고 고맙다고 생각되면 충실하게 입력해주세요. 필수 입력란인 이름을 입력합니다.

스텝 5

필수 입력란인 이메일 주소를 입력합니다. 이건 정확하게 입력해야 할 것 같네요. 그림과 같이 국가와 직업을 선택했습니다.

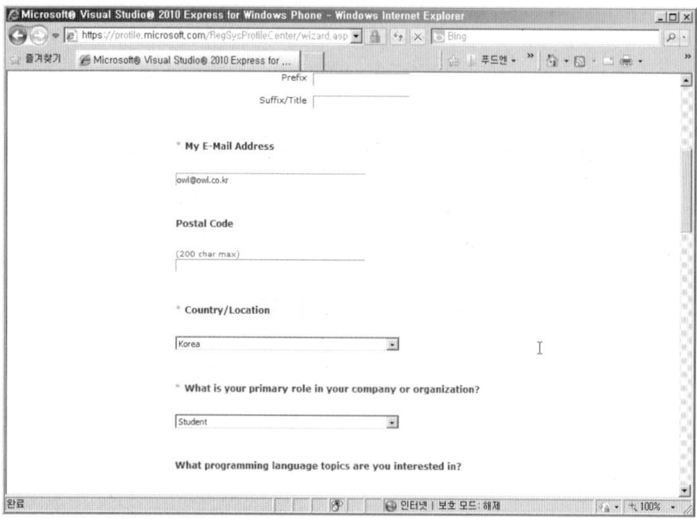

스텝 6

끝으로 "Continue" 버튼을 클릭했습니다.

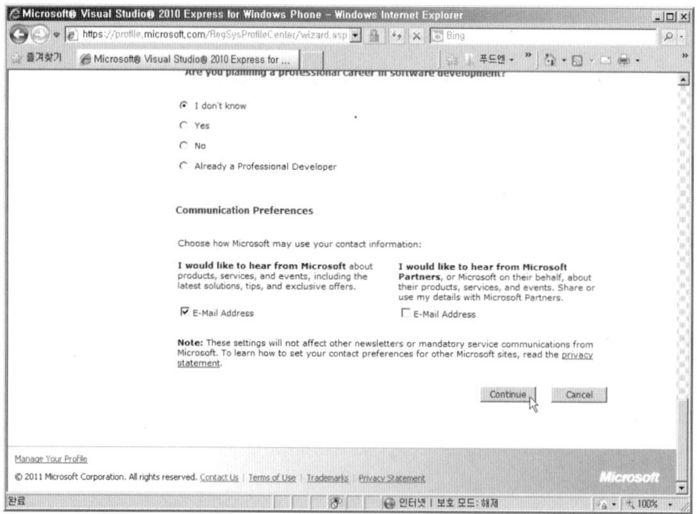

스텝 **7**

앞서 입력했던 이메일 주소로 인증 메일을 발송했다는 안내문이 나타납니다. 이제 이메일을 확인해야
겠습니다.

주 의   **웹브라우저**

아직 웹브라우저를 닫지 마세요. 이 웹브라우저에서 로그인을 했기 때문에 쿠키가 로그인한 정보를 기억하고
있을 겁니다. 그렇지 않으면 다시 로그인해야 합니다.

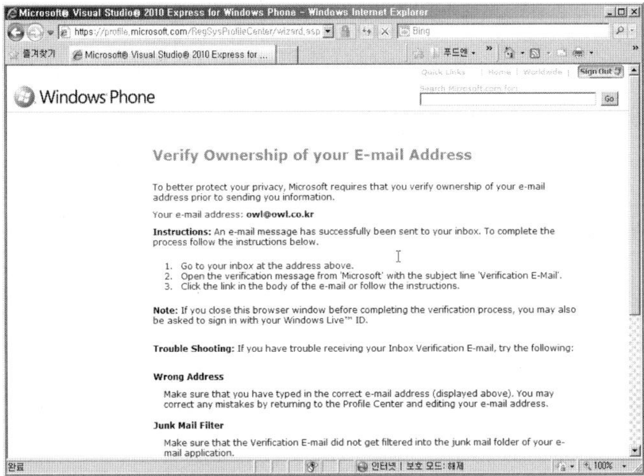

스텝 **8**

잠시 후 마이크로소프트에서 이메일이 도착했습니다. 이메일 내용을 확인해보면 링크 주소를 클릭하
거나 웹브라우저에 이 주소를 복사하여 인증을 확인하라는 내용입니다.

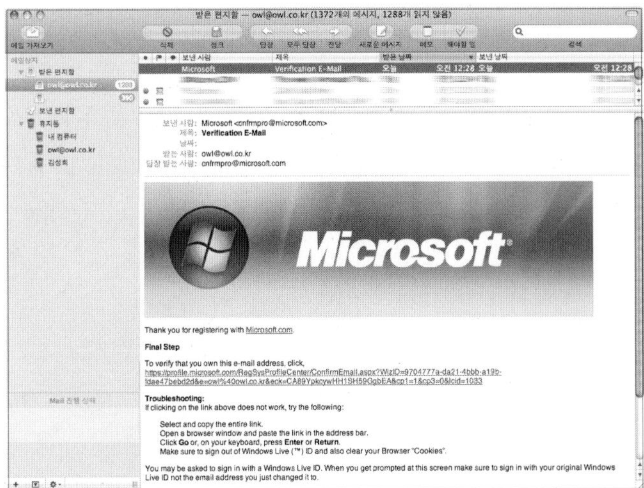

스텝 **9**

인증 주소를 클릭하여 웹브라우저에 링크 주소를 요청하면 그림과 같이 이메일 인증을 확인하는
화면이 나타납니다. 필자는 앞서 사인했던 창을 닫지 않고 이메일 인증 페이지를 열었습니다.
"Continue" 버튼을 클릭하여 이메일 인증을 확인해줍니다.

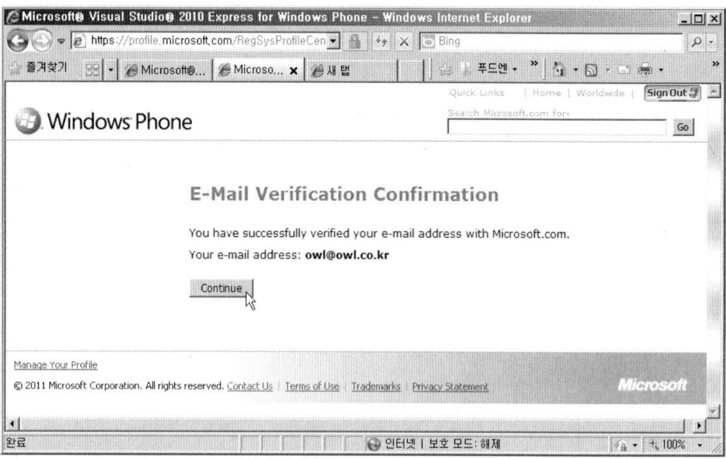

스텝 **10**

그림과 같이 비주얼 스튜디오 익스프레스 버전에 대한 "제품 등록 키"가 화면에 나타납니다. 라이선스
키를 획득했습니다. 이 등록 키를 마우스로 드래그해서 복사합니다.

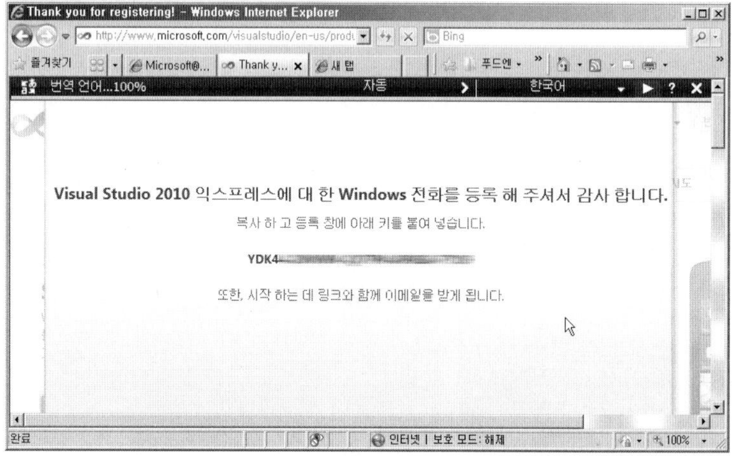

스텝 **11**

앞서 열었던 비주얼 스튜디오 제품 등록 창에 "등록 키"를 붙여 넣고 "지금 등록" 버튼을 클릭합니다.

> **주 의** **제품 등록 키**
>
> 나중에 새로 비주얼 스튜디오를 설치해야 할 상황이 있을 수 있습니다. "제품 등록 키"를 잘 메모해 두기
> 바랍니다.

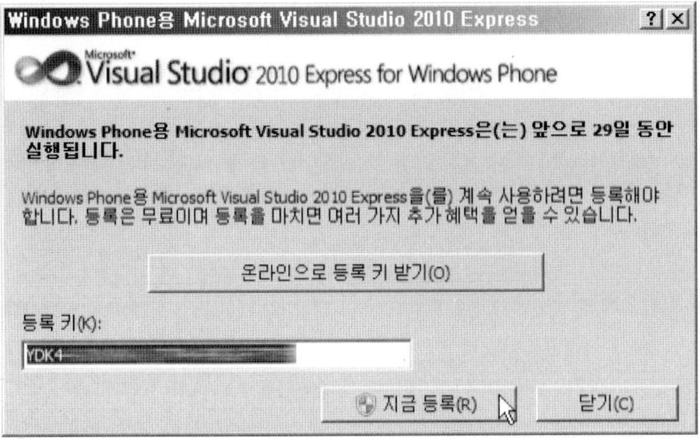

스텝 **12**

다시 "MS 비주얼 스튜디오"에서 "도움말 > 제품 등록" 메뉴를 실행해보면 그림과 같이 제품
등록이 잘 됐다는 것을 확인할 수 있습니다.

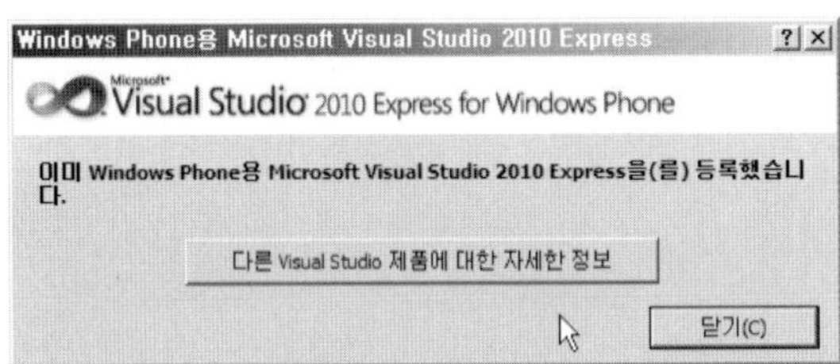

안드로이드용 폰갭 시작하기

폰갭이 제공하는 안드로이드 솔루션을 파악하기 위해 폰갭의 안드로이드 샘플 프로젝트를 이클립스로 가져와 보겠습니다. 새로운 솔루션을 파악하기 가장 좋은 방법은 샘플 프로젝트를 열어 분석하는 것입니다. 폰갭 패키지의 안드로이드 폴더에 "Sample" 폴더와 같은 샘플 프로젝트가 있습니다. 이 폴더의 소스를 이용하여 폰갭을 기반으로 안드로이드 프로젝트를 어떻게 만드는지 알아봅니다.

3.1 샘플 프로젝트 가져오기

우선 샘플 프로젝트의 소스 코드를 이클립스로 가져와 봅니다.

스텝 **1**

이클립스를 실행하고 "File > New > Android Project" 메뉴 또는 "File > New > Java Project" 메뉴를 실행합니다.

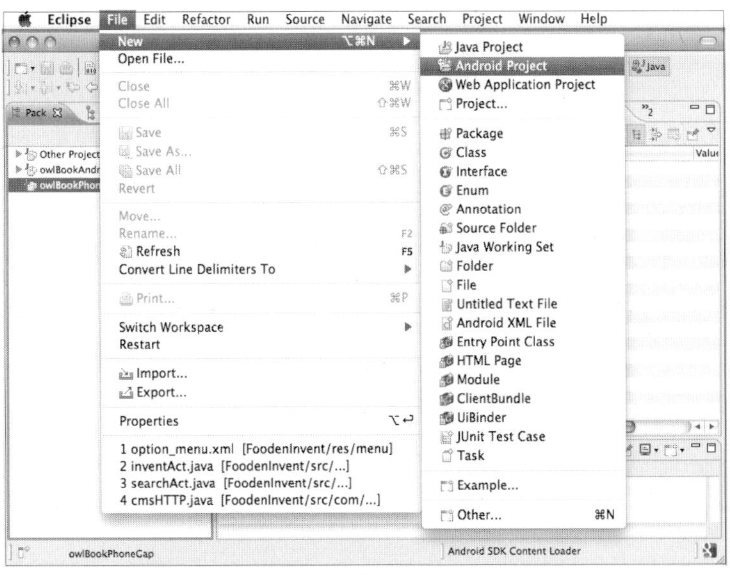

스텝 **2**

"New Android Project" 창이 그림과 같이 나타납니다. 여기서는 폰갭 샘플 프로젝트를 가져오는 것이 목적이므로 "Create project from existing source"를 선택합니다. 그러면 "Location: > Browser..." 버튼이 활성화됩니다. 이 버튼을 클릭하여 폰갭 샘플 프로젝트의 위치를 지정합니다.

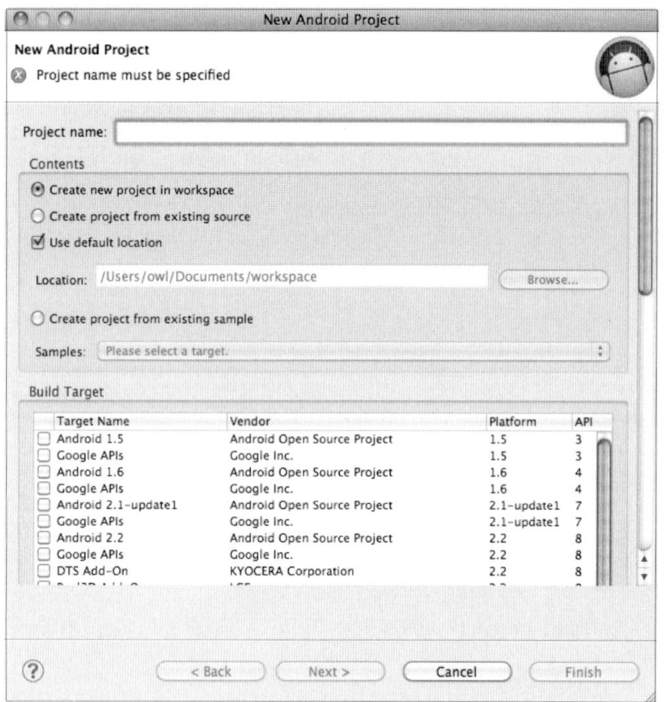

스텝 **3**

"열기" 창이 나타나면 그림과 같이 폰갭 샘플 프로젝트 폴더를 선택하고 "열기" 버튼을 클릭합니다.

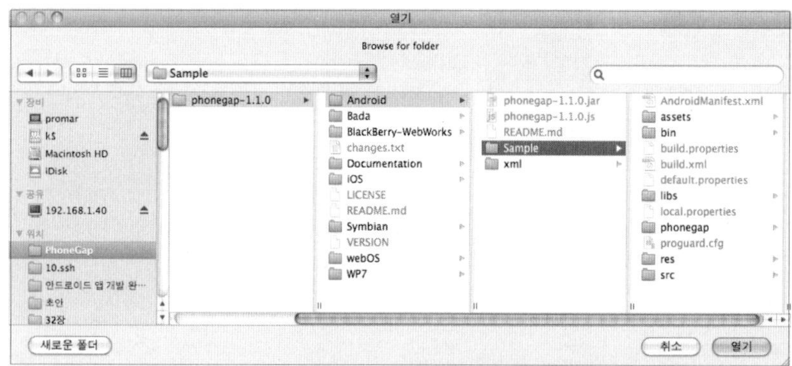

스텝 **4**

이렇게 하면 폰갭 샘플 프로젝트 폴더
의 정보를 읽어와 그림과 같이 프로젝
트 이름 등 필요한 항목을 자동으로
채워줍니다.

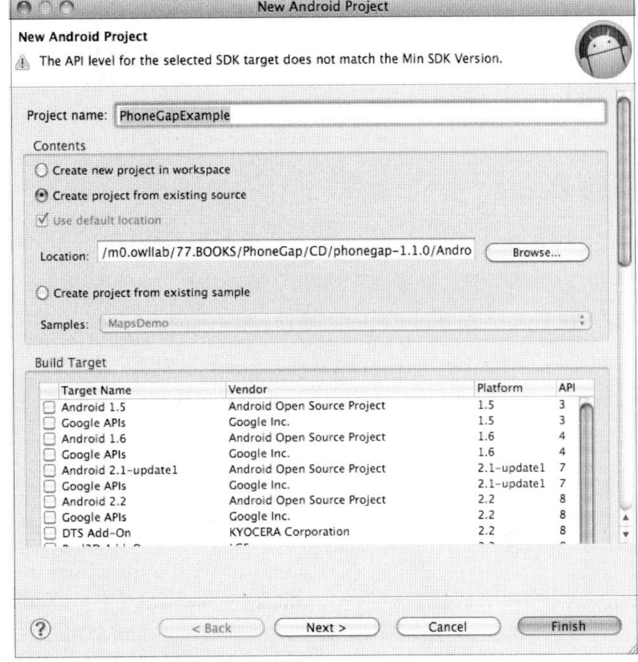

스텝 **5**

Build Target 항목을 살펴보면 그림과
같이 최신 버전으로 설정되어 있습니
다. 이 부분은 나중에 실험할 단말기에
맞춰 수정할 필요가 있습니다.

우선 특별한 오류 없이 SDK 버전에
대한 경고 정도만 있다는 것을 기억해
두고 "Finish" 버튼을 클릭하여 프로
젝트를 생성합니다.

3.2 폰갭 라이브러리 등록하기

폰갭을 이용해서 안드로이드용 앱을 만들려면 안드로이드 시스템에 폰갭 라이브러리를 등록하는 작업을 해야 합니다.

스텝 1

앞의 과정에서 가져온 프로젝트에 오류가 있군요. "Problems" 창을 참고하면 "DroidGap"과 같은 폰갭 관련 객체를 찾을 수 없어 오류가 발생한다는 것을 알 수 있습니다. "Package Explorer"에는 "libs/phonegap-x.x.x.jar"라는 폰갭 라이브러리 파일이 있기는 하지만 이 프로젝트에서 라이브러리로 사용하도록 설정하지 않았다는 것을 알 수 있습니다.

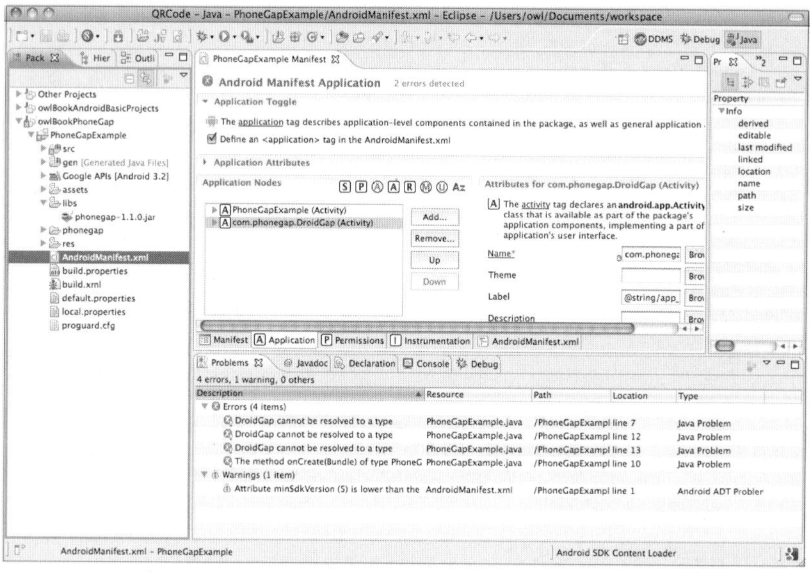

스텝 2

"src/com.phonegap.example/PhoneGapExample.java" 파일을 열어보면 "DroidGap" 클래스를 상속하여 액티비티 클래스를 구성하는데 이 "DroidGap" 클래스를 해독하지 못하는 것을 볼 수 있습니다. 안드로이드에서는 기본적으로 화면을 출력하는 액티비티 클래스가 "Activity" 클래스를 상속하여 작성됩니다. 그런데 "Activity" 클래스가 아니라 폰갭용 "DroidGap" 클래스가 있어 안드로이드에서는 해독이 안 됩니다. 결국 총체적인 문제는 폰갭 라이브러리를 이 프로젝트가 참조할 수 있게 설정해야 한다는데 있습니다. 이 문제를 해결해봅시다.

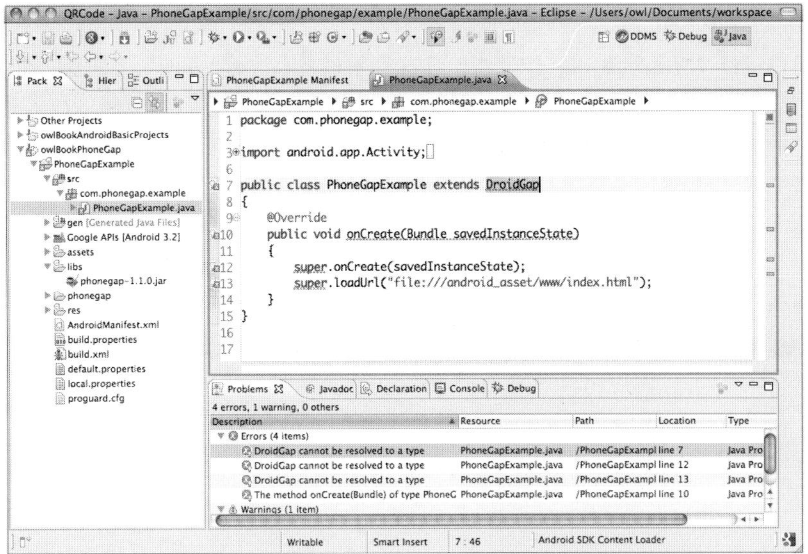

스텝 **3**

"Package Explorer" 창에서 "PhoneGap Example" 프로젝트를 선택하고 메뉴에서 "Project > Properties"를 실행합니다.

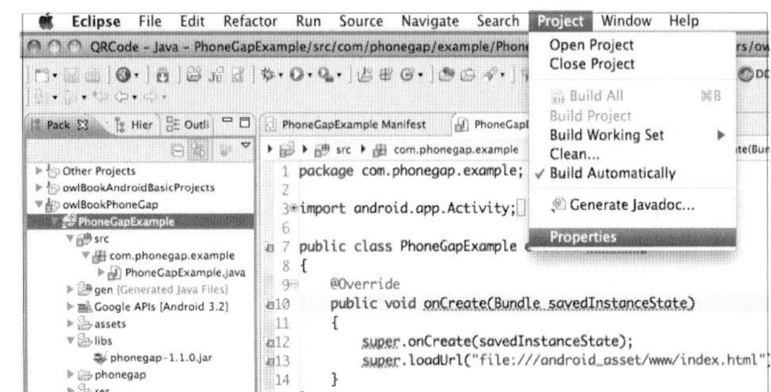

스텝 **4**

"Properties for ..." 창이 나타나면 "Java Build Path > Libraries > Add JARS..." 버튼을 클릭합니다.

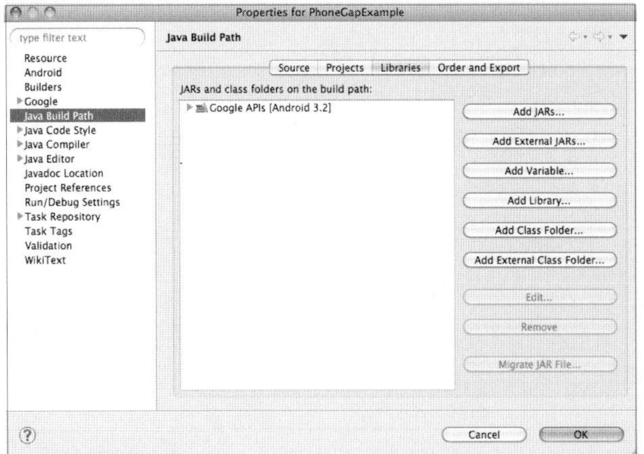

스텝 **5**

"JAR Selection" 창이 나타나면 "libs/phonegap-x.x.x.jar" 파일을 선택하고 "OK" 버튼을 클릭합니다.

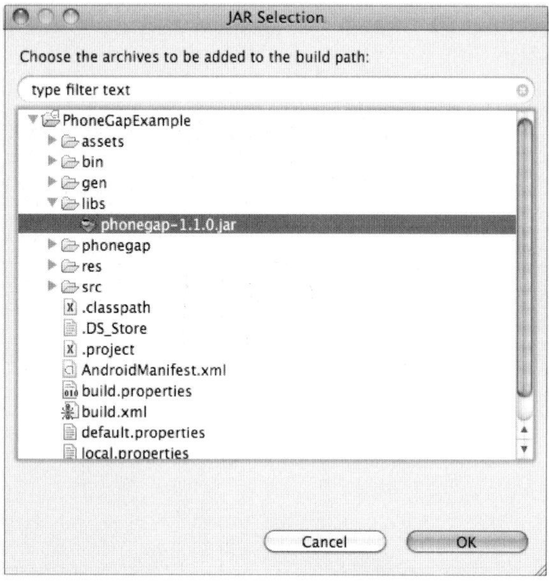

스텝 **6**

이렇게 하면 그림과 같이 폰갭 라이브러리를 이 프로젝트가 참조할 수 있게 설정됩니다. "OK" 버튼을 클릭하여 "Properties" 창을 닫습니다.

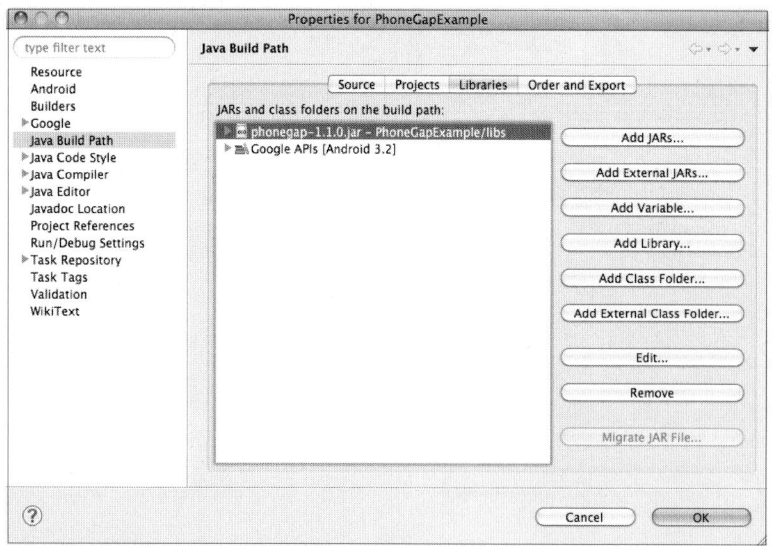

3.3 폰갭 샘플 프로젝트 구조 분석하기

앞의 과정을 통해 폰갭 라이브러리가 이 프로젝트에 등록되어 오류가 모두 없어졌습니다. 이제 폰갭 소스의 구조를 살펴봅시다.

스텝 1

"Package Explorer" 창에서도 "Referenced Libraries/phonegap-x.x.x.jar"라는 폰갭 라이브러리가 등록되었음을 알 수 있습니다. 폰갭 라이브러리 안에 있는 클래스들은 "com.phonegap"이라는 패키지명으로 시작하는 클래스임을 눈여겨보기 바랍니다.

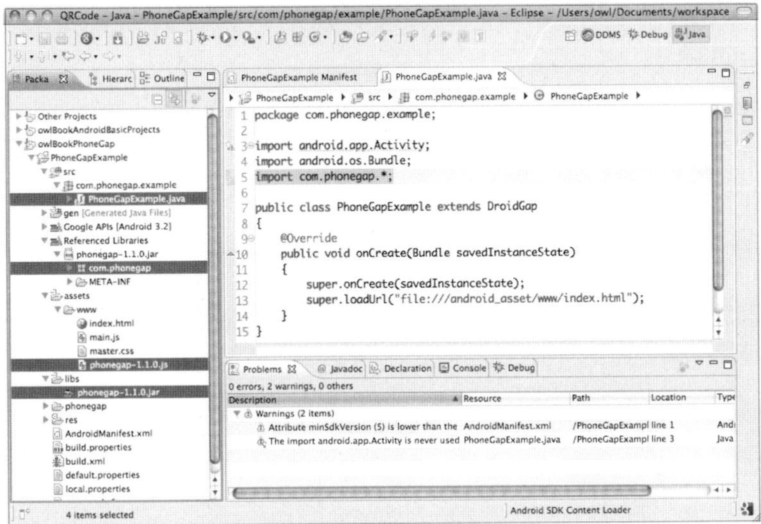

스텝 2

"Package Explorer" 창을 통해 폰갭이 어떤 소스로 구동되는지를 짐작할 수 있습니다. 이 샘플 프로젝트의 주요 소스를 살펴보면 다음과 같습니다.

- src/com.phonegap.example/PhoneGapExample.java : 화면을 출력하는 액티비티 클래스 파일입니다. com.phonegap.DroidGap 클래스를 상속하여 정의하고 있습니다. 이 클래스는 첫 화면을 출력하며 이 프로젝트의 "assets/www/index.html" 파일을 웹뷰에 출력하는 방식입니다. 따라서 www 폴더에서 HTML5와 자바스크립트만으로도 웹앱을 만들 수 있게 합니다.

- Referenced Libraries/phonegap-x.x.x.jar : 폰갭 라이브러리가 이 프로젝트에 등록되어 참조되고 있음을 표시하고 있습니다.

- assets/www/index.html : 첫 화면을 출력하는 HTML 파일입니다.

- libs/phonegap-x.x.x.jar : 폰갭 라이브러리 파일이 이 프로젝트에 포함되었음을 의미합니다.

3.4　프로젝트 속성 바꾸기

이번엔 실험할 단말기에서 지원하는 Android SDK 버전에 맞춰 참조할 SDK를 변경 설정해보겠습니다.

스텝 **1**

그림과 같이 AndroidManifest.xml 파일을 보면 "Uses Sdk > Min SDK version"에서 Android SDK Level을 5로 설정하고 있습니다. 필자는 Android SDK 2.3.3을 지원하는 단말기에서 실험할 것입니다. 즉, Android SDK Level을 10으로 변경하려고 합니다. Android SDK 버전을 변경하기 위해 "Project > Properties" 메뉴를 실행합니다.

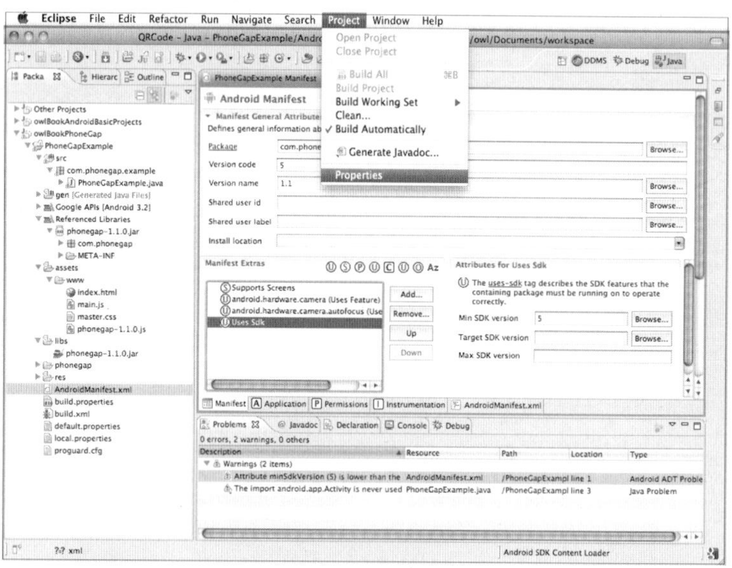

참고 이클립스 자동 컴파일

그림과 같이 "Project > Build Automatically" 메뉴가 체크되어 있으면 소스 파일을 변경 저장할 때마다 자동으로 컴파일을 실행합니다. 본 사례와 같이 가벼운 프로젝트의 경우 이렇게 자동 컴파일을 하도록 설정하는 것이 편리하고, 무거운 프로젝트는 필요할 때만 수동으로 "Project > Build Project" 메뉴를 사용하여 컴파일하는 것이 효율적입니다. 또한 많은 작업을 수행하여 이클립스가 자체의 문제로 객체를 잘 인식하지 못할 때는 "Project > Clean" 메뉴를 실행하여 깨끗한 상태에서 재컴파일해야 하는 경우도 있습니다.

스텝 **2**

"Properties" 창에서 "Android > Build Target"을 그림과 같이 "Google APIs ... 2.3.3"으로 변경 선택하고 "OK" 버튼을 클릭합니다.

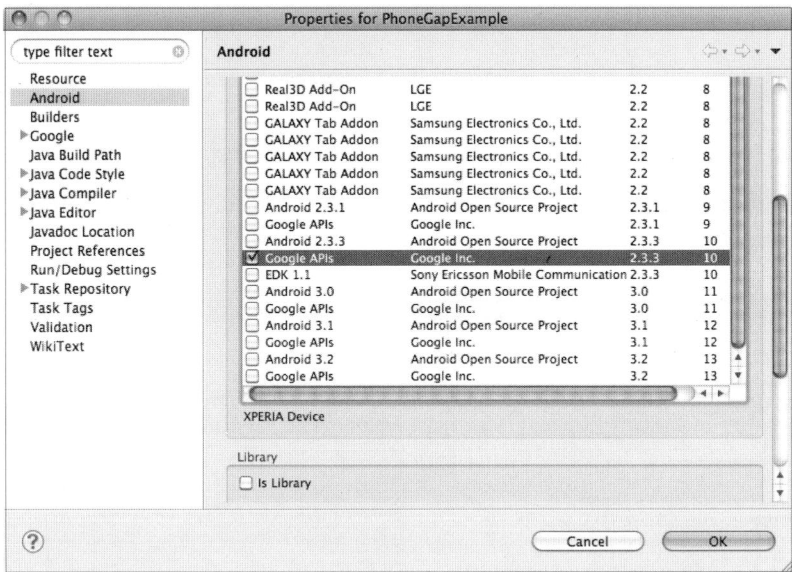

스텝 **3**

AndroidManifest.xml 파일에서 "Uses Sdk > Min SDK version"을 "10"으로 변경한 후 저장했습니다.

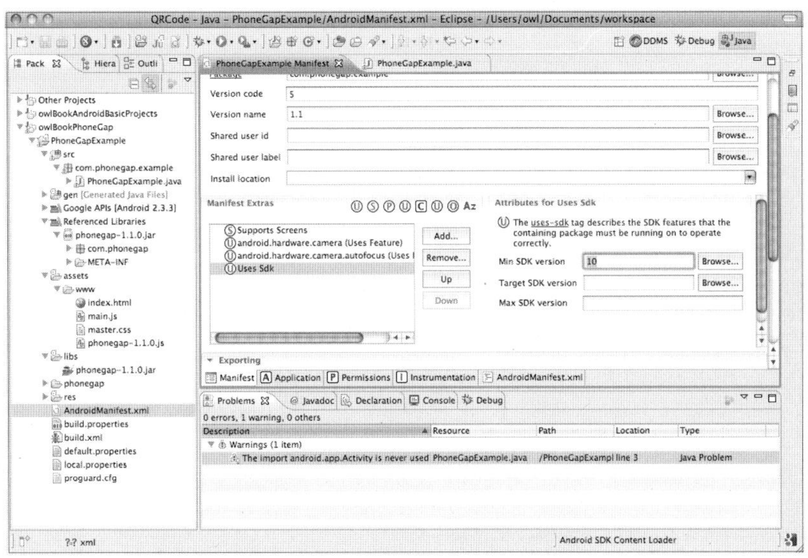

3.5 참조 자동 정리하기

또 한 가지 안드로이드 프로그래밍을 위해 이클립스에 대해 꼭 알아둘 필요가 있는 사항이 자동 참조 단축키입니다.

스텝 1

그림처럼 "android.app.Activity"는 PhoneGapExample.java 파일에서 사용하지 않습니다. 이 때 단축키 "Ctrl + O" 또는 "Command + O"를 누르면 자동으로 참조가 필요한 클래스는 import 구문을 추가하고 필요 없는 참조 구문은 삭제합니다.

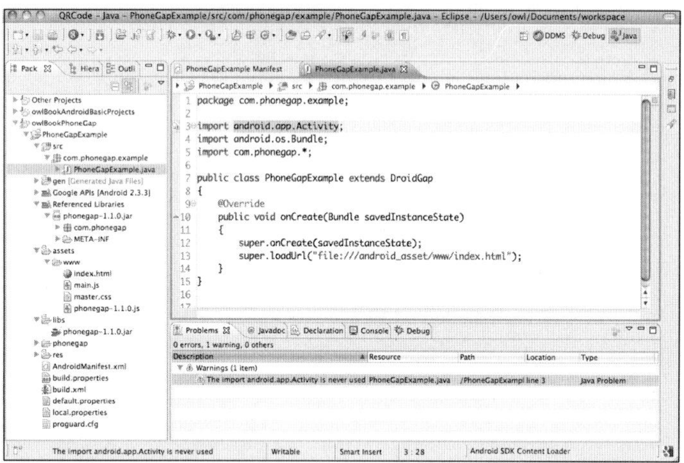

스텝 2

자동 참조 처리가 완료되면 불필요했던 "android.app.Activity" 참조 구문이 삭제됩니다.

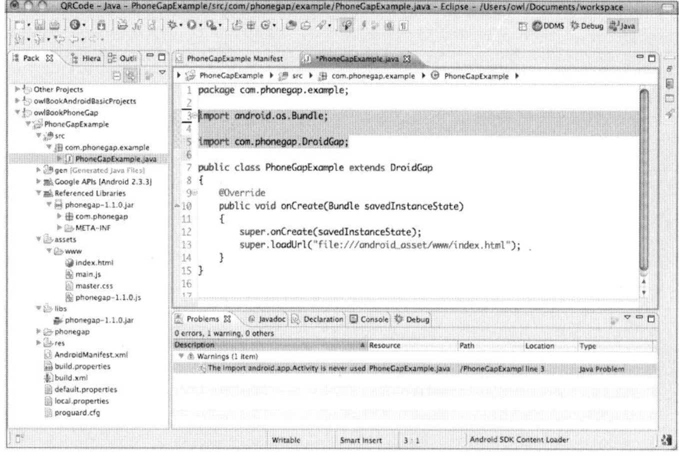

스텝 3

PhoneGapExample.java 파일을 저장하면 자동으로 재컴파일을 하여 그림과 같이 오류도 없고
경고도 없는 깔끔한 상태가 됩니다.

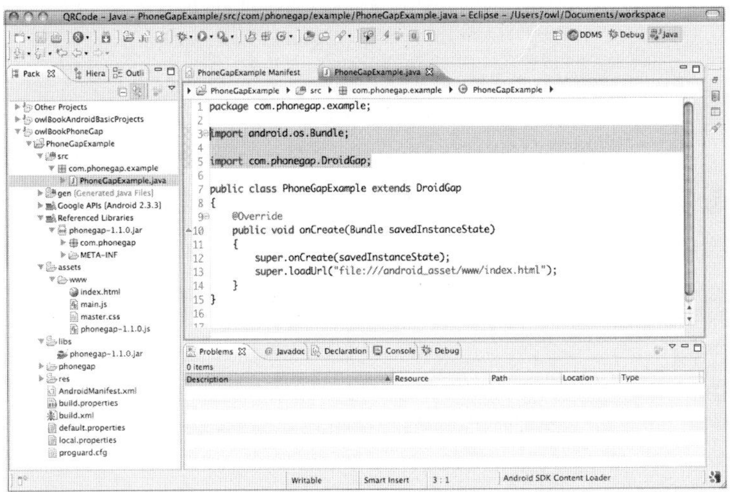

3.6 　안드로이드 가상기기 관리하기

앞에서 프로젝트가 준비됐습니다. 안드로이드 단말기가 없다면 다음과 같이 Android AVD라는 가상기기 (Emulator)를 사용해야 합니다. 안드로이드는 가상기기를 개발자가 생성해서 사용하는 방식을 사용합니다.

스텝 **1**

그림과 같이 "Window > Android SDK and AVD Manager" 메뉴를 실행하면 안드로이드 가상기기를 생성, 수정, 삭제, 실행할 수 있는 창이 나타납니다.

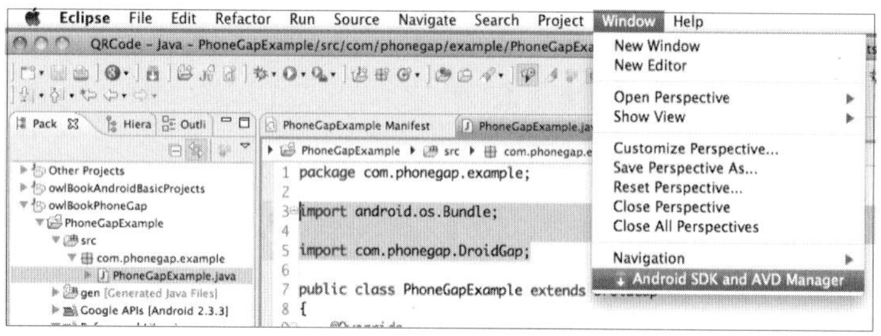

스텝 **2**

"Android SDK and AVD Manager" 창에서 "Virtual devices"를 선택하면 그림과 같이 가상기기 목록이 나타납니다. 이 그림은 필자가 이미 만들어 두었던 가상기기들입니다. 안드로이드의 경우 다양한 단말기에서 실험할 필요가 있기 때문에 개발자가 가상기기를 여러 가지 특성에 맞게 생성하도록 되어 있습니다. "New" 버튼을 이용하여 개발자가 원하는 가상기기를 만들 수 있습니다. 가상기기를 선택하고 "Start..." 버튼을 클릭하면 가상기기가 실행됩니다. 하지만 가상기기는 속도가 느리고 실물 단말기에서 실험해야 하는 기능들이 많아 가상기기에서 실험은 한계가 있습니다. 결국 최종적으로 앱을 만들어 배포할 때는 실물 단말기에서 실험해야 합니다.

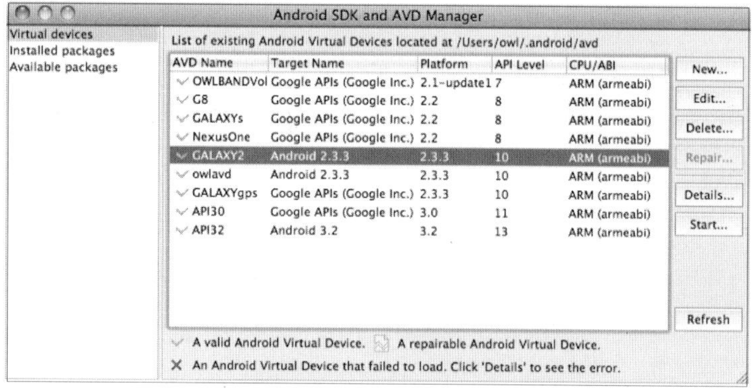

스텝 3

"Android SDK and AVD Manager > Virtual devices"에서 가상기기를 선택하고 "Start..." 버튼을 클릭하면 그림과 같이 "Launch Options"가 나타납니다. "Launch Options" 창에서 "Launch" 버튼을 클릭하면 가상기기가 나타납니다.

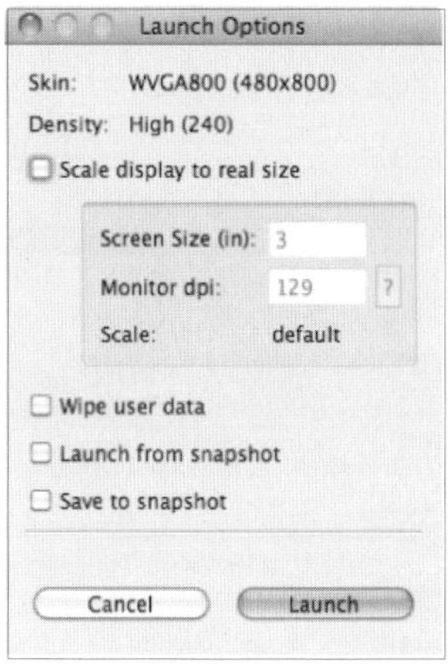

스텝 4

가상기기가 부팅된 후 잠금 해제를 하고 나면 가상기기에서 실험할 준비가 완료됩니다.

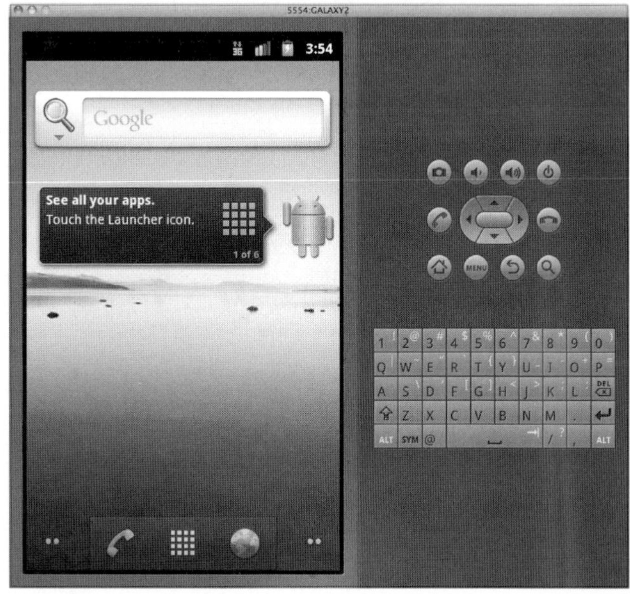

3.7 | 디버그 모드로 실행하기

안드로이드 실물 단말기가 준비되어 있어 가상기기보다는 실물 단말기에서 실험하는 과정을 보여주겠습니다. 이 폰갭 샘플 프로젝트의 경우 폰갭에서 구현할 수 있는 여러 가지 샘플들을 보여주고 있기 때문에 실물 단말기에서 폰갭이 어떤 기능들을 구현할 수 있는지를 맛볼 수 있을 겁니다.

스텝 **1**

앞서 실행했던 가상기기를 종료하고 실물 단말기를 USB로 연결했습니다. 그림과 같이 프로젝트를 선택하고 "Run > Debug As > Android Application" 메뉴를 실행합니다.

이렇게 하면 디버그 모드에서 프로젝트 앱을 실험할 수 있어 문제가 발생했을 때 버그를 잡아내는데 용이합니다.

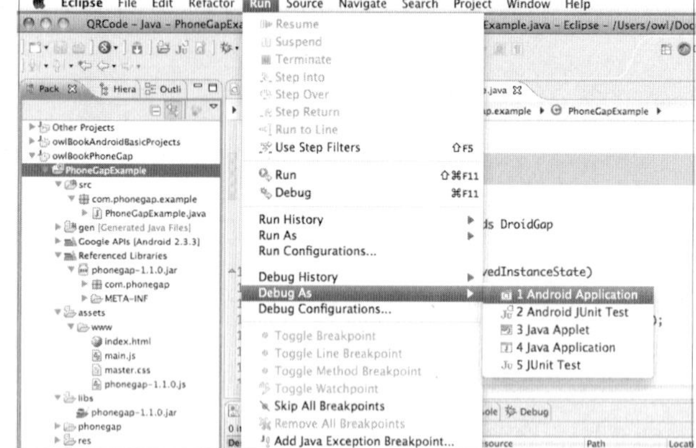

대신 디버그 모드에서 실행하면 실제 사용자가 실행하는 것보다 조금 느릴 수밖에 없다는 점도 참고하기 바랍니다. 앱 사용자가 실행하는 것과 같은 방식으로 실행해보려면 "Run As > Android Application" 메뉴를 사용하면 됩니다.

스텝 **2**

"Android Device Chooser" 창이 나타나면 "Choose a running Android device"에서 실험할 수 있는 단말기 목록이 나타납니다. 본 사례에서는 앞서 연결한 실물 단말기가 하나 보입니다.

이 단말기를 선택하고 "OK" 버튼을 클릭하면 이 프로젝트에서 컴파일한 앱을 지정한 실물 단말기에 전송하고 앱을 설치한 후 실행합니다.

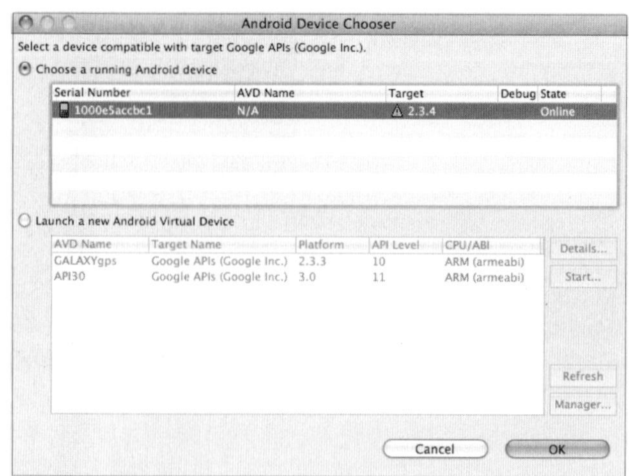

3.8 | 실물 단말기 화면 캡처하기

앱을 설치하는 동안 실험 단말기를 제어할 수 있는 DDMS (Dalvik Debug Monitor Service)를 살펴봅니다.

스텝 **1**

"Window > Open perspective > DDMS" 메뉴를 실행하면 실험중인 실물 단말기가 보이고 이 단말기에 대해 분석할 수 있는 여러 가지 기능들을 볼 수 있습니다. "Console" 창에는 단말기에 앱을 설치하는 과정이 나타나고 "LogCat" 창에는 단말기에서 전송해오는 로그들을 출력하고 있습니다. 또한 "File Explorer" 창에서는 단말기에 수록된 파일들을 탐색할 수 있다는 점도 눈여겨 볼 만합니다. 개발의 깊이가 더해지면서 DDMS의 활용도가 높아지게 될 겁니다. 본서에서 보여줄 실물 단말기의 화면은 "Devices" 창에 있는 사진기 모양의 "캡처 버튼"을 이용한 것입니다. 이 "캡처 버튼"을 클릭해봅니다.

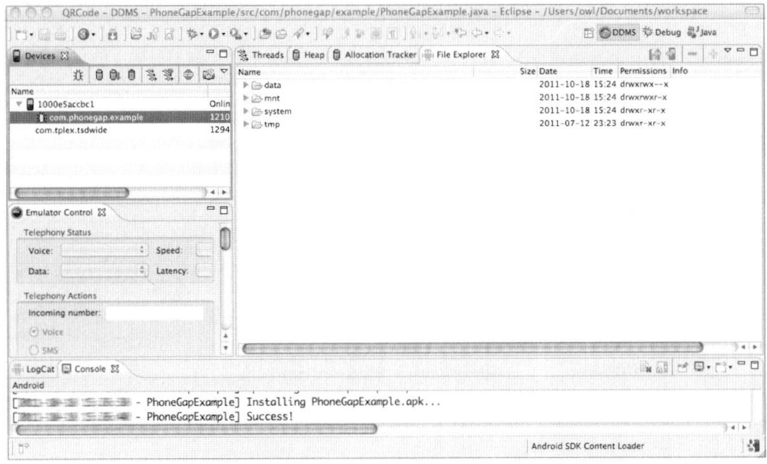

스텝 **2**

그림과 같이 "Device Screen Capture" 창이 나타나 실물 단말기에 있는 화면을 캡처할 수 있습니다. 그림에서 보는 바와 같이 폰갭 샘플 프로젝트의 앱이 실물 단말기에 잘 설치되었습니다.

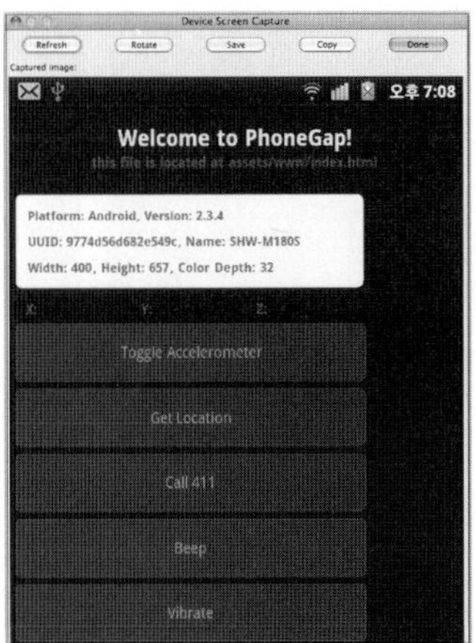

3.9 폰갭 샘플 프로젝트 실험하기

안드로이드용 폰갭 샘플 프로젝트가 어떤 기능을 보여주고 있는지 확인해보겠습니다.

스텝 1

화면에서 보는 바와 같이 "assets/www/index.html" 파일을 화면에 출력하고 있습니다. 화면에 나타난 버튼들을 하나씩 클릭해가면서 살펴보겠습니다. 이 기능들은 HTML5와 자바스크립트로 구현된 것이기 때문에 아이폰이나 윈도우폰에서도 가능한 기능들일 것으로 미루어 짐작할 수 있습니다.

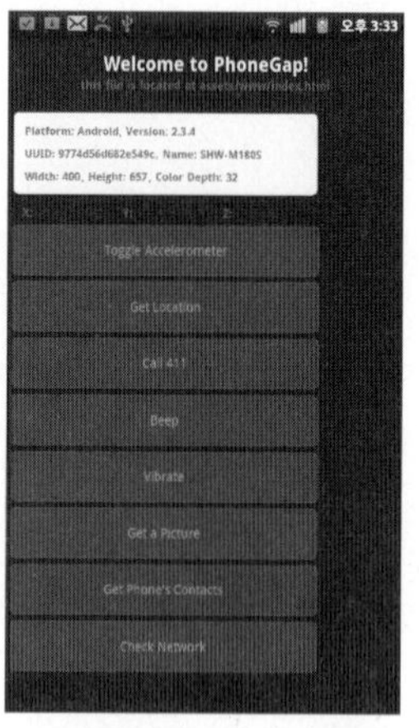

스텝 2

먼저 "Toggle Accelerometer" 버튼을 클릭하면 버튼 위에 있는 "X", "Y", "Z"에 수치가 나타나기 시작합니다. 단말기를 움직이면 단말기의 움직임에 대한 가속도를 X, Y, Z 좌표로 표시합니다. 즉, 스마트 폰의 게임 앱에서 가장 중요한 가속 센서를 감지할 수 있도록 폰갭이 지원하고 있는 것입니다. 개발자가 복잡한 안드로이드 네이티브 프로그램을 잘 몰라도 HTML5와 자바스크립트로 소스를 작성하면 폰갭 라이브러리가 이 명령을 해독하여 안드로이드 시스템에 전달하는 기능을 제공하고 있는 것입니다. 다시 "Toggle Accelerometer" 버튼을 클릭하면 가속 센서가 중단됩니다.

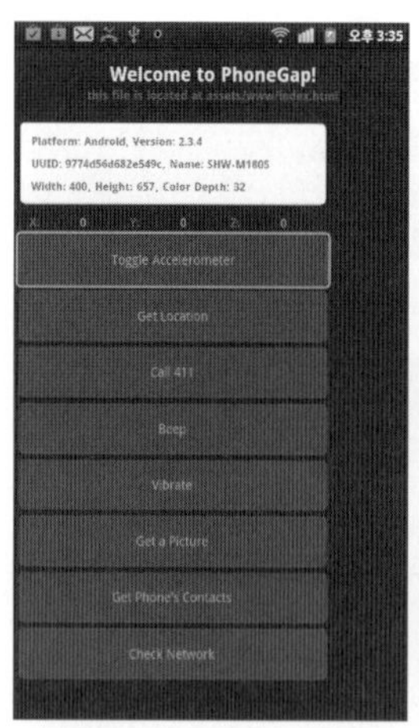 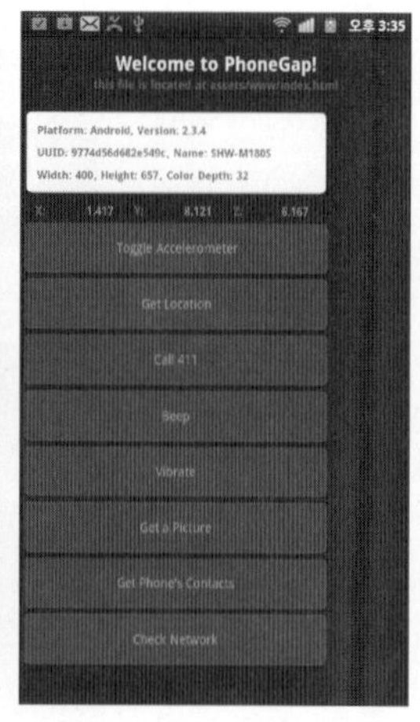 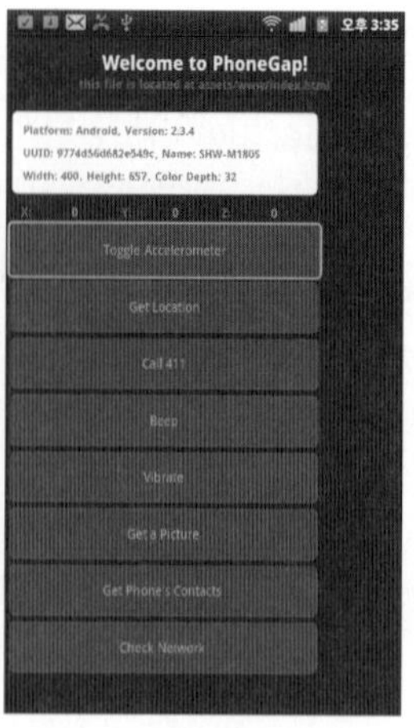

스텝 **3**

두 번째로 "Get Location" 버튼을 클릭해봅니다. 잠시 후 단말기의 위성좌표를 찾아와 대화상자로 출력해줍니다. "확인" 버튼을 클릭하면 대화상자가 닫힙니다. 이와 같이 가속센서나 위치정보 실험은 가상기기에서 하는 방법도 있긴 하지만 DDMS에서 가상치를 설정하는 등의 복잡한 과정이 필요하기 때문에 실물 단말기에서 실험해야 할 필요가 있는 항목입니다. 아래에서 실험할 벨소리, 진동, 카메라 등도 마찬가지입니다.

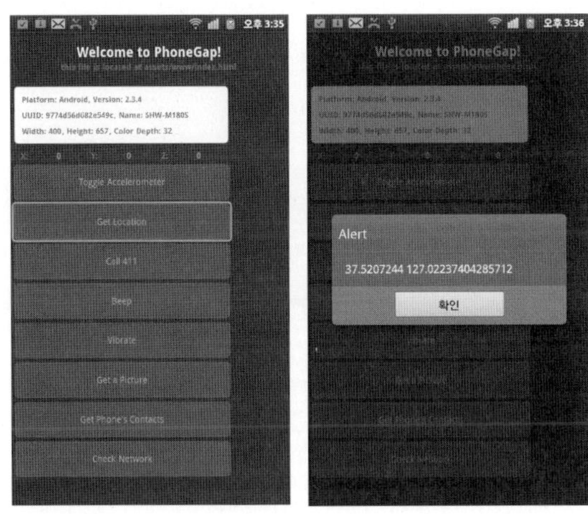

스텝 **4**

세 번째로 "Call 411" 버튼을 클릭해봅니다. 그림과 같이 폰갭에서 지원하는 전화걸기 화면이 나타나고 연락처와 같은 기능들도 지원하는 것을 엿볼 수 있습니다. 단말기의 "Back" 버튼을 클릭하면 이전 화면으로 돌아올 수 있습니다.

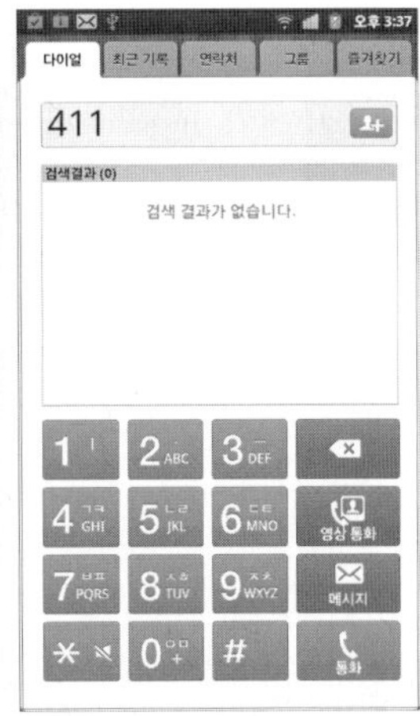

스텝 **5**

네 번째로 ″Beep″ 버튼을 클릭하면 단말기에서 벨소리가 나고, 다섯 번째로 ″Vibrate″ 버튼을
클릭하면 단말기에서 진동이 울립니다.

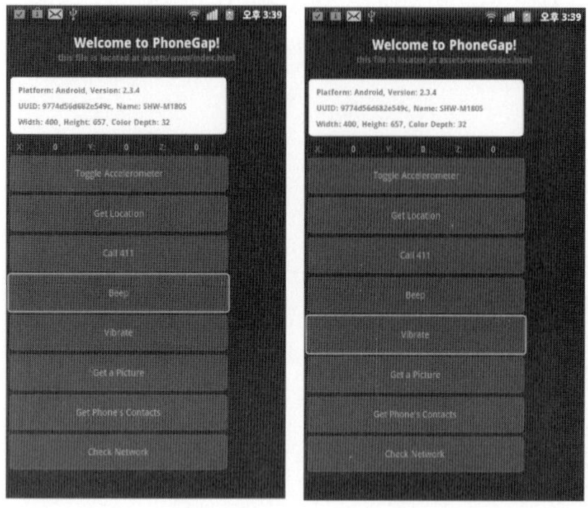

스텝 **6**

여섯 번째로 ″Get a Picture″ 버튼을 클릭하면 그림과 같이 카메라가 나타납니다. 필자의 연구실을
촬영해봅니다.

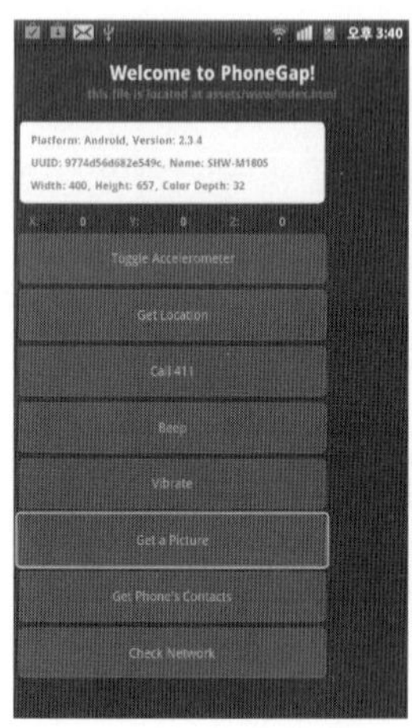

참고   **안드로이드폰 파일 탐색 및 추출**

안드로이드의 "DDMS > Files Explorer" 창을 사용하여 카메라로 찍은 사진 이미지를 컴퓨터로 가져올 수 있습니다. 이 때 반드시 "Devices" 창에서 탐색할 단말기를 선택해야 해당 단말기 안에 있는 파일을 탐색할 수 있다는 점을 기억하기 바랍니다.

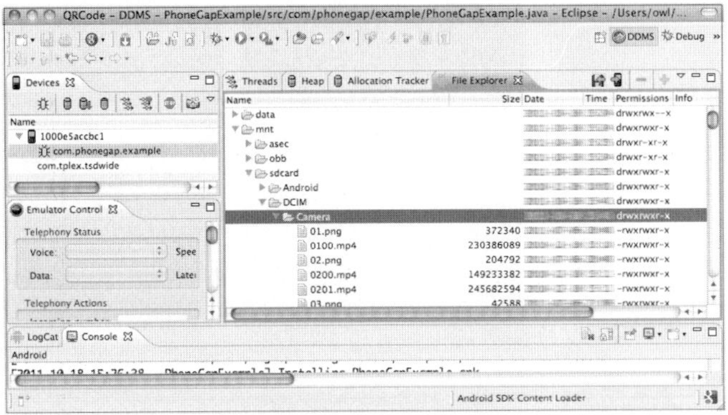

가져올 파일을 선택하고, "File Explorer" 창의 오른쪽 상단에 있는 "Pull a file from the device" 아이콘 버튼을 클릭하면 선택한 파일을 단말기에서 개발자 컴퓨터로 가져올 수 있습니다. 물론, 반대로 개발자 컴퓨터에 있는 파일을 단말기에 전송할 수도 있습니다.

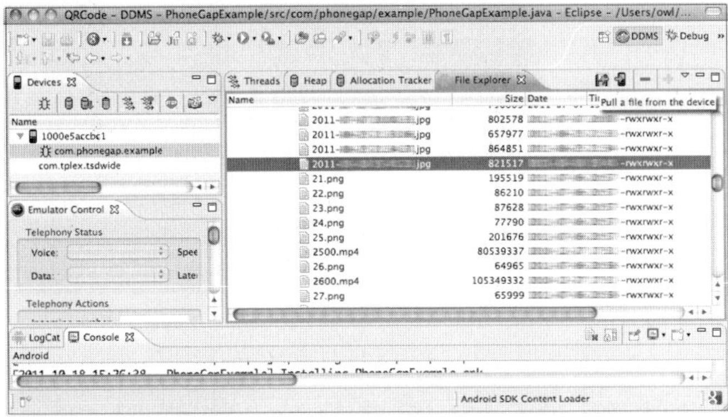

그림과 같이 "Get Device File" 창에서 저장할 위치를 지정하고 "저장" 버튼을 클릭하면 단말기에서 개발자 컴퓨터로 파일을 가져올 수 있습니다.

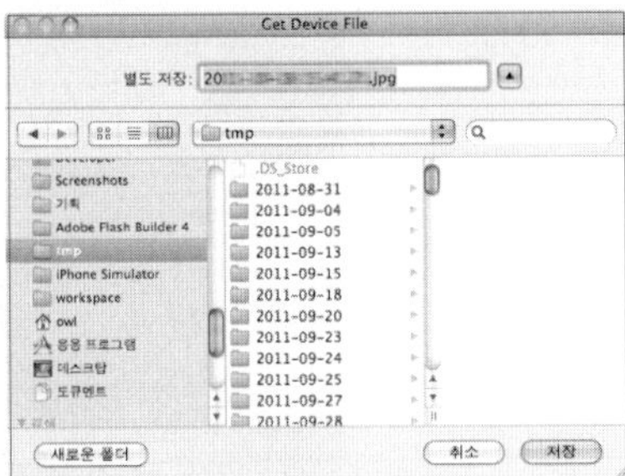

스텝 **7**

일곱 번째로 "Get Phone's Contacts" 버튼을 클릭해 봅니다. 그림과 같이 몇 개의 주소를 가져왔는지를 대화상자에 표시합니다. "확인" 버튼을 클릭하면 대화상자가 사라집니다.

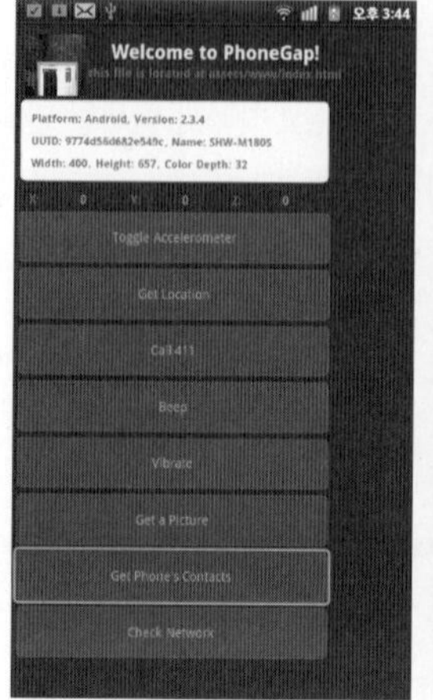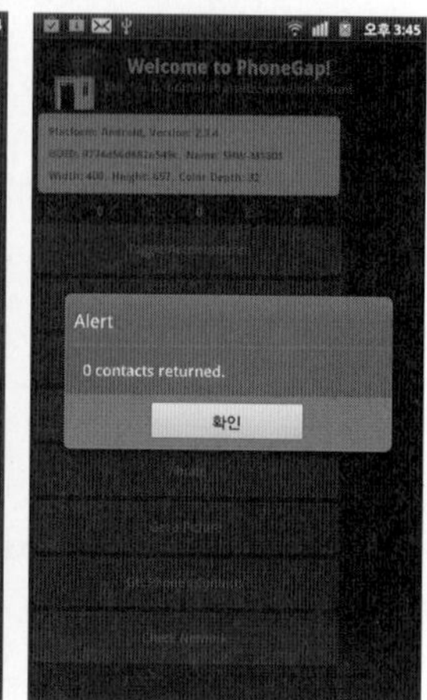

스텝 **8**

끝으로 "Check Network" 버튼을 클릭하면 단말기가 WiFi 네트웍을 사용하고 있다는 것을 보여줍니다.

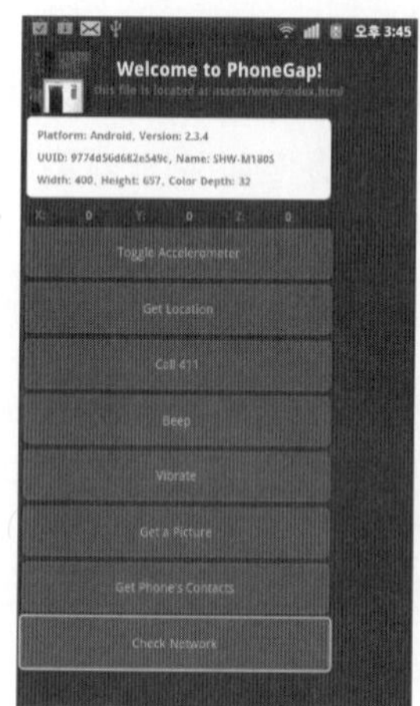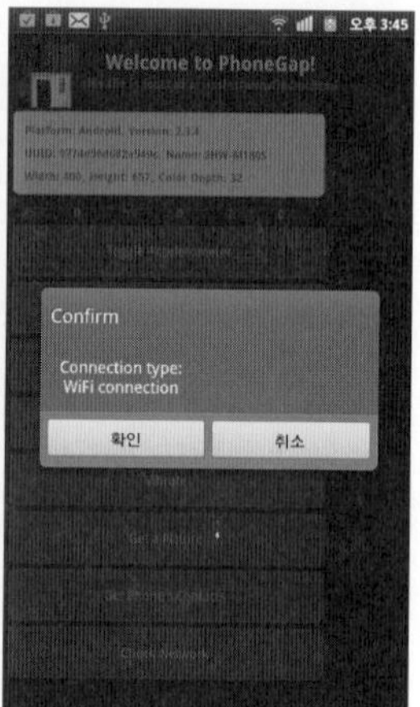

스텝 **9**

단말기에서 "Home" 버튼을 클릭하여 이 샘플 앱을 빠져나와 앱 목록을 보면 이 실험을 통해 설치된 "PhoneGapExample"이라는 앱 아이콘을 볼 수 있습니다.

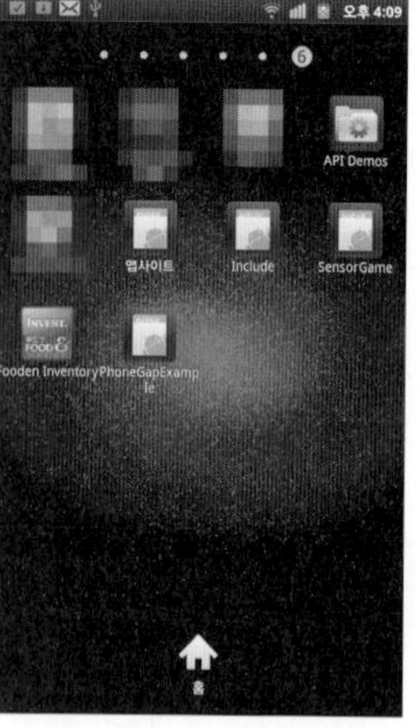

Chapter 04

아이폰용 폰갭 시작하기

아이폰이나 아이패드는 iOS라는 모바일 운영체체를 기반으로 작동합니다. 그래서 아이폰 앱을 "iOS 앱"이라고도 합니다. iOS에서 작동하는 앱은 Mac OS X 운영체제에서만 개발할 수 있으며 Xcode라는 개발 도구를 사용합니다. 따라서 Xcode를 포함한 iOS SDK가 설치되어 있는 상태에서 폰갭을 설치해야 합니다.

다운받은 폰갭 패키지를 보면 "iOS" 폴더가 있습니다. 이 폴더에서 아이폰용 폰갭 설치본을 찾을 수 있습니다. Mac OS X는 ".dmg"라는 확장자를 가진 가상 디스크 이미지 파일을 설치본으로 배포하곤 합니다. 이 파일을 더블클릭하면 가상 디스크가 나타나고 폰갭을 설치할 수 있는 파일들이 나타납니다. 이와 같이 아이폰용 폰갭은 아이폰 앱을 만들 수 있는 Xcode라는 개발 도구에 폰갭 템플릿을 설치하는 방식을 취하고 있습니다.

4.1 폰갭 템플릿 설치하기

설치 마법사를 이용하여 폰갭 템플릿을 Xcode에 플러그인 형식으로 추가하는 작업을 해봅니다.

스텝 1

다운받은 폰갭 패키지 폴더에서 "iOS/PhoneGap-x.x.x.dmg" 파일을 더블클릭합니다.

스텝 **2**

가상 디스크가 열리면서 그림과 같이 설치파일들이 나타납니다. "PhoneGap-x.x.x.pkg" 파일이
설치파일입니다. 이 파일을 더블클릭하면 설치과정이 시작됩니다.

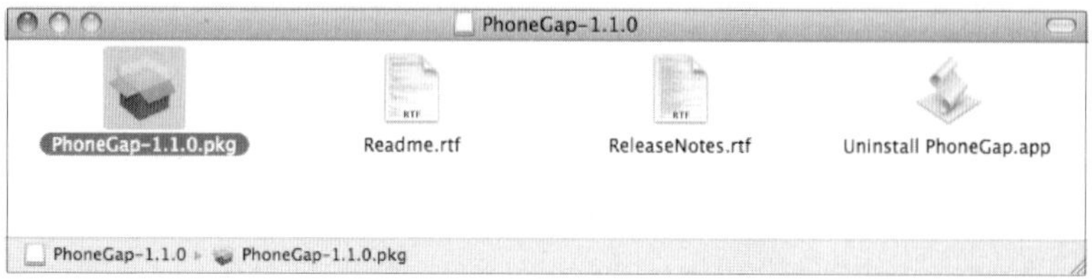

스텝 **3**

"Phone Gap 설치"라는 설치 마법사
가 나타납니다. "계속" 버튼을 클릭
합니다.

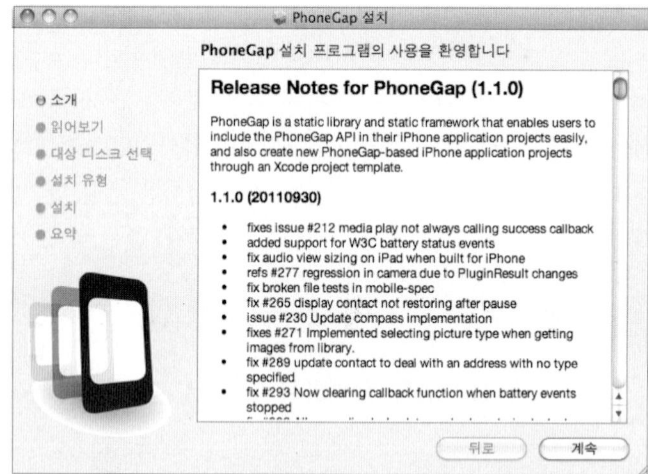

스텝 **4**

설치에 대한 안내문이 나타나면 간
단히 둘러보고 "계속" 버튼을 클릭합
니다.

스텝 **5**

설치유형에 대한 안내가 나타나면 그냥
"설치" 버튼을 클릭합니다.

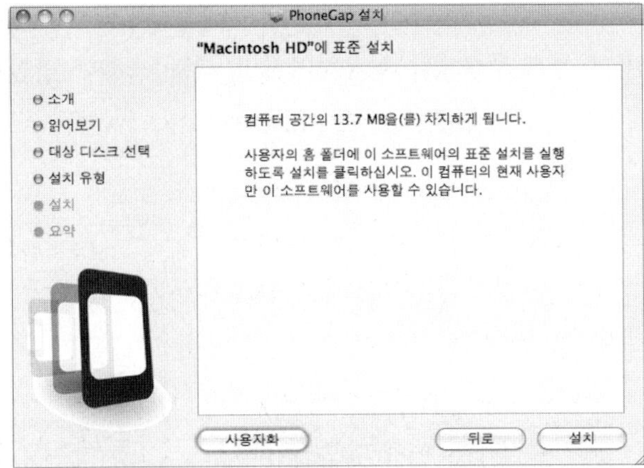

스텝 **6**

그림과 같이 패키지를 설치하는 과정이
나타납니다.

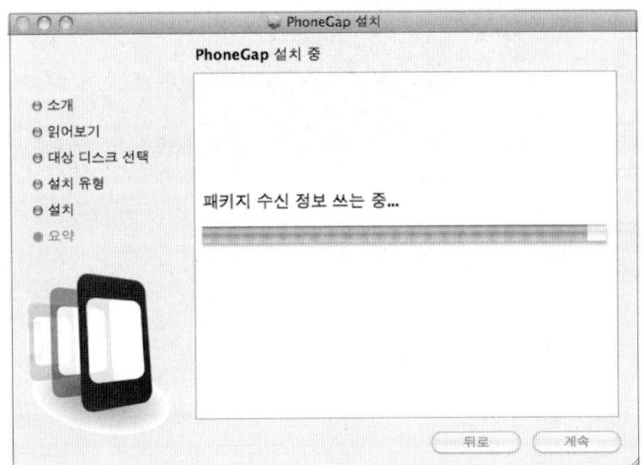

스텝 **7**

간단하게 설치가 완료됐습니다. "닫기" 버
튼을 클릭하여 설치 마법사 창을 닫습니
다. 이 설치과정으로 폰갭 템플릿이 Xcode
에 플러그인 형식으로 추가됐을 것입니
다.

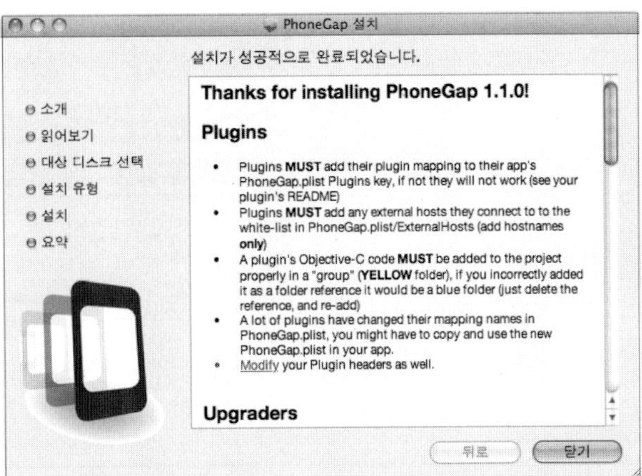

4.2 폰갭 프로젝트 만들기

이제 폰갭 템플릿을 이용하여 프로젝트를 하나 만들어 보겠습니다.

스텝 **1**

그림과 같이 Xcode 실행 파일을 찾아 더블클릭하여 Xcode 프로그램을 실행합니다.

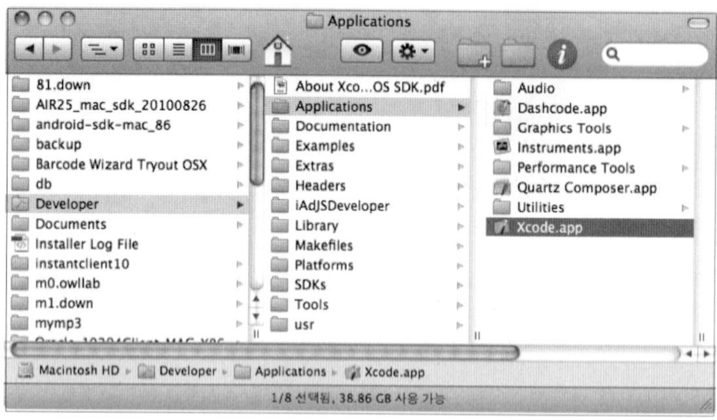

스텝 **2**

Xcode 프로그램이 열리면 "File > New > New Project..." 메뉴를 실행합니다.

스텝 **3**

그림과 같이 앞서 설치한 폰갭 템플릿을 찾을 수 있을 것입니다. "iOS > Application > PhoneGap -based Application"을 선택하고 "Next" 버튼을 클릭합니다.

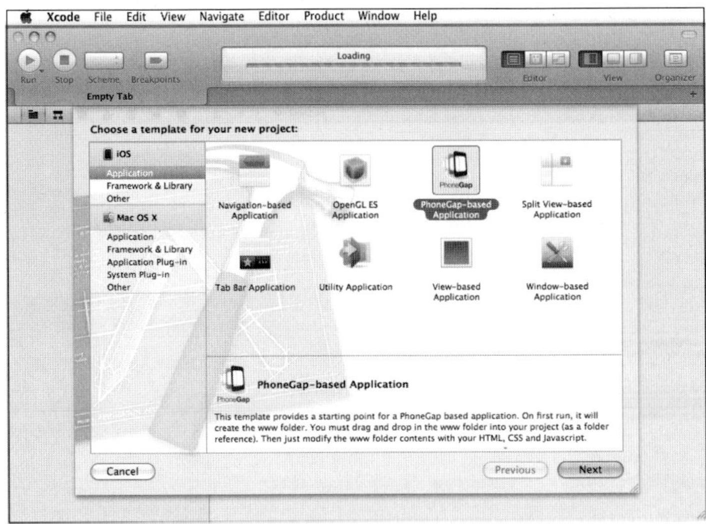

스텝 **4**

프로젝트 이름(Product Name)과 패키지 이름(Company Identifier)을 입력하고 "Next" 버튼을 클릭합니다. "Product Name"은 프로젝트 이름이면서 소스 폴더명이면서 앱 이름으로도 활용될 것입니다. 물론 나중에 필요에 따라 변경할 수도 있습니다. "Company Identifier"는 자바에서의 패키지 이름과 같은 역할을 합니다.

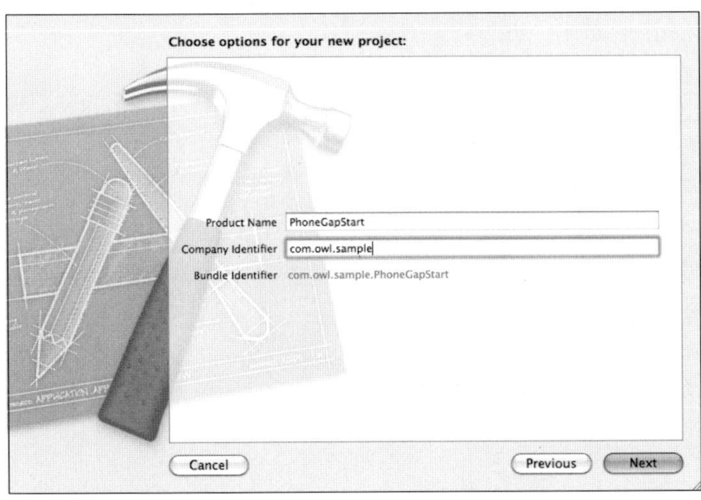

스텝 **5**

프로젝트 소스 폴더를 저장할 위치를 선택하고 "Create" 버튼을 클릭합니다.

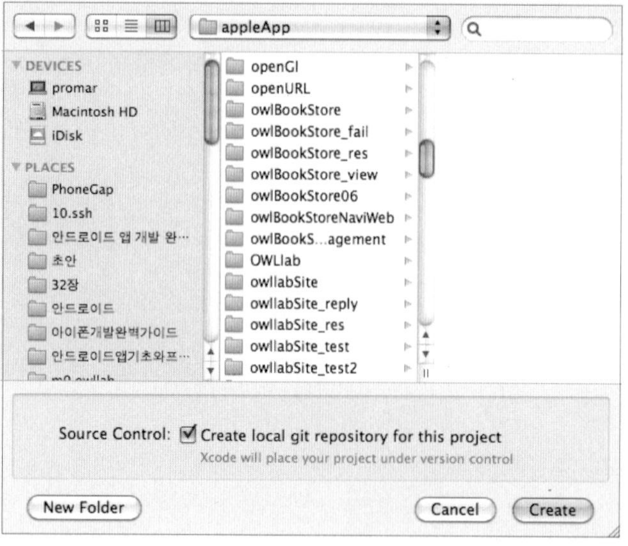

스텝 **6**

그림과 같이 Xcode 프로그램에 "PhoneGapStart"라는 폰갭용 프로젝트가 나타납니다. 일단 폰갭 프로젝트를 생성했지만 아직 출력할 콘텐츠를 설정하지는 않은 상태입니다. 프로젝트 안에 있는 파일 중에서 "PhoneGap.framework"이 폰갭 라이브러리 파일이며, 이 프레임웍 파일이 HTML5와 자바스크립트를 해독하여 기능을 실행할 수 있도록 지원할 것입니다.

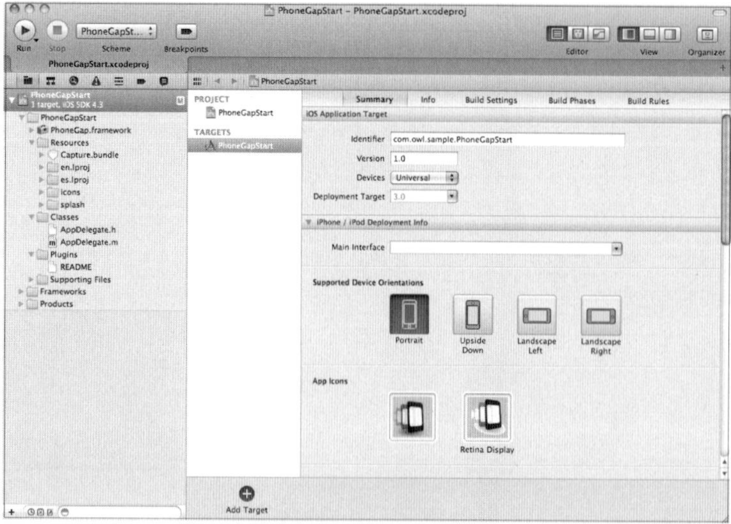

4.3 | 폰갭 프로젝트에 웹폴더 (www) 등록하기

웹폴더인 "www" 폴더를 프로젝트에 추가하는 작업을 합니다.

스텝 1

우선, 아이폰 가상기기에서 실행하여 현재 상태에서 무엇이 부족한지 파악해봅니다. 프로젝트를 선택하고 그림처럼 Xcode의 좌측상단에 있는 선택상자를 클릭하여 실행할 단말기를 선택합니다. 그림에서는 "iPhone 4.3 Simulator"를 선택하여 가상기기에서 실험하기로 했습니다. 그리고 "Run" 버튼을 클릭하면 Xcode가 프로젝트를 컴파일하고 가상기기에 설치하려 할 것입니다. 그림 하단에 보면 "www" 폴더가 없다는 경고 메시지가 나타날 것입니다.

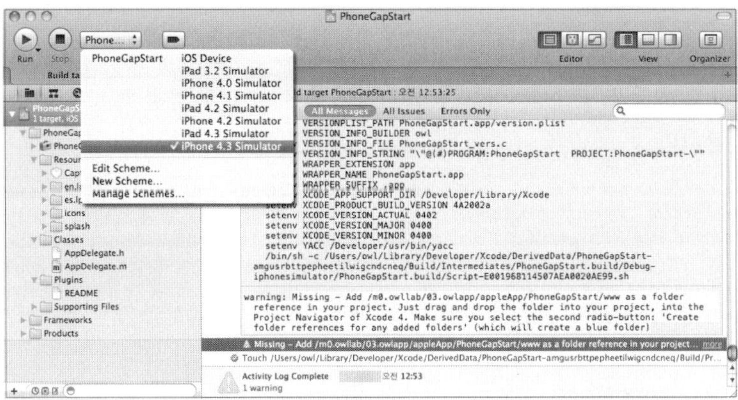

스텝 2

가상기기에서도 "www/index.html" 파일을 찾을 수 없어 오류가 발생했음을 알려줍니다.

스텝 3

결국 "www" 폴더를 프로젝트에 추가해야 폰갭이 재대로 작동한다는 것을 알 수 있습니다. 프로젝트를 선택하고 "Xcode > File > Show in Finder" 메뉴를 실행합니다.

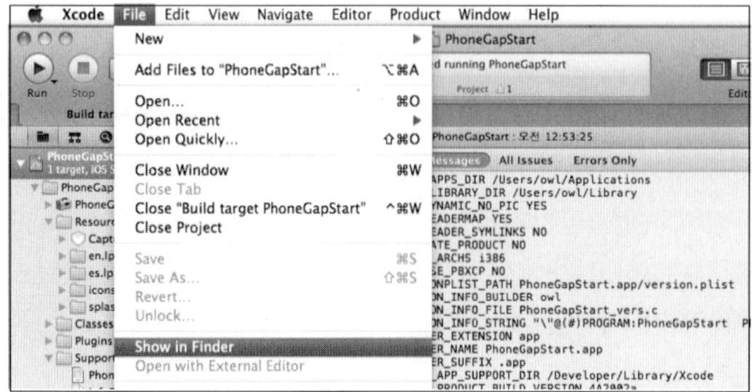

그림과 같이 프로젝트를 선택하고 마우스 오른쪽 버튼을 클릭하여 콘텍스트 메뉴를 열고 "Show in Finder" 메뉴를 선택해도 됩니다.

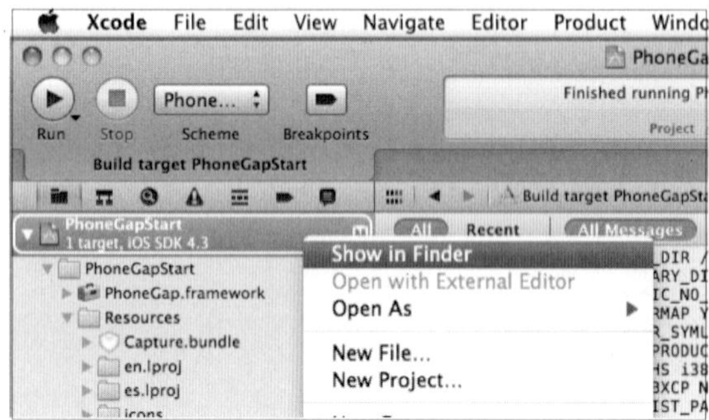

스텝 4

이렇게 하면 그림과 같이 프로젝트 폴더가 나타납니다. Mac OS X에서는 파일 탐색기를 "Finder"라 부릅니다. 프로젝트 폴더 안에는 "www" 폴더가 있습니다. 필자가 작업할 당시까지는 폰갭 템플릿이 "www" 폴더를 자동으로 프로젝트에 추가하지 못하고 있었습니다. 폰갭이 업그레이드되면 이런 부분도 개선되지 않을까 예상합니다.

필자가 작업한 버전은 위와 같이 폰갭 프로젝트를 만든 후 컴파일할 때 "www" 폴더가 만들어지게 되어 있었습니다. "www" 폴더 안에는 index.html과 자바스크립트 파일이 있습니다. 이 파일들이 화면에 출력하는 콘텐츠 파일에 해당됩니다.

스텝 5

그림과 같이 Xcode의 프로젝트에 "www" 폴더를 마우스로 드래그앤드롭 (Drag & Drop)하여
콘텐츠 폴더를 등록합니다.

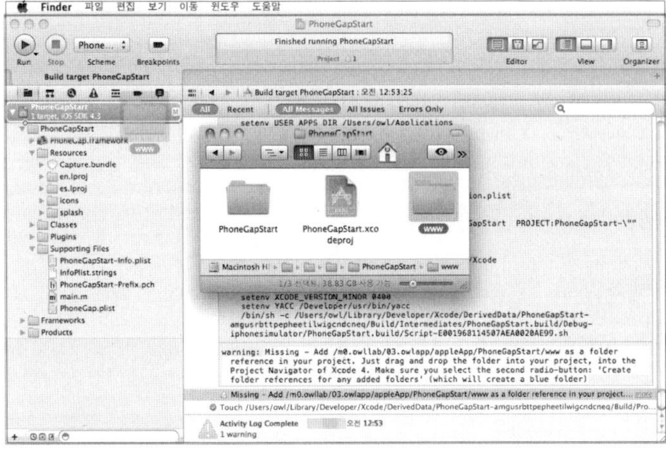

스텝 6

Xcode는 프로젝트에 파일이나 폴더를 추가할 때 복사할 것인지 참조만 할 것인지를 선택하는
옵션이 나타납니다. 본 사례의 경우, 프로젝트 폴더에 이미 있는 "www" 폴더를 Xcode 프로젝트에
참조만 시킬 것이므로 복사할 필요가 없습니다. 그림과 같이 참조 옵션을 선택하고 "Finish" 버튼을
클릭합니다.

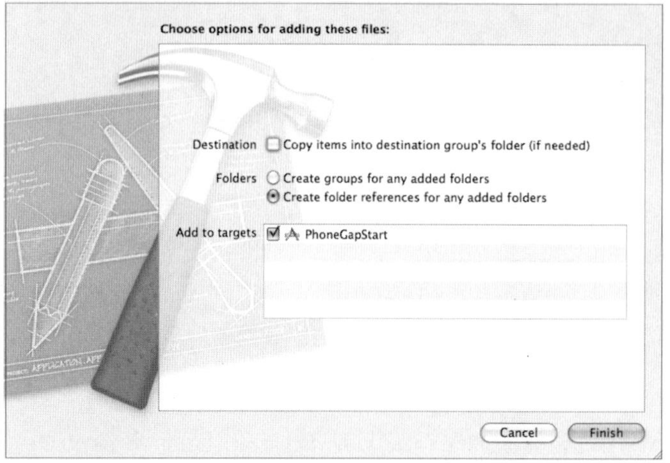

스텝 **7**

그림과 같이 "www" 폴더가 프로젝트에 추가됐습니다. 다시 "Run" 버튼을 클릭하여 컴파일하고
가상기기에서 실행해봅니다. 특별한 오류 없이 실행될 것입니다.

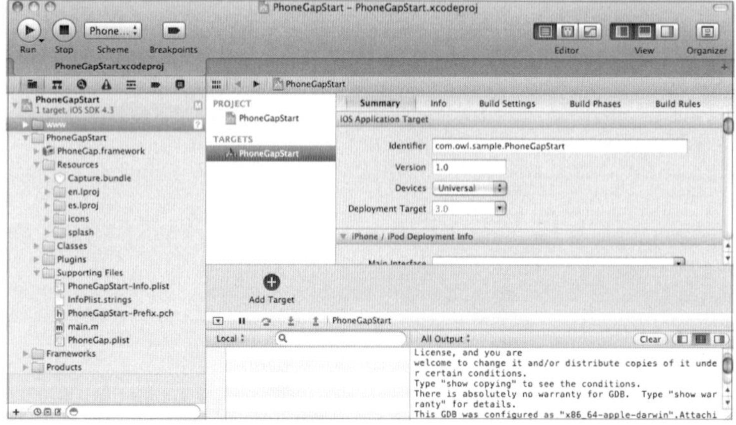

4.4 　사이트 접속 권한 설정하기

다음 과정을 실행해보면 알겠지만 이 폰갭 템플릿에 있는 샘플은 폰갭 사이트로 연결하는 링크가 있습니다. 이 링크가 제대로 실행되게 하려면 이 앱에 해당 주소를 화이트 리스트 (White List)로 등록해야 합니다. 아이폰에서는 보안이 비교적 철저하기 때문에 이런 과정이 필요합니다.

스텝 1

앞서 실행한 폰갭 앱은 가상기기에서 그림과 같이 나타납니다. 폰갭이 작동된다는 대화상자가 나타나면 "OK" 버튼을 클릭하고 "PhoneGap Start"라는 링크 버튼을 클릭해봅니다.

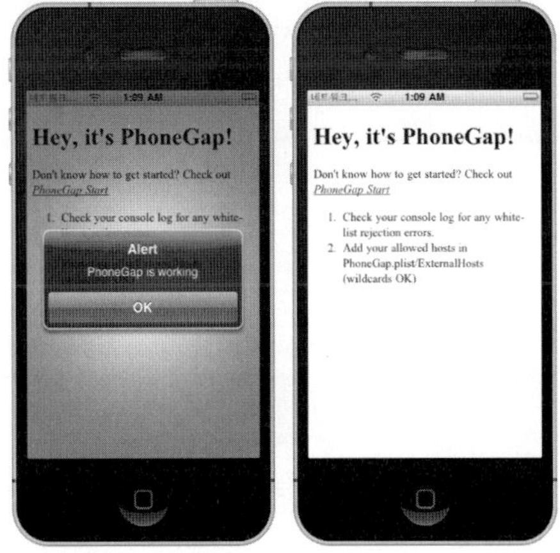

스텝 2

Xcode에서 콘솔을 보면 앞서 클릭했던 링크 버튼에 대한 오류 메시지를 볼 수 있습니다. 오류 메시지는 "http://www.phonegap.com..." 주소에 접근할 권한이 없다는 것입니다. www.phonegap.com이 whitelist에 없어 거부된 것입니다.

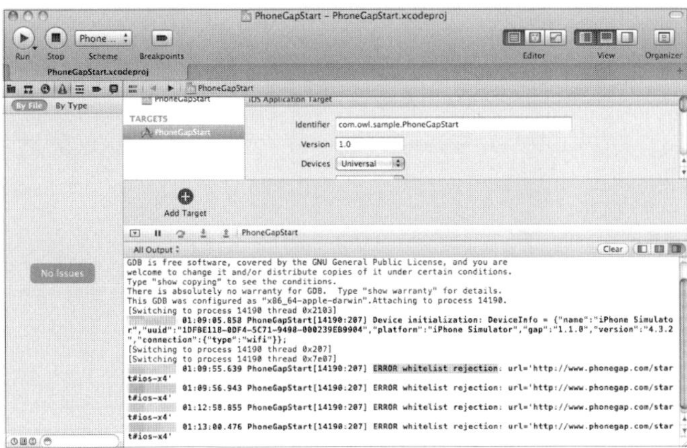

스텝 **3**

그림과 같이 "PhoneGapStart/Supporting Files/PhoneGap.plist" 파일을 더블클릭하고 "External Hosts" 항목을 선택합니다. "ExternalHosts" 항목에 이 앱이 접근할 수 있는 호스트를 추가하면 됩니다. "ExternalHosts" 항목은 "Array" 형식이므로 "ExternalHosts" 항목에 있는 "+/-" 버튼을 이용하여 필요한 만큼 호스트를 추가할 수 있습니다. "+" 버튼을 클릭하여 호스트를 추가해봅니다.

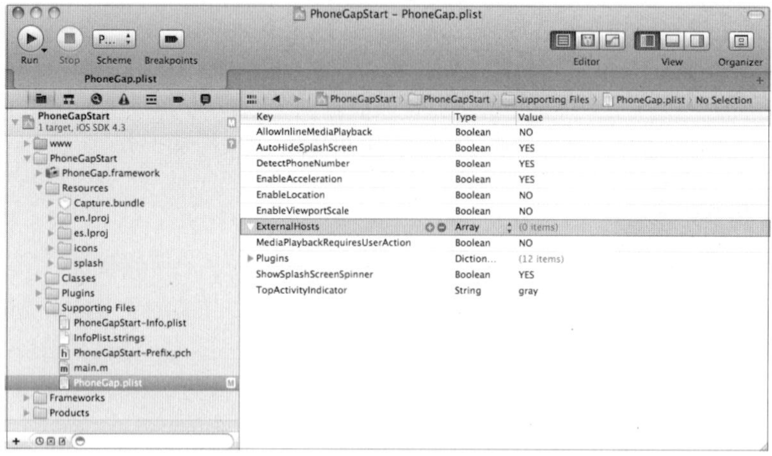

스텝 **4**

"ExternalHosts" 항목에 있는 "+" 버튼을 클릭하면 그림과 같이 아이템이 하나 추가됩니다. 이 아이템에 접근을 허용할 서버의 호스트를 입력하는데 본 사례에서는 모든 서버에 접속할 수 있도록 "*"를 입력했습니다. PhoneGap.plist 파일을 저장하고 "Run" 버튼을 클릭하여 다시 컴파일하고 가상기기에서 실행해봅니다.

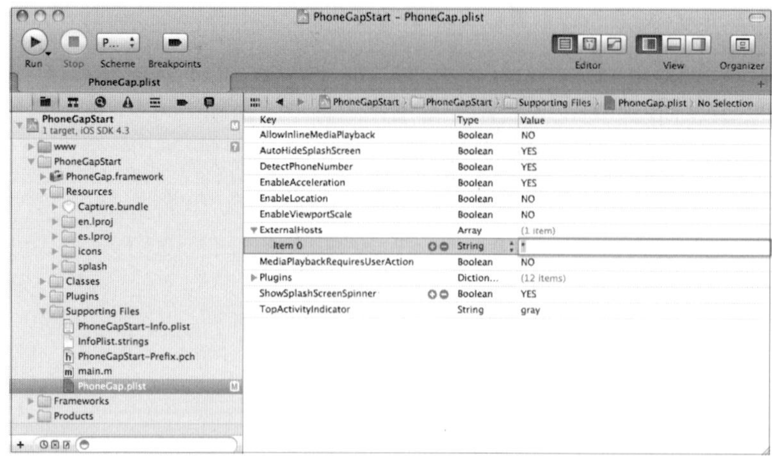

스텝 **5**

그림과 같이 가상기기에서 앱이 다시 실행되고 "PhoneGap Start" 링크 버튼을 클릭하면 폰갭 사이트로 이동할 수 있게 됩니다.

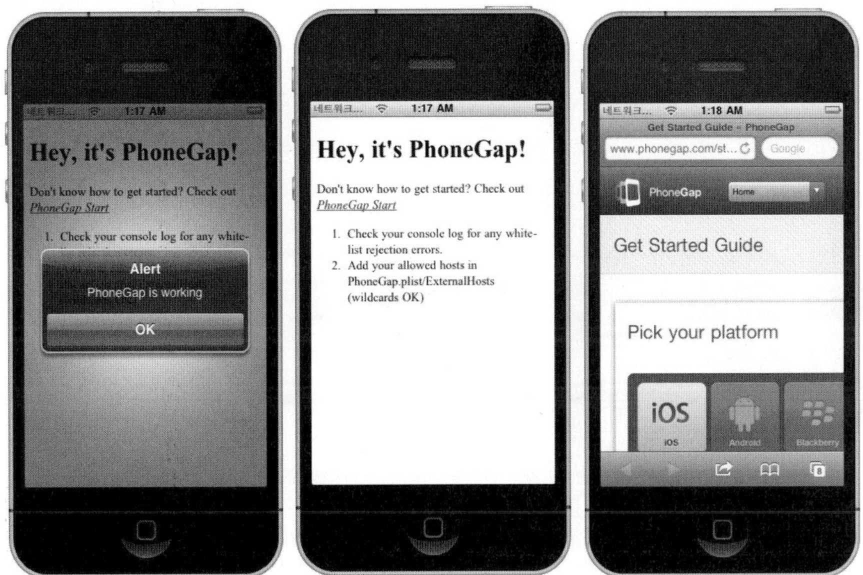

4.5 홈페이지를 앱으로 추가하기

웹앱을 효율적으로 설계, 개발하는데 도움이 되는 사용자 인터페이스를 간단히 소개합니다.

스텝 **1**

폰갭 사이트 화면을 보면 아래쪽에 "액션 버튼 (📤)"이 있는데 이 버튼을 클릭하면 액션 메뉴가
나타납니다. 이 액션 메뉴에서 "홈 화면에 추가" 메뉴를 선택해봅니다. 그러면 아이콘 이름을 입력하는
화면이 나타납니다. 이제 "추가" 버튼을 클릭해봅니다.

스텝 **2**

단말기에서 "홈 버튼(□)"을 눌러 앱 목록에 있는 홈
화면에 가보면 앞서 추가한 "홈 화면"이 "PhoneGap
Start" 앱과 나란히 앱 형식의 아이콘으로 나타나는
것을 볼 수 있습니다. 이와 같이 "홈 화면"을 앱 형식의
아이콘으로 추가할 수 있는 기능을 이용하면 아이폰에
서 웹앱을 설계하고 개발하는데 도움이 되리라 생각합
니다.

Chapter 05

윈도우폰용 폰갭 시작하기

윈도우폰은 MS Windows 운영체제에서 Microsoft Visual Studio를 기반으로 개발할 수 있습니다. Microsoft Visual Studio에서는 프로젝트 템플릿 폴더에 폰갭 템플릿 파일을 추가하는 방식을 사용합니다. 폰갭 템플릿을 Microsoft Visual Studio에 추가한 후에 Microsoft Visual Studio에서 프로젝트를 생성할 때 폰갭 템플릿을 선택하여 폰갭 프로젝트를 만드는 방식입니다.

5.1 폰갭 템플릿 추가하기

윈도우폰 개발 환경을 구축한 MS Windows 개발 컴퓨터에서 다음과 같이 폰갭 프로젝트를 만드는 작업을 수행합니다.

스텝 **1**

앞서 다운받은 폰갭 패키지에서 그림과 같이 파일 탐색기를 이용하여 "WP7\GapAppStarter.zip" 파일을 복사합니다.

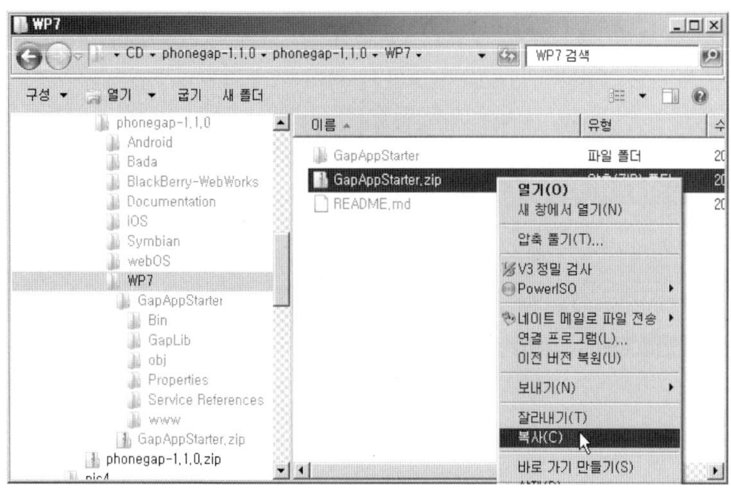

주 의 폰갭 템플릿 Zip 파일

Microsoft Visual Studio에 폰갭 템플릿을 복사해서 추가할 때는 압축을 해제하지 않은 ".zip" 파일을 그대로 복사해 Microsoft Visual Studio 템플릿 폴더에 넣어야 Microsoft Visual Studio가 폰갭 템플릿을 인식할 수 있습니다.

스텝 2

다음과 같은 Microsoft Visual Studio 템플릿에 앞서 복사한 폰갭 템플릿 파일을 붙여 넣습니다.

[Microsoft Visual Studio 2010 Express 템플릿 폴더]

- 내 문서₩Visual Studio 2010₩Templates₩ProjectTemplates
- C:₩Users₩윈도우계정₩Documents₩Visual Studio 2010₩Templates₩ProjectTemplates

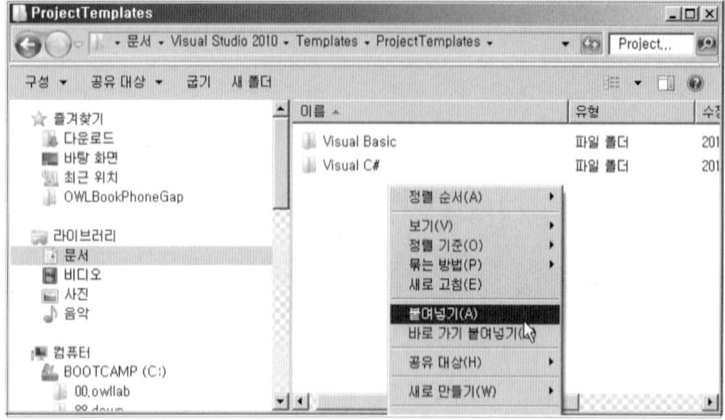

스텝 3

그림은 Microsoft Visual Studio에 폰갭 템플릿 파일을 복제하여 등록한 상태입니다. 이렇게 해서 수동이긴 하지만 간단하게 윈도우폰용 폰갭 설치를 완료했습니다.

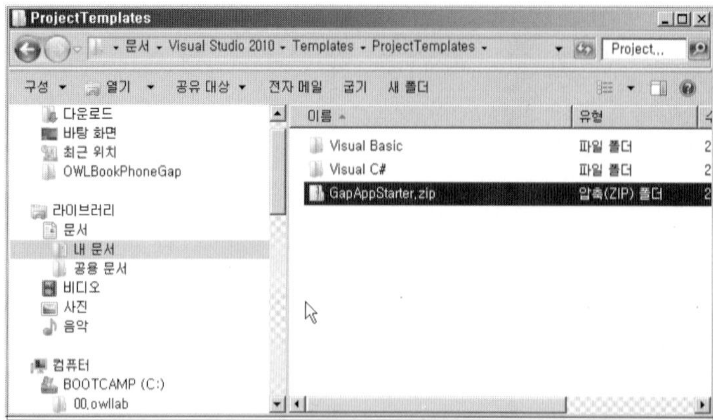

5.2 | 폰갭 프로젝트 만들기

폰갭 템플릿이 추가된 Microsoft Visual Studio 프로그램을 실행하고 폰갭용 프로젝트를 만들어 봅니다.

스텝 1

Microsoft Visual Studio에서 "파일 > 새 프로젝트" 메뉴를 실행합니다.

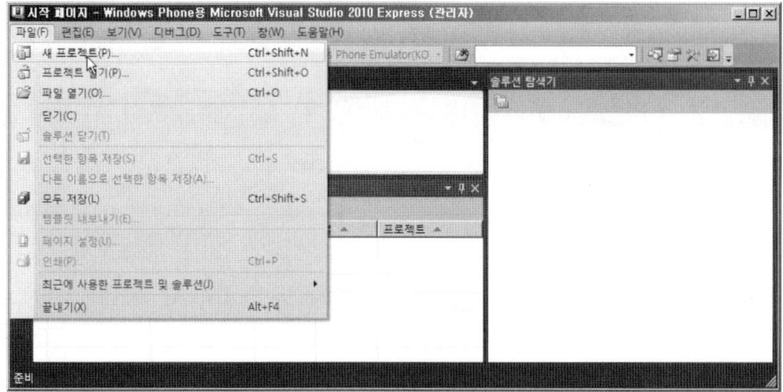

스텝 2

그림과 같이 "최신 템플릿 > Visual C#"을 선택하면 "GapAppStarter"라는 템플릿을 찾을 수 있습니다. "GapAppStarter" 템플릿을 선택하고 프로젝트 이름과 저장 경로, 솔루션 이름 등을 입력한 후 "확인" 버튼을 클릭합니다.

스텝 3

그림과 같이 "GapAppStarter1"이라는 솔루션 안에 "GapAppStarter1"이라는 프로젝트가 생성됐습니다. 이 프로젝트에서 "MainPage.xaml" 파일을 열어보면 디자인 편집기와 함께 화면을 구성하는 소스를 볼 수 있습니다. <my.PGView> 태그로 폰갭 콘텐츠를 출력하는 구조임을 짐작할 수 있습니다.

앞서 소개한 안드로이드나 아이폰과 같이 윈도우폰도 "www" 폴더가 화면을 출력하는 콘텐츠에 해당한다는 것도 눈여겨 봐두기 바랍니다. "GapLib\WP7GapClassLib.dll" 파일이 폰갭 라이브러리 파일입니다. 이 폰갭 라이브러리를 기반으로 "www" 폴더에서 HTML5와 자바스크립트로 콘텐츠를 만드는 구조입니다.

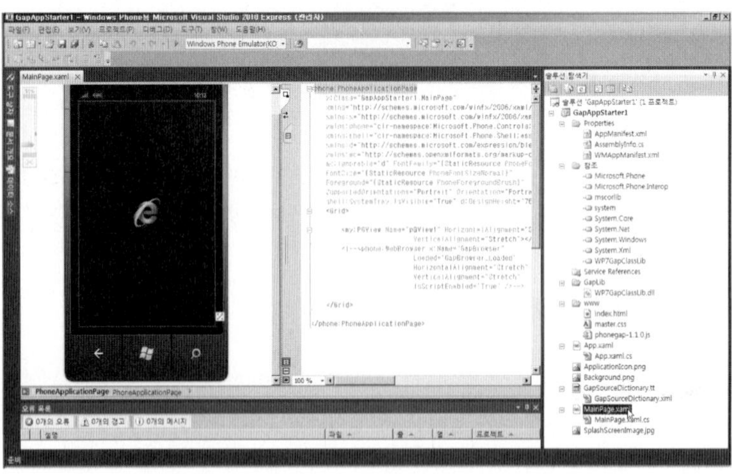

5.3 사용자 지정 도구 실행하기

윈도우폰용 폰갭은 "GapSourceDirectory.tt"를 통해 "www" 폴더에 있는 콘텐츠를 인식하도록 설계하고 있습니다. 따라서 "www" 폴더에 파일을 추가하거나 삭제하면 다음과 같이 "GapSource Directory.tt" 파일을 실행하여 콘텐츠 파일을 읽어 오도록 해야 합니다.

스텝 **1**

"솔루션 탐색기" 창에서 해당 프로젝트의 "GapSourceDirectory.tt" 파일을 선택하고 마우스 오른쪽 버튼을 클릭하여 콘텍스트 메뉴를 엽니다. "솔루션 탐색기 > 해당 프로젝트 > GapSourceDirectory.tt > 콘텍스트 메뉴 > 사용자 지정 도구 실행" 메뉴를 실행합니다. 이 명령으로 Microsoft Visual Studio는 "www" 폴더에 있는 콘텐츠 파일들을 읽고 "GapSourceDirectory.tt\GapSourceDirectory .xml" 파일을 재생합니다.

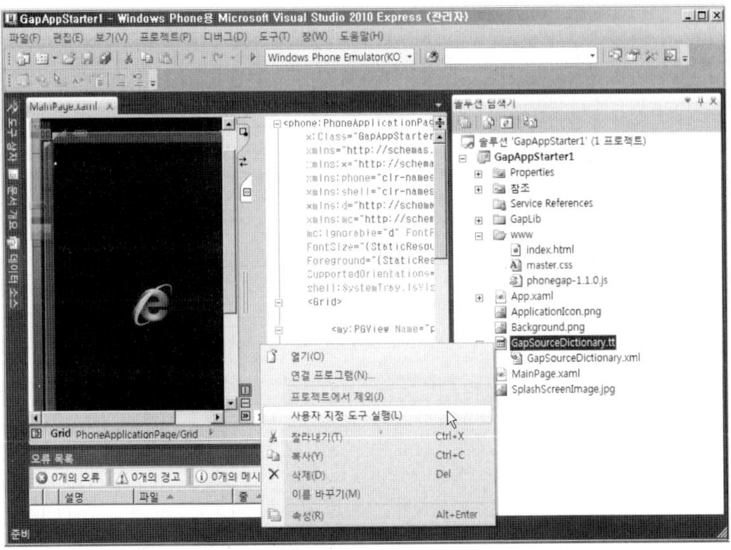

스텝 **2**

"GapSourceDirectory.tt > 콘텍스트 메뉴 > 사용자 지정 도구 실행" 메뉴를 실행하면 그림과 같은 대화상자가 나타납니다. "확인" 버튼을 클릭하여 GapSourceDirectory.tt를 실행합니다.

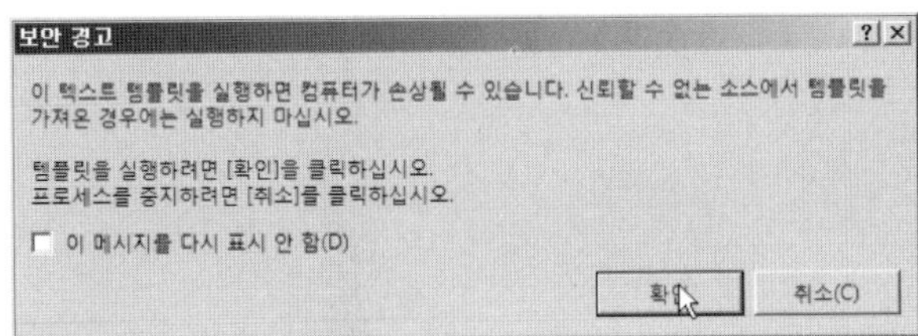

5.4 가상기기에서 실험하기

이제 가상기기에서 폰갭 프로젝트를 실험할 수 있는 준비가 됐습니다.

스텝 **1**

앞서 만든 폰갭 프로젝트를 선택하고 "디버그 > 디버그 시작" 메뉴를 실행하면 Microsoft Visual Studio는 이 프로젝트를 컴파일하고 가상기기를 실행하여 앱을 실험할 수 있게 합니다.

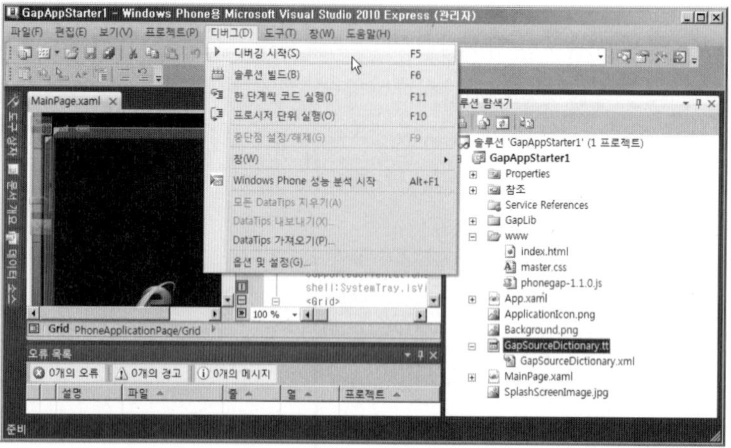

스텝 **2**

오류나 경고 없이 가상기기에 폰갭 프로젝트의 앱이 설치되고 실행됩니다. 이 프로젝트에는 특별한 기능 없이 화면에 폰갭이 준비됐다는 안내문만 나타납니다.

스텝 3

가상기기에서 실행중인 앱을 중지하려면 그림과 같이 "디버그 > 디버그 중지" 메뉴를 실행하면
됩니다.

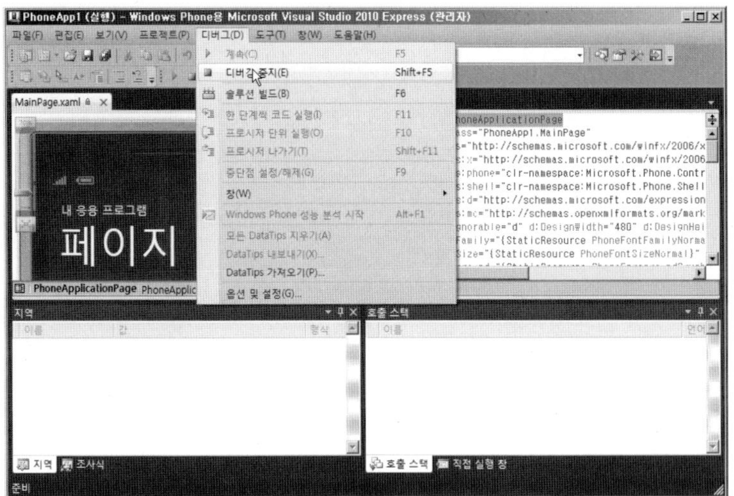

Chapter 06

드림위버로 웹앱 만들기

드림위버 CS 5.5 버전을 사용하면 효율적으로 UI를 구성하면서 폰갭과 연동하여 웹앱을 제작할 수 있습니다. 디자인은 실제로 보면서 작업해야 자유롭게 디자인을 할 수 있습니다. 이클립스나 Xcode, 비주얼 스튜디오는 코딩 위주의 개발 도구이기 때문에 디자인에 한계가 있습니다. 여기서는 탁월한 디자인을 제공하는 드림위버를 사용해서 웹앱을 만드는 과정을 살펴봅니다.

전문 웹 페이지 편집기 없이 소스코드로만 화면 디자인을 하기에는 너무 많은 시간이 필요하고 직관적인 디자인을 하기가 어렵습니다. 특히 소스코드를 잘 모르는 디자인 전문가가 HTML5와 자바스크립트를 공부해서 소스코드를 작성하면서 디자인한다는 것은 현실적이지 않습니다. 일반 디자이너가 HTML5와 jQuery 같은 언어를 모두 익히는 것도 무리이고 HTML 코디가 디자인 감각을 갖추는 것도 한계가 있습니다. 결국 서로의 접점을 찾아야 하는데 HTML 코더가 디자인을 이해하는 노력도 필요하고 디자이너가 어느 정도는 HTML 문서로 디자인을 할 수 있어야 합니다.

이 문제를 해결해줄 수 있는 도구가 "드림위버"입니다. 드림위버는 웹 페이지를 HTML 소스가 아닌 디자인 관점에서 쉽게 만들 수 있으면서 프로그래밍 관점에서 깊이 있고 깔끔한 소스코드를 만들 수 있게 지원합니다. 한편, 드림위버의 단점이라면 평가판으로 몇 개월 사용할 수 있는 것이 그나마 다행이긴 하지만, 가난한 개발자를 위해 일명 "Express 버전"을 아직 배포하지 않고 있다는 점입니다. 아직은 어도브 사가 세상을 포용할 만큼 넓은 가슴을 가지지 못했나 봅니다.

Adobe Dreamweaver CS 5.5 부터는 드림위버에서 웹앱을 만들 수 있는 기능까지 지원하고 있습니다. 물론 앱을 배포하려면 메모리 최적화와 같은 디버깅 과정이 필요하기 때문에 이클립스나 Xcode, Visual Studio와 같은 네이티브 앱 개발 도구에서 마무리해야겠지만 그 이전 단계인 웹앱 페이지 디자인은 드림위버에서 충분히 편리하게 제작하고 실험할 수 있습니다. 이클립스가 자바 프로그래밍을 하는데 매우 편리하고 효율적인 것과 같습니다. 드림위버가 웹앱을 쉽게 만들 수 있게 된 것은 jQuery와 폰갭의 솔루션을 그대로 활용하고 있기 때문입니다. 드림위버는 jQuery와 폰갭의 라이브러리를 쉽게 활용할 수 있도록 인터페이스만 제공하는 방식입니다. 이와 같은 협업은 각각의 전문 분야를 조화롭게 발전시켜 시너지 효과를 발휘하는 좋은 사례입니다.

다음에서는 드림위버로 웹앱 프로젝트를 만드는 방법을 소개합니다. 나머지는 드림위버가 사용하기 편리하게 사용자 인터페이스를 제공하기 때문에 손쉽게 디자인 및 개발을 할 수 있으리라 생각합니다.

6.1 드림위버로 웹앱 페이지 만들기

드림위버는 어도브 사이트에서 평가판을 다운받아 설치할 수 있습니다. 30일간 평가판을 사용할 수 있는 것으로 알려져 있고 기능 제약은 없다고 합니다. 1대 컴퓨터에 1번만 설치하여 30일간 사용할 수 있는 것이 공식적이지만 크랙하지 않고 완전히 삭제한 후 새로 설치해서 평가판을 합법적으로 활용하는 방법을 강구하는 가난한 외국인들도 많은 것으로 알려져 있습니다.

- 다운로드 사이트 : http://www.adobe.com

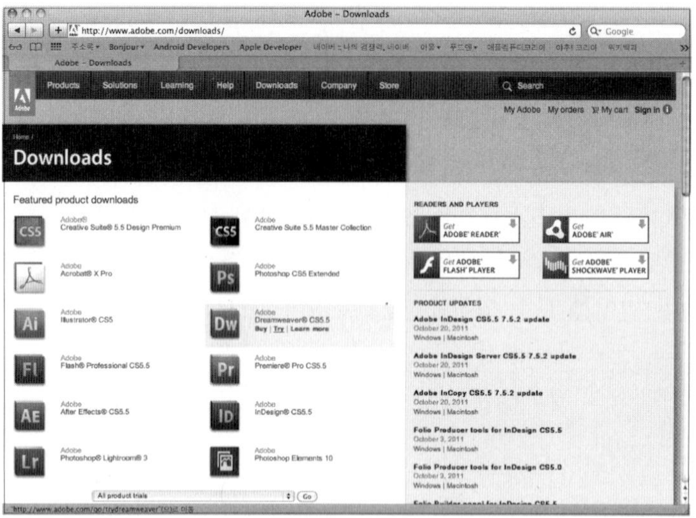

드림위버의 웹앱 페이지 템플릿 활용

다음과 같이 폰갭용으로 웹앱 페이지 파일을 생성합니다.

스텝 1

드림위버를 시작하고 "File > New..." 메뉴를 실행합니다.

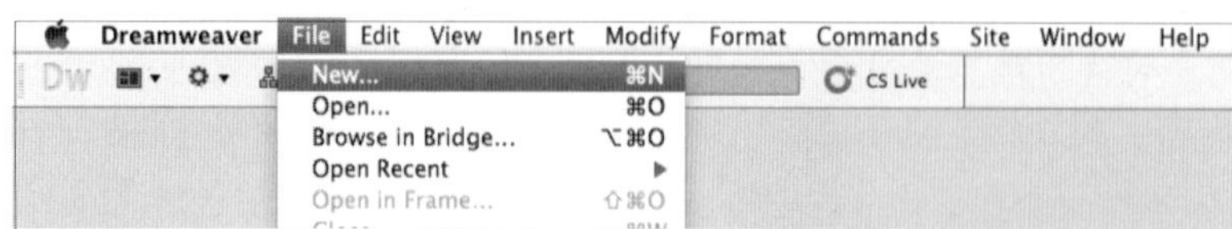

스텝 2

"New Document" 창이 나타나면 "Page from Sample > Mobile Starters > jQuery Mobile (PhoneGap)" 템플릿을 선택하고 "Create" 버튼을 클릭합니다. 이 때 DocType은 "HTML5"를 선택합니다.

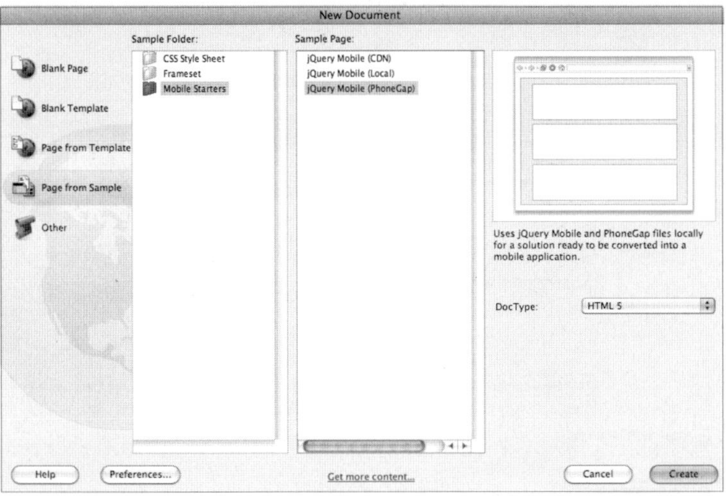

스텝 3

생성된 웹앱 페이지가 그림과 같이 나타납니다. 이 샘플 페이지에서 원하는 페이지로 디자인을 고쳐 작성하거나 위와 같은 템플릿을 사용하지 않고 직접 웹앱 페이지를 작성해도 됩니다.

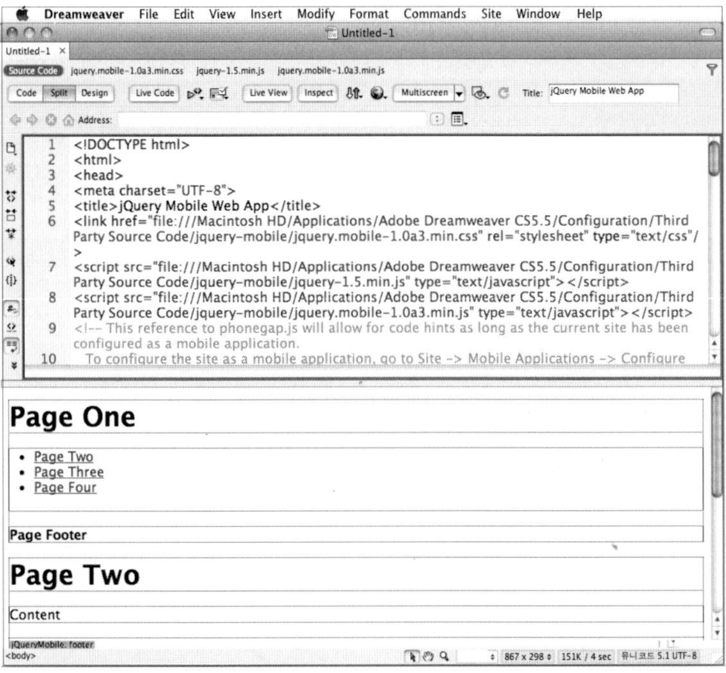

스텝 4

그림과 같이 "File > Save" 메뉴를 이용하여 파일을 저장합니다.

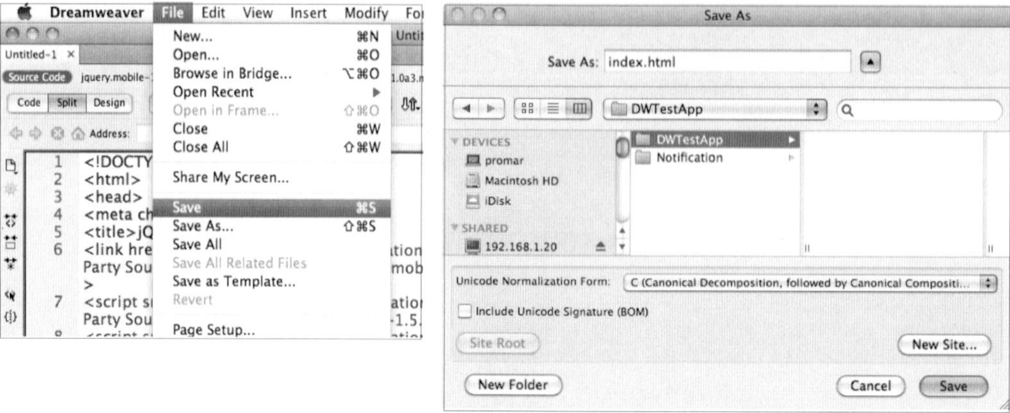

드림위버의 jQuery Mobile 객체 지원

웬만한 제어는 그래픽 인터페이스를 제공하기 때문에 HTML5 뿐만 아니라 CSS, Javascript까지 쉽게 구현할 수 있고 개발 능력이 있다면 소스코드를 직접 작성할 수도 있습니다.

스텝 **1**

드림위버는 그림과 같이 "Insert > jQuery Mobile" 메뉴에서 웹앱 객체를 쉽게 추가할 수 있도록 지원하고 있습니다.

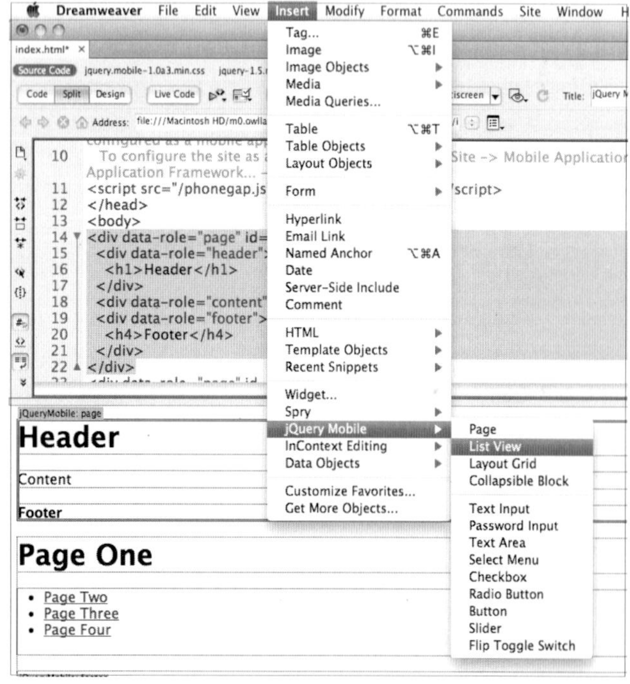

스텝 **2**

"Window > Behaviors" 메뉴로 "Behaviors" 창을 열면 자바스크립트를 자동으로 작성해주는 기능을
지원받을 수 있습니다.

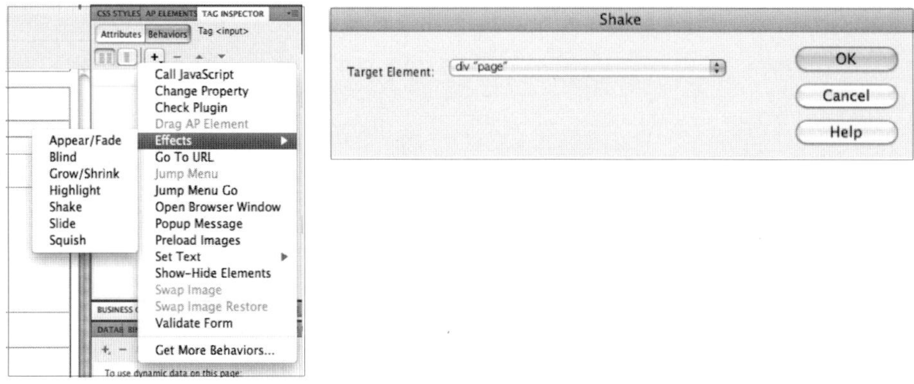

스텝 **3**

그림은 위의 "Behaviors > Effects > Shake" 설정으로 인해 자동으로 작성된 자바스크립트를
보여주고 있습니다.

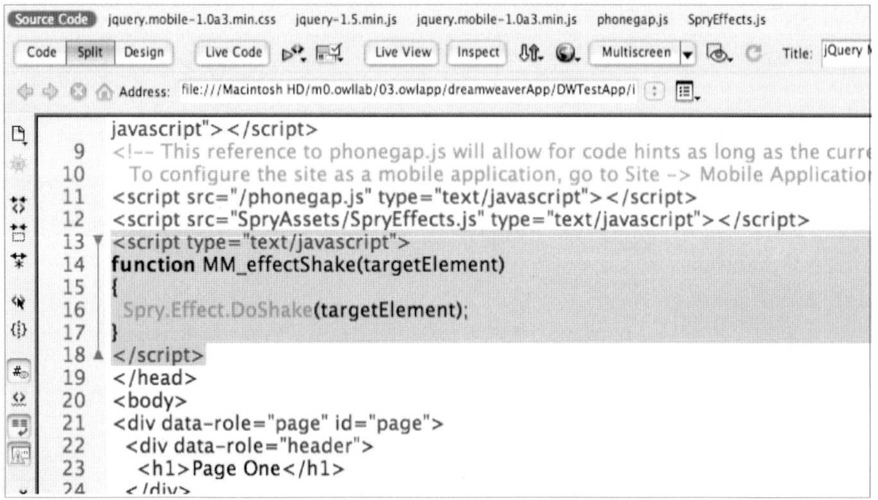

스텝 **4**

"CSS STYLES" 창에서 객체에 대한 디자인 스타일을 속성 형식으로 지정할 수 있어 수많은
속성 변수들을 일일이 외우지 않아도 됩니다.

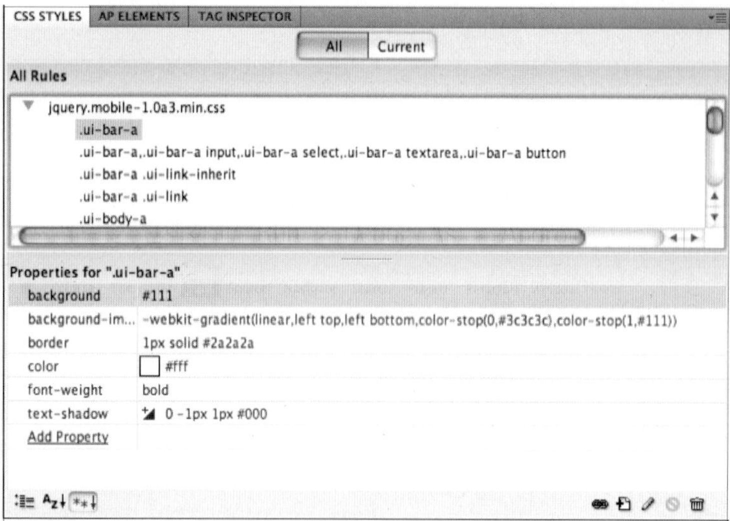

스텝 **5**

"Commands > Apply Source Formatting" 메뉴와 같은 기능을 활용하면 프로그래머의 취향에 맞게 소스를 표준 코딩법에 따라 자동 정리할 수도 있습니다.

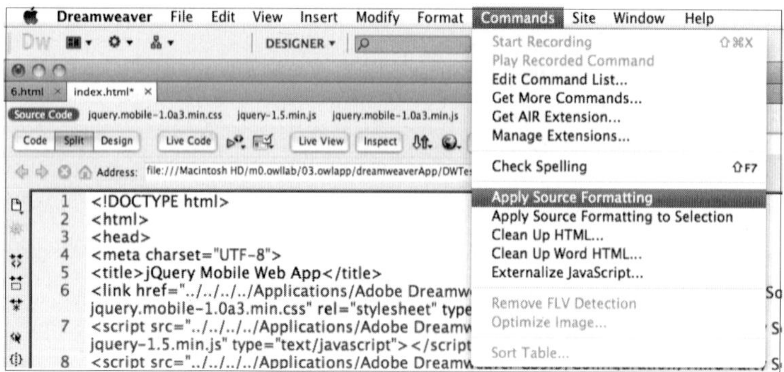

이외에도 간단히 열거할 수 없는 웹 페이지 관련 수많은 기능들이 제공됩니다.

6.2 드림위버로 폰갭 프로젝트 자동 생성하기

드림위버에서 만든 웹앱 페이지들을 앱 프로젝트로 만드는 과정을 소개합니다. 드림위버는 웹앱 페이지만 만들면 자동으로 안드로이드와 아이폰을 위한 웹앱 프로젝트 소스를 만들어 줍니다. 이 기능을 잘 활용하면 네이티브 앱 개발 도구에서 일일이 프로젝트를 작성할 필요가 없어지는 편리함이 있습니다. 네이티브 앱 개발자는 이 프로젝트 파일을 받아 세밀한 기능을 추가하고 최적화하는 작업만 수행하면 되기 때문에 앱 개발을 효율적으로 가속화할 수 있습니다.

드림위버 사이트 생성

드림위버에서 앱 프로젝트를 생성하려면 먼저 웹앱 페이지 파일을 하나로 묶는 사이트 (폴더)를 설정해야 합니다.

스텝 **1**

"Site > New Site..." 메뉴를 실행합니다.

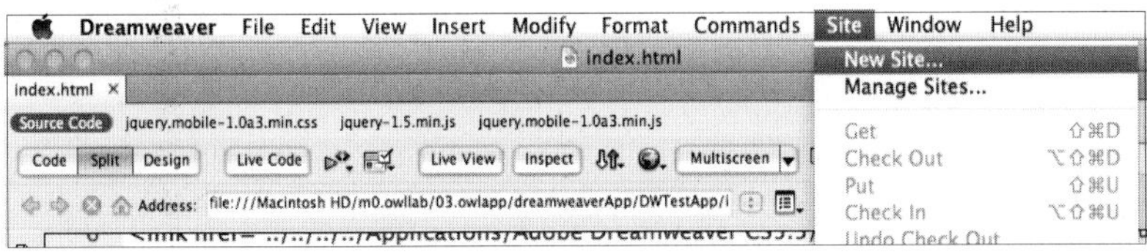

스텝 **2**

네이티브 프로젝트를 만들 웹앱 페이지 폴더를 선택하고 "Choose" 버튼을 클릭합니다.

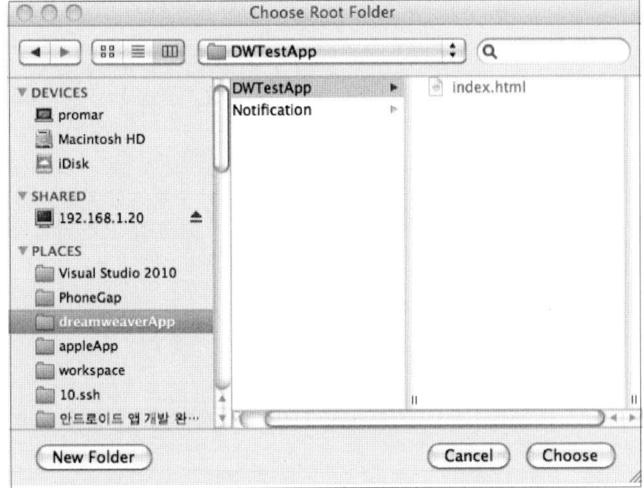

스텝 **3**

"Site Setup for ..." 창에서 그림과 같이 사이트 이름을 입력하고 웹앱 페이지 폴더가 올바른지 확인한 후 "Save" 버튼을 클릭합니다.

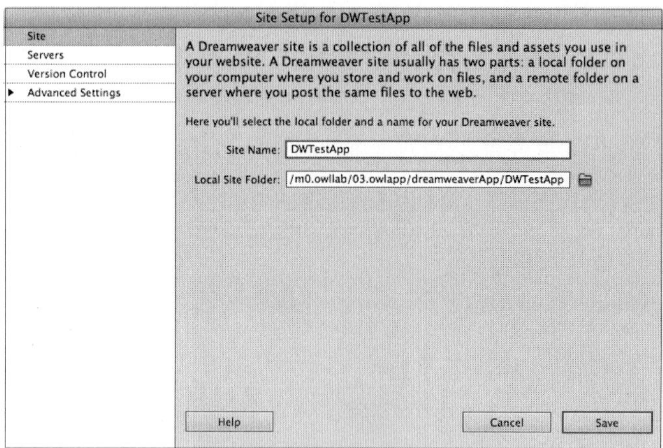

스텝 **4**

위와 같이 사이트를 생성하면 그림과 같이 "FILES" 창에서 생성한 사이트를 선택하고 사이트에 속한 소스 파일들을 탐색할 수 있습니다.

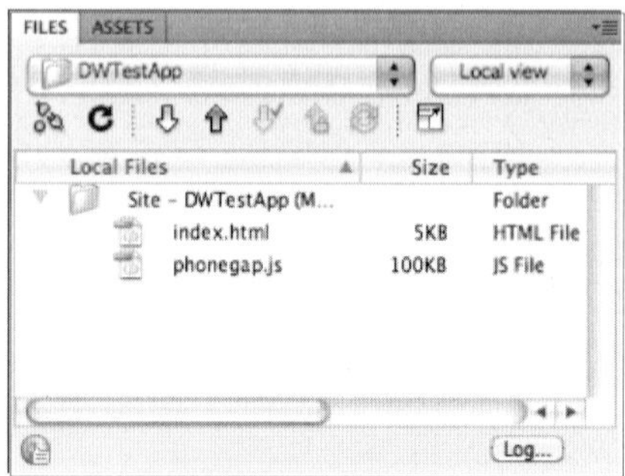

모바일 앱 프레임웍 설정

위의 과정과 같이 사이트를 선택하고 이 사이트에 대한 웹앱 프로젝트를 만드는데 필요한 프레임웍을 설정합니다. 여기서 말하는 프레임웍은 안드로이드나 아이폰의 SDK를 의미합니다.

스텝 **1**

"Site > Mobile Applications > Configuration Application Framework..." 메뉴를 실행합니다.

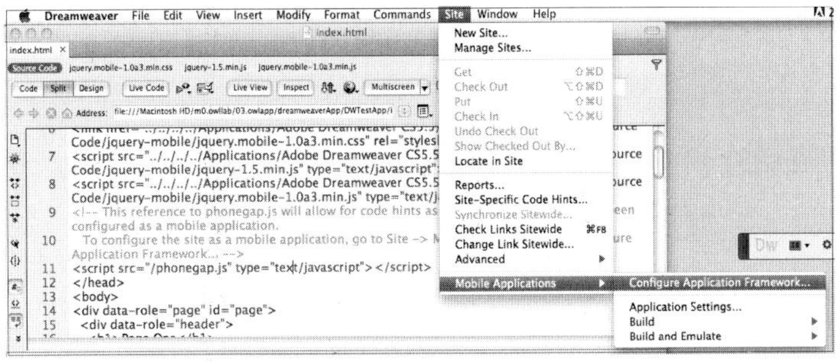

스텝 2

"Configure Application Framework" 창에서 안드로이드와 아이폰의 SDK 폴더를 설정합니다. 단, 개발 컴퓨터가 MS Windows라면 아이폰을 개발할 수 없으므로 iOS SDK 설정 항목은 나타나지 않습니다. 물론 안드로이드 SDK는 이미 설치되어 있는 상태이어야 합니다. 필자는 Mac OS X에서 실험했기 때문에 안드로이드와 iOS SDK 폴더를 모두 설정한 후 "Save" 버튼을 클릭했습니다.

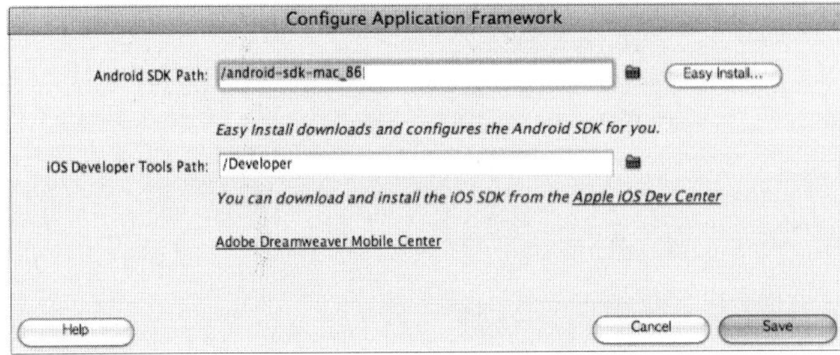

모바일 앱 설정

사이트의 웹앱 파일을 기반으로 웹앱 프로젝트를 생성하기 위해서는 다음과 같이 앱에 대한 정보를 정의해야 합니다.

스텝 1

"Site > Mobile Applications > Application Settings..." 메뉴를 실행합니다.

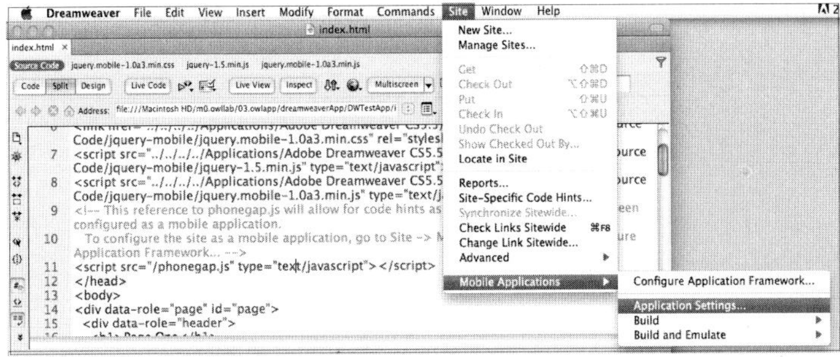

스텝 2

"Native Application Settings" 창이 그림과 같이 나타납니다.

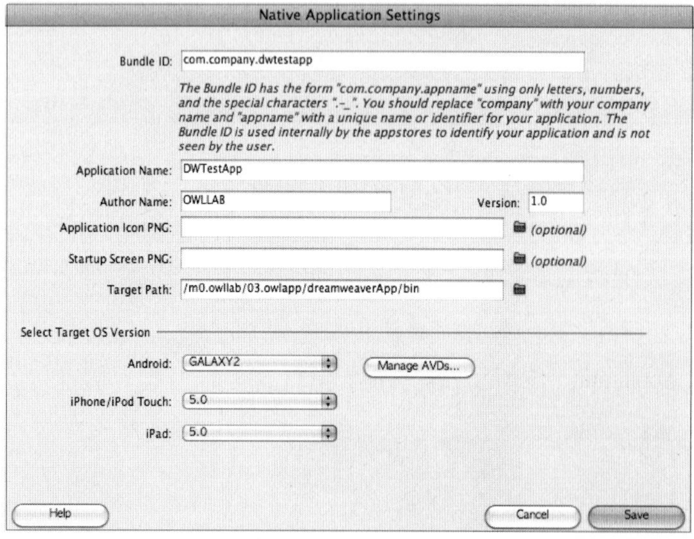

스텝 3

그림과 같이 네이티브 앱을 설정하고 "Save" 버튼을 클릭합니다.

각 항목을 살펴보면 다음과 같습니다.

- Bundle ID : 안내문에 나타나는 주의사항에 맞춰 작성해야 합니다. 이 "Bundle ID"는 이클립스에서 이 프로젝트를 가져올 때 활용할 수가 있기 때문에 기억해 둘 필요가 있습니다.

- Application Name : 앱 이름으로 사용하며 프로젝트 이름으로도 활용됩니다.

- Author Name : 제작자 이름을 입력합니다.

- Version : 앱의 배포 버전을 정의합니다.

- Application Icon PNG : 앱 아이콘으로 사용할 이미지를 설정합니다. 이 항목은 옵션이므로 설정하지 않아도 네이티브 프로젝트를 생성하는데 문제가 없습니다.

- Startup Screen PNG : 앱이 실행될 때 처음 나타났다 사라지는 일종의 표지 이미지입니다. 이 항목도 옵션입니다.

- Target Path : 네이티브 앱 프로젝트 폴더를 저장할 위치를 정의합니다.

- Select Target OS Version : 네이티브 앱 프로젝트를 생성할 때 사용할 SDK 버전을 설정합니다. 안드로이드는 가상기기를 선택하여 기준 버전을 인식하게 하고 iOS는 iPhone과 iPad 버전을 직접 선택하는 방식으로 제공합니다. 안드로이드의 경우 가상기기를 생성하지 않았다면 "Manage AVDs..." 버튼을 이용하여 가상기기를 생성할 수 있습니다. 단, 개발자의 컴퓨터가 Mac OS X가 아닐 경우 iOS에 대한 설정은 나타나지 않습니다.

모바일 앱 컴파일 및 가상기기 실험

이제 컴파일하고 실험하는 과정이 남았습니다. 드림위버에서는 최소한의 컴파일 기능과 가상기기에서 실험할 수 있는 기능을 제공합니다. 먼저 아이폰용을 봅시다.

스텝 1

"Site > Mobile Applications > Build and Emulate > iPhone" 메뉴를 실행하여 아이폰용 앱을 컴파일하고 가상기기에서 실행해보겠습니다.

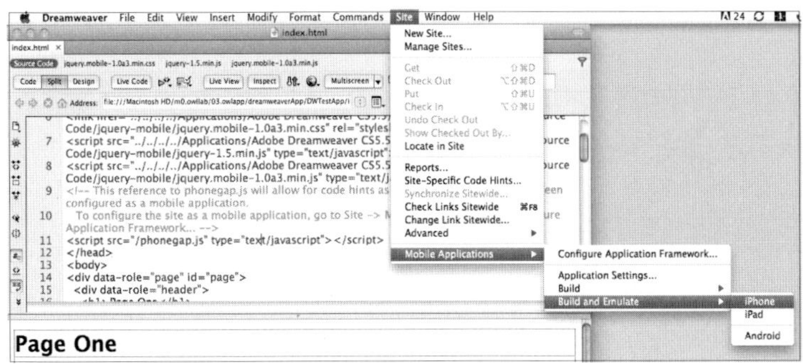

스텝 **2**

그림과 같이 "building...."이라는 컴파일 과정이 실행된 다음 가상기기에서 앱을 실행하는 "Running..." 이라는 과정이 나타난 후, 결과 앱 파일이 어느 경로에 있는지를 안내하면서 성공했다는 메시지가 나타납니다.

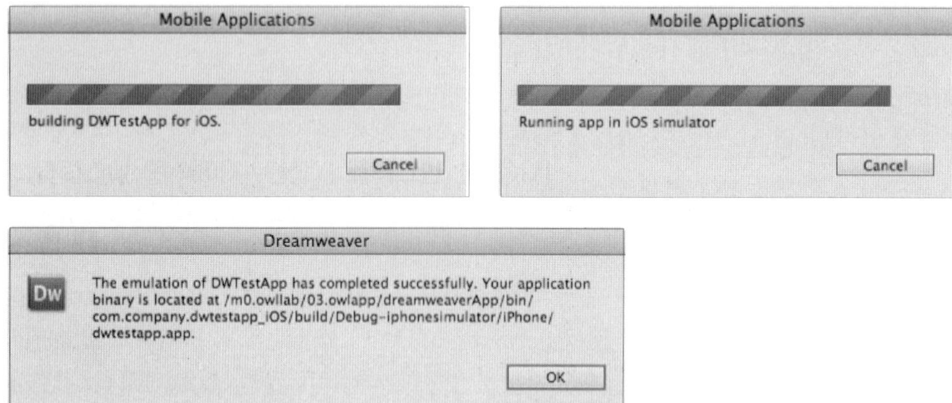

스텝 **3**

그림과 같이 아이폰 가상기기를 보면 앞서 만든 웹앱이 성공적으로 나타나 작동하는 것을 볼 수 있습니다. 아이폰은 아주 깔끔하게 가상기기에 잘 나타나는군요. 아주 편리합니다.

스텝 **4**

앞서 나타난 안내문에 따라 아이폰용 네이티브 웹앱 프로젝트 폴더를 찾아보면 그림과 같이 앞서 설정한 "Bundle ID" 이름에 따른 iOS 프로젝트 폴더를 찾을 수 있습니다. 이 폴더의 소스를 이용하여 Xcode에서 계속해서 구체적인 개발을 이어갈 수 있습니다.

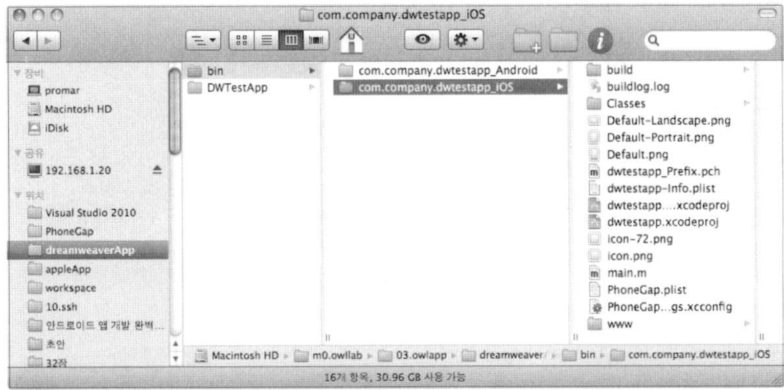

이번에는 안드로이드용을 살펴봅니다.

스텝 **1**

"Site > Mobile Applications > Build and Emulate > Android" 메뉴를 실행하여 안드로이드용 앱을 컴파일하고 가상기기에서 실행해보겠습니다.

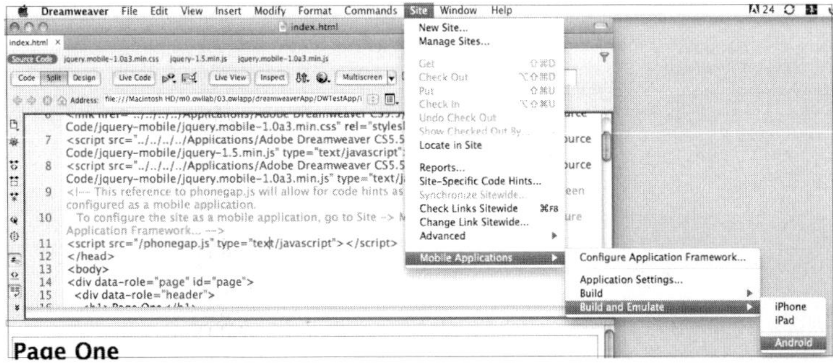

스텝 **2**

안드로이드는 먼저 가상기기를 실행합니다. 가상기기가 부팅하는데 아이폰 보다 오래 걸리기 때문인 것 같습니다. 그리고 나서 프로젝트를 컴파일하고 가상기기가 부팅할 때까지 기다립니다. 간혹 개발자의 환경에 따라 가상기기를 인식하지 못하는 경우도 있어 가상기기에서 실행 결과를 보지 못하는 경우도 있습니다. 아이폰은 애플사에서 완전성을 중시하여 체계적으로 솔루션을 제공하지만 안드로이드는 여러 개발 단체가 모여 완성된 것이라 이러한 현상이 있을 수 있습니다.

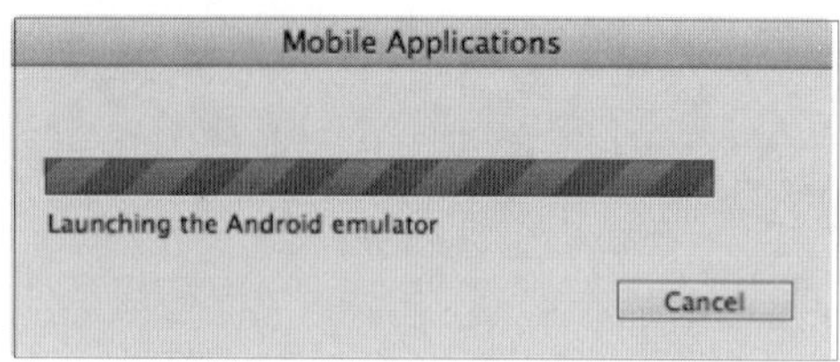 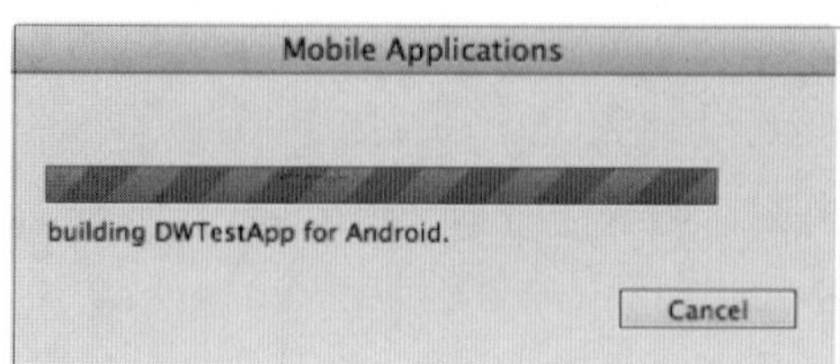

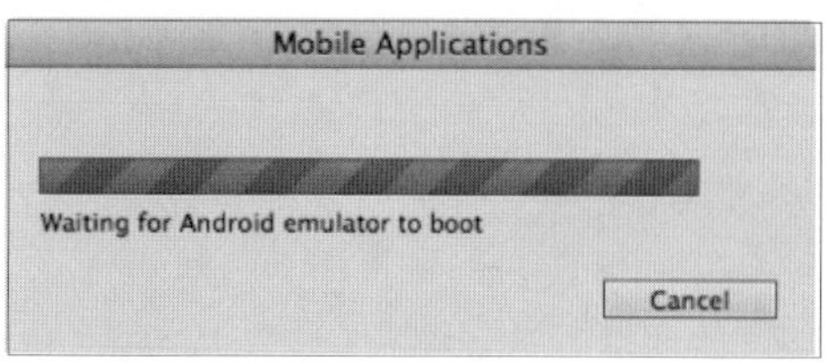

스텝 3

완료되면 그림과 같이 결과 앱 파일의 경로를 안내합니다.

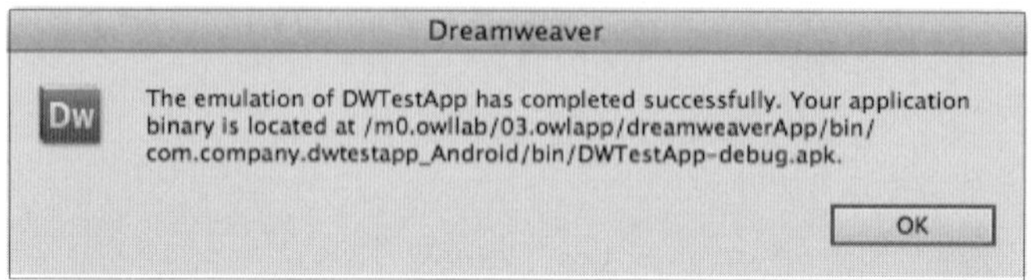

스텝 4

필자의 경우도 그림과 같이 가상기기만 나타나고 가상기기가 부팅된 후에서 앱을 설치하는데 실패했습니다. 그렇다고 걱정할 필요는 없습니다. 다음 과정에서 안드로이드 프로젝트를 이클립스에 가져와 개발과 실험을 계속 이어 갈 수 있습니다. 이 문제를 꼭 해결하고 싶다면 드림위버 프로그램 업데이트를 시도해보기 바랍니다.

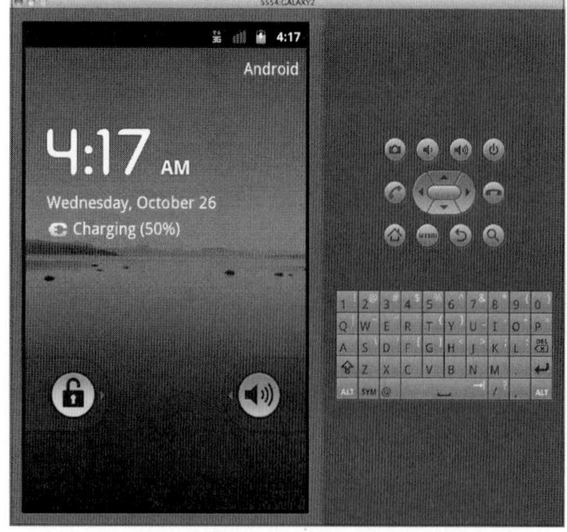

스텝 5

드림위버가 자동으로 만든 안드로이드 프로젝트 폴더는 그림과 같이 나타납니다.

스텝 6

이 폴더에서 "buildlog.log" 파일을 메모장에서 열어보면 컴파일 과정이나 가상기기 실행 과정에서 실패한 사유를 참조할 수 있습니다. 필자의 경우 딱히 오류를 찾아볼 수 없었습니다. 이 경우는 드림위버와 가상기기 간의 통신에 문제가 있는 것으로 보입니다. 가상기기를 새로 생성해서 실험해 볼 필요도 있는 것으로 보이지만 어차피 앱을 배포하려면 이클립스에서 성능 테스트를 하고 최적화하는 작업을 해야 하기 때문에 이클립스에서 마무리하기로 했습니다.

즉, 여기까지는 사실상 HTML5와 CSS, 자바스크립트 작업을 하고 최초 네이티브 앱 프로젝트를 생성하는 작업까지가 의미 있을 뿐입니다. 이후에 웹앱 페이지를 수정할 필요가 있다면 이클립스에서 하거나 드림위버에서 웹앱 페이지를 수정하고 웹앱 페이지 관련 파일들만 이클립스에서 복사하는 방식으로 수정 작업을 수행하는 것이 효율적이고 현실적입니다.

 네이티브 앱 개발 도구로 가져오기

앱을 배포하려면 네이티브 앱 개발 도구에서 가다듬을 필요가 있습니다. 안드로이드 마켓은 그리 까다롭지 않아 그대로 배포해도 되지만 아이폰 앱스토어의 경우 까다로운 프로그램 검증 과정을 거칩니다. 이를 통과하려면 사용자에게 의도치 않게 해가 될 만한 요소들을 최적화해야 합니다. 안드로이드 마켓의 배포 과정이 까다롭지 않아도 그냥 배포하는 것은 제작자를 불신임하게 하고 마켓을 흐트러지게 하는 악영향을 줄 것이고 그 영향은 우리 모두에게 되돌아옵니다. 따라서 혼자 사용할 앱이 아니면 반드시 네이티브 앱 개발 도구에서 튜닝하고 마무리한 후에 배포해야 합니다.

안드로이드 프로젝트를 이클립스로 가져오기

안드로이드 프로젝트를 이클립스로 가져오는 방법은 프로젝트 전체를 Import하는 방식과 일부를 Import하는 방식, 기존 소스에서 프로젝트를 생성하는 방식 등 여러 가지가 있습니다. 이런 현상은 안드로이드 솔루션이 표준화되지 못한 단점 때문에 나타나는 현상입니다.

원래는 "File > Import" 명령으로 프로젝트를 쉽게 가져올 수 있어야 하는데 필자가 실험한 바에 의하면 드림위버에서 생성한 안드로이드 프로젝트는 그렇지 못했습니다. 드림위버가 업데이트되면 이 문제는 점차 해결되리라 생각합니다. 이와 같은 문제는 드림위버 뿐만 아니라 인터넷에서 개인적으로 배포하는 프로젝트 소스를 가져올 경우에도 많이 겪을 수 있는 문제이므로 Import 명령으로 프로젝트를 인식하지 못할 경우 다음과 같은 방법을 참고하기 바랍니다. 드림위버에서 생성한 안드로이드 프로젝트를 이클립스로 가져올 때는 몇 가지 실험을 해 본 결과 깔끔하지는 않지만 다음과 같은 방식이 가능합니다.

스텝 **1**

그림과 같이 "Package Explorer > 콘텍스트 메뉴 > New > Android Project" 메뉴나 "File > New > Android Project" 메뉴 또는 "File > New > Java Project" 메뉴를 실행하여 안드로이드 프로젝트 생성 창을 호출합니다.

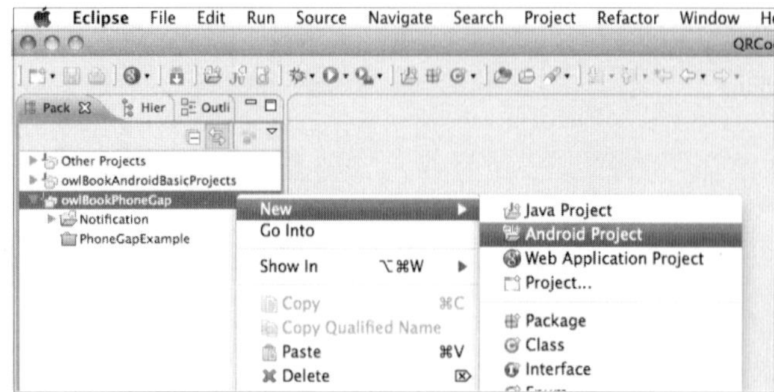

스텝 2

"New Android Project" 창에서 앞서 드
림위버에서 생성한 프로젝트 이름과 동
일하게 입력한 후 아래쪽으로 스크롤을
하여 Build Tartget을 설정합니다.

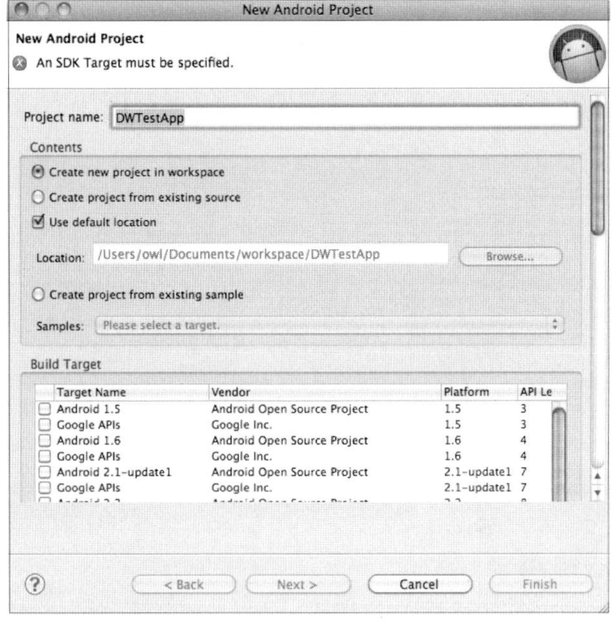

스텝 3

그림과 같이 "Build Target"을 적절하게
선택하고 "Package name"을 앞서 드림
위버에서 생성한 "Bundle ID"와 동일하
게 입력합니다. "Finish" 버튼을 클릭합
니다.

주 의 Project name과 Package name

"Project name"과 "Package name"을 앞서 드
림위버에서 설정한 내용과 같게 입력해야 시행
착오를 겪지 않습니다.

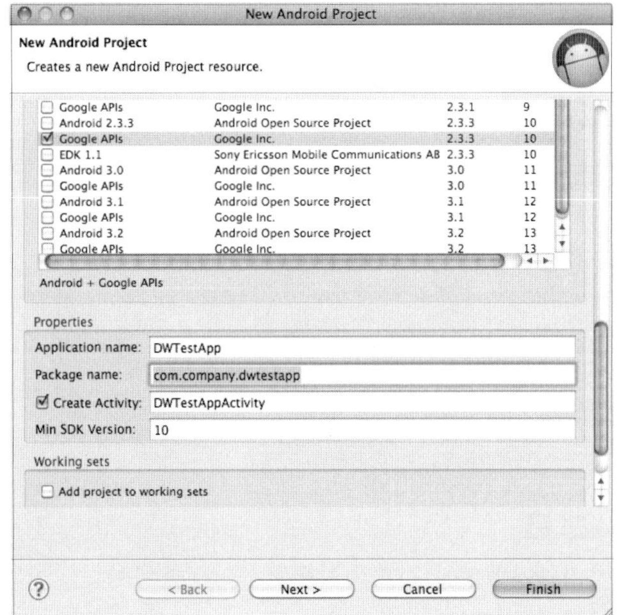

스텝 4

생성한 프로젝트를 선택하고 "콘텍스트 메뉴 > Import..." 메뉴를 실행합니다.

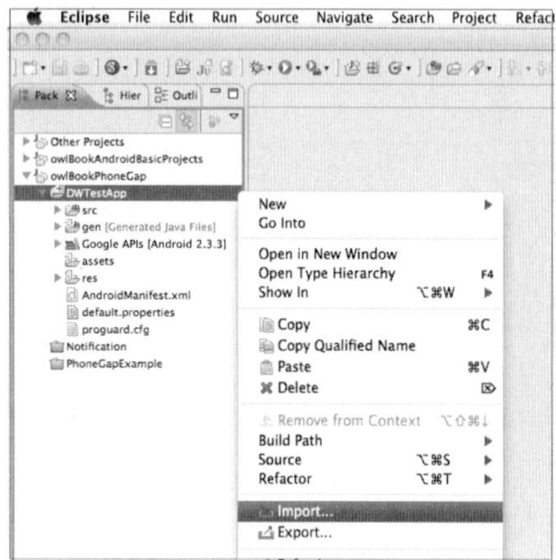

스텝 5

"Import" 창에서 "File System"을 선택하고 "Next" 버튼을 클릭합니다.

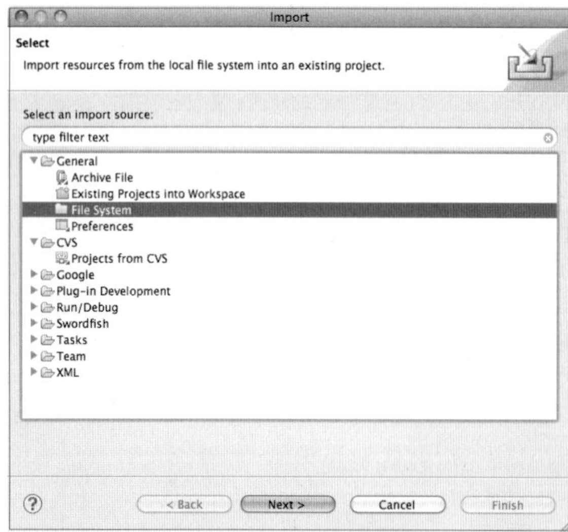

스텝 6

이 "Import" 창은 소스 파일을 개별적으로 가져오는 기능을 지원합니다. 앞서 프로젝트를 생성할 때 프로젝트명과 패키지명을 가져올 프로젝트와 동일하게 만들었기 때문에 드림위버가 생성한 프로젝트 소스를 모두 가져와도 문제가 없는 상황입니다. 그림과 같이 "com.company.dwtestapp _Android" 폴더에 있는 모든 소스를 선택하고 저장할 폴더를 확인합니다.

기존 소스를 모두 덮어 쓰도록 복사 옵션을 설정하고 "Finish" 버튼을 클릭합니다.

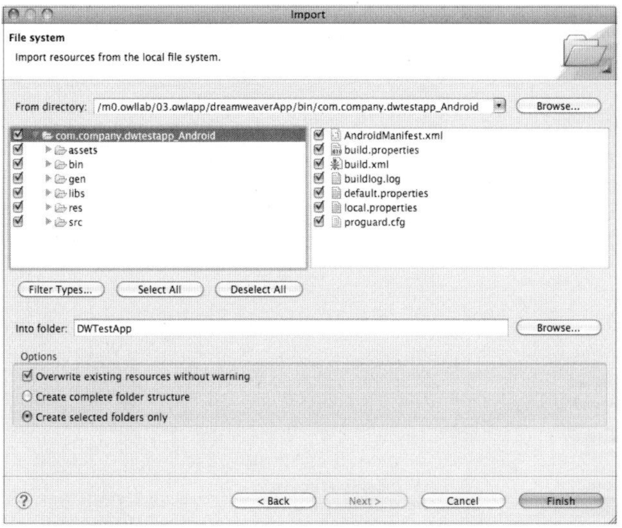

스텝 7

드림위버에서 생성한 프로젝트 소스를 모두 가져오면 그림과 같이 나타납니다. 첫 화면을 시작하는
액티비티 파일은 "src/com.company.dwtestapp/DefaultActivity.java" 파일이며 이 파일을 열어보면
아직 폰갭 라이브러리가 설정되지 않은 것을 알 수 있습니다. "libs/phonegap.jar" 파일을 프로젝트에
서 참조할 수 있도록 조치를 취해야 합니다.

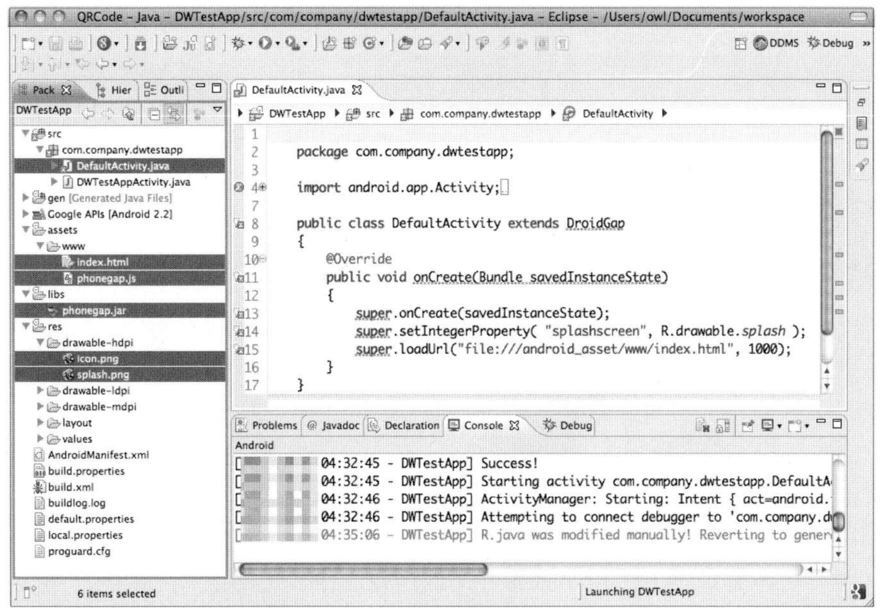

스텝 8

프로젝트를 선택하고 나서 "Project
> Properties" 메뉴를 실행합니다.

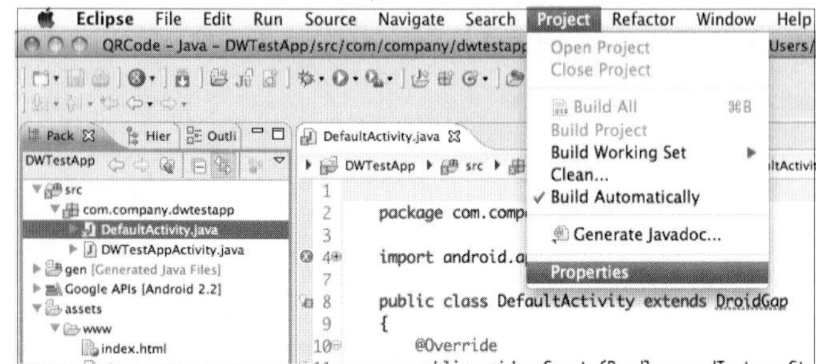

스텝 9

"Properties" 창에서 "Java Build Path
> Libraries > Add JARs..." 버튼을
클릭합니다.

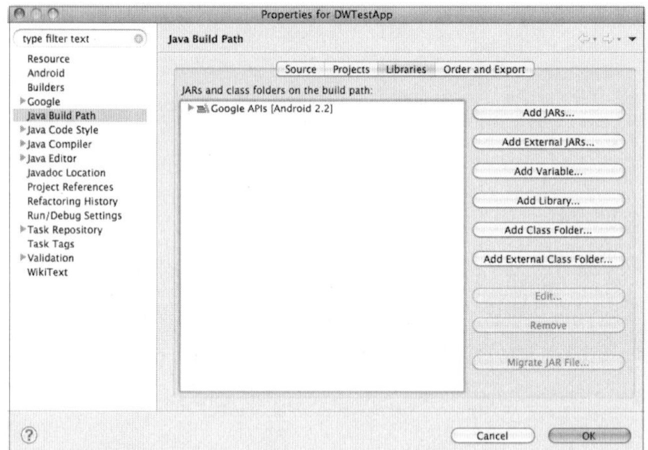

스텝 10

"JAR Selection" 창에서 "libs/phonegap
.jar" 파일을 선택하고 "OK" 버튼을
클릭합니다.

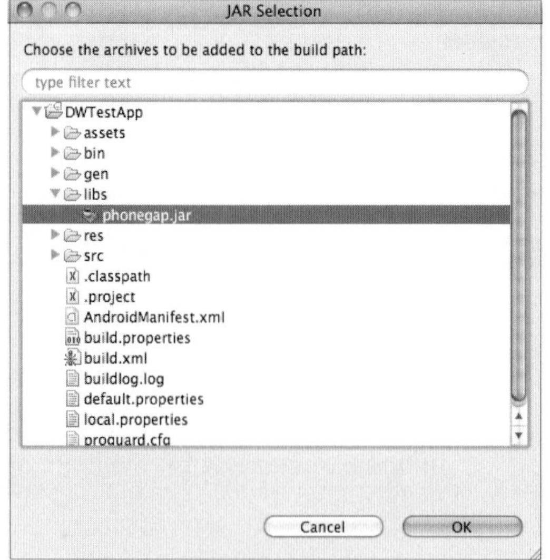

스텝 11

그림과 같이 "phonegap.jar" 파일을 라이브러리로 참조하도록 설정된 것을 확인하고 "OK" 버튼을
클릭합니다.

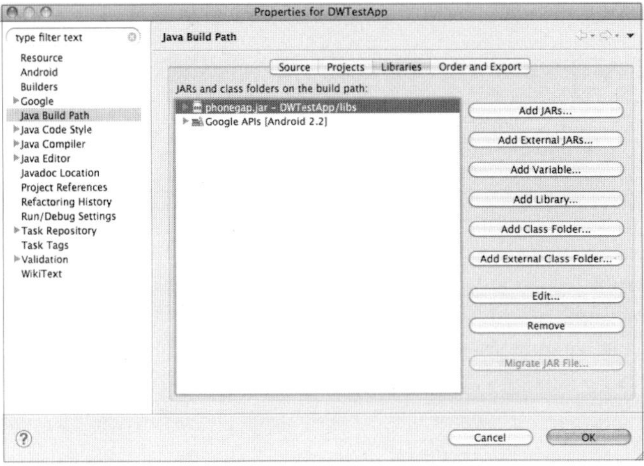

스텝 12

본 사례는 이클립스가 자동 컴파일로 설정되어 있기 때문에 추가한 폰갭 라이브러리를 참조하여
재컴파일을 하고 오류 메시지는 사라집니다. "Problems" 창에 몇 가지 경고문이 나타나지만 실행하는
데는 문제가 없으므로 나중에 정리하기로 하고 안드로이드 프로젝트 가져오기를 완료합니다.

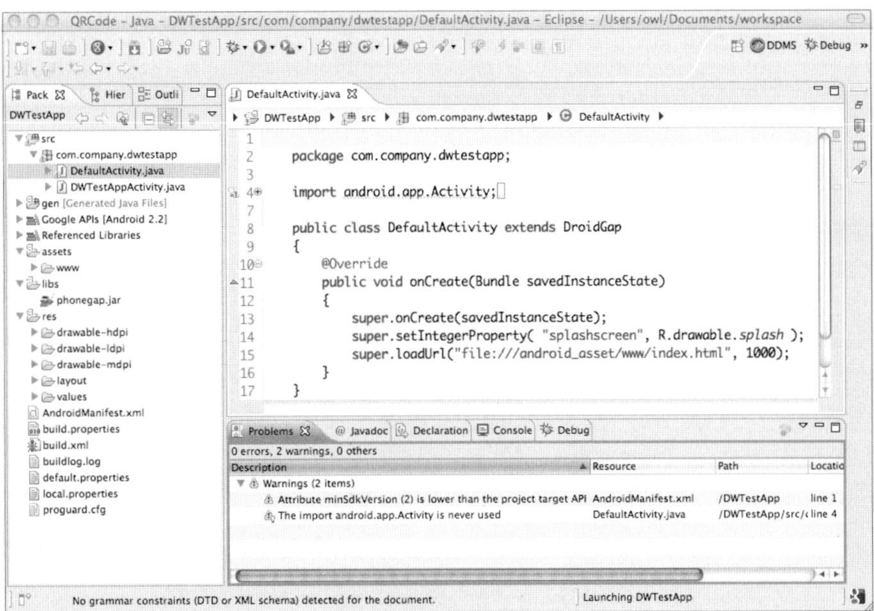

안드로이드 폰갭 실험하기

드림위버가 생성한 안드로이드 프로젝트를 선택하고 가상기기에서 실험해봅니다.

스텝 **1**

프로젝트를 선택하고 "Run > Debug As > Android Application" 메뉴를 실행합니다.

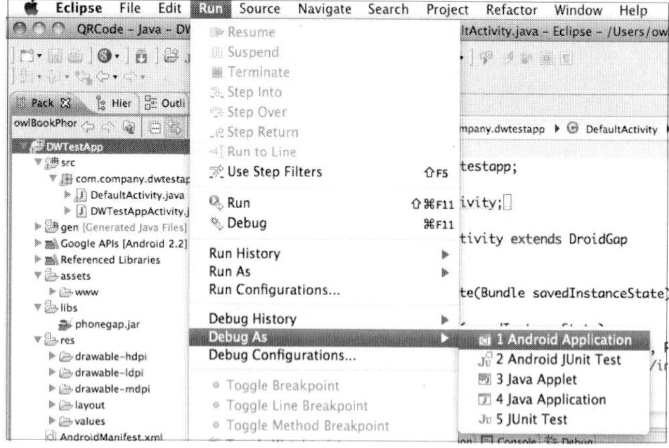

스텝 **2**

Debug Configuration에서 실행할 단말기를 "Manual"로 선택했다면 그림과 같이 나타날 겁니다. 필자는 가상기기를 실행해둔 상태이고 갤럭시탭을 USB로 연결한 상태입니다. "emulator-xxxx"를 선택하고 "OK" 버튼을 클릭하면 이 프로젝트 앱이 가상기기에 설치되고 실행됩니다.

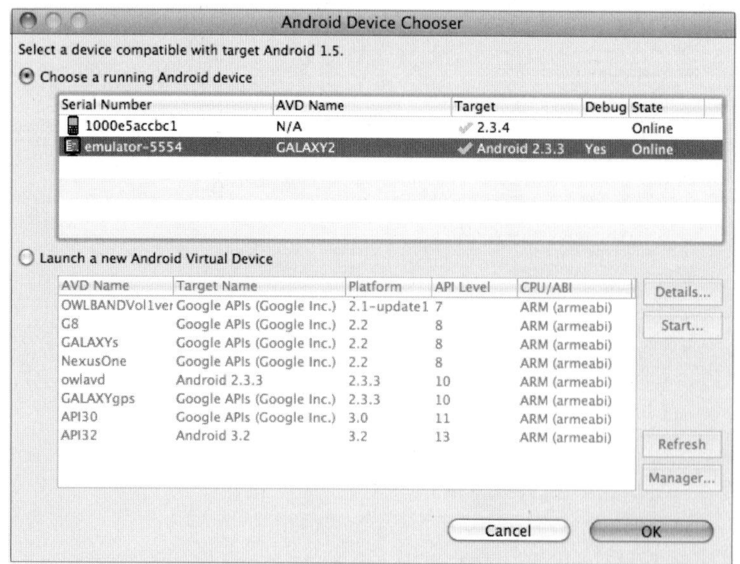

스텝 **3**

그림과 같이 가상기기에 드림위버 템플릿으로 작성한 웹앱 페이지가 나타났습니다.

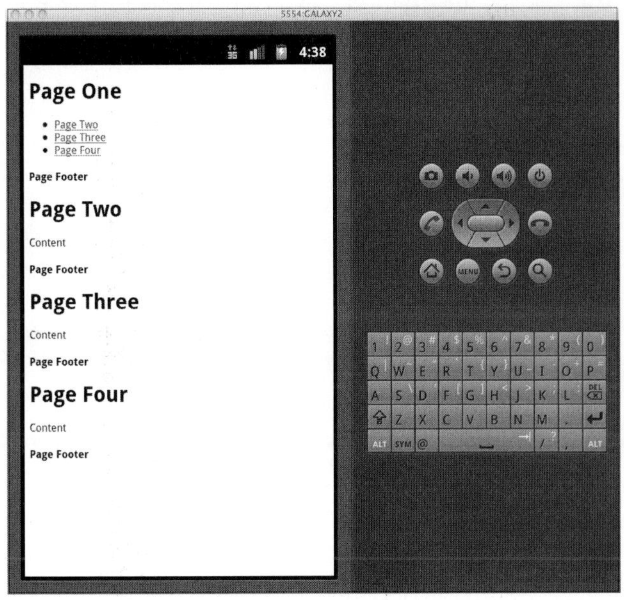

아이폰 프로젝트를 Xcode로 가져오기

아이폰은 프로젝트 소스가 표준화되어 있어 Xcode 프로그램에 가져오기가 간단합니다.

스텝 **1**

드림위버에서 생성한 iOS 프로젝트 폴더를 Finder라는 Mac OS X 파일 탐색기 프로그램으로 찾아봅니다. 그림과 같이 드림위버는 iPad용과 iPhone용 두 개의 프로젝트를 동시에 생성합니다. 이 프로젝트 폴더를 복사해서 네이티브 앱 프로젝트만 모아둔 폴더로 가져갑니다. 드림위버에서 새로 프로젝트를 생성하면 네이티브 앱 프로그램에서 작성한 소스와 충돌하기 때문에 분리시킬 필요가 있습니다.

스텝 **2**

필자는 그림과 같이 아이폰 프로젝트 폴더를 다른 폴더에 복사해왔습니다. ".xcodeproj" 파일이
프로젝트 파일인데 "xxxx-iPad.xcodeproj" 파일은 iPad용이고 "dwtestapp.xcodeproj" 파일이
iPhone용입니다. 단순히 "dwtestapp.xcodeproj" 파일을 더블클릭만 하면 Xcode 프로그램이 열리면
서 프로젝트 가져오기가 끝납니다.

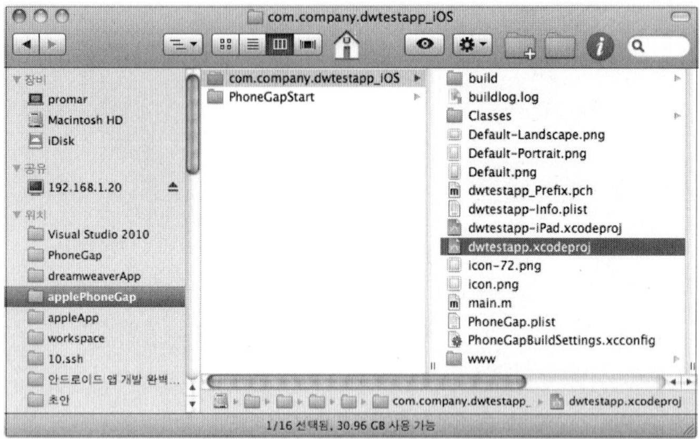

스텝 **3**

그림과 같이 아이폰용 "dwtestapp" 프로젝트를 Xcode 프로그램에서 열었습니다. 오류 메시지가
없으므로 그냥 가상기기에서 곧바로 실험할 수 있습니다.

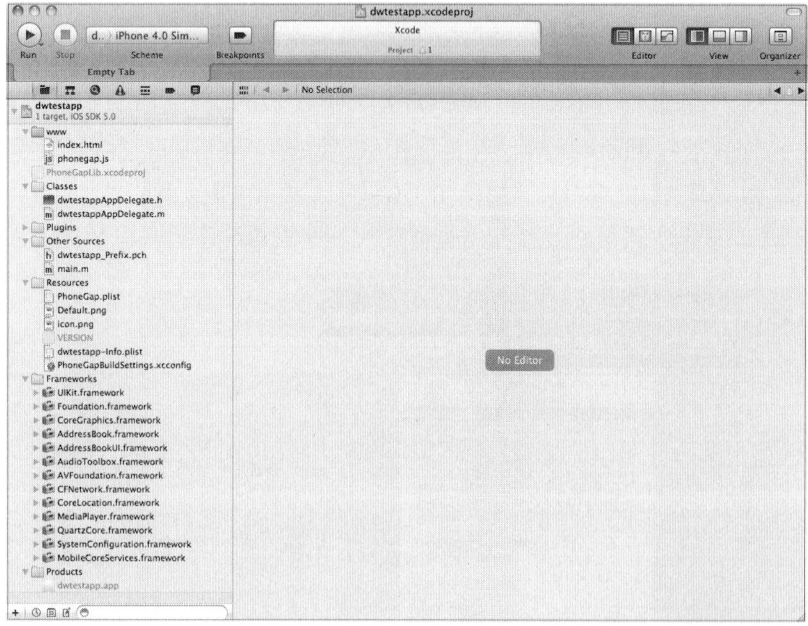

스텝 **4**

경고가 1개 있는 것을 살펴보기 위해 그림과 같이 "Show the issue navigator" 버튼을 클릭했습니다.
경고문은 프로젝트 설정을 올바르게 할 필요가 있다는 안내입니다. 또한 이 문제를 해결하기 위해
추천하는 설정으로 업데이트하라는 메시지도 보입니다. 이 경고 메시지를 더블클릭해봅니다.

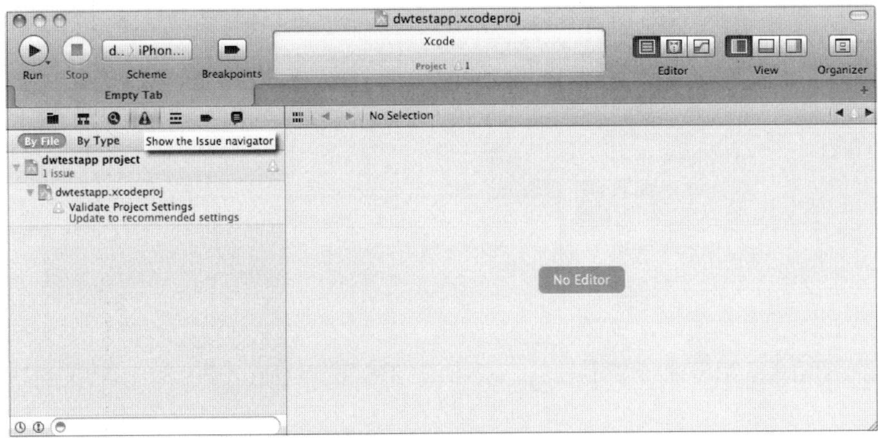

스텝 **5**

그림과 같이 변경 마법사 창이 나타납니다. Xcode 버전에 따른 차이점을 알아서 교정해주겠다는
의미입니다. "Perform Changes" 버튼을 클릭합니다.

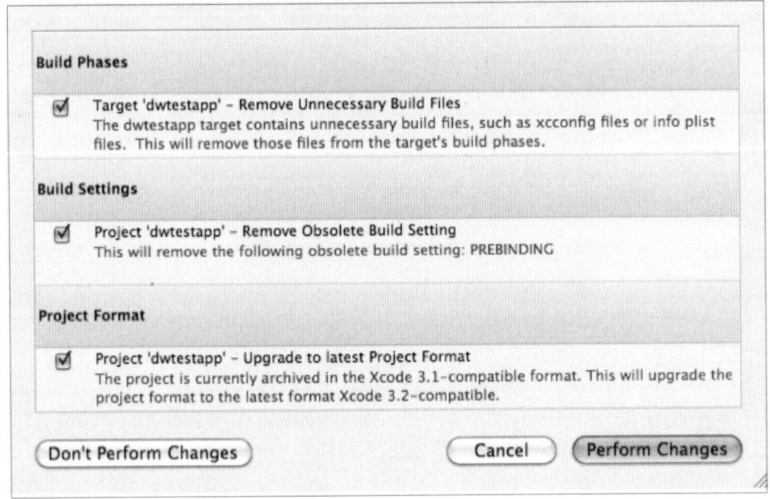

스텝 **6**

Xcode는 자동 변경이나 일괄 변경을 할 때 이전 소스로 되돌릴 수 있는 "Snapshot" 기능을 제공합니다. 일종의 "소스 버전 관리" 기능이라고 이해하면 됩니다. 그림과 같이 스냅샷에 대한 안내 창이 나타나면 "Enable" 버튼을 클릭합니다.

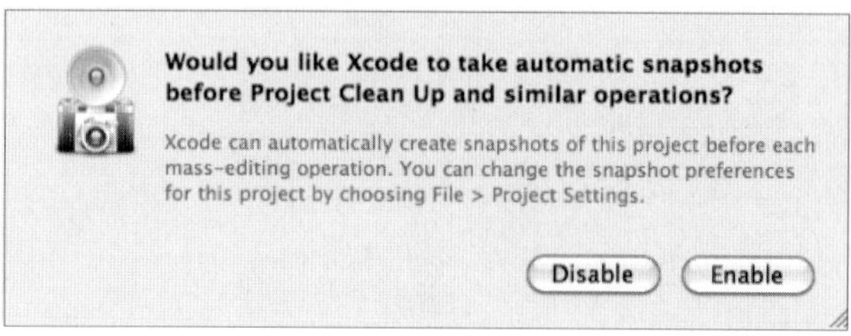

스텝 **7**

프로젝트 설정 창이 팝업으로 나타나 있습니다. 이 프로젝트는 iOS 3.2 버전을 기준으로 컴파일한다는 정도를 눈으로 확인해봅니다.

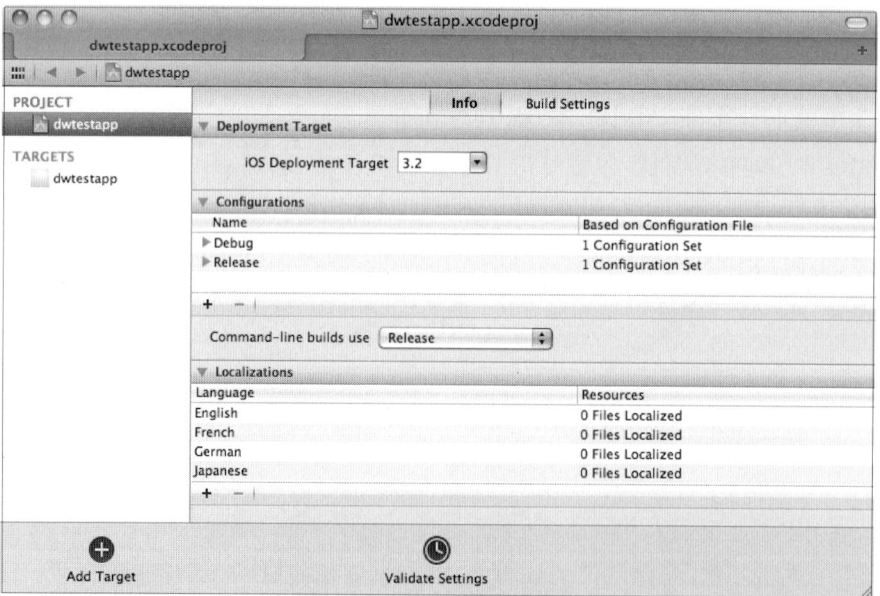

아이폰 폰갭 실험하기

스텝 1

그림과 같이 경고문까지 없는 깨끗하게 상태입니다. 실험할 단말기를 "iPhone 4.0 Simulator"로
선택하고 "Run" 버튼을 클릭해봅니다.

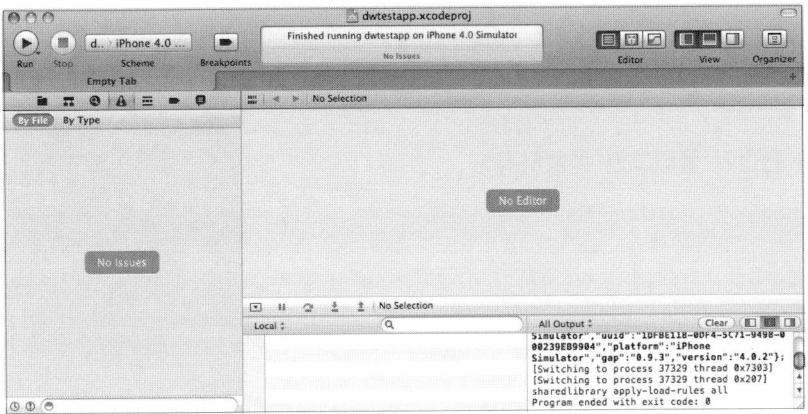

스텝 2

그림과 같이 드림위버에서 만들었던 웹앱 페이지가 가상기기에 나타납니다.

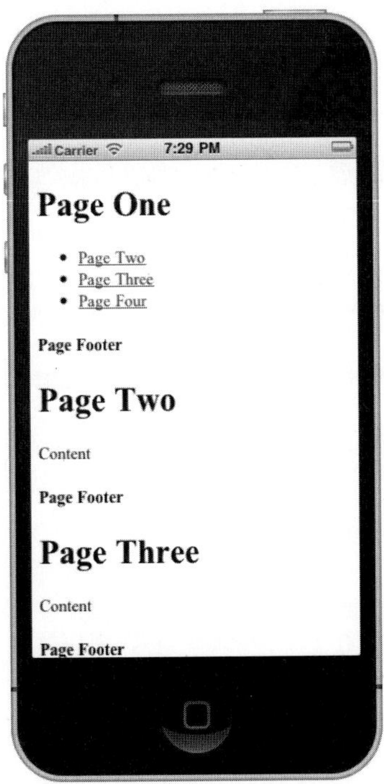

6.4 이클립스의 웹 페이지 편집기

드림위버와 같은 섬세한 HTML 개발 도구가 웹앱 페이지를 디자인하기에 편리하지만 네이티브 앱 개발 도구에서도 웹 페이지를 단단하게 수정 작업할 수 있는 환경이 필요합니다. Xcode의 경우 이미 그에 대한 대비가 되어 있지만 이클립스의 경우 Web Page Editor 프로그램을 별도로 설치해야 합니다. 이클립스는 원래 자바를 개발하기 위한 프로그램이었기 때문에 웹 페이지 편집 기능은 플러그인으로 제공합니다.

이클립스에 웹 페이지 편집기 플러그인 설치하기

스텝 **1**

"Help > Install New Software..." 메뉴를 실행하면 이클립스 관련 확장 프로그램을 찾아 설치할 수 있습니다.

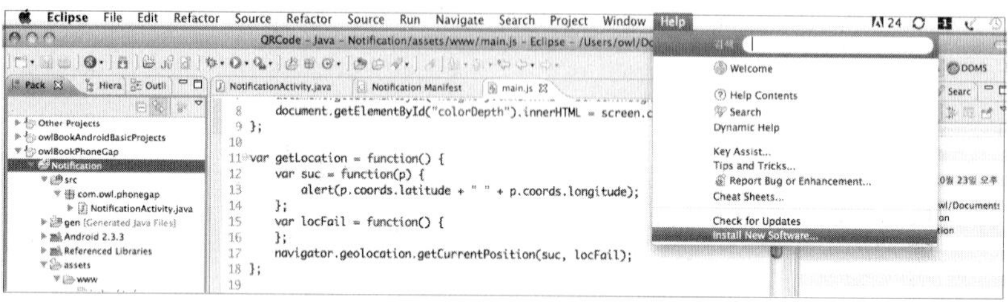

스텝 **2**

"Install" 창이 나오면 "Work with" 항목에서 다운받을 서버를 선택하거나 "Add..." 버튼으로 서버를 추가할 수 있습니다.

이클립스는 여러 개발자 그룹들이 확장 프로그램을 배포하기 때문에 이와 같은 과정이 필요합니다.

필자는 "Available Software Sites" 버튼을 클릭하고 다운받을 사이트를 살펴보기로 했습니다.

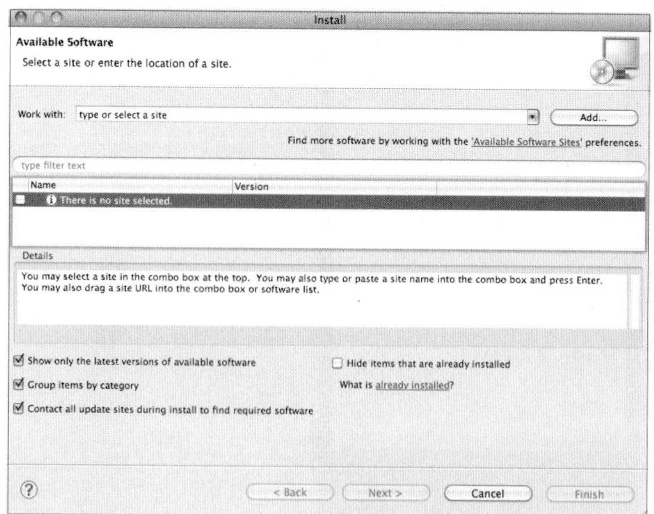

스텝 **3**

그림과 같이 "Preferences" 창에서 "webtools" 관련 사이트가 있는 것을 확인했습니다. 필요하다면 "Add..." 버튼으로 사이트를 추가할 수 있습니다. "OK" 버튼을 클릭하고 이 창을 닫습니다.

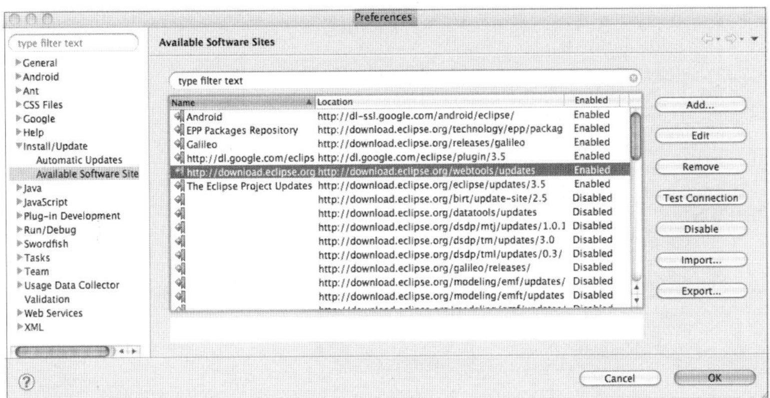

스텝 **4**

다시 "Install" 창으로 돌아와 "Work with" 항목을 그림과 같이 웹툴을 다운 받을 수 있는 사이트로 선택하면 아래의 목록에서 웹툴 관련 패키지들을 볼 수 있습니다.

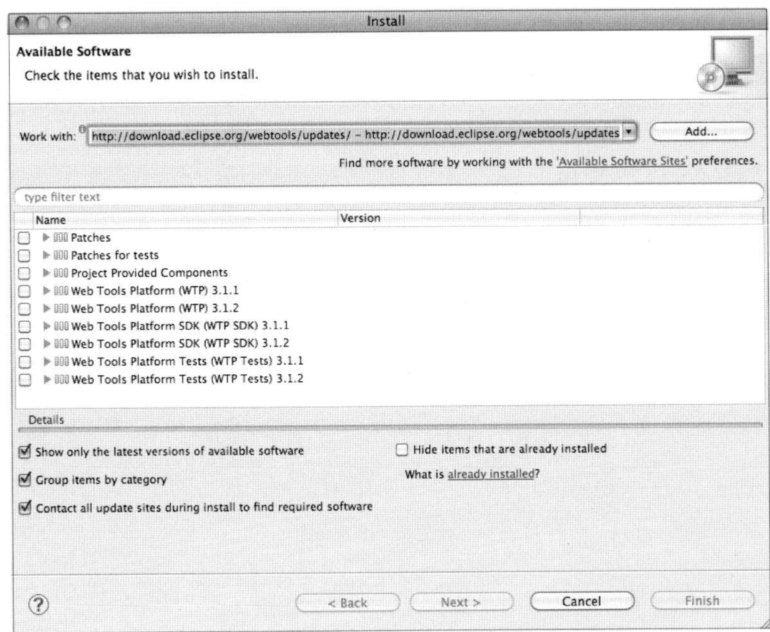

스텝 **5**

필자는 그림과 같이 "Web Page Editor"만 체크하고 "Next" 버튼을 클릭했습니다.

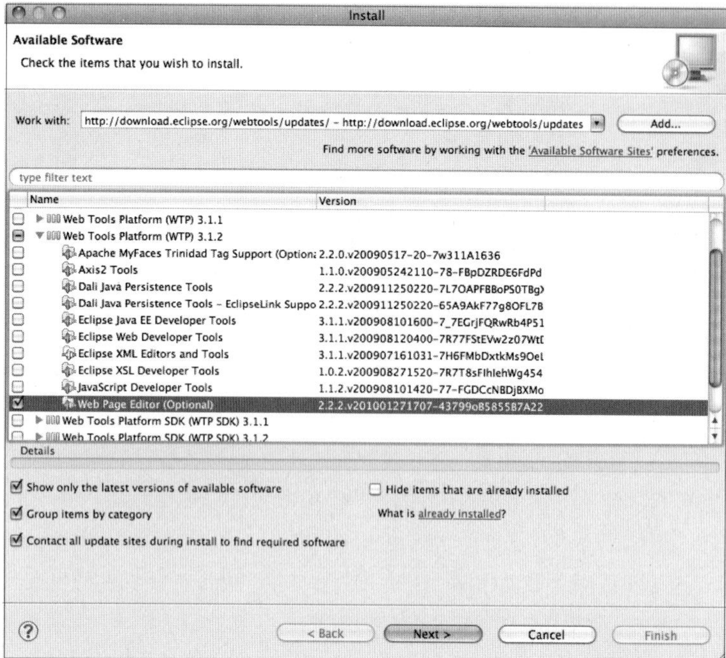

스텝 **6**

설치할 패키지에 대한 안내가 나타납니다. "Next" 버튼을 클릭합니다.

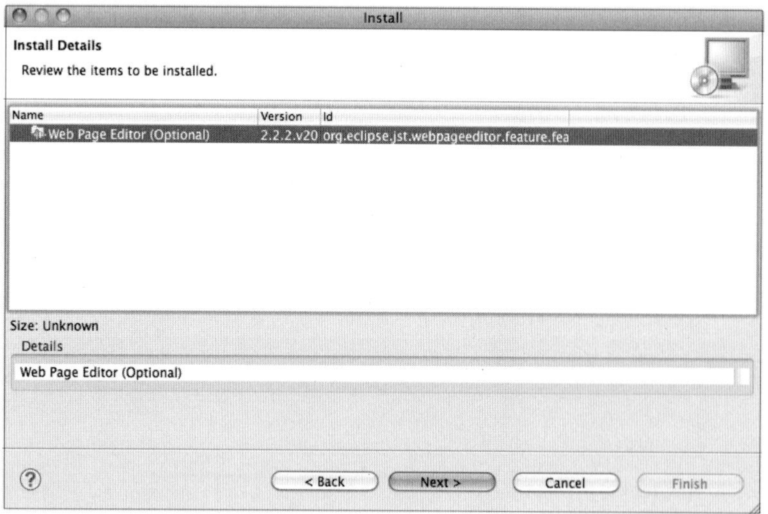

스텝 **7**

소프트웨어 라이선스에 동의하고 "Finish" 버튼을 클릭하면 설치가 진행됩니다.

스텝 **8**

설치가 끝났더니 이클립스를 재시작할 것을 안내합니다. "Yes" 버튼을 클릭하고 이클립스를 재시작
합니다.

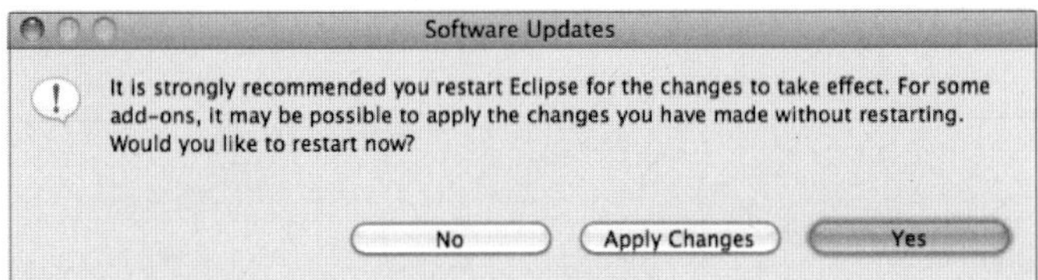

이클립스 웹 페이지 편집기 설정

이클립스는 기본적으로 ".html" 파일을 웹브라우저로 출력합니다. 초창기 이클립스가 자바 개발을 위한 도구였으며 HTML 파일은 안내용으로 사용했기 때문입니다. 하지만 웹앱은 ".html" 파일을 편집기에서 열어 작업할 필요가 있습니다. 다음 과정과 같이 이클립스에서 웹앱을 개발하기 위한 웹 페이지 파일 설정을 해야 편리하게 개발할 수 있습니다.

스텝 1

Mac OS X의 경우 "Eclipse > 환경설정..." 메뉴를 실행하고, MS Window의 경우 "Window > Preferences" 메뉴를 실행합니다.

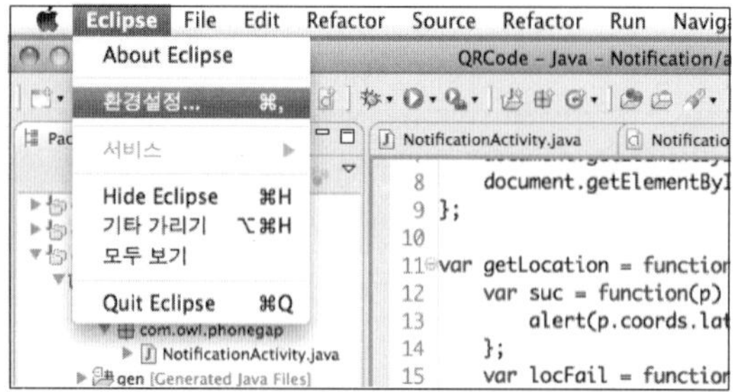

스텝 2

"Preferences" 창에서 "General > Editors > File Associations"를 선택하고 ".html" 확장자를 선택합니다. "Associated editors"에서 사용할 편집기를 설정할 수 있습니다. 앞서 설치한 "Web Page Editor"를 선택하고 "Default" 버튼을 클릭하면 그림과 같이 ".html" 파일에 대한 기본 편집기가 "Web Page Editor"로 설정됩니다.

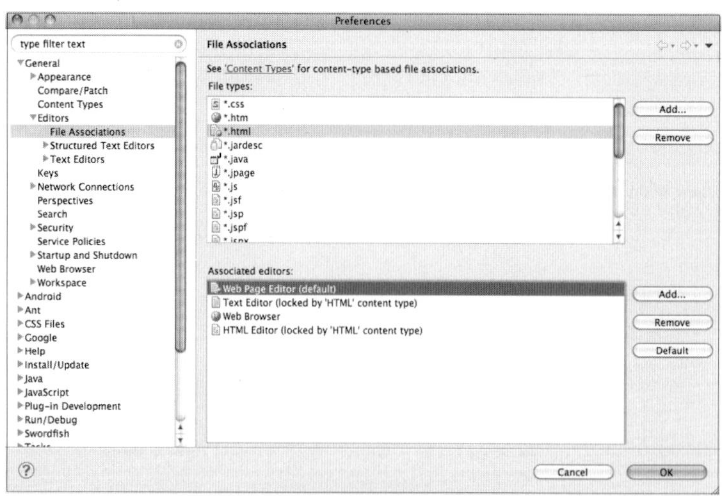

스텝 3

"Web > HTML Files"를 선택하고
"html" 파일의 인코딩을 "UTF-8"
로 설정합니다. 이 설정을 안 할 경우
인코딩 문제로 한글이 깨지는 현상
이 발생하고 이를 고치려 고생하는
경우가 종종 있습니다.

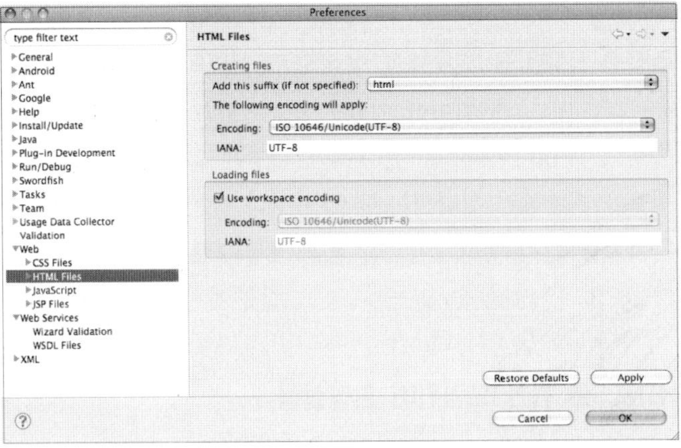

스텝 4

CSS 파일도 같은 방법으로 "UTF-8"
인코딩을 기본으로 설정하고 "OK"
버튼을 클릭하여 설정을 완료합니다.

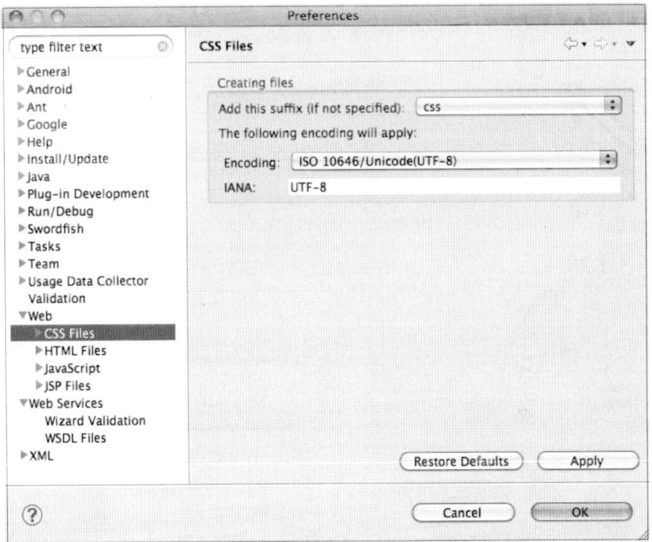

스텝 5

이제 그림과 같이 html 확장자 파일
을 더블클릭하면 "Web Page Editor"
프로그램으로 편집할 수 있습니다.
드림위버만큼은 섬세한 기능을 제공
하지 못하지만 "Web Page Editor"를
통해 기본적인 웹 페이지 개발을 지
원받을 수 있습니다.

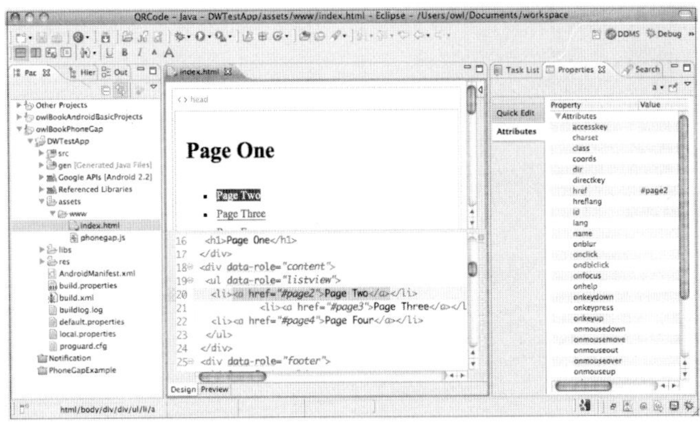

6.5 HTML5를 위한 드림위버 실무 활용 팁

웹앱은 HTML5 객체들을 동적으로 제어하는 자바스크립트가 주요한 프로그래밍 언어라고 할 수 있습니다. 드림위버를 이용한 웹앱 개발 작업은 프로그래밍보다는 디자인에 집중하고자 하는데 목적이 있습니다. 이를 위해서는 다음과 같은 드림위버의 활용 팁을 익혀 둘 필요가 있습니다. 웹앱을 개발하기 위해서는 필요에 따라 전문 네이티브 앱 프로그래머와 소스를 공유하면서 원활한 의사소통을 할 필요도 있고, 전문 프로그래머도 실수할 수 있는 HTML5 코팅을 웹 표준에 맞게 자동으로 정리할 수 있는 기능도 실무에서 매우 유용합니다.

HTML5를 위한 드림위버 환경설정

HTML5 웹 표준에 맞춰 웹 페이지를 개발하기 위해서는 다음과 같이 환경설정을 하고 어떤 환경을 조절할 수 있는지 알아 둘 필요가 있습니다.

스텝 1

드림위버 환경설정 창을 열려면 다음과 같은 메뉴를 사용합니다.

- MS Windows : File > Preferences…
- Mac OS X : Dreamweaver > Preferences…

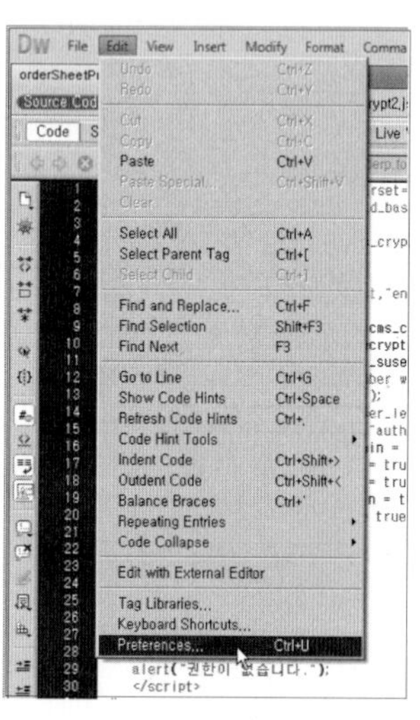
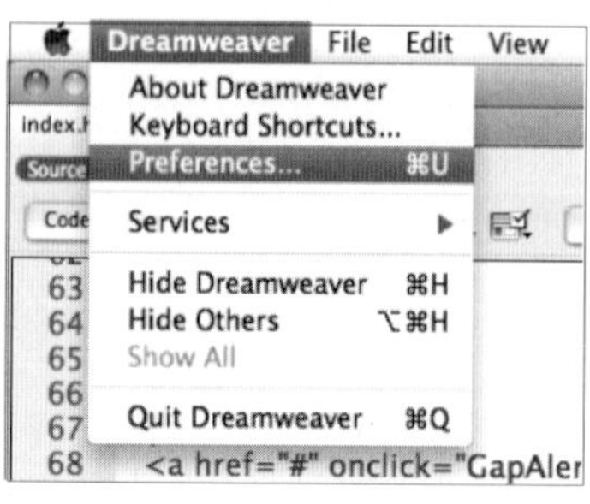

"Preferences" 창은 드림위버 개발환경을 조절할 수 있게 지원합니다. 그 중 실무에 꼭 필요한 요소들을 간추려 보겠습니다.

스텝 **2**

"W3C Validator"는 어느 버전의 웹 표준에 맞춰 HTML 문법을 교정할 것인지를 설정합니다.
웹앱 개발을 위해서 그림과 같이 "HTML5"를 선택했습니다.

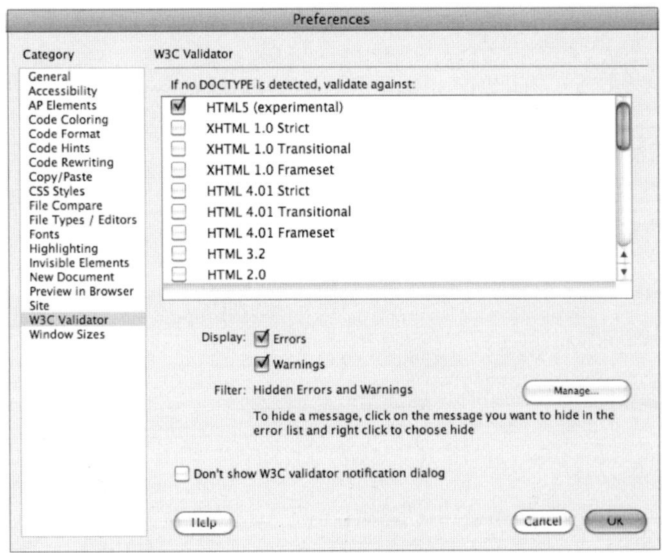

참고 웹 디자이너와 프로그래머

인터넷 초창기에도 드림위버는 혁신적인 웹 개발 도구였지만 이와 같은 환경설정에 대한 지식을 알려하지
않았기 때문에 "드림위버가 소스를 마음대로 바꿔 버린다느니 소스가 지저분하다느니"하는 뜬소문들이 사실인
것처럼 설익은 개발자로부터 나오기 시작했습니다. 웹디자이너들은 이와 같은 말에 기죽어 소외되는 경우가
대부분이었고, 웹 디자이너와 프로그래머 사이의 장벽은 넘어서기 어려울 정도로 높아지는 상태가 됐습니다.
컴퓨터는 시키지 않은 일을 하지 않습니다. 지금에 와서 냉정하게 돌이켜 보면 그 당시 개발자들의 의식이
저급했다고 할 수 있습니다. 진실을 잘 알아 보려하지 않고 외면하면서 프로그래머만이 우세하다고 철없는
아이처럼 우쭐했던 것을 반성해야 합니다. 프로그래머는 프로그램을 잘 이해할 수 있는 위치에 있기 때문에
디자인할 때는 디자이너에게 어떤 환경에서 작업해야 원활하게 협업할 수 있다는 것을 올바르게 가이드하려
노력해야 의식 있는 개발자라 할 수 있습니다.

스텝 **3**

"New Document"는 새 파일을 생성할 때 사용할 기본 설정을 정의합니다. HTML5로 개발할 것이므로
그림과 같이 HTML 문서를 기본으로 설정하고 인코팅은 "UTF-8"로 설정합니다.

스텝 4

"Code Rewriting"은 문서를 편집할 때 자동으로 소스코드를 교정하는 기능을 사용할 것인지를 정의합니다. 그림과 같이 자동 소스코드 교정 기능을 사용하지 않도록 설정할 것을 권장합니다. 이런 설정을 찾아보지도 않고 소스코드가 자꾸 변한다고 프로그램 탓을 해서는 안 되겠지요.

스텝 5

"Code Format"은 소스에 대한 형식을 정의하는 속성입니다.

그림은 필자가 좋아하는 형식으로 설정하는 사례를 보여주고 있습니다. 들여쓰기(Indent)는 탭 1개로 설정하고 탭의 크기는 공백 4자와 같은 크기로 설정하고 있습니다. 줄 바꿈(Line Break)은 UNIX 형식의 "LF"를 사용하며 태그와 속성은 모두 소문자로 설정했습니다. "<td>" 태그 안에는 기본으로 줄 바꿈되지 않게 설정하여 이미지 같은 객체가 테이블 셀 안에 알맞게 배치되도록 설정하고 있습니다. "Advanced Formatting"에 있는 버튼들은 좀 더 구체적인 소스 포맷을 제공합니다. 먼저 "CSS..." 버튼을 클릭해봅니다.

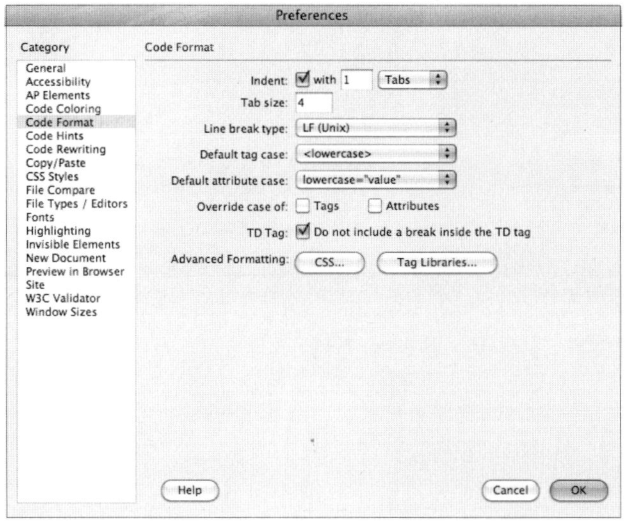

스텝 6

"CSS Source Format Options" 창이 나타납니다. 이 창에서는 CSS 소스코드에 대한 양식을 정의할 수 있습니다.

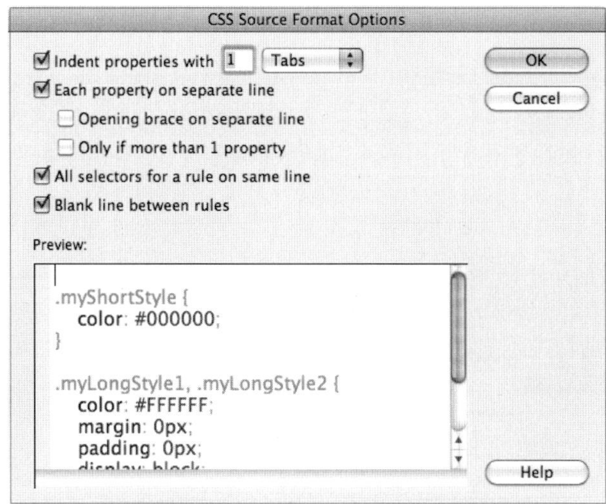

스텝 **7**

"Properties > Code Format > Advanced Formatting > Tag Library Editor" 버튼을 클릭하면 그림과 같이 "Tag Library Editor" 창이 나타납니다. 이 창에서 HTML 태그에 대한 포맷을 설정할 수 있습니다. 그림은 "<a>" 태그를 추가할 때 자동으로 앞뒤에 줄 바꿈을 하도록 설정하고 있습니다.

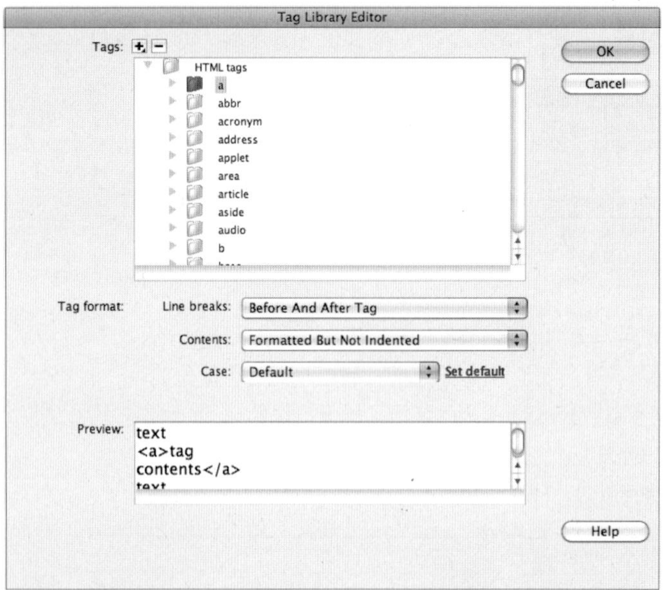

HTML5 문법 체크

앞서 HTML5를 웹 표준으로 설정했습니다. 자신이 작성한 HTML 소스가 웹 표준에 어긋남이 없는지를 검사해봅니다.

스텝 **1**

그림과 같이 "Validate Current Document (W3C)" 메뉴를 실행하면 소스코드가 지정한 웹 표준에 부합하는지를 검사합니다. 다른 HTML 버전으로 변경해서 검사하려면 "Settings..." 메뉴를 이용하면 됩니다.

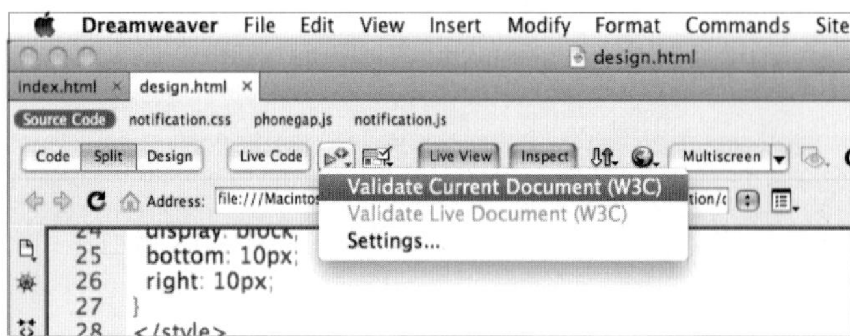

스텝 **2**

그림과 같이 "W3C VALIDATION" 창에 웹 표준에 어긋나는 구문을 친절하게 안내해줍니다.
아무리 숙달된 HTML 코더라도 매번 실수 없이 이만큼 정확하게 웹 표준을 검사할 수는 없습니다.

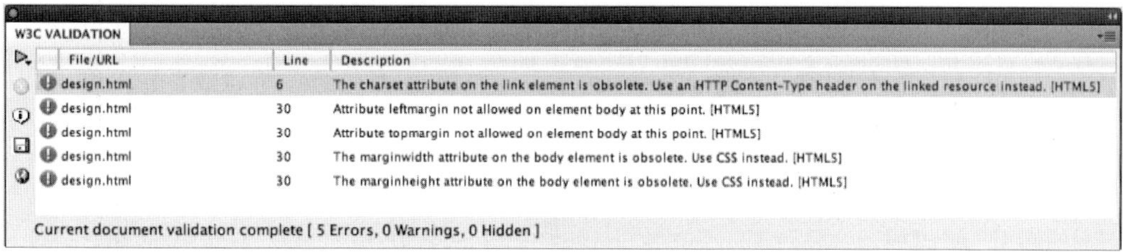

소스 자동 정리

앞서 설정한 소스 포맷에 맞게 재 정렬하려면 그림과 같이 "Commands > Apply Source Formatting"
메뉴를 실행합니다. 아무리 숙달된 HTML 코더라도 컴퓨터가 하는 만큼 정확하게 소스코드 포맷을
맞출 수는 없습니다.

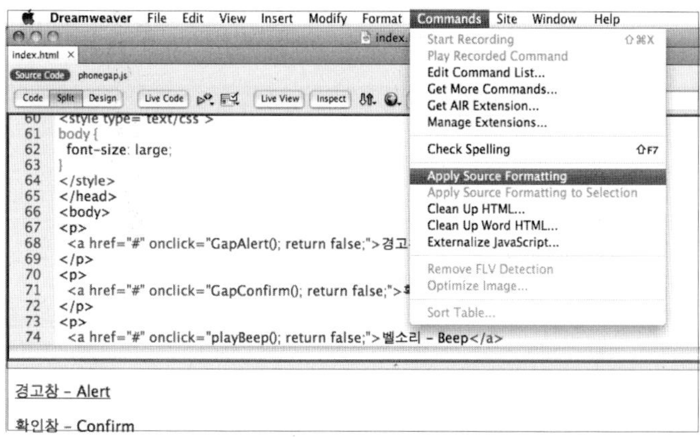

이 정도면 웹 표준 코딩을 걱정할 필요가 없어집니다. 수많은 디자이너나 코더가 일일이 웹 표준에 맞춰
알아서 잘 코딩하기를 바라는 것보다 이런 드림위버와 같은 툴의 개발에 노력하고, 적극적으로 활용하는
것이 웹/앱 발전에 원동력이 됩니다. 기계적인 코딩에 투자할 노력과 시간을 참신한 아이디어에 투자하는
것이 비전 있는 행동입니다. 한편, HTML 전문 코더들의 밥그릇에 대한 고민이 집단 이기주의를 낳고 있는
현상도 경계해야 합니다. HTML 코더는 디자이너입니까? 아니면 프로그래머입니까? 이도 저도 아니면 그냥
코더입니까? 그들은 일일이 소스 코드를 입력하는 하드코딩(Hard–Coding)만이 깔끔한 소스를 제공한다고
주장합니다. 이는 자기 무덤을 파는 생각이며 발전의 역사를 거스르는 생각입니다.

이클립스, Xcode, Visual Studio 등 모든 개발 툴이 지향하는 바를 보십시오. HTML 코더가 지향해야 할 것은 HTML 객체들에 대한 좀 더 깊이 있는 이해와 자바스크립트를 통한 응용이고 좀 더 효율적인 코딩 작업을 위한 방법의 탐색입니다. 컴퓨터 관련 일을 하면서 컴퓨터가 할 수 있는 일을 외면하지 마십시오. 그렇다고 자신의 자리가 없어지지 않습니다. HTML이 발전하고 HTML 툴이 발전할수록 웹앱과 같은 더 고급스러운 일을 할 수 있습니다. HTML의 목적은 코딩 그 자체가 아니고 화면에 출력하는 결과물을 위한 도구일 뿐입니다. 부속품으로 이용당하고만 있지 말고 새로운 세상을 봅시다.

디자인 미리보기 화면 크기 조절

드림위버에서 웹 페이지 디자인을 순조롭게 하려면 다음과 같은 간단한 관심이 필요합니다.

스텝 **1**

드림위버에서 HTML 파일을 열면 그림과 같이 소스보기 (Code)와 미리보기 (Design), 소스코드와 미리보기를 동시보기 (Split)할 수 있는 버튼을 지원합니다. 이 버튼을 통해 필요에 따라 소스만 볼 수도 있고, 디자인 위주로 볼 수도 있으며, 미리보기에 나타난 객체가 어떤 HTML 소스로 작성됐는지를 비교하면서 편집할 수 있습니다. 또한 미리보기 화면의 크기를 설정하여 개발 대상 화면에 대해 조감할 수도 있습니다.

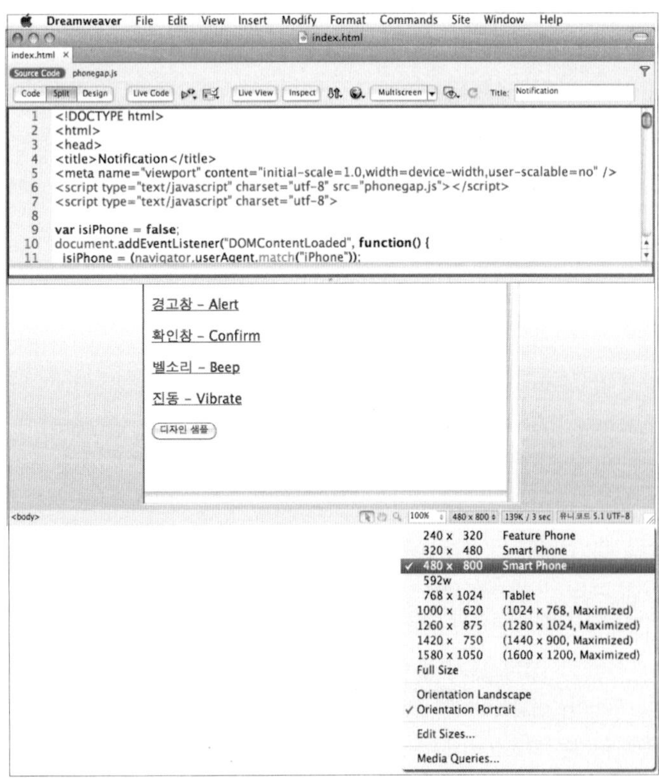

라이브 미리보기

스텝 **1**

왼쪽 상단에 있는 "Design" 버튼을 클릭하면 미리보기 화면만 나타납니다. 하지만 개발자의 의도대로 미리보기가 보이는 것은 아닙니다. 개발을 위한 최소한의 미리보기만 보여 주고 있습니다. 이는 빠른 속도로 편집을 하기 위함입니다.

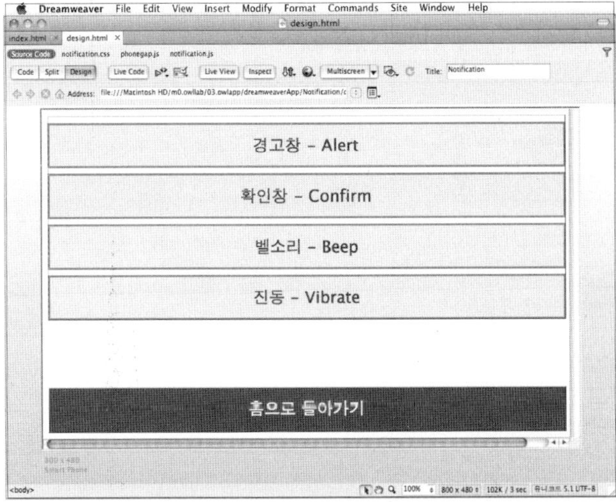

스텝 **2**

"Live View" 버튼을 클릭하면 개발자의 의도대로 실제 화면과 흡사하게 미리보기를 할 수 있습니다. "Live View"에서는 실제 스마트폰 또는 웹브라우저에서 작동하는 것과 같이 실행되고 보여줍니다. 일종의 "가상 웹브라우저"라고 생각하면 됩니다.

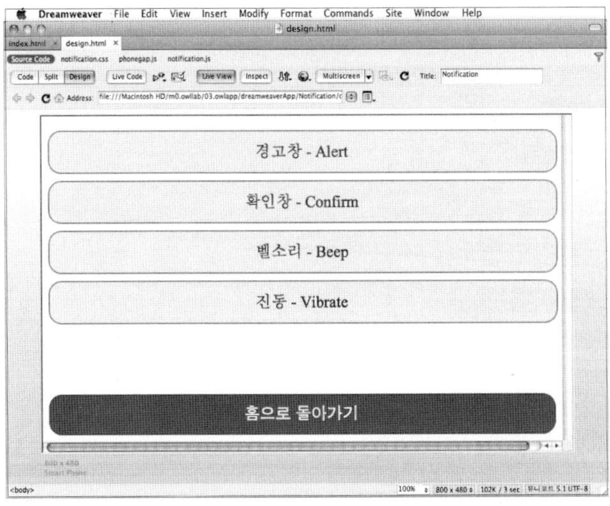

미리보기에서 객체 찾기

기본적으로 미리보기에서 마우스로 선택한 객체에 대한 소스코드를 "Split" 화면에서 볼 수 있지만 "Live View" 상태에서 "Inspect" 버튼 또는 "Live Code" 버튼을 사용하면 마우스로 선택한 객체가 실제로 어떤 소스코드에 의해 작동하는지를 확인할 수 있습니다.

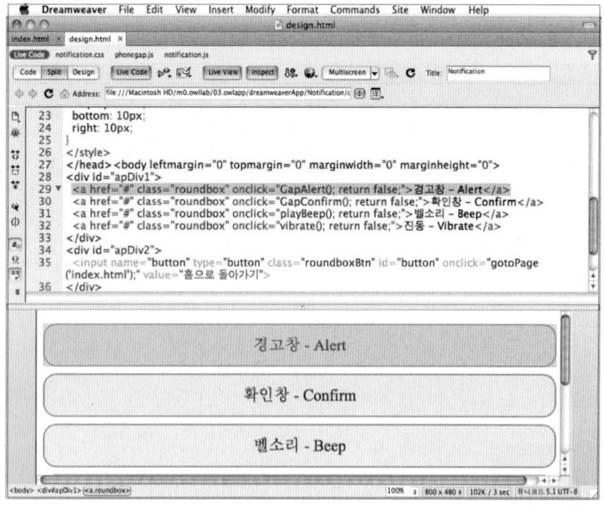

CSS 편집기

드림위버는 CSS 편집기를 다음과 같이 GUI 방식으로 제공합니다.

스텝 **1**

그림과 같이 HTML 파일을 열고 "CSS STYLES" 창에서 "All" 버튼을 클릭하면 "CSS STYLES > All Rules"에서 해당 HTML 파일에서 사용하고 있는 CSS 스타일 객체들을 모두 볼 수 있고 "CSS STYLES > Properties for ..."에서 필요에 따라 선택한 스타일 속성을 편집할 수 있습니다.

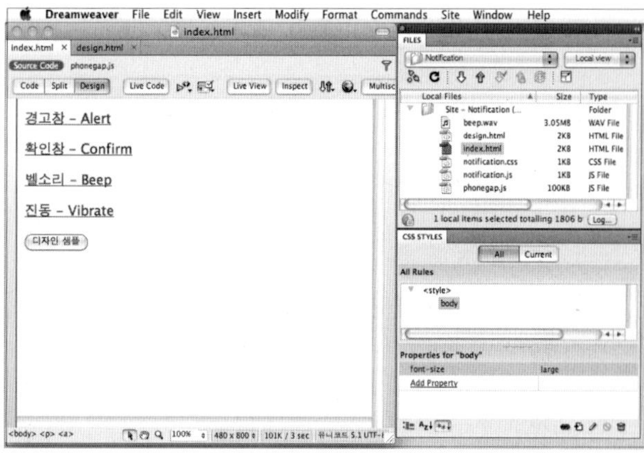

스텝 **2**

"CSS STYLES > Properties for ..." 창의 왼쪽 아래에는 다음 3개의 버튼이 있는데 이 버튼을 이용하여 선택한 스타일에 사용할 수 있는 속성들을 편리하게 열람하면서 편집할 수 있습니다.

- Show category view ( ) : 스타일 속성들을 카테고리로 분류하여 보여줍니다.
- Show list view ( ) : 스타일 속성들을 알파벳순으로 나열해 보여줍니다.
- Show only set properties ( ) : 스타일 속성들 중 값이 설정된 속성만 보여줍니다.

그림은 "Show only set properties ( )" 모드로 ".roundbox"라는 스타일 속성들을 보여주고 있습니다.

"Show only set properties ( )" 모드에서는 속성 목록들 아래에 있는 "Add Property" 항목을 클릭하여 필요한 속성을 선택하거나 입력하여 추가할 수 있습니다.

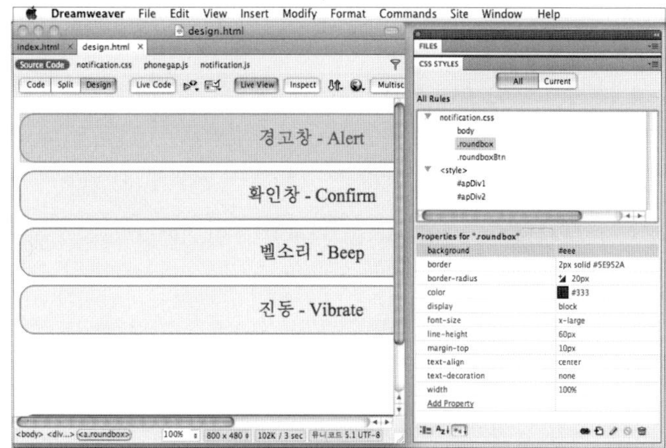

스텝 **3**

다음 그림은 "Show category view ( )" 버튼을 클릭하여 "#apDiv1"이라는 스타일에서 지원하는 속성들을 열람하고 있습니다.

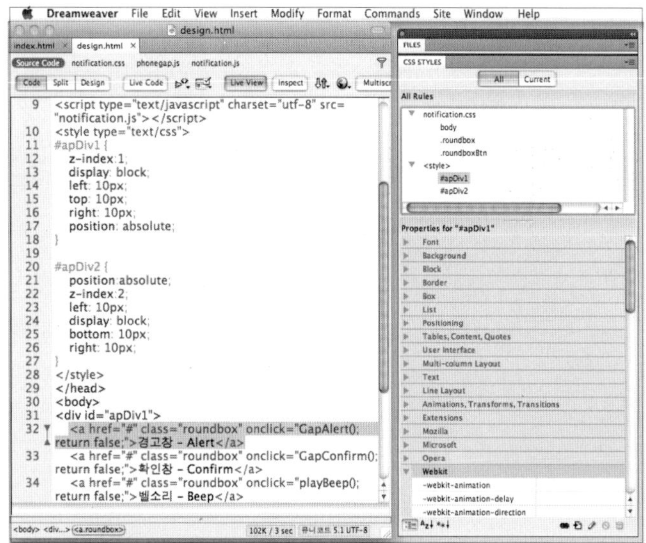

스텝 4

"CSS STYLES > Properties for ..." 창의 오른쪽 아래에 있는 버튼들은 다음과 같이 스타일 파일을 연결하거나 스타일 객체를 추가, 수정, 기능 정지, 삭제할 수 있는 버튼들입니다.

- Attach Style Sheet ( ) : ".css" 파일과 같은 CSS 스타일 파일을 링크할 때 사용하는 버튼입니다.
- New CSS Rule ( ) : 스타일 객체를 추가하는 버튼입니다.
- Edit Rule... ( ) : 선택한 스타일 객체를 수정하는 버튼입니다.
- Disable/Enable CSS Property ( ) : 선택한 스타일 속성을 HTML 파일에 적용할 것인지 여부를 설정하는 버튼입니다.
- Delete CSS Property ( ) : 선택한 스타일 속성을 삭제하는 버튼입니다.

"#apDiv1"이라는 스타일 객체를 선택하고 "Edit Rule... ( )" 버튼을 클릭하면 그림과 같이 "#apDiv1"라는 스타일을 편집할 수 있도록 팝업 창이 나타납니다. 이 팝업 창은 세밀한 스타일 속성은 편집할 수 없지만 일반적으로 많이 사용하는 기본적인 스타일 속성을 쉽게 설정할 수 있게 도와줍니다.

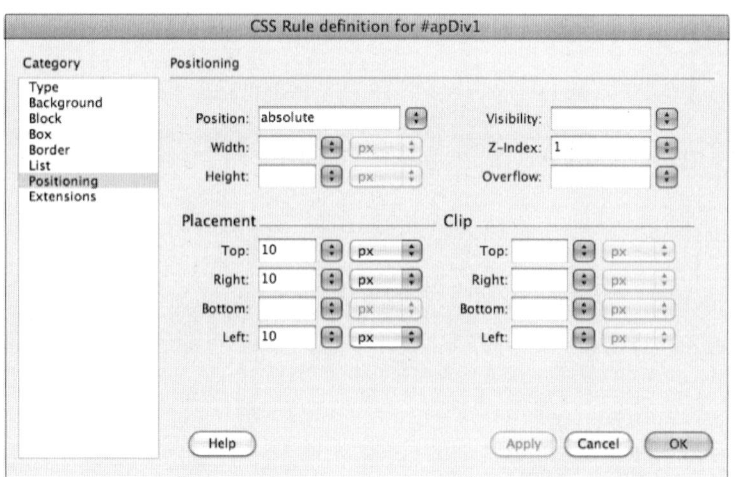

PART II

폰갭 API 사용하기

폰갭 API는 자바스크립트로 스마트폰을 제어할 수 있게 하는 "자바스크립트 라이브러리"로써 Accelerometer, Camera, Capture, Compass, Connection, Contacts, Device, Events, File, Geolocation, Media, Notification, Storage 등으로 구성됩니다. HTML5의 기본 자바스크립트로 웹 페이지 화면을 구성하고 여기에 이러한 폰갭의 자바스크립트 API를 더해 완전한 웹앱을 만듭니다. 2부에서는 폰갭 API를 하나씩 살펴보면서 안드로이드, 아이폰, 윈도우폰을 대상으로 앱을 만들며, jQuery Mobile을 활용하거나 버전 업에 대처하는 방법 등을 배웁니다.

Chapter 07

Notification : 대화상자와 알림

notification, 즉 대화상자와 알림 기능을 구현하는 방법을 알아봅니다. 먼저 폰갭의 notification 객체가 제공하는 메소드들의 사용 방법을 알아봅니다. 이후 HTML5로 웹 페이지를 개발하면서 폰갭의 notification 기능을 사용하는 프로젝트를 만들고 이들을 안드로이드, 아이폰, 윈도우폰으로 포팅하는 작업을 합니다. 이 과정을 통해 웹앱의 전반적인 개발 절차도 확실히 익히게 됩니다.

폰갭은 다음과 같이 3가지 관점에서 알림 기능에 대한 API를 제공하고 있습니다.

- 대화상자 알림 : 화면에 대화상자 (팝업상자)를 출력하여 사용자에게 이벤트를 알립니다.
- 소리 알림 : 벨소리와 같은 소리로 이벤트를 알립니다.
- 진동 알림 : 스마트폰의 진동 기능으로 이벤트를 알립니다.

대화상자는 경고형(Alert)과 확인형(Confirm)이 있습니다. 경고형 대화상자는 단순히 안내하는 형식이며, 확인형 대화상자는 사용자가 여부를 선택하는 형식입니다. 확인형 대화상자의 경우 안드로이드와 아이폰에서는 2개 이상의 버튼을 사용할 수 있지만 윈도우폰에서는 "Yes", "No" 2개의 버튼만 사용할 수 있다는 특징이 있습니다.

소리 알림의 경우 안드로이드나 윈도우폰에서는 기본 음향으로 소리를 내지만 아이폰에서는 파일명이 "beep.wav"인 소리 파일을 별도로 Xcode 프로젝트에 추가해줘야 작동합니다. 진동 알림의 경우 가상기기에서 지원하지 않기 때문에 실물 단말기에서만 실험이 가능하다는 점도 염두에 둘 필요가 있습니다.

7.1 notification의 사용

notification 객체는 alert, confirm, beep, vibrate 등 4개의 메소드를 제공합니다. 이 메소드들의 사용 형식과 특징 등을 하나씩 살펴봅니다.

notification.alert() 메소드

이 메소드는 안내문을 출력하는 경고형 대화상자를 출력합니다. 대화상자에 있는 버튼을 클릭하면 지정한 자바스크립트 함수가 실행되도록 합니다. 대화상자 제목과 버튼 이름은 옵션이며 이 두 매개변수를 정의하지 않으면 제목은 "Alert"로 처리하고 버튼 이름은 "OK"로 처리합니다.

사용형식	navigator.notification.alert(message, alertCallback, [title], [buttonName])
매개변수	• message (String) : 대화상자의 내용입니다. • alertCallback (Function) : 대화상자의 버튼을 클릭하여 대화상자가 사라질 때 실행할 자바스크립트 함수(메소드)입니다. • title (String) : 대화상자의 제목입니다. 옵션 매개변수이며 기본 값은 "Alert"입니다. • buttonName (String) : 대화상자에 출력할 버튼 이름입니다. 옵션 매개변수이며 기본 값은 "OK"입니다.

❶ 지원하는 플랫폼 : Android, iPhone, Windows Phone 7(Mango), BlackBerry(OS 4.6), BlackBerry WebWorks(OS 5.0 and higher)

❷ 윈도우폰 특기사항 : 버튼 이름을 변경할 수 없는 제약이 있습니다. 버튼 이름이 항상 'OK'로 출력됩니다.

notification.confirm() 메소드

이 메소드는 실행 여부를 선택하는 확인형 대화상자를 출력하는 메소드입니다. 이 확인형 대화상자에는 여러 개의 버튼을 사용할 수 있는데 사용자가 클릭한 버튼의 번호를 "1", "2", "3", ... 등과 같은 일련번호로 전달받아 해당 버튼에 대한 명령을 실행할 수 있는 방식을 사용하고 있습니다.

사용형식	navigator.notification.confirm(message, confirmCallback, [title], [buttonLabels]);
매개변수	• message (String) : 대화상자의 내용입니다. • confirmCallback (Function, Number) : 대화상자 버튼들 중 하나를 클릭할 때 실행할 자바스크립트 함수(메소드)입니다. 이 함수는 사용자가 클릭한 버튼의 번호를 전달받아 실행할 명령을 정의합니다. • title (String) : 대화상자 제목입니다. 옵션 매개변수이며 기본 값은 "Confirm"입니다. • buttonLabels (String) : 대화상자에 출력할 버튼 이름입니다. 옵션 매개변수이며 기본 값은 "OK, Cancel"입니다.

❶ 지원하는 플랫폼 : Android, iPhone, Windows Phone 7(Mango), BlackBerry WebWorks(OS 5.0 and higher)

❷ 윈도우폰 특기사항 : 버튼 이름을 변경할 수 없는 제약이 있습니다. 버튼 이름이 항상 "OK|Cancel"로 출력됩니다.

notification.beep() 메소드

이 메소드는 알림음을 재생하는 메소드입니다.

사용형식	navigator.notification.beep(times);
매개변수	times : 알림음을 재생할 횟수를 정의합니다.

❶ 지원하는 플랫폼 : Android, iPhone, Windows Phone 7(Mango), BlackBerry(OS 4.6), BlackBerry WebWorks(OS 5.0 and higher)

❷ 안드로이드 특기사항 : 안드로이드는 "환경 설정 > 소리 > 알림음 설정"에서 지정한 알림음을 재생합니다.

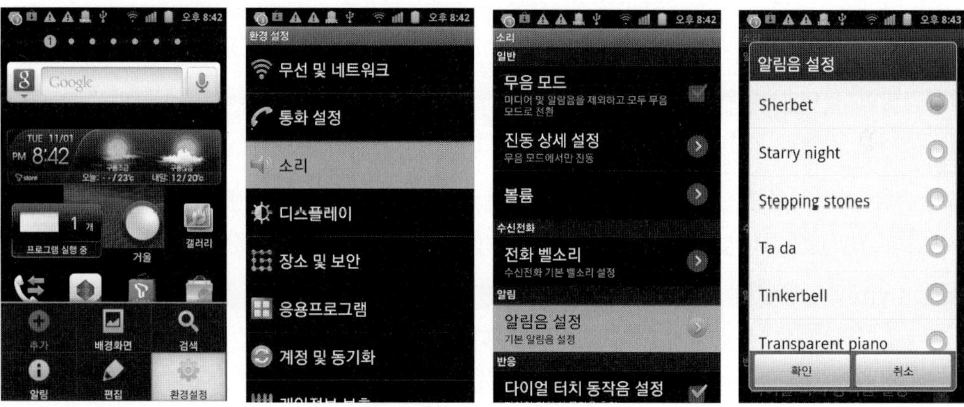

❸ 아이폰 특기사항 : 알림음 재생 횟수와 무관하게 1회만 재생하며 아이폰에서는 알림음 API가 지원되지 않아 재생할 알림음 파일을 "www" 폴더 안에 "beep.wav"라는 파일명으로 등록해야 합니다. 또한 "beep.wav" 파일은 재생 시간이 30초 이내이어야 합니다.

❹ 윈도우폰 특기사항 : 윈도우폰에 대한 폰갭 라이브러리에는 알림음이 포함되어 있습니다. 따라서 별도로 알림음 파일을 추가할 필요가 없습니다.

notification.vibrate() 메소드

이 메소드는 지정한 시간동안 진동이 울리게 합니다.

사용형식	navigator.notification.vibrate(milliseconds)
매개변수	milliseconds : 진동이 울리는 시간을 밀리초로 정의합니다.

❶ 지원하는 플랫폼 : Android, iPhone, Windows Phone 7, BlackBerry (OS 4.6), BlackBerry WebWorks (OS 5.0 and higher)

❷ 아이폰 특기사항 : 지정한 진동 실행 시간을 무시하고 아이폰 설정에 따릅니다.

7.2　notification 프로젝트

폰갭 API에서 제공하는 알림기능을 실험하는 실험 프로젝트를 만들고 실험하는 과정을 소개합니다. 처음으로 프로젝트를 개발하는 과정을 소개하기 때문에 좀 상세하게 개발하는 과정을 보여주고자 합니다. 프로젝트 개발 과정을 설명하면서 실제로 필자가 개발하는 과정을 전부 그대로 수록하려 했으나 너무 많은 지면을 차지하는 관계로 앞에서 설명한 부분은 축약하고 있음을 염두에 두고 살펴보기 바랍니다. 웹앱을 개발하려면 먼저 다음에서 보여주는 바와 같이 HTML5를 웹 표준으로 해서 웹 페이지 파일을 만들어야 합니다.

HTML5 소스 구성

스텝 **1**

필자는 그림과 같이 드림위버에서 "Notification"이라는 사이트 (Site)를 생성하고 이 사이트 안에 HTML 문서를 만들었습니다. "Notification" 사이트에서 만든 파일들은 다음과 같은 기능을 합니다.

- beep.wav : 아이폰의 경우 알림음 파일을 별도로 프로젝트에 등록해야 하는데 이 때 사용할 알림음 파일을 준비했습니다.
- design.html : 알림 기능을 실험할 수 있는 화면에 간단한 CSS 디자인을 가미했고 자바스크립트 파일을 분리하는 사례를 보여주고 있습니다.
- index.html : 웹앱의 시작 파일이며 알림 기능을 실험할 수 있는 화면으로 구성했습니다.
- notification.css : design.html에서 링크 방식으로 사용하는 CSS 파일입니다.
- notification.js : design.html에서 링크 방식으로 사용하는 자바스크립트 파일입니다.
- phonegap.js : 폰갭 API를 제공하는 라이브러리 파일입니다. 이 파일은 다운받은 폰갭 SDK에서 가져온 파일입니다.

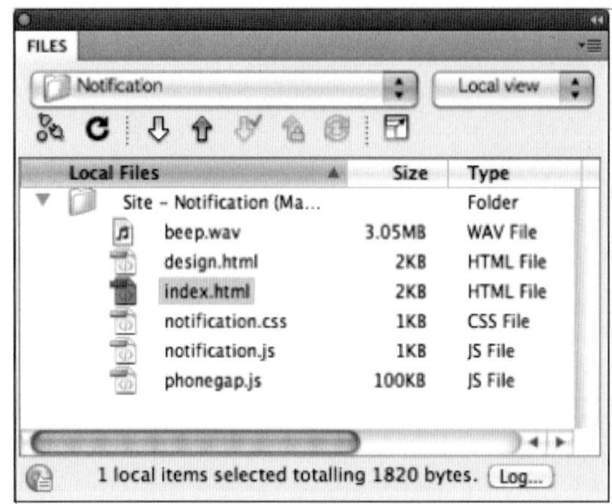

참고　알림음 만들기

알림음 파일은 저작권에 유의하여 인터넷에서 다운받아 사용해야 합니다. 인터넷에 떠도는 파일이라고 해서 모두 저작권이 없는 것은 아닙니다. 다운받아 개인적으로 사용하는 것은 허용되지만 앱에 탑재하여 사용하는 것은 재배포에 대한 문제이기 때문에 저작권에 위배될 수 있습니다. 그래서 필자는 "Adobe Soundbooth CSS" 프로그램을 이용하여 알림음을 "똑딱"거리는 소리로 간단히 녹음했습니다. 이 때 알림음은 30초 이내이어야 한다는 것을 유의해야 합니다. "Adobe Soundbooth CSS" 이외에도 간단히 음향을 녹음할 수 있는 프로그램들이 많이 있을 겁니다. 이런 프로그램을 이용하여 간단하게 만들어 보는 시도를 해보세요.

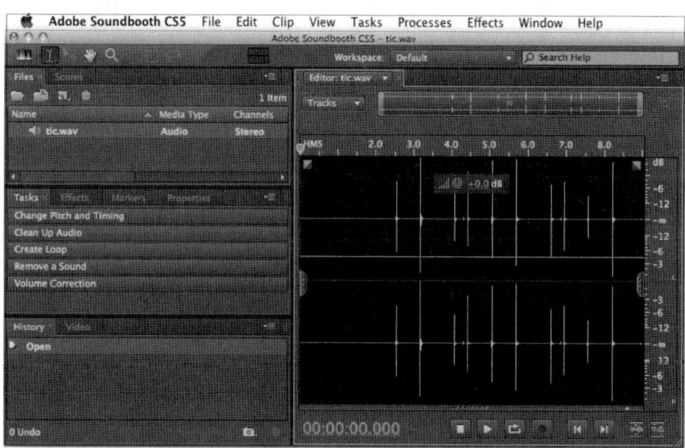

시작 화면

스텝 **2**

index.html 파일은 그림과 같은 화면으로 간단하게 구성했습니다. 이는 폰갭의 알림 기능을 간단한 소스에서 파악할 수 있게 하기 위해서입니다. 폰갭은 "www" 폴더에 있는 "index.html" 파일이 첫 화면이라는 점도 상기하기 바랍니다.

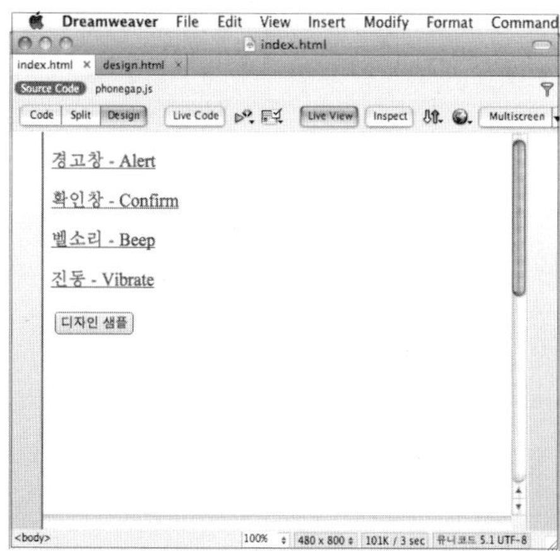

스텝 3

index.html 파일을 소스로 살펴보면 다음과 같습니다. HTML5 개발 사례를 처음 보여 주는 것이기 때문에 상세하게 구문 하나하나를 설명합니다.

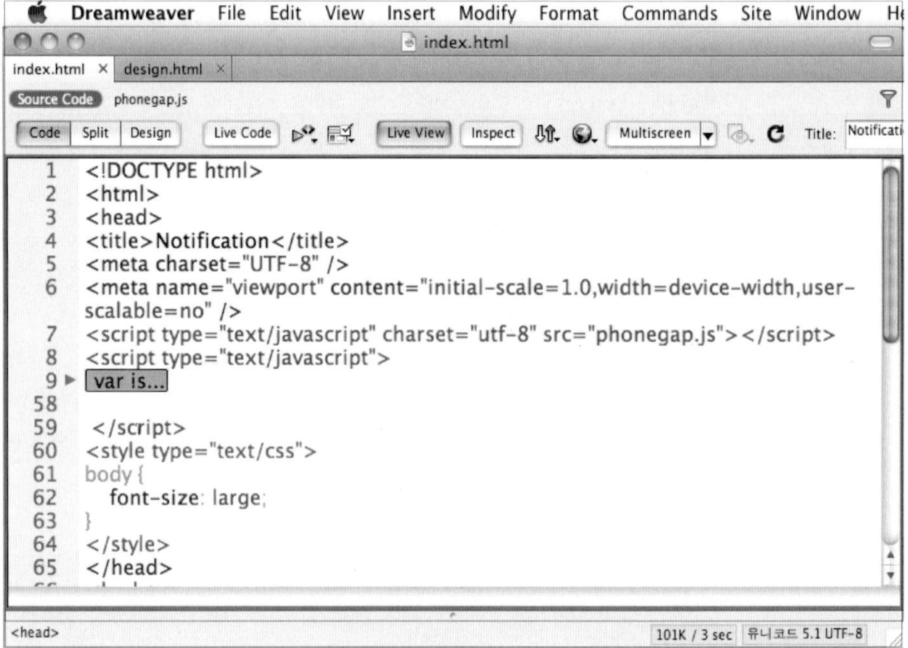


```
1  <!DOCTYPE html>
2  <html>
3  <head>
4  <title>Notification</title>
5  <meta charset="UTF-8" />
6  <meta name="viewport" content="initial-scale=1.0,width=device-width,user-scalable=no" />
7  <script type="text/javascript" charset="utf-8" src="phonegap.js"></script>
8  <script type="text/javascript">
9  var is...
58
59   </script>
60  <style type="text/css">
61  body {
62     font-size: large;
63  }
64  </style>
65  </head>
```


소스라인 1 : HTML5 형식임을 선언합니다.

소스라인 2~83 : 전체를 <html>~</html>로 묶어 HTML 문서 형식을 갖춥니다.

소스라인 3~65 : <head>~</head> 태그로 이 HTML 문서에 대한 정보를 기록합니다.

소스라인 4 : <title> 태그로 이 문서의 제목을 정의합니다.

소스라인 5 : <meta> 태그로 이 문서가 사용하는 인코딩 정보를 정의합니다. 웹앱은 다국어를 지원할 수 있는 ″UTF-8″ 인코딩을 권장합니다.

소스라인 6 : <meta> 태그로 ″viewport″를 설정합니다. ″viewport″는 이 문서가 화면에 출력될 때 어떤 비율로, 어떤 형식으로 출력될 것인지를 정의할 수 있습니다. 본 사례는 확대 비율을 ″1.0″으로 설정하고, 문서의 폭을 단말기 화면 크기로 설정하며, 확대를 할 수 없게 고정하고 있습니다.

소스라인 7 : 폰갭 라이브러리와 연동하는 폰갭 자바스크립트 파일 (phonegap.js)을 호출하고 있습니다. 또한 자바스크립트 파일을 호출할 때 ″UTF-8″ 인코딩을 사용하도록 설정하고 있습니다.

소스라인 8~59 : 이 문서에서 사용할 자바스크립트를 줄임 표시로 보여주고 있습니다. 다음 스텝에서 이 부분을 상세히 살펴볼 것입니다.

소스라인 60~64 : <style>~</style> 태그로 이 문서에서 사용할 CSS 스타일을 정의합니다.

스텝 4

위에서 줄임 표시로 보여줬던 자바스크립트는 폰갭의 알림 기능이 작동하도록 정의한 자바스크립트를 봅니다. 폰갭 API 중 알림 기능을 활용하기 위해 자바스크립트를 어떻게 사용하는지 하나씩 살펴보겠습니다. 이벤트 리스너는 많이 사용하는 구문이어서 눈에 익다고 그냥 넘길 구문이 아닙니다. 이 스텝에서 설명하는 부분만 잘 이해해도 언젠가 넘어야 할 자바스크립트의 이벤트 리스너라는 고개를 넘어 설 것입니다. 그렇지 않으면 나중에 미로 속에서 후회하게 될 것입니다.

```
 7  <script type="text/javascript" charset="utf-8" src="phonegap.js"></script>
 8  <script type="text/javascript">
 9  |
10  var isiPhone = false;
11  document.addEventListener("DOMContentLoaded", function() {
12      isiPhone = (navigator.userAgent.match("iPhone"));
13  });
14
15  document.addEventListener("deviceready", onDeviceReady, false);
16
17  function onDeviceReady() {
18
19  }
20
```

<head>   101K / 3 sec   유니코드 5.1 UTF-8

소스라인 10~13 : 이 구문은 하나의 소스를 여러 플랫폼의 단말기에서 활용할 수 있게 하는 사례입니다. navigator 정보를 이용하여 userAgent 정보에 "iPhone"이 있으면 이 자바스크립트가 실행되는 플랫폼이 아이폰임을 식별하는 방식입니다. "isiPhone" 변수가 "true"이면 아이폰에서 실행되는 것입니다. 따라서 "isiPhone" 변수의 값에 따라 아이폰에서만 실행해야 할 구문을 정의할 수 있습니다. 안드로이드나 윈도우폰도 마찬가지 방식으로 플랫폼을 구분하여 플랫폼의 특성에 따라 실행할 자바스크립트를 구성할 수 있습니다.

소스라인 10 : 단말기가 아이폰인지를 구분하는 속성 변수로, "isiPhone"이라 선언하고 있습니다. 기본 값은 "false"입니다.

소스라인 11~13 : document.addEventListener() 명령을 이용하여 이벤트를 감지하는 리스너를 설정합니다. 리스너 이름은 "DOMContentLoaded"이고 "DOMContentLoaded" 이벤트를 감지하면 "function() {...}"에서 정의하는 함수를 실행합니다. "DOMContentLoaded"라는 이벤트는 HTML DOM에서 제공하는 이벤트이며 이 문서를 메모리에 읽어 들여 HTML 문서에 있는 객체들을 인식했을 때 실행됩니다. 따라서 HTML에서 링크로 호출하는 이미지나 CSS 등은 아직 로딩하지 않았을 때라는 것도 이해해야 합니다.

> **참고**　"DOMContentLoaded", "load", "deviceready" 이벤트의 차이

웹앱 페이지에서 많이 사용하는 이벤트입니다. "DOMContentLoaded"와 "load"는 HTML DOM에서 정의하는 이벤트이고, "deviceready" 이벤트는 폰갭에서 제공하는 이벤트입니다. 폰갭은 원래 DOM에서 지원하는 이벤트 이외에 스마트폰에서 필요한 이벤트들을 추가로 제공하고 있습니다. 이 3가지 이벤트의 차이점은 다음과 같이 간단하게 정리할 수 있습니다.

- "DOMContentLoaded" 이벤트 : DOM을 로드했을 때입니다. 아직 관련 이미지나 CSS 스타일은 로드하지 않은 상태입니다.
- "load" 이벤트 : 모든 객체들을 로드했을 때입니다. 즉, 화면이 나타났을 때라고 이해하면 됩니다.
- "deviceready" 이벤트 : 장비(단말기)와 연결해주는 폰갭을 로드했을 때입니다. 이때부터 폰갭 명령을 실행할 수 있습니다.

> **참고**　addEventListener() 사용법

addEventListener() 함수는 HTML 객체에 이벤트 리스너를 설정하는 기능을 하며 다음과 같은 매개변수를 사용합니다.

함수 형식 : targetObject.addEventListener(type, listener, useCapture)

- targetObject (객체) : 이벤트 리스너를 설정할 객체입니다.
- type (문자열) : 이벤트 유형을 설정합니다.
- listener (함수) : 이벤트가 감지됐을 때 실행할 함수입니다.
- useCapture (참/거짓) : 이벤트를 설정하는데 하위 객체까지 포함하여 적용할 것인지를 설정합니다. 값을 true로 설정하면 하위 객체를 포함하는 것이고(Capture 방식), false이면 지정 객체에만 리스너가 설정됩니다. 이 설정을 잘 알아두지 않고 맘대로 사용하면 원치 않는 객체까지 이벤트 리스너가 적용되는 실수를 범하고 한참동안 미로에서 헤어나지 못합니다.

소스라인 12 : 이 문서에서 브라우저 정보를 호출하여 아이폰인지를 검사합니다. navigator 객체에서 userAgent 객체를 열고 그 내용에 ″iPhone″이라는 글자가 있는지를 확인합니다. ″iPhone″이라는 글자가 있으면 아이폰에서 실행하는 것입니다. 이렇게 구한 ″참/거짓″ 값을 ″isiPhone″이라는 속성 변수에 기록해둡니다.

소스라인 15 : ″deviceready″라는 리스너를 설정합니다. ″deviceready″는 폰갭 API에서 제공하는 이벤트이며 폰갭 라이브러리가 준비됐을 때의 이벤트를 말합니다. 본 사례는 리스너가 이벤트를 감지했을 때 ″onDeviceReady″라는 함수를 실행하도록 설정하고 있습니다.

소스라인 17~19 : ″deviceready″ 이벤트를 감지했을 때 실행하는 함수를 정의합니다. 본 사례에서는 특별히 실행할 명령어를 작성하지 않았습니다.

스텝 **5**

여기부터가 폰갭 API의 알림 기능에 대한 활용 사례입니다. 다음은 경고형 대화상자를 출력하는
GapAlert()라는 함수를 작성한 사례입니다.

```
21  function GapAlert() {
22      var message = "폰갭 알림 대화상자입니다.";
23      var title = "알림";
24      var buttonLabel = "확인";
25      navigator.notification.alert(message, alertCallback, title, buttonLabel);
26  }
27
28  function alertCallback() {
29
30  }
31
```

<head>   101K / 3 sec 유니코드 5.1 UTF-8

소스라인 21~26 : GapAlert()라는 함수를 정의합니다.

소스라인 22 : 대화상자에 출력할 내용을 정의합니다.

소스라인 23 : 대화상자에 출력할 제목을 정의합니다.

소스라인 24 : 대화상자를 닫는 버튼 이름을 정의합니다.

소스라인 25 : 폰갭에서 제공하는 navigator.notification.alert() 함수를 실행합니다. 위에서 정의한
변수를 대입하고 대화상자에 있는 버튼을 클릭하면 alertCallback이라는 함수를 실행하도록 설정하고
있습니다.

소스라인 28~30 : 대화상자의 버튼을 클릭했을 때 실행하는 alertCallback() 함수를 정의합니다.
본 사례에서는 대화상자의 버튼을 클릭했을 때 대화상자가 닫히는 것 이외에 실행할 명령이 없어
함수의 형태만 작성하고 있습니다.

스텝 **6**

확인형 대화상자를 출력하는 GapConfirm() 함수를 작성하는 사례입니다. 확인형 대화상자의 경우
윈도우폰에서는 2개의 버튼 밖에 사용할 수 없기 때문에 윈도우폰에서는 교정할 필요가 있습니다.
앞서 단말기의 유형을 감지하는 구문으로 처리할 수도 있지만 초보자에게는 난이도가 있을 것으로
예상하여 다중 플랫폼을 위한 구문을 사용하지 않기로 했습니다. 따라서 나중에 윈도우폰에 이
소스를 포팅할 때는 수정 작업이 필요합니다.

```
32  function GapConfirm() {
33    var message = "다음을 실행하시겠습니까?";
34    var title = "확인";
35    var buttonLabels = "벨소리,진동,닫기";
36    navigator.notification.confirm(message, confirmCallback, title, buttonLabels);
37  }
38
39  function confirmCallback(button) {
40    if (button==1) {
41      playBeep();
42    } else if (button==2) {
43      vibrate();
44    }
45  }
46
```

`<head>`　　　　　　　　　　　101K / 3 sec　유니코드 5.1 UTF-8

소스라인 32~37 : 확인형 대화상자를 출력하는 GapConfirm()이라는 함수를 정의합니다.

소스라인 33 : 대화상자에 출력할 내용을 정의합니다.

소스라인 34 : 대화상자에 출력할 제목을 정의합니다.

소스라인 35 : 대화상자에 출력할 버튼의 수만큼 버튼 이름을 나열합니다. 구분자는 "쉼표(,)"입니다.

소스라인 36 : 폰갭이 제공하는 navigator.notification.confirm() 함수를 실행합니다. 위에서 정의한 변수들을 적용하고, 대화상자에 있는 버튼을 클릭할 때 confirmCallback 함수를 실행하도록 설정했습니다.

소스라인 39~45 : 대화상자에 있는 버튼들 중 하나를 클릭했을 때 실행하는 confirmCallback() 함수를 정의합니다. 이 함수는 이벤트 리스너에서 "button"이라는 전달 변수를 받아옵니다. 이 값은 버튼의 순서대로 "1, 2, 3"과 같은 숫자입니다. 본 사례에는 3개의 버튼을 대화상자에 출력하므로 "벨소리" 버튼은 "1", "진동" 버튼은 "2", "닫기" 버튼은 "3"이 됩니다.

소스라인 40~41 : 1번 버튼을 클릭했을 때 실행하는 조건문입니다. playBeep()이라는 함수를 실행하여 알림음이 재생되게 하고 있습니다.

소스라인 42~43 : 2번 버튼을 클릭했을 때 실행하는 조건문입니다. vibrate()라는 함수를 실행하여 진동이 울리게 하고 있습니다.

스텝 7

다음은 알림음과 진동, 화면 이동을 할 수 있는 함수를 정의하고 있습니다.

```
46
47  function playBeep() {
48      navigator.notification.beep(1);
49  }
50
51  function vibrate() {
52      navigator.notification.vibrate(2000);
53  }
54
55  function gotoPage(pg) {
56      self.location = pg;
57  }
58
59  </script>
60  <style type="text/css">
```

<head>   101K / 3 sec   유니코드 5.1 UTF-8

소스라인 47~49 : 알림음을 재생하는 playBeep() 함수를 정의합니다.

소스라인 48 : 폰갭에서 제공하는 navigator.notification.beep() 함수를 실행하여 알림음이 한번 재생되게 합니다.

소스라인 51~53 : 진동을 실행하는 vibrate() 함수를 정의합니다.

소스라인 52 : 폰갭에서 제공하는 navigator.notification.vibrate() 함수를 실행하여 진동이 2초간 울리게 작성하고 있습니다.

소스라인 55~57 : 화면 이동(페이지 이동)을 하는 gotoPage() 함수를 정의합니다.

소스라인 56 : "pg"라는 매개변수로 전달받는 이동할 페이지 주소를 self.location에 대입하여 화면 전환을 하게 합니다. 이 구문은 일반 웹 페이지에서 사용하는 화면 전환 방식과 다르지 않습니다.

스텝 8

다음은 본문에 해당하는 <body> 태그 영역입니다. 이 부분이 화면을 출력하는 소스입니다.

```
66  <body>
67  <p>
68      <a href="#" onclick="GapAlert(); return false;">경고창 - Alert </a>
69  </p>
70  <p>
71      <a href="#" onclick="GapConfirm(); return false;">확인창 - Confirm </a>
72  </p>
73  <p>
74      <a href="#" onclick="playBeep(); return false;">벨소리 - Beep</a>
75  </p>
76  <p>
77      <a href="#" onclick="vibrate(); return false;">진동 - Vibrate</a>
78  </p>
79  <p>
80      <input type="button" name="button" id="button" value="디자인 샘플" onClick=
    "gotoPage('design.html');">
81  </p>
82  </body>
83  </html>
```

<head>   101K / 3 sec   유니코드 5.1 UTF-8

소스라인 66~82 : <body>~</body> 태그로 본문 영역을 묶어줍니다.

소스라인 67~69 : <p>~</p> 태그로 한 줄을 출력합니다.

소스라인 68 : "경고창 - Alert"라는 문자열을 출력하고 이 문자열에 <a> 태그로 링크 처리를 합니다. onclick 속성에 이 링크를 클릭할 때 실행할 자바스크립트 명령어를 작성합니다. 본 사례는 앞서 정의한 GapAlert() 함수를 실행하여 경고형 대화상자가 나타나게 하고, "return false;" 명령을 실행하여 <a> 태그의 고유 기능인 페이지 이동을 하지 않게 하고 있습니다.

소스라인 70~72 : 같은 방법으로 "확인창 - Confirm"이라는 링크 버튼을 만들고 이 링크를 클릭하면 앞서 정의한 GapConfirm() 함수를 실행하여 확인형 대화상자가 나타나게 했습니다.

소스라인 73~75 : 같은 방법으로, 클릭하면 playBeep() 함수를 실행하여 알림음을 재생하는 링크 버튼을 만듭니다.

소스라인 76~78 : 같은 방법으로, 클릭하면 vibrate() 함수를 실행하여 진동이 울리게 하는 링크 버튼을 만듭니다.

소스라인 80 : 끝으로 <input> 태그를 이용하여 "design.html" 페이지로 이동하는 버튼을 만듭니다.

phonegap.js의 버전 관리

스텝 **9**

index.html에서 링크 방식으로 호출하고 있는 phonegap.js 파일입니다. phonegap.js 파일은 폰갭 SDK에서 가져온 파일이므로 분석을 생략합니다. 후에 폰갭에 익숙해지면 이 소스를 파악해보는 것이 도움이 됩니다. 드림위버는 그림처럼 index.html 파일에 연결된 파일들을 별도로 열지 않아도 상단의 탭을 이용해 살펴볼 수 있고, index.html에 연결될 파일들을 쉽게 파악할 수도 있는 장점이 있습니다. 웹 페이지의 기능이 많아지면 연결하는 파일도 많아지고 복잡해질 것입니다.

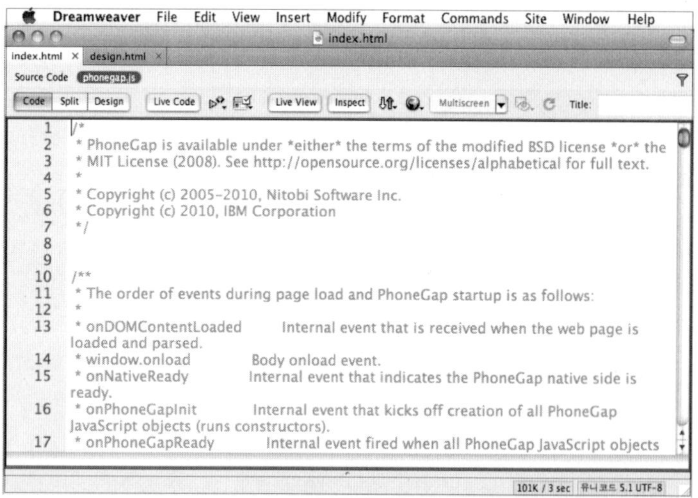

주 의　**phonegap.js는 플랫폼에 따라 다르다**

이 파일은 폰갭의 버전과 플랫폼에 따라 그 내용이 달라집니다. 또한 드림위버는 안드로이드와 아이폰에 대한 네이티브 프로젝트 파일을 생성할 때 phonegap.js 파일을 자동 생성하는데 아마도 최신 버전이 아니기 때문에 다운받은 폰갭 최신 버전과는 차이가 있을 것입니다. 앞서 안드로이드, 아이폰, 윈도우폰에 대한 샘플 프로젝트에 있는 phonegap-x.x.x.js 파일의 이름을 phonegap.js로 바꿔서 각 플랫폼의 네이티브 프로젝트에 적용하는 것이 시행착오를 겪지 않는 권장할 만한 방법이라 할 수 있습니다. 따라서 개발자는 어느 phonegap.js가 어떤 플랫폼에 맞는 것인지 잘 구분하여 관리해야 합니다.

CSS 디자인 적용 및 .js 파일 분리

스텝 10

index.html 파일에서 "디자인 샘플" 버튼을 클릭하면 이동할 페이지를 보여줍니다. design.html 페이지는 그림처럼 index.html 파일에 CSS 스타일로 간단한 디자인을 입히는 사례를 보여주고 체계적인 개발을 위해 html, css, js 파일을 분리하여 작성하는 사례를 보여줍니다. 그림은 "Design" 버튼을 클릭하여 미리보기만 나타나게 하고, "Live View" 버튼을 클릭하여 실제 화면과 같이 CSS가 모두 적용된 상태의 화면을 보여주고 있습니다. 또한 화면의 크기를 800 × 480으로 선택하여 일반 스마트폰 화면 크기에서 디자인을 확인하고 있습니다.

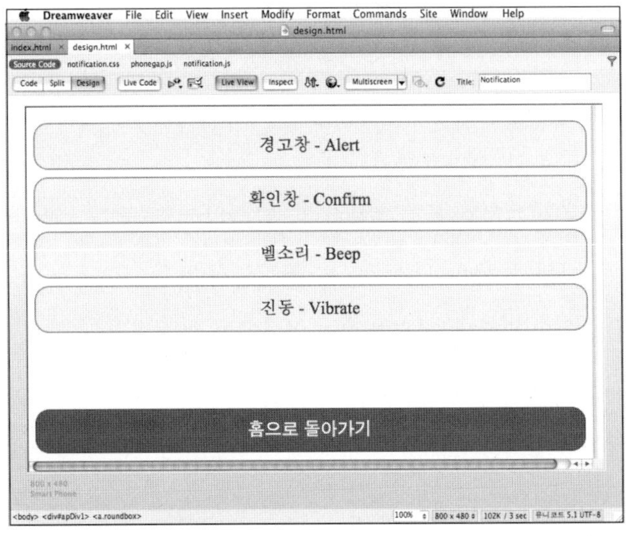

스텝 11

먼저 design.html 파일을 살펴봅니다. 이 파일은 index.html과는 달리 notification.js라는 파일에서 자바스크립트를 작성해 호출하고 있습니다. 또한 CSS 스타일을 일부는 HTML 파일에서 <style> 태그로 정의하고, 일부는 notification.css 파일에서 정의하고 <link> 태그로 호출하고 있습니다.

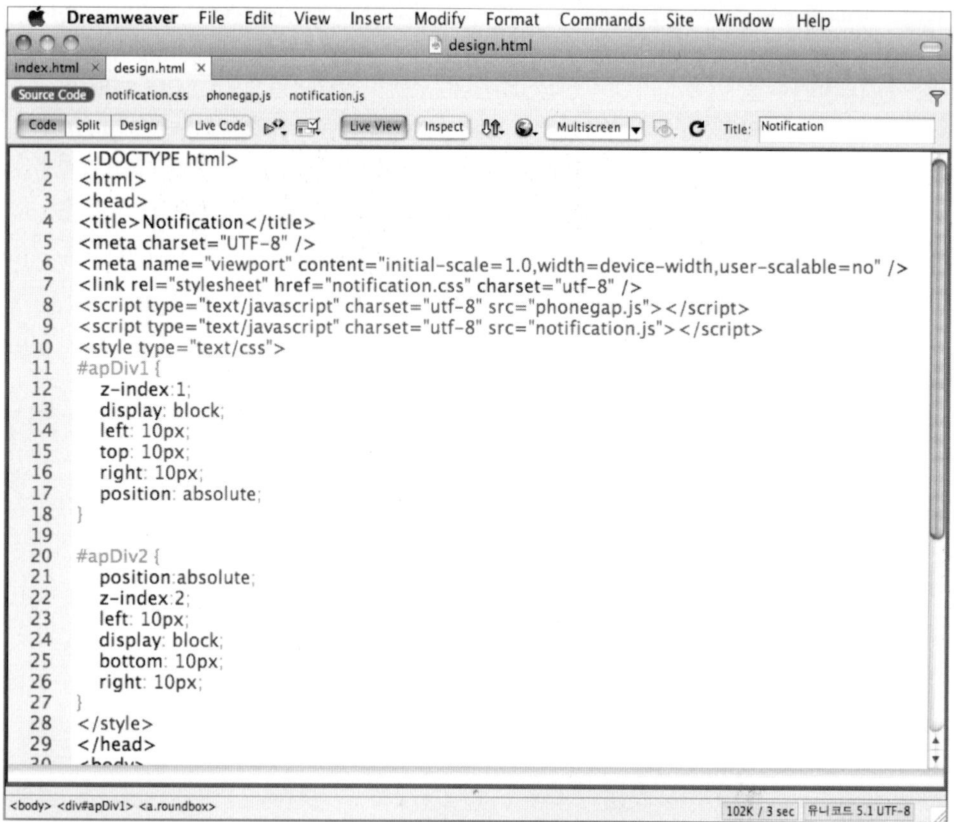

소스라인 7 : <link> 태그로 notification.css 파일을 호출하고 있습니다.

소스라인 8 : 폰갭 라이브러리인 phonegap.js 파일을 호출합니다.

소스라인 9 : notification.js 파일을 UTF-8 인코딩으로 호출합니다.

소스라인 10~28 : <style> 태그로 이 문서에서 사용할 스타일을 정의합니다.

소스라인 11~18 : 객체 아이디가 "apDiv1"인 객체에 적용할 스타일입니다.

소스라인 12 : z-index 속성은 객체가 겹칠 때 Z축을 기준으로 몇 번째인지 정의합니다.

소스라인 13 : 화면에 출력하는 방식을 "block"형으로 설정하여 객체의 상대적인 영역을 차지하게 합니다.

소스라인 14 : 영역의 왼쪽 여백을 설정합니다.

소스라인 15 : 영역의 상단 여백을 설정합니다.

소스라인 16 : 영역의 오른쪽 여백을 설정합니다.

소스라인 17 : 영역의 배치 방식을 "absolute"로 설정하여 주변 객체와 무관하게 절대 위치로 설정합니다.

소스라인 20~27 : 객체 아이디가 "apDiv2"인 객체에 적용할 스타일을 정의합니다. 이 스타일은 영역을 하단에 고정시키는 효과가 있습니다.

소스라인 21 : 배치 방식을 absolute 방식으로 설정합니다.

소스라인 22 : 겹침 등급을 2로 설정하고 있습니다.

소스라인 23 : 왼쪽 여백을 10px로 설정하고 있습니다.

소스라인 24 : 영역을 차지하는 방식을 "block"으로 설정하고 있습니다.

소스라인 25 : 하단 여백을 10px로 설정하고 있습니다. 이렇게 하면 이 영역을 화면의 하단에 고정할 수 있습니다.

소스라인 26 : 오른쪽 여백을 10px로 설정하고 있습니다.

참고 **스타일 이름의 유형**

CSS 스타일을 작성할 때 어떤 객체에 적용할 것인지에 따라 스타일 이름(Selector)을 정의하는 방식이 다릅니다.

- 아이니형(id Selector) : 객체 아이디와 같은 이름으로 스타일 이름을 정의하되 "#"으로 시작합니다.

CSS STYLE 정의 사례	적용한 HTML Tag 사례
#apDiv {...}	<div id="apDiv">

- 클래스형(class Selector) : HTML 태그에서 class 속성으로 적용할 스타일 대상을 지정할 수 있는 방식입니다. 스타일 이름은 "."으로 시작합니다.

CSS STYLE 정의 사례	적용한 HTML Tag 사례
.roundbox {...}	<a class="roundbox">

- 태그형(Tag Style) : HTML 태그에 정의하는 기본 스타일을 정의하는 방식입니다. 스타일 이름은 태그 이름과 동일하게 작성합니다.

CSS STYLE 정의 사례	적용한 HTML Tag 사례
body {...}	<body>

스텝 12

다음 소스는 index.html에서 사용했던 <p> 태그 대신 <div> 태그로 객체들을 배치하는 사례를
잘 보여주고 있습니다.

```html
28   </style>
29   </head>
30   <body>
31   <div id="apDiv1">
32     <a href="#" class="roundbox" onclick="GapAlert(); return false;">경고창 - Alert</a>
33     <a href="#" class="roundbox" onclick="GapConfirm(); return false;">확인창 - Confirm</a>
34     <a href="#" class="roundbox" onclick="playBeep(); return false;">벨소리 - Beep</a>
35     <a href="#" class="roundbox" onclick="vibrate(); return false;">진동 - Vibrate</a>
36   </div>
37   <div id="apDiv2">
38     <input name="button" type="button" class="roundboxBtn" id="button" onClick="gotoPage
     ('index.html');" value="홈으로 돌아가기" />
39   </div>
40   </body>
41   </html>
```

```
<body> <div#apDiv1> <a.roundbox>                    102K / 3 sec   유니코드 5.1 UTF-8
```

소스라인 31~36 : 위쪽에서 아래쪽으로 버튼을 나열하는 방식으로 <div> 태그를 사용하고 있습니다.
앞서 정의한 "#apDiv1" 스타일을 적용하기 위해 아이디를 "apDiv1"로 작성하고 있습니다.

소스라인 32~35 : <a> 태그는 버튼 모양을 출력하기 위해 class 속성에 "roundbox"라는 스타일을
설정하고 있습니다. "roundbox" 스타일은 notification.css 파일에서 정의할 것입니다.

소스라인 37~39 : <div> 태그로 버튼을 묶어주고 "#apDiv2" 스타일을 적용하여 화면 하단에
버튼이 배치되게 하고 있습니다.

소스라인 38 : class 속성을 "roundboxBtn"으로 설정하여 버튼 디자인을 적용하고 있습니다.
"roundboxBtn" 스타일은 notification.css 파일에서 정의할 것입니다.

스텝 13

design.html에서 호출하고 있는 notification.css 파일을 살펴보면 다음과 같습니다.

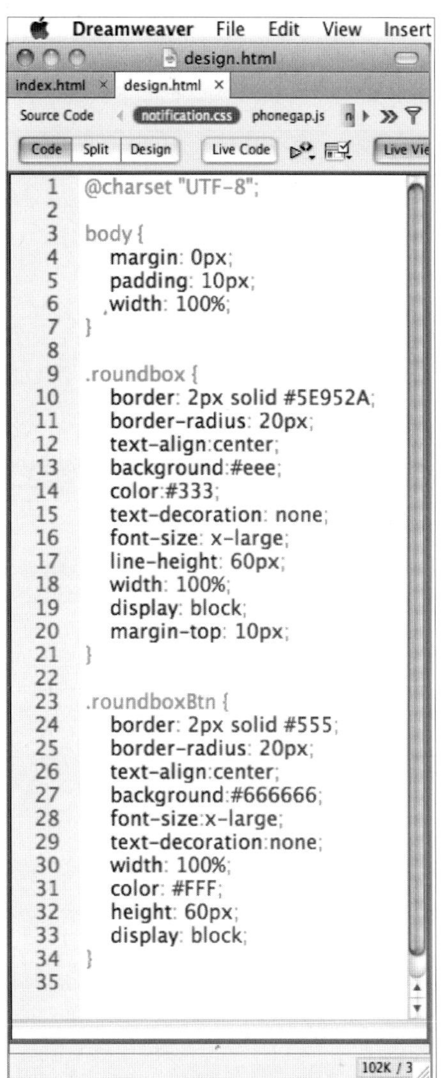

소스라인 1 : 이 스타일 파일에서 사용할 인코딩을 "UTF-8"로 선언하고 있습니다.

소스라인 3~7 : <body> 태그에 적용할 스타일을 정의합니다.

소스라인 9~21 : <a> 태그에서 class 속성으로 스타일을 적용했던 "roundbox"라는 스타일을 정의합니다.

소스라인 10~11 : 테두리 스타일 특성을 이용하여 둥근 사각형 모양을 디자인하고 있습니다.

소스라인 15 : <a> 태그는 기본적으로 링크 표시를 하기 위해 밑줄을 표시합니다. 버튼 모양으로 디자인을 하고 있기 때문에 밑줄이 필요 없어 text-decoration 값을 "none"으로 설정하고 있습니다.

소스라인 23~34 : <input> 태그에서 class 속성으로 사용했던 "roundboxBtn"이라는 스타일을 정의합니다. 둥근 사각형의 버튼 모양을 디자인하고 있습니다.

스텝 14

design.html 파일 역시 index.html에서 호출했던 phonegap.js 파일을 호출하여 폰갭 기능을 사용할 수 있게 하고 있습니다.

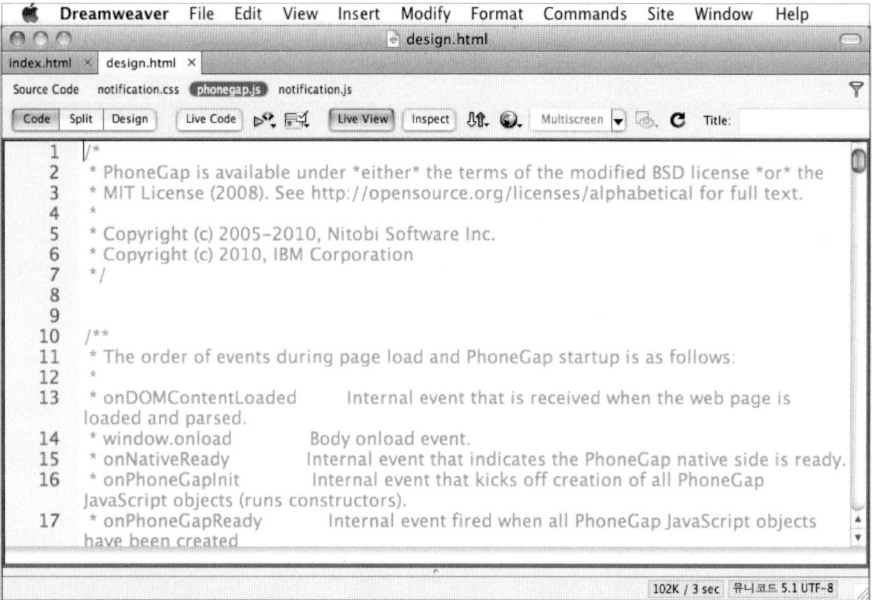

스텝 15

design.html 파일은 notification.js 파일에서 자바스크립트를 작성하고 있습니다. 소스는 index.html 파일에서 작성했던 자바스크립트와 동일합니다. 단지 ".js" 파일로 분리해서 작성하면 소스관리가 용이하다는 사례를 보여주고 있을 뿐입니다.

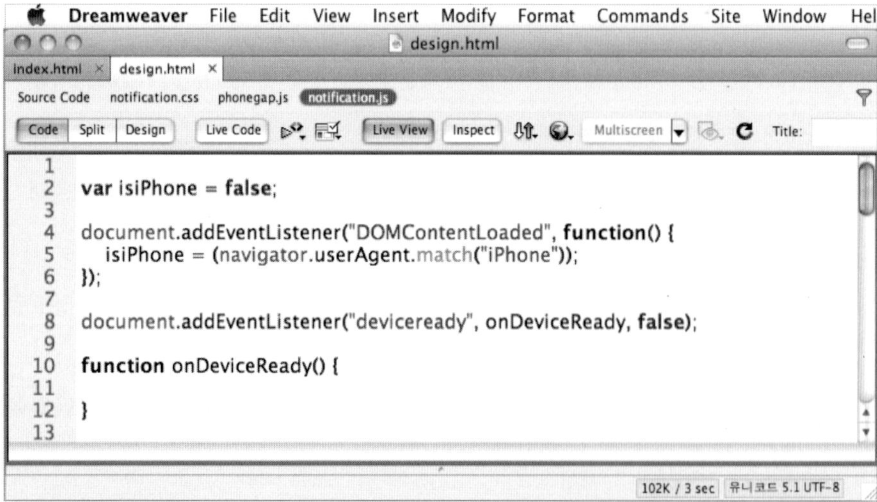

경고형 대화상자를 출력하는 스크립트입니다.

```javascript
13
14  function GapAlert() {
15    var message = "폰갭 알림 대화상자입니다.";
16    var title = "알림";
17    var buttonLabel = "확인";
18    navigator.notification.alert(message, alertCallback, title, buttonLabel);
19  }
20
21  function alertCallback() {
22
23  }
24
```

102K / 3 sec　유니코드 5.1 UTF-8

확인형 대화상자를 출력하는 스크립트입니다.

```javascript
24
25  function GapConfirm() {
26    var message = "다음을 실행하시겠습니까?";
27    var title = "확인";
28    var buttonLabels = "벨소리,진동,닫기";
29    navigator.notification.confirm(message, confirmCallback, title, buttonLabels);
30  }
31
32  function confirmCallback(button) {
33    if (button==1) {
34      playBeep();
35    } else if (button==2) {
36      vibrate();
37    }
38  }
39
```

102K / 3 sec　유니코드 5.1 UTF-8

알림음, 진동, 화면 이동을 실행하는 함수를 정의하는 부분입니다.

```javascript
39
40  function playBeep() {
41    navigator.notification.beep(1);
42  }
43
44  function vibrate() {
45    navigator.notification.vibrate(2000);
46  }
47
48  function gotoPage(pg) {
49    self.location = pg;
50  }
51
```

102K / 3 sec　유니코드 5.1 UTF-8

네이티브 앱 프로젝트 자동 생성

스텝 1

이제 HTML5 소스를 모두 준비했습니다. 안드로이드와 아이폰에 대한 네이티브 프로젝트를 생성하고 디자인을 실험하는 과정이 남아 있습니다. 먼저 드림위버에서 네이티브 프로젝트를 생성해보겠습니다. "site > Mobile Applications > Configuration Framework..." 메뉴를 실행하여 안드로이드와 아이폰에 대한 SDK 설정이 잘되어 있는지 확인해봅니다.

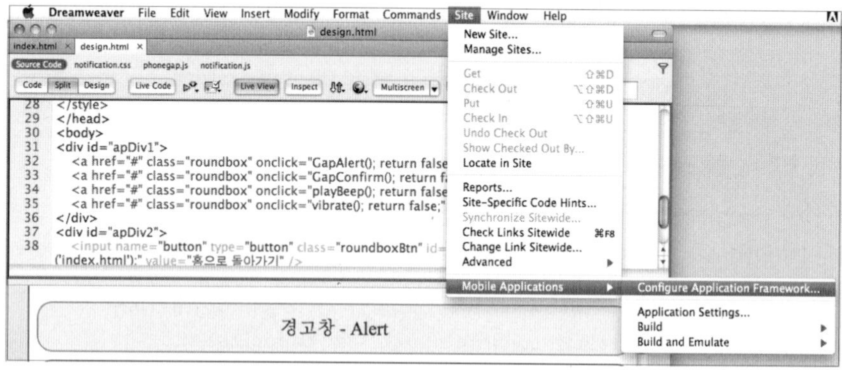

스텝 2

필자는 Mac OS X에서 작업하고 있기 때문에 그림과 같이 안드로이드와 아이폰에 대한 SDK 경로를 설정하고 있습니다. 설정을 확인하고 "Save" 버튼을 클릭했습니다.

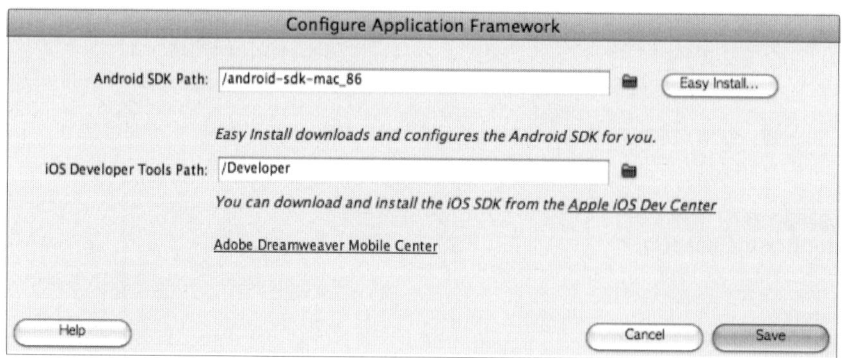

스텝 3

"site > Mobile Applications > Application Settings..." 메뉴를 실행하여 생성할 프로젝트에 대한 설정을 합니다.

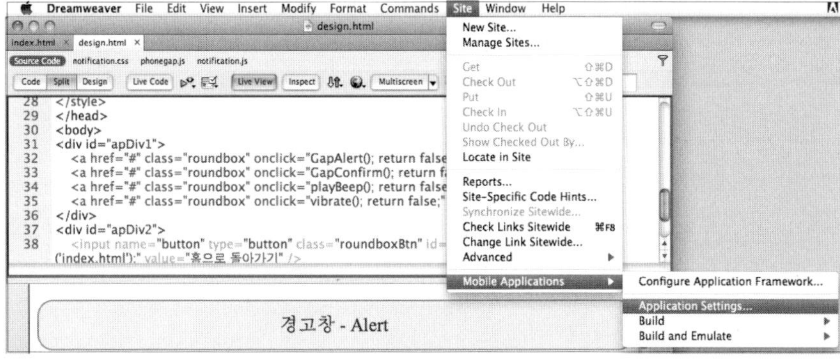

스텝 4

앞서 설명한 바와 같이 프로젝트 이름과 생성한 프로젝트를 저장할 경로 등을 설정하고 "Save" 버튼을 클릭했습니다.

스텝 5

이제 컴파일하고 가상기기에서 실험만 하면 됩니다. 하지만 필자는 디자이너이자, HTML 코더이자, 네이티브 개발자이므로 디자이너와 HTML 코더 독자를 위해 컴파일 과정까지만 보여주고 실험은 네이티브 앱 개발 도구에서 정밀하게 하고자 합니다. 그림과 같이 "site > Mobile Applications > Build > Android" 메뉴를 실행하여 안드로이드 프로젝트를 생성합니다.

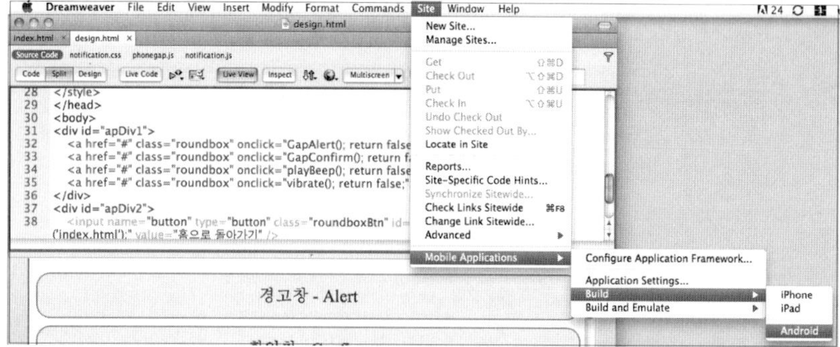

스텝 6

그림과 같이 "site > Mobile Applications > Build > iPhone" 메뉴를 실행하여 아이폰 프로젝트를
생성합니다.

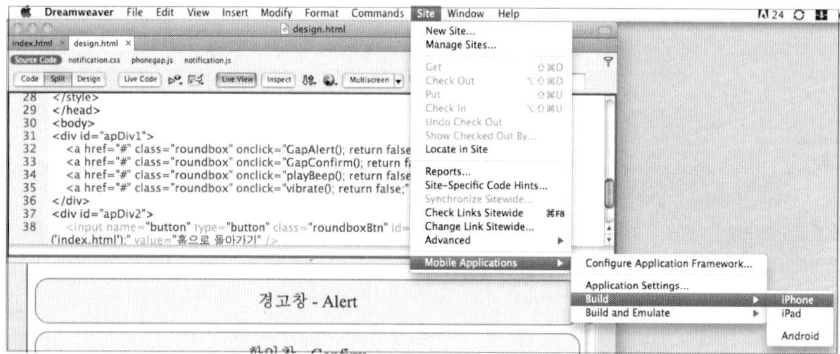

스텝 7

그림과 같이 지정한 위치에 안드로이드와 아이폰 프로젝트 폴더가 생성된 것을 확인할 수 있습니다.

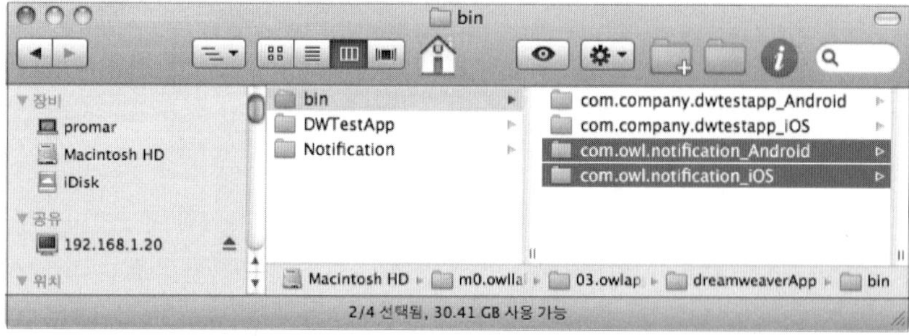

7.3 안드로이드 프로젝트 생성 및 포팅

프로젝트 생성은 폰갭 템플릿을 이용할 수 있습니다. 하지만 여기서는 폰갭 템플릿을 사용하지 않고 안드로이드 프로젝트를 수동으로 생성하는 방법을 사용해보고 8장에서 템플릿을 이용해서 좀 더 쉽게 생성하는 방법을 살펴봅니다. 이런 과정을 거쳐야 폰갭의 작동원리를 잘 이해할 수 있고 나중에 예기치 못한 실무적인 문제에 부딪혀도 스스로 해결할 수 있게 됩니다.

안드로이드 프로젝트 생성

안드로이드 폰갭 프로젝트를 위해 샘플 프로젝트를 만들고 필요한 부분만 수정해서 사용할 수도 있지만 근본적인 폰갭의 작동원리를 이해해야 나중에 발생할 수 있는 문제들에 대처할 수 있습니다. 그래서 다음과 같이 안드로이드 프로젝트를 생성하는 작업부터 소개하겠습니다.

스텝 1

이클립스를 실행하고 "File > New > Android Project" 메뉴를 실행하여 안드로이드 프로젝트 생성을 시작합니다.

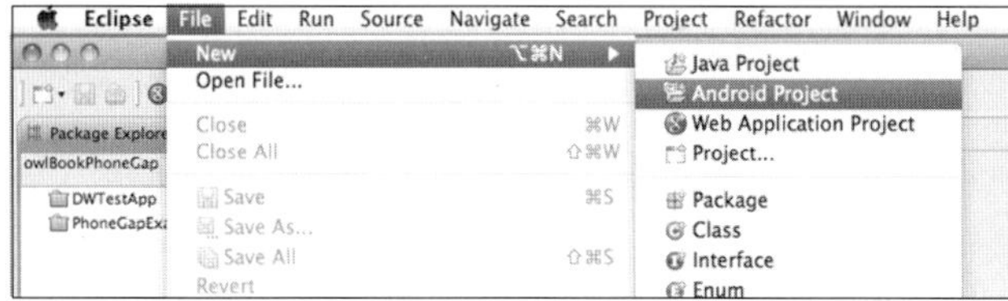

스텝 2

그림과 같이 "New Android Project" 창이 나타납니다. 프로젝트명을 "Notification"이라 입력하고 아래쪽으로 스크롤합니다.

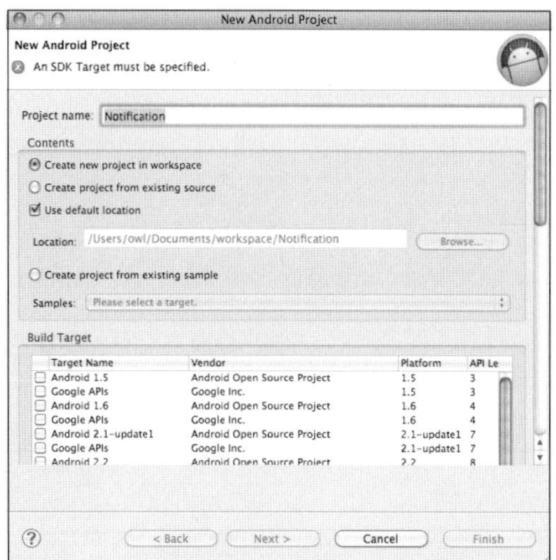

스텝 3

"Build Target"에서 "Google APIs 2.3.3"을 선택하고 "Package name"에 "com.owl.phonegap"을 입력한 후 "Finish" 버튼을 클릭했습니다.

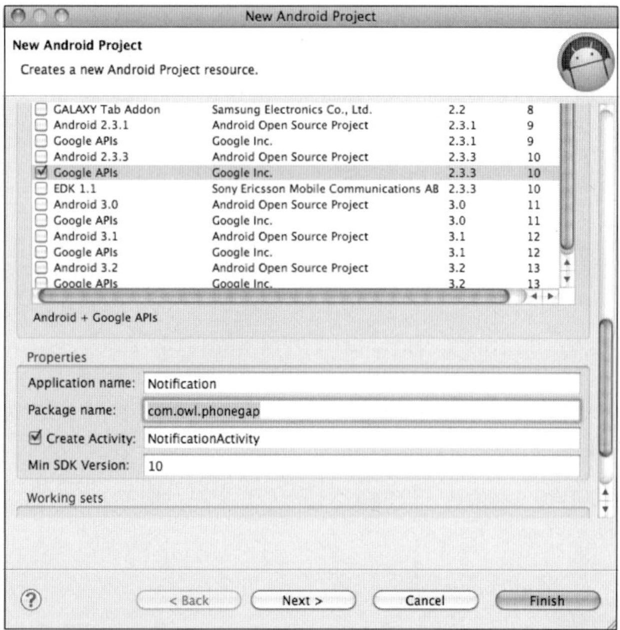

스텝 4

그림과 같이 "Notification"라는 안드로이드 프로젝트가 생성됐습니다.

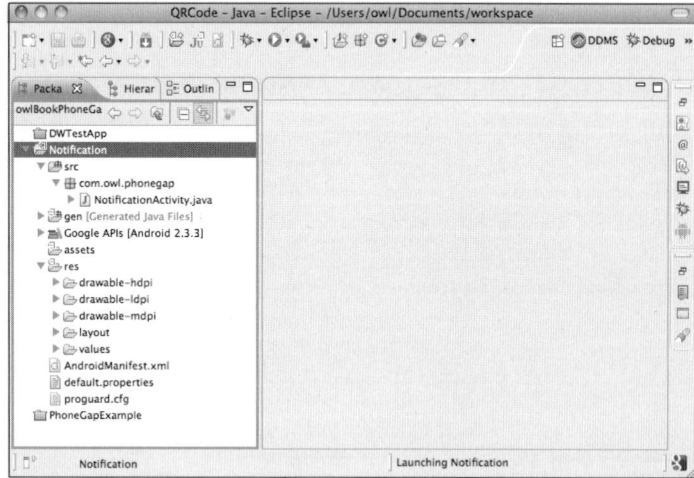

폰갭 프로젝트 환경 설정

스텝 **1**

앞서 생성한 안드로이드 프로젝트에 폰갭을 포팅하기 위해 먼저 폰갭 패키지의 설치 가이드를 살펴볼 필요가 있습니다. 이는 폰갭의 버전에 따라 설치 가이드가 조금씩 달라질 수 있기 때문입니다. "폰갭 패키지/Android/README.md" 파일을 메모장에서 열어 봅니다.

스텝 **2**

"README.md" 파일을 열면 그림과 같이 안드로이드 폰갭 프로젝트를 구성하는 방법이 나옵니다. 이 문서는 다운받은 폰갭 버전에 대한 안내문임을 참고하기 바랍니다. 폰갭 설치 안내문을 읽어보고 앞서 생성한 안드로이드 프로젝트에 폰갭 환경을 설정합니다.

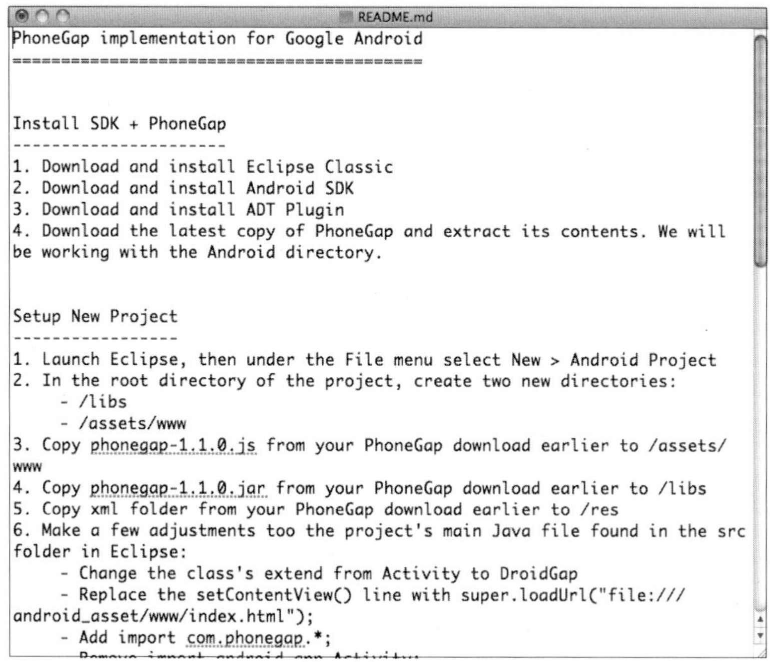

PhoneGap implementation for Google Android
===

Install SDK + PhoneGap
----
1. Download and install Eclipse Classic
2. Download and install Android SDK
3. Download and install ADT Plugin
4. Download the latest copy of PhoneGap and extract its contents. We will
be working with the Android directory.

Setup New Project
----
1. Launch Eclipse, then under the File menu select New > Android Project
2. In the root directory of the project, create two new directories:
    - /libs
    - /assets/www
3. Copy phonegap-1.1.0.js from your PhoneGap download earlier to /assets/
www
4. Copy phonegap-1.1.0.jar from your PhoneGap download earlier to /libs
5. Copy xml folder from your PhoneGap download earlier to /res
6. Make a few adjustments too the project's main Java file found in the src
folder in Eclipse:
    - Change the class's extend from Activity to DroidGap
    - Replace the setContentView() line with super.loadUrl("file:///
android_asset/www/index.html");
    - Add import com.phonegap.*;

스텝 **3**

필자는 앞서 만들었던 안드로이드 폰갭 샘플 프로젝트를 이용하여 폰갭 환경을 구현하는 방법을
채택했습니다. 그 이유는 다운 받은 폰갭 버전에 알맞은 폰갭 환경을 구현하기에 적합하기 때문입니다.
폰갭을 포팅할 때 가장 주의해야 할 것은 폰갭 버전에 맞는 파일들을 하나의 세트로 사용해야
한다는 점인데 이 부분은 알면서 실수할 수 있는 여지가 다분하기 때문에 이와 같은 방법을 추천합니다.
나중에 폰갭이 버전 업되면서 템플릿이 제공되면 이런 문제는 해소될 수 있을 것입니다. 앞서
만들었던 "PhoneGap Example" 프로젝트를 선택하고 "Project > Open Project" 메뉴를 실행하여
프로젝트를 엽니다.

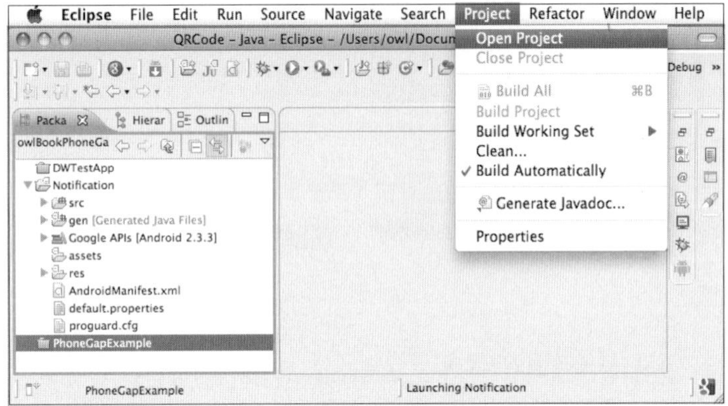

스텝 **4**

"Question" 창이 나타나면 내용을 확인하고 "Yes" 버튼을 클릭합니다.

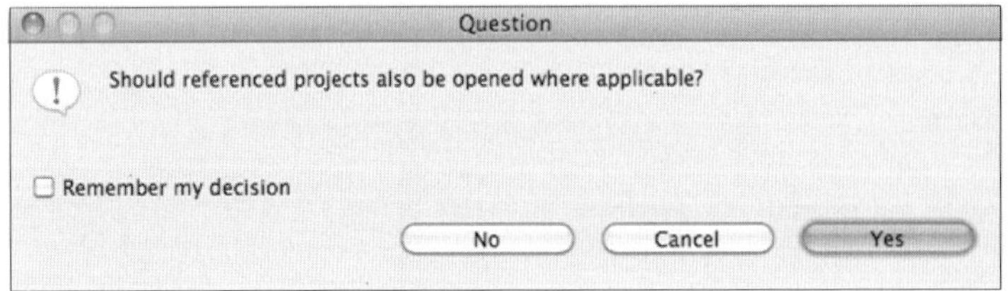

스텝 **5**

"PhoneGapExample 프로젝트 선택 > 콘텍스트 메뉴 > Open In New Window" 메뉴를 실행하면
그림과 같이 "PhoneGapExample" 프로젝트를 새 창으로 열어 볼 수 있습니다. 이렇게 하면 두
개의 프로젝트를 두 개의 창에서 비교하면서 필요한 소스를 복사해올 수 있어 편리합니다. 그림과
같이 "PhoneGapExample" 프로젝트에서 폰갭 환경을 구성하는 주요 소스들을 확인해봅니다.

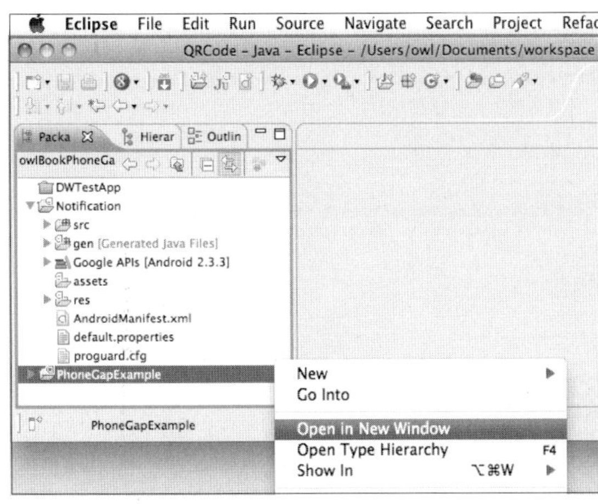

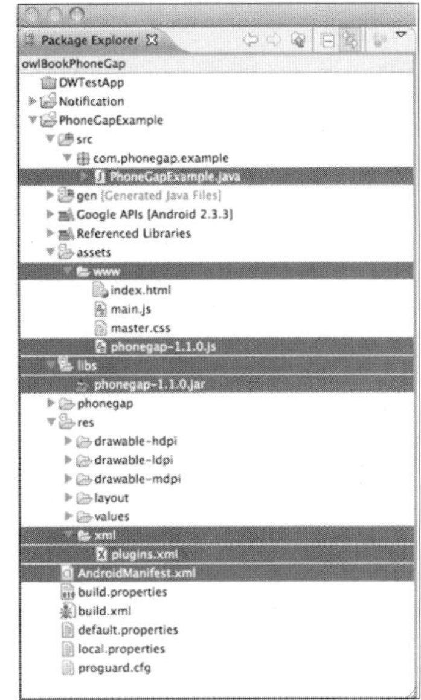

스텝 **6**

그림과 같이 "PhoneGapExample > libs" 폴더를 복사
(Copy)해서 "Notification" 프로젝트에 붙여(Paste) 넣습
니다.

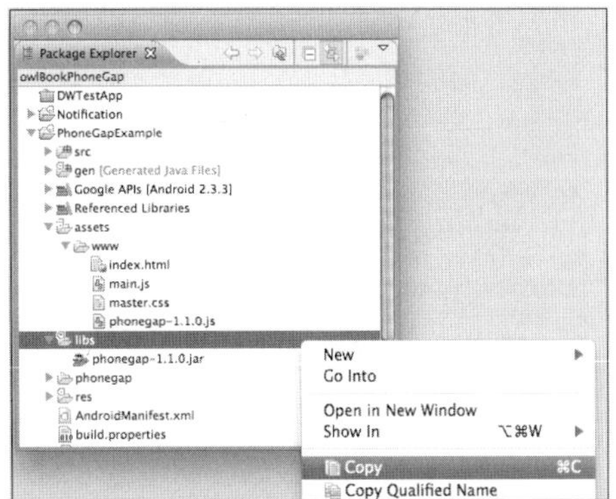

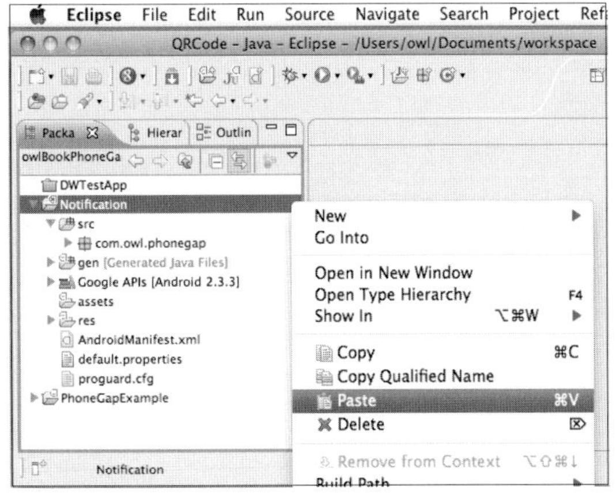

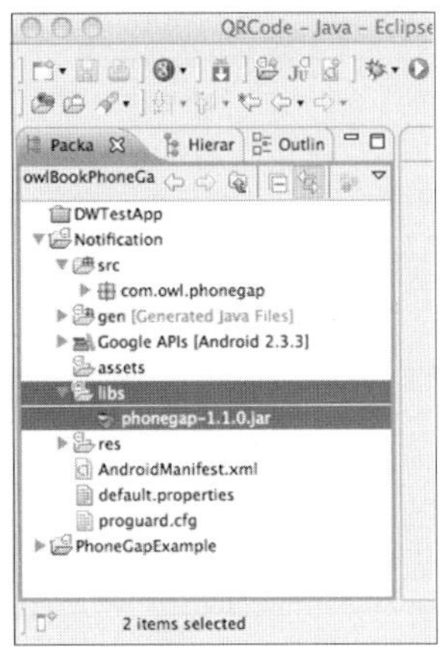

스텝 **7**

그림과 같이 "PhoneGapExample > assets > www" 폴더를 복사해서 "Notification > assets" 폴더에 붙여 넣습니다.

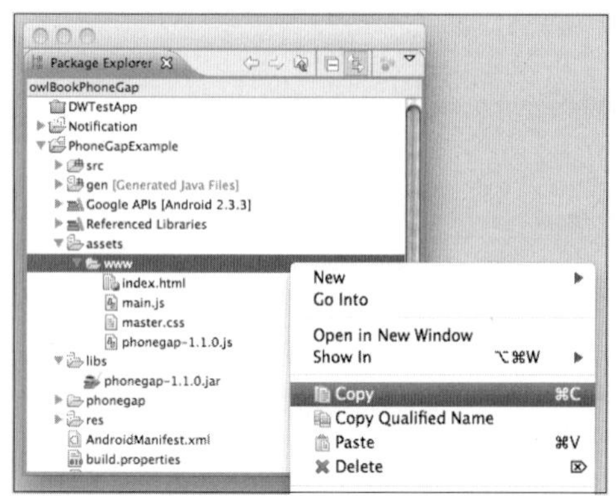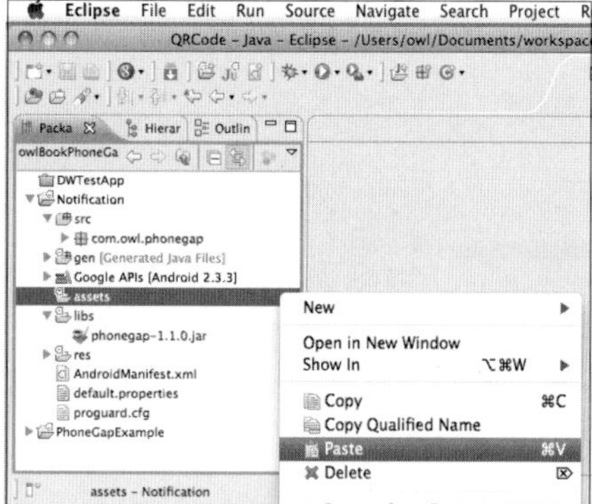

스텝 **8**

복제해왔던 "Notification > assets >www" 폴더에서 phonegap-x.x.x.js 파일만 남기고 나머지 파일을 삭제합니다. 파일을 삭제할 때 그림과 같이 확인 대화상자가 나타나면 삭제할 파일을 재삼 확인하고 "OK" 버튼을 클릭하여 파일을 삭제합니다.

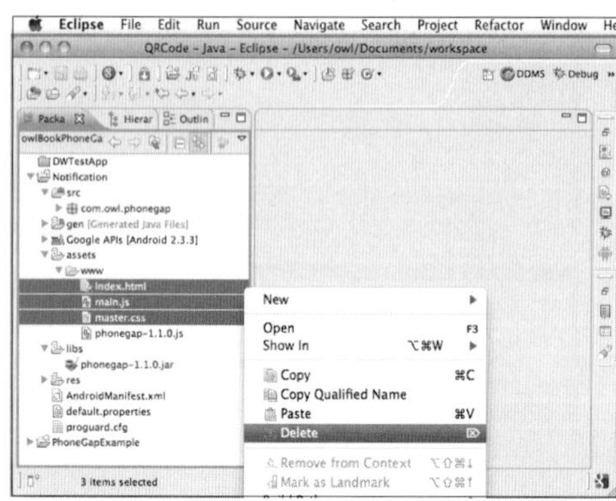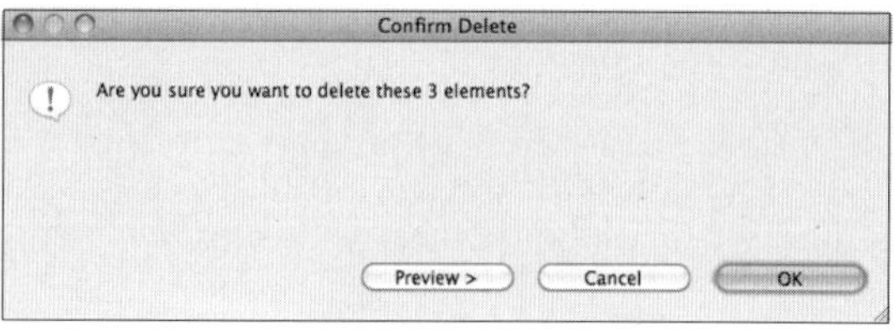

스텝 **9**

"Notification" 프로젝트를 선택하고 "Project > Properties" 메뉴를 실행하여 폰갭 라이브러리를 등록합니다.

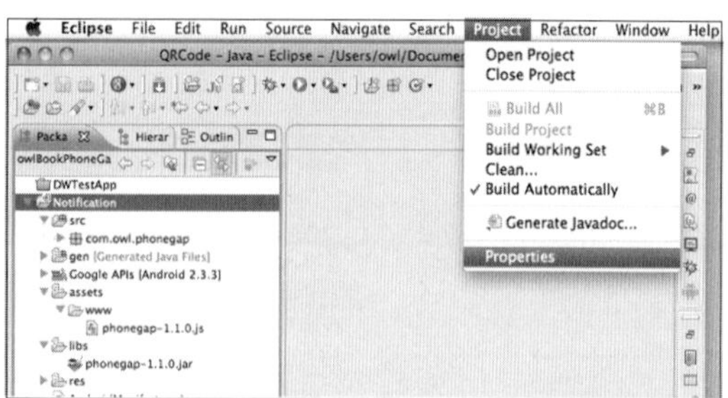

스텝 10

"Properties for Notification" 창에서 "Java Build Path > Libraries > Add JARs..." 버튼을 클릭합니다.

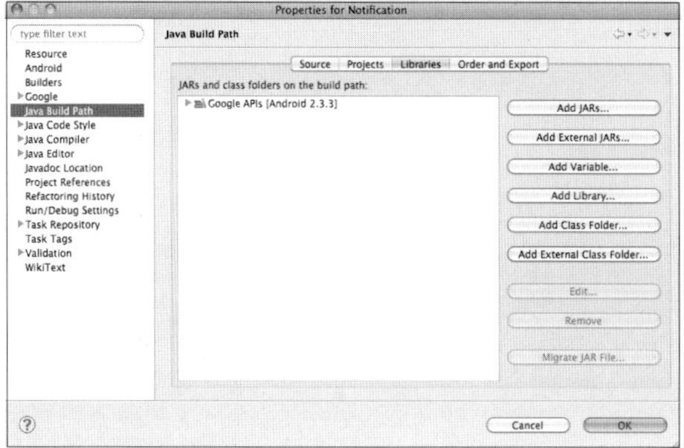

스텝 11

"JAR Selection > Notification > libs > phonegap-x.x.x.jar"를 선택하고 "OK" 버튼을 클릭하여
"Notification" 프로젝트에 폰갭 라이브러리를 등록합니다.

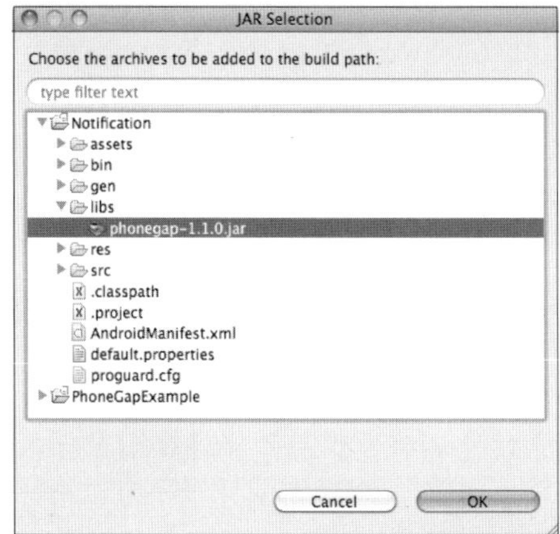
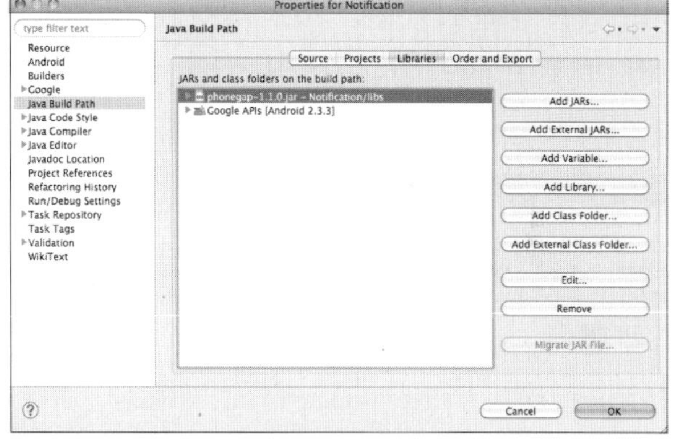

스텝 12

폰갭 1.1.0 버전에서는 "/res/xml/plugins.xml" 파일을 사용합니다. 이 파일을 복사해와야 합니다.
그림과 같이 "PhoneGapExample/res/xml" 폴더를 복사하여 "Notification/res" 폴더에 붙여 넣습니
다.

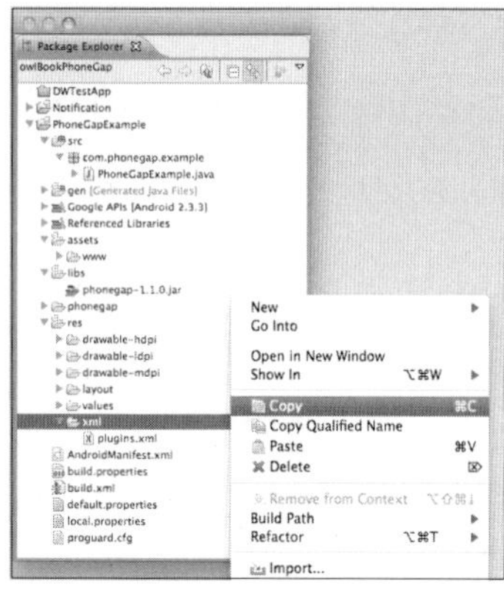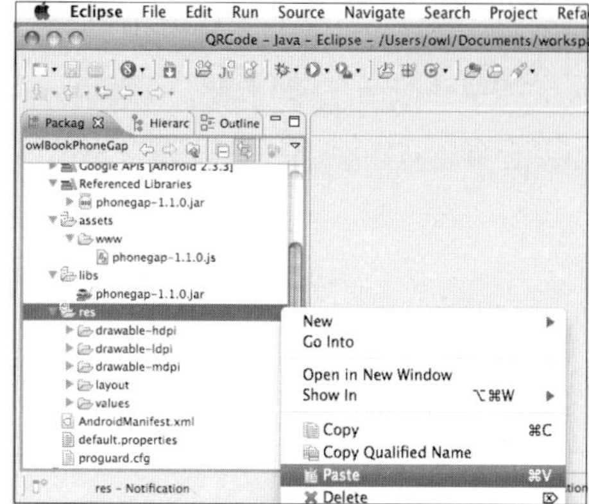

스텝 13

점검해보면 그림과 같이 phonegap-x.x.x.js, phonegap-x.x.x.jar, plugins.xml 파일을 복제해왔습니다.

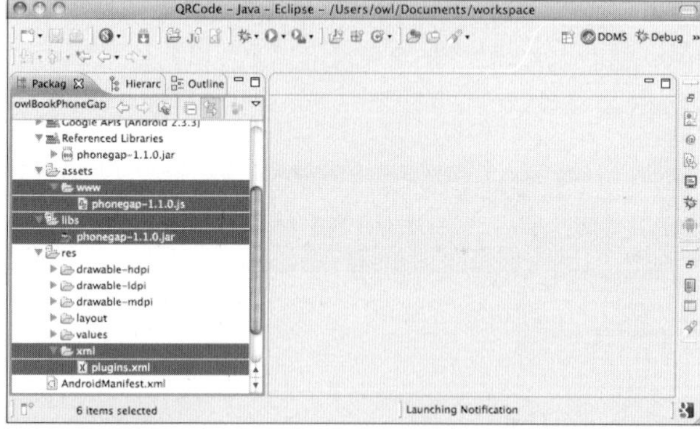

스텝 14

"Notification > AndroidManifest.xml" 파일을 열고 폰갭에 대한 권한설정 등을 추가해야 합니다.

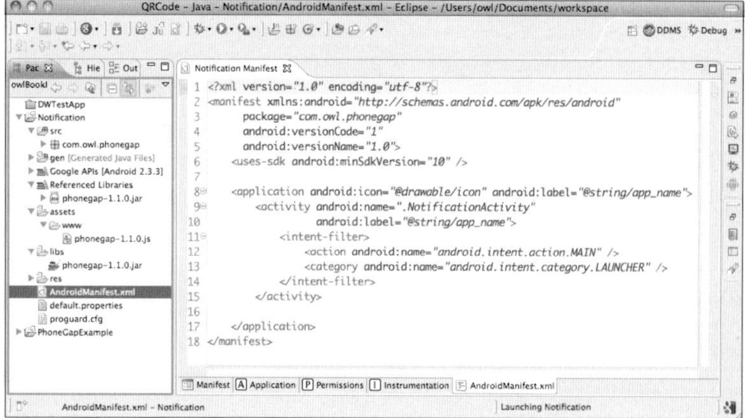

스텝 **15**

"PhoneGapExample > AndroidManifest. xml" 파일을 열고 그림과 같이 폰갭 관련 권한설정 구문을
복사합니다.

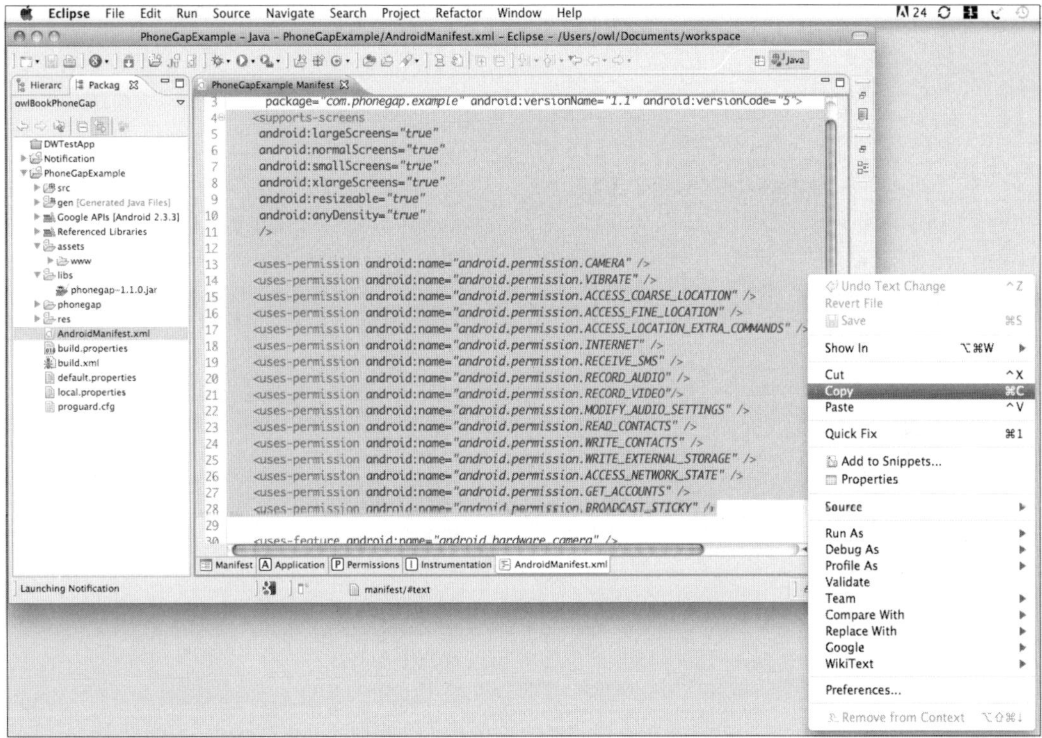

스텝 **16**

그림처럼 "Notification > AndroidManifest. xml" 파일에 붙여 넣습니다.

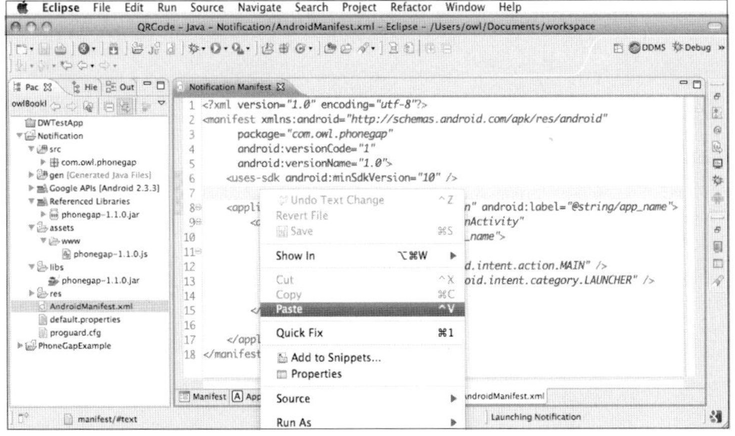

스텝 17

″Notification ＞ AndroidManifest. xml″ 파일에 폰갭에 대한 권한설정 구문을 복제해 왔습니다.

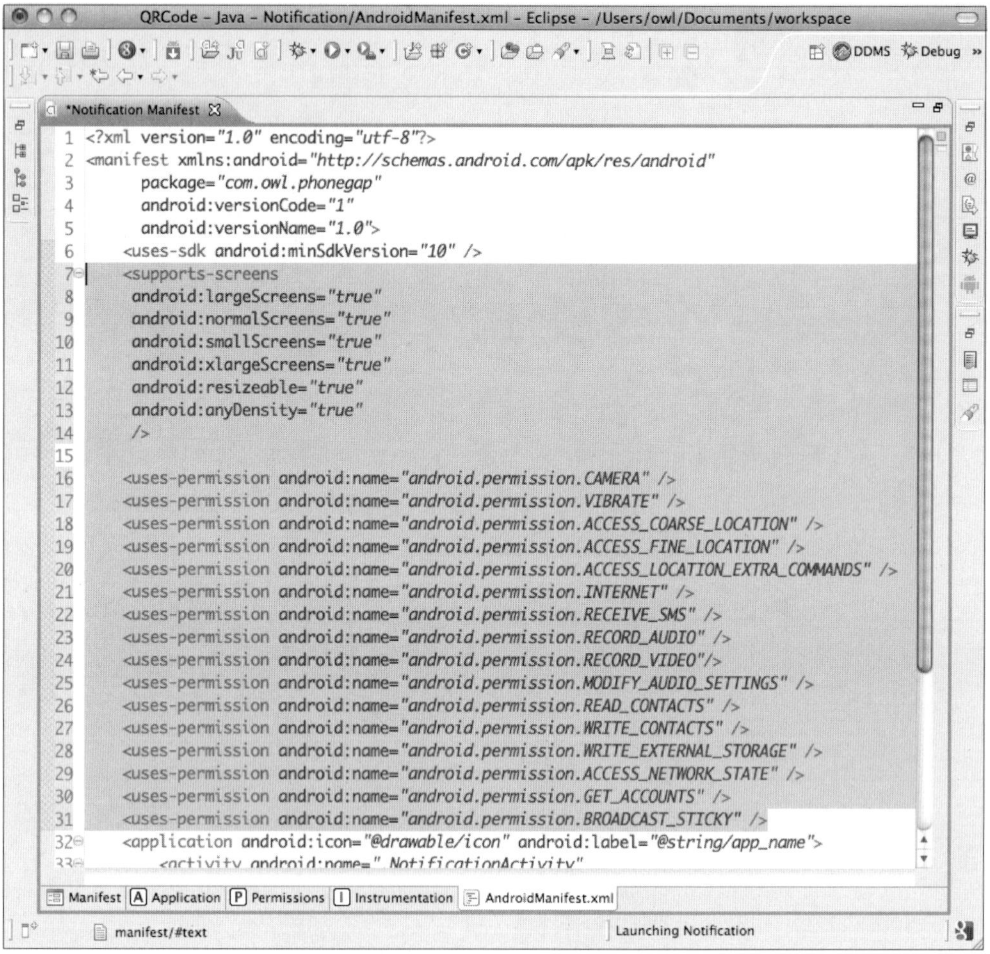

스텝 18

″PhoneGapExample/AndroidManifest.xml″의 ″application ＞ activity″ 설정에서 ″android:config Changes″ 설정을 복사합니다.

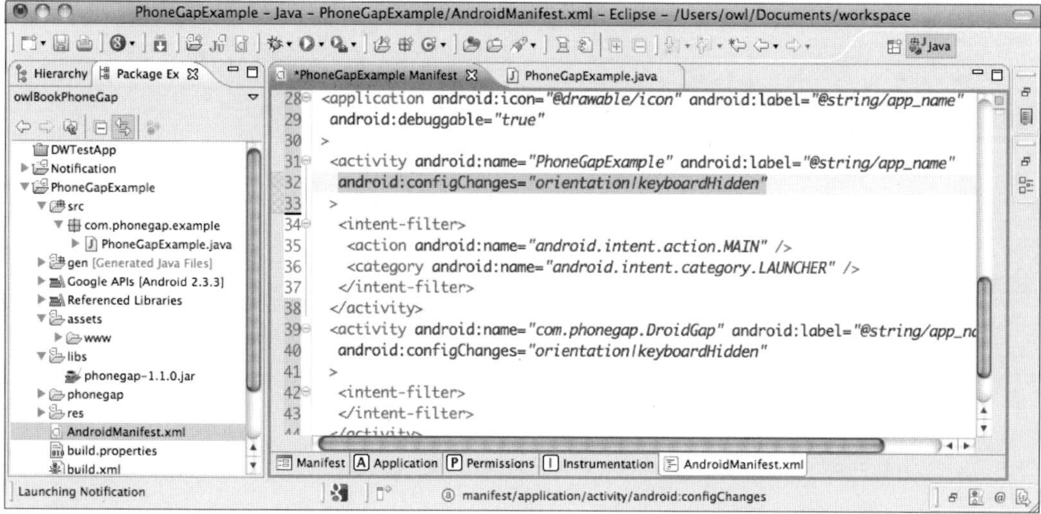

스텝 **19**

"Notification/AndroidManifest.xml" 파일에서 "application > activity"에 "android:configChanges" 설정을 붙여 넣습니다.

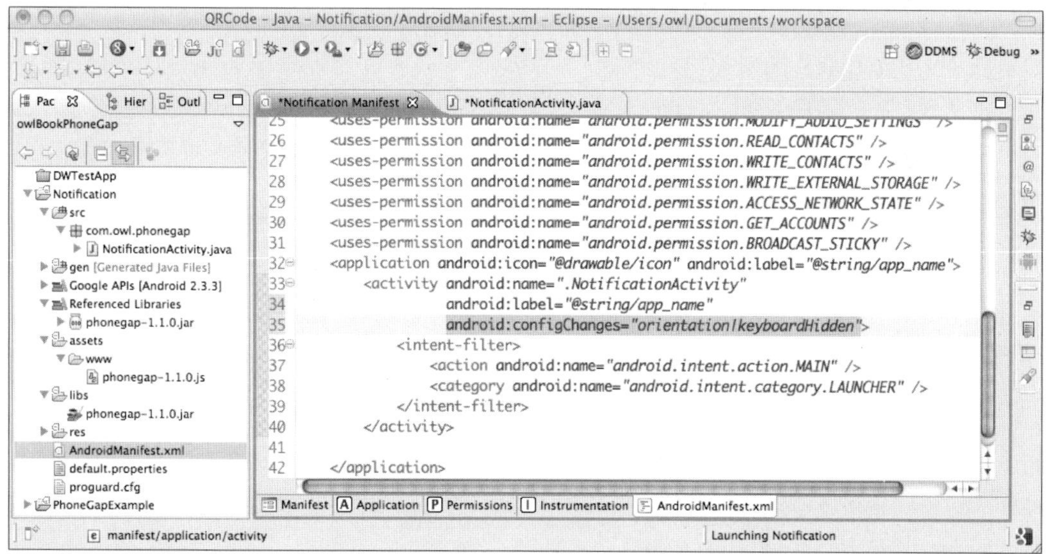

스텝 **20**

"Notification" 프로젝트의 첫 화면에 대한 액티비티 파일은 "src/com.owl.phonegap/Notification Activity.java" 파일입니다. 이 파일을 열고 폰갭용으로 수정합니다.

스텝 21

그림과 같이 "Activity" 확장을 "DroidGap"의 확장 클래스로 수정하고 "res/layout/main.xml"을
화면에 출력하는 구문을 주석 처리한 후, 폰갭의 시작 페이지를 "assets/www/index.html" 파일로
지정하는 구문을 추가합니다. 아직까지는 DroidGap 클래스를 import하지 않았기 때문에 이클립스에
서 오류 표시가 나타납니다.

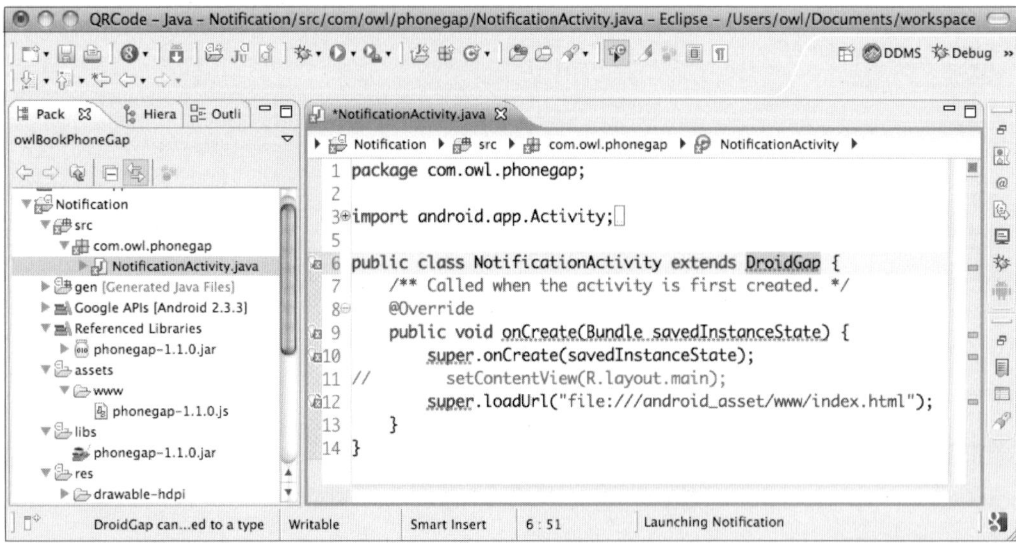

스텝 22

단축키 "Ctrl + O" 또는 "Command + O" 명령을 실행하여 DroidGap에 대한 자동 참조 처리를
하면 그림과 같이 오류 표시가 없어집니다.

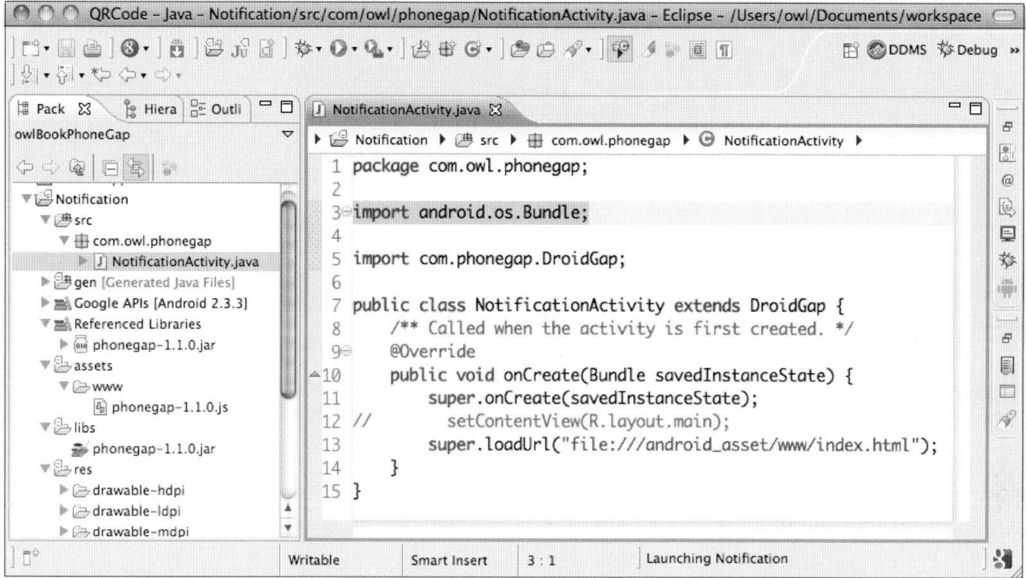

스텝 23

이제 안드로이드용 폰갭 프로젝트에 대한 틀을 완성했습니다. 이제 웹앱 소스를 포팅하는 과정이
남았습니다. 앞서 만들었던 웹앱 소스는 그림과 같습니다. beep.wav와 phonegap.js 파일을 제외하고
나머지 소스를 "Ctrl + C" 또는 "Command + C" 단축키를 이용하여 클립보드에 복사합니다.

스텝 24

"Notification/assets/www" 폴더에 붙여 넣습니다.

66

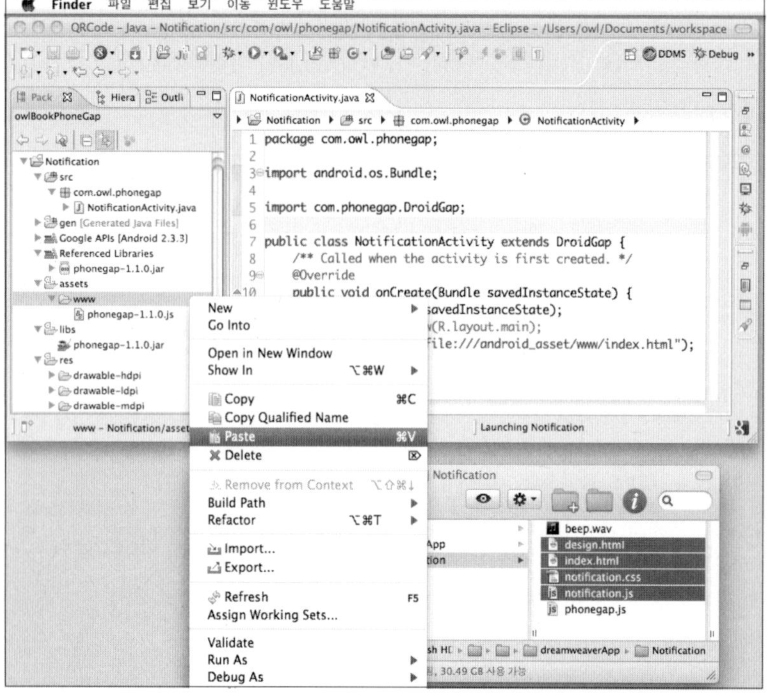

스텝 25

앞서 웹앱 소스를 제작할 때, index.html과 design.html 파일에서는 phonegap.js 파일을 호출하도록
작성했기 때문에 "phonegap-x.x.x.js" 파일의 이름을 "phonegap.js"로 변경해야 합니다. "Notification
/assets/www/phonegap-x.x.x.js"를 선택하고 마우스 오른쪽 버튼을 클릭하여 콘텍스트 메뉴를
열어서 "Refactor > Rename..." 메뉴를 실행합니다.

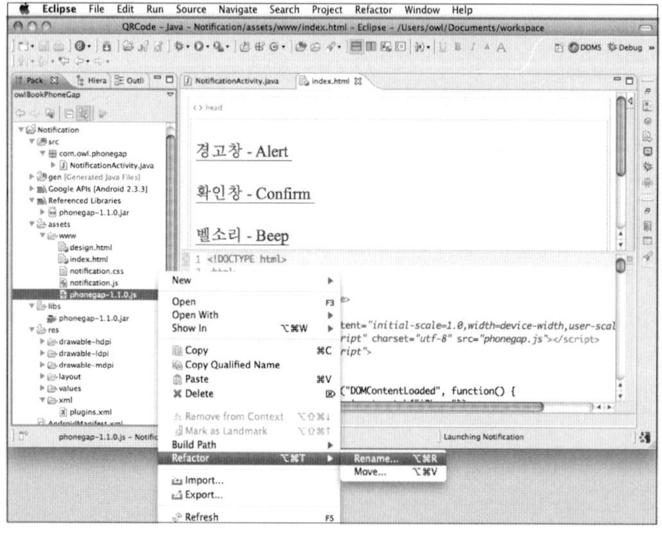

스텝 26

"Rename Resource" 창에서 "phonegap-x.x.x.js"를 "phonegap.js"로 수정한 후 "OK" 버튼을 클릭합니다.

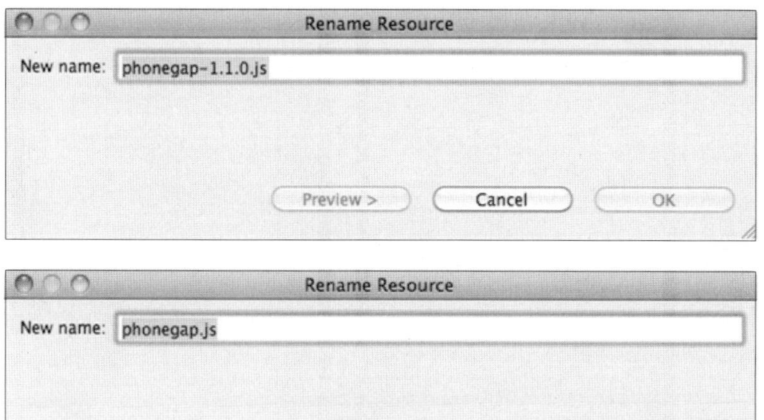

스텝 27

"index.html" 파일을 이클립스에서 열고 그림과 같이 HTML 소스에서 "phonegap.js" 파일을 호출하는 구문을 재삼 확인해봅니다.

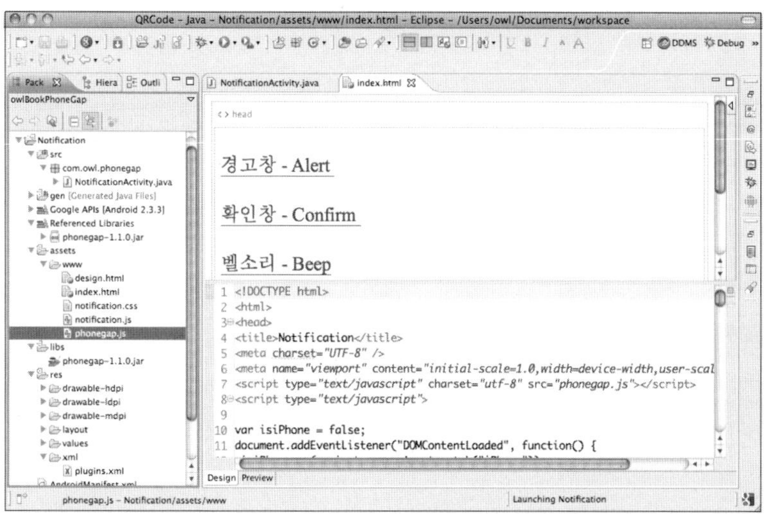

스텝 28

"design.html" 파일도 열어 소스를 점검하고 안드로이드 폰갭 프로젝트를 마무리합니다.

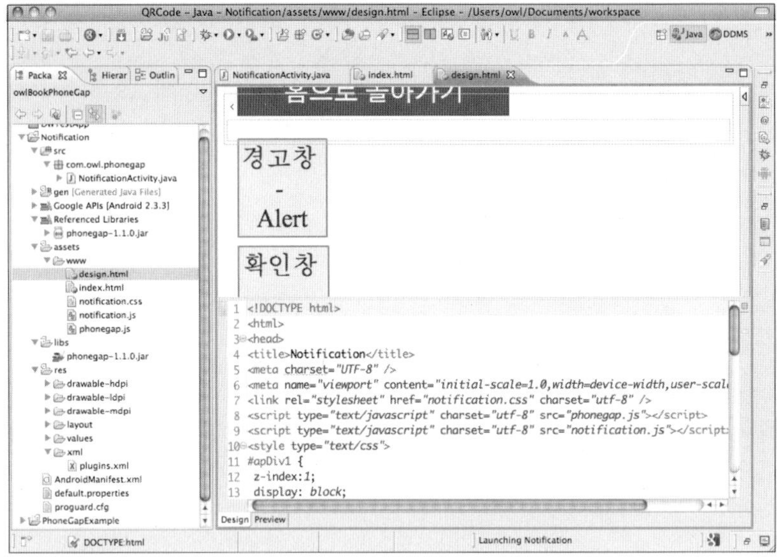

안드로이드 폰갭 가상기기에서 실험하기

스텝 **1**

"Notification" 프로젝트를 선택하고 "Run > Debug As > Android Application" 메뉴를 실행하여 가상기기에서 실험해보겠습니다.

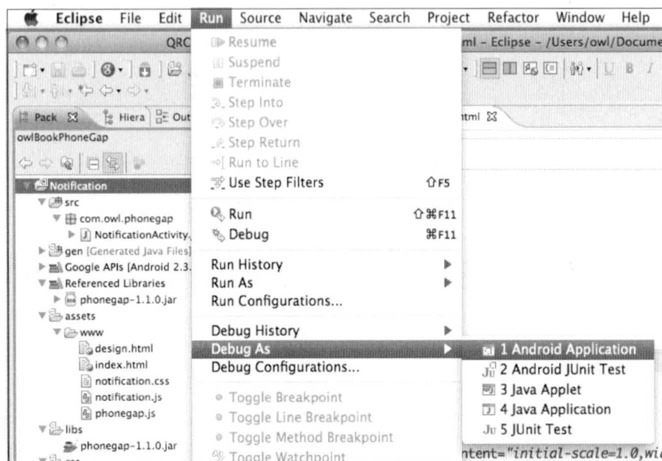

스텝 **2**

그림과 같이 가상기기가 나타나면서 "Notification" 앱이 나타납니다.

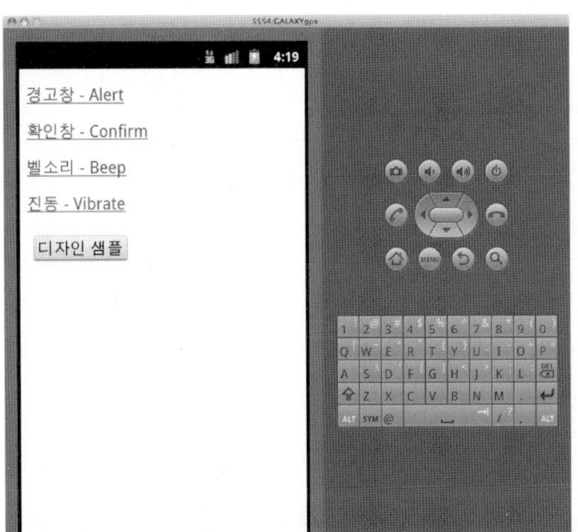

스텝 **3**

"경고창 – Alert" 링크 버튼과 "확인창 – Confirm" 링크 버튼을 클릭하면 그림과 같이 가상기기에서도 잘 작동합니다. 하지만 "벨소리"나 "진동"의 경우, 가상기기에서 실험해볼 수 없습니다.

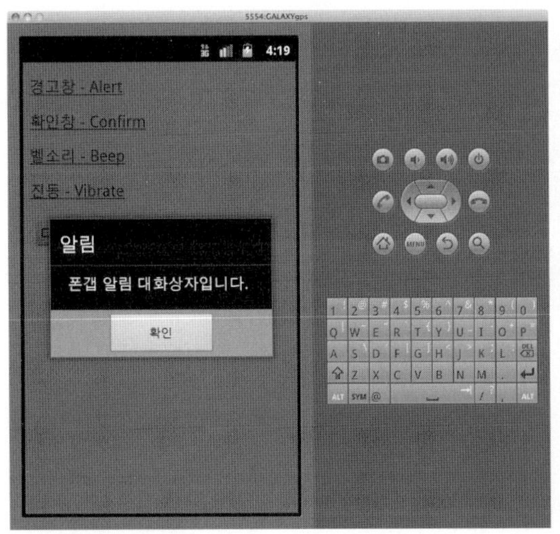

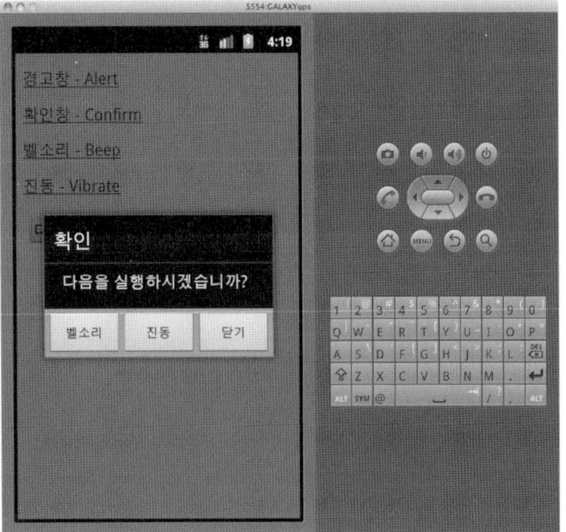

스텝 **4**

"디자인 샘플" 버튼을 클릭하면 "design.html" 화면이 나타나 화면 전환 실험에도 문제가 없다는 것을 알 수 있습니다.

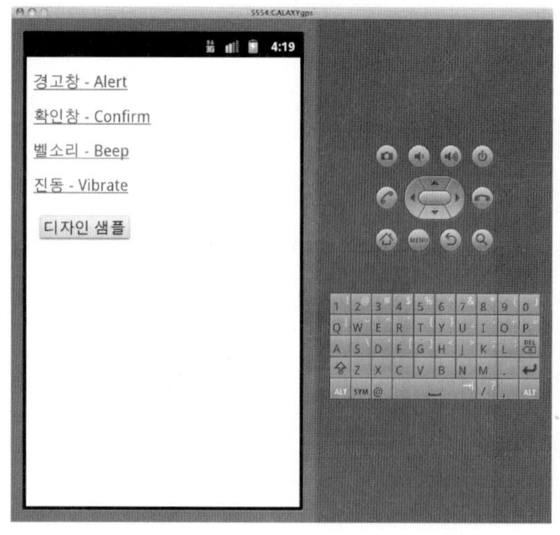

안드로이드 폰갭 실물 단말기에서 실험하기

가상기기에서 못했던 "벨소리"와 "진동"에 대한 실험을 하기 위해 실물 단말기를 준비했습니다.

스텝 **1**

USB로 개발 컴퓨터에 실물 단말기를 연결하고 그림과 같이 앱을 디버그 모드에서 실행합니다.

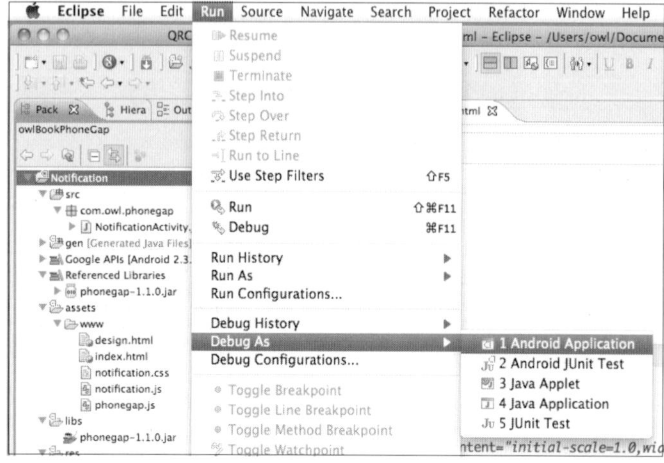

스텝 **2**

그림과 같이 "Android Device Chooser" 창이 나타나면 실물 단말기를 선택하고 "OK" 버튼을 클릭합니다.

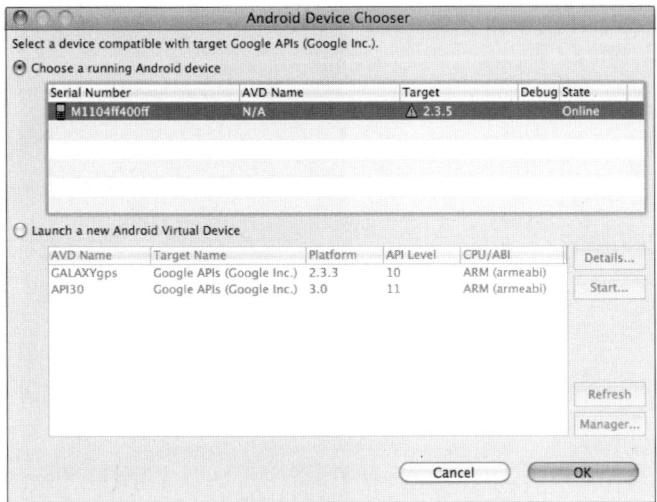

스텝 3

실물 단말기 화면을 이클립스에 설치되어 있는 DDMS의 "Capture" 기능을 통해 보여주겠습니다.

스텝 4

그림과 같이 index.html 파일에서 디자인했던 화면이 실물 단말기에 나타납니다. 첫 번째 링크 버튼부터 실험해봅니다. "경고창 – Alert" 버튼을 클릭하면 경고형 대화상자가 나타나고 대화상자에 서 "확인" 버튼을 클릭하면 대화상자가 닫힙니다.

  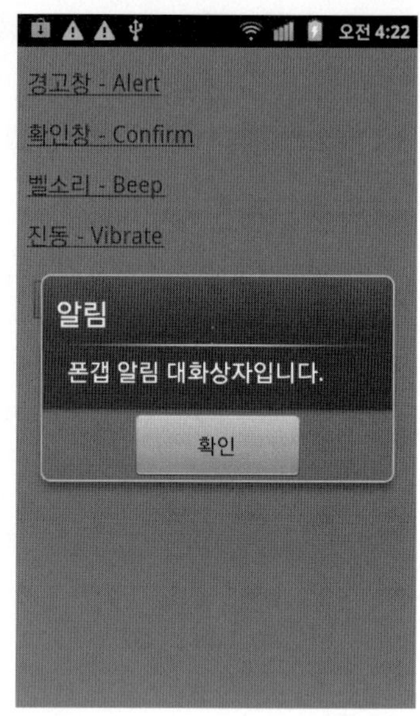

스텝 5

"확인형 – Confirm" 버튼을 클릭하면 확인형 대화상자가 나타납니다. 안드로이드에서는 이와 같이 대화상자에 3개의 버튼을 사용할 수 있습니다.

 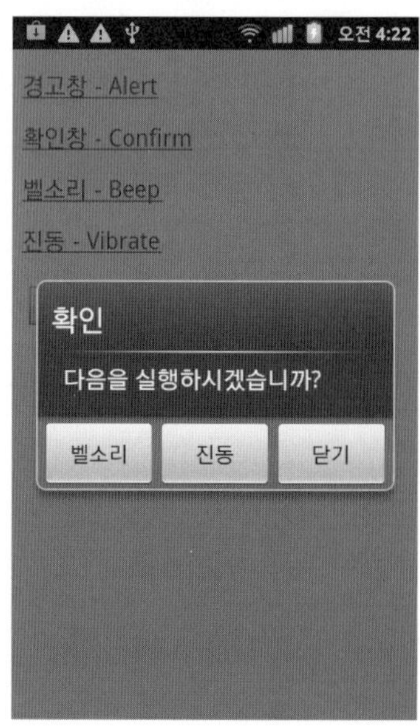

스텝 6

"벨소리" 버튼을 클릭하면 대화상자가 닫히면서 단말기에 내장된 기본 벨소리가 납니다. 다시 이 대화상자를 열고 "진동" 버튼을 클릭하면 역시 대화상자가 닫히면서 단말기의 진동이 울립니다. 물론 대화상자에서 "닫기" 버튼을 클릭하면 대화상자만 닫힙니다.

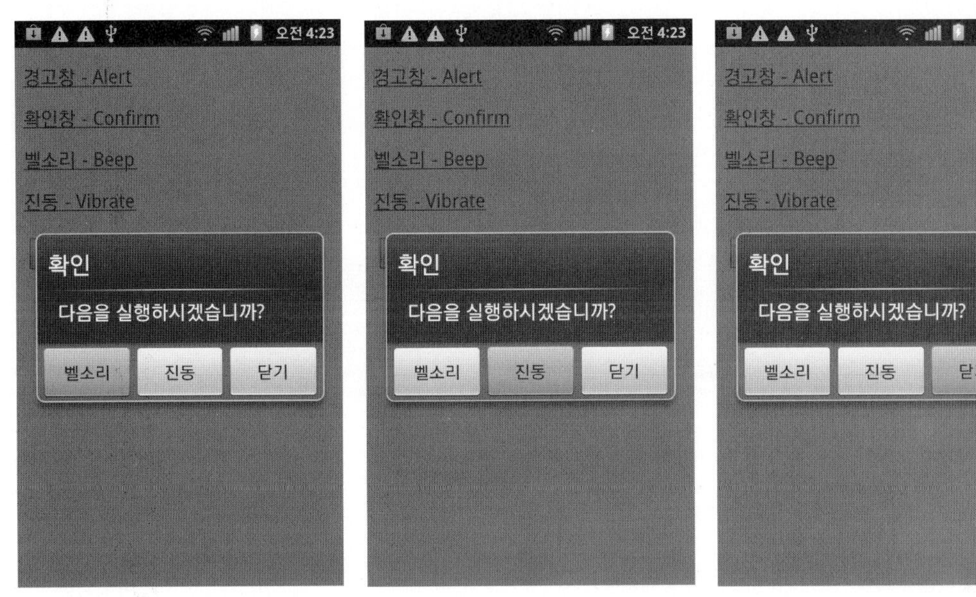

스텝 7

나머지 두 버튼도 실험해봅니다. "벨소리 – Beep" 버튼을 클릭하면 기본 벨소리가 나고 "진동 – Vibrate" 버튼을 클릭하면 진동이 울립니다.

스텝 8

"디자인 샘플" 버튼을 클릭하여 design.html로 화면 전환을 실행합니다.

스텝 9

design.html 화면은 index.html의 기능에 디자인만 바꾸고 소스를 분리하는 샘플이기 때문에 기능 실험 과정은 동일합니다. 그림과 같이 각 버튼을 클릭하여 기능에 이상이 없는지를 실험해봅니다.

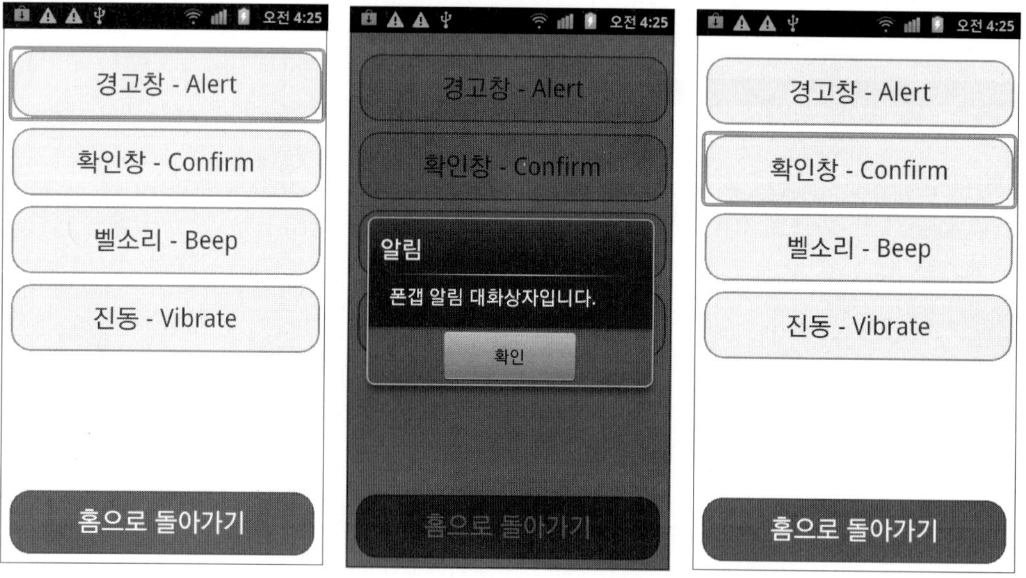

스텝 10

끝으로 "홈으로 돌아가기" 버튼을 클릭하여 "index.html" 화면으로 돌아가는 실험도 해봅니다.

7.4　아이폰 프로젝트 생성 및 포팅

다음은 앞서 준비한 웹앱 페이지를 iOS의 개발 도구인 Xcode에 포팅하는 사례를 보여줍니다. Xcode는 Mac OS X 운영체제에서만 사용할 수 있다는 점을 염두에 두고 살펴보기 바랍니다. 아이폰의 경우 아이폰에서 지원하는 폰갭 템플릿을 이용하면 폰갭 프로젝트 환경이 자동으로 간단하게 완성됩니다. 시작해봅시다.

폰갭 템플릿으로 아이폰 프로젝트 생성

스텝 **1**

Xcode 프로그램을 실행하고 "File > New > New Project..." 메뉴를 실행합니다.

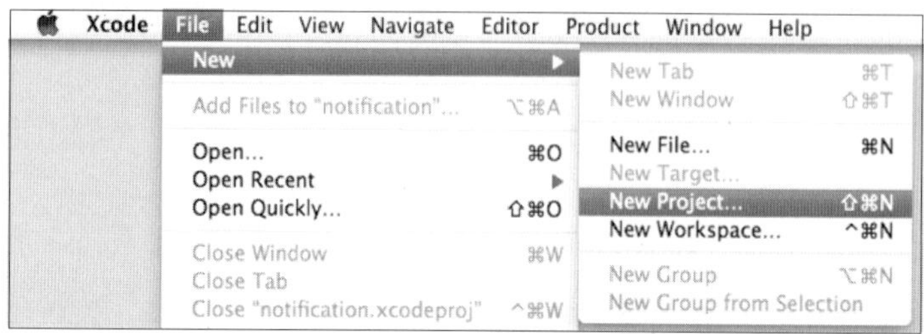

스텝 **2**

"iOS > Application > PhoneGap-based Application" 템플릿을 선택하고 "Next" 버튼을 클릭합니다.

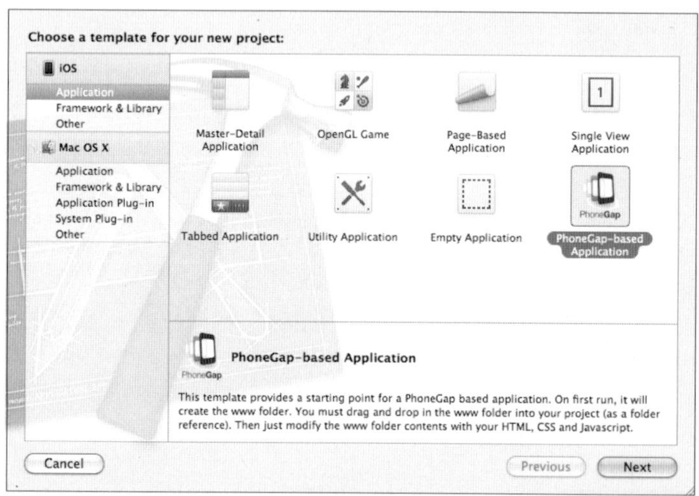

스텝 **3**

"Product Name" 항목에 "Notification"을 입력하고 "Company Identifier" 항목에 "com.owl
.phonegap"을 입력한 후 "Next" 버튼을 클릭합니다.

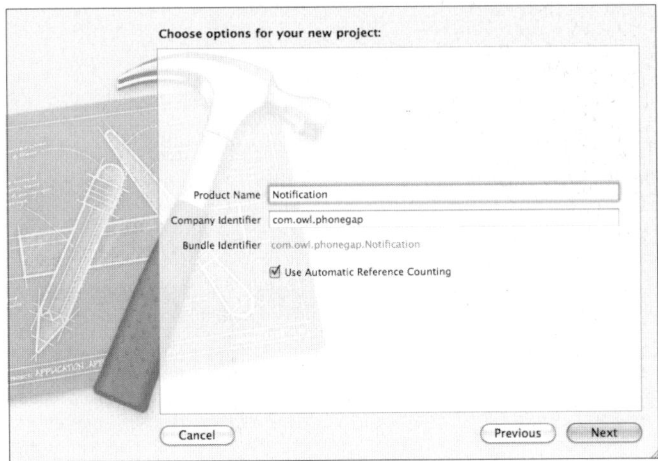

스텝 **4**

네이티브 프로젝트 소스를 저장할 위치를 선택하고 "Create" 버튼을 클릭합니다.

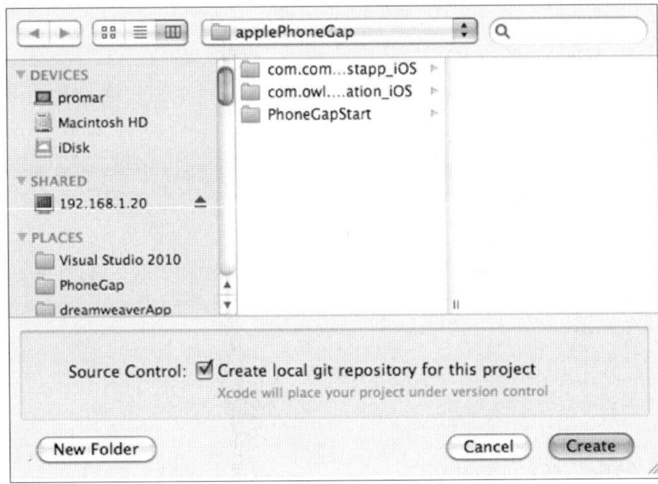

스텝 **5**

그림과 같이 Xcode에 "Notification" 프로젝트가 생성됐습니다. 폰갭 템플릿을 사용하여 생성했기
때문에 폰갭 환경에 대해 별도로 수동 작업할 일은 없습니다.

아이폰용 HTML5 소스 정리하기

아이폰에서는 네이티브 아이폰 프로젝트에 적용할 HTML5 소스에서 다음과 같은 사항을 주의해야 합니다.

- phonegap.js 파일의 버전에 주의합니다.
- beep.wav 파일을 별도로 추가해야 합니다.

아이폰은 "www" 폴더가 없을 경우 컴파일 과정을 실행하면서 자동으로 생성하는 방식을 사용하고 있습니다. 폰갭 개발에 익숙하게 되면 컴파일하지 않고 "www" 폴더를 만들어 사용하는 것이 편리하고 웹앱 소스를 관리하는데 유용합니다. 이와 같은 취지에서 다음은 "www" 폴더를 직접 만드는 방식을 소개합니다.

스텝 **1**

Xcode에서 "Notification 프로젝트 > 콘텍스트 메뉴 > Show in Finder" 메뉴를 실행하여 프로젝트 폴더를 Finder 프로그램에서 엽니다.

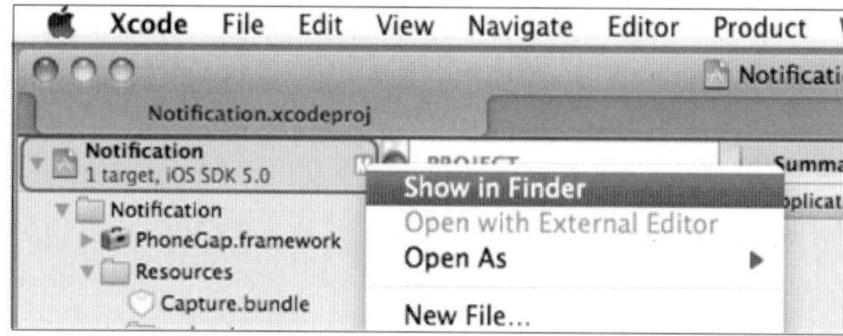

스텝 **2**

그림과 같이 "Notification" 폴더에서 "www" 폴더를 생성합니다. 이 폴더에 아이폰용 HTML5
소스를 정리해서 모을 것입니다.

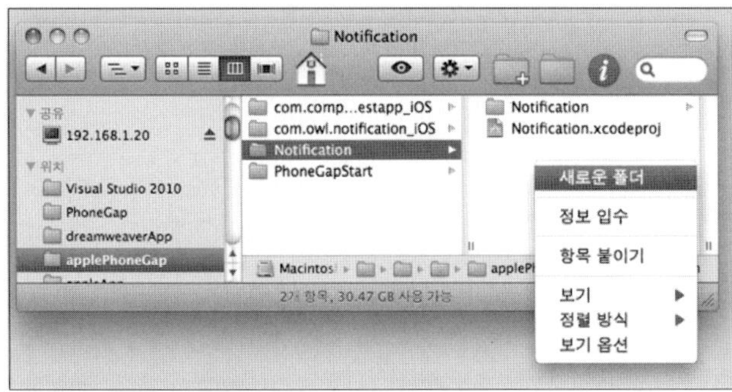

스텝 **3**

앞서 준비한 HTML5 소스에서 "phonegap.js" 파일을 제외한 나머지 소스를 복사하고 위에서 만든
"Notification 프로젝트"의 "www" 폴더에 붙여 넣습니다. 드림위버에서 만든 phonegap.js 파일은
네이티브 앱 프로젝트에서 지원하는 폰갭 라이브러리와 버전이 일치하지 않습니다. 따라서 네이티브
앱 프로젝트에 설치되어 있는 폰갭 라이브러리에 부합하는 phonegap.js 파일을 사용해야 합니다.

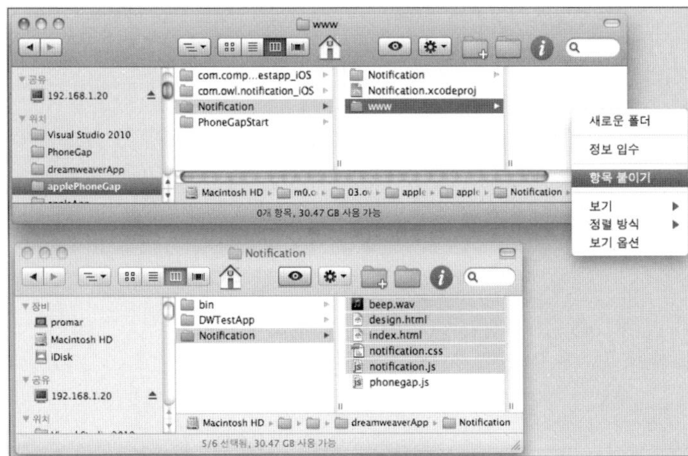

스텝 4

그림과 같이 phonegap.js를 제외한 HTML5 소스를 "www" 폴더에 수집했습니다.

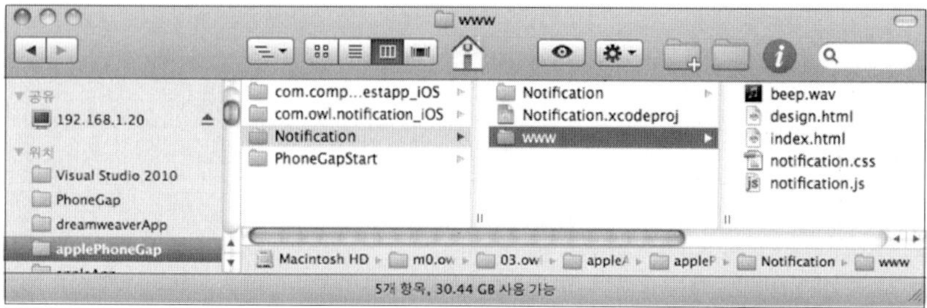

스텝 5

앞서 아이폰용 폰갭 샘플 프로젝트에서 사용했던 "phonegap-x.x.x.js" 파일을 복사해 가져옵니다.

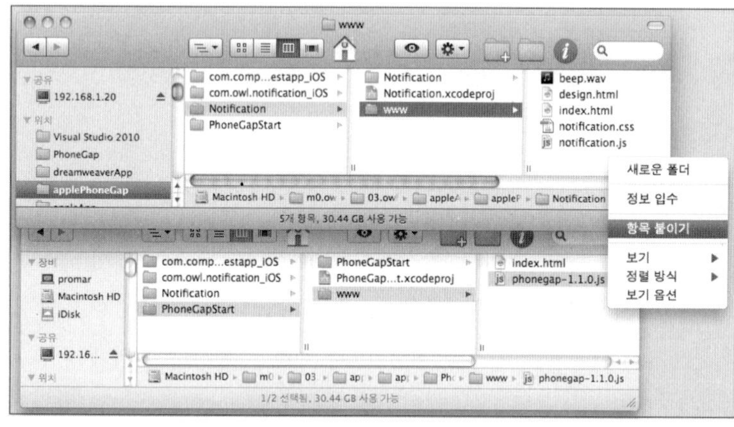

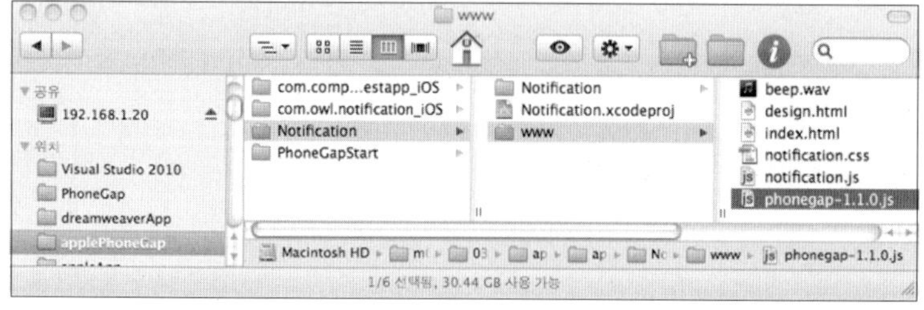

스텝 6

복사해온 "phonegap-x.x.x.js" 파일의 이름을 "phonegap.js"으로 변경합니다.

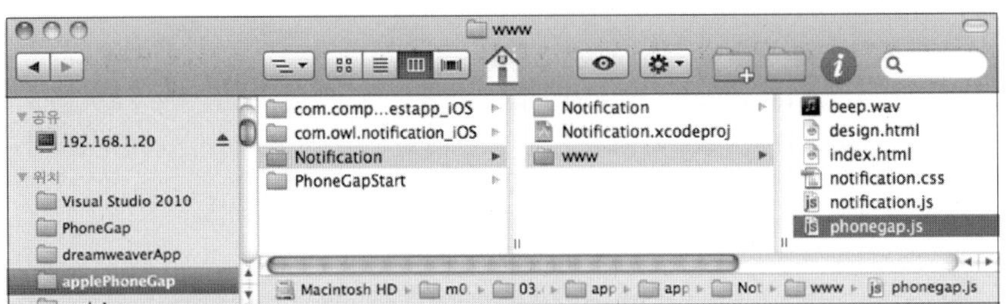

HTML5 소스를 Xcode 프로젝트에 등록하기

스텝 **1**

"www" 폴더를 마우스로 드래그하여 Xcode의 "Notification" 프로젝트에 드롭하여 등록을 요청합니다.

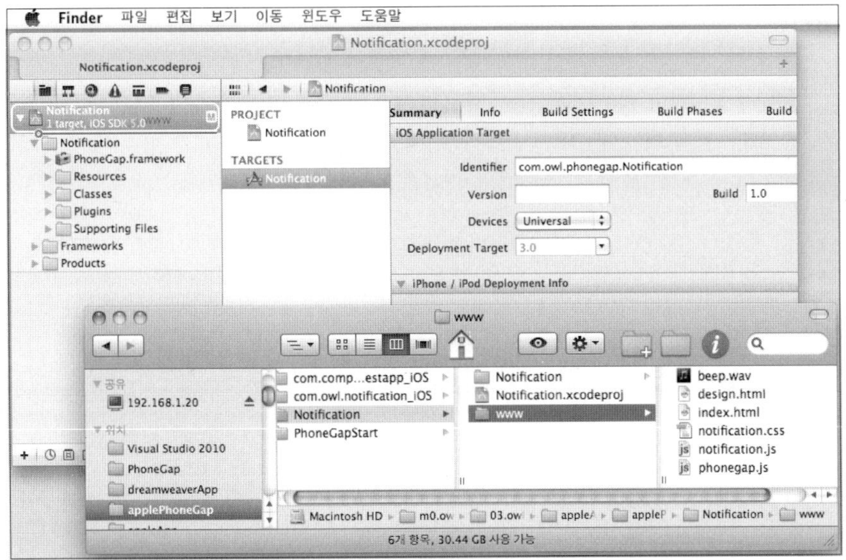

스텝 **2**

준비한 "www" 폴더는 "Notification" 프로젝트 폴더 안에 있기 때문에 별도로 해당 소스 파일들을 복사할 필요가 없으므로 그림과 같이 등록 옵션을 설정하고 "Finish" 버튼을 클릭합니다.

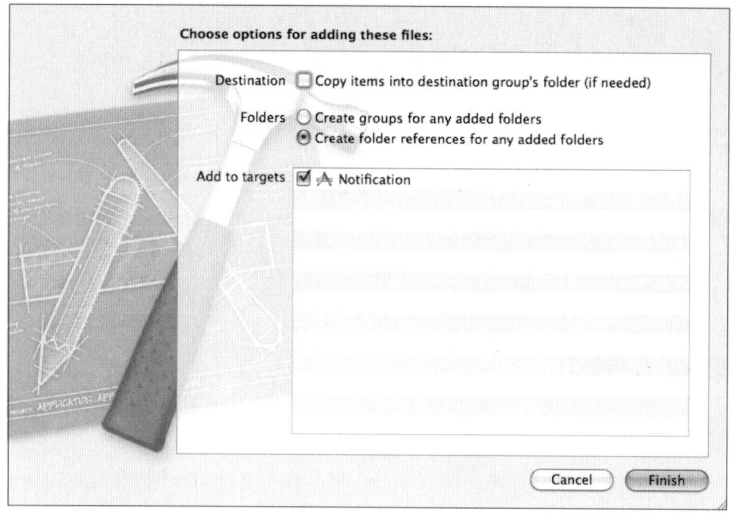

가상기기에서 실험하기

스텝 **1**

그림과 같이 HTML5 소스가 프로젝트에 잘 등록되었는지 확인하고 "Scheme" 항목에서 실험
단말기를 "iPhone 5.0 Simulator"로 지정한 후 "Run" 버튼을 클릭합니다.

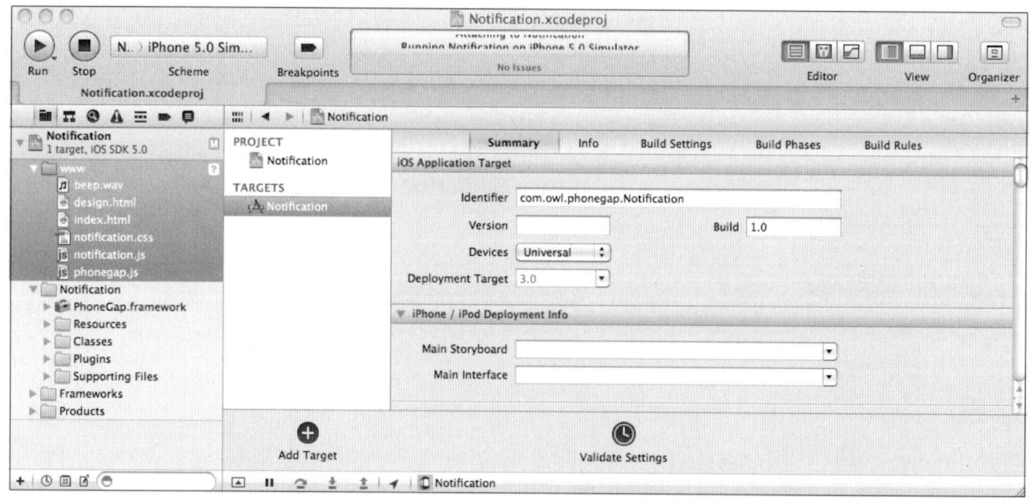

스텝 **2**

가상기기가 나타나고 "Notification" 앱이 설치된 후 그림과 같이 "PhoneGap"이라는 화면이 잠시
나타났다 사라지면서 index.html 화면으로 전환합니다.

참고   인트로의 Splash 효과

폰갭에서는 index.html 화면이 나타나기 전에 인트로 이미지를 출력하는 기능을 지원합니다. 이런 효과를 "Splash 효과"라 합니다. "Notification" 프로젝트의 경우, "Notification/Resources/splash" 폴더에 있는 이미지에 의해 나타납니다. 이 이미지 파일들을 변경하면 원하는 이미지를 인트로에 스플래시 효과로 표현할 수 있습니다.

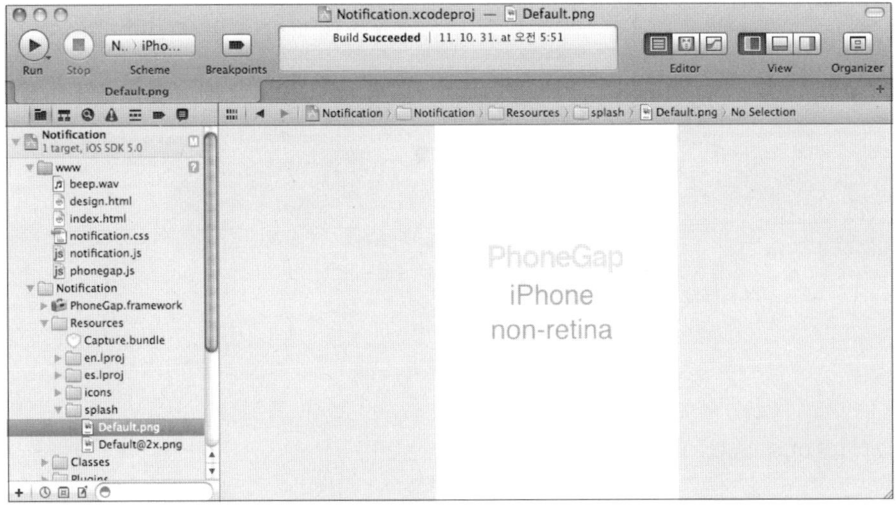

스텝 **3**

그림과 같이 아이폰 가상기기에서도 대화상자에 대한 실험을 할 수 있습니다. 아이폰 가상기기에서는 안드로이드와는 달리 "벨소리" 실험까지 지원합니다. 물론 "진동" 실험은 할 수 없습니다.

실물 단말기에서 실험하기

실물 단말기를 USB로 개발 컴퓨터에 연결하고 다음과 같이 "Notification" 프로젝트를 실험합니다.

스텝 **1**

Scheme 항목에서 USB로 연결한 "xxxx iPhone"을 선택하고 "Run" 버튼을 클릭해 단말기에서 실험합니다.

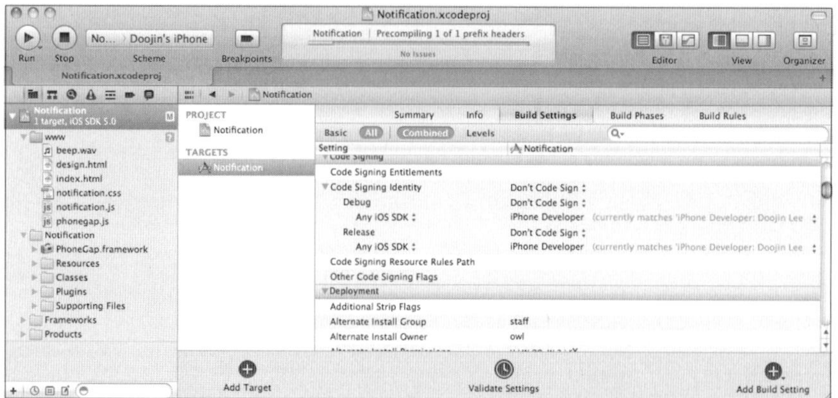

스텝 2

index.html과 design.html 화면이 모두 같은 기능을 하고 있기 때문에 본서에서는 design.html에 대한 실험 과정만 보여 주겠습니다. index.html 화면에서 "디자인 샘플" 버튼을 클릭하여 design.html 화면으로 이동합니다.

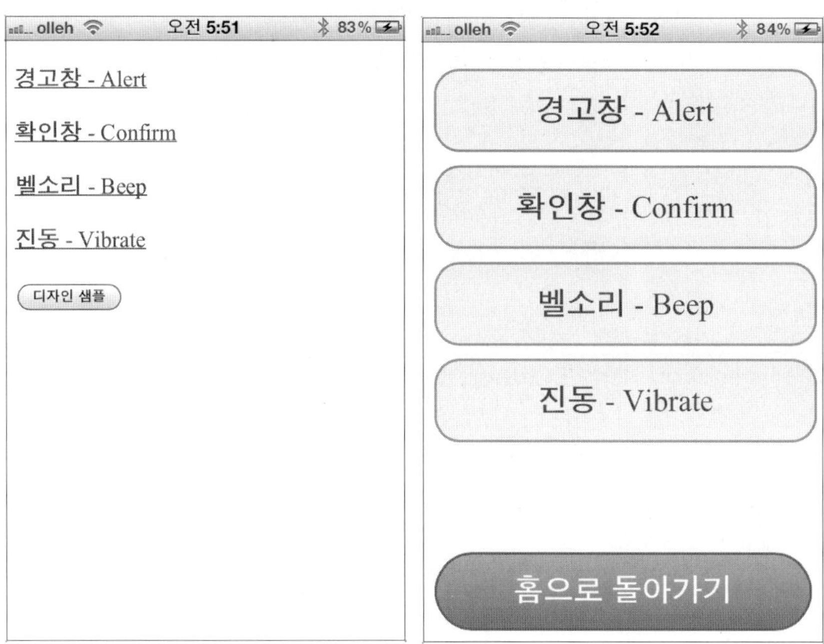

스텝 3

"경고창 – Alert" 버튼을 클릭하면 그림과 같이 대화상자가 나타납니다. 대화상자에서 "확인" 버튼을 클릭하여 대화상자를 닫습니다. "확인창 – Confirm" 버튼을 클릭하면 "벨소리", "진동", "닫기" 버튼이 있는 대화상자가 나타납니다. 아이폰의 경우 그림과 같이 대화상자에 여러 개의 버튼을 사용할 수 있습니다.

"벨소리" 버튼을 클릭하면 프로젝트의 "www" 폴더에 있는 beep.wav 파일이 재생됩니다. "진동" 버튼은 안드로이드에서와 같이 단말기의 진동이 울리는 것을 확인할 수 있습니다. "닫기" 버튼을 클릭하면 단순히 대화상자가 닫힙니다.

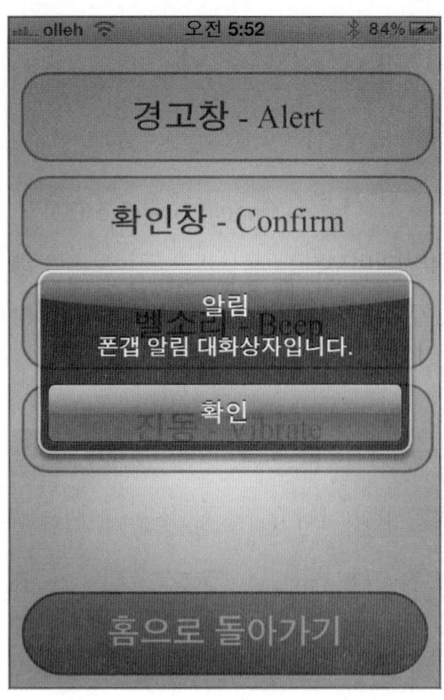

스텝 4

그림과 같이 "홈으로 돌아가기" 버튼을 클릭하면 index.html 화면으로 돌아가는 것도 확인했습니다.

7.5 윈도우폰 프로젝트 생성 및 포팅

다음은 MS Windows 운영체제에서 MS Visual Studio를 이용하여 윈도우폰 프로젝트를 만들고
HTML5 소스를 탑재하는 과정을 보여줍니다. 윈도우폰 프로젝트에 포팅할 때는 다음과 같은 특징이
있습니다.

- 콘솔을 호출하는 자바스크립트를 추가해야 합니다.
- "www" 폴더에 있는 웹 소스가 변경될 때 "GapSourceDirectory.tt"를 실행하여 웹 소스 파일 정보를
  갱신해야 합니다.
- phonegap.js 버전에 유의합니다.

폰갭 템플릿으로 윈도우폰 프로젝트 생성

MS Visual Studio 프로그램을 실행하고 다음과 같이 폰갭 템플릿을 이용하여 프로젝트를 생성합니다.

스텝 1

"파일 > 새 프로젝트 ..." 메뉴를 실행합니다.

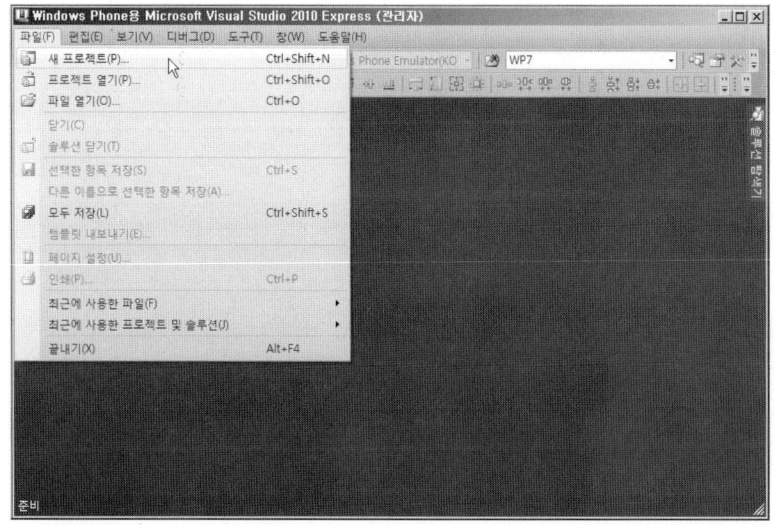

스텝 2

"새 프로젝트" 창에서 "설치된 템플릿 > Visual C# > GapAppStarter"를 템플릿으로 선택하고,
이름을 "Notification"으로 입력하며 프로젝트 소스를 저장할 위치를 지정한 후 "확인" 버튼을
클릭합니다.

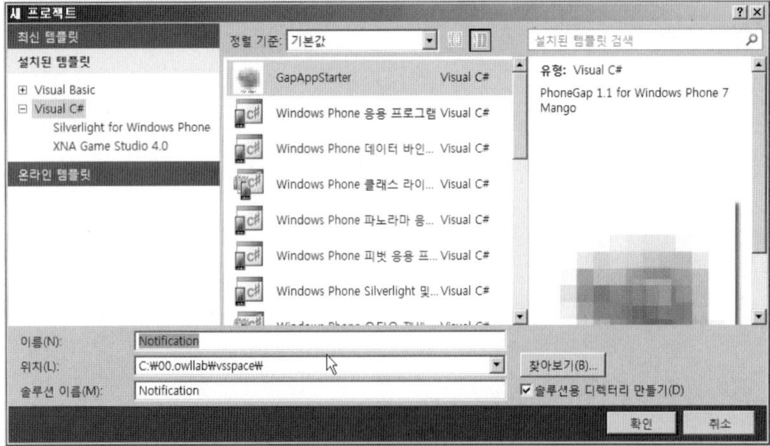

스텝 3

그림과 같이 솔루션 탐색기에 "Notification"이라는 프로젝트가 생성됐습니다.

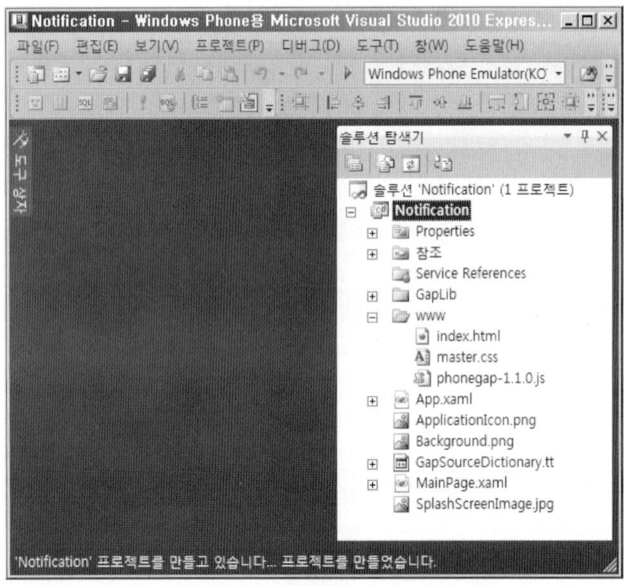

윈도우폰용 폰갭 특성 살펴보기

윈도우폰에 폰갭을 포팅할 때는 윈도우 콘솔을 호출하는 자바스크립트를 추가해야 합니다. 이와 관련한 소스는 다음과 같이 index.html에서 살펴볼 수 있습니다.

스텝 **1**

"www/index.html" 파일을 더블클릭하여 열면 그림과 같이 나타납니다. 폰갭 템플릿에서 제공하는 index.html 파일에는 윈도우 콘솔을 호출하는 자바스크립트가 있습니다. 이 부분은 다음과 같습니다.

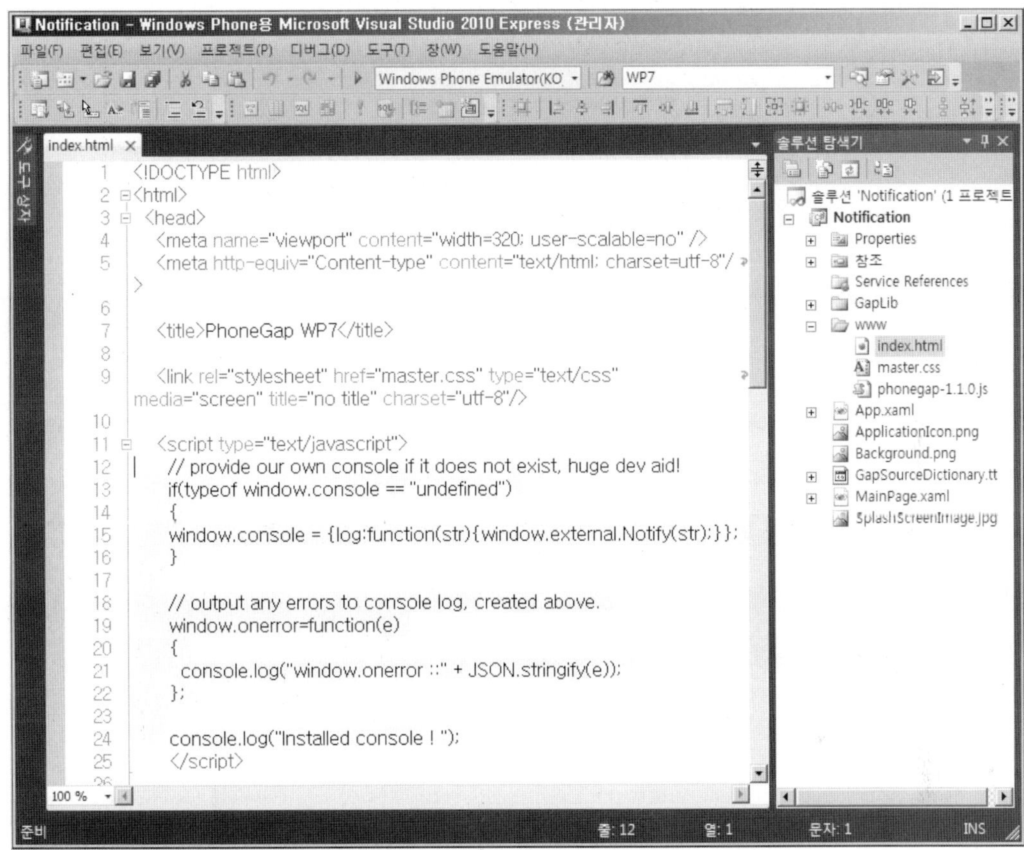

소스라인 13~16 : 윈도우 콘솔(window.console)이 없으면 윈도우 콘솔을 생성합니다.

소스라인 19~22 : 윈도우에 오류가 발생할 때 오류 로그를 출력하도록 이벤트를 추가합니다.

소스라인 24 : 콘솔에 콘솔 설치를 완료했다는 메시지를 출력합니다.

스텝 **2**

위의 자바스크립트를 클립보드에 복사해 그림과 같이 메모장에 기록해둡니다. 이 자바스크립트는 윈도우폰에만 추가해야 하는 소스입니다.

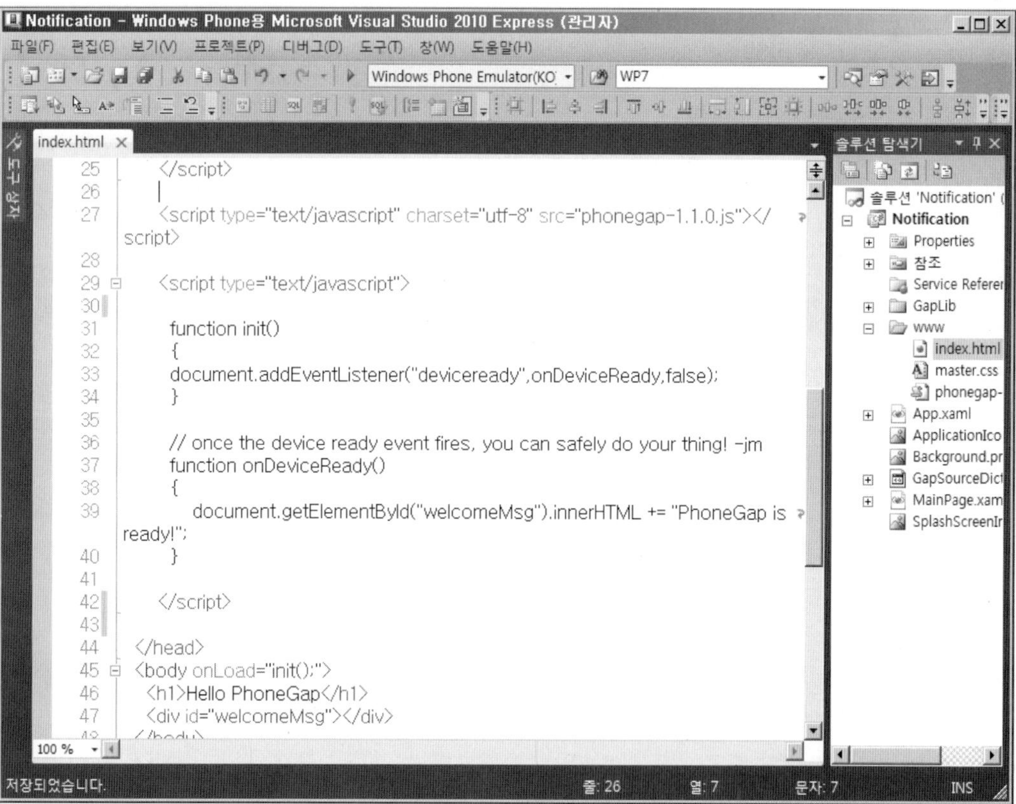


```
<script type="text/javascript">
    // provide our own console if it does not exist, huge dev aid!
    if(typeof window.console == "undefined")
    {
    window.console = {log:function(str){window.external.Notify(str);}};
    }

    // output any errors to console log, created above.
    window.onerror=function(e)
    {
            console.log("window.onerror ::" + JSON.stringify(e));
    };

    console.log("Installed console ! ");
</script>
```

스텝 **3**

또한 index.html 샘플에서는 onLoad 이벤트를 이용하여 폰갭 모듈 로드에 대한 구문을 실행하는 방식을 볼 수 있습니다. 참고사항으로 한번쯤 봐두기 바랍니다.


```
25    </script>
26    |
27    <script type="text/javascript" charset="utf-8" src="phonegap-1.1.0.js"></
      script>
28
29    <script type="text/javascript">
30
31        function init()
32        {
33        document.addEventListener("deviceready",onDeviceReady,false);
34        }
35
36        // once the device ready event fires, you can safely do your thing! -jm
37        function onDeviceReady()
38        {
39            document.getElementById("welcomeMsg").innerHTML += "PhoneGap is
      ready!";
40        }
41
42    </script>
43
44    </head>
45    <body onLoad="init();">
46      <h1>Hello PhoneGap</h1>
47      <div id="welcomeMsg"></div>
```

소스라인 31~34 : init() 함수 안에 "deviceready"에 대한 이벤트 리스너를 작성했습니다.

소스라인 37~40 : "deviceready"에 대한 이벤트를 감지했을 때 실행하는 onDeviceReady() 함수입니다.

소스라인 45 : HTML에서 제공하는 onLoad 이벤트에 init() 함수를 설정합니다. 즉, 이 HTML 파일이 로드되면 init() 함수를 실행하여 "deviceready" 이벤트 리스너를 실행합니다.

HTML5 소스 등록 및 console.js 추가

스텝 **1**

폰갭 템플릿이 생성한 index.html과 master.css 파일은 더 이상 필요 없으므로 그림과 같이 삭제합니다. 파일을 삭제할 때 그림과 같은 대화상자가 나타나면 "확인" 버튼을 클릭합니다.

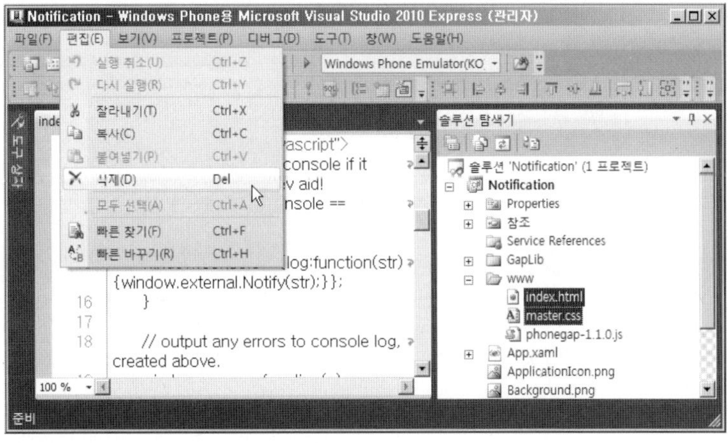

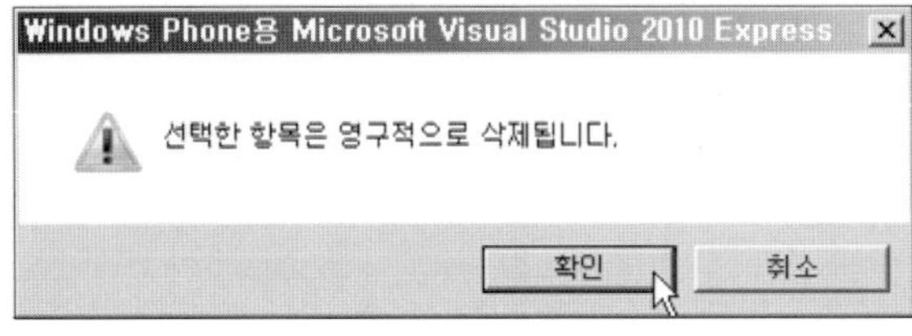

스텝 **2**

앞서 드림위버에서 준비했던 HTML5 소스를 마우스로 드래그하여 "www" 폴더에 드롭합니다.

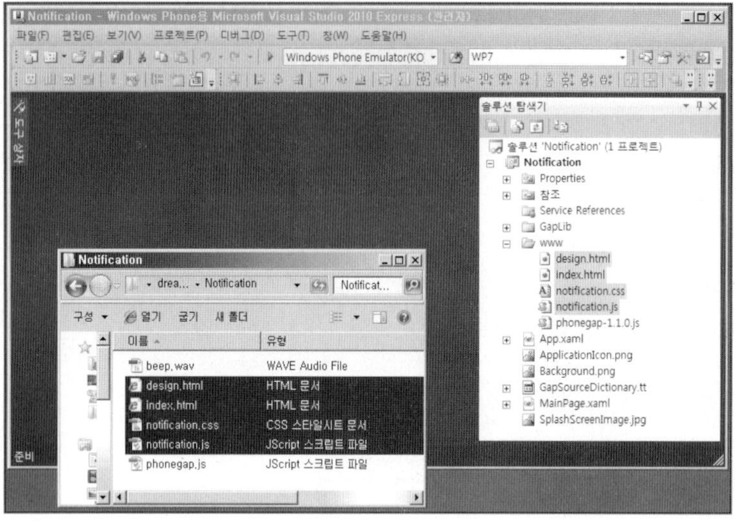

스텝 **3**

"www" 폴더를 선택하고 "프로젝트 > 새 항목 추가..." 메뉴를 실행합니다.

스텝 4

"새 항목 추가" 창에서 "Visual C# > 텍스트 파일"을 선택하고 이름을 "console.js"이라 입력한
후 "추가" 버튼을 클릭합니다.

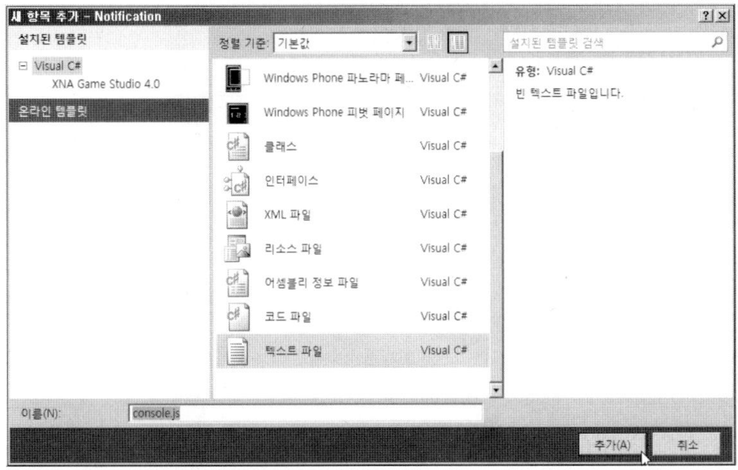

스텝 5

그림과 같이 추가된 "www/console.js" 파일을 열고 앞서 메모장에 복사해 둔 윈도우 콘솔 관련
자바스크립트를 정리하여 붙여 넣습니다.

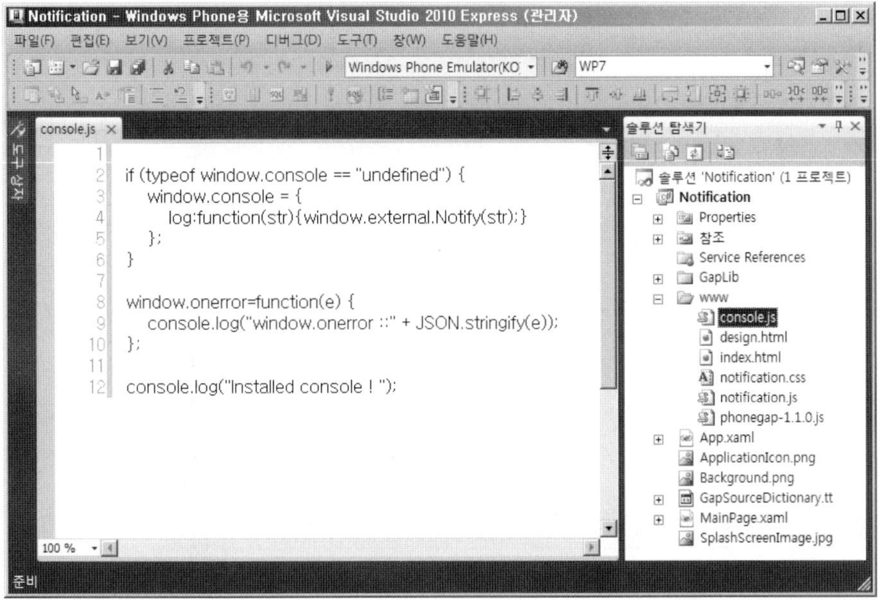

스텝 6

index.html 파일을 열고 "console.js" 자바스크립트 파일을 호출하는 구문을 추가합니다.

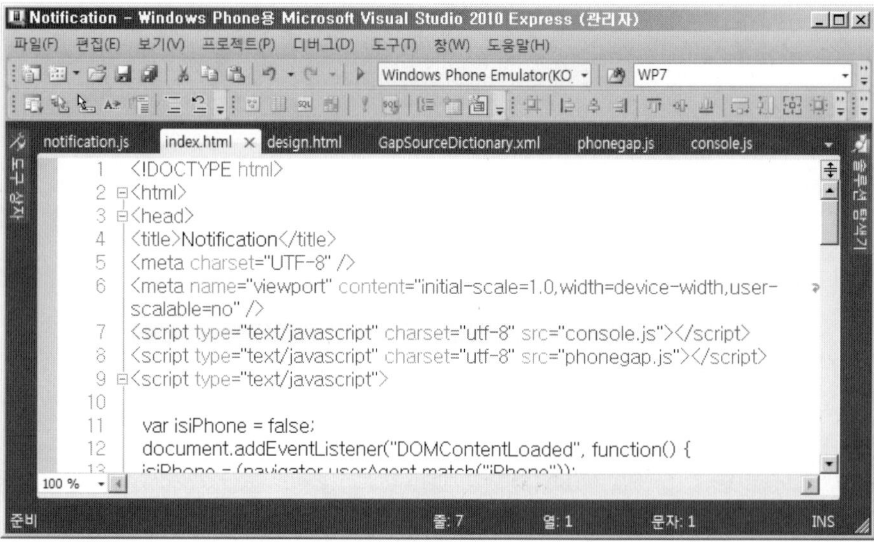

스텝 7

같은 방법으로 design.html 파일에도 console.js 파일을 호출하는 구문을 추가합니다.

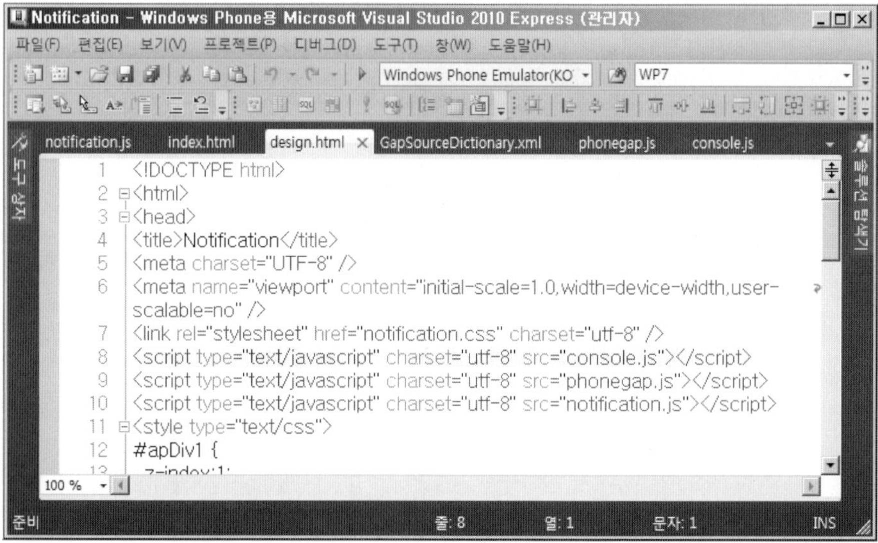

스텝 **8**

"www" 폴더에 있는 "phonegap-x.x.x.js" 파일의 이름을 "phonegap.js"로 바꿉니다.

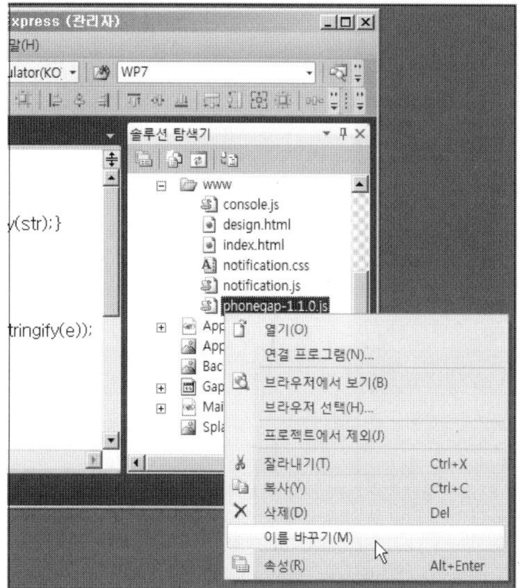
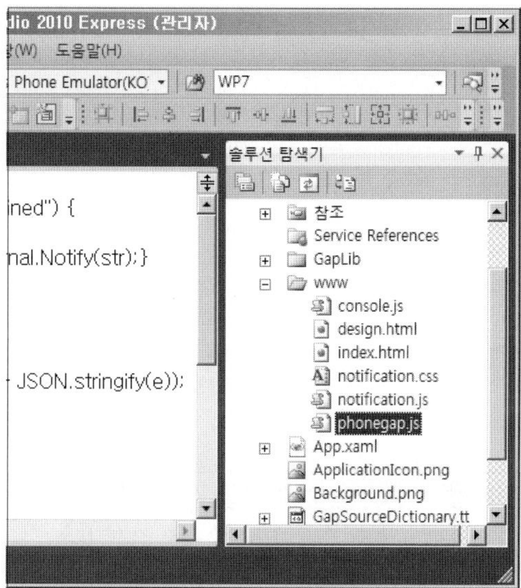

참고 **윈도우용 줄 바꿈**

phonegap.js 파일과 같이 다른 시스템에서 작성한 소스를 비주얼 스튜디오에서 열면 윈도우용 줄 바꿈 기호 (CR LF)를 변경할 것인지를 묻습니다. 이 때 "예" 버튼을 클릭하여 윈도우 표준 포맷으로 맞춰줍니다.

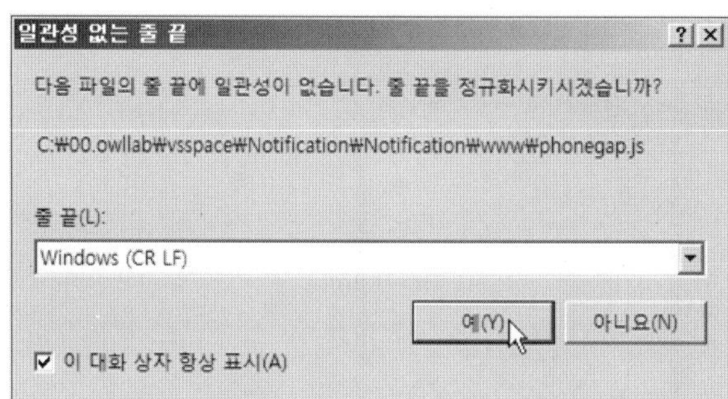

웹 파일 인식하기

윈도우폰은 "www" 폴더에 소스가 추가되거나 삭제 및 이름이 변경되었을 때는 GapSource Dictionary.tt를 실행하여 "www" 폴더에 있는 파일을 재인식하는 과정이 필요합니다. GapSource Dictionary.tt는 "www" 폴더 안에 있는 파일들을 인식하여 GapSourceDictionary.xml 파일을 작성합니다. 폰갭은 비주얼 스튜디오를 통해 컴파일할 때 GapSourceDictionary.xml 파일을 참조합니다.

스텝 **1**

"Notification/GapSourceDictionary.tt > 콘텍스트 메뉴 > 사용자 지정 도구 실행" 메뉴를 실행합니다.

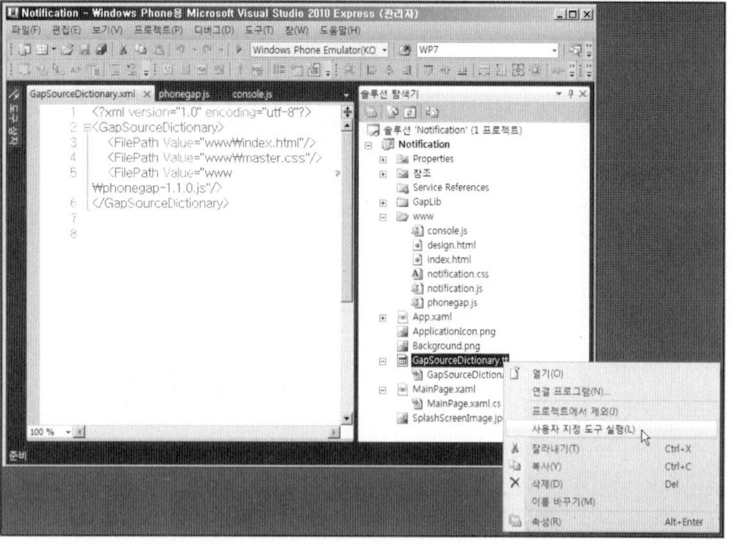

스텝 **2**

"GapSourceDictionary.xml" 파일을 열면 그림과 같이 "www" 폴더에 있는 파일들을 인식하여 자동으로 작성한 것을 확인할 수 있습니다.

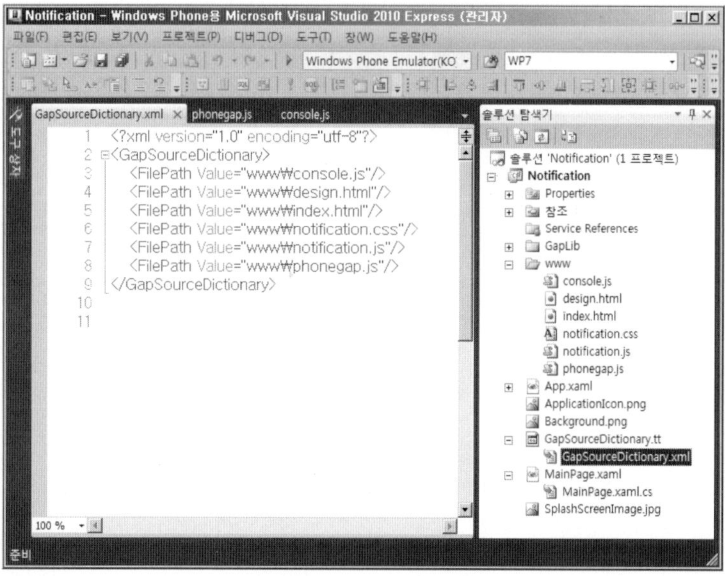

스텝 3

비주얼 스튜디오는 그림과 같이 컴파일을 합니다. "Notification > 콘텍스트 메뉴 > 다시 빌드"
메뉴를 실행하여 프로젝트를 컴파일합니다.

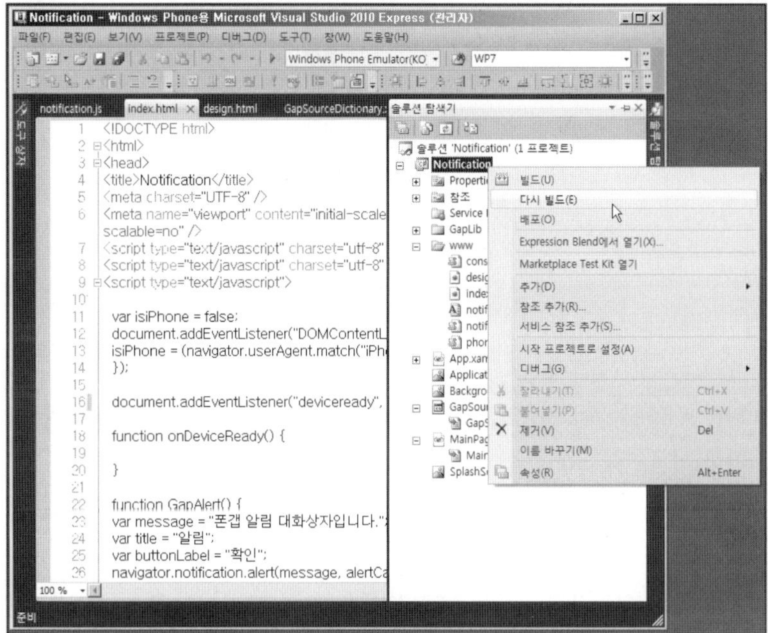

가상기기에서 실험하기

스텝 1

"디버그 > 디버그 시작" 메뉴를 실행하여 가상기기에서 실험해봅니다.

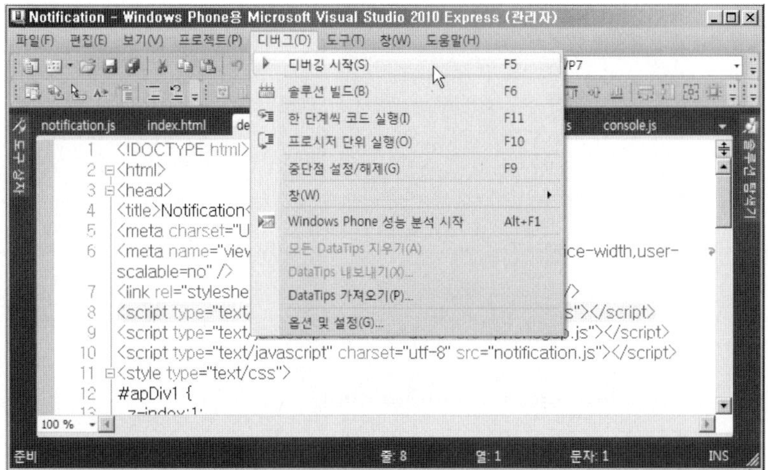

스텝 **2**

그림과 같이 윈도우폰 가상기기가 나타나고 "Notification" 앱이
실행됩니다.

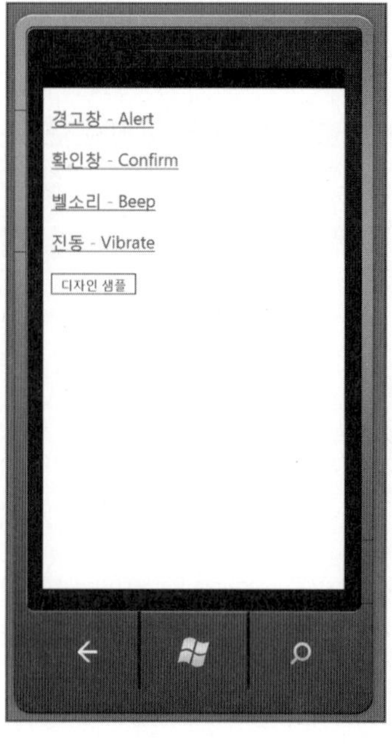

스텝 **3**

대화상자를 실험해보면 그림과 같이 윈도우폰에서는 대화상자 버튼이 고정되어 나타나는 것을
볼 수 있습니다. 특히 확인형 대화상자의 경우 두 버튼이 자바스크립트에서 작성한 버튼 이름과는
무관하게 "확인", "취소" 버튼이 나타나는 특성이 있다는 것을 확인할 수 있습니다. 따라서 윈도우폰에
서 확인형 대화상자의 경우 "확인", "취소" 2개의 버튼만 사용할 수 있습니다.

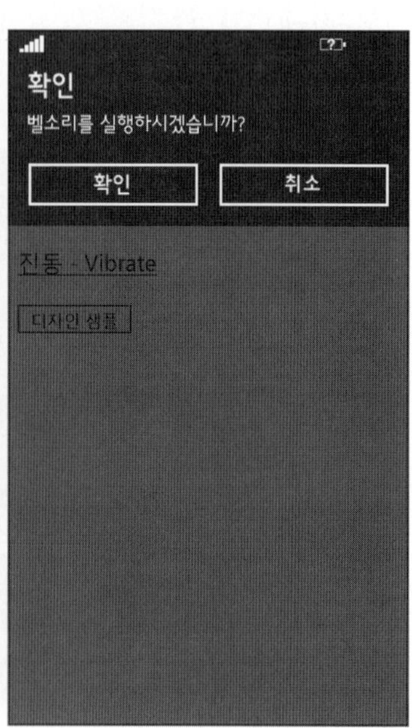

스텝 **4**

"디자인 샘플" 버튼을 클릭하면 design.html 화면이 나타납니다. design.html 화면에서도 대화상자의
기능을 실험해볼 수 있고 벨소리까지 실험할 수 있는 것을 확인할 수 있습니다.

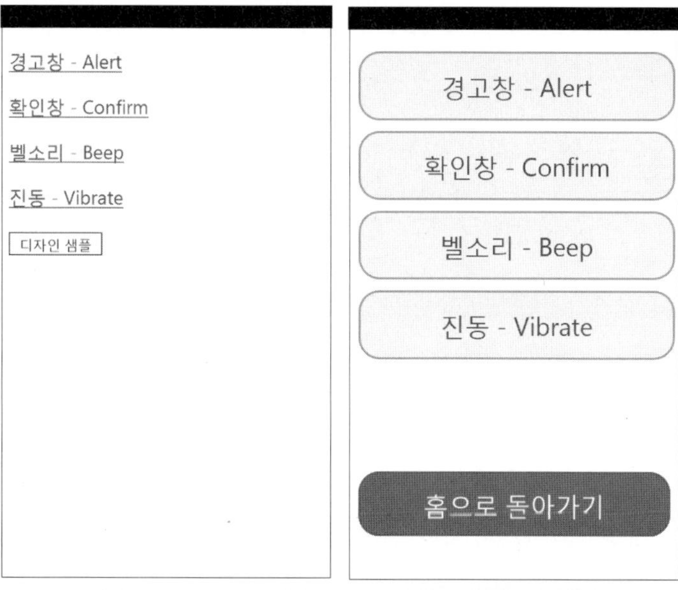

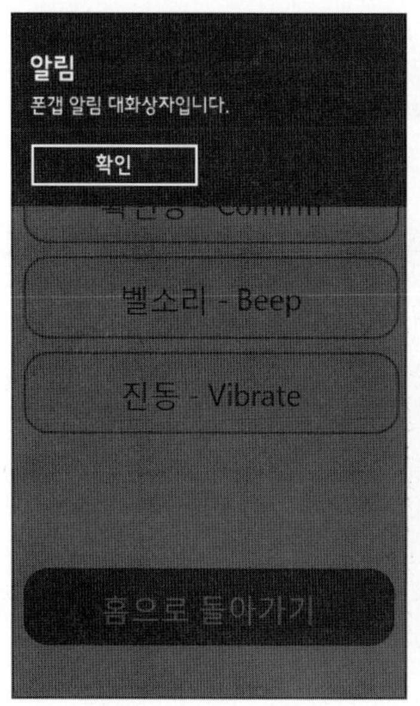

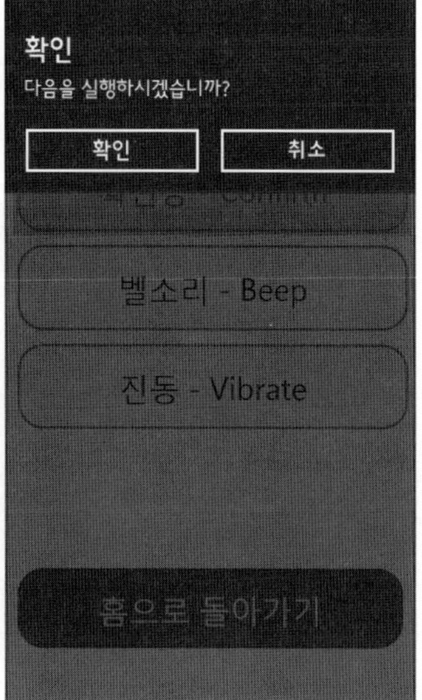

스텝 5

끝으로 "홈으로 돌아가기" 버튼을 클릭하여 index.html 화면으로 돌아오는 실험도 해봅니다.

Chapter 08

Device : 단말기 정보

이 장에서는 단말기 정보를 제공하는 Device 객체를 사용하는 샘플 프로젝트를 만듭니다. 또한 안드로이드의 경우 이클립스에 폰갭 플러그인을 설치하고 폰갭 프로젝트 생성 마법사를 활용하여 쉽게 안드로이드 프로젝트를 만드는 과정도 보여 줍니다. 앞으로는 7장에서 소개한 수동으로 안드로이드 프로젝트를 만드는 방법 대신 "폰갭 프로젝트 생성 마법사"를 주로 사용하게 될 것입니다.

이 장에서 소개하는 Device 샘플 프로젝트는 아주 간단하니까 안드로이드 프로젝트를 마법사 형식으로 생성하는 부분에 주안점을 두고 살펴보기 바랍니다.

8.1 | Device의 사용

device 객체는 단말기에 대한 정보를 제공하는 간단한 폰갭 객체입니다. 이 객체는 name, phonegap, platform, uuid, version 등 5개의 속성을 이용해서 단말기의 이름, 폰갭의 버전, 플랫폼, 단말기의 고유 아이디, 단말기 운영체제 버전 등의 정보를 호출할 수 있습니다.

먼저 이 5개의 속성부터 살펴봅니다.

device.name 속성

device.name은 단말기의 제품명이나 모델명을 문자열 형식으로 제공합니다.

❶ 지원하는 플랫폼 : Android, iPhone, Windows Phone 7(Mango), BlackBerry, BlackBerry WebWorks (OS 5.0 and higher)

❷ 안드로이드 특기사항 : 단말기마다 약간의 차이가 있으나 일반적으로 모델명보다 제품명을 출력합니다.

❸ 아이폰 특기사항 : 아이폰에서는 모델명 대신 단말기에 등록한 사용자의 이름이 출력되는 것으로 알려져 있어 이 정보로 단말기를 구분하여 프로그램을 만드는 것은 의미가 없습니다.

device.phonegap 속성

웹앱에 탑재한 폰갭 API의 버전 정보를 제공합니다.

❶ 지원하는 플랫폼 : Android, iPhone, Windows Phone 7(Mango), BlackBerry, BlackBerry WebWorks (OS 5.0 and higher)

device.platform 속성

단말기의 운영체제(Operating System) 이름을 알려줍니다.

❶ 지원하는 플랫폼 : Android, iPhone, Windows Phone 7(Mango), BlackBerry, BlackBerry WebWorks (OS 5.0 and higher)

❷ 아이폰 특기사항 : 일반적으로는 "iPhone"으로 나타나지만, 공급자에 따라 다르게 표기될 수도 있으므로 단순한 정보로만 활용하기를 권합니다.

❸ 블랙베리 특기사항 : 일반적으로 플랫폼 이름보다는 버전 정보를 제공하는 것으로 알려져 있습니다.

device.uuid 속성

단말기 제작자(Manufacturer)가 단말기를 출고할 때 찍어주는 범용 고유 식별자(UUID, Universally Unique Identifier) 정보를 제공합니다. 일종의 "단말기 일련번호"로 조작에 대한 가능성을 배제할 수는 없지만 단말기의 고유성에 대한 공인이라는 점에서 프로그램에 응용할 여지는 있습니다.

❶ 지원하는 플랫폼 : Android, iPhone, Windows Phone 7(Mango), BlackBerry, BlackBerry WebWorks (OS 5.0 and higher)

device.version 속성

단말기의 운영체제 버전 정보를 제공합니다.

❶ 지원하는 플랫폼 : Android 2.1+, iPhone, Windows Phone 7(Mango), BlackBerry, BlackBerry WebWorks(OS 5.0 and higher)

8.2 Device 프로젝트

device 폰갭 API를 경험하기 위한 샘플 프로젝트는 간단합니다. device는 단순히 단말기 정보를 출력합니다. 나중에 웹앱을 많이 개발하다 보면 프로그램 로직에서 단말기를 구분할 필요가 있을 텐데 이 때 유용하게 활용될 수 있다는 점을 감안하고 다음과 같은 샘플 프로젝트를 살펴보기 바랍니다.

HTML5 웹앱 소스 작성

이 샘플 프로젝트는 다음의 index.html 파일 하나만으로 구성했습니다. index.html은 페이지가 열릴 때 폰갭 라이브러리가 준비됐는지 확인하고, 폰갭이 준비됐을 때 폰갭 device API를 이용해서 단말기 정보를 호출한 후 화면에 출력합니다. index.html 파일의 소스를 살펴보면 다음과 같습니다.

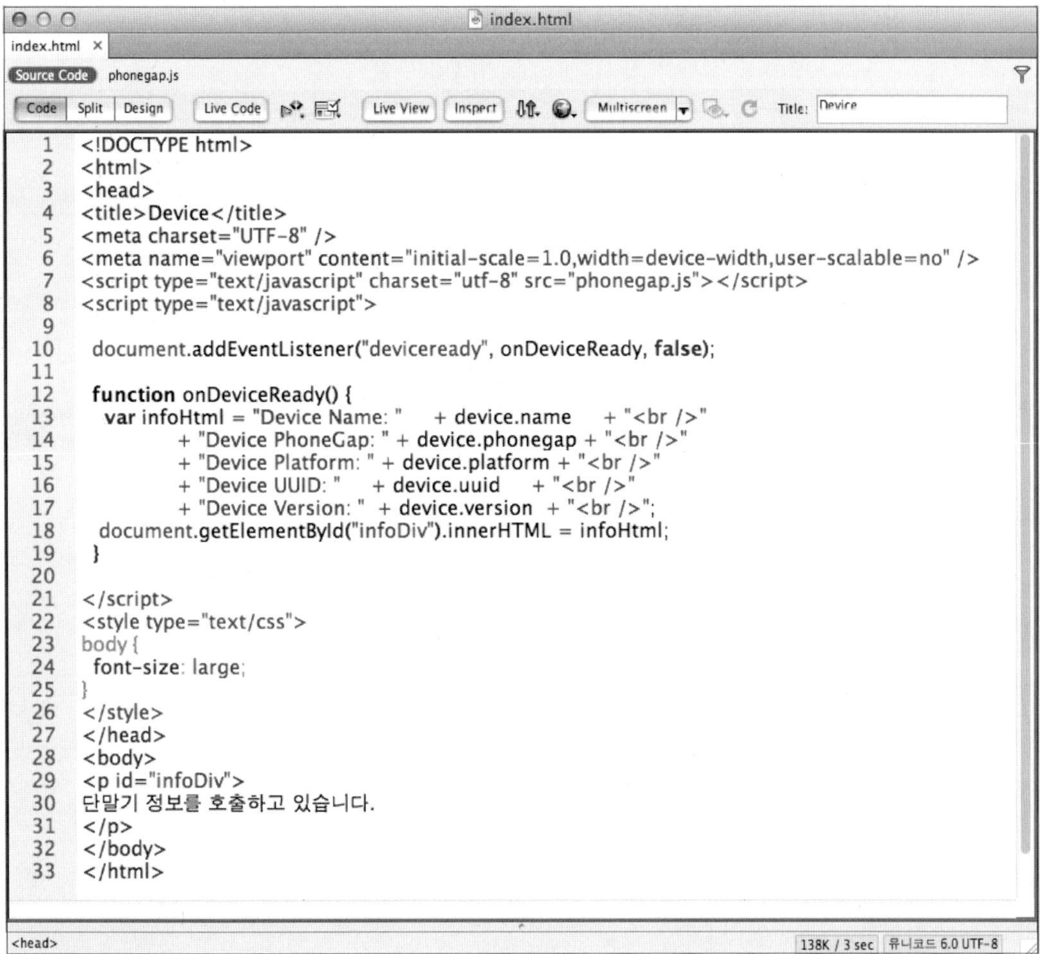

```html
1  <!DOCTYPE html>
2  <html>
3  <head>
4  <title>Device</title>
5  <meta charset="UTF-8" />
6  <meta name="viewport" content="initial-scale=1.0,width=device-width,user-scalable=no" />
7  <script type="text/javascript" charset="utf-8" src="phonegap.js"></script>
8  <script type="text/javascript">
9
10   document.addEventListener("deviceready", onDeviceReady, false);
11
12   function onDeviceReady() {
13    var infoHtml = "Device Name: "   + device.name     + "<br />"
14         + "Device PhoneGap: " + device.phonegap + "<br />"
15         + "Device Platform: " + device.platform + "<br />"
16         + "Device UUID: "    + device.uuid     + "<br />"
17         + "Device Version: " + device.version  + "<br />";
18    document.getElementById("infoDiv").innerHTML = infoHtml;
19   }
20
21  </script>
22  <style type="text/css">
23  body {
24    font-size: large;
25  }
26  </style>
27  </head>
28  <body>
29  <p id="infoDiv">
30  단말기 정보를 호출하고 있습니다.
31  </p>
32  </body>
33  </html>
```

소스라인 7 : 폰갭과 연동할 수 있게 하는 phonegap.js 파일을 호출합니다. phonegap.js 파일은 다운받은 폰갭 패키지에서 제공하는 phonegap-x.x.x.js 파일을 이름만 바꿔 사용하는 파일입니다.

소스라인 10 : 폰갭 라이브러리를 로드했을 때 실행하는 이벤트 리스너를 설정합니다. 이 리스너는 onDeviceReady 함수를 실행할 것입니다.

소스라인 11~19 : 폰갭의 device 객체를 이용하여 단말기 정보를 모두 호출하고 이 정보를 화면에 출력하는 함수입니다.

소스라인 13~17 : device 객체에서 단말기 정보를 호출하여 infoHtml이라는 변수에 기록하는 구문입니다.

소스라인 18 : 단말기 정보를 기록하고 있는 infoHtml 변수를 HTML 객체 중 "infoDiv"라는 객체에 대입하여 화면에 출력하는 구문입니다.

소스라인 29~31 : 단말기 정보를 출력할 infoDiv라는 아이디의 HTML 객체를 작성하고 있습니다. 폰갭 라이브러리를 로드하기 전까지는 단말기 정보를 호출하고 있다는 안내문을 출력하고 폰갭 라이브러리를 로드한 후에 위의 자바스크립트에 의해 단말기 정보를 출력하도록 구성하고 있습니다.

8.3 안드로이드 포팅

앞서 Notification 샘플 프로젝트에서는 이클립스에서 폰갭용 안드로이드 프로젝트를 수동으로 만드는 방법을 소개했습니다. 하지만 안드로이드에서도 아이폰이나 윈도우폰과 같이 폰갭 프로젝트 템플릿이 플러그인 방식으로 제공됩니다. 이제 템플릿을 사용해서 작업해봅시다.

폰갭을 위한 이클립스 플러그인 설치

다음과 같이 "이클립스 마켓플레이스 (Eclipse Marketplace)"에서 안드로이드용 폰갭을 다운받아 설치할 수 있습니다. 이클립스 마켓플레이스 메뉴는 이클립스 버전에 따라 나타나지 않을 수도 있습니다. 필자는 그림과 같이 "Eclipse IDE for Java Developers" 버전을 설치했습니다.

스텝 1

이클립스를 열고 "Help > Eclipse Marketplace..." 메뉴를 실행합니다.

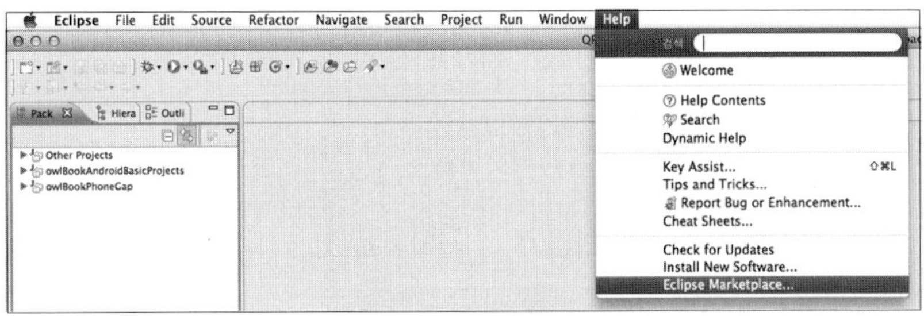

스텝 2

"Eclipse Marketplace" 창에서 "phonegap"을 검색어로 이클립스 플러그인을 검색하면 그림과 같이 "PhoneGap for Android with ..."를 찾을 수 있습니다. 이 패키지 오른쪽에 있는 "Install" 버튼을 클릭하면 설치가 시작됩니다.

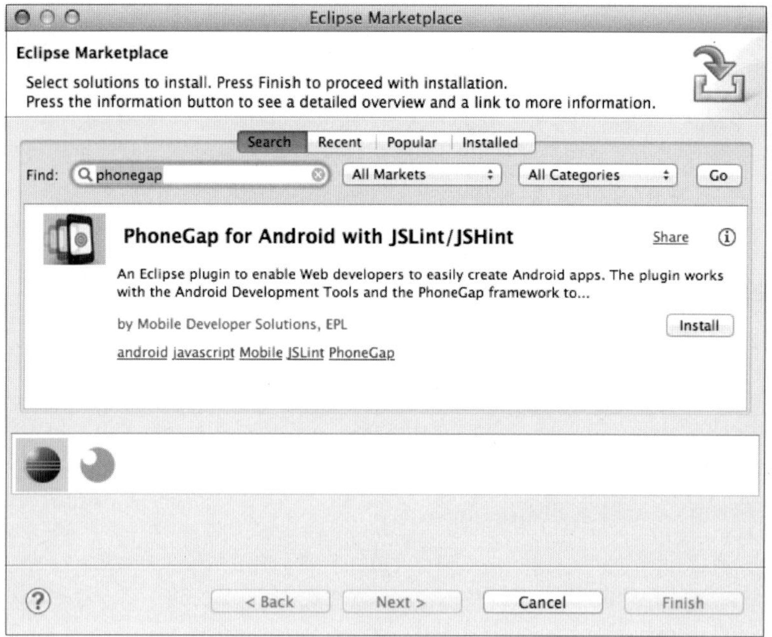

스텝 **3**

"PhoneGap for Android with ..."에 대한 설치 항목들을 확인하고 "Next" 버튼을 클릭하면 그림과 같이 설치를 계속할 것인지를 확인하는 확인창이 나타납니다. 확인창에서 "Yes" 버튼을 클릭합니다.

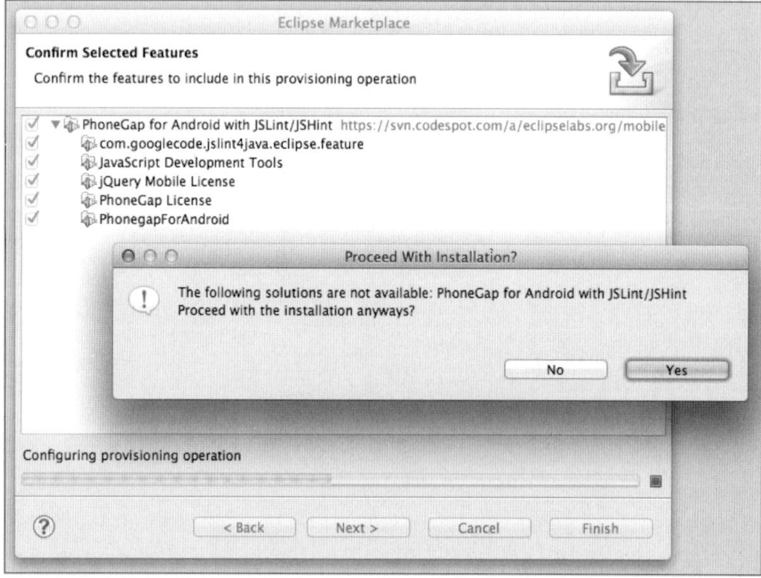

스텝 4

설치하기 위해 패키지 의존성을 확인하는 과정이 진행되고 "Next" 버튼을 클릭하면 설치 과정이 계속 진행됩니다.

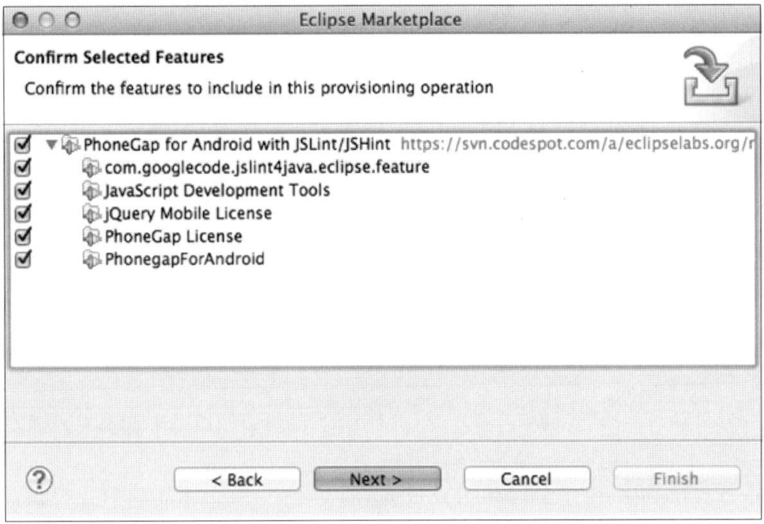

스텝 5

그림과 같이 라이선스에 대한 동의 여부를 체크하고 "Finish" 버튼을 클릭합니다.

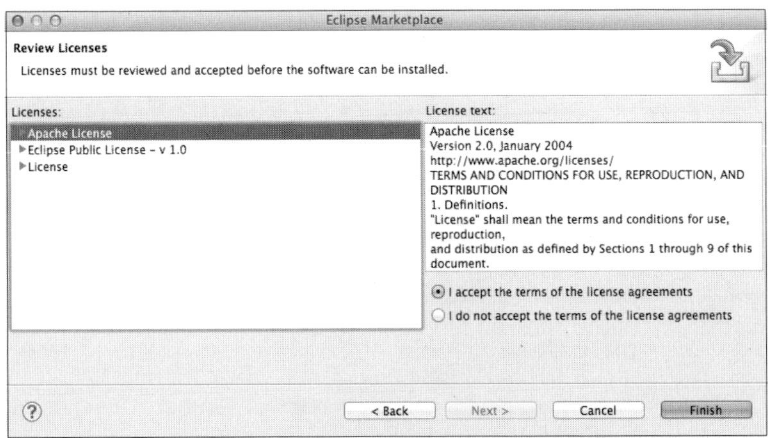

스텝 6

그림과 같이 폰갭 플러그인에 관련된 패키지들이 설치됩니다.

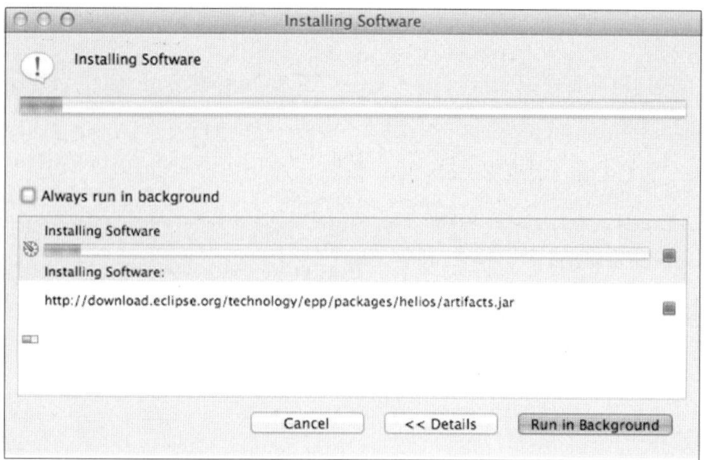

스텝 7

설치가 완료되면 그림과 같이 이클립스를 재시동하라는 대화상자가 나타납니다. 이 대화상자에서
"Restart Now" 버튼을 클릭하여 이클립스를 재시동합니다.

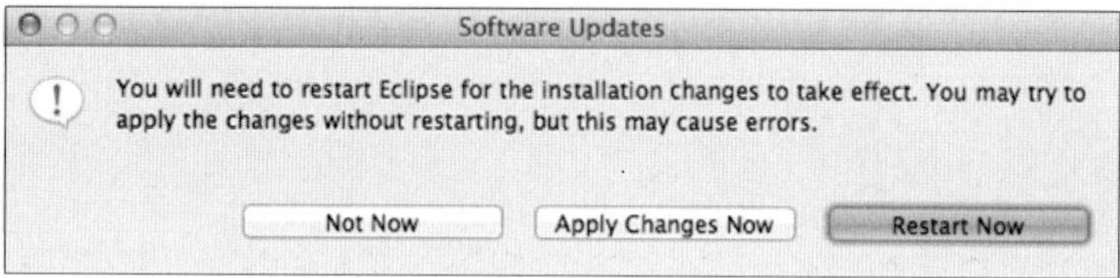

스텝 8

이클립스가 재시동되면 그림과 같이 "폰갭 프로젝트 생성 버튼 (　)" 이 나타납니다. 이 버튼을
클릭하면 폰갭 프로젝트를 생성하는 마법사가 나타납니다.

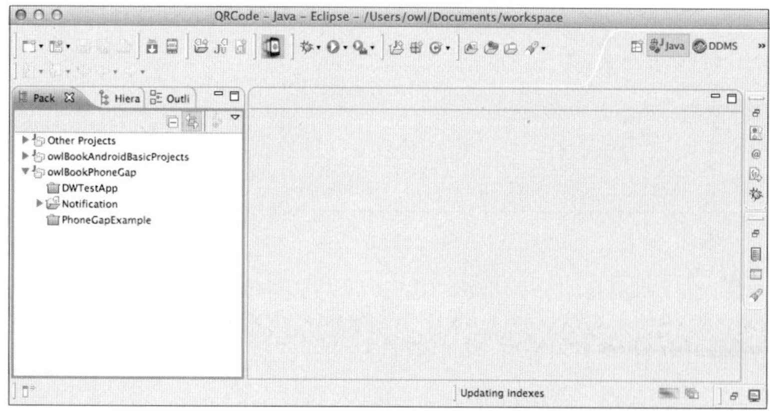

마법사로 폰갭 프로젝트 생성

앞서 설치한 폰갭 플러그인이 제공하는 폰갭 프로젝트 생성 마법사를 이용하여 다음과 같이 폰갭 프로젝트를 생성합니다.

스텝 1

"Create a PhoneGap project (   ) "버튼을 클릭하여 "MDS AppLaud – PhoneGap for Android" 창을 엽니다. 사실 폰갭 플러그인을 설치했다고 하지만, 정확히 앞의 설치과정을 되짚어 보고 이 프로젝트 생성 대화상자를 보면 PhoneGap과 JQuery Mobile, Sencha Touch까지 설치된 것을 알 수 있습니다.

JQuery Mobile과 Sencha Touch에 대한 호기심이 있다면 나중에 실험해보기를 권합니다. PhoneGap 이 JQuery Mobile이나 Sencha Touch 보다는 쉽고 대중적이기 때문에 초보자라면 PhoneGap 부터 시작할 것을 권장합니다. 그림과 같이 "PhoneGap Configuration > Use Built-in PhoneGap – version x.x.x"를 선택하여 폰갭 프로젝트를 생성하도록 설정합니다.

"Project Contents" 항복은 템플릿으로 프로젝트를 생성할 것인지, 개발자가 만들어 놓은 소스를 기준으로 프로젝트를 생성할 것인지를 설정합니다. 본 사례에서는 "Project Contents > Use phonegap example source as template for project"를 선택하고 "Next" 버튼을 클릭합니다.

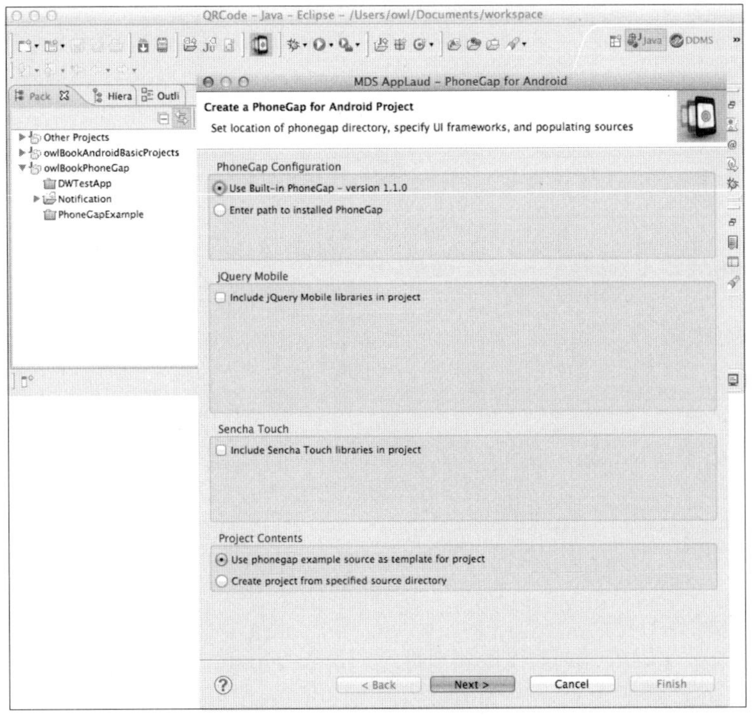

스텝 **2**

그림과 같이 프로젝트 이름을 입력하고 "Next" 버튼을 클릭합니다.

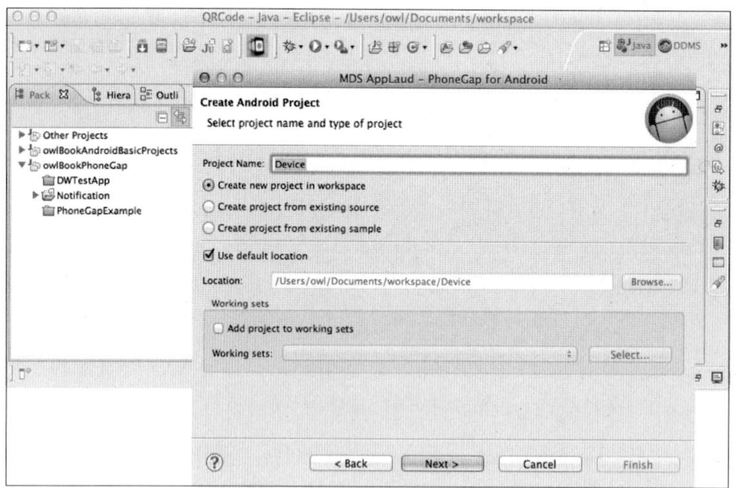

스텝 **3**

"Build Target" 항목에서 실험할 수 있는 단말기에 맞춰 안드로이드 버전을 선택합니다. 필자의 실험용 단말기는 Android 2.3.4 버전이기 때문에 Google APIs 2.3.3 버전을 선택했습니다. "Next" 버튼을 클릭하여 다음 항목으로 넘어갑니다.

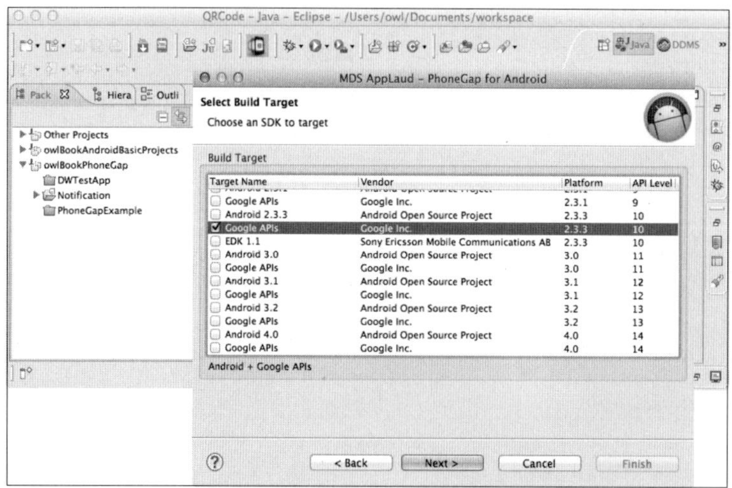

스텝 **4**

"Application Info" 항목에서는 그림과 같이 패키지명을 적절히 입력하고 "Finish" 버튼을 클릭합니다. 다른 항목들은 앞서 설정한 값에 의해 자동으로 작성된 설정들입니다.

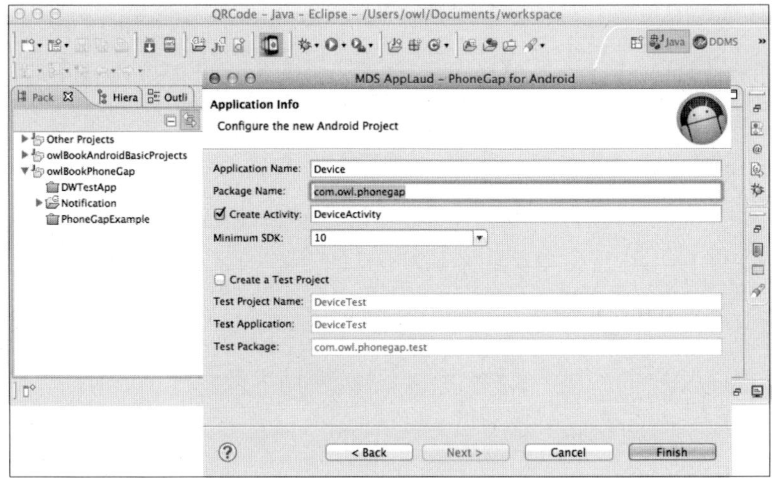

스텝 5

그림과 같이 폰갭 플러그인에서 제공하는 템플릿을 이용하여 폰갭 프로젝트가 생성됩니다. phonegap
.jar를 프로젝트 라이브러리에 등록하는 것은 물론이고 AndroidManifest.xml 파일에서도 폰갭에
관련된 설정이 모두 잘 되어 있습니다. assets/www 폴더에도 앞서 다운받은 폰갭 패키지의 샘플에서
봤던 샘플 웹앱 소스들을 확인할 수 있습니다. 이제 안드로이드도 아이폰이나 윈도우폰에서처럼
템플릿으로 쉽게 프로젝트를 만들 수 있다는 것을 실제로 확인할 수 있습니다.

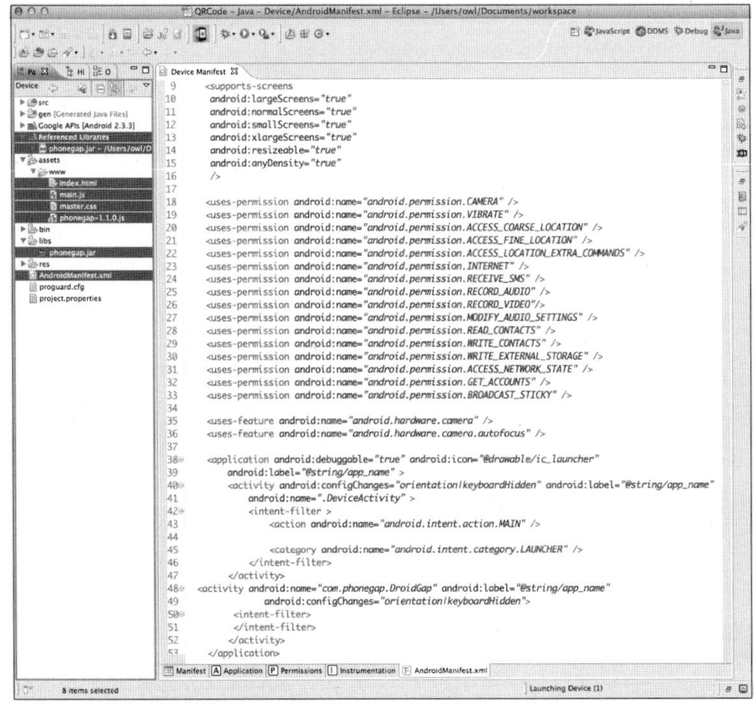

HTML5 소스 등록

다음 과정을 통해 앞서 준비했던 HTML5 소스를 웹앱 프로젝트의 assets/www 폴더에 등록합니다.

스텝 **1**

그림과 같이 assets/www 폴더에 있는 샘플 소스를 삭제하되 phonegap-x.x.x.js 파일은 그대로 보존합니다. phonegap-x.x.x.js 파일은 폰갭 템플릿에서 제공하는 폰갭 라이브러리와 부합하는 폰갭 연동 자바스크립트 파일이기 때문입니다.

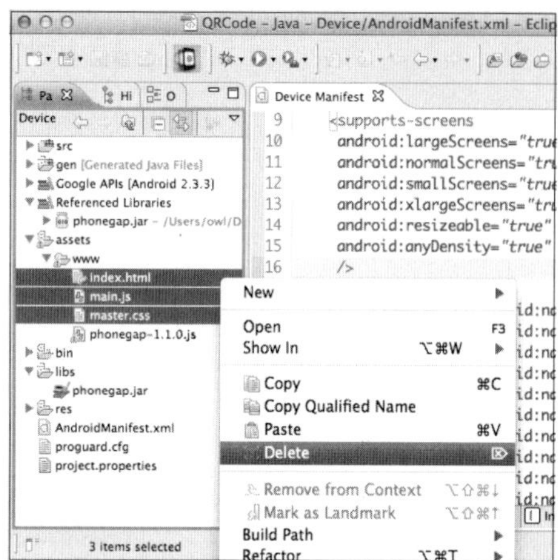

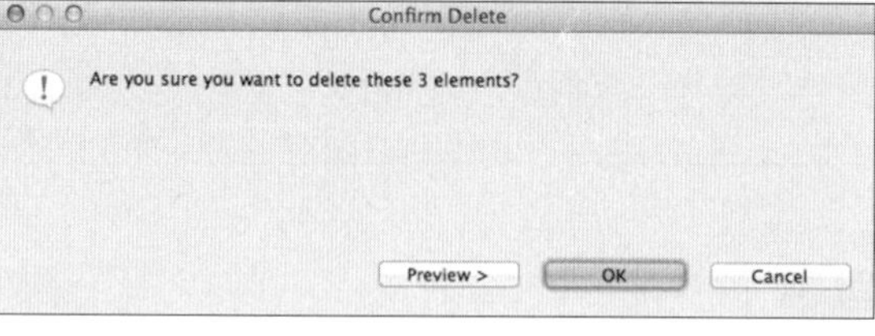

스텝 **2**

앞서 만들었던 HTML5 소스 중 index.html 파일만 마우스로 드래그하여 assets/www 폴더에 드롭합니다.

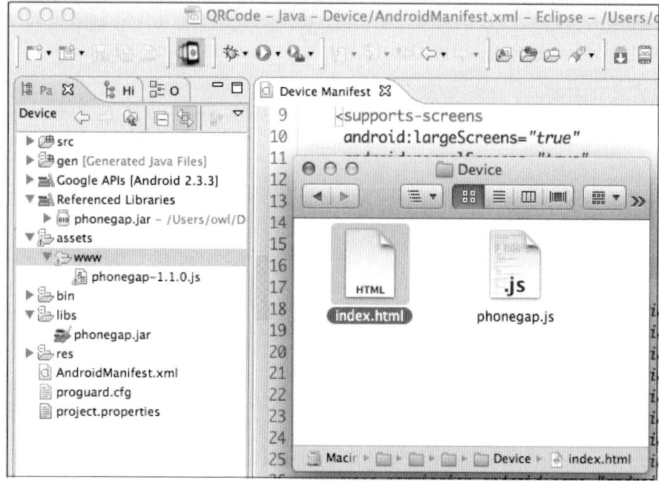

스텝 3

그림과 같이 HTML5 소스를 등록할 때 이 파일을 프로젝트 폴더로 복사해올 것인지 링크만할 것인지를 묻는 대화상자가 나타나면 "Copy files" 옵션을 선택하고 "OK" 버튼을 클릭할 것을 권장합니다. 나중에 HTML5 소스가 수정되었을 때도 마찬가지로 이와 같은 방식으로 수정된 파일을 등록해도 되고, 프로젝트 폴더에 직접 소스를 교체해도 이클립스는 최신 파일을 이용하여 컴파일을 합니다.

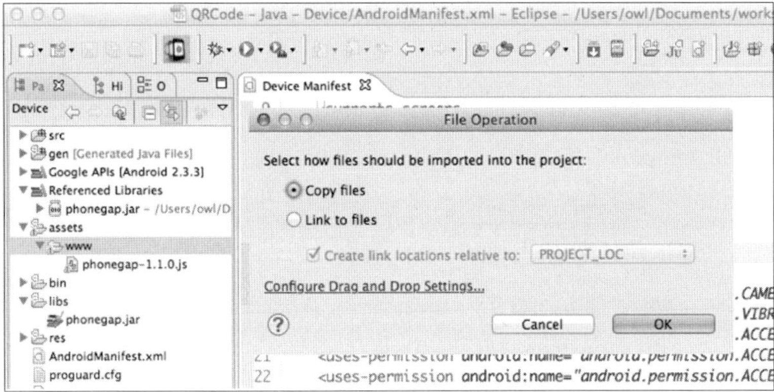

스텝 4

그림과 같이 HTML5 소스를 프로젝트에 등록했습니다.

스텝 **5**

index.html 파일 소스에서는 phonegap.js 파일을 호출하고 있으므로 템플릿에서 제공했던 phonegap
-x.x.x.js 파일의 이름을 "phonegap.js"로 변경합니다. "phonegap-x.x.x.js 선택 > 콘텍스트 메뉴
> Refactor > Rename..." 메뉴를 실행합니다.

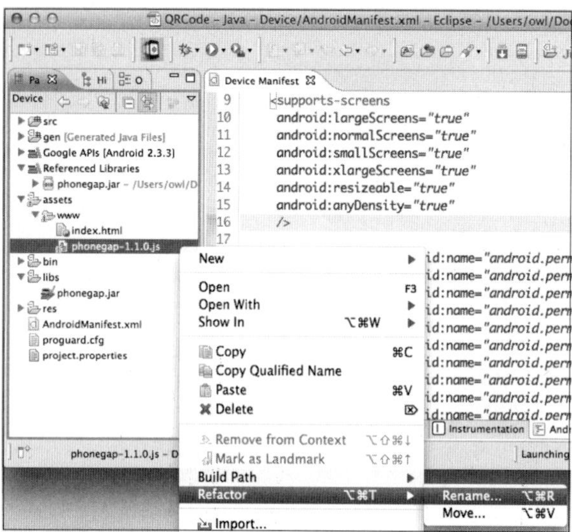

스텝 **6**

"Rename Resource" 창은 기존의 파일명이 나타납니다.

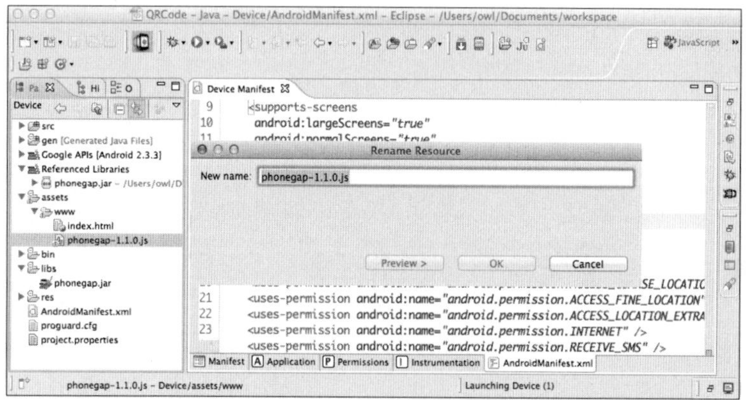

스텝 **7**

그림과 같이 "phonegap.js" 파일명으로 변경합니다.

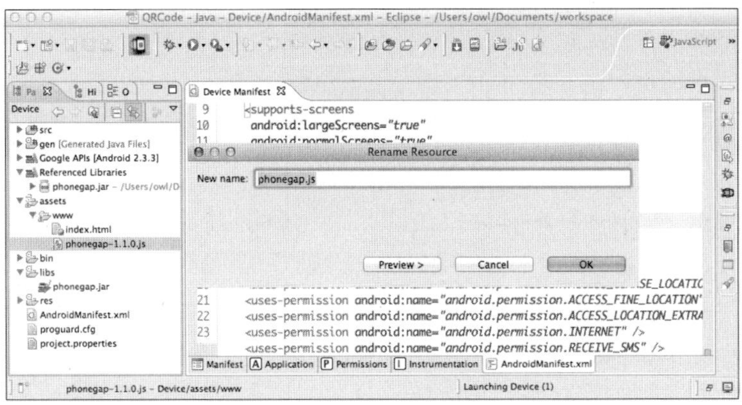

스텝 8

assets/www 폴더에서 그림과 같이 index.html 파일이 호출한 폰갭 자바스크립트 파일명이 일치하는 지 확인하고 작업을 마무리합니다.

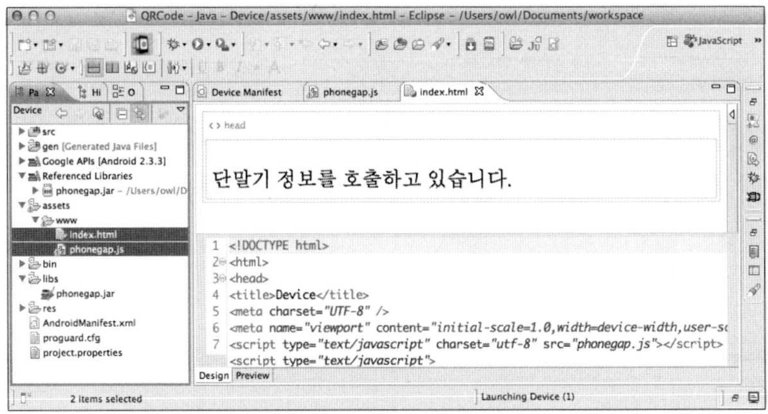

폰갭 템플릿이 제공하는 phonegap.js의 경고문

폰갭 템플릿에서 제공하는 phonegap.js 파일에 오류가 있는 것은 아니지만 자바스크립트 표준 작성법에 벗어나 이를 이클립스가 감지하는 것을 볼 수 있습니다. 이는 이클립스에 Web Editor 관련 도구가 플러그인으로 설치되어 있어 자바스크립트 소스를 분석하고 오류와 경고를 표시해 주기 때문입니다.

"이클립스 > Window > Open Perspective > Other... > JavaScript" 메뉴를 실행하여 phonegap.js 파일을 "JavaScript" 화면에서 보면 자바스크립트에 대한 사소한 경고문들이 나타납니다. 주로 문장의 끝에 세미콜론(;)이 누락됐다거나 선언한 변수가 사용된 것이 없다는 등의 문제들입니다. 이런 문제들은 실행에는 문제가 없지만 깔끔하지 않습니다. 폰갭이 업그레이드되면 개선될 것입니다.

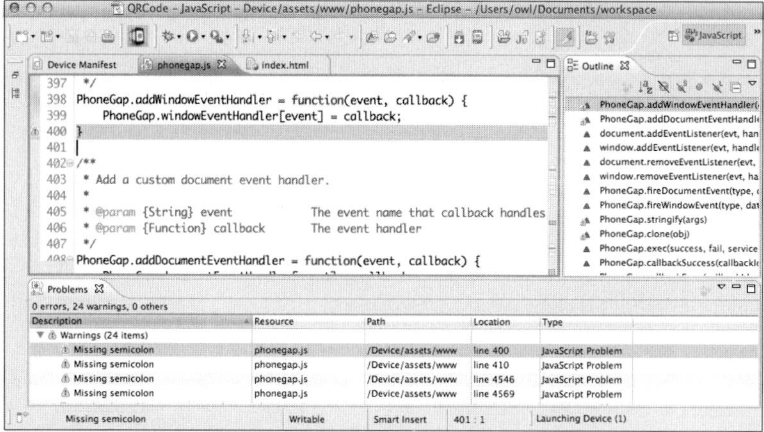

실물 단말기에서 실험하기

USB로 실물 단말기를 개발 컴퓨터에 연결하고 실물 단말기에서 실험해보겠습니다.

스텝 **1**

"Device" 프로젝트를 선택하고 "Run > Debug As > Android Application" 메뉴를 실행합니다.

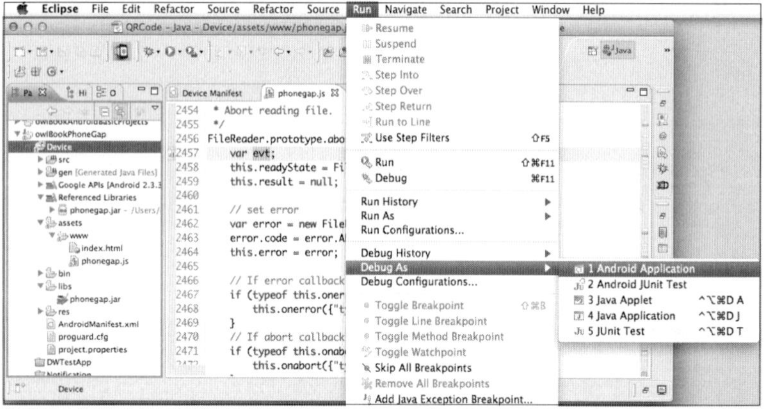

스텝 **2**

"Android Device Chooser" 창이 나타나면 그림과 같이 개발 컴퓨터에 연결된 단말기를 선택하고 "OK" 버튼을 클릭합니다.

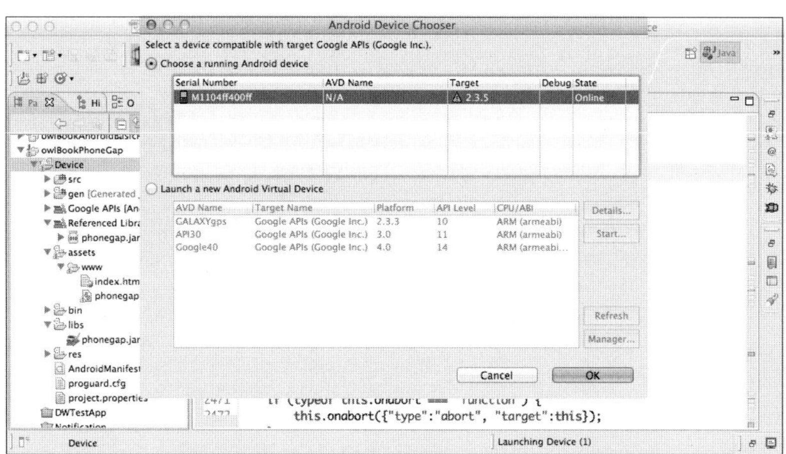

스텝 3

그림과 같이 잠시 후에 실물 단말기에 "Device" 프로젝트가 컴파일되고 설치된 후 index.html 파일이 화면에 출력됩니다. 이 화면에는 앞서 작성한 대로 단말기의 정보가 출력됩니다.

8.4　아이폰 포팅

여기서 설명하는 아이폰 프로젝트는 Xcode 4.2에서 실험한 내용입니다. Xcode 4.0 부터 통합적인 개발 UI를 보여주는데 3 버전과는 개발 UI가 많이 달라졌지만 위치만 바꿨을 뿐 기본 원리는 동일합니다. 아이폰 프로젝트 생성 과정은 7장의 Notification 프로젝트 생성과 동일해 생략합니다. 앞으로 프로젝트 생성 과정은 특기사항이 있을 때만 언급합니다. 프로젝트 생성에 미숙한 분들은 7장을 참조하세요.

스텝 **1**

그림처럼 www 폴더에 index.html 파일을 등록했고 index.html 파일에서 호출하는 phonegap.js 파일은 컴파일을 통해 생성된 www 폴더의 phonegap-x.x.x.js 파일을 이름만 바꿔서 사용했습니다. "Scheme" 항목을 "iPhone...Simulator"로 선택하고 "Run" 버튼을 클릭하여 가상 기기에서 실행해봅니다.

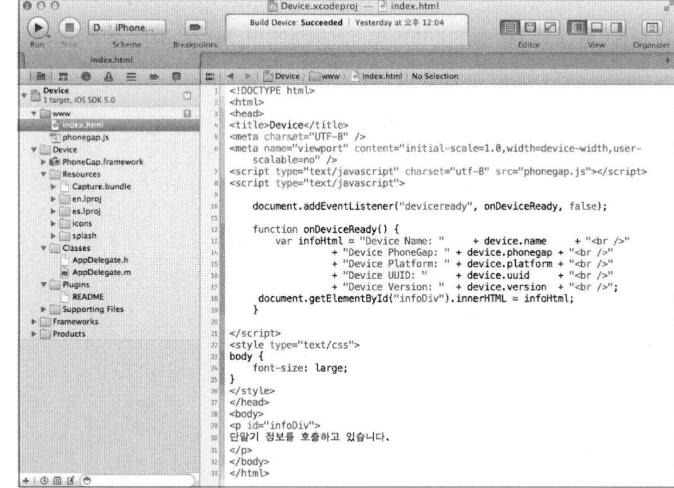

스텝 **2**

그림과 같이 아이폰에서도 폰갭에서 제공하는 device 객체를 통해 단말기 정보를 출력해줍니다.

8.5 윈도우폰 포팅

윈도우폰 프로젝트를 만드는 과정도 앞서 소개한 Notification 프로젝트 생성 과정과 다르지 않습니다.
윈도우폰 프로젝트 생성 과정에 대한 숙지가 미숙한 경우 7장 Notification 프로젝트의 윈도우폰
포팅 과정을 참고하기 바랍니다.

스텝 1

윈도우폰은 www 폴더에 index.html 파일과 앞서 Notification 프로젝트에서 설명한 console.js
파일을 같이 등록했고 index.html에서 console.js 파일을 호출하도록 수정했습니다. 또한 phonegap.js
파일은 템플릿에서 제공하는 phonegap-x.x.x.js를 phonegap.js로 이름을 바꿔 사용했습니다.

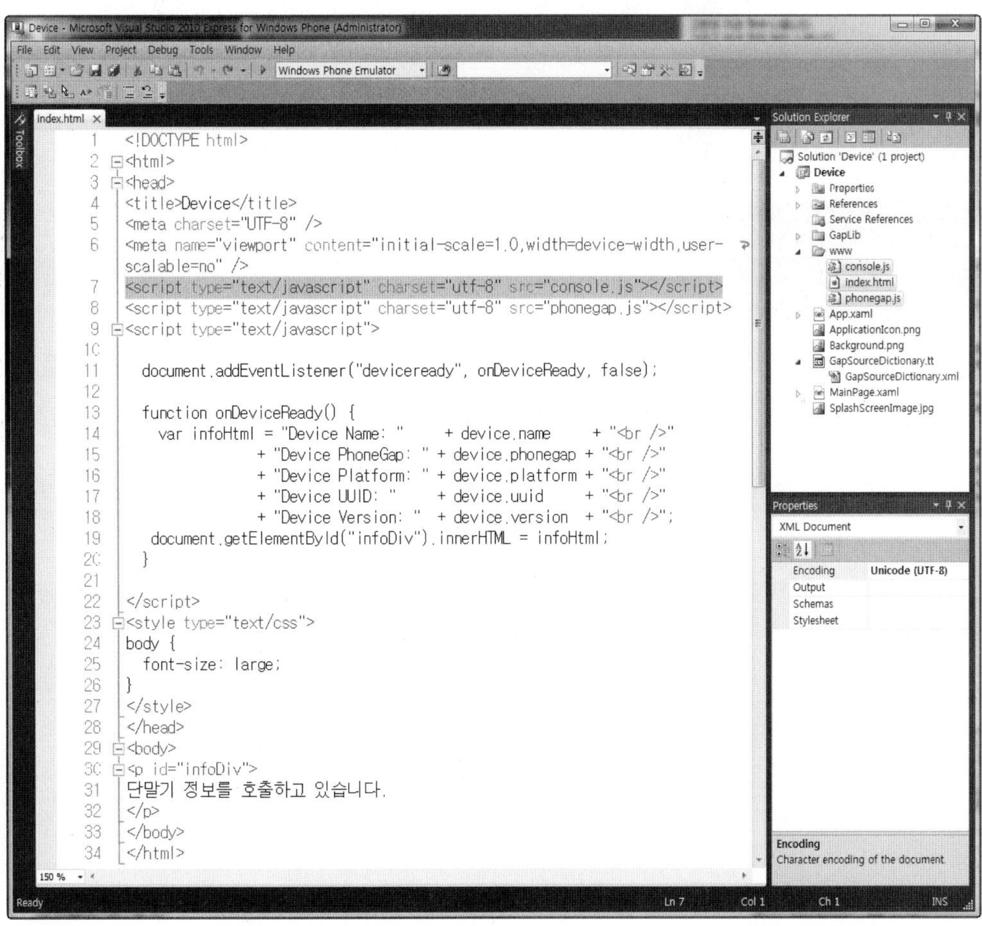

소스라인 7 : console.js는 폰갭을 작동하기 위해 윈도우폰에서만 꼭 필요한 자바스크립트 파일입니다.
  이 파일을 utf-8 인코딩으로 호출하고 있습니다.

스텝 **2**

윈도우폰 가상기기에서 실행하면 그림과 같이 단말기 정보가 나타납니다.

스텝 **2**

윈도우폰 가상기기에서 실행하면 그림과 같이 단말기 정보가 나타납니다.

Chapter 09

Events : 이벤트

이 장은 3가지 주안점을 두고 진행합니다. 첫째는 이 장의 주제인 이벤트를 소개합니다. 둘째는 웹앱 페이지의 디자인을 웹브라우저에서 점검하는 방법을 살펴보며, 셋째는 폰갭의 버전 업에 대응하는 간단한 방법을 보여줍니다. 또한 폰갭의 API 특성에 따라 가상기기에서 실험할 것과 실물 단말기에서 실험할 것들을 구분하는 사례들을 보여줍니다.

9.1 이벤트의 사용

폰갭에서는 "라이프사이클 이벤트", "네트워크 이벤트", "버튼 이벤트", "배터리 이벤트" 등 4가지 유형의 이벤트 지원합니다. 하지만 단말기 플랫폼마다 이벤트를 처리하는 기준이 약간씩 다르기 때문에 단말기에 공통으로 유효한 이벤트도 있고, 그렇지 않은 이벤트도 있습니다. 이 이벤트들은 document.addEventListener() 함수에서 활용합니다. addEventListener() 함수에 대한 설명은 Notification 프로젝트를 소개하는 7장에서 설명한 바 있습니다. 이벤트의 사용 형식은 다음과 같습니다.

```
document.addEventListener("이벤트 유형", 실행할 함수명, 이벤트 상속여부);
```

라이프사이클 이벤트

deviceready 이벤트

deviceready는 폰갭 라이브러리의 호출을 완료했을 때 발생하는 이벤트입니다. 웹앱은 폰갭 라이브러리를 통해 단말기와 통신할 수 있기 때문에 이 이벤트가 가장 많이 활용됩니다. 이 이벤트를 호출하기까지의 과정을 살펴보면 다음과 같이 정리할 수 있습니다.

- 단계 1 : 웹앱이 HTML 파일을 호출합니다.
- 단계 2 : HTML DOM 객체를 메모리에 로드합니다. 이 이벤트가 onLoad 이벤트입니다.
- 단계 3 : 폰갭 라이브러리를 메모리에 로드합니다. 이 이벤트가 deviceready 이벤트입니다.

❶ 지원하는 플랫폼 : Android, iPhone, Windows Phone 7, BlackBerry WebWorks(OS 5.0 and higher)

pause 이벤트

pause는 폰갭이 백그라운드(Background)에 있을 때 폰갭 서비스가 중지됐음을 구분하는 이벤트입니다. 예를 들면, 웹앱 페이지를 열면 이 페이지는 포어그라운드(Foreground)에서 실행됩니다. 이때 단말기의 홈 버튼을 눌러 앱을 빠져나가면 앱이 종료되지 않은 상태에서 중지되는데 이때의 이벤트를 pause라고 합니다.

❶ 지원하는 플랫폼 : Android, iPhone, Windows Phone 7, BlackBerry WebWorks(OS 5.0 and higher)

resume 이벤트

resume 이벤트는 백그라운드에 있던 프로그램이 다시 전면에 나타날 때 발생하는 이벤트입니다.

❶ 지원하는 플랫폼 : Android, iPhone, Windows Phone 7, BlackBerry WebWorks(OS 5.0 and higher)

네트워크 이벤트

online 이벤트

online 이벤트는 단말기가 네트웍에 연결됐을 때 발생하는 이벤트입니다.

❶ 지원하는 플랫폼 : Android, iPhone, Windows Phone 7, BlackBerry WebWorks(OS 5.0 and higher)

❷ 아이폰 특기 사항 : 프로그램이 처음 실행되기 위해 초기화할 때는 online 이벤트를 감지하는데 약간의 지연 시간이 있습니다.

offline 이벤트

offline 이벤트는 단말기의 네트웍이 끊어졌을 때 발생하는 이벤트입니다. online/offline 이벤트를 실험하려면 단말기에서 Wi-Fi를 켰다/껐다하는 방법으로 실험해 볼 수 있습니다. 실물 단말기의 경우 Wi-Fi를 끄면 3G로 자동 전환되기 때문에 offline → online으로 이벤트가 발생될 것입니다.

❶ 지원하는 플랫폼 : Android, iPhone, Windows Phone 7, BlackBerry WebWorks(OS 5.0 and higher)

❷ 아이폰 특기 사항 : 프로그램이 처음 실행되기 위해 초기화할 때는 offline 이벤트를 감지하는데 약간의 지연 시간이 있습니다.

버튼 이벤트

버튼 이벤트는 단말기에서 지원하는 하드웨어적인 버튼에 대한 이벤트를 말합니다. 따라서 단말기에 지원하는 버튼이 있을 때만 유효한 이벤트라고 할 수 있습니다.

backbutton 이벤트

backbutton 이벤트는 단말기에 있는 백(back) 버튼을 눌렀을 때 발생하는 이벤트입니다. 따라서 백 버튼을 지원하는 단말기에서만 유효한 이벤트입니다.

❶ 지원하는 플랫폼 : Android, BlackBerry WebWorks(OS 5.0 and higher)

menubutton 이벤트

menubutton 이벤트는 사용자가 단말기의 메뉴 버튼을 눌렀을 때 발생하는 이벤트입니다. 메뉴 버튼을 지원하는 단말기에서만 유효한 이벤트입니다.

❶ 지원하는 플랫폼 : Android, BlackBerry WebWorks(OS 5.0 and higher)

searchbutton 이벤트

searchbutton 이벤트는 단말기의 검색 버튼을 눌렀을 때 발생하는 이벤트입니다. 검색 버튼을 지원하는 단말기에서만 유효한 이벤트입니다.

❶ 지원하는 플랫폼 : Android

startcallbutton 이벤트

startcallbutton 이벤트는 단말기의 start call 버튼을 눌렀을 때 발생하는 이벤트입니다. start call 버튼을 지원하는 단말기에서만 유효한 이벤트입니다.

❶ 지원하는 플랫폼 : BlackBerry WebWorks(OS 5.0 and higher)

endcallbutton 이벤트

endcallbutton 이벤트는 단말기의 end call 버튼을 눌렀을 때 발생하는 이벤트입니다. end call 버튼을 지원하는 단말기에서만 유효한 이벤트입니다.

❶ 지원하는 플랫폼 : BlackBerry WebWorks(OS 5.0 and higher)

volumedownbutton 이벤트

volumedownbutton 이벤트는 단말기의 volume down 버튼을 눌렀을 때 발생하는 이벤트입니다. volume down 버튼을 지원하는 단말기에서만 유효한 이벤트입니다.

❶ 지원하는 플랫폼 : BlackBerry WebWorks(OS 5.0 and higher)

volumeupbutton 이벤트

volumeupbutton 이벤트는 단말기의 volume up 버튼을 눌렀을 때 발생하는 이벤트입니다. volume up 버튼을 지원하는 단말기에서만 유효한 이벤트입니다.

❶ 지원하는 플랫폼 : BlackBerry WebWorks(OS 5.0 and higher)

배터리 이벤트

이 이벤트들은 단말기의 배터리 정보를 제공하는 이벤트들입니다. 이 이벤트들은 폰갭 1.2.0 버전부터 제공하는 것으로 알려져 있습니다.

batterycritical 이벤트

batterycritical 이벤트는 단말기의 배터리가 경고 수치로 떨어졌을 때 발생하는 이벤트이며 배터리 경고 수치는 단말기의 설정에 따라 달라집니다. batterycritical 이벤트는 이벤트가 발생했을 때 실행하는 함수에 배터리 정보를 전달하는데 이 정보는 다음과 같은 속성으로 구성되어 있습니다.

- level : 배터리 잔량을 백분율로 표시합니다.
- isPlugged : 배터리 충전기에 꽂았는지의 여부를 Boolean 값으로 가지고 있습니다.

❶ 지원하는 플랫폼 : Android, iPhone, Windows Phone 7, BlackBerry WebWorks(OS 5.0 and higher)

이 객체의 활용 사례는 다음과 같습니다.

```
window.onload = onLoad();

function onLoad() {
    document.addEventListener("deviceready", onDeviceReady, false);
}

function onDeviceReady() {
    window.addEventListener("batterycritical", onBatteryEvents, false);
}

function onBatteryEvents(info) {
    if (info.isPlugged==false) {
        alert("충전하세요.₩n배터리 잔량 : "+ info.level + "%");
    }
}
```

batterylow 이벤트

batterylow 이벤트 역시 batterycritical 이벤트와 전달받는 속성과 활용법이 모두 동일하며, 단지 단말기에 설정되어 있는 "배터리 낮음(Low Battery)" 기준 값 이하일 때 발생하는 이벤트입니다.

❶ 지원하는 플랫폼 : Android, iPhone, Windows Phone 7, BlackBerry WebWorks(OS 5.0 and higher)

이 객체의 활용 사례는 다음과 같습니다.

```
window.onload = onLoad();

function onLoad() {
    document.addEventListener("deviceready", onDeviceReady, false);
}

function onDeviceReady() {
    window.addEventListener("batterylow", onBatteryEvents, false);
}

function onBatteryEvents(info) {
    if (info.isPlugged==false) {
        alert("배터리 잔량 낮음!!₩n배터리 잔량 : "+ info.level + "%");
    }
}
```

batterystatus 이벤트

batterystatus 이벤트도 앞서 설명한 batterycritical 이벤트와 활용법이 동일합니다. 이 이벤트는 배터리가 1% 이상 남았을 때 발생하는 이벤트이고 단말기를 충전기에 꽂거나 뺄 때도 이 이벤트가 발생합니다.

❶ 지원하는 플랫폼 : Android, iPhone, Windows Phone 7, BlackBerry WebWorks(OS 5.0 and higher)

이 객체의 활용 사례는 다음과 같습니다.

```
window.onload = onLoad();

function onLoad() {
    document.addEventListener("deviceready", onDeviceReady, false);
}

function onDeviceReady() {
    window.addEventListener("batterystatus", onBatteryEvents, false);
}

function onBatteryEvents(info) {
    if (info.isPlugged==false) {
        alert("배터리 잔량 : "+ info.level + "%");
        //console.log("배터리 잔량 : "+ info.level + "%");
    } else {
        alert("충전기에 꽂았습니다.₩n배터리 잔량 : "+ info.level + "%");
    }
}
```

9.2 Events 프로젝트

폰갭에서 지원하는 이벤트 중 대표적인 이벤트들을 실험하는 웹앱을 만들어 봅니다. 다음 사례는 폰갭 1.1.0에서 지원하는 이벤트를 중심으로 구성했고 폰갭을 1.2.0 버전으로 업그레이드하는 사례를 포함해서 프로젝트를 진행하는 과정을 보여주고 있습니다. 이와 같은 사례는 차기 버전 업에 대한 대처 능력을 키워주는 원동력이 될 것입니다.

폰갭은 집필 당시 갓 태어난 1살짜리이지만 향후 안정적으로 발전할 수 있는 개발 체제가 보입니다. 반면에 그러한 발전의 혜택을 받는 사람의 입장에서는 지속적인 업그레이드에 대한 적응력이 중요한 기술 요소라는 것을 깨달으면서 본서의 흐름에 독자님의 배를 자연스레 띄우기 바랍니다.

웹앱 소스 파일 구성

스텝 **1**

Events 프로젝트에 사용할 웹앱 소스를 다음과 같이 준비했습니다.

- index.html : 폰갭 이벤트를 실험하기 위한 소스를 작성했습니다.
- owl.html : 이미지와 함께 아울 연구소 정보를 출력하는 단순한 HTML 페이지입니다. 이 페이지는 화면 전환을 했을 때 폰갭이 이벤트를 감지하는지를 실험하기 위해서 준비했습니다.
- *.png : owl.html에서 사용하는 이미지 파일입니다. 스마트폰은 대부분 PNG 이미지 파일을 지원합니다. PNG 파일이 작은 용량으로 고해상도를 지원하며 투명 효과를 지원하기 때문입니다.
- phonegap.js : 폰갭 라이브러리를 호출하는 임시 자바스크립트 파일이며 나중에 네이티브 프로젝트에 적용할 때는 이 파일을 사용하지 않고 각 네이티브 플랫폼에 알맞은 phonegap.js를 사용할 것입니다.

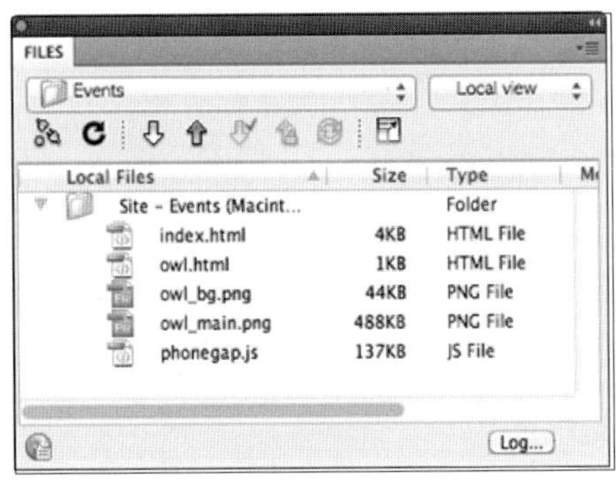

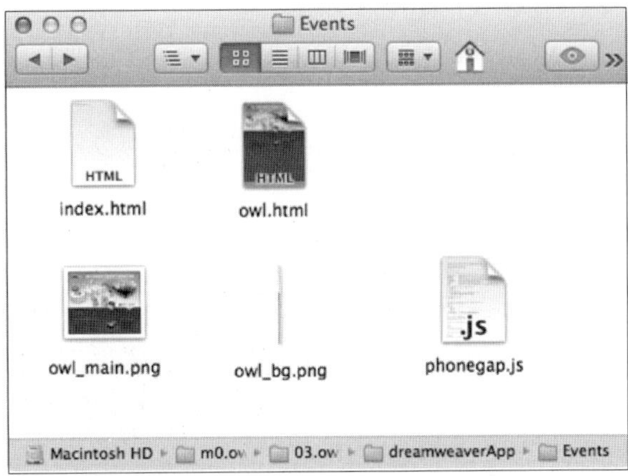

웹브라우저에서 웹앱 소스 검토

스텝 **2**

위의 파일 탐색기에서 index.html 파일을 더블클릭하면 웹브라우저에서 index.html 파일이 열립니다.
하지만 이는 웹앱이 아닌 웹브라우저에서 페이지를 여는 것으로 phonegap.js가 폰갭 라이브러리를
호출하지 못하고 HTML 디자인만 출력합니다. 그래도 디자인 작업 측면에서는 손쉽게 결과 화면을
검토할 수 있는 방법이 될 것입니다. 이 때 주의할 점은 HTML5를 지원하는 웹브라우저를 사용해야
HTML5 웹 표준에 알맞은지를 검토할 수 있다는 점입니다.

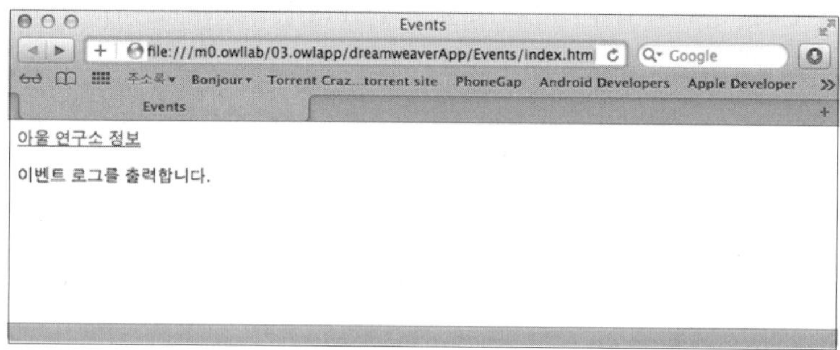

스텝 **3**

owl.html 파일도 같은 방법으로 웹브라우저에서 실험해봅니다. 이 페이지의 특징은 배경에 이미지
(owl_bg.png)를 설정하여 화면의 크기에 무관하게 배경 이미지가 출력되게 했고, owl_main.png
파일을 메인 이미지로 사용하고 있으며, HTML5의 스타일 기술을 간단하게 사용하여 메인 이미지
위에 둥근 사각의 "처음으로 돌아가기" 버튼을 출력하고 있다는 점입니다.

웹앱 소스 분석

스텝 4

index.html 파일을 드림위버에서 열면 그림과 같이 나타납니다. 전체적인 소스 구성은 다음과 같습니다.

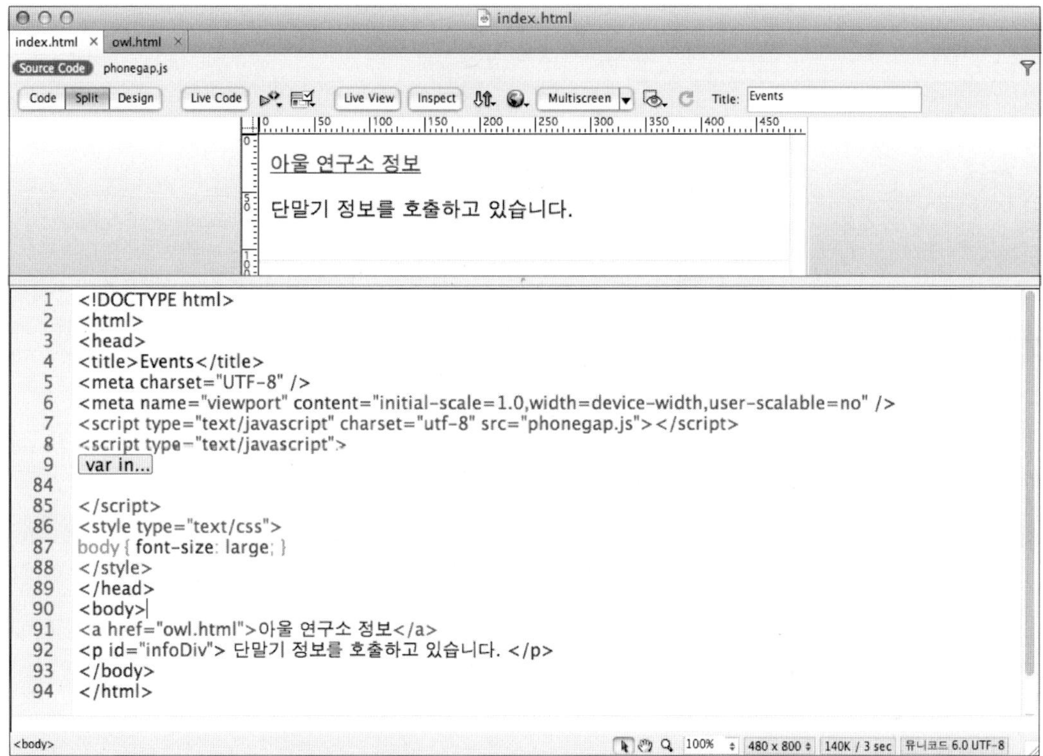

소스라인 6 : viewport를 이용하여 단말기에서 1:1 크기로 나타나게 했으며 화면을 확대, 축소할 수 없게 고정하고 있습니다.

소스라인 7 : phonegap.js 파일을 호출하여 폰갭 라이브러리와 연동할 수 있게 작성하고 있습니다.

소스라인 8~85 : 폰갭 이벤트를 실험할 수 있는 자바스크립트를 줄임 표시로 보여주고 있습니다. 이 부분은 다음 스텝에서 자세히 살펴보겠습니다.

소스라인 86~88 : body 태그에 대한 스타일을 정의하고 있는데 단말기에서는 상대적으로 기본 글자가 작게 보이기 때문에 글자의 크기를 크게 설정하고 있습니다.

소스라인 91 : owl.html 페이지로 이동하는 텍스트 링크를 작성하고 있습니다.

소스라인 92 : 아이디가 "infoDiv"인 영역을 정의하고 있습니다. 처음에는 단말기 정보를 호출하고 있다는 안내문을 출력하고 폰갭 라이브러리가 호출되면 폰갭이 감지하는 이벤트를 이 영역에 출력할 것입니다.

스텝 **5**

owl.html 파일을 드림위버에서 디자인 미리보기를 하면 그림과 같이 나타납니다. 본 사례는 "Live View" 버튼을 비활성화한 상태이기 때문에 "처음으로 돌아가기" 버튼이 둥근 사각으로 나타나지 않고 있다는 점도 눈여겨보기 바랍니다.

스텝 **6**

index.html 파일에서 사용한 폰갭 이벤트의 자바스크립트 소스를 분석해봅니다.

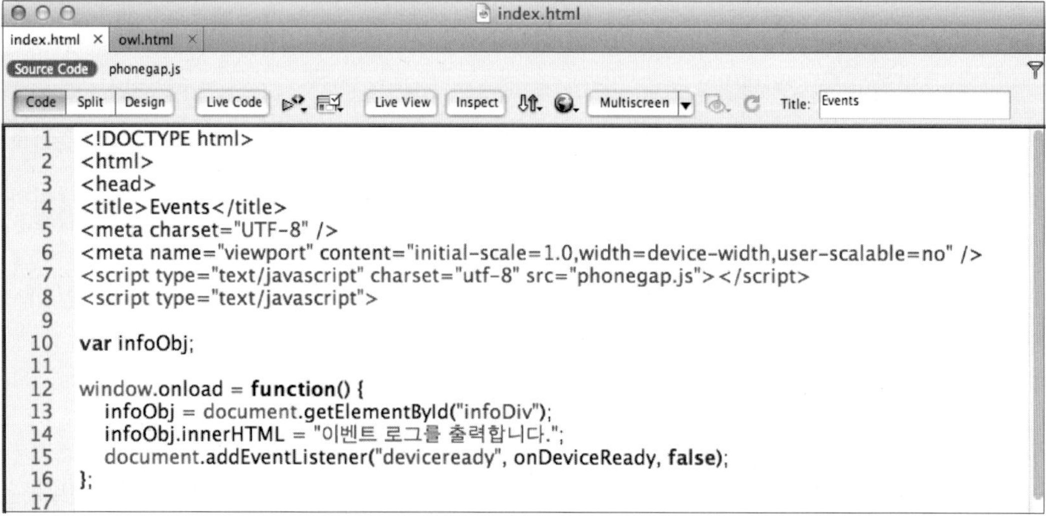

```
1   <!DOCTYPE html>
2   <html>
3   <head>
4   <title>Events</title>
5   <meta charset="UTF-8" />
6   <meta name="viewport" content="initial-scale=1.0,width=device-width,user-scalable=no" />
7   <script type="text/javascript" charset="utf-8" src="phonegap.js"></script>
8   <script type="text/javascript">
9
10  var infoObj;
11
12  window.onload = function() {
13      infoObj = document.getElementById("infoDiv");
14      infoObj.innerHTML = "이벤트 로그를 출력합니다.";
15      document.addEventListener("deviceready", onDeviceReady, false);
16  };
17
```

```
18   function onDeviceReady() {
19
20       document.addEventListener("pause", onPause, false);
21       document.addEventListener("resume", onResume, false);
22
23       document.addEventListener("online", onOnline, false);
24       document.addEventListener("offline", onOffline, false);
25
26       //Android Only
27       document.addEventListener("searchbutton", onSearchKeyDown, false);
28
29       //Android, BlackBerry
30       document.addEventListener("backbutton", onBackKeyDown, false);
31       document.addEventListener("menubutton", onMenuKeyDown, false);
32
33       //BlackBerry Only
34       document.addEventListener("startcallbutton", onStartCallKeyDown, false);
35       document.addEventListener("endcallbutton", onEndCallKeyDown, false);
36       document.addEventListener("volumedownbutton", onVolumeDownKeyDown, false);
37       document.addEventListener("volumeupbutton", onVolumeUpKeyDown, false);
38
39   }
40
```

`<head>`   140K / 3 sec   유니코드 6.0 UTF-8

소스라인 10 : infoObj라는 객체를 전역 객체로 선언해 여러 함수에서 공동 사용할 수 있게 합니다.

소스라인 12~16 : 앞서 소개한 프로젝트 사례와는 달리 여기서는 window.onload 구문을 사용하고 있습니다. 이 구문은 자바스크립트에서 지원하는 오랜 구문입니다. 정확히는 이 페이지의 HTML 문서를 로드했을 때 발생하는 이벤트이며, <body> 태그의 <body onLoad="xxx()"> 구문과 같은 기능입니다. 체계적인 소스관리를 위해 자바스크립트에 onload 구문을 사용한 사례입니다. 주의할 것은 onload 이벤트는 문서에 포함된 이미지와 같은 객체를 로드했는지는 감지하지 않는다는 점입니다.

소스라인 13 : 이 문서에 있는 "infoDiv"라는 아이디의 객체를 호출하여 "infoObj"라는 전역 객체에 대입해둡니다. 이제 "infoObj"는 HTML 문서에서 작성했던 <p id="infoDiv">...</p> 영역을 의미합니다.

소스라인 14 : infoDiv 영역에 안내문을 출력합니다.

소스라인 15 : deviceready 이벤트를 설정해 폰갭 라이브러리를 호출했는지 감지하는 리스너를 실행합니다.

소스라인 18~39 : 폰갭 라이브러리를 호출했을 때 실행하는 함수 onDeviceReady( )를 정의합니다. 이 함수는 실험할 폰갭 이벤트들에 대한 리스너를 실행하는 구문으로 작성되어 있습니다. 나중에 폰갭이 업그레이드되어 추가된 이벤트를 실험할 때 이 함수에 이벤트 리스너 구문을 추가로 작성해서 실험하면 됩니다.

소스라인 20~21 : 화면의 라이프사이클에 대한 폰갭 이벤트를 설정하고 있습니다.

소스라인 23~24 : 네트웍 상태에 대한 폰갭 이벤트를 설정하고 있습니다.

소스라인 26~37 : 단말기 버튼에 대한 폰갭 이벤트를 설정하고 있습니다. 특히 이 버튼 이벤트들은 단말기에 따라 지원하는 버튼이 있는 경우도 있고, 없는 경우도 있다는 점을 염두에 두기 바랍니다.

스텝 **7**

다음은 각 폰갭 이벤트가 발생했을 때 실행할 함수를 정의하는 구문입니다.

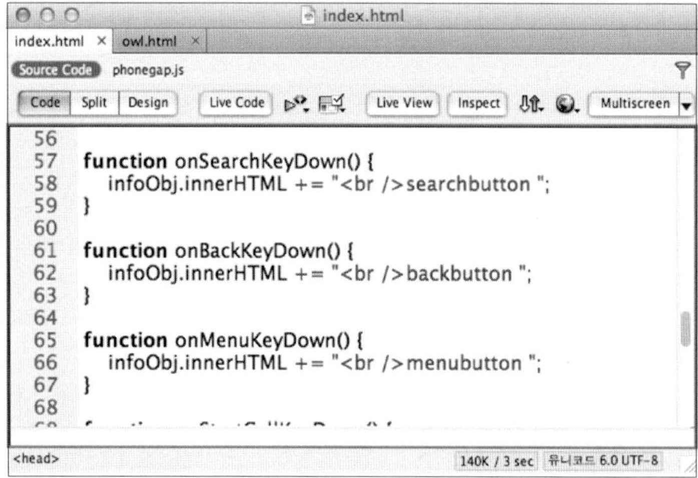


```
40
41  function onPause() {
42     infoObj.innerHTML += "<br />pause ";
43  }
44
45  function onResume() {
46     infoObj.innerHTML += "<br />resume ";
47  }
48
49  function onOnline() {
50     infoObj.innerHTML += "<br />online ";
51  }
52
53  function onOffline() {
54     infoObj.innerHTML += "<br />offline ";
55  }
```

소스라인 41~47 : 화면의 라이프사이클에 대한 pause, resume 이벤트가 발생할 때 infoDiv 영역에 이벤트 발생에 대한 안내문을 추가합니다.

소스라인 49~55 : 같은 방법으로 네크웍에 대한 online, offline 이벤트도 infoDiv 영역에 안내문을 추가하도록 각 함수를 작성합니다.

스텝 **8**

계속해서 버튼에 대한 이벤트 함수를 작성합니다.


```
56
57  function onSearchKeyDown() {
58     infoObj.innerHTML += "<br />searchbutton ";
59  }
60
61  function onBackKeyDown() {
62     infoObj.innerHTML += "<br />backbutton ";
63  }
64
65  function onMenuKeyDown() {
66     infoObj.innerHTML += "<br />menubutton ";
67  }
68
```

소스라인 57~67 : 검색 버튼, 백 버튼, 메뉴 버튼을 눌렀을 때 실행하는 함수를 각각 작성합니다. 이 함수들 역시 infoDiv 영역에 이벤트 안내문을 추가로 출력하는 구문으로 구성되어 있습니다.

스텝 9

끝으로 블랙베리에서만 지원하는 버튼 이벤트 함수들을 다음과 같이 작성했습니다.

```
68
69  function onStartCallKeyDown() {
70      infoObj.innerHTML += "<br />startcallbutton ";
71  }
72
73  function onEndCallKeyDown() {
74      infoObj.innerHTML += "<br />endcallbutton ";
75  }
76
77  function onVolumeDownKeyDown() {
78      infoObj.innerHTML += "<br />volumedownbutton ";
79  }
80
81  function onVolumeUpKeyDown() {
82      infoObj.innerHTML += "<br />volumeupbutton ";
83  }
84
85  </script>
```

소스라인 69~83 : 각 버튼을 눌렀을 때 실행하는 함수들을 infoDiv 영역에 이벤트 발생을 안내하는 방식으로 정의했습니다.

스텝 10

자바스크립트 태그를 닫고 화면에 출력할 스타일과 HTML 태그를 그림처럼 작성하고 index.html 파일을 마무리했습니다.

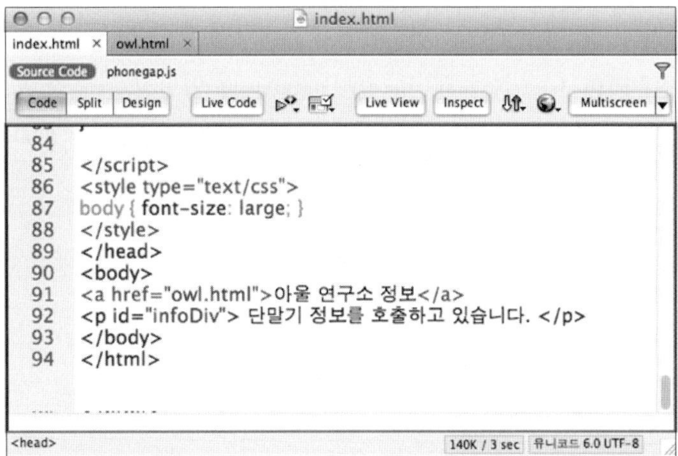

```
84
85  </script>
86  <style type="text/css">
87  body { font-size: large; }
88  </style>
89  </head>
90  <body>
91  <a href="owl.html">아울 연구소 정보</a>
92  <p id="infoDiv"> 단말기 정보를 호출하고 있습니다. </p>
93  </body>
94  </html>
```

스텝 **11**

owl.html 파일을 살펴보면 다음과 같습니다.

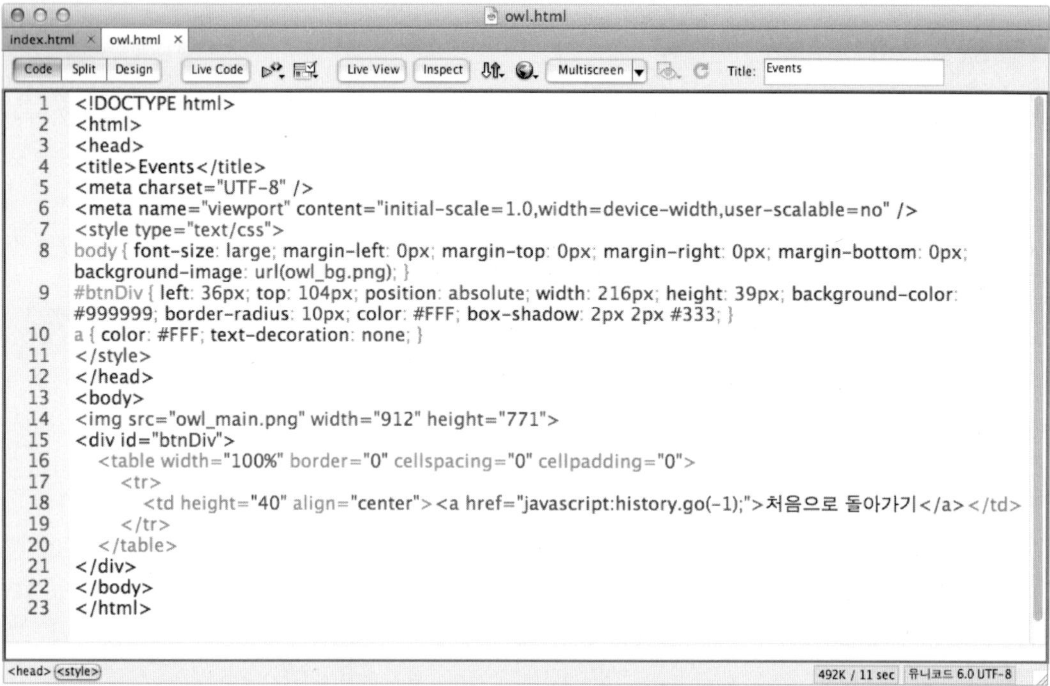

소스라인 8 : body 태그에 배경 이미지로 owl_bg.png 파일을 설정하고 있고, 화면의 여백을 0으로 설정하여 화면에 테두리가 없도록 했습니다.

소스라인 9 : 아이디가 "btnDiv"인 버튼 영역에는 위치와 크기를 설정하고, border-radius 속성으로 둥근 사각 모양을 만들며, box-shadow 속성으로 그림자 효과를 설정하고 있습니다.

소스라인 10 : 링크 태그인 <a> 태그에는 글자색을 흰색(#FFF)으로 설정하고 텍스트에 밑줄이 나타나지 않도록 text-decoration 속성을 "none"으로 설정하고 있습니다.

소스라인 14 : img 태그로 owl_main.png 이미지 파일을 호출하여 화면에 출력합니다.

소스라인 15~21 : 아이디가 "btnDiv"인 영역을 설정하여 앞서 작성한 스타일이 적용되게 합니다.

소스라인 18 : "처음으로 돌아가기" 링크 버튼에는 이 버튼을 클릭하면 이전 화면으로 돌아가도록 자바스크립트를 구사하고 있습니다.

특히, history.go(-1) 구문의 경우 오래 전부터 웹에서 사용하던 명령어이지만 안드로이드 웹앱에서 잘 작동하지 않는 문제가 이슈가 되어 왔습니다. 이 문제는 웹앱이 사용하는 WebView 객체의 설정 때문이었는데 폰갭의 경우도 1.1.0 버전에서 문제가 있었지만 1.2.0부터는 개선된 것으로 보입니다.

하지만 좀 더 원초적인 안드로이드 자체 문제에서는 벗어나지 못한 것 같습니다. 폰갭 1.2.0에서도 다양하게 실험해봤지만 간혹 작동하지 못하는 문제가 발견되고 있습니다. 아이폰이나 윈도우폰에서는 이런 문제를 발견할 수 없었는데 안드로이드만 문제가 발생하는 것으로 보아서는 안드로이드 자체 문제인 것으로 보입니다.

따라서 당분간 안드로이드에서는 history 구문보다는 이동할 페이지를 href 속성으로 지정하는 것을 권장하고, 앞으로 버전 업하면서 이 문제가 완벽하게 해결됐는지를 지켜볼 필요가 있습니다.

9.3 안드로이드 포팅

Events 웹앱 소스를 네이티브 프로젝트에 포팅하기 전에 phonegap 버전을 업그레이드하는 방법을 검토해봅니다.

안드로이드 폰갭 버전 업그레이드

안드로이드의 경우는 설치형으로 업그레이드하기에는 약간의 문제가 있습니다. 안드로이드에서 설치형의 업그레이드라고 하면 이클립스 폰갭 플러그인을 업그레이드해야 하는데 폰갭은 업그레이드됐지만 이클립스 플러그인은 업그레이드되지 않아 한참을 기다리게 됩니다. 이는 안드로이드의 개발 체제가 자바 개발 체제를 따르고, 자바 개발 체제는 여러 개발 단체가 개발을 하기 때문입니다. 한편으로는 폰갭이 이클립스 플러그인을 배포 기준으로 삼지 않기 때문이기도 합니다. 결국 안드로이 드 개발 도구가 다양하기 때문에 감수해야 할 부분입니다.

나중에 아이폰과 윈도우폰의 경우를 보면 알게 되겠지만 아이폰과 윈도우폰의 개발 솔루션은 애플사와 마이크로소프트사에서 나오기 때문에 Xcode와 Visual Studio에만 맞춰 폰갭 솔루션을 배포하면 되므로 설치형으로 폰갭 버전 업을 간단히 구현할 수 있습니다. 안드로이드에서도 폰갭을 수동으로 업그레이드하는 것은 그리 복잡하지 않습니다.

스텝 **1**

먼저 폰갭 배포 사이트에서 폰갭 패키지를 다운받아 압축을 해제하면 그림과 같이 나타납니다. 폰갭 패키지의 Android 폴더에 있는 phonegap-x.x.x.js와 phonegap-x.x.x.jar 파일만 복사해서 네이티브 프로젝트에 교체 적용하면 됩니다.

이클립스에 폰갭 1.1.0 플러그인이 설치되어 있다는 전제 하에 폰갭 1.1.0 플러그인으로 만든 프로젝트를 폰갭 1.2.0으로 업그레이드하는 방법은 다음과 같습니다.

① Device 프로젝트에서 설명한 마법사 방식으로 폰갭 프로젝트를 생성합니다. 필자의 이클립스에 탑재된 폰갭 플러그인은 1.1.0이므로 1.1.0 버전으로 폰갭 프로젝트가 생성됐습니다.

② "https://github.com/callback/phonegap/tags"나 웹하드에서 다운받은 폰갭 1.2.0 패키지에서 phonegap -1.2.0.js와 phonegap-1.2.0.jar 파일을 복사하여 각각 www 폴더와 libs 폴더에 붙여 넣습니다.

③ phonegap-1.2.0.js와 phonegap-1.2.0.jar 파일의 이름을 phonegap.js와 phonegap.jar 파일로 변경합니다. 필요하다면 phonegap-1.2.0.js와 phonegap-1.2.0.jar 파일을 보존해둡니다.

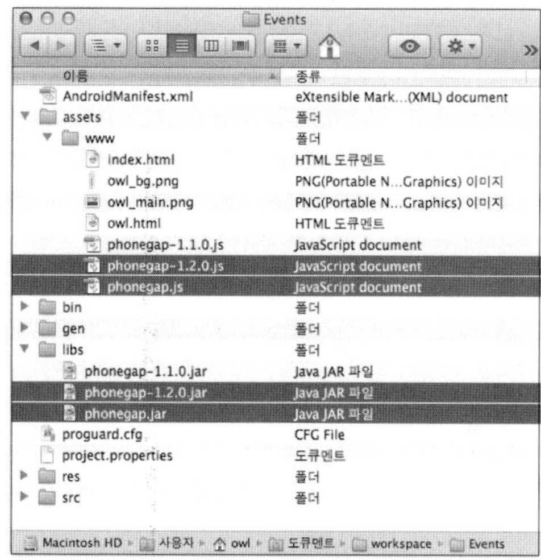

④ 폰갭 프로젝트가 phonegap.jar 파일을 참조하도록 재설정합니다.

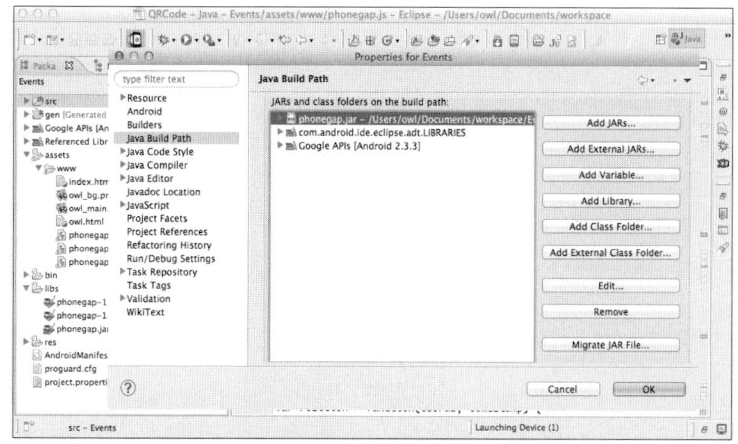

업그레이드 뿐 아니라 다운그레이드 역시 같은 방법으로 phonegap.js와 phonegap.jar 파일만 교체하면

됩니다. 이 과정을 통해 안드로이드 폰갭의 핵심 파일은 phonegap.js와 phonegap.jar 파일임을 파악했을 겁니다. 이제 안드로이드 폰갭을 마음대로 요리할 준비가 됐습니다.

Events 안드로이드 프로젝트 구성

스텝 2

참고에서 본 것처럼 네이티브 프로젝트를 그림처럼 폰갭 1.2.0 버전으로 교체했습니다. 그림에서 보이는 phonegap-1.1.0.js, phonegap-1.2.0.js, phonegap-1.1.0.jar, phonegap-1.2.0.jar는 백업용임을 알 수 있을 것입니다. 실제 이 프로젝트에서 사용하는 폰갭 파일은 phonegap.js, phonegap.jar입니다.

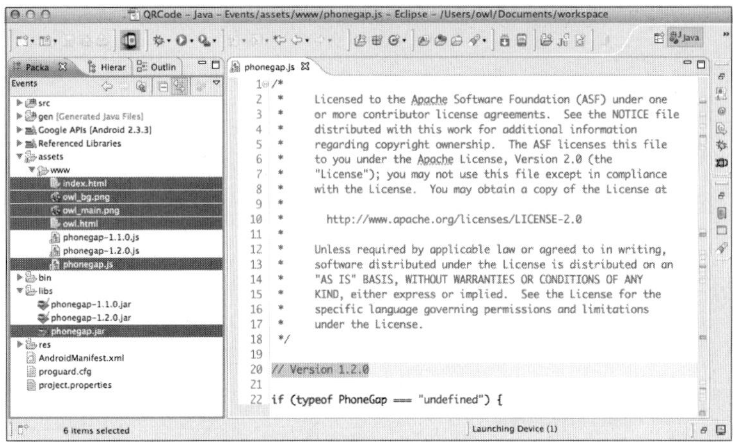

스텝 3

참고에서 설명한 바와 같이 이 프로젝트는 libs/phonegap.jar를 폰갭 라이브러리로 참조하고 있다는 것을 확인할 수 있습니다.

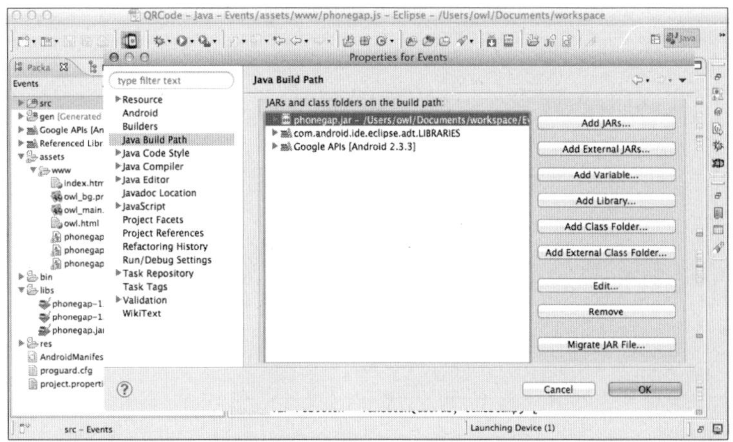

스텝 4

index.html 소스를 재확인해보면 phonegap.js 파일을 호출하고 있는 것을 볼 수 있습니다. 폰갭 프로젝트에서 가장 많이 실수하는 부분이 바로 이와 같은 버전에 맞지 않는 phonegap.js 파일을 사용하는 경우입니다. 웹앱이 잘 작동하지 않으면 제일 먼저 이 부분을 재검토하는 습관이 필요합니다.

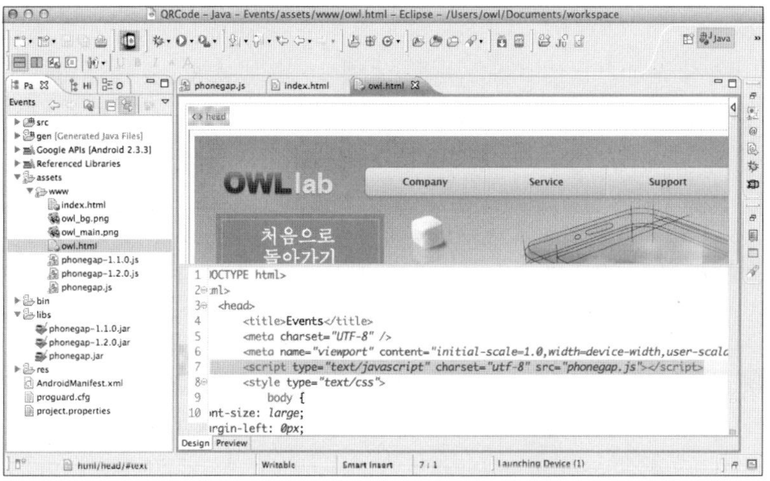

실험하기

안드로이드에서는 실물 단말기와 가상기기에서 작업하는 과정을 보여 각 과정의 특성을 살펴볼 수 있게 하고자 합니다.

스텝 1

USB로 실물 단말기를 개발 컴퓨터에 연결하고 이클립스에서 먼저 실물 단말기를 선택하여 실행합니다.

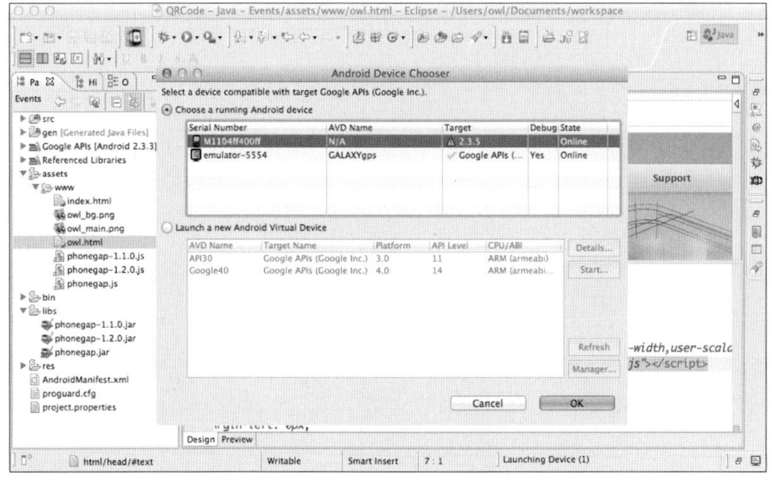

스텝 **2**

index.html 파일이 화면에 나타나면서 "infoDiv" 영역에 "online"이라 표시됩니다. 폰갭 이벤트가 잘 작동한다는 의미겠지요. "아울 연구소 정보" 버튼을 클릭하면 owl.html 화면으로 전환됩니다. owl.html 화면에서 "처음으로 돌아가기" 버튼을 클릭하면 이전 화면인 index.html로 잘 돌아옵니다.

앞서 언급한 바 있지만, 폰갭 1.1.0 버전에서는 "처음으로 돌아가기" 버튼이 history.go(-1)로 링크 처리되어 있기 때문에 잘 작동하지 않습니다. 본 실험은 폰갭 1.2.0에서 실험했기 때문에 history.go(-1) 을 실행하는데 문제없이 작동했던 것입니다.

그런데 이전에 index.html 화면에 출력됐던 로그가 초기화되는 것을 볼 수 있습니다. 이는 window.onload 구문이 작동되어 infoDiv에 출력한 로그가 초기화됐기 때문입니다. 대신 online이라 는 이벤트는 체크하지 않습니다. 이미 첫 화면에서 체크했기 때문입니다. 이와 같은 화면 전환에 따른 이벤트의 특성을 잘 기억해두기 바랍니다.

스텝 **3**

단말기에 있는 메뉴 버튼과 백 버튼을 눌러보면 그림과 같이 infoDiv 영역에 이벤트 로그가 나타납니다.

스텝 **4**

이번엔 단말기에 있는 홈 버튼을 클릭하여 홈 화면으로 빠져 나왔다가 다시 "Events" 앱을 선택하여 다시 실행하면 그림과 같이 index.html에 "pause"와 "resume" 이벤트 로그가 추가된 것을 볼 수 있습니다. 또한 기존의 로그도 그대로 남아 있습니다. 이로써 홈 버튼을 눌러 웹앱을 빠져나온다고 해도 해당 페이지를 그대로 기억하고 있다는 특징을 알 수 있습니다.

스텝 **5**

이번엔 Wi-Fi로 네트워크 이벤트를 실험해봅니다. 화면 상단에 있는 상태 바를 아래로 드래그하면 그림과 같이 Wi-Fi를 설정할 수 있는 환경설정 화면이 나타납니다. 현재 Wi-Fi가 활성화된 상태이고 이 Wi-Fi를 비활성시킨 후, 환경설정 화면을 위쪽으로 드래그하여 index.html 화면으로 돌아옵니다.

그러면 그림과 같이 index.html 화면에 "offline", "online"이라는 로그가 나타납니다. 이는 Wi-Fi를 비활성했을 때 폰갭이 이를 감지하여 "offline" 로그를 출력하고, 단말기가 자동으로 3G 네트웍에 연결하면서 폰갭이 이를 감지하여 "online" 로그를 출력한 것입니다.

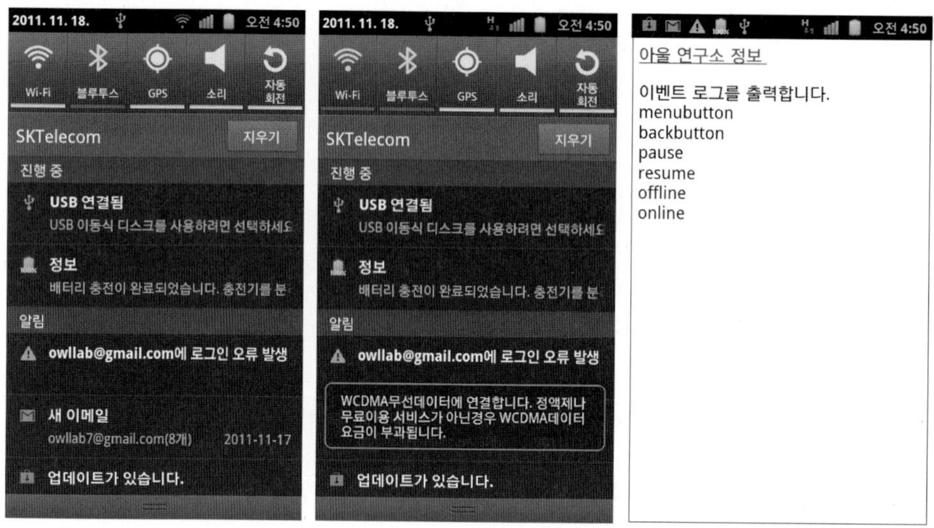

스텝 **6**

다시 Wi-Fi 설정에서 Wi-Fi를 활성화시키고 index.html 화면으로 돌아오면 그림과 같이 "online"이 두 번 더 로그에 찍혀 있습니다. 이는 Wi-Fi 설정을 변경할 때 3G로 온라인되어 있었다는 것을 감지한 것이고, 3G에서 Wi-Fi로 전환할 때 온라인을 또 한 번 감지한 것입니다. 이와 같은 실험은 나중에 네트웍 상태에 따라 웹앱이 작동해야 할 로직에서 유용하게 활용될 것입니다.

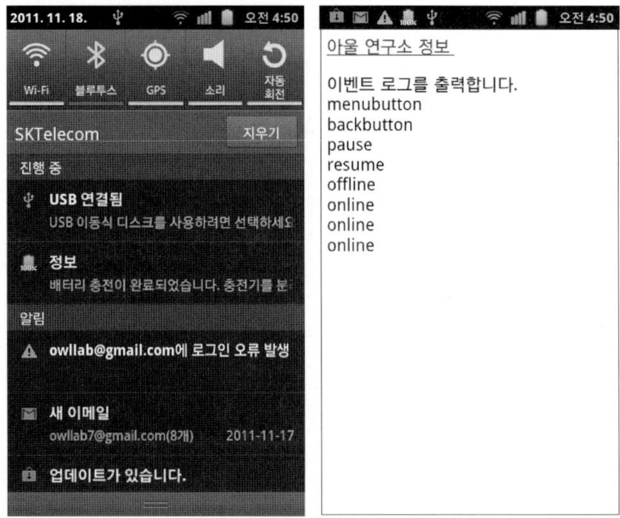

스텝 **7**

이번엔 가상기기에서 Events 웹앱을 실험해보겠습니다. 필자가 실험한 실물 단말기에는 검색 버튼이 없기 때문에 이 버튼을 실험하기 위해서 가상기기에서 실험하는 것입니다. 가상기기에서 index.html 화면이 나타난 후 기기 오른쪽에 있는 자판을 이용하여 메뉴 버튼, 백 버튼, 검색 버튼을 각각 눌러보면 그림과 같이 폰갭이 버튼 각각의 이벤트를 감지하여 infoDiv에 로그를 출력하는 것을 확인할 수 있습니다.

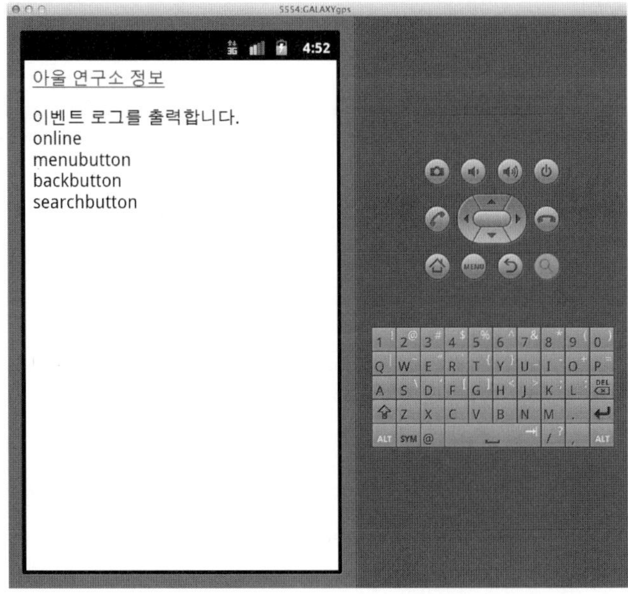

9.4 아이폰 포팅

아이폰에서도 다운받은 최신 버전의 폰갭으로 업그레이드를 하겠습니다.

아이폰 폰갭 버전 업그레이드

안드로이드의 경우 phonegap.js와 phonegap.jar 파일만 교체하면 업그레이드가 간단히 끝납니다. 이 말은 앞의 과정을 정독했을 때만 가능합니다. 안드로이드 폰갭 버전 업을 습득하기 전에는 난해하고 복잡했을 겁니다. 하지만 이제는 아주 편리하고 간단하다는 것을 느낄 것입니다. 이전에는 설치 과정 없이 수동으로 업그레이드해야 한다는 점이 난해하고 어렵다고 생각했는데 이제 설치 과정이 필요 없어 더욱 편리해보입니다.

자, 이제 그렇게 느꼈다면 이 느낌을 잘 간직하기 바랍니다. 본인이 제품을 만드는 개발자로 성장하는데 큰 도움을 받을 수 있을 겁니다. 아이폰은 앞서 언급한 바와 같이 다운받은 폰갭 패키지에 있는 iOS 패키지를 설치하는 과정이 필요합니다. 설치 과정은 Notification 프로젝트에서 설명한 것과 다르지 않습니다.

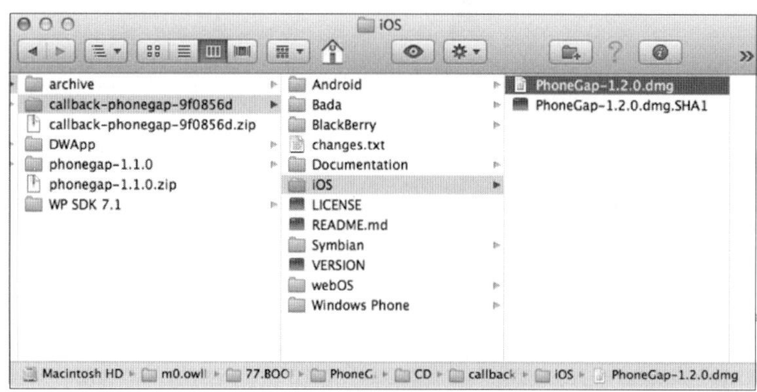

PhoneGap-1.2.0.dmg 파일을 더블클릭하면 그림과 같이 가상 이미지 파일이 열리고 PhoneGap -1.2.0.pkg 파일을 더블클릭만하면 설치 과정이 진행됩니다.

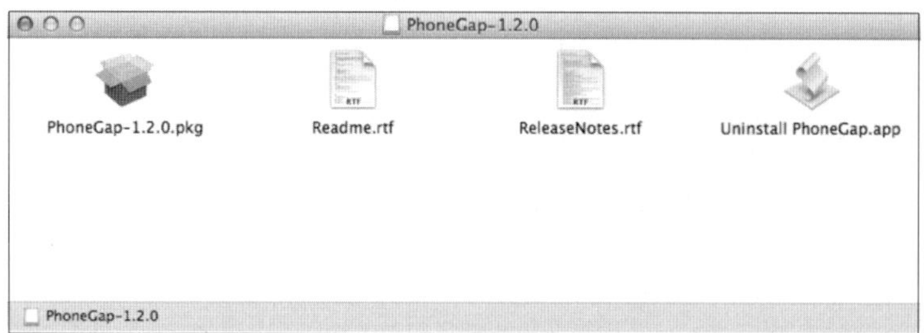

Events 아이폰 프로젝트 구성

아이폰은 설치 과정으로 폰갭을 업그레이드했기 때문에 앞서 설명한 아이폰 프로젝트 포팅 과정과 다르지 않습니다. 확인할 필요가 있는 소스라면 그림과 같이 www/phonegap.js 파일의 버전이 원하는 버전과 일치하는지 검토하는 것입니다. Scheme을 iPhone Simulator로 설정하고 Run 버튼을 클릭하여 곧바로 가상기기에서 실험해봅니다.

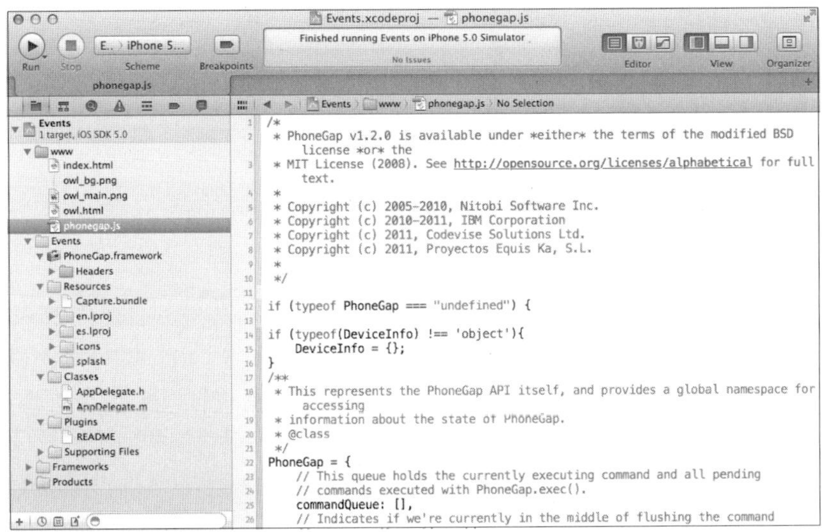

실험하기

안드로이드에서의 이벤트와 아이폰에서의 이벤트는 다음과 같은 대표적인 특징이 있습니다. 이는 플랫폼 자체의 다른 점으로 나타나는 현상입니다. index.html 화면이 처음 나타날 때 온라인을 감지하고 "online" 로그를 출력합니다.

"아울 연구소 정보" 버튼을 클릭하여 owl.html 화면으로 이동했다가 "처음으로 돌아가기" 버튼을 클릭하여 history.go(-1) 명령으로 이전 화면인 index.html 화면으로 돌아옵니다. 이때 안드로이드에 서는 로그가 초기화됐었지만 아이폰에서는 그대로 남아 있습니다. window.onload 이벤트를 재실행 하지 않았다는 것을 의미합니다.

단말기의 홈 버튼을 눌러 웹앱을 빠져 나갔다가 다시 Events 앱을 클릭하여 돌아오면 안드로이드의 실험에서와 같이 index.html 화면 상태를 그대로 유지하면서 pause, resume, online 로그가 추가로 찍히는 것을 확인할 수 있습니다. 아이폰은 앱으로 다시 돌아올 때 네트웍 상태를 확인하는 것을 이 실험으로 알 수 있습니다.

9.5 윈도우폰 포팅

윈도우폰을 포팅하는 방식은 Notification 프로젝트와 동일하므로 자세한 과정 설명을 생략하고 특기사항만 설명합니다.

윈도우폰 폰갭 버전 업그레이드

윈도우폰은 폰갭 템플릿을 업그레이드하는 방식을 사용합니다.

스텝 1

다운받은 최신 버전의 폰갭 패키지에서 GapAppStarter.zip 파일만 복사해서 Visual Studio 템플릿 폴더에 붙여넣기만 하면 됩니다.

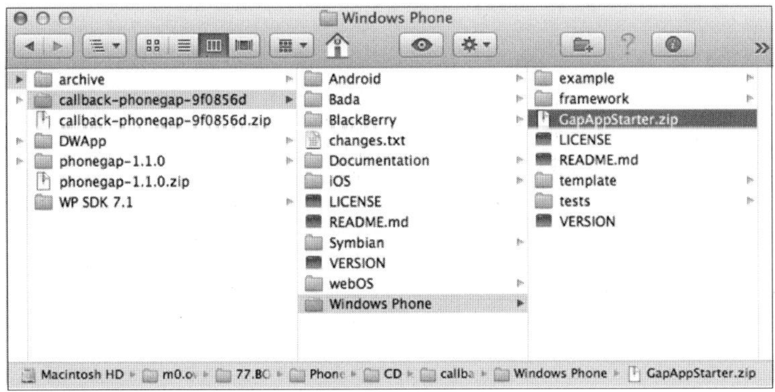

스텝 2

필자도 그림과 같이 비주얼 스튜디오 템플릿 폴더에 최신 버전의 폰갭 템플릿을 복사해서 사용하고 있습니다.

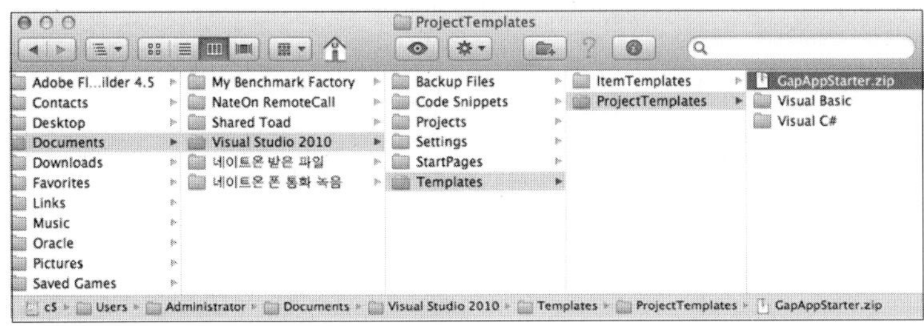

스텝 3

프로젝트를 생성할 때 GapAppStarter 템플릿을 선택해보면 폰갭 템플릿 버전을 확인할 수 있습니다.

Events 윈도우폰 프로젝트 구성과 웹 소스의 자동 인식

윈도우용 폰갭은 1.2.0 부터는 1.1.0와 다른 점이 있습니다. 다음에서 보여주는 네이티브 프로젝트
포팅 과정에서 보는 바와 같이 웹앱 소스 파일을 인식하는 방식이 수동에서 자동으로 개선됐다는
점입니다. 앞으로도 번거로운 개발 과정은 더욱 간소화되고 유연해질 것입니다. 이것이 폰갭이
지향하는 방향이기 때문입니다.

스텝 1

폰갭 템플릿을 이용하여 네이티브 프로젝트를 만들고 웹앱 소스도 www 폴더에 등록했습니다.

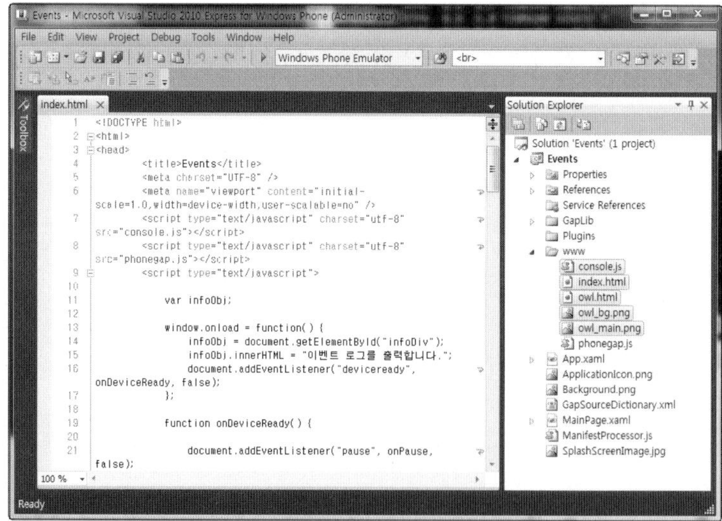

스텝 2

www 폴더의 소스가 변경됐기 때문에 "프로젝트 선택 > 콘텍스트 메뉴 > Rebuild" 메뉴를 실행하여
다시 컴파일합니다. 앞서 Notification에서는 폰갭 1.1.0을 사용했기 때문에 www 폴더에 있는
웹앱 소스를 인식시키는 수동적인 과정이 필요했지만, 1.2.0 이상에서는 그럴 필요 없이 컴파일
과정에서 자동으로 인식합니다.

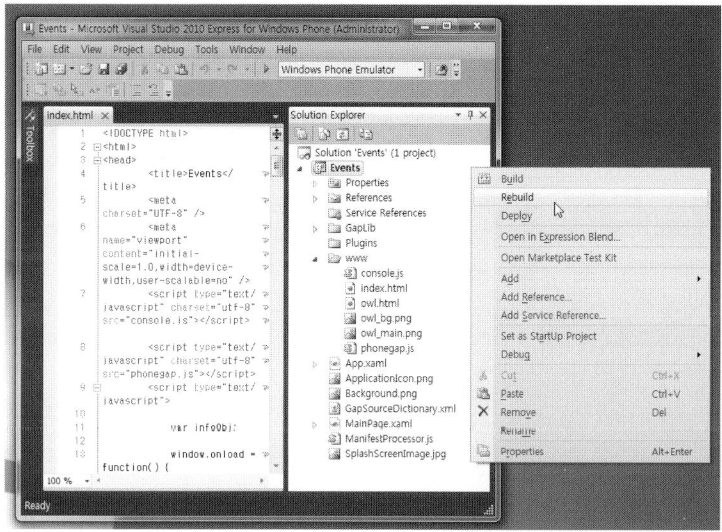

스텝 3

GapSourceDictionary.xml 파일을 확인해보면 그림과 같이 재컴파일 과정을 통해 www 폴더에
있는 웹 소스를 자동으로 인식한 것을 확인할 수 있습니다.

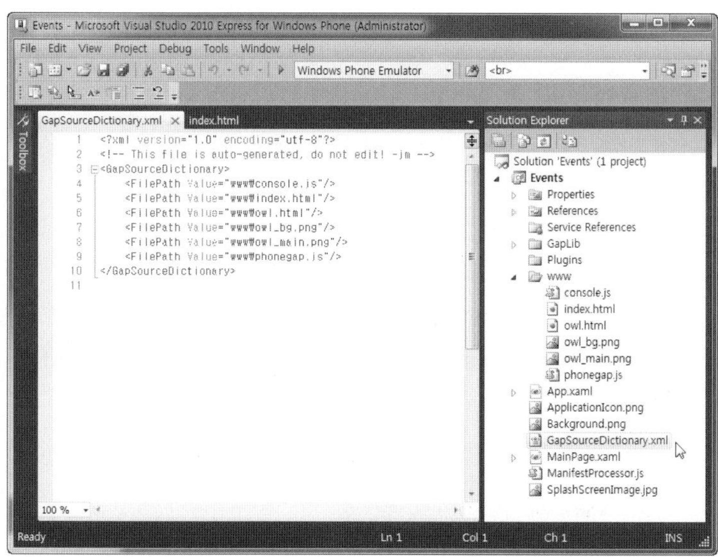

웹 소스의 콘텐츠 설정

필자도 집필 당시 아직 윈도우폰이 없기 때문에 가상기기에서 계속 실험해보겠습니다.

스텝 1

index.html 화면이 처음 나타날 때 그림과 같이 안드로이드와 아이폰에서와는 달리 resume 이벤트가 감지됐습니다. 그리고 "아울 연구소 정보" 버튼을 클릭하여 owl.html 화면으로 이동하면 이상하게도 이미지가 나타나지 않습니다. 왜 그럴까요? 뭔가가 필요한 가 봅니다. 이건 폰갭의 버전과는 상관없는 윈도우폰의 특징입니다.

스텝 2

"Stop Debugging" 버튼으로 웹앱 실험을 중단하고 디버깅해 보겠습니다.

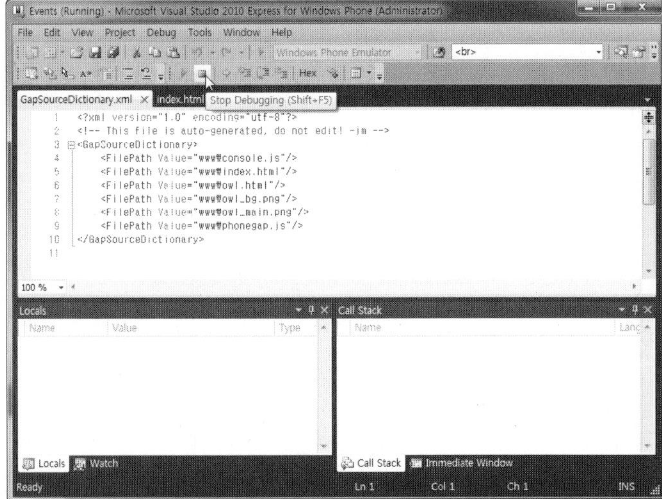

스텝 **3**

www/owl_bg.png를 선택하고 마우스 오른쪽 버튼으로 콘텍스트 메뉴를 열어 "Properties" 메뉴를
실행합니다.

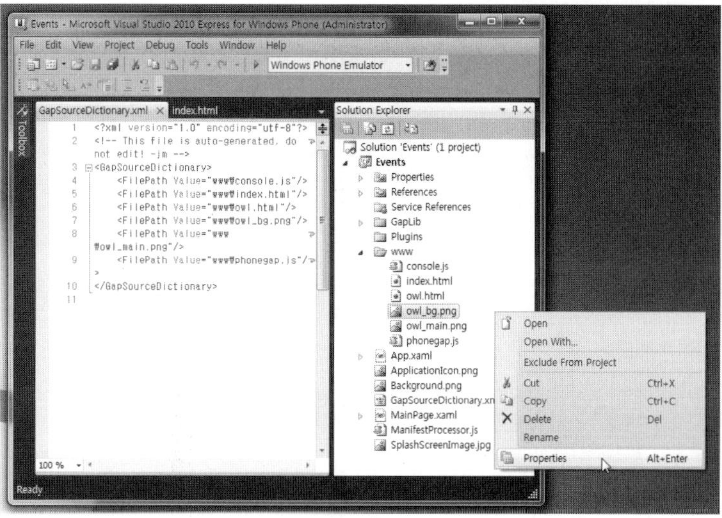

스텝 **4**

owl_bg.png 파일의 속성을 보면 "Build Action"이라는 속성이 있습니다. 이 속성은 각 소스 파일이
컴파일될 때 어떻게 분류할 것인지를 설정하는 속성입니다. 현재 이 이미지 파일의 속성은 Resource
로 설정되어 있습니다. 그래서 이미지가 화면에 콘텐트로 출력되지 않았던 것입니다.

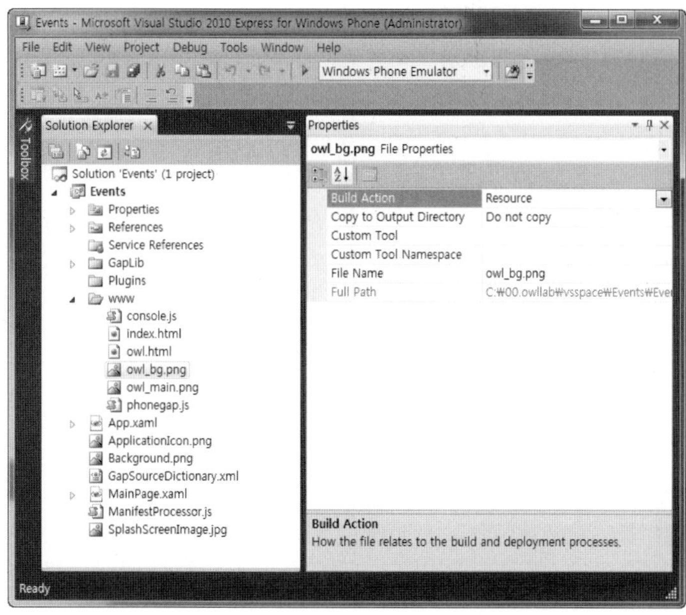

스텝 **5**

www 폴더에 있는 다른 파일들은 확장자를 통해 비주얼 스튜디오가 자동으로 Build Action을 콘텐트로 설정했지만, .png 파일은 그렇지 못했습니다. 그림과 같이 .png 파일을 모두 선택하고 "Build Action" 설정을 "Content"로 변경합니다.

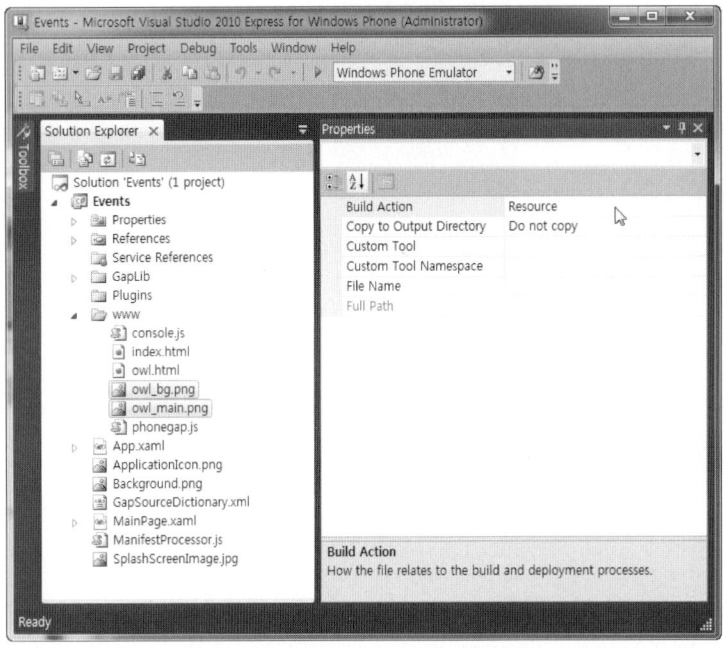

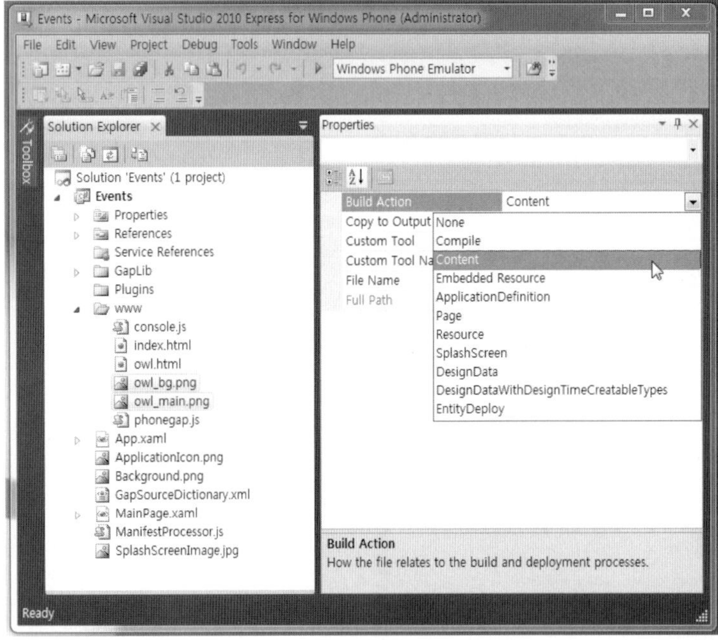

실험하기

위에서 디버깅한 소스를 재컴파일하고 가상기기에서 다시 실험하겠습니다. index.html 화면에서
"아울 연구소 정보" 버튼을 클릭하여 owl.html 화면으로 이동하면 그림과 같이 이미지가 잘 나타납니
다. "처음으로 돌아가기" 버튼을 클릭하여 이전 화면인 index.html 화면으로 돌아가면 window.onload
이벤트가 실행되어 이전의 이벤트 로그가 모두 초기화되는 특성을 실험할 수 있습니다. 기타 이벤트에
대한 부분은 독자님이 직접 실험해보는 것으로 여지를 남겨두고 이 장을 매듭짓겠습니다.

Chapter 10

Media : 오디오와 비디오

폰갭의 Media API는 오디오 (Audio)만을 기준으로 제작되었습니다. 하지만 우리는 오디오뿐만 아니라 비디오 재생 기능까지 살펴볼 것입니다. 또한 HTML5에서 제공하는 오디오/비디오 재생 기능이 웹앱에서도 지원되는지를 직접 실험해보며, 폰갭 API에서 기본으로 지원하지 않는 기능을 폰갭 플러그인으로 구현하는 사례를 비디오 플러그인을 통해 살펴볼 것입니다.

이 장에서 소개하는 솔루션을 요약하면 다음과 같습니다.

- 폰갭 Media API : 네이티브 연동을 통한 오디오 녹음 및 재생
- <video>, <audio> 태그 : HTML5의 비디오/오디오 재생 기능
- 폰갭 비디오 플러그인 : 폰갭 기능 확장을 위한 플러그인 제작 및 활용법

여기서 소개하는 폰갭의 미디어 객체는 집필 당시까지는 미완성적인 면이 없지 않습니다. 스마트폰이 HTML5를 표준으로 삼고 있고 HTML5는 <audio> 태그와 <video> 태그를 통해 오디오와 비디오를 재생하는 기능을 지원하고 있습니다.

하지만 폰갭이 초창기에 미디어 관련 솔루션을 만들 때 <audio>나 <video> 태그와 같은 W3C 표준을 기반으로 만들지 않고, 각 플랫폼의 네이티브 프로그램에서 제공하는 미디어 클래스와의 연동을 기반으로 만들었습니다. 그래서 폰갭의 버전이 높아지고 실제 폰갭의 솔루션을 활용하는 과정에서 비디오와 오디오 재생은 HTML5 기반에서 구현하는 것이 폰갭을 이용하는 개발자의 입장에서 편리하고 호환성이 뛰어나다는 것을 체험하게 됩니다.

이런 이유로 폰갭은 앞으로 차기 버전에서 W3C를 기반으로 미디어 기능을 제공한다고 예고하고 있습니다. 폰갭 API 매뉴얼에서도 Media 객체는 "deprecate (다른 객체로 대체될 예정임)"될 것으로 안내하고 있습니다. 따라서 여기서 설명하는 내용은 필자가 집필하는 현재까지의 기능이라는 점을 유념하고 이 장을 살펴보기 바랍니다. 하지만 이 장에서 소개하는 미디어 관련 실험 과정을 통해 깊이 있고 다양한 미디어 기능을 경험하게 될 것입니다.

10.1 미디어의 사용

폰갭은 Media와 MediaError 객체를 제공합니다. Media 객체는 녹음하거나 오디오 파일을 재생하는 기능을 기본으로 제공하고 MediaError 객체는 미디어 관련 에러를 처리하기 위해 제공됩니다.

Media 객체

Media 객체의 사용 형식은 다음과 같습니다.

```
var media = new Media(src, mediaSuccess, [mediaError], [mediaStatus]);
```

❶ 매개변수

- src : 녹음 또는 재생할 오디오 콘텐트 또는 파일의 위치를 URI 방식으로 대입합니다.

- mediaSuccess : 오디오 파일을 찾았을 때 실행하는 함수를 대입합니다.

- mediaError : 오디오 객체에 오류가 있을 때 실행하는 함수이며, 필요할 때만 사용하는 옵션 항목입니다.

- mediaStatus : 오디오 객체의 상태에 변화가 있을 때 실행하는 함수이며, 필요할 때만 사용하는 옵션 항목입니다.

❷ 결과 값

- media : Media() 클래스로 생성된 오디오(미디어) 객체입니다.

❸ 읽기전용 속성

- _position : 오디오 재생 위치를 초 단위로 측정합니다. 하지만 이 속성 값은 자동으로 업데이트되지 않기 때문에 getCurrentPosition() 메소드를 사용하여 업데이트를 하면서 이 속성 값을 호출해야 현재의 재생 위치 값을 구할 수 있습니다.

- _duration : 미디어 객체의 재생 지연 시간을 초 단위 값으로 제공합니다.

❹ 지원하는 플랫폼 : Android, iPhone, Windows Phone 7 (Mango)

위와 같이 생성한 미디어 객체는 다음과 같은 9개의 메소드(method)들을 사용하여 미디어를 제어할 수 있으며 각 메소드가 지원하는 플랫폼은 Media 객체와 모두 동일합니다.

media.getCurrentPosition() 메소드

이 메소드는 미디어 객체에 탑재한 오디오 파일의 현재 재생 위치 값을 실시간으로 구할 때 사용합니다. mediaSuccess 함수에 현재 위치 값을 전달하고 이 위치 값을 받은 mediaSuccess 함수에서 현재 위치 값을 출력하거나 제어하는 로직을 구사하는 방식으로 활용합니다.

사용형식	media.getCurrentPosition(mediaSuccess, [mediaError]);
매개변수	• mediaSuccess : 현재 재생 위치 값을 전달 변수로 전달하면서 실행할 함수를 기술합니다. • mediaError : 옵션 인자이며, 이 메소드를 실행하다 오류가 발생할 때 실행하는 함수입니다.

media.getDuration() 메소드

이 메소드는 오디오 파일의 재생 지연 시간(Duration)을 구할 때 사용합니다. mediaSuccess에 기술한 함수에 지연 값을 전달하는 방식으로 활용하며 초 단위의 지연 값을 구할 수 있습니다. 지연 값을 알 수 없는 오디오 파일의 경우 –1 값으로 나타납니다.

사용형식	media.getCurrentPosition(mediaSuccess, [mediaError]);
매개변수	• mediaSuccess : 재생 지연 시간 값과 함께 실행할 함수를 기술합니다. • mediaError : 옵션 인자이며, 이 메소드를 실행하다 오류가 발생할 때 실행하는 함수입니다.

media.play() 메소드

이 메소드는 오디오 파일 재생을 시작하거나 재실행할 때 사용합니다.

사용형식	media.play();

media.pause() 메소드

이 메소드는 오디오 파일 재생을 중지할 때 사용합니다.

사용형식	media.pause();

media.stop() 메소드

이 메소드는 오디오 파일 재생을 정지할 때 사용합니다.

사용형식	media.stop();

media.release() 메소드

이 메소드는 미디어 객체에 등록한 오디오 파일을 해제할 때 사용하며 메모리를 초기화하는 효과를 얻을 수 있습니다. 재생을 위해 메모리에 올렸던 오디오 파일을 그대로 둔 채 재생을 하지 않는다고 하여 그냥 다른 화면으로 이동한다면 불필요한 백그라운드 작업이 시스템의 부담을 가중시키고 시스템이 계속 느려지는 현상이 나타납니다. 따라서 이와 같은 메소드를 이용하여 메모리 관리를 잘 하는 것이 올바른 코딩법이라 할 수 있습니다.

사용형식	media.release();

media.seekTo() 메소드

이 메소드는 재생 위치를 강제로 이동할 때 사용합니다. 주의할 사항은 앞서 설명한 getCurrent Position()은 초 단위이지만 seekTo()는 밀리초 단위라는 점입니다.

사용형식	media.seekTo(milliseconds);
매개변수	milliseconds : 이동할 재생 위치를 밀리초로 대입합니다.

media.startRecord() 메소드

이 메소드는 녹음을 시작할 때 사용하는 메소드입니다.

사용형식	media.startRecord();

❶ 아이폰 특기사항 : 안드로이드의 경우 녹음할 파일을 별도로 생성할 필요가 없지만, 아이폰의 경우 .wav 파일을 별도로 생성해야 합니다. 이와 같은 플랫폼별 특기사항은 음원 파일을 제어하는 방식과 파일 시스템이 다르기 때문에 나타나는 현상입니다. 폰갭에서도 이슈 사항으로 잘 알고 있기 때문에 차차 개선되리라 생각합니다.

media.stopRecord() 메소드

이 메소드는 녹음을 정지할 때 사용하는 메소드입니다.

사용형식	media.stopRecord();

MediaError 객체

MediaError 객체는 미디어 관련 오류를 기록하는 객체입니다. Media 객체를 전달받을 때나 Media 관련 메소드들을 실행할 때 발생할 수 있는 미디어 관련 오류를 MediaError 객체를 통해 전달합니다.

❶ 속성

- code : 오류 코드이며, 아래와 같은 상수 값을 가집니다.

  MediaError.MEDIA_ERR_ABORTED : 취소에 의한 오류를 의미하는 상수입니다.
  MediaError.MEDIA_ERR_NETWORK : 네트웍 장애에 의한 오류를 의미합니다.
  MediaError.MEDIA_ERR_DECODE : 오디오 해독에 의한 오류입니다.
  MediaError.MEDIA_ERR_NONE_SUPPORTED : 지원하지 않는 파일에 의한 오류입니다.

- message : 오류 메시지를 가집니다.

❷ 지원하는 플랫폼 : Android, iPhone, Windows Phone 7 (Mango)

10.2 │ Media 폰갭 프로젝트

다음의 프로젝트는 아이폰과 안드로이드를 대상으로 소개합니다. 폰갭 매뉴얼에 따르면 윈도우폰의 경우 망고 버전부터 지원한다고 하나 필자가 실험해 본 바에 의하면 아직 초보 개발자가 개발하기에는 한계가 많고 공개된 대중적인 솔루션도 많이 부족한 상태입니다.

아이폰의 경우 가상기기에서도 HTML5 뿐만 아니라 폰갭 Media API까지도 잘 작동한다는 것을 실험을 통해 확인했습니다. 아무래도 폰갭의 입장에서 아이폰이 안정적인 솔루션을 제공하기 때문에 표준을 맞추기 용이했지 않았나하는 판단을 하게 됩니다.

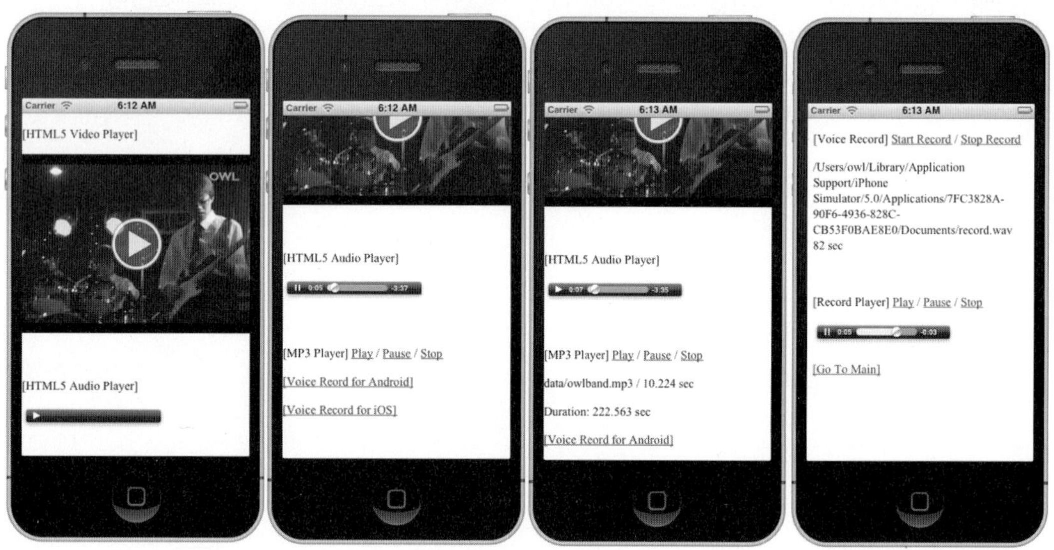

안드로이드의 경우 HTML5를 기본으로 지원하기는 하지만, <video>와 <audio> 태그를 웹앱으로 구현하기에는 안드로이드나 폰갭이 풀어야 할 부분들이 있습니다. 대표적인 것이 내부 경로를 인식할 수 있는 표준안을 제시하고 대중화시키는 일입니다.

그림과 같이 안드로이드에서는 집필 당시까지는 <video>와 <audio> 태그는 지원하지만 재생하는데 어려움이 있습니다. 필자는 이에 대한 대안으로 폰갭 비디오 플러그인을 솔루션으로 사용하는 방법을 보여줄 것입니다. 네이티브 프로그램에서는 모든 플랫폼에서 지원하고 있지만 웹앱 솔루션으로 구현하려면 편리한 플러그인이 좀 더 개발되고 배포될 필요가 있습니다.

한국의 안드로이드 개발자들도 오픈 마인드로 이에 많은 참여를 바랍니다. 어떤 언어이든 개발 경험이 있는 개발자라면 쉽게 안드로이드용 폰갭 플러그인을 제작할 수 있으며 플러그인 솔루션을 배포하는데 크게 비용이 소요되지 않습니다. 이와 같은 관점에서 이 장에서 안드로이드 폰갭 플러그인 을 엿볼 수 있는 사례를 보여주고자 합니다.

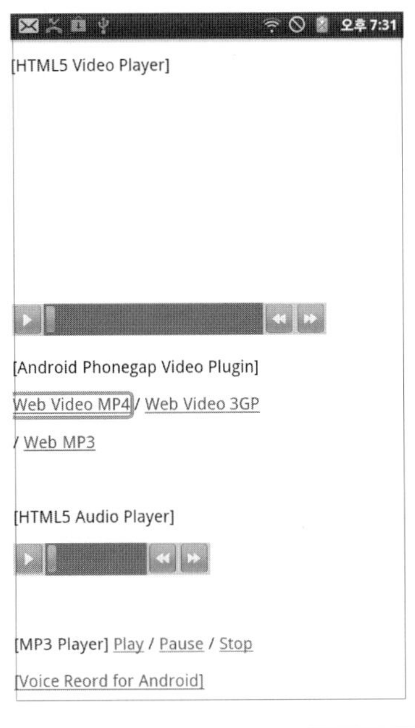

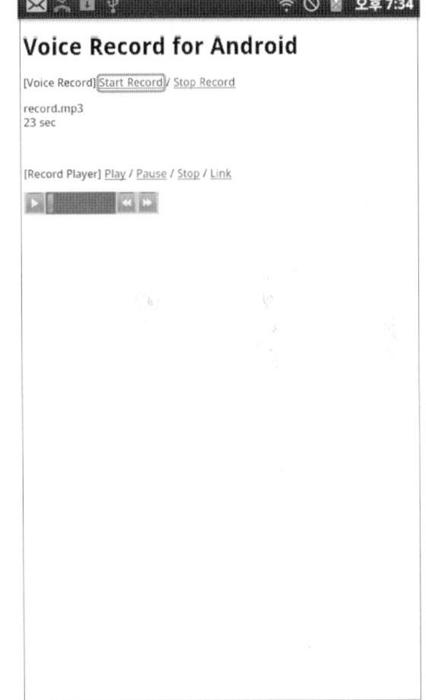

웹앱 소스 파일 구성

본 프로젝트는 안드로이드와 아이폰을 대상으로 준비했습니다. 폰갭의 미디어 솔루션도 플랫폼에 따라 약간의 특성이 있고, 이 프로젝트의 주안점인 HTML5의 미디어 지원도 플랫폼에 따라 많은 차이를 보이기 때문에 안드로이드와 아이폰 두 가지의 웹앱 소스를 별도로 준비했습니다. 기본적인 흐름은 동일하지만 구현하는 방식에 약간의 차이가 있습니다.

먼저, 미디어 기능을 실험하는데 큰 어려움이 없는 아이폰을 기준으로 소개한 후 안드로이드에서 원활하게 지원하지 않는 부분에 대한 해결 방안을 제시하도록 하겠습니다. 특히, 비디오 파일의 경우 단말기에 따라 지원하는 파일 포맷에 제한이 있을 수 있다는 점을 염두에 두고 살펴보기 바랍니다.

아이폰에서의 웹앱 소스는 그림과 같은 파일로 구성했습니다.

웹앱 소스 파일의 기능들을 점검하면 다음과 같습니다.

- data/owlband.mp3 : 오디오 재생을 위한 MP3 파일입니다.
- data/owlband.mp4 : 비디오 재생을 위한 MP4 파일입니다.
- index.html : 오디오/비디오 재생 방식에 대해 HTML5와 폰갭 솔루션을 비교하여 실험할 수 있도록 준비한 파일입니다.
- main.css : 각 HTML에서 호출하여 사용할 디자인 스타일을 정의하는 파일입니다.
- phonegap.js : 앞서 계속해서 언급한 바와 같이 플랫폼과 버전에 따라 적절히 변경해야 할 폰갭 연동 자바스크립트 파일입니다.
- record_ios.html : 아이폰에서 녹음과 재생을 실험할 수 있는 파일입니다.
- record.html : 안드로이드에서 녹음과 재생을 실험하기 위해 준비한 파일입니다.

웹브라우저에서 웹앱 소스 검토

웹앱 소스를 HTML5를 지원하는 웹브라우저에서 살펴보겠습니다.

스텝 **1**

index.html을 웹브라우저에서 열면 그림과 같이 나타납니다.

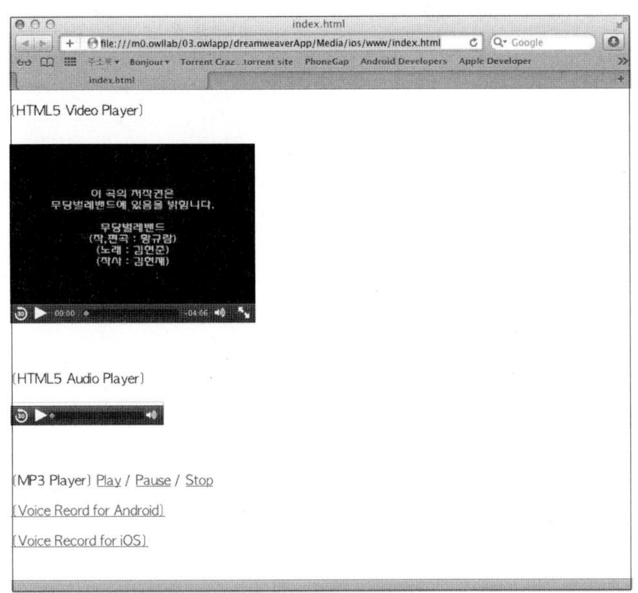

위에서부터 차례로 살펴보면 <video> 태그로 mp4 동영상을 재생하고, <audio> 태그로 mp3 오디오를
재생합니다. 폰갭에서 제공하는 Media 클래스를 이용하여 mp3 오디오를 재생하는 텍스트 버튼이
있고, 녹음을 실험할 수 있는 화면으로 이동하는 텍스트 버튼이 있습니다. 본 사례는 HTML5를
지원하는 웹브라우저이기 때문에 <video>, <audio> 태그가 잘 작동하는 것을 확인해볼 수 있습니다.

스텝 2

<video> 태그로 구현한 동영상을 재생해보면 그림과 같이 재생이 잘되는 것을 확인할 수 있습니다.

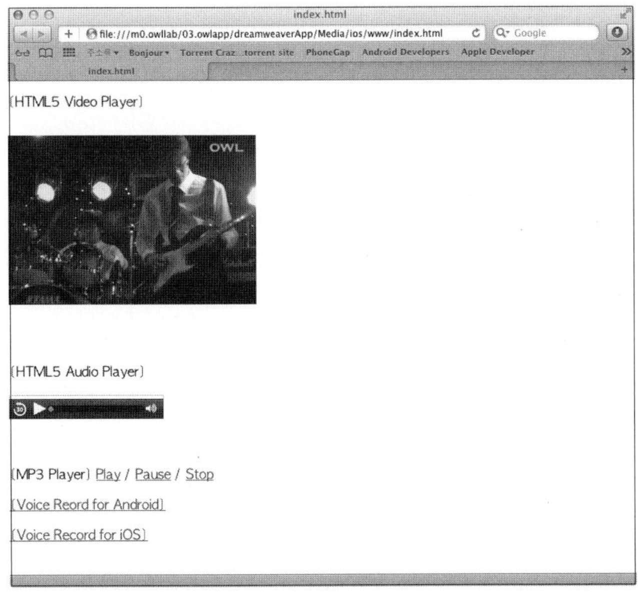

스텝 3

비디오는 중지하고 <audio> 태그로 구현한 HTML5 Audio Player를 실행해보면 음악이 잘 재생됩니다.

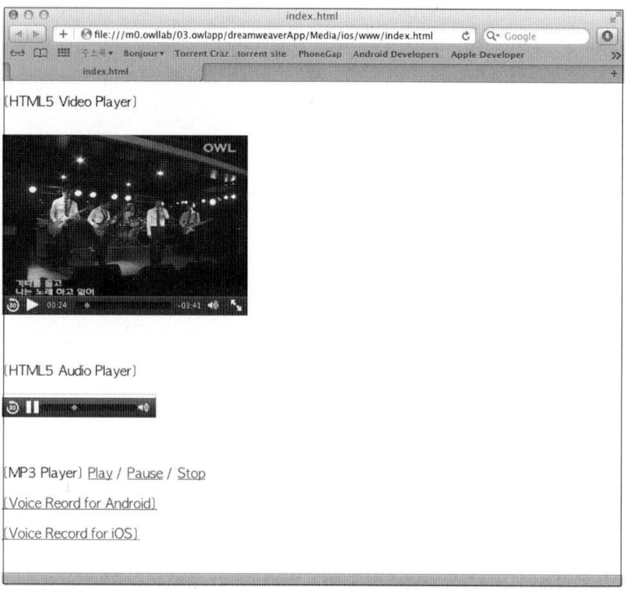

스텝 4

폰갭을 기반으로 준비한 MP3 Player의 "Play" 버튼을 클릭해보면 그림과 같이 폰갭 라이브러리가 없어 자바스크립트 오류 창이 나타날 것입니다. 폰갭은 스마트폰 플랫폼에서만 작동하는 것이므로 웹브라우저에서 실험해보기 어렵습니다.

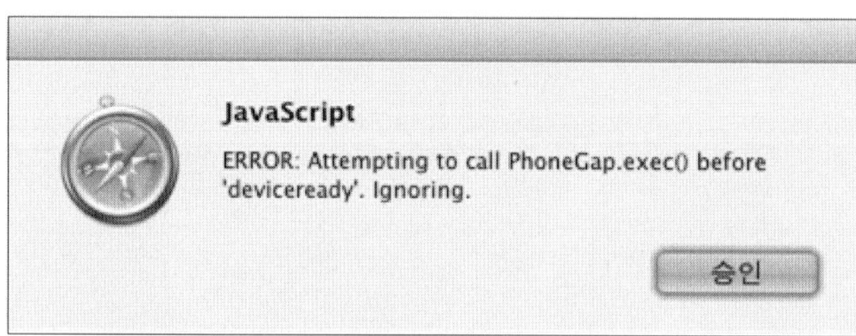

스텝 5

"Voice Record for iOS" 버튼을 클릭하면 폰갭의 녹음을 실험할 수 있는 화면으로 이동합니다.

스텝 **6**

아이폰에서 녹음을 실험할 수 있는 record_ios.html 화면은 그림과 같습니다. 이 화면도 화면 구성 정도만 웹브라우저에서 확인해볼 수 있고, 폰갭이 웹브라우저에서 작동하지 않기 때문에 기능적인 실험을 할 수는 없습니다.

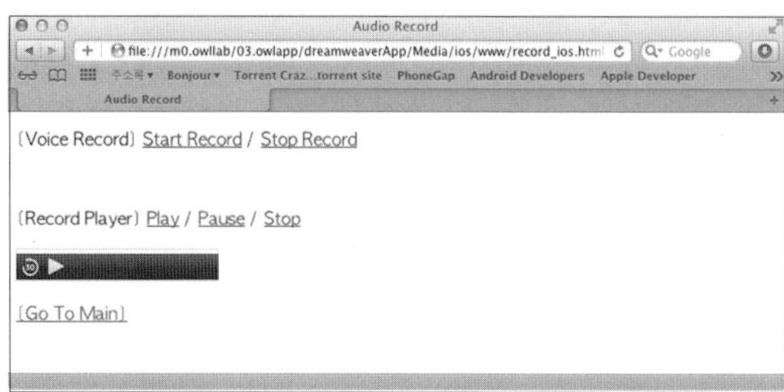

웹앱 소스 분석

스텝 **1**

먼저, index.html 파일의 화면 구성을 살펴보면 그림과 같습니다. HTML5의 <video> 태그와 <audio> 태그를 실험할 수 있도록 준비하며, 폰갭 Media API를 이용해 오디오를 재생할 수 있게 구성하고 있습니다. 또한 안드로이드와 아이폰에서 녹음을 실험할 수 있도록 record_ios.html과 record.html 파일로 링크하는 텍스트 링크 버튼을 만들었습니다.

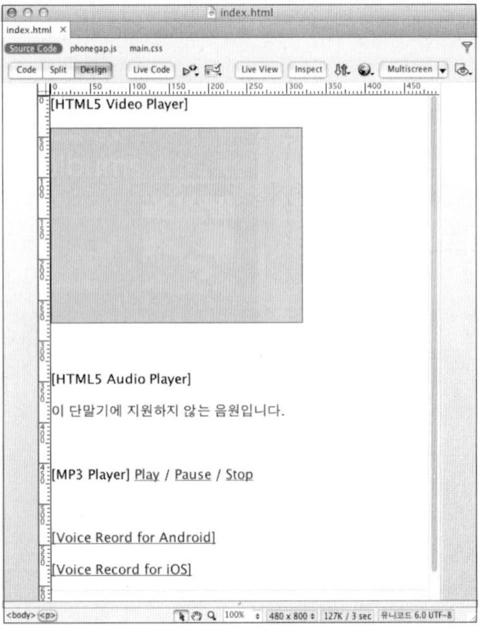

스텝 2

index.html 파일을 소스로 살펴보면 다음과 같습니다.

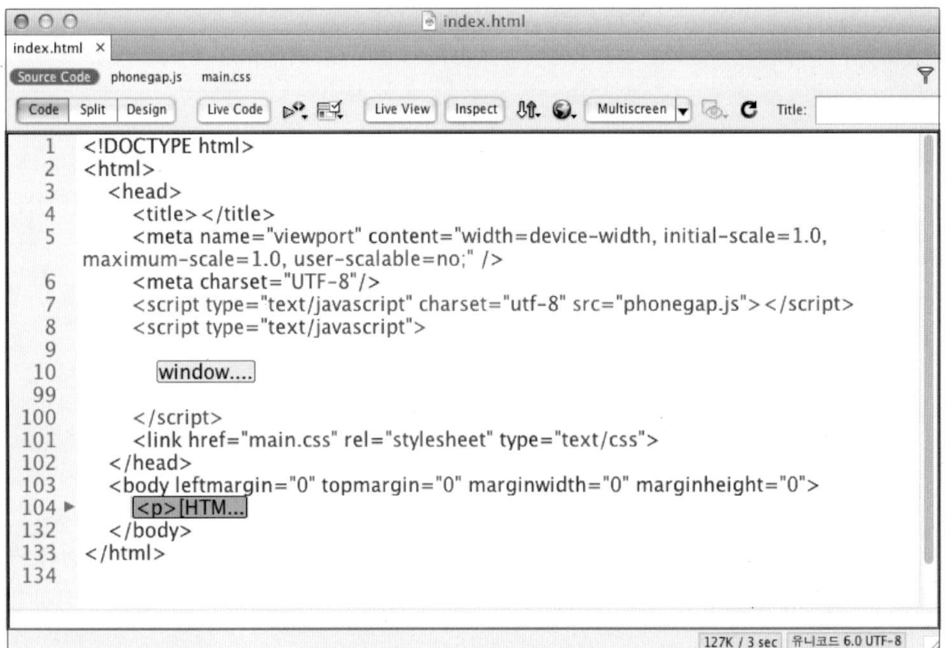

```
1   <!DOCTYPE html>
2   <html>
3     <head>
4       <title></title>
5       <meta name="viewport" content="width=device-width, initial-scale=1.0,
    maximum-scale=1.0, user-scalable=no;" />
6       <meta charset="UTF-8"/>
7       <script type="text/javascript" charset="utf-8" src="phonegap.js"></script>
8       <script type="text/javascript">
9
10        window....
99
100       </script>
101       <link href="main.css" rel="stylesheet" type="text/css">
102     </head>
103     <body leftmargin="0" topmargin="0" marginwidth="0" marginheight="0">
104 ►     <p> [HTM...
132     </body>
133   </html>
134
```

소스라인 1~133 : HTML5를 표준으로 HTML 문서를 구성하고 있습니다.

소스라인 10~98 : 폰갭 미디어 API를 이용하여 오디오를 재생하는 자바스크립트를 구사하고 있습니다. 이 부분은 다음 과정에서 자세히 살펴보겠습니다.

소스라인 104~131 : 화면에 출력할 HTML 소스를 작성한 부분입니다.

스텝 3

index.html 파일에서 화면에 출력하는 HTML 소스를 살펴보면 다음과 같습니다.

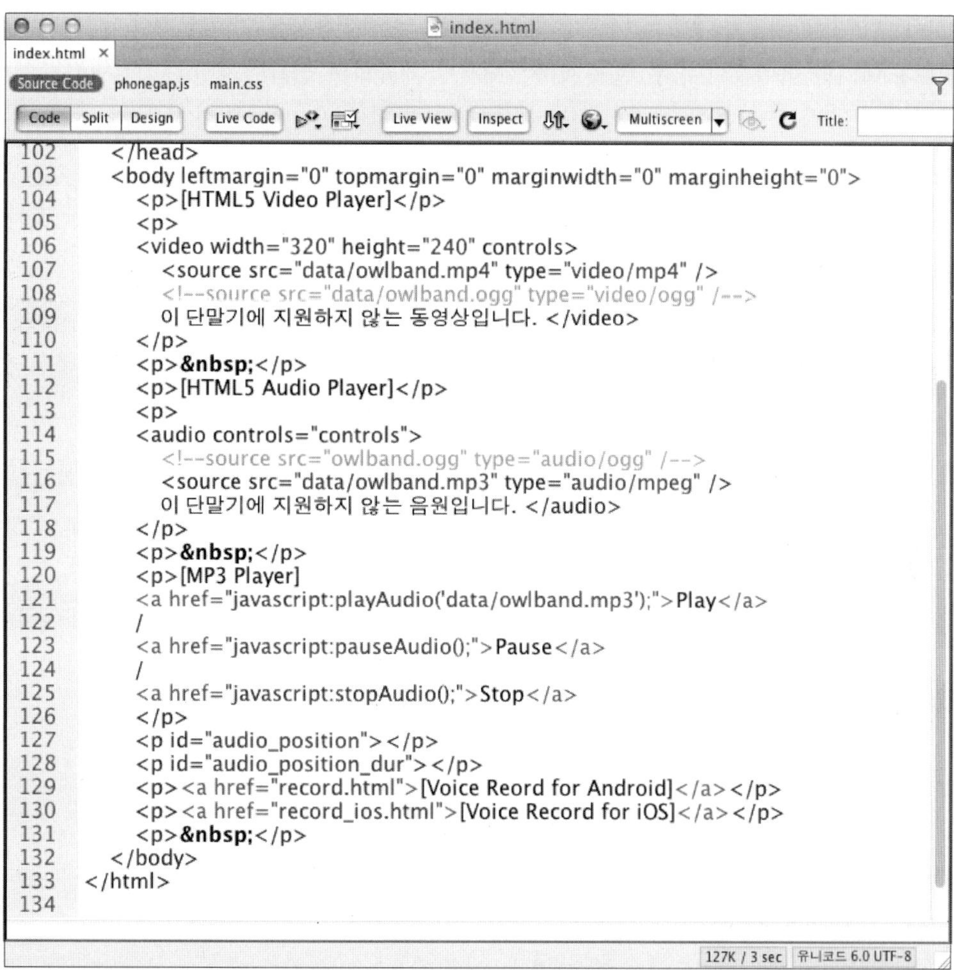

```
102    </head>
103    <body leftmargin="0" topmargin="0" marginwidth="0" marginheight="0">
104      <p>[HTML5 Video Player]</p>
105      <p>
106      <video width="320" height="240" controls>
107        <source src="data/owlband.mp4" type="video/mp4" />
108        <!--source src="data/owlband.ogg" type="video/ogg" /-->
109        이 단말기에 지원하지 않는 동영상입니다. </video>
110      </p>
111      <p> </p>
112      <p>[HTML5 Audio Player]</p>
113      <p>
114      <audio controls="controls">
115        <!--source src="owlband.ogg" type="audio/ogg" /-->
116        <source src="data/owlband.mp3" type="audio/mpeg" />
117        이 단말기에 지원하지 않는 음원입니다. </audio>
118      </p>
119      <p> </p>
120      <p>[MP3 Player]
121      <a href="javascript:playAudio('data/owlband.mp3');">Play</a>
122      /
123      <a href="javascript:pauseAudio();">Pause</a>
124      /
125      <a href="javascript:stopAudio();">Stop</a>
126      </p>
127      <p id="audio_position"></p>
128      <p id="audio_position_dur"></p>
129      <p><a href="record.html">[Voice Record for Android]</a></p>
130      <p><a href="record_ios.html">[Voice Record for iOS]</a></p>
131      <p> </p>
132    </body>
133  </html>
134
```

소스라인 106~109 : HTML5에서 제공하는 <video> 태그를 이용하여 비디오를 재생하도록 작성하고 있습니다.

소스라인 106 : 비디오 출력 영역을 "320 × 240"으로 설정하고, "control" 속성으로 재생 제어 버튼이 나타나게 합니다.

소스라인 107 : 재생할 비디오 소스 파일을 "www 폴더 안에 있는 "data/owlband.mp4"로 설정하고, 이 재생 파일의 파일 유형을 "video/mp4"로 정의해줍니다. 단말기에서 지원하는 비디오 파일 포맷에 따라 "video/*"라고 정의하기도 합니다.

소스라인 108 : HTML5의 <video> 태그 정의에 따르면 재생할 소스에 대한 정보를 <source> 태그로 설정할 수 있는데, 여러 개의 <source> 태그를 나열하여 그 중 단말기에서 지원하는 포맷의 비디오 소스를 인터렉티브하게 사용할 수 있는 방식도 있습니다.

본 사례의 경우 아이폰에서 "mp4" 포맷을 지원하는데 무리가 없기 때문에 안드로이드에서 지원하는 저해상도 비디오 파일인 "ogg" 파일의 소스를 주석 처리하고 있습니다. 만일 "mp4"와 "ogg" 파일을 모두 탑재하여 서비스를 제공할 경우는 이 구문을 주석 해제하고 호환성을 넓히는 방법으로 처리할 수도 있습니다. 하지만 아이폰의 경우 현재 애플사에서만 제공하며 "mp4" 지원을 기본으로 하기 때문에 이 구문을 주석 처리하여 확장성에 대한 여지를 남겨두고 있습니다.

소스라인 109 : <video> 태그가 지원되지 않는 경우를 대비하여 안내문을 작성하고 있는데 아이폰의 경우 그럴 경우가 전무하기 때문에 큰 의미는 없습니다. 혹시나 HTML5를 전혀 지원하지 않는 경우 안내문을 출력하는 사례를 보여주기 위해 안내문을 작성해두고 있습니다.

소스라인 114~117 : HTML5에서 지원하는 <audio> 태그를 이용하여 오디오 파일을 재생하는 구문을 작성하고 있습니다. 아이폰의 경우 HTML5를 완벽하게 지원하기 때문에 이 구문이 충분히 유용합니다.

소스라인 114 : "control" 속성으로 오디오를 재생하는 제어판을 화면에 출력하게 설정하고 있습니다.

소스라인 115 : <video> 태그에서 설명한 바와 같이 <audio> 태그에서도 재생할 오디오 소스 파일을 여러 개로 설정할 수 있지만 아이폰에서 "mp3" 파일을 완벽하게 지원하기 때문에 여러 재생 소스 파일을 설정할 수 있는 사례를 주석으로 표시하고 있습니다.

소스라인 116 : "www" 폴더에 있는 "data/owlband.mp3" 파일을 재생할 오디오 소스 파일로 설정하고 있습니다.

소스라인 117 : <audio> 태그를 전혀 지원하지 않는 플랫폼의 경우에 안내문을 출력하는 방법을 기술하고 있습니다. 아이폰의 경우 그럴 리가 없기 때문에 실질적인 효용성은 없습니다.

소스라인 121 : 폰갭에서 제공하는 미디어 API를 이용하여 오디오 파일을 재생하는 링크 버튼을 작성하고 있습니다.

소스라인 123 : 폰갭 미디어 API를 이용하여 재생 중인 오디오를 중지할 때 사용할 링크 버튼을 작성하고 있습니다.

소스라인 125 : 폰갭 미디어 API를 이용하여 재생 중인 오디오를 정지할 때 사용할 링크 버튼을 작성하고 있습니다.

소스라인 127 : 폰갭 미디어 API로 재생하는 오디오 객체의 재생 위치를 실시간으로 표기할 영역이며 이 객체의 아이디는 "audio_position"으로 정의하고 있습니다.

소스라인 128 : 폰갭 미디어 API로 재생하는 오디오 객체의 재생 지연 시간을 표기할 영역이며 이 객체의 아이디는 "audio_position_dur"로 정의하고 있습니다.

소스라인 129 : 안드로이드에서 녹음 기능을 확인할 수 있는 record.html 화면으로 이동하는 링크 버튼을 작성하고 있습니다. 링크 이름에 오타가 있군요. 실험을 위한 것이니 교정하지 않고 그냥 두겠습니다.

소스라인 130 : 아이폰에서 녹음 기능을 실험할 수 있는 recored_ios.html 화면으로 이동하는 링크 버튼을 작성하고 있습니다.

스텝 **4**

index.html에서 폰갭 미디어 API로 오디오 파일을 재생하는 자바스크립트를 다음과 같이 살펴봅니다.

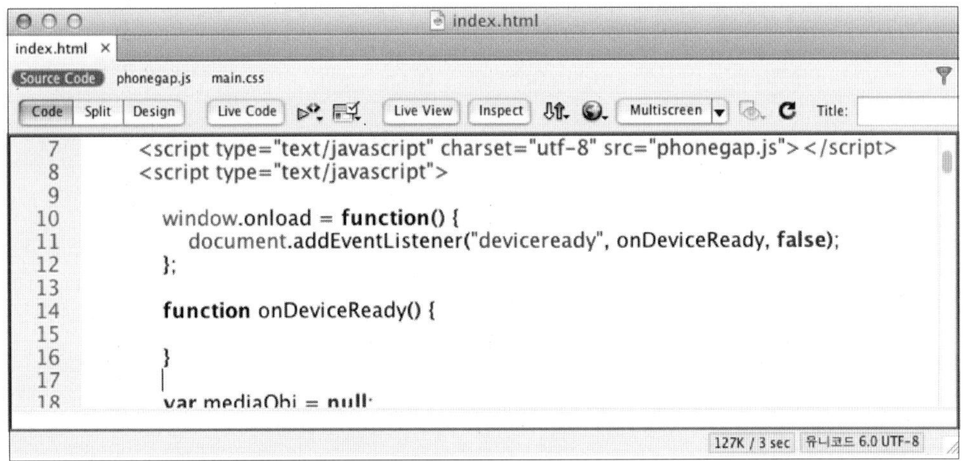

소스라인 10~12 : 이 문서를 로드했을 때 폰갭 라이브러리를 로드하는 리스너를 켭니다.

소스라인 14~16 : 폰갭 라이브러리를 로드했을 때 실행하는 함수이며, 본 사례에서는 특별한 자동 실행 구문을 구사하지 않고 있습니다.

스텝 **5**

다음은 폰갭 Media 클래스를 이용하여 오디오를 재생하는 구문을 시작합니다.

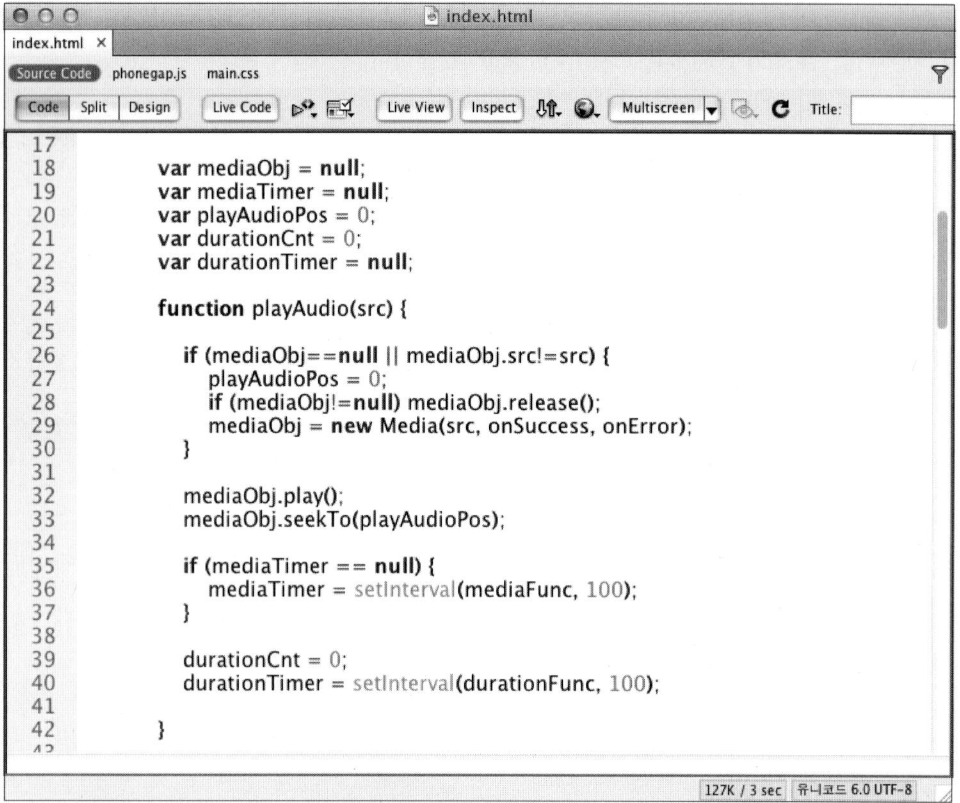

소스라인 18 : 폰갭 미디어 객체를 기록할 객체를 선언합니다.

소스라인 19 : 미디어를 재생할 때 재생 위치를 실시간으로 출력하기 위해 사용할 타이머 객체를 선언합니다.

소스라인 20 : 재생하고 있는 미디어의 현재 위치를 기록할 변수입니다.

소스라인 21 : 미디어를 재생할 때 지연 시간을 기록할 변수입니다.

소스라인 22 : 지연 시간을 화면에 출력하기 위한 타이머 객체를 선언합니다.

소스라인 24~42 : 매개변수 src로 재생할 오디오 파일의 경로를 전달받아 Media 클래스로 미디어 객체를 만들고 오디오를 재생하는 함수입니다.

소스라인 26~30 : 이 함수는 사용자가 여러 번 실행할 수 있고, 한 개의 음원만을 실험할 것이기 때문에 성능의 효율을 위해 미디어 객체가 한번만 생성되게 조건문을 구사하고 있습니다. 만일 이 함수를 호출하는 버튼이 여러 개 있고 여러 개의 음원을 교체하면서 오디오를 재생하는 화면의 경우 이 조건문을 구사하지 말아야 합니다.

소스라인 27 : 재생하고 있는 오디오의 현재 위치 값을 0으로 초기화합니다.

소스라인 28 : 만일 이전에 미디어 객체가 생성된 적이 있다면 release() 메소드로 초기화하여 메모리 관리를 해줍니다.

소스라인 29 : Media 클래스로 전달받은 src 값 (오디오 음원 경로)을 대입하여 미디어 객체를 생성하고 mediaObj 객체에 대입합니다. Media 클래스를 작성할 때는 미디어 객체 생성의 성공 여부에 따라 실행 함수를 지정해야 합니다. 본 사례에서는 미디어 객체 생성에 성공했을 때 onSuccess() 함수를 실행하도록 하고, 실패했을 때 onError() 함수를 실행하도록 작성하고 있습니다. 이 두 이벤트 함수는 다음 과정에서 소개할 것입니다.

소스라인 32 : play() 메소드로 미디어 객체를 재생합니다.

소스라인 33 : 이 구문과 같이 seekTo() 메소드를 이용하면 이전에 재생하던 위치 값을 이용하여 이어서 재생하기를 구현할 수 있습니다.

소스라인 35~37 : 재생 위치를 출력하는 타이머 객체가 없을 때만 setInterval() 함수로 타이머를 생성하도록 작성하고 있습니다.

소스라인 36 : 이 타이머의 실행 간격은 0.1초로 설정하고 있습니다. 단말기의 성능에 따라 단말기의 CPU에 부담이 없도록 이 실행 간격 값을 조절할 필요가 있습니다. 이 타이머는 0.1초 간격으로 mediaFunc() 함수를 실행하게 작성하고 있습니다.

소스라인 39 : 지연 시간을 기록하는 durationCnt 값을 0으로 초기화합니다.

소스라인 40 : setInterval() 함수를 이용하여 0.1초마다 지연 시간을 체크하고 출력하는 duration Func() 함수를 실행하게 작성하고 있습니다.

스텝 6

재생하는 오디오의 현재 위치를 체크하고 출력하는 mediaFunc() 함수와 mediaFunc() 함수가 재생 위치를 성공적으로 감지했을 때 실행하는 mediaSuccess() 함수, 그리고 재생 위치 감지에 실패했을 때 실행하는 mediaError() 함수를 다음과 같이 정의하고 있습니다.

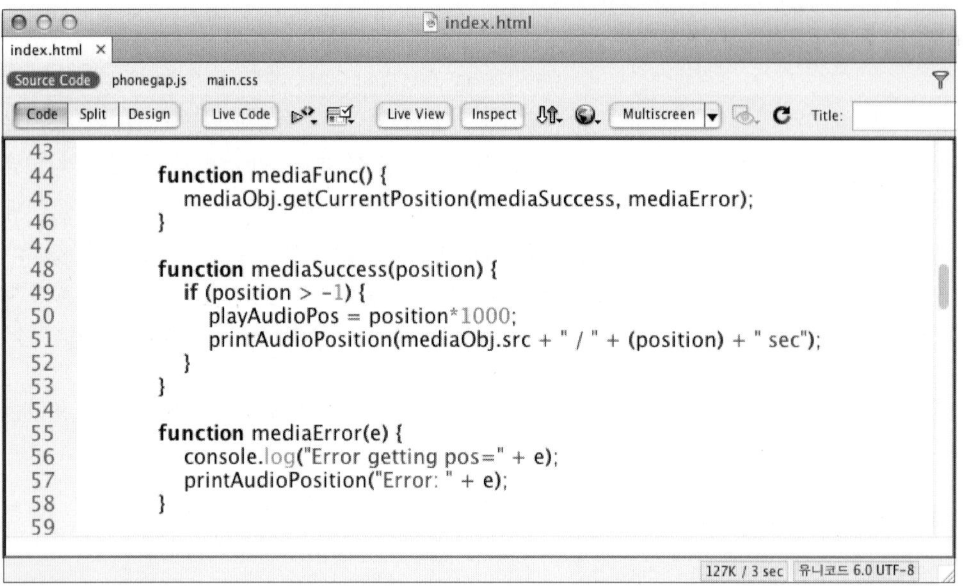


```
43
44        function mediaFunc() {
45            mediaObj.getCurrentPosition(mediaSuccess, mediaError);
46        }
47
48        function mediaSuccess(position) {
49            if (position > -1) {
50                playAudioPos = position*1000;
51                printAudioPosition(mediaObj.src + " / " + (position) + " sec");
52            }
53        }
54
55        function mediaError(e) {
56            console.log("Error getting pos=" + e);
57            printAudioPosition("Error: " + e);
58        }
59
```

소스라인 44~46 : 재생하는 오디오의 현재 위치를 체크하고 출력하는 mediaFunc() 함수를 정의합니다.

소스라인 45 : 미디어 객체에서 지원하는 getCurrentPosition() 함수를 실행하면 재생 중인 미디어 객체의 현재 위치 값을 가져올 수 있습니다. getCurrentPosition() 함수는 현재 위치 감지에 성공했을 때와 실패했을 때 실행할 함수를 정의해야 하는데, 본 사례는 성공했을 때 mediaSuccess() 함수를 실행하고, 실패했을 때 mediaError() 함수를 실행하게 작성하고 있습니다.

소스라인 48~53 : 미디어의 현재 위치 감지에 성공했을 때 실행하는 mediaSuccess() 함수를 정의합니다. 이 함수는 이벤트형 함수이고 이벤트가 발생하면 position이라는 매개변수를 통해 감지한 현재 위치 값을 이벤트에서 받아옵니다.

소스라인 49~52 : position 값이 0 또는 양수일 때만 의미가 있으므로 조건문을 구사하고 있습니다.

소스라인 50 : getCurrentPosition() 함수의 이벤트에서 전달받은 position 값은 초 단위입니다. 이를 밀리초 단위로 변환하여 playAudioPos라는 변수에 기록하고 있습니다.

소스라인 51 : printAudioPosition() 함수를 이용하여 미디어의 현재 위치 정보를 화면에 출력합니다. mediaObj.src는 오디오 파일의 경로 정보를 의미합니다.

소스라인 55~58 : getCurrentPosition() 함수로 현재 위치를 감지할 때 오류가 발생하면 실행하는 mediaError() 함수를 정의합니다.

소스라인 56 : 콘솔 로그를 이용하여 오류 메시지를 백그라운드의 시스템 로고에 기록하는 방식을 보여주고 있습니다.

소스라인 57 : printAudioPosition() 함수를 이용하여 화면에 오류 메시지를 출력하고 있습니다.

스텝 **7**

오디오 재생 지연 시간을 감지하고 출력하는 durationFunc() 함수를 다음과 같이 작성했습니다.

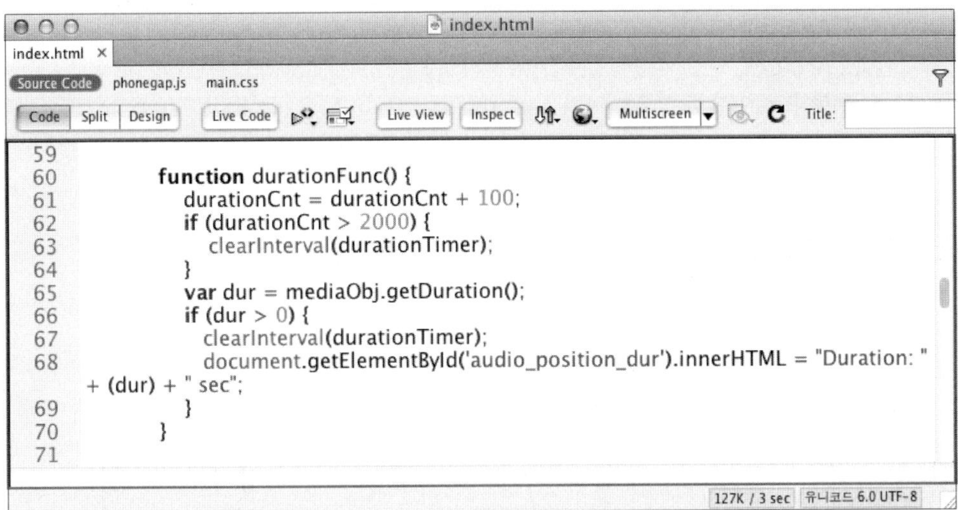


```
59
60              function durationFunc() {
61                  durationCnt = durationCnt + 100;
62                  if (durationCnt > 2000) {
63                     clearInterval(durationTimer);
64                  }
65                  var dur = mediaObj.getDuration();
66                  if (dur > 0) {
67                     clearInterval(durationTimer);
68                     document.getElementById('audio_position_dur').innerHTML = "Duration: "
     + (dur) + " sec";
69                  }
70              }
71
```

소스라인 61 : durationFunc() 함수는 100 밀리초마다 실행합니다. 따라서 이 함수가 실행될 때마다 durationCnt에 100을 누적하여 더해줍니다.

소스라인 62~64 : 2000 밀리초, 즉 2초 후에는 지연 시간을 체크하는 타이머를 clearInterval() 함수로 소멸되게 합니다. 2초 이상 지연되는 것은 의미가 없는 것으로 판단한 것입니다.

소스라인 65 : getDuration() 메소드를 이용하여 미디어 객체에서 지연 시간을 가져와 dur라는 변수에 기록합니다.

소스라인 66~69 : 감지한 지연 시간 값(dur)이 양수일 때는 지연 시간 값을 성공적으로 가져온 것으로 판단하여 조건문을 구사합니다.

소스라인 67 : 지연 시간을 감지하기 위해 실행 중인 타이머를 clearInterval() 함수로 소멸시킵니다.

소스라인 69 : HTML 객체 중 아이디가 "audio_position_dur"인 객체에 HTML 형식으로 지연 시간 값을 출력합니다.

스텝 **8**

다음은 미디어 재생을 중지하는 pauseAudio() 함수와 정지하는 stopAudio() 함수를 정의하고, 앞서 Media 클래스를 생성할 때 발생하는 성공, 실패 이벤트에 대한 onSuccess() 함수와 onError() 함수를 정의합니다. 끝으로 재생하는 오디오의 현재 위치 정보를 출력하는 printAudioPosition() 함수를 작성합니다.

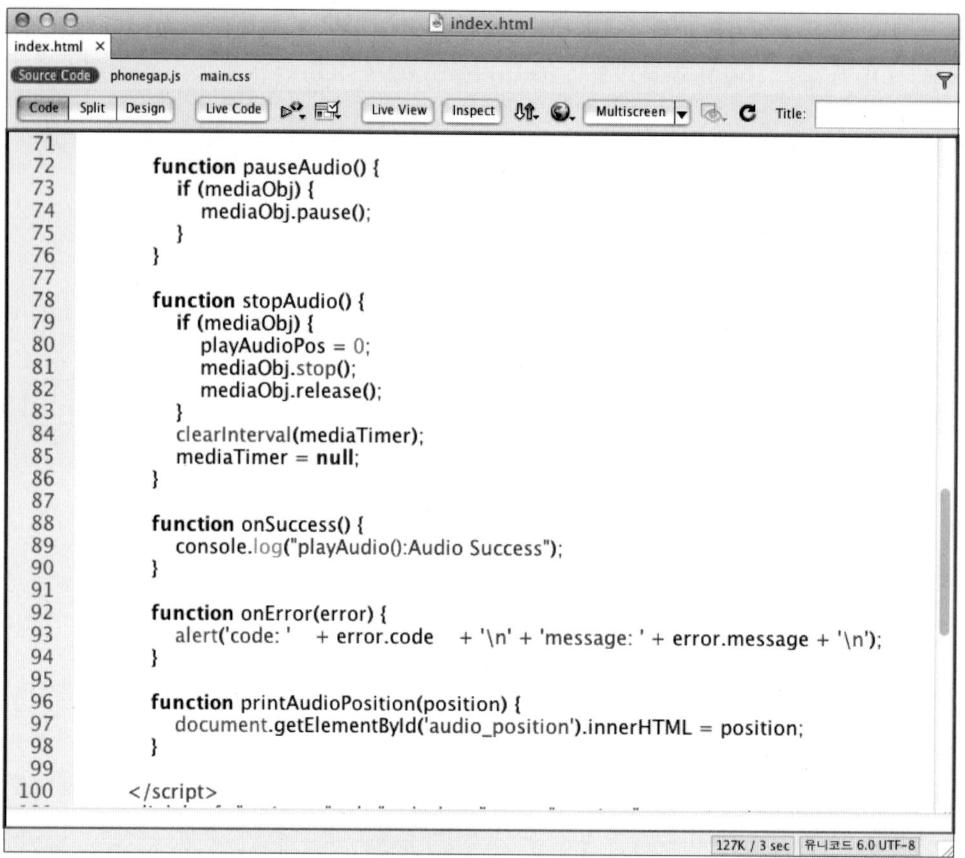

소스라인 72~76 : 재생하는 미디어를 일시적으로 중지하는 pauseAudio() 함수를 작성합니다.

소스라인 73~75 : 사용자가 미디어 객체가 생성되기 전에 일시 중지 버튼을 클릭하면 미디어 객체인 mediaObj가 null 상태이어서 null 포인트 오류가 발생할 수 있기 때문에 조건문으로 감싸 줄 필요가 있습니다.

소스라인 74 : pause() 메소드를 실행하여 재생하던 오디오를 일시 중지시킵니다.

소스라인 78~86 : 재생하던 미디어를 정지시키는 stopAudio() 함수를 작성합니다.

소스라인 79~83 : 정지 함수 역시 null 포인트 오류를 방지하기 위해 조건문을 구사하고 있습니다.

소스라인 80 : 재생 위치 값을 기록하는 playAudioPos 값을 0으로 초기화하여 다음에 재생할 때 처음부터 재생하도록 작성하고 있습니다.

소스라인 81 : stop() 메소드를 실행하여 재생 중인 미디어를 정지합니다.

소스라인 82 : release() 메소드를 실행하여 미디어 객체에 담아 둔 오디오 파일을 메모리에서 해제하는 사례를 보여주고 있습니다.

소스라인 84~85 : 재생 위치를 감지하고 출력하는 타이머를 소멸시키고, 타이머 객체를 null로 초기화합니다.

소스라인 88~90 : Media 클래스 생성에 성공했을 때 실행하는 onSuccess() 이벤트 함수를 작성합니다.

소스라인 89 : 콘솔에 성공 메시지를 로그로 출력하는 구문입니다.

소스라인 92~94 : Media 클래스 생성에 실패했을 때 실행하는 onError() 이벤트 함수를 작성합니다.

소스라인 93 : 오류 메시지를 alert() 함수로 출력하고 있습니다.

소스라인 96~98 : 오디오 재생 위치 정보를 실시간으로 화면에 출력할 때 사용하는 printAudioPosition() 함수입니다.

소스라인 97 : 화면에 출력하는 HTML 객체 중 아이디가 "audio_position"인 객체에 재생 위치 정보를 출력합니다.

스텝 9

본 사례는 .html 파일에 공통으로 사용할 CSS 스타일로 main.css 파일을 사용하고 있습니다. main.css 파일의 소스는 다음과 같습니다.

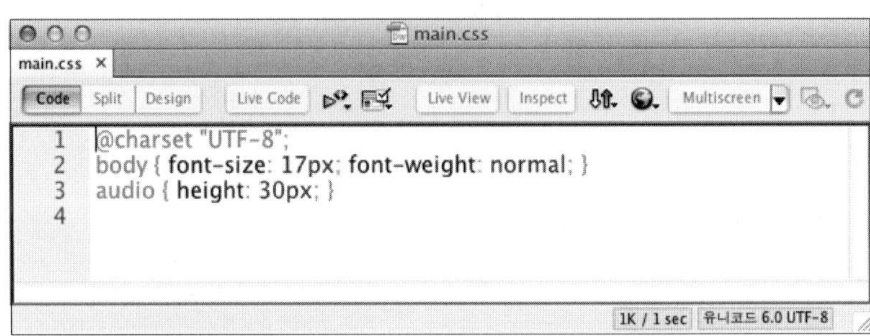

소스라인 1 : UFT-8 인코딩을 사용하여 스타일을 정의한다고 선언하고 있습니다.

소스라인 2 : <body> 태그에 적용할 스타일입니다. 글자 크기를 17px로 설정하고, 글자의 굵기를 "보통(normal)"으로 설정하고 있습니다.

소스라인 3 : <audio> 태그에 적용할 스타일을 시험 삼아 정의해보고 있습니다. 높이 값을 30px로 설정하고 있으나 실험을 해보면 큰 의미가 없다는 것을 알 수 있습니다. HTML5의 매뉴얼에 속성으로 소개하고 있지만 매뉴얼을 보는 개발자의 이상과 현실이 다르다는 것을 느끼고 실험을 통해서만 속성을 검증할 수 있다는 것을 알 수 있습니다.

스텝 **10**

아이폰에서 녹음을 하고 녹음한 음원을 재생하는 실험을 하기 위해 record_ios.html 파일을 만들었습니다. 먼저 "Start Record" 버튼을 클릭하여 녹음을 시작하면 이 버튼 아래에 녹음 상태가 실시간으로 표시되고, "Stop Record" 버튼을 클릭하면 녹음을 종료할 수 있도록 사용자 인터페이스를 준비했습니다. 또한 "[Record Player]" 영역에서 "Play/Pause/Stop" 버튼을 이용하여 녹음한 음원을 재생할 수 있게 했습니다. 필요에 따라 "[Go To Main]" 버튼을 클릭하면 index.html 화면으로 돌아갈 수 있게 했습니다.

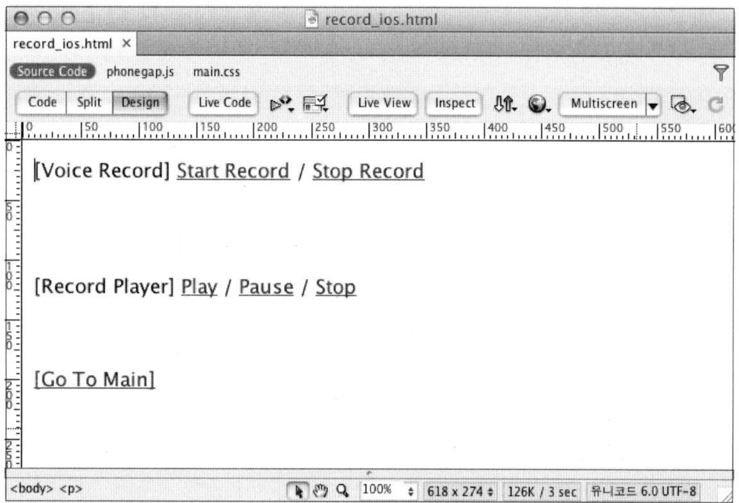

스텝 **11**

record_ios.html 파일의 소스를 살펴봅니다.


```html
1  <!DOCTYPE html>
2  <html>
3    <head>
4    <title>Audio Record</title>
5    <script type="text/javascript" charset="utf-8" src="phonegap.js"></script>
6    <script type="text/javascript" charset="utf-8">
7
8 ▶  documen...
96
97    </script>
98    <link href="main.css" rel="stylesheet" type="text/css">
99    </head>
```

```
100     <body>
101     <p>[Voice Record]
102       <a href="javascript:recordAudio();">Start Record</a>
103       /
104       <a href="javascript:stopRecord();">Stop Record</a>
105     </p>
106     <p id="record_position"></p>
107     <p> </p>
108     <p>[Record Player]
109       <a href="javascript:recordPlay();">Play</a>
110       /
111       <a href="javascript:recordPause();">Pause</a>
112       /
113       <a href="javascript:recordStop();">Stop</a>
114     </p>
115     <p><audio id="audio" controls="controls"/ ></p>
116
117       <a href="index.html">[Go To Main]</a>
118
119   </body>
120   </html>
```

126K / 3 sec 유니코드 6.0 UTF-8

소스라인 1 : HTML5를 표준으로 HTML 문서를 선언하고 있습니다.

소스라인 8~95 : 폰갭 라이브러리를 이용하여 녹음을 하고 재생하는 자바스크립트를 줄임 표시로 보여주고 있습니다.

소스라인 98 : 앞서 언급한 main.css 파일을 이 문서에 사용할 스타일로 호출하고 있습니다.

소스라인 101~105 : 텍스트 링크 방식으로 녹음을 시작하고 종료하는 버튼을 작성하고 있습니다.

소스라인 106 : <p> 태그로 녹음 상태를 표시할 수 있는 영역을 설정하고 객체의 아이디를 "record_position"이라 정의했습니다.

소스라인 108~114 : 녹음한 음원을 재생하는 텍스트 버튼들을 작성하고 있습니다.

소스라인 115 : <audio> 태그를 이용하여 녹음한 음원을 재생하는 방식을 사용하기 위해 준비하고 아이디를 "audio"라 설정했습니다.

소스라인 117 : index.html 화면으로 이동할 수 있게 텍스트 버튼을 작성하고 있습니다.

스텝 12

위의 줄임 표시로 보여 준 자바스크립트를 하나씩 살펴보겠습니다. 이 자바스크립트에서 핵심적인 기술 요소는 다음과 같습니다.

① 폰갭을 이용하여 녹음하는 방법
② 화면이 나타났을 때 녹음할 .wav 파일을 생성하는 방법
③ HTML5의 <audio> 객체를 이용하여 녹음한 파일을 재생하는 방법

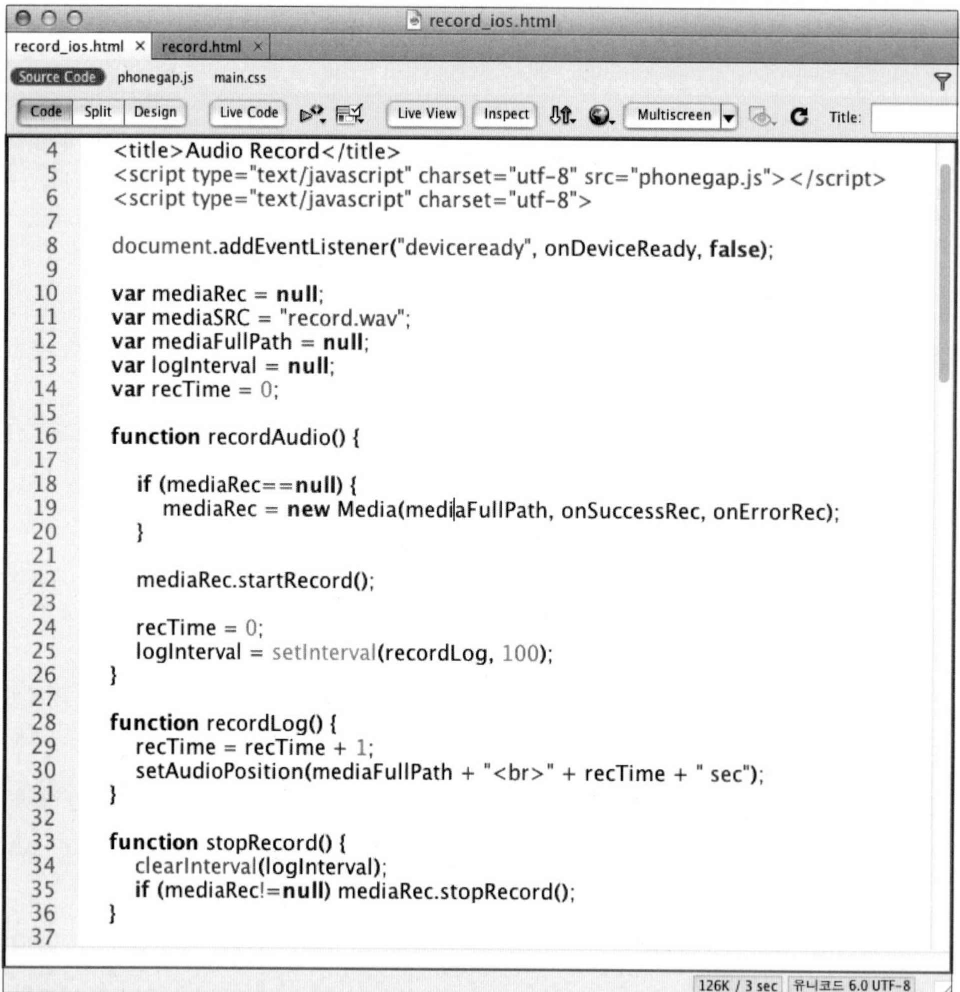


```html
4    <title>Audio Record</title>
5    <script type="text/javascript" charset="utf-8" src="phonegap.js"></script>
6    <script type="text/javascript" charset="utf-8">
7
8    document.addEventListener("deviceready", onDeviceReady, false);
9
10   var mediaRec = null;
11   var mediaSRC = "record.wav";
12   var mediaFullPath = null;
13   var logInterval = null;
14   var recTime = 0;
15
16   function recordAudio() {
17
18     if (mediaRec==null) {
19       mediaRec = new Media(mediaFullPath, onSuccessRec, onErrorRec);
20     }
21
22     mediaRec.startRecord();
23
24     recTime = 0;
25     logInterval = setInterval(recordLog, 100);
26   }
27
28   function recordLog() {
29     recTime = recTime + 1;
30     setAudioPosition(mediaFullPath + "<br>" + recTime + " sec");
31   }
32
33   function stopRecord() {
34     clearInterval(logInterval);
35     if (mediaRec!=null) mediaRec.stopRecord();
36   }
37
```

소스라인 8 : 폰갭 라이브러리를 호출하는 구문입니다.

소스라인 10 : 녹음할 미디어 객체를 기록할 mediaRec 객체를 null로 초기화하면서 선언합니다.

소스라인 11 : 아이폰의 경우 .wav 파일을 사용해야 합니다. 본 사례는 "record.wav" 파일을 녹음할 음원 파일명으로 선언하고 있습니다.

소스라인 12 : 음원 파일의 전체 경로를 기록할 때 사용할 변수로 mediaFullPath를 선언하고 있습니다.

소스라인 13 : 녹음 상태 정보를 실시간으로 화면에 출력하기 위해 사용할 타이머 객체를 선언해 둡니다.

소스라인 14 : 녹음 시간을 기록하기 위한 recTime 변수를 선언해둡니다.

소스라인 16~26 : 녹음을 시작하는 recordAudio() 함수를 정의합니다.

소스라인 18~20 : mediaFullPath를 이용하여 미디어 객체를 생성합니다. mediaFullPath를 구하는 구문은 onDeviceReady() 함수에 있고, onDeviceReady()는 폰갭 라이브러리를 호출하는 소스라인 8에서 실행합니다. 정리하자면, 본 사례는 화면이 나타날 때 폰갭 라이브러리를 호출하고 폰갭 라이브러리를 호출했을 때 녹음할 .wav 파일을 생성해두는 방식을 취하고 있습니다.

소스라인 22 : startRecord() 메소드를 실행하여 녹음을 시작합니다.

소스라인 24 : 녹음 시간을 기록할 recTime을 0으로 초기화합니다.

소스라인 25 : 녹음 상태를 실시간으로 화면에 출력하기 위해 타이머를 생성하고 실행합니다. 100 밀리초 단위로 recordLog() 함수를 실행하도록 작성하고 있습니다. 이 타이머를 나중에 종료할 수 있도록 logInterval이라는 객체에 기록해두었습니다.

소스라인 28~31 : 녹음 상태를 화면에 출력하는 recordLog() 함수를 정의하고 있습니다.

소스라인 29 : 이 함수가 타이머에 의해 0.1초마다 실행될 때 recTime이 1씩 증가하게 작성하고 있습니다. 이렇게 하면 0.1초 단위로 상태를 출력할 수 있게 되는데 아래의 출력 구문을 보면 "sec"라는 단위로 화면에 출력하고 있기 때문에 잘못 계산한 사례입니다. 초 단위로 녹음 시간을 측정하여 출력할 것이라면 recTime에 0.1씩 더해주는 것이 맞는 로직일 것입니다. 실험용이지만 잘못된 부분을 인식하고 넘어가도록 합니다.

소스라인 30 : 화면에 녹음 상태를 출력하는 setAudioPosition() 함수를 실행합니다. 상태 정보에는 녹음 파일의 전체 경로와 경과 시간을 출력하고 있습니다.

소스라인 33~36 : 녹음을 종료하는 stopRecord() 함수입니다.

소스라인 34 : 녹음 상태를 출력하는 타이머를 소멸시킵니다.

소스라인 35 : 녹음 중일 때만 stopRecord() 메소드를 실행하여 녹음을 종료하게 조건문을 구사할 필요가 있다는 점을 눈여겨 보기바랍니다.

스텝 **13**

다음은 폰갭 라이브러리가 호출됐을 때 실행하는 onDeviceReady() 함수와 onDeviceReady()에서 실행하는 requestFileSystem()으로 파일 시스템 이벤트를 발생시켜 record.wav 파일을 생성하는 이벤트 함수들입니다.

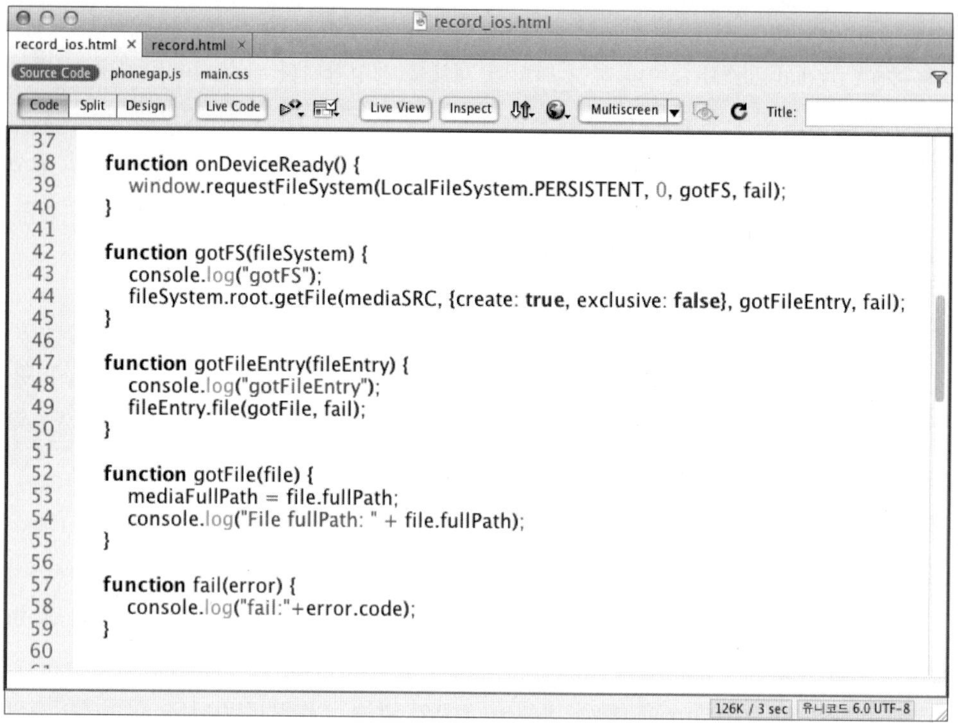


```
37
38    function onDeviceReady() {
39        window.requestFileSystem(LocalFileSystem.PERSISTENT, 0, gotFS, fail);
40    }
41
42    function gotFS(fileSystem) {
43        console.log("gotFS");
44        fileSystem.root.getFile(mediaSRC, {create: true, exclusive: false}, gotFileEntry, fail);
45    }
46
47    function gotFileEntry(fileEntry) {
48        console.log("gotFileEntry");
49        fileEntry.file(gotFile, fail);
50    }
51
52    function gotFile(file) {
53        mediaFullPath = file.fullPath;
54        console.log("File fullPath: " + file.fullPath);
55    }
56
57    function fail(error) {
58        console.log("fail:"+error.code);
59    }
60
```

소스라인 38~40 : ″deviceready″에 대한 이벤트 리스너에 의해 실행되는 onDeviceReady() 함수입니다.

소스라인 39 : ″record.wav″ 파일로 정의한 녹음 음원 파일을 생성하기 위해 window.request FileSystem() 메소드를 실행 후, window.requestFileSystem() 메소드로 파일 시스템 이벤트를 발생시킵니다. window.requestFileSystem() 메소드는 파일 시스템 접근에 성공했을 때 gotFS()라는 함수를 실행하도록 하고, 실패했을 때는 fail() 함수를 실행하도록 작성하고 있습니다. LocalFile System은 폰갭에서 제공하는 객체입니다. LocalFileSystem.PERSISTENET는 응용 프로그램을 통해서만 삭제할 수 있는, 영구적으로 보관하는 저장 공간을 의미합니다. LocalFileSystem 객체에 대한 자세한 설명이 필요하면 폰갭의 File API 부분을 참조하기 바랍니다.

소스라인 42~45 : window.requestFileSystem() 메소드에 성공했을 때 실행하는 gotFS() 함수입니다. window.requestFileSystem()은 성공했을 때 파일 시스템 객체를 매개변수로 받는데 본 사례에서는 fileSystem이라는 변수로 받아오고 있습니다.

소스라인 43 : 개발자가 window.requestFileSystem()의 작동 흐름을 파악할 수 있도록 콘솔 로그에 간단한 메시지를 출력하고 있습니다.

소스라인 44 : 전달받은 fileSystem 객체에서 root 경로를 기준으로 앞서 정의한 mediaSRC 경로의 파일을 호출합니다. 이때 파일이 없으면 자동으로 생성할 수 있도록 ″create: true″ 옵션을 설정합니다. 또한 파일을 생성할 때 이미 폴더나 파일이 존재하면 다시 생성하지 않도록 ″exclusive: false″

옵션을 사용합니다. getFile() 메소드 실행에 성공하면 gotFileEntry() 함수를 실행하고, 실패하면 fail() 함수를 실행하게 합니다.

소스라인 47~50 : getFile() 메소드가 성공했을 때 실행하는 gotFileEntry() 함수입니다. gotFile Entry() 함수는 getFile() 메소드가 성공했을 때 FileEntry 객체를 전달받는데, 본 사례는 이 객체를 "fileEntry"라는 변수로 처리하고 있습니다. 폰갭에서 제공하는 FileEntry 객체는 파일 객체를 의미합니다.

소스라인 49 : 이벤트에서 전달받은 FileEntry 객체에서 file() 메소드로 파일을 호출합니다. file() 메소드가 파일 호출에 성공하면 gotFile() 함수를 실행합니다.

소스라인 52~55 : gotFile() 함수는 file() 메소드에서 전달하는 File 객체를 받아오고, 본 사례에서는 File 객체를 "file"이라는 변수로 처리하고 있습니다.

소스라인 53 : 폰갭에서 제공하는 File 객체에서 fullPath 속성을 사용하면 호출한 파일의 전체 경로를 구할 수 있습니다. 이렇게 구한 음원 파일의 전체 경로를 mediaFullPath에 기록합니다. mediaFullPath 값은 앞서 설명한 recordAudio() 함수에서 Media 클래스로 미디어 객체를 생성할 때 사용합니다.

소스라인 57~59 : 파일 시스템 관련 명령 실행에 실패했을 때 실행하는 fail() 함수를 정의합니다.

소스라인 58 : 개발자가 실패 이유를 파악할 수 있도록 전달받은 오류 코드를 출력하고 있습니다.

스텝 14

Media 클래스로 미디어 객체의 생성에 성공했을 때와 실패했을 때 실행하는 함수와 녹음 상태를 화면에 출력하는 함수를 다음과 같이 작성합니다.

```
61
62    function onSuccessRec() {
63        console.log("recordAudio():Audio Success");
64    }
65
66    function onErrorRec(error) {
67        alert('code: '   + error.code   + '\n' + 'message: ' + error.message + '\n');
68    }
69
70    function setAudioPosition(logVal) {
71        document.getElementById('record_position').innerHTML = logVal;
72    }
73
74    var audio = null;
```

소스라인 62~64 : 미디어 객체 생성에 성공했을 때 실행하는 onSuccessRec() 함수를 정의합니다.

소스라인 63 : 콘솔에 성공 로그를 출력합니다.

소스라인 66~68 : 미디어 객체 생성에 실패했을 때 실행하는 onErrorRec() 함수를 정의합니다.

소스라인 67 : 오류 메시지를 경고 창으로 화면에 출력합니다.

소스라인 70~72 : 녹음 상태를 화면에 출력하는 setAudioPosition() 함수입니다.

소스라인 71 : HTML 화면에 배치한 아이디가 "record_position"인 객체에 전달받은 안내문을 출력합니다.

스텝 15

다음은 녹음한 오디오를 재생하는 함수들을 정의하고 있습니다.

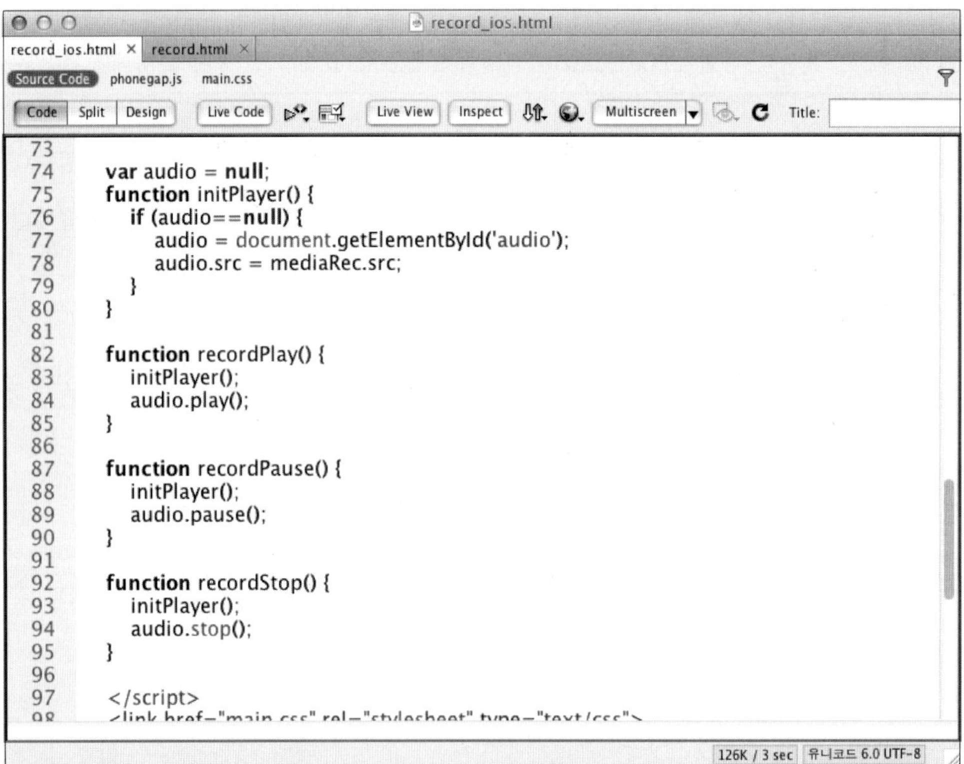


```
73
74      var audio = null;
75      function initPlayer() {
76        if (audio==null) {
77          audio = document.getElementById('audio');
78          audio.src = mediaRec.src;
79        }
80      }
81
82      function recordPlay() {
83        initPlayer();
84        audio.play();
85      }
86
87      function recordPause() {
88        initPlayer();
89        audio.pause();
90      }
91
92      function recordStop() {
93        initPlayer();
94        audio.stop();
95      }
96
97      </script>
98      <link href="main.css" rel="stylesheet" type="text/css">
```


소스라인 74 : 재생할 오디오 객체를 선언합니다.

소스라인 75~80 : 재생기를 호출하고 재생할 음원을 준비하는 initPlayer() 함수입니다.

소스라인 76 : audio 객체가 정의되지 않았을 때만 초기화하도록 조건문을 구사합니다.

소스라인 77 : HTML 화면에 배치했던 audio 객체를 "audio"라는 아이디로 호출하고 있습니다.

소스라인 78 : 녹음을 위해 생성한 미디어 객체의 음원 경로를 audio 객체의 음원으로 설정합니다.

소스라인 82~85 : 녹음을 재생하는 recordPlay() 함수입니다.

소스라인 83 : 오디오 재생 객체를 초기화하는 initPlayer() 함수를 실행하여 재생할 준비를 합니다.

소스라인 84 : 오디오 객체는 <audio> 태그로 만들었기 때문에 HTML5에서 지원하는 audio 객체의 명령에 따라야 합니다. play() 메소드를 실행하여 녹음했던 음원을 재생합니다.

소스라인 87~90 : 재생 중인 오디오를 일시 중지하는 recordPause() 함수입니다. pause() 메소드를 사용합니다.

소스라인 92~95 : 재생 중인 오디오를 정지하는 recordStop() 함수입니다. stop() 메소드를 사용합니다.

10.3 아이폰 포팅

앞서 준비한 웹앱 소스를 이용하여 Xcode에 포팅합니다. 아이폰의 경우 네이티브 프로그램인 Xcode에 포팅하는데 특기사항은 없습니다. 아이폰에 대한 특기사항은 녹음 파일을 생성해야 한다는 점인데 이미 웹앱 페이지에서 이에 대한 처리를 했습니다. Events 프로젝트에서 설명한 바와 같이 Xcode에서 폰갭 프로젝트를 생성하고 www 폴더에 앞서 준비한 웹앱 소스들을 등록했습니다.

Media 아이폰 프로젝트 구성

Xcode에 포팅한 Media 프로젝트는 그림과 같습니다. 아이폰 가상기기에서도 충분히 비디오, 오디오, 녹음을 실험해볼 수 있기 때문에 Scheme을 "iPhone Simulator"로 설정하고 Run 버튼을 클릭하여 가상기기에서 Media 프로젝트를 실험해볼 것입니다.

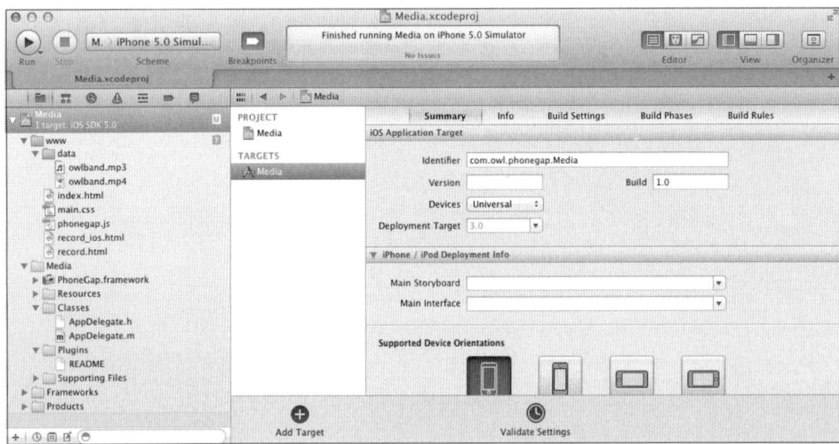

Xcode 프로젝트 소스들을 Finder에서 살펴보면 그림과 같습니다. www 폴더는 Media 폴더 밑에 있고 실험할 비디오와 오디오 파일은 data 폴더에 위치하고 있습니다.

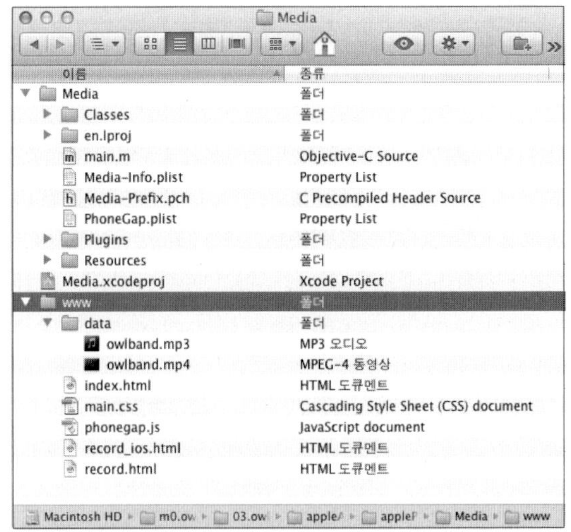

실험하기

스텝 1

가상기기에서 Media 프로젝트를 실험해봅니다. Media 웹앱을 실행하면 그림과 같이 Splash 화면을 거쳐 index.html 화면이 나타납니다. 아이폰은 HTML5를 완벽하게 지원하기 때문에 <video>, <audio> 태그로 준비한 비디오, 오디오 재생이 오류 없이 처리됩니다.

<video> 객체를 터치하면 그림과 같이 비디오 재생 화면으로 이동하면서 data/owlband.mp4 파일이 재생됩니다. 비디오 재생 화면에서 "Done" 버튼을 터치하면 이전 화면인 index.html 화면으로 돌아옵니다. 비디오 재생 화면에서 진행하던 화면이 index.html에서도 그대로 나타납니다.

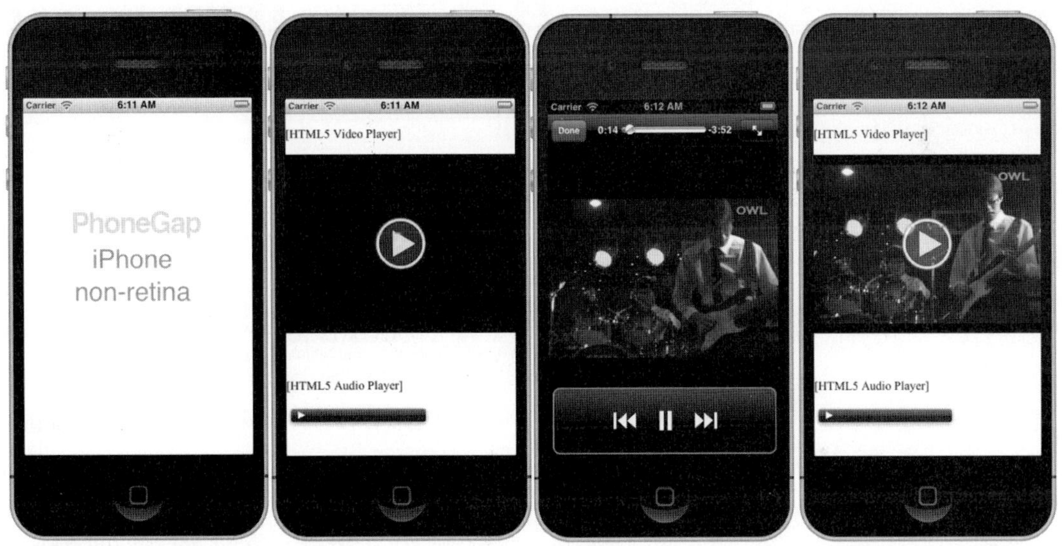

스텝 2

<audio> 태그로 나타난 오디오 제어판에서 재생 버튼 (▶)을 터치하면 data/owlband.mp3 파일이 재생됩니다. 중지(‖) 버튼을 터치하여 <audio> 태그 실험을 마치고 폰갭에서 제공하는 미디어 솔루션으로 오디오를 재생하는 실험을 해봅니다. "[MP3 Player]"에 있는 "Play" 버튼을 터치하면 그 아래 재생되는 오디오 파일의 정보와 함께 재생 중인 위치가 실시간으로 표시됩니다. 오디오를 재생할 때 사용된 지연 시간도 화면에 나타납니다. 이 두 실험을 통해 HTML5의 <audio> 방식과 폰갭의 Media 클래스 방식을 비교해 볼 수 있습니다. 사용자의 입장에서나 개발자의 입장에서 모두 HTML5의 <audio> 방식이 편리하고 실용적이라는 것을 느낄 수 있습니다.

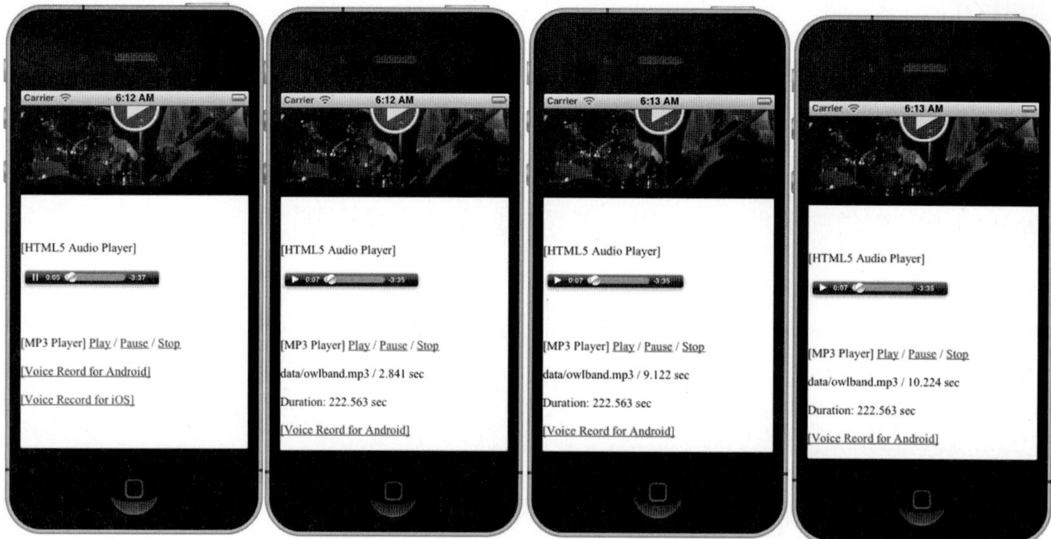

스텝 3

이제 "[Voice Record for iOS]" 버튼을 터치하여 record_ios.html 화면으로 이동하고 녹음 실험을
합니다. record_ios.html 화면이 나타날 때 이미 녹음을 위한 record.wav 파일이 백그라운드에서
생성되었을 것입니다. "Start Record" 버튼을 클릭하면 생성한 record.wav 파일의 전체 경로 정보를
이용해 녹음을 시작하여 녹음 상태를 화면에 실시간 출력합니다. "Stop Record" 버튼을 터치하여
녹음을 종료합니다. 아직은 audio 객체에 재생할 음원이 초기화되지 않아 "Cannot play audio
file"이라는 안내문이 나옵니다.

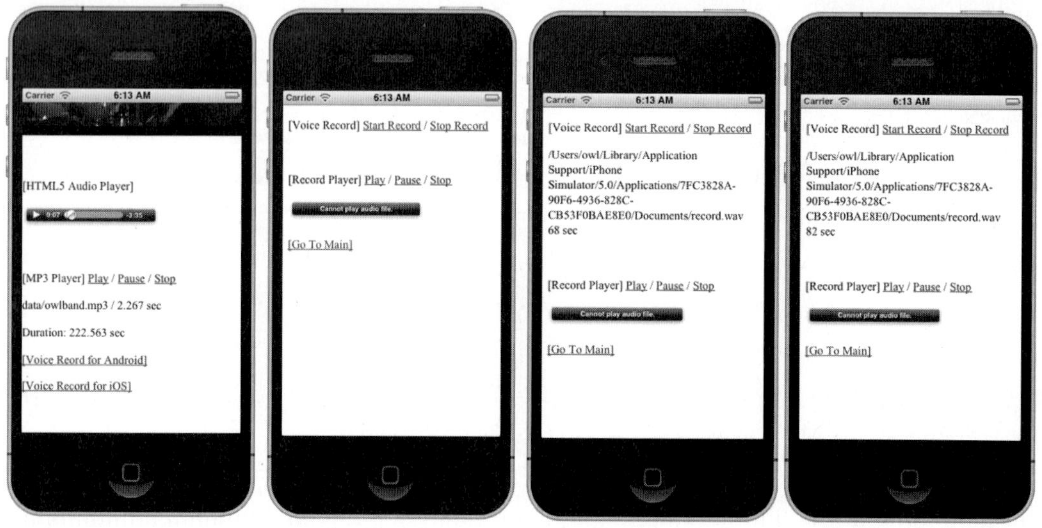

스텝 4

"Play" 버튼을 터치하면 녹음한 record.wav 파일을 audio 객체에 탑재하여 재생합니다. 녹음과 재생 실험을 마치고 "[Go To Main]" 버튼을 터치하여 index.html 화면으로 돌아옵니다.

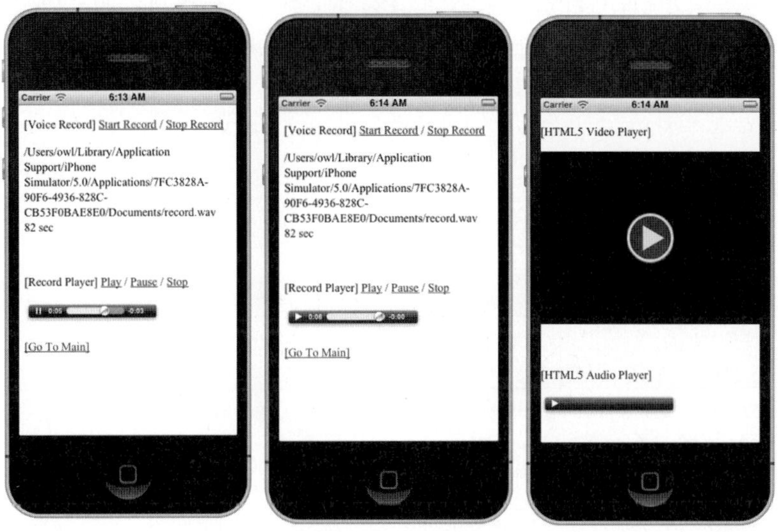

스텝 5

참고로 "[Voice Record for Android]" 버튼을 터치하여 녹음을 시도하면 그림과 같이 오류 안내 창이 나타나고, 이 창을 닫으면 녹음 진행 상태는 화면에 나타나지만 음원 파일을 생성하지 못해 녹음에 실패하는 것을 실험해볼 수 있습니다.

10.4 안드로이드 포팅

안드로이드의 경우 폰갭에서 HTML5의 <video>와 <audio> 태그가 아직 잘 작동하지 않습니다. 그래서 안드로이드 폰갭에서는 대안으로 비디오 플러그인을 구하거나 직접 만들어 해결하는 방법을 살펴보겠습니다. 또한 안드로이드 폰갭 프로젝트를 생성할 때 원하는 버전의 폰갭을 선택하여 생성할 수 있는데 그 사례도 Media 프로젝트를 통해 알아봅니다.

폰갭 버전 선택으로 프로젝트 생성

스텝 1

이클립스에서 폰갭 버튼을 클릭하여 폰갭 프로젝트를 생성합니다.

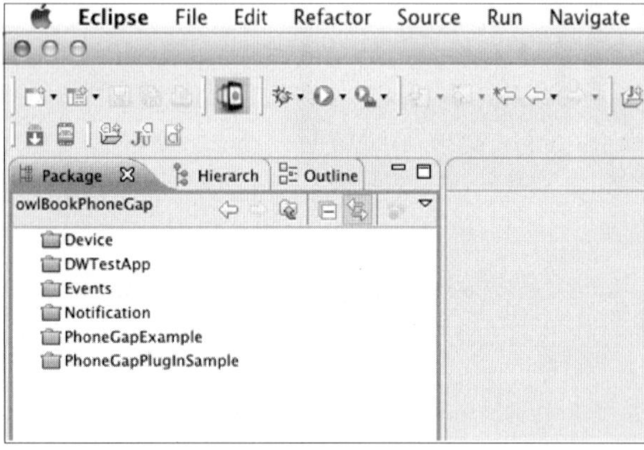

스텝 2

"MDS AppLaud – PhoneGap for Android" 창이 나타나면 "PhoneGap Configuration" 항목에서 "Enter path to installed PhoneGap"을 체크하고, "Browse..." 버튼을 클릭하여 원하는 버전의 폰갭 폴더를 선택합니다. "Project Contents" 항목에서 "Use phonegap example source as template for project"를 선택하고 "Next" 버튼을 클릭합니다. 이렇게 하면 지정한 폰갭 폴더에 샘플 프로젝트를 기반으로 폰갭 프로젝트를 생성합니다.

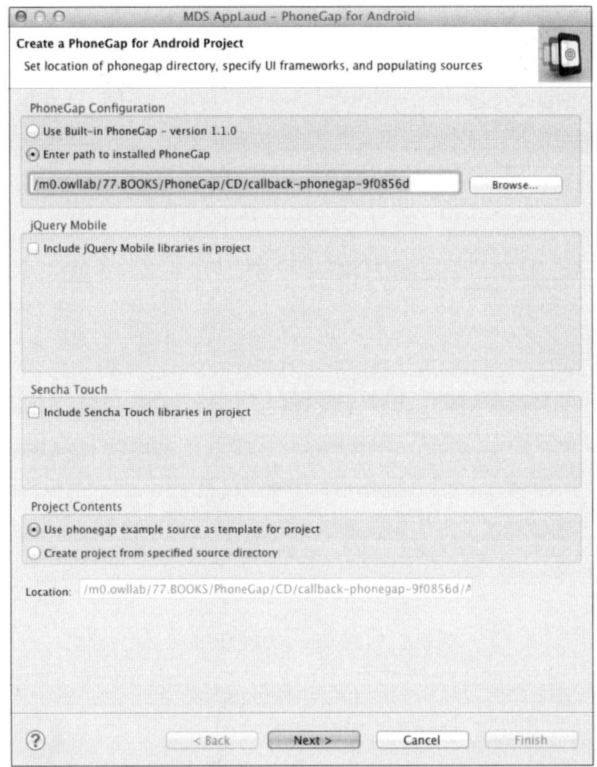

스텝 3

그림과 같이 프로젝트 이름을 입력하고 기타 옵션을 선택한 후 "Next" 버튼을 클릭합니다.

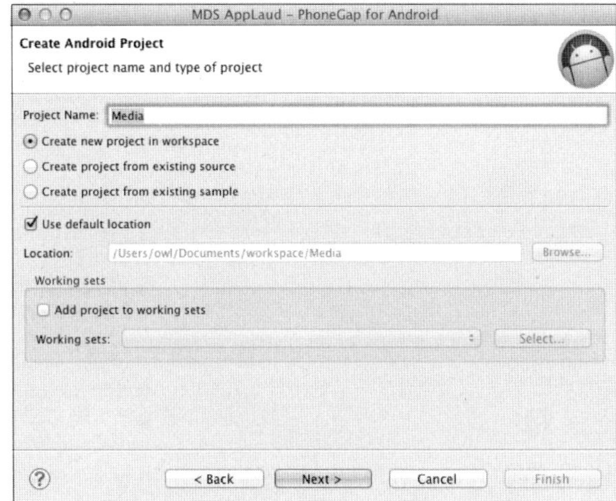

스텝 4

그림과 같이 사용할 Build Target을 선택하
고 "Next" 버튼을 클릭합니다.

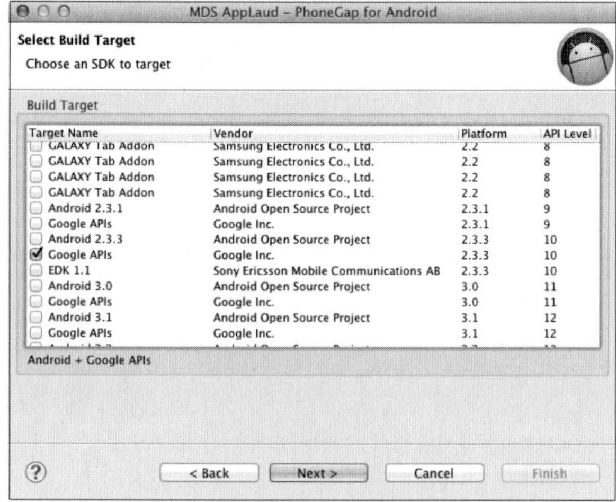

스텝 5

그림과 같이 "Package Name" 항목에 패키
지 이름을 작성한 후 "Finish" 버튼을 클릭합
니다.

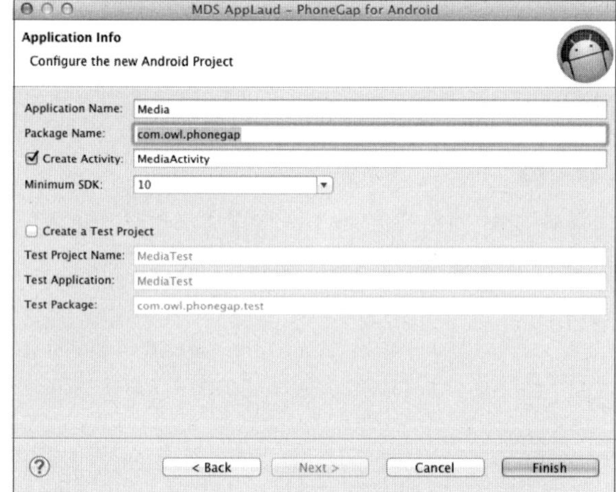

스텝 6

본 사례에서는 그림과 같이 폰갭 1.2.0 버전을 선택했습니다. phonegap-x.x.x.js 파일의 문법에
맞지 않다는 경고 (Warning)가 나타나지만 작동하는 데는 문제가 없다는 점을 체크해둡니다.
이렇게 하면 간단하게 원하는 폰갭 버전으로 프로젝트를 생성할 수 있습니다.

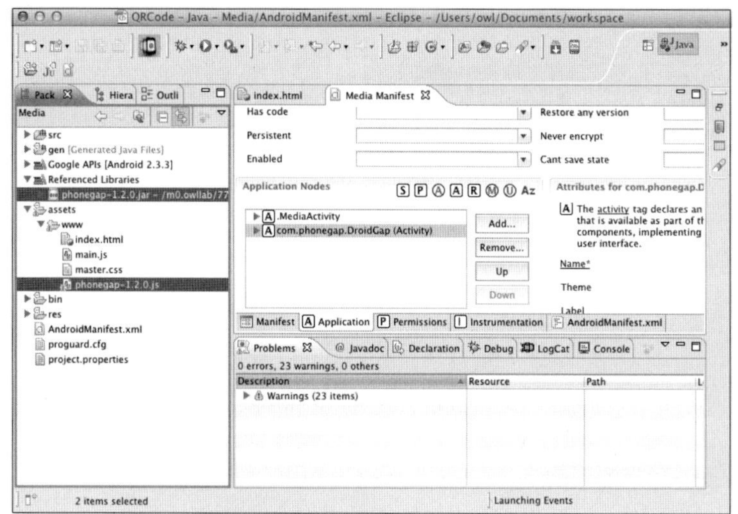

폰갭 라이브러리 내장형으로 변경

스텝 **1**

위에서 만든 폰갭 프로젝트를 살펴보면 그림과 같이 폰갭 라이브러리 파일인 phonegap-x.x.x.jar
파일이 프로젝트 폴더에 있는 것이 아니라 다운받은 폰갭 패키지 폴더에 있습니다. 혼자 개발한다면
그대로 두어도 되지만 여러 개발자가 이 프로젝트 소스를 공유할 때는 이 파일을 프로젝트 폴더로
옮겨 폰갭 라이브러리를 내장형으로 변경해줄 필요가 있습니다.

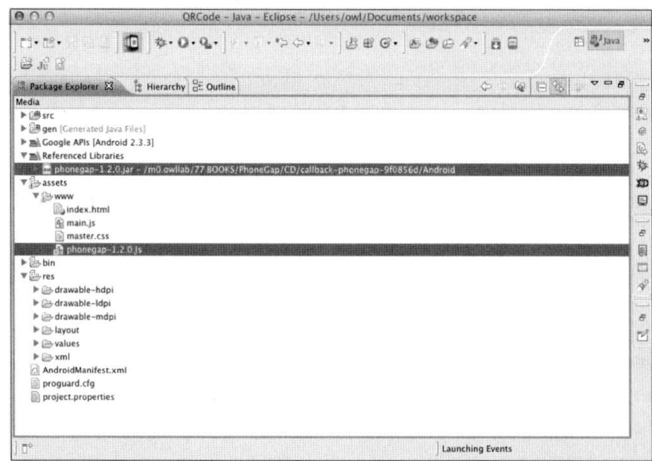

스텝 **2**

phonegap-x.x.x.jar 파일을 Finder에서 확인해보면 그림과 같습니다. 이 파일을 복사하여 프로젝트
폴더에 가져갑니다.

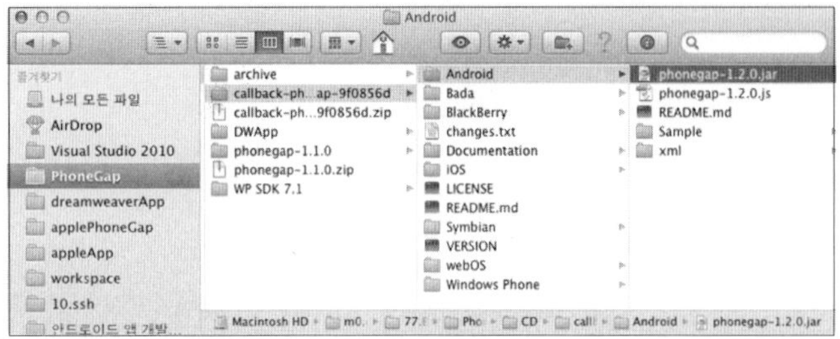

스텝 **3**

프로젝트 폴더에 libs 폴더를 만들고 phonegap-x.x.x.jar 파일을 붙여 넣습니다.

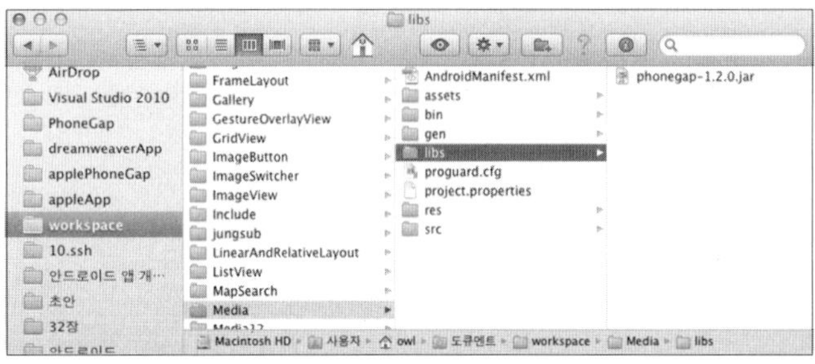

스텝 **4**

이클립스에서 새로고침을 해서 libs/phonegap-x.x.x.jar 파일을 인식했는지 확인합니다.

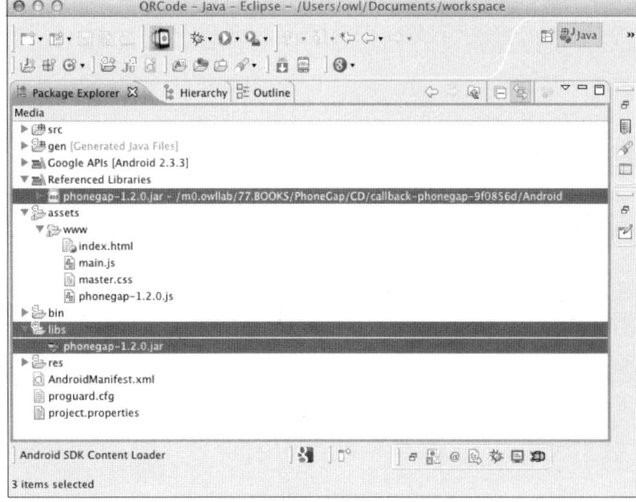

스텝 5

프로젝트(Media)를 선택하고 메뉴에
서 "Project > Properties"를 실행합니
다.

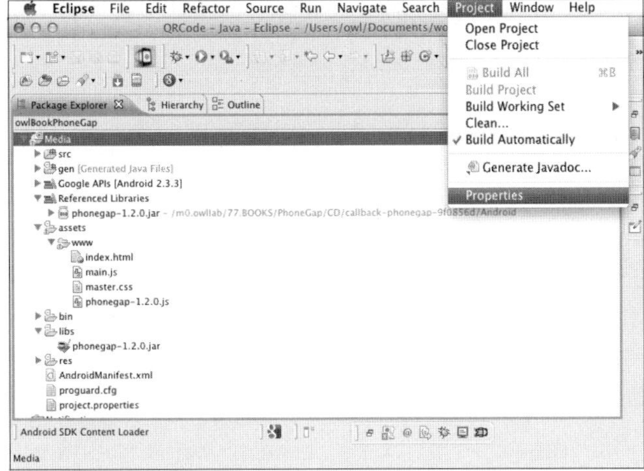

스텝 6

"Properties for ..." 창에서 "Java Build
Path > phonegap-x.x.x.jar"를 선택
하고 "Edit" 버튼을 클릭합니다.

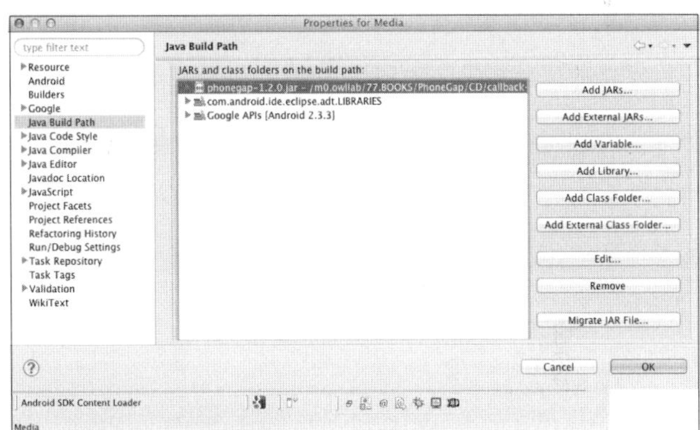

스텝 7

"Edit JAR" 창에서 앞서 프로젝트 폴
더에 추가한 libs/phonegap-x.x.x.jar
를 선택하고 "열기" 버튼을 클릭하여
폰갭 라이브러리 파일을 변경합니다.

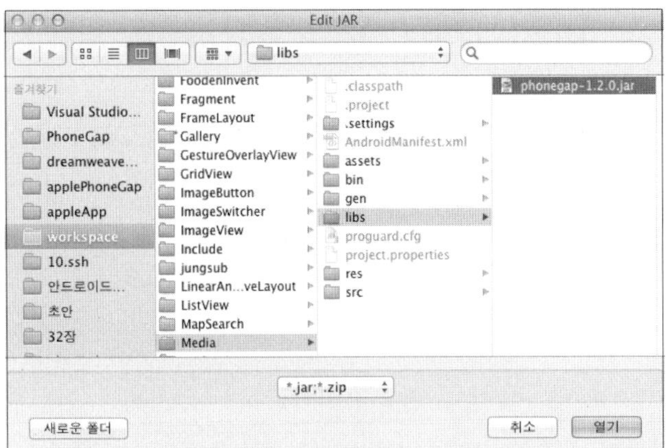

스텝 **8**

phonegap-x.x.x.jar 파일의 위치를 재확인하고 "OK" 버튼을 클릭합니다.

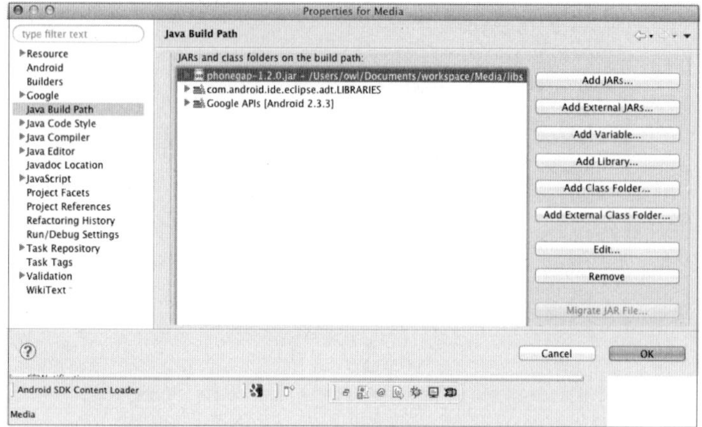

스텝 **9**

이클립스에서 프로젝트가 어느 폴더에 있는 폰갭 라이브러리 파일을 참조하고 있는지 확인해봅니다.

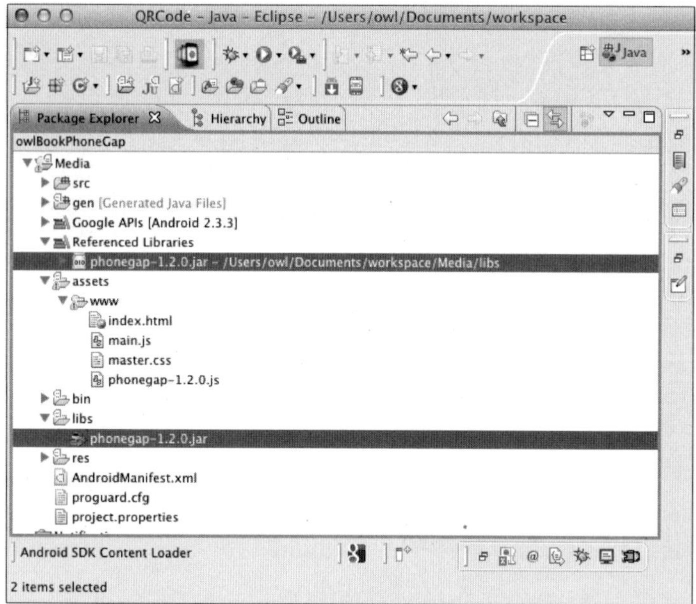

www 웹앱 소스 탑재

스텝 **1**

템플릿으로 만들어진 www 폴더의 샘플 소스들 중에서
phonegap-x.x.x.js 파일만 남겨두고 모두 삭제합니다.

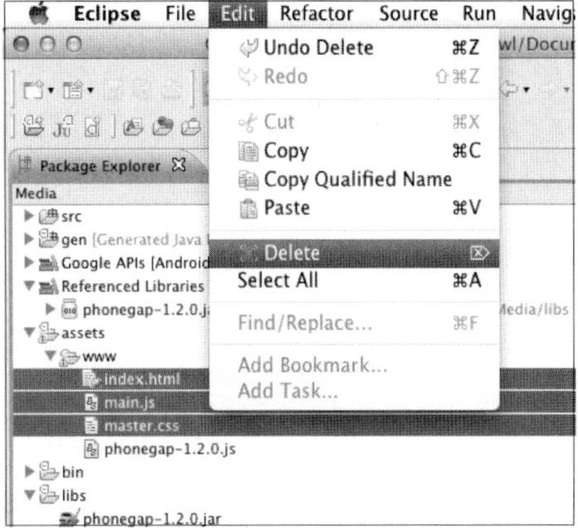

스텝 **2**

앞서 준비한 웹앱 소스들 중 phonegap.js 파일만
제외하고 모두 드래그앤드롭으로 www 폴더에
등록합니다.

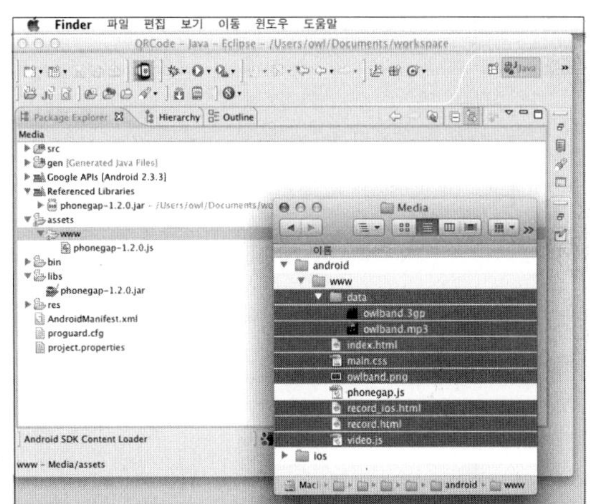

스텝 **3**

웹앱 소스를 등록할 때 그림과 같이 복사 방식을
묻는 대화상자가 나타나면 "Copy..." 방식을 선
택하고 "OK" 버튼을 클릭합니다. 이렇게 하면
등록하려는 파일들이 프로젝트 폴더에 복사됩
니다.

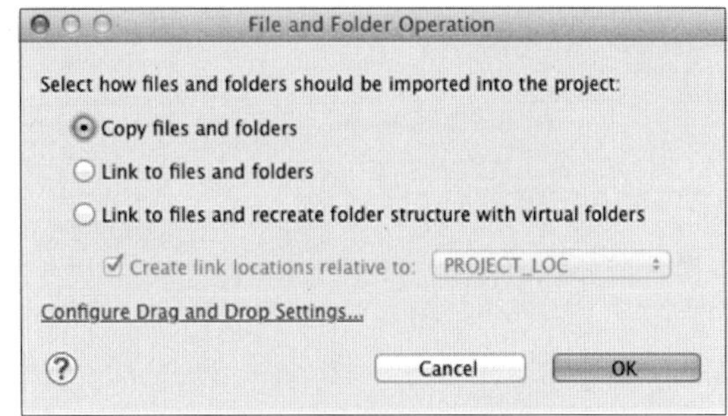

스텝 **4**

준비한 웹앱 소스들은 모두 phonegap.js 파일을 참조하도록 작성했기 때문에 phonegap-x.x.x.js 파일명을 phonegap.js로 변경해야 합니다. 그림과 같이 phonegap-x.x.x.js 파일을 선택하고 "Refactor > Rename..." 메뉴를 선택합니다.

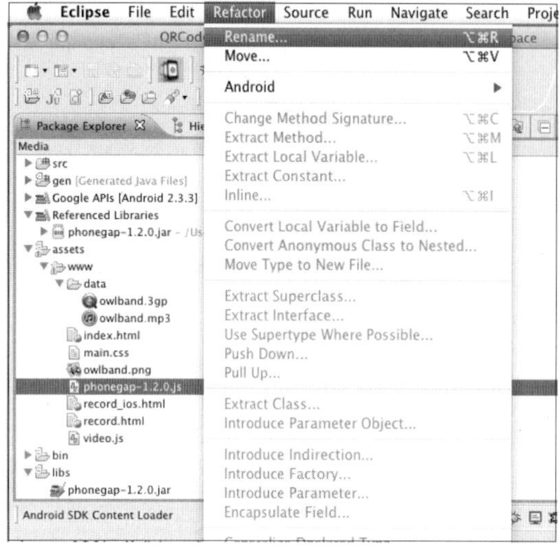

스텝 **5**

그림과 같이 "Rename Resource" 창에서 phonegap-x.x.x.js를 phonegap.js로 파일명을 변경합니다.

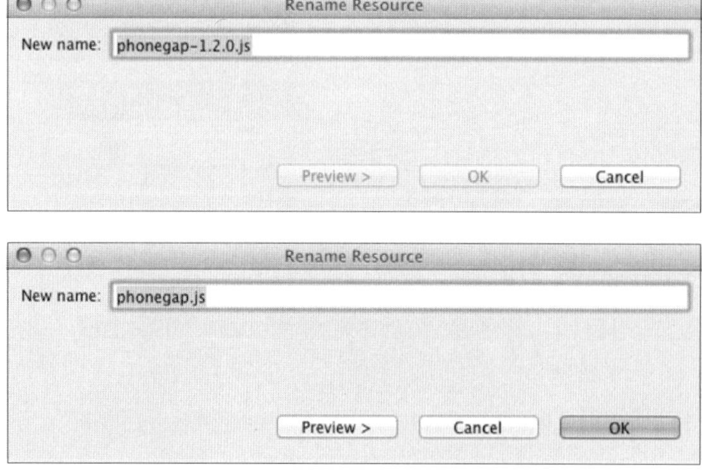

DDMS ADB connection time out 설정

Media 프로젝트의 경우 비디오와 오디오 파일과 같이 큰 용량의 파일이 웹앱 프로그램에 탑재되어 있습니다. 이 경우 이클립스에서 Run 또는 Debug 명령으로 단말기에서 실험할 때 패키지를 단말기에 전송하는데 오래 걸릴 수 있습니다. 그런 경우 DDMS 설정 중 ADB connection time out에 의해 전송 중에 중단되어 버려 실험할 수 없는 상황이 종종 벌어집니다. 이를 방지하려면 그림과 같이 ADB connection time out 설정을 충분히 높게 설정할 필요가 있습니다. 본 사례의 경우 5000 밀리초 즉, 5초로 설정하고 있습니다. 이 설정은 개발자의 컴퓨터 환경에 따라 달라질 수 있습니다.

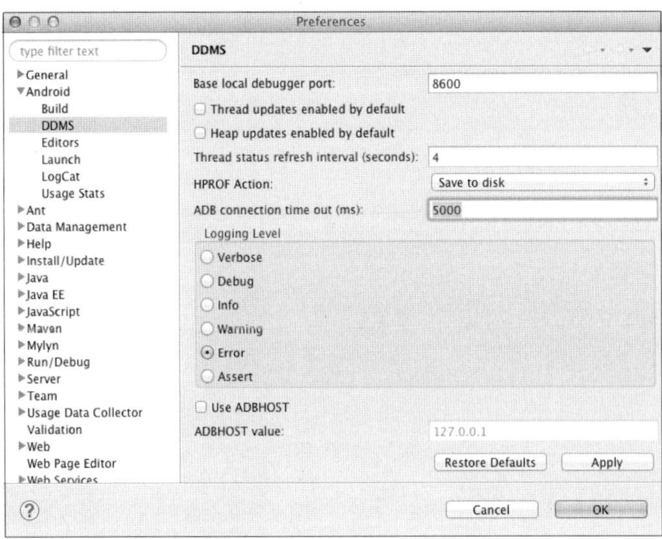

폰갭 비디오 플러그인 살펴보기

폰갭은 폰갭 패키지에서 지원하지 않는 기능을 개발자의 재량에 따라 플러그인 방식으로 구현할 수 있게 지원하고 있습니다. 폰갭 플러그인을 만들려면 네이티브 프로그램 언어를 사용할 수 있어야 하지만 그리 복잡하지 않습니다. 다음에서 소개하는 폰갭 비디오 플러그인을 찾아 설치하고 이 소스를 분석하는 과정을 통해 폰갭 플러그인에 대한 이해를 돕고자 합니다.

스텝 **1**

구글에서 그림과 같이 "phonegap plugin"을 검색해 폰갭 플러그인 배포 사이트를 찾았습니다.

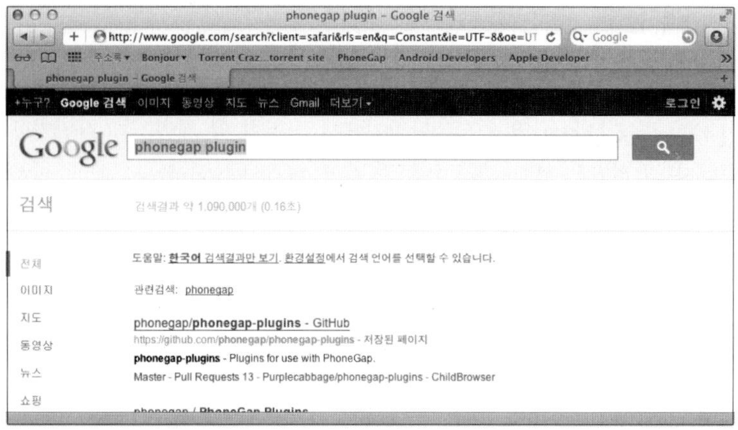

스텝 2

본 사례에서는 github 사이트에서 안드로이드용 폰갭 플러그인을 찾기로 했습니다.

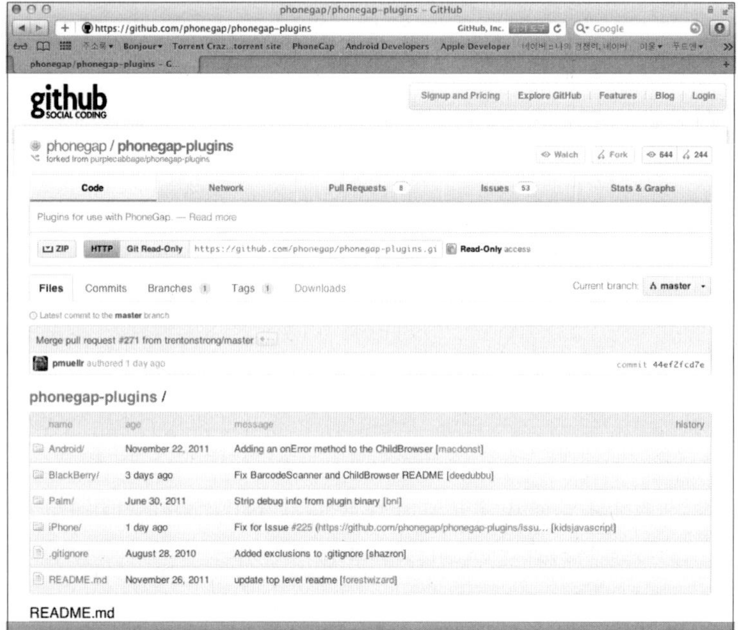

스텝 3

그림과 같이 안드로이드 폴더에서 "VideoPlayer"라는 폰갭 비디오 플러그인을 찾았습니다.

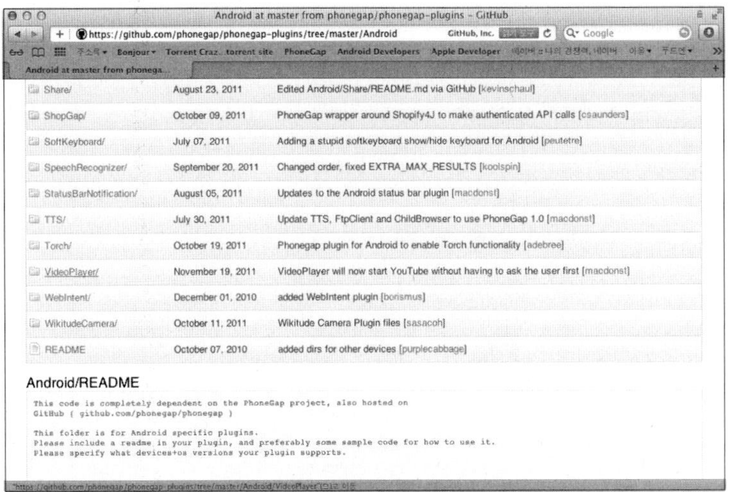

스텝 4

"VideoPlayer" 패키지 안으로 접근해보면 그림과 같이 소스와 간단한 설치 방법이 나타납니다.

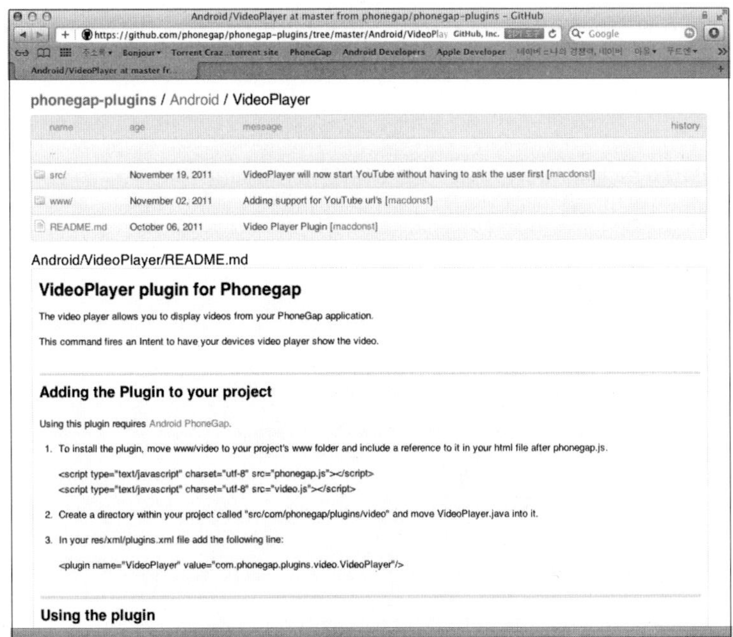

스텝 5

먼저 www 폴더의 소스를 살펴보면 video.js 파일이 있습니다.

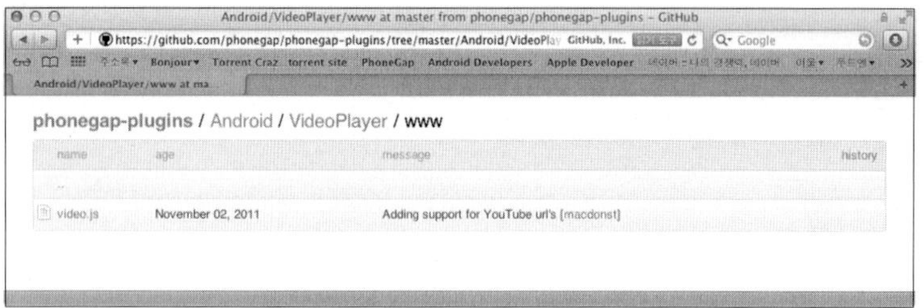

스텝 6

video.js 파일의 소스를 열면 그림과 같이 나타납니다. 이 창에서 오른쪽 위에 있는 "raw" 버튼 클릭하면 소스를 복사하거나 다운받을 수 있습니다.

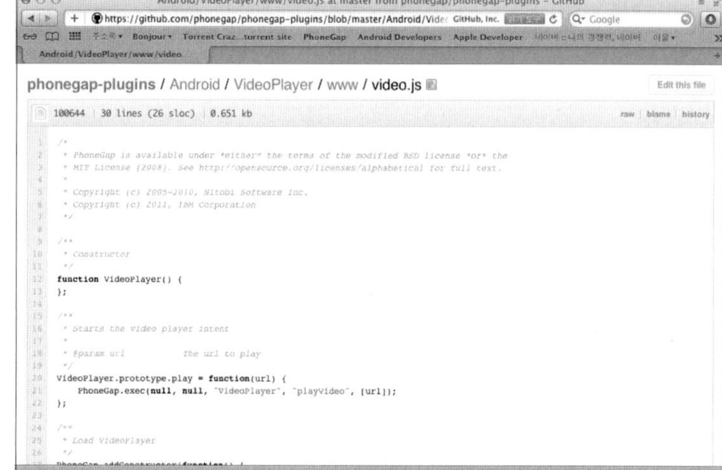

스텝 7

그림은 "raw" 버튼을 이용하여 본 video.js 파일의 소스 원본입니다. 이 소스를 다운받거나 복사해 개발자 컴퓨터에 video.js 파일을 만들어 둡니다.

스텝 8

이번엔 src 폴더에 있는 소스를 살펴
봅니다.

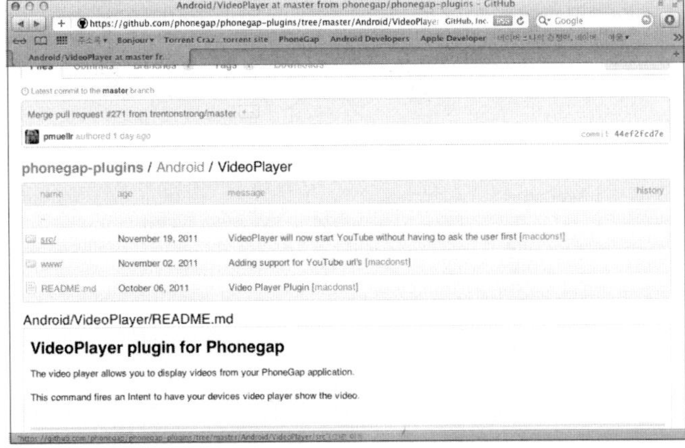

스텝 9

src/com/phonegap/plugins/video 폴
더에서 VideoPlayer.java 파일을 찾
았습니다.

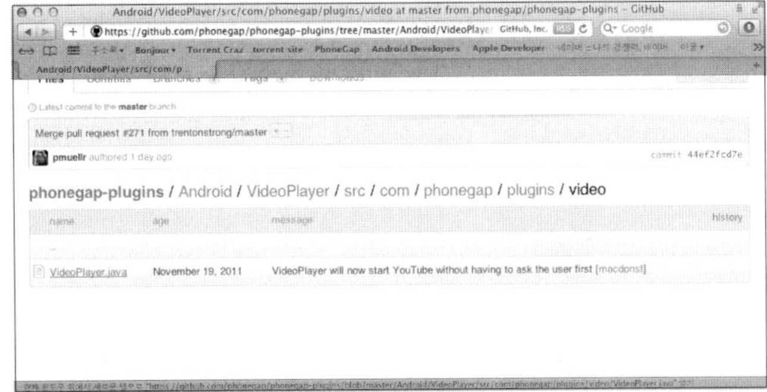

스텝 10

VideoPlayer.java 파일을 다운받거
나 소스를 복사해 개발자 컴퓨터에
만들어 둡니다.

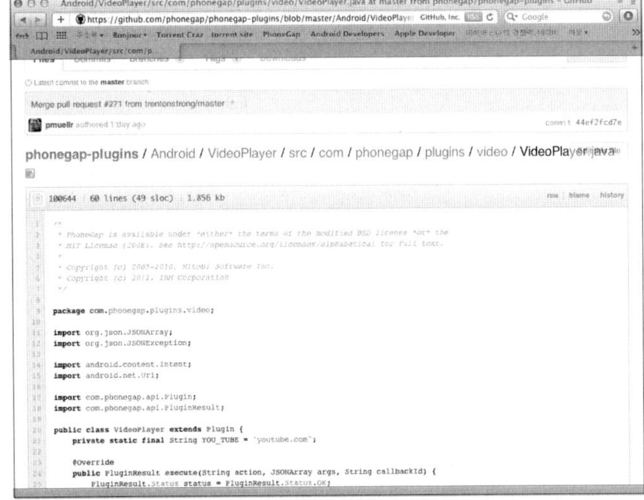

스텝 11

필자는 그림과 같이 폰갭 비디오 플러그인 소스를 준비했습니다.

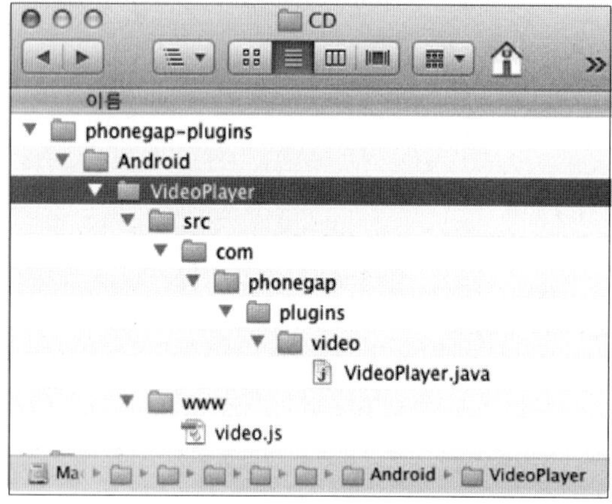

폰갭 비디오 플러그인 추가하기

앞서 생성했던 Media 프로젝트에 폰갭 비디오 플러그인을 추가해보겠습니다. 이 과정을 통해 폰갭 플러그인의 작동 원리를 짐작할 수 있을 것입니다.

스텝 1

앞서 준비한 video.js 파일을 그림과 같이 www 폴더에 등록했습니다. video.js는 웹앱 페이지에서 videoPlayer 객체를 호출할 수 있게 하는 인터페이스 역할을 합니다.

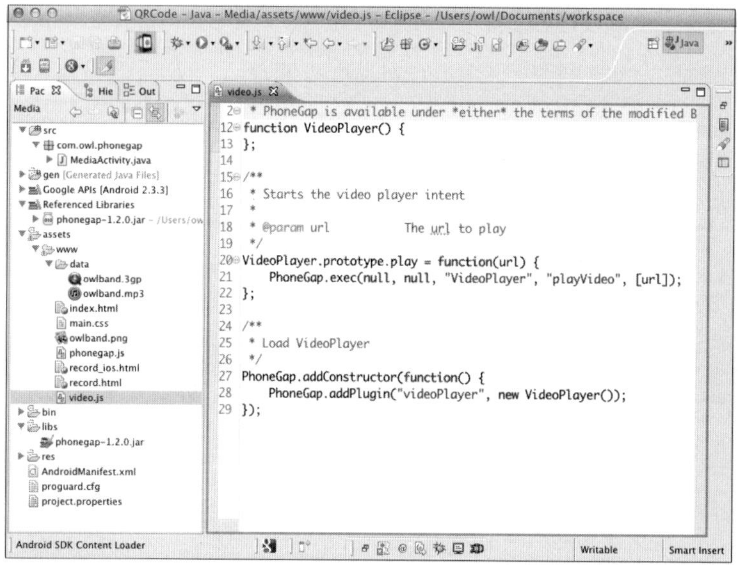

스텝 **2**

폰갭 비디오 플러그인의 핵심 로직이 있는 VideoPlayer.java 파일은 몇 개의 폴더를 만들어야
합니다. 다음과 같이 VideoPlayer.java 파일을 등록하면 폴더를 자동으로 생성하면서 파일을 프로젝
트에 등록할 수 있습니다. 프로젝트의 src 폴더를 선택하고 "File > New > File" 메뉴를 실행합니다.

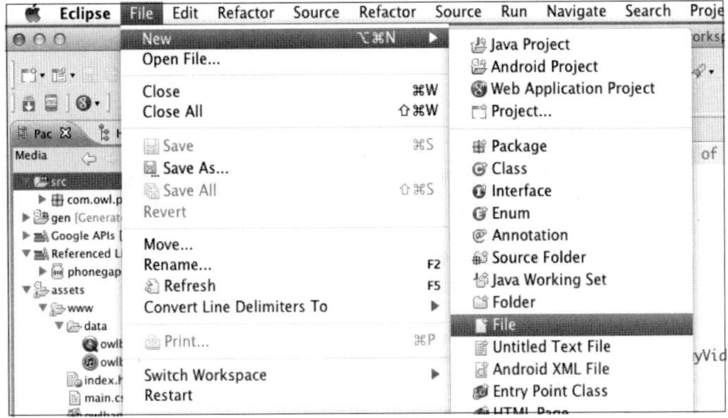

스텝 **3**

"New File" 창이 나타나면 "Enter or select the parent foler" 항목에서 그림과 같이 생성할 폴더
경로를 입력합니다. "File name" 항목에는 "VideoPlayer.java"라고 파일명을 입력한 후 "Finish"
버튼을 클릭합니다.

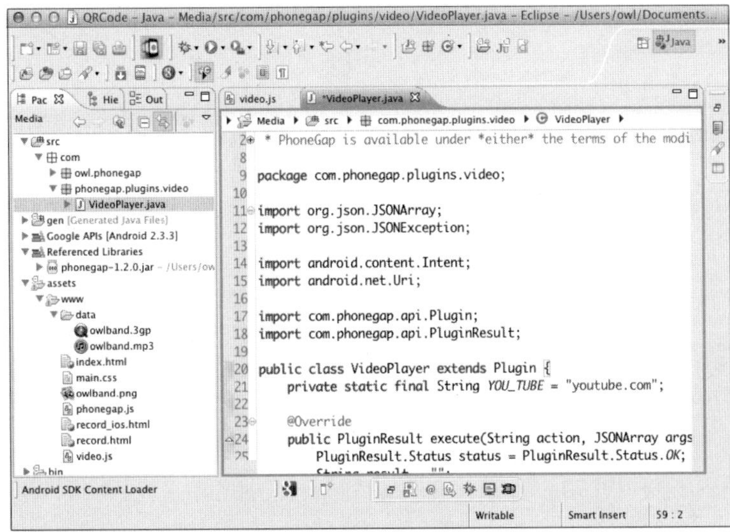

스텝 **4**

그림과 같이 원하는 폴더가 자동으로 생성되면서 VideoPlayer.java 파일이 생성됩니다.

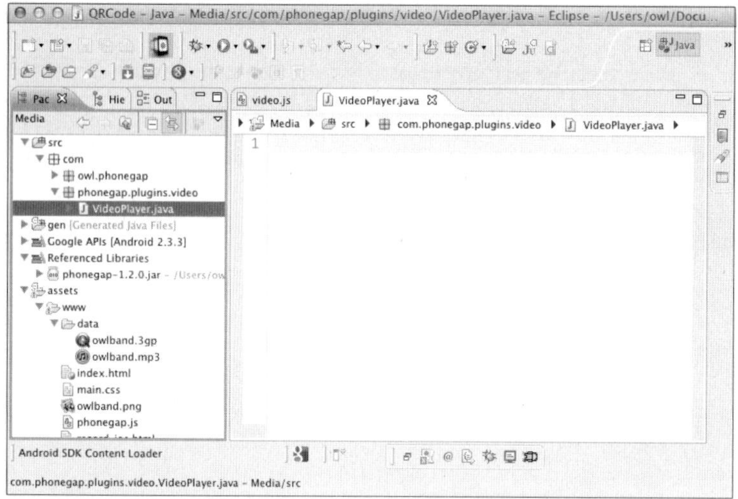

스텝 5

그림과 같이 VideoPlayer.java 파일에 앞서 준비한 소스를 붙여 넣습니다.

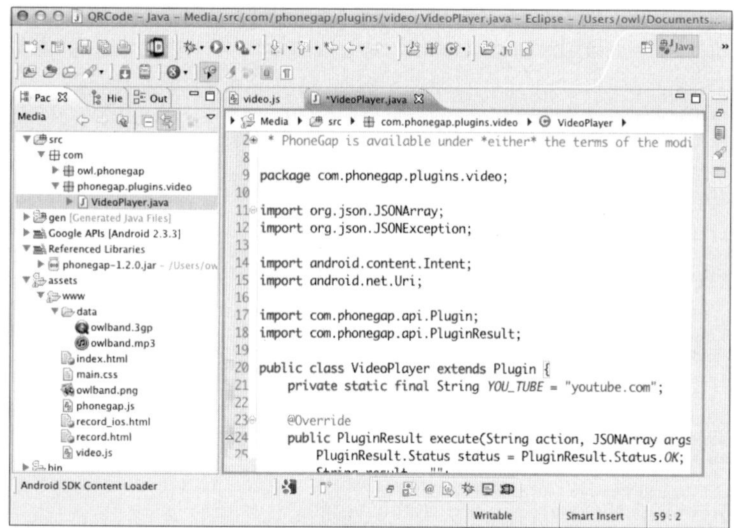

스텝 6

폰갭 플러그인을 안드로이드가 인식하려면 다음과 같이 res/xml/plugins.xml에 등록해주어야 합니다. 그림과 같이 res/xml/plugins.xml 파일을 열면 이 프로젝트가 인식할 수 있는 폰갭 라이브러리들을 볼 수 있습니다.

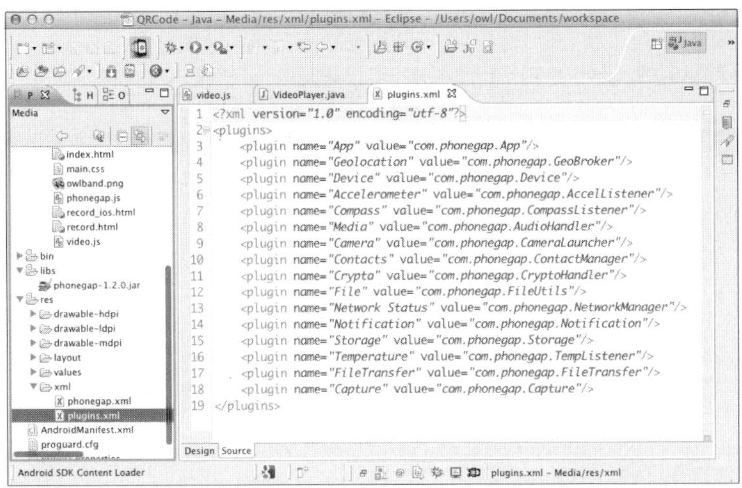

스텝 **7**

그림과 같이 res/xml/plugins.xml에 비디오 플러그인을 추가합니다.

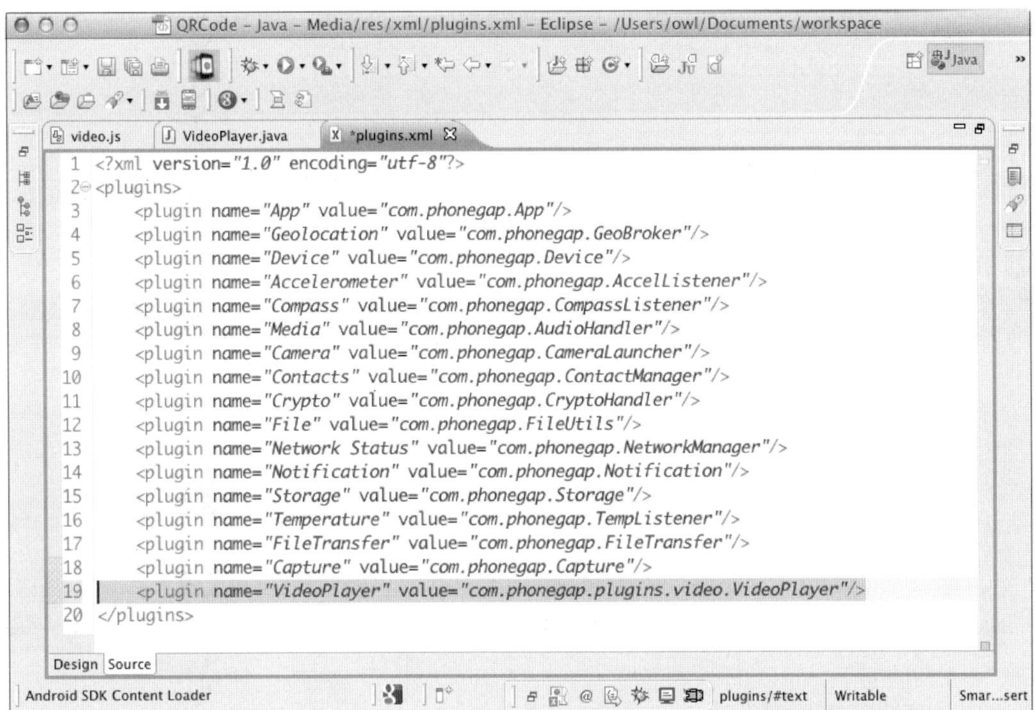

소스라인 19 : com.phonegap.plugins.video.VideoPlayer 클래스를 VideoPlayer라는 플러그인 이름
으로 등록합니다.

스텝 **8**

index.html 파일에는 비디오 플러그인에 대한 자바스크립트를 호출하도록 구문을 추가해야 합니다.

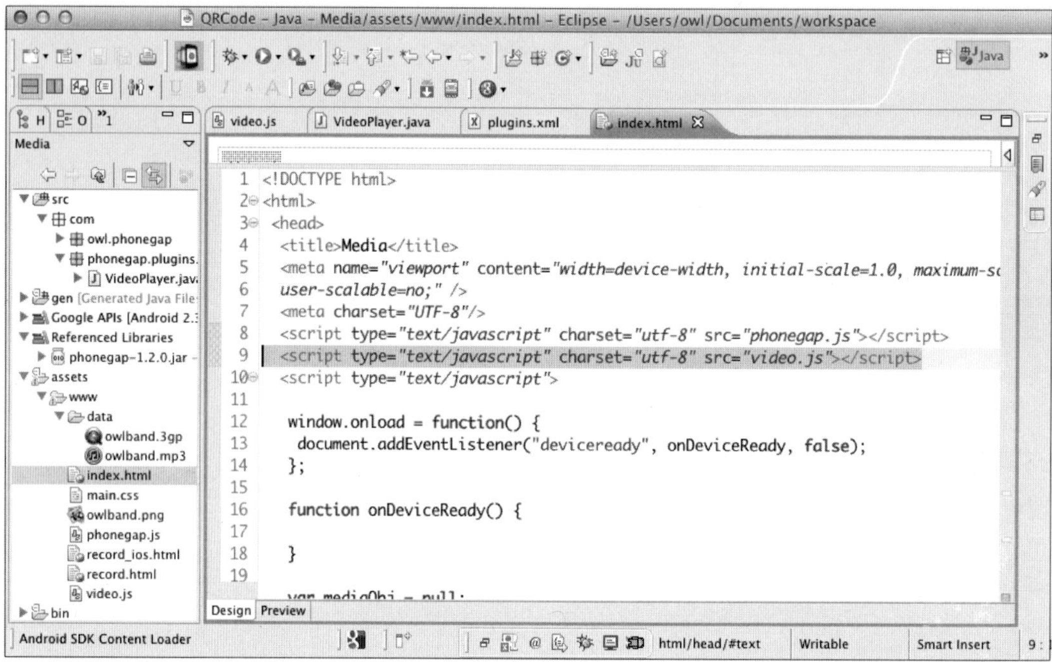

소스라인 9 : video.js 파일을 호출하여 폰갭 비디오 플러그인을 사용할 수 있게 합니다.

폰갭 비디오 플러그인 분석하기

폰갭 비디오 플러그인을 하나씩 살펴보고 그 원리를 파악해봅니다. 다음에서 설명하는 분석 내용은 안드로이드 네이티브 프로그램에 대한 기초 지식이 있는 개발자만 참고하기 바랍니다.

스텝 **1**

폰갭 비디오 플러그인에 관련된 파일을 되짚어 보면 그림과 같습니다.

- src/com.phonegap.plugins.video.VideoPlayer.java : 비디오 재생 관련 네이티브 프로그램입니다.
- assets/www/index.html : video.js 파일을 호출하여 비디오를 재생하는 자바스크립트를 추가했습니다.
- assets/www/video.js : VideoPlayer.java와 연동할 수 있게 하는 자바스크립트입니다.
- res/xml/plugins.xml : VideoPlayer 클래스를 플러그인으로 등록합니다.

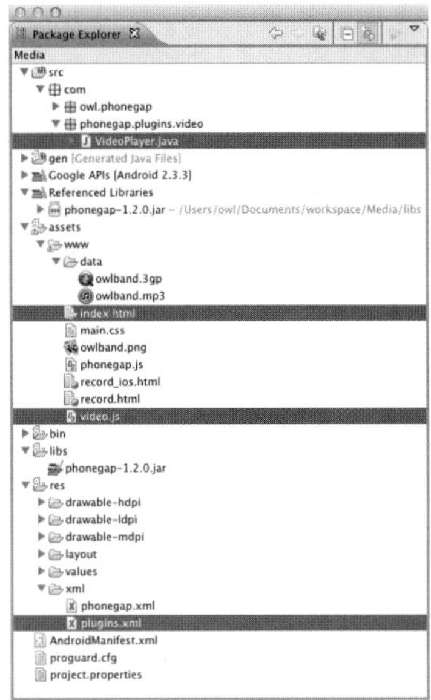

스텝 **2**

다음과 같이 VideoPlayer.java 파일을 분석해봅니다. 이 분석을 살펴보고 나면 안드로이드 프로그램에 대한 기초 지식이 있는 개발자라면 쉽게 원하는 플러그인을 직접 만들어 활용할 수 있을 것입니다.

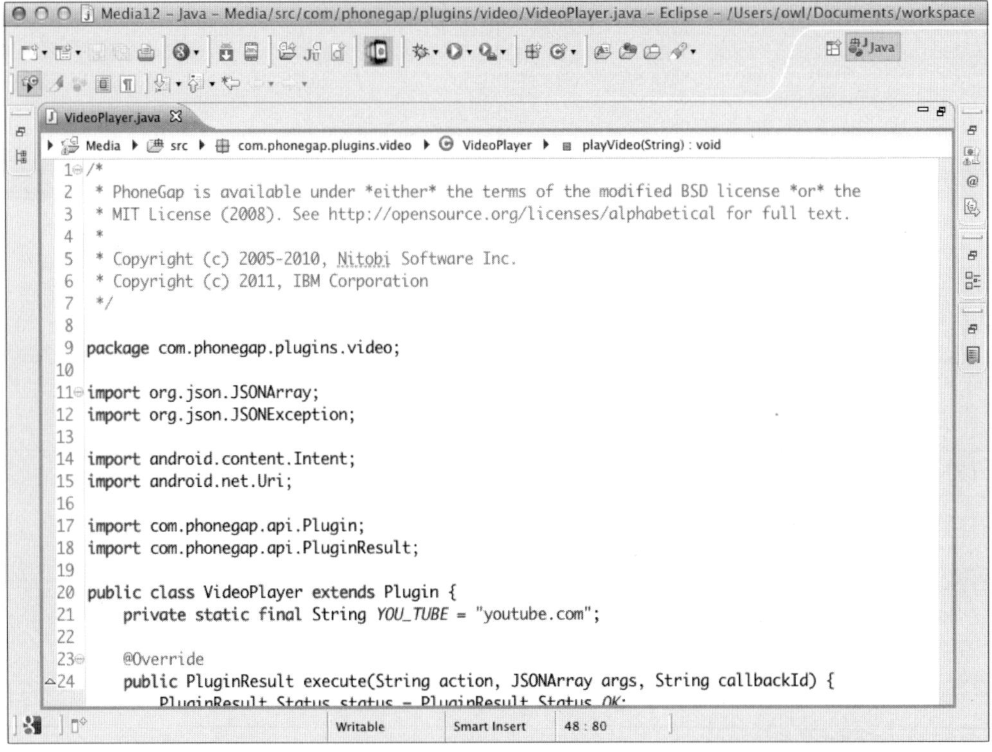

소스라인 9 : 이 클래스에 대한 패키지명을 선언합니다.

소스라인 11~18 : 이 클래스에서 활용할 클래스들을 호출합니다.

소스라인 20 : 폰갭의 Plugin 클래스를 상속하여 VideoPlayer 클래스를 정의합니다.

소스라인 21 : 재생할 비디오가 유튜브 동영상인지를 구분하기 위한 변수를 선언하고 있습니다.

스텝 3

execute() 메소드를 다음과 같이 정의하고 있습니다.

```java
    @Override
    public PluginResult execute(String action, JSONArray args, String callbackId) {
        PluginResult.Status status = PluginResult.Status.OK;
        String result = "";

        try {
            if (action.equals("playVideo")) {
                playVideo(args.getString(0));
            }
            else {
                status = PluginResult.Status.INVALID_ACTION;
            }
            return new PluginResult(status, result);
        } catch (JSONException e) {
            return new PluginResult(PluginResult.Status.JSON_EXCEPTION);
        }
    }

    private void playVideo(String url) {
```

소스라인 24 : execute() 메소드는 폰갭 플러그인을 만드는데 필요한 필수 메소드입니다. @override 로 폰갭의 Plugin 클래스에서 정의하고 있는 execute() 메소드를 재정의하는 방식으로 작성합니다. 또한 이 메소드의 실행 결과는 PluginResult 객체로 리턴합니다.

소스라인 25 : 플러그인 결과 상태를 OK로 선언합니다.

소스라인 26 : PluginResult() 메소드에 사용할 result 변수를 선언합니다.

소스라인 28~38 : 명령을 실행하는 도중 발생할 수 있는 예기치 않는 오류를 대비하여 try~catch 구문을 사용합니다.

소스라인 29~31 : 전달받은 명령이 "playVideo"일 경우, 다음에서 정의하는 playVideo() 메소드를 실행하여 비디오를 재생합니다.

소스라인 32~34 : 전달받은 명령이 "playVideo"가 아닐 경우, PluginResult의 상태를 INVALID _ACTION으로 설정합니다.

소스라인 35 : PluginResult() 메소드를 실행하고 이 메소드의 결과를 리턴합니다.

소스라인 36~38 : 전달받은 args 변수는 JSONArray 형입니다. 이 형식에 오류가 발생할 경우 PluginResult() 메소드를 이용하여 결과를 리턴합니다.

스텝 4

비디오를 재생하는 playVideo() 메소드를 다음과 같이 정의하고 있습니다.

```java
private void playVideo(String url) {
    // Create URI
    Uri uri = Uri.parse(url);

    Intent intent = null;
    // Check to see if someone is trying to play a YouTube page.
    if (url.contains(YOU_TUBE)) {
        // If we don't do it this way you don't have the option for youtube
        uri = Uri.parse("vnd.youtube:" + uri.getQueryParameter("v"));
        intent = new Intent(Intent.ACTION_VIEW, uri);
    } else {
        // Display video player
        intent = new Intent(Intent.ACTION_VIEW);
        intent.setDataAndType(uri, "video/*");
    }

    this.ctx.startActivity(intent);
}
```

소스라인 41 : playVideo() 메소드는 인텐트를 이용하여 비디오를 재생할 수 있는 화면으로 전환하는 방식으로 사용하고 있으므로 특별한 리턴 값이 없는 void 형식을 취합니다.

소스라인 43 : 전달받은 재생할 비디오 파일의 경로를 인텐트에서 인식할 수 있는 Uri 방식으로 변환합니다.

소스라인 45 : 안드로이드는 화면 전환을 할 때 인텐트라는 객체를 사용합니다. 이 인텐트 객체를 intent라는 이름으로 선언하고 있습니다.

소스라인 47~50 : 전달받은 주소가 유튜브일 경우, "vnd.youtube:" 형식의 주소로 가공하여 인텐트를 만들면 안드로이드에 설치되어 있는 유튜브 앱에서 동영상을 재생하게 될 것입니다.

소스라인 51~55 : 유튜브가 아닌 동영상 주소일 경우, 안드로이드 기본 동영상 재생기 프로그램에서 동영상이 재생되도록 작성하고 있습니다.

소스라인 57 : 위에서 가공한 인텐트를 실행하여 동영상 재생 화면으로 이동합니다.

스텝 5

비디오 플러그인 클래스와 연동할 수 있도록 중계 역할을 하는 video.js 파일을 분석해봅니다.

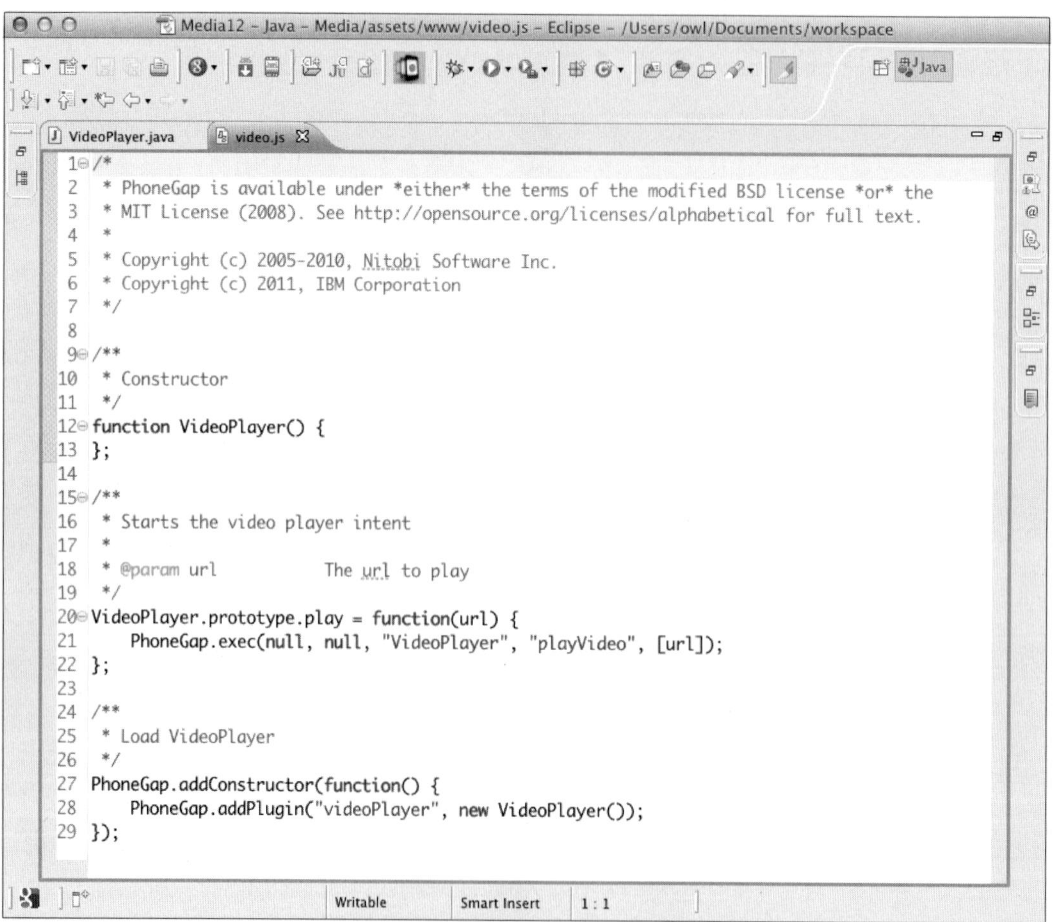

소스라인 12~13 : VideoPlayer() 객체를 선언합니다.

소스라인 20~22 : VideoPlayer() 객체에 play()라는 함수를 정의하고 있습니다. play() 함수는 VideoPlayer라는 플러그인 클래스를 사용하고, 이 클래스 안에 있는 playvideo라는 메소드를 실행하되 url을 매개변수로 사용하도록 정의하고 있습니다.

소스라인 27~29 : 위에서 정의한 VideoPlayer 클래스를 자바스크립트에서 "videoPlayer"라는 이름으로 사용할 수 있도록 연결해주고 있습니다. 즉, 자바스크립트에서 window.plugins.video Player.play()와 같은 형식으로 비디오를 재생할 수 있도록 중계 역할을 하고 있습니다.

폰갭 비디오 플러그인 활용하기

index.html 파일에서 앞서 추가한 폰갭 비디오 플러그인을 활용하는 사례를 보여줍니다.

스텝 **1**

먼저, 그림과 같이 video.js 파일을 호출합니다.

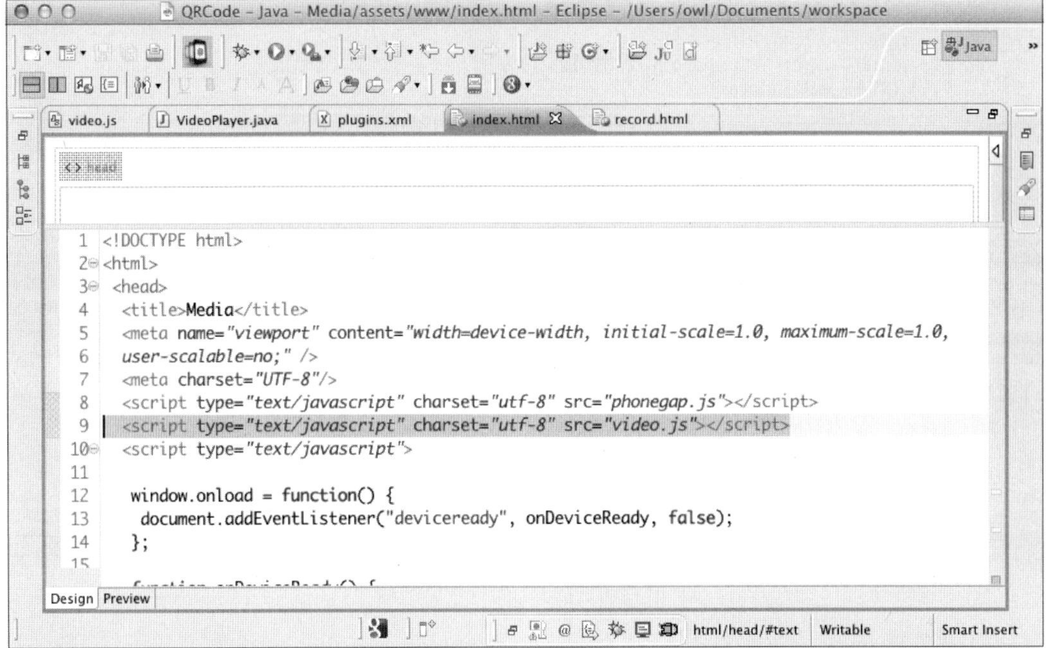

스텝 **2**

자바스크립트로 비디오를 재생할 수 있는 playVideo() 함수를 작성합니다.

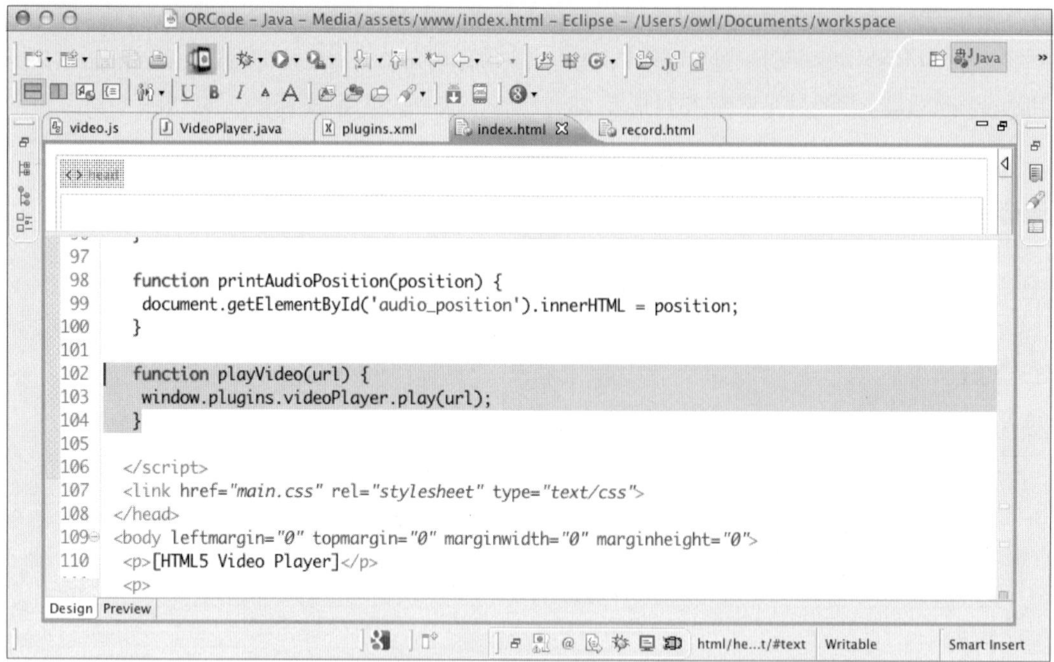

소스라인 102 : playVideo() 함수를 작성하되 매개변수로 재생할 비디오 파일 경로를 받아올 수 있게 합니다.

소스라인 103 : window.plugins.videoPlayer 객체에 있는 play() 함수를 실행하되 전달받은 비디오 파일의 경로를 매개변수로 대입합니다.

스텝 3

HTML 문서에 MP4/3GP/MP3 파일을 실험할 수 있도록 텍스트 버튼을 작성합니다. 폰갭 비디오 플러그인 배포 사이트의 가이드에 따르면 내장 비디오 파일도 "file:///xxx/xxx/xx.mp4"와 같은 경로로 재생할 수 있다고 되어 있으나 실험 결과 www 폴더에 있는 동영상 파일을 재생할 수 없는 한계가 있는 것을 확인했습니다. 이에 대한 논란은 구글링에서도 많아 찾아볼 수 있는데 근본적인 문제는 안드로이드나 폰갭이 먼저 해결해야 할 과제인 것으로 판단됩니다.

따라서 본 사례에서는 "http://"로 재생할 파일의 경로를 정의하여 웹서버에 있는 동영상이나 음원을 재생하는 방식으로 정리하고 있습니다.

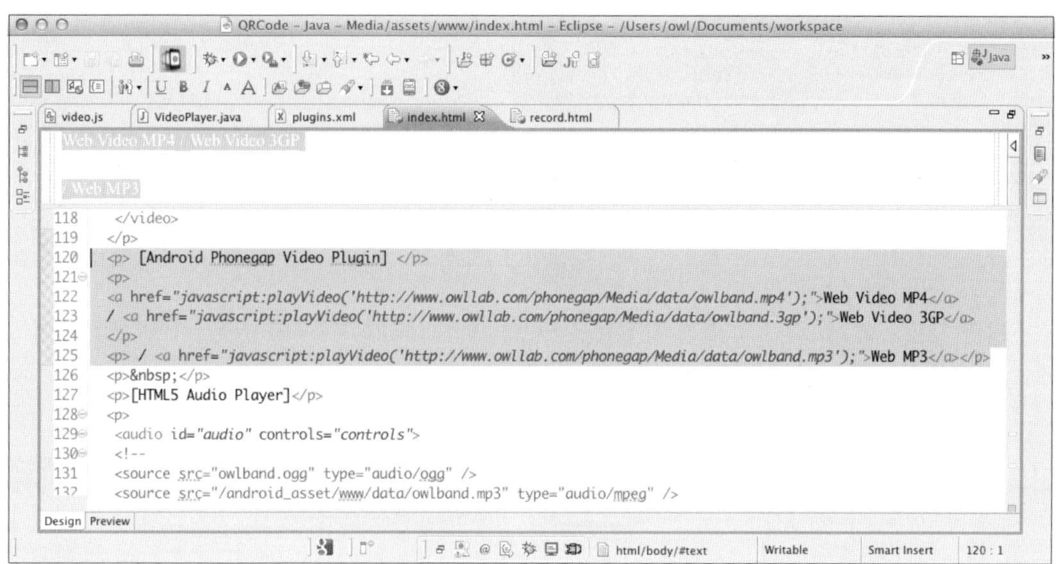

소스라인 122 : 웹서버에 있는 MP4 동영상을 재생하는 버튼을 작성하고 있습니다.

소스라인 123 : 웹서버에 있는 3GP 동영상을 재생하는 버튼을 작성하고 있습니다.

소스라인 125 : 웹서버에 있는 MP3 오디오를 재생하는 버튼을 작성하고 있습니다.

안드로이드용 www 경로로 교정

안드로이드는 플랫폼의 특성에 따라 www 폴더를 “file:///android_asset/www” 로 표기해야 합니다. 줄여서 “/android_asset/www” 로 표기하기도 합니다. 따라서 다음과 같이 앞서 소개한 아이폰용 index.html 파일에서 재생 경로를 교정할 필요가 있습니다.

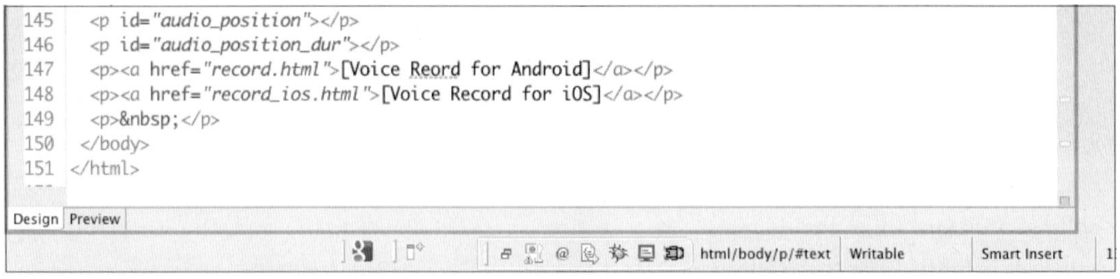

소스라인 139 : 재생할 오디오 음원 파일을 프로젝트에 내장된 MP3로 설정하기 위해 안드로이드 경로 표기법인 "/android_asset/www/data/owlband.mp3"로 변경합니다.

안드로이드용 녹음/재생

스텝 **1**

앞서 소개한 record_ios.html은 아이폰에만 사용할 수 있는 녹음 페이지입니다. 안드로이드를 위한 녹음 페이지는 record.html 파일에 준비했습니다. record_ios.html 소스와 기본 원리는 크게 다르지 않습니다. 단지, 녹음 파일을 수동으로 만들어야 하는 정도의 차이가 있을 뿐이고 안드로이드의 경우 <audio> 태그가 지원되지 않기 때문에 폰갭을 이용하여 녹음한 음원을 재생하는 방식으로 처리해야 하는 정도의 차이가 있습니다. 이런 차이점을 염두에 두고 주요 소스를 살펴보기 바랍니다.

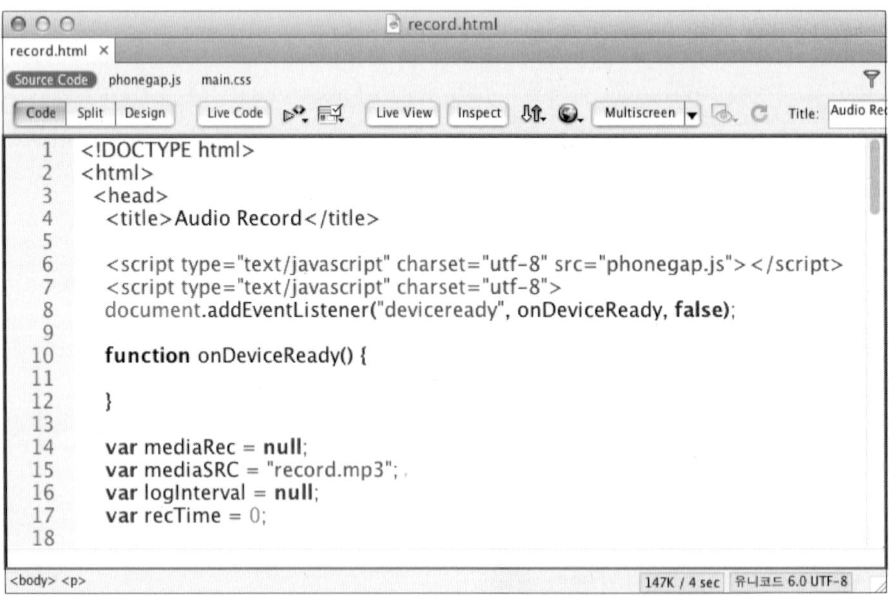

소스라인 8~12 : 아이폰의 경우 녹음 파일을 별도로 생성했어야 하기 때문에 폰갭을 로드할 때 record.wav 파일을 생성하는 로직이 필요했지만 안드로이드는 그럴 필요가 없습니다.

소스라인 15 : 녹음할 파일을 record.mp3로 설정하고 있습니다. 아이폰의 경우 .wav 파일을 사용해야 하지만 안드로이드는 mp3를 사용할 수 있습니다. 나중에 실험 과정에서 여기서 지정한 record.mp3 파일이 어느 경로에 생성되는지 확인해볼 필요가 있습니다.

스텝 **2**

다음은 녹음에 관한 로직입니다. 녹음에 대한 로직은 아이폰과 동일하기 때문에 중복하여 설명하지 않겠습니다. 이 구문을 해독하는데 어려움이 있다면 record_ios.html 소스를 분석하는 부분을 참조하기 바랍니다.

```
18
19   function recordAudio() {
20
21     if (mediaRec==null) {
22       mediaRec = new Media(mediaSRC, onSuccessRec, onErrorRec);
23     }
24     mediaRec.startRecord();
25
26     recTime = 0;
27     logInterval = setInterval(recordLog, 100);
28   }
29
30   function recordLog() {
31     recTime = recTime + 1;
32     printAudioPosition(mediaRec.src + "<br>" + recTime + " sec");
33   }
34
35   function stopRecord() {
36     clearInterval(logInterval);
37     if (mediaRec!=null) mediaRec.stopRecord();
38   }
39
40   function onSuccessRec() {
41     console.log("recordAudio():Audio Success");
42   }
43
44   function onErrorRec(error) {
45     alert('code: '   + error.code   + '\n' + 'message: ' + error.message + '\n');
46   }
47
48   function printAudioPosition(logVal) {
49     document.getElementById('record_position').innerHTML = logVal;
50   }
51
```

스텝 **3**

다음은 녹음한 음원을 재생하는 로직입니다. 아이폰에서는 audio 객체를 활용했지만 안드로이드에서는 폰갭의 Media 객체를 이용하여 재생하는 방식으로 사용하고 있습니다.

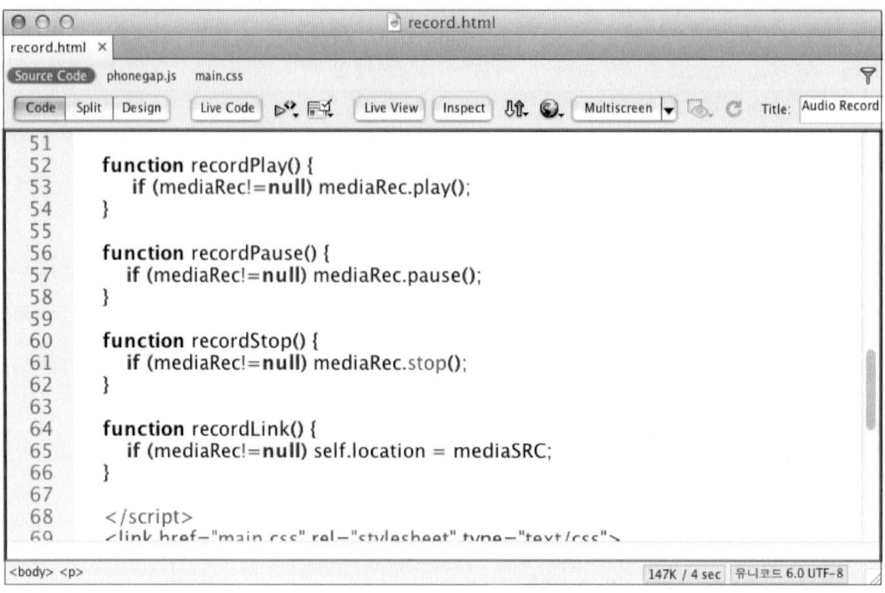

소스라인 53 : 녹음할 때 생성한 미디어 객체를 그대로 활용하여 play() 명령으로 재생하고 있습니다.

소스라인 65 : 안드로이드 경로에 대한 이해를 돕기 위해 녹음 파일을 self.location에 대입하여 화면 전환을 시도하는 실험을 할 수 있도록 준비했습니다. 물론 효용성이 없다는 것을 실험을 통해 알 수 있을 것입니다. 이런 점들이 웹사이트와 웹앱의 다른 점입니다.

스텝 4

record.html에서 녹음을 위한 HTML 구성은 record_ios.html과 큰 차이가 없습니다.

```
68       </script>
69       <link href="main.css" rel="stylesheet" type="text/css">
70       </head>
71       <body>
72       <h1>Voice Record for Android</h1>
73       <p>[Voice Record]
74          <a href="javascript:recordAudio();">Start Record</a>
75          /
76          <a href="javascript:stopRecord();">Stop Record</a>
77       </p>
78       <p id="record_position"></p>
79       <p> </p>
80       <p>[Record Player]
81          <a href="javascript:recordPlay();">Play</a>
82          /
83          <a href="javascript:recordPause();">Pause</a>
84          /
85          <a href="javascript:recordStop();">Stop</a>
86          / <a href="javascript:recordLink();">Link</a>
87       </p>
88       <p><audio id="audioObj" controls="controls" /></p>
89       <a href="index.html">[Go To Main]</a>
90       </body>
91       </html>
```

가상기기에서 실험하기

먼저, 안드로이드 가상기기에서 Media 프로젝트를 실험해보겠습니다. 가상기기가 나타나면 Ctrl + F11 또는 Ctrl + F12 (Command + F11 또는 Command + F12) 명령을 이용하여 가상기기를 가로형으로 전환해서 실험합니다.

스텝 1

index.html은 HTML5의 <video>와 <audio> 태그를 사용하고 있지만 원활하게 작동하지 않습니다. 이것은 안드로이드 웹브라우저는 HTML5의 <video>와 <audio>를 지원하지만 웹앱에서 사용하는 WebView 객체에서는 원활하게 지원하지 않기 때문입니다. 이에 대한 해결 방안은 다양하지만 아직 속 시원하게 표준화할 만한 솔루션이 정립되지 않은 상태입니다. 폰갭의 차기 버전에서 미디어 솔루션이 W3C 표준으로 바뀐다고 하니 너무 고민하지 말고 기다려 보기 바랍니다.

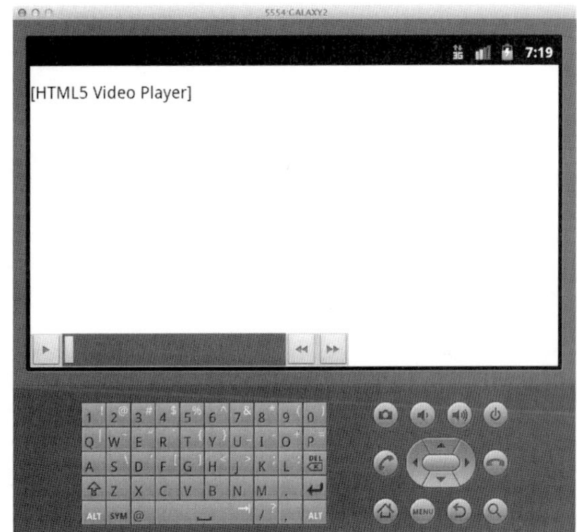

스텝 2

위에서 준비한 폰갭 비디오 플러그인을 사용하여 동영상 재생 실험을 해보겠습니다. "Web View MP4" 버튼을 클릭해봅니다.

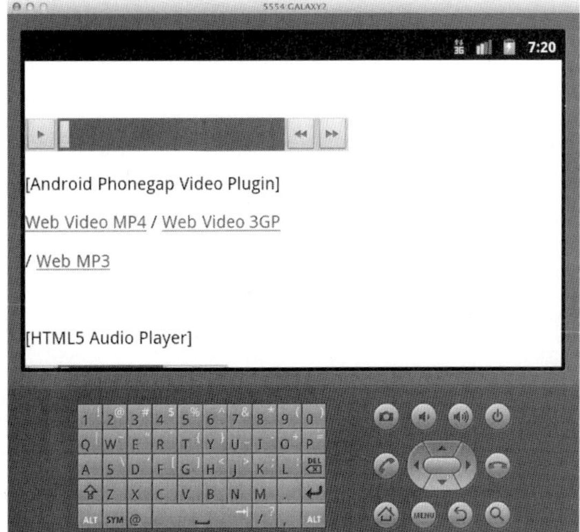

스텝 **3**

비디오 재생 화면으로 전환하면서 재생이 되지만 그림
과 같이 필자가 준비한 MP4가 너무 무겁거나 가상기기
에서 지원하는 코덱에 한계가 있어서인지 소리만 나오
고 화면이 나타나지 않습니다. 조금 있다가 실물 단말기
에서 이 부분은 재점검해 볼 필요가 있습니다.

스텝 **4**

단말기의 "Back" 버튼을 눌러 이전 화면으로 돌아옵니
다.

스텝 **5**

"Wbe Video 3GP" 버튼을 클릭하여 저용량인 3GP
포맷은 잘 재생되는지 실험해봅니다.

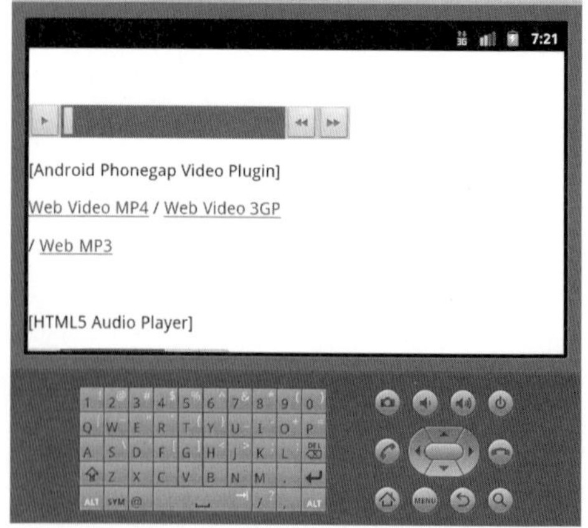

스텝 **6**

그림과 같이 해상도는 많이 떨어지지만 기능적인 재생
에는 문제가 없습니다. 사용자의 욕구에 부응하자면
이 정도의 해상도는 서비스하기에 부족함이 많아 보입
니다.

스텝 **7**

"Back" 버튼을 클릭하여 이전 화면으로 돌아옵니다.

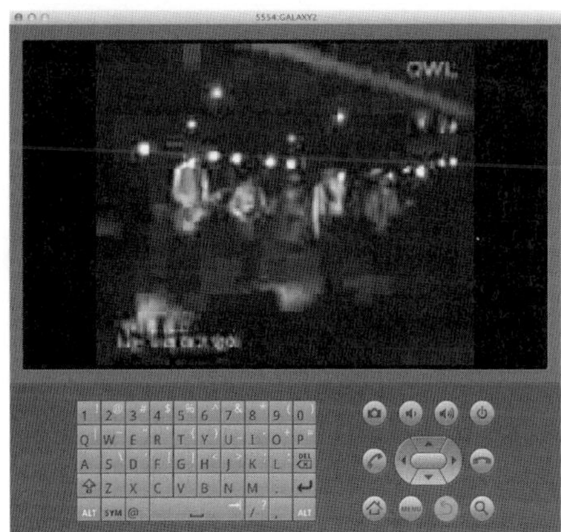

스텝 **8**

"Web MP3" 버튼을 클릭하여 비디오 플러그인으로
MP3도 재생할 수 있는지 실험해봅니다.

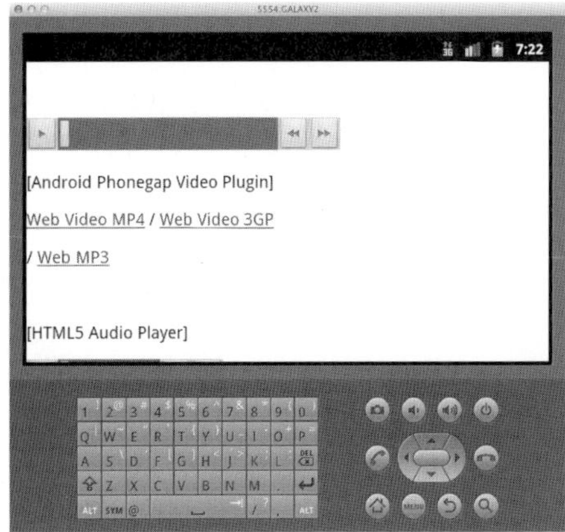

스텝 9

본서에서 들려 줄 수는 없지만 그림과 MP3 파일을
재생하는데 문제가 없습니다.

스텝 10

"Back" 버튼으로 이전 화면으로 돌아옵니다.

스텝 11

HTML5 <audio> 태그로 오디오 제어판이 나타나기는
하지만 기능이 작동하지는 않습니다. "[MP3 Player]"
의 "Play" 버튼을 클릭하여 폰갭의 Media 클래스에
의한 오디오 재생 기능을 실험해봅니다.

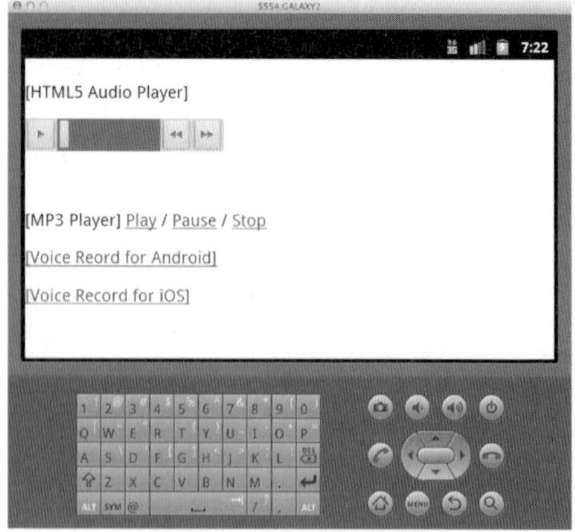

스텝 12

그림과 같이 오디오 재생 상태가 실시간으로 표시되면서 "www/data" 폴더에 있는 MP3가 재생됩니다.

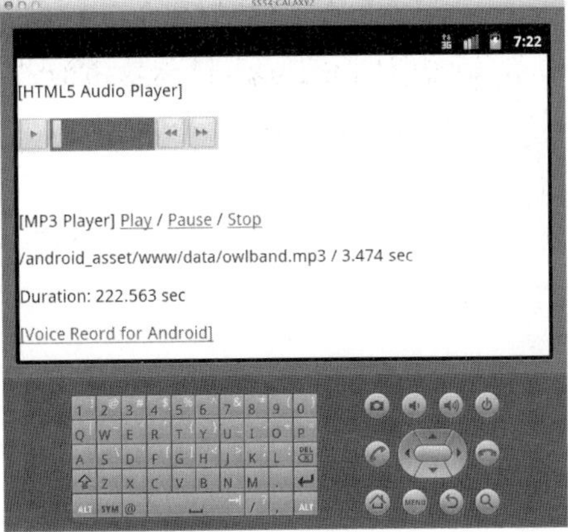

스텝 13

"[Voice Record for Android]" 버튼을 클릭하여 녹음을 실험할 수 있는 record.html 화면으로 이동합니다.

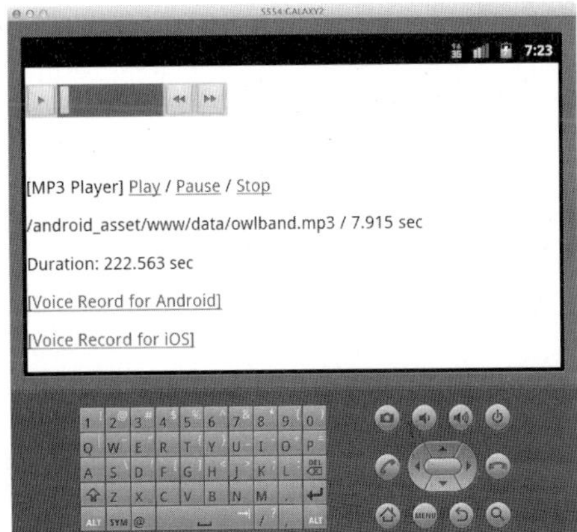

스텝 14

안드로이드 단말기에서 녹음과 재생을 실험할 수 있는 화면이 나타납니다. 이 화면에서도 <audio> 태그를 실험삼아 표시하고 있지만 효용성은 없습니다.

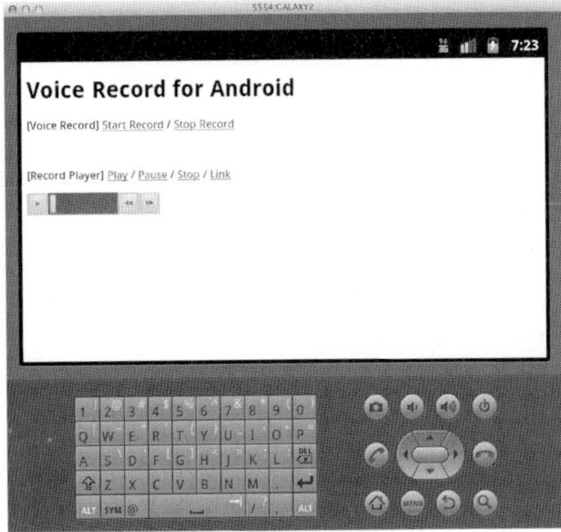

스텝 **15**

"Start Record" 버튼을 클릭하여 녹음을 시작하면 그림 과 같이 녹음 상태가 실시간으로 표시됩니다. 앞서 소스 설명에서 언급한 바 있지만 녹음 시간이 0.1초 단위로 계산되기 때문에 그림에서의 보이는 23sec는 2.3초를 잘못 표기하고 있다는 점을 상기하기 바랍니다. 물론 가상기기에서 녹음을 실험하려면 개발자 컴퓨터에 마 이크와 스피커 장치가 있어야 하는 것은 당연한 전제 조건입니다.

스텝 **16**

"Stop Record" 버튼을 클릭하면 녹음이 종료됩니다.

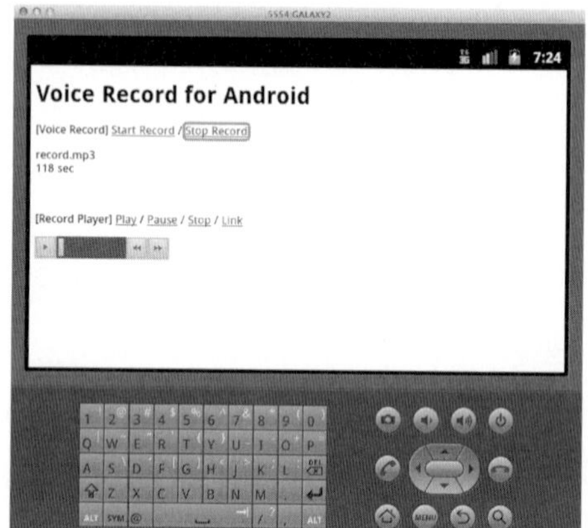

스텝 **17**

"Play" 버튼을 클릭하면 녹음된 음원이 재생됩니다. 이 때 재생하는 방법은 <audio>가 아니라 폰갭의 Media 클래스에 의해 재생되는 것임을 상기하기 바랍니다.

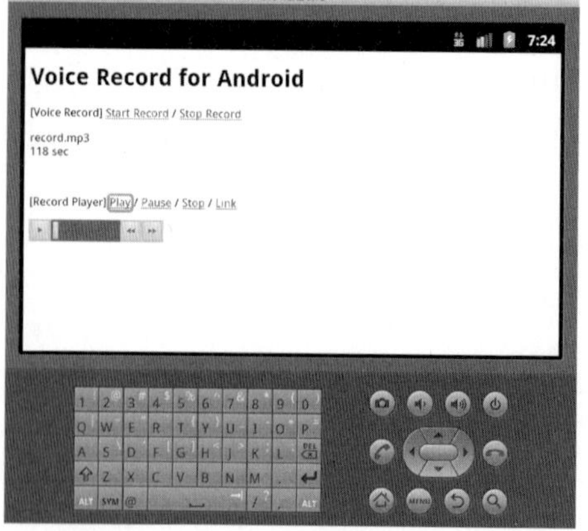

스텝 18

"Stop" 버튼을 클릭하면 재생되던 음원이 정지됩니다.
"Pause" 버튼을 사용하는데도 문제가 없습니다.

스텝 19

"Link" 버튼을 클릭하면 웹 페이지에서처럼 음원 파일을
링크로 호출해봅니다.

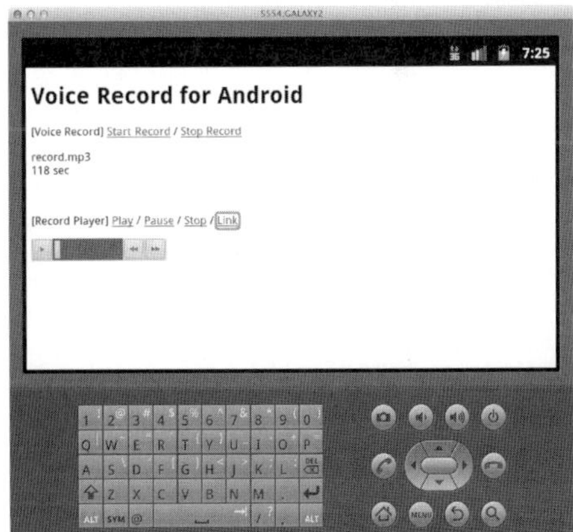

스텝 20

그림과 같이 지정한 음원 파일을 찾을 수 없다는 메시지
가 나타납니다. 만일 이 웹앱이 녹음 파일에 접근할
수 있는 권한이 있고, 정확한 파일의 경로를 링크했다면
재생될 수도 있었을 것입니다. 하지만 아직까지는 이
문제를 폰갭이 해결하고 있지 않다는 정도만 이해하는
것으로 실험을 마무리 짓습니다.

실물 단말기에서 실험하기

스텝 **1**

이번엔 실물 단말기에서 실험해보겠습니다. 결국 웹앱을 만들어 배포하면 사용자는 실물 단말기에서 사용할 것이기 때문에 실물 단말기에서의 실험은 매우 중요합니다. 그림과 같이 프로젝트를 선택하고 "Run > Run As > Android Application" 메뉴를 이용하여 실험을 시도합니다. Media 프로젝트와 같이 무거운 앱은 디버그 모드보다는 런 모드로 실험하는 것이 개발하는데 용이할 것입니다. 디버그 모드는 그만큼 단말기의 속도가 많이 떨어지기 때문입니다.

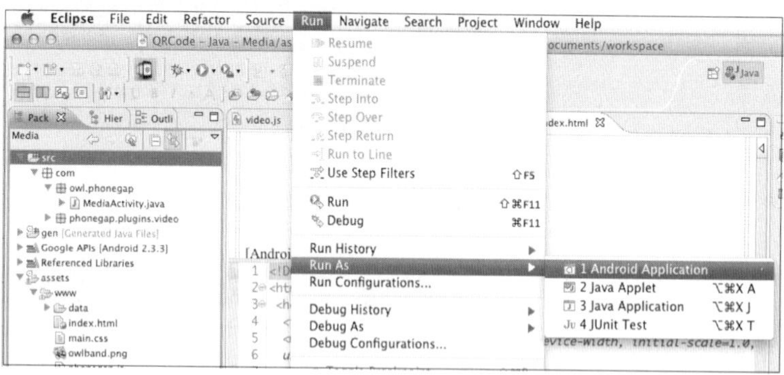

스텝 **2**

그림과 같이 USB로 연결한 실물 단말기를 선택하고 "OK" 버튼을 클릭하여 실물 단말기에 앱을 설치하고 실행합니다.

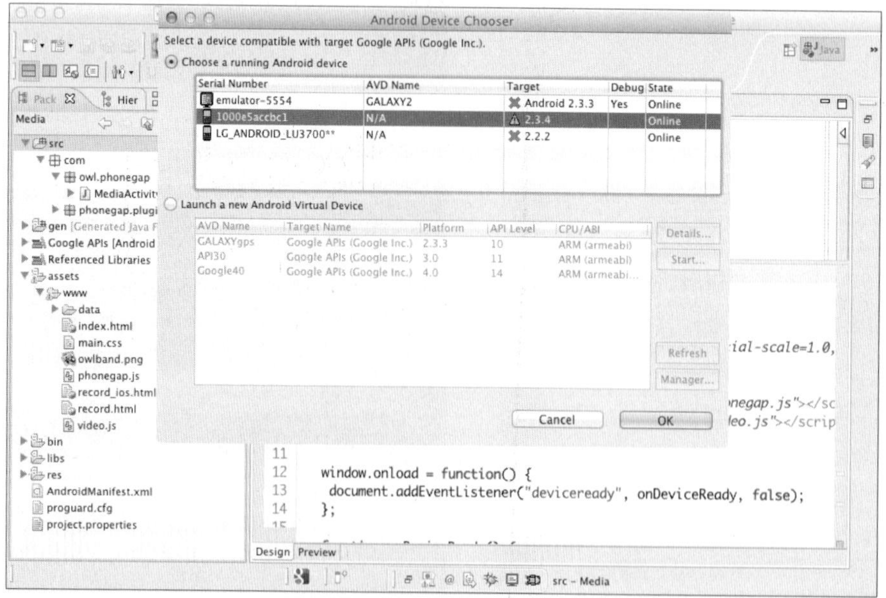

스텝 3

그림과 같이 실물 단말기에 index.html 화면이 나타나는데 필자의 단말기에서도 HTML5의 <video>나 <audio> 태그는 작동하지 않았습니다. 나중에 안드로이드가 버전 업하면 이 문제가 해결될 수 있으니 참고하기 바랍니다. 다른 기능들은 가상기기에서 실험한 바와 크게 다른 점은 없습니다. 가상기기에서 원활하지 못했던 MP4 재생에 대한 실험과 녹음 실험만 해보겠습니다. "Web Video MP4" 버튼을 터치하여 MP4를 재생하는 화면으로 이동해봅니다.

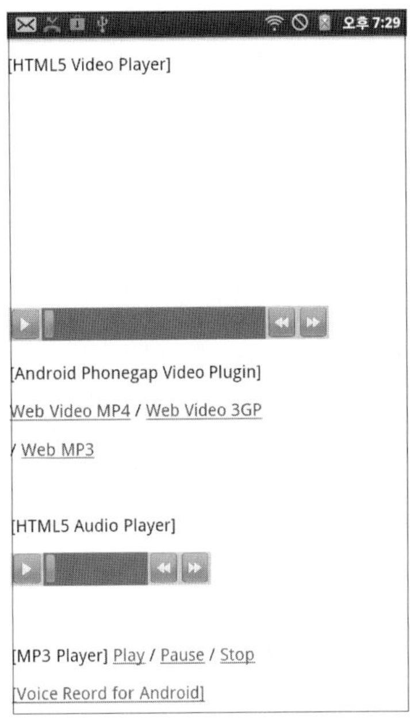

스텝 4

그림과 같이 3GP 보다는 깨끗한 고화질의 MP4 비디오를 재생할 수 있었습니다. 재생을 확인하고 단말기의 "Back" 버튼을 누르면 이전 화면인 index.html 화면으로 돌아올 수 있습니다.

스텝 **5**

index.html 화면에서 "Web MP3" 버튼을 터치하여 MP3 음원을 재생하면 그림과 같이 비디오 재생기에서도 원활하게 재생됩니다.

스텝 **6**

폰갭의 MP3 재생기도 한번 점검해보고 "[Voice Record for Android]" 버튼을 터치하여 녹음 화면으로 이동합니다.

스텝 **7**

그림과 같이 녹음과 재생 실험을 해보면 녹음과 재생이 원활하게 작동하는 것을 확인할 수 있습니다.

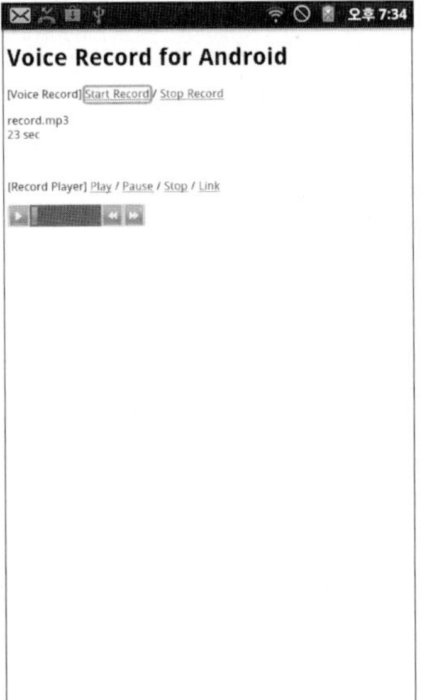

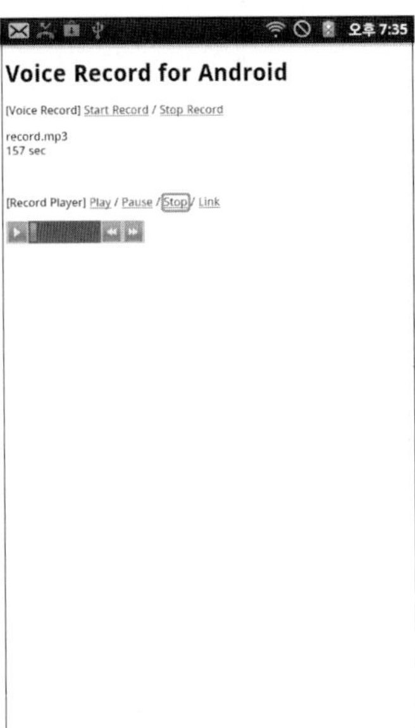

스텝 **8**

끝으로 이클립스 DDMS 화면의 File Explorer 창에서 녹음 파일인 record.mp3 파일의 실체를 확인해봅니다. DDMS 화면은 "이클립스 > Window > Open Perspective > DDMS" 메뉴를 이용하면 이동할 수 있고 그림과 같이 Devices 창에서 실험 중인 단말기를 선택하고 File Explorer 창을 보면 record.mp3 파일을 확인할 수 있습니다. 따라서 녹음할 때 상대 경로로 지정했던 record.mp3는 시스템에서 "/sdcard/record.mp3"를 의미한다는 것을 알 수 있습니다.

이러한 상황은 단말기의 기종에 따라 약간의 차이가 있을 수 있지만 파일 시스템 구조를 이해하고 있으면 나중에 고차원의 프로그램이 필요할 때 응용할 수 있는 기초 지식으로 큰 도움이 될 것입니다.

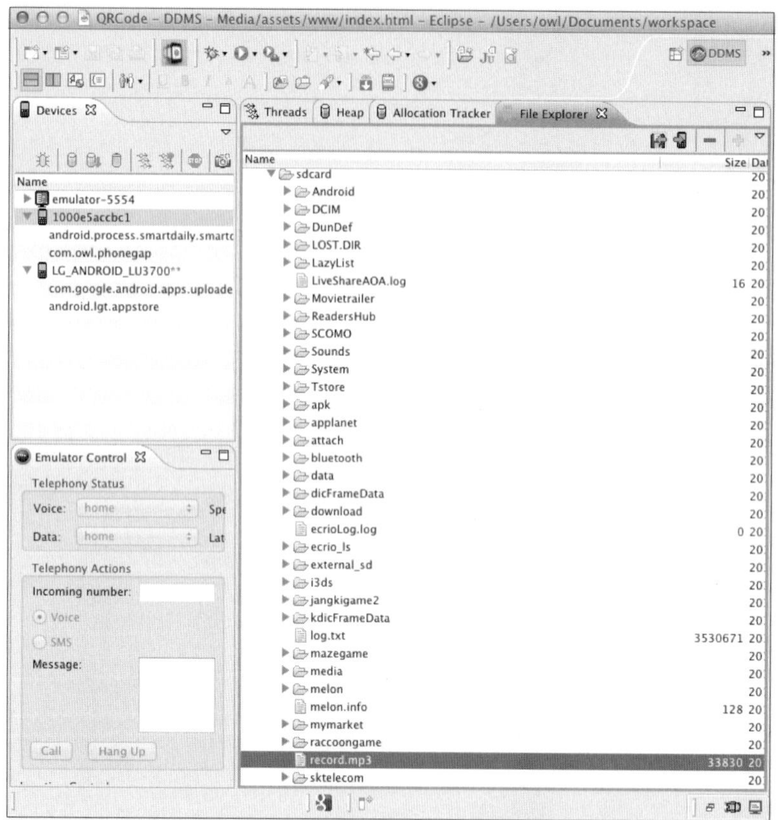

Chapter 11

Camera : 카메라 제어

스마트폰에서 카메라는 소프트웨어의 흐름을 크게 바꾸는 중요한 요소 중 하나입니다. 카메라와 같은 하드웨어적인 요소를 활용하려면 네이티브 프로그램을 사용해야 했지만 폰갭은 이를 간단한 자바스크립트만으로도 연동할 수 있게 했습니다. 카메라로 찍은 사진이나 동영상을 스마트폰에서 곧바로 서버에 올릴 수 있는 기능은 스마트폰의 가장 큰 장점입니다.

서버에 업로드하는 단계 이전에 특정 기능의 앱에 메모를 하고 사진을 추가할 수 있는 것만으로도 혁신적이라 할 수 있습니다. 기능적으로는 글자에서 이미지, 동영상으로 확장한 것일 뿐이지만 이로 인한 파장은 클 수밖에 없으며 증강현실과 같이 컴퓨터와 현실이 연동될 수 있는 통로를 만들었습니다. 현재까지는 증강현실에 대한 손쉬운 솔루션을 폰갭에서 기본으로 제공하지는 않지만 플러그인으로 라도 솔루션이 제공된다면 웹앱에 또 하나의 추진력을 부여하는 계기가 됨과 동시에 솔루션을 제공하는 공급자는 많은 포부를 펼칠 수 있는 기회가 될 것입니다.

11.1 카메라의 사용

폰갭에서 제공하는 카메라 기본 기능은 카메라를 호출하여 사진을 찍고, 찍은 사진을 웹앱에 가져와 콘텐트에 추가하거나 가공하는 등의 기능을 제공합니다. 그리고 필요에 따라 이미 단말기에 보관하고 있는 사진을 선택해 가져올 수 있습니다. 폰갭의 카메라 솔루션은 camera.getPicture라는 카메라 메소드로 부터 시작하여 카메라를 호출할 것이지, 앨범을 호출할 것인지를 지정할 수 있으며 필요에 따라 카메라 또는 앨범에 대한 옵션을 설정할 수 있습니다.

camera.getPicture() 메소드

이 카메라 메소드의 사용 형식은 다음과 같습니다.

```
navigator.camera.getPicture( cameraSuccess, cameraError, [ cameraOptions ] );
```

폰갭은 이 메소드를 통해 다음과 같은 두 가지 방식으로 사진을 가져올 수 있도록 지원합니다.

방법 ❶ : 단말기에서 지원하는 카메라로 사진을 찍고 찍은 사진을 가져옵니다. 아래와 같이 카메라 소스 유형을 선택하고 camera.getPicture 메소드를 실행하면 카메라 미리보기가 나타납니다.

```
Camera.sourceType = Camera.PictureSourceType.CAMERA
```

방법 ❷ : 단말기의 앨범에서 사진을 선택해서 가져올 수 있도록 합니다. 아래와 같이 카메라 소스 유형을 선택하고 camera.getPicture 메소드를 실행하면 사진을 선택할 수 있는 앨범 화면이 나타납니다.

```
Camera.sourceType = Camera.PictureSourceType.PHOTOLIBRARY
Camera.sourceType = Camera.PictureSourceType.SAVEDPHOTOALBUM
```

위와 같이 카메라의 유형을 선택하고 camera.getPicture 메소드를 실행하면 카메라 또는 앨범 화면이 나타납니다. 사진을 찍거나 선택했을 때 성공하면 cameraSuccess 함수를 실행하여 사진 데이터 또는 경로를 전달하며, 실패하면 cameraError 함수를 실행합니다.

또한 폰갭은 cameraOption의 설정에 따라 다음과 같은 두 가지 유형으로 사진을 가져올 수 있도록 지원하고 있습니다.

유형 ❶ : base64로 인코딩된 이미지 데이터를 제공합니다. base64 인코딩 활용 사례는 다음과 같이 요약할 수 있습니다.

```javascript
navigator.camera.getPicture(onSuccess, onFail, { quality: 50 });

function onSuccess(imageData) {
    var image = document.getElementById('imageTagId');
    image.src = "data:image/jpeg;base64," + imageData;
}

function onFail(message) {
    alert('Failed : ' + message);
}
```

유형 ❷ : 사진 파일의 경로를 URI로 제공합니다. FILE_URI의 활용 사례를 요약하면 다음과 같이 정리할 수 있습니다.

```javascript
navigator.camera.getPicture(onSuccess, onFail, { quality: 50, destinationType:
                            Camera.DestinationType.FILE_URI });
```

```
function onSuccess(imageURI) {
    var image = document.getElementById('imageTagId');
    image.src = imageURI;
}


function onFail(message) {
    alert('Failed : ' + message);
}
```

이렇게 가져온 사진은 필요에 따라 화면에 출력하거나, 단말기에 저장하거나, 서버 또는 친구에게 전송하는 등의 기능을 구현할 수 있습니다. 참고로 폰갭 매뉴얼에 따르면 base64로 인코딩하는 것은 이미지 용량에 따라 메모리에 부담을 줄 수 있기 때문에 단말기마다 이미지의 해상도를 조절하여 활용할 것을 권장하고 있고 가급적이면 FILE_URI 방식을 활용할 것을 추천하고 있습니다.

❶ 지원하는 플랫폼 : Android, iPhone, Windows Phone 7 (Mango), Blackberry WebWorks (OS 5.0 and higher)

카메라 응답 함수

카메라 메소드인 camera.getPicture를 실행할 때 사진 선택의 결과를 받아 실행하는 함수들이 있습니다. 선택한 사진을 성공적으로 받았을 때는 cameraSuccess 함수를 실행하고, 실패했을 때는 cameraError 함수를 실행하는데 이와 같은 함수들을 "응답 함수" 또는 "콜백 함수 (Callback Function)"라고 합니다. 이 두 콜백 함수의 이름은 cameraSuccess, cameraError와 같이 고정된 것이 아니라 camera.getPicture 메소드에서 개발자가 정의할 수 있습니다.

cameraSuccess 함수

사진을 찍거나 선택하는데 성공했을 때 실행하는 콜백 함수입니다. 함수의 이름은 개발자가 정의합니다.

사용형식	`function(imageData) {` `    }`
매개변수	imageData : 선택한 사진 이미지 base64 데이터 문자열 또는 이미지 파일의 URI 경로

활용사례
1
	`function onSuccess(imageData) {`
	`    var image = document.getElementById('imageTagId');`
	`    image.src = "data:image/jpeg;base64," + imageData;`
	`}`

<table>
<tr><td>활용사례
2</td><td>

```
function onSuccess(imageURI) {
    var image = document.getElementById('imageTagId');
    image.src = imageURI;
}
```

</td></tr>
</table>

cameraError 함수

사진을 찍거나 선택하는데 실패했을 경우 실행하는 콜백 함수입니다. 콜백 함수이므로 함수명은 개발자가 정의할 수 있습니다.

<table>
<tr><td>사용형식</td><td>

```
function(message) {
}
```

</td></tr>
<tr><td>매개변수</td><td>message : 단말기에서 제공하는 오류 메시지를 문자열로 받아오는 매개변수</td></tr>
<tr><td>활용사례</td><td>

```
function onFail(message) {
    alert('Failed : ' + message);
}
```

</td></tr>
</table>

카메라 옵션

카메라 메소드인 camera.getPicture를 실행할 때 카메라 또는 선택해올 사진 이미지에 대한 옵션을 설정할 수 있습니다. 옵션 중에서 destinationType, sourceType, EncodingType은 유형을 지정하여 다양하게 사용할 수 있습니다. 폰갭에서 지원하는 카메라 옵션은 다음과 같습니다.

quality 옵션

이미지의 품질(해상도)를 백분율로 정의합니다.

- 사례 – quality : 50

destinationType 옵션

결과 값의 포맷을 정의합니다. navigator.camera.DestinationType에서 정의된 값을 사용하며 다음과 같은 유형이 있습니다.

- Camera.DestinationType.DATA_URL : 설정 값은 0이며 base64 인코딩으로 선택한 이미지 데이터를 받을 수 있게 합니다.
- Camera.DestinationType.FILE_URI : 설정 값은 1이며 선택한 이미지의 URI 값을 받을 수 있게 합니다.
- 사례 – destinationType : Camera.DestinationType.DATA_URL

sourceType 옵션

선택할 소스를 설정합니다. 즉, 카메라에서 찍어 올 것인지, 포토 라이브러리에서 선택할 것인지, 앨범에서 선택할 것인지를 정의합니다. nagivator.camera.PictureSourceType에 의해 정의된 값을 사용하며 다음과 같은 유형이 있습니다.

- Camera.PictureSourceType.PHOTOLIBRARY : 설정 값은 0이고 포토 라이브러리에서 이미지를 선택해 가져올 수 있게 합니다.
- Camera.PictureSourceType.CAMERA : 설정 값은 1이고 카메라에서 사진을 찍어 이미지를 가져올 수 있게 합니다.
- Camera.PictureSourceType.SAVEDPHOTOALBUM : 설정 값은 2이고 포토앨범에서 이미지를 선택해 가져올 수 있게 합니다.
- 사례 – sourceType : Camera.PictureSourceType.CAMERA

위에서 설명한 카메라 옵션은 다음과 같이 대괄호 (″{ }″)로 묶어 하나의 설정으로 활용합니다.

```
{ quality : 75,
  destinationType : Camera.DestinationType.DATA_URL,
  sourceType : Camera.PictureSourceType.CAMERA,
  allowEdit : true,
  encodingType : Camera.EncodingType.JPEG,
  targetWidth : 100,
  targetHeight : 100 };
```

카메라 특기사항

카메라는 플랫폼과 단말기에 장착된 카메라의 특성에 따라 지원 여부가 갈리는 경우가 있습니다. 다음에서 요약한 특기사항은 폰갭에서 제시하는 일반적인 사항입니다. 이외에도 폰갭에서 실험해보지 않은 단말기의 경우 특이성이 있을 수도 있음을 염두에 두고 살펴보기 바랍니다.

또한 기능의 유래가 어떤 플랫폼이었는지도 고려해 가면서 살펴보면 폰갭에 대한 이해의 폭이 많이 넓어질 것입니다. 예를 들어, allowEdit과 같은 설정은 아이폰을 기본으로 만들어진 설정이며 안드로이드와 같은 플랫폼은 사진 편집 기능을 기본으로 지원하지 않아 아이폰만 지원하는 특기사항이 나타납니다.

❶ 안드로이드

- allowEdit 설정을 지원하지 않습니다.

- sourceType은 PHOTOLIBRARY와 SAVEDPHOTOALBUM의 구분이 없이 모두 포토앨범이 나타납니다.

- EncodingType을 지원하지 않습니다.

❷ 아이폰

- quality 속성은 어떤 단말기의 경우 50 이하로 설정해야 메모리 오류를 피할 수 있습니다.

- destinationType 설정을 FILE_URI로 설정하면 사진이 앱의 임시 폴더에 저장됩니다.

- 앱의 임시 폴더에 있는 콘텐츠들은 앱이 종료될 때 삭제된다는 것도 염두에 두어야 합니다. 사진 파일의 경우 용량이 비교적 크기 때문에 단말기의 용량에 민감합니다. 따라서 navigator.fileMgr API를 이용하면 개발자는 원활한 앱 활용을 위해 필요에 따라 임시 폴더에 있는 콘텐츠들을 삭제할 수도 있습니다.

❸ 윈도우폰

- allowEdit 설정을 지원하지 않습니다.

❹ 블랙베리

- allowEdit, quality, sourceType 설정을 지원하지 않습니다.

- 앱이 key injection 권한이 있어야 사진을 찍은 후 카메라를 닫을 수 있습니다.

- Torch 9800 기종과 같은 고해상도 카메라 단말기의 경우, 이미지 크기가 커서 이미지를 인코딩하지 못하는 현상이 있습니다.

- MediaType 설정을 지원하지 않습니다.

❺ 팜(Palm)

- allowEdit, quality, sourceType 설정을 지원하지 않습니다.

- MediaType 설정을 지원하지 않습니다.

11.2 jQuery Mobile을 이용한 웹앱 디자인

지금까지 설명한 프로젝트 실험 과정을 통해 폰갭에 대한 기본적인 원리나 활용법을 이해했을 것입니다. 여기에 사용자 화면을 스마트폰답게 디자인할 수 있는 솔루션을 추가할 필요가 있습니다. 앱은 기능도 중요하지만 사용자 화면이 스마트해야 합니다. 이제는 디자인 솔루션에도 관심을 두면서 폰갭 프로젝트를 진행할 때가 됐습니다.

폰갭이 HTML5와 스마트폰 네이티브 프로그램을 연동하는 역할을 한다면, jQuery Mobile은 스마트폰 화면을 손쉽게 디자인할 수 있도록 도와주는 역할을 합니다. 폰갭만으로도 웹앱을 만들 수 있지만, CSS와 자바스크립트를 구사하여 스마트폰에 알맞은 화면을 구성하려면 많은 노력이 필요합니다. 이런 수고를 덜어 주면서 고차원적인 사용자 화면을 만들 수 있게 도와주는 대표적인 솔루션이 jQuery Mobile입니다. 이 프로젝트부터는 폰갭의 camera 기능을 주제로 프로젝트를 실험하면서 jQuery Mobile로 사용자 화면을 구성하는 솔루션도 추가로 소개합니다.

jQuery Mobile 다운받고 둘러보기

jQuery Mobile은 이미 많은 개발 도구에 플러그인 방식으로 배포되고 있습니다. 예를 들어, 드림위버에서도 CS 5.5 버전부터 jQuery Mobile이 폰갭과 함께 탑재되어 배포되고 있고, 이클립스 역시 앞서 폰갭 플러그인을 설정하는 과정에서 보았듯이 jQuery Mobile이 디자인 솔루션으로 탑재되어 있습니다.

하지만 개발 프로그램에 탑재되어 있는 jQuery Mobile은 시간이 나면서 버전이 뒤쳐질 수 있고 jQuery Mobile의 버전에 따라 활용 방법에 약간의 차이가 있기 때문에 jQuery Mobile의 원본을 받아 활용하는 방법을 알고 있어야 좀 더 근본적으로 jQuery Mobile의 원리를 알고 개발할 수 있습니다.

jQuery Mobile은 HTML5와 CSS, 자바스크립트를 기반으로 만든 일종의 디자인 프레임웍이기 때문에 비교적 쉽게 접근할 수 있습니다. 즉, jQuery Mobile의 모든 API를 알고 개발하기 보다는 개발자가 필요한 부분만 이해하고 활용해도 충분합니다. 우리는 UI 디자인을 위해 활용할 것입니다.

스텝 **1**

웹브라우저를 이용하여 그림과 같이 jQuery Mobile 사이트에서 "Download" 페이지를 찾습니다. 그림에서 소개하는 바와 같이 jQuery Mobile은 HTML5 기반의 사용자 인터페이스를 제공하는 디자인 라이브러리라는 것을 알 수 있습니다.

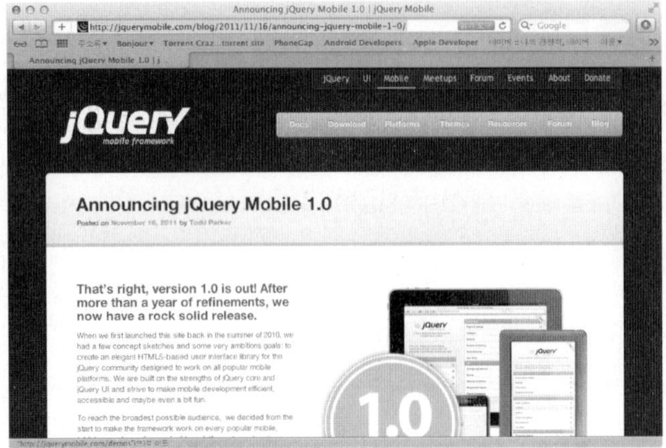

스텝 2

jQuery Mobile의 "Download x.x Zip" 버튼을 클릭하여 jQuery Mobile 패키지를 다운받습니다.

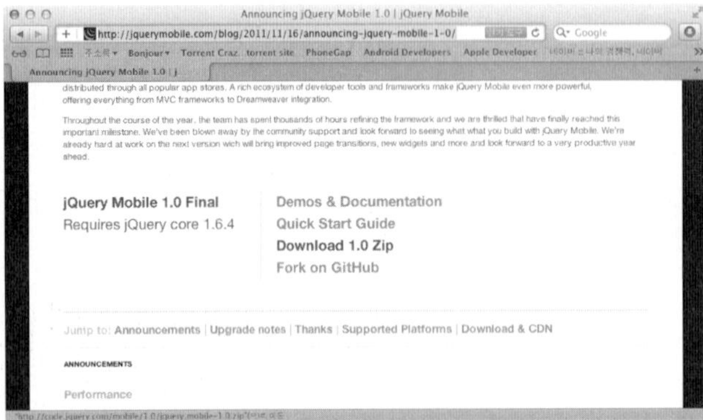

스텝 3

다운받은 jQuery Mobile 패키지의 압축을 풀어 보면 그림과 같이 나타납니다. 대부분의 패키지처럼 jQuery Mobile도 "demo" 폴더에 샘플이 있습니다. 이 샘플 폴더 내용 중 아래 그림에서 선택하고 있는 파일들이 jQuery Mobile의 핵심 파일입니다. jQuery Mobile의 주요 파일은 다음과 같습니다.

- image/*.png : 화면 디자인에 사용하는 아이콘 등의 이미지 파일들을 크기와 테마별로 준비하고 있습니다. 이 파일을 활용하면 다양한 테마의 아이콘을 구사할 수 있습니다.

- index.html : jQuery Mobile을 HTML5에서 활용하는 샘플을 소개하고 있습니다.

- jquery.js : jQuery Mobile의 자바스크립트를 사용할 수 있도록 제공하는 기본 라이브러리 파일입니다.

- jquery.mobile-x.x.min.js : jQuery Mobile에서 제공하는 사용자 인터페이스를 제어할 수 있도록 제공하는 일종의 모바일용 인터페이스 라이브러리 파일입니다.

- jquery.mobile-x.x.min.css : jQuery Mobile이 제공하는 사용자 인터페이스의 CSS 스타일 파일입니다.

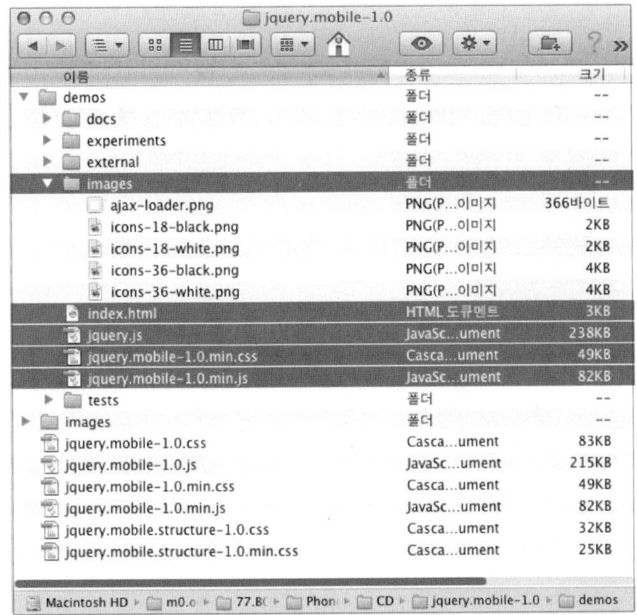

스텝 **4**

jQuery Mobile 패키지의 "demo/index.html" 파일을 더블클릭하여 웹브라우저에서 보면 그림과 같이 jQuery Mobile에 대한 소개와 샘플들을 살펴볼 수 있습니다. 이 샘플들을 살펴보고 자신이 필요한 UI (User Interface)를 선택하고 그에 대한 샘플 파일의 소스를 참조하여 활용하는 방식으로 jQuery Mobile을 활용하면 됩니다.

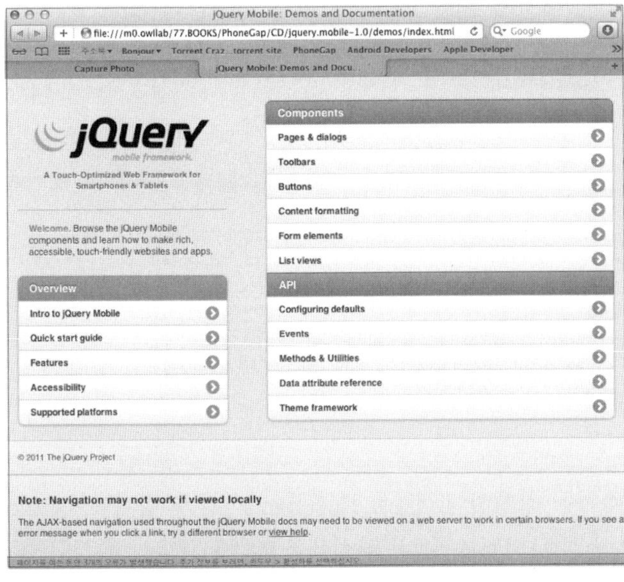

스텝 **5**

이번 Camera 프로젝트에서는 그림과 같이 jQuery Mobile의 "Thumbnails" 샘플 디자인을 활용할 것입니다. "Thumbnails"과 같은 형태의 디자인이 앱에서 가장 많이 활용되는 형태입니다. "Thumbnails"는 섬네일 이미지와 제목/부제가 한 행에 나오는 목록 형태입니다.

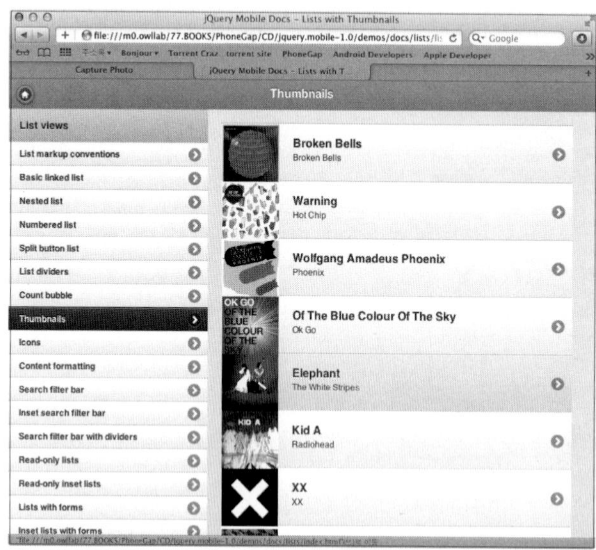

jQuery Mobile을 사용하여 Camera 프로젝트를 진행하기에 앞서 jQuery Mobile에 대한 이해를 돕기 위해 jQuery Mobile이 드림위버와 이클립스에 어떻게 플러그인으로 설치되어 있는지, 이를 활용하여 jQuery Mobile 페이지를 만들려면 어떻게 하는지를 살펴보겠습니다. 웹디자이너라면 드림위버가 익숙할 것이고 프로그래머나 코더라면 이클립스가 익숙할 것입니다.

단, 주의할 것은 디자이너와 프로그래머의 개발 툴이 다르면 그 개발 프로그램에서 제공하는 jQuery Mobile 버전도 다르기 때문에 공동 작업에서는 jQuery Mobile 버전 부분을 서로 맞출 필요가 있습니다. 이런 버전 조율 작업은 위에서 언급한 jQuery Mobile 주요 파일에 대한 표준을 맞추는 일이 될 것입니다.

드림위버에서 jQuery Mobile 페이지 생성

드림위버에서 jQuery Mobile 페이지를 생성하는 과정을 보겠습니다.

스텝 **1**

드림위버에서 "File > New..."와 같은 메뉴를 실행하여 "New Document" 창을 엽니다. "Page from Sample > Mobile Starters > jQuery Mobile (PhoneGap)"을 선택하고, "DocType:"을 "HTML 5"로 지정한 후 "Create" 버튼을 클릭합니다.

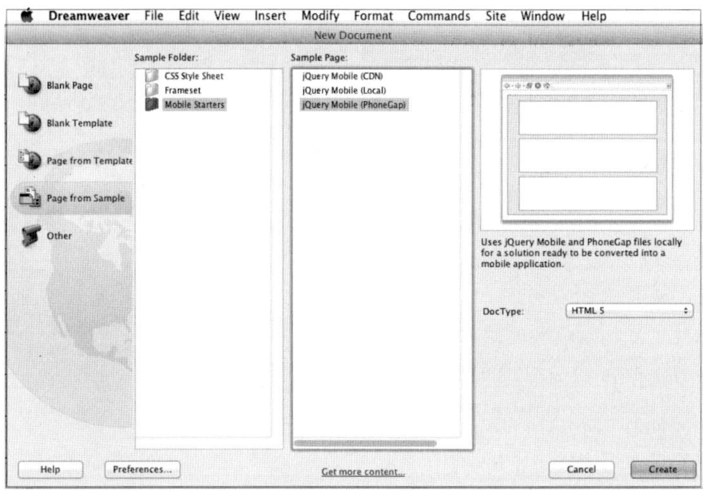

스텝 **2**

그림과 같이 "Untitled-xx"를 임시 파일명으로 하는 샘플 페이지가 생성됩니다. 샘플 페이지는 4개의 페이지가 1개 파일을 구성하고 있습니다. 하나의 HTML 파일로 4개의 화면을 구성하는 방식입니다.

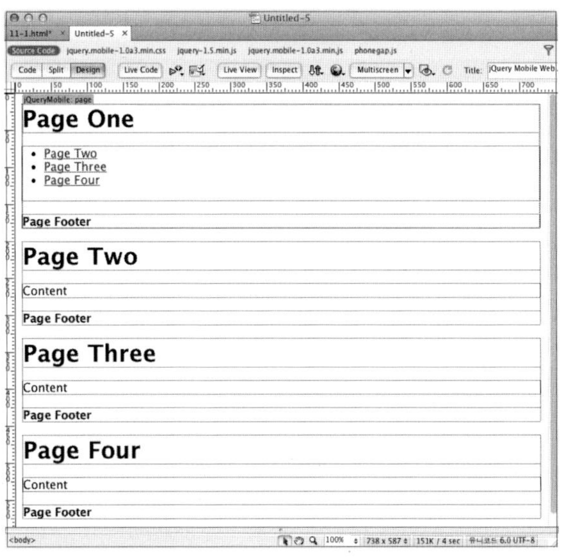

스텝 **3**

샘플 파일의 소스를 보면 드림위버에서 제공하는 템플릿 폴더에 있는 jQuery Mobile 관련 라이브러리 파일을 호출하고 있는 것을 볼 수 있습니다. 이는 아직 샘플 파일을 저장하지 않은 상태이기 때문입니다. 이 파일을 저장하면 jQuery Mobile 관련 파일들이 샘플 파일을 저장한 폴더로 복사될 것입니다.

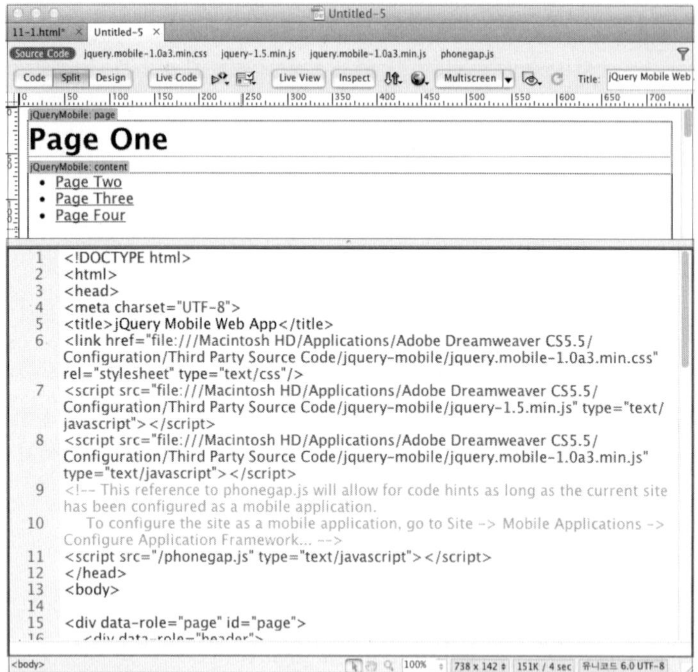

스텝 4

그림과 같이 "File > Save" 메뉴를 실행하여 샘플 파일을 저장해봅니다.

스텝 5

그림처럼 저장할 폴더를 지정하고 파일명을 정의한 후 "Save" 버튼을 클릭하면 "Copy Dependent Files" 창이 나타나면서 jQuery Mobile 관련 파일들을 복사해올 것인지를 결정할 수 있습니다. 이 창에서 "Copy" 버튼을 클릭하여 jQuery Mobile 관련 파일들을 저장 폴더에 복사해옵니다. 만일 템플릿 파일 자체를 수정해서 표준으로 삼으려면 복사하지 않은 상태에서 템플릿 파일을 수정하는 방법도 있으니 참고하기 바랍니다.

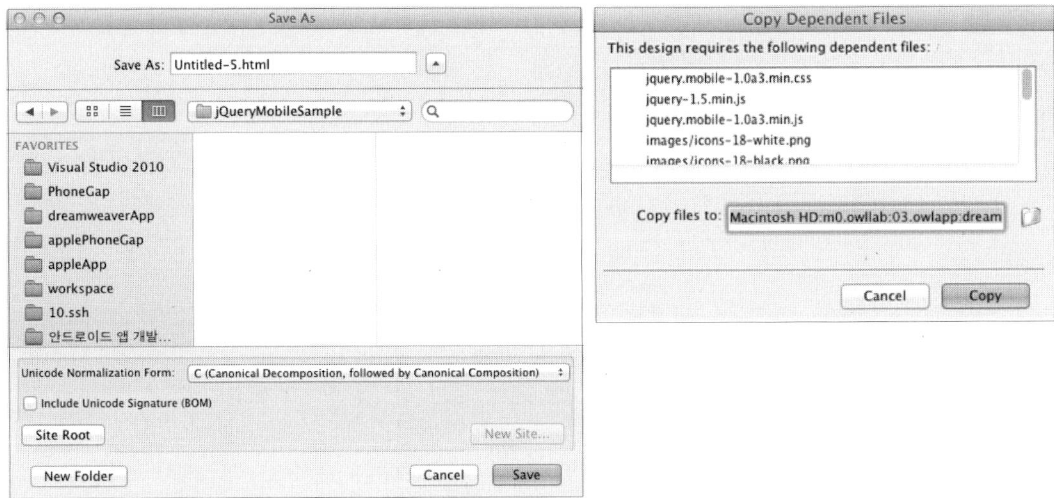

스텝 **6**

샘플 파일을 저장한 후에는 jQuery Mobile 관련 파일을 복사해왔기 때문에 그림과 같이 상대 경로로 호출하는 구문으로 변경되어 있습니다.

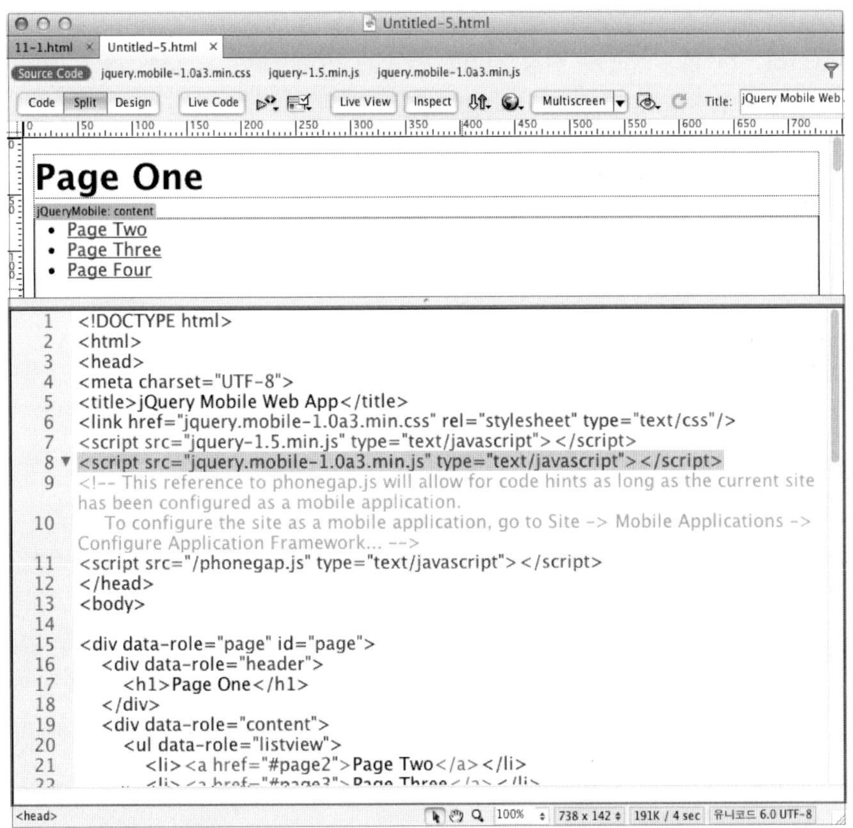

스텝 **7**

저장한 샘플 파일을 파일 탐색기에서 확인해보면 그림과 같이 jQuery Mobile 관련 파일들이 같은 폴더에 복사된 것을 확인할 수 있습니다.

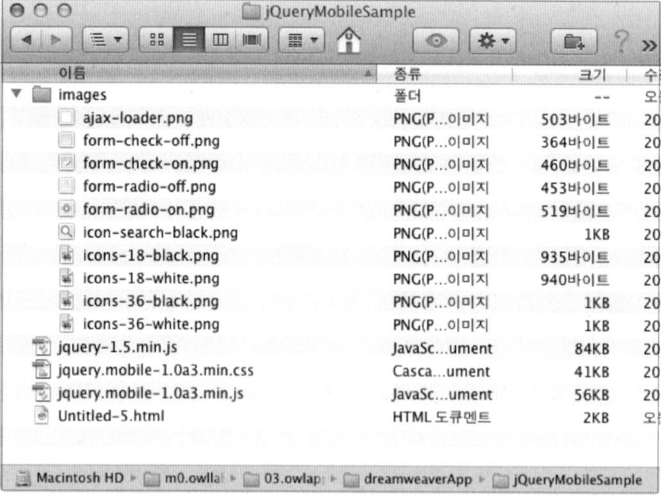

스텝 **8**

샘플 파일을 더블클릭하여 웹브라우저에서 열어봅니다. 그림과 같이 제일 처음에 "Page One" 하나만 나타납니다. "Page Two" 목록 버튼을 클릭해봅니다.

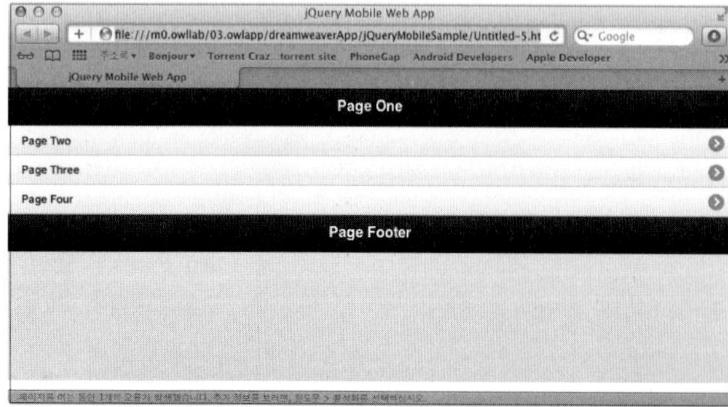

스텝 **9**

그림과 같이 "Page Two" 화면으로 이동하고 "Back" 버튼을 클릭하면 다시 이전 화면으로 돌아갈 수 있습니다. 이와 같이 jQuery Mobile은 HTML5를 기반으로 CSS와 자바스크립트만 사용하기 때문에 HTML5를 지원하는 웹브라우저에서는 어디서나 작동합니다. 따라서 디자인을 할 때 꼭 단말기에서 실험을 하지 않아도 웹브라우저를 통해 결과물을 확인할 수 있습니다.

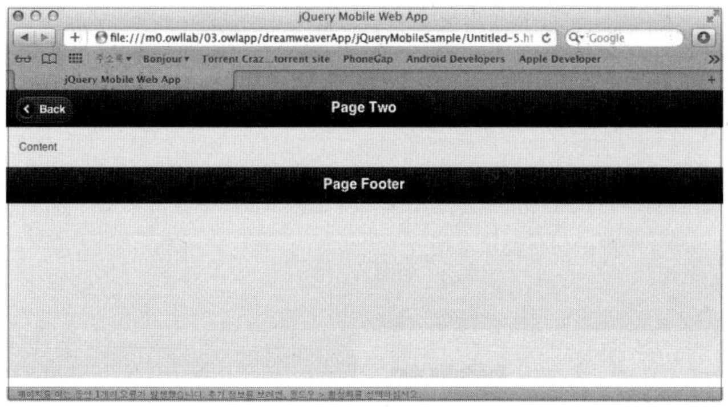

이클립스에서 jQuery Mobile 페이지 생성

이클립스에서 jQuery Mobile을 사용하려면 앞서 설명한 이클립스에 폰갭 플러그인을 설치하는 과정이 필요합니다.

스텝 **1**

이클립스에서 폰갭 프로젝트 생성 버튼 (▣)을 클릭하여 "MDS AppLaud ..." 창을 열고 그림처럼 설정합니다. 특히 jQuery Mobile 템플릿을 사용하려면 "jQuery Mobile" 항목에서 "Include jQuery Mobile libraries in project"를 체크합니다. 필요에 따라 다운받은 jQuery Mobile 버전을 사용할 수 있도록 옵션을 제공하고 있습니다. 설정 사항들을 잘 살펴본 후 "Next" 버튼을 클릭합니다.

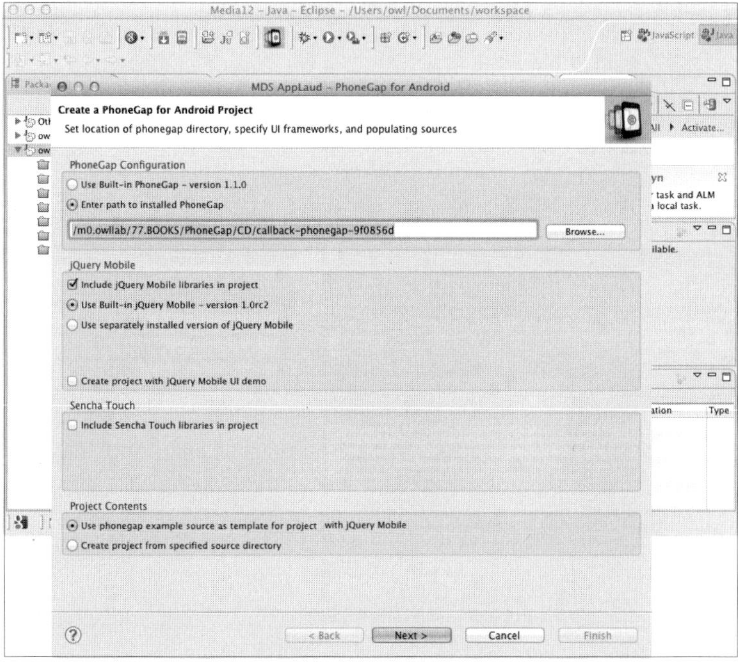

스텝 2

그 다음 과정은 앞서 폰갭 프로젝트를 생성하는 과정과 동일합니다. 프로젝트 명을 입력하고 "Next" 버튼을 클릭합니다. 이 장에서는 "Camera" 프로젝트를 수행할 것이므로 그림과 같이 프로젝트명을 "Camera"라 정의했습니다.

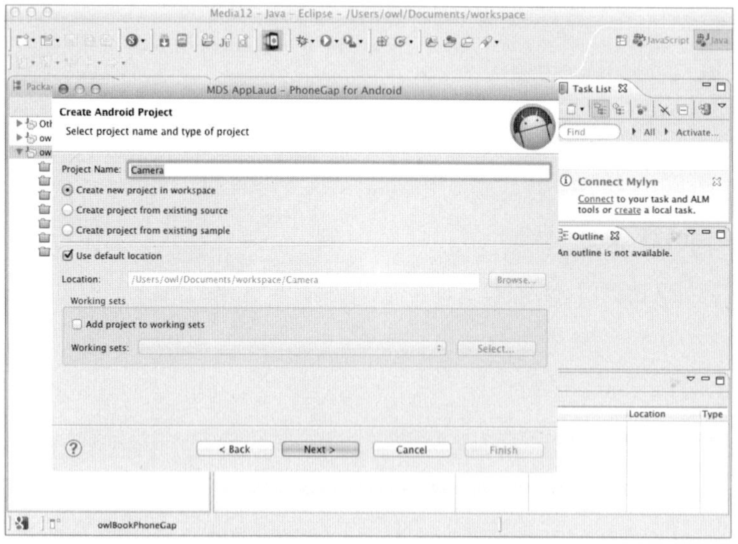

스텝 3

그림과 같이 실험할 수 있는 단말기를 기준으로 안드로이드 SDK 버전을 선택한 후 "Next" 버튼을 클릭했습니다.

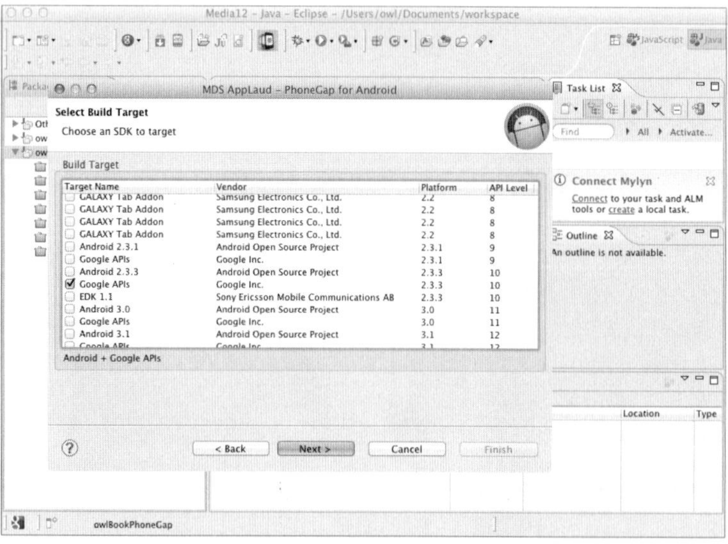

스텝 **4**

패키지명을 입력하고 "Finish" 버튼을 클릭했습니다.

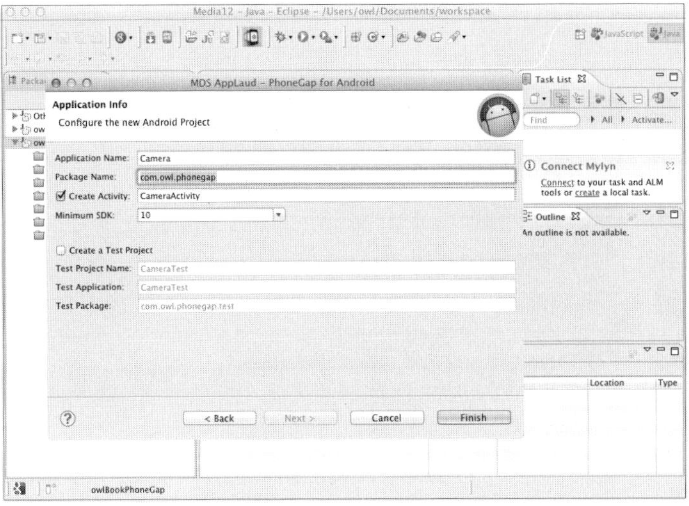

스텝 **5**

jQuery Mobile 라이브러리를 포함한 폰갭 프로젝트가 생성됐습니다. jQuery Mobile 라이브러리들은 플랫폼별로 잘 호응하지만 주로 자바스크립트 표기법을 정확히 따르지 않아 경고가 나타날 수 있으나 실행에는 문제가 없습니다. 나중에 보겠지만 다른 버전의 jQuery Mobile 라이브러리를 가져왔을 때 자바스크립트 표기법이나 줄 바꿈 문제로 경고 아닌 오류가 나타나 디버깅해야 하는 경우도 있습니다. 여기서는 이클립스 플러그인으로 설치된 jQuery Mobile를 사용해서 특별한 오류 없이 나타났습니다.

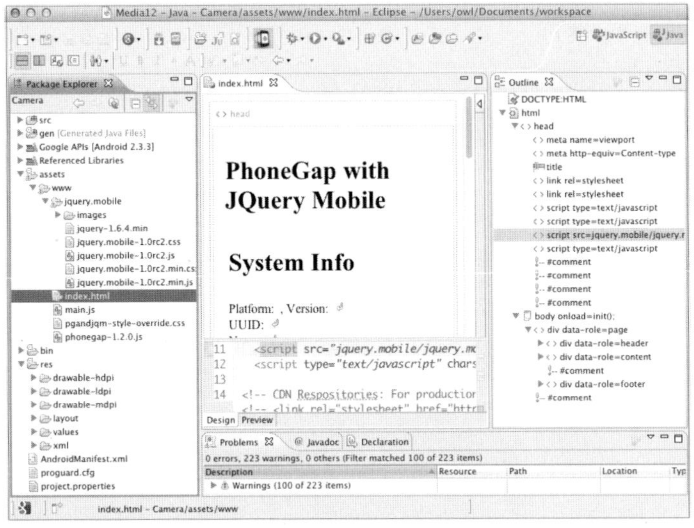

스텝 **6**

안드로이드 단말기에서 실험해보면 그림과 같이 폰갭이 jQuery Mobile의 옷을 입고 나타나는 것을 볼 수 있습니다. 앞서 이클립스에서 폰갭 샘플 프로젝트를 실험해 본 화면보다는 깔끔하고 스마트폰답다는 것을 느낄 수 있을 겁니다.

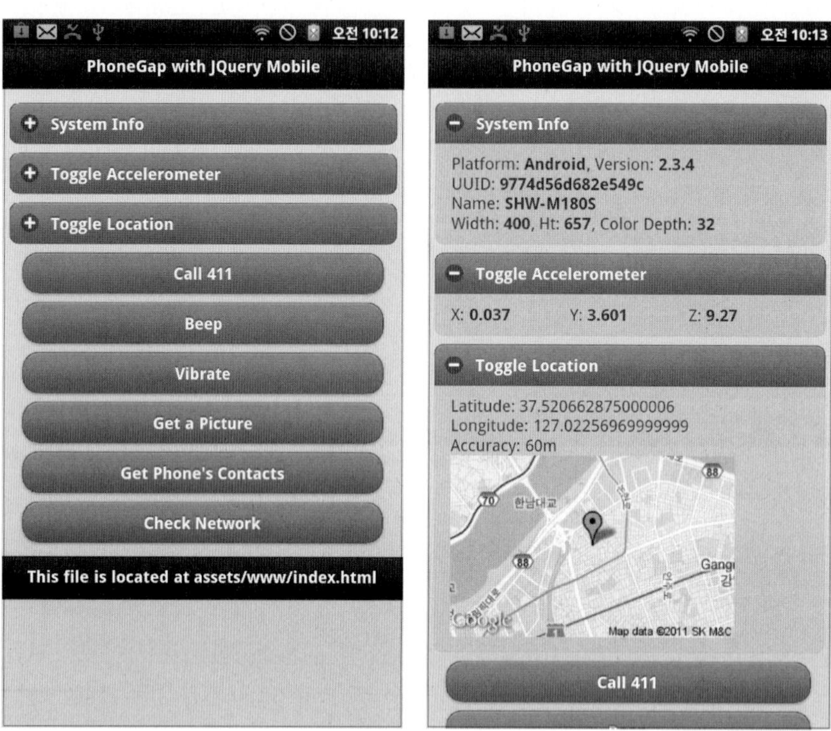

앞의 과정을 통해 jQuery Mobile이 어떤 것인지 알 수 있었을 것입니다. 이제 jQuery Mobile을 실제 프로젝트에 어떻게 활용하는지를 Camera 프로젝트를 통해 보여주도록 하겠습니다. 이 프로젝트에서는 폰갭의 카메라 연동 기능을 활용하여 여러 가지 카메라 옵션을 실험하며, 선택해 온 사진을 jQuery Mobile을 이용하여 목록으로 축적하고, 목록을 선택하면 사진을 크게 보는 상세 화면으로 전환하되 이때도 jQuery Mobile을 이용하여 화면을 전환하는 기법을 사용합니다.

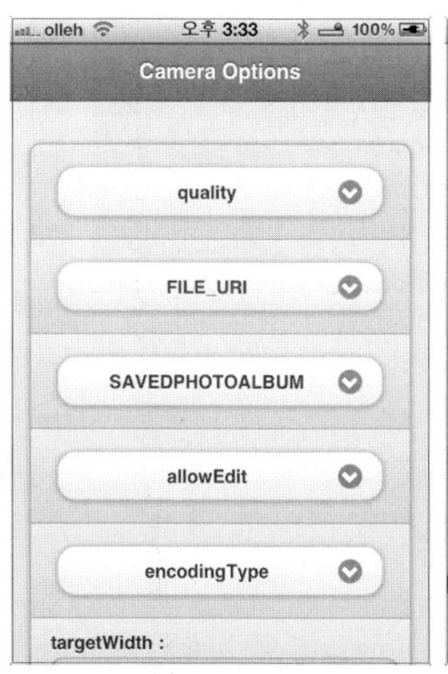

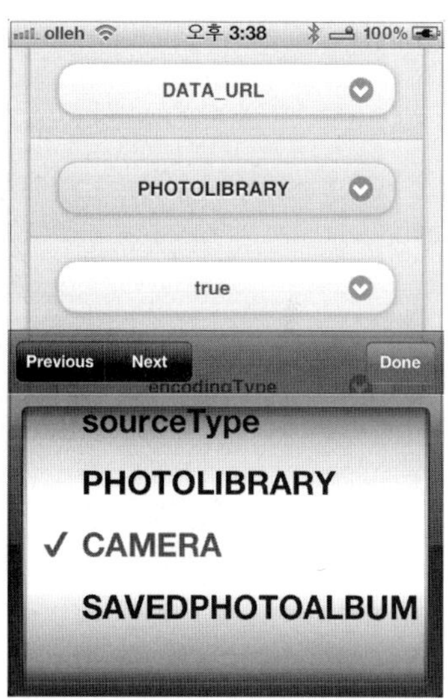

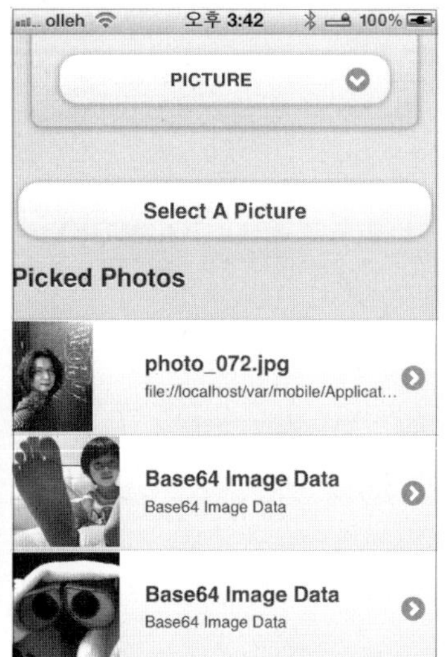

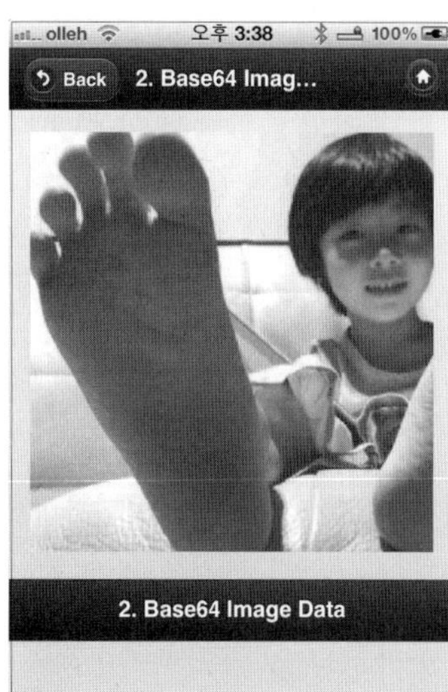

웹앱 소스 파일 구성

스텝 **1**

Camera 프로젝트에 사용할 웹앱 페이지 소스를 그림과 같이 준비했습니다. 앞서 다운받은 jQuery Mobile 패키지에서 jQuery Mobile 라이브러리 파일들을 그림과 같이 복사해왔습니다. 결국 이 프로젝트에서 Camera 기능 실험을 위해 작업할 파일은 index.html 파일 밖에 없습니다.

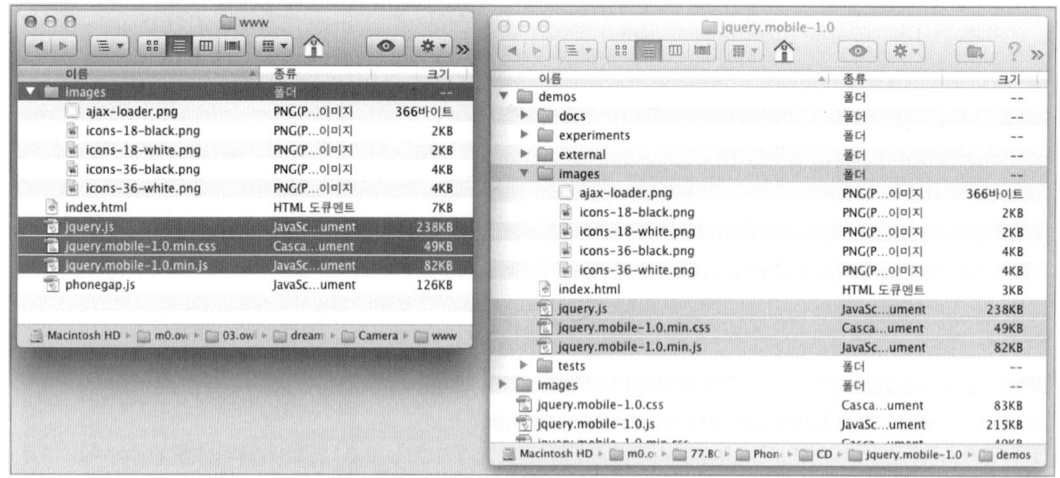

스텝 **2**

index.html 파일을 웹브라우저에서 살펴보면 그림과 같습니다. 폰갭에서 지원하는 카메라 옵션들을 실험할 수 있도록 옵션 설정 UI를 준비했고, "Select A Picture" 버튼을 클릭하면 카메라를 이용하여 사진을 찍어오거나 앨범에서 사진을 선택해 와서 사진을 목록에 축적하는 방식의 화면을 구성했습니다.

또한 웹브라우저에서는 실험할 수 없지만 선택해온 사진 목록을 선택하면 상세 화면으로 전환하여 사진을 크게 볼 수 있도록 준비하고 있습니다.

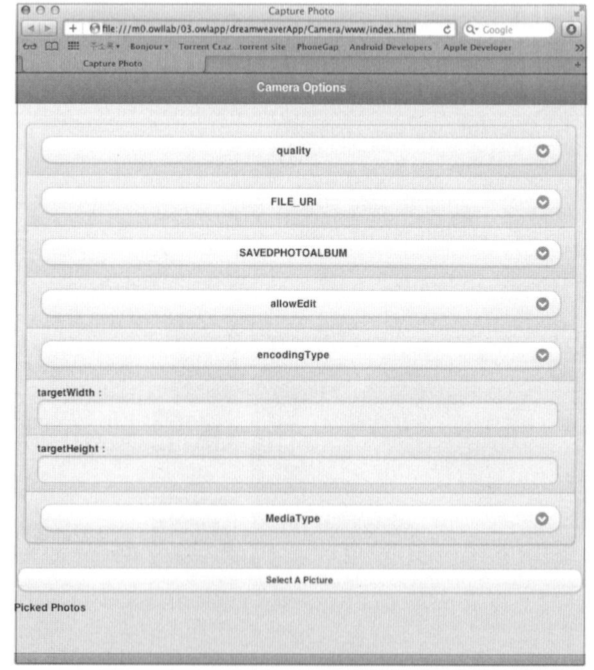

웹앱 소스 분석

이 프로젝트는 index.html만 분석하면 됩니다. index.html에서는 jQuery Mobile을 이용하여 화면 전환을 하며 2개의 화면을 하나의 HTML 파일에 작성하고 있습니다.

스텝 **1**

index.html의 HTML 객체 구성을 조감하면 그림과 같습니다. jQuery Mobile로 2개의 화면을 구성하고 있으며, 첫 번째 화면은 카메라 옵션을 설정하고 사진을 찍거나 가져오는 화면으로 구성하고 있고, 두 번째 화면은 목록에서 선택한 사진을 크게 볼 수 있는 화면으로 구성하고 있습니다.

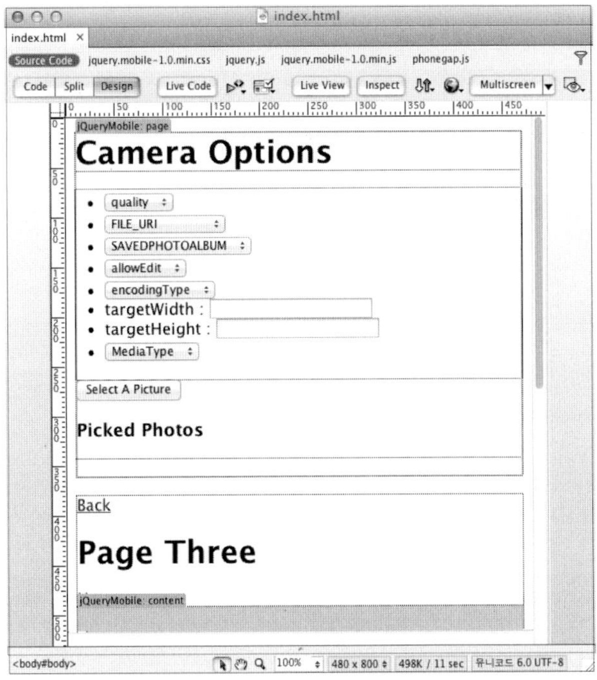

스텝 **2**

index.html 파일의 소스를 분석해봅니다. 그림에서는 index.html 파일의 전체 구성을 한눈에 볼 수 있도록 세세한 부분은 줄임 표시로 보여주고 있습니다. HTML의 header에서는 jQuery Mobile 라이브러리들을 호출하고 폰갭 라이브러리도 호출하고 있습니다. HTML의 body 영역에서는 카메라 옵션을 선택하고 사진을 가져올 수 있는 UI(User Interface)와 사진을 크게 볼 수 있는 UI를 <div> 태그로 구성하고 있습니다.

소스라인 5 : 단말기의 화면 크기가 1:1의 크기로 나타나게 viewport를 선언하고 있습니다.

소스라인 6 : jQuery Mobile CSS 스타일 라이브러리를 호출하고 있습니다.

소스라인 7 : jQuery Mobile 기본 라이브러리를 호출하고 있습니다.

소스라인 8 : jQuery Mobile UI 라이브러리를 호출하고 있습니다.

소스라인 9 : 폰갭 라이브러리를 호출하고 있습니다.

소스라인 10~110 : 폰갭의 카메라 제어 관련 자바스크립트와 jQuery Mobile 제어 관련 자바스크립트를 줄임 표시로 보여주고 있습니다.

소스라인 114~194 : <div> 태그를 이용하여 첫 번째 화면에 출력할 영역을 작성하고 있습니다. 이 때 data-role를 "page"로 설정하고 화면에 출력할 영역을 설정할 수 있습니다. 첫 번째 화면의 영역을 "home"이라는 아이디로 정의하고 있다는 것도 눈여겨봐야 합니다.

소스라인 115~117 : <div> 태그로 페이지 영역 안에서 출력할 헤더 영역을 정의하고 있습니다. 이 때 data-role은 "header"로 설정합니다. data-theme은 이 영역에 사용할 스타일을 정의하는 속성입니다. 이 사례에서는 "b"라는 스타일을 헤더에 적용하고 있습니다. "b"라는 스타일은 jQuery Mobile의 CSS 스타일 라이브러리에서 정의하고 있습니다. 필요하다면 이 jQuery Mobile CSS 스타일 라이브러리를 참조하여 자기만의 스타일을 만들어 사용할 수 있습니다.

소스라인 116 : 첫 번째 화면의 헤더 영역에 "Camera Options"라는 문구를 큰 글자로 출력하고 있습니다.

소스라인 118~180 : <div> 태그로 첫 번째 화면의 내용 영역을 정의하고 있습니다. 이 영역에서는 사용자가 카메라 옵션을 설정할 수 있는 UI 객체들을 작성하고 있습니다. 이때 data-role은 "content"로 설정합니다.

소스라인 119~179 : <ul> 태그로 카메라 옵션 항목들을 목록으로 출력하고 있습니다. <ul> 태그는 "Unordered List"의 약어로 만든 태그 이름이며, 정렬하지 않아 순번을 매기지 않는 목록의 의미를 가지고 있습니다. 각 행은 "List"를 의미하는 <li> 태그로 작성하고 있습니다. <ul>에서 data-role은 "listview"로 설정하여 jQuery Mobile에 의해 목록 형식의 디자인으로 출력되게 합니다. data-inset 설정을 "true"로 설정하면 jQuery Mobile이 <ul>로 묶은 영역을 둥근 사각형으로 디자인하여 출력합니다.

소스라인 195~205 : <div> 태그로 두 번째 화면을 출력하는 영역을 설정합니다. data-role 속성을 "page"로 설정하여 화면 영역임을 정의하고 있습니다. 이 화면 영역을 "detail"로 설정하고 있다는 점을 기억해두기 바랍니다.

참고　**jQuery Mobile의 data-inset 설정**

jQuery Mobile은 data-inset을 "true"로 설정하면 그림과 같이 영역을 둥근 사각으로 출력하고, "false"로 설정하면 일반 형식으로 출력합니다.

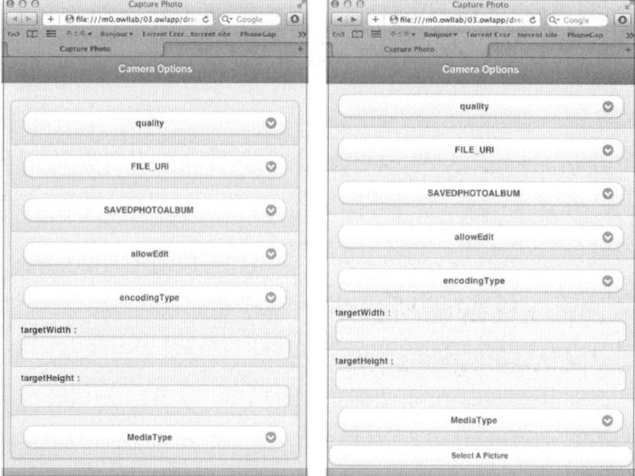

스텝 3

index.html에서 구사한 자바스크립트를 살펴봅니다. 이 코드는 폰갭이 로드됐을 때 카메라 객체를 호출하고 이 카메라 객체에 옵션을 설정하여 사진을 찍거나 사진을 가져와 HTML5로 정의한 목록 객체에 추가하는 기능을 구현하고 있습니다. 또한 상세 화면으로 전환하는 로직도 있습니다.

```
10   <script type="text/javascript" charset="utf-8">
11
12   window.onload = init;
13
14   var Camera;
15
16   function init() {
17       document.addEventListener("deviceready",onDeviceReady,false);
18   }
19
20   function onDeviceReady() {
21       Camera = navigator.camera;
22   }
23
24   function getSelectedVal(objID) {
25       var tmpObj = document.getElementById(objID);
26       return tmpObj.options[tmpObj.selectedIndex].value;
27   }
28
29   function getInputVal(objID) {
30       var tmpObj = document.getElementById(objID);
31       return tmpObj.value;
32   }
33
34   function initCameraOptions() {
```

소스라인 12 : 이 HTML 파일을 로드했을 때 init 함수를 실행하여 폰갭 라이브러리를 호출하게 하고 있습니다.

소스라인 14 : 이 자바스크립트에서 사용할 카메라 객체를 변수로 선언하고 있습니다.

소스라인 16~18 : 폰갭 라이브러리를 호출하는 init() 함수를 정의하고 있습니다.

소스라인 20~22 : 폰갭 라이브러리를 호출했을 때 단말기의 카메라 객체를 호출하여 Camera라는 변수에 기록하고 있습니다.

소스라인 24~27 : 카메라 옵션들 중 <select> 태그로 작성한 옵션 값을 가져오는 함수입니다. 사용자가 선택한 옵션 값을 리턴하도록 함수를 작성하고 있습니다.

소스라인 29~32 : 카메라 옵션들 중 <input> 태그로 작성한 옵션 값을 가져오는 함수입니다. 사용자가 입력한 값을 리턴합니다.

스텝 4

다음은 사용자가 설정한 카메라 옵션 값을 받아 카메라 객체에 적용하여 폰갭이 호출한 카메라 객체를 실행하는 구문입니다. 폰갭의 카메라 객체는 이벤트 방식이기 때문에 카메라를 실행하고 성공했을 때와 실패했을 때 실행하는 함수를 정의하고 있다는 점을 상기하면서 살펴보기 바랍니다.

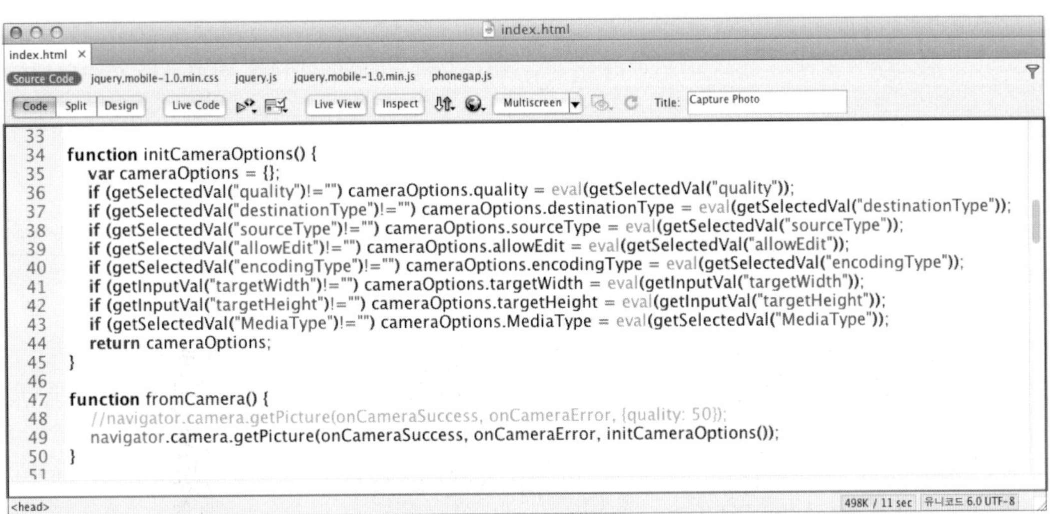

```
33
34   function initCameraOptions() {
35       var cameraOptions = {};
36       if (getSelectedVal("quality")!="") cameraOptions.quality = eval(getSelectedVal("quality"));
37       if (getSelectedVal("destinationType")!="") cameraOptions.destinationType = eval(getSelectedVal("destinationType"));
38       if (getSelectedVal("sourceType")!="") cameraOptions.sourceType = eval(getSelectedVal("sourceType"));
39       if (getSelectedVal("allowEdit")!="") cameraOptions.allowEdit = eval(getSelectedVal("allowEdit"));
40       if (getSelectedVal("encodingType")!="") cameraOptions.encodingType = eval(getSelectedVal("encodingType"));
41       if (getInputVal("targetWidth")!="") cameraOptions.targetWidth = eval(getInputVal("targetWidth"));
42       if (getInputVal("targetHeight")!="") cameraOptions.targetHeight = eval(getInputVal("targetHeight"));
43       if (getSelectedVal("MediaType")!="") cameraOptions.MediaType = eval(getSelectedVal("MediaType"));
44       return cameraOptions;
45   }
46
47   function fromCamera() {
48       //navigator.camera.getPicture(onCameraSuccess, onCameraError, {quality: 50});
49       navigator.camera.getPicture(onCameraSuccess, onCameraError, initCameraOptions());
50   }
51
```

소스라인 34~45 : 사용자가 화면에서 설정한 카메라 옵션 값들을 수집하여 카메라 설정 객체에 기록하고 이를 함수의 결과로 리턴하는 구조를 취하고 있습니다.

소스라인 35 : 카메라 옵션 객체를 선언하고 있습니다. "{ }"로 카메라 옵션 객체를 초기화하여 Object 형식으로 각종 카메라 옵션 값들을 기록할 수 있게 한다는 점을 눈여겨 봐두기 바랍니다.

소스라인 36 : 카메라 해상도 값을 수집합니다. 이때 사용자가 설정할 값이 있는지를 확인하는 조건문을 사용하여, 있을 때만 카메라 옵션을 추가하도록 해야 합니다. 이 구문에서 사용하는 eval()은 자바스크립트 고유의 전역 명령어이며 eval()에 대입한 문자열을 자바스크립트 객체로 해독하는 동적인 함수입니다. 따라서 사용자가 설정한 값이 문자열인 "true"라면 eval("true")을 실행하여 부울(Boolean) 객체인 true 값을 받아옵니다. 즉, 단순한 문자열을 자바스크립트의 객체로 변환해주는 역할을 합니다.

소스라인 37 : 카메라에서 선택한 결과 이미지의 유형을 정의하는 결과 유형 옵션 값을 수집합니다.

소스라인 38 : 카메라 객체는 실제 카메라를 호출할 것인지, 앨범을 호출할 것인지를 정의하는 소스 유형 옵션 값을 수집합니다.

소스라인 39 : 선택한 사진을 편집할 것인지를 정의하는 편집 옵션 값을 수집합니다.

소스라인 40 : 이미지를 JPEG로 가져올 것인지, PNG로 가져올 것인지를 정의하는 인코딩 유형 옵션을 수집합니다.

소스라인 41~42 : 이미지를 가져올 때의 크기를 설정하는 크기 옵션 값을 수집합니다.

소스라인 43 : 앨범의 경우 앨범에 표시할 미디어 객체의 유형을 정의하는 미디어 유형 옵션 값을 수집합니다.

소스라인 44 : 수집한 카메라 옵션 객체를 이 함수의 결과로 리턴합니다.

소스라인 47~50 : 위에서 정의한 카메라 옵션을 바탕으로 카메라 객체를 실행하는 함수입니다.

소스라인 48 : 카메라를 실행할 때 카메라 옵션을 고정적으로 작성하는 사례를 주석으로 보여주고 있습니다.

소스라인 49 : 카메라 옵션을 동적으로 설정하여 실행하는 구문으로 사용하고 있습니다. 카메라 실행에 성공하면 onCameraSuccess() 함수를 실행할 것이고, 실패하면 onCameraError() 함수를 실행할 것입니다.

스텝 **5**

다음은 카메라 실행에 성공했을 때 실행하는 onCameraSuccess() 함수를 정의하고 있습니다.

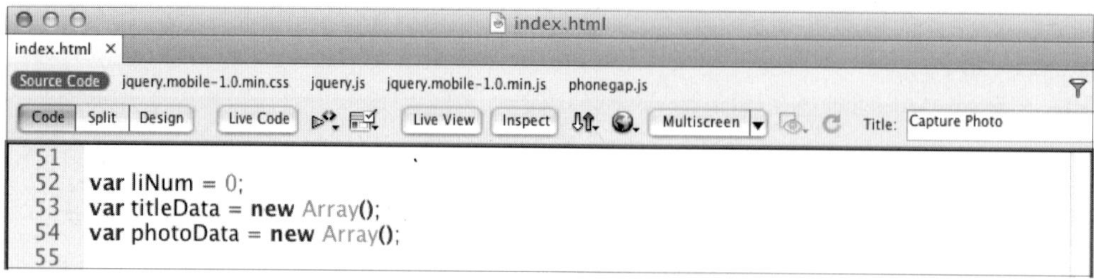

```
56    function onCameraSuccess(imageData) {
57      var imageSRC = "";
58      var tmpTitle = "";
59      if (getSelectedVal("destinationType").indexOf("FILE_URI")>=0) {
60        imageSRC = imageData;
61        tmpTitle = imageSRC;
62      } else {
63        if (getSelectedVal("encodingType").indexOf("PNG")>=0) {
64          imageSRC = "data:image/png;base64," + imageData;
65        } else {
66          imageSRC = "data:image/jpeg;base64," + imageData;
67        }
68        tmpTitle = "Base64 Image Data";
69      }
70
71      titleData[liNum] = tmpTitle;
72      photoData[liNum] = imageSRC;
73
74      //var tmpItem = '<li><a href="#detail" onclick="selectedListNum='+liNum+';" ><img
src="'+ photoData[liNum] +'" /><h3>' + filename(titleData[liNum]) + '</h3><p>' +
```

<head>   498K / 11 sec 유니코드 6.0 UTF-8

소스라인 52 : 카메라에서 이미지를 가져오면 가져온 이미지를 목록에 누적하여 쌓을 것입니다. 이때 행 번호를 기록해두기 위한 liNum이라는 객체를 0으로 초기화하여 선언하고 있습니다.

소스라인 53~54 : 가져온 이미지의 제목과 이미지 데이터를 배열 객체에 각각 기록할 수 있도록 titleData와 photoData 객체를 선언하고 있습니다. 이 객체는 나중에 동적으로 목록에 이미지를 출력하고, 목록에 있는 이미지를 선택하면 화면으로 이동하여 출력할 때 활용할 것입니다.

소스라인 56~ : 카메라 호출에 성공했을 때 실행하는 함수입니다. 정확히 말하면 카메라에서 선택한 이미지를 가져오는데 성공했을 때 실행하는 함수입니다.

소스라인 57~58 : 카메라에서 가져온 이미지의 데이터와 파일 정보를 임시로 기록해 둘 변수를 선언하고 있습니다.

소스라인 59~62 : 결과 이미지의 유형이 FILE_URI일 때와 DATA_URL일 때를 구분하여 처리하는 조건문을 구사하고 있습니다. FILE_URI일 때는 이미지의 경로 정보를 받아올 것이고, DATA_URL일 때는 Base64로 인코딩된 문자열 데이터를 받아올 것입니다. 이 두 형태의 데이터는 <img> 태그에 출력하는 방식이 서로 다릅니다. FILE_URI와 같이 경로 방식일 때는 일반적으로 많이 사용하는 방식으로 처리하면 되므로 임시 변수 imageSRC에 카메라에서 전달받은 imageData 값을 대입하고 이 경로 값을 그대로 제목에 활용하기 위해 임시 변수 tmpTitle에 기록해 둡니다.

소스라인 62~69 : 전달받은 데이터가 DATA_URL일 때는 Base64 인코딩 데이터이므로 "data:image/xxx;base64,"를 접두어로 붙여 준 후에 <img> 태그의 src 속성에 대입해야 합니다. 이때 이미지의 유형을 알아야 "data:image/xxx;base64," 접두어를 완성시키는데, "encodingType"의 기본 유형은 "jpeg"이므로 "encodingType"이 "PNG"일 때를 기준으로 이미지의 유형을 설정하는 조건문을 구사하고 있습니다. 이 구문은 필자가 실험해보지 못한 단말기에서 "encodingType"의 기본 유형이 "jpeg"가 아니라 "png" 또는 기타 다른 포맷이라면 교정할 필요가 있습니다.

소스라인 68 : DATA_URL의 경우 제목을 "Base64..."로 표기하여 실험 과정에 어떤 유형으로 가져온 이미지인지를 구분할 수 있게 했습니다.

스텝 6

다음은 onCameraSuccess() 함수를 계속 보여주고 있습니다. 이 구문은 카메라에서 가져온 이미지를 목록에 추가하여 동적으로 이미지 목록을 구현하는 구문입니다. 이 구문이 그렇게 많지는 않지만 이 구문 속에 jQuery Mobile을 이해할 수 있는 요소들이 함축적으로 들어 있습니다. 이 구문을 제대로 읽어 낼 수 있다면 jQuery Mobile을 활용할 준비가 되었다고 할 수 있습니다.

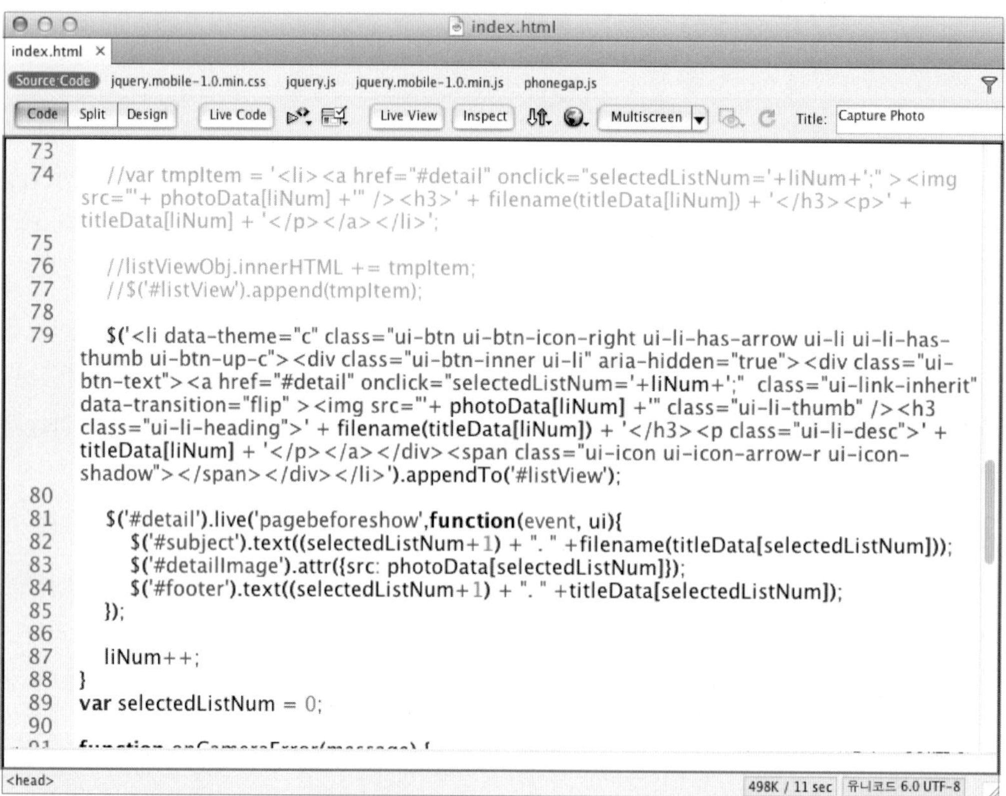

소스라인 74~76 : 주석으로 보여주고 있는 구문은 고전적인 자바스크립트 기술 방식입니다. 전달받은 이미지를 HTML 태그로 작성하고 innerHTML을 이용하여 화면에 추가하는 방식입니다.

소스라인 77 : 이 주석 구문은 jQuery Mobile에서 제공하는 작성법으로, 목록 영역에 HTML 객체를 추가하는 방식입니다. 참고하기 바랍니다.

소스라인 79 : 본 사례에서는 jQuery Mobile에서 제공하는 작성법을 사용하여 동적으로 HTML 객체를 추가하는 방법을 보여주고 있습니다.

문자열을 조합하여 작성한 태그를 jQuery Mobile을 통해 자바스크립트 객체로 인식하게 하고
이 객체를 아이디가 "listView"인 <ul> 객체 안에 추가하는 방식을 사용하고 있습니다. 이 구문은
여러 개의 객체들을 한 줄에 작성하고 있기 때문에 찬찬히 살펴봐야 합니다. 이 구문의 특성을
다음과 같이 정리해봅니다.

- <ul> 태그 안에 목록을 추가할 때 <li> 태그를 사용하고 있고, 이 태그에 대한 스타일을 data-theme
  속성으로 정의하고 있습니다.

- 또한 추가적인 스타일은 class 속성으로 사용할 디자인 형태를 정의하고 있습니다.

- 특히 <li> 태그 안에서는 이미지, 제목, 요약 정보 등 3가지의 객체를 앞서 살펴봤던 "Thumbnails"
  유형으로 출력하기 위해 <div>로 묶어주고 있습니다.

- 이 3개의 객체를 클릭하면 상세 화면으로 전환하도록 <a> 태그로 링크 처리를 하고 있습니다. 제목의
  경우 파일명만 출력하도록 filename() 함수를 사용하고 있는데 이 함수는 이 파일에서 정의하고 있는
  사용자 정의 함수입니다. 잠시 후에 이 함수를 정의하는 소스를 보게 될 것입니다.

- <a> 태그 안에서는 href 속성에서 "#detail"로 이동할 화면을 정의하고 있는데 이는 아이디가 "detail"인
  <div> 영역과 화면으로 전환하는 것을 의미합니다.

- <a> 태그 안에서는 onclick 속성에 간단한 자바스크립트 구문을 구사하고 있습니다. selectedListNum
  에 행 번호인 liNum 값을 대입하여 사용자가 선택한 행이 몇 번인지를 기록해둡니다. selected ListNum
  변수는 89 라인에서 전역 변수로 선언하고 있습니다.

- <a> 태그 안에 있는 data-transition 속성은 이 링크 버튼을 클릭하여 화면 전환할 때 사용할 jQuery
  Mobile 애니메이션 효과를 정의하고 있습니다. 본 사례는 "flip" 애니메이션 효과를 적용하여 회전문
  효과를 사용하고 있습니다.

- <img> 태그에서는 class를 "ul-li-thumb"로 설정하여 이미지가 섬네일 형식으로 나타나게 하고 있습
  니다. jQuery Mobile 기본 스타일에 의하면 섬네일 이미지는 80 × 80의 크기로 나타납니다.

- 끝으로 <span> 태그를 이용하여 화살표 아이콘을 행 오른쪽에 출력되도록 작성하고 있습니다. 이
  태그의 class 속성을 보면, ui-icon으로 아이콘이 출력되게 하되 ui-icon-arrow-r로 오른쪽 방향의
  아이콘을 출력하게 하고, ui-icon-shadow로 아이콘에 그림자 효과를 부여하고 있습니다.

소스라인 81~85 : "detail"을 아이디로 하는 영역은 page로 설정한 두 번째 화면의 영역입니다.
이 페이지가 화면에 나타나기 전에 실행할 명령어를 정의하고 있습니다. jQuery Mobile에서 제공하는
live() 명령은 해당 객체가 나타날 때 실행하는 일종의 이벤트 리스너입니다. "pagebeforeshow"는
이 페이지가 나타나기 전에 실행할 것을 정의하고 있습니다. live()의 매개변수 중 function으로
정의하는 함수는 event 객체와 이벤트 당사자인 화면 객체를 의미하는 ui 객체를 전달받아 실행하고자
하는 명령어들을 작성할 수 있습니다.

소스라인 82 : 두 번째 화면에 배치한, 아이디가 "subject"인 객체에 선택한 이미지의 제목을 문자열로
출력합니다. 이때 사용자가 선택한 행 번호는 앞서 <a> 태그의 onclick 속성에서 기록한 selected
ListNum 값을 사용하여 사용자가 어떤 행을 선택했는지를 감지합니다. 또한 목록에 나타는 제목들을

titleData라는 객체에 배열로 기록해두었기 때문에 이 객체에서 사용자가 선택한 이미지에 대한 제목을 가져와 출력할 수 있습니다. "subject" 영역에 제목을 출력할 때는 파일 경로일 경우 폴더 경로를 제외하고 파일명만 출력하는 filename() 함수를 사용하고 있습니다.

소스라인 83 : 두 번째 화면 안에 있는, 아이디가 "detailImage"인 객체는 <img> 태그로 작성된 객체인데 이 객체의 src 속성에 해당 이미지 데이터를 대입하여 두 번째 화면에 선택한 이미지가 나타나게 합니다.

소스라인 84 : 두 번째 화면 안에 있는, 아이디가 "footer"인 객체에 선택한 이미지의 제목을 모두 출력합니다.

소스라인 87 : 카메라에서 이미지를 성공적으로 가져올 때마다 liNum을 1씩 증가시켜 다음에 사용할 행 번호를 준비해 둡니다.

소스라인 89 : selectedListNum 값을 전역 변수로 선언하고 0으로 초기화합니다. 이 변수는 사용자가 목록에 있는 이미지를 선택할 때 사용자가 선택한 행 번호를 기억했다가 화면 전환할 때 출력할 제목과 이미지를 가져오는데 활용합니다.

위와 같이 짧은 구문의 jQuery Mobile 자바스크립트 작성 사례를 살펴보았지만 여기에는 많은 jQuery Mobile 자바스크립트의 기술적인 요소가 담겨져 있습니다. 다음에 기술한 참고 사항을 보고 jQuery Mobile 매뉴얼에서 jQuery Mobile에 대한 기본 기술 사항을 둘러보기 바랍니다.

참고 **jQuery Mobile의 자바스크립트 작성법**

jQuery Mobile은 HTML 객체를 다음과 같은 작성법으로 호출할 수 있게 지원하고 있습니다.

작성법	의미
$('<Tag>')	문자열로 작성한 <Tag> 태그를 자바스크립트에서 객체로 인식할 수 있게 합니다.
$('#objectID')	아이디가 "objectID"인 HTML 객체를 찾아 자바스크립트에서 객체로 인식하게 합니다.

위와 같이 작성한 객체는 jQuery Mobile에서 제공하는 append(), attr(), text() 등과 같은 명령만 사용할 수 있습니다. 따라서 jQuery Mobile을 원활하게 사용하기 위해서는 jQuery Mobile API를 참조하거나, 드림위버와 같은 개발 도구에 이미 탑재되어 있는 jQuery Mobile 라이브러리를 참조하여 해당 객체의 jQuery Mobile용 명령어들에 대한 힌트들을 활용할 수 있습니다.

참고 jQuery Mobile 화면 전환 효과

그림과 같이 jQuery Mobile 매뉴얼을 보면 jQtouch를 기반으로 지원하는 화면 전환 애니메이션 효과들에
대해 참조할 수 있습니다.

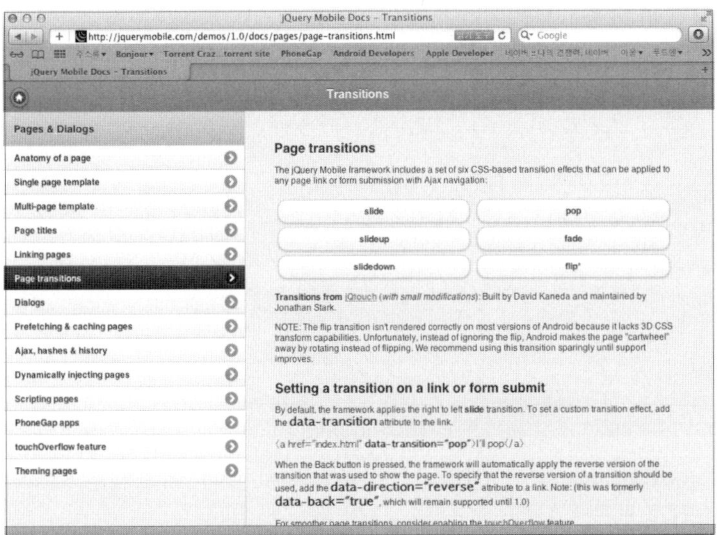

참고 jQuery Mobile의 이벤트들

jQuery Mobile에서는 매뉴얼에서 보는 바와 같이 고전적인 자바스크립트에서 구현하기 어려운 다양한 이벤트들
에 대한 솔루션을 제공하고 있습니다.

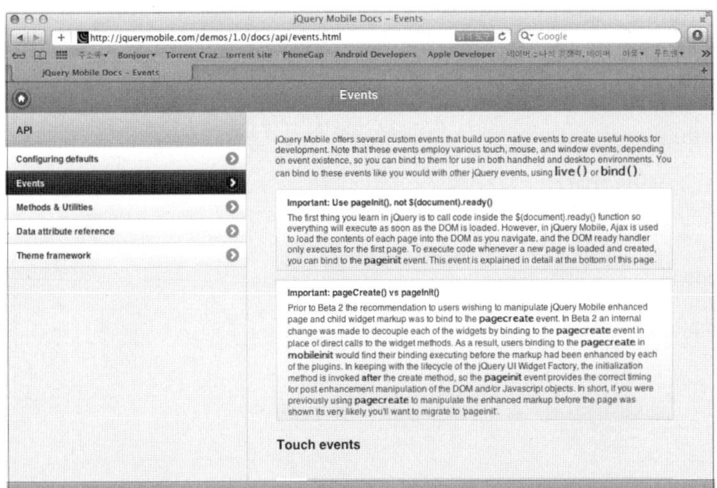

jQuery Mobile 이벤트들 중에 본 사례에서 사용하고 있는 것이 "Page transition events"에 해당됩니다. 화면이 나타나기 전, 나타날 때, 사라질 때 등에 대한 이벤트를 제공하고 있습니다.

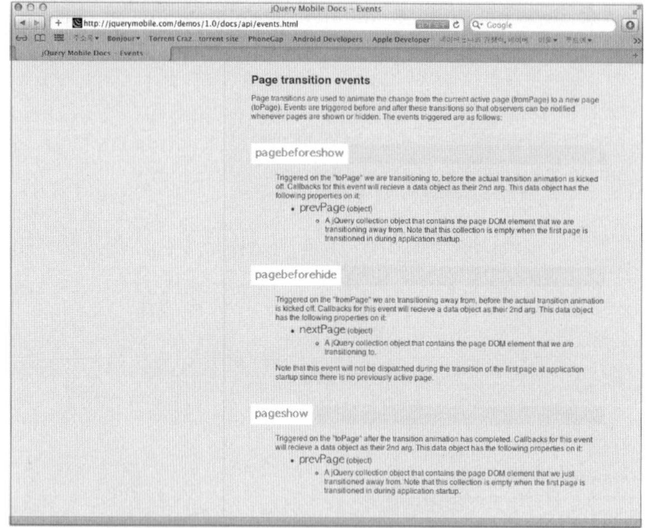

스텝 **7**

계속해서, 카메라에서 이미지를 선택해오는데 실패했을 경우 실행하는 onCameraError() 함수와 파일 경로에서 파일명만 추출하는 함수를 살펴봅니다.

```
89   var selectedListNum = 0;
90
91   function onCameraError(message) {
92      alert('Failed : ' + message);
93   }
94
95
96   function filename(path) {
97      var separator = "";
98      if (path.indexOf("\\")>=0) separator = "\\";
99      else if (path.indexOf("/")>=0) separator = "/";
100
101     var result = path;
102     if (separator.length>0) {
103        var path2 = path.split(separator);
104        result = path2[path2.length - 1];
105     }
106     return result;
107  }
108
109
110  </script>
111  <meta charset="UTF-8">
112  </head>
```

소스라인 91~93 : onCameraError() 함수는 단순히 사용자가 왜 카메라에서 이미지를 가져오는데
실패했는지 그 이유를 알 수 있도록 alert()로 안내문을 출력하고 있습니다.

소스라인 96~107 : filename() 함수는 전달받은 문자열에 파일 경로에 대한 구분자가 있을 때
경로 구분자를 기준으로 맨 마지막의 파일명만 추출해내는 함수입니다. 플랫폼에 따라 경로 구분자인
Separator가 다를 수 있습니다. 아이폰과 안드로이드는 유닉스 기반의 운영체제이기 때문에 경로
구분자를 "/"로 표기하지만, 윈도우폰의 경우는 때에 따라 파일 시스템의 경로를 표기할 때 "\"를
사용할 수도 있습니다. 아이폰과 안드로이드만 대상으로 개발한다면 모두 "/"를 기준으로 파일명을
추출해도 무방합니다.

스텝 **8**

이제 HTML에 배치했던 카메라 옵션을 설정하는 객체들을 어떻게 배치했는지 살펴봅니다.

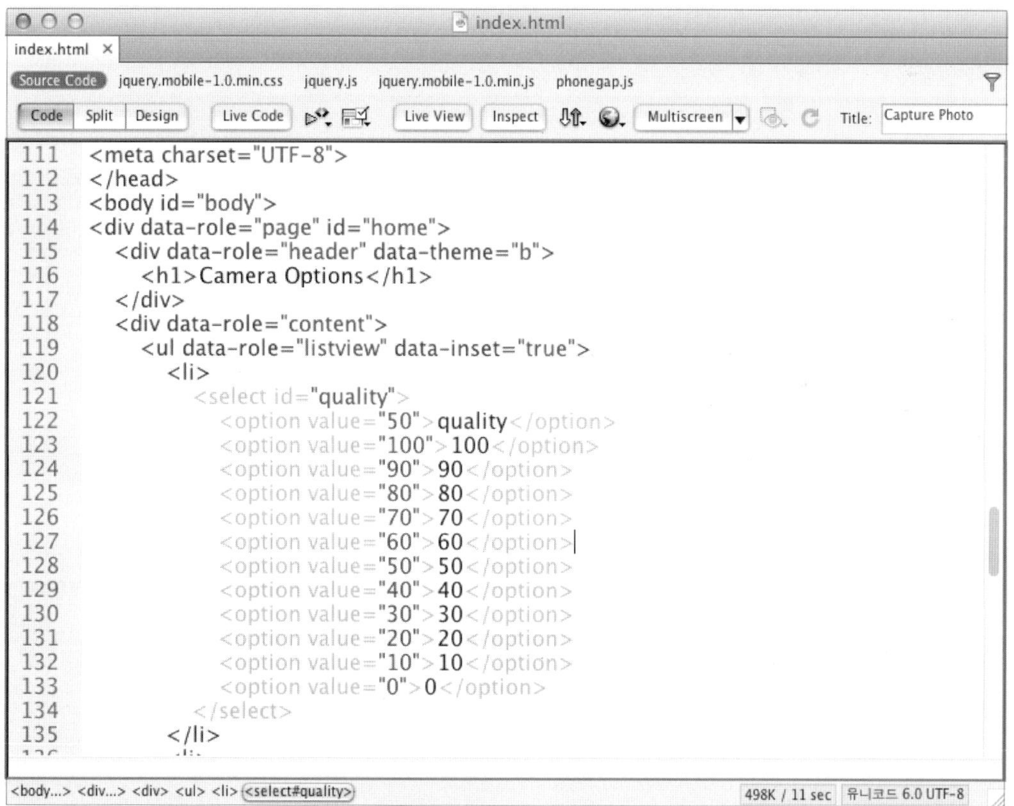

소스라인 120~135 : <li> 태그로 하나의 행을 구성하고 그 안에 <select> 태그로 가져올 이미지의
해상도를 선택할 수 있게 했습니다. 기본 값은 "50"으로 설정했습니다.

스텝 **9**

결과 데이터의 유형과 소스 유형, 편집 여부를 설정하는 항목도 같은 방법으로 <select> 태그를 이용하여 선택상자를 만들었습니다. 이때 중요한 기술적인 요소는 destinationType을 사례로 볼 때, 선택한 값을 정의하는 <option> 태그의 values 속성 값을 "Camera.DestinationType.DATA_URL"과 같은 방식으로 작성하고 있다는 점입니다. 이 값은 앞서 살펴보았던 자바스크립트에서 eval() 명령으로 처리합니다.

결국 "Camera.DestinationType.DATA_URL"이라는 객체가 자바스크립트에 선언되어 있어야 하는데 "Camera"라는 객체는 onDeviceReady() 함수에서 "navigator.camera"로 받아왔던 "Camera" 객체를 의미합니다. 또한 "navigator.camera.DestinationType.DATA_URL" 객체는 폰갭에서 선언하고 있는 객체이며 앞서 폰갭의 Camera 객체에서 설명한 바와 같이 그 값이 0이 됩니다. 이와 같이 <option>의 value 속성에 작성한 값들은 모두 자바스크립트에 존재하는 객체들의 이름을 문자열로 정의하고 있다는 점을 이해해야 합니다.

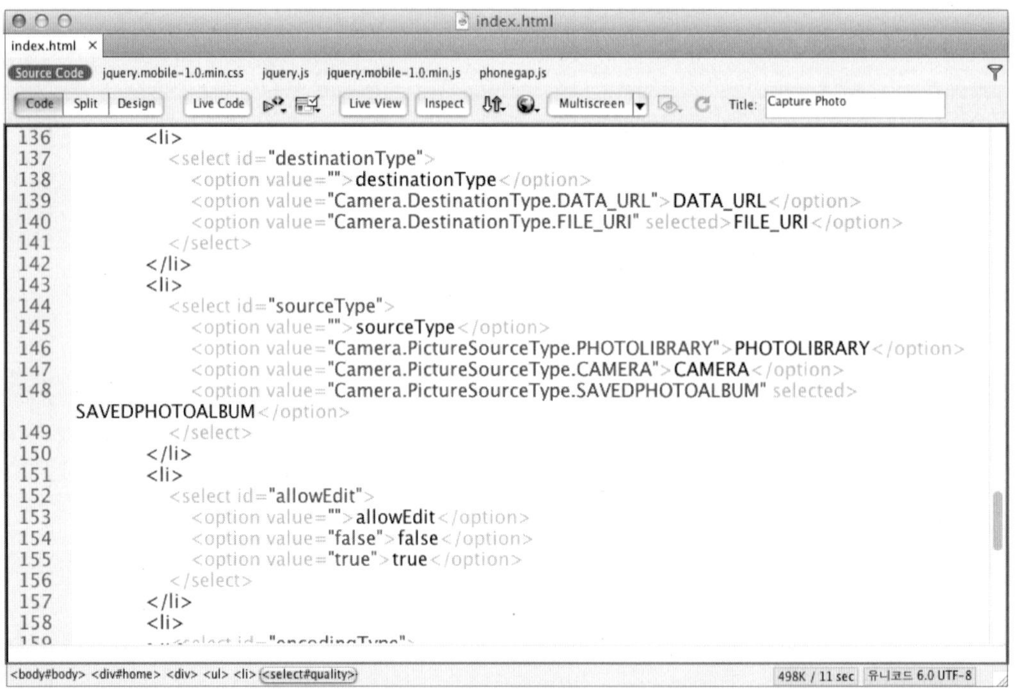

스텝 **10**

인코딩 유형과 미디어 유형은 <select> 태그로 선택할 수 있게 작성하고 이미지의 크기는 <input> 태그로 사용자가 직접 입력하도록 작성했습니다.

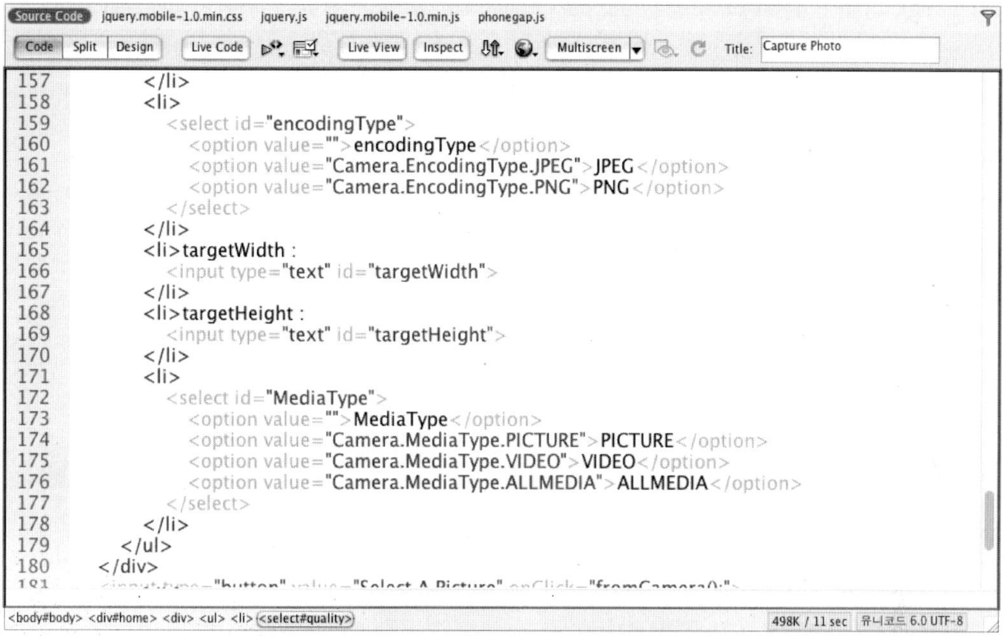

```
157            </li>
158            <li>
159              <select id="encodingType">
160                <option value="">encodingType</option>
161                <option value="Camera.EncodingType.JPEG">JPEG</option>
162                <option value="Camera.EncodingType.PNG">PNG</option>
163              </select>
164            </li>
165            <li>targetWidth :
166              <input type="text" id="targetWidth">
167            </li>
168            <li>targetHeight :
169              <input type="text" id="targetHeight">
170            </li>
171            <li>
172              <select id="MediaType">
173                <option value="">MediaType</option>
174                <option value="Camera.MediaType.PICTURE">PICTURE</option>
175                <option value="Camera.MediaType.VIDEO">VIDEO</option>
176                <option value="Camera.MediaType.ALLMEDIA">ALLMEDIA</option>
177              </select>
178            </li>
179          </ul>
180        </div>
181        <input type="button" value="Select A Picture" onClick="fromCamera();">
```

스텝 **11**

"Select A Picture"는 <button> 태그를 이용하여 이 버튼을 클릭하면 fromCamera() 함수를 실행하여
카메라 또는 앨범 선택 화면이 나타나도록 했습니다. 추가로, 선택한 이미지가 추가되는 영역이
<ul> 태그 안에 있으며, 그 아이디가 "listView"라는 것을 눈여겨보기 바랍니다.

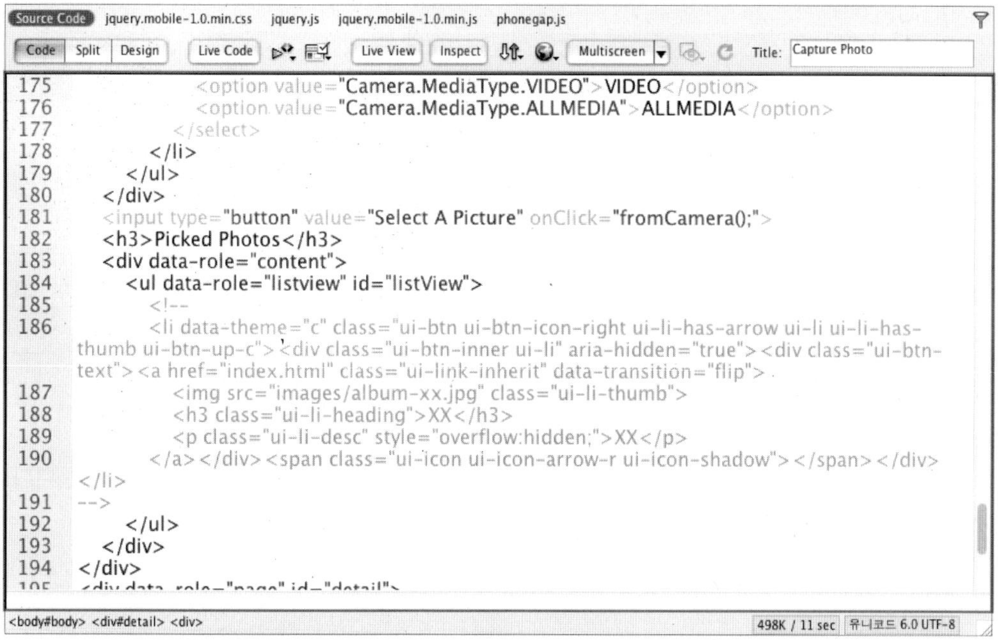

```
175                <option value="Camera.MediaType.VIDEO">VIDEO</option>
176                <option value="Camera.MediaType.ALLMEDIA">ALLMEDIA</option>
177              </select>
178            </li>
179          </ul>
180        </div>
181        <input type="button" value="Select A Picture" onClick="fromCamera();">
182        <h3>Picked Photos</h3>
183        <div data-role="content">
184          <ul data-role="listview" id="listView">
185            <!--
186              <li data-theme="c" class="ui-btn ui-btn-icon-right ui-li-has-arrow ui-li ui-li-has-
thumb ui-btn-up-c"><div class="ui-btn-inner ui-li" aria-hidden="true"><div class="ui-btn-
text"><a href="index.html" class="ui-link-inherit" data-transition="flip">
187                <img src="images/album-xx.jpg" class="ui-li-thumb">
188                <h3 class="ui-li-heading">XX</h3>
189                <p class="ui-li-desc" style="overflow:hidden;">XX</p>
190              </a></div><span class="ui-icon ui-icon-arrow-r ui-icon-shadow"></span></div>
            </li>
191            -->
192          </ul>
193        </div>
194      </div>
195      <div data-role="page" id="detail">
```

소스라인 185~191 : 이 주석 구문은 개발하는 과정에 자바스크립트로 동적인 목록을 구현하는 로직을 작성하기 전에 <li> 태그로 원하는 모양의 디자인이 맞는지 확인하기 위해 실험했던 흔적입니다. 이와 같이 복잡한 구조의 HTML 태그를 자바스크립트로 가져가 동적으로 만들어야 할 때는 먼저 HTML에서 실험을 하고 나서, 그 HTML 구문을 자바스크립트로 가져가 코딩하는 것이 고수들의 요령입니다. 체계적으로 작업하는 습관이 실수를 줄이는 방법의 하나입니다.

스텝 12

끝으로, 두 번째 화면인 상세 화면의 구성을 살펴봅니다. 이 페이지는 앞서 언급한 바와 같이 아이디가 "detail"인 <div> 태그로 묶여져 있습니다.

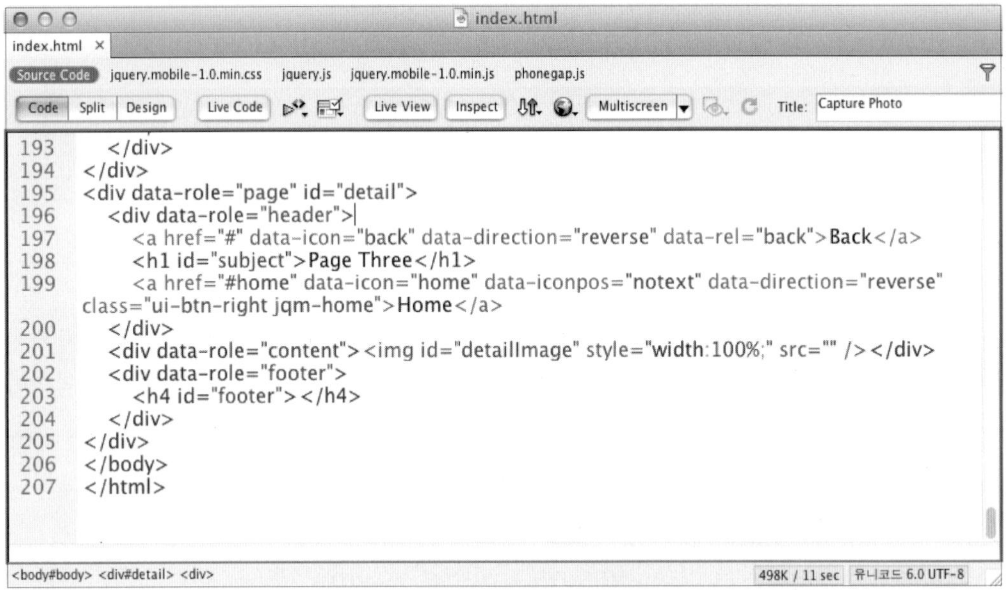

소스라인 196~200 : data-role을 "header"로 선언하여 jQuery Mobile이 헤더 영역 디자인으로 출력하게 합니다.

소스라인 197 : <a> 태그로 이전 화면으로 이동할 수 있는 "Back" 버튼을 jQuery Mobile 방식으로 출력하게 작성하고 있습니다.

- href 속성을 "#"으로 설정하여 이동할 화면을 정의하지 않고 있습니다.
- data-icon을 "back"으로 설정하여 백 아이콘이 나타나게 합니다.
- data-direction 설정을 "reverse"로 설정하여 이전 화면으로 이동하는 페이지 전환 효과를 줍니다.
- data-rel 속성을 "back"으로 설정하여 이전 화면으로 이동하도록 정의합니다.
- <a></a> 태그 사이에 "Back"이라는 라벨을 정의하여 백 아이콘과 함께 "Back"이라는 라벨에 출력되게 합니다.

소스라인 198 : 화면 제목 영역을 "subject"라는 아이디로 정의하고 있습니다. <h1> 태그 안에 있는 "Page Tree"라는 라벨은 실제 실행될 때는 앞서 작성한 자바스크립트에 의해 선택된 이미지의 제목으로 교체되어 나타날 것입니다.

소스라인 199 : <a> 태그로 홈 화면으로 이동하는 아이콘을 작성하고 있습니다. 물론 이 아이콘도 jQuery Mobile의 스타일에 의해 출력되도록 작성하고 있습니다.

- href 속성을 "#home"으로 설정하여 "home"을 아이디로 하는 영역으로 화면 전환하게 합니다. "home" 을 아이디로 하는 화면은 앞서 보았던 첫 번째 화면 영역입니다.
- data-icon을 "home"으로 설정하여 홈 아이콘을 출력하고 있습니다.
- data-iconpos 속성을 "notext"로 설정하여 라벨을 출력하지 않고 아이콘만 나타납니다.
- data-direction 속성을 "reverse"로 설정하여 이전 화면으로 전환하는 페이지 전환 효과를 줍니다.
- class 속성을 ui-btn-right로 설정하여 오른쪽에 홈 버튼을 위치시키고, jqm-home으로 설정하여 홈 아이콘 모양을 디자인합니다.

소스라인 201 : <div> 태그로 상세 이미지를 출력할 내용(Content) 영역을 설정하고 그 안에 <img> 태그로 아이디가 "detailImage"인 이미지 객체를 배치합니다. 이미지의 크기를 가로 방향으로 100% 크기로 설정하고 있습니다.

소스라인 202~204 : <div> 태그로 꼬리말(footer) 영역을 설정하고, <h4> 태그로 아이디가 "footer" 인 영역을 설정합니다. 이 영역에는 선택한 이미지의 파일 정보를 출력할 것입니다.

11.4 안드로이드 포팅

위에서 준비한 웹앱 페이지를 안드로이드에 포팅합니다. 앞서 이클립스용 jQuery Mobile 프로젝트 생성 과정에서 만들었던 Camera 프로젝트의 연장선에서 안드로이드 포팅을 해봅니다.

안드로이드 프로젝트 살펴보기

jQuery Mobile 라이브러리를 포함하는 폰갭 샘플 프로젝트에서 샘플 www 폴더의 이름을 그림과 같이 www_old로 바꾸고, 위에서 준비한 www 폴더를 프로젝트에 등록했습니다. www 폴더의 주요 소스는 앞서 설명한 바와 같이 index.html과 jQuery Mobile 관련 라이브러리 파일들입니다. 물론 phonegap.js 파일은 안드로이드 프로젝트 생성 과정에서 만들어진 phonegap-x.x.x.js 파일을 복제해서 사용하고 있습니다. 이렇게 준비한 www 폴더는 다운받은 jQuery Mobile 패키지를 사용하고 있지만 특별한 오류가 발견되지 않아 곧바로 단말기 실험 과정으로 넘어갑니다.

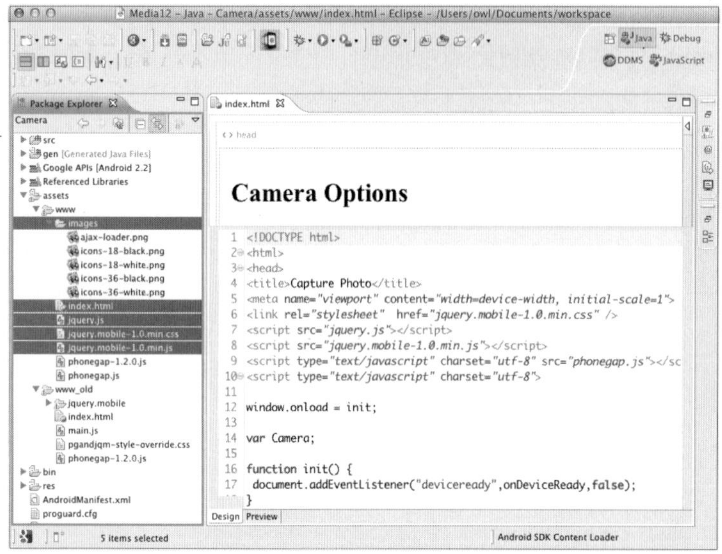

실물 단말기에서 실험하기

스텝 1

실물 단말기에서 실험하기 위해 USB로 단말기를 연결하고 Run > Run As > Android Application 메뉴를 실행합니다. 특별히 디버깅할 필요가 없을 때는 Debug As 보다는 가볍고 빠른 Run As 명령을 사용하는 것이 좋습니다. 또한 안드로이드의 경우 준비한 프로젝트와 실험 단말기의 SDK 버전을 꼭 확인하고 실험하기 바랍니다. 확인하지 않아 애를 먹는 경우가 많이 있습니다.

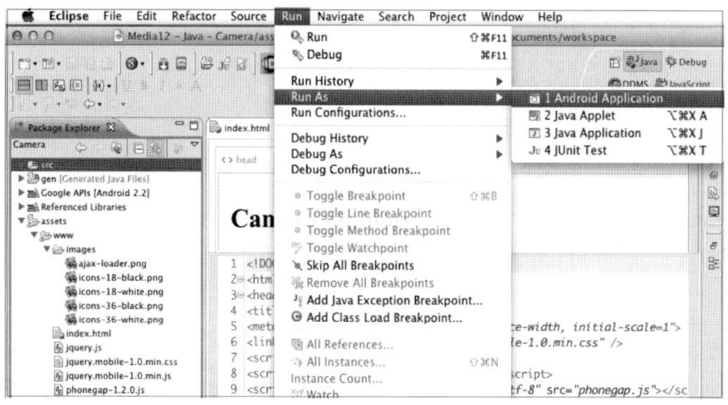

스텝 **2**

Android Device Chooser 창이 나타나면, 실험 대상 단말기를 선택하고 "OK" 버튼을 클릭하여
단말기에 .apk 파일을 전송합니다.

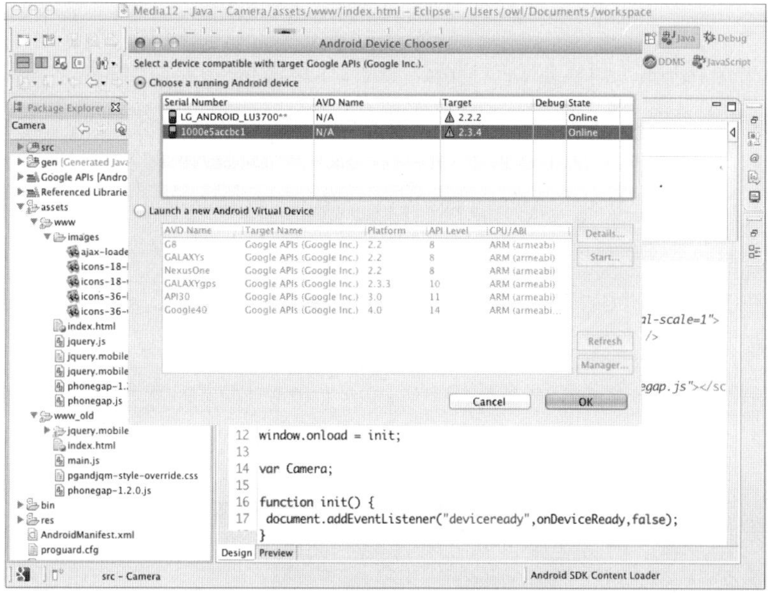

스텝 **3**

단말기에 그림과 같이 첫 화면이 나타났습니다. 화면 위쪽에는 Camera Options 영역에 폰갭의
카메라 옵션들을 모두 실험해볼 수 있는 UI가 나타나고, 아래쪽에는 카메라를 이용하여 이미지를
선택해보는 "Select A Picture" 버튼이 있으며, 그 아래에는 선택해 온 이미지를 목록으로 출력하는
"Picked Photos" 영역이 있습니다.

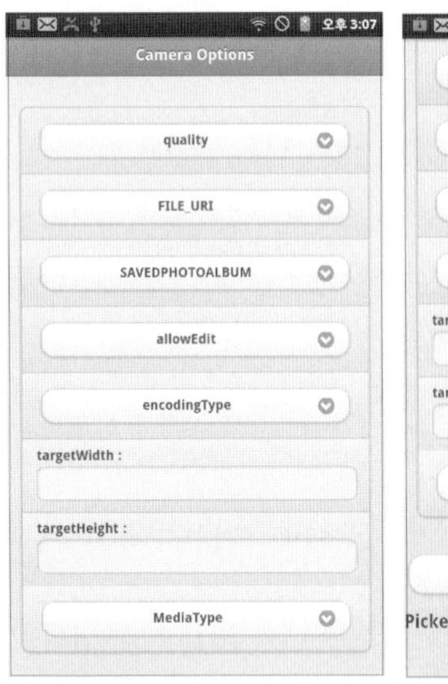

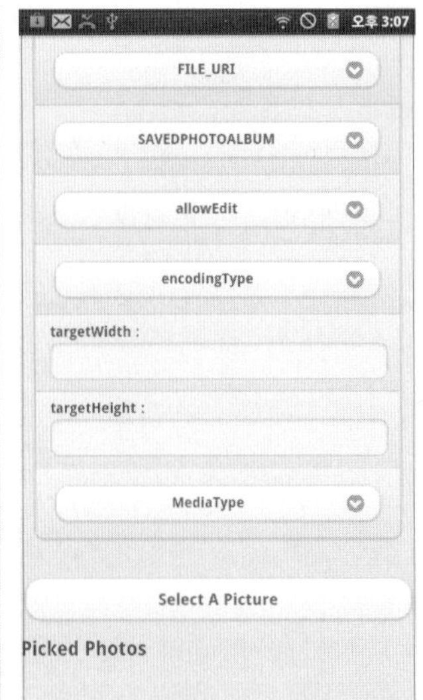

스텝 4

먼저 기본 설정에서 "Select A Picture" 버튼을 터치했더니 그림과 같이 어느 프로그램을 사용할 것인지가 나타납니다. 이는 실험 단말기에 갤러리 이외에 별로도 설치한 프로그램이 있기 때문인데 갤러리 이외에 별도의 사진 선택 프로그램이 없다면 이 선택 과정은 나타나지 않을 것입니다. 실험하고 있는 이 앱은 기본 카메라 설정이 "SAVEDPHOTOALBUM"이므로 카메라 화면이 아닌 앨범 또는 갤러리 화면이 나타날 것입니다.

"갤러리"를 선택하면 사진 그룹이 나타나고, 그룹을 선택하면 선택할 수 있는 사진목록이 나타납니다. 그 중 하나를 선택하면 다시 첫 화면으로 돌아오면서 선택한 사진이 제목, 요약 정보와 함께 "Picked Photos"에 목록으로 추가됩니다. 이는 카메라 옵션의 기본 설정을 "FILE_URI"로 프로그래밍했기 때문입니다.

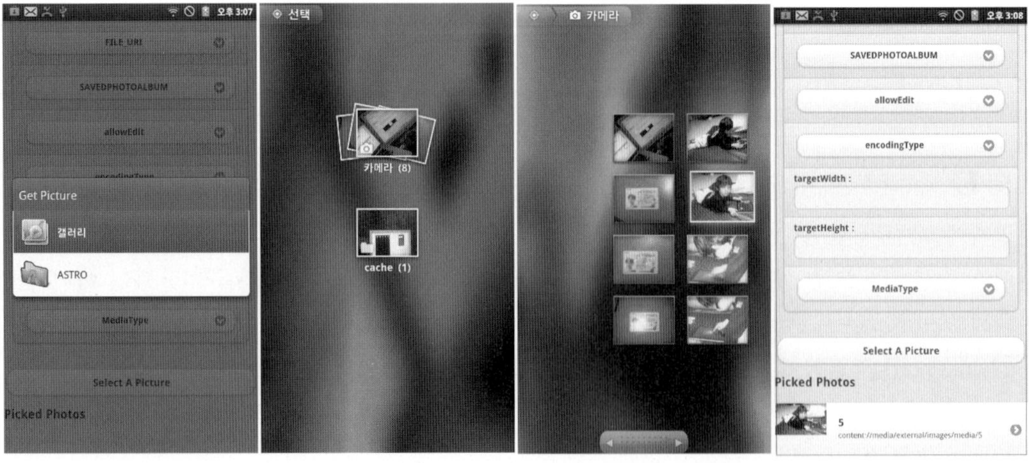

스텝 **5**

목록에 추가된 사진을 터치하면 그림과 같이 "flip" 화면 전환 애니메이션이 나타나면서 두 번째
화면에 선택한 이미지가 나타납니다. 원래 "flip"이라는 회전문 효과와는 달리 안드로이드에서는
완전한 회전문 효과를 보이지 않습니다. 이 부분은 차차 개선되리라 예상합니다. "Back" 버튼을
클릭하면 같은 방법으로 회전문 효과와 함께 이전 화면으로 돌아옵니다.

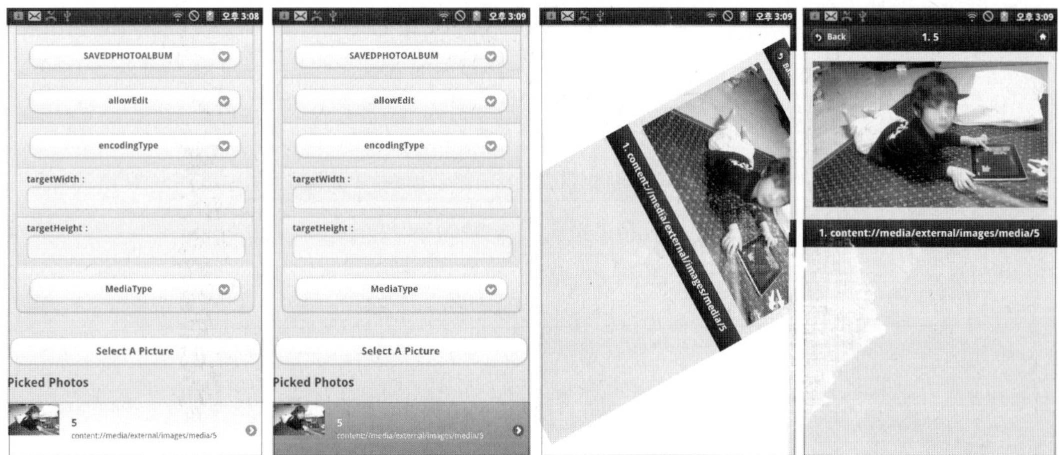

스텝 **6**

이번엔 카메라 옵션 설정으로 변경해서 실험해봅니다. 먼저, sourceType을 그림과 같이 "CAMERA"
로 설정했습니다. 참고로 안드로이드의 경우 sourceType이 SAVEDPHOTOALBUM과 PHOTO
LIBRARY의 구분이 없으므로 앞에서 실험한 결과와 같습니다.

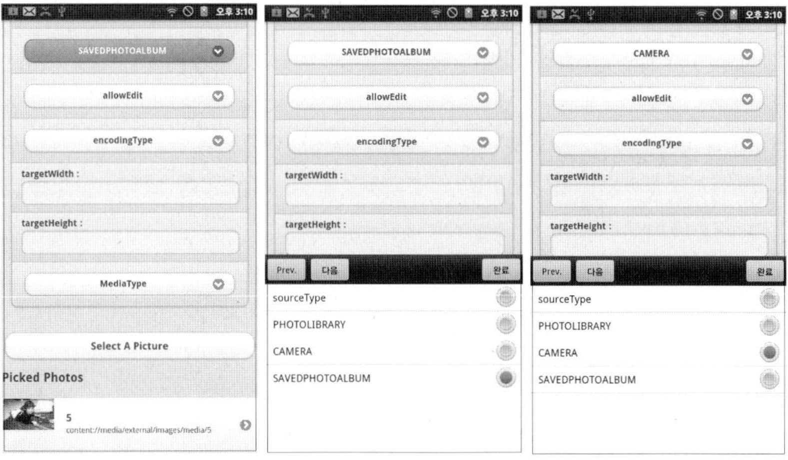

스텝 **7**

destinationType은 "DATA_URL"로 설정했습니다. 이렇게 하면 이미지를 가져올 때 Base64 인코딩
으로 받아올 것입니다.

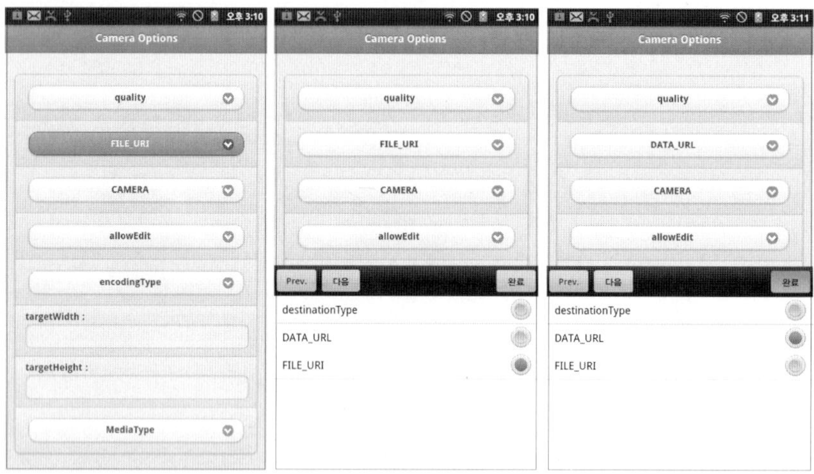

스텝 **8**

allowEdit 설정을 "true"로 설정합니다. 사진을 가져오기 전에 편집을 한다는 옵션이지만 안드로이드
에서는 아직 지원하지 않을 것입니다.

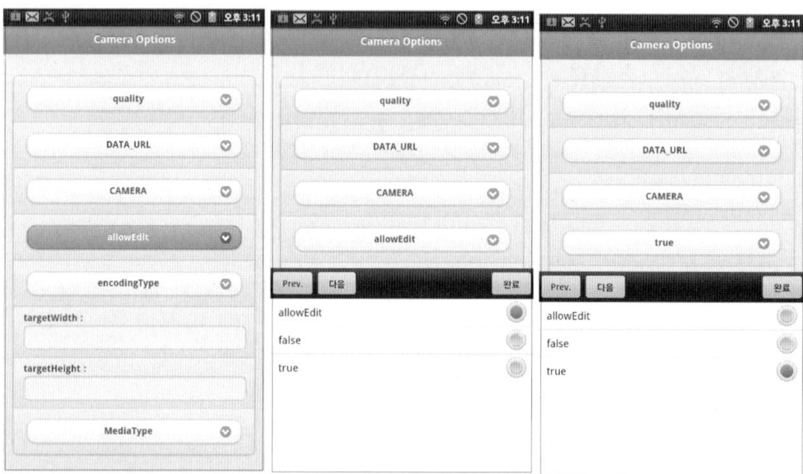

스텝 **9**

targetWidth와 targetHeight 값을 모두 100으로 입력했습니다. 이렇게 하면 이미지의 크기를 100 × 100으로 가져오기 때문에 이미지의 용량은 작지만 해상도가 많이 떨어질 것입니다.

스텝 **10**

encodingType을 "PNG"로 설정했습니다. 안드로이드는 사진을 찍으면 기본적으로 JPEG 포맷으로 저장합니다. 이와 같이 설정하면 원본은 JPEG 포맷이지만 가져올 때는 PNG 포맷으로 변환해서 가져올 것입니다.

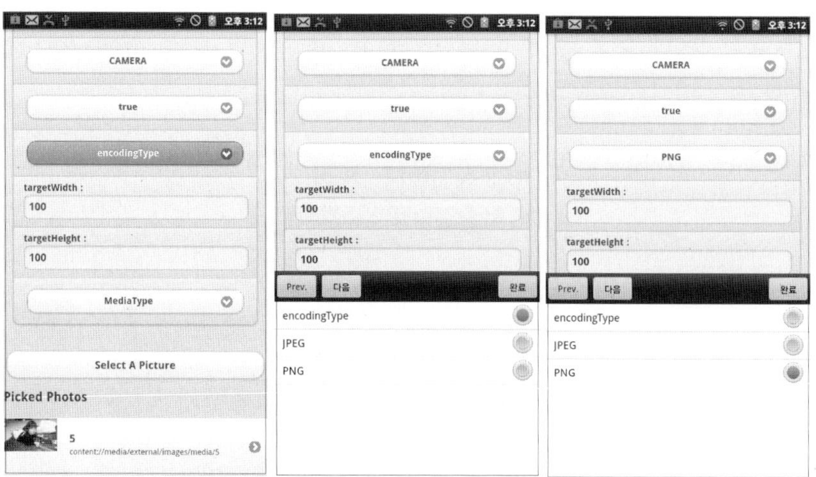

스텝 **11**

"Select A Picture" 버튼을 터치하면 그림과 같이 카메라 화면이 나타납니다. 사진을 찍으면 찍은 사진에 "저장" 버튼과 "취소" 버튼이 나타나는데, "취소" 버튼을 터치하면 다시 사진을 찍을 수 있고, "저장" 버튼을 터치하면 찍은 사진을 가져올 것입니다. "저장" 버튼을 터치하여 사진을 가져왔습니다.

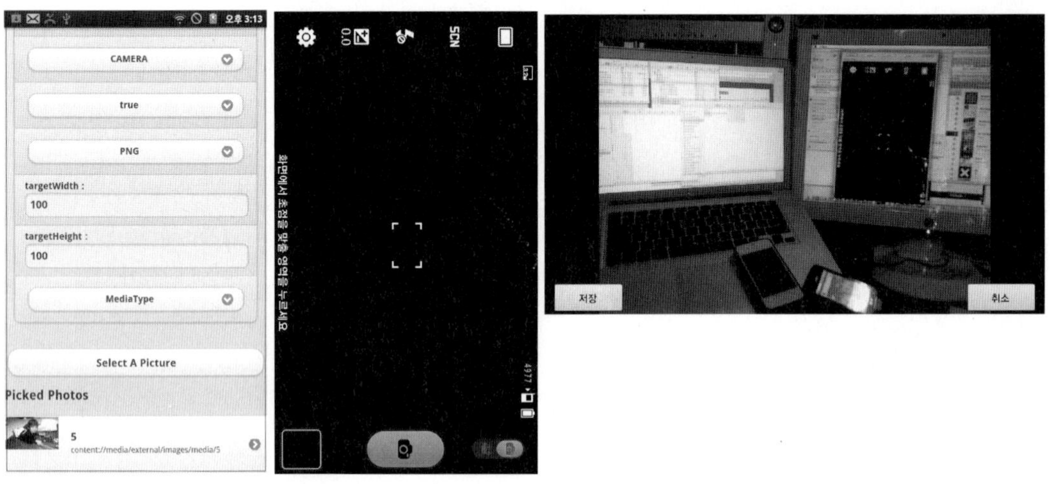

스텝 **12**

그림과 같이 목록에 찍은 사진이 나타납니다. 제목을 보면 Base64 포맷으로 이미지를 가져왔다는 것을 알 수 있습니다. 이 사진을 터치하면 상세 화면으로 이동합니다. 사진을 보면 100 × 100 크기이기 때문에 해상도가 좋지 않다는 것을 알 수 있습니다. "Back" 버튼을 터치하면 이전 화면으로 돌아올 수 있습니다.

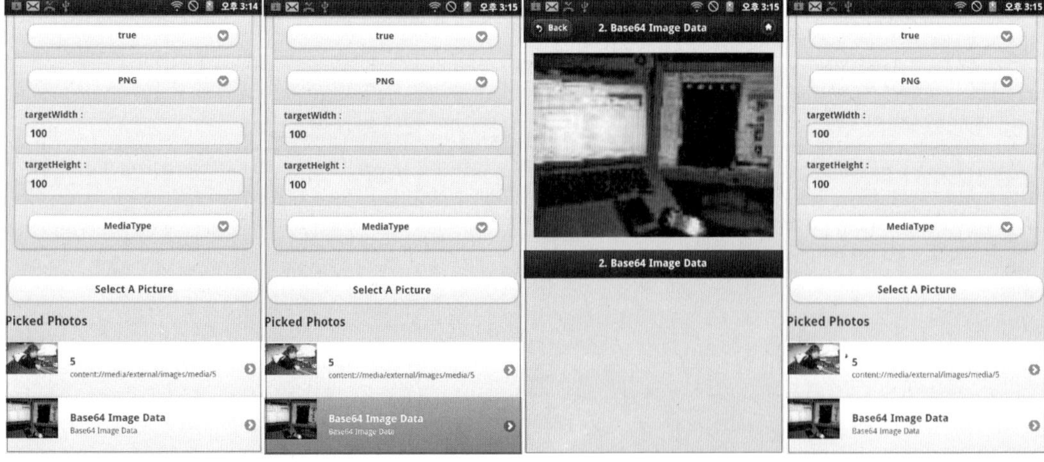

11.5 아이폰 포팅

아이폰은 워낙 호환성이 좋아 jQuery Mobile 소스를 포팅하는 것도 별다른 특기사항이 없습니다.

아이폰 프로젝트 살펴보기

그림과 같이 폰갭 프로젝트를 만들어 www 폴더를 등록하되, phonegap.js만 Xcode 프로젝트를
생성할 때 만들어진 파일을 사용한다는 주의사항을 지켰습니다.

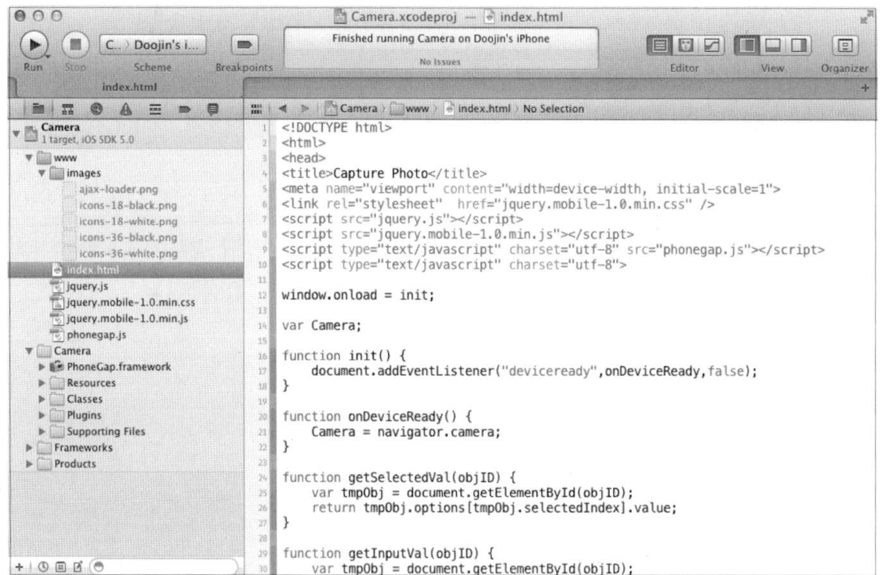

실물 단말기에서 실험하기

실물 단말기를 연결하여 실험해봅니다.

스텝 1

안드로이드에서와 같이 첫 화면이 나타나고, 기본 설정에서 "Select A Picture" 버튼을 클릭하면
포토 앨범 화면이 나타납니다. 이때 카메라의 설정은 "SAVEDPHOTOALBUM"입니다. 포토 앨범에
서 사진을 하나 선택하면 첫 화면으로 이동하면서 목록에 선택한 사진이 추가됩니다.

스텝 2

목록에서 추가한 사진을 선택하면 올바른 회전문 효과와 함께 두 번째 화면으로 이동하면서 상세 보기 화면이 나타납니다. header 쪽에는 파일명이 나타나고 footer 쪽에는 전체 경로가 나타납니다. 상세 화면의 "Back" 버튼을 터치하면 회전문 효과와 함께 첫 화면으로 돌아옵니다.

스텝 3

이번에는 아이폰에서만 지원하는 카메라 특성들을 실험해봅니다. 그림과 같이 편집 기능을 true로 활성화하고, 소스 유형을 PHOTOLIBRARY로 설정하며, 결과 유형을 DATA_URL로 설정합니다. 또한 포토 라이브러리에 미디어가 나타날 때 이미지만 나타나도록 미디어 유형을 PICTURE로 설정합니다.

스텝 4

위와 같이 설정하고 "Select A Picture" 버튼을 터치하면 포토 라이브러리 화면이 나타나고, 라이브러리 목록에서 하나를 선택합니다. 이 단말기에는 동영상도 있는데 그림과 같이 이미지만 목록에 나타납니다. 포토 이미지를 하나 선택하면 그림과 같이 "Move and Scale" 안내문이 나타나면서 사각의 편집 영역이 나타납니다. 이것이 앞서 얘기한 편집 기능입니다.

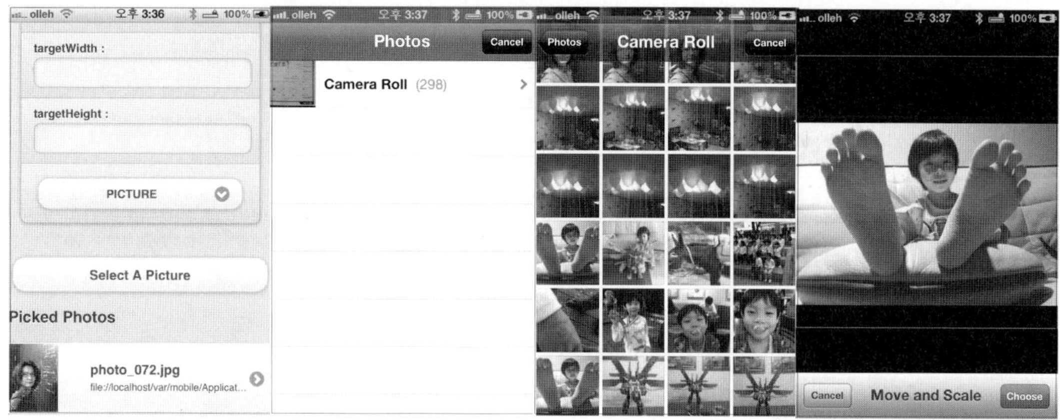

스텝 5

사진을 확대하거나 이동하여 원하는 사진의 일부분만 선택해서 가져올 수 있습니다. "Choose" 버튼을 터치하여 사진을 가져오면 목록에 선택한 이미지가 추가됩니다. 이때 이미지의 제목은 "Base64 ..." 로 나타납니다. 새로 추가한 이미지를 선택하여 상세 화면에 잘 나타나는지 확인해보고 다시 첫 화면으로 돌아옵니다.

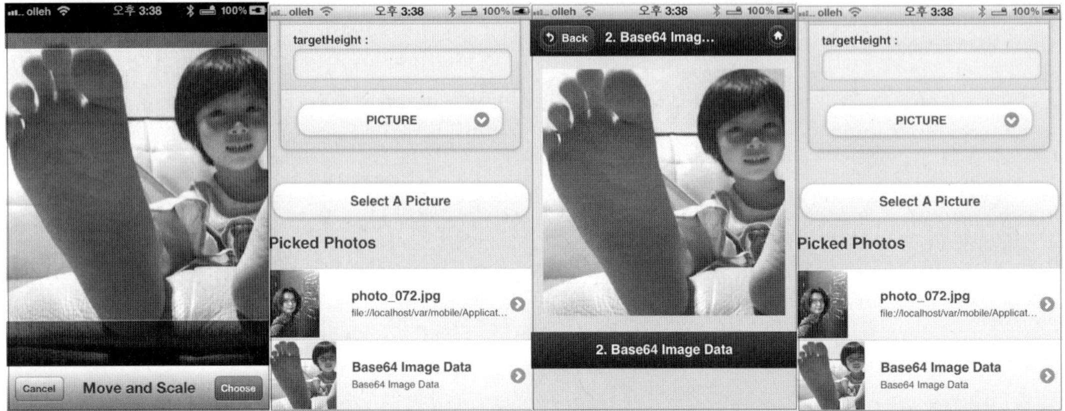

스텝 6

이번엔 카메라로 사진을 찍어 가져오는 실험을 해봅니다. 소스 유형을 "CAMERA"로 설정하고
"Select A Picture" 버튼을 터치하면 그림과 같이 사진을 찍을 수 있는 카메라 화면이 나타납니다.
사진을 찍으면 찍은 사진을 편집할 수 있는 화면이 나타납니다.

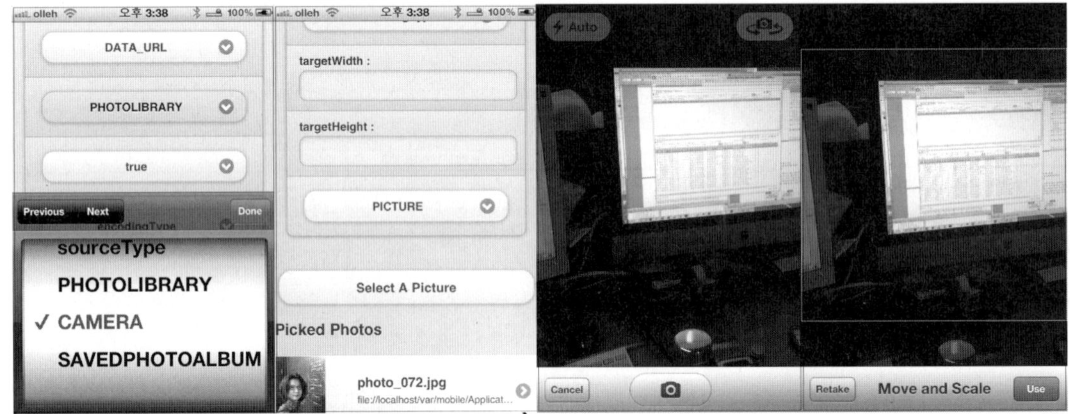

스텝 7

여기서 "Retake" 버튼을 클릭하면 재촬영을 할 수 있는 카메라 화면으로 되돌아갑니다. 다시 원하는
사진을 찍고 찍은 사진에서 원하는 부분만 편집합니다.

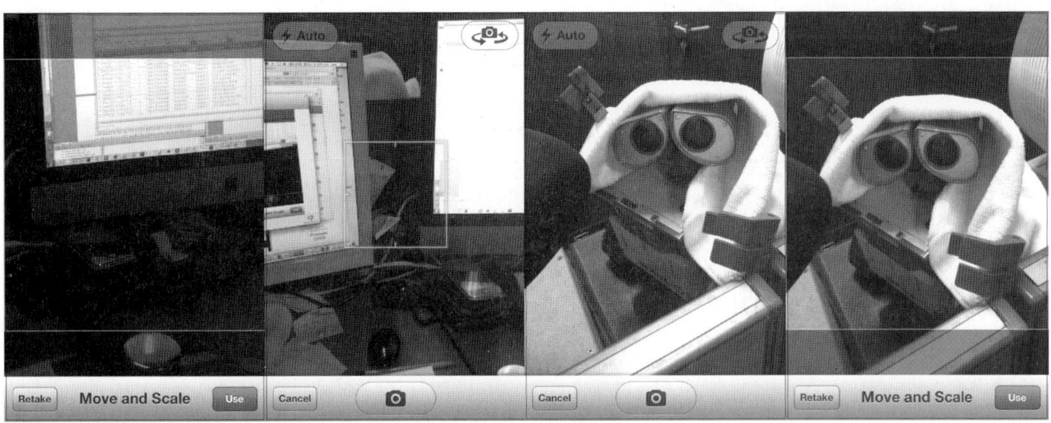

스텝 8

"Use" 버튼을 클릭하여 편집한 사진을 가져와 목록에 추가합니다. 카메라를 이용하여 새로 추가한 사진도 상세 화면에서 확인해봅니다.

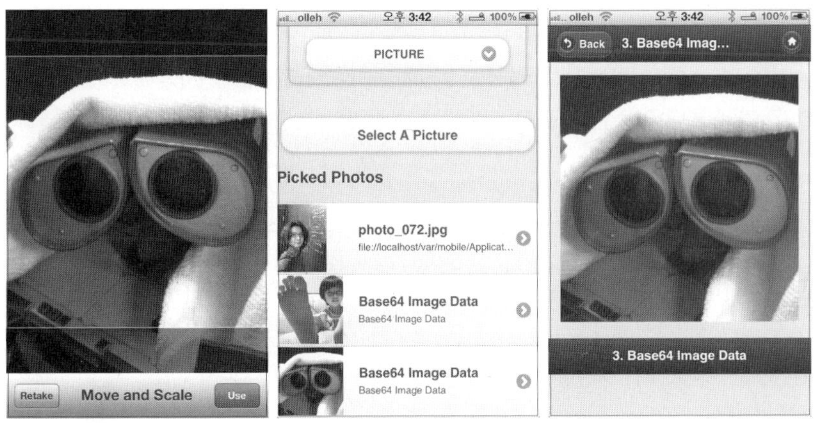

이렇듯 안드로이드와 아이폰에서 실험해본 바와 같이 아이폰에서는 안드로이드에서보다 좀 더 원활하고 많은 기능을 활용할 수 있는데 위의 결과를 바탕으로 정리해보면 다음과 같습니다.

기 능	안드로이드	아이폰
회전문 화면 전환 효과	미흡하지만 작동함	제대로 지원함
가져온 파일명	숫자로 표기함 (예) 5	확장자와 함께 표기됨 (예) photo_072.jpg
편집 기능	지원 안함	지원함
PHOTOLIBRARY와 SAVEDPHOTOALBUM	구분 없음	구분함

11.5 윈도우폰 포팅

필자가 윈도우폰에서 카메라를 실험하는 집필 당시는 윈도우폰 실물 단말기가 국내에 출시되지 않아 부족한 여건입니다. 그래서 여기서는 간단하게 사진을 선택해오는 기능만 실험하기로 하고 대신 웹앱 페이지를 윈도우폰에 포팅할 때 겪을 수 있는 디버깅 과정을 소개합니다.

윈도우폰 프로젝트 손질하기

스텝 1

앞서 준비한 웹앱 페이지 파일들을 비주얼 스튜디오 윈도우폰 프로젝트에 그림처럼 등록했습니다. 윈도우폰 프로젝트에 Camera 웹앱 페이지 소스를 등록 후, 추가로 처리해야 할 주요 사항은 다음과 같습니다.

- image/*.png 파일의 Build Action을 "Content"로 설정해야 이미지가 화면에 나타납니다.
- 폰갭에서 콘솔을 사용할 수 있도록 console.js 파일을 별도로 추가해야 합니다.
- index.html에서 console.js 파일을 호출해야 합니다.
- index.html 파일에서 비주얼 스튜디오에서 요구하는 정확한 HTML5 표기법을 사용해야 합니다.
- phonegap.js 파일은 비주얼 스튜디오의 폰갭 프로젝트 생성 템플릿이 제공하는 파일을 사용했습니다.

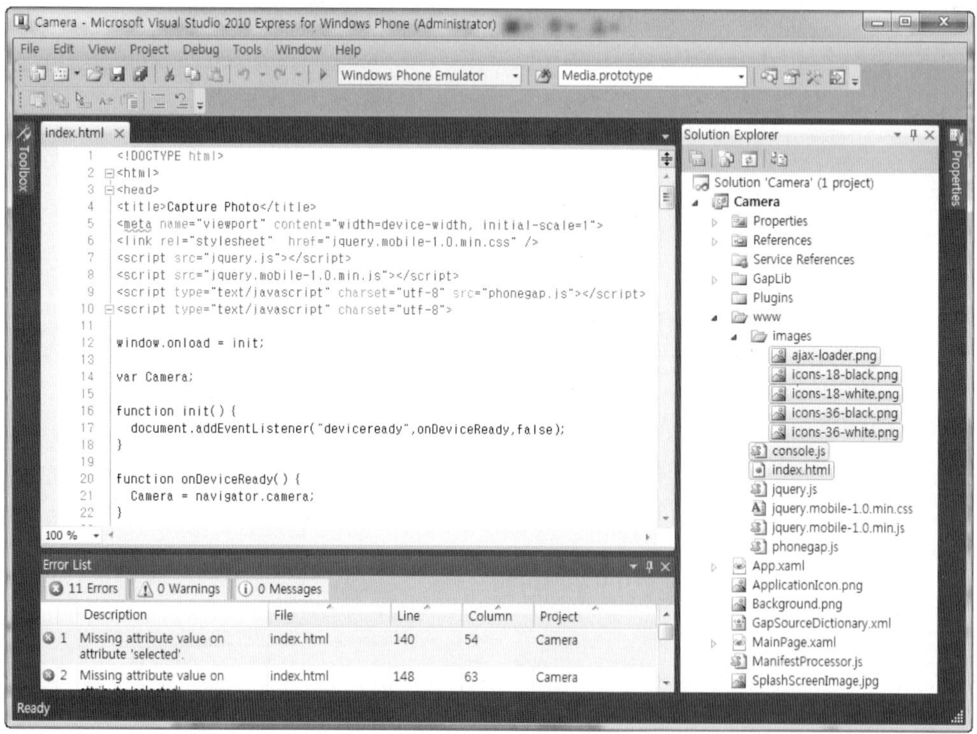

스텝 **2**

앞서 설명한 바와 같이 윈도우폰에서 사용하는 console.js 파일을 추가했고, index.html에서 console.js 파일을 호출하도록 수정했습니다.

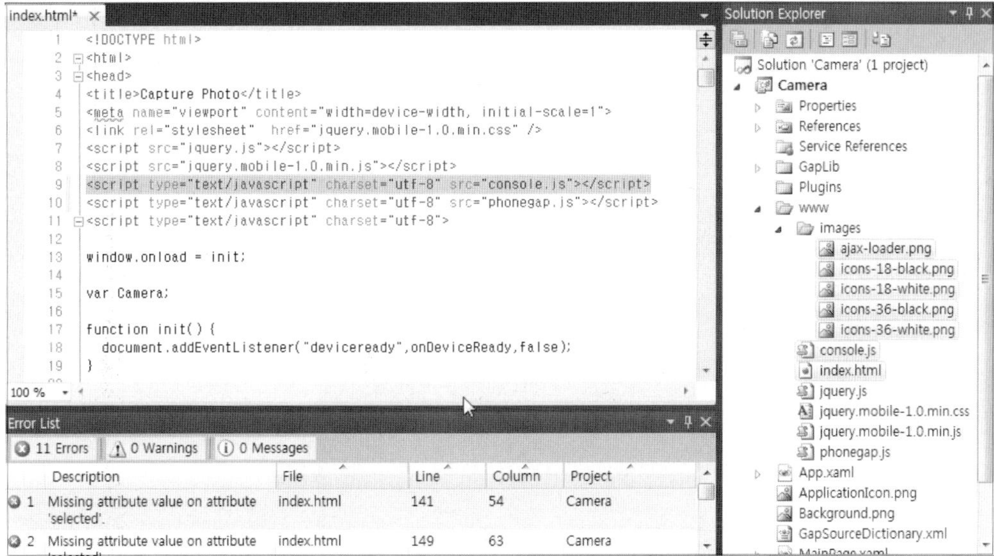

스텝 **3**

비주얼 스튜디오의 기본 설정에 따르면 HTML5 표기법을 지키지 않았을 경우 오류가 발생합니다. 오류 사항들을 살펴보면, <option> 태그에서 selected로 표기한 부분을 selected ="selected"로 표기해야 합니다.

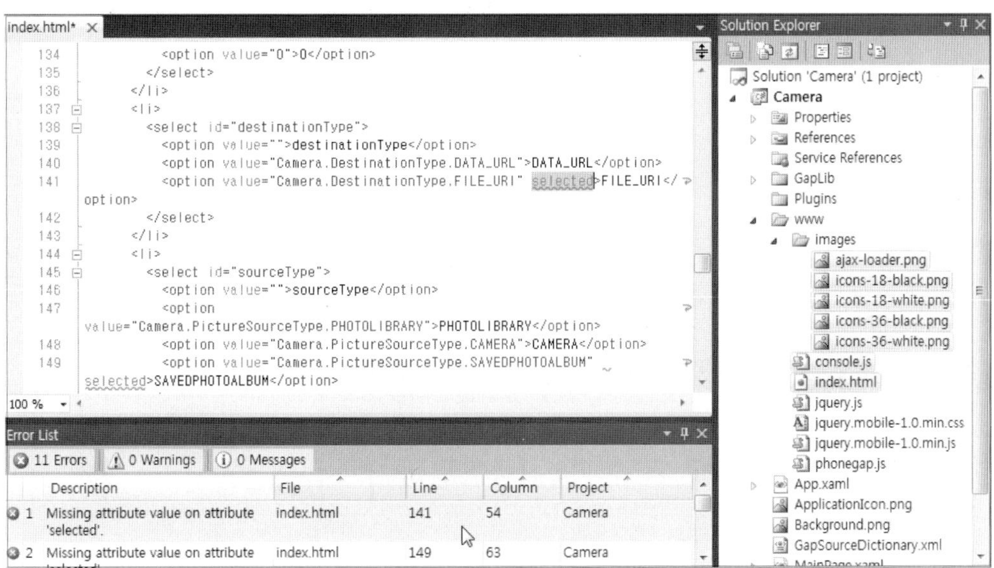

스텝 **4**

그림과 같이 selected로 표기한 부분을 모두 selected="selected"로 교정했습니다.

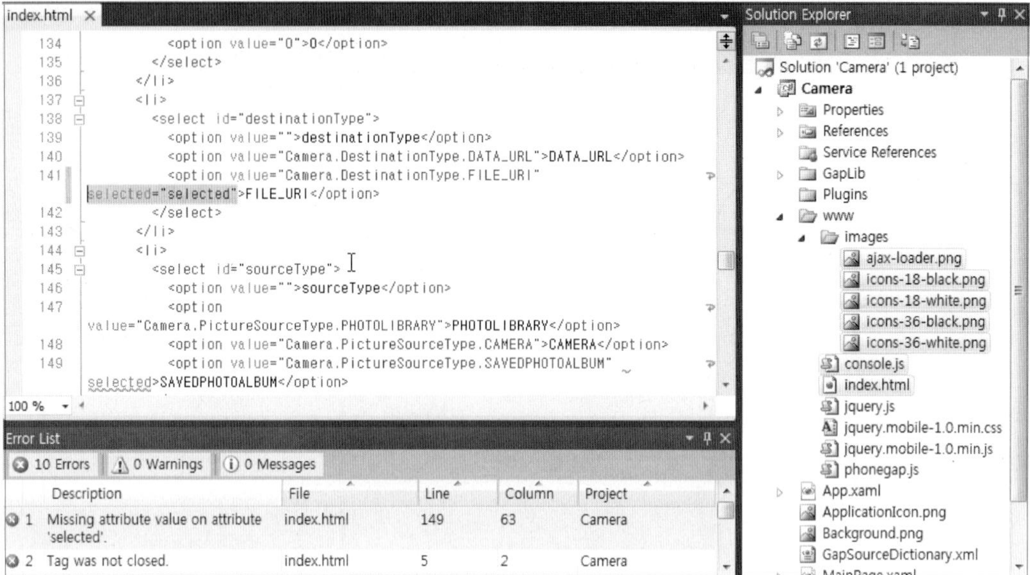

스텝 **5**

그림과 같이 <meta> 태그 부분에 오류가 발견되는데 이는 <meta ... />로 태그의 끝 부분을 정확히
마무리해야 합니다.

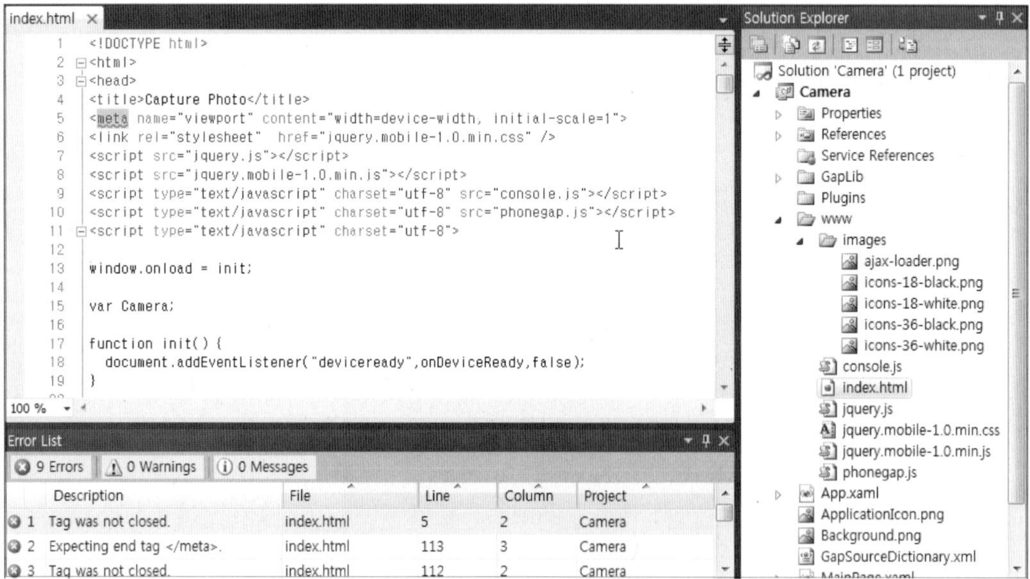

스텝 **6**

그림과 같이 <meta .../> 형식으로 교정했습니다.

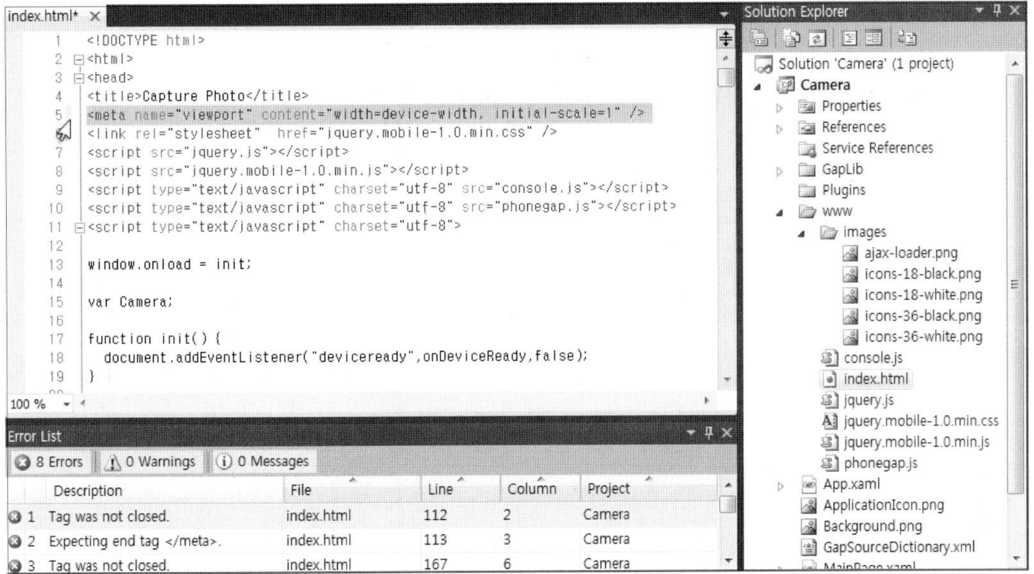

스텝 **7**

마지막으로 남은 오류는 <input> 태그도 같은 방법으로 <input ... /> 형식으로 교정하는 것이었습니다. 그림과 같이 <input>으로 표기했던 구문도 모두 <input ... /> 형식으로 교정했습니다.

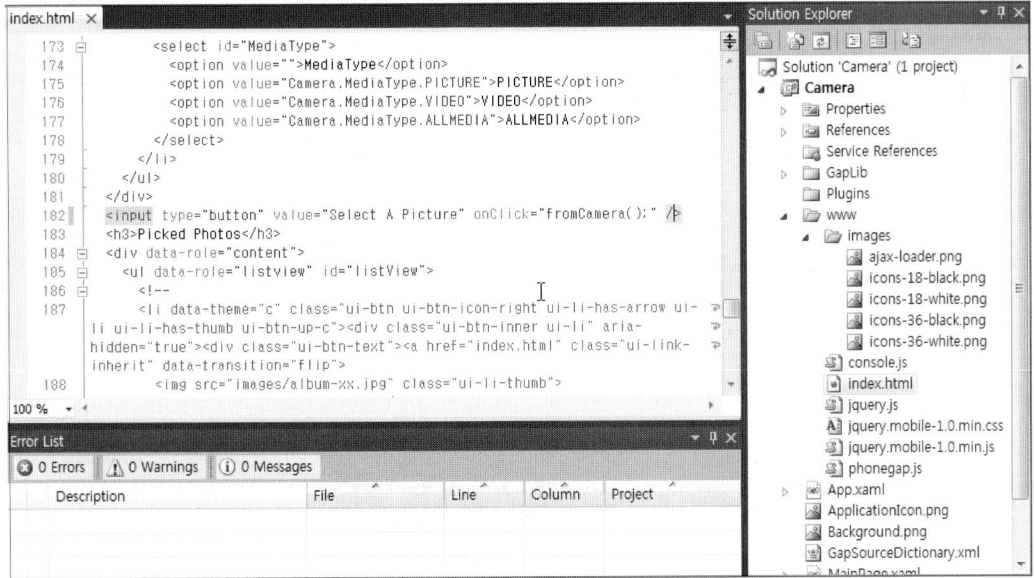

스텝 8

이제 image/*.png 파일들에 대한 설정을 해야 합니다. image 폴더에 있는 모든 이미지 파일을 선택하고 Properties 창을 보면 Build Action 속성이 "Resource"입니다. 이러면 화면에 이미지가 나타나지 않습니다.

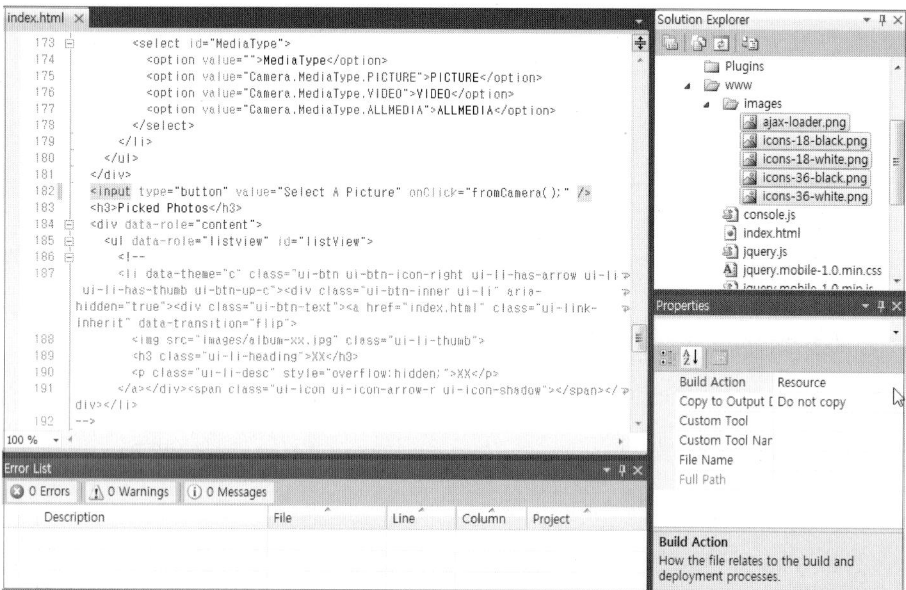

스텝 9

그림과 같이 image/*.png 파일들의 Build Action을 모두 "Content"로 변경해줍니다.

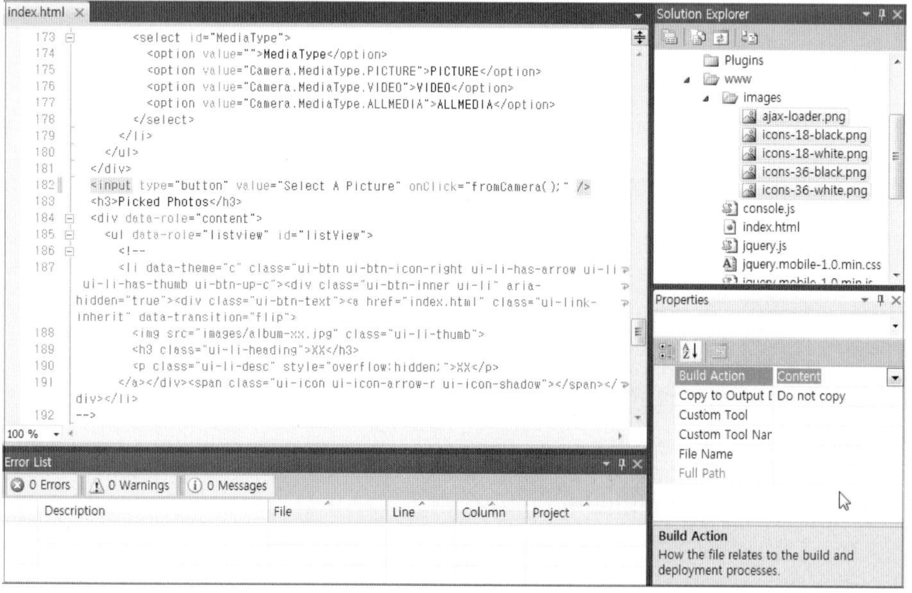

스텝 10

윈도우폰 포팅 과정을 완료했으므로 "Rebuild" 명령으로 마무리를 합니다.

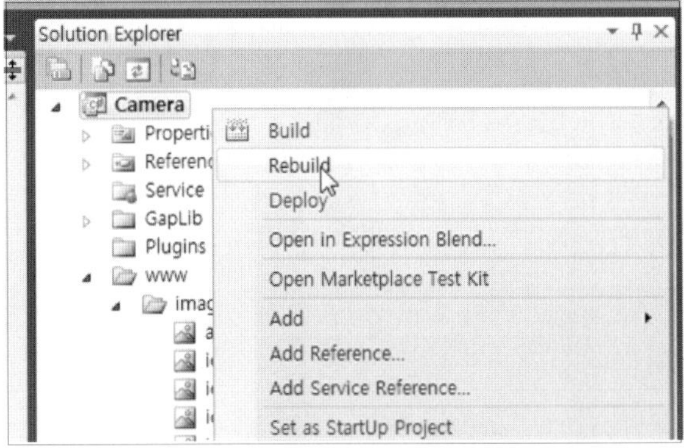

가상기기에서 실험하기

위의 프로젝트를 열악한 환경에서나마 가상기기에서 간단히 실험해봅니다.

스텝 1

그림과 같이 첫 화면은 잘 작동합니다. 이 의미는 윈도우폰에서 jQuery Mobile이 작동한다는 것을 의미합니다. "Select A Picture" 버튼을 클릭하여 포토 앨범 화면을 호출합니다.

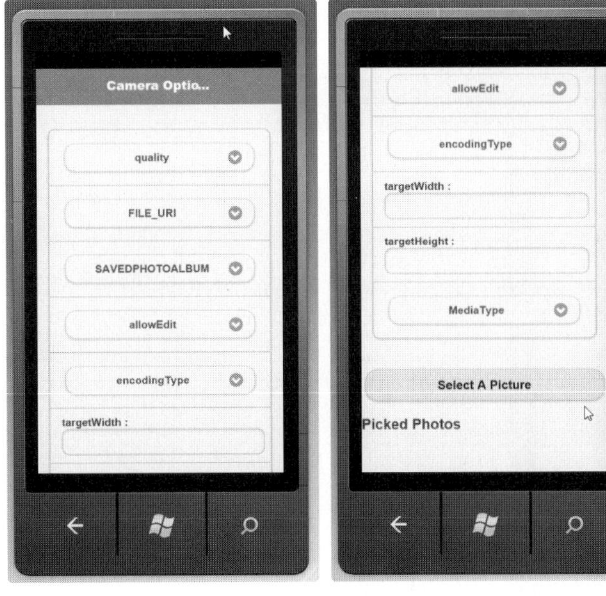

스텝 **2**

다행히 포토 앨범이 잘 나타나고 덤으로 샘플 사진까지 있습니다. 사진을 하나 선택해 봤습니다. 선택한 사진을 잘 가져 왔습니다.

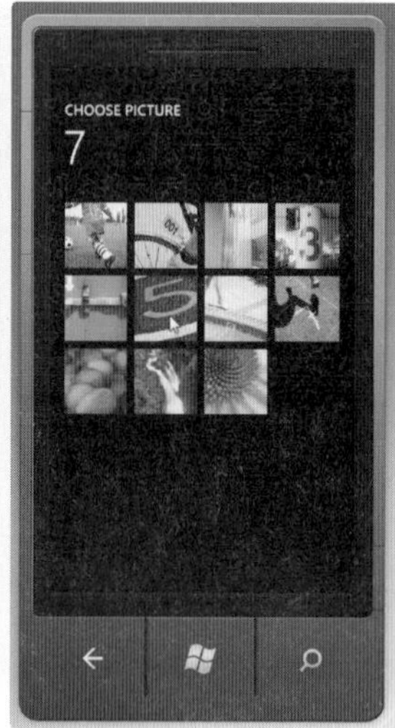
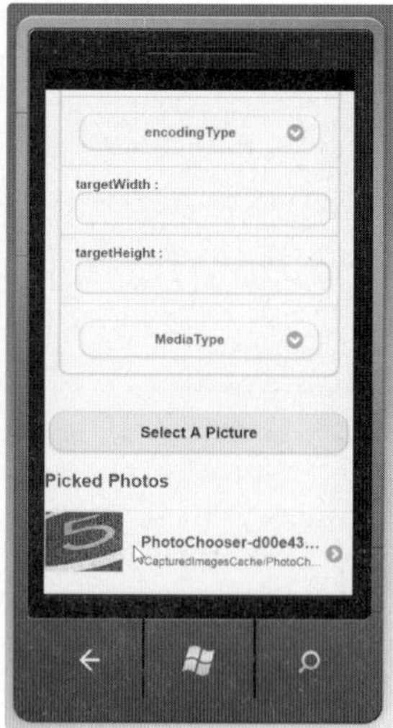

스텝 **3**

선택한 사진을 목록에서 클릭해 봤습니다. 안 되는군요. 화면에 "Error Loading Page"라는 안내문이 나타났습니다. 여기서부터는 업그레이드된 윈도우폰 SDK를 기다리거나 실물 단말기를 구해서 실험하거나 윈도우폰만의 특기사항을 찾아야 합니다. 이 부분을 디버깅하거나 실험을 연장하는 것은 집필 현재의 시점에서는 무의미하기 때문에 여기까지의 실험으로 마무리를 합니다.

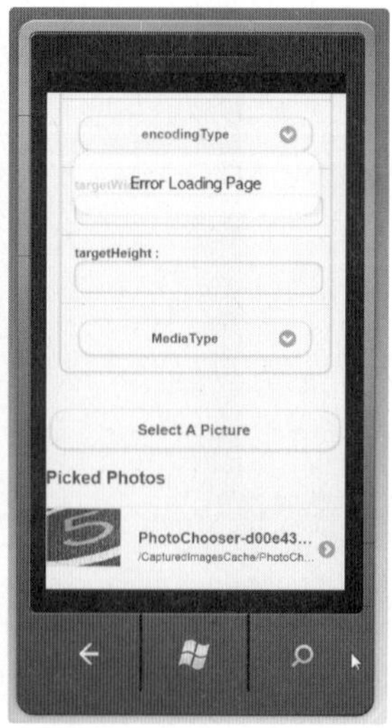

Chapter 12

File : 파일 제어

폰갭은 단말기의 파일을 읽고 쓰거나 파일 시스템을 관리, 탐색할 수 있는 기능을 지원합니다. 폰갭은 파일 관리를 위해서 15개의 객체를 제공하며 이들을 기능을 기준으로 크게 나누면 "파일 관리", "디렉토리 관리", "업로드 (파일전송) 관리"로 구분할 수 있습니다. 이 객체들이 제공하는 메소드와 속성을 이용해서 파일 시스템을 관리합니다.

12.1 파일 시스템의 사용 - 파일 관리

먼저 파일 관리 기능을 제공하는 객체부터 살펴봅니다. 파일 관리 객체들 이외 파일이나 디렉토리의 상태 정보를 제공하는 Metadata 객체가 있으나 이에 대해서는 디렉토리 관리 객체를 살펴보고 나서 설명합니다. 파일 시스템을 구성하는 요소는 다음과 같이 요약할 수 있습니다.

구분	객체 및 메소드	기능
객체	File 객체	파일에 대한 정보를 가지고 있는 파일 정보 객체
	FileError 객체	폰갭의 File API에서 오류가 발생했을 때 메소드로부터 전달받는 파일 오류 정보 객체
	LocalFileSystem 객체	단말기의 루트 (root) 파일 시스템에 접근할 수 있도록 지원하는 로컬 파일 시스템 객체
	FileSystem 객체	파일 시스템에 대한 정보를 담고 있는 객체
	FileEntry 객체	파일 시스템에 있는 특정 파일을 대표하는 객체
	FileReader 객체	파일을 읽을 수 있게 하는 객체
	FileWriter 객체	지정한 파일에 문자열을 기록할 수 있게 하는 객체
메소드 매개변수	successCallback 함수	메소드가 성공했을 때 실행하는 콜백 함수
	errorCallback 함수	메소드에 오류가 발생할 때 실행하는 콜백 함수
메소드	LocalFileSystem.requestFileSystem() 메소드	FileSystem 객체를 요청하는 메소드
	LocalFileSystem.resolveLoc	URI로 DirectoryEntry나 FileEntry 객체를 요청하는 메소

alFileSystemURI() 메소드	드
FileEntry.getMetadata() 메소드	파일에 대한 메타 데이터를 구하는 메소드
FileEntry.moveTo() 메소드	파일을 다른 경로로 이동하거나 파일명을 바꿀 수 있게 하는 메소드
FileEntry.copyTo() 메소드	지정한 경로에 파일을 복사하는 메소드
FileEntry.toURI() 메소드	파일의 위치를 URI 형식으로 변환하여 리턴하는 메소드
FileEntry.remove() 메소드	파일을 삭제하는 메소드
FileEntry.getParent() 메소드	해당 파일의 상위 경로를 구하는 메소드
FileEntry.createWriter() 메소드	FileWriter 객체를 생성하는 메소드
FileEntry.File() 메소드	FileEntry 객체에서 File 객체를 구하는 메소드
FileReader.abort() 메소드	파일 읽기를 강제로 중단시키는 메소드
FileReader.readAsDataURL() 메소드	파일을 Base64 인코팅으로 읽어오는 메소드
FileReader.readAsText() 메소드	파일을 텍스트로 읽어오는 메소드
FileWriter.abort() 메소드	파일 쓰기를 강제로 중단하는 메소드
FileWriter.seek() 메소드	지정한 위치로 파일 포인터를 이동하는 메소드
FileWriter.truncate() 메소드	파일 내용 중 지정한 위치까지만 보존하고 그 이후 데이터는 잘라내서 삭제하는 메소드
FileWriter.write() 메소드	현재의 파일 포인터부터 문자열을 파일에 쓰는 메소드

File 객체

파일에 대한 정보를 가지고 있는 파일 정보 객체입니다. File 객체는 FileEntry.File() 메소드를 호출하여 구할 수 있습니다.

❶ 속성
- name : 파일 이름을 정의하며 DOMString 유형입니다.
- fullPath : 파일 이름을 포함하는 파일의 전체 경로를 정의하며 DOMString 유형입니다.
- type : 파일의 Mime Type을 정의하며 DOMString 유형입니다.
- lastModifiedDate : 마지막으로 수정된 시간을 정의하며 Date 유형입니다.
- size : 파일의 크기 정보를 담고 있으며 바이트(byte) 단위를 사용하고 long 유형입니다.

❷ 지원하는 플랫폼 : Android, iPhone, Windows Phone 7 (Mango), Blackberry WebWorks (OS 5.0 and higher)

FileError 객체

이 객체는 폰갭의 File API에서 오류가 발생했을 때 메소드로부터 전달받는 파일 오류 정보 객체입니다.

❶ 속성
  - code : 오류 코드를 제공하는 속성이며 오류 코드는 다음과 같은 상수 중 하나입니다.

    FileError.NOT_FOUND_ERR
    FileError.SECURITY_ERR
    FileError.ABORT_ERR
    FileError.NOT_READABLE_ERR
    FileError.ENCODING_ERR
    FileError.NO_MODIFICATION_ALLOWED_ERR
    FileError.INVALID_STATE_ERR
    FileError.SYNTAX_ERR
    FileError.INVALID_MODIFICATION_ERR
    FileError.QUOTA_EXCEEDED_ERR
    FileError.TYPE_MISMATCH_ERR
    FileError.PATH_EXISTS_ERR

❷ 지원하는 플랫폼 : Android, iPhone, Windows Phone 7 (Mango), Blackberry WebWorks (OS 5.0 and higher)

LocalFileSystem 객체

이 객체는 단말기의 루트(root) 파일 시스템에 접근할 수 있도록 지원하는 로컬 파일 시스템 객체입니다. LocalFileSystem 객체는 window를 기반으로 만든 객체이므로 window 객체의 특성을 상속받습니다.

❶ 지원하는 플랫폼 : Android, iPhone, Windows Phone 7 (Mango), Blackberry WebWorks (OS 5.0 and higher)

이 객체는 requestFileSystem(), resolveLocalFileSystemURI() 등 2개의 메소드를 제공하며 다음과 같은 상수를 사용합니다.

  - LocalFileSystem.PERSISTENT : 보관용 저장 공간을 의미하며 이 저장 공간은 응용 프로그램이나 권한 없이는 사용자가 임의로 삭제할 수 없는 공간입니다.
  - LocalFileSystem.TEMPORARY : 임시용 저장 공간이며 안전성을 보장하지 못하는 휘발성 공간입니다.

LocalFileSystem.requestFileSystem() 메소드

FileSystem 객체를 요청하는 메소드입니다.

사용형식	LocalFileSystem.requestFileSystem(spaceType, expectSize, successCallback, errorCallback)
매개변수	• spaceType : PERSISTENT와 TEMPORARY 중 하나를 선택할 수 있습니다. • expectSize : 응용 프로그램이 필요로 하는 용량을 byte 단위로 정의하며 데이터 유형은 long입니다. • successCallback : 성공했을 때 실행하는 콜백 함수입니다. FileSystem 객체를 전달 변수로 받아옵니다. • errorCallback : 오류가 발생할 때 실행하는 콜백 함수입니다.

활용 사례는 다음과 같습니다.

```javascript
document.addEventListener("deviceready", onDeviceReady, false);
function onDeviceReady() {
    window.requestFileSystem(LocalFileSystem.PERSISTENT, 0, gotFS, fail);
}

function gotFS(FileSystem) {
    alert(FileSystem.name);
}

function fail(error) {
    alert(error.code);
}
```

LocalFileSystem.resolveLocalFileSystemURI() 메소드

URI로 DirectoryEntry나 FileEntry 객체를 요청하는 메소드입니다.

사용형식	LocalFileSystem.resolveLocalFileSystemURI(path, successCallback, errorCallback)
매개변수	• path : URI 형식으로 경로를 정의합니다. • successCallback : 성공했을 때 실행하는 콜백 함수입니다. DirectoryEntry나 FileEntry 객체를 전달 변수로 받아옵니다. • errorCallback : 오류가 발생할 때 실행하는 콜백 함수입니다.

활용 사례는 다음과 같습니다.

```javascript
document.addEventListener("deviceready", onDeviceReady, false);
function onDeviceReady() {
    window.resolveLocalFileSystemURI("File:///example.txt", gotFile, fail);
}

function gotFile(FileEntry) {
    alert(FileEntry.name);
}

function fail(error) {
    alert(error.code);
}
```

FileSystem 객체

이 객체는 파일 시스템에 대한 정보를 담고 있는 객체입니다.

❶ 속성

- name : 파일 시스템의 이름이며 DOMString 형으로 데이터를 제공합니다.
- root : 파일 시스템의 root (최상위) 경로이며 DirectoryEntry 형의 데이터를 제공합니다.

❷ 지원하는 플랫폼 : Android, iPhone, Windows Phone 7 (Mango), Blackberry WebWorks (OS 5.0 and higher)

활용 사례는 다음과 같습니다.

```javascript
document.addEventListener("deviceready", onDeviceReady, false);
function onDeviceReady() {
    window.requestFileSystem(LocalFileSystem.PERSISTENT, 0, gotFS, fail);
}
function gotFS(FileSystem) {
    console.log(FileSystem.name);
    console.log(FileSystem.root.name);
}
function fail(evt) {
    console.log(evt.target.error.code);
}
```

FileEntry 객체

이 객체는 파일 시스템에 있는 특정 파일을 지정하는 객체입니다. 파일 그 자체라고 이해해도 됩니다. 이 객체는 W3C의 디렉토리와 시스템에 대한 솔루션을 기반으로 만들었습니다.

❶ 속성

- isFile : 파일 객체이므로 항상 true 값을 리턴합니다.
- isDirectory : 디렉토리 객체가 아니므로 항상 false 값을 리턴합니다.
- name : 경로를 제외한 파일명을 리턴합니다. 이 속성의 값은 DOMString 형입니다.
- fullPath : 최상위 경로에서 파일명까지 전체 경로를 리턴합니다. 이 속성의 값은 DOMString 형입니다.
- Filesystem : FileEntry에 설정되어 있는 파일 시스템 객체를 리턴합니다. 이 속성의 값은 FileSystem 객체입니다. 이 속성은 폰갭이 아닌 W3C에서 지원하는 속성입니다.

❷ 지원하는 플랫폼 : Android, iPhone, Windows Phone 7 (Mango), Blackberry WebWorks (OS 5.0 and higher)

이 객체는 getMetadata(), moveTo(), copyTo(), toURI(), remove(), getParent(), createWriter(), File() 등 8개의 메소드를 제공합니다.

FileEntry.getMetadata() 메소드

파일에 대한 메타 데이터를 구하는 메소드입니다. 성공하면 Metadata 객체를 받아옵니다.

사용형식	FileEntry.getMetadata(successCallback, errorCallback);
매개변수	• successCallback : 파일의 메타 데이터를 가져오는데 성공했을 때 실행하는 콜백 함수입니다. 이 함수는 매개변수로 Metadata 객체를 전달받습니다. • errorCallback : 오류가 발생할 때 실행하는 콜백 함수입니다. 매개변수로 FileError 객체를 전달받습니다.

활용 사례는 다음과 같습니다.

```javascript
document.addEventListener("deviceready", onDeviceReady, false);
function onDeviceReady() {
    window.requestFileSystem(LocalFileSystem.PERSISTENT, 0, gotFS, fail);
}

function gotFS(FileSystem) {
    FileSystem.root.getFile("test.txt", null, gotFileEntry, fail);
}

function gotFileEntry(FileEntry) {
    FileEntry.getMetadata(success, fail);
}

function success(metadata) {
    console.log("Last Modified: "+ metadata.modificationTime);
}

function fail(FileError) {
    alert(FileError.code);
}
```

FileEntry.moveTo() 메소드

파일을 다른 경로로 이동하거나 파일명을 바꿀 수 있게 하는 메소드입니다. 성공하면 FileEntry 객체를 받아옵니다.

사용형식	FileEntry.moveTo(parent, newName, successCallback, errorCallback);
매개변수	• parent : DirectoryEntry 객체로 이동할 경로를 정의합니다. • newName : DOMString 형으로 새 파일명을 정의하며 값을 설정하지 않으면 기존의 파일명을 유지합니다. • successCallback : 성공했을 때 실행하는 콜백 함수입니다. 이 함수는 매개변수로 FileEntry 객체를 전달받습니다. • errorCallback : 오류가 발생할 때 실행하는 콜백 함수입니다. 매개변수로 FileError 객체를 전달받습니다.

활용 사례는 다음과 같습니다.

```javascript
document.addEventListener("deviceready", onDeviceReady, false);
function onDeviceReady() {
    window.requestFileSystem(LocalFileSystem.PERSISTENT, 0, gotFS, fail);
}

function gotFS(FileSystem) {
    FileSystem.root.getFile("test.txt", {create: true, exclusive: false}, gotFileEntry, fail);
}

function gotFileEntry(FileEntry) {
    FileEntry.getParent(gotParent, fail);
}

function gotParent(directoryEntry) {
    directoryEntry.getDirectory("test", {create: true, exclusive: false}, gotDirectory, fail);
}

function gotDirectory(directoryEntry) {
    theFileEntry.moveTo(directoryEntry, "newFile.txt", FileMoved, fail);
}
function FileMoved(FileEntry) {
    alert("[5] Moved Path: "+ FileEntry.fullPath);
}

function fail(FileError) {
    alert(FileError.code);
}
```

FileEntry.copyTo() 메소드

지정한 경로에 파일을 복사하는 메소드입니다. 성공하면 FileEntry 객체를 받아옵니다.

사용형식	FileEntry.copyTo(parent, newName, successCallback, errorCallback);
매개변수	• parent : DirectoryEntry 객체로 복사할 경로를 정의합니다. • newName : DOMString 형으로 새 파일명을 정의하며 값을 설정하지 않으면 기존의 파일명을 유지합니다. • successCallback : 성공했을 때 실행하는 콜백 함수입니다. 이 함수는 매개변수로 FileEntry 객체를 전달받습니다. • errorCallback : 오류가 발생할 때 실행하는 콜백 함수입니다. 매개변수로 FileError 객체를 전달받습니다.

활용 사례는 다음과 같습니다.

```javascript
document.addEventListener("deviceready", onDeviceReady, false);
function onDeviceReady() {
    window.requestFileSystem(LocalFileSystem.PERSISTENT, 0, gotFS, fail);
}

function gotFS(FileSystem) {
    FileSystem.root.getFile("test.txt", {create: true, exclusive: false}, gotFileEntry, fail);
}

function gotFileEntry(FileEntry) {
    FileEntry.getParent(gotParent, fail);
}

function gotParent(directoryEntry) {
    directoryEntry.getDirectory("test", {create: true, exclusive: false}, gotDirectory, fail);
}

function gotDirectory(directoryEntry) {
    theFileEntry.copyTo(directoryEntry, "newFile.txt", FileMoved, fail);
}

function FileMoved(FileEntry) {
    alert("[5] Copyed Path: "+ FileEntry.fullPath);
}

function fail(FileError) {
    alert(FileError.code);
}
```

FileEntry.toURI() 메소드

파일의 위치를 URI 형식으로 변환하여 리턴하는 메소드입니다.

사용형식   FileEntry.toURI();

활용 사례는 다음과 같습니다.

```
document.addEventListener("deviceready", onDeviceReady, false);
function onDeviceReady() {
    window.requestFileSystem(LocalFileSystem.PERSISTENT, 0, gotFS, fail);
}

function gotFS(FileSystem) {
    FileSystem.root.getFile("test.txt", {create: true, exclusive: false}, gotFileEntry, fail);
}

function gotFileEntry(FileEntry) {
    var uri = FileEntry.toURI();
    alert(uri); // => File:///mnt/sdcard/readme.text
}

function fail(FileError) {
    alert(FileError.code);
}
```

FileEntry.remove() 메소드

파일을 삭제하는 메소드입니다.

사용형식	FileEntry.remove(successCallback, errorCallback);
매개변수	• successCallback : 성공했을 때 실행하는 콜백 함수입니다. 이 함수는 파일 자신을 삭제하므로 매개변수로 전달할 객체가 없습니다. • errorCallback : 오류가 발생할 때 실행하는 콜백 함수입니다. 매개변수로 FileError 객체를 전달받습니다.

활용 사례는 다음과 같습니다.

```javascript
document.addEventListener("deviceready", onDeviceReady, false);
function onDeviceReady() {
    window.requestFileSystem(LocalFileSystem.PERSISTENT, 0, gotFS, fail);
}

function gotFS(FileSystem) {
    FileSystem.root.getFile("test.txt", {create: true, exclusive: false}, gotFileEntry, fail);
}

function gotFileEntry(FileEntry) {
    FileEntry.remove(FileRemoved, fail);
}

function FileRemoved(FileEntry) {
    alert("[6] Removed Path: "+ FileEntry.fullPath); // => Undefined
}

function fail(FileError) {
    alert(FileError.code);
}
```

FileEntry.getParent() 메소드

해당 파일의 상위 경로를 구하는 메소드입니다. 성공하면 DirectoryEntry 객체를 받아옵니다.

사용형식	FileEntry.getParent(successCallback, errorCallback);
매개변수	• successCallback : 성공했을 때 실행하는 콜백 함수입니다. 이 함수는 DirectoryEntry 객체를 매개변수로 전달받습니다. • errorCallback : 오류가 발생할 때 실행하는 콜백 함수입니다. 매개변수로 FileError 객체를 전달받습니다.

활용 사례는 다음과 같습니다.

```javascript
document.addEventListener("deviceready", onDeviceReady, false);
function onDeviceReady() {
    window.requestFileSystem(LocalFileSystem.PERSISTENT, 0, gotFS, fail);
}

function gotFS(FileSystem) {
    FileSystem.root.getFile("test.txt", {create: true, exclusive: false}, gotFileEntry, fail);
}

function gotFileEntry(FileEntry) {
    FileEntry.getParent(gotParent, fail);
}

function gotParent(directoryEntry) {
    alert("Got Path: "+ directoryEntry.fullPath);
}

function fail(FileError) {
    alert(FileError.code);
}
```

FileEntry.createWriter() 메소드

FileWriter 객체를 생성하는 메소드입니다. 성공하면 FileWriter 객체를 받아옵니다.

사용형식	FileEntry.createWriter(successCallback, errorCallback);
매개변수	• successCallback : 성공했을 때 실행하는 콜백 함수입니다. 이 함수는 FileWriter 객체를 매개변수로 전달받습니다. • errorCallback : 오류가 발생할 때 실행하는 콜백 함수입니다. 매개변수로 FileError 객체를 전달받습니다.

활용 사례는 다음과 같습니다.

```javascript
document.addEventListener("deviceready", onDeviceReady, false);
function onDeviceReady() {
    window.requestFileSystem(LocalFileSystem.PERSISTENT, 0, gotFS, fail);
}
function gotFS(FileSystem) {
    FileSystem.root.getFile("test.txt", {create: true, exclusive: false}, gotFileEntry, fail);
}
function gotFileEntry(FileEntry) {
    FileEntry.createWriter(gotFileWriter, fail);
}
function gotFileWriter(FileWriter) {
    FileWriter.onwrite = function(evt) {
        console.log("write success");
        alert("[2] write success");
        theFileEntry.getParent(gotParent, fail);
    };
    FileWriter.write("some sample text");
    FileWriter.truncate(11);
    FileWriter.seek(4);
    FileWriter.write(" different text");
}
function fail(FileError) {
    alert(FileError.code);
}
```

FileEntry.File() 메소드

FileEntry 객체에서 File 객체를 구하는 메소드입니다. 성공하면 File 객체를 받아옵니다.

사용형식	FileEntry.File(successCallback, errorCallback);
매개변수	• successCallback : 성공했을 때 실행하는 콜백 함수입니다. 이 함수는 File 객체를 매개변수로 전달받습니다. • errorCallback : 오류가 발생할 때 실행하는 콜백 함수입니다. 매개변수로 FileError 객체를 전달받습니다.

활용 사례는 다음과 같습니다.

```javascript
document.addEventListener("deviceready", onDeviceReady, false);
function onDeviceReady() {
    window.requestFileSystem(LocalFileSystem.PERSISTENT, 0, gotFS, fail);
}

function gotFS(FileSystem) {
    FileSystem.root.getFile("test.txt", {create: true, exclusive: false}, gotFileEntry, fail);
}

function gotFileEntry(FileEntry) {
    FileEntry.File(gotFile, fail);
}

function gotFile(File) {
    alert(
        "[The File Info that you'v got]"
        + "\n# name : "+ File.name
        + "\n# fullPath : "+ File.fullPath
        + "\n# type : "+ File.type
        + "\n# lastModifiedDate : "+ File.lastModifiedDate
        + "\n# size : "+ File.size + "bytes"
    );
}

function fail(FileError) {
    alert(FileError.code);
}
```

FileReader 객체

파일을 읽을 수 있게 하는 객체입니다. 이 객체는 파일을 텍스트 또는 Base64 인코딩으로 읽을 수 있습니다.

❶ 속성

- readyState : 파일 리더의 상태 값을 제공하는 속성입니다. 이 속성의 값은 EMPTY, LOADING, DONE 중 하나입니다.
- result : 읽어온 파일의 내용을 가지고 있는 속성입니다. 데이터는 DOMString 형입니다.
- error : 오류 정보를 가지고 있는 속성입니다. 데이터는 FileError 형입니다.
- onloadstart : 파일을 읽기 시작했을 때 호출하는 이벤트 함수(Function)를 정의할 수 있습니다.
- onprogress : 파일을 읽고 있을 때 호출하는 이벤트 함수를 정의할 수 있습니다. 진행 상태는 progess.loaded/progress.total 형식으로 제공합니다.
- onload : 파일을 성공적으로 읽었을 때 실행할 함수를 정의할 수 있습니다.
- onabort : abort() 메소드에 의해서 중단되거나 기타 다른 사유로 인해 중단됐을 때 실행할 함수를 정의할 수 있습니다.
- onerror : 파일 읽기에 실패했을 때 실행하는 함수를 정의할 수 있습니다.
- onloadend : 성공, 실패와 무관하게 파일을 읽기를 완료했을 때 실행할 함수를 정의할 수 있습니다.

❷ 지원하는 플랫폼 : Android, iPhone, Windows Phone 7 (Mango), Blackberry WebWorks (OS 5.0 and higher)

이 객체는 abort(), readAsDataURL(), readAsText() 등 3개의 메소드를 제공합니다. 각 메소드를 하나씩 살펴봅니다.

FileReader.abort() 메소드

파일 읽기를 강제로 중단시키는 메소드입니다.

사용형식   FileReader.alert();

활용 사례는 다음과 같습니다.

```javascript
document.addEventListener("deviceready", onDeviceReady, false);
function onDeviceReady() {
    window.requestFileSystem(LocalFileSystem.PERSISTENT, 0, gotFS, fail);
}

function gotFS(FileSystem) {
    FileSystem.root.getFile("test.txt", null, gotFileEntry, fail);
}

function gotFileEntry(FileEntry) {
    FileEntry.File(gotFile, fail);
}

function gotFile(File){
    var reader = new FileReader();
    reader.readAsText(File);
    reader.abort();
}

function fail(evt) {
    console.log(evt.target.error.code);
}
```

FileReader.readAsDataURL() 메소드

파일을 Base64 인코팅으로 읽어오는 메소드입니다.

사용형식	FileReader.readAsDataURL(File);
매개변수	File : File 형 객체이며, FileEntry.File()로 전달받은 객체입니다.

활용 사례는 다음과 같습니다.

```javascript
document.addEventListener("deviceready", onDeviceReady, false);
function onDeviceReady() {
    window.requestFileSystem(LocalFileSystem.PERSISTENT, 0, gotFS, fail);
}

function gotFS(FileSystem) {
    FileSystem.root.getFile("test.txt", null, gotFileEntry, fail);
}

function gotFileEntry(FileEntry) {
    FileEntry.File(gotFile, fail);
}

function gotFile(File){
    var reader = new FileReader();
    reader.onloadend = function(evt) {
        console.log("Read as data URL");
        console.log(evt.target.result);
    }
    reader.readAsDataURL(File);
}

function fail(evt) {
    console.log(evt.target.error.code);
}
```

FileReader.readAsText() 메소드

파일을 텍스트로 읽어오는 메소드입니다.

사용형식	FileReader.readAsText(File, [encoding]);
매개변수	• File : File 형 객체이며 FileEntry.File()로 전달받은 객체입니다. • encoding : 기본 값은 UTF-8이며 리턴할 데이터의 텍스트 인코딩을 정의합니다.

활용 사례는 다음과 같습니다.

```javascript
document.addEventListener("deviceready", onDeviceReady, false);
function onDeviceReady() {
    window.requestFileSystem(LocalFileSystem.PERSISTENT, 0, gotFS, fail);
}

function gotFS(FileSystem) {
    FileSystem.root.getFile("test.txt", null, gotFileEntry, fail);
}

function gotFileEntry(FileEntry) {
    FileEntry.File(gotFile, fail);
}

function gotFile(File){
    var reader = new FileReader();
    reader.onloadend = function(evt) {
    console.log("Read as text");
    console.log(evt.target.result);
    }
    reader.readAsText(File);
}

function fail(evt) {
    console.log(evt.target.error.code);
}
```

iPhone의 경우는 인코딩 매개변수를 무시하며 기본 값 UTF-8만 적용됩니다.

FileWriter 객체

이 객체는 지정한 파일에 문자열을 기록할 수 있게 합니다. 필요에 따라 파일을 생성할 때 사용할 수도 있고, 원하는 위치에 문자를 추가하거나 대치할 때 사용할 수도 있습니다.

❶ 속성

- readyState : INIT, WRITING, DONE 등 3가지의 상태 값을 지원합니다.
- FileName : 쓰기할 파일의 이름을 DOMString 형으로 지원하는 속성입니다.
- length : 쓰기할 파일의 크기를 long 형으로 지원하는 속성입니다.
- position : 파일 포인터는 쓰기할 위치를 의미하는데, 이 파일 포인터의 현재 위치를 long 형으로 지원합니다.
- error : 오류 객체이며, FileError 객체를 값으로 사용합니다.
- onwritestart : 쓰기를 시작할 때 실행하는 함수를 정의할 수 있습니다.
- onprogress : 쓰기를 하는 동안 진행 상태 정보를 제공하는 함수를 정의할 수 있으며, progess.loaded /progress.total 형식으로 진행 상태를 제공합니다.
- onwrite : 쓰기를 성공적으로 완료했을 때 실행하는 함수를 정의할 수 있습니다.
- onabort : abort() 메소드 또는 그 이외의 이유로 쓰기 작업이 중단됐을 때 실행하는 함수를 정의합니다.
- onerror : 쓰기에 실패했을 때 실행하는 함수를 정의합니다.
- onwriteend : 성공 여부와 무관하게 쓰기 작업을 끝냈을 때 실행하는 함수를 정의합니다.

❷ 지원하는 플랫폼 : Android, iPhone, Windows Phone 7 (Mango), Blackberry WebWorks (OS 5.0 and higher)

이 객체는 abort(), seek(), truncate(), write() 등 4개의 메소드를 제공합니다.

FileWriter.abort() 메소드

파일 쓰기를 강제로 중단하는 메소드입니다.

사용형식	FileWriter.alert();

활용 사례는 다음과 같습니다.

```javascript
document.addEventListener("deviceready", onDeviceReady, false);
function onDeviceReady() {
    window.requestFileSystem(LocalFileSystem.PERSISTENT, 0, gotFS, fail);
}


function gotFS(FileSystem) {
    FileSystem.root.getFile("test.txt", {create: true, exclusive: false}, gotFileEntry, fail);
}

function gotFileEntry(FileEntry) {
    FileEntry.File(gotFile, fail);
}


function gotFile(File){
    var writer = new FileWriter();
    writer.write("test a File writting.");
    writer.abort();
}

function fail(evt) {
    console.log(evt.target.error.code);
}
```

FileWriter.seek() 메소드

지정한 위치로 파일 포인터를 이동하는 메소드입니다.

사용형식	FileWriter.seek(point);
매개변수	point : long 형이며 이동할 파일 포인터의 위치를 지정합니다.

활용 사례는 다음과 같습니다.

```javascript
document.addEventListener("deviceready", onDeviceReady, false);
function onDeviceReady() {
    window.requestFileSystem(LocalFileSystem.PERSISTENT, 0, gotFS, fail);
}

function gotFS(FileSystem) {
    FileSystem.root.getFile("test.txt", null, gotFileEntry, fail);
}

function gotFileEntry(FileEntry) {
    FileEntry.File(gotFile, fail);
}

function gotFile(File){
    var writer = new FileWriter();
    writer.write("test a File writting.");
    writer.seek(4);
}

function fail(evt) {
    console.log(evt.target.error.code);
}
```

FileWriter.truncate() 메소드

파일 내용 중 지정한 위치까지만 보존하고 그 이후 데이터는 잘라내서 삭제하는 일종의 "꼬리 자르기" 기능을 하는 메소드입니다.

사용형식	FileWriter.truncate(point);
매개변수	point : long 형이며 잘라낼 파일 포인터의 위치를 지정합니다.

활용 사례는 다음과 같습니다.

```javascript
document.addEventListener("deviceready", onDeviceReady, false);
function onDeviceReady() {
    window.requestFileSystem(LocalFileSystem.PERSISTENT, 0, gotFS, fail);
}

function gotFS(FileSystem) {
    FileSystem.root.getFile("test.txt", null, gotFileEntry, fail);
}

function gotFileEntry(FileEntry) {
    FileEntry.File(gotFile, fail);
}

function gotFile(File){
    var writer = new FileWriter();
    writer.write("test a File writting.");
    writer.truncate(4);
}

function fail(evt) {
    console.log(evt.target.error.code);
}
```

FileWriter.write() 메소드

현재의 파일 포인터부터 문자열을 파일에 쓰는 메소드입니다. 따라서 파일 포인터 이후에 데이터가
있다면 그 데이터는 대치될 수 있습니다.

사용형식	FileWriter.write(string);
매개변수	string : 파일에 추가로 기록할 문자열을 정의합니다.

활용 사례는 다음과 같습니다.

```javascript
document.addEventListener("deviceready", onDeviceReady, false);
function onDeviceReady() {
    window.requestFileSystem(LocalFileSystem.PERSISTENT, 0, gotFS, fail);
}

function gotFS(FileSystem) {
    FileSystem.root.getFile("test.txt", null, gotFileEntry, fail);
}

function gotFileEntry(FileEntry) {
    FileEntry.File(gotFile, fail);
}

function gotFile(File){
    var writer = new FileWriter();
    writer.write("test a File writting.");
}

function fail(evt) {
    console.log(evt.target.error.code);
}
```

12.2   파일 시스템의 사용 – 디렉토리 관리

지금부터는 디렉토리(Directory) 관리를 위해 제공되는 객체들을 살펴보고, 파일과 디렉토리의 상태 정보를 제공하는 Metadata를 추가로 살펴봅니다. 디렉토리 관리를 위한 객체는 DirectoryEntry, DirectoryReader, Flags 등 3개가 있습니다. 디렉토리 관리를 위한 구성 요소를 요약하면 다음과 같습니다.

구분	객체 및 메소드	기능
객체	DirectoryEntry 객체	파일 시스템에 있는 디렉토리를 지정하는 객체
	DirectoryReader 객체	파일들이나 폴더들을 읽어 배열로 가져오는 객체
메소드 매개변수	Flags 객체	파일이나 디렉토리를 호출할 때 존재하지 않으면 생성할 것인지를 설정하는 객체
	Metadata 객체	파일이나 디렉토리의 상태 정보를 제공하는 객체
	successCallback 함수	메소드가 성공했을 때 실행하는 콜백 함수
	errorCallback 함수	메소드에 오류가 발생할 때 실행하는 콜백 함수
메소드	DirectoryEntry.getMetadata() 메소드	디렉토리에 대한 메타 데이터를 구하는 메소드
	DirectoryEntry.moveTo() 메소드	폴더를 다른 경로로 이동하거나 폴더명을 바꿀 수 있게 하는 메소드
	DirectoryEntry.copyTo() 메소드	지정한 경로에 폴더를 복사하는 메소드
	DirectoryEntry.toURI() 메소드	폴더의 위치를 URI 형식으로 변환하여 리턴하는 메소드
	DirectoryEntry.remove() 메소드	폴더를 삭제하는 메소드
	DirectoryEntry.getParent() 메소드	해당 파일의 상위 경로를 구하는 메소드
	DirectoryEntry.createReader() 메소드	DirectoryReader 객체를 생성하여 리턴하는 메소드
	DirectoryEntry.getDirectory() 메소드	폴더를 찾아 가져오거나 생성하는 메소드
	DirectoryEntry.getFile() 메소드	파일을 찾아 가져오거나 생성하는 메소드
	DirectoryEntry.removeRecursively() 메소드	폴더와 그 안에 있는 모든 콘텐트를 삭제하는 메소드
	DirectoryReader.readEntries() 메소드	지정한 디렉토리 안에 있는 객체들을 읽어오는 메소드

DirectoryEntry 객체

이 객체는 파일 시스템에 있는 디렉토리를 지정하는 객체입니다. 디렉토리 (폴더) 그 자체라고 이해해도 됩니다. 이 객체는 W3C의 디렉토리와 시스템에 대한 솔루션을 기반으로 만들었습니다.

❶ 속성

- isFile : 파일 객체가 아니므로 항상 false 값을 리턴합니다.
- isDirectory : 디렉토리 객체이므로 항상 true 값을 리턴합니다.
- name : 경로를 제외한 최종 폴더 이름을 리턴합니다. 이 속성의 값은 DOMString 형입니다.
- fullPath : 최상위 경로에서 최종 폴더까지 전체 경로를 리턴합니다. 이 속성의 값은 DOMString 형입니다.
- Filesystem : DirectoryEntry에 설정되어 있는 파일 시스템 객체를 리턴합니다. 이 속성의 값은 FileSystem 객체입니다. 이 속성은 폰갭이 아닌 W3C에서 지원하는 속성입니다.

❷ 지원하는 플랫폼 : Android, iPhone, Windows Phone 7 (Mango), Blackberry WebWorks (OS 5.0 and higher)

이 객체는 getMetadata(), moveTo(), copyTo(), toURI(), remove(), getParent(), createReader(), getDirectory(), getFile(), removeRecursively() 등 10개의 메소드를 제공합니다.

DirectoryEntry.getMetadata() 메소드

디렉토리에 대한 메타 데이터를 구하는 메소드입니다. 성공하면 Metadata 객체를 받아옵니다.

사용형식	DirectoryEntry.getMetadata(successCallback, errorCallback);
매개변수	• successCallback : 파일의 메타 데이터를 가져오는데 성공했을 때 실행하는 콜백 함수입니다. 이 함수는 매개변수로 Metadata 객체를 전달받습니다. • errorCallback : 오류가 발생할 때 실행하는 콜백 함수입니다. 매개변수로 FileError 객체를 전달받습니다.

활용 사례는 다음과 같습니다.

```javascript
document.addEventListener("deviceready", onDeviceReady, false);
function onDeviceReady() {
    window.requestFileSystem(LocalFileSystem.PERSISTENT, 0, gotFS, fail); }

function gotFS(FileSystem) {
    FileSystem.root.getMetadata(success, fail); }

function success(metadata) {
    alert("DirectoryEntry Last Modified: "+ metadata.modificationTime); }

function fail(FileError) {
    alert(FileError.code); }
```

DirectoryEntry.moveTo() 메소드

폴더를 다른 경로로 이동하거나 폴더명을 바꿀 수 있게 하는 메소드입니다. 성공하면 DirectoryEntry 객체를 받아옵니다.

사용형식	DirectoryEntry.moveTo(parent, newName, successCallback, errorCallback);
매개변수	• parent : DirectoryEntry 객체로 이동할 경로를 정의합니다. • newName : DOMString 형으로 새 폴더명을 정의하며 값을 설정하지 않으면 기존의 폴더명을 유지합니다. • successCallback : 성공했을 때 실행하는 콜백 함수입니다. 이 함수는 매개변수로 DirectoryEntry 객체를 전달받습니다. • errorCallback : 오류가 발생할 때 실행하는 콜백 함수입니다. 매개변수로 FileError 객체를 전달받습니다.

활용 사례는 다음과 같습니다.

```javascript
document.addEventListener("deviceready", onDeviceReady, false);
function onDeviceReady() {
    window.requestFileSystem(LocalFileSystem.PERSISTENT, 0, gotFS, fail);
}
function gotFS(FileSystem) {
    FileSystem.root.getDirectory("test", {create: true, exclusive: false}, gotDirectory, fail);
}
var directoryEntry1;
function gotDirectory(directoryEntry) {
    directoryEntry1 = directoryEntry;
    directoryEntry.getDirectory("test01", {create: true, exclusive: false}, gotSubDirectory, fail);
}
function gotSubDirectory(directoryEntry) {
    directoryEntry.moveTo(directoryEntry1, "newFolder", dirMoved, fail);
}

function dirMoved(directoryEntry) {
    alert("Moved Path: "+ directoryEntry.fullPath);
}

function fail(FileError) {
    alert(FileError.code);
}
```

DirectoryEntry.copyTo() 메소드

지정한 경로에 폴더를 복사하는 메소드입니다. 성공하면 DirectoryEntry 객체를 매개변수로 받아옵니다.

사용형식	DirectoryEntry.copyTo(parent, newName, successCallback, errorCallback);
매개변수	• parent : DirectoryEntry 객체로 복사할 경로를 정의합니다. • newName : DOMString 형으로 새 폴더명을 정의하며 값을 설정하지 않으면 기존의 파일명을 유지합니다. • successCallback : 성공했을 때 실행하는 콜백 함수입니다. 이 함수는 매개변수로 DirectoryEntry 객체를 전달받습니다. • errorCallback : 오류가 발생할 때 실행하는 콜백 함수입니다. 매개변수로 FileError 객체를 전달받습니다.

활용 사례는 다음과 같습니다.

```javascript
document.addEventListener("deviceready", onDeviceReady, false);
function onDeviceReady() {
    window.requestFileSystem(LocalFileSystem.PERSISTENT, 0, gotFS, fail);
}

function gotFS(FileSystem) {
    FileSystem.root.getDirectory("test", {create: true, exclusive: false}, gotDirectory, fail);
}

var directoryEntry1;
function gotDirectory(directoryEntry) {
    directoryEntry1 = directoryEntry;
    directoryEntry.getDirectory("test01", {create: true, exclusive: false}, gotSubDirectory, fail);
}

function gotSubDirectory(directoryEntry) {
    directoryEntry.copyTo(directoryEntry1, "newFolder", dirMoved, fail);
}

function dirMoved(directoryEntry) {
    alert("Copyed Path: "+ directoryEntry.fullPath);
}

function fail(FileError) {
    alert(FileError.code);
}
```

DirectoryEntry.toURI() 메소드

폴더의 위치를 URI 형식으로 변환하여 리턴하는 메소드입니다.

사용형식	DirectoryEntry.toURI();

활용 사례는 다음과 같습니다.

```javascript
document.addEventListener("deviceready", onDeviceReady, false);
function onDeviceReady() {
window.requestFileSystem(LocalFileSystem.PERSISTENT, 0, gotFS, fail);
}


function gotFS(FileSystem) {
    var uri = FileSystem.root.toURI();
    alert(uri); // => File:///mnt/sdcard
}


function fail(FileError) {
    alert(FileError.code);
}
```

DirectoryEntry.remove() 메소드

폴더를 삭제하는 메소드입니다. 단, 폴더가 비워진 상태이어야 합니다.

사용형식	DirectoryEntry.remove(successCallback, errorCallback);
매개변수	• successCallback : 성공했을 때 실행하는 콜백 함수입니다. • errorCallback : 오류가 발생할 때 실행하는 콜백 함수입니다. 매개변수로 FileError 객체를 전달받습니다.

활용 사례는 다음과 같습니다.

```javascript
document.addEventListener("deviceready", onDeviceReady, false);
function onDeviceReady() {
    window.requestFileSystem(LocalFileSystem.PERSISTENT, 0, gotFS, fail);
}

function gotFS(FileSystem) {
    FileSystem.root.getDirectory("test", {create: true, exclusive: false}, gotDirectory, fail);
}

function gotDirectory(directoryEntry) {
    directoryEntry.remove(dirRemoved, fail);
}

function dirRemoved(directoryEntry) {
    alert("Removed Path: "+ directoryEntry.fullPath); // => Undefined
}

function fail(FileError) {
    alert(FileError.code);
}
```

DirectoryEntry.getParent() 메소드

해당 파일의 상위 경로를 구하는 메소드입니다. 성공하면 DirectoryEntry 객체를 매개변수로 받아옵니다.

사용형식	DirectoryEntry.getParent(successCallback, errorCallback);
매개변수	• successCallback : 성공했을 때 실행하는 콜백 함수입니다. 이 함수는 DirectoryEntry 객체를 매개변수로 전달받습니다. • errorCallback : 오류가 발생할 때 실행하는 콜백 함수입니다. 매개변수로 FileError 객체를 전달받습니다.

활용 사례는 다음과 같습니다.

```javascript
document.addEventListener("deviceready", onDeviceReady, false);
function onDeviceReady() {
    window.requestFileSystem(LocalFileSystem.PERSISTENT, 0, gotFS, fail);
}

function gotFS(FileSystem) {
    FileSystem.root.getDirectory("test", {create: true, exclusive: false}, gotDirectory, fail);
}

function gotDirectory(directoryEntry) {
    directoryEntry.getParent(gotParent, fail);
}

function gotParent(directoryEntry) {
    alert("Got Path: "+ directoryEntry.fullPath);
}

function fail(FileError) {
    alert(FileError.code);
}
```

DirectoryEntry.createReader() 메소드

DirectoryReader 객체를 생성하여 리턴하는 메소드입니다.

사용형식 DirectoryEntry.createReader();

활용 사례는 다음과 같습니다.

```javascript
document.addEventListener("deviceready", onDeviceReady, false);
function onDeviceReady() {
    window.requestFileSystem(LocalFileSystem.PERSISTENT, 0, gotFS, fail);
}

function gotFS(FileSystem) {
    FileSystem.root.getDirectory("test", {create: true, exclusive: false}, gotDirectory, fail);
}

function gotDirectory(directoryEntry) {
    var dirReader = directoryEntry.createReader();
}

function fail(FileError) {
    alert(FileError.code);
}
```

DirectoryEntry.getDirectory() 메소드

폴더를 찾아 가져오거나 생성하는 메소드입니다. 성공하면 DirectoryEntry 객체를 받아옵니다.

사용형식	DirectoryEntry.getDirectory(path, options, successCallback, errorCallback);
매개변수	• path : DOMString 형으로 찾거나 생성할 폴더 경로를 정의합니다. • options : Flags 객체로 폴더가 없을 경우 생성할 것인지에 대한 옵션을 정의합니다. • successCallback : 성공했을 때 실행하는 콜백 함수입니다. 이 함수는 매개변수로 DirectoryEntry 객체를 전달받습니다. • errorCallback : 오류가 발생할 때 실행하는 콜백 함수입니다. 매개변수로 FileError 객체를 전달받습니다.

활용 사례는 다음과 같습니다.

```javascript
document.addEventListener("deviceready", onDeviceReady, false);
function onDeviceReady() {
    window.requestFileSystem(LocalFileSystem.PERSISTENT, 0, gotFS, fail);
}

function gotFS(FileSystem) {
    FileSystem.root.getDirectory("test", {create: true, exclusive: false},
    gotDirectory, fail);
}

function gotDirectory(directoryEntry) {
    alert(directoryEntry.fullPath);
}

function fail(FileError) {
    alert(FileError.code);
}
```

DirectoryEntry.getFile() 메소드

파일을 찾아 가져오거나 생성하는 메소드입니다. 성공하면 FileEntry 객체를 받아옵니다.

사용형식	DirectoryEntry.getFile(successCallback, errorCallback);
매개변수	• path : DOMString 형으로, 찾거나 생성할 파일 경로를 정의합니다. • options : Flags 객체로, 파일이 없을 경우 생성할 것인지에 대한 옵션을 정의합니다. • successCallback : 성공했을 때 실행하는 콜백 함수입니다. 이 함수는 FileEntry 객체를 매개변수로 전달받습니다. • errorCallback : 오류가 발생할 때 실행하는 콜백 함수입니다. 매개변수로 FileError 객체를 전달받습니다.

활용 사례는 다음과 같습니다.

```javascript
document.addEventListener("deviceready", onDeviceReady, false);
function onDeviceReady() {
    window.requestFileSystem(LocalFileSystem.PERSISTENT, 0, gotFS, fail);
}

function gotFS(FileSystem) {
    FileSystem.root.getFile("test.txt", {create: true, exclusive: false}, gotFile, fail);
}

function gotFile(FileEntry) {
    alert(FileEntry.fullPath);
}

function fail(FileError) {
    alert(FileError.code);
}
```

DirectoryEntry.removeRecursively() 메소드

폴더와 그 안에 있는 모든 콘텐트를 삭제하는 메소드입니다.

사용형식	DirectoryEntry.removeRecursively(successCallback, errorCallback);
매개변수	• successCallback : 성공했을 때 실행하는 콜백 함수입니다. • errorCallback : 오류가 발생할 때 실행하는 콜백 함수입니다. 매개변수로 FileError 객체를 전달받습니다.

활용 사례는 다음과 같습니다.

```javascript
document.addEventListener("deviceready", onDeviceReady, false);
function onDeviceReady() {
    window.requestFileSystem(LocalFileSystem.PERSISTENT, 0, gotFS, fail);
}

function gotFS(FileSystem) {
    FileSystem.root.getDirectory("test", {create: true, exclusive: false}, gotDirectory, fail);
}

function gotDirectory(directoryEntry) {
    alert(directoryEntry.fullPath);
    directoryEntry.removeRecursively(dirRemoveAll, fail);
}

function dirRemoveAll(directoryEntry) {
    alert("Removed the Directory");
}

function fail(FileError) {
    alert(FileError.code);
}
```

DirectoryReader 객체

이 객체는 디렉토리 안에 있는 파일들이나 폴더들을 읽어 배열로 가져옵니다.

❶ 지원하는 플랫폼 : Android, iPhone, Windows Phone 7 (Mango), Blackberry WebWorks (OS 5.0 and higher)

이 객체는 readEntries() 메소드를 제공합니다.

DirectoryReader.readEntries() 메소드

지정한 디렉토리 안에 있는 객체들을 읽어오는 메소드입니다.

사용형식	DirectoryReader.readEntries(successCallback, errorCallback);
매개변수	• successCallback : 성공했을 때 실행하는 콜백 함수입니다. 파일과 폴더들을 배열로 받아오며 이 배열 안에 있는 객체들은 FileEntry나 DirectoryEntry 객체입니다. • errorCallback : 오류가 발생할 때 실행하는 콜백 함수입니다. 매개변수로 FileError 객체를 전달받습니다.

활용 사례는 다음과 같습니다.

```javascript
document.addEventListener("deviceready", onDeviceReady, false);
function onDeviceReady() {
    window.requestFileSystem(LocalFileSystem.PERSISTENT, 0, gotFS, fail);
}

var rootDirEntry;
function gotFS(FileSystem) {
    rootDirEntry = FileSystem.root;
    var rootReader = FileSystem.root.createReader();
    rootReader.readEntries(gotDirectoryEntries, fail);
}

function gotDirectoryEntries(entries) {
    var lists = "["+rootDirEntry.fullPath+"]";
    for (var i=0; i<entries.length; i++) {
        lists += "\n";
        if (entries[i].isDirectory) lists += "/";
        lists += entries[i].name;
    }
    alert(lists);
}
```

```
function dirRemoveAll(directoryEntry) {
    alert("Removed the Directory");
}

function fail(FileError) {
    alert(FileError.code);
}
```

Flags 객체

이 객체는 DirectoryEntry.getFile()과 DirectoryEntry.getDirectory()의 매개변수로 활용되며, 파일이나 디렉토리를 호출할 때 존재하지 않으면 해당 파일이나 디렉토리를 생성할 것인지에 대한 설정을 하는 기능을 제공합니다.

❶ 속성

- create : 파일이나 디렉토리가 없을 때 생성할 것인지의 여부를 boolean 형으로 정의합니다.
- exclusive : create 속성과 같이 사용해야 하며, 이미 파일이나 디렉토리가 있을 경우, 생성 실패로 처리할 것인지를 boolean으로 정의합니다. 이 값을 true로 설정하면 파일이나 디렉토리의 존재 유무와 무관하게 생성하려 할 것입니다.

❷ 지원하는 플랫폼 : Android, iPhone, Windows Phone 7 (Mango), Blackberry WebWorks (OS 5.0 and higher)

Metadata 객체

이 객체는 파일이나 디렉토리의 상태 정보를 제공합니다. 이 객체는 DirectoryEntry.getMetaData()나 FileEntry.getMetaData()로 구할 수 있습니다.

❶ 속성

- modificationTime : 파일이나 디렉토리의 최종 수정일 정보를 Date 형으로 제공합니다.

❷ 지원하는 플랫폼 : Android, iPhone, Windows Phone 7 (Mango), Blackberry WebWorks (OS 5.0 and higher)

활용 사례는 다음과 같습니다.

```
document.addEventListener("deviceready", onDeviceReady, false);
function onDeviceReady() {
    window.requestFileSystem(LocalFileSystem.PERSISTENT, 0, gotFS, fail);
}

function gotFS(FileSystem) {
    FileSystem.root.getFile("test.txt", null, gotFileEntry, fail);
}

function gotFileEntry(FileEntry) {
    FileEntry.getMetadata(success, fail);
}

function success(metadata) {
    console.log("Last Modified: "+ metadata.modificationTime);
}

function fail(FileError) {
    alert(FileError.code);
}
```

12.3 파일 시스템의 사용 – 파일 업로드

마지막으로 파일 업로드(Upload) 또는 파일 전송(Transfer)을 위한 객체를 살펴봅니다. 업로드 객체는 FileTransfer, FileUploadOptions, FileUploadResult, FileTransferError 등 4개가 있습니다.

구분	객체 및 메소드	기능
객체	FileTransfer 객체	서버에 파일을 업로드할 수 있도록 하는 파일 전송 객체
	FileUploadResult 객체	업로드에 성공했을 때 서버에서 결과를 받아오는 객체
	FileTransferError 객체	오류에 대한 정보를 가지고 있는 파일 전송 오류 객체
메소드 매개변수	FileUploadOptions 객체	FileTransfer 객체를 통해 업로드할 때 전달할 매개변수들을 정의하는 업로드 속성 객체
메소드	FileTransfer.upload() 메소드	지정한 디렉토리 안에 있는 객체들을 읽어오는 메소드

FileTransfer 객체

이 객체는 서버에 파일을 업로드할 수 있도록 하는 파일 전송 객체입니다. 이 객체가 서버에 파일을 업로드할 때 지원하는 기본 통신 방식은 다음과 같습니다.

- 프로토콜 : HTTP, HTTPS
- 전송방식 : Multi-Part POST Request

❶ 지원하는 플랫폼 : Android, iPhone, Windows Phone 7 (Mango), Blackberry WebWorks (OS 5.0 and higher)

이 객체는 upload() 메소드를 제공합니다.

FileTransfer.upload() 메소드

지정한 파일을 서버에 전송하여 업로드하는 메소드입니다.

사용형식	FileTransfer.upload(localURI, serverURI, successCallback, errorCallback, options);
매개변수	• localURI : URI 형식으로 업로드할 파일의 위치를 정의합니다. • serverURI : URI 형식으로 업로드를 처리하는 서버의 위치를 정의합니다. • successCallback : 성공했을 때 실행하는 콜백 함수입니다. 전달 변수로 FileUploadResult 객체를 받아옵니다. • errorCallback : 오류가 발생할 때 실행하는 콜백 함수입니다. 매개변수로 FileTransferError 객체를 전달받습니다. • options : FileUploadOptions 객체로 서버에 전달할 매개변수들을 정의합니다.

활용 사례는 다음과 같습니다.

```javascript
function fromCamera() {
    var cameraOptions = {};
    cameraOptions.quality = 30;
    cameraOptions.destinationType = navigator.camera.DestinationType.File_URI;
    cameraOptions.sourceType = navigator.camera.PictureSourceType.PHOTOLIBRARY;
    cameraOptions.encodingType = navigator.camera.EncodingType.JPEG;
    cameraOptions.allowEdit = true;
    navigator.camera.getPicture(onCameraSuccess, onCameraError, cameraOptions);
}
function onCameraSuccess(imageURI) {
    var FileUploadOptions = new FileUploadOptions();
    FileUploadOptions.FileKey="imageFile";
    FileUploadOptions.FileName=imageURI.substr(imageURI.lastIndexOf('/')+1);
    FileUploadOptions.mimeType="image/jpeg";
    FileUploadOptions.chunkedMode = true;

    var params = new Object();
    params.subject = "test record";
    params.writer = "tester";
    FileUploadOptions.params = params;

    var localURI = imageURI;
    var serverURI = "http://www.owllab.com/phonegap/File/FileTransfer.php";
    var FileTransfer = new FileTransfer();
    FileTransfer.upload(imageURI, serverURI, uploadSuccess, fail,
    FileUploadOptions);
}
function onCameraError(message) {
    alert('Failed : ' + message); }
function uploadSuccess(FileUploadResult) {
    var msg;
    msg = "File Upload Successed."
    + "\n# responseCode : "+ FileUploadResult.responseCode
    + "\n# bytesSent : "+ FileUploadResult.bytesSent + "bytes"
    + "\n# response : "
    + "\n"+ FileUploadResult.response;
    alert(msg);
}
function fail(FileTransferError) {
    alert(FileTransferError.code);
}
```

FileUploadOptions 객체

FileTransfer 객체를 통해 업로드할 때 전달할 매개변수들을 정의하는 업로드 속성 객체입니다.

❶ 속성

- FileKey : DOMString 형으로 업로드할 파일의 변수명을 정의합니다. HTML 폼에 비유하면 <File> 태그의 name 속성에 해당합니다. 이 속성을 설정하지 않으면 기본 값인 "File"을 변수명으로 사용합니다.
- FileName : DOMString 형으로 서버에 전달할 파일명을 정의합니다. 이 속성을 설정하지 않으면 "image.jpg"가 기본 값으로 적용됩니다.
- mimeType : DOMString 형으로 업로드할 파일의 Mime Type을 정의합니다. 이 속성을 설정하지 않으면 기본 값인 "image/jpeg"가 적용됩니다.
- params : 서버에 추가로 전달할 매개변수를 key/value로 구성된 Object 형식으로 정의합니다.
- chunkedMode: 대형 스트림 모드로 업로드할 것인지 여부를 설정합니다. 기본 설정은 "true"입니다.

❷ 지원하는 플랫폼 : Android, iPhone, Windows Phone 7 (Mango), Blackberry WebWorks (OS 5.0 and higher)

FileUploadResult 객체

FileTransfer 객체를 통해 업로드에 성공했을 때 서버에서 결과를 받아오는 객체입니다.

❶ 속성

- bytesSent : 서버에 업로드한 용량 정보를 가지고 있는 속성입니다. 바이트 단위이며 데이터 유형은 long입니다.
- responseCode : 서버에서 받아온 HTTP 응답 코드이며 데이터 유형은 long입니다.
- response : 서버에서 응답받은 데이터를 DOMString 형으로 가지고 있는 속성입니다.

❷ 지원하는 플랫폼 : Android, iPhone, Windows Phone 7 (Mango), Blackberry WebWorks (OS 5.0 and higher)

❸ 아이폰 특기사항 : bytesSent와 responseCode 속성을 지원하지 않습니다.

FileTransferError 객체

이 객체는 FileTransfer에서 발생하는 오류에 대한 정보를 가지고 있는 파일 전송 오류 객체입니다.

❶ 속성

- code : 오류 코드를 제공하는 속성이며 오류 코드는 다음의 상수 중 하나입니다.

```
FileTransferError.File_NOT_FOUND_ERR
FileTransferError.INVALID_URL_ERR
FileTransferError.CONNECTION_ERR
```

❷ 지원하는 플랫폼 : Android, iPhone, Windows Phone 7 (Mango), Blackberry WebWorks (OS 5.0 and higher)

12.4 jQuery Mobile 최신 버전으로 폰갭 프로젝트 만들기

아이폰 프로젝트를 만드는 Xcode나 윈도우폰 프로젝트를 만드는 Visual Studio의 경우 폰갭 프로젝트를 생성할 때 단순히 폰갭 템플릿 프로젝트를 선택하는 방식으로 되어 있기 때문에 폰갭의 버전을 선택하는 자유는 없습니다. 하지만 이클립스의 경우는 폰갭 프로젝트를 생성할 때 다양한 폰갭 버전을 선택할 수 있고 필요에 따라 jQuery Mobile과 함께 폰갭 프로젝트를 생성할 수 있는 장점이 있습니다.

이렇듯 프로그램 인터페이스는 단순하면 사용하기가 쉽지만 확장성에는 제약이 있을 수밖에 없고 프로그램 인터페이스가 복잡하면 알아야 할 것이 많아서 어려워 보이기는 하지만 알고 나면 그만큼 확장성이 높습니다.

이번 폰갭의 File 프로젝트에서는 이클립스의 폰갭 프로젝트 생성 마법사를 통해 jQuery Mobile의 최신 버전을 탑재하는 사례를 보여주고자 합니다. 앞서 소개한 Camera 프로젝트에서는 이클립스에 폰갭 플러그인을 설치할 때 함께 설치된 jQuery Mobile 버전을 사용하는 사례를 보여 주었습니다.

File 프로젝트에서는 jQuery Mobile 사이트에서 다운받은 최신 버전을 사용하고자 합니다. 이 과정을 통해 jQuery Mobile도 자유롭게 버전을 선택하여 개발할 수 있는 방법을 이해할 수 있을 것입니다. 또한 여기서는 폰갭도 1.3.0 버전을 사용하겠습니다. 1.2.0 버전과 차이가 거의 없어 버전을 바꾸지 않아도 소스 코드 상의 문제는 없지만 바꾸는 김에...

이클립스 폰갭 프로젝트 생성

스텝 **1**

이클립스에서 "Create a PhoneGap project ( )" 아이콘 버튼을 클릭하면 "MDS AppLaud..." 창이 나타납니다. 이 창에서 그림과 같이 생성할 폰갭 프로젝트에 대한 설정을 합니다. 폰갭은 다운받은 1.3.0 폰갭 패키지를 사용하도록 폰갭 패키지 경로를 설정해줍니다.

jQuery Mobile은 "Use separately installed version of jQuery Mobile" 옵션을 선택하고 다운받은 jQuery Mobile 패키지의 demos 폴더를 지정해줍니다. Project Contents 항목에서는 "Use phonegap example source ... with jQuery Mobile" 옵션을 선택하고 "Next" 버튼을 클릭합니다.

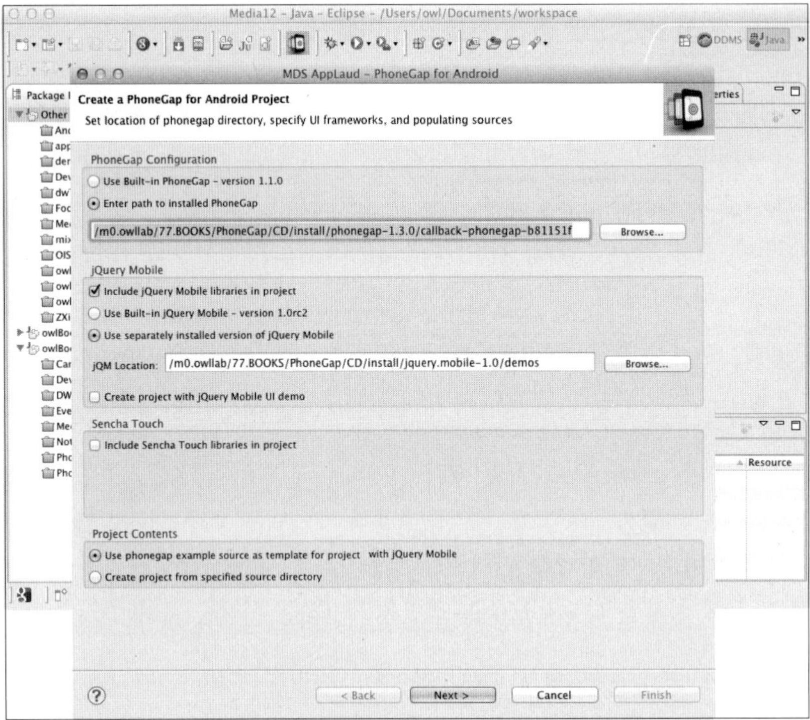

스텝 **2**

그림과 같이 프로젝트명을 "File"로 정의하고 "Next" 버튼을 클릭합니다.

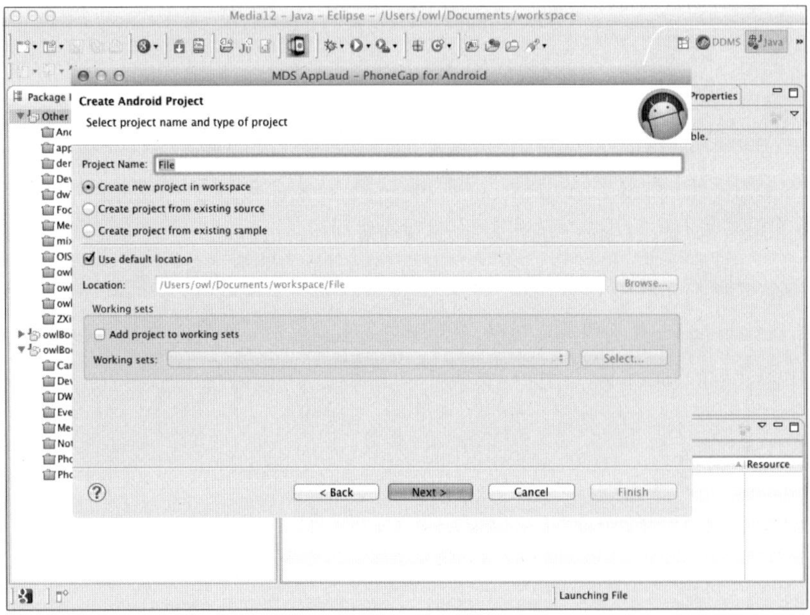

스텝 **3**

Android 버전을 선택합니다. 본 사례는 Android API 2.2 버전을 기반으로, GPS 기능을 지원하는 Google APIs 2.2 버전을 선택합니다. 구 단말기는 Android API 2.2 버전 이상 업그레이드가 안 되는 경우가 있어 이 버전에서 주의할 점을 경험하기 위해서 입니다. "Next" 버튼을 클릭합니다.

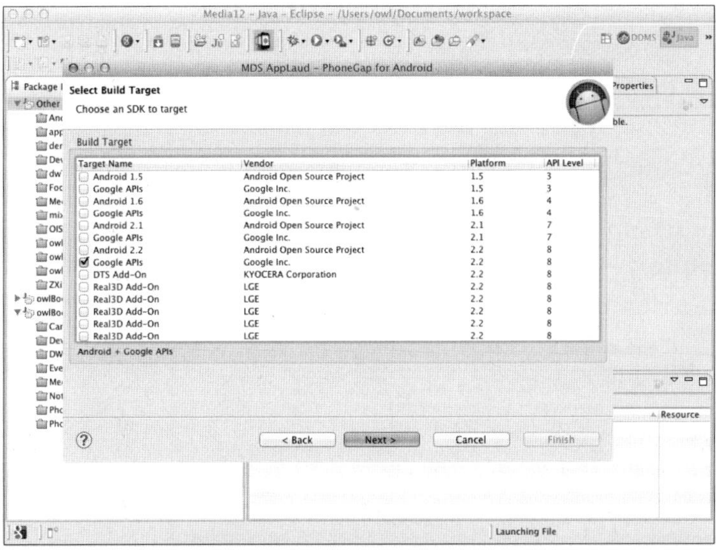

스텝 **4**

패키지명을 그림과 같이 작성하고, "Finish" 버튼을 클릭하여 jQuery Mobile 최신 버전을 탑재한 폰갭 프로젝트를 생성합니다.

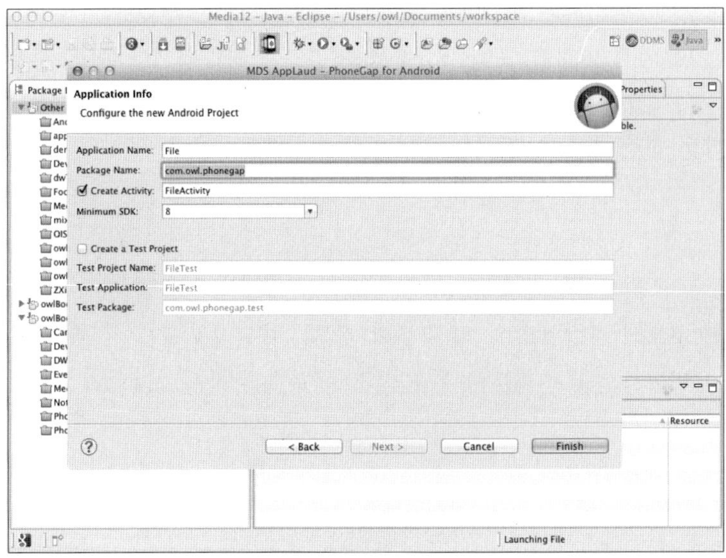

스텝 **5**

폰갭 프로젝트를 생성했더니 그림과 같이 나타나면서 몇 가지 구문 오류 메시지가 나타납니다.
본 사례와 같이 jQuery Mobile은 설치본이외의 기타 다운받은 버전을 사용할 경우 오류가 나타날
수 있습니다. 오류를 차분히 살펴보면 알게 되겠지만 주로 자바스크립트의 표기법에 관한 오류입니다.

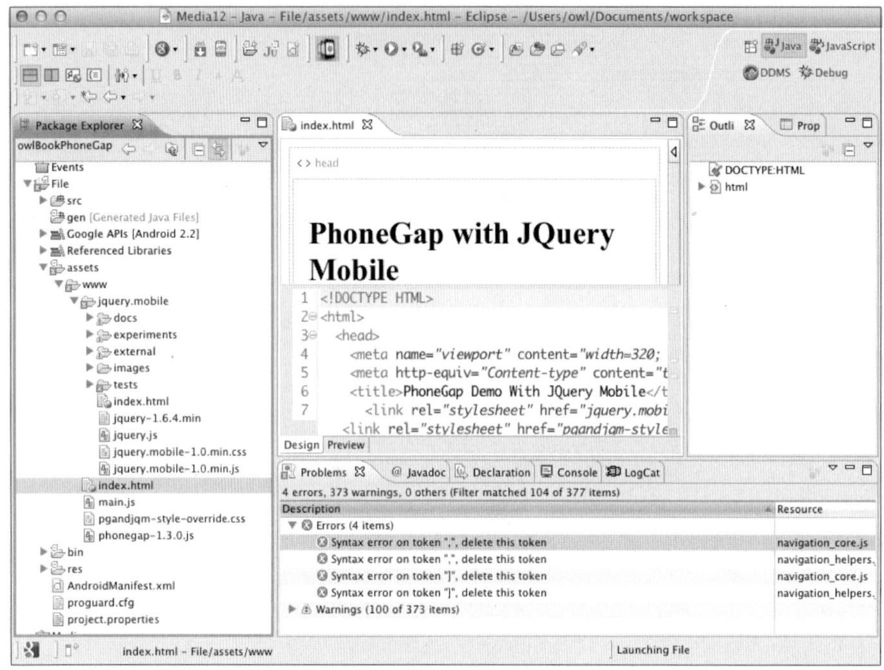

자바스크립트 표기법 디버깅

다음은 jQuery Mobile의 샘플 소스에서 발견된 구문 오류를 디버깅하는 과정입니다. 이와 같은
경우는 독자의 개발환경에 따라 나타날 수도 있고, 그렇지 않을 수도 있으니 앞으로 겪을 수 있는
오류 대처법에 대한 간접 경험을 하는 것으로 받아들이기 바랍니다.

스텝 **1**

Problems 창에 있는 "Syntax error ..." 목록을 더블클릭하면 그림과 같이 이클립스가 감지한 오류에
대한 소스파일이 열리면서 오류 구문이 나타납니다. 이 구문의 경우는 정규표현식을 사용하면서
슬래시(/)를 이스케이프 문자로 보정하지 않았기 때문에 정규표현식의 묶음 표시인 슬래시(/) 기호와
충돌하는 현상입니다.

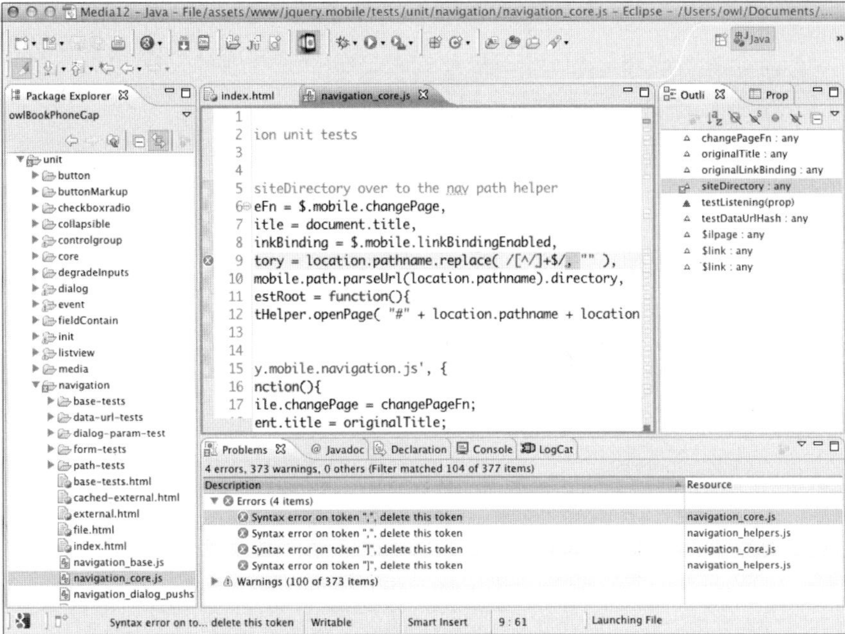

스텝 2

그림과 같이 슬래시(/) 앞에 이스케이프 문자인 역슬래시(\)를 추가해주었더니 오류 구문이 하나 사라졌습니다.

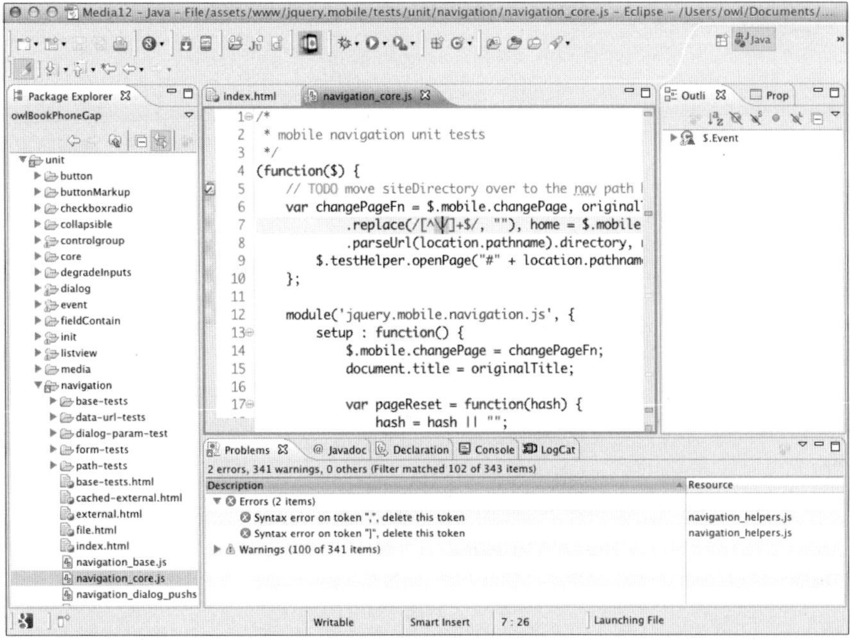

스텝 3

같은 방법으로 오류 구문을 찾아 수정해주었더니 그림과 같이 Problems 창에서 오류 안내가 모두
사라지고 경고문만 남았습니다. 경고문은 실행하는데 문제가 없으므로 그냥 넘어가겠습니다.

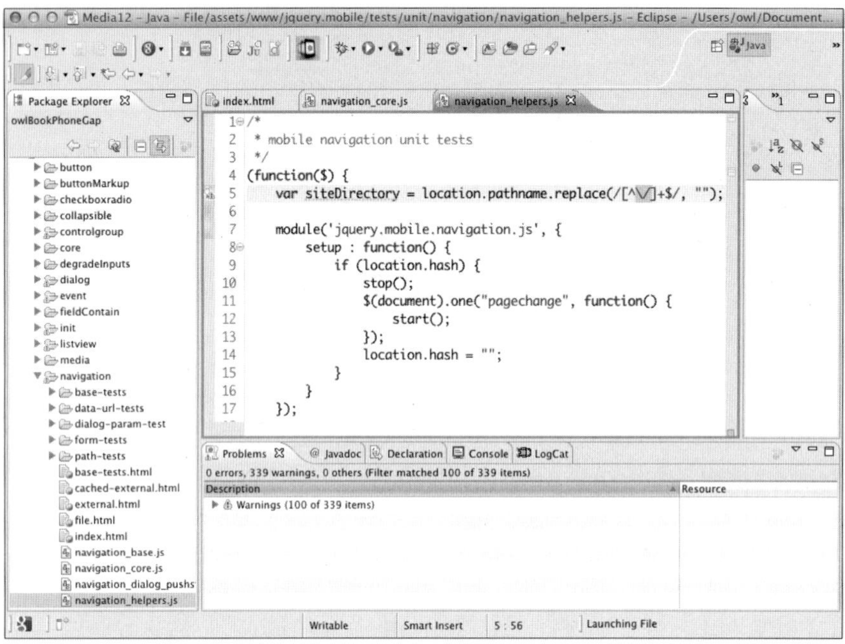

Android 2.2 이하 버전에서 디버깅

Android 2.2 이하 버전에서는 xlargeScreens 속성을 지원하지 않습니다. 따라서 실험해보면 다음과
같이 오류가 발생할 것입니다. 이 부분을 디버깅하는 과정을 살펴봅니다.

스텝 1

"Run > Run As > Android Application" 메뉴를 실행해봅니다.

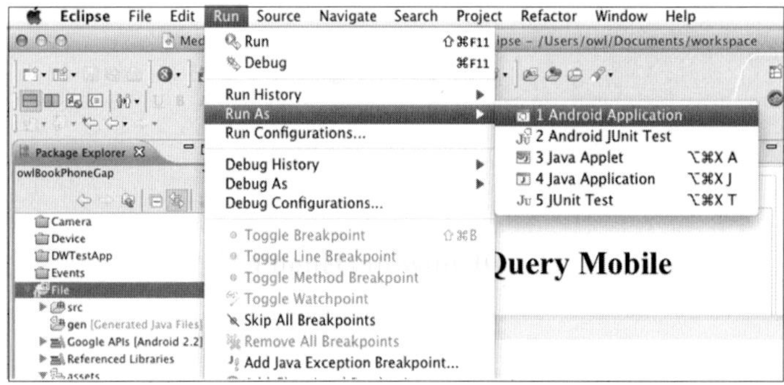

스텝 2

그림과 같이 AndroidManiest.xml 파일에서 오류 구문이 감지됐습니다. Problems 창에 나타난 안내문에 따르면 이 안드로이드 버전에서는 xlargeScreens 속성을 지원하지 않는다고 합니다.

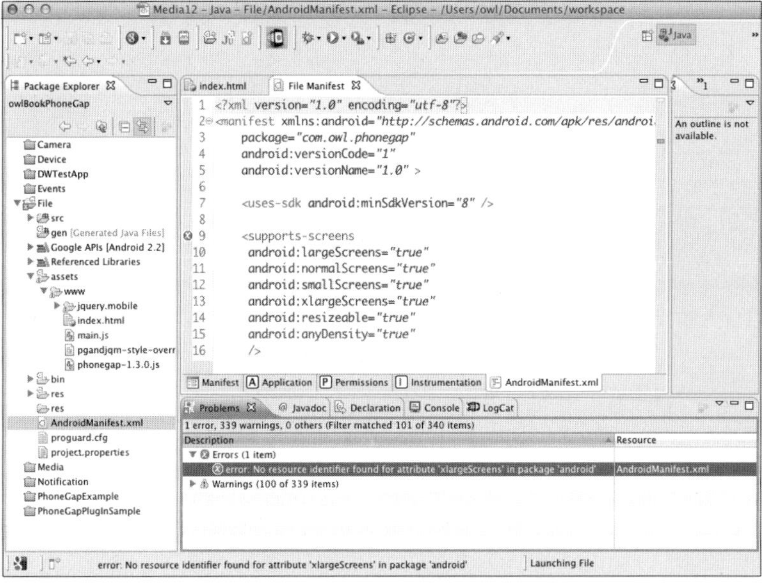

스텝 3

그림과 같이 AndroidManifest.xml 파일에서 폰갭 템플릿이 자동으로 작성했던 android:xlarge Screens 구문을 삭제했습니다.

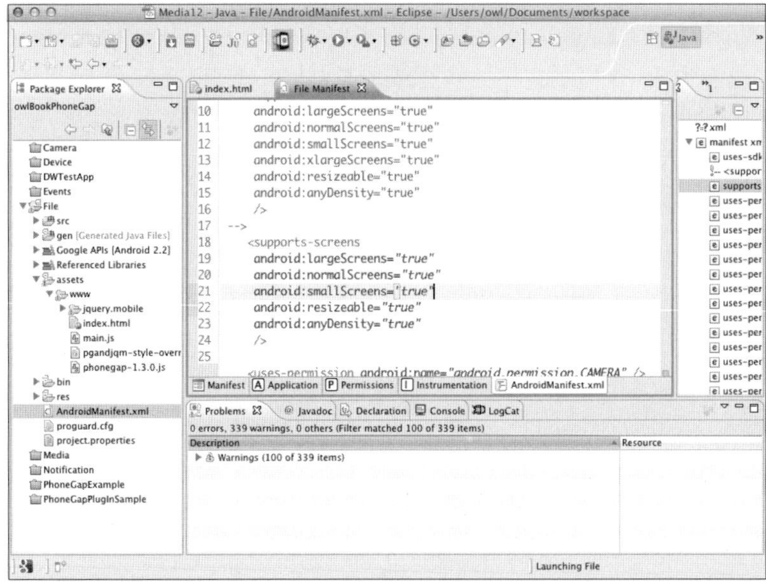

스텝 **4**

AndroidManifest.xml 파일을 저장하고, 다시 "Run > Run As > Android Application" 메뉴를
실행해보면 그림과 같이 실험할 수 있는 단말기 목록이 나타납니다. 본 사례는 개발 컴퓨터에
2대의 안드로이드 단말기를 USB로 연결한 상태입니다. 본 사례에서는 그림에서와 같이 갤럭시탭
단말기를 선택하고 "OK" 버튼을 클릭합니다.

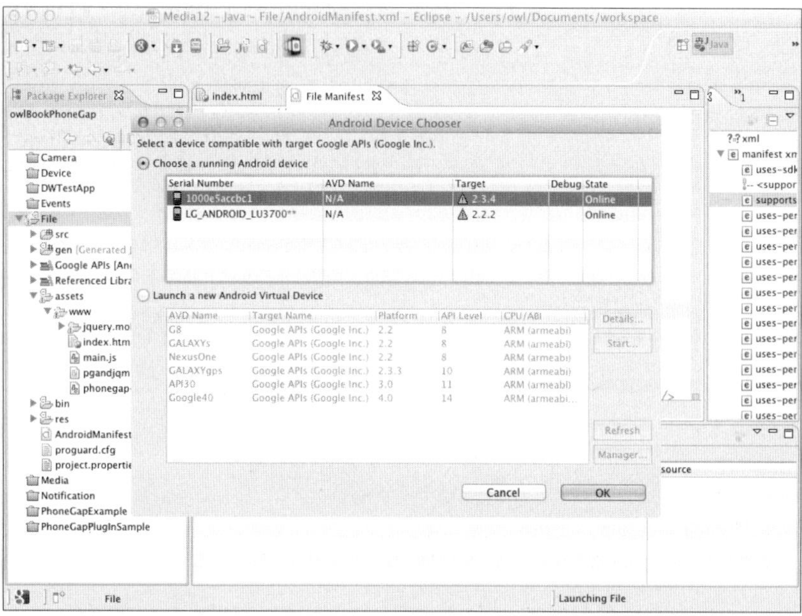

스텝 **5**

그림과 같이 갤럭시탭에서 "File" 프로젝트 앱이 실행됐습니다. 화면에 나타나는 파일은 index.html
파일입니다. 아직 이것만으로는 jQuery Mobile이 올바르게 작동하는지 확인할 수 없습니다.

jQuery Mobile 샘플 실험하기

스텝 **1**

index.html 파일을 열고 "jquery.mobile" 폴더에 있는 샘플로 이동할 수 있도록 링크 구문을 추가합니다. 그림과 같이 <a> 태그를 이용하여 jquery.mobile/index.html 화면으로 이동하는 링크 버튼을 만들었습니다.

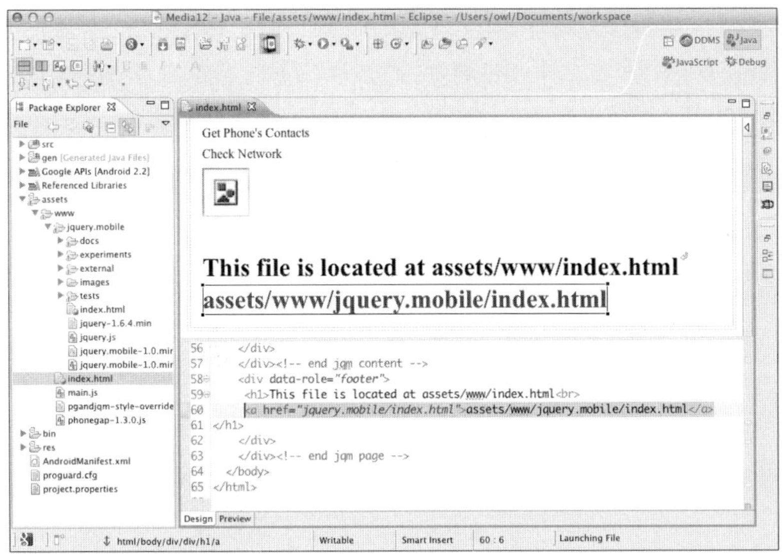

스텝 **2**

링크버튼을 추가한 index.html 파일을 저장하고 단말기에서 다시 실행해봅니다. 그림과 같이 화면 아래쪽에 jQuery Mobile 샘플로 이동하는 링크 버튼이 나타납니다. 이 버튼을 클릭하여 jQuery Mobile 샘플 화면으로 이동하고 jQuery Mobile 샘플들을 탐색할 수 있습니다.

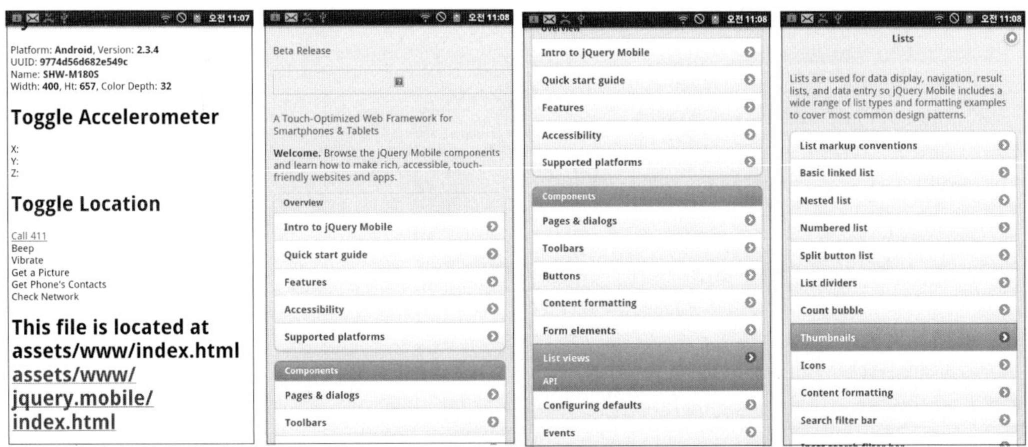

File 프로젝트 개발을 위한 소스 정리

이 장에서 소개한 폰갭의 File API를 실험할 수 있는 프로젝트를 만들기 위해 다음과 같이 소스를 정리했습니다.

스텝 1

그림과 같이 기존의 "www" 폴더를 복제하여 "www_old" 폴더에 보관했습니다. 개발하는 도중 잘못했을 때 참조하거나 복원하기 위해서 입니다. 물론 나중에 배포할 때는 백업용으로 복제했던 "www_old" 폴더를 삭제하여 불필요한 소스가 배포본에 포함되지 않게 할 필요가 있습니다.

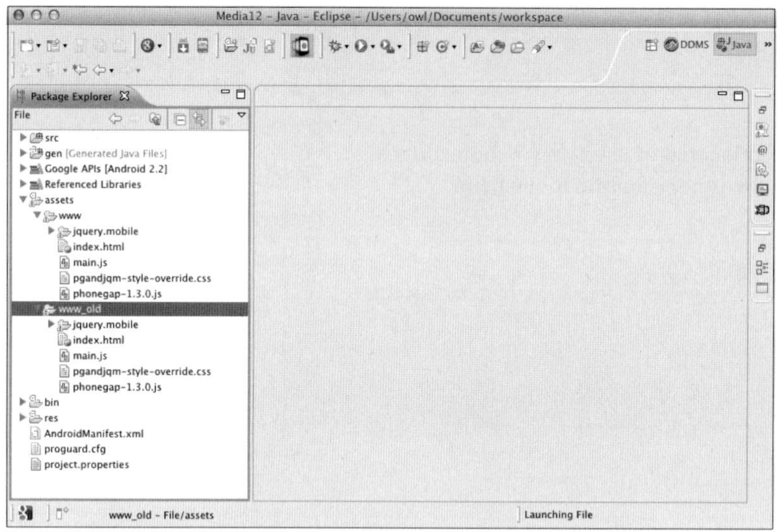

스텝 2

본 사례에서는 폰갭 js 파일을 "phonegap.js" 파일명으로 사용할 것이기 때문에 그림과 같이 "phonegap-X.X.X.js" 파일을 복제하여 "phonegap.js" 파일을 만들었습니다.

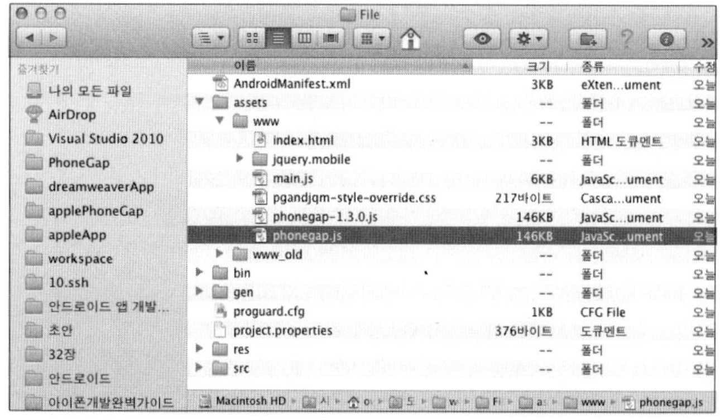

12.5 File 폰갭 프로젝트

이 프로젝트는 폰갭의 File API를 이용하여 다음과 같은 기능을 구현합니다.

- 기능 ❶ : 파일 시스템 탐색기 – 폴더, 파일 탐색
- 기능 ❷ : 텍스트 메모 – 파일 생성, 텍스트 저장, 텍스트 읽기
- 기능 ❸ : 파일 정보 보기
- 기능 ❹ : 파일/폴더 이름 바꾸기, 삭제, 휴지통 기능
- 기능 ❺ : 서버에 파일 업로드

또한 다음과 같은 여러 가지 기술적 특기사항도 포함하고 있어 jQuery Mobile에 대한 실무 활용 경험을 할 수 있습니다.

- 기술 ❶ : jQuery Mobile에서 페이지 간 전달 변수 송수신 – page-params 플러그인
- 기술 ❷ : jQuery Mobile의 그룹 버튼 및 버튼 아이콘
- 기술 ❸ : jQuery Mobile의 목록뷰
- 기술 ❹ : jQuery Mobile의 내비게이션 바
- 기술 ❺ : 자바스크립트의 XML 해독
- 기술 ❻ : MIME-Type과 확장자를 기준으로 한 업로드 제한
- 기술 ❼ : jQuery Mobile의 가변 객체 구문 : $('#'+$('.ui-page-active').attr('id')
- 기술 ❽ : jQuery Mobile의 페이지 간 객체 아이디 구분 : $('#imageview #parentPath')

웹앱 소스 파일 구성

이 프로젝트는 "웹앱 페이지 소스"와 "서버 소스" 두 가지를 준비했습니다. "웹앱 페이지 소스"는 파일 탐색기를 기준으로 메모장과 파일 업로드 폼을 만들고, "서버 소스"는 앱에서 전송받은 파일을 서버에 저장하는 기능을 할 것입니다. "웹앱 페이지 소스"는 www 폴더에 있는 파일들이고 그 중 실제 사용하는 소스는 다음과 같습니다.

- image/*.png : 파일 탐색기에서 폴더 아이콘과 파일 아이콘으로 사용합니다.
- index.html : File API를 실험할 수 있는 jQuery Mobile 페이지들을 작성하고 있습니다.
- jquery.mobile/images/*.png : jQuery Mobile API에서 사용하는 아이콘들입니다.
- jquery.mobile/jquery.js : jQuery 자바스크립트 라이브러리입니다.
- jquery.mobile/jquery.mobile-1.0.min.css : jQuery Mobile 스타일 라이브러리입니다.
- jquery.mobile/jquery.mobile-1.0.min.js : jQuery Mobile 자바스크립트 라이브러리입니다.

- page-params/jqm.page.params.js : jQuery Mobile의 페이지 간 전달 변수를 해독하는 page-params 라이브러리입니다.

- phonegap.js : 폰갭 자바스크립트 라이브러리입니다.

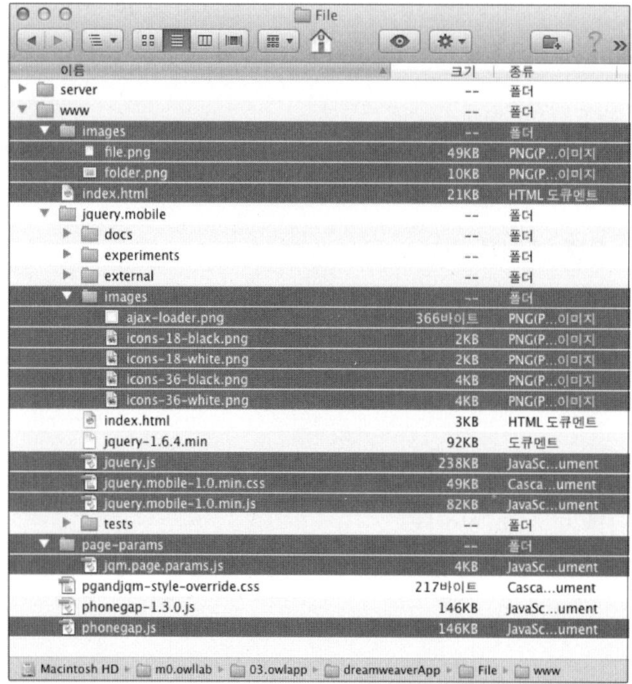

"서버 소스"는 다음과 같이 PHP 웹서버에 준비합니다. PHP 웹서버에 대한 기본 지식이 없는 독자라면 이 부분은 생략하고 아울 서버를 통해 실험해보기 바랍니다. 참고로 본서에서 보여주고 있는 아울 서버는 아울 연구소의 여건에 따라 지원하지 않을 수도 있다는 점을 양해바랍니다. 특히 간단한 실험이외의 목적으로 악용될 때는 이 주소를 폐쇄하거나 차단할 수밖에 없습니다.

- public_html : 웹서버의 도큐먼트 루트 폴더입니다. 이 폴더부터 웹페이지에 나타납니다.
- public_html/phonegap/File/Files : 업로드한 파일을 저장할 폴더입니다.
- public_html/phonegap/File/FileTransfer.php : File 앱에서 전달받은 파일을 서버에 저장합니다.

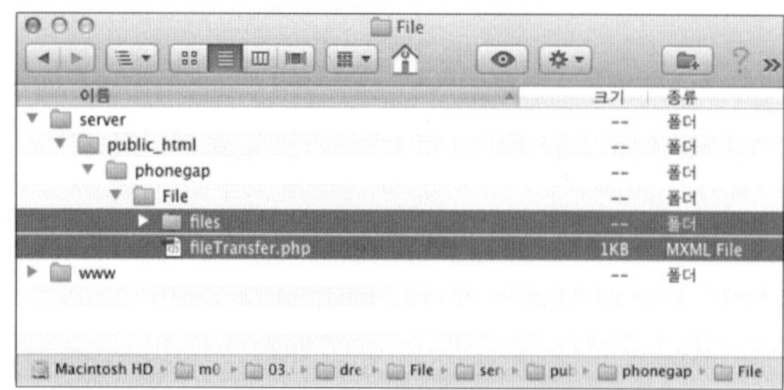

웹앱 소스 화면 분석

index.html 파일에는 다음과 같이 7개의 페이지가 구성되어 있습니다.

영역 아이디	화면 기능	주요 기능
home	첫 화면	파일 탐색기 화면으로 이동하는 버튼
explorer	파일 탐색기 화면	단말기의 저장 디렉토리를 탐색할 수 있는 목록
notepad	메모장 화면	텍스트를 보거나 작성하고 저장할 수 있는 기능, 업로드, 파일명 변경, 휴지통, 영구 삭제
Fileinfo	파일 정보 화면	텍스트나 이미지 파일 이외의 파일에 대한 상세 정보를 제공, 파일명 변경, 업로드, 휴지통, 영구 삭제
imageview	이미지 미리보기 화면	이미지 미리보기, 파일명 변경, 업로드, 휴지통, 영구 삭제
newfolder	폴더 생성 화면	새 폴더 생성 기능
editfolder	폴더 수정 화면	폴더 이름 바꾸기, 휴지통, 영구 삭제

index.html 파일의 화면 구성을 살펴보면 다음과 같습니다.

스텝 1

그림은 "home" 페이지 영역과 "explorer" 페이지 영역입니다. "home" 페이지 영역에는 파일 탐색기(File System Explorer) 링크 버튼을 배치했습니다. 이 버튼을 터치하면 "explorer" 페이지로 화면 전환할 것입니다. "explorer" 페이지 영역에는 내비게이션 바를 배치하여 메모장(New Memo), 새 폴더(New Folder), 폴더 수정(Edit Folder), 휴지통 비우기(Empty Trash) 버튼을 배치했고 네비게이션바 아래에 파일이나 폴더를 목록 형식으로 출력할 것입니다.

스텝 **2**

"notepad" 페이지 영역에는 지정한 파일명을 출력하는 <input> 객체와 파일의 내용을 텍스트로 출력할 <textarea>를 배치했습니다. 그 아래에는 저장(Save), 업로드(Upload), 휴지통(Trash), 영구 삭제(Delete) 버튼을 내비게이션 바로 배치하고 있습니다.

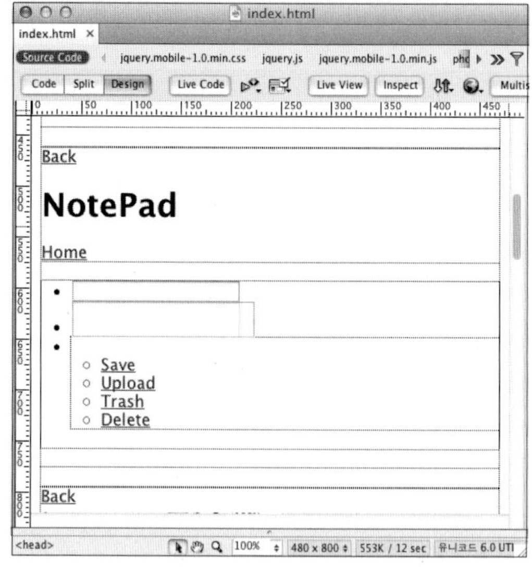

스텝 **3**

"Fileinfo" 페이지 영역에는 파일명을 출력하는 <input> 객체와 파일 정보를 출력할 영역, 그리고 내비게이션 바로 4개의 버튼을 배치하고 있습니다.

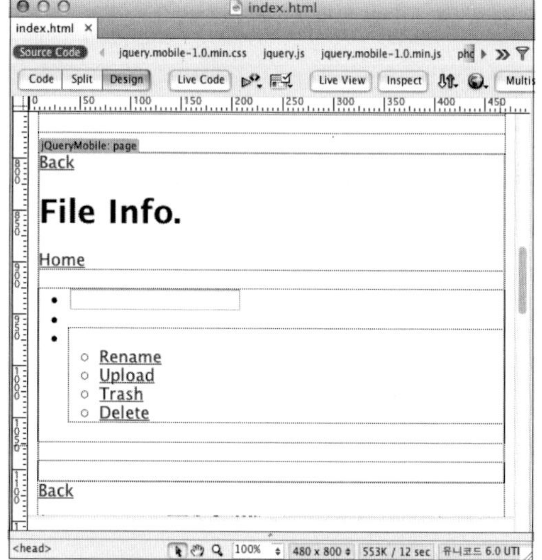

스텝 **4**

"imageview" 페이지 영역도 마찬가지로 파일명과 버튼
들을 배치하고 이미지를 출력할 영역을 <img> 객체로
배치했습니다.

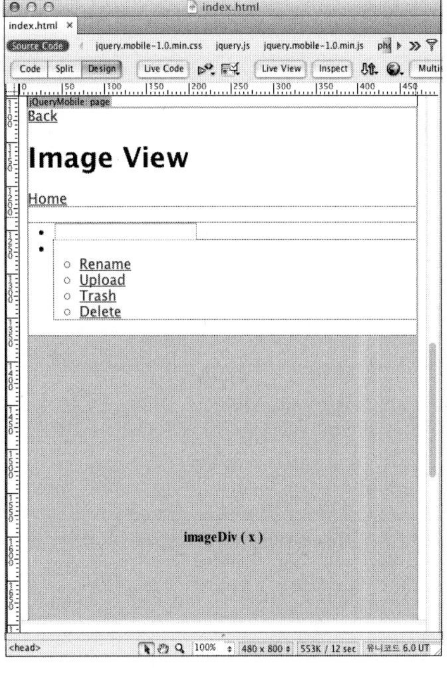

스텝 **5**

"newfolder" 페이지 영역에는 생성할 폴더명을 입력할
수 있는 <input> 객체와 생성 버튼을 <input> 태그로
배치하고 있습니다. "editfolder" 페이지 영역에는 폴더명
을 출력하고 수정할 수 있도록 <input> 객체를 배치하고
"Rename", "Trash", "Delete" 버튼을 "controlgroup" 방
식으로 배치해봤습니다. 이를 통해 jQuery Mobile에서
제공하는 navbar(내비게이션 바)와 controlgroup 방식이
어떻게 다른지를 경험할 수 있습니다.

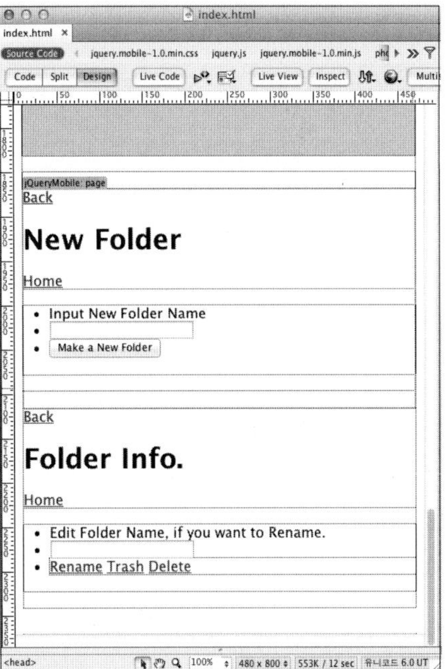

HTML DOM 소스 분석

스텝 **1**

index.html 파일을 소스에서 분석해봅니다. 이 파일은 jQuery Mobile과 폰갭 라이브러리를 사용하고 있고 페이지 간에 GET 방식으로 전달한 변수를 해독할 수 있도록 지원하는 page-params 플러그인을 사용하고 있습니다.

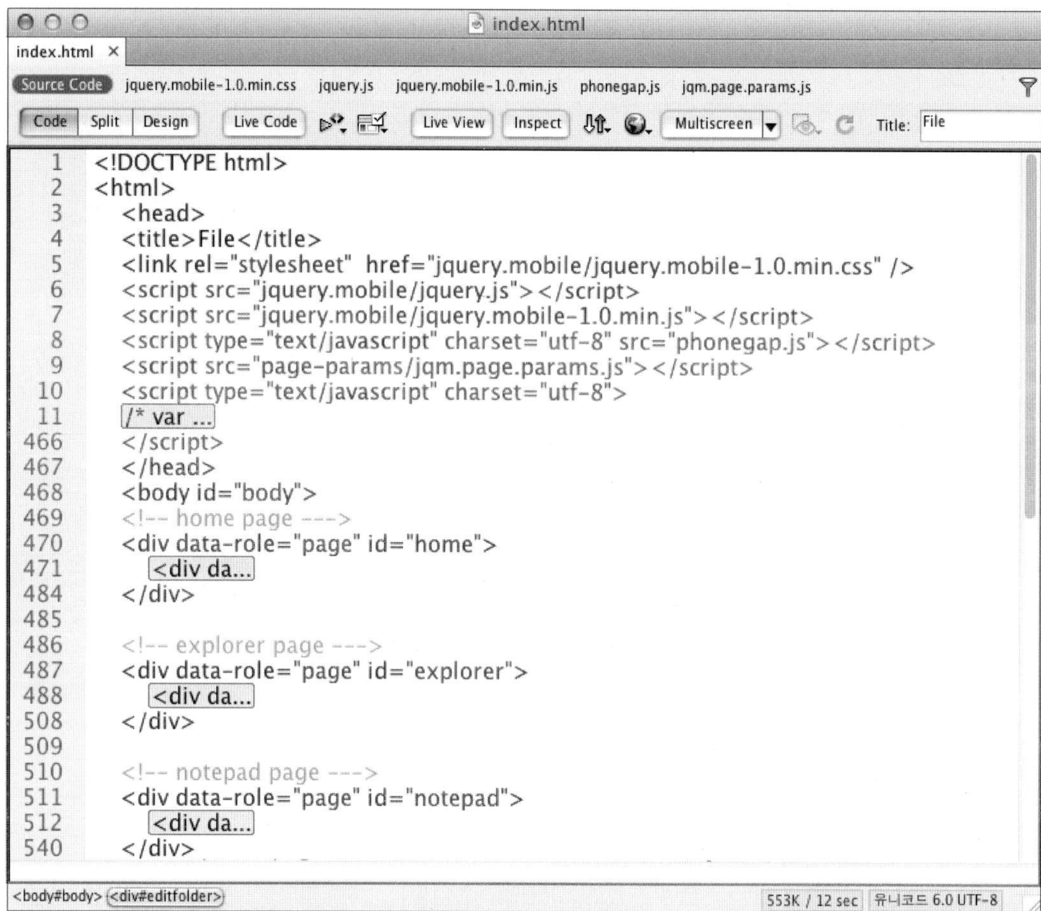

소스라인 5 : jQuery Mobile 스타일 라이브러리를 호출합니다.

소스라인 6 : jQuery 자바스크립트 라이브러리를 호출합니다.

소스라인 7 : jQuery Mobile 자바스크립트 라이브러리를 호출합니다.

소스라인 8 : 폰갭 라이브러리를 호출합니다.

소스라인 9 : GET 전달 변수 해독 플러그인을 호출합니다.

소스라인 10~466 : File 관련 자바스크립트를 줄임표시로 보여주고 있습니다. 이 부분은 나중에 분석하도록 하겠습니다.

소스라인 469~484 : <div> 태그로 "home" 페이지 영역을 배치하고 있습니다. 이와 같은 영역 설정은 jQuery Mobile에 의해 작동하게 됩니다.

소스라인 470 : data-role을 "page"로 설정하여 페이지 영역 기능을 선언하고, id를 "home"으로 설정하여 페이지 영역 이름을 정의합니다.

소스라인 486~508 : 같은 방식으로 "explorer" 페이지 영역을 배치하고 있습니다.

소스라인 510~540 : "notepad" 페이지 영역을 배치하고 있습니다.

참고 GET 전달방식 해독 플러그인

HTML 자체는 GET 방식으로 전달하는 변수들을 감지하지 못합니다. GET 또는 POST 방식의 전달 변수는 서버에서 인식하는 것을 기본으로 합니다. 즉, 서버 측에서 실행하는 PHP, JSP, ASP와 같은 언어에서 전달 변수를 인식하는 솔루션을 제공합니다. 하지만 웹앱에서는 서버를 거치지 않고 자신의 단말기 안에서만 즉, 클라이언트 안에서만 페이지 간에 전달 변수를 송수신할 필요가 있습니다. 이를 위해 자바스크립트에서 GET 방식의 전달 변수를 감지할 수 있도록 지원하는 플러그인들이 있습니다.

jQuery Mobile 매뉴얼에서도 그림과 같이 이와 같은 요구에 대한 방법으로 page pararms 플러그인이나 jQuery Mobile router 플러그인을 사용하도록 권유하고 있습니다. 두 가지 솔루션은 모두 자바스크립트로 전달 변수를 해독하는 방식을 사용하고 있는데 기본 원리는 웹 브라우저에서 웹주소를 요청할 때 GET 방식으로 전달한 전달 변수를 해독하는 것입니다.

웹주소 중 "?" 이하 구문인 "?key1=value1&key2=value2"와 같은 구문을 "?", "&", "=" 구분자를 기준으로 해독하는 방식을 사용합니다. 이 두 솔루션 중에 page pararms 플러그인은 아주 간단하게 GET 방식의 전달 방식을 해독하는 방법을 제공하고 있습니다.

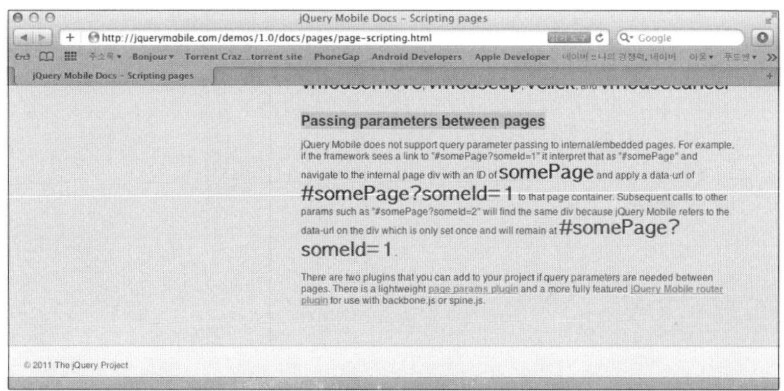

본 사례에서는 page pararms 플러그인을 사용하는 방법을 보여주고 있는데 이 플러그인은 그림과 같이 github 사이트를 통해 다운받을 수 있습니다.

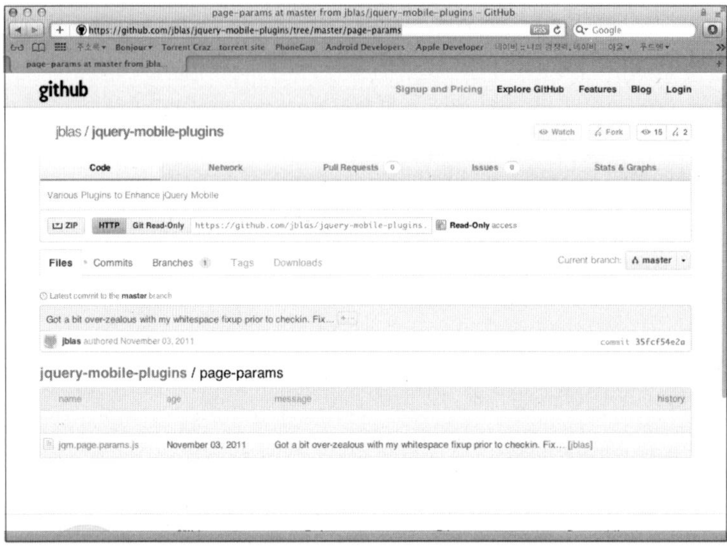

스텝 **2**

계속해서 "Fileinfo", "imageview", "newfolder", "editfolder" 페이지를 배치합니다.

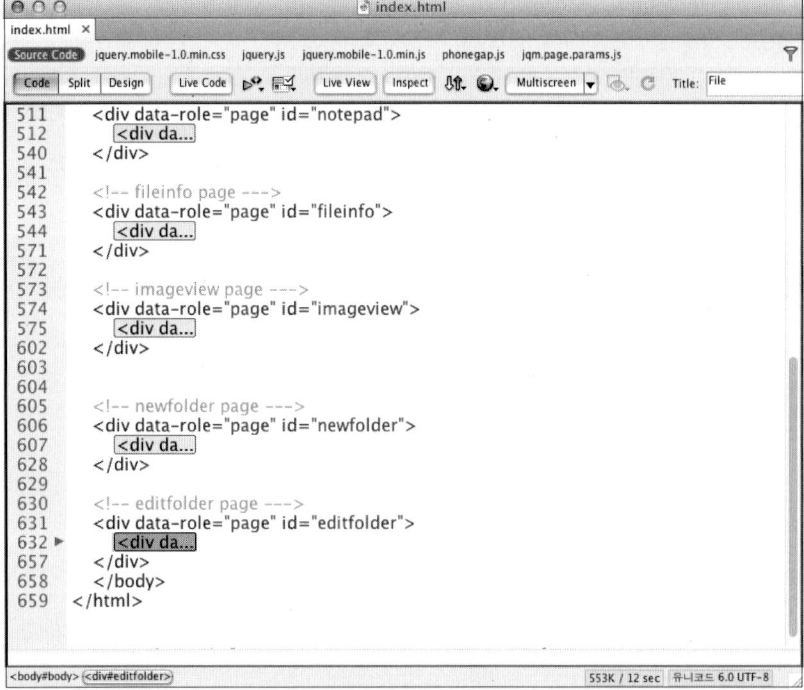

소스라인 542~571 : "Fileinfo" 페이지 영역을 배치합니다.

소스라인 573~602 : "imageview" 페이지 영역을 배치합니다.

소스라인 605~628 : "newfolder" 페이지 영역을 배치합니다.

소스라인 630~657 : "editfolder" 페이지 영역을 배치합니다.

스텝 3

각 페이지 영역의 구성을 하나씩 살펴보겠습니다. "home" 페이지 영역은 다음과 같이 간단하게 구성하고 있습니다.

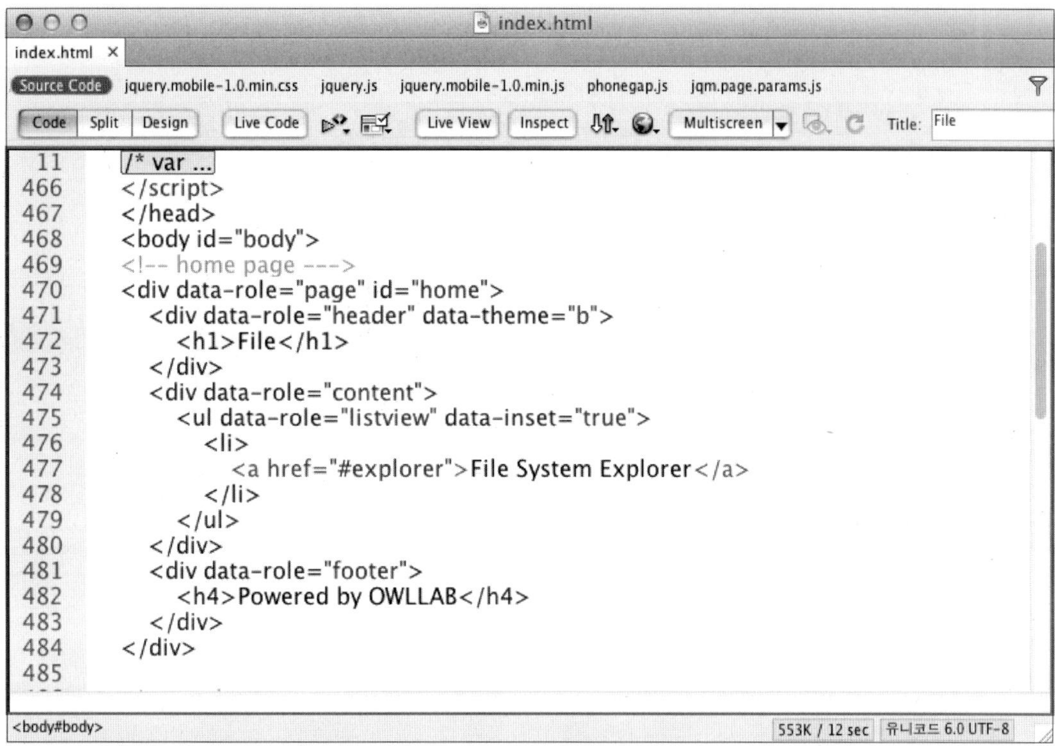


```
 11      /* var ...
466      </script>
467      </head>
468      <body id="body">
469      <!-- home page --->
470      <div data-role="page" id="home">
471         <div data-role="header" data-theme="b">
472            <h1>File</h1>
473         </div>
474         <div data-role="content">
475            <ul data-role="listview" data-inset="true">
476               <li>
477                  <a href="#explorer">File System Explorer</a>
478               </li>
479            </ul>
480         </div>
481         <div data-role="footer">
482            <h4>Powered by OWLLAB</h4>
483         </div>
484      </div>
485
```


소스라인 471~473 : data-role 속성을 "header"로 설정하여 페이지 안에서 머리말 영역을 작성합니다.

소스라인 474~480 : data-role 속성을 "content"로 설정하여 페이지 안에서 내용 영역을 정의합니다.

소스라인 475~479 : <ul> 태그로 목록 영역을 작성합니다. data-role 속성을 "listview"로 설정하면 jQuery Mobile은 목록형 디자인으로 화면에 출력합니다.

소스라인 477 : "explorer" 페이지로 화면 이동을 할 수 있는 링크 버튼을 작성하고 있습니다.

jQuery Mobile   링크 주소를 "#객체아이디" 형식으로 작성하면 현재의 html 파일 안에서 data-role 속성이 "page"로 설정되어 있는 객체를 찾아 그 영역을 화면에 출력합니다.

소스라인 481~483 : data-role 속성을 "footer"로 설정하여 페이지 안에서 꼬리말 영역을 정의합니다.

스텝 4

"explorer" 페이지 영역을 다음과 같이 작성했습니다.

```
485
486     <!-- explorer page --->
487     <div data-role="page" id="explorer">
488       <div data-role="header">
489         <a href="#" data-icon="back" data-direction="reverse" data-rel="back">Back</a>
490         <h1>File Explorer</h1>
491         <a href="#home" data-icon="home" data-iconpos="notext" data-direction="reverse" class="ui-btn-right jqm-home">Home</a>
492         <div data-role="navbar" data-iconpos="top">
493           <ul>
494             <li><a href="javascript:newMemo();" data-icon="plus">New Memo</a></li>
495             <li><a href="#newfolder" data-icon="plus">New Folder</a></li>
496             <li><a href="#editfolder" data-icon="plus">Edit Folder</a></li>
497             <li><a href="javascript:emptyTrash();" data-icon="delete">Empty Trash</a></li>
498           </ul>
499         </div>
500       </div>
501       <div data-role="content">
502         <ul data-role="listview" id="listView">
503         </ul>
504       </div>
505       <div data-role="footer">
506         <h4 id="path"></h4>
507       </div>
508     </div>
```

소스라인 488~500 : 머리말 영역에 "File Explorer"라는 화면 제목을 출력하고, 제목 왼쪽에는 이전 화면으로 돌아갈 수 있는 "Back" 링크 버튼을 배치하고, 오른쪽에는 "home" 화면으로 이동하는 "Home" 링크 버튼을 배치했습니다. 또한 제목의 아래쪽에는 data-role="navbar" 설정을 이용하여 내비게이션 바 영역을 배치하고 그 안에 4개의 링크 버튼을 배치했습니다.

소스라인 489 : 이전 화면으로 이동하는 "Back" 버튼을 만들려면 href="#" 설정으로 현재 html 파일을 유지하고 data-rel="back" 설정으로 이전 화면으로 이동하게 합니다. 이전 화면으로 화면 전환을 할 때 data-direction="reverse" 설정을 하면 이전 화면으로 전환하는 애니메이션이 실행됩니다. 또한 data-icon="back" 설정을 사용하면 "Back" 버튼에 "back" 아이콘이 나타납니다.

소스라인 491 : "Home" 버튼은 href="#home"으로 설정하여 "home" 페이지 영역이 화면에 나타나게 했습니다. 이 버튼은 아이콘만 나타나도록 data-iconpos="notext" 설정을 한다는 점을 눈여겨 볼만합니다. 화면 전환 애니메이션으로 data-direction="reverse"를 설정하고 있으며, 링크 버튼 스타일을 class="ui-btn-right jqm-home"으로 설정하여 jQuery Mobile에서 제공하는 홈 아이콘을 출력하고 있습니다.

소스라인 492 : 내비게이션 바 영역 안에 있는 링크 버튼에 설정된 아이콘이 있을 경우 아이콘이 버튼명 위쪽에 출력되도록 data-iconpos="top"으로 설정하고 있습니다.

소스라인 493~498 : 내비게이션 바 영역 안에는 <ul>과 <il> 태그로 버튼 목록을 작성합니다. 내비게이션 바 안에 있는 버튼들은 버튼 이름 위쪽에 아이콘이 출력되도록 data-icon 속성을 사용하고 있습니다. 이 속성에서 사용하는 아이콘 이름은 jQuery Mobile에서 정의하고 있습니다.

소스라인 494 : 메모장 화면인 "notepad" 페이지로 이동하는 "New Memo" 링크 버튼을 작성하고 있습니다. 이 링크 버튼은 자바스크립트 newMemo() 함수를 실행하여 "notepad" 화면으로 전환하게 하고 있습니다.

소스라인 495 : 새 폴더를 생성하는 "newfolder" 페이지 영역을 화면에 나타내는 "New Folder" 버튼을 작성하고 있습니다.

소스라인 496 : 현재 폴더의 정보를 보고 폴더 이름을 변경한다거나 삭제하는 기능을 지원하는 "editfolder" 화면으로 이동하는 "Edit Folder" 버튼을 작성하고 있습니다.

소스라인 497 : 이 탐색기는 단말기의 저장 디렉토리에 "OWLTrash"라는 휴지통 폴더를 자동으로 생성하는데, 폴더나 파일을 이 휴지통에 버렸다가 영구 삭제할 때 실행하는 휴지통 비우기 기능을 "Empty Trash" 버튼으로 구성하고 있습니다. 이 버튼을 클릭하면 emptyTrash() 함수를 실행하도록 작성하고 있습니다.

소스라인 502~503 : 탐색기 목록을 출력할 수 있도록 data-role="listview" 설정을 사용하여 목록형 디자인으로 출력하게 하며, 이 객체의 아이디를 "listView"로 정의하고 있습니다. 자바스크립트에서 이 아이디를 이용하여 이 목록 영역에 동적으로 탐색기 목록을 출력하도록 작성할 것입니다.

소스라인 506 : 아이디기 "path"인 영역을 만들고 있습니다. 이 영역에는 현재 디렉토리를 전체 경로 형식으로 출력하여 현재 어떤 경로에 있는지를 확인할 수 있게 할 것입니다.

스텝 5

다음은 메모장 화면인 "notepad" 페이지 영역을 분석해봅니다.

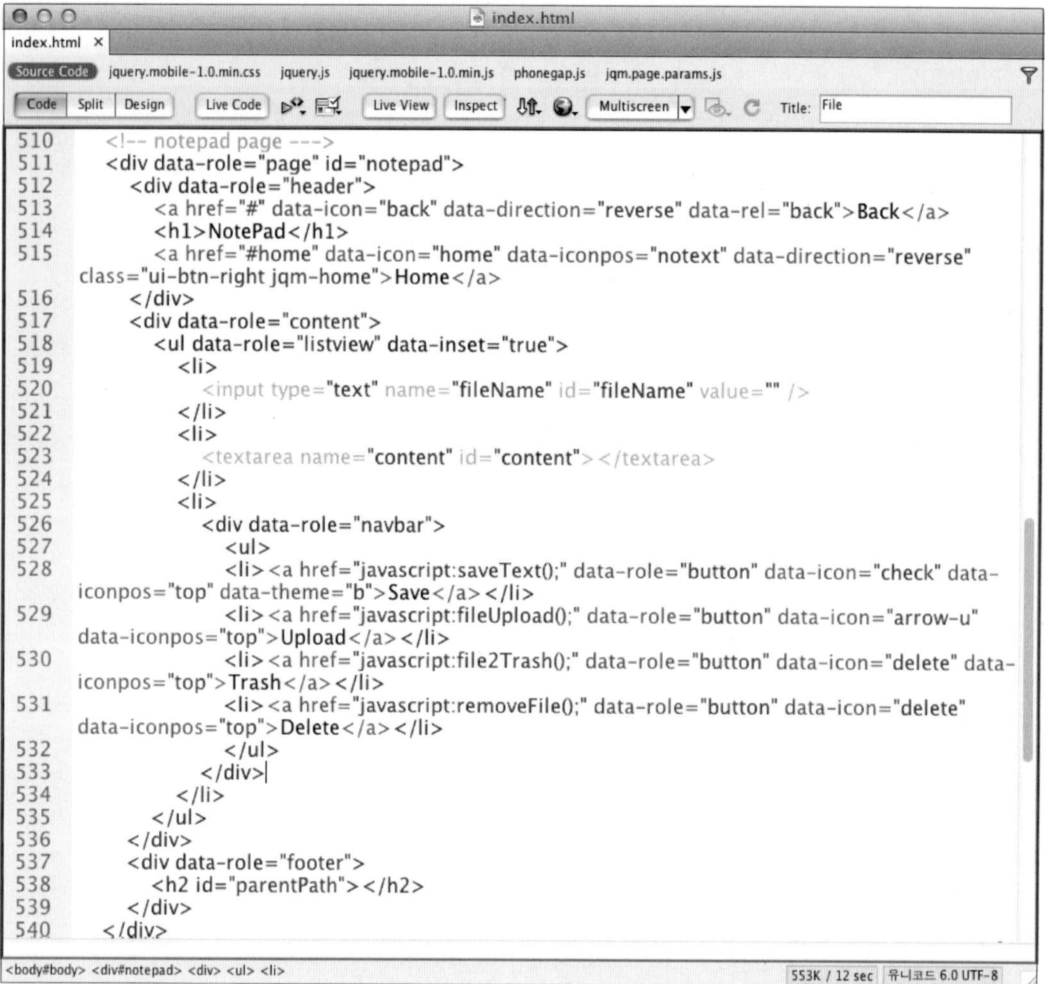

소스라인 512~516 : 머리말 영역에 Back 버튼, 제목, Home 버튼을 배치합니다.

소스라인 517~536 : 내용 영역에는 jQuery Mobile의 listview 디자인으로 텍스트 작성 폼을 만들고 있습니다.

소스라인 520 : 아이디가 "FileName"인 <input> 객체를 배치하고 있습니다. 이 객체에는 파일명을 출력할 것입니다. 텍스트 파일을 선택했을 때는 선택한 파일명이 나타나고, 신규 메모일 경우 "untitled.txt"를 기본 값으로 출력할 것입니다. 필요에 따라 내용을 수정하고 저장할 때 파일명을 변경하면 새 파일로 저장되게 할 것입니다.

소스라인 523 : 아이디가 "content"인 <textarea> 객체를 배치합니다. 이 객체에는 선택한 파일의 내용을 읽어 텍스트 형식으로 출력할 것입니다. 필요에 따라 내용을 수정할 수 있게 합니다.

소스라인 526~533 : jQuery Mobile의 내비게이션 바 스타일을 사용해 4개의 버튼을 작성합니다.

소스라인 528 : saveText() 함수를 실행하는 "Save" 버튼을 작성합니다. 이 버튼은 data-role="button"으로 설정하여 버튼 모양으로 <a> 객체를 출력하며, data-icon 속성으로 아이콘을 출력하되 data-iconpos="top"으로 설정하여 버튼 이름 위에 아이콘을 배치하며, data -theme="b" 설정으로 jQuery Mobile에서 제공하는 버튼 스타일을 정의하고 있습니다.

소스라인 529~531 : 같은 방법으로 "Upload" 버튼은 FileUpload() 함수를, "Trash" 버튼은 File2Trash() 함수를, "Delete" 버튼은 removeFile() 함수를 각각 실행하도록 버튼을 작성하고 있습니다.

소스라인 538 : 꼬리말 영역에는 아이디가 "parentPath"인 영역을 만들어 선택한 파일이 속해 있는 폴더 경로를 출력할 것입니다.

스텝 6

같은 방법으로 파일 정보를 출력하는 "Fileinfo" 페이지 영역을 작성하고 있습니다. 반복되는 설정은 위의 설명을 참조하도록 하고 주요 프로그래밍 요소들만 살펴보도록 하겠습니다.

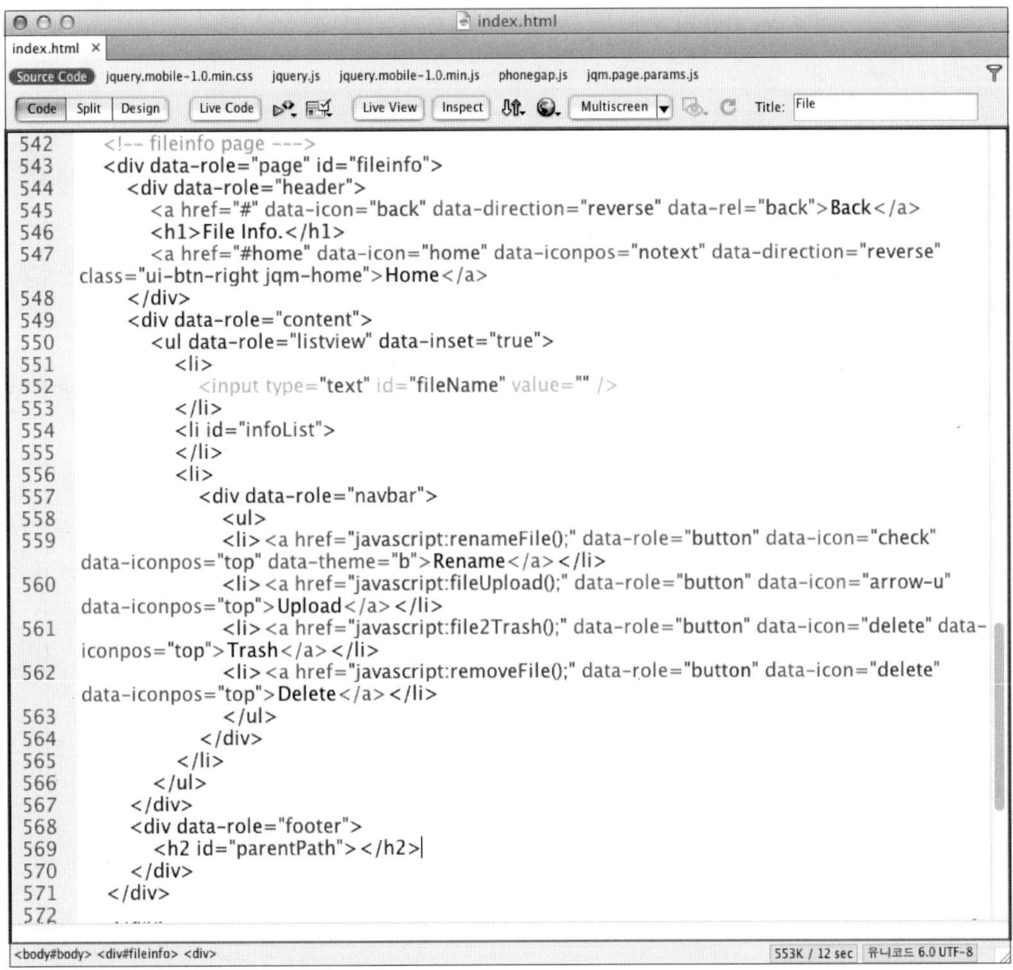

```
542    <!-- fileinfo page --->
543    <div data-role="page" id="fileinfo">
544      <div data-role="header">
545        <a href="#" data-icon="back" data-direction="reverse" data-rel="back">Back</a>
546        <h1>File Info.</h1>
547        <a href="#home" data-icon="home" data-iconpos="notext" data-direction="reverse"
       class="ui-btn-right jqm-home">Home</a>
548      </div>
549      <div data-role="content">
550        <ul data-role="listview" data-inset="true">
551          <li>
552            <input type="text" id="fileName" value="" />
553          </li>
554          <li id="infoList">
555          </li>
556          <li>
557            <div data-role="navbar">
558              <ul>
559                <li><a href="javascript:renameFile();" data-role="button" data-icon="check"
       data-iconpos="top" data-theme="b">Rename</a></li>
560                <li><a href="javascript:fileUpload();" data-role="button" data-icon="arrow-u"
       data-iconpos="top">Upload</a></li>
561                <li><a href="javascript:file2Trash();" data-role="button" data-icon="delete" data-
       iconpos="top">Trash</a></li>
562                <li><a href="javascript:removeFile();" data-role="button" data-icon="delete"
       data-iconpos="top">Delete</a></li>
563              </ul>
564            </div>
565          </li>
566        </ul>
567      </div>
568      <div data-role="footer">
569        <h2 id="parentPath"></h2>
570      </div>
571    </div>
572
```

소스라인 552 : 아이디가 "FileName"인 <input> 객체를 배치합니다. 이 객체에도 선택한 파일명을 출력할 것입니다. 단, 꼭 알아야 할 사항이 있습니다. 앞서 "notepad" 영역에서도 "FileName"을 아이디로 사용했습니다. 하나의 html 문서에 중복되는 아이디를 사용하고 있습니다. 나중에 자바스크립트를 작성하면서 알게 될 것입니다. jQuery Mobile은 객체가 계층형으로 구성되어 있어 가능한 일입니다.

소스라인 557~564 : jQuery Mobile의 내비게이션 바를 이용하여 4개의 버튼을 배치하고 있습니다. "Rename" 버튼은 renameFile() 함수를, "Upload" 버튼은 FileUpload() 함수를, "Trash" 버튼은 File2Trash() 함수를, "Delete" 버튼은 removeFile() 함수를 각각 실행하도록 작성하고 있습니다.

소스라인 569 : 이 페이지의 꼬리말에서도 아이디가 "parentPath"인 영역을 만들어 선택한 파일의 폴더 경로를 출력할 것입니다.

스텝 7

같은 방법으로 "imageview" 페이지 영역을 작성하고 있습니다.

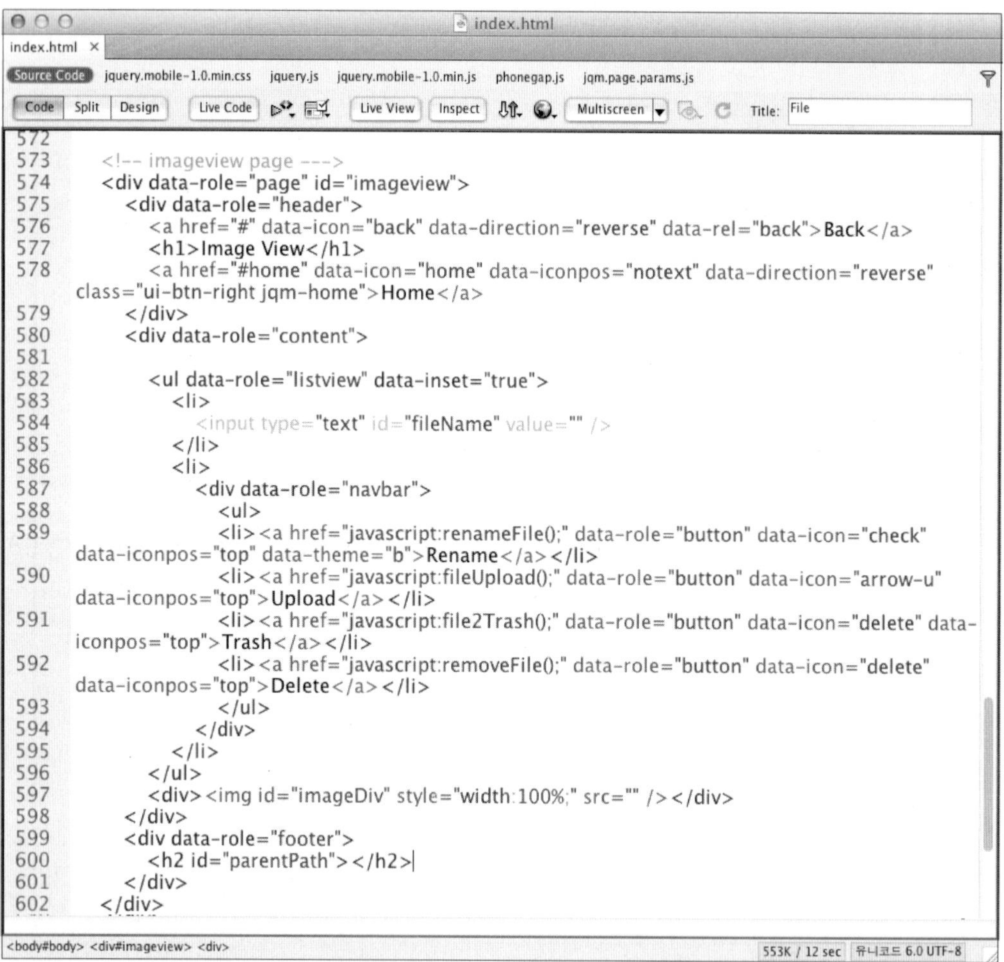

```
572
573     <!-- imageview page --->
574     <div data-role="page" id="imageview">
575       <div data-role="header">
576         <a href="#" data-icon="back" data-direction="reverse" data-rel="back">Back</a>
577         <h1>Image View</h1>
578         <a href="#home" data-icon="home" data-iconpos="notext" data-direction="reverse"
    class="ui-btn-right jqm-home">Home</a>
579       </div>
580       <div data-role="content">
581
582         <ul data-role="listview" data-inset="true">
583           <li>
584             <input type="text" id="fileName" value="" />
585           </li>
586           <li>
587             <div data-role="navbar">
588               <ul>
589                 <li><a href="javascript:renameFile();" data-role="button" data-icon="check"
    data-iconpos="top" data-theme="b">Rename</a></li>
590                 <li><a href="javascript:fileUpload();" data-role="button" data-icon="arrow-u"
    data-iconpos="top">Upload</a></li>
591                 <li><a href="javascript:file2Trash();" data-role="button" data-icon="delete" data-
    iconpos="top">Trash</a></li>
592                 <li><a href="javascript:removeFile();" data-role="button" data-icon="delete"
    data-iconpos="top">Delete</a></li>
593               </ul>
594             </div>
595           </li>
596         </ul>
597         <div><img id="imageDiv" style="width:100%;" src="" /></div>
598       </div>
599       <div data-role="footer">
600         <h2 id="parentPath"></h2>
601       </div>
602     </div>
```

소스라인 584 : 아이디가 "FileName"인 <input> 객체를 배치합니다.

소스라인 587~594 : "Rename", "Upload", "Trash", "Delete" 버튼을 배치합니다.

소스라인 597 : <img> 태그로 선택한 이미지를 출력할 수 있는 영역을 배치합니다. 아이디는
"imageDiv"이며, 가로방향의 화면에 꽉 차도록 width:100% 설정을 하고 있습니다.

소스라인 600 : 꼬리말에 "parentPath" 영역을 배치합니다.

스텝 **8**

이번엔 새 폴더를 생성하는 폼을 출력하는 "newfolder" 페이지 영역을 작성합니다.

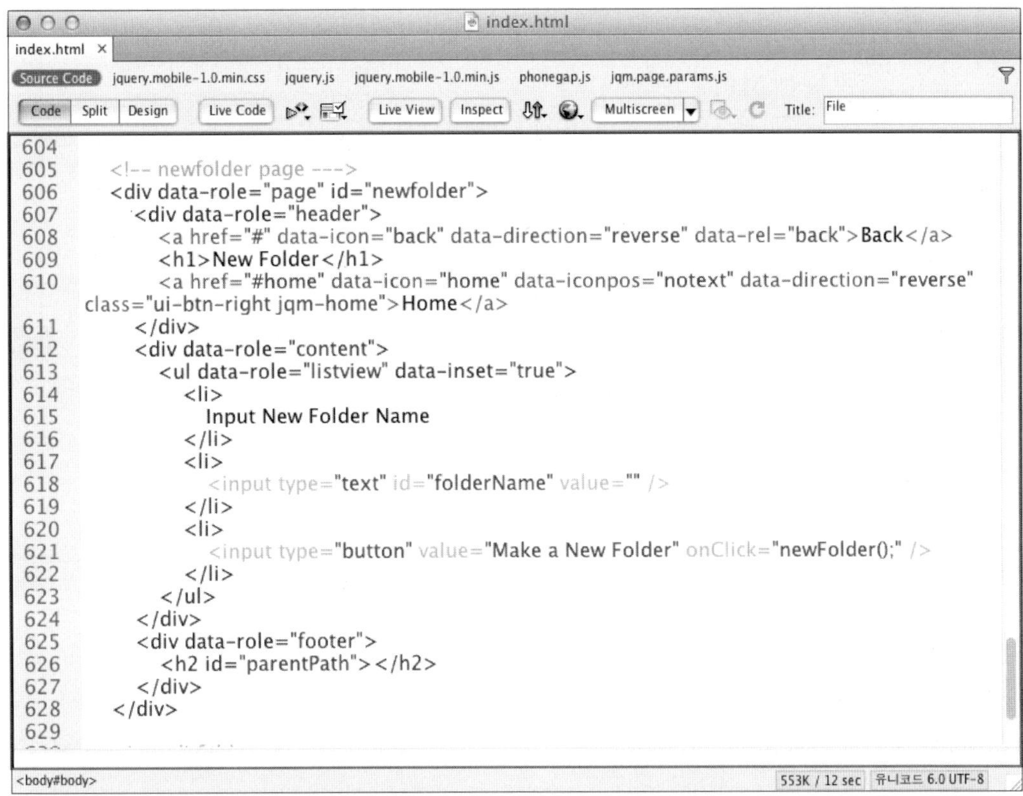


```html
604
605        <!-- newfolder page --->
606        <div data-role="page" id="newfolder">
607          <div data-role="header">
608            <a href="#" data-icon="back" data-direction="reverse" data-rel="back">Back</a>
609            <h1>New Folder</h1>
610            <a href="#home" data-icon="home" data-iconpos="notext" data-direction="reverse"
     class="ui-btn-right jqm-home">Home</a>
611          </div>
612          <div data-role="content">
613            <ul data-role="listview" data-inset="true">
614              <li>
615                Input New Folder Name
616              </li>
617              <li>
618                <input type="text" id="folderName" value="" />
619              </li>
620              <li>
621                <input type="button" value="Make a New Folder" onClick="newFolder();" />
622              </li>
623            </ul>
624          </div>
625          <div data-role="footer">
626            <h2 id="parentPath"></h2>
627          </div>
628        </div>
629
```


소스라인 618 : 생성할 폴더명을 입력할 수 있도록 아이디가 "folderName"인 <input> 객체를
배치합니다.

소스라인 621 : newFolder() 함수를 실행하여 입력한 폴더가 생성되도록 하는 버튼 객체를 작성하고
있습니다.

소스라인 626 : 꼬리말 영역에는 아이디가 "parentPath"인 영역을 작성합니다. 이 영역에는 생성할
폴더의 전체 경로를 출력할 것입니다.

스텝 9

폴더 정보를 보고, 폴더 이름을 변경할 수 있는 "editfolder" 페이지 영역을 작성합니다.

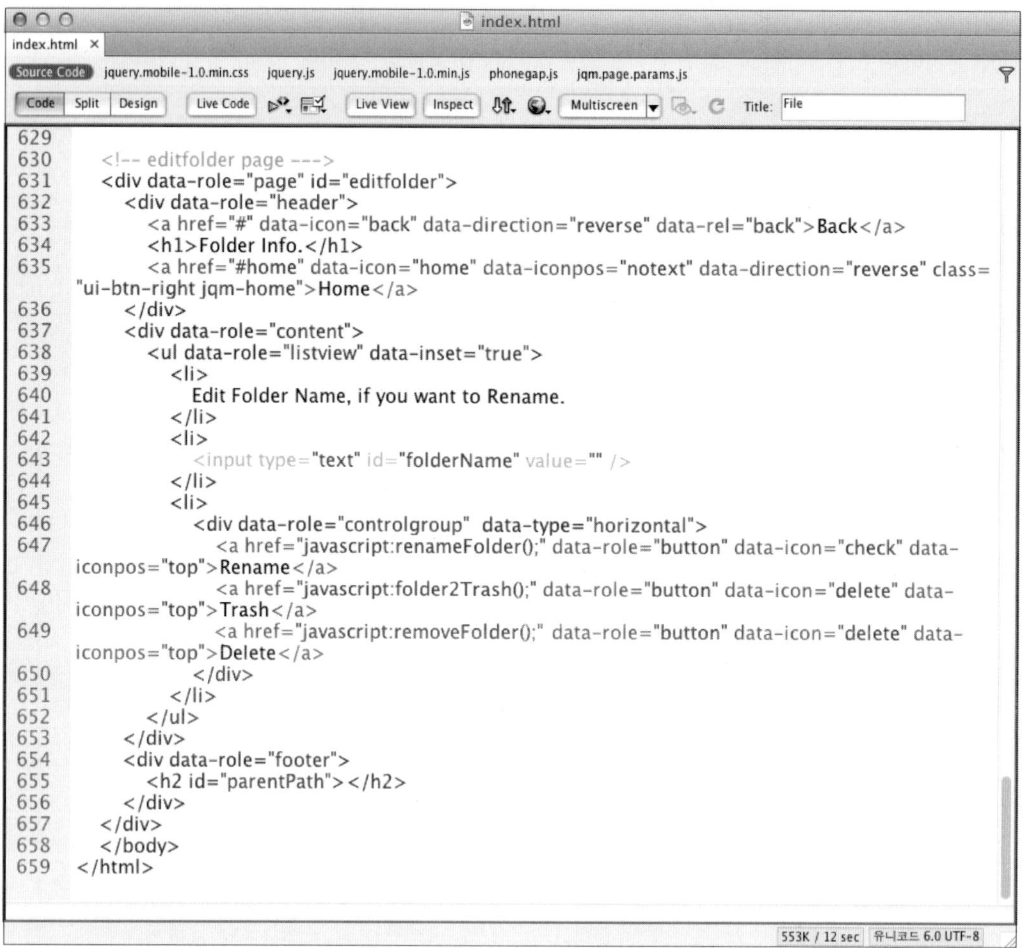

```html
629
630    <!-- editfolder page --->
631    <div data-role="page" id="editfolder">
632      <div data-role="header">
633        <a href="#" data-icon="back" data-direction="reverse" data-rel="back">Back</a>
634        <h1>Folder Info.</h1>
635        <a href="#home" data-icon="home" data-iconpos="notext" data-direction="reverse" class="ui-btn-right jqm-home">Home</a>
636      </div>
637      <div data-role="content">
638        <ul data-role="listview" data-inset="true">
639          <li>
640            Edit Folder Name, if you want to Rename.
641          </li>
642          <li>
643            <input type="text" id="folderName" value="" />
644          </li>
645          <li>
646            <div data-role="controlgroup"  data-type="horizontal">
647              <a href="javascript:renameFolder();" data-role="button" data-icon="check" data-iconpos="top">Rename</a>
648              <a href="javascript:folder2Trash();" data-role="button" data-icon="delete" data-iconpos="top">Trash</a>
649              <a href="javascript:removeFolder();" data-role="button" data-icon="delete" data-iconpos="top">Delete</a>
650            </div>
651          </li>
652        </ul>
653      </div>
654      <div data-role="footer">
655        <h2 id="parentPath"></h2>
656      </div>
657    </div>
658    </body>
659 </html>
```

소스라인 643 : 탐색기에서 탐색하고 있는 폴더의 이름을 출력하는 <input> 객체이며 아이디는 "folderName"입니다. 선택한 폴더 이름을 변경할 때 사용자가 이 입력란을 사용할 것입니다.

소스라인 646~650 : renameFolder() 함수를 실행하는 "Rename" 버튼, folder2Trash() 함수를 실행하는 "Trash" 버튼, renameFolder() 함수를 실행하는 "Delete" 버튼을 그룹 버튼 스타일로 배치하고 있습니다. 이 그룹 버튼 스타일은 jQuery Mobile에서 제공하는 스타일이며 data-role ="controlgroup" 설정으로 구현할 수 있습니다. data-type 속성을 "horizontal"로 설정하면 가로 방향으로 버튼이 배치됩니다.

소스라인 655 : 선택한 폴더의 상위 경로를 출력하는 아이디가 "parentPath"인 영역을 배치하고 있습니다.

자바스크립트 소스 분석

스텝 **1**

이제 File 프로젝트를 동적으로 작동하게 하는 자바스크립트 구문을 분석해보겠습니다.

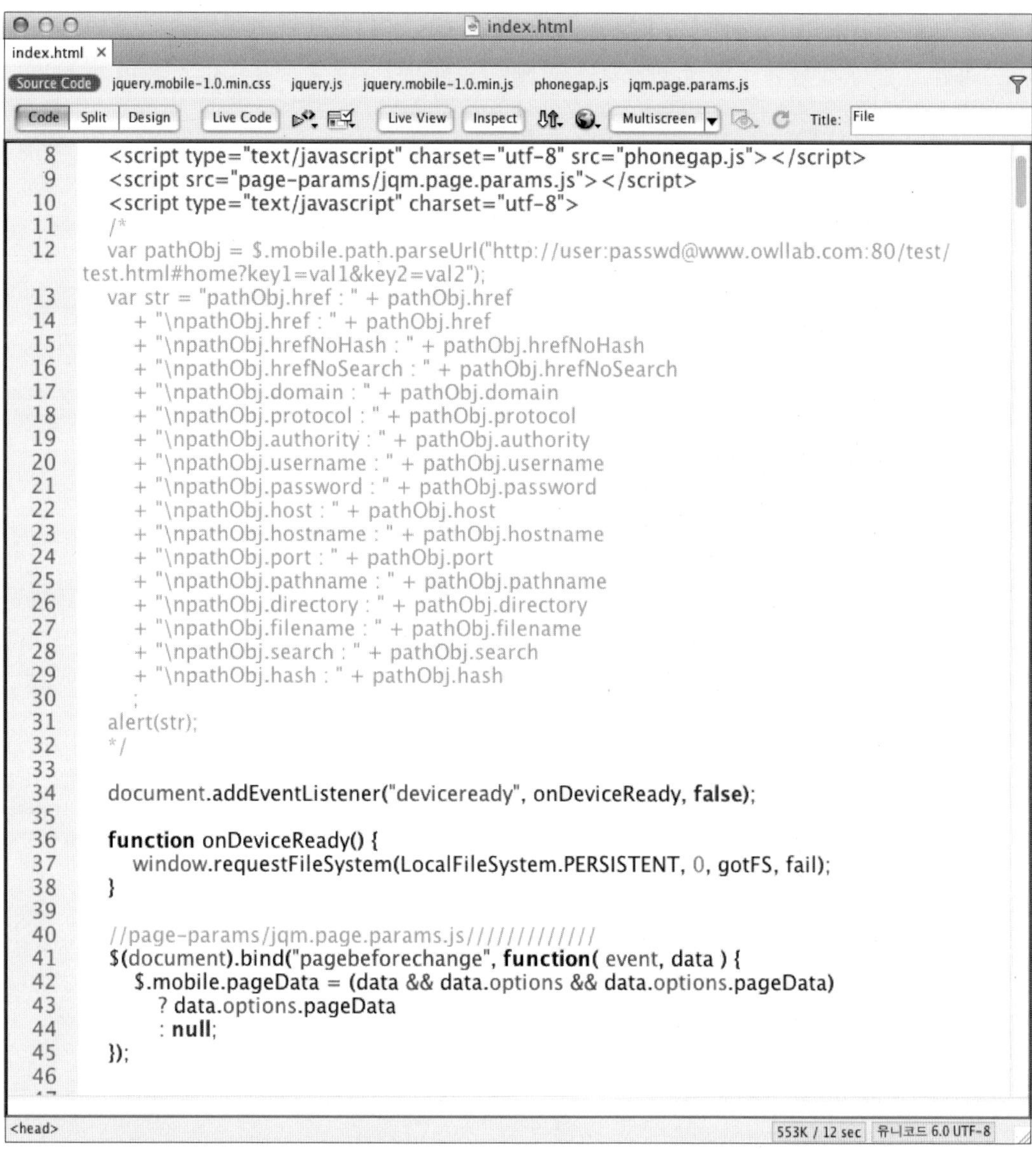


```html
 8     <script type="text/javascript" charset="utf-8" src="phonegap.js"></script>
 9     <script src="page-params/jqm.page.params.js"></script>
10     <script type="text/javascript" charset="utf-8">
11     /*
12     var pathObj = $.mobile.path.parseUrl("http://user:passwd@www.owllab.com:80/test/
       test.html#home?key1=val1&key2=val2");
13     var str = "pathObj.href : " + pathObj.href
14       + "\npathObj.href : " + pathObj.href
15       + "\npathObj.hrefNoHash : " + pathObj.hrefNoHash
16       + "\npathObj.hrefNoSearch : " + pathObj.hrefNoSearch
17       + "\npathObj.domain : " + pathObj.domain
18       + "\npathObj.protocol : " + pathObj.protocol
19       + "\npathObj.authority : " + pathObj.authority
20       + "\npathObj.username : " + pathObj.username
21       + "\npathObj.password : " + pathObj.password
22       + "\npathObj.host : " + pathObj.host
23       + "\npathObj.hostname : " + pathObj.hostname
24       + "\npathObj.port : " + pathObj.port
25       + "\npathObj.pathname : " + pathObj.pathname
26       + "\npathObj.directory : " + pathObj.directory
27       + "\npathObj.filename : " + pathObj.filename
28       + "\npathObj.search : " + pathObj.search
29       + "\npathObj.hash : " + pathObj.hash
30       ;
31     alert(str);
32     */
33
34     document.addEventListener("deviceready", onDeviceReady, false);
35
36     function onDeviceReady() {
37       window.requestFileSystem(LocalFileSystem.PERSISTENT, 0, gotFS, fail);
38     }
39
40     //page-params/jqm.page.params.js//////////////
41     $(document).bind("pagebeforechange", function( event, data ) {
42       $.mobile.pageData = (data && data.options && data.options.pageData)
43         ? data.options.pageData
44         : null;
45     });
46
```


소스라인 11~32 : 이 주석은 jQuery Mobile이 해독할 수 있는 URL 객체에 대한 실험 구문입니다.
이 구문을 통해 jQuery Mobile에서 제공하는 $.mobile.path.parseUrl()이 어느 정도까지 URL을
해독하는지를 파악할 수 있습니다.

소스라인 34~38 : 폰갭 라이브러리를 호출하면 단말기에서 지원하는 영구 저장소(LocalFileSystem .PERSISTENT)의 파일 시스템 객체를 호출합니다.

소스라인 41~45 : page-params 라이브러리를 통해 해독한 전달 변수 데이터를 정리하여 $.mobile .pageData에 기록하는 구문입니다. $(document)는 현재 index.html에서 작성한 HTML 문서 객체를 의미하고, "pagebeforechange"라는 jQuery Mobile 이벤트는 화면에 출력할 페이지 영역 변화와 같은 화면 전환을 실행하기 전에 발생하는 이벤트를 의미합니다. 즉, 페이지 전환 요청을 받고 페이지를 전환하기 전에 요청한 전달 변수를 받아오겠다는 의미입니다.

참고 **jQuery Mobile의 URL 해독 실험**

jQuery Mobile은 기본적으로 $.mobile.path.parseUrl()를 통해 URL을 각 요소별로 해독할 수 있도록 지원하고 있습니다. 위에서 언급한 주석 구문을 단말기에서 실험해보면 그림과 같은 결과가 나타납니다. 이 실험 결과를 참조하여 필요한 URL 요소들을 활용하기 바랍니다.

스텝 **2**

다음은 window.requestFileSystem(..., gotFS, fail) 구문에 따라 실행하는 이벤트 콜백 함수들과 전역 객체를 선언하고 있습니다.

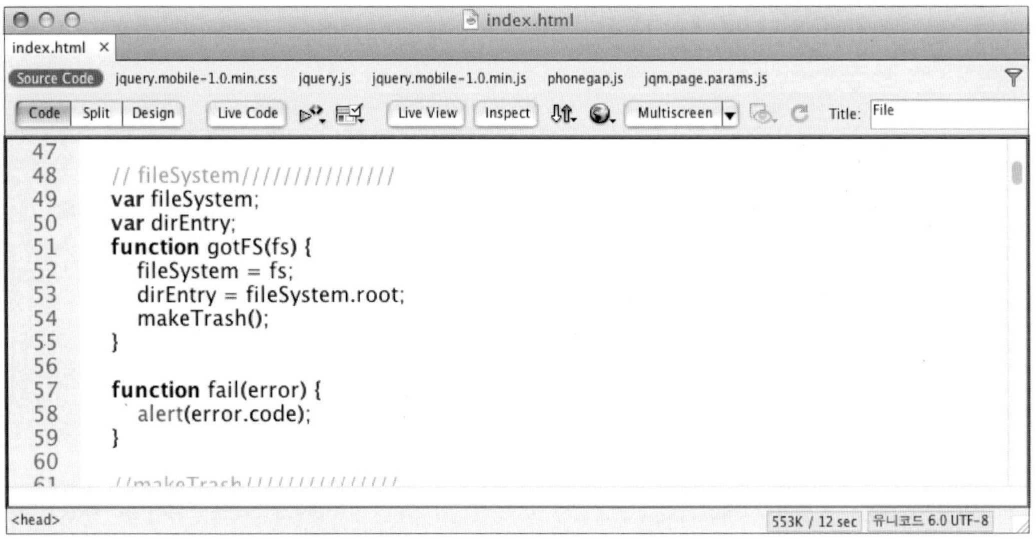

소스라인 49 : "FileSystem"을 전역 객체로 선언하고, 단말기의 영구 저장소에 대한 파일 시스템 객체를 메모리에 기록해둘 것입니다.

소스라인 50 : "dirEntry"를 전역 객체로 선언하고 사용자가 탐색기 목록에서 선택한 현재 디렉토리에 대한 DirectoryEntry 객체를 기록해둘 것입니다.

소스라인 51~54 : gotFS() 콜백 함수는 단말기의 파일 시스템을 감지했을 때 실행하는 함수이고 이 때 전달받은 파일 시스템 객체(fs)를 전역 객체인 FileSystem에 기록해둡니다. 또한 파일 시스템의 루트 디렉토리 (FileSystem.root)를 전역 객체인 dirEntry 객체에 기록해둡니다. 이 때 dirEntry 는 현재 경로를 의미합니다. 그리고 makeTrash() 함수를 실행하여 루트 디렉토리에 "OWLTrash" 를 폴더명으로 하는 휴지통을 만들어 둡니다.

소스라인 57~58 : 파일 시스템과 관련할 오류 콜백 함수를 fail()이라는 함수로 정의하고 있습니다. 이 콜백 함수는 폰갭에서 지원하는 FileError 객체를 전달받으며 FileError.code에는 오류 코드가 기록되어 있습니다. 이 값을 alert() 경고 창으로 출력하게 작성하고 있습니다.

스텝 **3**

다음은 휴지통을 만들고, 휴지통 폴더를 전역 객체에 기억해두는 함수를 작성하고 있습니다.

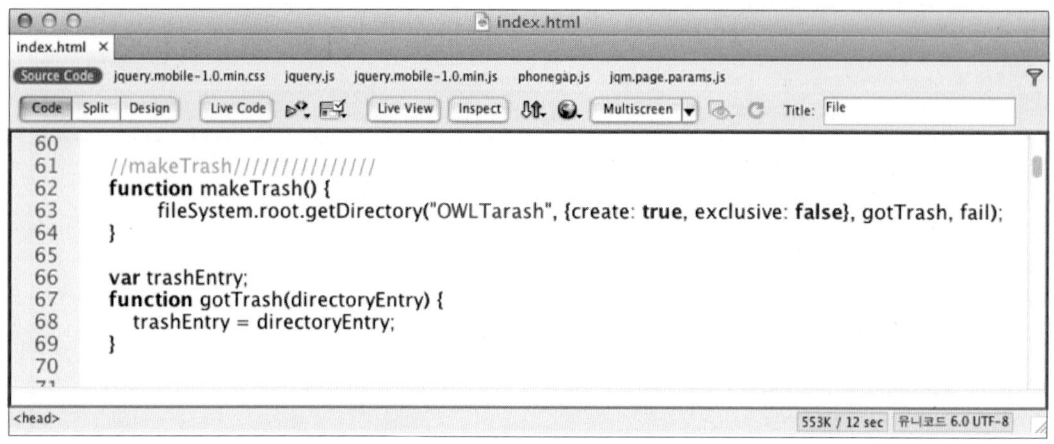

소스라인 62~64 : "OWLTrash"라는 휴지통 폴더를 생성하는 makeTrash() 함수입니다.

소스라인 63 : DirectoryEntry.getDirectory() 메소드를 사용하여 폴더를 생성하려면 Flags 객체의 create 속성을 true로 설정하여 실행합니다. 이 명령은 FileSystem.root 폴더에 "OWLTrash" 폴더가 있으면 이 폴더에 대한 DirectoryEntry 객체를 gotTrash() 콜백 함수에 전달하고, 없으면 생성한 후 이 폴더에 대한 DirectoryEntry 객체를 gotTrash() 콜백 함수에 전달합니다. 만일 실행 중 오류가 발생하면 fail() 콜백 함수를 실행할 것입니다.

소스라인 66 : 휴지통 폴더 정보를 기록할 trashEntry 객체를 전역 객체로 선언합니다.

소스라인 67~69 : getDirectory() 명령에 대한 gotTrash() 콜백 함수는 DirectoryEntry 객체를 전달받습니다. 이 객체는 "OWLTrash"라는 휴지통 객체일 것입니다. 이 객체를 trashEntry 전역 객체에 기록해둡니다.

이렇게 해서 폰갭이 연결한 단말기에서 저장소에 대한 정보를 전역 객체에 기록해두고, 휴지통도 만들었습니다.

스텝 4

다음은 탐색기에 대한 자바스크립트 구문입니다.

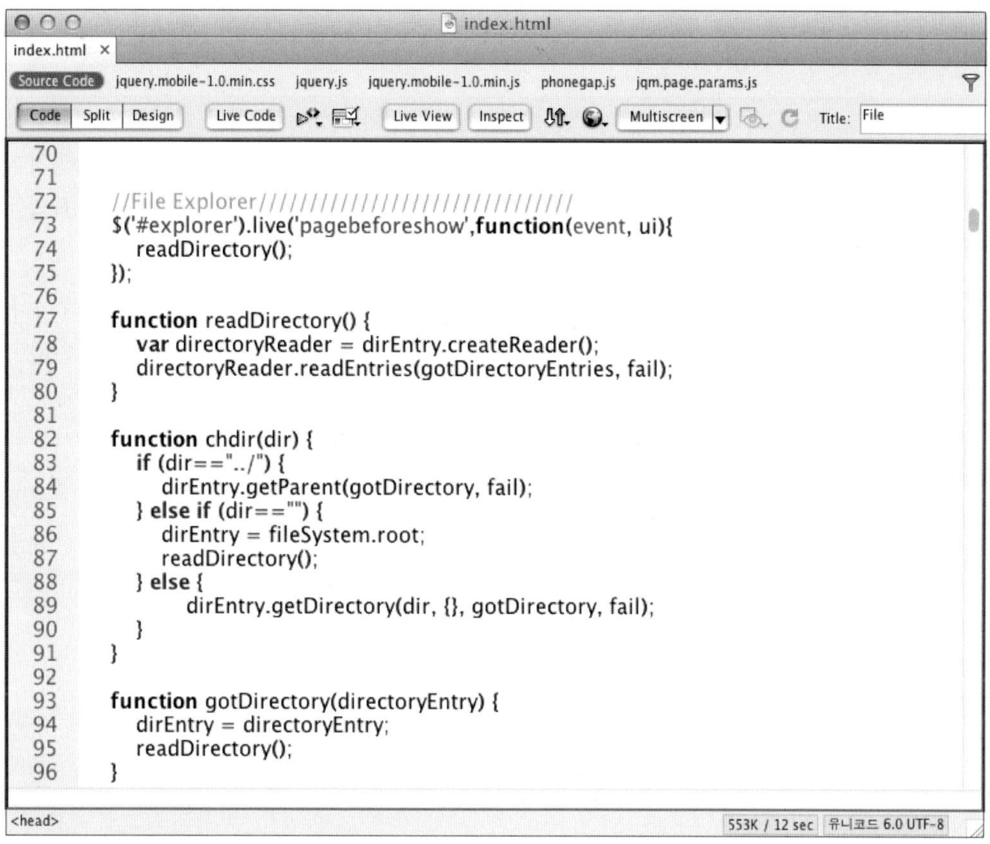


```
70
71
72      //File Explorer///////////////////////////////////////
73      $('#explorer').live('pagebeforeshow',function(event, ui){
74         readDirectory();
75      });
76
77      function readDirectory() {
78         var directoryReader = dirEntry.createReader();
79         directoryReader.readEntries(gotDirectoryEntries, fail);
80      }
81
82      function chdir(dir) {
83         if (dir=="../") {
84            dirEntry.getParent(gotDirectory, fail);
85         } else if (dir=="") {
86            dirEntry = fileSystem.root;
87            readDirectory();
88         } else {
89               dirEntry.getDirectory(dir, {}, gotDirectory, fail);
90         }
91      }
92
93      function gotDirectory(directoryEntry) {
94         dirEntry = directoryEntry;
95         readDirectory();
96      }
```


소스라인 73~75 : jQuery Mobile 라이브러리를 사용하여 "explorer" 페이지가 화면에 나타나기 전 (pagebeforeshow)에 대한 이벤트를 작성합니다. 이 때 readDirectory() 함수를 실행하여 디렉토리를 읽어 jQuery Mobile 목록에 출력할 수 있도록 목록 객체를 추가합니다.

소스라인 77~79 : 현재 디렉토리에 있는 파일과 폴더를 읽어 출력하는 readDirectory() 함수입니다.

소스라인 78 : 본 사례에서 현재 디렉토리 정보는 dirEntry 전역 객체에 있습니다. dirEntry 객체에 있는 파일 시스템 객체 즉, 파일들과 폴더들을 읽을 수 있는 디렉토리 리더 객체 (DirectoryReader)를 생성합니다.

소스라인 79 : 디렉토리 리더 객체의 readEntries() 메소드를 실행하여 디렉토리를 읽어옵니다. 이 메소드는 디렉토리를 읽어오는데 성공하면 gotDirectoryEntries() 콜백 함수를 실행합니다. 이 콜백 함수는 화면에 읽어 온 객체들을 출력할 것입니다.

소스라인 82~91 : chdir() 함수는 사용자가 탐색기에서 폴더를 선택했을 때 선택한 디렉토리로 이동하는 기능을 구현하고 있습니다.

소스라인 83~84 : 사용자가 탐색기 목록에서 "../"를 선택하면 상위 디렉토리로 이동하도록 작성합니다. DirectoryEntry.getParent() 메소드는 상위 디렉토리를 요청하는 기능을 합니다. 이 메소드 실행이 성공하면 gotDirectory() 콜백 함수를 실행할 것입니다.

소스라인 85~87 : 사용자가 선택한 폴더의 이름이 없을 때는 최상위 디렉토리로 이동하게 작성하고 있습니다. 본 사례에서 최상위 디렉토리 객체는 FileSystem.root이며 dirEntry 전역 객체에 대입하여 현재 디렉토리를 변경합니다. 그런 후에 readDirectory() 함수를 실행하여 최상위 디렉토리를 화면에 출력하게 합니다.

소스라인 88~89 : 이외의 경우 사용자가 선택한 하위 폴더로 이동하도록 작성하고 있습니다. 디렉토리를 변경할 때는 DirectoryEntry.getDirectory() 함수를 활용합니다. 이 때 사용자는 실존하는 폴더를 선택했을 것이므로 Flags 객체의 설정에는 create 구문을 사용할 필요 없이 "{}" 또는 "null"로 작성해도 됩니다. 이 명령 역시 성공하면 getDirectory() 콜백 함수를 실행하여 사용자가 선택한 하위 디렉토리의 내용을 화면에 출력할 것입니다.

소스라인 93~96 : gotDirectory() 콜백 함수를 정의합니다. 이 함수는 폰갭이 가져온 DirectoryEntry 객체를 전달받아 현재 디렉토리를 의미하는 dirEntry 전역 객체에 기록해두고 readDirectory() 함수를 실행하여 dirEntry에 기록한 디렉토리의 내용을 화면에 출력합니다.

스텝 5

readDirectory() 함수에서 실행했던 DirectoryReader.readEntries() 메소드에 의해 실행되는 콜백 함수를 다음과 같이 정의합니다.

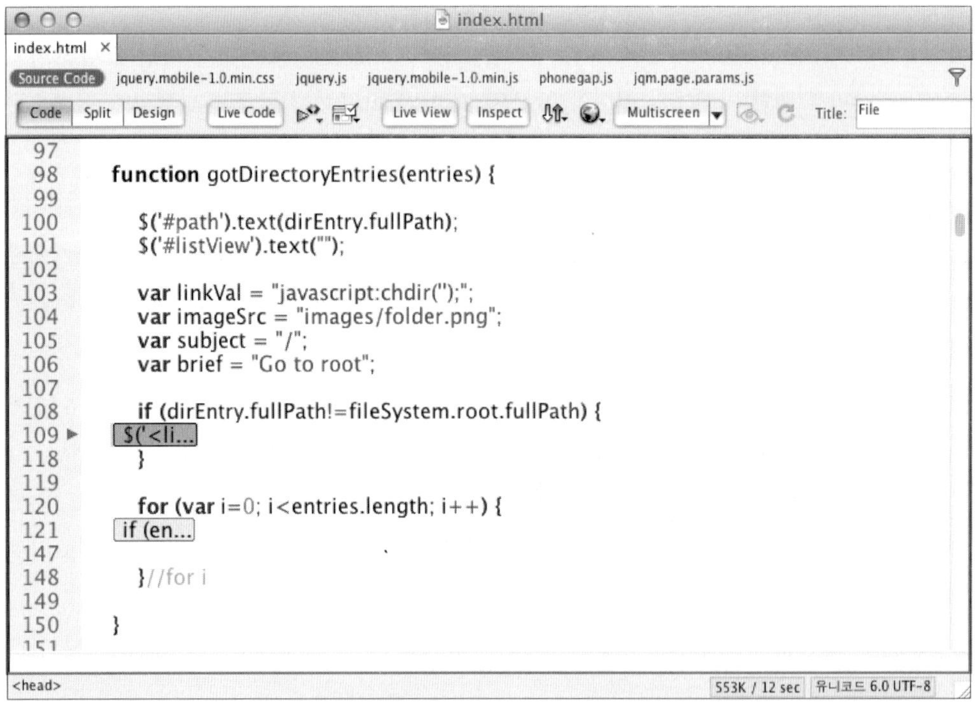


```
 97
 98      function gotDirectoryEntries(entries) {
 99
100          $('#path').text(dirEntry.fullPath);
101          $('#listView').text("");
102
103          var linkVal = "javascript:chdir('');";
104          var imageSrc = "images/folder.png";
105          var subject = "/";
106          var brief = "Go to root";
107
108          if (dirEntry.fullPath!=fileSystem.root.fullPath) {
109  ▶        $('<li...
118          }
119
120          for (var i=0; i<entries.length; i++) {
121          if (en...
147
148          }//for i
149
150      }
151
```

소스라인 98 : 이 콜백 함수는 전달 변수로 Entries를 받아옵니다. 여기서 Entries는 DirectoryEntry 또는 FileEntry를 담고 있는 배열 객체를 의미합니다. 따라서 배열을 하나씩 풀었을 때 DirectoryEntry 일 수도 있고, FileEntry일 수도 있습니다. 이를 잘 구분해서 목록에 출력해야 한다는 점을 유념하기 바랍니다.

소스라인 100 : 아이디가 "path"인 영역에 현재 디렉토리 객체인 dirEntry의 전체 경로를 출력합니다.

소스라인 101 : 아이디가 "listview"인 영역을 ""으로 초기화하여 기존에 출력한 디렉토리 내용을 모두 지웁니다.

소스라인 103 : linkVal이라는 임시 변수를 선언하고 기본 값을 설정합니다. 기본 값은 최상위 폴더로 이동하게 하는 chdir("") 함수를 실행하도록 작성하고 있습니다.

소스라인 104 : 목록 아이콘의 이미지 경로를 임시 변수 "imageSrc"로 선언합니다. 기본 값은 폴더 아이콘이 출력되도록 작성하고 있습니다.

소스라인 105 : 목록에 출력할 제목을 임시 변수 "subject"로 선언하고 있습니다. 기본 값은 최상위 디렉토리를 의미하는 "/"로 설정하고 있습니다.

소스라인 106 : 목록에서 제목 아래 요약정보로 출력할 임시 변수를 "brief"로 선언하고 있습니다. 기본 값은 최상위를 의미하는 "Go to root"로 설정하고 있습니다.

소스라인 108~118 : 현재 디렉토리가 최상위 디렉토리가 아닐 경우 실행할 구문을 줄임 표시로 보여주고 있습니다. 이 구문에는 "/"와 "../"를 목록에 출력하는 구문이 있습니다.

소스라인 120~148 : 전달받은 entries 객체는 배열입니다. 이 배열 안에 있는 객체 수 (entries.length) 만큼 반복하여 하나씩 꺼내고 각각의 객체가 폴더인지 파일인지를 구분하여 목록에 출력할 것입니다. 반복 구문 안에 있는 로직은 줄임 표시로 보여주고 있고 잠시 후에 상세히 살펴보도록 하겠습니다.

스텝 6

현재 디렉토리가 최상위 디렉토리가 아닐 때는 "/"와 "../"를 목록에 출력하여 상위 디렉토리로 이동하거나 최상위 디렉토리로 이동할 수 있게 해야 합니다. 다음은 이에 해당하는 구문입니다.

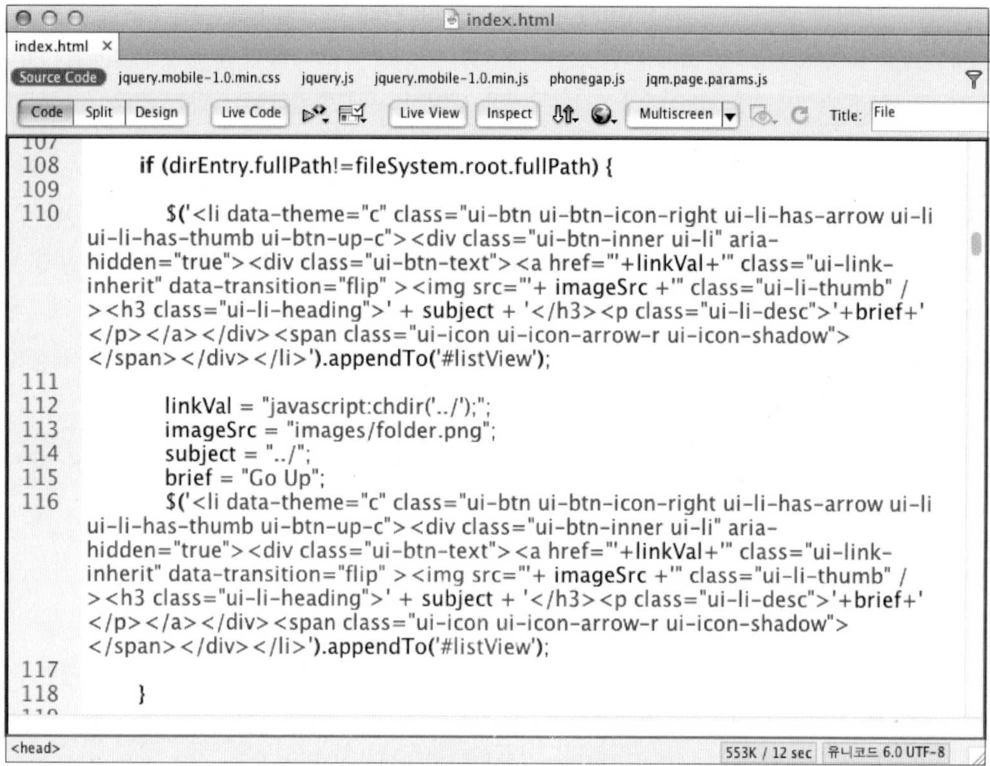

소스라인 110 : jQuery Mobile의 명령법을 활용하여 "$()" 구문으로 목록에 추가할 행 태그 (<li>)를 작성하고, 이 행 태그를 아이디가 "listview"인 객체에 추가합니다. 이렇게 하면 목록에 행 하나가 동적으로 추가됩니다. 이 구문은 최상위 디렉토리로 이동하는 "/" 폴더를 출력하는 것이므로 앞서 정의한 임시 변수들을 사용하여 아이콘, 제목, 요약정보를 작성합니다. 한 행에 아이콘과 함께 제목과 요약정보를 출력하는 jQuery Mobile 스타일 사용법은 Camera 프로젝트에서 이미 설명했으므로 반복되는 설명은 생략하겠습니다. 이 부분이 익숙하지 않다면 Camera 프로젝트를 참고하기 바랍니다.

소스라인 112~114 : "../"에 대한 임시 변수 설정을 합니다. 상위 디렉토리로 이동하는 chdir("../") 명령을 링크 설정으로 사용하고 폴더 아이콘을 출력하도록 하며, 요약정보에 "Go Up"이라는 안내 구문을 설정합니다.

소스라인 116 : "../"에 대한 임시 변수 설정에 따라 "listview" 객체에 <li> 태그로 행을 추가하는 구문을 작성합니다.

스텝 7

gotDirectory() 함수가 전달받은 Entries 배열 객체를 화면에 하나씩 출력하는 반복 구문입니다.

```
119
120         for (var i=0; i<entries.length; i++) {
121
122           if (entries[i].isFile) {
123
124               imageSrc = "images/file.png";
125               subject = entries[i].name;
126
127               var ext = entries[i].name.split('.').pop().toLowerCase();
128               if ("txt".indexOf(ext)>=0) {
129                 linkVal = "#notepad?filename="+entries[i].name;
130                 brief = "Text";
131               } else if ("png,jpg,jpeg,bmp".indexOf(ext)>=0) {
132                 linkVal = "#imageview?filename="+entries[i].name;
133                 brief = "Image";
134               } else {
135                 linkVal = "#fileinfo?filename="+entries[i].name;
136                 brief = "File";
137               }
138
139           } else {
140               linkVal = "javascript:chdir('"+entries[i].name+"');";
141               imageSrc = "images/folder.png";
142               subject = entries[i].name;
143               brief = "Directory";
144           }
145
146           $('<li data-theme="c" class="ui-btn ui-btn-icon-right ui-li-has-arrow ui-li ui-
             li-has-thumb ui-btn-up-c"><div class="ui-btn-inner ui-li" aria-hidden="true"><div
             class="ui-btn-text"><a href="'+linkVal+'" class="ui-link-inherit" data-
             transition="pop" ><img src="'+ imageSrc +'" class="ui-li-thumb" /><h3 class="ui-li-
             heading">' + subject + '</h3><p class="ui-li-desc">'+brief+'</p></a>
             </div><span class="ui-icon ui-icon-arrow-r ui-icon-shadow"></span></div></li>')
             .appendTo('#listView');
147
148           }//for i
149
```

소스라인 112~138 : 엔트리 (Entry)가 파일일 경우 처리하는 조건문입니다.

소스라인 124 : 아이콘은 파일 이미지를 출력하도록 설정하고 있습니다.

소스라인 125 : 전달받은 entries 배열 객체에서 i 번째 객체를 호출하고, 이 엔트리의 이름을 호출하여 subject 임시 변수에 대입합니다. 이 엔트리는 파일 엔트리이므로 이 엔트리의 이름이 파일명이 됩니다.

소스라인 127 : 파일의 확장자를 추출하여 ext 임시 변수에 기록해둡니다. 확장자를 추출할 때는 "."를 구분자로 파일명을 배열로 분리하고 pop() 명령으로 배열 중 맨 마지막을 추출하면 이것이 확장자가 됩니다. 또한 확장자를 소문자로 변환하여 나중에 확장자를 판별할 때 용이하게 합니다.

소스라인 128~130 : 확장자가 "txt"이면 텍스트 파일인 것으로 판별하여 링크 값과 요약정보를 정의합니다. 텍스트 파일은 메모장 화면 (noticepad)으로 이동하도록 하고, 전달 변수 (Filename)로 파일명을 전달합니다. 이 전달 변수는 page-params 플러그인이 해독할 것입니다. 요약정보는 "Text"라 정의합니다.

소스라인 131~133 : 확장자가 png, jpg, jpeg, bmp와 같은 이미지이면 이미지 미리보기 화면 (imageview)으로 이동하는 링크를 작성하고, 전달 변수로 파일명을 전달하고, 요약정보는 "Image"라 정의합니다.

소스라인 134~137 : 이외의 경우 기타 파일로 판별하여 파일 정보 보기 화면 (Fileinfo)으로 이동하도록 링크 처리합니다. 이 때도 역시 전달 변수로 파일명을 전달하고 요약정보는 "File"이라 정의합니다.

소스라인 139~144 : 엔트리가 폴더일 경우 entries[i].name은 폴더명이 됩니다. 이 폴더명을 기준으로 chdir()을 실행하여 디렉토리를 이동할 수 있도록 링크 처리하며, 폴더 아이콘을 출력하고, 요약정보에 "Directory"라 출력하도록 임시 변수를 설정합니다.

소스라인 146 : 앞의 임시 변수들을 이용해 파일, 폴더에 대한 행을 "listview" 객체에 하나씩 추가합니다.

스텝 8

"notepad" 페이지 영역인 메모장에 대한 자바스크립트를 작성합니다. 여기서는 파일 이름으로 FileEntry를 구하되, 없으면 파일을 생성하는 옵션을 사용하고 FileEntry로 File 객체를 호출한 후, FileReader.readAsText() 메소드로 File 객체를 텍스트로 읽어와 <textarea> 객체에 출력합니다.

```
152
153    //Text Edit/////////////////////////////////////////////////
154    $('#notepad').live('pagebeforeshow',function(event, data){
155      if ($.mobile.pageData && $.mobile.pageData.filename){
156        loadText($.mobile.pageData.filename);
157      }
158    });
159
160    function loadText(filename) {
161      $('#notepad #parentPath').text(dirEntry.fullPath);
162      $('#notepad #fileName').val(filename);
163      $('#notepad  textarea').val("");
164      dirEntry.getFile(filename, {create: true, exclusive: false}, readFileEntry, fail);
165    }
166
167    function readFileEntry(fileEntry) {
168      fileEntry.file(readFile, fail);
169    }
170
171    function readFile(file){
172      var reader = new FileReader();
173      reader.onloadend = function(evt) {
174        $('#notepad #content').val(evt.target.result);
175      };
176      reader.readAsText(file);
177    }
178
```

소스라인 154~158 : "notepad" 페이지 영역이 나타나기 전에 "Filename"이라는 전달 변수가 있으면 이 변수 값을 loadText() 함수에 대입하여 실행합니다.

소스라인 160~165 : loadText() 함수는 파일명을 전달받아 텍스트 편집기 화면을 출력합니다.

소스라인 161 : "notepad" 페이지 영역 안의 아이디가 "parentPath"인 객체에 현재 디렉토리의 전체 경로를 출력합니다. index.html 파일 안에는 아이디가 "parentPath"인 객체가 몇 개 있습니다. 이 중 "notepad" 안에는 "parentPath" 객체가 하나만 있습니다. 이와 같이 jQuery Mobile은 중복된 아이디가 있다고 하더라도 계층형으로 객체를 찾을 수 있도록 지원합니다.

소스라인 162 : "notepad" 페이지 안의 아이디가 "FileName"인 객체에 전달받은 파일명을 출력합니다.

소스라인 163 : "notepad" 페이지 안에 있는 <textarea> 객체에 ""값을 대입하여 초기화합니다.

소스라인 164 : DirectoryEntry.getFile() 메소드를 이용하여 전달받은 파일명으로 파일 객체 (FileEntry)를 호출합니다. 만일 전달받은 Filename 변수에 값이 없으면("") 파일을 생성하도록 Flags 객체의 create 속성을 true로 설정합니다. 이 메소드는 실행에 성공하면 readFileEntry() 콜백 함수를 호출합니다.

소스라인 167~169 : readFileEntry() 콜백 함수는 FileEntry 객체를 전달받습니다. FileEntry.File() 메소드를 실행하여 전달받은 FileEntry 객체에서 File 객체를 호출합니다. 이 메소드는 실행에 성공하면 readFile() 콜백 함수를 실행할 것입니다.

소스라인 171~177 : readFile() 콜백 함수는 File 객체를 전달받습니다. File 객체에 있는 내용을 텍스트로 읽어 오려면 FileReader 객체가 필요합니다. FileReader() 생성자를 실행하여 "reader" 라는 FileReader 객체를 생성합니다. FileReader.readAsText() 메소드를 실행하면 File 객체의 내용을 텍스트로 읽어 올 수 있는데 읽어온 텍스트를 받아오기 위해서는 FileReader.onloadend 이벤트를 사용해야 합니다. 이 이벤트는 파일을 모두 호출했을 때 실행하는 이벤트입니다. 이 이벤트로 실행하는 콜백 함수는 Event 객체를 전달받는데 이 객체에서 읽어온 텍스트를 받아올 수 있습니다. 이렇게 받아온 텍스트를 "notepad" 페이지 안에 있는 "content" 객체에 대입합니다.

스텝 9

다음은 신규 메모 화면을 요청하는 newMeno() 함수와 "notepad" 화면에서 텍스트 파일을 저장하는 로직을 보여주고 있습니다.

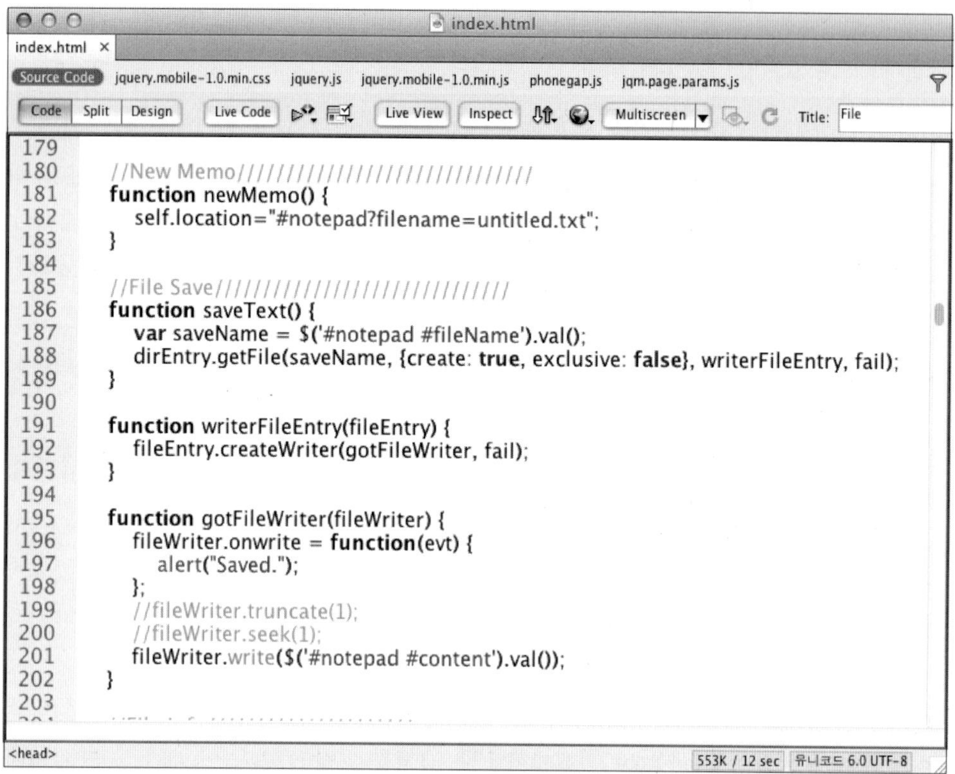


```
179
180     //New Memo//////////////////////////////////
181     function newMemo() {
182         self.location="#notepad?filename=untitled.txt";
183     }
184
185     //File Save//////////////////////////////////
186     function saveText() {
187         var saveName = $('#notepad #fileName').val();
188         dirEntry.getFile(saveName, {create: true, exclusive: false}, writerFileEntry, fail);
189     }
190
191     function writerFileEntry(fileEntry) {
192         fileEntry.createWriter(gotFileWriter, fail);
193     }
194
195     function gotFileWriter(fileWriter) {
196         fileWriter.onwrite = function(evt) {
197             alert("Saved.");
198         };
199         //fileWriter.truncate(1);
200         //fileWriter.seek(1);
201         fileWriter.write($('#notepad #content').val());
202     }
203
```

소스라인 180~183 : newMemo() 함수는 Filename을 "untitled.txt"로 지정하여 "notepad" 페이지 화면을 요청하도록 링크 주소를 작성하고 있습니다.

소스라인 186~189 : saveText() 함수는 "notepad" 페이지 안의 "FileName" 입력란에 있는 값을 파일명으로 하여 DirectoryEntry.getFile() 메소드로 파일을 호출합니다. 기존의 파일이 없다면 생성하도록 create 속성을 사용합니다. 이 메소드는 실행에 성공했을 때 writerFileEntry() 콜백 함수를 호출할 것입니다.

소스라인 191~193 : writerFileEntry() 콜백 함수는 FileEntry 객체를 전달받습니다. FileEntry .createWriter() 메소드로 FileWriter 객체를 호출합니다. 이 메소드는 성공했을 때 gotFileWriter() 콜백 함수에서 FileWriter를 전달받을 것입니다.

소스라인 195~202 : gotFileWriter() 콜백 함수는 전달받은 FileWriter객체의 write() 메소드를 이용하여 입력한 텍스트를 파일에 기록합니다. 사용자가 입력한 텍스트는 "notepad" 페이지 안에 있는, 아이디가 "content"인 <textarea> 객체이며 <textarea>에 있는 텍스트를 호출할 때는 val() 메소드를 사용합니다. FileWriter는 텍스트 작성을 완료했을 때 실행하는 onwriter 이벤트를 통해 저장 완료했음을 판단할 수 있습니다. 본 사례에서는 텍스트 저장을 완료했을 때 "Saved"라는 알림 창을 출력하고 있습니다.

스텝 🔟

파일 정보를 보여주는 "Fileinfo" 페이지에 대한 자바스크립트를 살펴봅니다. 이 구문에서는 파일명으로 FileEntry를 구하고 다시 FileEntry에서 File 객체를 구하여 파일 정보를 출력합니다.

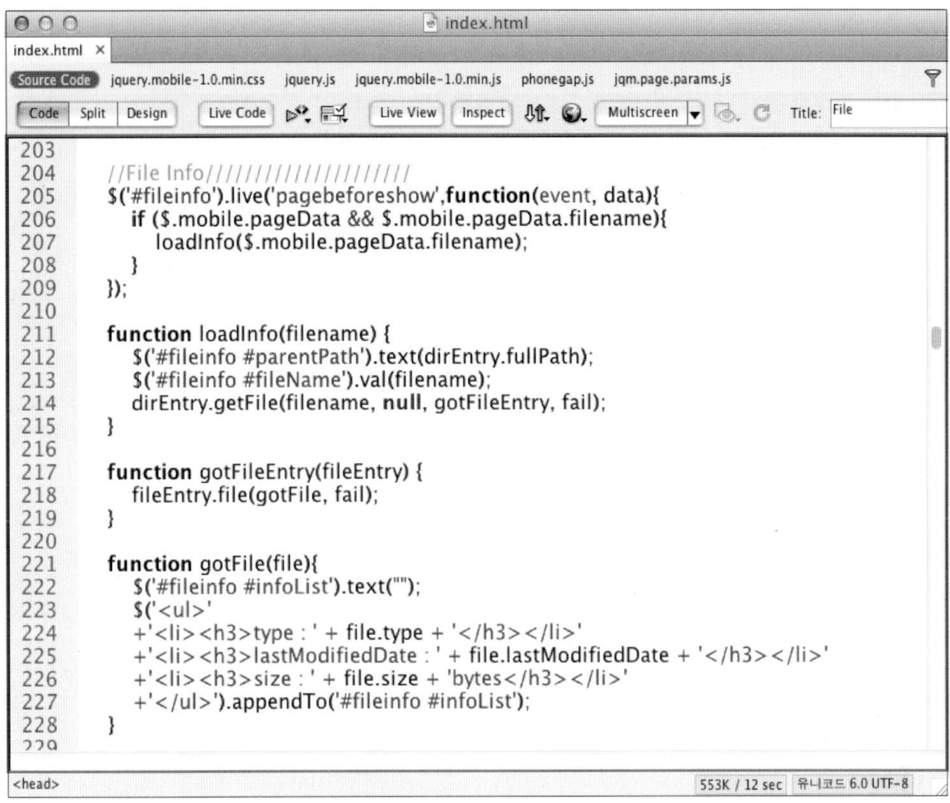

```
203
204     //File Info///////////////////////
205     $('#fileinfo').live('pagebeforeshow',function(event, data){
206       if ($.mobile.pageData && $.mobile.pageData.filename){
207          loadInfo($.mobile.pageData.filename);
208       }
209     });
210
211     function loadInfo(filename) {
212       $('#fileinfo #parentPath').text(dirEntry.fullPath);
213       $('#fileinfo #fileName').val(filename);
214       dirEntry.getFile(filename, null, gotFileEntry, fail);
215     }
216
217     function gotFileEntry(fileEntry) {
218       fileEntry.file(gotFile, fail);
219     }
220
221     function gotFile(file){
222       $('#fileinfo #infoList').text("");
223       $('<ul>'
224       +'<li><h3>type : ' + file.type + '</h3></li>'
225       +'<li><h3>lastModifiedDate : ' + file.lastModifiedDate + '</h3></li>'
226       +'<li><h3>size : ' + file.size + 'bytes</h3></li>'
227       +'</ul>').appendTo('#fileinfo #infoList');
228     }
229
```

소스라인 205~209 : "Fileinfo" 페이지가 호출되면 전달받은 Filename 변수의 값을 받아 loadInfo() 함수를 실행합니다.

소스라인 211~215 : "Fileinfo" 페이지의 "parentPath" 영역에 현재 디렉토리의 전체 경로를 출력하고 "Fileinfo"의 "FileName"을 아이디로 하는 <input> 객체에 전달받은 파일명을 출력합니다. Directory .getFile() 메소드를 이용하여 FileEntry 객체를 호출하되, 호출한 파일이 없을 때 생성할 필요가 없는 경우이므로 Flags 설정을 null로 합니다. 이 메소드는 실행에 성공하면 gotFileEntry() 콜백 함수를 실행할 것입니다.

소스라인 217~219 : gotFileEntry() 콜백 함수는 FileEntry 객체를 매개변수로 전달받습니다. FileEntry.File() 명령으로 File 객체를 호출합니다. 이 메소드는 실행에 성공하면 gotFile() 콜백 함수를 실행할 것입니다.

소스라인 221~228 : gotFile() 콜백 함수는 File 객체를 전달 변수로 받습니다. 파일 정보를 출력할 객체는 "Fileinfo" 페이지 영역의, 아이디가 "infoList"인 객체입니다. 이 객체에 이전에 출력했던 정보가 있을 수 있으므로 ""으로 초기화합니다. 이 File 객체의 속성을 이용하여 파일의 유형(type), 최종 수정일(lastModifiedDate), 크기(size) 등 파일에 대한 정보를 "Fileinfo" 페이지 영역의 "infoList" 객체에 목록 형식으로 추가합니다.

스텝 **11**

"imageview" 페이지에 대한 자바스크립트 구문을 살펴봅니다. FileReader.readAsDataURL() 메소드로 이미지 파일을 읽어와 <img> 태그에 출력하는 방식으로 사용하고 있습니다.

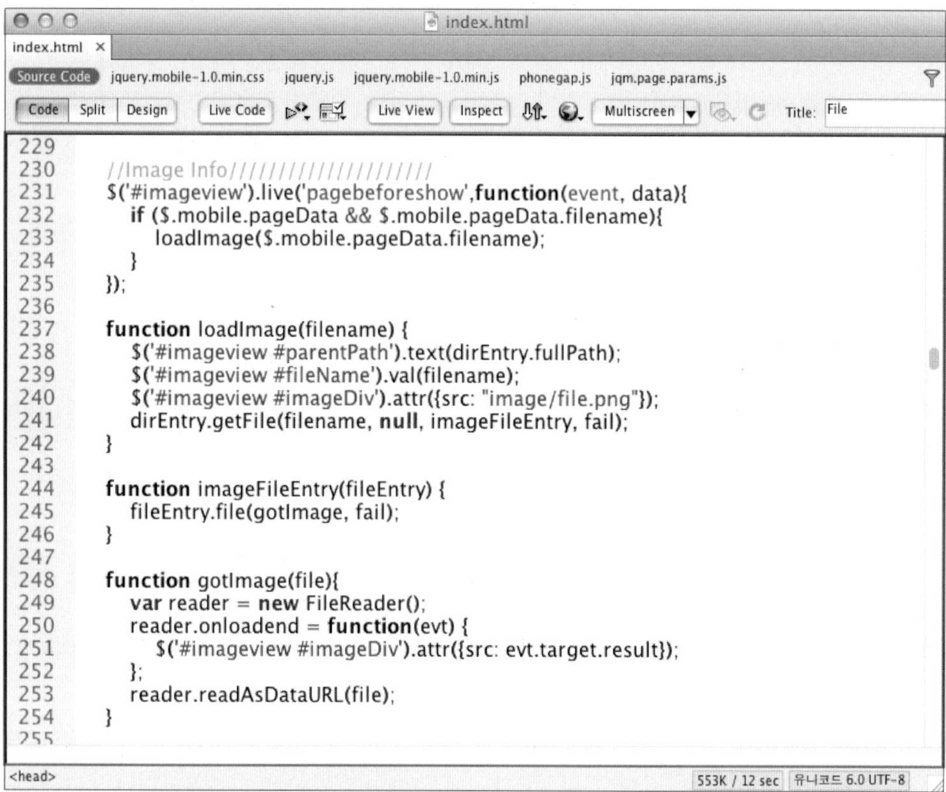

소스라인 231~235 : 아이디가 "imageview"인 페이지를 호출하면 파일명을 전달받아 loadImage() 함수를 실행합니다.

소스라인 237~241 : loadImage() 함수는 파일명을 전달받아 FileEntry 객체를 요청합니다.

소스라인 238 : 아이디가 "imageview"인 객체 안의, 아이디가 "parentPath"인 객체에 현재 디렉토리 (dirPath)의 전체 경로(fullPath)를 출력합니다.

소스라인 239 : 아이디가 "imageview"인 객체 안의, 아이디가 "FileName"인 객체에 전달받은 파일명을 출력합니다.

소스라인 240 : 아이디가 "imageview"인 객체 안의, 아이디가 "iamgeDiv"인 객체는 <img> 객체입니다. 이 객체의 src 속성에 파일 이미지 경로를 대입하여 초기화합니다.

소스라인 241 : DirectoryEntry.getFile() 메소드를 이용하여 이미지 파일의 FileEntry 객체를 요청합니다. 이 메소드는 실행에 성공했을 때 imageFileEntry() 콜백 함수를 실행할 것입니다.

소스라인 244~245 : imageFileEntry() 콜백 함수는 FileEntry 객체를 전달받습니다. FileEntry.File() 메소드를 실행하여 File 객체를 요청합니다. 이 메소드는 실행에 성공했을 때 gotImage() 콜백 함수를 실행할 것입니다.

소스라인 248~254 : gotImage() 콜백 함수는 File 객체를 전달받아 이미지 데이터를 요청하여 화면에 출력할 것입니다.

소스라인 249 : FileReader 객체를 생성하고 그 이름을 "reader"라 정의하고 있습니다.

소스라인 250~252 : 파일 리더가 데이터를 로드했을 때 실행하는 이벤트 구문입니다. 이벤트에서 전달받은 이미지 데이터 (evt.target.result)를 <img> 태그의 src 속성에 그대로 대입하면 화면에 사용자가 선택한 이미지가 출력될 것입니다.

소스라인 253 : FileReader.readAsDataURL() 메소드를 실행하면 지정한 파일 객체의 데이터를 base64 인코딩으로 읽어 옵니다. 이 메소드는 위에서 정의해 둔 onloadend 이벤트 리스너에 읽어온 데이터를 전달합니다.

스텝 **12**

다음은 "파일 이름 바꾸기"에 대한 로직입니다.

```
255
256      // renameFile File /////////////////////////////
257      function renameFile() {
258        if (confirm("Do you want to Rename it?")) {
259          dirEntry.getFile($.mobile.pageData.filename, null, renameFileEntry, fail);
260        }
261      }
262
263      function renameFileEntry(fileEntry) {
264        fileEntry.moveTo(dirEntry, $('#'+$('.ui-page-active').attr('id')+' #fileName').val(),
         fileMoved, fail);
265      }
266
267      function fileMoved(fileEntry) {
268        alert(fileEntry.fullPath + " has been moved.");
269        self.location = "#explorer";
270      }
271
```

소스라인 257~261 : renameFile() 함수는 파일명을 변경해주는 기능을 합니다.

소스라인 258~261 : 변경이나 삭제 인터페이스는 사용자의 실수를 방지하는 장치로, confirm() 과 같은 확인 구문을 사용할 필요가 있습니다. 정말로 이름을 변경할 것인지를 확인 대화상자를 통해 묻고 사용자가 "OK" 버튼은 눌렀을 때만 이름 바꾸기 명령을 실행하도록 작성하고 있습니다.

소스라인 259 : 지정한 파일의 이름을 변경하려면 먼저, 변경 전 파일의 FileEntry 객체를 호출해야 합니다. Directory.getFile() 메소드로 FileEntry 객체를 요청하는데, 변경 전 원본 파일의 이름은 페이지 전달 변수로 받아온 $.mobile.pageData.Fileaname을 사용합니다. 이 메소드는 실행에 성공했 을 때 renameFileEntry() 콜백 함수를 호출합니다.

소스라인 263~265 : renameFileEntry() 콜백 함수는 FileEntry 객체를 전달받습니다. FileEntry .moveTo() 메소드를 실행하여 사용자가 입력한 파일명으로 파일명 변경을 요청합니다. 파일명 변경 요청은 "notepad", "Fileinfo", "imageview" 등 3개의 화면에서 요청할 수 있습니다. 따라서 사용자가 변경할 파일명을 입력하는 <input> 객체는 다릅니다. 하지만 객체의 아이디는 모두 "FileName" 입니다. 이와 같은 경우 현재 화면에 나타난 페이지의, 아이디가 "FileName"인 <input> 객체에 입력한 값을 가져와야 합니다. jQuery Mobile은 $(객체 아이디 또는 태그명) 형식으로 HTML 객체를 찾을 수 있으며, $('.ui-page-active')와 같은 방식으로 현재 화면에 나타난 페이지 객체를 호출할 수도 있습니다.

이 두 가지 특성을 이용하여 $('.ui-page-active').attr('id')로 현재 페이지의 아이디를 구하고 "FileName" 아이디와 조합하여 현재 페이지에 있는 "FileName"을 아이디로 하는 객체의 값을 구할 수 있습니다. FileEntry.moveTo() 메소드는 실행에 성공하면 FileMoved() 콜백 함수를 호출할 것입니다.

소스라인 267~270 : FileMoved() 콜백 함수는 FileEntry 객체를 전달받습니다. 이 FileEntry 객체는 이름이 변경된 객체입니다. alert() 함수로 이름이 변경된 파일의 전체 경로를 보여주고, "explorer" 페이지로 이동하도록 작성하고 있습니다.

스텝 13

다음은 파일을 삭제하는 로직입니다. FileEntry.remove() 메소드를 활용하여 사용자가 선택한 파일을 삭제하고 있습니다.

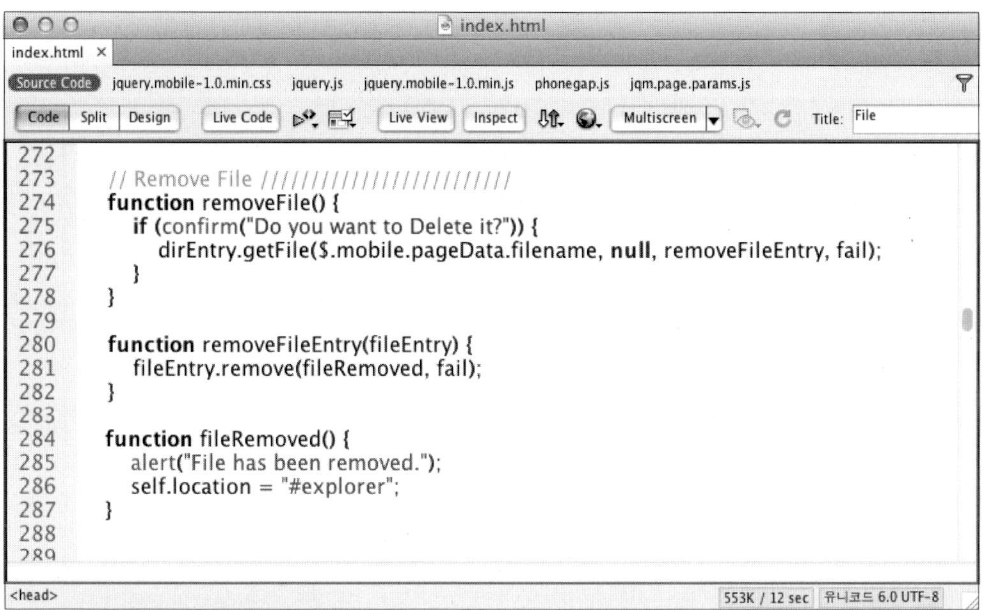


```
272
273     // Remove File ///////////////////////////
274     function removeFile() {
275         if (confirm("Do you want to Delete it?")) {
276             dirEntry.getFile($.mobile.pageData.filename, null, removeFileEntry, fail);
277         }
278     }
279
280     function removeFileEntry(fileEntry) {
281         fileEntry.remove(fileRemoved, fail);
282     }
283
284     function fileRemoved() {
285         alert("File has been removed.");
286         self.location = "#explorer";
287     }
288
289
```


소스라인 274~278 : removeFile() 함수는 사용자에게 정말로 삭제할 것인지를 확인하는 대화상자를 출력하고 사용자가 "OK" 버튼을 눌렀을 때 FileEntry 객체를 호출하여 파일을 삭제하는 removeFileEntry() 콜백 함수를 호출하도록 정의하고 있습니다.

소스라인 280~282 : removeFileEntry() 콜백 함수는 FileEntry 객체를 전달받습니다. FileEntry.remove() 메소드를 실행하여 성공했을 때 FileRemoved() 콜백 함수를 실행하도록 정의하고 있습니다.

소스라인 284~287 : FileRemoved() 콜백 함수는 alert()로 안내문을 출력하고 "explorer" 페이지로 화면 전환하도록 정의하고 있습니다.

스텝 14

다음은 휴지통에 대한 로직입니다. 파일이나 폴더를 삭제할 때 휴지통에 버려두었다가 휴지통을 비우면서 완전히 삭제하는 방식입니다.

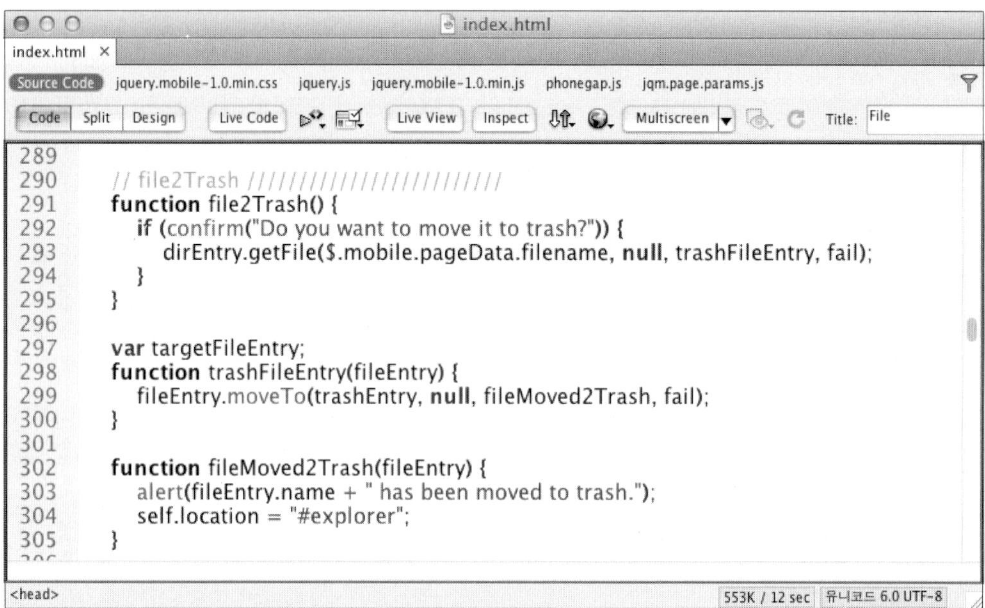


```
289
290      // file2Trash ////////////////////////////
291      function file2Trash() {
292        if (confirm("Do you want to move it to trash?")) {
293          dirEntry.getFile($.mobile.pageData.filename, null, trashFileEntry, fail);
294        }
295      }
296
297      var targetFileEntry;
298      function trashFileEntry(fileEntry) {
299        fileEntry.moveTo(trashEntry, null, fileMoved2Trash, fail);
300      }
301
302      function fileMoved2Trash(fileEntry) {
303        alert(fileEntry.name + " has been moved to trash.");
304        self.location = "#explorer";
305      }
```


소스라인 291~295 : File1Tarsh() 함수는 사용자가 지정한 파일을 휴지통 폴더인 "OWLTrash" 폴더로 이동시킬 것입니다. 그 전에 confirm()으로 사용자에게 정말로 휴지통에 버릴 것인지를 묻게 합니다. DirectoryEntry.getFile() 메소드로 사용자가 지정한 파일인 $.mobile.pageData.Filename에 대한 FileEntry를 요청합니다. 이 메소드는 실행에 성공하면 trashFileEntry() 콜백 함수를 호출할 것입니다.

소스라인 297 : targetFileEntry 객체를 전역 객체로 선언합니다. 이 객체는 본 사례에서 활용하고 있지 않습니다. 개발 과정에 남아 있는 변수입니다.

소스라인 298~300 : trashFileEntry() 콜백 함수는 FileEntry 객체를 전달받습니다. FileEntry.moveTo() 메소드를 실행하여 지정한 파일을 휴지통 폴더로 이동하도록 요청합니다. 이 메소드는 실행에 성공하면 FileMoved2Tarsh() 콜백 함수를 호출할 것입니다.

소스라인 302~305 : FileMoved2Tarsh() 콜백 함수는 휴지통으로 이동한 FileEntry 객체를 전달받습니다. alert()로 안내문을 출력하고 "explorer" 페이지로 이동하도록 정의하고 있습니다.

스텝 15

다음은 새 폴더 생성 로직입니다.

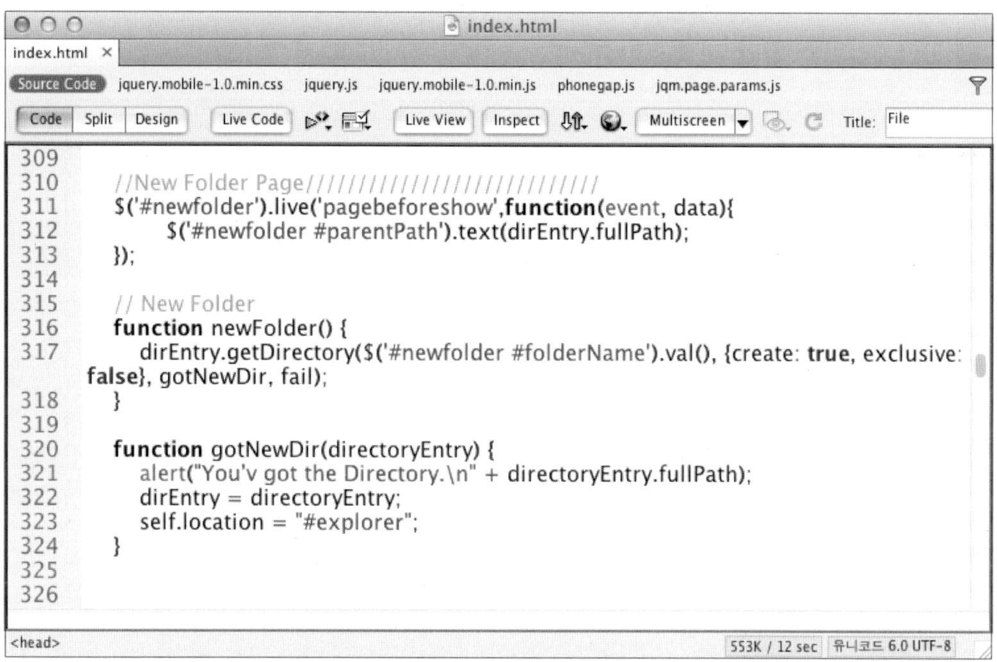


```
309
310        //New Folder Page///////////////////////////////
311        $('#newfolder').live('pagebeforeshow',function(event, data){
312            $('#newfolder #parentPath').text(dirEntry.fullPath);
313        });
314
315        // New Folder
316        function newFolder() {
317            dirEntry.getDirectory($('#newfolder #folderName').val(), {create: true, exclusive:
       false}, gotNewDir, fail);
318        }
319
320        function gotNewDir(directoryEntry) {
321            alert("You'v got the Directory.\n" + directoryEntry.fullPath);
322            dirEntry = directoryEntry;
323            self.location = "#explorer";
324        }
325
326
```


소스라인 311~313 : "newfolder" 페이지가 요청되면 화면이 나타나기 전에 "newfolder" 페이지 영역 안에 있는 "parentPath" 영역에 현재 디렉토리의 전체 경로를 출력합니다.

소스라인 316~318 : newFolder() 함수는 Directory.getDirectory() 메소드로 새 폴더 생성 요청을 합니다. Directory.getDirectory() 메소드로 폴더 생성을 요청하려면 Flags 객체의 create 속성을 true로 설정해야 합니다. 사용자는 "newfolder" 페이지 영역에 있는, "folderName"을 아이디로 하는 <input> 객체에 생성할 폴더명을 입력합니다. 이 입력 값을 이용하여 폴더 생성을 요청합니다. Directory.getDirectory() 메소드는 실행에 성공했을 때 gotNewDir() 콜백 함수를 요청할 것입니다.

소스라인 320~324 : gotNewDir() 콜백 함수는 DirectoryEntry 객체를 전달받습니다. alert()로 생성된 폴더의 전체 경로를 안내하고, 현재 디렉토리를 기록하는 dirEntry 전역 객체에 전달받은 DirectoryEntry를 대입하여 새로 생성한 폴더로 이동할 준비를 합니다. self.location에 "#explorer"를 대입하여 "explorer" 페이지 영역이 화면에 나타나도록 하면, 변경된 새로 생성된 폴더인 dirEntry 객체를 기준으로 디렉토리 이동을 구현할 수 있습니다.

스텝 16

다음은 폴더 이름을 변경할 수 있는 "editfolder" 화면에 현재 폴더의 정보를 출력하는 구문입니다.

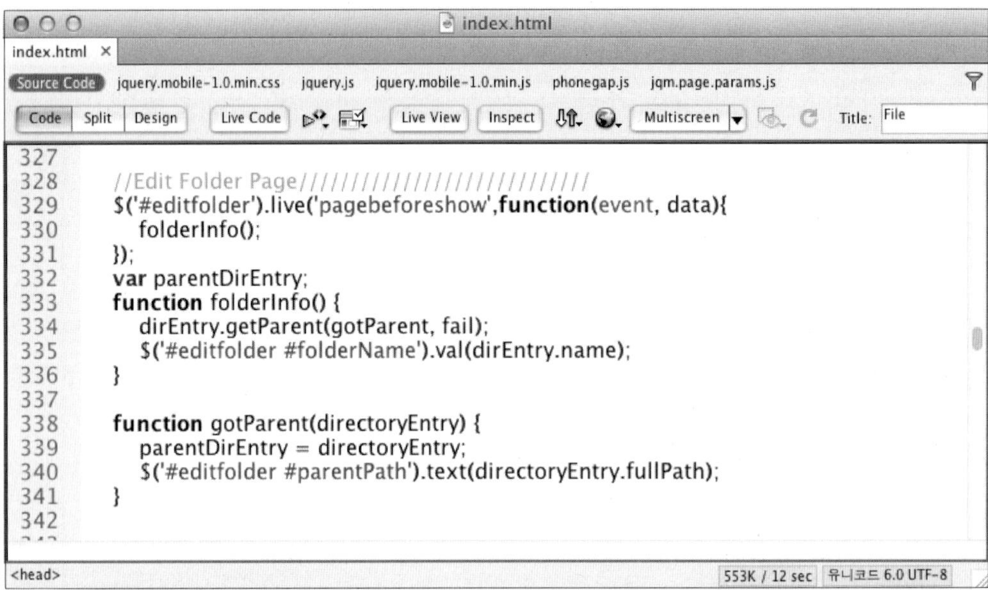


```javascript
327
328    //Edit Folder Page///////////////////////////////
329    $('#editfolder').live('pagebeforeshow',function(event, data){
330       folderInfo();
331    });
332    var parentDirEntry;
333    function folderInfo() {
334       dirEntry.getParent(gotParent, fail);
335       $('#editfolder #folderName').val(dirEntry.name);
336    }
337
338    function gotParent(directoryEntry) {
339       parentDirEntry = directoryEntry;
340       $('#editfolder #parentPath').text(directoryEntry.fullPath);
341    }
342
```

소스라인 329~331 : "editfolder" 페이지 영역이 화면에 나타나기 전에 folderInfo() 함수를 실행하여 현재 디렉토리에 대한 정보를 화면에 출력합니다.

소스라인 332 : parentDirEntry라는 전역 객체를 선언합니다. 이 객체는 현재 디렉토리의 이름을 변경하거나 이동할 때 필요한 상위 디렉토리를 기록해둘 것입니다.

소스라인 333~336 : folderInfo() 함수는 Directory.getParent() 메소드로 현재 디렉토리에 대한 상위 디렉토리 정보를 요청하고, "editfolder" 페이지의, "folderName"를 아이디로 하는 객체에 현재 디렉토리에 대한 폴더명을 출력합니다. Directory.getParent() 메소드는 실행에 성공했을 때 gotParent() 콜백 함수를 요청합니다.

소스라인 338~341 : gotParent() 콜백 함수는 DiectoryEntry 객체를 전달받습니다. 전달받은 DiectoryEntry는 상위 디렉토리를 의미합니다. 이 객체를 parentDirEntry 전역 객체에 기록해 둡니다. "editfolder" 페이지의 "parentPath" 영역에는 상위 디렉토리의 전체 경로를 출력하고 있습니다.

스텝 **17**

다음은 폴더 이름을 변경하는 로직입니다. Directory.moveTo() 메소드를 활용하여 폴더 이름을
변경하고 있습니다.

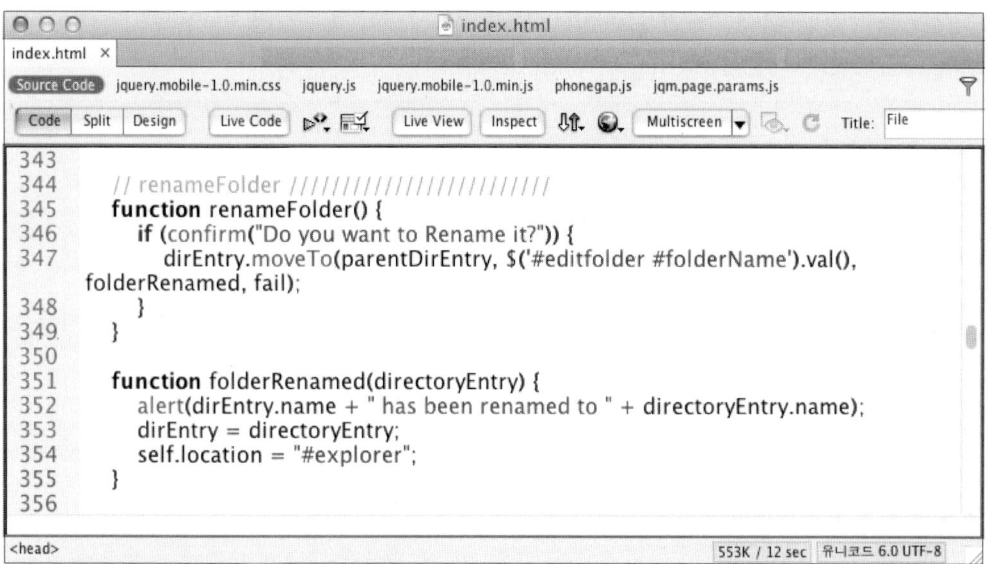

소스라인 345~349 : renameFolder() 함수는 confirm()으로 정말로 폴더명을 변경할 것인지를
묻고, "OK" 버튼을 누르면 Directory.moveTo() 메소드로 폴더 이름을 변경할 것을 요청합니다.
Directory.moveTo() 메소드를 실행하려면 상위 디렉토리 엔트리가 필요한데, 앞서 전역 객체로
기록해두었던 parentDirEntry 객체를 사용합니다. 사용자가 입력한 변경할 폴더명은 "editfolder"
페이지 안의, 아이디가 "folderName"인 <input> 객체에 있습니다. 이 값으로 폴더명 변경을 요청합니
다. Directory.moveTo() 메소드는 실행에 성공했을 때 folderRenamed() 콜백 함수를 실행할 것입니
다.

소스라인 351~355 : folderRenamed() 콜백 함수는 이름이 변경된 후의 DirectoryEntry 객체를
받아옵니다. 폴더명 변경 상태를 alert() 문으로 안내하고, 현재 디렉토리인 dirEntry 전역 객체에
변경된 디렉토리 엔트리를 대입하여 변경된 폴더로 이동할 준비를 하고, self.location에 "$explorer"
를 대입하여 파일 탐색기를 갱신합니다.

스텝 **18**

다음은 폴더를 삭제하는 구문입니다. Directory.remove() 메소드로 폴더 삭제를 요청하는데 이 때 삭제할 폴더 안에 아무 것도 없어야 삭제할 수 있다는 점을 상기하기 바랍니다. 본 프로젝트에서는 폴더 안에 폴더 또는 파일이 있을 경우는 휴지통에 버리기 기능을 사용하도록 유도할 것입니다.

```
356
357    // Remove Folder ////////////////////////////
358    function removeFolder() {
359      if (confirm("Do you want to Delete it?")) {
360        var tmpDirEntry = dirEntry; dirEntry = parentDirEntry;
361        tmpDirEntry.remove(dirRemoveAll, fail);
362      }
363    }
364
365    function dirRemoveAll() {
366      alert("Folder has been removed.");
367      self.location = "#explorer";
368    }
369
```

소스라인 358~363 : removeFolder() 함수는 confirm()으로 삭제 여부를 확인하도록 하고, DirectoryEntry.remove() 메소드로 지정한 폴더 삭제를 요청합니다. 현재 폴더를 삭제할 것인데 삭제 후에는 현재 폴더를 상위 폴더로 변경해주어야 오류가 발생하지 않습니다. 그래서 본 사례는 tmpDirEntry에 현재 디렉토리를 기록해두었다가 삭제할 때 tmpDirEntry 객체를 사용하고, 현재 디렉토리를 의미하는 dirEntry 객체에 상위 디렉토리인 parentDirEntry 객체를 대입하고 있습니다. DirectoryEntry.remove() 메소드로 폴더 삭제를 요청합니다. 이 메소드는 실행에 성공하면 irRemoveAll() 콜백 함수를 호출합니다.

소스라인 365~368 : dirRemoveAll() 콜백 함수는 alert() 구문으로 안내문을 출력하고 "explorer" 페이지로 이동하게 합니다.

스텝 **19**

다음은 현재 폴더를 휴지통에 버리는 구문입니다.

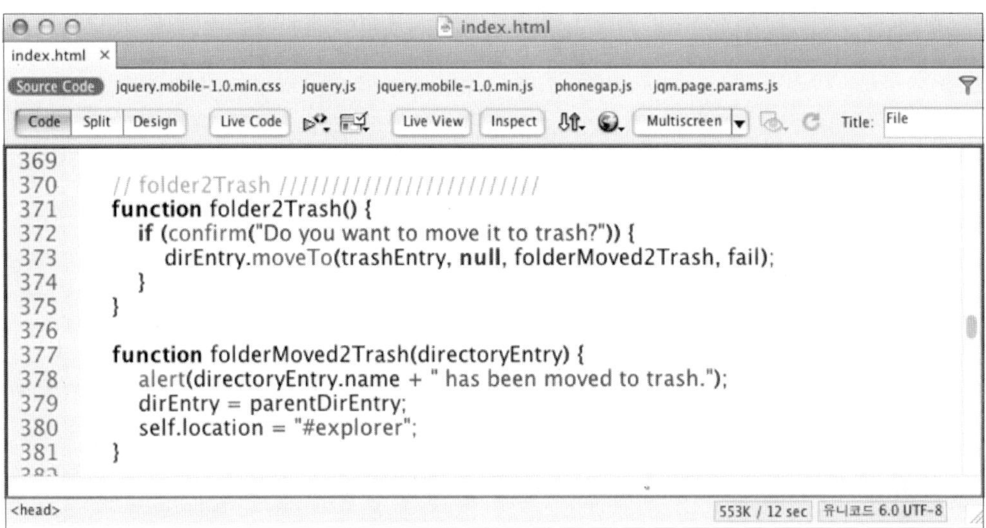


```
369
370    // folder2Trash /////////////////////////////
371    function folder2Trash() {
372        if (confirm("Do you want to move it to trash?")) {
373            dirEntry.moveTo(trashEntry, null, folderMoved2Trash, fail);
374        }
375    }
376
377    function folderMoved2Trash(directoryEntry) {
378        alert(directoryEntry.name + " has been moved to trash.");
379        dirEntry = parentDirEntry;
380        self.location = "#explorer";
381    }
382
```


소스라인 371~375 : folder2Trash() 함수는 DirectoryEntry.moveTo() 메소드로 현재 폴더를 휴지통으로 이동시키는 요청을 합니다. 이 메소드는 실행에 성공하면 folderMoved2Trash() 콜백 함수를 실행합니다.

소스라인 377~381 : folderMoved2Trash() 콜백 함수는 휴지통에 버린 폴더에 대한 DirectoryEntry 객체를 전달받습니다. alert()로 안내문을 출력하고, 상위 디렉토리로 이동하도록 parentDirEntry 객체를 현재 디렉토리인 dirEntry 전역 객체에 대입하고 "#explorer" 페이지를 요청하여 탐색기 화면을 요청합니다.

스텝 20

다음은 휴지통을 비우는 기능을 구현하고 있습니다.

```
382
383     //emptyTrash////////////////////////////////
384     function emptyTrash() {
385         if (confirm("Do you want to Empty Trash?")) {
386             trashEntry.removeRecursively(trashEmptied, fail);
387         }
388     }
389
390     function trashEmptied() {
391         alert("Trash has been Emptied.");
392         makeTrash();
393         chdir("");
394     }
395
```

소스라인 384~388 : emptyTrash() 함수는 confirm()으로 확인 과정을 거친 후, DirectoryEntry
.removeRecursively() 메소드로 휴지통 폴더를 영구 삭제하는 요청을 합니다. 이 메소드는 실행에
성공했을 때 trashEmptied() 콜백 함수를 호출합니다.

소스라인 390~394 : trashEmptied() 콜백 함수는 휴지통이 비워졌음을 alert()로 안내하고,
makeTrash() 함수를 실행하여 휴지통 폴더를 새로 생성하며, chdir("") 함수로 최상위 디렉토리로
이동하게 합니다.

스텝 **21**

다음은 서버에 파일을 업로드하는 로직입니다.

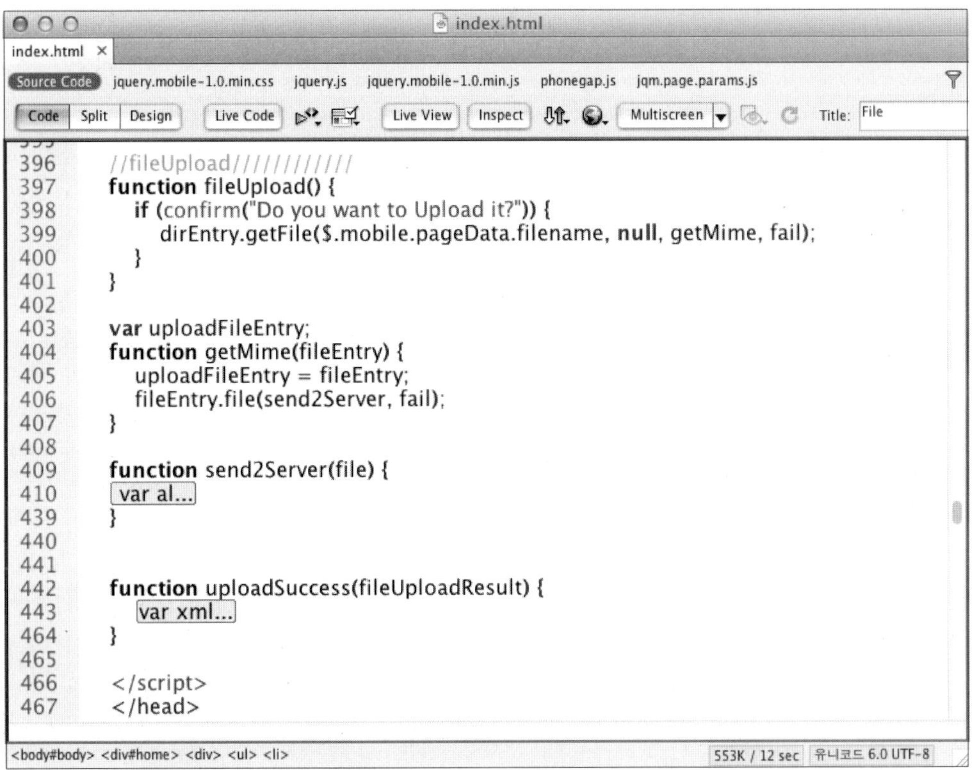


```
396      //fileUpload////////////
397      function fileUpload() {
398         if (confirm("Do you want to Upload it?")) {
399            dirEntry.getFile($.mobile.pageData.filename, null, getMime, fail);
400         }
401      }
402
403      var uploadFileEntry;
404      function getMime(fileEntry) {
405         uploadFileEntry = fileEntry;
406         fileEntry.file(send2Server, fail);
407      }
408
409      function send2Server(file) {
410         var al...
439      }
440
441
442      function uploadSuccess(fileUploadResult) {
443         var xml...
464      }
465
466      </script>
467      </head>
```


소스라인 397~401 : FileUpload() 함수는 confirm()으로 확인 과정을 거친 후, DirectoryEntry
.getFile() 메소드로 업로드할 파일 ($.mobile.pageData.Filename)에 대한 FileEntry 객체를 요청합니
다. 이 메소드는 실행에 성공했을 때 getMime() 콜백 함수를 호출합니다.

소스라인 403 : 업로드할 파일을 기록해둘 uploadFileEntry 전역 객체를 선언합니다.

소스라인 404~407 : getMime() 콜백 함수는 FileEntry 객체를 전달받고, 이 FileEntry를 uploadFile
Entry 전역 객체에 기록해둡니다. FileEntry.File() 메소드로 File 객체를 요청합니다. 이 메소드는
실행에 성공했을 때 send2server() 콜백 함수를 호출할 것입니다.

소스라인 409~439 : send2server() 콜백 함수는 File 객체를 전달받고, 파일의 Mime-Type과
확장자에 따라 업로드를 제어하고 서버에 업로드를 요청하는 기능을 합니다. 줄임 표시로 보여주고
있는 부분은 잠시 후 분석해보도록 합니다. 업로드를 요청한 후 성공하면 uploadSuccess() 콜백
함수를 요청할 것입니다.

소스라인 442~464 : uploadSuccess() 콜백 함수는 FileUploadResult 객체를 전달받습니다. 줄임
표시에 대한 소스는 잠시 후에 분석합니다.

스텝 22

줄임 표시로 보여줬던 send2Server() 콜백 함수를 살펴봅니다.

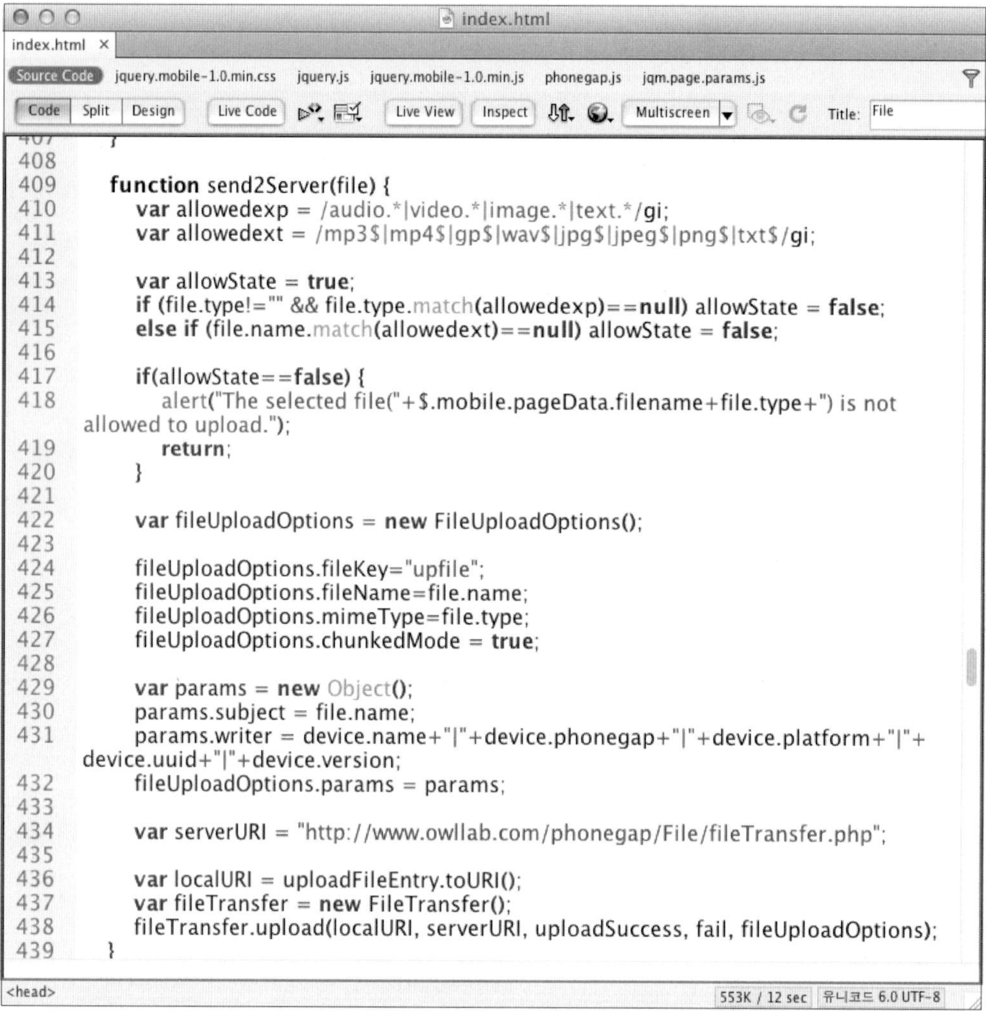


```
407        }
408
409        function send2Server(file) {
410            var allowedexp = /audio.*|video.*|image.*|text.*/gi;
411            var allowedext = /mp3$|mp4$|gp$|wav$|jpg$|jpeg$|png$|txt$/gi;
412
413            var allowState = true;
414            if (file.type!="" && file.type.match(allowedexp)==null) allowState = false;
415            else if (file.name.match(allowedext)==null) allowState = false;
416
417            if(allowState==false) {
418                alert("The selected file("+$.mobile.pageData.filename+file.type+") is not
        allowed to upload.");
419                return;
420            }
421
422            var fileUploadOptions = new FileUploadOptions();
423
424            fileUploadOptions.fileKey="upfile";
425            fileUploadOptions.fileName=file.name;
426            fileUploadOptions.mimeType=file.type;
427            fileUploadOptions.chunkedMode = true;
428
429            var params = new Object();
430            params.subject = file.name;
431            params.writer = device.name+"|"+device.phonegap+"|"+device.platform+"|"+
        device.uuid+"|"+device.version;
432            fileUploadOptions.params = params;
433
434            var serverURI = "http://www.owllab.com/phonegap/File/fileTransfer.php";
435
436            var localURI = uploadFileEntry.toURI();
437            var fileTransfer = new FileTransfer();
438            fileTransfer.upload(localURI, serverURI, uploadSuccess, fail, fileUploadOptions);
439        }
```


소스라인 410 : 업로드 가능한 Mime-Type을 정규표현식으로 정의하고 있습니다.

소스라인 411 : 업로드 가능한 확장자를 정규표현식으로 정의하고 있습니다.

소스라인 413 : allowState라는 Boolean 변수를 선언하고 업로드 가능 여부를 기록할 것입니다. 기본 값은 true로 설정해둡니다.

소스라인 414 : File.type 값을 지원하면 업로드 가능한 Mime-Type에 해당하는지를 match() 명령으로 확인하고, 해당하지 않을 경우 allowState 값을 false로 기록해둡니다.

소스라인 415 : File.type 값을 지원하지 않을 경우 파일명이 업로드 가능한 확장자로 되어 있는지를 match() 명령으로 확인하고 확장자가 합당하지 않을 경우 allowState 값에 flase를 기록합니다.

소스라인 417~419 : allowState 값이 false이면 업로드 제한에 걸린 것이므로 안내문을 출력하고 로직을 중단합니다.

소스라인 422 : FileUploadOptions 객체를 생성하고 업로드에 대한 옵션을 설정합니다.

소스라인 424 : FileKey 옵션은 업로드할 파일에 대한 변수명입니다. "upFile"이라 정의하고 있습니다.

소스라인 425 : FileName 옵션은 업로드할 파일의 이름을 정의합니다. 전달받은 File 객체에서 파일명을 추출하여 사용하고 있습니다.

소스라인 426 : mimeType 옵션은 업로드할 파일의 Mime-Type을 정의합니다. 전달받은 File 객체에서 Mime-Type을 추출하여 사용하고 있습니다.

소스라인 427 : chunkedMode 옵션을 업로드할 때 대형 스트림 방식을 사용할 것인지를 설정합니다. true 값을 대입하고 있습니다.

소스라인 429 : 업로드하면서 같이 전달할 "변수=값"들을 기록하기 위해 params라는 Object 객체를 선언합니다.

소스라인 430 : 변수명이 "subject"인 전달 변수에 파일명을 기록하고 있습니다.

소스라인 431 : 변수명이 "writer"인 전달 변수에 단말기 정보를 기록하고 있습니다.

소스라인 432 : 위와 같이 준비한 params 객체를 업로드 옵션의 params 속성에 대입합니다.

소스라인 434 : 파일을 업로드할 서버 주소를 정의하고 있습니다. 이 주소는 아울 서버에서 지원하는 실험용 주소입니다. PHP 서버에 대한 지식이 있고 서버를 준비한 독자는 이 부분을 수정하여 실험할 수 있습니다.

소스라인 436 : 업로드할 파일의 경로를 URI로 호출해 localURI 변수에 기록해둡니다.

소스라인 437 : FileTransfer 객체를 생성하고 업로드를 요청할 준비를 합니다.

소스라인 438 : FileTransfer.upload() 메소드로 서버에 업로드를 요청합니다. 이 메소드는 실행에 성공하면 uploadSuccess() 콜백 함수를 호출할 것입니다.

스텝 23

uploadSuccess() 콜백 함수는 FileUploadResult 객체를 전달받아 다음과 같이 정의하고 있습니다. 서버에 업로드를 요청하면 서버는 XML 문서로 그 결과를 리턴하고 있어 서버에서 전달받은 XML 문서를 해독하는 기능을 사용하고 있다는 점이 이 함수의 주요 기술사항입니다.

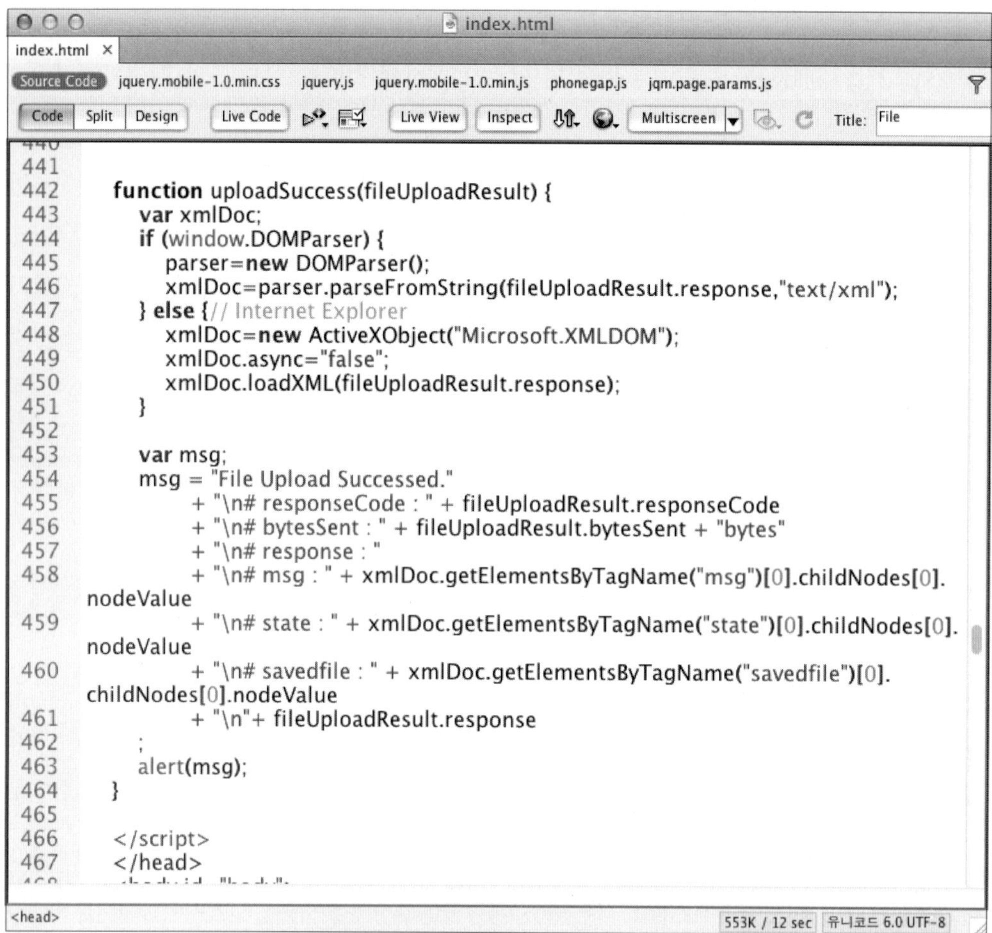


```
441
442      function uploadSuccess(fileUploadResult) {
443         var xmlDoc;
444         if (window.DOMParser) {
445            parser=new DOMParser();
446            xmlDoc=parser.parseFromString(fileUploadResult.response,"text/xml");
447         } else {// Internet Explorer
448            xmlDoc=new ActiveXObject("Microsoft.XMLDOM");
449            xmlDoc.async="false";
450            xmlDoc.loadXML(fileUploadResult.response);
451         }
452
453         var msg;
454         msg = "File Upload Successed."
455              + "\n# responseCode : " + fileUploadResult.responseCode
456              + "\n# bytesSent : " + fileUploadResult.bytesSent + "bytes"
457              + "\n# response : "
458              + "\n# msg : " + xmlDoc.getElementsByTagName("msg")[0].childNodes[0].
     nodeValue
459              + "\n# state : " + xmlDoc.getElementsByTagName("state")[0].childNodes[0].
     nodeValue
460              + "\n# savedfile : " + xmlDoc.getElementsByTagName("savedfile")[0].
     childNodes[0].nodeValue
461              + "\n"+ fileUploadResult.response
462           ;
463         alert(msg);
464      }
465
466      </script>
467      </head>
```


소스라인 433 : 서버에서 전달받은 XML 문서를 해독한 후 기록할 xmlDoc 객체를 선언하고 있습니다.

소스라인 434~451 : 자바스크립트에서 XML을 해독할 때는 웹브라우저가 지원하는 XML 해독기가
어떤 것인지 확인할 필요가 있습니다. window.DOMParser를 지원하는 브라우저와 Microsoft.XML
DOM을 지원하는 브라우저에 따라 구분하여 XML 해독기를 선택적으로 호출합니다.

소스라인 445 : DOMParser 객체를 생성합니다.

소스라인 446 : 전달받은 FileUploadResult 객체에서 서버로 부터 받아온 응답 데이터를 text/xml
형식으로 받아 xmlDoc에 기록합니다.

소스라인 448~450 : MS 윈도즈의 익스플로러일 경우 Microsoft.XMLDOM ActiveX 객체를 이용하
여 서버에서 받아온 응답 데이터를 XML로 해독하고 xmlDoc에 기록합니다.

소스라인 453~463 : msg 변수에 서버에서 전달받은 응답정보를 기록합니다. 서버에서 전달받은
FileUploadResult 객체에서 응답코드(responseCode)와 서버에 전송한 데이터의 용량(bytesSent)을

안내문에 추가 작성하고, xmlDom 객체에서 msg, state, savedFile 등의 값을 찾아 안내문에 추가 작성한 후 alert() 명령으로 안내문을 출력합니다. 서버는 다음과 같은 응답 데이터를 XML 문서로 제공할 것입니다.

```xml
<?xml version="1.0" encoding="UTF-8"?>
<info>
 <msg>Upload is successful!</msg>
 <state>1</state>
 <subject><![CDATA[2011-12-14 15.14.04.jpg]]></subject>
 <writer><![CDATA[SHW-M180S|1.3.0|Android|9774d56d682e549c|2.3.4]]></writer>
 <orgFile><![CDATA[2011-12-14 15.14.04.jpg]]></orgFile>
 <savedFile><![CDATA[20120108020559_120.jpg]]></savedFile>
</info>
```

PHP 업로드 소스 분석

파일 업로드 실험을 하려면 PHP 서버를 구축하고 파일 업로드를 수용할 PHP 서버 작업이 필요합니다. 물론, JSP 서버나 ASP 서버에서도 가능합니다. 본 사례는 PHP 서버를 기준으로 업로드 서버를 구현하는 사례를 보여줍니다.

FileTransfer.php 소스를 다음과 같이 작성하여 PHP 서버에 탑재합니다. 참고로 본 사례에서 보여주고 있는 업로드 소스는 가장 필수적인 구문으로 간단하게 구현했습니다. 파일 업로드의 경우 해킹의 최우선 대상이기 때문에 많은 보안 조치가 필요합니다. 예를 들어, 업로드 용량을 제한한다든지 필요에 따라 인증된 회원 또는 단말기만 업로드할 수 있게 하는 등의 조치가 업로드의 기능과 목적에 따라 추가로 필요할 수 있습니다. 아울연구소 서버에서 제공하는 실험용 서버 주소도 여건에 따라 사용을 제한할 수 있다는 점을 염두하고 다음의 설명을 살펴보기 바랍니다.

> **참고 업로드 폴더는 접근권한을 0777로 설정해야...**
>
> 웹서버에 대한 기초 지식이 있는 개발자라면 당연한 업로드 조치사항입니다. 본 사례는 업로드 폴더로 Files 폴더를 사용하고 있는데 이 폴더에 대한 권한을 업로드할 수 있도록 설정할 필요가 있습니다. 업로드 폴더에 대한 권한은 서버의 환경과 정책에 따라 다양하게 처리할 수 있습니다. 근본 원리는 웹서버에 할당한 사용자 계정이 업로드 폴더에 저장할 수 있는 권한을 부여해야 하는데 있습니다. 만일 웹서버가 아파치이고, 아파치 서버 프로그램이 사용하는 계정이 "apache"이면 이 계정이 업로드 폴더에 저장할 수 있는 권한이 있도록 설정하면 됩니다. 하지만 여러 가지 서버의 상황이 있기 때문에 일반적으로 매뉴얼에서는 업로드 서버는 chmod를 777로 설정한다고 설명하고 있습니다. chmod는 유닉스/리눅스 시스템에서 파일이나 폴더의 접근권한을 설정하는 명령입니다. 여기까지의 이해가 어려우면 웹서버에 대한 지식이 부족한 것이므로 PHP 또는 웹서버에 대한 학습이 필요합니다. 웹서버는 본서의 주제에 벗어나므로 더 이상 언급하지 않도록 하겠습니다.

본 사례는 PHP 5.X 버전에서 실험한 것입니다. PHP 4.X 이하의 버전을 지원하는 서버에서는 올바르게 작동하지 않을 수 있습니다. 예를 들어, $_FileS와 같은 변수는 5.X 버전부터 지원하고, $4.X 이하 버전에서는 $HTTP_POST_FileS와 같은 방식으로 작성해야 하며, 파일 업로드용으로 지원하는 move_uploaded_File() 함수는 PHP 4.0.3 버전 이상에서만 지원한다는 점도 주의해야 합니다.

스텝 **1**

FileTransfer.php 소스를 살펴보면 다음과 같습니다.

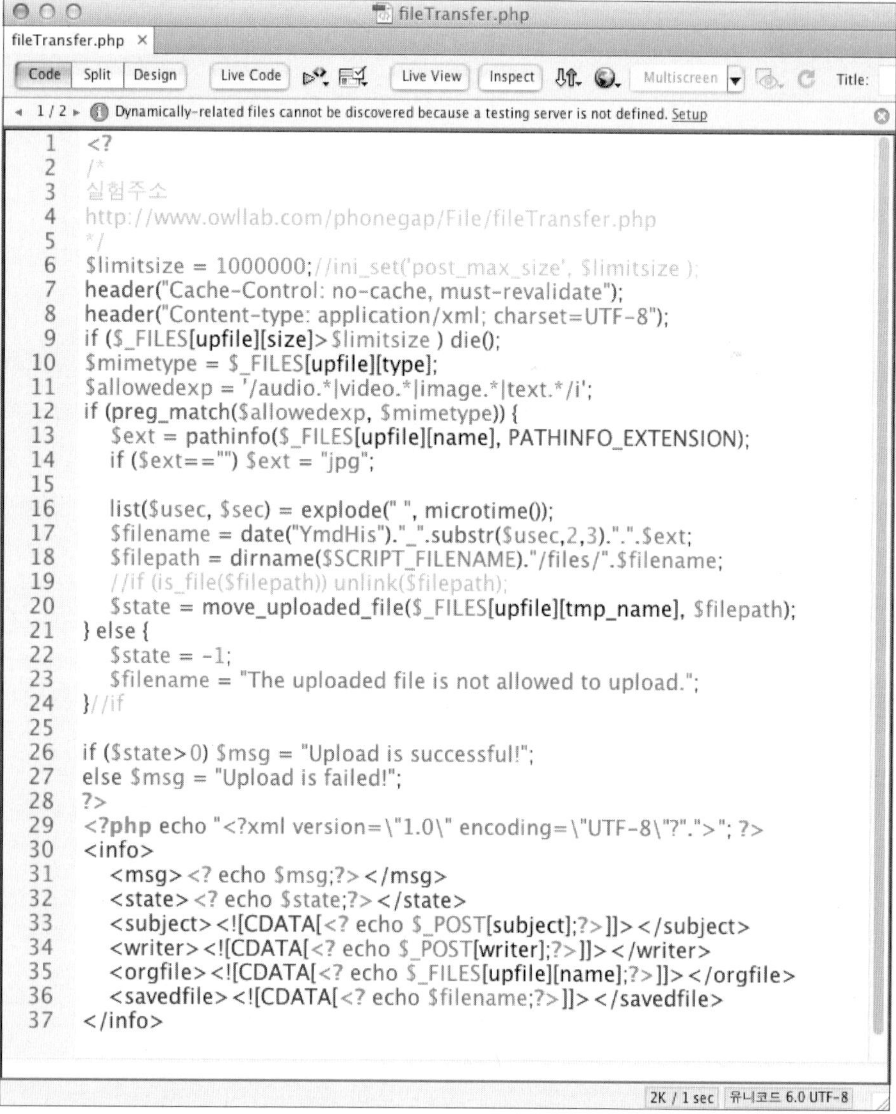

```php
<?
/*
실험주소
http://www.owllab.com/phonegap/File/fileTransfer.php
*/
$limitsize = 1000000;//ini_set('post_max_size', $limitsize );
header("Cache-Control: no-cache, must-revalidate");
header("Content-type: application/xml; charset=UTF-8");
if ($_FILES[upfile][size]>$limitsize ) die();
$mimetype = $_FILES[upfile][type];
$allowedexp = '/audio.*|video.*|image.*|text.*/i';
if (preg_match($allowedexp, $mimetype)) {
    $ext = pathinfo($_FILES[upfile][name], PATHINFO_EXTENSION);
    if ($ext=="") $ext = "jpg";

    list($usec, $sec) = explode(" ", microtime());
    $filename = date("YmdHis")."_".substr($usec,2,3).".".$ext;
    $filepath = dirname($SCRIPT_FILENAME)."/files/".$filename;
    //if (is_file($filepath)) unlink($filepath);
    $state = move_uploaded_file($_FILES[upfile][tmp_name], $filepath);
} else {
    $state = -1;
    $filename = "The uploaded file is not allowed to upload.";
}//if

if ($state>0) $msg = "Upload is successful!";
else $msg = "Upload is failed!";
?>
<?php echo "<?xml version=\"1.0\" encoding=\"UTF-8\"?>."; ?>
<info>
    <msg><? echo $msg;?></msg>
    <state><? echo $state;?></state>
    <subject><![CDATA[<? echo $_POST[subject];?>]]></subject>
    <writer><![CDATA[<? echo $_POST[writer];?>]]></writer>
    <orgfile><![CDATA[<? echo $_FILES[upfile][name];?>]]></orgfile>
    <savedfile><![CDATA[<? echo $filename;?>]]></savedfile>
</info>
```

소스라인 6 : 업로드 제한 용량을 1M로 설정하고 있습니다.

소스라인 7~8 : PHP 언어로 XML 문서임을 선언하고 캐시를 사용하지 않도록 선언하고 있습니다.

소스라인 9 : 업로드한 파일이 1M를 초과하면 이하 구문을 실행하지 못하도록 die() 명령을 실행하고 있습니다. 본 사례는 실험을 위한 소스이기 때문에 사용자에 대한 상세한 배려는 하지 않고 있습니다. 실제 운영할 때는 업로드 제한에 걸렸을 때 이에 대한 안내를 하는 추가 구문이 더 필요합니다.

소스라인 10 : 업로드 받은 "upFile" 파일의 Mime-Type 정보를 호출하여 $mimetype 변수에 기록해 둡니다.

소스라인 11 : 업로드를 허용할 Mime-Type을 정규표현식으로 작성하고 있습니다.

소스라인 12~24 : 업로드 받은 파일의 Mime-Type이 허용 가능한 파일이면 업로드에 대한 처리를 실행하고 그렇지 않으면 업로드 실패 처리를 합니다.

소스라인 13~14 : 업로드한 파일의 확장자를 추출하여 $ext 변수에 기록해둡니다.

소스라인 16~17 : 서버에 저장할 때는 "연월일시분초_밀리초.확장자" 형식으로 파일명을 재정의합니다.

소스라인 18 : FileTrasfer.php 파일이 있는 폴더 경로는 dirname($SCRIPT_FileNAME)으로 구할 수 있습니다. 이 폴더 안에 있는 "Files" 폴더에 업로드 받은 파일을 보관할 것입니다.

소스라인 20 : PHP는 업로드 받은 파일을 임시 폴더에 기록하고 있습니다. PHP는 move_uploaded _File() 함수로 업로드 받은 파일을 원하는 위치로 이동할 수 있습니다. 이 작업의 실행 결과는 $state 변수에 기록해둡니다. move_uploaded_File() 함수는 boolean 형식으로 실행 결과를 리턴합니다. 따라서 성공하면 true 값을 $state 변수에 기록할 것입니다. 또한 PHP 변수는 자바스크립트와 같이 그 형을 자유롭게 사용할 수 있습니다. 즉, true는 1로 인식할 수 있고 실패인 false는 -1로 인식할 수 있다는 점을 참고하기 바랍니다. 좋은 방법은 아니지만 PHP 변수에 대한 특성을 잘 보여주는 사례입니다.

소스라인 21~24 : 업로드 제한에 걸렸을 때는 실행하는 구문입니다.

소스라인 29~37 : 업로드 처리 결과를 XML 문서로 출력하고 있습니다.

소스라인 29 : XML 문서임을 선언하고 있습니다. PHP 서버는 <?...?> 태그로 PHP 명령어임을 서버에 알립니다. 그런데 XML 문서임을 선언하는 구문도 <?xml ... ?> 형식이므로 서로 충돌할 수 있습니다. 따라서 본 사례와 같이 PHP 파일에서는 XML 문서임을 선언할 때 <?php echo "<?xml ...?>";?> 형식으로 작성하고 있습니다.

소스라인 30~37 : XML 문서는 하나의 태그로 묶어주어야 XML 작성 규칙에 벗어나지 않습니다. 따라서 본 사례에서는 <info> 태그로 전체를 하나로 묶어주고 있습니다.

소스라인 31 : <msg> 태그로 안내문을 출력하고 있습니다.

소스라인 32 : <state> 태그로 업로드 처리 결과를 출력하고 있습니다.

소스라인 33 : <subject> 태그로 사용자가 업로드할 때 전달한 subject 변수의 값을 출력해주고 있습니다. XML 태그에서는 이와 같이 특수문자가 값으로 출력될 수 있는 경우 <![CDATA[]]> 형식을 사용하여 값과 태그가 서로 충돌하지 않게 할 수 있습니다.

소스라인 34 : <writer> 태그로 사용자가 업로드할 때 전달한 writer 변수의 값을 출력해주고 있습니다.

소스라인 35 : <orgFile> 태그로 사용자가 업로드한 파일의 원본 파일명을 출력해주고 있습니다.

소스라인 36 : <savedFile> 태그로 사용자가 업로드한 파일이 서버에 저장할 때 사용했던 파일명을 출력해주고 있습니다.

스텝 2

위의 소스를 서버에 업로드하고 웹 브라우저에서 실험해보면 그림과 같이 나타납니다. 파일을 첨부하지 않고 PHP 페이지만 요청했기 때문에 PHP 소스에 구문 상의 오류가 없는지만 확인할 수 있고 XML 구조만 확인할 수 있습니다.

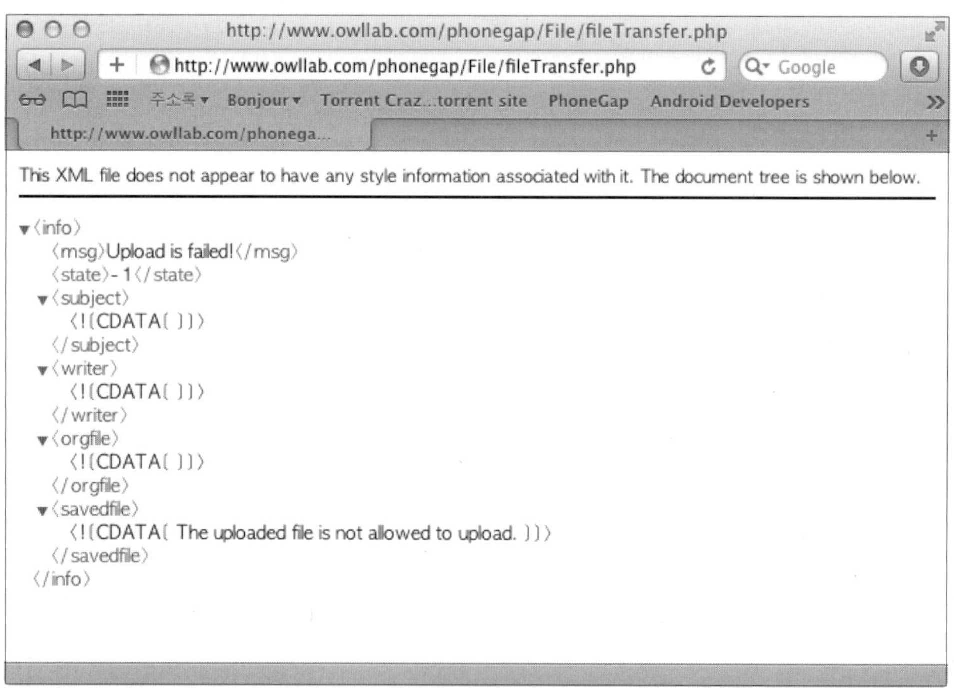

스텝 **3**

나중에 File 프로젝트를 단말기에서 업로드를 실험한 후 웹서버를 터미널로 살펴보면 그림과 같이
Files 디렉토리에 "연월일시분초_밀리초.확장자" 형식으로 업로드된 파일을 확인해볼 수 있습니다.

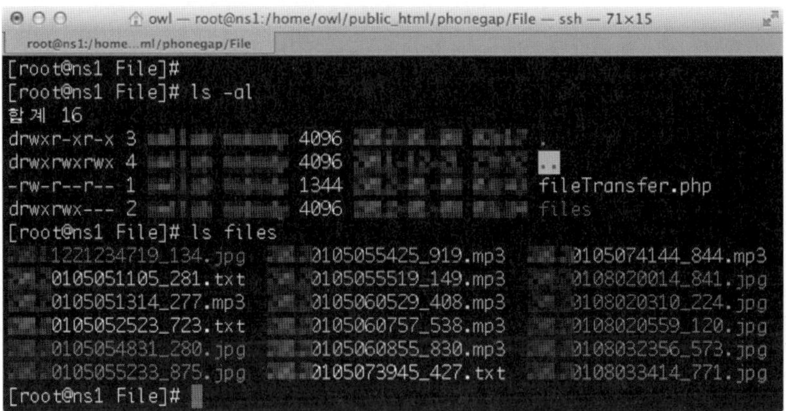

또한 웹브라우저를 통해 자신이 업로드한 파일을 다운받아 볼 수도 있습니다.

12.6 안드로이드 포팅

이 프로젝트는 안드로이드를 기준으로 웹 소스를 만들었습니다. 그래서 안드로이드 포팅에는 특기사항이 없습니다.

안드로이드 프로젝트 살펴보기

이 프로젝트는 jQuery Mobile 샘플 프로젝트를 기반으로 웹 소스를 작성했습니다. 따라서 불필요한 소스들도 포함되어 있습니다. File 프로젝트에서 실제 사용하는 소스와 불필요한 소스를 정리하면 그림과 같습니다. 불필요한 소스들은 실선으로 표시하고 있으며 이 소스들을 삭제해도 작동하는데 문제가 없습니다.

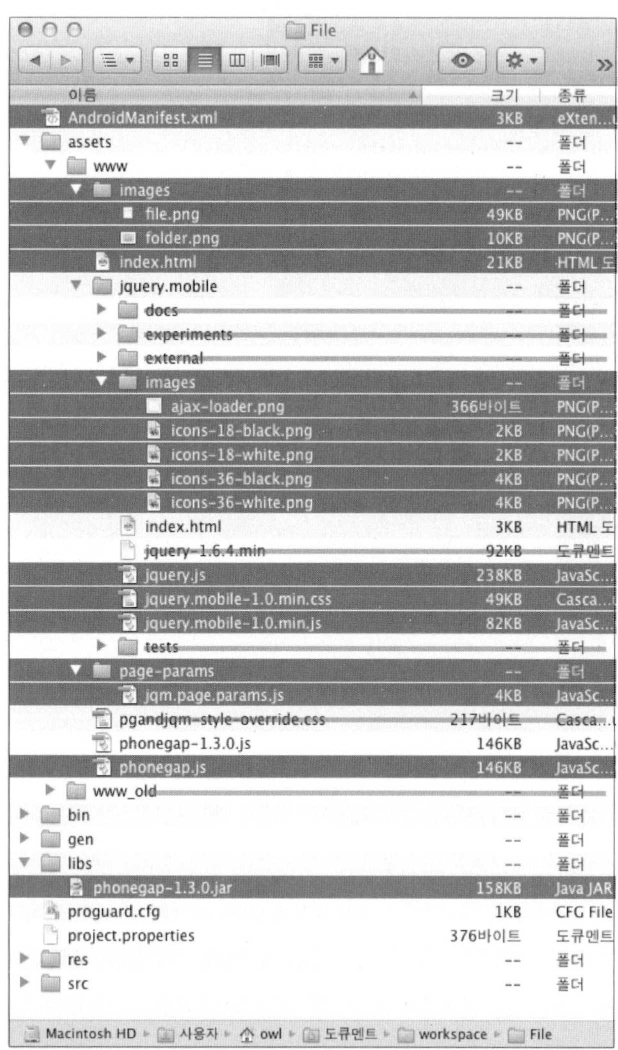

이클립스에서 살펴보면 그림과 같습니다.

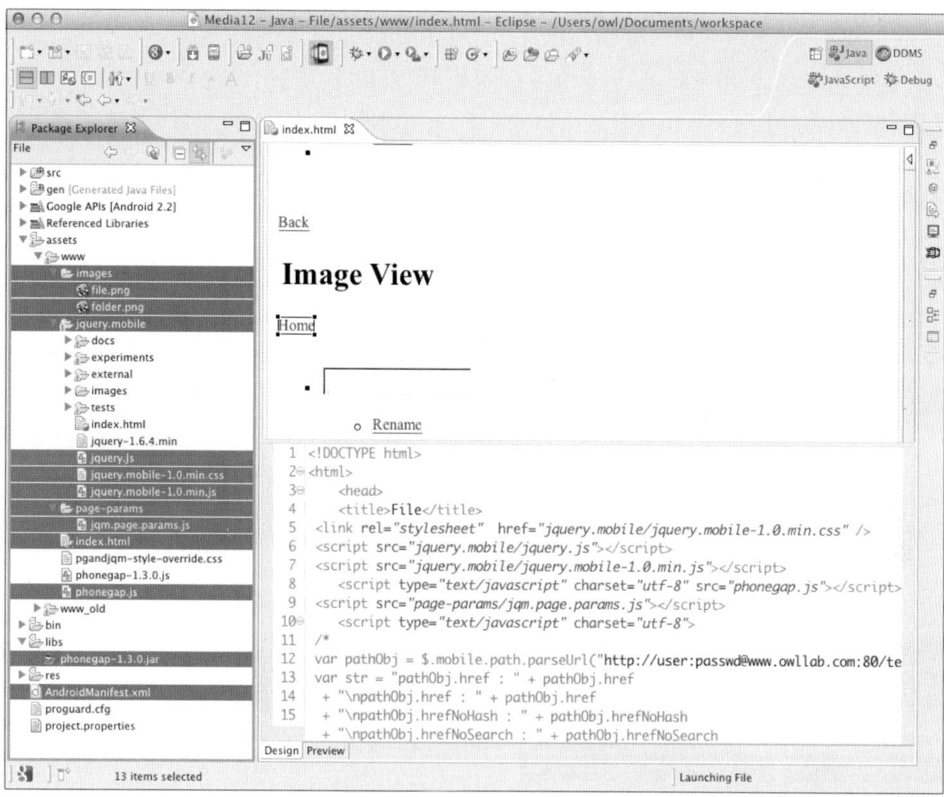

본 사례는 실물 단말기에서 실험해보겠습니다. 실물 단말기를 USB로 개발 컴퓨터에 연결하고 "Run > Run As ..." 명령을 실행하면 그림과 같이 연결된 실물 단말기가 나타납니다. 실물 단말기를 선택하고 "OK" 버튼을 클릭하면 실물 단말기에 설치되고 실행됩니다.

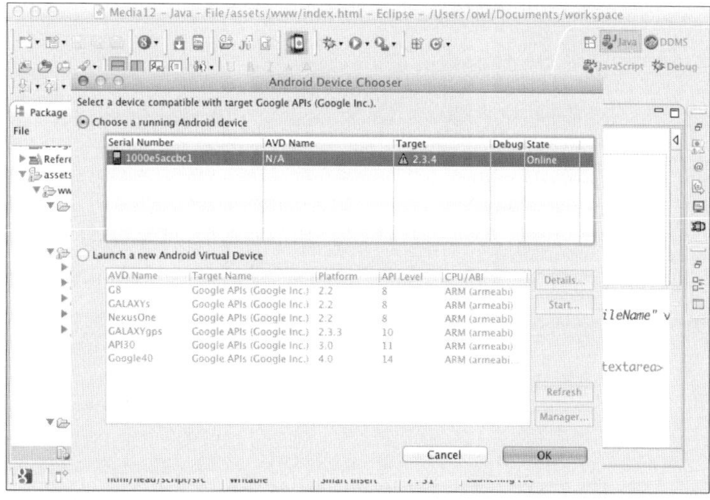

실물 단말기에서 실험하기

안드로이드에서 File 프로젝트의 기능들을 살펴보겠습니다. File 프로젝트에는 많은 기능들이 들어 있어 여기서 실험하는 것 이외에도 많은 실험과 교정을 할 필요가 있습니다. 하지만 그렇게 까지 하기에는 너무 많은 시간이 필요하고 복잡하기 때문에 꼭 점검해야 할 부분들만 살펴보도록 하겠습니다.

스텝 **1**

첫 화면은 "home" 페이지 영역에 해당하는 화면이 나타납니다. "File System Explorer" 버튼을 클릭하면 파일 탐색기에 해당하는 "explorer" 페이지 영역이 나타나면서 안드로이드 영구 저장소의 최상위 (root) 디렉토리의 내용이 목록에 나타납니다. 이 목록은 jQuery Mobile 스타일에 의해 디자인된 목록입니다. 탐색기에 처음 접근하면 현재 경로인 dirEntry는 영구 저장소의 최상위 디렉토리임을 기억하기 바랍니다. 또한 탐색기 화면에 처음 들어오면 이 앱은 최상위 디렉토리에 "OWLTrash"라는 휴지통 폴더가 있는지 확인하고, 없으면 자동으로 생성한다는 점도 기억하기 바랍니다.

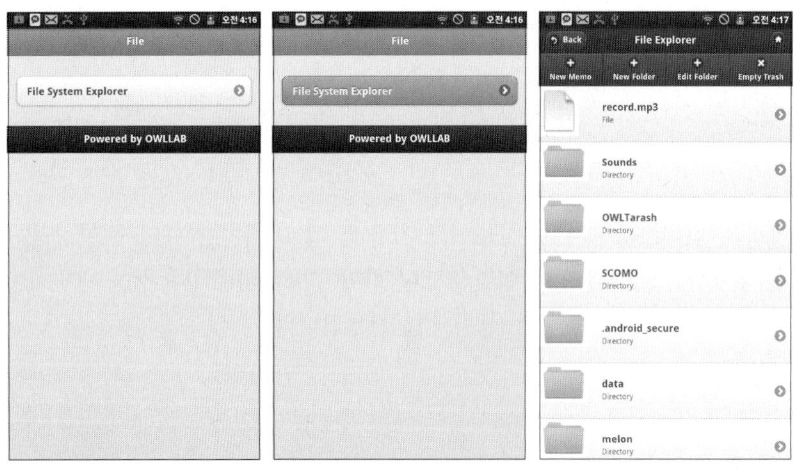

스텝 **2**

탐색기에서 "New Folder" 버튼을 클릭하면 "newfolder" 페이지 영역인 새 폴더 만들기 화면으로 전환합니다. 입력란에 생성할 폴더명을 입력하고 "Make a New Folder" 버튼을 클릭하면 새 폴더 생성을 시도할 것입니다. 여기에 나타난 입력란은 소스에서 아이디가 "folderName"인 <input> 객체임을 상기하기 바랍니다.

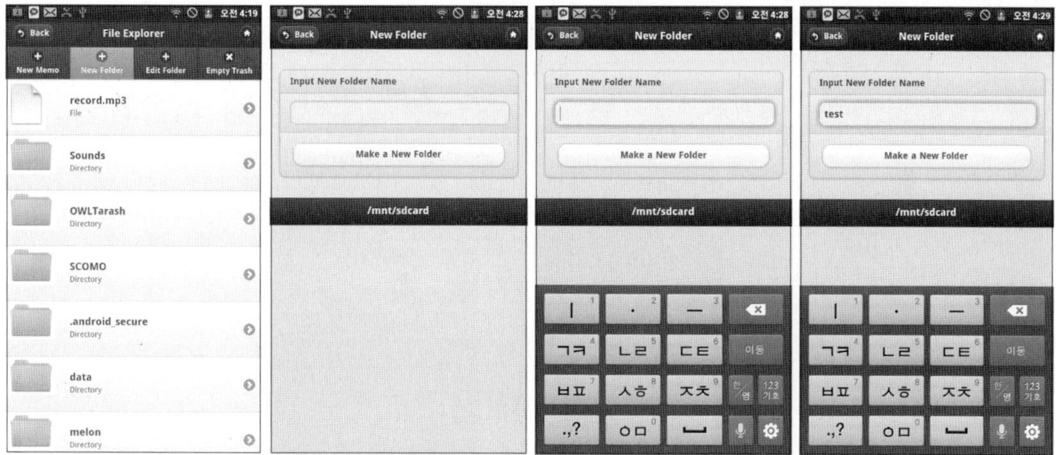

스텝 3

"Make a New Folder" 버튼을 클릭하면 "test"라는 폴더가 현재 디렉토리에 생성되고 alert()로 실행되는 안내문이 나타납니다. 대화상자를 닫으면 곧바로 생성한 "test" 폴더로 이동하여 탐색기 화면이 나타납니다.

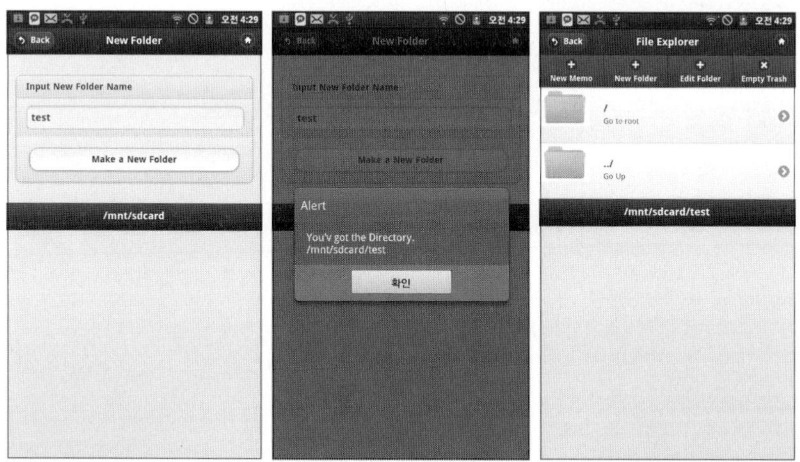

스텝 4

다시 "New Folder" 버튼을 이용하여 새 폴더 만들기 화면으로 이동하여 "text01" 폴더를 생성해 봅니다. 이렇게 하면 "test" 폴더 안에 "test01" 폴더가 생성됩니다.

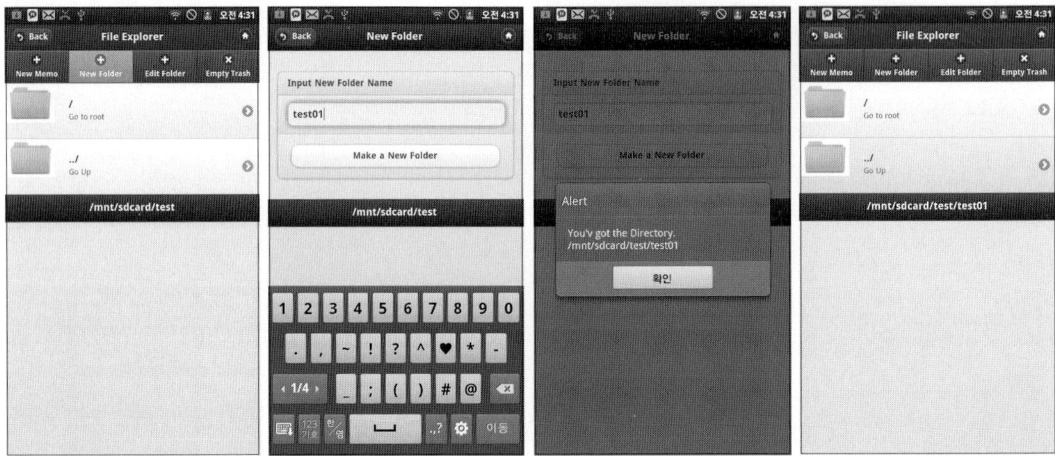

스텝 5

그림과 같이 "../"로 표시되는 "Go Up"을 터치하면 상위 디렉토리로 이동합니다. 이제 현재 경로는 "test"가 됩니다.

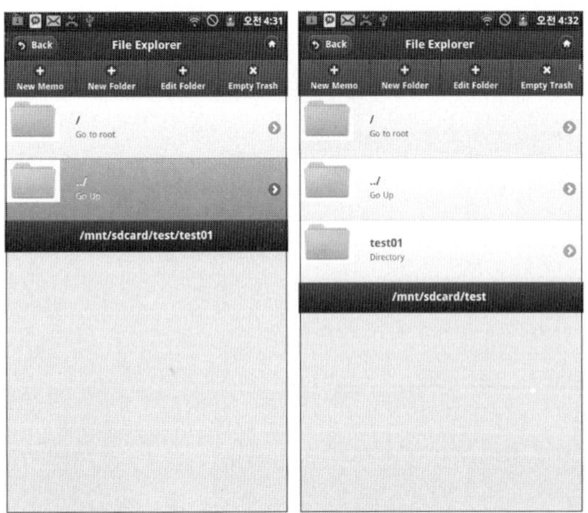

스텝 6

"New Memo" 버튼을 터치하면 "notepad" 페이지 영역이 화면에 나타납니다. 기본 파일명은 "untitled.txt"로 나타납니다. File 프로젝트 소스는 메모장이 나타날 때 파일이 없으면 자동으로 생성하게 만들어져 있습니다. 따라서 "test" 폴더 안에 "untitled.txt" 파일이 이미 생성되었을 것입니다. 파일명을 "untitled01.txt"라 입력하고 내용 영역에 적당히 작성해봅니다.

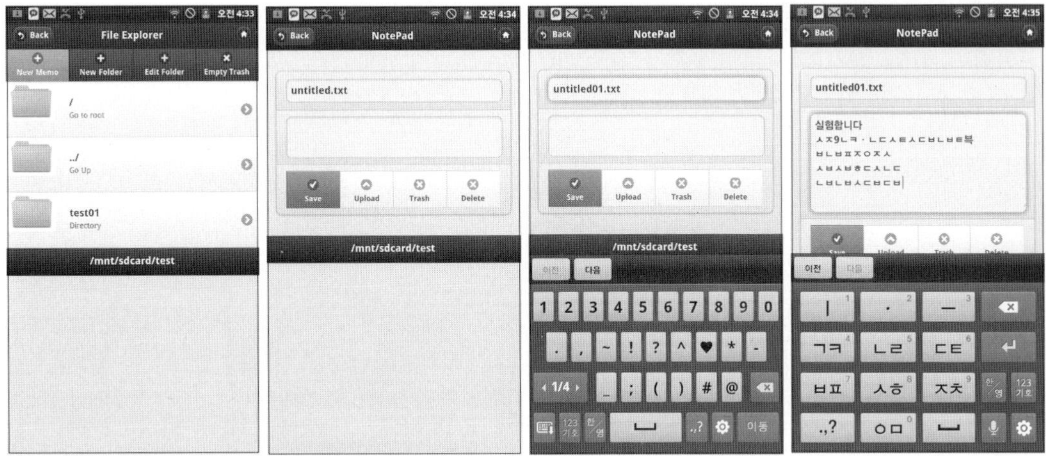

스텝 **7**

"Save" 버튼을 터치하면 "test" 폴더에 "untitled01.txt" 파일을 생성하고 텍스트를 저장한 후 안내 대화상자가 나타납니다. "확인" 버튼을 눌려 대화상자를 닫고 화면 상단의 "Back" 버튼을 터치하면 탐색기 목록 화면으로 돌아갑니다. 목록에는 "untitled.txt"와 "untitled01.txt" 파일이 생성된 것을 확인할 수 있습니다.

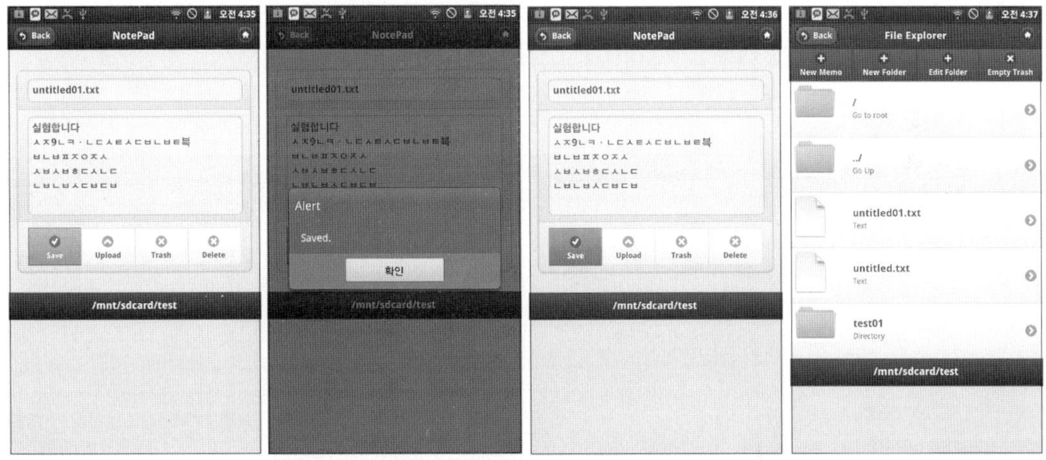

스텝 **8**

탐색기 목록에서 "untitled01.txt" 파일을 터치하면 이 파일의 확장자가 "txt"이기 때문에 메모장 화면으로 전환하면서 앞서 입력했던 내용이 나타나는 것을 볼 수 있습니다. "Upload" 버튼을 터치하면 정말로 업로드할 것인지를 묻는 대화상자가 나타납니다. "확인" 버튼을 터치하면 소스에서 지정한

서버에 이 파일을 전송하고 대화상자에 전송 결과를 표시합니다. 이 프로젝트는 폰갭의 기능을
실험하기 위한 것이므로 그림에서와 같이 상세한 전송 상태를 표시하고 있습니다. 파일 용량,
전송 후 서버에 저장된 파일명까지 상세히 살펴볼 수 있습니다.

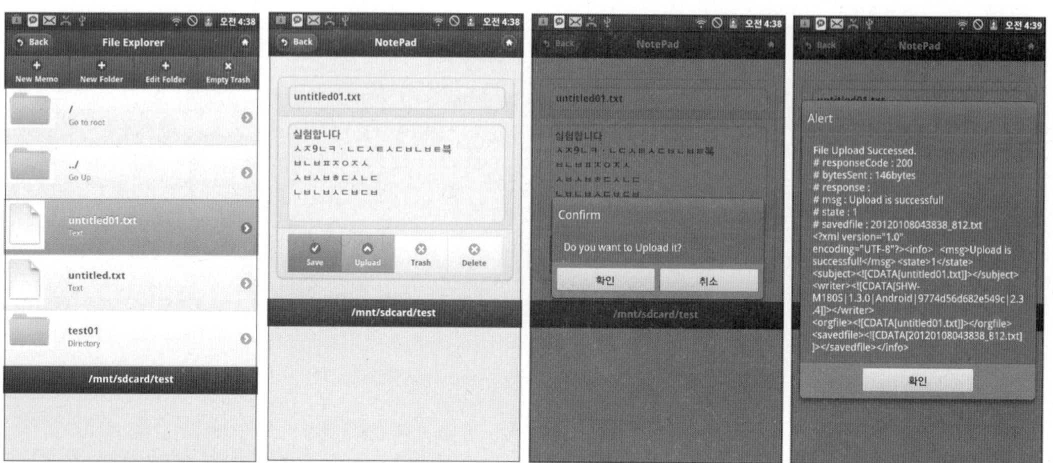

스텝 9

이번엔 "Trash" 버튼을 터치해봅니다. 휴지통에 버릴 것인지 확인하는 대화상자가 나타납니다.
"확인" 버튼을 터치하면 "untitled01.txt" 파일을 "OWLTrash"라는 휴지통으로 이동시킨 후 안내
대화상자가 나타납니다. 이 대화상자에서 "확인" 버튼을 터치하면 탐색기 화면으로 자동으로 이동합
니다.

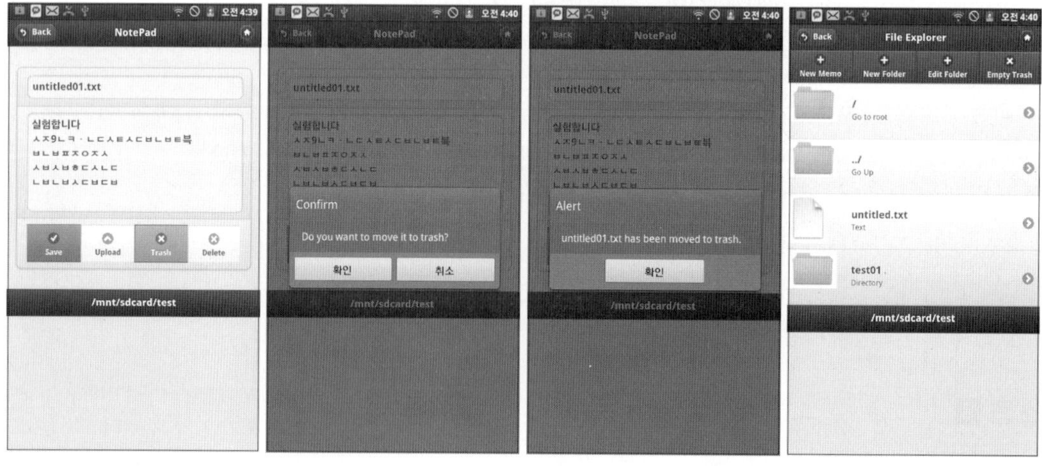

스텝 10

"untitled.txt" 파일을 선택하고 메모장 화면에서 "Delete" 버튼을 터치해봅니다. 그러면 확인 대화상자가 나타나고, "확인" 버튼을 터치하면 "untitled.txt" 파일을 영구 삭제하고 그 결과를 대화상자에 보여줍니다. 이 대화상자의 "확인" 버튼을 터치하면 자동으로 탐색기 목록 화면으로 이동합니다.

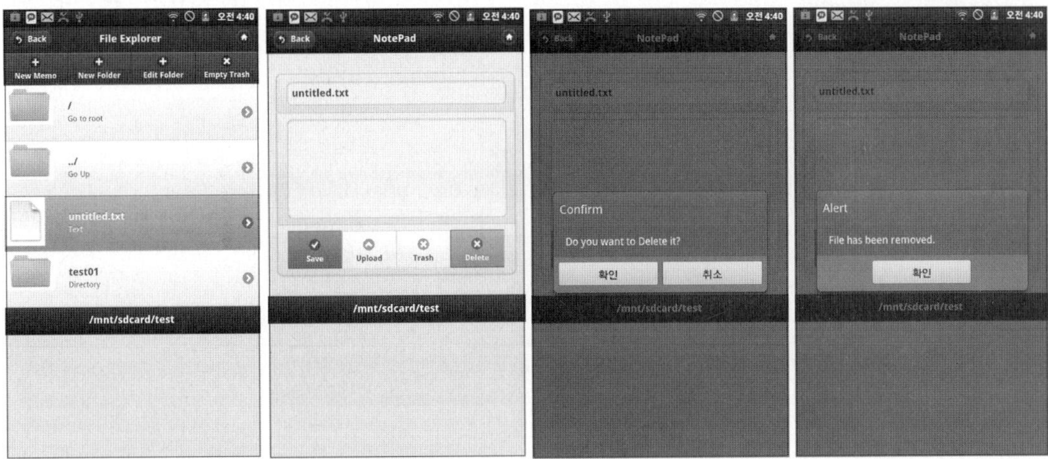

스텝 11

이제 두 텍스트 파일은 모두 "test" 폴더에서 사라졌습니다. "test" 폴더를 선택하고 또 그 안에 있는 "test01" 폴더를 선택한 후, "Edit Folder" 버튼을 터치하여 폴더 편집 실험을 해봅니다.

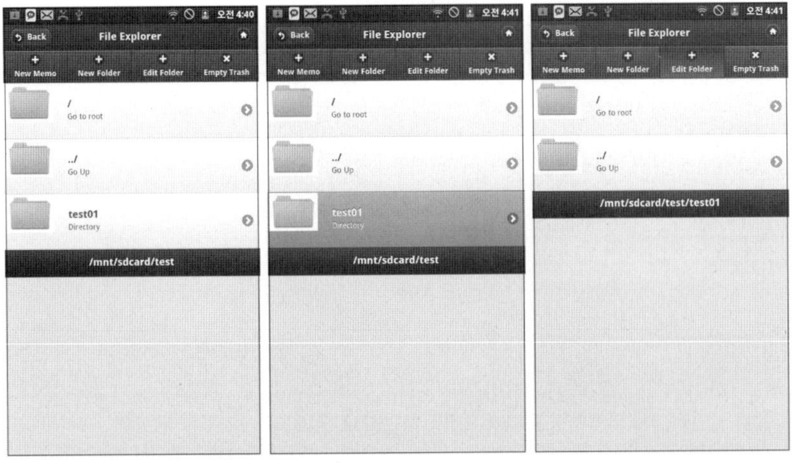

스텝 12

"Edit Folder" 버튼을 터치하면 "editfolder" 페이지 영역이 화면에 나타납니다. "test01" 폴더명을 "test0111"로 수정한 후 "Rename" 버튼을 터치해봅니다.

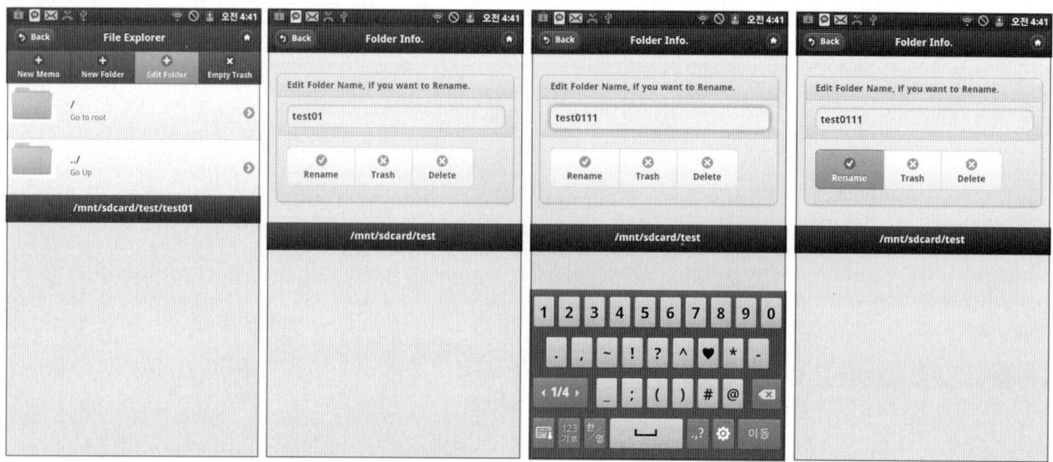

스텝 13

그림과 같이 확인 대화상자가 나타나고 "확인" 버튼을 터치하면 폴더 이름이 변경됐다는 안내 대화상자가 나타납니다. 이 대화상자에서 "확인" 버튼을 터치하면 그림과 같이 자동으로 변경된 폴더로 이동하여 탐색기 화면이 나타납니다.

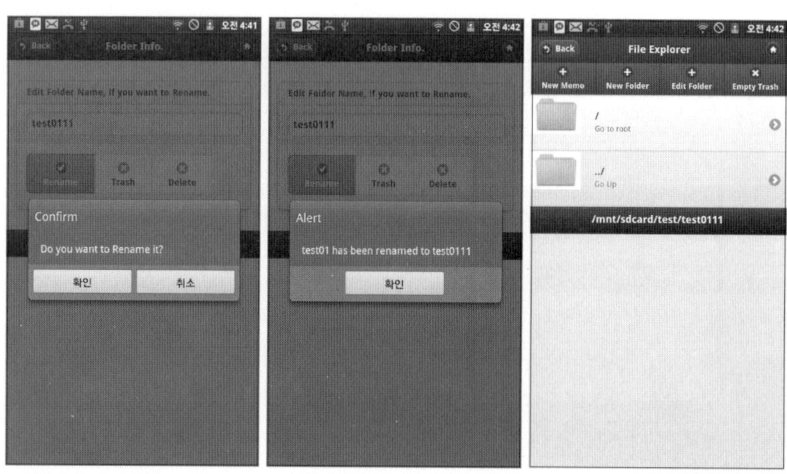

스텝 14

탐색기 목록에서 "/"인 "Go to root"를 터치하면 최상위 디렉토리로 이동합니다. 본 사례에서는
앞서 실험했던 녹음 파일이 있군요. 이 파일을 이용하여 파일 정보 화면을 실험하겠습니다.

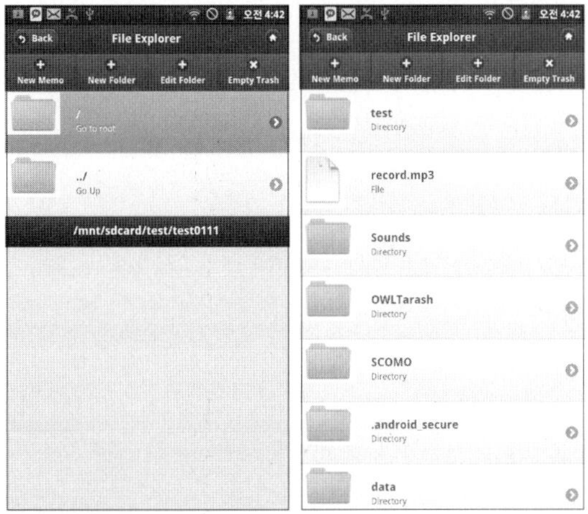

스텝 15

"txt" 확장자가 아닌 "record.mp3" 파일을 선택했습니다. 그랬더니 "Fileinfo" 페이지 영역이 화면에
나타나면서 파일 정보를 올바르게 출력해줍니다. "record.mp3" 파일명을 "record1.mp3"로 변경한
후 "Rename" 버튼을 터치하면 확인 대화상자가 나타나고, "확인" 버튼을 터치하면 파일 이름
변경을 시도합니다.

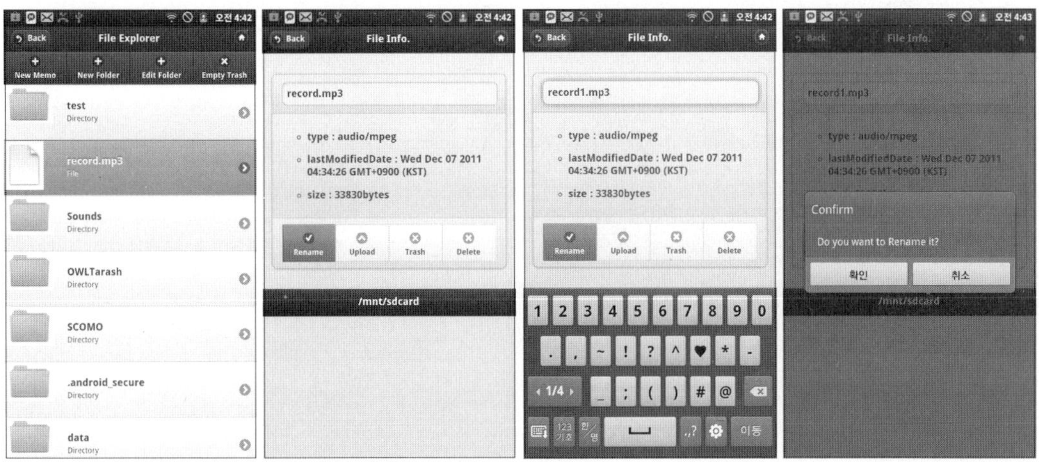

스텝 16

파일명 변경에 성공하면 그림과 같이 안내 대화상자가 나타나고, "확인" 버튼을 터치하면 자동으로 탐색기 화면으로 이동하여 변경된 파일명을 확인할 수 있게 해줍니다.

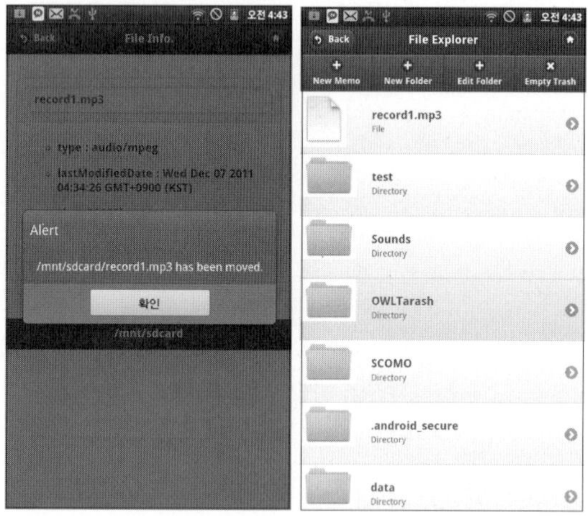

스텝 17

이번엔 이미지 파일 실험을 위해 사진 이미지 폴더로 찾아가 봅니다. 이 단말기는 "DCIM/Camera"에 카메라로 찍은 사진이 있습니다.

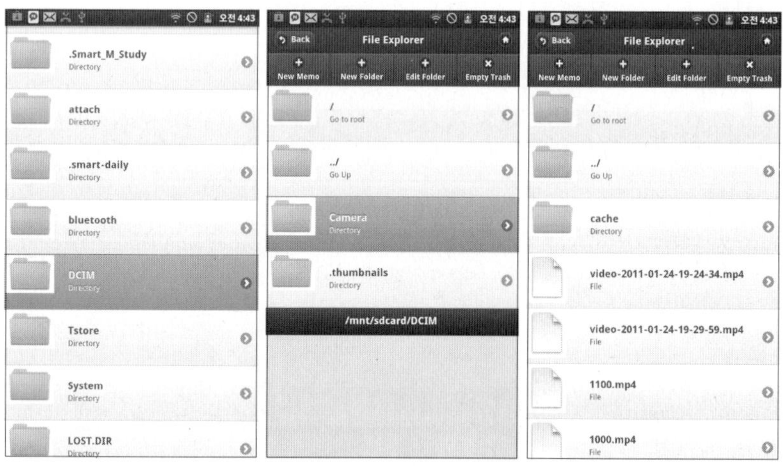

스텝 **18**

카메라 저장 폴더에서 이미지를 하나 선택하면 "imageview" 페이지 영역이 화면에 나타납니다.
처음에는 이미지가 나타나지 않다가 잠시 후 이미지를 다 읽어 들이고 나서 선택한 이미지가
화면에 나타납니다. 이 화면에서도 이름 바꾸기, 업로드, 휴지통에 버리기, 영구 삭제하기 등의
기능을 모두 제공합니다.

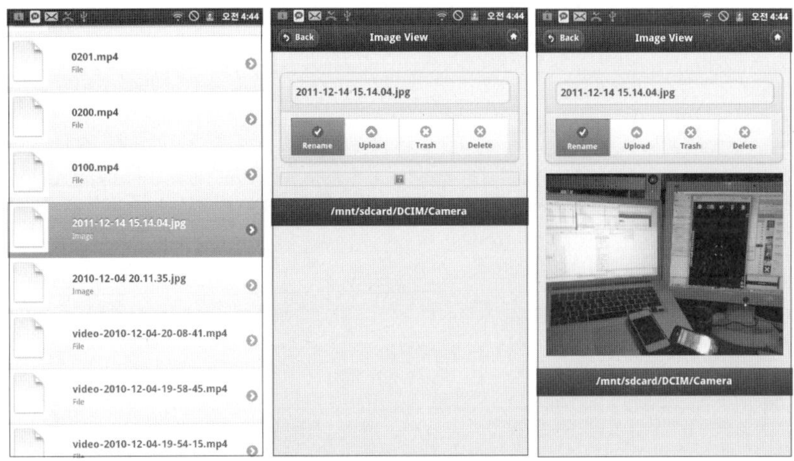

스텝 **19**

여기서는 업로드 실험 결과만 보여주도록 하겠습니다. "Upload" 버튼을 터치하면 확인 대화상자가
나타나고, "확인" 버튼을 터치하면 소스에서 지정한 서버로 이미지를 전송합니다. 잠시 후 전송을
완료하고 나면 그림과 같이 업로드 결과를 화면에 출력하는 대화상자가 나타납니다. 대화상자를
확인한 후 "확인" 버튼을 터치하여 대화상자를 닫고, 상단의 "Back" 버튼을 터치하여 이전 화면인
탐색기 목록으로 이동합니다.

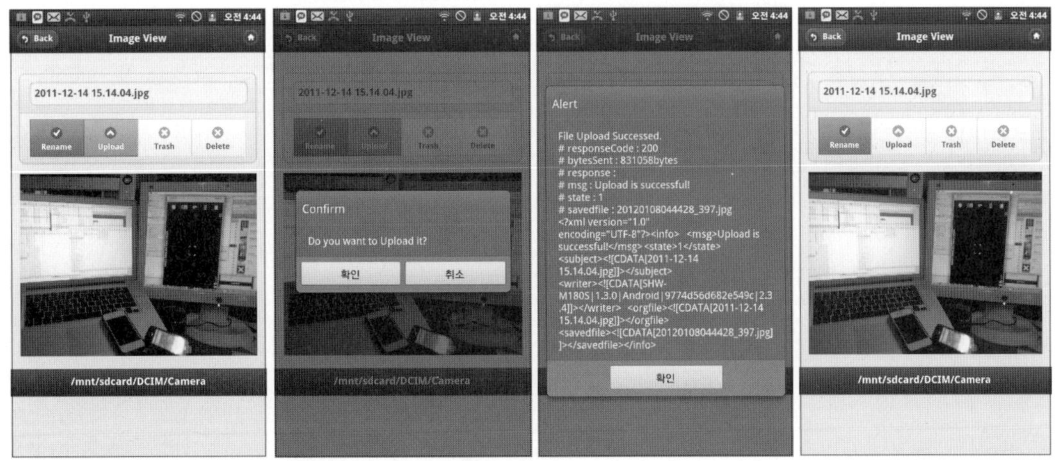

스텝 20

목록에서 "/" (Go to root) 버튼을 터치하여 최상위 디렉토리로 이동하고 다시 "test" 폴더를 선택합니다. "test" 폴더에서 "Edit Folder" 버튼을 터치합니다.

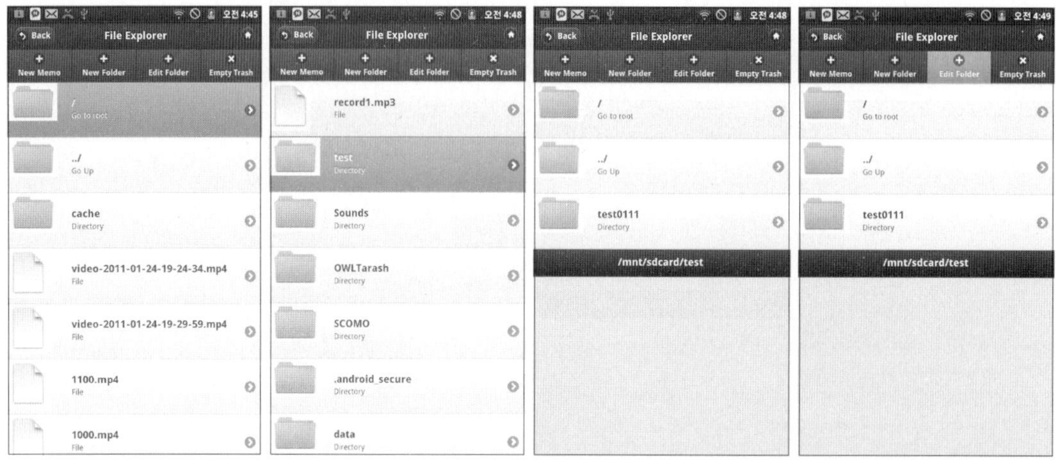

스텝 21

"test" 폴더 편집 화면에서 "Trash" 버튼을 터치합니다. 이 폴더는 하위에 "test01"이라는 폴더를 포함하고 있기 때문에 "Delete" 버튼으로 삭제할 수 없다는 사실을 상기하면서 이 실험을 살펴보기 바랍니다. 확인 과정을 거쳐 휴지통에 이동을 완료하면 그림과 같이 안내 대화상자가 나타납니다. 이 대화상자에서 "확인" 버튼을 터치하면 탐색기 화면으로 이동하면서 삭제된 "test" 폴더의 상위 폴더로 자동으로 이동합니다. 탐색기를 통해서도 "test" 폴더가 사라졌음을 확인할 수 있습니다.

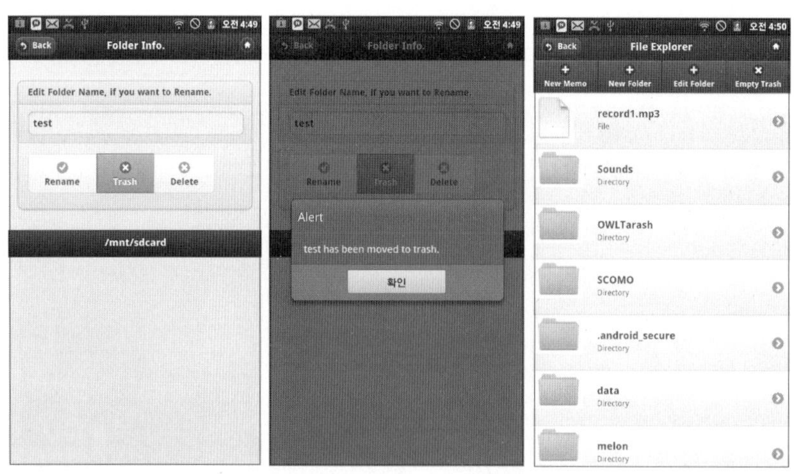

스텝 22

탐색기에서 "OWLTrash" 폴더로 이동해보면 앞서 휴지통에 버렸던 파일과 폴더를 확인할 수 있습니다. 목록에서 "/"를 터치하여 최상위 폴더로 이동합니다.

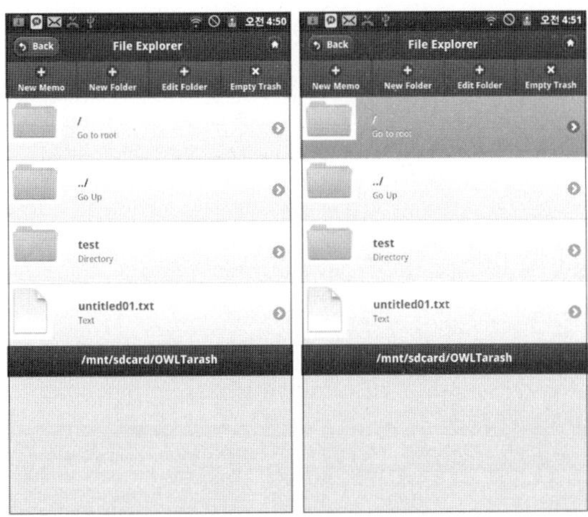

스텝 23

탐색기의 어느 폴더에서나 "Empty Trash" 버튼을 터치하면 확인 과정을 거쳐 휴지통을 비울 수 있습니다.

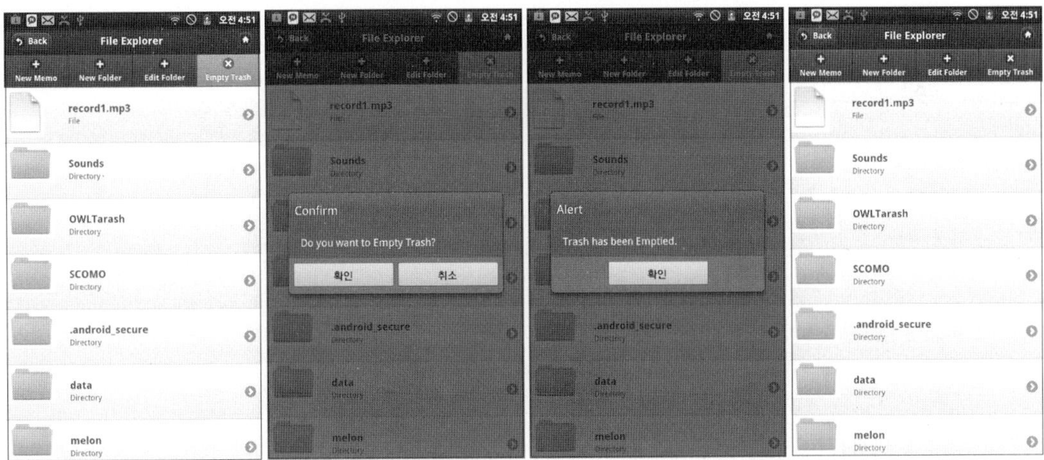

513

스텝 24

휴지통 비우기를 완료한 후, "OWLTrash" 폴더를 터치하여 들어가 보면 아무 것도 없이 휴지통이 잘 비워졌다는 것을 확인할 수 있습니다.

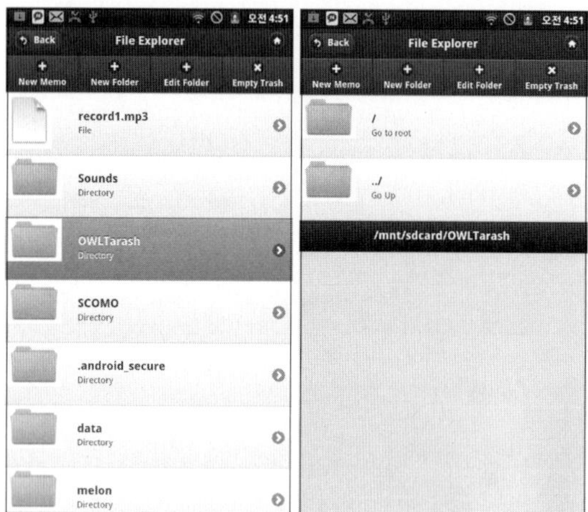

스텝 25

끝으로, 화면 우측상단의 "Home" 버튼을 터치하면 "home" 페이지 영역의 화면으로 이동할 수 있습니다.

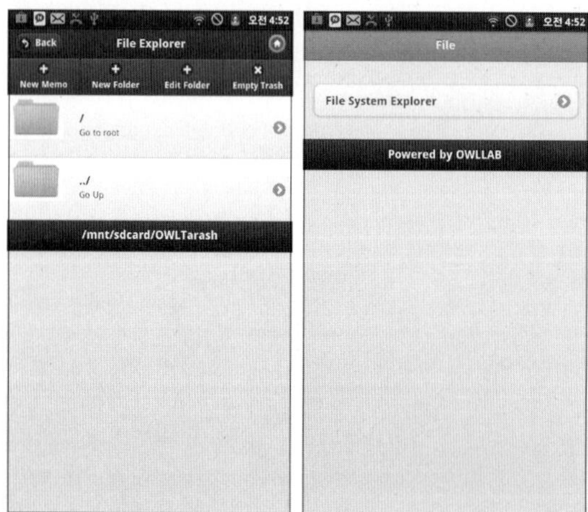

12.7 아이폰 포팅

아이폰도 안드로이드와 마찬가지로 오류 없이 무난하게 포팅됩니다. 본 사례에서는 실물 단말기가 아닌 가상기기에서 실험해보겠습니다. 아이폰이 없는 독자들은 가상기기에서 실험할 수밖에 없을 텐데 가상기기에서는 실물 단말기에서 보지 못하는 특기사항이 있습니다. 이는 파일 업로드 시 파일 경로에 대한 문제인데 다음 실험 과정을 통해 간접 경험을 해보겠습니다.

아이폰 프로젝트 살펴보기

Xcode 프로젝트에 탑재한 File 프로젝트 소스의 구성은 그림과 같습니다. 안드로이드 포팅에서 보여준 바와 같이 jQuery Mobile의 샘플 소스들은 실제 File 프로젝트가 작동하는 데는 불필요하므로 삭제해도 좋습니다. 단지 jQuery Mobile의 필수 라이브러리 파일들과 폰갭의 버전에만 유의하면 됩니다.

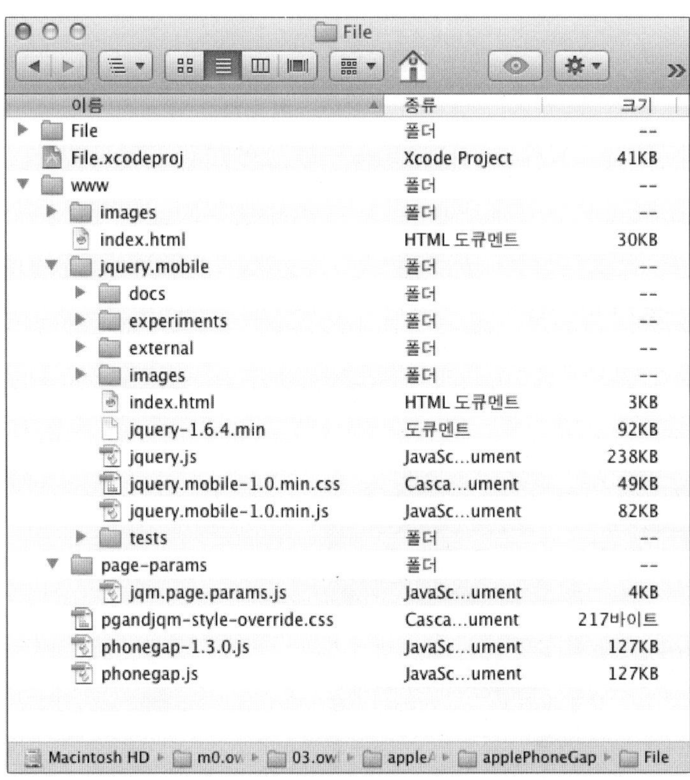

File.xcodeproj 파일을 더블클릭하면 Xcode에서 File 프로젝트가 나타납니다. Scheme을 가상기기로 설정하고 Run 버튼을 클릭해도 오류사항은 보이지 않고 가상기기에 잘 설치됩니다.

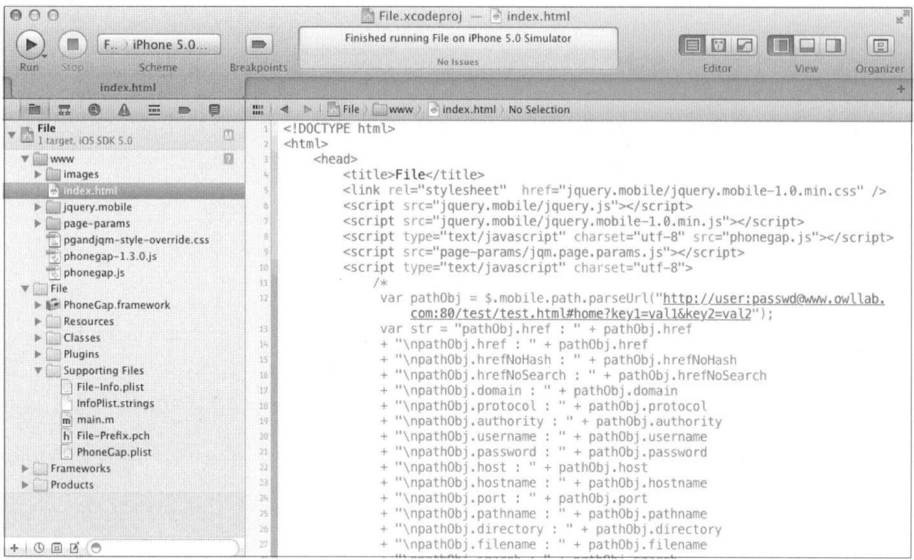

가상기기에서 실험하기

스텝 **1**

안드로이드에서와 같이 아이폰에서도 첫 화면과 탐색기 화면이 잘 나타납니다. 아이폰에서는 최상위 디렉토리에 자동으로 생성된 "OWLTrash" 폴더만 보입니다. 안드로이드는 저장소를 다른 앱과 공유하는 반면, 아이폰은 각 앱마다 별도의 저장소를 할당해주기 때문에 다른 응용 프로그램의 폴더를 기본적으로 접근할 수 없습니다. 보안이 까다롭습니다. 그렇다고 안드로이드가 꼭 안 좋은 것만은 아닙니다. 공유 개념을 채택한 만큼의 자유를 누릴 수도 있습니다.

스텝 2

아이폰 실험은 축약해서 화면을 보여 주겠습니다. "New Memo" 버튼을 터치하여 메모장 화면으로 이동하고 그림과 같이 파일명을 변경하여 메모한 후 "Save" 버튼을 저장했습니다. 저장 후 탐색기 화면으로 자동으로 이동했고 "untitled.txt"와 "untitled11.txt" 파일이 생성되었습니다.

스텝 3

다시 "untitled11.txt" 파일을 열고 "Upload" 버튼으로 파일 업로드를 실험해봅니다. 그랬더니 그림과 같이 오류코드 "1"이 나타났습니다. 무슨 일일까요? 오류코드인 FileTransferError의 code를 확인해 보면, FileTransferError.File_NOT_FOUND_ERR임을 알 수 있습니다. 소스는 분명 안드로이드에서 이상이 없었습니다. iOS 또는 가상기기에서만의 특성이 있다는 것을 예상할 수 있습니다. Xcode의 도움을 받아야겠습니다.

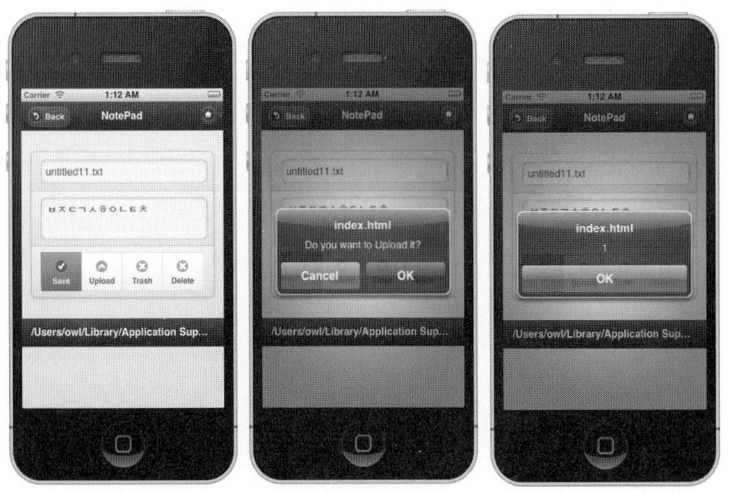

가상기기의 업로드 디버깅

스텝 1

위의 상황에서 Xcode의 Output 창을 참조하면 그림과 같이 "파일 전송 중 오류가 발생했다. 파일
경로가 올바르지 않다"는 메시지를 확인할 수 있습니다.

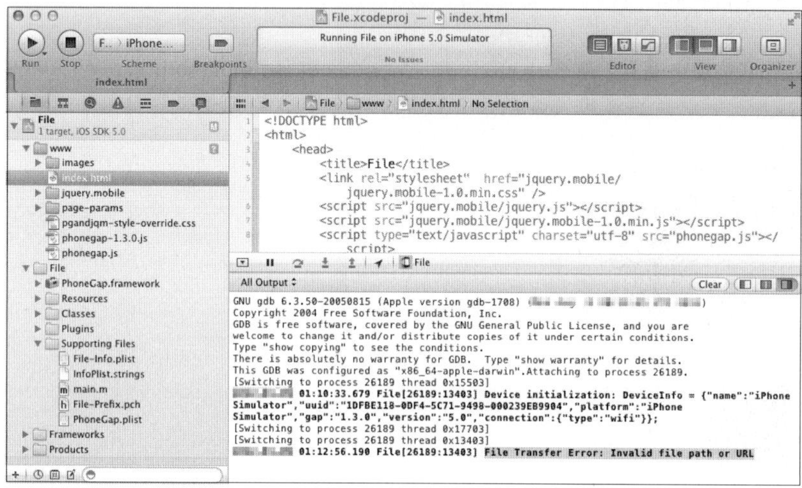

스텝 2

파일 경로를 가상기기에서 잘 인식하지 못하는 문제입니다. FileEntry.toURI()의 경우 alert() 로
출력해보면 알겠지만 "File://localhost/Users/..."로 표기되나 FileEntry.fullPath는 "/Users/..."로
표기됩니다. 가상기기에서는 파일을 업로드할 때 "File://localhost/Users/..." 주소를 인식하지 못하고
있습니다. 그래서 아이폰 가상기기에서는 FileEntry.fullPath 방식으로 전환해서 실험해봅니다.

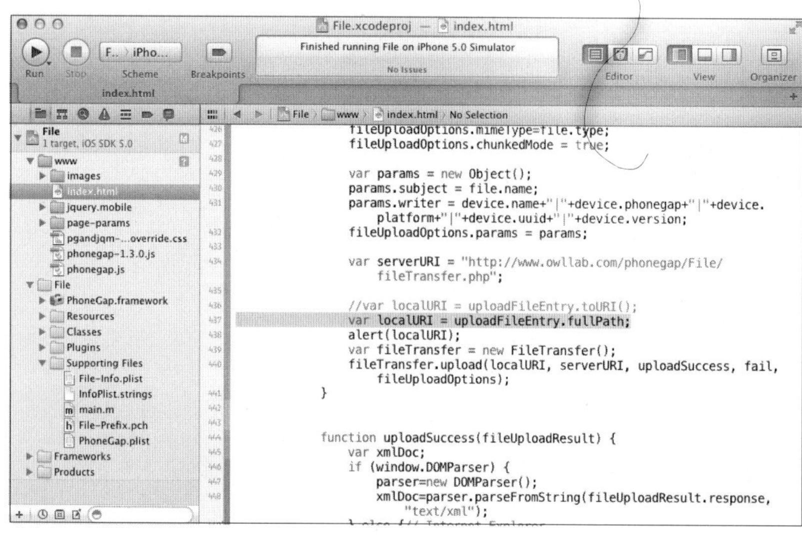

스텝 **3**

위의 소스를 저장하고 다시 Run 버튼으로 가상기기에서 업로드 실험을 해봅니다. index.html의 소스라인 438에 추가한 alert() 구문에 의해 업로드할 파일의 전체 경로가 화면에 나타납니다. 경로를 확인하고 "확인" 버튼을 클릭했는데 또 문제가 생겼습니다. 로그를 확인해봅시다.

whitelist에 업로드 서버 등록

스텝 **1**

Xcode의 Output 창을 보니 이제는 다른 문제가 있습니다. "ERROR whitelist rejection..."라는 안내문을 볼 수 있습니다. 이 문제는 앞서 경험해본 바 있습니다. 단말기 외부 서버와 접속할 때는 프로젝트의 패키지 설정에서 해당 도메인을 화이트 리스트에 추가해야 한다는 것입니다.

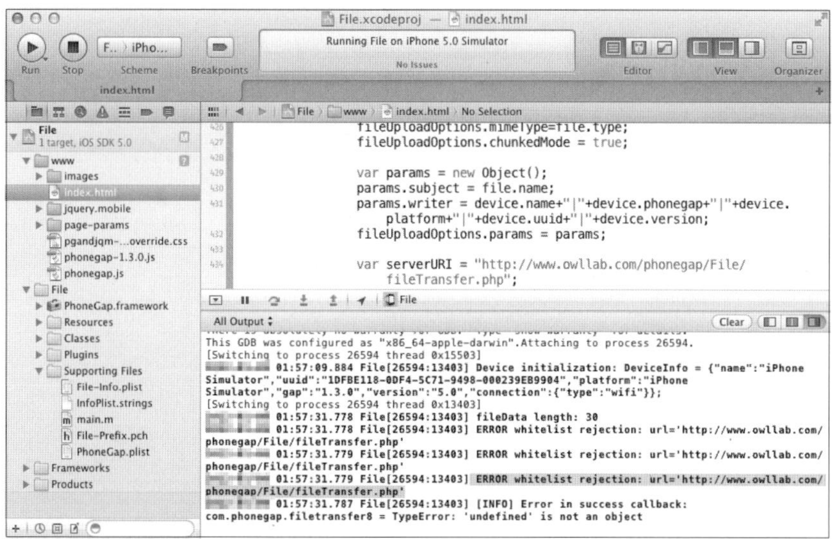

스텝 2

그림과 같이 File 프로젝트의 "PhoneGap.plist" 파일을 열어 "ExternalHosts" 설정을 찾습니다. 이 설정은 배열로 설정 값을 추가할 수 있습니다. "+" 버튼을 클릭하면 설정 값을 입력할 수 있는 객체가 하나 추가됩니다.

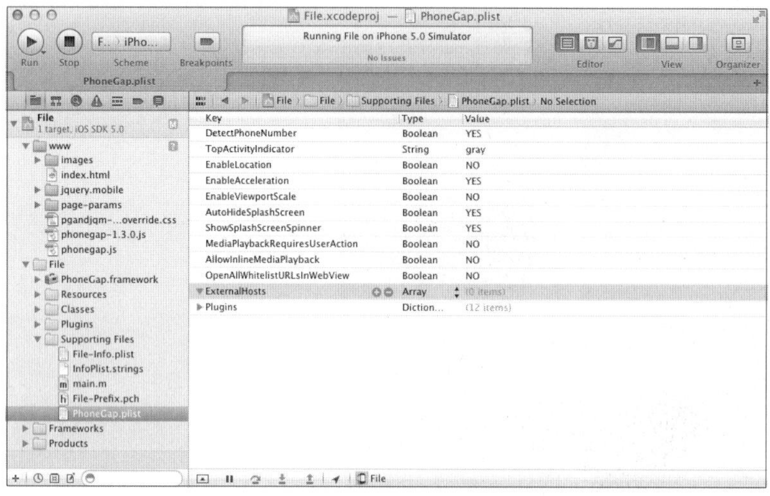

스텝 3

"item 0"에 그림과 같이 "*"를 입력했습니다. 이렇게 입력하면 모든 도메인에 대해 외부 접속을 허용한다는 의미가 됩니다. 만일 본 사례에서 사용하고 있는 도메인만 허용하려면 "www.owllab .com"을 입력하면 됩니다. 수정한 파일을 저장하고 다시 Run 버튼을 실험해봅니다.

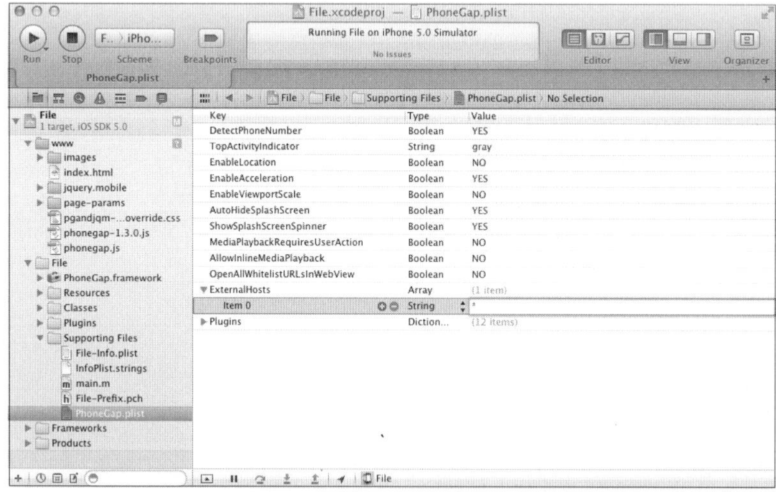

스텝 4

탐색기에서 "untitled11.txt" 파일을 선택하고 "NotePad" 화면에서 "Upload" 버튼을 클릭하여 업로드
를 시도하면 이전과 같은 확인 과정과 업로드 파일의 전체 경로 안내가 나타납니다. 이 대화상자에서
"OK" 버튼을 클릭합니다.

스텝 5

잠시 후 그림과 같이 서버로 부터 기쁜 소식이 왔습니다. 업로드에 성공하고 이에 관한 안내문이
대화상자에 나타났습니다.

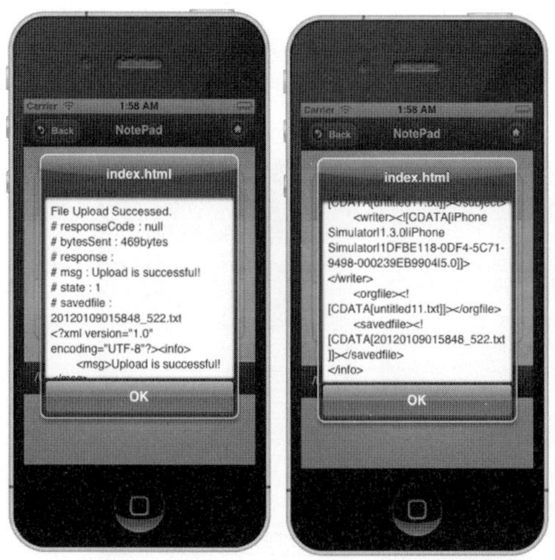

다른 기능들 실험하기

계속해서 다른 기능들도 점검해보겠습니다.

스텝 **1**

탐색기에서 "New Folder" 버튼을 클릭하고 그림과 같이 새 폴더명을 입력한 후 "Make a New Folder" 버튼을 클릭하여 새 폴더를 만들었습니다. 목록에서 "../"를 클릭하여 상위 폴더로 이동해 보면 그림과 같이 새 폴더가 생성되었음을 알 수 있습니다.

스텝 **2**

이번에는 파일 즉시 삭제 기능을 실험해봅니다. 탐색기에서 "untitled.txt" 파일을 선택하고 "Delete" 버튼을 클릭하여 파일 삭제를 시도했습니다. 탐색기에서 살펴보면 잘 삭제되었습니다.

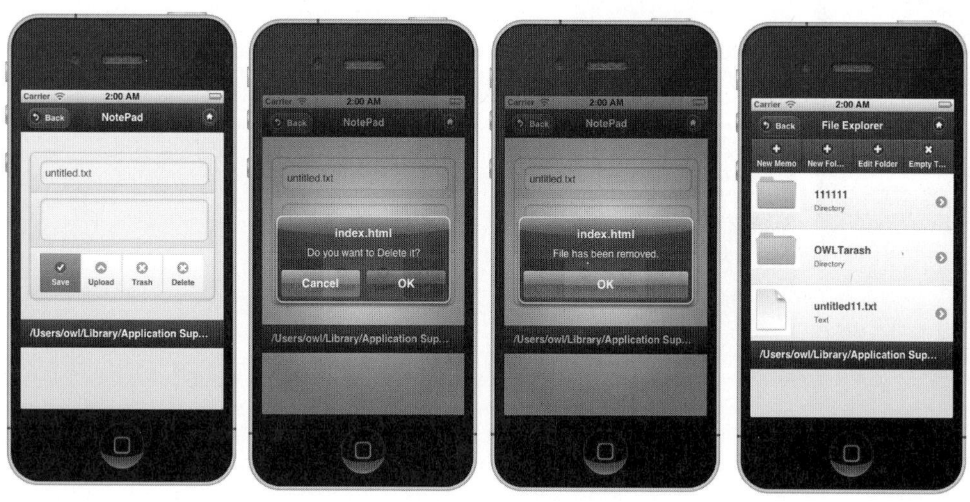

스텝 3

이번엔 "untitled11.txt"를 선택하고 "Trash" 버튼의 휴지통에 버리기 기능을 실험합니다. 그림과
같이 문제가 없습니다.

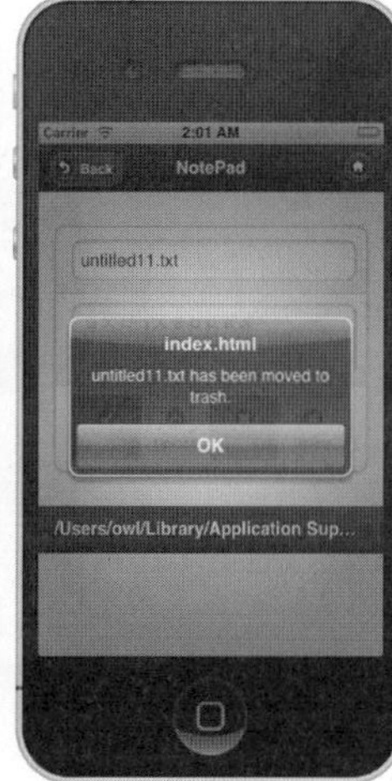
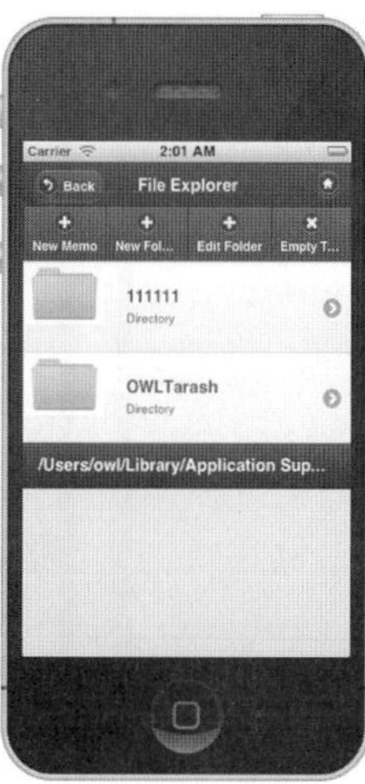

스텝 4

"1111" 폴더도 그림과 같이 즉시 삭제 실험을 했습니다.

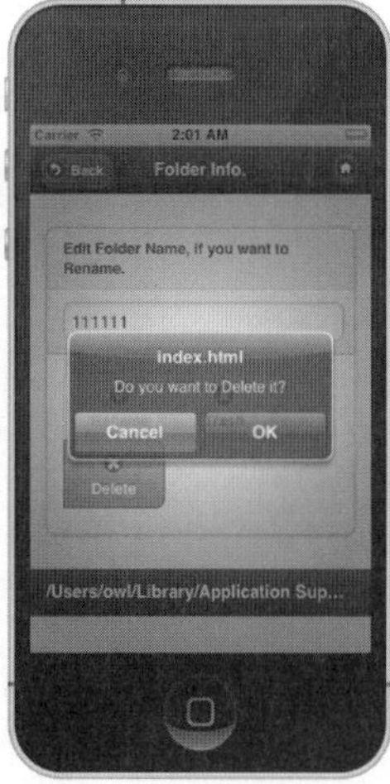
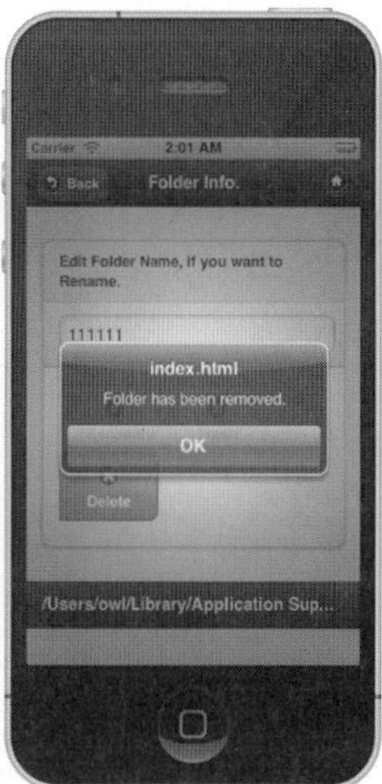

스텝 **5**

탐색기에서 "OWLTrash" 안에 휴지통에 버린 파일이 있는지 확인해봅니다. 앞서 휴지통에 버렸던
"untitled11.txt" 파일이 휴지통 안에 있습니다.

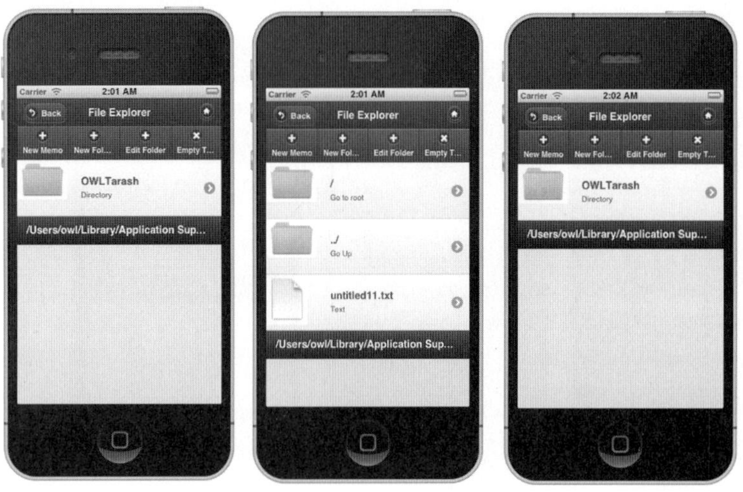

스텝 **6**

끝으로 탐색기의 "Empty Trash" 버튼으로 휴지통 비우기를 실험했습니다. 결론적으로 아이폰에서는
파일 업로드 이외에는 폰갭과 jQuery Mobile에 큰 문제없이 잘 호환되는 것을 알 수 있습니다.

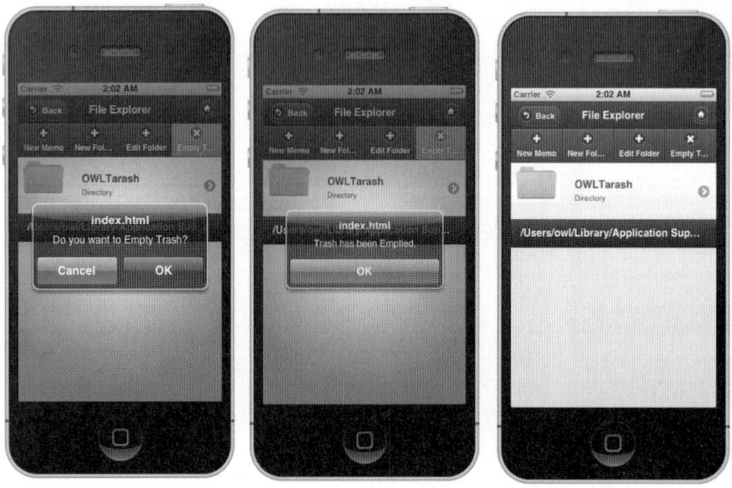

12.8 | 폰갭의 FileTransfer.download() 메소드

지금까지 살펴본 폰갭의 File API 기능을 되돌아보면 컴퓨터의 기본이 되는 파일 시스템에 관한 부분이기 때문에 분량이 꽤 됩니다. 그 반면에 응용할 수 있는 범위가 매우 넓습니다. 간단히 정리해보면 파일이나 폴더의 생성, 수정, 삭제, 이동에 대한 기능들이었습니다.

폰갭의 FileTransfer 솔루션 중에는 업로드 기능도 있지만 다운로드 기능도 있습니다. 필자는 다운로드 기능을 틀에 짜인 대로 설명하지 않고 추가사항으로 따로 보여주고자 합니다. 그리고 FileTransfer.download() 메소드에 대한 정의나 형식을 설명하지 않고 설명하는 순서도 거꾸로 해보겠습니다.

어떤 방식이 독자님들께 효과가 있을까요? 컴퓨터라는 어렵고 복잡한 기계에서 한발 물러나서 지식을 습득하는 방식에 대해 생각해볼 필요가 있습니다. 머리로 이해하지 못한 상태에서 컴퓨터 앞에 앉아 무작정 코딩을 시작하는 것은 필자의 경험 상 매우 안 좋은 방법입니다. 프로그래밍 작업도 "철학"이나 "생각"이 없으면 창조적인 로직이 나오지 않습니다. 프로그래밍 고수나 디자인 고수는 생각 없이 컴퓨터 앞에 앉지 않습니다. 오히려 돌아다니면서 노는 것처럼 보입니다. 생각을 정리하고 다른 시각에서 응용하고 조화를 찾으려는 노력을 하는 것입니다.

다운로드 기능 미리보기

소스를 보기 전에 추가한 다운로드 기능을 먼저 실험해보겠습니다.

스텝 **1**

실물 단말기에서 탐색기 화면으로 이동하고 카메라 폴더에 있는 이미지를 선택합니다. "imageview" 화면에서 앞서 실험한 바와 같이 선택한 이미지가 나타납니다.

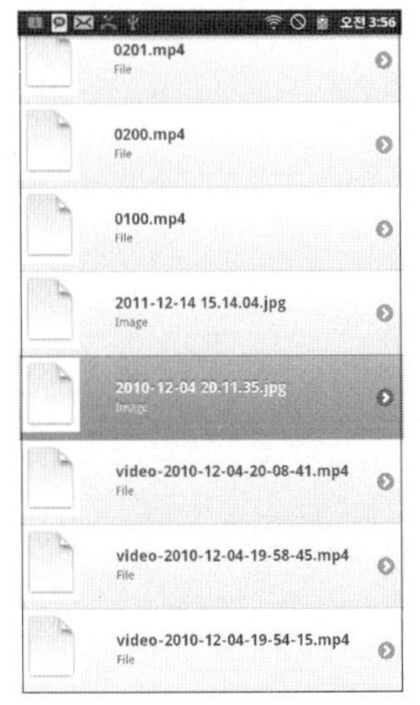

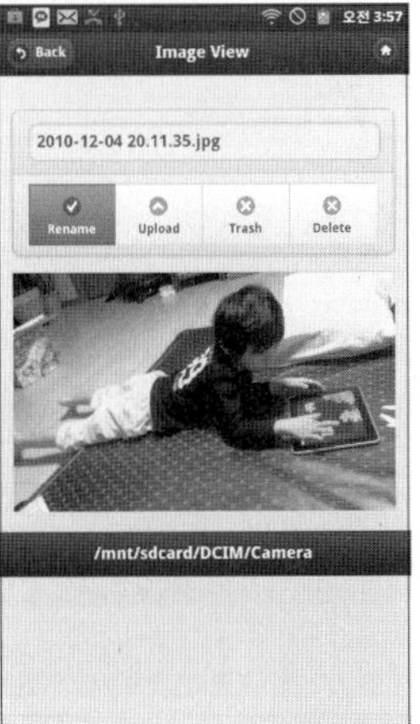

스텝 **2**

그림과 같이 "Upload" 버튼을 터치하여 서버에 이미지를 업로드합니다. 업로드에 성공하면 서버에서 받은 업로드 정보가 안내 대화상자에 나타납니다. 이 대화상자에서 "확인" 버튼을 터치합니다. 소스 코드에서는 여기서 부터 추가된 다운로드 로직이 있습니다.

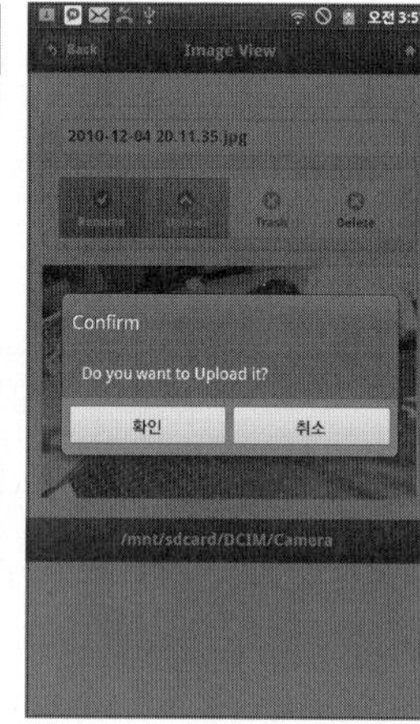
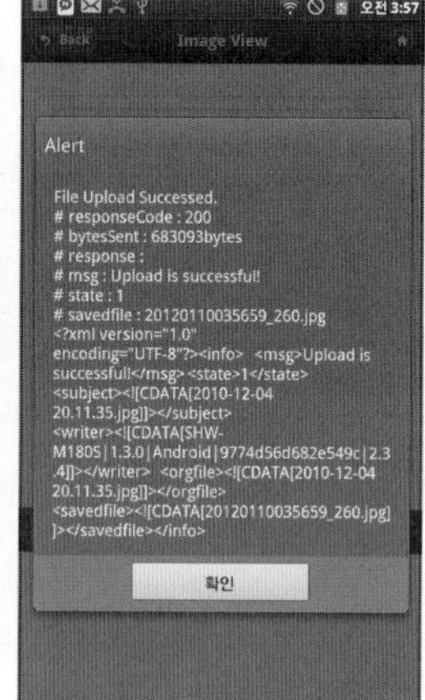

스텝 **3**

그림과 같이 업로드한 이미지 파일을 다운받을 것인지 확인하는 확인 대화상자가 나타납니다. 이 대화상자에서 "확인" 버튼을 터치하면 새로 추가한 "#serverview" 페이지 영역의 화면으로 전환합니다. 이 화면에서는 서버에 업로드한 이미지의 URL 정보와 이미지 미리보기가 나타납니다. "Download" 버튼을 터치하면 서버에 업로드한 이미지 파일을 단말기에 다운받을 것입니다. 이 버튼을 터치했더니 다운받을 것인지 확인하는 대화상자가 나타나고, "확인" 버튼을 터치하면 단말기 의 저장소 최상위 경로에 앞서 업로드한 이미지가 다운로드됩니다.

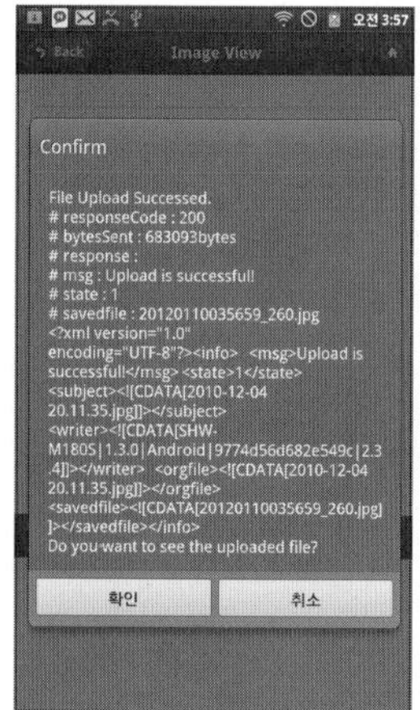
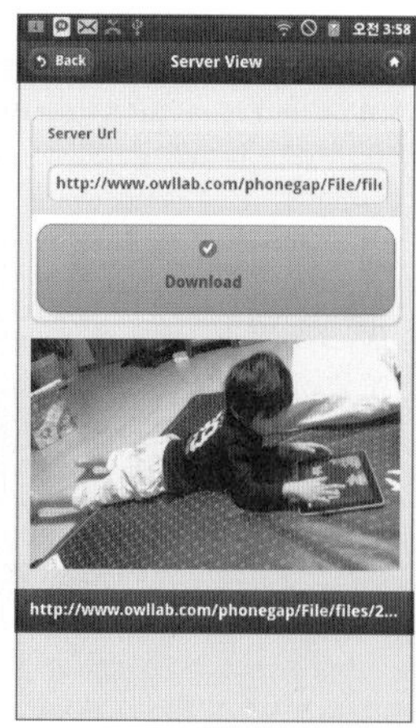

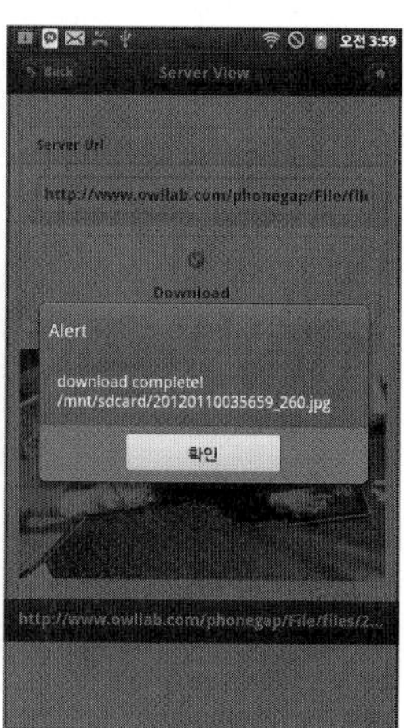

스텝 **4**

다운로드가 완료되면 자동으로 탐색기 화면으로 이동하고 탐색기의 최상위 경로로 이동합니다. 그림과 같이 서버에서 다운받은 이미지 파일을 탐색기 목록에서 찾아 볼 수 있습니다. 이 파일을 터치해서 올바로 다운받았는지 확인해봅니다.

자, 이제 다음의 소스 분석 내용을 보기 전에 먼저 지금까지의 다운로드 기능을 어떻게 구성할지를 생각해보기 바랍니다. FileTransfer.download() 메소드의 정의는 몰라도 됩니다. 어떤 식으로 로직을 구성할 것인지가 중요합니다.

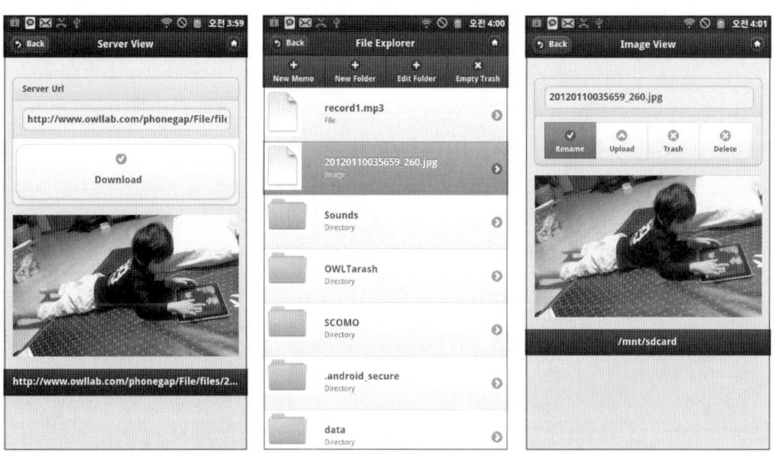

다운로드 추가 소스 분석

생각해보셨나요? 과연 위에서 보여준 다운로드 기능의 로직을 상상해봤는지 필자는 알 수 없습니다. 하지만 생각해보는 것은 매우 중요합니다. 다소 늦더라도 천천히 생각하는 습관이 필요합니다. 이제 필자가 만든 로직을 소개하겠습니다.

스텝 **1**

필자는 그림과 같이 화면을 구성했습니다. 머리말에 화면 제목과 "Back" 버튼, "Home" 버튼을 배치했습니다. 내용 영역에는 <input> 객체를 배치하고 여기에 다운받을 이미지 파일의 URL 경로를 출력할 것입니다. 그 밑에 "Download" 버튼을 배치하여 이 버튼을 터치하면 다운로드 로직을 실행할 것입니다. 버튼 아래에는 서버에 있는 이미지를 <img> 태그로 출력하도록 배치했고 그림에서는 보이지 않지만 꼬리말 영역에는 다운받을 이미지 파일의 URL 경로를 출력할 것입니다. <input> 객체는 필요에 따라 다른 주소를 입력하여 다운로드를 실험할 수 있게 입력란으로 구성했다는 점도 눈여겨보기 바랍니다.

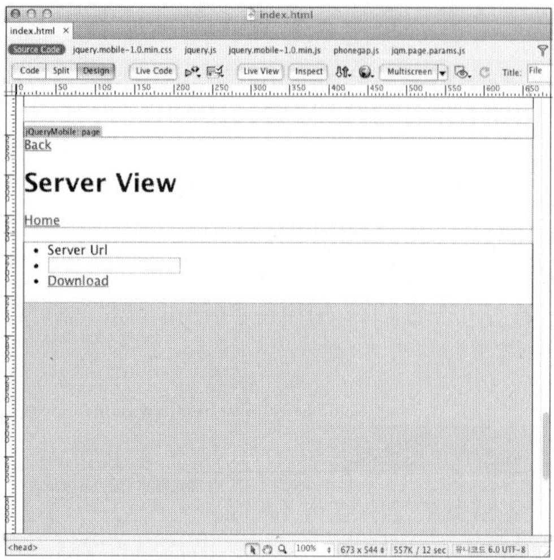

스텝 **2**

추가한 "#serverview" 페이지 영역을 소스로 살펴보겠습니다.

```html
703      </div>
704
705      <!-- serverview page --->
706      <div data-role="page" id="serverview">
707       <div data-role="header">
708        <a href="#" data-icon="back" data-direction="reverse" data-rel="back">Back</a>
709        <h1>Server View</h1>
710        <a href="#home" data-icon="home" data-iconpos="notext" data-direction="reverse"
      class="ui-btn-right jqm-home">Home</a>
711       </div>
712       <div data-role="content">
713        <ul data-role="listview" data-inset="true">
714         <li>
715          Server Url
716         </li>
717         <li>
718          <input type="text" id="url" value="" />
719         </li>
720         <li>
721          <a href="javascript:fileDownload();" data-role="button" data-icon="check" data-
      iconpos="top">Download</a>
722         </li>
723        </ul>
724        <div><img id="imageDiv" style="width:100%;" src="" /></div>
725       </div>
726       <div data-role="footer">
727        <h2 id="orgurl"></h2>
728       </div>
729      </div>
730      </body>
731     </html>
```

소스라인 706~729 : 아이디가 "serverview"인 페이지 영역을 설정했습니다.

소스라인 707~711 : 이 부분이 머리말 영역입니다. 화면 제목과 "Back" 버튼, "Home" 버튼이 있습니다.

소스라인 712~725 : 내용 영역입니다. 다운받은 서버 이미지 파일의 URL을 입출력하는 <input> 객체는 아이디를 "url"로 정의하고 있고, "Download" 버튼은 FileDownload() 함수를 실행하게 작성하고 있습니다. 서버 이미지를 출력하는 <img> 태그는 아이디를 "imageDiv"로 정의하고 있습니다.

소스라인 726~728 : 꼬리말 영역입니다. <h2> 태그로 아이디가 "orgurl"인 영역을 만들었습니다.

스텝 3

자바스크립트에는 다음과 같은 로직을 추가했습니다. 업로드에 성공할 때 실행하는 uploadSuccess() 콜백 함수 끝에 업로드한 이미지 파일을 다운로드 실험할 것인지를 확인하는 확인 대화상자를 출력하는 구문을 추가했습니다.

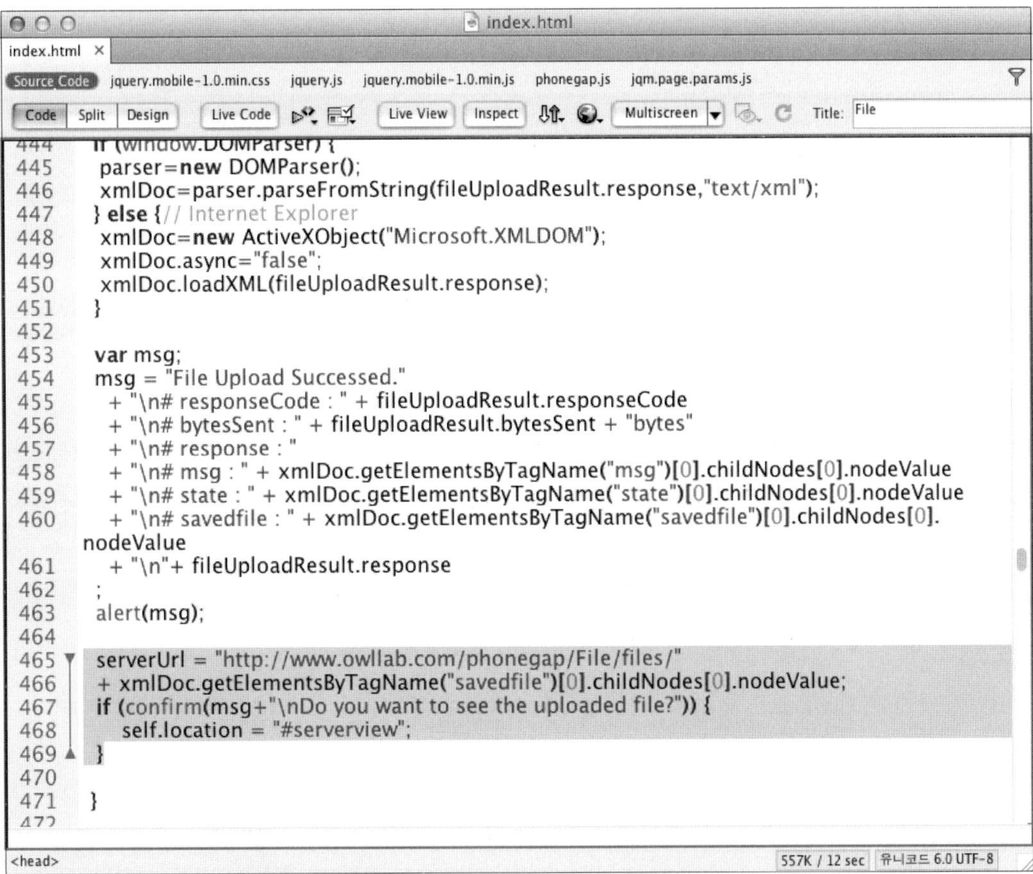

소스라인 465~466 : serverUrl이라는 전역 변수에 다운받을 이미지의 서버 주소를 정의했습니다.

소스라인 467~469 : 확인 대화상자를 만들고 사용자가 "확인" 버튼을 터치하면 새로 추가한 "serverview" 화면으로 이동하게 합니다.

스텝 4

다음은 "serverview" 화면으로 이동했을 때 실행하는 구문입니다. 이 화면이 나타나면 다운받은 서버 이미지에 대한 정보를 출력하게 하는 로직으로 구성했습니다.

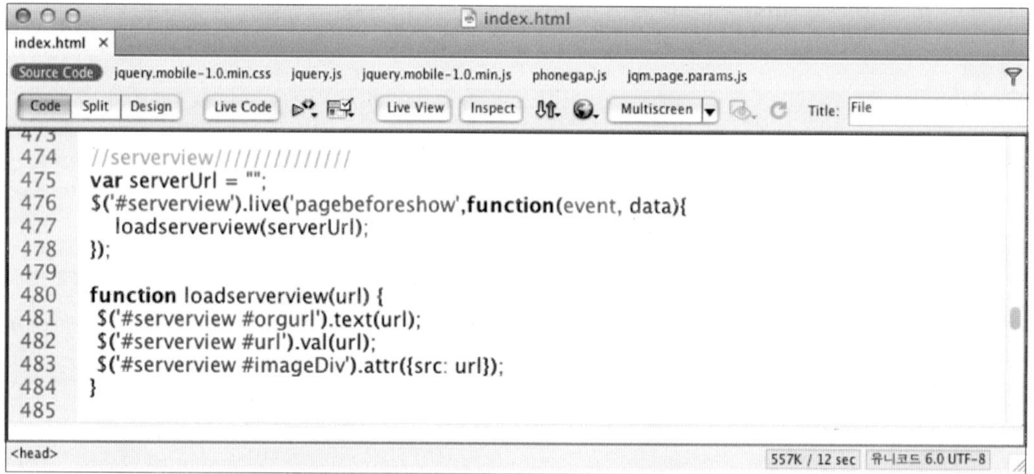

소스라인 475 : serverUrl이라는 전역 변수를 선언하고 있습니다. 이 변수에는 이 화면에 들어오기 전에 앞서 작성한 다운받을 서버의 주소가 대입되어 있을 것입니다.

소스라인 476~478 : "serverview" 페이지 영역이 화면에 나타나기 전에 loadserverview() 함수를 실행하도록 작성하고 있습니다.

소스라인 480~484 : loadserverview() 함수는 다운받은 서버 이미지 주소를 전달받아 화면에 이미지 파일의 정보를 출력하고 있습니다.

스텝 5

이제 사용자가 "Download" 버튼을 터치할 때 실행하는 FileDownload() 함수를 살펴봅니다.

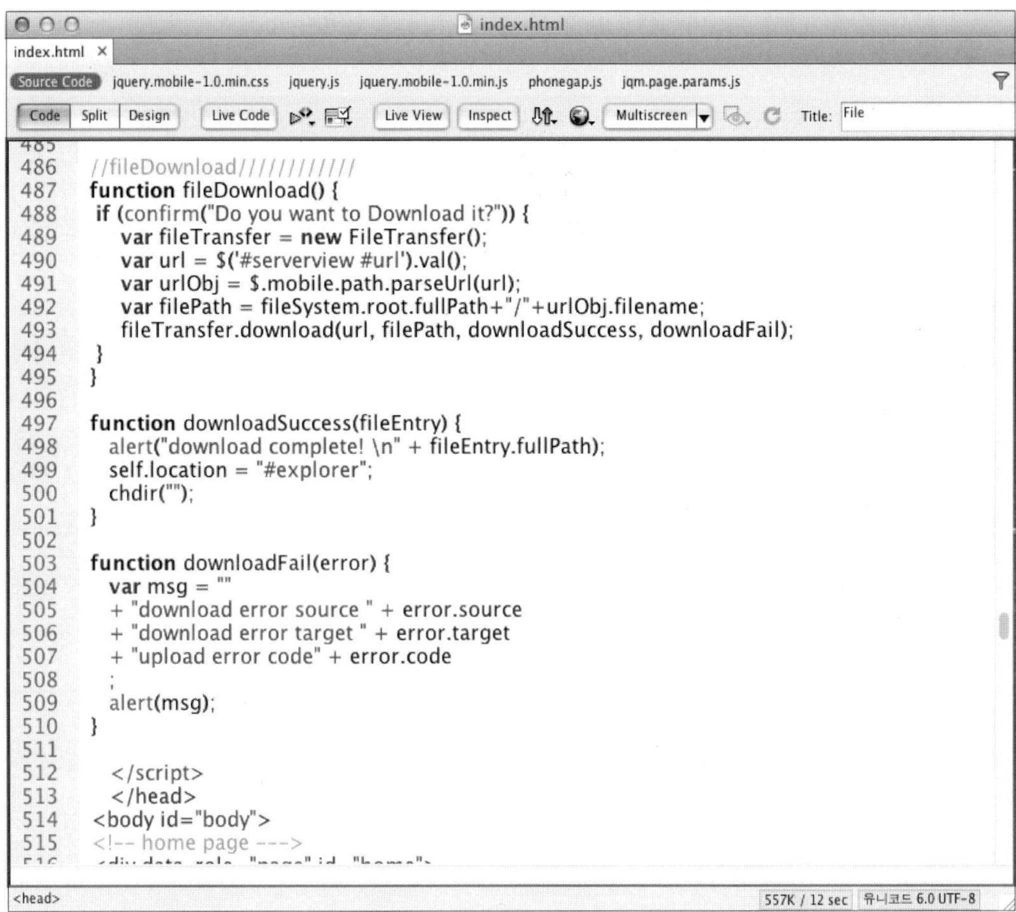


```
486    //fileDownload//////////////
487    function fileDownload() {
488    if (confirm("Do you want to Download it?")) {
489      var fileTransfer = new FileTransfer();
490      var url = $('#serverview #url').val();
491      var urlObj = $.mobile.path.parseUrl(url);
492      var filePath = fileSystem.root.fullPath+"/"+urlObj.filename;
493      fileTransfer.download(url, filePath, downloadSuccess, downloadFail);
494    }
495    }
496
497    function downloadSuccess(fileEntry) {
498      alert("download complete! \n" + fileEntry.fullPath);
499      self.location = "#explorer";
500      chdir("");
501    }
502
503    function downloadFail(error) {
504      var msg = ""
505      + "download error source " + error.source
506      + "download error target " + error.target
507      + "upload error code" + error.code
508      ;
509      alert(msg);
510    }
511
512    </script>
513    </head>
514 <body id="body">
515 <!-- home page --->
```


소스라인 487~495 : 이 함수는 "serverview" 화면에서 "Download" 버튼을 터치할 때 실행하는 함수입니다. 다운받을 것인지 확인하는 확인 대화상자를 출력하고 사용자가 "확인" 버튼을 터치하면 FileTranfer.download() 메소드를 실행하여 다운로드를 시도합니다.

소스라인 489 : FileTransfer 객체를 생성합니다.

소스라인 490 : "serverview" 화면에 있는 <input> 객체의 입력 값을 가져와 다운받은 서버 주소로 사용합니다.

소스라인 491 : 서버 주소를 jQuery Mobile에서 제공하는 parseUrl() 메소드를 이용하여 URL 객체로 구합니다.

소스라인 492 : URL 객체에서 파일명만 추출하고 단말기의 저장소 최상위 디렉토리와 조합하여 다운받아 저장할 파일 경로를 정의합니다.

소스라인 493 : 위에서 준비한 변수를 이용하여 FileTranfer.download() 메소드를 실행합니다.

이 메소드는 실행에 성공하면 downloadSuccess() 콜백 함수를 실행하고, 실패하면 downloadFail() 콜백 함수를 실행할 것입니다.

소스라인 497~501 : 다운로드 실행에 성공하면 실행하는 downloadSuccess() 콜백 함수입니다.

소스라인 498 : 다운로드 결과를 alert() 명령으로 화면에 출력합니다.

소스라인 499 : 자동으로 "explorer" 화면으로 이동하게 합니다.

소스라인 500 : chdir() 명령으로 최상위 디렉토리로 이동하게 합니다.

소스라인 503~510 : 다운로드 중 실패했을 때 실패 사유를 alert()로 화면에 출력하게 합니다.

윈도우폰의 경우 본 프로젝트 소스에서 페이지 간의 전달 변수를 받는 jQuery Mobile 기능이 호환되지 않아 실험이 어렵습니다. 윈도우폰에서 폰갭의 File API 기능을 실험하고자 한다면 앞서 File API에서 소개한 단위 소스를 참조하여 한 페이지에 한 가지 기능씩 간단히 실험하기를 권합니다.

여기서 소개하는 File 프로젝트는 jQuery Mobile의 페이지 간 이동 기법을 소개하는데 많은 비중을 두고 있기 때문에 윈도우폰에서 실험하기에는 무리가 있습니다. 아쉽지만 나중에 윈도우폰이 업그레이드되고 폰갭과 jQuery Mobile이 업그레이드되고 나서 실험하도록 합니다.

Chapter 13

Capture : 미디어 캡처

폰갭에서 지원하는 오디오, 사진, 동영상 캡처 솔루션을 소개합니다. Capture는 사진과 동영상의 경우는 단말기의 카메라 프로그램을 이용하여 사진을 찍거나 동영상을 찍어 파일을 가져오는 기능을 제공합니다. 오디오의 경우는 단말기의 녹음 프로그램을 이용하여 녹음을 하고 녹음한 음원 파일을 가져오는 기능을 제공합니다.

오디오, 사진, 동영상 파일들을 재생하거나 보는 기능은 앞서 배운 Media나 Camera를 이용하지만, 녹음을 하거나 사진이나 동영상을 찍고 그렇게 생성된 파일들을 가져오는 기능은 Capture API를 사용합니다. 이 기능은 미디어 파일을 캡처하여 전송하거나 서버에 업로드하는 용도로 사용할 수 있습니다.

13.1 Capture의 사용

Capture 기능은 Capture라는 객체와 메소드별 옵션 객체 그리고 몇 가지 Capture 지원 객체들과 함수들로 구성됩니다. Capture 기능을 구성하는 요소를 요약하면 다음과 같습니다.

구분	객체 및 메소드	기능
객체	Capture 객체	navigator.device.capture 객체에서 받아오는 객체
	CaptureError 객체	미디어 캡처 중에 발생할 수 있는 오류 코드를 기록하는 객체
	ConfigurationData 객체	단말기에서 지원하는 캡처 속성들을 기록할 수 있는 객체
메소드 매개변수	CaptureAudioOptions 객체	녹음을 지원하는 captureAudio() 메소드에 대한 옵션 객체
	CaptureImageOptions 객체	이미지 캡처를 지원하는 captureImage() 메소드에 대한 옵션 객체
	CaptureVideoOptions 객체	녹화를 지원하는 captureVideo() 메소드에 대한 옵션 객체
	captureSuccess 함수	메소드가 성공했을 때 실행하는 함수를 정의

	captureError 함수	메소드가 실패했을 때 실행하는 함수를 정의
	MediaFile 객체	캡처한 파일의 속성들을 기록할 수 있는 객체
	MediaFileData 객체	MediaFile.getFormatData() 메소드에서 성공했을 때 MediaFileDataSuccessCB 함수에서 전달받는 객체
메소드	capture.captureAudio() 메소드	녹음 프로그램을 호출하여 녹음을 하고 녹음을 완료하면 녹음한 음원 데이터를 받아오는 메소드
	capture.captureImage() 메소드	카메라 프로그램을 호출하여 사진을 찍고 찍은 이미지를 가져오는 메소드
	capture.captureVideo() 메소드	카메라 프로그램을 호출하여 동영상을 찍고 찍은 비디오를 가져오는 메소드
	MediaFile.getFormatData() 메소드	MediaFile의 데이터 포맷 정보를 호출하는 메소드

Capture 객체

Capture 객체는 navigator.device.capture 객체에서 받아오는 객체입니다. 따라서 폰갭에서 말하는 Capture 객체는 navigator.device.capture 객체와 동일하다고 할 수 있습니다. Capture 객체의 사용 형식은 다음과 같습니다.

```
var capture = navigator.device.capture;
```

❶ 속성

- supportedAudioModes : 단말기가 지원하는 오디오 포맷을 ConfigurationData[ ]로 제공합니다.
- supportedImageModes : 단말기가 지원하는 이미지의 크기와 포맷 정보를 ConfigurationData[ ]로 제공합니다.
- supportedVideoModes : 단말기가 지원하는 비디오 해상도와 포맷 정보를 ConfigurationData[ ]로 제공합니다.

❷ 지원하는 플랫폼 : Android, iPhone, Windows Phone 7 (Mango), Blackberry WebWorks (OS 5.0 and higher)

이 객체는 capture.captureAudio, capture.captureImage, capture.captureVideo 등 3개의 메소드를 제공합니다. 이 메소드들과 각 메소드에서 사용하는 옵션 객체들 그리고 이들의 활용 사례들을 하나씩 살펴봅니다.

capture.captureAudio() 메소드

이 메소드는 단말기에 탑재되어 있는 녹음 프로그램을 호출하여 녹음을 하고 녹음을 완료하면
녹음한 음원 데이터를 받아오는 기능을 제공합니다.

사용형식	navigator.device.capture.captureAudio(CaptureCB captureSuccess, CaptureErrorCB captureError, [CaptureAudioOptions options]);
매개변수	• captureSuccess : 녹음에 성공했을 때 실행하는 함수를 정의하며 이 함수는 녹음 데이터를 가지고 있는 CaptureCB 객체를 매개변수로 전달받습니다. • captureError : 오류가 발생했을 때 실행하는 함수이며 이 함수는 CaptureErrorCB 객체를 받아와 녹음 오류에 대한 후속 처리를 할 수 있게 합니다. • [options] : CaptureAudioOptions 객체로 녹음에 대한 옵션을 설정할 수 있습니다. 이 매개변수는 옵션이므로 꼭 필요할 때만 사용합니다.

❶ 지원하는 플랫폼 : Android, iPhone, Windows Phone 7 (Mango), Blackberry WebWorks (OS 5.0
and higher)

활용 사례는 다음과 같습니다.

```javascript
function captureAudio() {
    var captureAudioOptions = {};
    captureAudioOptions.limit = 2;
    var capture = navigator.device.capture;
    capture.captureAudio(captureSuccess, captureError, captureAudioOptions);
}

function captureSuccess(mediaFiles) {
    var str = "";
    var len = mediaFiles.length;
    for (var i = 0; i < len; i++) {
        if(i>0) str += "\n";
        str += mediaFiles[i].fullPath;
    }
    alert(str);
}

function captureError(error) {
    alert("Error Code : "+ error.code);
}
```

CaptureAudioOptions 객체

녹음을 지원하는 captureAudio() 메소드에 대한 옵션 객체입니다. 사용 형식은 다음과 같습니다.

```
var captureAudioOptions = { limit: a, duration: b, mode: c }
```

❶ 속성
- limit : 기본 값은 1이며, 한 번에 녹음할 수 있는 횟수를 정의합니다.
- duration : 초 단위를 사용하며, 음원의 최대 녹음시간을 정의합니다.
- mode : capture.supportedAudioModes에서 지원하는 오디오 모드 중 하나를 지정할 수 있습니다.

❷ 안드로이드 특기사항 : duration과 mode 설정을 지원하지 않습니다. 프로그래밍으로 녹음 제한 시간을 제어할 수 없고 녹음 음원의 포맷은 audio/amr 포맷(Adaptive Multi-Rate)만을 사용합니다.

❸ 아이폰 특기사항 : limit과 mode 설정을 지원하지 않습니다. 한 번에 하나의 녹음만 실행하고 녹음 음원을 받아올 수 있으며, audio/wav 포맷만을 사용합니다.

❹ 블랙베리 웹워크 특기사항 : duration과 mode 설정을 지원하지 않습니다. 프로그래밍으로 녹음 제한 시간을 제어할 수 없고 녹음 음원의 포맷은 audio/amr 포맷(Adaptive Multi-Rate)만을 사용합니다.

capture.captureImage() 메소드

이 메소드는 단말기에 탑재되어 있는 카메라 프로그램을 호출하여 사진을 찍고 찍은 이미지를 가져오는 기능을 제공합니다.

사용형식	navigator.device.capture.captureImage(CaptureCB captureSuccess, CaptureErrorCB captureError, [CaptureAudioOptions options]);
매개변수	• captureSuccess : 성공했을 때 실행하는 함수를 정의하며 이 함수는 CaptureCB 객체를 매개변수로 전달받습니다. • captureError : 오류가 발생했을 때 실행하는 함수이며 이 함수는 CaptureErrorCB 객체를 매개변수로 전달받습니다. • [options] : CaptureImageOptions 객체로 옵션을 설정할 수 있습니다. 이 매개변수는 옵션이므로 꼭 필요할 때만 사용합니다.

❶ 지원하는 플랫폼 : Android, iPhone, Windows Phone 7 (Mango), Blackberry WebWorks (OS 5.0 and higher)

활용 사례는 다음과 같습니다.

```javascript
function captureImage() {
    var captureImageOptions = {};
    captureImageOptions.limit = 2;
    var capture = navigator.device.capture;
    capture.captureImage(captureSuccess, captureError,
    captureImageOptions);
}

function captureSuccess(mediaFiles) {
    var str = "";
    var len = mediaFiles.length;
    for (var i = 0; i <len; i++) {
        if(i>0) str += "\n";
        str += mediaFiles[i].fullPath;
    }
    alert(str);
}

function captureError(error) {
    alert("Error Code : "+ error.code);
}
```

CaptureImageOptions 객체

이미지 캡처를 지원하는 captureImage() 메소드에 대한 옵션 객체입니다. 사용 형식은 다음과 같습니다.

```javascript
var captureImageOptions = { limit: a, mode: c }
```

❶ 속성
  - limit : 기본 값은 1이며 한 번에 캡처할 수 있는 횟수를 정의합니다.
  - mode : capture.supportedImageModes에서 지원하는 이미지 모드 중 하나를 지정할 수 있습니다.

❷ 안드로이드 특기사항 : mode 설정을 지원하지 않습니다. 포맷은 image/jpeg 포맷을 사용합니다.

❸ 아이폰 특기사항 : limit과 mode 설정을 지원하지 않습니다. 한 번에 하나의 이미지만 받아올 수 있으며 image/jpeg 포맷을 사용합니다.

❹ 블랙베리 웹워크 특기사항 : mode 설정을 지원하지 않습니다. 포맷은 image/jpeg 포맷을 사용합니다.

capture.captureVideo() 메소드

이 메소드는 단말기에 탑재되어 있는 카메라 프로그램을 호출하여 동영상을 찍고 찍은 비디오를 가져오는 기능을 지원합니다.

사용형식	navigator.device.capture.captureVideo(CaptureCB captureSuccess, CaptureErrorCB captureError, [CaptureAudioOptions options]);
매개변수	• captureSuccess : 성공했을 때 실행하는 함수를 정의하며 이 함수는 CaptureCB 객체를 매개변수로 전달받습니다. • captureError : 오류가 발생했을 때 실행하는 함수이며 이 함수는 CaptureErrorCB 객체를 매개변수로 전달받습니다. • [options] : CaptureImageOptions 객체로 옵션을 설정할 수 있습니다. 이 매개변수는 옵션이므로 꼭 필요할 때만 사용합니다.

❶ 지원하는 플랫폼 : Android, iPhone, Windows Phone 7 (Mango), Blackberry WebWorks (OS 5.0 and higher)

활용 사례는 다음과 같습니다.

```javascript
function captureVideo() {
    var captureVideoOptions = {};
    captureVideoOptions.limit = 2;
    var capture = navigator.device.capture;
    capture.captureVideo(captureSuccess, captureError, captureVideoOptions);
}

function captureSuccess(mediaFiles) {
    var str = "";
    var len = mediaFiles.length;
    for (var i = 0; i <len; i++) {
        if(i>0) str += "\n";
        str += mediaFiles[i].fullPath;
    }
    alert(str);
}

function captureError(error) {
    alert("Error Code : "+ error.code);
}
```

CaptureVideoOptions 객체

녹화를 지원하는 captureVideo() 메소드에 대한 옵션 객체입니다. 사용 형식은 다음과 같습니다.

```
var captureVideoOptions = {limit: a, duration: b, mode: c}
```

❶ 속성
- limit : 기본 값은 1이며 한 번에 녹화할 수 있는 횟수를 정의합니다.
- duration : 초 단위를 사용하며 비디오의 최대 녹화시간을 정의합니다.
- mode : capture.supportedAudioModes에서 지원하는 비디오 모드 중 하나를 지정할 수 있습니다.

❷ 안드로이드 특기사항 : duration과 mode 설정을 지원하지 않습니다. 포맷은 video/3gpp 포맷을 사용합니다.

❸ 아이폰 특기사항 : limit, duration, mode 설정을 모두 지원하지 않습니다. 한 번에 하나의 녹음만 실행하고 녹음 음원을 받아올 수 있으며 .MOV 파일인 video/quicktime 포맷을 사용합니다.

❹ 블랙베리 웹워크 특기사항 : duration과 mode 설정을 지원하지 않습니다. 포맷은 video/3gpp 포맷을 사용합니다.

앞서 배운 객체와 메소드 이외에 Capture 기능을 지원하는 몇 가지 객체들과 함수가 있습니다. 이들을 살펴봅니다.

CaptureError 객체

미디어 캡처 중에 발생할 수 있는 오류 코드를 기록하는 객체입니다.

❶ 속성
- code : 다음에서 정의하는 상수 중 하나를 값으로 사용합니다.

  CaptureError.CAPTURE_INTERNAL_ERR : 카메라가 사진을 찍거나 마이크로폰(Microphone)이 녹음을 하는데 실패했을 경우의 오류입니다.

  CaptureError.CAPTURE_APPLICATION_BUSY : 카메라 또는 녹음 프로그램을 다른 서비스로 인해 호출할 수 없는 경우의 오류입니다.

  CaptureError.CAPTURE_INVALID_ARGUMENT : 캡처 옵션의 설정이 올바르지 않을 경우 폰갭 API에서 발생하는 오류입니다.

  CaptureError.CAPTURE_NO_MEDIA_FileS : 사용자가 캡처를 중단하고 임의로 빠져나왔을 때 발생하는 오류입니다.

  CaptureError.CAPTURE_NOT_SUPPORTED : 요청한 캡처를 단말기에서 지원하지 않을 때 발생하는 오류입니다.

CaptureCB 함수

미디어 캡처에 성공했을 때 실행하는 함수입니다. 오디오, 이미지, 비디오를 수록할 수 있는 MediaFile 객체들을 배열 객체 형식으로 전달받습니다.

사용형식	function captureSuccess(MediaFile[ ] mediaFiles) { ... }

CaptureErrorCB 함수

미디어 캡처에 실패했을 때 실행하는 함수입니다. CaptureError 객체를 전달변수로 받아옵니다.

사용형식	function captureError(CaptureError error) { ... }

ConfigurationData 객체

단말기에서 지원하는 캡처 속성들을 기록할 수 있는 객체입니다. capture 객체에서 지원하는 속성인 supportedAudioModes, supportedImageModes, supportedVideoModes를 통해 단말기의 지원 속성을 가져올 때 ConfigurationData 객체를 활용합니다. 하지만 집필 당시까지도 폰갭의 매뉴얼에서 모든 플랫폼에서 지원하지 않는다고 합니다. 몇 가지 실험을 해 보았지만 역시 좋은 결과를 얻지는 못했습니다. 이 객체가 지원된다면 단말기에서 지원하는 미디어 포맷을 읽어 자동 처리할 수 있는 로직들을 구성할 수 있지만 아쉽습니다.

ConfigurationData 객체는 RFC2046에서 정의하는 MIME Type 정보를 가지고 있고 이미지와 비디오의 경우 크기 정보를 가지고 있습니다. RFC2046을 표준으로 하는 MIME Type 중 스마트웍에서 주로 많이 사용하는 MIME Type들은 다음과 같습니다. 참고하기 바랍니다.

유형	MIME Type
오디오	audio/amr, audio/wav, audio/mp3
이미지	image/jpeg, image/png
비디오	video/3gpp, video/quicktime, video/mp4

❶ 속성

- type : 미디어 유형을 ASCII 문자열로 기록하되 소문자를 사용합니다. 데이터 형은 DOMString입니다.
- height : 이미지나 비디오의 높이를 Number 형으로 기록하며 오디오의 경우 0으로 처리합니다.
- width : 이미지나 비디오의 폭을 Number 형으로 기록하며 오디오의 경우 0으로 처리합니다.

MediaFile 객체

이 객체는 캡처한 파일의 속성들을 기록할 수 있는 객체입니다. 캡처한 후 CaptureCB 함수가
이 객체를 배열로 받아옵니다.

❶ 속성

- name : 파일명을 DOMString 형으로 기록하는 속성입니다.
- fullPath : 전체 경로를 DOMString 형으로 기록하는 속성입니다.
- type : 미디어 파일의 MIME Type을 DOMString 형으로 기록하는 속성입니다.
- lastModifiedDate : 최종 수정일을 Date 형으로 기록하고 있는 속성입니다.
- size : 미디어 파일의 용량을 Number 형으로 기록하고 있으며 단위는 byte를 사용합니다.

MediaFile.getFormatData() 메소드

이 메소드는 MediaFile의 데이터 포맷 정보를 호출하는 기능을 제공합니다. 하지만 아래의 특기사항과
MediaFileData 객체에서의 설명과 같이 폰갭의 매뉴얼에 따르면 플랫폼에 따라 지원하는 데이터에
제약사항이 많이 있습니다.

사용형식	mediaFile.getFormatData(MediaFileDataSuccessCB successCallback, [MediaFileDataErrorCB errorCallback]);
매개변수	• successCallback : 성공했을 때 실행하는 MediaFileDataSuccessCB 함수입니다. 전달변수로 MediaFileData 객체를 받아옵니다. • errorCallback : 실패했을 때 실행하는 MediaFileDataErrorCB 함수입니다. 이 함수는 옵션매개함수이므로 필요할 때만 사용합니다.

❶ 지원하는 플랫폼 : Android, iPhone, Windows Phone 7 (Mango), Blackberry WebWorks (OS 5.0
and higher)

❷ 안드로이드 특기사항 : 미디어 파일의 포맷 정보를 수집하는 API에 제한이 있어 일부 MediaFileData
속성을 지원하지 않습니다.

❸ 아이폰 특기사항 : 미디어 파일의 포맷 정보를 수집하는 API에 제한이 있어 일부 MediaFileData 속성을
지원하지 않습니다.

❹ 블랙베리 특기사항 : 미디어 파일에 대한 포맷 정보를 지원하는 API가 없어 모든 MediaFileData의
속성 값은 기본 값인 null 또는 0으로 받아옵니다.

MediaFileData 객체

이 객체는 MediaFile.getFormatData() 메소드에서 성공했을 때 MediaFileDataSuccessCB 함수에서 전달받는 객체입니다. MediaFileData는 다음과 같이 플랫폼에 따라 지원하는 속성이 다릅니다.

❶ 속성

- codecs : 오디오나 비디오의 포맷을 DOMString 형으로 기록하고 있습니다.
- bitrate : 오디오나 비디오의 전송 속도(Bitrate)를 Number 형으로 기록하고 있습니다. 이미지의 경우 0 값으로 처리합니다.
- height : 이미지와 비디오의 높이 값을 Number 형으로 기록하고 있습니다. 오디오의 경우 0 값으로 처리합니다.
- width : 이미지와 비디오의 폭 값을 Number 형으로 기록하고 있습니다. 오디오의 경우 0 값으로 처리합니다.
- duration : 오디오와 비디오의 재생시간을 Number 형으로 기록하고 있습니다. 이미지의 경우 0 값으로 처리합니다.

❷ 안드로이드 특기사항 :

- codecs : 지원하지 않습니다. null 값으로 처리합니다.
- bitrate : 지원하지 않습니다. 0 값으로 처리합니다.
- height : 이미지와 비디오만 지원합니다.
- width : 이미지와 비디오만 지원합니다.
- duration : 오디오와 비디오만 지원합니다.

❸ 아이폰 특기사항 : 미디어 파일의 포맷 정보를 수집하는 API에 제한이 있어 모든 MediaFileData 속성을 지원하지 않습니다.

❹ 블랙베리 특기사항 : 미디어 파일에 대한 포맷 정보를 지원하는 API가 없어 모든 MediaFileData의 값은 기본 값으로 받아옵니다.

❺ 플랫폼별로 지원하는 속성을 정리하면 다음과 같습니다.

속성	안드로이드	아이폰	블랙베리
codecs	지원안함. 모두 null	지원안함. 모두 null	지원안함. 모두 null
bitrate	지원안함. 모두 0	지원함. 이미지는 0	지원안함. 모두 0
height	지원함. 오디오는 0	지원함. 오디오는 0	지원안함. 모두 0
width	지원함. 오디오는 0	지원함. 오디오는 0	지원안함. 모두 0
duration	지원함. 이미지는 0	지원함. 이미지는 0	지원안함. 모두 0

13.2 Capture 폰갭 프로젝트

이 프로젝트는 jQuery Mobile을 UI 솔루션으로 사용하며, 폰갭의 Capture API를 이용하여 음성 캡처, 사진 캡처, 비디오 캡처 등을 실험할 수 있도록 구성했습니다. 앞서 Media나 Camera와 같은 녹음과 사진 찍기, 비디오에 대한 폰갭의 기능을 설명했습니다. Capture API는 피상적으로는 비슷한 기능이지만 구조적으로는 다릅니다. Capture API는 녹음, 사진, 비디오 기능을 직접 구현하지 않고 그 기능을 지원하는 응용 프로그램과 연동하는 방식을 사용합니다. 녹음, 사진, 비디오 기능을 자신이 개발한 앱에 탑재하고 싶거나 좀 더 자유로운 기능을 구현하려면, Media나 Camera와 같은 원초적인 API를 사용해야겠지만 단순한 기능만을 사용하려면 Capture API가 효율적입니다.

또한 안드로이드와 아이폰과 같은 단말기의 플랫폼에 따라 지원하는 옵션을 선별적으로 사용할 수 있도록 하는 기법도 사용하고 있습니다. Capture API는 마이크와 카메라를 기반으로 작동하기 때문에 가상기기에서 실험하는 데는 한계가 있어 본 프로젝트에서도 실물 단말기를 사용해 실험하나 윈도우폰에서는 가상기기에서 실험할 수 있는 기능까지만 실험 과정을 보여 주고 있습니다.

웹앱 소스 파일 구성

jQuery Mobile은 jQuery Mobile 사이트에서 다운받은 패키지에서 샘플을 제외하고 실제 사용하는 라이브러리 파일들만 소스로 사용하고 있습니다. 폰갭은 집필 현재 최신 버전인 phonegap-1.3.0.js 파일을 phonegap.js 파일로 이름만 변경하여 사용하고 있습니다.

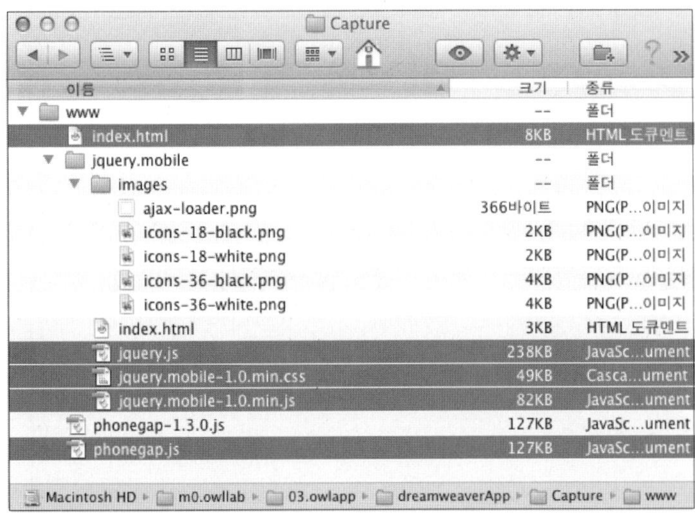

웹앱 소스 화면 분석

이 프로젝트는 index.html 파일이 핵심입니다. 그림과 같이 jQuery Mobile을 이용하여 Capture

기능을 실험할 수 있는 버튼을 배치하고 이 버튼 목록 아래에는 캡처한 결과 파일을 동적으로
추가할 수 있는 영역을 배치했습니다.

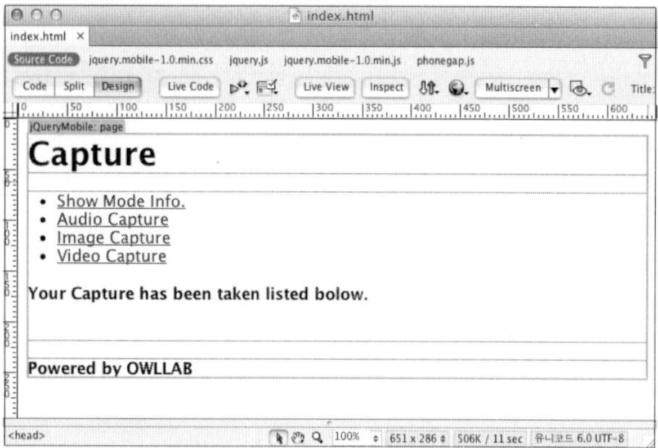

HTML DOM 소스 분석

스텝 **1**

index.html 파일의 전체 소스 구성을 살펴보면 다음과 같습니다.

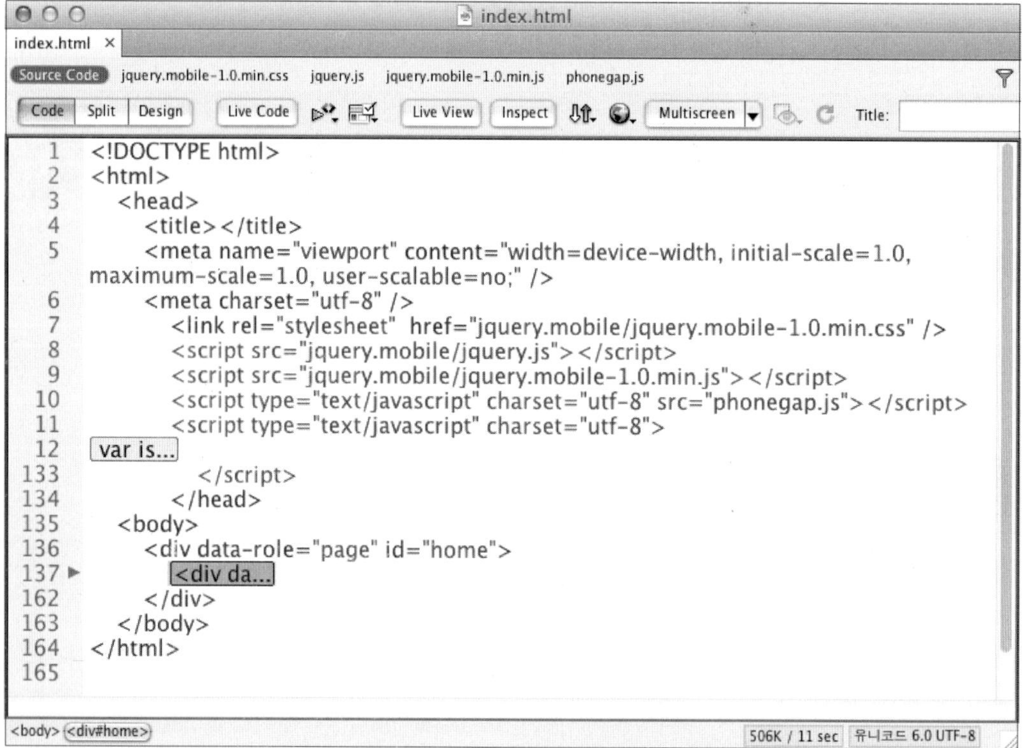

```
1   <!DOCTYPE html>
2   <html>
3     <head>
4       <title></title>
5       <meta name="viewport" content="width=device-width, initial-scale=1.0,
    maximum-scale=1.0, user-scalable=no;" />
6       <meta charset="utf-8" />
7         <link rel="stylesheet"  href="jquery.mobile/jquery.mobile-1.0.min.css" />
8         <script src="jquery.mobile/jquery.js"></script>
9         <script src="jquery.mobile/jquery.mobile-1.0.min.js"></script>
10        <script type="text/javascript" charset="utf-8" src="phonegap.js"></script>
11        <script type="text/javascript" charset="utf-8">
12    var is...
133           </script>
134         </head>
135     <body>
136       <div data-role="page" id="home">
137 ▶        <div da...
162         </div>
163       </body>
164   </html>
165
```

소스라인 5 : 서로 다른 단말기의 화면 크기에 1:1의 크기로 출력하도록 viewpoint 설정을 하고 있습니다. 이 설정은 특히 윈도우폰에서 꼭 필요합니다.

소스라인 7~9 : jQuery Mobile 관련 라이브러리 파일을 호출하는 구문입니다.

소스라인 10 : 폰갭 라이브러리를 호출하고 있습니다.

소스라인 11~133 : Capture 관련 로직을 작성한 영역입니다. 잠시 후에 상세히 살펴보겠습니다.

소스라인 136~162 : jQuery Mobile로 "home"이라는 페이지 영역을 설정하고 있습니다. 본 사례는 페이지 이동을 하지 않고 alert() 구문으로 필요한 정보를 출력하기 때문에 각 단말기에서 alert() 명령어만 작동하면 됩니다. 안드로이드나 아이폰의 경우 alert() 명령을 실행하는데 어려움이 없지만, 윈도우폰은 문제가 발생할 수 있습니다. 이 경우에 보정하는 방법을 윈도우폰 포팅에서 소개하겠습니다.

스텝 2

화면에 배치한 HTML 객체들의 소스 중 눈여겨 볼만한 소스를 살펴보면 다음과 같습니다.

```html
</head>
<body>
  <div data-role="page" id="home">
    <div data-role="header" data-theme="b">
        <h1>Capture</h1>
    </div>
    <div data-role="content">
        <ul data-role="listview" data-inset="true">
          <li>
            <a href="javascript:showModeInfo();">Show Mode Info.</a>
          </li>
          <li>
            <a href="javascript:captureAudio();">Audio Capture</a>
          </li>
          <li>
            <a href="javascript:captureImage();">Image Capture</a>
          </li>
          <li>
            <a href="javascript:captureVideo();">Video Capture</a>
          </li>
        </ul>
        <h4>Your Capture has been taken listed bolow.</h4>
        <ul data-role="listview" data-inset="true" id="listView">
        </ul>
    </div>
    <div data-role="footer">
        <h4>Powered by OWLLAB</h4>
    </div>
  </div>
</body>
</html>
```

소스라인 137 : 머리말 영역을 jQuery Mobile에서 지원하는 기본 스타일 중 ″b″ 스타일을 사용하도록 정의하고 있습니다.

소스라인 141~158 : jQuery Mobile의 listview 형식을 사용하여 버튼을 목록 형식으로 출력하고 있습니다.

소스라인 143 : 단말기에서 지원하는 포맷 정보를 요청하는 링크 버튼입니다.

소스라인 146 : Capture API의 녹음 기능을 실험하는 링크 버튼입니다.

소스라인 149 : Capture API의 사진 기능을 실험하는 링크 버튼입니다.

소스라인 152 : Capture API의 동영상 기능을 실험하는 링크 버튼입니다.

소스라인 156~157 : 캡처한 파일을 누적하여 동적으로 추가할 목록 영역입니다. 이 객체의 아이디는 ″listView″입니다. 이 아이디를 사용하여 캡처한 파일을 목록에 동적으로 추가할 것입니다.

자바스크립트 소스 분석

index.html 파일에서 Capture API에 대한 자바스크립트 소스를 살펴봅니다.

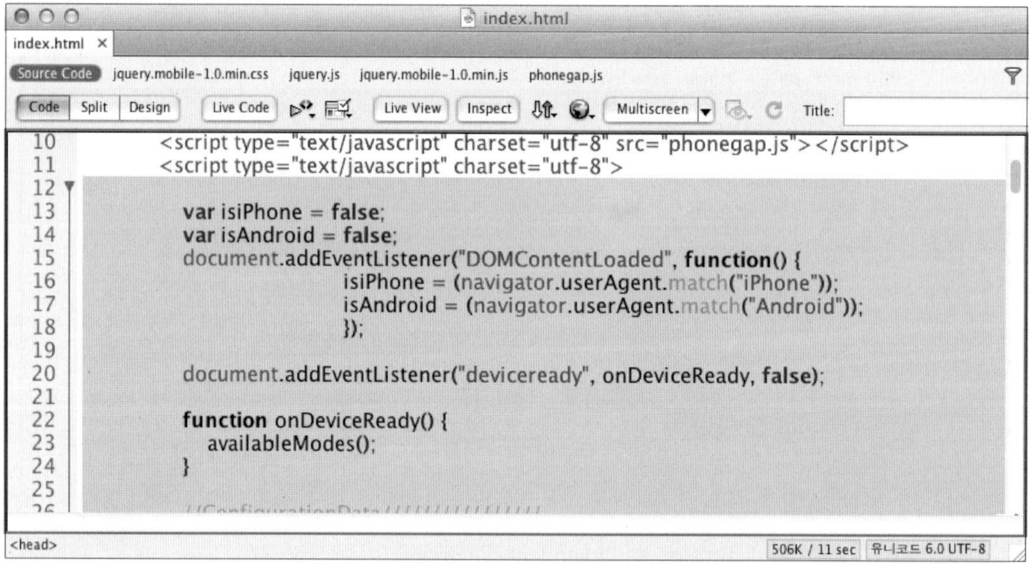


```
10    <script type="text/javascript" charset="utf-8" src="phonegap.js"></script>
11    <script type="text/javascript" charset="utf-8">
12
13        var isiPhone = false;
14        var isAndroid = false;
15        document.addEventListener("DOMContentLoaded", function() {
16                isiPhone = (navigator.userAgent.match("iPhone"));
17                isAndroid = (navigator.userAgent.match("Android"));
18            });
19
20        document.addEventListener("deviceready", onDeviceReady, false);
21
22        function onDeviceReady() {
23            availableModes();
24        }
25
26        //ConfigurationData
```

소스라인 13 : 실행하는 단말기가 아이폰인지를 체크하는 전역 변수입니다.

소스라인 14 : 실행하는 단말기가 안드로이드폰인지를 체크하는 전역 변수입니다.

소스라인 15~18 : HTML DOM 객체를 로드했을 때 내비게이션 (웹브라우저) 정보를 참조하여 아이폰인지 안드로이드폰인지를 구분합니다.

소스라인 20~24 : 폰갭 라이브러리를 로드하고 availableModes() 함수를 실행합니다.

스텝 3

단말기에서 지원하는 오디오, 이미지, 비디오 캡처 포맷 정보를 호출합니다.

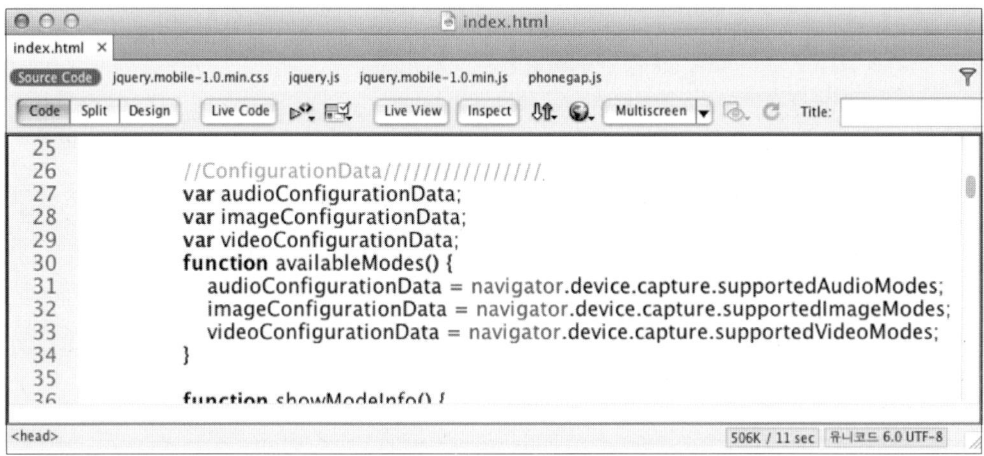

소스라인 27~29 : 단말기에서 지원하는 오디오, 이미지, 비디오 캡처 포맷 정보를 기록할 전역
객체를 선언합니다.

소스라인 30~34 : 폰갭에서 지원하는 Capture API에서 오디오, 이미지, 비디오 캡처 포맷 정보를
호출하고 위에서 선언한 전역 객체에 기록합니다. 하지만 폰갭 매뉴얼에서 기술하고 있는 바와
같이 원하는 값을 구할 수 없습니다. 이는 나중에 실험을 통해 밝혀지겠지만 폰갭의 버전이 업그레이드
되면서 해결될 수 있을 것으로 보입니다.

스텝 4

위에서 구한 단말기가 지원하는 캡처 포맷 정보를 alert() 구문으로 출력하는 showModeInfo()
함수입니다.

```
46
47              selectedInfo += "\n[supportedImageModes]";
48              for (var i=0;i<imageConfigurationData.length;i++) {
49                var mode = imageConfigurationData[i];
50                selectedInfo += "\n# type: " + mode.type
51                + ", width: " + mode.width
52                + ", height: " + mode.height
53                ;
54              }
55
56              selectedInfo += "\n[supportedVideoModes]";
57              for (var i=0;i<videoConfigurationData.length;i++) {
58                var mode = videoConfigurationData[i];
59                selectedInfo += "\n# type: " + mode.type
60                + ", width: " + mode.width
61                + ", height: " + mode.height
62                ;
63              }
64              alert(selectedInfo);
65            }
66
```

<head>   506K / 11 sec   유니코드 6.0 UTF-8

소스라인 37 : 출력할 정보를 기록하는 함수 내 지역 변수를 선언하고 있습니다.

소스라인 38~45 : 오디오 지원 포맷 정보를 조합하는 구문입니다. navigator.device.capture
.supportedAudioModes로 구한 결과 객체는 여러 개의 ConfigurationData 객체로 구성된 배열
객체이므로 본 소스와 같이 반복문을 구사하고 있습니다.

소스라인 38~45 : 이미지 지원 포맷 정보를 조합하는 구문입니다.

소스라인 38~45 : 비디오 지원 포맷 정보를 조합하는 구문입니다.

스텝 5

다음은 오디오, 이미지, 비디오들 캡처하는 함수들입니다.

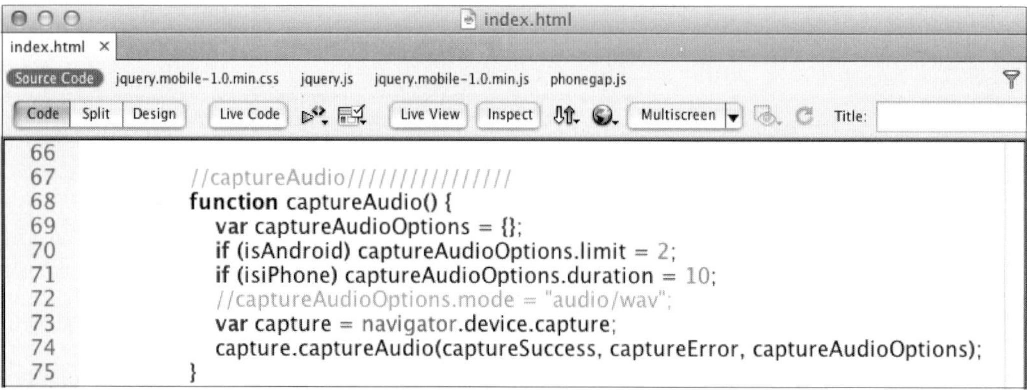

```
66
67           //captureAudio/////////////////
68           function captureAudio() {
69             var captureAudioOptions = {};
70             if (isAndroid) captureAudioOptions.limit = 2;
71             if (isiPhone) captureAudioOptions.duration = 10;
72             //captureAudioOptions.mode = "audio/wav";
73             var capture = navigator.device.capture;
74             capture.captureAudio(captureSuccess, captureError, captureAudioOptions);
75           }
```

```
76
77      //captureImage/////////////////
78      function captureImage() {
79        var captureImageOptions = {};
80        if (isAndroid) captureImageOptions.limit = 2;
81        //captureImageOptions.mode = "audio/png";
82        var capture = navigator.device.capture;
83        capture.captureImage(captureSuccess, captureError, captureImageOptions);
84      }
85
86      //captureVideo/////////////////
87      function captureVideo() {
88        var captureVideoOptions = {};
89        if (isAndroid) captureVideoOptions.limit = 2;
90        if (isiPhone) captureVideoOptions.duration = 10;
91        //captureVideoOptions.mode = "audio/mp4";
92        var capture = navigator.device.capture;
93        capture.captureVideo(captureSuccess, captureError, captureVideoOptions);
94      }
95
```

소스라인 68~75 : 오디오를 캡처하는 함수입니다. 즉, 녹음 기능을 지원하는 응용 프로그램을 요청합니다.

소스라인 69 : 오디오 캡처에 사용할 옵션 객체를 선언하고 있습니다.

소스라인 70 : 안드로이드의 경우 여러 번 캡처를 지원하기 때문에 isAndroid 전역 변수를 사용하여 안드로이드일 때만 limit 옵션을 사용하도록 작성하고 있습니다. 여기서는 limit 옵션을 2로 설정하여 안드로이드 단말기에서만 2회 연속으로 녹음할 수 있도록 정의하고 있습니다.

소스라인 71 : duration을 10초로 설정하여 이 옵션을 지원하는 단말기에서는 10초 동안만 녹음할 수 있게 하고 있습니다. isiPhone 전역 변수를 사용하여 아이폰에서만 이 옵션을 사용하도록 했습니다. duration은 폰갭 매뉴얼에서도 언급하고 있는 바와 같이 안드로이드에서는 아직까지 지원하지 않고 있습니다.

소스라인 72 : mode 옵션은 녹음 파일에 대한 포맷을 정의할 수 있는 옵션인데 아직까지 안드로이드 아이폰 모두 지원하지 않는 것으로 확인되고 있어 주석 처리하고 있습니다.

소스라인 73 : 폰갭에서 Capture 객체를 호출합니다.

소스라인 74 : captureAudio() 메소드로 녹음할 수 있는 응용 프로그램을 호출합니다. 이 메소드는 녹음에 성공했을 때 captureSuccess() 콜백 함수를 호출하면서 녹음 파일 객체를 매개변수로 전달할 것이며, 실패하면 captureError() 콜백 함수를 실행할 것입니다.

소스라인 78~84 : 같은 방법으로, 사진을 찍을 수 있는 단말기 기본 응용 프로그램을 호출하는 함수입니다.

소스라인 87~94 : 같은 방법으로, 동영상을 찍을 수 있는 응용 프로그램을 호출할 수 있는 함수입니다.

스텝 **6**

다음은 오디오, 사진, 비디오를 캡처하는데 성공했을 때 실행하는 콜백 함수와 실패했을 때 실행하는
콜백 함수를 정의하고 있습니다.

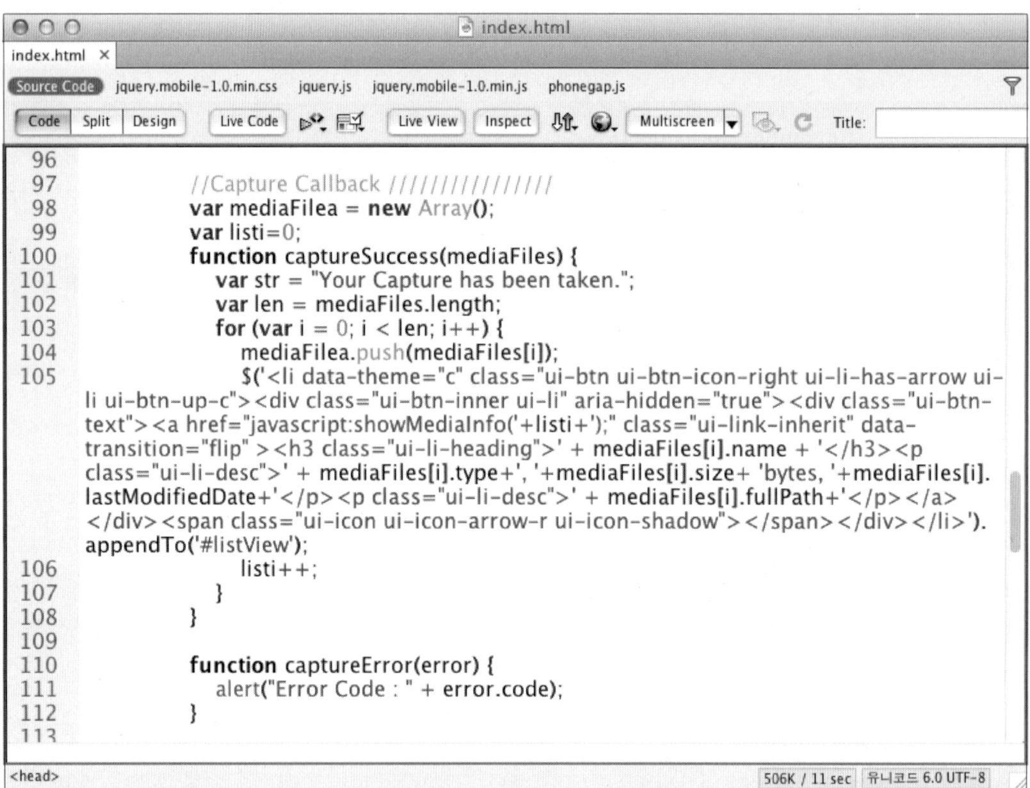

```
96
97          //Capture Callback /////////////////
98          var mediaFilea = new Array();
99          var listi=0;
100         function captureSuccess(mediaFiles) {
101            var str = "Your Capture has been taken.";
102            var len = mediaFiles.length;
103            for (var i = 0; i < len; i++) {
104               mediaFilea.push(mediaFiles[i]);
105               $('<li data-theme="c" class="ui-btn ui-btn-icon-right ui-li-has-arrow ui-
li ui-btn-up-c"><div class="ui-btn-inner ui-li" aria-hidden="true"><div class="ui-btn-
text"><a href="javascript:showMediaInfo('+listi+');" class="ui-link-inherit" data-
transition="flip" ><h3 class="ui-li-heading">' + mediaFiles[i].name + '</h3><p
class="ui-li-desc">' + mediaFiles[i].type+', '+mediaFiles[i].size+ 'bytes, '+mediaFiles[i].
lastModifiedDate+'</p><p class="ui-li-desc">' + mediaFiles[i].fullPath+'</p></a>
</div><span class="ui-icon ui-icon-arrow-r ui-icon-shadow"></span></div></li>').
appendTo('#listView');
106               listi++;
107            }
108         }
109
110         function captureError(error) {
111            alert("Error Code : " + error.code);
112         }
113
```

소스라인 98 : 캡처한 미디어 파일을 메모리에 기록하는 mediaFilea라는 배열 객체를 전역 객체로
선언하고 있습니다.

소스라인 99 : 캡처한 미디어 파일에 대한 일련번호를 매기기 위한 listi라는 전역 변수를 선언하고
있습니다. 이 변수는 배열의 순서에 부합하도록 0부터 시작하는 것으로 설정하고 있습니다.

소스라인 100~108 : 캡처에 성공했을 때 실행하는 captureSuccess() 콜백 함수를 정의하고 있습니다.
이 함수는 캡처한 미디어 파일들을 배열 객체로 전달받습니다.

소스라인 101 : 동적으로 안내문을 사용기 위해 정의하고 있는데 본 사례에서는 사용하고 있지
않습니다.

소스라인 102 : 전달받은 미디어 객체의 수를 구합니다.

소스라인 103~107 : 전달받은 미디어의 수만큼 반복하여 mediaFilea 배열 객체에 미디어 객체를
추가하고, 아이디가 "listView"인 목록 객체에 전달받은 미디어 객체의 정보를 동적으로 추가합니다.

소스라인 105 : MediaFile 객체의 속성을 이용하여 전달받은 미디어 객체의 정보를 출력하되, 이 목록을 터치하면 showMediaInfo() 함수를 실행하여 미디어 파일에 대한 추가 정보를 화면에 출력하게 합니다. showMediaInfo() 함수는 출력할 미디어 객체 번호를 매개변수로 사용하는데 앞서 선언한 listi 전역 변수를 사용합니다.

소스라인 106 : 미디어 객체가 하나 추가될 때마다 listi 전역 변수를 1씩 증가시켜 미디어 객체에 대한 일련번호를 매깁니다.

소스라인 110~112 : 캡처에 실패했을 때 실행하는 captureError() 콜백 함수를 정의하고 있습니다. 이 함수는 CaptureError 객체를 전달받습니다.

소스라인 111 : CaptureError.code 속성으로 오류에 대한 안내를 출력합니다.

스텝 7

다음은 캡처 받은 미디어 파일에 대한 추가 정보를 MediaFile.getFormatData() 메소드를 이용하여 출력하는 로직을 작성하고 있습니다.

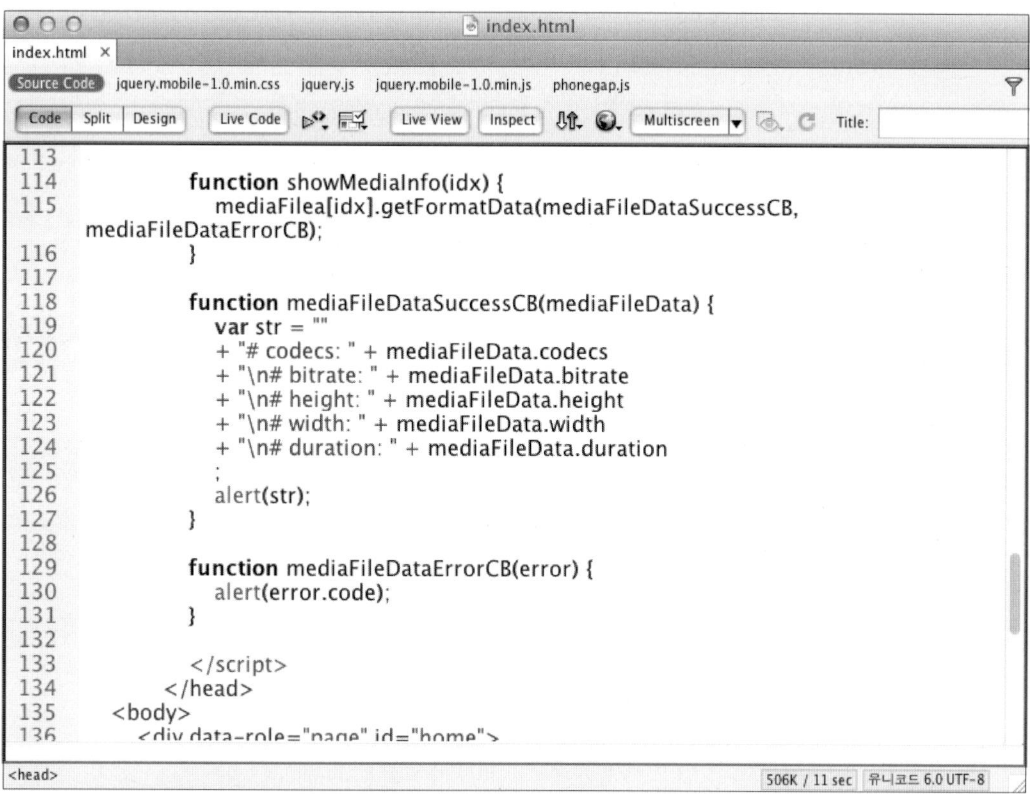

```
113
114            function showMediaInfo(idx) {
115                mediaFilea[idx].getFormatData(mediaFileDataSuccessCB,
    mediaFileDataErrorCB);
116            }
117
118            function mediaFileDataSuccessCB(mediaFileData) {
119              var str = ""
120              + "# codecs: " + mediaFileData.codecs
121              + "\n# bitrate: " + mediaFileData.bitrate
122              + "\n# height: " + mediaFileData.height
123              + "\n# width: " + mediaFileData.width
124              + "\n# duration: " + mediaFileData.duration
125              ;
126              alert(str);
127            }
128
129            function mediaFileDataErrorCB(error) {
130              alert(error.code);
131            }
132
133        </script>
134      </head>
135    <body>
136       <div data-role="page" id="home">
```

소스라인 114~~116 : MediaFile.getFormatData() 메소드로 메모리에 기록했던 미디어 파일의 추가 정보를 요청하는 함수입니다. 이 함수는 idx라는 미디어 파일에 대한 일련번호를 전달받아 추가 정보를 요청하는 방식으로 구성하고 있습니다.

소스라인 118~127 : MediaFile.getFormatData() 메소드 실행에 성공했을 때 실행하는 콜백 함수를 작성하고 있습니다. 이 함수는 MediaFileData 객체를 전달받습니다.

소스라인 119~126 : str 변수에 MediaFileData 정보를 조합하여 alert() 명령으로 화면에 출력하고 있습니다.

소스라인 129~131 : MediaFile.getFormatData() 메소드 실행에 실패했을 때 실행하는 콜백 함수입니다. 오류 코드를 출력하는 간단한 안내 대화상자를 출력하고 있습니다.

13.3 안드로이드 포팅

Capture 프로젝트는 녹음, 사진, 비디오에 대한 기본 응용 프로그램을 이용하기 때문에 캡처한 파일의 원본은 각 응용 프로그램에서 지정하는 장소에 저장되는 것을 기본으로 합니다. 안드로이드의 저장소는 서로 다른 응용 프로그램들과 공동으로 사용할 수 있기 때문에 앞서 만들었던 File 프로젝트를 이용하여 Capture 프로젝트 실험으로 생성된 미디어 파일들을 확인해볼 수 있습니다.

안드로이드 프로젝트 살펴보기

스텝 1

Capture 프로젝트는 안드로이드에 포팅하는데 특기사항이 없습니다. 앞서 설명했던 방식으로 프로젝트를 생성할 때 jQuery Mobile을 기반으로 생성하고 불필요한 샘플 소스는 삭제했습니다. index.html 파일은 앞서 설명한 웹앱 소스를 그대로 가져왔습니다.

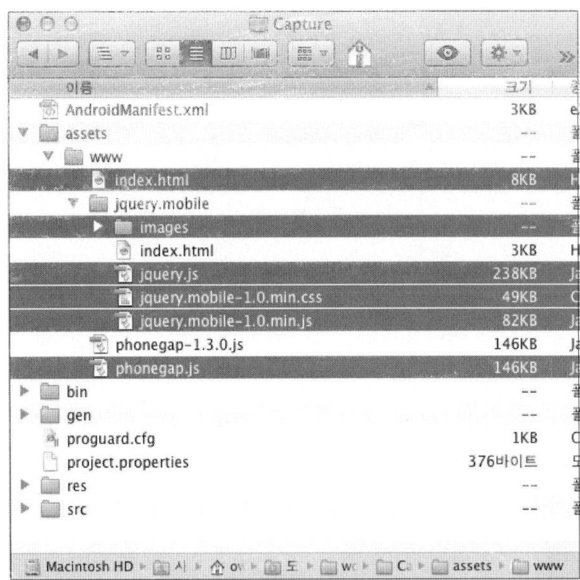

스텝 2

이클립스에 포팅한 Capture 프로젝트는 그림과 같이 나타납니다.

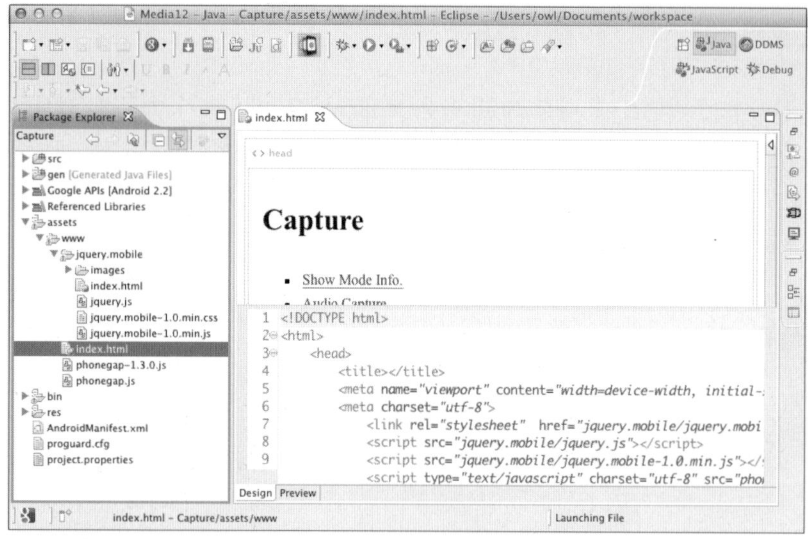

실물 단말기에서 실험하기

Capture 프로젝트는 마이크, 카메라와 같은 장치를 활용해서 실험해야 하기 때문에 실물 단말기에서 실험하도록 하겠습니다. 가상기기도 어느 정도 마이크와 카메라를 지원하기도 하지만 그 실제 기능을 경험하기에는 부족함이 있습니다.

스텝 1

프로그램이 실행되면 그림과 같이 4개의 버튼이 jQuery Mobile 스타일로 나타납니다. 첫 번째 버튼인 "Show Mode Info." 버튼을 터치하면 단말기에서 지원하는 미디어 포맷 정보가 나타납니다. 하지만 폰갭 API 매뉴얼에서 기술하는 바와 같이 지원하는 정보가 없는 것을 볼 수 있습니다.

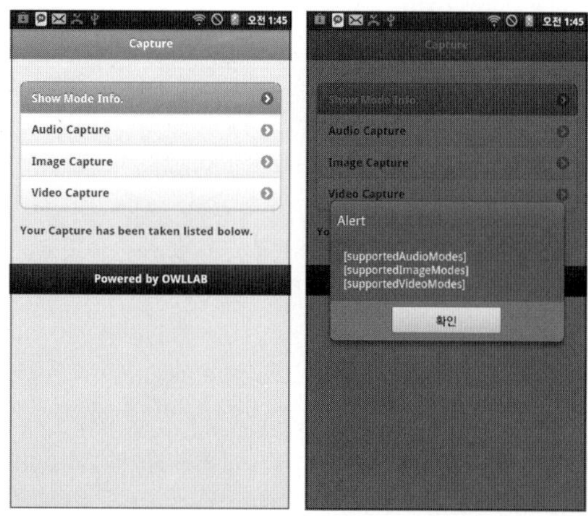

스텝 **2**

"Audio Capture" 버튼을 터치했더니 단말기에 탑재된 녹음 응용 프로그램 목록이 나타났습니다. 이는 실험 단말기에 이미 두 가지의 녹음 프로그램이 설치되어 있기 때문입니다. 이 실험 단말기에는 "음성 녹음" 응용 프로그램이 폰갭의 Capture API와 올바로 연동하지 못하는 문제가 있어서 "Sound Recorder" 프로그램을 사용하기로 했습니다. "Sound Recorder" 프로그램을 터치했더니 녹음 프로그램이 나타났습니다.

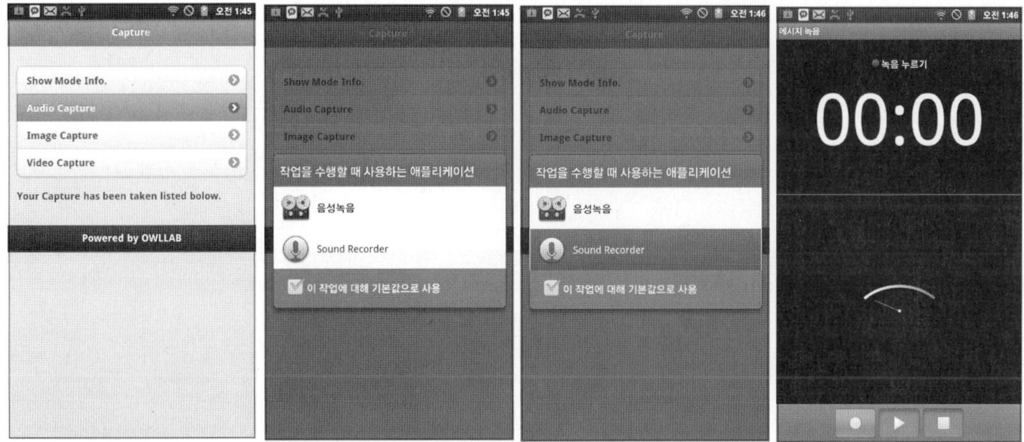

스텝 **3**

화면 아래쪽의 녹음 버튼을 터치하여 녹음을 시작하고 10초가 넘어도 계속해서 녹음이 진행되는 것을 확인할 수 있습니다. 녹음 종료 버튼을 터치하면 녹음이 종료되면서 이 녹음을 사용할 것인지를 묻는 버튼이 나타납니다. "...사용" 버튼을 터치했더니 또 녹음 프로그램을 선택하는 화면이 나타났습니다. 이는 limit 옵션을 2로 설정했는데 이 설정이 유효하기 때문입니다.

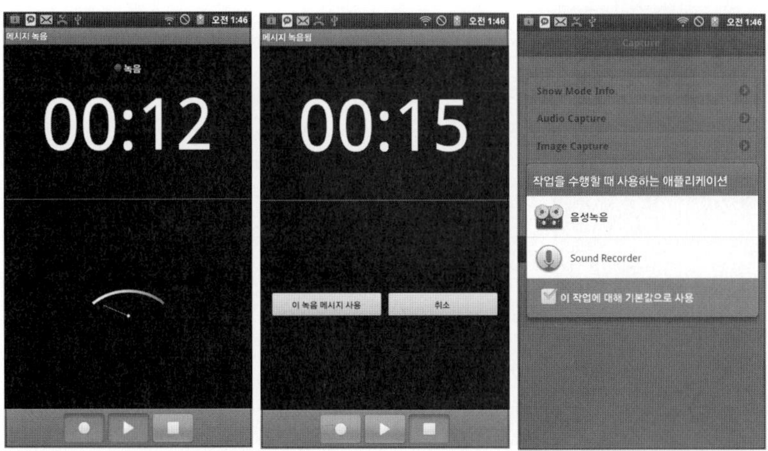

스텝 **4**

이번엔 연동에 장애가 있다고 했던 "음성 녹음" 프로그램을 선택했습니다. 그랬더니 오류 코드와 함께 안내하는 대화상자가 나타났습니다. 이 녹음 실험 결과 2번의 녹음 시도 중 1개만 성공했습니다. 안내 대화상자에서 "확인" 버튼을 터치하니 녹음에 성공한 1개의 미디어 파일이 결과 목록에 동적으로 추가됩니다.

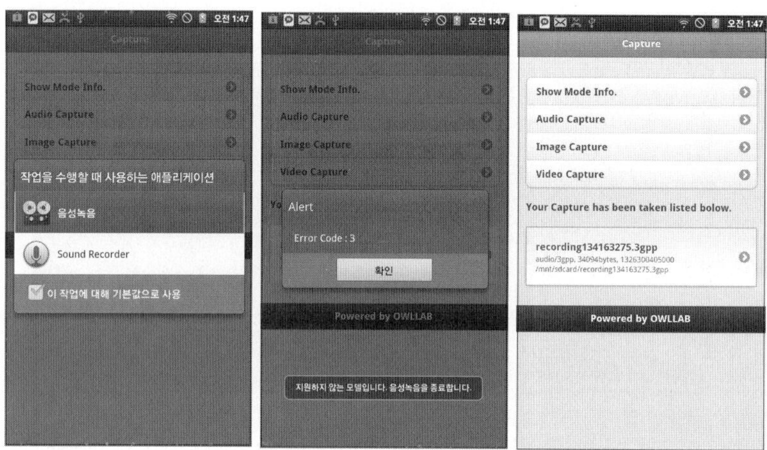

스텝 **5**

추가된 녹음 파일을 터치했더니 그림과 같이 녹음 파일에 대한 상세 정보가 alert() 안내 대화상자로 나타납니다. 약 15초 동안 녹음했기 때문에 duration 값이 15180 밀리초로 나타납니다.

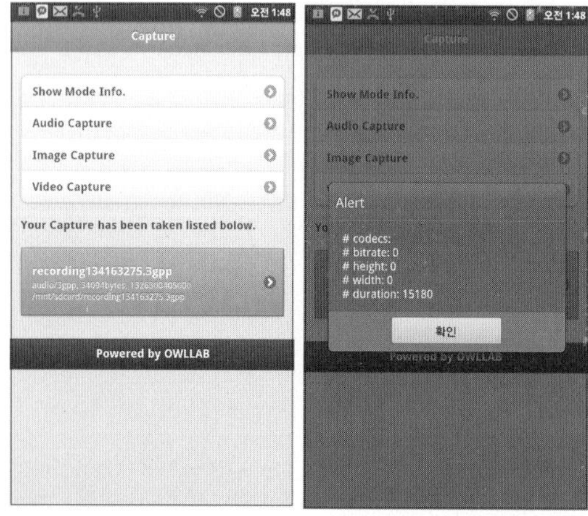

스텝 **6**

"Image Capture" 버튼을 터치하여 이미지 캡처 실험을 해봅니다. "Image Capture" 버튼을 터치했더니 카메라 화면이 나타납니다. 폰갭에서 이미지 캡처란 사진을 찍어서 사진 이미지를 가져온다는 이야기입니다. 사진을 찍어 "저장" 버튼을 터치했더니 두 번째 캡처를 위해 카메라 화면이 나타났습니다.

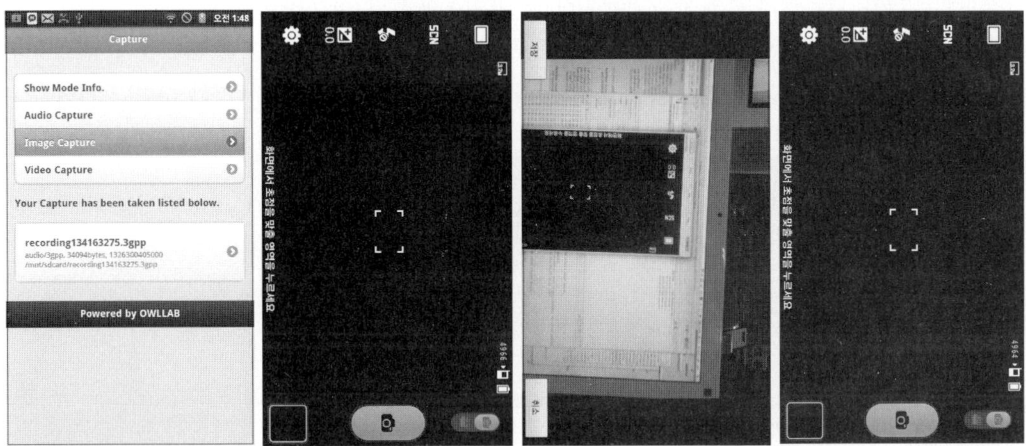

스텝 7

두 번째 사진을 찍어 "저장" 버튼을 눌렀습니다. 이번 실험은 2개의 이미지를 성공적으로 캡처했습니다. 따라서 결과 목록에 두 개의 이미지가 추가됩니다. 캡처한 이미지를 터치해보면 터치한 이미지에 대한 상세 정보가 alert() 대화상자로 나타납니다. 이미지이기 때문에 width와 height 정보가 나타나는 것을 확인할 수 있습니다.

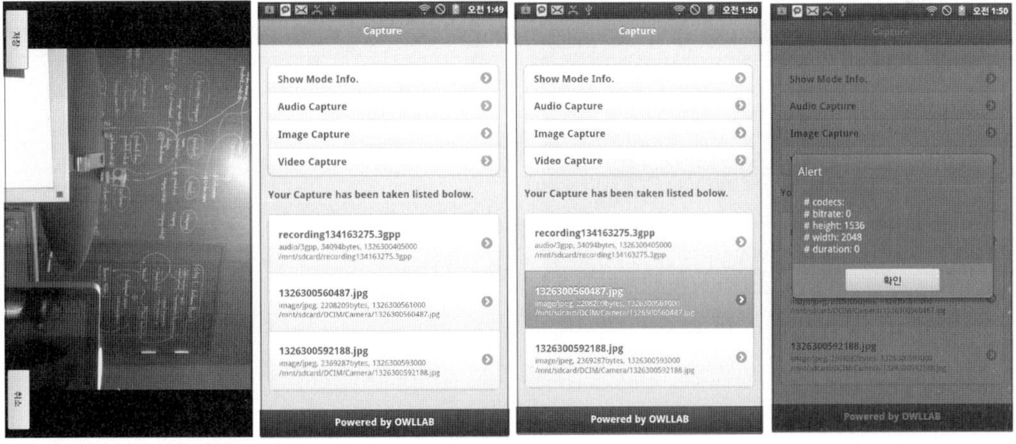

스텝 8

끝으로 "Video Capture" 버튼을 터치하여 동영상 녹화 실험을 합니다. 그림과 같이 비디오 녹화를 할 수 있는 카메라 화면이 나타나고 녹화를 10초 이상 했습니다. 역시 안드로이드는 녹화에 대한 시간제한이 없습니다. 본 소스에서는 duration을 아이폰에서만 적용하도록 했지만 그렇지 않다 하더라도 API 매뉴얼에서 언급한 바와 같이 안드로이드에서는 duration 설정을 지원하지 않습니다. 녹화를 완료한 후 "저장" 버튼을 터치하면 limit 설정에 의해 두 번째 녹화 카메라가 나타날 것입니다.

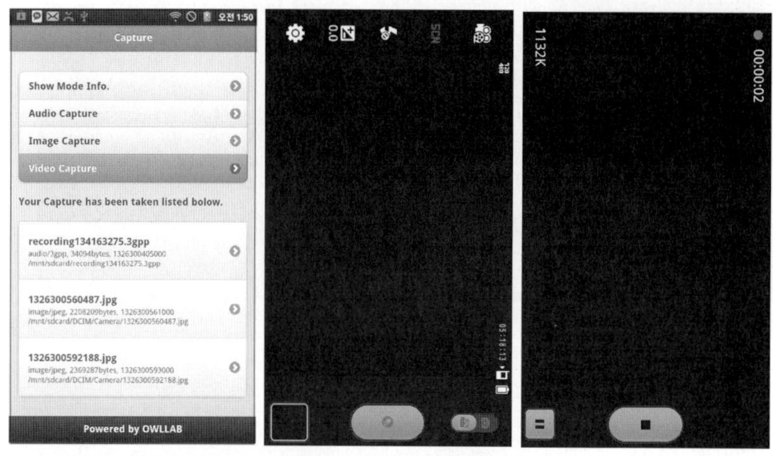

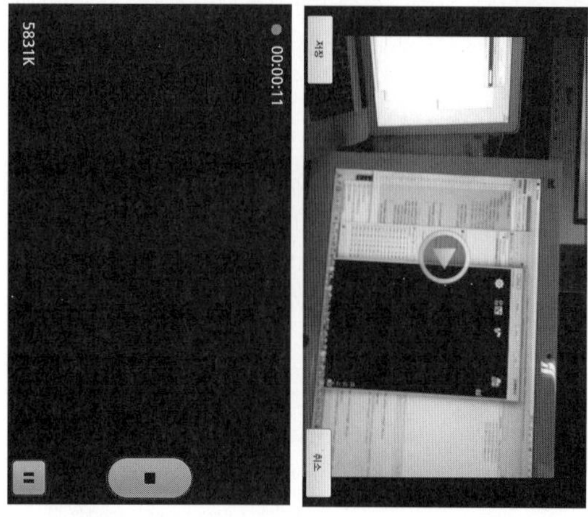

스텝 9

두 번째 녹화를 한 후, "저장" 버튼을 터치하여 비디오 캡처를 완료했습니다. 이 실험도 2개의 녹화를 성공했기 때문에 결과 목록에 두개의 비디오 파일이 추가됩니다.

스텝 10

비디오 파일을 터치하면 그림과 같이 상세 정보 창이 나타나는데 안드로이드에서는 유용한 정보가
지원되지 않습니다. 필자의 실험에서 유용한 정보가 안 나타났다하여 실망할 필요는 없습니다.
독자가 이 책을 읽을 때쯤에는 지원될 수도 있습니다.

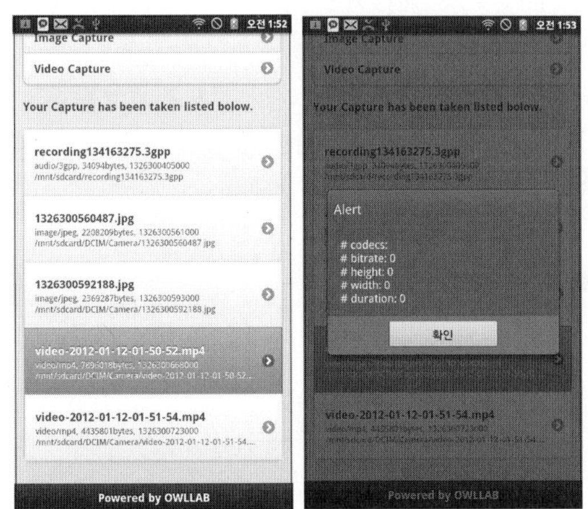

File 프로젝트로 캡처 파일 살펴보기

앞서 만들었던 File 프로젝트로 캡처 실험을 했던 파일들을 찾아보겠습니다.

스텝 1

그런데 주의할 점이 있습니다. 그림과 같이 오류가 발생하면서 File 프로젝트가 단말기에 설치되지
않는 경우가 있습니다.

이러한 경우에 대처 방안을 간단히 소개하겠습니다.

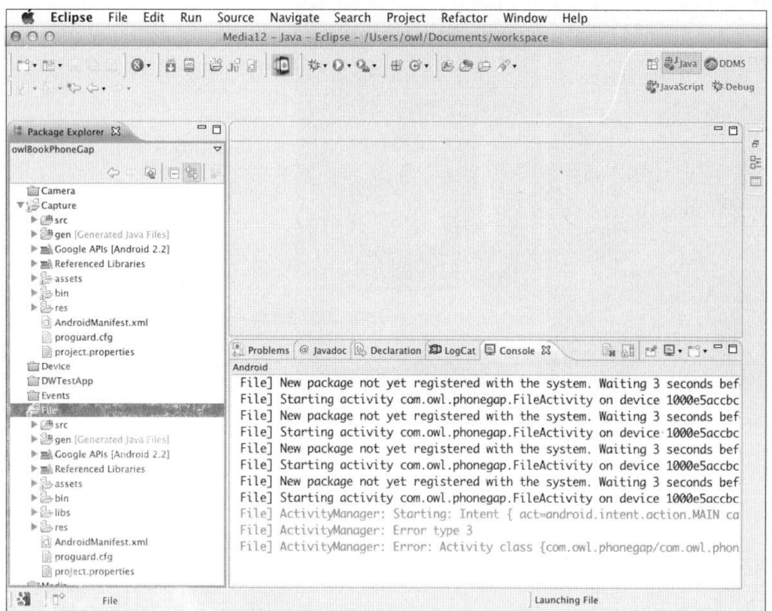

스텝 **2**

단말기에서 "설치된 프로그램" 관리에서 Capture 프로그램을 제거하고 다시 시도해보겠습니다.

스텝 **3**

다시 "Run > Run as >..." 메뉴를 활용하여 File 프로젝트를 실행하면 그림과 같이 오류가 발생하지
않고 설치되는 것을 확인할 수 있습니다. 이런 현상은 안드로이드의 경우 프로젝트에 대한 패키지명이
동일할 때 이를 구분하지 못해 발생합니다.

본서에서 실험한 앱들은 모두 "com.owl.phonegap"이라는 프로젝트명을 동일하게 사용하고 있는데
이 때문에 File 앱과 Capture 앱이 충돌하는 현상이 발생했던 것입니다. 안드로이드 개발을 많이
하다보면 이런 현상을 자주 겪을 수 있기 때문에 꼭 숙지할 필요가 있는 실무 팁입니다.

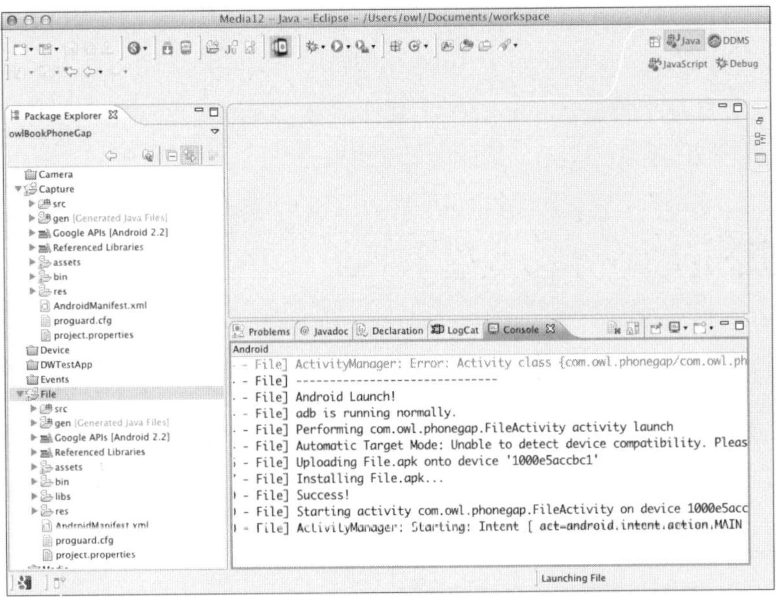

스텝 **4**

이제 그림과 같이 File 앱을 이용하여 Capture 앱으로 실험했던 캡처 파일들을 찾아볼 수 있습니다.

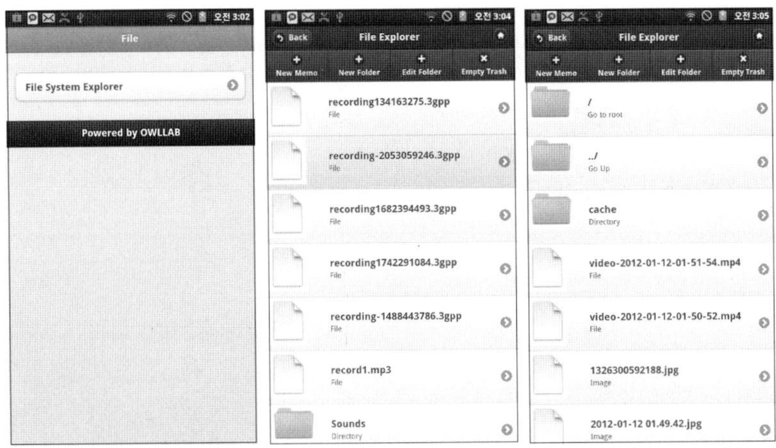

13.4 아이폰 포팅

아이폰 포팅에서도 특기사항은 없습니다. 이전 File 프로젝트에서 jQuery Mobile 과 함께 탑재된 웹앱 소스를 추가하는 방법과 다르지 않습니다. 아이폰에서는 안드로이드와 달리 캡처한 파일들을 File 프로젝트로 찾아 볼 수 없습니다. 아이폰은 안드로이드와 달리 각 응용 프로그램마다 완전히 독립된 서로 다른 저장소가 할당되기 때문입니다. 그러나 해당 응용 프로그램을 통해서 찾아볼 수 있는 방법이 있습니다. 실험을 통해서 간접 경험해보겠습니다.

아이폰 프로젝트 살펴보기

스텝 **1**

아이폰 프로젝트를 파일 탐색기에서 보면 그림과 같이 구성되어 있습니다.

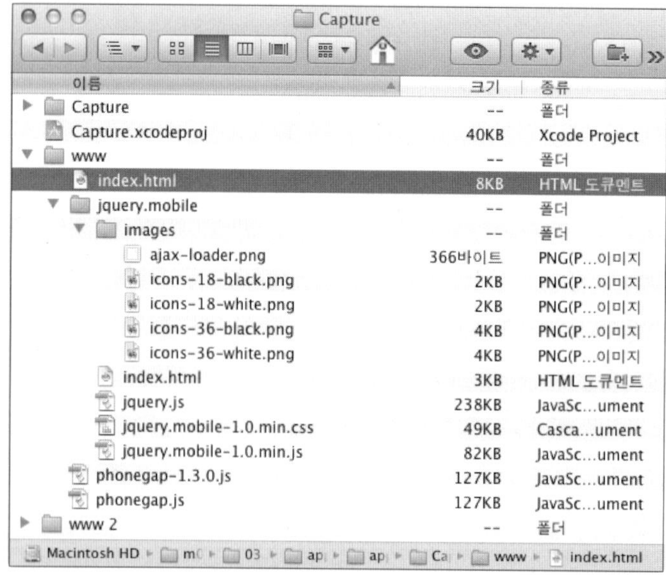

스텝 **2**

Xcode에 탑재한 Capture 프로젝트는 그림과 같이 구성됩니다. 아이폰에서도 실물 단말기를 개발 컴퓨터에 USB로 연결하고, Scheme에서 연결된 단말기를 선택한 후 Run 버튼을 클릭하여 실험하겠습니다.

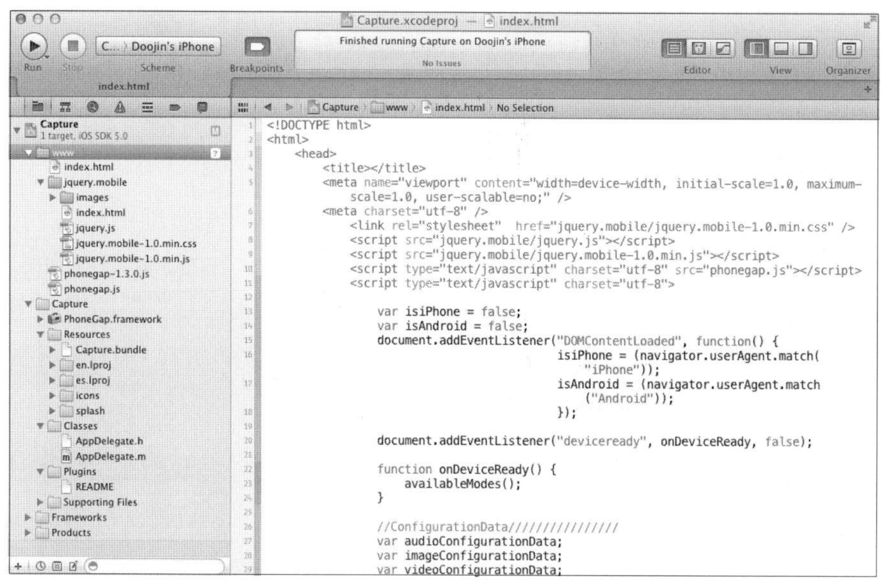

실물 단말기에서 실험하기

스텝 1

그림과 같이 실물 아이폰에서 Capture 앱이 실행됐습니다. "Show Mode Info." 버튼을 터치했더니 안드로이드에서와 같이 지원하는 미디어 포맷 정보를 가져오지 못했습니다.

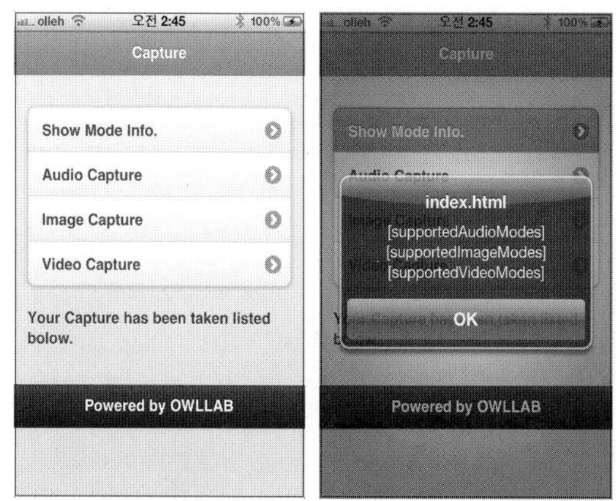

스텝 2

"Audio Capture" 버튼을 터치하니 녹음 프로그램이 연동됩니다. 그런데 원래 아이폰에서 지원하는 녹음 프로그램과는 약간 차이가 있는 것을 볼 수 있습니다. 만일 하나의 녹음 프로그램에서 연동일 때만 이런 화면이 나타나도록 만들어져 있다면 이 녹음으로 저장된 파일은 같은 프로그램의 저장소에

563

저장될 것입니다. 이는 나중에 확인해보도록 하겠습니다. 녹음을 시작한지 10초가 지나면 자동으로 녹음이 종료됩니다. 이는 duration 설정에 따라 녹음 시간이 제한된 것으로 이해할 수 있습니다. 녹음을 완료한 후 "Done" 버튼을 터치하면 안드로이드와 같이 두 번째 녹음 화면이 나타나지 않습니다. 아이폰에서는 limit 설정을 사용하지 않도록 프로그래밍했을 뿐더러, 폰갭의 매뉴얼에서 설명하는 바와 같이 limit 설정을 지원하지 않기 때문입니다.

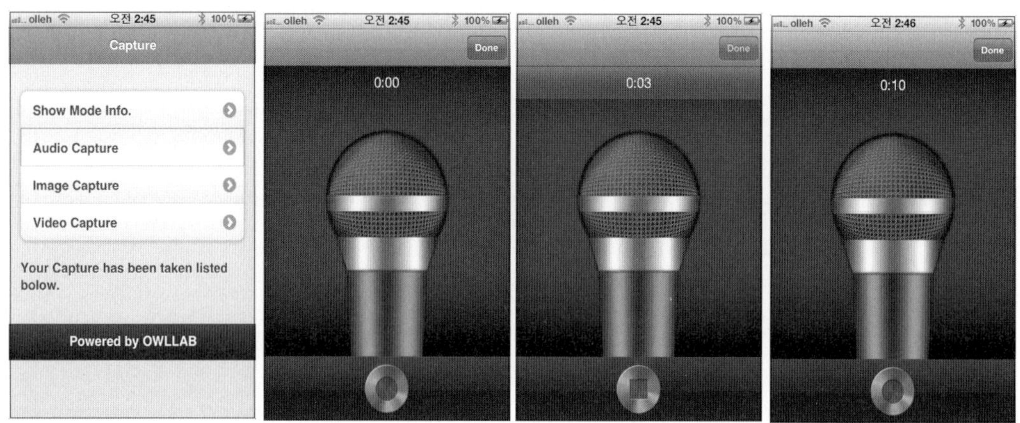

스텝 3

녹음에 성공한 미디어 파일이 결과 목록에 추가됐습니다. 이 녹음 파일을 터치했더니 그림과 같이 음원 파일에 대한 상세 정보가 나타납니다. 아이폰에서는 duration 뿐만 아니라 bitrate 정보까지 가져올 수 있습니다. 참고로 bitrate는 단위 시간 당 처리하는 데이터의 양을 비트 단위로 표시하는 값입니다. 출력된 정보에 따르면 이 녹음 파일은 705,600 bit/sec입니다. 평균 1초에 약 700k bit 데이터를 처리한다는 의미로 성능이 상당히 좋습니다.

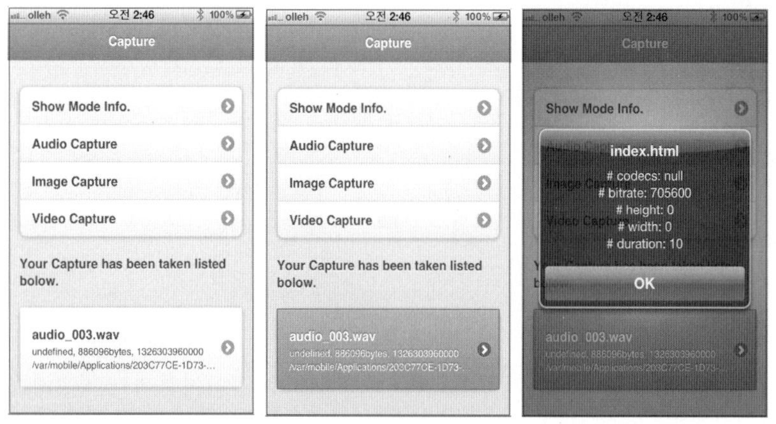

스텝 4

"Image Capture" 버튼을 터치했더니 카메라 화면이 나타났습니다. 사진을 찍고 "Use" 버튼을
터치하니 결과 목록에 사진 파일이 추가됐습니다.

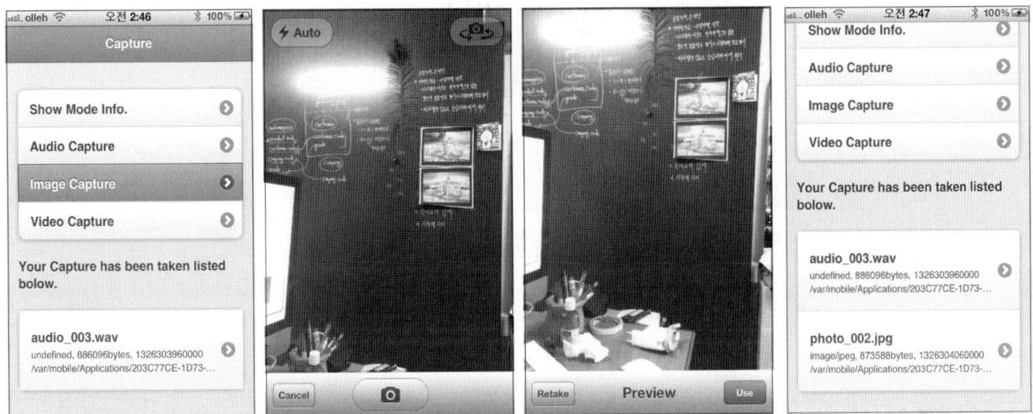

스텝 5

캡처한 사진 이미지를 터치하니 상세 정보가 나타납니다. 안드로이드 실험과 동일하게 이미지의
가로, 세로 크기 정보가 픽셀 단위로 나타납니다.

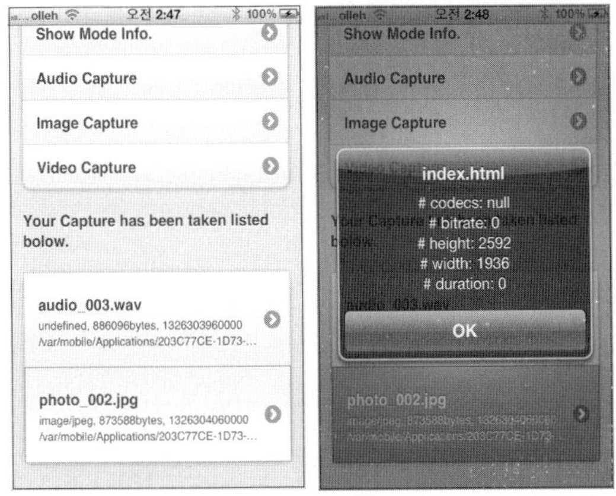

스텝 6

끝으로 "Video Capture" 실험을 합니다. 동영상을 촬영할 수 있는 카메라가 나타났습니다.

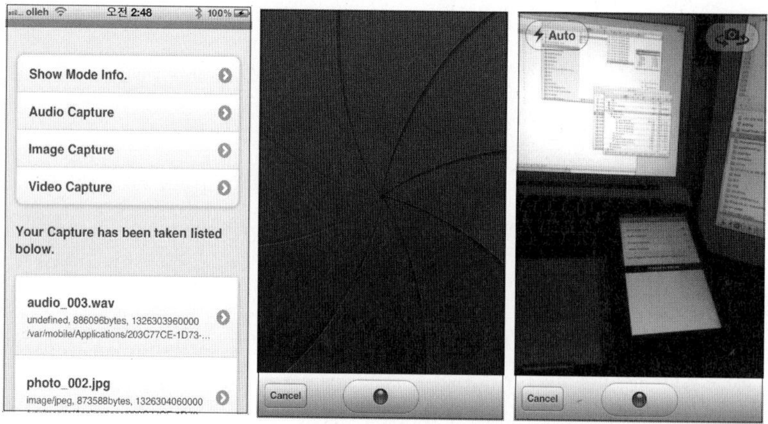

스텝 7

녹화를 시작하고 10초가 지났지만 폰갭의 매뉴얼대로 duration 설정을 비디오에서는 지원하지 않습니다. 녹화는 종료하고 "Use" 버튼을 터치하여 비디오를 캡처해왔습니다.

스텝 8

그림과 같이 녹화된 비디오 파일이 결과 목록에 추가됐고, 이 파일을 터치하여 상세 정보를 살펴보니 안드로이드 보다는 상세하게 동영상의 크기 정보까지 지원하는 것을 확인할 수 있습니다.

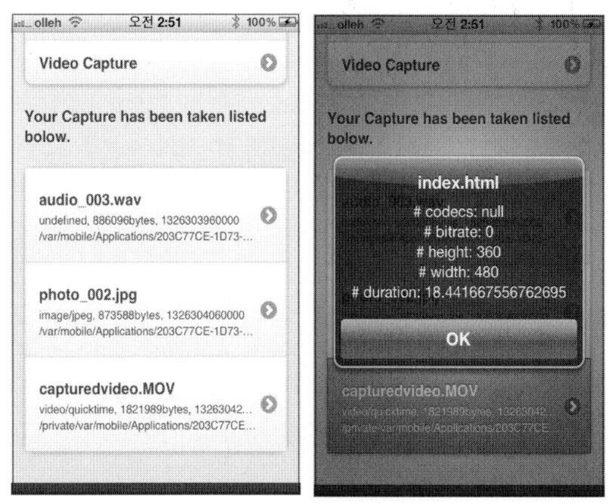

캡처 파일들 찾아보기

스텝 **1**

앞서 언급한 바와 같이 아이폰에서는 보안을 최우선으로 하기 때문에 파일 탐색기로 캡처할 파일을 찾아보기 어렵습니다. 캡처할 때 사용한 프로그램을 통해 캡처 파일을 찾아볼 수 있을 텐데, 이미지와 동영상은 카메라로 찍었으니까 카메라 관련 앱에서 찾아볼 수 있을 것입니다. 그림과 같이 사진 앱을 통해 카메라를 통해 찍은 사진을 찾았습니다. 하지만 동영상 파일은 어디에 있는지 안 보입니다.

스텝 **2**

녹음 파일도 음성 메모 앱을 통해 찾아보았지만 그림과 같이 찾을 수 없었습니다. iOS 구조 상 파일은 어딘가에 있으되 파일 목록을 출력하는 해당 데이터베이스에 자동으로 기록되지 않아 찾아볼 수 없는 것으로 보입니다.

13.5 윈도우폰 포팅

Capture 프로젝트는 실물 단말기에서 실험할 필요가 있다고 언급한 바 있습니다. 그러나 윈도우폰에서는 가상기기에서 실험해보겠습니다. 여기서는 폰갭의 여러 가지 버전을 비주얼 스튜디오의 템플릿에 등록하고 선택할 수 있게 하는 사례와 비주얼 스튜디오가 해독하여 리포팅하는 HTML 파일에 대한 Eror List 특성, 그리고 윈도우폰에서 자바스크립트의 alert() 명령이 작동하지 않을 때 보정하는 팁들을 소개하고자 합니다.

윈도우폰 프로젝트 생성

스텝 **1**

앞서 설명한 것과 같이 윈도우폰의 개발 도구인 비주얼 스튜디오는 폰갭 API를 담고 있는 zip 파일을 비주얼 스튜디오의 프로젝트 템플릿에 추가하는 것만으로 그림과 같이 여러 가지 폰갭 버전을 프로젝트 템플릿으로 사용할 수 있게 할 수 있습니다. 그림과 같이 "New Project" 창에서 원하는 폰갭 버전의 템플릿을 선택하고 프로젝트명과 솔루션명, 저장 폴더를 설정한 후 "OK" 버튼을 클릭하여 프로젝트를 생성했습니다.

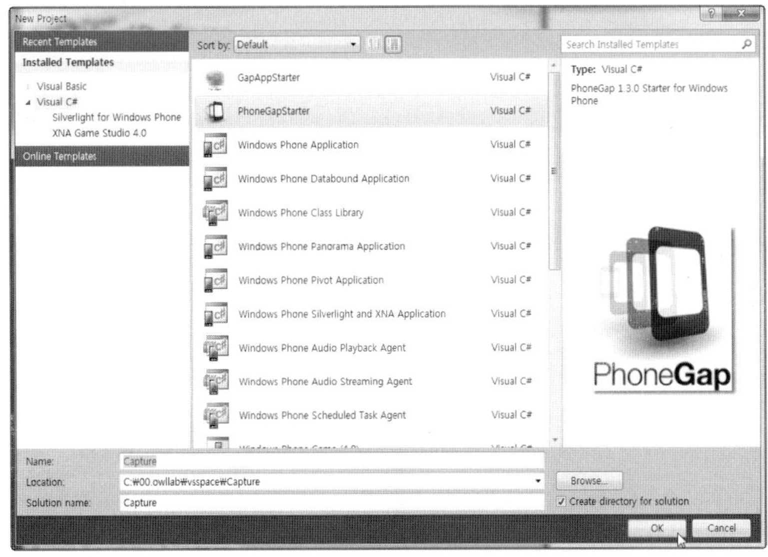

스텝 **2**

그림과 같이 폰갭 샘플과 함께 Capture 프로젝트가 생성됐습니다.

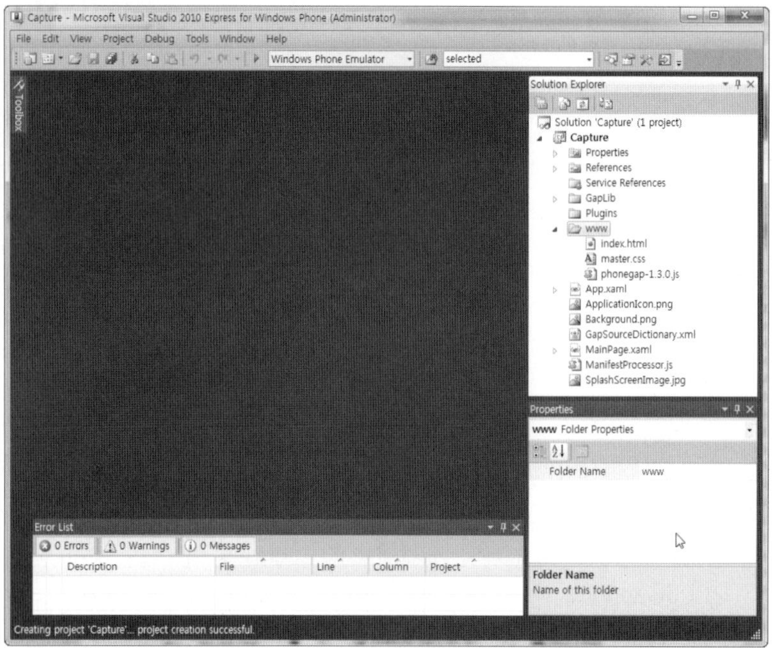

웹앱 소스 포팅

스텝 1

프로젝트 생성으로 만들어진 www 폴더의 소스는 그림과 같습니다. 이 소스 중 phonegap-X.X.X.js 파일만 사용할 것입니다.

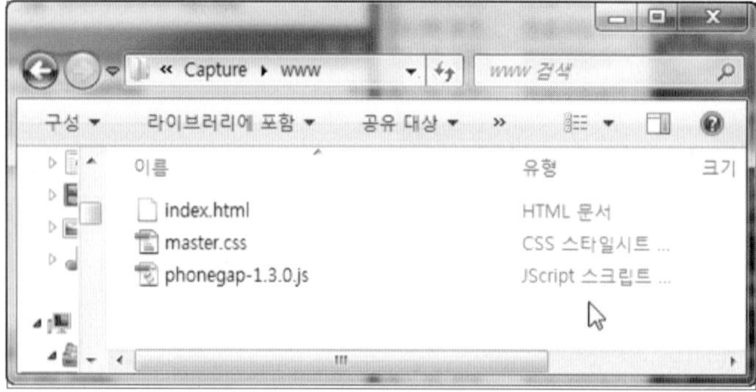

스텝 2

앞서 만들었던 웹앱 소스들을 이용하여 www 폴더를 그림과 같이 준비했습니다. 웹앱 소스에서 복사해온 파일은 jquery-mobile 폴더, index.html이고, phonegap.js 파일을 비주얼 스튜디오에서 폰갭 프로젝트를 생성했을 때 만들어진 윈도우용 폰갭 라이브러리 파일인 phonegap-X.X.X.js

파일을 복제했습니다. 그리고 console.js 파일은 앞서 만들었던 프로젝트에서 복사해왔습니다.

스텝 3

파일 탐색기에서 www 폴더에 필요한 소스는 모두 준비했지만, 비주얼 스튜디오에는 아직 탑재되지 않았습니다. 먼저 그림과 같이 "소스 선택 > 콘텍스트 메뉴 > Exclude From Project" 명령을 이용하여 불필요한 소스를 프로젝트에서 제외시킵니다. 주의할 것은 이 콘텍스트 메뉴에서 "> Delete" 메뉴를 사용하면 탐색기에 있는 소스 파일까지 삭제되어 버린다는 사실을 알아야 한다는 것입니다.

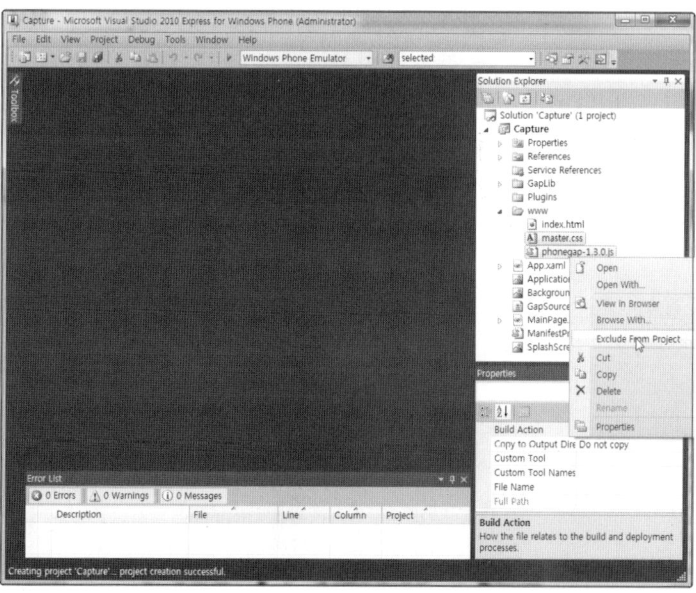

스텝 4

추가로 프로젝트에 등록해야 할 소스 파일을 그림과 같이 마우스로 선택하고 드래그하여 비주얼
스튜디오의 Solution Explorer 창의 www 폴더에 놓습니다.

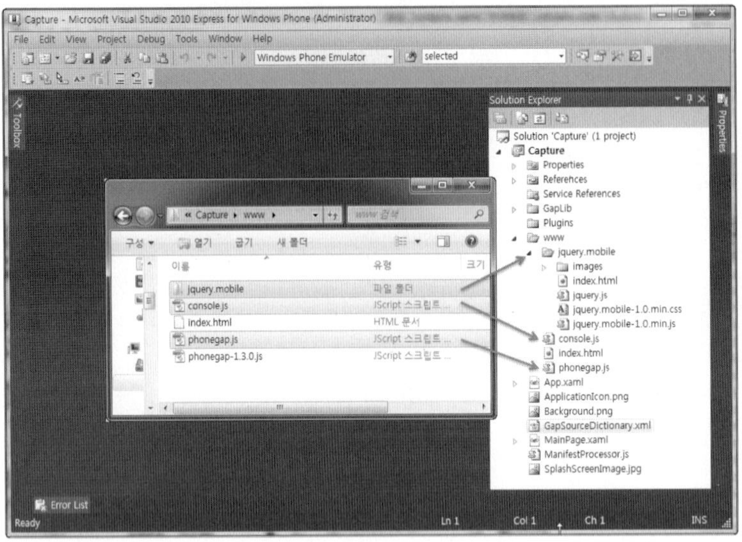

스텝 5

jQuery Mobile 스타일이 사용하는 이미지들은 모두 다 선택하여
"Properties" 창에서 Build Action 속성을 "Content"로 설정합니다.
이렇게 해야 화면에 이미지를 출력할 수 있다고 했었지요! 여기까지
하면 Capture 프로젝트에 필요한 웹앱 소스 파일들은 모두 정리되었
습니다.

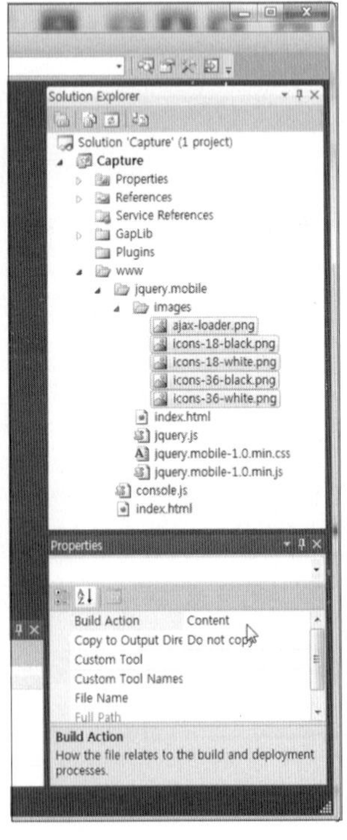

비주얼 스튜디오의 HTML Error List 특성

스텝 **1**

비주얼 스튜디오의 기본 설정에 따르면 HTML 파일 소스 편집기에 문제가 있습니다. 예를 들어, jquery-mobile 폴더에 있는 index.html 샘플 소스 파일을 열기 전에는 Error List에 오류 보고가 없습니다.

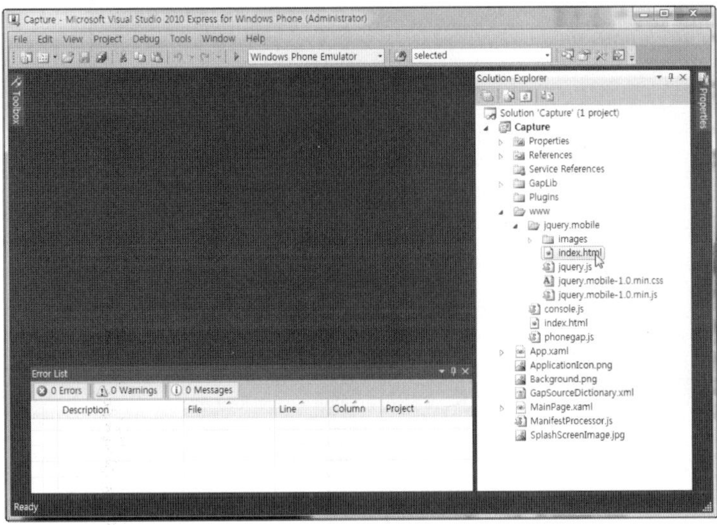

스텝 **2**

그런데 index.html 파일을 편집기에서 열어 보면 Error List에 오류 보고가 나타납니다. 소스가 많은 경우는 난감한 상황에 부딪힙니다. 간단하게는 HTML 태그에서 복잡하게는 자바스크립트까지 … 손댈 엄두가 안 나는 경우를 많이 겪을 수 있습니다.

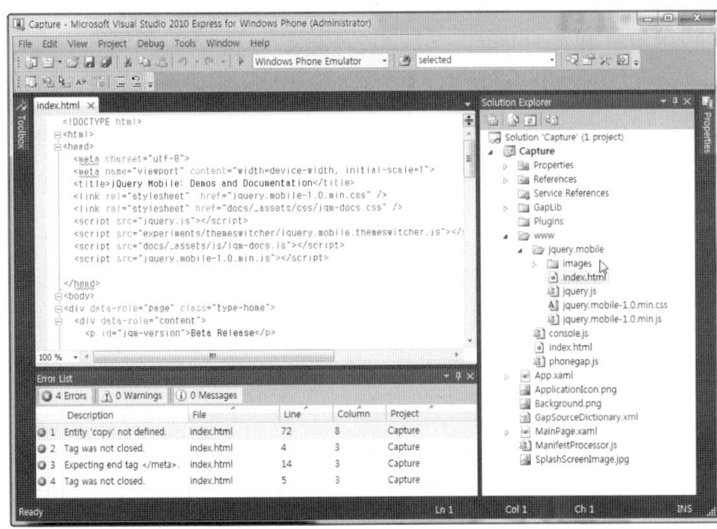

스텝 3

열었던 index.html 파일을 닫아 봅시다. 다시 Error List에 오류 보고가 없습니다. 그렇습니다. 비주얼 스튜디오에 보고하는 오류는 근본적인 오류가 아니었습니다. 실행하는 데는 문제가 없다는 것이지요. 이미 안드로이드와 아이폰에서 실험하는데 자바스크립트나 HTML에는 문제가 없었습니다. 잠시 후에 실험을 계속해보겠습니다.

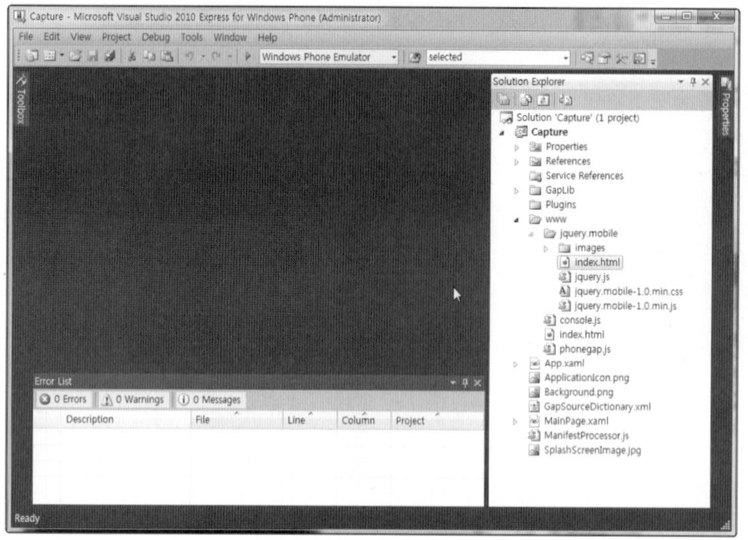

console.js 추가 및 alert() 보정

실험에 앞서 윈도우폰에서 alert() 명령이 제대로 지원하지 않는 경우가 있는데 이 문제는 보정할 필요가 있습니다. 앞서 Notification 프로젝트에서 실험한 바와 같이 폰갭의 Notification 객체를 사용하면 대화상자를 제어할 수 있다는 것을 알고 있습니다. 이 기술을 간단히 응용하면 alert()에 대한 문제를 쉽게 해결할 수 있습니다. 또한, 비주얼 스튜디오에서 HTML 파일을 수정하는데 문제가 많다는 것은 위에서 살펴본 바와 같기 때문에 드림위버 같은 전문 HTML 편집기를 사용할 것을 권합니다.

스텝 1

먼저 www/index.html 파일을 열고 HTML의 헤더 부분에 윈도우폰에서 꼭 추가해야 하는 console.js 파일을 호출하는 구문을 그림과 같이 추가했습니다.

```html
<!DOCTYPE html>
<html>
    <head>
        <title></title>
        <meta name="viewport" content="width=device-width, initial-scale=1.0,
maximum-scale=1.0, user-scalable=no;" />
        <meta charset="utf-8">
            <link rel="stylesheet"  href="jquery.mobile/jquery.mobile-1.0.min.css" />
            <script src="jquery.mobile/jquery.js"></script>
            <script src="jquery.mobile/jquery.mobile-1.0.min.js"></script>
            <script type="text/javascript" charset="utf-8" src="console.js"></script>
            <script type="text/javascript" charset="utf-8" src="phonegap.js"></script>
            <script type="text/javascript" charset="utf-8">

                var isiPhone = false;
                var isAndroid = false;
                document.addEventListener("DOMContentLoaded", function() {
                                        isiPhone = (navigator.userAgent.match("iPhone"));
                                        isAndroid = (navigator.userAgent.match("Android"));
                                        });

                document.addEventListener("deviceready", onDeviceReady, false);

                function onDeviceReady() {
                    availableModes();
                }

                //ConfigurationData////////////////
                var audioConfigurationData;
```

스텝 2

그리고 console.js 파일을 열어 alert() 명령을 보정하는 함수를 그림과 같이 추가했습니다. 이로써 윈도우폰에서도 alert() 명령을 사용하는데 문제가 없어집니다.

```javascript
if (typeof window.console == "undefined") {
    window.console = {
        log:function(str){window.external.Notify(str);}
    };
}

window.onerror=function(e) {
    console.log("window.onerror ::" + JSON.stringify(e));
};

console.log("Installed console ! ");

function alert(msg) {
    navigator.notification.alert(msg);
}
```

가상기기에서 실험하기

스텝 1

Capture 프로젝트의 실험에 앞서 GapSourceDictionary.xml 파일을 열어 www 폴더에 있는 웹앱 소스들을 프로젝트가 잘 인식했는지를 확인해봅니다. 폰갭의 버전이 업그레이드될수록 자동 처리 기능이 강화됩니다. 이제는 Rebuild해서 웹앱 소스를 수동으로 인식시키거나 재컴파일시킬 필요가 없어졌습니다.

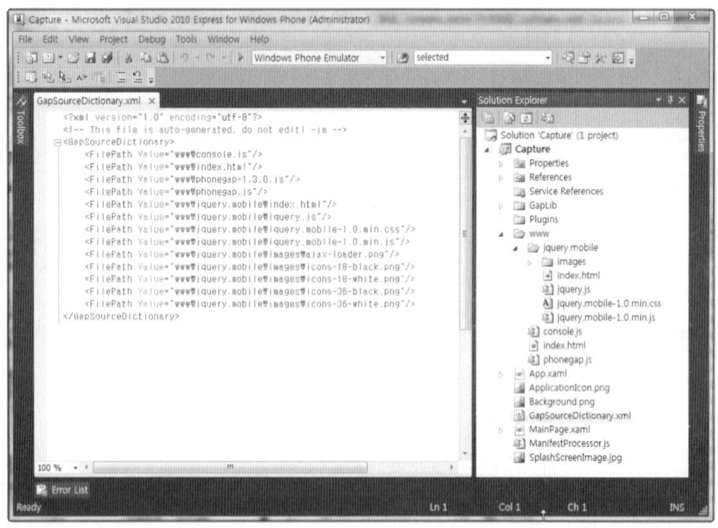

스텝 2

그림과 같이 "Start Debugging" 버튼을 클릭하여 가상기기에서 Capture 프로젝트를 실험해보겠습니다.

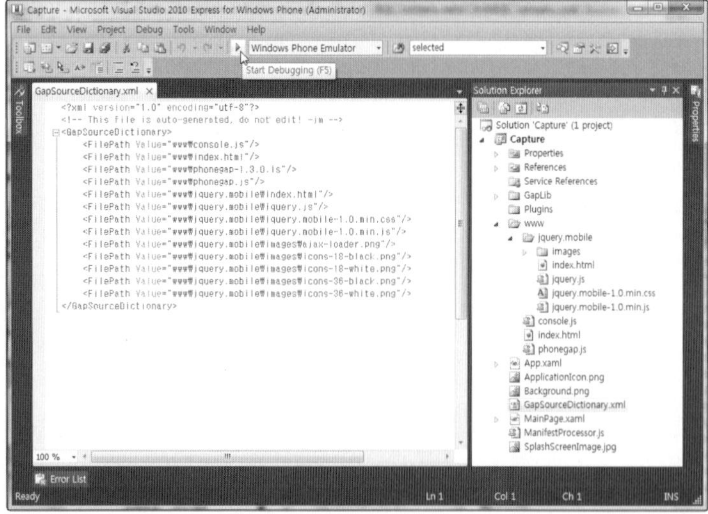

스텝 **3**

index.html 파일에서 viewport 설정을 했기 때문에 jQuery Mobile의 스타일이 1:1 비율로 잘 보입니다.
"Show Mode Info." 버튼을 클릭했더니 alert() 명령이 잘 실행되면서 단말기기에서 지원하는 미디어
캡처 포맷 정보가 나타나는데, 역시 매뉴얼대로 지원하는 정보가 없습니다.

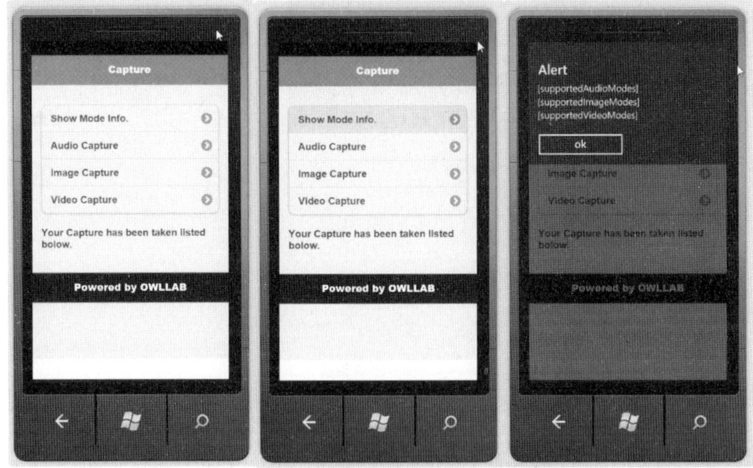

스텝 **4**

"Audio Capture" 버튼을 클릭했더니 녹음 프로그램이 나타났습니다. "Start" 버튼을 클릭해서 녹음을
시도해봤습니다.

스텝 **5**

역시나 그림과 같은 경고가 비주얼 스튜디오에서 나타나면서 녹음이 진행되지 않았습니다.

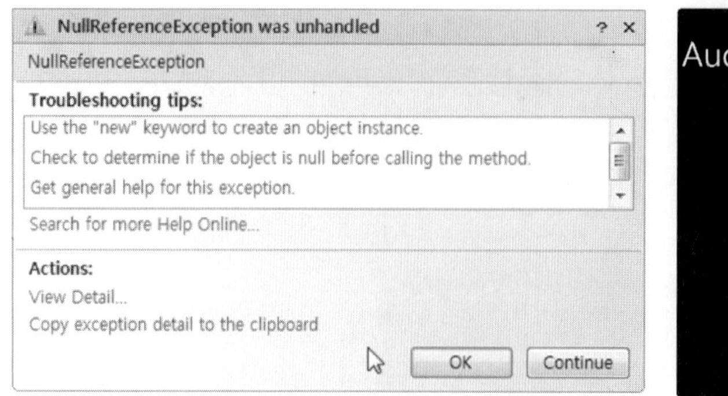

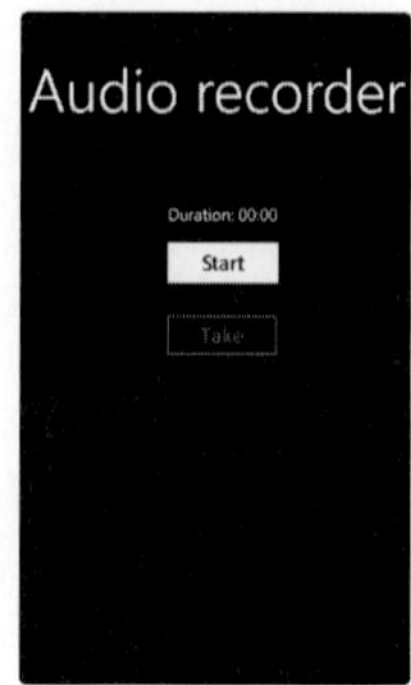

스텝 6

비주얼 스튜디오 화면에서 "Continue" 버튼을 클릭하여 계속 진행을 시켜봤지만 가상기기에서 Capture 앱이 종료되어 버렸습니다.

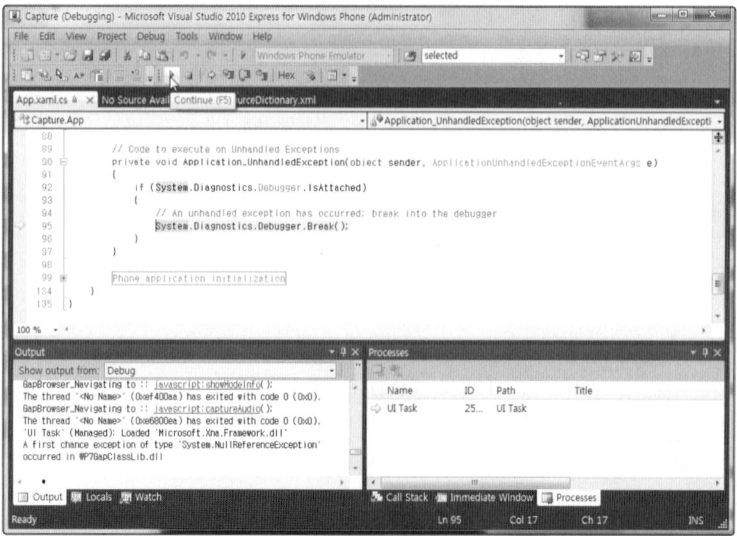

스텝 7

하지만 이는 단말기의 지원 문제로 판단할 수 있으므로 계속해서 실험을 해보겠습니다. 앱 목록에서 "Capture" 앱을 클릭하여 다시 실행하고 "Image Capture" 버튼을 클릭했습니다. 가상 카메라가 나옵니다. 사각형의 가상 피사체가 움직입니다. 오른쪽 위에 있는 아이콘이 카메라 셔터입니다. 이 버튼을 클릭했더니 찰칵 사진을 찍습니다.

스텝 8

찍은 사진을 캡처해가기 위해 "accept" 버튼을 클릭했습니다. 그랬더니 실패라는 메시지가 alert() 명령으로 나타났습니다. 이미지 캡처도 가상기기에서 실험하는데 무리가 있군요.

스텝 9

그래도 끝까지 해봅시다. 끝으로 "Video Capture" 버튼을 클릭했더니 곧바로 Capture 프로그램이 종료되어 버리고 앱 목록으로 빠져 나옵니다. 비록 필자의 여건에 따라 실물 단말기에서는 실험하지 못했지만 이쯤에서 끝내도록 합니다.

Chapter 14

Sensor : 센서

폰갭은 가속 센서와 방위 센서를 기본 센서로 제공합니다. 물론 단말기 플랫폼에 따라 근접 센서, 압력 센서 등 여러 가지가 있을 수 있으며 이런 기타 센서들은 앞서와 같이 폰갭 플러그인을 이용해 구현할 수 있습니다. 이 장에서는 폰갭의 기본 센서 솔루션인 가속 센서와 방위 센서를 위주로 소개합니다.

14.1 가속 센서 (Accelerometer)의 사용

가속 센서는 단말기의 움직임을 감지하는 센서입니다. 물론 폰갭의 가속 센서 API가 작동하려면 실험하는 단말기에서 가속 센서 기능이 지원되어야 합니다. 폰갭은 단말기의 가속 센서와 연동할 수 있도록 지원하고 있습니다. 폰갭의 가속 센서 솔루션은 다음과 같은 요소로 구성되어 있습니다.

구분	객체 및 메소드	기능
센서 객체	Acceleration 객체	가속 센서에서 전달받는 가속 정보를 기록하는 가속 정보 객체
	accelerometerOptions 객체	가속 센서에 대한 감지 옵션 객체
메소드 매개변수	accelerometerSuccess 함수	메소드가 성공했을 때 실행하는 함수
	accelerometerError 함수	메소드가 실패했을 때 실행하는 함수
메소드	getCurrentAcceleration() 메소드	현재의 가속 센서의 감지 정보를 구하는 메소드
	watchAcceleration() 메소드	특정 시간 간격으로 가속 센서 변동 값을 받아오는 메소드
	clearWatch() 메소드	watchAcceleration()로 작동 중인 가속 감지를 종료하는 메소드

폰갭은 대부분의 API가 성공 또는 실패했을 때 함수를 실행하는 이벤트 방식으로 솔루션을 구성하고 있습니다. 그리고 이와 같은 이벤트 함수에서 전달받는 객체들이 폰갭의 솔루션을 완성시키고 있습니다. 먼저, 가속 센서 메소드에서 사용하는 매개변수들과 가속 센서의 값을 기록할 수 있는 가속 센서 객체부터 살펴보고 나서 가속 센서의 메소드들을 살펴봅니다.

Acceleration 객체

이 객체는 가속 센서가 감지한 좌표 값을 기록하는 객체로 폰갭이 생성하며 accelerometer 메소드에 의해 반환됩니다. 이 객체에서 지원하는 속성과 플랫폼은 다음과 같습니다.

❶ 속성

- x : X 축의 가속 값을 기록합니다. 값은 Number 형이며 0에서 1까지의 값을 사용합니다.
- y : Y 축의 가속 값을 기록합니다. 값은 Number 형이며 0에서 1까지의 값을 사용합니다.
- z : Z 축의 가속 값을 기록합니다. 값은 Number 형이며 0에서 1까지의 값을 사용합니다.
- timestamp : 밀리초 단위로 측정한 시간을 기록합니다. 값은 DOMTimeStamp 형입니다.

❷ 지원하는 플랫폼 : Android, iPhone, Windows Phone 7 (Mango), Blackberry WebWorks (OS 5.0 and higher)

accelerometerOptions 객체

가속 센서에 대한 옵션을 설정할 때 사용하는 옵션 객체이며 다음과 같은 속성을 설정할 수 있습니다.

❶ 속성

- frequency : 감지할 가속 센서의 간격을 밀리초 단위로 설정합니다. 기본 값은 10000 밀리초 즉, 10초입니다.

accelerometerSuccess 함수

가속 센서의 메소드가 실행에 성공했을 때 실행하는 함수이며 Acceleration 객체를 전달변수로 받아옵니다.

사용형식	function(Acceleration acceleration) { }
매개변수	acceleration : 가속 센서가 감지한 가속 정보를 기록하고 있는 객체입니다.

accelerometerError 함수

가속 센서의 메소드가 실행에 실패했을 때 호출하는 함수이며 전달변수는 없습니다.

사용형식	function() { }

accelerometer.getCurrentAcceleration() 메소드

현재의 가속 센서 정보를 가져오는 메소드입니다.

사용형식	navigator.accelerometer.getCurrentAcceleration(accelerometerSuccess, accelerometerError);
매개변수	• accelerometerSuccess : 성공했을 때 실행하는 함수이며, Acceleration 객체를 전달받습니다. • accelerometerError : 실패했을 때 실행하는 함수입니다. 전달받는 매개변수는 없습니다.

❶ 지원하는 플랫폼 : Android, iPhone, Blackberry WebWorks (OS 5.0 and higher)

❷ 아이폰 특기사항 : iOS는 이 메소드를 사용하기보다는 accelerometer.watchAcceleration() 메소드로 시작 가속 상태를 감지할 것을 권장합니다. 이 메소드로 처음 구한 가속 좌표 값이 모두 0으로 나타납니다. 이는 아이폰은 가속 감지를 시작할 때 0에서 시작하기 때문인 것으로 생각됩니다.

활용 사례는 다음과 같습니다.

```javascript
document.addEventListener("deviceready", onDeviceReady, false);
function onDeviceReady() {
    navigator.accelerometer.getCurrentAcceleration(onSuccess, onError);
}

function onSuccess(acceleration) {
    var result = "# Acceleration X: "+ acceleration.x
    + '\n# Acceleration Y: ' + acceleration.y
    + '\n# Acceleration Z: ' + acceleration.z
    + '\n# Timestamp: ' + acceleration.timestamp;
    alert(result);
}

function onError() {
    alert("Acceleration Error.");
}
```

accelerometer.watchAcceleration() 메소드

특정 시간마다 가속 센서가 감지하는 가속 값을 가져오는 메소드입니다. 가속 센서 옵션을 사용하여 감지 주기를 밀리초 단위로 설정할 수 있습니다.

사용형식	var watchID = navigator.accelerometer.watchAcceleration(accelerometerSuccess, accelerometerError, [accelerometerOptions]);
매개변수	• accelerometerSuccess : 성공했을 때 실행하는 함수로 Acceleration 객체를 전달받습니다. • accelerometerError : 실패했을 때 실행하는 함수입니다. 전달받는 매개변수는 없습니다. • accelerometerOptions : 감지할 가속 센서의 감지 옵션을 설정합니다.
리턴 값	watchID : 가속 센서의 감지 아이디를 리턴합니다. 나중에 이 값을 이용하여 가속 센서의 감지를 종료할 수 있습니다.

❶ 지원하는 플랫폼 : Android, iPhone, Blackberry WebWorks (OS 5.0 and higher)

❷ 아이폰 특기사항 : iOS에서는 센서 감지 간격이 40 밀리초에서 1000 밀리초 사이만 유효합니다. 하지만 사용자 입장에서는 이 문제를 잘 느끼지 못할 것입니다. 폰갭은 아이폰이 최대 1초 간격으로 가속 센서 값을 받아오지만 폰갭의 accelerometerSuccess 함수가 자바스크립트 단계에서 3초마다 그 결과를 처리하는 것으로 보정하기 때문입니다.

활용 사례는 다음과 같습니다.

```
document.addEventListener("deviceready", onDeviceReady, false);
function onDeviceReady() {
    var accOptions = {frequency: 5000};
    navigator.accelerometer.watchAcceleration(onSuccess, onError,
    accOptions);
}

function onSuccess(acceleration) {
    var result = "# Acceleration X: "+ acceleration.x
    + '\n# Acceleration Y: ' + acceleration.y
    + '\n# Acceleration Z: ' + acceleration.z
    + '\n# Timestamp: ' + acceleration.timestamp;
    alert(result);
}

function onError() {
    alert("Acceleration Error."); }
```

accelerometer.clearWatch() 메소드

watchID로 지정한 가속 센서를 종료하는 메소드입니다.

사용형식	navigator.accelerometer.clearWatch(watchID);
매개변수	watchID : watchAcceleration() 메소드로 생성된 가속 센서 감지 아이디입니다. 이 아이디를 기준으로 가속 센서 감지를 종료합니다.

❶ 지원하는 플랫폼 : Android, iPhone, Blackberry WebWorks (OS 5.0 and higher)

활용 사례는 다음과 같습니다.

```javascript
document.addEventListener("deviceready", onDeviceReady, false);
function onDeviceReady() {
    var accOptions = {frequency: 5000};
    watchID = navigator.accelerometer.watchAcceleration(onSuccess, onError, accOptions);
}

function stopWatch() {
    if (watchID) {
        navigator.accelerometer.clearWatch(watchID);
        watchID = null;
    }
}

function onSuccess(acceleration) {
    var result = "# Acceleration X: "+ acceleration.x
    + '\n# Acceleration Y: ' + acceleration.y
    + '\n# Acceleration Z: ' + acceleration.z
    + '\n# Timestamp: ' + acceleration.timestamp;
    alert(result);
}

function onError() {
    alert("Acceleration Error.");
}
```

14.2 방위 센서 (Compass)의 사용

방위는 진방위(True Heading)와 자기방위(Magnetic Heading)로 구분하여 측정합니다. 따라서 영문의 방위 개념에 따라 compassHeading 객체는 trueHeading과 magneticHeading 속성을 제공합니다. 폰갭이 방위 센서 솔루션을 구현하는 요소들을 요약하면 다음과 같습니다.

구분	객체 및 메소드	기능
방위 객체	compassHeading 객체	방위 센서에서 전달받는 방위 정보를 기록하는 방위 정보 객체
	compassOptions 객체	방위 센서에 대한 감지 옵션 객체
메소드 매개변수	compassSuccess 함수	메소드가 성공했을 때 실행하는 함수
	compassError 함수	메소드가 실패했을 때 실행하는 함수
메소드	getCurrentHeading() 메소드	현재의 방위 센서의 감지 정보를 구하는 메소드
	watchHeading() 메소드	특정 시간 간격으로 방위 센서 변동 값을 받아오는 메소드
	clearWatch() 메소드	watchHeading()로 작동 중인 방위 감지를 종료하는 메소드
	watchHeadingFilter() 메소드	특정 방위각 이상으로 변동할 때 이벤트를 발생하여 지정한 함수를 실행하는 메소드
	clearWatchFilter() 메소드	watchHeadingFilter() 메소드로 감지 중인 방위 변동 감지를 종료하는 메소드

compassHeading 객체

이 객체는 compassSuccess 함수를 통해 방위 센서가 감지한 방위 정보를 기록하는 객체입니다. 이 객체에서 지원하는 속성과 플랫폼은 다음과 같습니다.

❶ 속성
- magneticHeading : Number 형식이며 0 – 359.99까지의 값으로 자기방위 값을 기록합니다.
- trueHeading : 진북을 기준으로 진방위 값을 기록하는 속성입니다. Number 형식이며 0 – 359.99까지의 값을 사용합니다.
- headingAccuracy : 방위 각도에 대한 편차 값을 기록하는 속성입니다. Number 형식을 사용합니다.
- timestamp : 방위를 측정한 시각을 밀리초로 기록하는 속성입니다.

❷ 안드로이드 특기사항 : 진방위를 측정하는 trueHeading 속성을 지원하지 않습니다. magneticHeading과 같은 값을 제공합니다. magneticHeading과 trueHeading 값이 같기 때문에 headingAccuracy의 값은 항상 0입니다.

❸ 아이폰 특기사항 : trueHeading 속성은 navigator.geolocation.watchLocation()를 통해 위치 서비스가 작동 중일 때만 값을 리턴합니다. iOS 버전이 4 이상인 단말기에서는 단말기가 회전했을 때 trueHeading 값을 감지합니다.

❹ 윈도우폰 특기사항 : trueHeading 속성만 유효합니다. 폰갭에서도 윈도우폰에서는 아직 많은 실험을 하지 못해서 확실한 솔루션을 정리하지 못한 상태라고 합니다.

compassOptions 객체

방위 센서에 대한 옵션을 설정할 때 사용하는 방위 센서 옵션 객체입니다.

❶ 속성
- frequency : 방위 감지 간격을 밀리초로 정의합니다. 기본 값은 100 밀리초입니다.
- filter : watchHeadingFilter() 메소드에 사용하는 속성으로, 방위 감지 기준 값을 설정합니다. 이 설정 값 이상일 때만 compassSuccess 함수를 실행합니다.

❷ 안드로이드 특기사항 : filter 속성을 지원하지 않습니다.

❸ 윈도우폰 특기사항 : filter 속성을 지원하지 않습니다.

compassSuccess 함수

방위 센서의 메소드가 실행에 성공했을 때 실행하는 함수이며 compassHeading 객체를 전달변수로 받아옵니다.

사용형식	`function(compassHeading heading) {` `}`
매개변수	heading : 방위 센서가 감지한 방위 정보를 기록하는 compassHeading 객체입니다.

compassError 함수

방위 센서의 메소드가 실행에 실패했을 때 호출하는 함수입니다.

사용형식	`function(CompassError error) {` `}`

compass.getCurrentHeading() 메소드

현재의 방위 센서 값을 가져오는 메소드입니다.

사용형식	navigator.compass.getCurrentHeading(compassSuccess, compassError);
매개변수	• compassSuccess : 성공했을 때 실행하는 함수이며 compassHeading 객체를 전달받습니다. • compassError : 실패했을 때 실행하는 함수이며 CompassError 객체를 전달받습니다.

❶ 지원하는 플랫폼 : Android, iPhone, Windows Phone 7 (Mango)

활용 사례는 다음과 같습니다.

```
document.addEventListener("deviceready", onDeviceReady, false);
function onDeviceReady() {
    navigator.compass.getCurrentHeading(onSuccess, onError);
}


function onSuccess(compassHeading) {
    var result = "# compassHeading.magneticHeading: "+ compassHeading.magneticHeading
    + '\n# compassHeading.trueHeading: ' + compassHeading.trueHeading
    + '\n# compassHeading.headingAccuracy: ' + compassHeading.headingAccuracy
    + '\n# compassHeading.timestamp: ' + compassHeading.timestamp;
    alert(result);
}


function onError(compassError) {
    alert("Compass Error." + compassError.code);
}
```

compass.watchHeading() 메소드

특정 시간 간격으로 방위 센서가 감지하는 방위 정보를 가져오는 메소드입니다. 필요에 따라 방위 센서 옵션으로 감지 주기를 설정할 수 있습니다.

사용형식	var watchID = navigator.compass.watchHeading(compassSuccess, compassError, [compassOptions]);
매개변수	• compassSuccess : 성공했을 때 실행하는 함수로 compassHeading 객체를 전달받습니다. • compassError : 실패했을 때 실행하는 함수이며 CompassError 객체를 전달받습니다. • compassOptions : 필요에 따라 감지할 방위 센서의 감지 옵션을 설정합니다.
리턴 값	watchID : 방위 센서의 감지 아이디를 리턴합니다. 나중에 이 값을 이용하여 방위 센서의 감지를 종료할 수 있습니다.

❶ 지원하는 플랫폼 : Android, iPhone, Windows Phone 7 (Mango)

활용 사례는 다음과 같습니다.

```javascript
document.addEventListener("deviceready", onDeviceReady, false);
function onDeviceReady() {
    var compassOptions = {frequency: 5000};
    navigator.compass.watchHeading(onSuccess, onError, compassOptions);
}

function onSuccess(compassHeading) {
    var result = "# compassHeading.magneticHeading: "+ compassHeading.magneticHeading
    + '\n# compassHeading.trueHeading: ' + compassHeading.trueHeading
    + '\n# compassHeading.headingAccuracy: ' + compassHeading.headingAccuracy
    + '\n# compassHeading.timestamp: ' + compassHeading.timestamp;
    alert(result);
}

function onError(compassError) {
    alert("Compass Error." + compassError.code);
}
```

compass.clearWatch() 메소드

watchHeading() 메소드에서 리턴받은 watchID로 실행 중인 방위 센서를 종료하는 메소드입니다.

사용형식	navigator.compass.clearWatch(watchID);
매개변수	watchID : watchHeading() 메소드로 생성된 방위 센서 감지 아이디입니다. 이 아이디를 기준으로 센서 감지를 종료합니다.

❶ 지원하는 플랫폼 : Android, iPhone, Windows Phone 7 (Mango)

활용 사례는 다음과 같습니다.

```
document.addEventListener("deviceready", onDeviceReady, false);
function onDeviceReady() {
    var compassOptions = {frequency: 5000};
    watchID = navigator.compass.getCurrentHeading(onSuccess, onError, compassOptions);
}

function stopWatch() {
    if (watchID) {
        navigator.compass.clearWatch(watchID);
        watchID = null;
    }
}

function onSuccess(compassHeading) {
    var result = "# compassHeading.magneticHeading: "+ compassHeading.magneticHeading
    + '\n# compassHeading.trueHeading: ' + compassHeading.trueHeading
    + '\n# compassHeading.headingAccuracy: ' + compassHeading.headingAccuracy
    + '\n# compassHeading.timestamp: ' + compassHeading.timestamp;
    alert(result);
}

function onError(compassError) {
    alert("Compass Error." + compassError.code);
}
```

compass.watchHeadingFilter() 메소드

compassOptions으로서 설정하는 filter 속성에 따라 filter 값 이상일 때만 compassSuccess 함수를
실행하는 메소드입니다.

사용형식	var watchID = navigator.compass.watchHeadingFilter(compassSuccess, compassError,[compassOptions]);
매개변수	• compassSuccess : 성공했을 때 실행하는 함수로 compassHeading 객체를 전달받습니다. • compassError : 실패했을 때 실행하는 함수이며 CompassError 객체를 전달받습니다. • compassOptions : filter 속성으로 감지할 변동 기준 값을 설정합니다.
리턴 값	watchID : 방위 센서의 감지 아이디를 리턴합니다. 나중에 이 값을 이용하여 방위 센서의 감지를 종료할 수 있습니다.

❶ 지원하는 플랫폼 : iPhone

활용 사례는 다음과 같습니다.

```javascript
document.addEventListener("deviceready", onDeviceReady, false);
function onDeviceReady() {
    var compassOptions = {filter: 45};
    navigator.compass.watchHeadingFilter(onSuccess, onError,
    compassOptions);
}

function onSuccess(compassHeading) {
    var result = "# compassHeading.magneticHeading: "+ compassHeading.magneticHeading
    + '\n# compassHeading.trueHeading: ' + compassHeading.trueHeading
    + '\n# compassHeading.headingAccuracy: ' + compassHeading.headingAccuracy
    + '\n# compassHeading.timestamp: ' + compassHeading.timestamp;
    alert(result);
}

function onError(compassError) {
    alert("Compass Error." + compassError.code);
}
```

compass.clearWatchFilter() 메소드

watchHeadingFilter() 메소드에서 리턴받은 watchID로 실행 중인 방위 센서를 종료하는 메소드입니다.

사용형식	navigator.compass.clearWatchFilter(watchID);
매개변수	watchID : watchHeadingFilter() 메소드로 생성된 방위 센서 감지 아이디입니다. 이 아이디를 기준으로 센서 감지를 종료합니다.

❶ 지원하는 플랫폼 : iPhone

활용 사례는 다음과 같습니다.

```javascript
document.addEventListener("deviceready", onDeviceReady, false);
function onDeviceReady() {
    var compassOptions = {filter: 45};
    watchID = navigator.compass.watchHeadingFilter(onSuccess, onError, compassOptions);
}

function stopWatch() {
    if (watchID) {
        navigator.compass.clearWatchFilter(watchID);
        watchID = null;
    }
}

function onSuccess(acceleration) {
    var result = "# compassHeading.magneticHeading: "+ compassHeading.magneticHeading
    + '\n# compassHeading.trueHeading: ' + compassHeading.trueHeading
    + '\n# compassHeading.headingAccuracy: ' + compassHeading.headingAccuracy
    + '\n# compassHeading.timestamp: ' + compassHeading.timestamp;
    alert(result);
}

function onError(compassError) {
    alert("Compass Error." + compassError.code);
}
```

14.3 Sensor 폰갭 프로젝트

이 프로젝트는 단말기의 센서와 연동하는 폰갭의 Accelerometer와 Compass API를 실험해야 하기 때문에 실물 단말기가 필요합니다. 안드로이드와 아이폰에서는 실물 단말기를 통해 실험을 하고, 윈도우폰에서는 가상기기에서 실험해보도록 하겠습니다. 이 프로젝트 역시 jQuery Mobile을 UI로 사용하고 각 플랫폼에 알맞은 phonegap.js 파일을 사용합니다.

웹앱 소스 파일 구성

이 프로젝트를 위해 준비한 웹앱 소스 파일들은 그림과 같습니다. index.html 파일에 Accelerometer와 Compass의 기능들을 실험할 수 있도록 작성했고 그 이외 참조 라이브러리 파일들로 구성되어 있습니다.

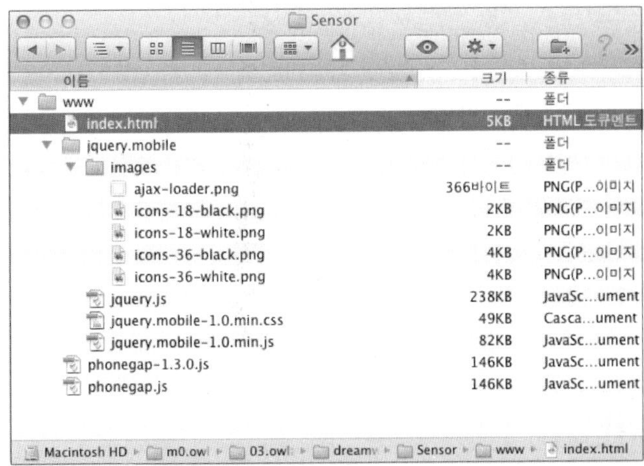

웹앱 소스 화면 분석

index.html은 Accelerometer와 Compass 센서를 호출하고 종료하는 등의 링크 버튼들로 구성되었습니다.

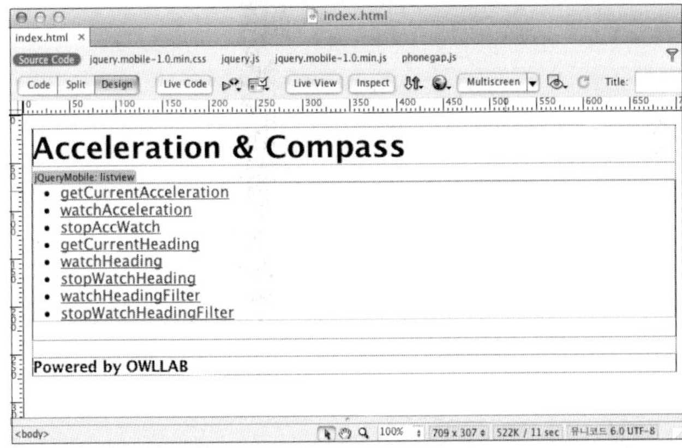

HTML DOM 소스 분석

스텝 **1**

index.html 파일의 HTML 소스 구성을 전체적으로 살펴보면 다음과 같습니다.

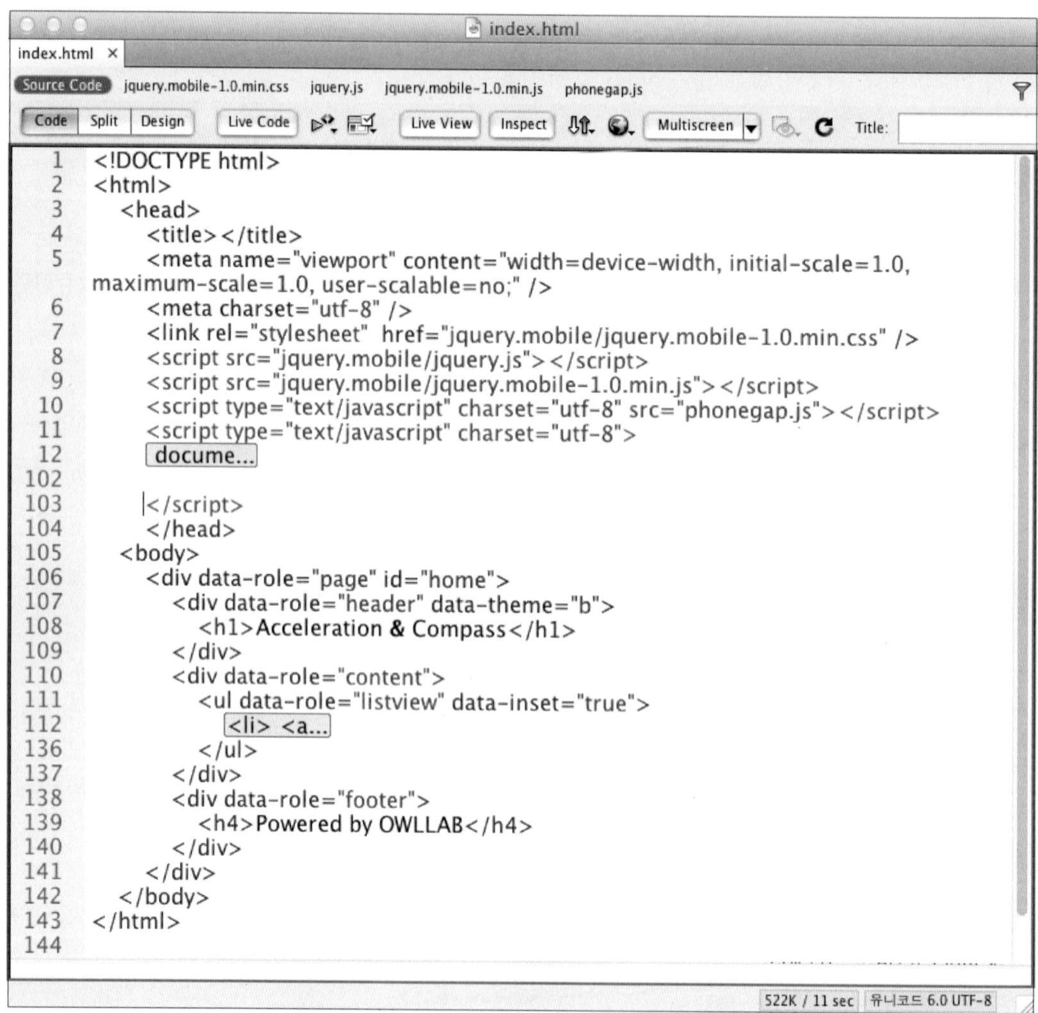

소스라인 5 : viewport 설정으로 화면에 1:1 비율로 HTML 객체가 나타나도록 했습니다.

소스라인 7~10 : jQuery Mobile 라이브러리와 폰갭 라이브러리를 호출하고 있습니다.

소스라인 11~103 : Accelerometer와 Compass 센서에 대한 자바스크립트를 작성하고 있는 영역입니다. 잠시 후에 자세히 살펴보겠습니다.

소스라인 106~141 : jQuery Mobile을 이용하여 Accelerometer와 Compass 센서를 실험할 수 있는 화면을 작성하고 있습니다.

스텝 2

Accelerometer와 Compass 센서에 대한 링크 버튼들을 살펴봅니다.

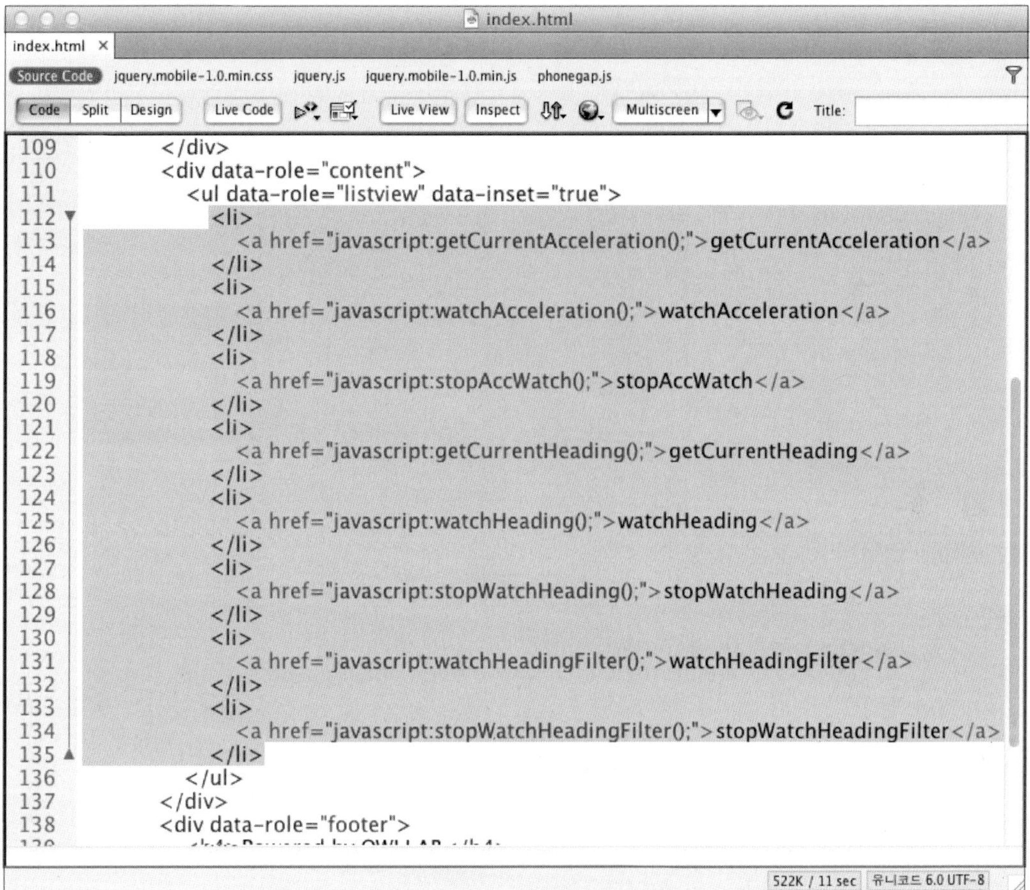

소스라인 113 : 현재 가속 정보를 구하는 링크 버튼입니다.

소스라인 116 : 주기적으로 가속 센서 감지를 요청하는 링크 버튼입니다.

소스라인 119 : 주기적 가속 감지를 종료하는 링크 버튼입니다.

소스라인 122 : 현재 방위 정보를 구하는 링크 버튼입니다.

소스라인 125 : 주기적으로 방위 센서 감지를 요청하는 링크 버튼입니다.

소스라인 128 : 주기적 방위 센서 감지를 종료하는 링크 버튼입니다.

소스라인 131 : filter 값으로 지정하는 변동 값을 넘을 때 감지 값을 보고하는 필터 방위 감지를 요청하는 링크 버튼입니다.

소스라인 134 : 필터 방위 감지를 종료하는 링크 버튼입니다.

자바스크립트 소스 분석

스텝 **1**

Accelerometer와 Compass 센서를 제어하는 자바스크립트를 다음과 같이 작성했습니다.

```
10    <script type="text/javascript" charset="utf-8" src="phonegap.js"></script>
11    <script type="text/javascript" charset="utf-8">
12
13        document.addEventListener("deviceready", onDeviceReady, false);
14
15        function onDeviceReady() {
16
17        }
18
19        //Acceleration////////////////////////
```

소스라인 13~17 : 폰갭 라이브러리를 로드합니다.

스텝 **2**

가속 센서에 대한 자바스크립트입니다.

```
19        //Acceleration////////////////////////
20        function getCurrentAcceleration() {
21            navigator.accelerometer.getCurrentAcceleration(onAccSuccess, onAccError);
22        }
23
24        function watchAcceleration() {
25            var accOptions = {frequency: 5000};
26            watchAccID = navigator.accelerometer.watchAcceleration(
27                                    onAccSuccess, onAccError, accOptions);
28        }
29
30        function stopAccWatch() {
31            if (watchAccID) {
32                navigator.accelerometer.clearWatch(watchAccID);
33                watchAccID = null;
34                alert("watchAcceleration was stopped.");
35            }
36        }
37
38        function onAccSuccess(acceleration) {
39            var result = "[Acceleration]"
40            + "# X: " + acceleration.x
41            + '\n# Y: ' + acceleration.y
42            + '\n# Z: ' + acceleration.z
43            + '\n# Timestamp: ' + acceleration.timestamp;
44            alert(result);
45        }
46
47        function onAccError() {
48            alert("Acceleration Error.");
49        }
50
```

소스라인 20~22 : 현재의 가속 센서 정보를 호출하는 함수입니다.

소스라인 21 : getCurrentAcceleration() 메소드로 현재의 가속 정보를 호출하고, 성공하면 onAcc Success() 콜백 함수를 실행하며, 실패하면 onAccError() 콜백 함수를 실행할 것입니다.

소스라인 24~28 : 5초를 주기로 가속 센서 감지를 요청하는 함수입니다.

소스라인 25 : 가속 센서 옵션에 5초를 주기로 감지할 수 있도록 설정합니다.

소스라인 26~27 : watchAcceleration() 메소드로 주기적 가속 센서 감지를 요청합니다. 이 메소드는 실행 결과 감지 아이디를 리턴하고, watchAccID 전역 변수에 기록해둡니다. 요청에 성공하면 onAccSuccess() 콜백 함수를 실행하고, 실패하면 onAccError() 콜백 함수를 실행합니다.

소스라인 30~36 : 주기적 가속 센서 감지를 종료하는 함수입니다. 감지 아이디를 기록해둔 watchAccID를 이용하여 값이 있으면 clearWatch() 메소드로 주기적 가속 센서 감지를 종료합니다.

소스라인 38~45 : onAccSuccess() 콜백 함수는 Acceleration 객체를 전달받습니다. 이 객체에 기록되어 있는 X, Y, Z 좌표 값과 감시 시각을 alert() 대화상자로 출력합니다.

소스라인 47~49 : onAccError() 콜백 함수는 가속 감지에 실패했음을 알리는 안내를 alert() 구문으로 처리하고 있습니다.

스텝 **3**

방위 센서에 대한 자바스크립트를 다음과 같이 작성했습니다.

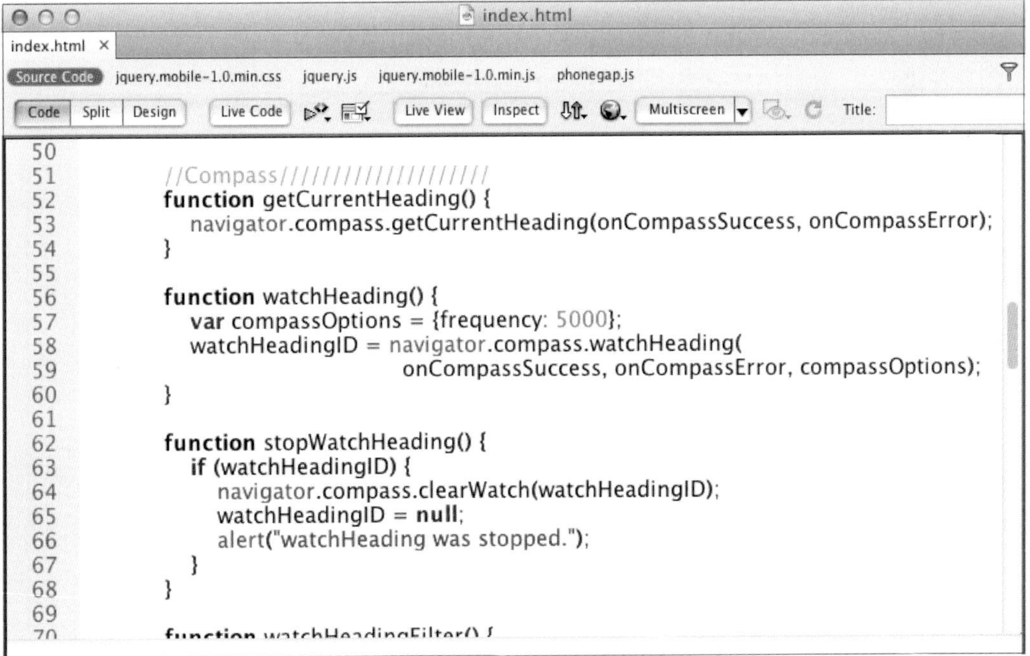

```
50
51        //Compass///////////////////////
52        function getCurrentHeading() {
53            navigator.compass.getCurrentHeading(onCompassSuccess, onCompassError);
54        }
55
56        function watchHeading() {
57            var compassOptions = {frequency: 5000};
58            watchHeadingID = navigator.compass.watchHeading(
59                            onCompassSuccess, onCompassError, compassOptions);
60        }
61
62        function stopWatchHeading() {
63            if (watchHeadingID) {
64                navigator.compass.clearWatch(watchHeadingID);
65                watchHeadingID = null;
66                alert("watchHeading was stopped.");
67            }
68        }
69
70        function watchHeadingFilter() {
```

소스라인 52~54 : 현재의 방위 감지를 요청하는 함수입니다. getCurrentHeading() 메소드를 실행하고 이 메소드 실행에 성공하면 onCompassSuccess() 콜백 함수를 실행하고, 실패하면 onCompass Error() 콜백 함수를 실행할 것입니다.

소스라인 56~60 : 5초를 주기로 방위 감지를 요청하는 함수입니다.

소스라인 57 : frequency 감지 옵션을 5초로 설정하고 있습니다.

소스라인 58~59 : watchHeading() 메소드를 실행하고 감지 아이디를 리턴 받아 watchHeadingID 전역 변수에 기록해둡니다. 이 메소드의 실행에 성공하면 onCompassSuccess() 콜백 함수를 실행하고, 실패하면 onCompassError() 콜백 함수를 실행할 것입니다.

소스라인 62~68 : 주기적 방위 감지를 종료하는 함수입니다. watchHeadingID를 이용하여 clear Watch() 메소드로 주기 감지를 종료합니다.

스텝 **4**

필터 방위 감지는 현재 아이폰에서만 지원되고 있습니다. 따라서 실행하는 단말기가 아이폰인지를 확인할 필요가 있는데 본 사례에서는 try~catch 구문으로 이 문제를 해결하는 방법을 보여주고 있습니다. try~catch 구문을 사용하면 단말기의 종류를 굳이 가려내지 않아도, 실행할 수 있는 단말기에서만 실행되고, 지원하지 않는 단말기에서는 지원되지 않는 부분에 대한 안내를 할 수 있습니다.

```
69
70      function watchHeadingFilter() {
71          var compassOptions = {filter: 15};
72          try {
73              watchHeadingFilterID
74                  = navigator.compass.watchHeadingFilter(
75                  onCompassSuccess, onCompassError, compassOptions);
76          } catch (err) {
77              alert(err);
78          }
79      }
80
81      function stopWatchHeadingFilter() {
82          //if (watchHeadingFilterID) {
83              navigator.compass.clearWatchFilter(watchHeadingFilterID);
84              watchHeadingFilterID = null;
85              alert("watchHeadingFilter was stopped.");
86          //}
87      }
88
89      function onCompassSuccess(compassHeading) {
```

소스라인 70~79 : 15 이상 방위 변동이 있을 경우 방위 감지를 보고하는 함수입니다.

소스라인 71 : 감지 옵션에서 filter 값을 15로 설정하여 15 이상의 변동이 있으면 감지하도록 설정합니다.

소스라인 72~78 : try~catch로 감지 요청 구문을 묶어서 지원하는 단말기에서만 올바로 실행하고, 지원하지 않는 단말기에서는 백그라운드에서 오류 처리를 하면서 사용자에게 alert() 문으로 안내하며 계속 다음 명령을 진행하도록 합니다.

소스라인 73~75 : watchHeadingFilter() 메소드로 필터 감지 또는 변동 감지를 요청하고 리턴 받은 감지 아이디를 watchHeadingFilterID 전역 변수에 기록해둡니다. 성공하면 onCompass Success() 콜백 함수를 실행하고, 실패하면 onCompassError() 콜백 함수를 실행합니다.

소스라인 81~87 : 변동 감지 센서를 종료하는 함수입니다.

소스라인 82, 86 : 변동 감지를 아이폰에서 실험해본 결과 폰갭의 매뉴얼에서와 다르게 감지 아이디를 잘 받아오지 못했습니다. 그래서 watchHeadingFilterID 값이 있을 때만 실행하는 조건문을 주석으로 처리했습니다.

소스라인 83 : clearWatchFilter() 메소드로 실행 중인 변동 감지를 종료하는 요청을 합니다.

스텝 5

끝으로 방위 센서에 대한 콜백 함수를 다음과 같이 정의했습니다.

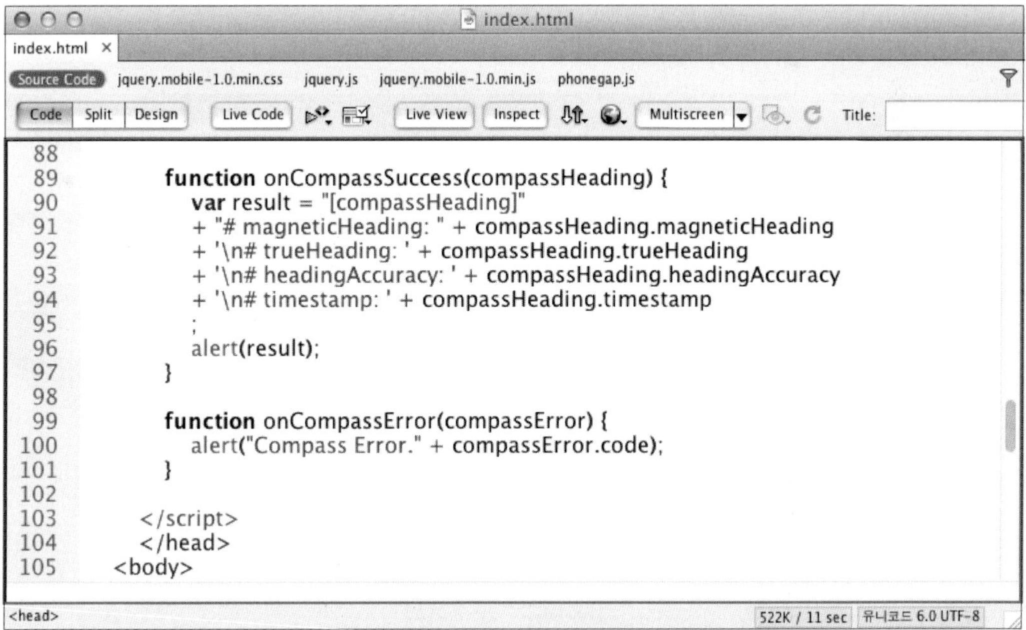

```
 88
 89        function onCompassSuccess(compassHeading) {
 90          var result = "[compassHeading]"
 91            + "# magneticHeading: " + compassHeading.magneticHeading
 92            + '\n# trueHeading: ' + compassHeading.trueHeading
 93            + '\n# headingAccuracy: ' + compassHeading.headingAccuracy
 94            + '\n# timestamp: ' + compassHeading.timestamp
 95            ;
 96          alert(result);
 97        }
 98
 99        function onCompassError(compassError) {
100          alert("Compass Error." + compassError.code);
101        }
102
103      </script>
104      </head>
105    <body>
```

소스라인 89~97 : 방위 감지를 성공했을 때 실행하는 콜백 함수입니다. 이 함수는 CompassHeading 객체를 전달받아 alert() 대화상자를 통해 방위 정보를 화면에 출력하고 있습니다.

소스라인 99~101 : 방위 감지에 실패했을 때 실행하는 콜백 함수입니다. 이 함수는 CompassError 객체를 전달받아 alert() 대화상자에 오류 정보를 출력하게 구성했습니다.

14.4 안드로이드 포팅

Sensor 프로젝트의 안드로이드 포팅 실험에서는 아이폰에서만 지원하는 변동 감지 종료 부분에서만 자바스크립트 오류를 나타내고 나머지 기능에 대해서는 별다른 특기사항이 없습니다. 앞서 준비한 jQuery Mobile 기반의 웹앱 소스를 안드로이드에 포팅하고 실물 단말기에서 실험하는 과정을 살펴봅니다.

안드로이드 프로젝트 살펴보기

스텝 1

안드로이드 프로젝트는 그림과 같이 웹앱 소스를 포팅하였습니다.

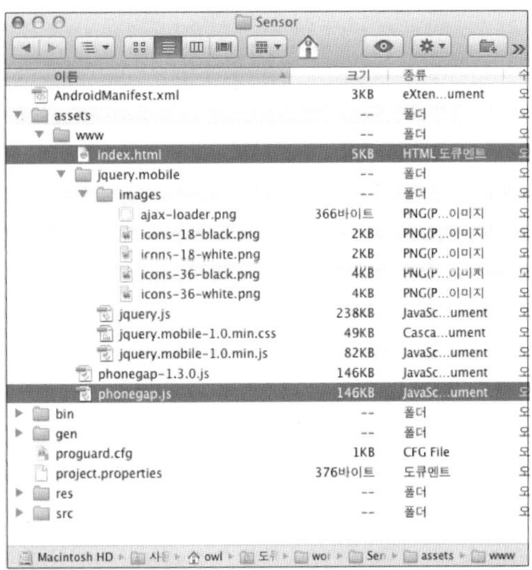

스텝 2

이클립스에서 본 Sensor 프로젝트는 그림과 같습니다.

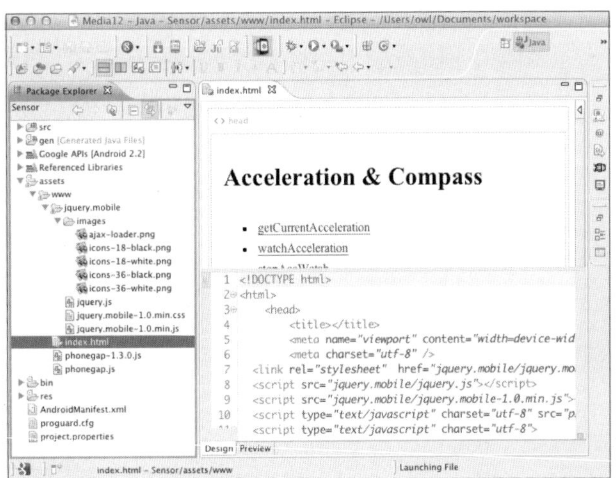

601

실물 단말기에서 실험하기

스텝 **1**

그림과 같이 실물 단말기를 개발 컴퓨터에 USB로 연결하고 "Run > Run As >..." 메뉴를 이용하여
실험을 시작합니다.

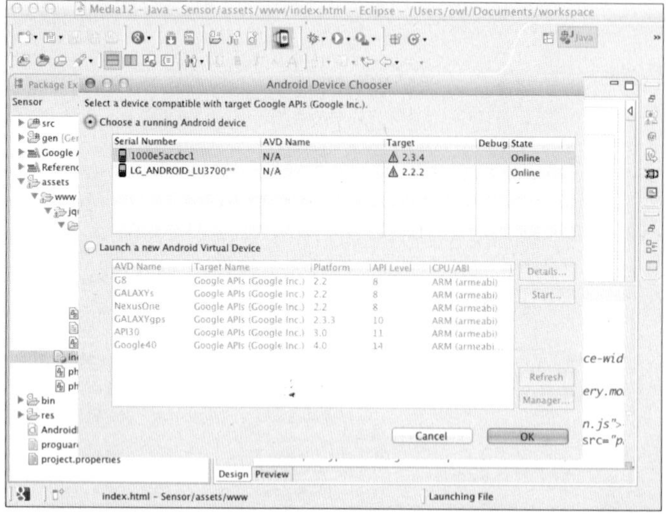

스텝 **2**

단말기 화면에는 그림과 같이 Acceleration과 Compass 센서를 실험할 수 있는 버튼들이 jQuery
Mobile에서 지원하는 목록형으로 나타납니다. "getCurrentAcceleration" 버튼을 터치하면 그림과
같이 단말기가 감지한 가속 정보를 대화상자로 표시해줍니다. 대화상자에서 "확인" 버튼을 터치하면
대화상자가 닫힙니다. 이 실험을 통해 getCurrentAcceleration() 메소드는 1회성 가속 센서 감지라는
것을 알 수 있습니다.

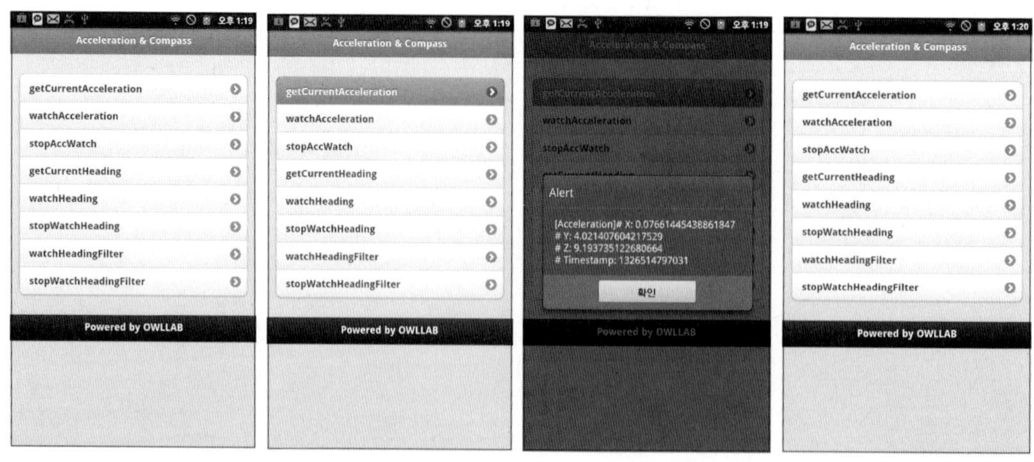

스텝 3

"watchAcceleration" 버튼을 터치하면 5초 후 감지한 가속 센서 정보가 대화상자에 나타납니다.
가속 정보를 확인하고 "확인" 버튼으로 대화상자를 닫았습니다.

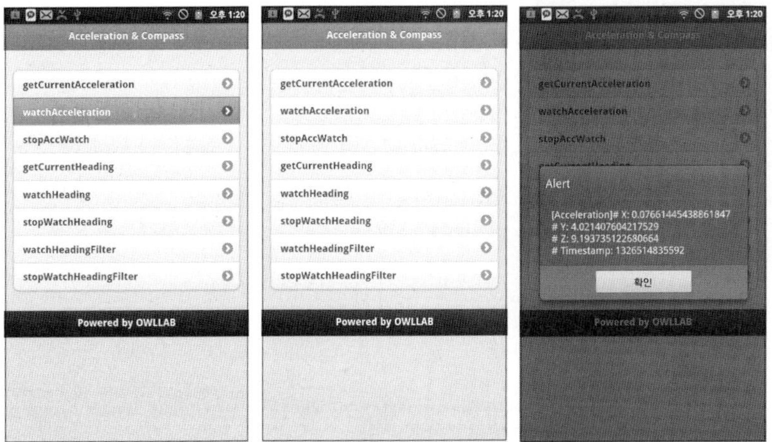

스텝 4

잠시 후 5초가 지나면서 또 한 번 감지한 가속 센서 정보가 대화상자로 나타났습니다. 이렇듯
주기 가속 센서 감지 기능을 하는 watchAcceleration() 메소드는 지정한 시간 간격을 주기로 센서
감지를 실행한다는 것을 체험할 수 있습니다.

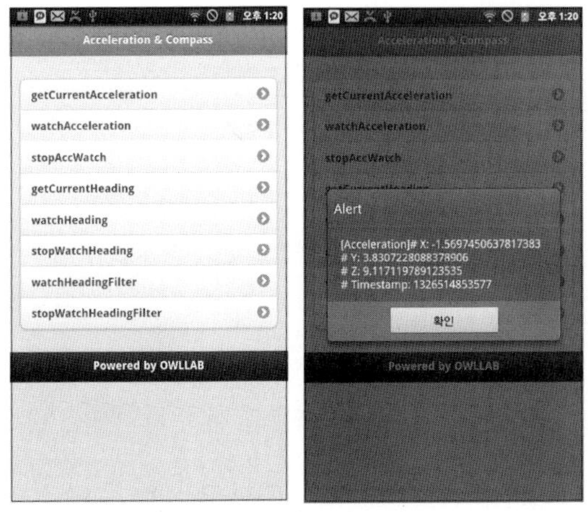

스텝 5

"stopAccWatch" 버튼을 터치하여 그림과 같이 주기 감지 서비스를 종료했습니다.

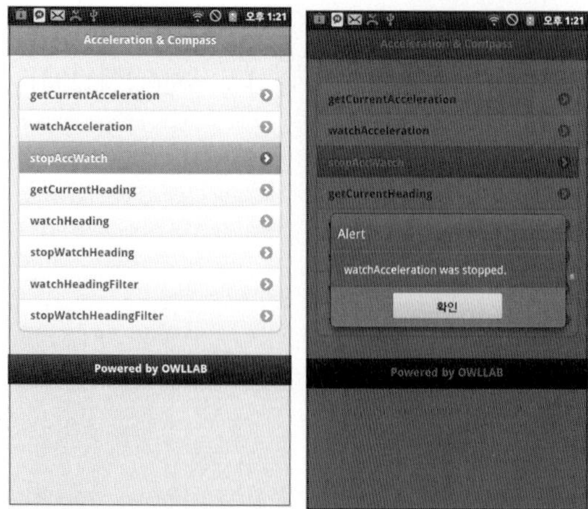

스텝 6

"getCurrentHeading" 버튼을 터치했더니 그림과 같이 대화상자를 통해 현재 단말기의 방위 정보가 나타났습니다. 방위 정보를 확인하고 "확인" 버튼을 눌러 대화상자를 닫았습니다.

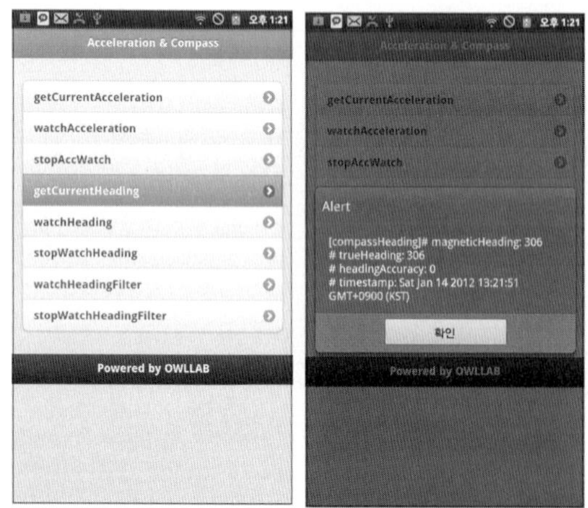

스텝 7

"watchHeading" 버튼을 터치하여 주기적 방위 감지를 요청해봅니다. 소스에서 감지 주기를 5초로 설정했기 때문에 5초마다 감지한 방위 정보를 대화상자로 표시해줍니다.

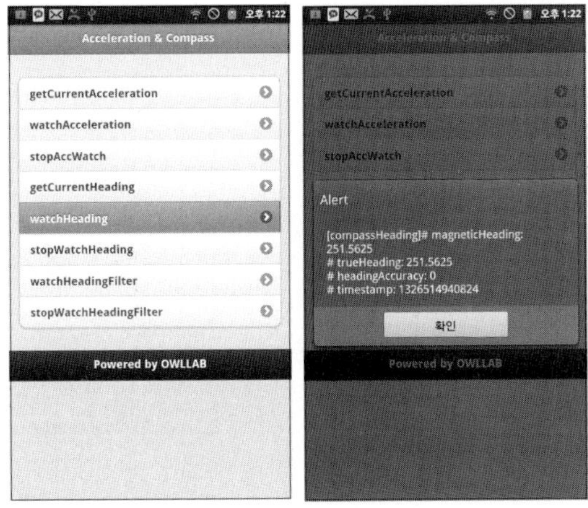

스텝 8

"stopWatchHeading" 버튼을 터치해서 주기 감지 센서를 종료했습니다.

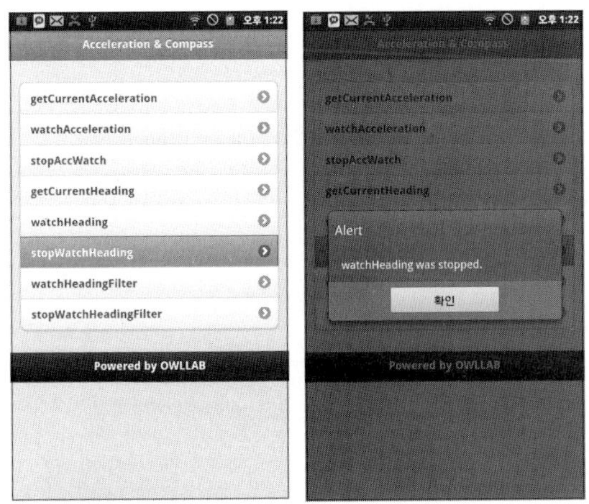

스텝 9

일곱 번째 "watchHeadingFilter" 버튼을 터치했습니다. 이 기능은 아이폰에서만 지원하기 때문에
try~catch 구문에 의해 오류 안내가 대화상자로 나타납니다. 물론, 여덟 번째의 "stopWatchHeading
Filter" 버튼도 안드로이드에서는 지원하지 않기 때문에 의미가 없습니다. "stopWatchHeadingFilter"
버튼에 대한 명령은 try~catch 구문을 사용하지 않았습니다. 따라서 이 버튼을 터치하면 이클립스가
자바스크립트 오류를 감지할 것입니다.

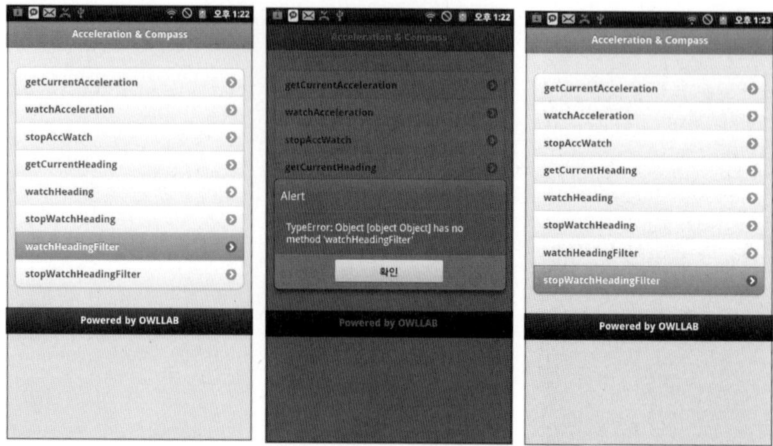

스텝 10

그림과 같이 "stopWatchHeadingFilter" 버튼을 터치한 후 이클립스의 LogCat 창을 확인해보면
"watchHeadingFilterID"가 정의되지 않아 발생하는 자바스크립트 오류 보고를 확인할 수 있습니다.
이렇듯 이클립스는 LogCat을 통해 웹앱 소스에서 발생하는 런타임 자바스크립트 오류를 찾아낼
수 있는 장점이 있습니다. 이 오류가 발생한 후에도 다른 기능들을 계속 실행하는 데는 문제가
없습니다.

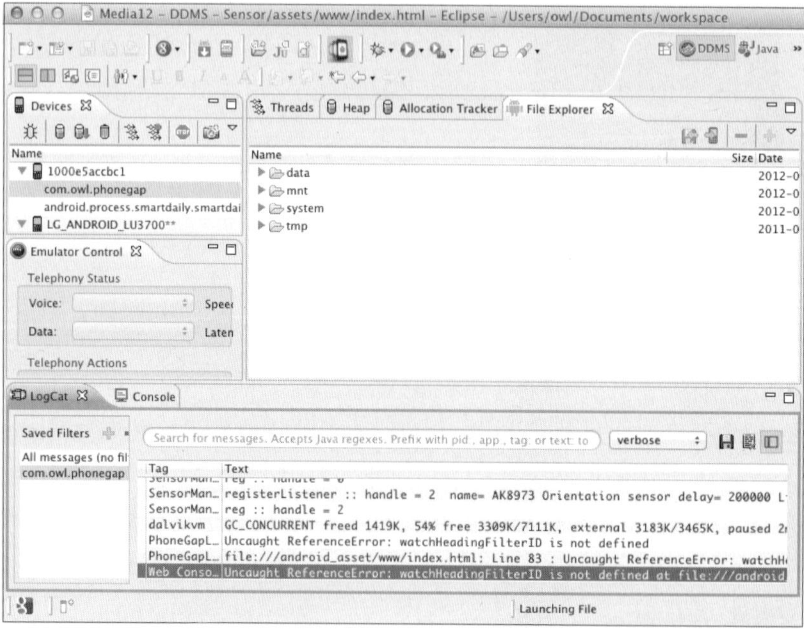

14.5 아이폰 포팅

아이폰에서는 안드로이드에서 지원하지 않아 실험하지 못했던 compass.watchHeadingFilter() 메소드를 실험할 수 있습니다. 아이폰 포팅 과정에는 특기사항이 없으므로 실물 단말기에서 각 기능이 안드로이드와 어떻게 다르게 나타나는지를 주안점으로 간략하게 실험해보겠습니다.

아이폰 프로젝트 살펴보기

스텝 1

Xcode에 대한 Sensor 프로젝트 소스는 그림과 같이 준비했습니다.

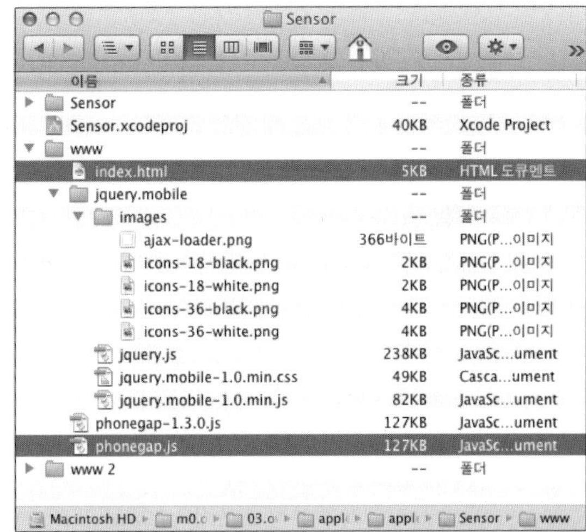

스텝 2

Xcode에서 본 Sensor 프로젝트는 그림과 같습니다. 실물 단말기를 USB로 연결하고 Scheme에서 실물 단말기를 지정한 후 "Run" 버튼을 클릭하여 실험해봅니다.

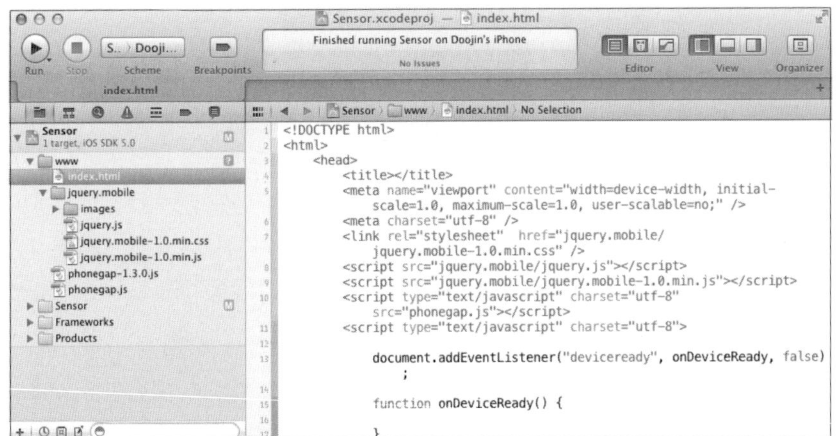

실물 단말기에서 실험하기

스텝 1

화면은 안드로이드에서와 같이 비슷하게 나타났습니다. 첫 번째 버튼을 터치하면 현재 가속 센서 정보가 대화상자에 나타나는데, 감지 시각 외에는 X, Y, Z 좌표가 모두 0으로 나타납니다. 이는 앞서 Acceleration API 매뉴얼에서 언급한 바와 같이 아이폰이 가속 정보를 감지하는 방식이 처음에는 0부터 시작하기 때문입니다. 따라서 아이폰에서 가속 정보를 감지할 때는 accelerometer.get Current Acceleration() 메소드보다 accelerometer.watchAcceleration() 메소드를 활용하라고 권유했던 것입니다.

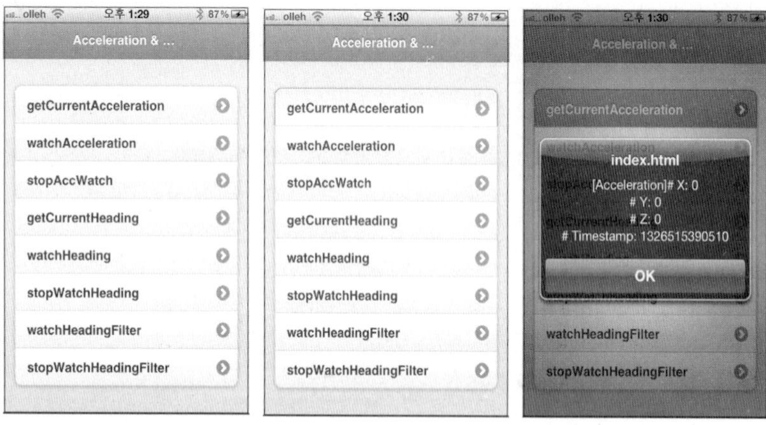

스텝 2

"watchAcceleration" 버튼을 누르면 5초 간격으로 가속 정보를 대화상자로 보여줍니다.

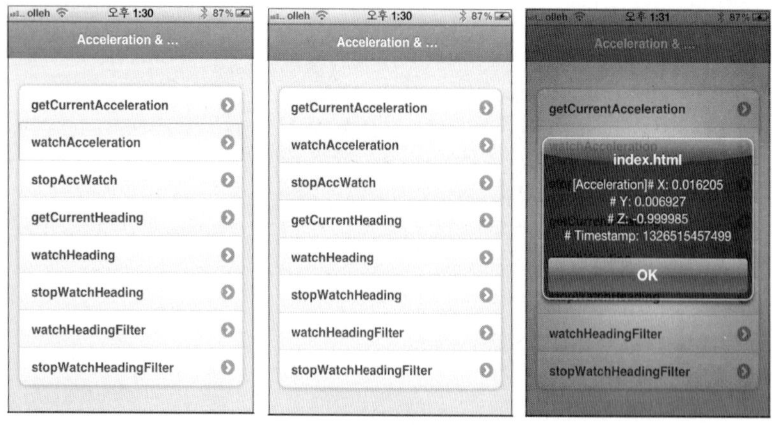

스텝 **3**

대화상자를 닫고 5초가 지나면 가속 센서를 대화상자로 보여줍니다. 세 번째의 "stopAccWatch"
버튼을 터치하면 가속 감지를 종료합니다.

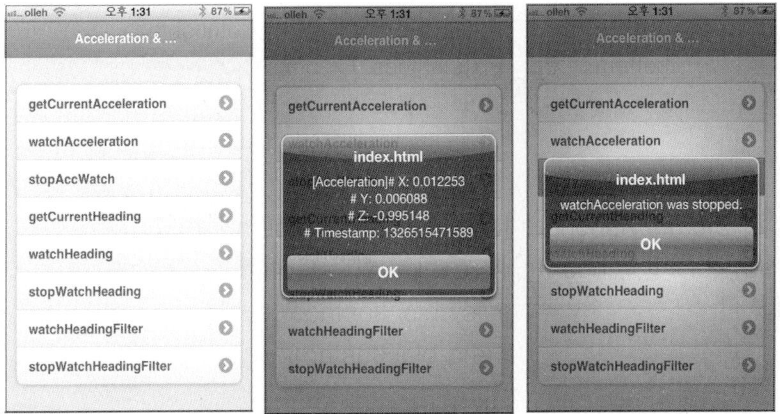

스텝 **4**

네 번째 "getCurrentHeading" 버튼을 터치했더니 그림과 같이 나침판 보정 안내가 나타났습니다.
이런 화면이 나타나는 것은 아이폰에서 정확한 방위 정보를 구하기 위해 방위 영점을 보정하기
위해서입니다. 안내하는 대로 8자 방향으로 단말기를 움직이면 안내가 사라집니다.

스텝 5

다섯 번째 "watchHeading" 버튼을 터치하면 안드로이드 실험에서와 같이 5초를 주기로 방위 정보를 감지하고 대화상자로 보여줍니다.

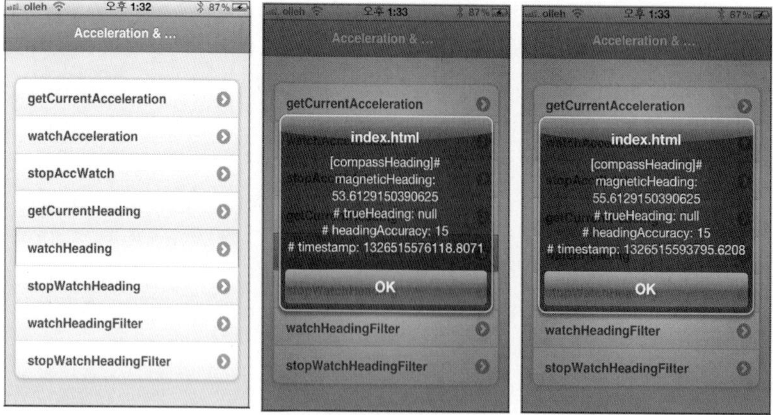

스텝 6

여섯 번째 "stopWatchHeading" 버튼을 터치하여 방위 감지를 종료했습니다.

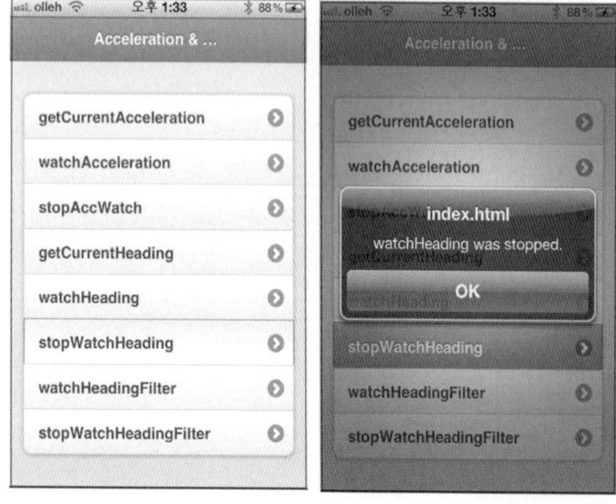

스텝 **7**

일곱 번째 "watchHeadingFilter" 버튼을 터치하고 단말기를 움직이면, 소스에서 설정한 15도 이상
방위에 변화가 있을 때마다 변경된 방위 정보를 대화상자로 보여줍니다. 이 기능은 현재 아이폰에서만
지원한다는 것을 상기하기 바랍니다.

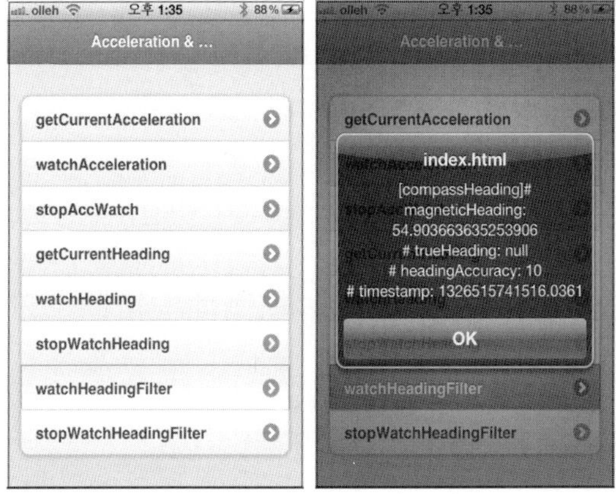

스텝 **8**

대화상자의 "OK" 버튼으로 대화상자를 닫고 다시 아이폰을 움직이면 이론대로 15도 이상 방위가
변경될 때마다 대화상자가 나타납니다. 여덟 번째 "stopWatchHeadingFilter" 버튼을 터치하면
변동 감지 서비스가 종료됩니다.

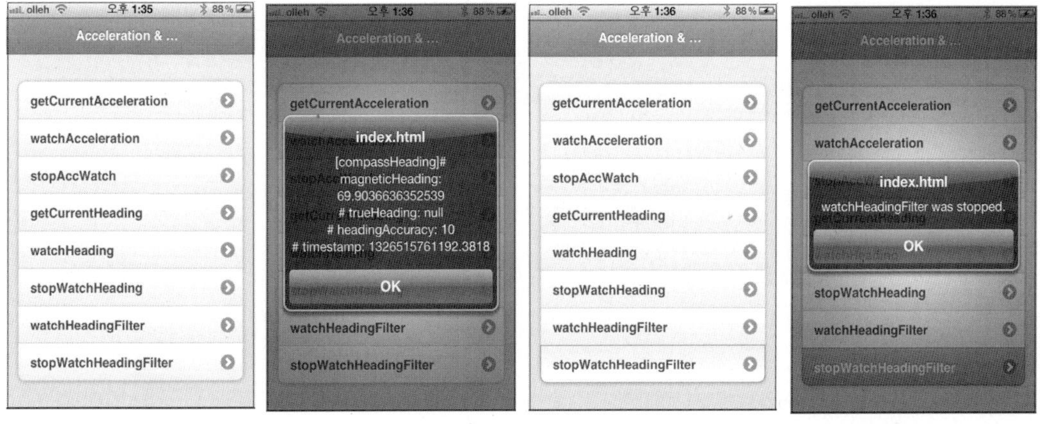

14.6 윈도우폰 포팅

윈도우폰은 가상기기에서만 실행해보겠습니다. 불리한 여건은 기회로 바뀔 수 있습니다. 본 사례를 통해 지금까지 관심이 없었던 오류 처리에 대한 경험을 해보도록 하겠습니다. 프로그램은 성공했을 때도 중요하지만 난관에 부딪혀 이를 해결하는 힘은 실패에 대한 경험과 이해에 있습니다. 나중에 시장에서 윈도우폰이 활성화되었을 때 독자님들이 실물 단말기에서 실험하는데 보탬이 되도록 포팅 과정에 주의할 사항도 언급하도록 하겠습니다.

윈도우폰 프로젝트 살펴보기

윈도우폰에 포팅할 때는 console.js 파일을 사용하는 점만 주의하면 실물 단말기에서도 실행하는데 어려움이 없을 것으로 예상합니다.

스텝 1

비주얼 스튜디오를 위한 Sensor 프로젝트는 그림과 같은 소스들로 준비했습니다. 이 프로젝트의 네이티브 소스들은 비주얼 스튜디오에서 폰갭 프로젝트를 생성하는 과정에서 자동으로 만들어졌고, www 폴더에 있는 소스만 앞서 준비한 웹 소스 파일들로 대치했습니다. 물론 phonegap.js 파일은 비주얼 스튜디오에서 제공하는 파일을 사용했고, console.js 파일은 Capture 프로젝트에서 사용했던 소스에서 복제해왔습니다.

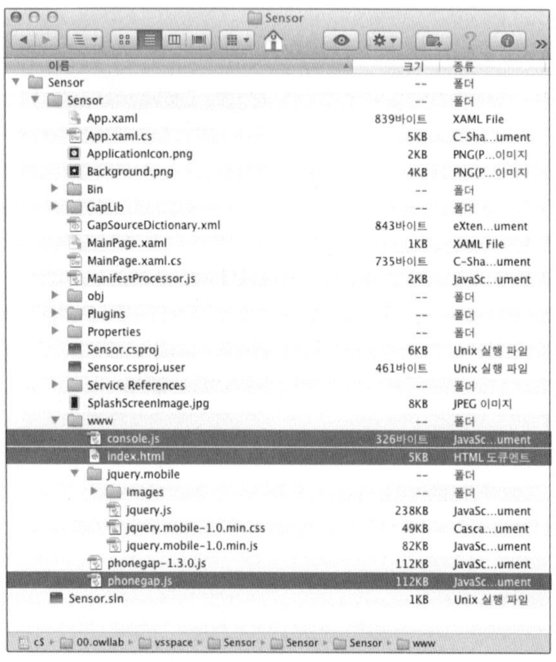

스텝 2

비주얼 스튜디오에서 본 Sensor 프로젝트는 그림과 같습니다. Capture 프로젝트에서 설명한 바와 같이 www/jquery-mobile/images 폴더에 있는 이미지들을 "Content"로 설정하는 것도 잊지 않기를 바랍니다. 그림에서 보는 바와 같이 console.js 파일은 alert() 명령에 대한 보정 함수가 추가되어 있다는 것을 확인할 필요가 있습니다.

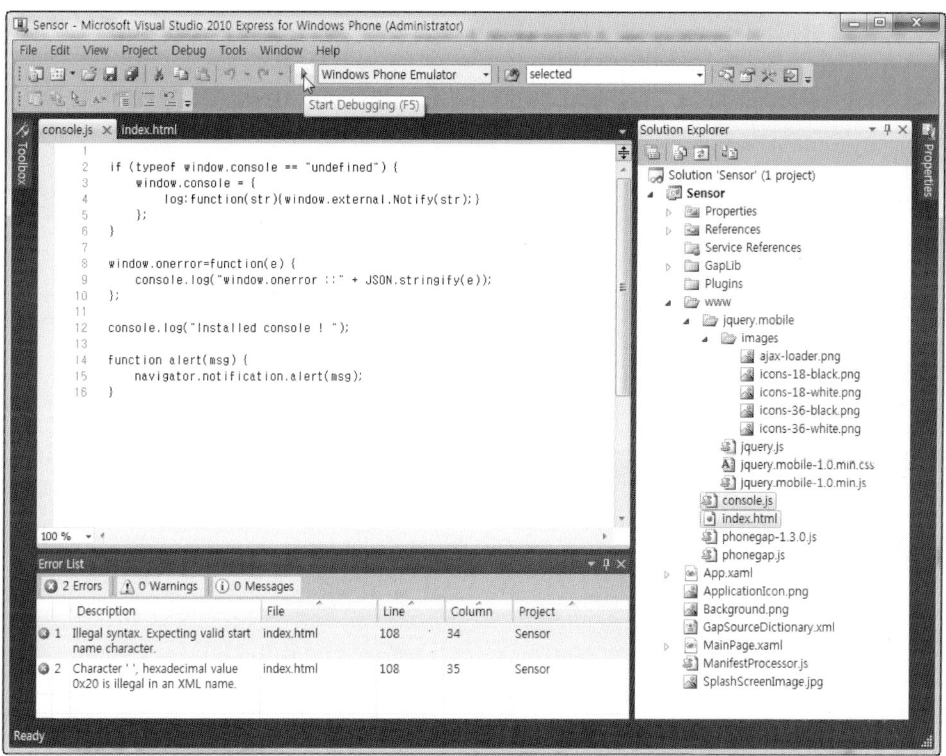

스텝 3

index.html 파일에서는 앞서 준비한 웹 소스에 console.js 파일을 참조하는 구문을 추가합니다. index.html 파일에 대한 Syntax 오류를 Error List에서 표시해주고 있지만 이는 비주얼 스튜디오의 민감함 때문이고 작동하는데 문제가 없기 때문에 이를 무시하고 가상기기에서 실험하도록 하겠습니다. 그림과 같이 "Start Debugging" 버튼을 클릭하면 가상기기에 Sensor 앱이 설치됩니다.

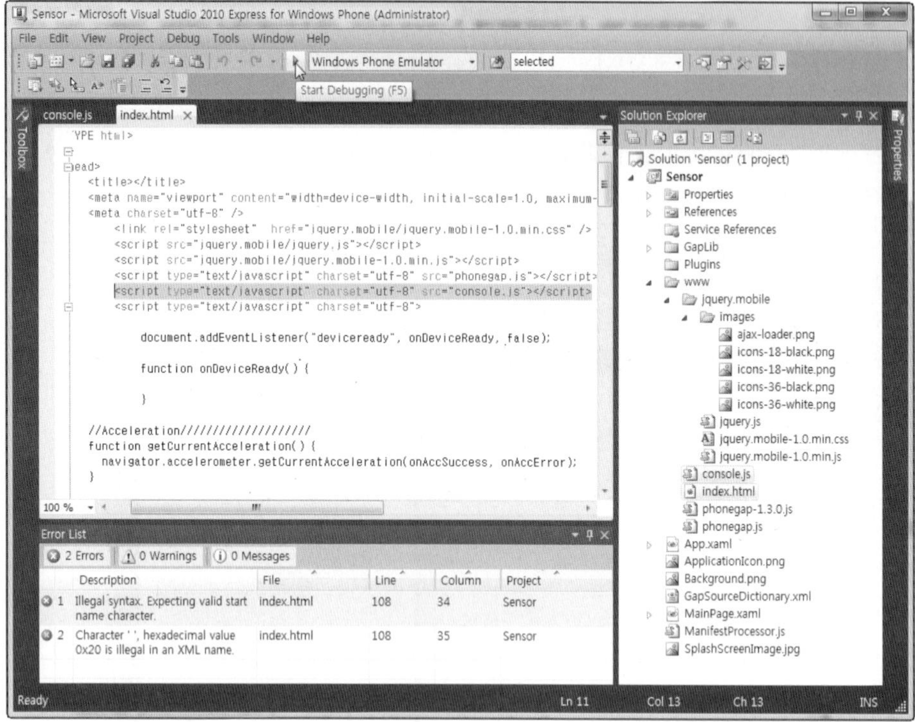

가상기기에서 실험하기

Sensor 프로젝트는 가상기기에서 실험하는 데는 한계가 있다는 것은 누차 언급한 바 있습니다. 이를 감안하고 센서 감지에 실패하는 경우를 주안점으로 실험 과정을 간략하게 살펴보기 바랍니다.

스텝 ■

그림과 같이 jQuery Mobile 화면을 출력하는 데는 문제가 없습니다. 첫 번째 "getCurrentAccleration" 버튼을 터치하면 그림과 같이 가속 센서 감지에 실패했다는 안내 대화상자가 나타납니다.

스텝 **2**

두 번째에서 다섯 번째 버튼들도 그림과 같이 모두 실패에 대한 콜백 함수로 나타나는 대화상자를
확인할 수 있습니다.

스텝 **3**

여섯 번째 버튼 역시 오류에 대한 대화상자를 확인할 수 있고 일곱 번째는 아이폰에서만 지원하는
기능이며 try~catch 구문을 구사하고 있기 때문에 그림과 같이 catch 구문에서 안내하는 대화상자가
나타납니다. 끝으로 여덟 번째 버튼은 자바스크립트 오류로 처리될 것이므로 아무런 반응이 나타나지
않습니다. 이로써 콜백 함수에 대한 오류처리, try~catch에 대한 오류 처리, 그리고 일반 자바스크립트
에 대한 오류의 반응을 살펴볼 수 있습니다.

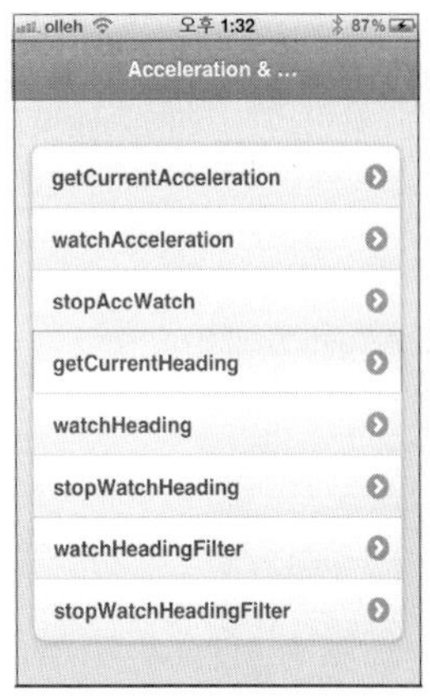  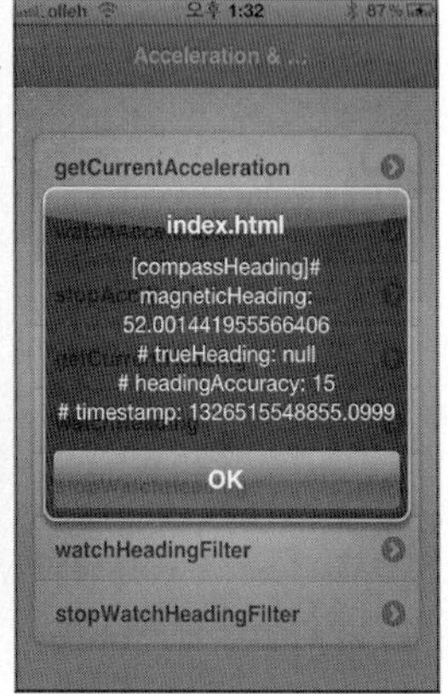

스텝 4

다섯 번째 "watchHead
ing" 버튼을 터치하면 안
드로이드의 실험에서와
같이 5초를 주기로 방위
정보를 감지하고 대화
상자로 보여줍니다.

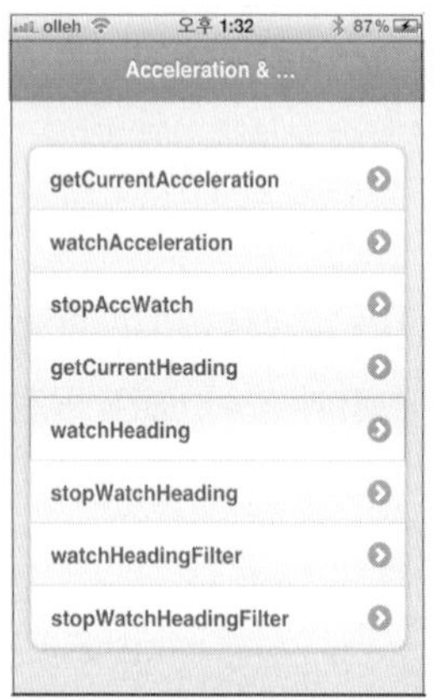 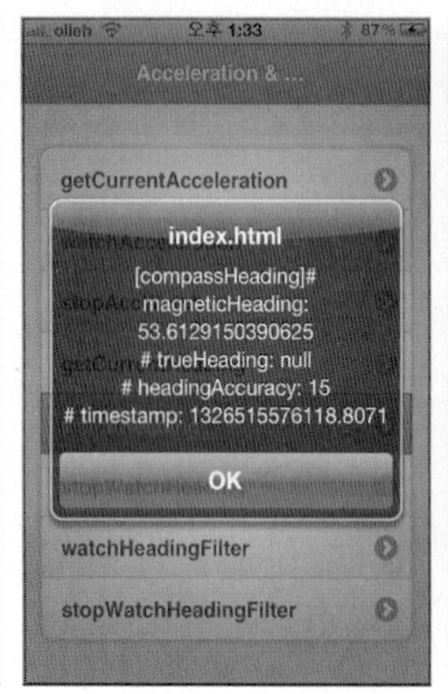 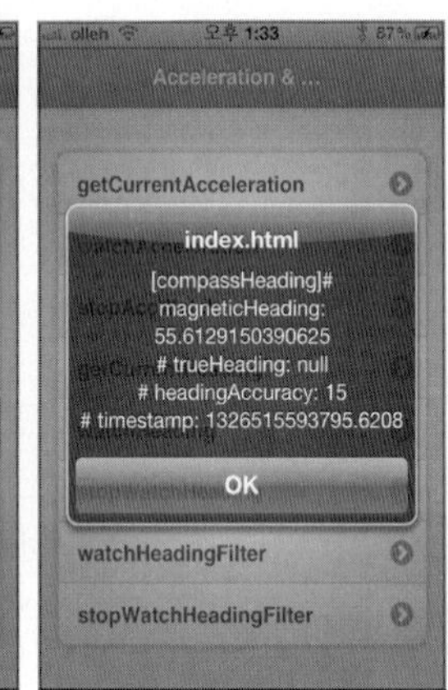

스텝 5

여섯 번째 "stopWatchHeading" 버튼을 터치하여
방위 감지를 종료했습니다.

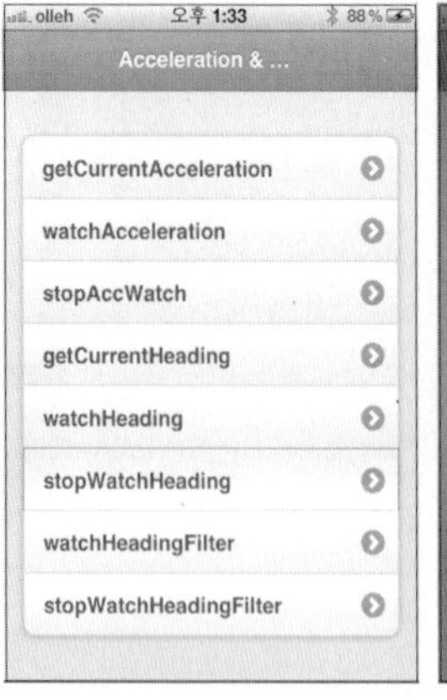 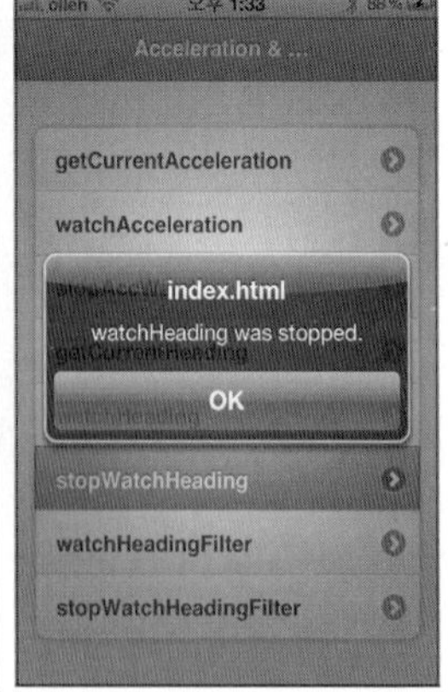

스텝 **6**

일곱 번째 ″watchHeadingFilter″ 버튼을 터치하고 단말기를 움직이면 소스에서 설정한 15도 이상 방위에 변화가 있을 때마다 변경된 방위 정보를 대화상자로 보여줍니다. 이 기능은 현재 아이폰에서만 지원한다는 것을 상기하기 바랍니다.

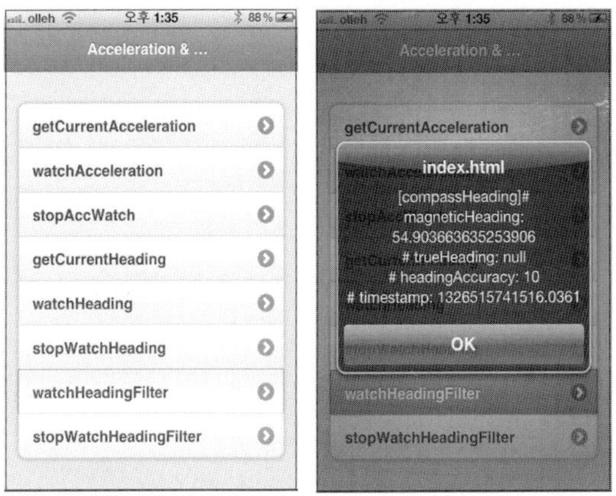

스텝 **7**

대화상자의 ″OK″ 버튼으로 대화상자를 닫고 다시 아이폰을 움직이면 이론대로 15도 이상 방위가 변경될 때마다 대화상자가 나타납니다. 여덟 번째의 ″stopWatchHeadingFilter″ 버튼을 터치하면 변동 감지 서비스가 종료됩니다.

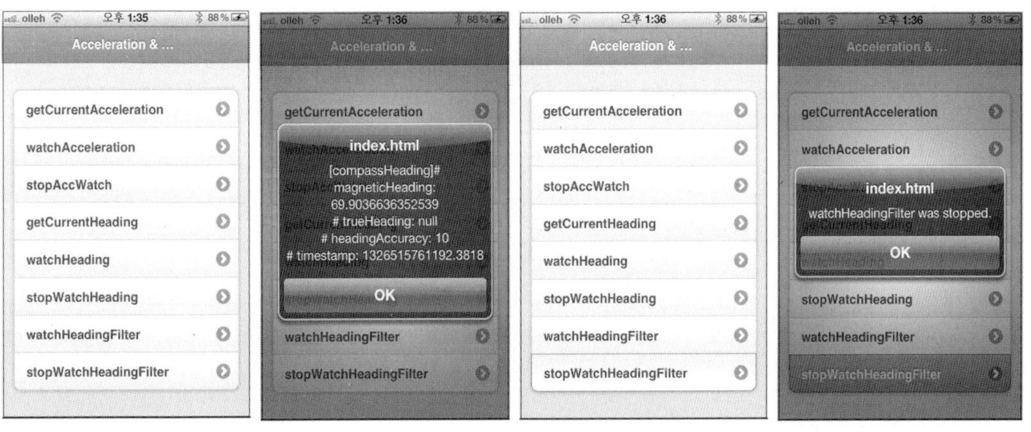

Chapter 15

Contacts : 연락처

폰갭은 단말기에 기본으로 탑재되어 있는 연락처 데이터베이스를 사용할 수 있도록 Contact 객체를 제공합니다. 폰갭의 Contact 객체는 Contact 객체를 생성하는 contacts.create() 메소드와 단말기에서 원하는 연락처 정보를 찾을 수 있도록 지원하는 contacts.find() 메소드로 구성되어 있습니다. 다른 폰갭 솔루션과 같이 Contacts 솔루션도 이 두 메소드에 필요한 객체와 성공 / 실패 함수로 구성됩니다.

참고　이벤트는 컴퓨터를 노예에서 해방하는 씨앗

이렇듯 인간이 만들고 있는 컴퓨터 프로그램은 인간의 생각대로 작동할 수 있도록 하는 단순한 "Yes/No"의 선택 논리로 시작해서 "조건문", "반복문"으로 발전하고, 어떤 경우에 무언가를 작동하게 하는 "이벤트"로 진화하고 있습니다. 프로그래밍에서 이벤트의 의미는 수동에서 능동으로 변화할 수 있는 씨앗입니다. 컴퓨터가 수동적인 명령을 따르는 노예에서 능동적으로 움직이고 생각할 수 있는, 인간에게 불과 같은 신의 선물을 받게 된 것이라고 할 만한 의미가 있습니다. 여러분들은 이미 컴퓨터가 무슨 일이 있을 때 혼자서 움직이기 시작하는 것을 느끼고 있을 것입니다. 이것이 프로그램에서 말하는 이벤트의 힘입니다.

15.1　Contacts의 사용

폰갭의 Contacts 솔루션에서 사용하는 구성 요소들을 요약하면 다음과 같습니다.

구분	객체 및 메소드	기능
객체	Contacts 객체	단말기의 연락처 데이터베이스와 연결하는 객체
	Contact 객체	연락처 정보를 기록하는 객체
	ContactName 객체	Contact 객체의 이름 정보를 기록하는 객체
	ContactField 객체	Contact 객체에 속하는 자유형 필드 객체
	ContactAddress 객체	Contact 객체의 주소 정보를 기록하는 객체
	ContactOrganization 객체	Contact 객체의 소속 정보를 기록하는 객체
	ContactFindOptions 객체	contacts.find() 메소드에서 검색 옵션으로 사용하는 객체
	ContactError 객체	contactError 콜백 함수에서 전달받는 오류 객체

메소드 매개변수	contactFields 객체	contacts.find() 메소드에서 가져올 연락처 정보의 필드를 정의하는 객체
	contactSuccess 함수	contacts.find() 메소드 실행에 성공했을 때 실행하는 함수. 이 함수는 Contact의 배열 객체를 전달 객체로 받음
	contactError 함수	오류가 발생할 때 실행하는 콜백 함수
	contactFindOptions 객체	contacts.find() 메소드에서 옵션 인자로 사용. 연락처에 대한 검색 옵션 객체
메소드	contacts.create() 메소드	연락처 객체를 생성하여 Contact 객체를 리턴하는 메소드
	contacts.find() 메소드	단말기의 연락처 데이터베이스에 질의를 실행하고, 연락처 정보들을 Contact 객체에 담아 가져오는 메소드

폰갭의 Contacts에서 사용하는 구성 요소들을 하나씩 살펴봅니다.

Contact 객체

이 객체는 단말기에서 받아온 연락처 정보를 기록할 수 있는 연락처 객체입니다.

❶ 속성

- id : 연락처에 대한 고유 아이디입니다. 값은 DOMString 형식입니다.
- displayName : 사용자 화면에 출력하는 연락처 이름입니다. 값은 DOMString 형식입니다.
- name : 연락처에 기록한 이름 정보를 모두 포함하고 있는 ContactName 객체를 값으로 합니다.
- nickname : 연락처에 기록되어 있는 별명입니다. 값은 DOMString 형식입니다.
- phoneNumbers : 전화번호를 ContactField[ ] 배열 객체에 기록하고 있는 속성입니다.
- emails : 이메일을 ContactField[ ] 배열 객체에 기록하고 있는 속성입니다.
- addresses : 주소를 ContactAddresses[ ] 배열 객체에 기록하고 있는 속성입니다.
- ims : IM address를 ContactField[ ] 배열 객체에 기록하고 있는 속성입니다. IM address는 "Instant Messenger" 주소로 야후, MSN 등 메신저 주소를 의미합니다.
- organizations : 소속 단체에 대한 정보를 ContactOrganization[ ] 배열 객체에 기록하는 속성입니다.
- birthday : 생일 정보를 Date 형으로 기록하는 속성입니다.
- note : 연락처에 대한 메모 정보를 기록하는 속성입니다. 값은 DOMString 형식입니다.
- photos : 연락처에 대한 사진을 기록하는 속성입니다. ContactField[ ] 배열 객체를 사용합니다.
- categories : 연락처에 대한 분류 카테고리 정보를 ContactField[ ] 배열 객체에 기록하는 속성입니다.
- urls : 웹주소 정보를 ContactField[ ] 배열 객체에 기록하는 속성입니다.

❷ 지원하는 플랫폼 : Android, iPhone, Blackberry WebWorks (OS 5.0 and higher)

❸ 안드로이드 2.X 특기사항 : categories 속성을 지원하지 않습니다. 항상 null 값을 리턴합니다.

❹ 안드로이드 1.X 특기사항 : name, nickname, birthday, photos, categories, urls 속성을 지원하지 않습니다. 항상 null 값을 리턴합니다.

❺ 아이폰 특기사항 : displayName 속성을 지원하지 않습니다. birthday 속성은 자바스크립트의 Date 객체를 사용해야 합니다. photos 속성으로 호출한 사진은 단말기의 임시 폴더에 보관하고 있으며 이 임시 폴더는 앱을 종료할 때 삭제됩니다. categories 속성은 아직 지원하지 않고 null 값을 리턴합니다.

이 객체는 다음과 같은 3개의 메소드를 제공합니다.

clone() 메소드

호출한 Contact 객체를 복제하여 새로운 Contact 객체를 리턴합니다. 리턴받은 신규 Contact 객체는 id 속성이 null로 설정되어 새로운 Contact 객체로 저장할 수 있게 지원합니다.

remove(contactSuccess, contactError) 메소드

단말기의 연락처 데이터베이스에서 호출한 Contact 객체를 삭제하고 그 결과를 콜백 함수로 전달해 줍니다. 성공했을 때는 Contact 객체를 전달받고, 실패하면 ContactError 객체를 전달받습니다.

save(contactSuccess, contactError) 메소드

신규 Contact 객체의 경우, 단말기 연락처 데이터베이스에 등록하고 이미 있는 연락처는 수정합니다.

활용 사례는 다음과 같습니다.

```javascript
document.addEventListener("deviceready", onDeviceReady, false);
function onDeviceReady() {}

var contact;
function createNewContact() {
    contact = navigator.contacts.create();
    contact.displayName = "tester";
    contact.nickname = "testerNic";
    var name = new ContactName();
    name.givenName = "Doojin";
    name.familyName = "Lee";
    contact.name = name;
    alert("New Contact is created.\n" + contact.name.givenName);
}
```

```javascript
function saveContact() {
    if (contact==undefined)
        alert("Create New Contact First!!");
    else contact.save(onSaveSuccess,onSaveError);
}

function onSaveSuccess(contactReceived) {
    contact = contactReceived;
    alert("Save Success : "+ contact.name.givenName);
}

function onSaveError(contactError) {
    alert("Save Error = "+ contactError.code);
}

function cloneNSaveContact() {
    if (contact==undefined) {
        alert("Create New Contact First!!");
        return;
    }
    cloneContact = contact.clone();
    cloneContact.name.givenName = "Gaul";
    cloneContact.save(onSaveSuccess,onSaveError);
}

function removeContact() {
    if (contact==undefined) {
        alert("Create New Contact First!!");
        return;
    }
    contact.remove(onRemoveSuccess,onRemoveError);
}

function onRemoveSuccess(contactReceived) {
    alert("Removal Success : "+ contactReceived.name.givenName);
}

function onRemoveError(contactError) {
    alert("Remove Error = "+ contactError.code); }
```

ContactName 객체

Contact 객체의 name 속성에 해당하는 이름 속성들을 기록하는 객체입니다.

❶ 속성

- formatted : 해당 연락처의 전체 이름입니다. 값은 DOMString 형을 사용합니다.
- familyName : 이름에서 성에 해당하는 값을 DOMString 형으로 기록합니다.
- givenName : 이름을 DOMString 형으로 기록합니다.
- middleName : 성과 이름 사이에 있는 가운데 이름을 DOMString 형으로 기록합니다.
- honorificPrefix : "Mr."나 "Dr."와 같은 접두 호칭을 DOMString 형으로 기록합니다.
- honorificSuffix : "님", "Esq.(Esquire)"와 같은 접미 호칭을 DOMString 형으로 기록합니다.

❷ 지원하는 플랫폼 : Android 2.X, iPhone, Blackberry WebWorks (OS 5.0 and higher)

활용 사례는 다음과 같습니다.

```javascript
document.addEventListener("deviceready", onDeviceReady, false);
function onDeviceReady() { }

function callContacts() {
    var options = new ContactFindOptions();
    options.filter="";
    contactFields = ["displayName","name"];
    navigator.contacts.find(contactFields, onSuccess, onError, options); }

function onSuccess(contacts) {
var contactInfo = "contacts : "+ contacts.length;
for (var i=0; i<contacts.length; i++) {
    var contactName = contacts[i].name;
    contactInfo += "\n["+(i+1)+"]----------------"
    + "\n# formatted: "+ contactName.formatted
    + "\n# honorificSuffix: "+ contactName.honorificPrefix
    + "\n# familyName: "+ contactName.familyName
    + "\n# givenName: "+ contactName.givenName
    + "\n# middleName: "+ contactName.middleName
    + "\n# honorificPrefix: "+ contactName.honorificSuffix; }
}
alert(contactInfo);

function onError(contactError) {
    alert("Error : "+ contactError.code);
}
```

ContactField 객체

Contact 객체의 phoneNumbers, emails, ims, photos, categories, urls 속성에서 사용하는 연락처 필드 객체입니다. 이 객체는 다음과 같은 2가지 형식으로 사용합니다.

- 연락처 필드 객체를 생성할 때

```
var contactField = new ContactField(type, value, pref);
```

- 연락처 필드 객체를 가져올 때

```
var phoneNumberType = contactField.type;
var phoneNumberValue = contactField.value;
var phoneNumberPref = contactField.pref;
```

❶ 속성
- type : 필드 유형을 DOMString 형식으로 정의합니다. 예를 들어, phoneNumbers의 경우 집 전화는 "home", 직장은 "work", 휴대전화는 "mobile", 아이폰 번호는 "iPhone"과 같이 설정합니다. photos의 경우 URL 방식은 "url", Base64 방식은 "base64"로 설정합니다.
- values : 필드에 대한 값을 DOMString 형식으로 정의합니다.
- pref : 대표 값 여부를 boolean 형식으로 정의합니다. 예를 들어, 하나의 연락처에 여러 개의 전화번호가 있을 때 하나는 대표 전화번호로 설정하는 기능입니다.

❷ 지원하는 플랫폼 : Android, iPhone, Blackberry WebWorks (OS 5.0 and higher)

❸ 안드로이드 특기사항 : pref 속성을 지원하지 않습니다. 항상 false 값을 리턴합니다.

❹ 아이폰 특기사항 : pref 속성을 지원하지 않습니다. 항상 false 값을 리턴합니다.

활용 사례는 다음과 같습니다.

```
document.addEventListener("deviceready", onDeviceReady, false);
function onDeviceReady() {
 }


function callContacts() {
    var options = new ContactFindOptions();
    options.filter="";
    contactFields = ["displayName","name","phoneNumbers"];
    navigator.contacts.find(contactFields, onSuccess, onError, options);
}
```

```javascript
function onSuccess(contacts) {
    var contactInfo = "contacts : "+ contacts.length;
    for (var i=0; i<contacts.length; i++) {
        if (i==0) contact = contacts[i];
        contactInfo += "\n["+(i+1)+"]----------------"
        + "\n# formatted: "+ contacts[i].name.formatted;

        if (contacts[i].phoneNumbers!=null) {
            for (var p=0; p<contacts[i].phoneNumbers.length; p++) {
                var contactField = contacts[i].phoneNumbers[p];
                contactInfo += "\n ["+p+"] "+ contactField.type
                + "\n" + contactField.value
                + "\n" + contactField.pref;
            } //for p
        } //if null
    } //for i

    alert(contactInfo);
}

function onError(contactError) {
    alert("Error : "+ contactError.code);
}

function setPhoneNumbers() {
    if (contact==undefined) {
        alert("Needs a Contact First!!");
        return;
    }
    var phoneNumbers = [3];
    phoneNumbers[0] = new ContactField('work', '02-0000-0000', false);
    phoneNumbers[1] = new ContactField('mobile', '010-0000-0000', true);
    phoneNumbers[2] = new ContactField('home', '02-000-0000', false);
    contact.phoneNumbers = phoneNumbers;

    contact.save();
    alert("phoneNumbers are saved");
}
```

ContactAddress 객체

Contact 객체의 addresses 속성에서 사용하는 주소 객체입니다.

❶ 속성
- pref : 대표 주소 여부를 boolean 형으로 정의합니다.
- type : 필드 유형을 DOMString 형으로 정의합니다.
- formatted : 전체 주소를 DONString 형으로 출력하는 속성입니다.
- streetAddress : 동 / 읍 / 면 / 가와 같은 상세 주소를 DONString 형으로 기록하는 속성입니다.
- locality : 시 / 도를 DOMString 형으로 기록하는 속성입니다.
- region : 주 / 지방을 DOMString 형으로 기록하는 속성입니다.
- postalCode : 우편번호를 DOMString 형으로 기록하는 속성입니다.
- country : 국가 이름을 DOMString 형으로 기록하는 속성입니다.

❷ 지원하는 플랫폼 : Android, iPhone, Blackberry WebWorks (OS 5.0 and higher)

❸ 안드로이드 2.X 특기사항 : pref 속성을 지원하지 않습니다. 항상 false 값을 리턴합니다.

❹ 안드로이드 1.X 특기사항 : pref, type, streetAddress, locality, region, postalCode, country 속성을 지원하지 않습니다. pref는 항상 false 값을 리턴하고 나머지 속성은 항상 null 값을 리턴합니다.

❺ 아이폰 특기사항 : pref, formatted 속성을 지원하지 않습니다. pref는 항상 false 값을 리턴하고 나머지 속성은 항상 null 값을 리턴합니다.

활용 사례는 다음과 같습니다.

```javascript
document.addEventListener("deviceready", onDeviceReady, false);
function onDeviceReady() {
}

function callContacts() {
    var options = new ContactFindOptions();
    options.filter="";
    contactFields = ["displayName","name","addresses"];
    navigator.contacts.find(contactFields, onSuccess, onError, options);
}

function onSuccess(contacts) {
    var contactInfo = "contacts : "+ contacts.length;
    for (var i=0; i<contacts.length; i++) {
        if (i==0) contact = contacts[i];
        contactInfo += "\n["+(i+1)+"]----------------"
            + "\n# formatted: "+ contacts[i].name.formatted;
```

```javascript
        if (contacts[i].addresses!=null) {
            for (var p=0; p<contacts[i].addresses.length; p++) {
                var contactAddress = contacts[i].addresses[p];
                contactInfo += "\n ["+p+"] "+ contactAddress.type
                    + "\n -pref: "+ contactAddress.pref
                    + "\n -formatted: "+ contactAddress.formatted
                    + "\n -streetAddress: "+ contactAddress.streetAddress
                    + "\n -locality: "+ contactAddress.locality
                    + "\n -postalCode: "+ contactAddress.postalCode
                    + "\n -country: "+ contactAddress.country;
            } //for p
        }
    } //for i
    alert(contactInfo);
}

function onError(contactError) {
    alert("Error : "+ contactError.code);
}

function setContactAddresses() {
    if (contact==undefined) {
        alert("Needs a Contact First!!");
        return;
    }

    var contactAddress = new ContactAddress();
    contactAddress.pref = true;
    contactAddress.type = "home";
    contactAddress.streetAddress = "신사동 534-23번지 2층";
    contactAddress.locality = "서울시";
    contactAddress.postalCode = "000-000";
    contactAddress.country = "대한민국";
    contact.addresses = [contactAddress];

    contact.save();
    alert("addresses are saved");
}
```

ContactOrganization 객체

Contact 객체의 organizations 속성에서 사용하는 소속 정보 객체입니다.

❶ 속성
- pref : 대표 소속 여부를 boolean 형으로 정의합니다.
- type : 필드 유형을 DOMString 형으로 정의합니다.
- name : 소속 이름을 DOMString 형으로 정의합니다.
- department : 부서 이름을 DOMString 형으로 정의합니다.
- title : 직함을 DOMString 형으로 정의합니다.

❷ 지원하는 플랫폼 : Android, iPhone, Blackberry WebWorks (OS 5.0 and higher)

❸ 안드로이드 2.X 특기사항 : pref 속성을 지원하지 않습니다. 항상 false 값을 리턴합니다.

❹ 안드로이드 1.X 특기사항 : pref, type, title 속성을 지원하지 않습니다. pref는 항상 false 값을 리턴하고 나머지 속성은 항상 null 값을 리턴합니다.

❺ 아이폰 특기사항 : pref, type 속성을 지원하지 않습니다. pref는 항상 false 값을 리턴하고 나머지 속성은 항상 null 값을 리턴합니다. name.department, title 속성은 지원하지만 organizations에 대입한 배열 중 첫 번째 contactOrganization만 유효합니다.

활용 사례는 다음과 같습니다.

```javascript
document.addEventListener("deviceready", onDeviceReady, false);
function onDeviceReady() {
}

function callContacts() {
    var options = new ContactFindOptions();
    options.filter="";
    contactFields = ["displayName","name","organizations"];
    navigator.contacts.find(contactFields, onSuccess, onError, options);
}

function onSuccess(contacts) {
    var contactInfo = "contacts : "+ contacts.length;
    for (var i=0; i<contacts.length; i++) {
        if (i==0) contact = contacts[i];
        contactInfo += "\n["+(i+1)+"]----------------"
            + "\n# formatted: "+ contacts[i].name.formatted;
```

```
        if (contacts[i].organizations!=null) {
            for (var p=0; p<contacts[i].organizations.length; p++) {
                var contactOrganization = contacts[i].organizations[p];
                contactInfo += "\n ["+p+"] "+ contactOrganization.type
                + "\n -pref: "+ contactOrganization.pref
                + "\n -name: "+ contactOrganization.name
                + "\n -department: "+ contactOrganization.department
                + "\n -title: "+ contactOrganization.title;
            } //for p
        }
    } //for i
    alert(contactInfo);
}

function onError(contactError) {
    alert("Error : "+ contactError.code);
}

function setContactOrganization() {
    if (contact==undefined) {
        alert("Needs a Contact First!!");
        return;
    }

    var contactOrganization = new ContactOrganization();
    contactOrganization.pref = true;
    contactOrganization.type = "work";
    contactOrganization.name = "아울연구소";
    contactOrganization.department = "개발1팀";
    contactOrganization.title = "소장";
    contact.organizations = [contactOrganization];

    contact.save();
    alert("organizations are saved");
}
```

ContactFindOptions 또는 contactFindOptions 객체

contacts.find() 메소드에 대한 검색 옵션을 정의하는 객체입니다.

❶ 속성

- filter : DOMString 형으로 검색어를 정의합니다. 기본 값은 "" 입니다.
- multiple : 검색 결과인 연락처를 여러 개 가져올 것인지를 Boolean으로 설정합니다. 기본 값은 false입니다.

❷ 지원하는 플랫폼 : Android, iPhone, Blackberry WebWorks (OS 5.0 and higher)

활용 사례는 다음과 같습니다.

```javascript
document.addEventListener("deviceready", onDeviceReady, false);
function onDeviceReady() { }

function callContacts() {
    var contactFindOptions = new ContactFindOptions();
    contactFindOptions.filter = "아울";
    contactFindOptions.multiple = true;
    contactFields = ["displayName","name","organizations"];
    navigator.contacts.find(contactFields, onSuccess, onError,contactFindOptions); }

function onSuccess(contacts) {
    var contactInfo = "contacts : "+ contacts.length;
    for (var i=0; i<contacts.length; i++) {
        if (i==0) contact = contacts[i];
        contactInfo += "\n["+(i+1)+"]----------------"
        + "\n# formatted: "+ contacts[i].name.formatted;

        if (contacts[i].organizations!=null) {
            for (var p=0; p<contacts[i].organizations.length; p++) {
                var contactOrganization = contacts[i].organizations[p];
                contactInfo += "\n ["+p+"] "+ contactOrganization.type
                + "\n -pref: "+ contactOrganization.pref
                + "\n -name: "+ contactOrganization.name
                + "\n -department: "+ contactOrganization.department
                + "\n -title: "+ contactOrganization.title;  } //for p
        }
    } //for i
    alert(contactInfo);
}

function onError(contactError) {
    alert("Error : "+ contactError.code); }
```

ContactError 객체

Contacts 관련 콜백 함수에서 전달받는 연락처 오류 객체입니다.

❶ 속성

- code : 아래의 오류 코드 중 하나를 리턴합니다.

  ContactError.UNKNOWN_ERROR : 알 수 없는 오류

  ContactError.INVALID_ARGUMENT_ERROR : 부적합한 인수에 대한 오류

  ContactError.TIMEOUT_ERROR : 실행시간 초과

  ContactError.PENDING_OPERATION_ERROR : 보류 처리에 대한 오류

  ContactError.IO_ERROR : 데이터 입출력 오류

  ContactError.NOT_SUPPORTED_ERROR : 지원하지 않는 오류

  ContactError.PERMISSION_DENIED_ERROR : 접근권한 위배에 대한 오류

❷ 지원하는 플랫폼 : Android, iPhone, Blackberry WebWorks (OS 5.0 and higher)

ContactFields 객체

contacts.find() 메소드에 사용하는 매개변수이며 연락처 데이터베이스에서 가져올 필드를 배열로
정의하는 객체입니다. 사용 형식은 다음과 같습니다.

```
var contactFields = [];
```

사용 예는 다음과 같습니다.

```
var contactFields = ["displayName","name","organizations"];
```

❶ 지원하는 플랫폼 : Android, iPhone, Blackberry WebWorks (OS 5.0 and higher)

contactSuccess 콜백 함수

contacts.find() 메소드에서 사용하는 성공 콜백 함수입니다. 이 함수는 전달변수로 Contacts, 즉 Contant 객체의 배열 객체를 받아옵니다.

사용형식	`function(contacts) {` `}`

❶ 지원하는 플랫폼 : Android, iPhone, Blackberry WebWorks (OS 5.0 and higher)

활용 사례는 다음과 같습니다.

```
document.addEventListener("deviceready", onDeviceReady, false);
function onDeviceReady() {
}

function callContacts() {
    var options = new ContactFindOptions();
    options.filter = "아울";
    options.multiple = true;
    contactFields = ["displayName","name","organizations"];
    navigator.contacts.find(contactFields, onSuccess, onError, options);
}

function onSuccess(contacts) {
    alert("contacts : "+ contacts.length);
}

function onError(contactError) {
    alert("Error : "+ contactError.code);
}
```

contactError 콜백 함수

contacts.find() 메소드에서 사용하는 실패 콜백 함수입니다. 이 함수는 전달변수로 ContactError 객체를 받아옵니다.

<table>
<tr><td>사용형식</td><td>

```
function(contactError) {
}
```

</td></tr>
</table>

❶ 지원하는 플랫폼 : Android, iPhone, Blackberry WebWorks (OS 5.0 and higher)

활용 사례는 다음과 같습니다.

```
document.addEventListener("deviceready", onDeviceReady, false);
function onDeviceReady() {
}

function callContacts() {
    var options = new ContactFindOptions();
    options.filter = "아울";
    options.multiple = true;
    contactFields = ["displayName","name","organizations"];
    navigator.contacts.find(contactFields, onSuccess, onError, options);
}

function onSuccess(contacts) {
    alert("contacts : "+ contacts.length);
}

function onError(contactError) {
    alert("Error : "+ contactError.code);
}
```

contacts.create() 메소드

Contact 객체를 생성하는 메소드입니다. 이 메소드로 만든 Contact 객체는 메모리에만 존재하는 임시 객체입니다. 이 객체를 연락처 데이터베이스에 저장해 두려면 contact.save()를 사용하여 저장할 수 있습니다.

사용형식	var contact = navigator.contacts.create(properties);
매개변수	properties : {"displayName": "Tester"}와 같은 방식으로 생성할 Contact 객체에 대한 정보를 작성할 수 있습니다.

❶ 지원하는 플랫폼 : Android, iPhone, Blackberry WebWorks (OS 5.0 and higher)

활용 사례는 다음과 같습니다.

```javascript
document.addEventListener("deviceready", onDeviceReady, false);
function onDeviceReady() {
}

function createNewContact() {
    contact = navigator.contacts.create({"displayName","tester"});
    contact.nickname = "testerNic";
    alert("New Contact is created.\n" + contact.nickname);
}
```

contacts.find() 메소드

단말기의 연락처 데이터베이스에서 원하는 연락처를 검색하는 기능을 지원합니다.

사용형식	navigator.contacts.find(contactFields, contactSuccess[, contactError, contactFindOptions]);
매개변수	• contactFields : 검색 대상 필드를 정의합니다. • contactSuccess : 검색에 성공했을 때 실행하는 콜백 함수입니다. 이 함수는 Contacts 객체를 전달받습니다. • contactError : 검색에 실패했을 때 실행하는 콜백 함수입니다. 이 함수는 ContactError 객체를 전달받습니다. 옵션 인자입니다. • contactFindOptions : 검색어와 검색 옵션을 정의합니다. 옵션 인자입니다.

❶ 지원하는 플랫폼 : Android, iPhone, Blackberry WebWorks (OS 5.0 and higher)

활용 사례는 다음과 같습니다.

```javascript
document.addEventListener("deviceready", onDeviceReady, false);
function onDeviceReady() {
}

function callContacts() {
    var contactFindOptions = new ContactFindOptions();
    contactFindOptions.filter = "아울";
    contactFindOptions.multiple = true;
    contactFields = ["displayName","name","organizations"];
    navigator.contacts.find(contactFields, onSuccess, onError,
    contactFindOptions);
}

function onSuccess(contacts) {
    alert("contacts : "+ contacts.length);
}

function onError(contactError) {
    alert("Error : "+ contactError.code);
}
```

15.2 Contacts 폰갭 프로젝트

이 프로젝트는 단말기에서 사용하고 있는 연락처 데이터를 검색하고, 새 연락처를 추가하고, 수정하고 삭제하는 등의 실험을 할 수 있도록 구성했습니다. jQuery Mobile의 다양한 스타일 기술을 활용하여 연락처 관리 프로그램을 만들 수도 있지만 편리한 사용자 인터페이스를 구현하자면 소스 코드가 많아지고 복잡해집니다. 그래서 주 목적인 폰갭의 Contacts API에 대한 관찰을 흐릴 수 있기 때문에 간단한 alert() 대화상자만을 이용하여 정보를 출력하고 생성, 등록, 수정 등에 필요한 폼을 사용하지 않았습니다. 대신 소스 코드에 생성, 등록, 수정 샘플을 고정으로 넣어두어 이 소스를 이용하여 독자가 만들고자 하는 로직에 활용하기 쉽게 했습니다.

웹앱 소스 파일 구성

이 프로젝트의 웹앱 소스 파일들은 다음 그림과 같습니다. jQuery Mobile 관련 라이브러리 파일과 폰갭 라이브러리 파일을 기본으로 하고, index.html 파일 안에 폰갭의 Contacts API를 실험할 수 있는 로직을 모두 담았습니다.

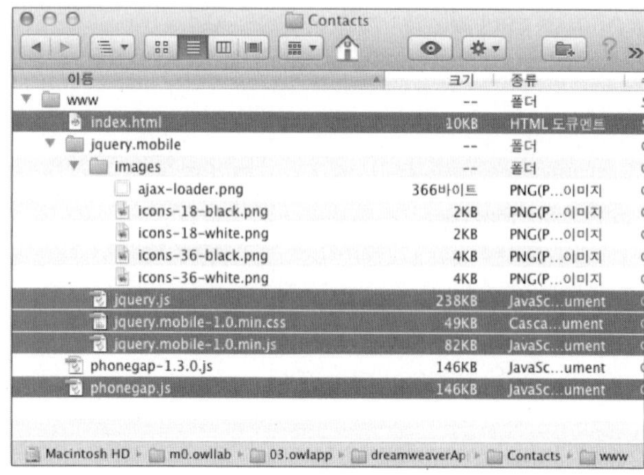

웹앱 소스 화면 분석

index.html 파일의 화면 구성을 살펴보면 그림과 같습니다. 폰갭의 Contacts API가 제공하는 기능들을 위주로 링크 버튼을 배치하고 있습니다.

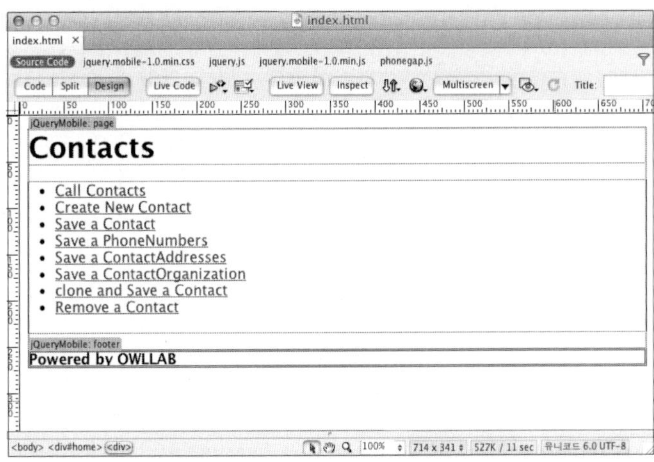

HTML DOM 소스 분석

index.html 파일의 소스를 HTML 객체 위주로 살펴보면 다음과 같습니다.

```html
1   <!DOCTYPE html>
2   <html>
3    <head>
4    <title></title>
5      <meta name="viewport" content="width=device-width, initial-scale=1.0, maximum-scale=1.0, user-
    scalable=no;" />
6      <meta charset="utf-8" />
7      <link rel="stylesheet"  href="jquery.mobile/jquery.mobile-1.0.min.css" />
8      <script src="jquery.mobile/jquery.js"></script>
9      <script src="jquery.mobile/jquery.mobile-1.0.min.js"></script>
10     <script type="text/javascript" charset="utf-8" src="phonegap.js"></script>
11     <script type="text/javascript">
12      docume...
224
225    </script>
226   </head>
227   <body>
228    <div data-role="page" id="home">
229      <div data-role="header" data-theme="b">
230        <h1>Contacts</h1>
231      </div>
232      <div data-role="content">
233        <ul data-role="listview" data-inset="true">
234          <li><a href="javascript:callContacts();">Call Contacts</a></li>
235          <li><a href="javascript:createNewContact();">Create New Contact</a></li>
236          <li><a href="javascript:saveContact();">Save a Contact</a></li>
237          <li><a href="javascript:setPhoneNumbers();">Save a PhoneNumbers</a></li>
238          <li><a href="javascript:setContactAddresses();">Save a ContactAddresses</a></li>
239          <li><a href="javascript:setContactOrganization();">Save a ContactOrganization</a></li>
240          <li><a href="javascript:cloneNSaveContact();">clone and Save a Contact</a></li>
241          <li><a href="javascript:removeContact();">Remove a Contact</a></li>
242        </ul>
243      </div>
244      <div data-role="footer">
245        <h4>Powered by OWLLAB</h4>
246      </div>
247    </div>
248   </body>
249  </html>
250
```

소스라인 7~10 : jQuery Mobile 라이브러리와 폰갭 라이브러리를 참조하는 구문입니다.

소스라인 11~225 : 폰갭의 Contacts API 기능들을 작성하고 있는 자바스크립트 작성 영역입니다.

소스라인 228~247 : jQuery Mobile 디자인 스타일을 이용하여 8개의 링크 버튼을 내용 영역에 배치하고 있습니다. 이 버튼들로부터 폰갭의 Contacts API 실험을 시작할 것입니다.

자바스크립트 소스 분석

스텝 **1**

이제 이 장의 핵심인 폰갭 Contacts API 활용 사례를 살펴보겠습니다.

```
 9    <script src="jquery.mobile/jquery.mobile-1.0.min.js"></script>
10    <script type="text/javascript" charset="utf-8" src="phonegap.js"></script>
11    <script type="text/javascript">
12      document.addEventListener("deviceready", onDeviceReady, false);
13      function onDeviceReady() {
14
15      }
16
17      //contacts.find()///////////////
18      function callContacts() {
19        var options = new ContactFindOptions();
20        options.filter = "";
21        options.multiple = true;
22        //contactFields = ["displayName","name"];
23        //contactFields = ["displayName","name","phoneNumbers"];
24        //contactFields = ["displayName","name","addresses"];
25        contactFields = ["displayName","name","phoneNumbers","addresses","organizations"];
26        navigator.contacts.find(contactFields, onSuccess, onError, options);
27      }
28
29      function onSuccess(contacts) {
```

소스라인 12~15 : 폰갭 라이브러리를 호출하고 있습니다.

소스라인 18~27 : callContacts() 함수는 단말기의 연락처 데이터베이스에 있는 연락처를 검색하는 함수입니다.

소스라인 19 : ContactFindOptions() 클래스로 연락처 검색 옵션 객체를 생성합니다.

소스라인 20 : 검색어에 아무 것도 입력하지 않았습니다. 필요하다면 검색어를 입력하여 원하는 연락처 목록만을 찾아올 수도 있습니다. 본 사례는 실험을 자유롭게 할 수 있도록 하고, 단말기에 기존에 등록된 연락처를 모두 확인해보기 위해 검색어를 입력하지 않았습니다.

소스라인 21 : 여러 개의 검색 결과를 가져오도록 설정하고 있습니다.

소스라인 22~24 : 이 주석 사례들은 꼭 필요한 연락처 필드만 가져올 때 사용하는 사례입니다. 실제 사용자들이 사용하는 연락처 데이터는 사용하면 할수록 늘어나는 것이 당연합니다. 이러한 사용자 환경을 감안해서 연락처 관련 로직은 꼭 필요한 필드만, 꼭 필요한 목록만큼만 검색하고 제어할 필요가 있습니다. 하지만 이 프로그램은 실험을 위한 것이므로 여러 필드들을 한꺼번에 검색하기로 했습니다.

소스라인 25 : 연락처에서 가져올 대상 필드를 설정하고 있습니다. 다시 한 번 강조하지만, 이렇게 많은 필드를 한 번에 사용하는 것은 단말기의 성능을 저하할 수 있으므로 실제 프로젝트에서는 꼭 필요한 필드만 지정해서 사용하기 바랍니다.

소스라인 26 : 폰갭의 contacts.find() 메소드를 이용하여 연락처 데이터를 요청합니다. 이 메소드는 성공하면 onSuccess() 콜백 함수를 실행하고 실패하면 onError() 콜백 함수를 실행할 것입니다. 간혹 단말기의 성능이나 주변 환경에 따라 잠시 실패로 나타날 경우도 있습니다. 이 경우는 아마도 연락처 데이터베이스를 여러 응용 프로그램이 동시에 사용하고 있거나 메모리가 정리되지 않아 발생하는 문제일 가능성이 높습니다. 가장 쉬운 해결 방법은 단말기를 재시동하는 방법이겠지요.

스텝 **2**

연락처 데이터 요청에 대한 콜백 함수를 정의하고 있습니다. onSuccess() 콜백 함수는 소스 분량이 많아 전체를 파악한 후에 세부 구문을 살펴보겠습니다.

```
28
29      function onSuccess(contacts) {
30        var contactInfo = "contacts : " + contacts.length;
31        for (var i=0; i<contacts.length; i++) {
32          if (i==0) contact =  contacts[i];
33          contactInfo += "\n["+(i+1)+"]---------------"
34            + "\n# displayName: " + contacts[i].displayName
35            + "\n# formatted: " + contacts[i].name.formatted
36            + "\n# honorificPrefix: " + contacts[i].name.honorificPrefix
37            + "\n# familyName: " + contacts[i].name.familyName
38            + "\n# givenName: " + contacts[i].name.givenName
39            + "\n# middleName: " + contacts[i].name.middleName
40            + "\n# honorificSuffix: " + contacts[i].name.honorificSuffix
41            ;
42
43          if (contacts[i].phoneNumbers!=null) {
44            for (v...
51          }
52
53          if (contacts[i].addresses!=null) {
54            for (va...
65          }
66
67          if (contacts[i].organizations!=null) {
68 ▶          for (va...
77          }
78
79        }//for i
80        alert(contactInfo);
81      }
82
83      function onError(contactError) {
84        alert("Error : " + contactError.code);
85      }
```

소스라인 29~81 : 성공에 대한 콜백 함수는 연락처 데이터베이스에서 가져온 Contacts 객체를 전달 객체로 받아옵니다. 이 객체는 배열로 되어 있습니다. 즉, 여러 개의 연락처 정보가 있다는 의미이지요. 이를 반복 구문으로 하나씩 풀면 연락처 정보를 출력할 수 있습니다.

소스라인 30 : 먼저 검색한 연락처의 총 수를 구하여 출력할 문자열에 기록해둡니다. 연락처의 총 수는 배열의 총 수 (contacts.length)를 사용합니다.

소스라인 31~79 : 연락처의 총 수만큼 반복하는 반복 구문입니다. i는 반복할 때마다 1씩 증가하게 작성하고 있지요.

소스라인 32 : i 값이 0일 때는 첫 번째를 의미합니다. 이 때의 연락처 정보를 contact라는 전역 객체에 기록해둡니다. 이렇게 하면 검색한 연락처들 중 첫 번째 연락처를 가지고 수정, 삭제를 실험할 수 있습니다.

소스라인 33~41 ; Contact 객체에서 지원하는 속성을 이용하여 연락처 정보를 추출하고, 이 값들을 출력할 문자열 객체에 기록하고 있습니다.

소스라인 43~51 : 전화번호는 하나의 연락처에 여러 개가 있을 수 있습니다. 따라서 전화번호 객체인 Contact.phoneNumbers의 속성은 배열로 값을 보관하고 있고 이를 반복으로 해독해야 이 연락처 객체에 수록된 모든 전화번호를 추출할 수 있습니다. 잠시 후에 줄임 표시로 된 구문을 살펴보겠습니다.

소스라인 53~77 : 주소와 소속 정보의 경우도 마찬가지입니다. 배열로 묶여져 있는 정보를 푸는 과정이 필요합니다.

소스라인 80 : alert() 명령으로 해독한 연락처 정보를 문자열로 출력합니다.

소스라인 83~85 : 연락처 검색 시 오류가 발생할 때 실행하는 콜백 함수입니다. ContactError 객체를 전달받아 오류 코드를 출력하고 있습니다.

스텝 **3**

위에서 줄임 표시로 보여준 전화번호, 주소, 소속 정보 구분을 살펴봅니다.

```
42
43        if (contacts[i].phoneNumbers!=null) {
44          for (var p=0; p<contacts[i].phoneNumbers.length; p++) {
45            var contactField = contacts[i].phoneNumbers[p];
46            contactInfo += "\n ["+p+"] " + contactField.type
47            + "\n" + contactField.value
48            + "\n" + contactField.pref
49            ;
50          }//for p
51        }
52
53        if (contacts[i].addresses!=null) {
54          for (var p=0; p<contacts[i].addresses.length; p++) {
55            var contactAddress = contacts[i].addresses[p];
56            contactInfo += "\n ["+p+"] " + contactAddress.type
57            + "\n -pref: " + contactAddress.pref
58            + "\n -formatted: " + contactAddress.formatted
59            + "\n -streetAddress: " + contactAddress.streetAddress
60            + "\n -locality: " + contactAddress.locality
61            + "\n -postalCode: " + contactAddress.postalCode
62            + "\n -country: " + contactAddress.country
63            ;
64          }//for p
65        }
66
67        if (contacts[i].organizations!=null) {
68          for (var p=0; p<contacts[i].organizations.length; p++) {
69            var contactOrganization = contacts[i].organizations[p];
70            contactInfo += "\n ["+p+"] " + contactOrganization.type
71            + "\n -pref: " + contactOrganization.pref
72            + "\n -name: " + contactOrganization.name
73            + "\n -department: " + contactOrganization.department
74            + "\n -title: " + contactOrganization.title
75            ;
76          }//for p
77        }
78
79      }//for i
80      alert(contactInfo);
81    }
```

소스라인 44~50 : 전화번호 객체의 배열 수만큼 반복하여 전화번호 유형 (type), 전화번호 (value), 대표번호 (pref) 정보를 추출하고 있습니다.

소스라인 54~64 : 주소 객체의 배열 수만큼 반복하여 ContactAddress 객체에서 지원하는 속성으로 주소 정보를 추출하고 있습니다.

소스라인 68~76 : 소속 객체의 배열 수만큼 반복하여 ContactOrganization 객체의 속성으로 소속 정보를 추출하고 있습니다.

스텝 4

다음은 연락처 객체를 생성하는 구문입니다.

```
87
88      //contacts.create()///////////
89      var contact;
90      function createNewContact() {
91        contact = navigator.contacts.create();
92        contact.displayName = "tester";
93        contact.nickname = "testerNic";
94        var name = new ContactName();
95        name.formatted = "Lee Doojin";
96        name.familyName = "Lee";
97        name.givenName = "Doojin";
98        name.middleName = "M";
99        name.honorificPrefix = "Mr.";
100       name.honorificSuffix = "님";
101       contact.name = name;
102       alert("New Contact is created.\n" + contact.name.givenName);
103     }
104
```

소스라인 89 : 앞서 연락처 검색 결과 중 첫 번째 연락처를 contact라는 전역 객체에 기록한 바 있습니다. 그 객체를 선언하는 구문입니다. 하지만 자바스크립트에서는 이 구문을 생략해도 자동으로 전역 객체로 처리합니다. 즉, var로 선언하지 않은 객체는 모두 자동으로 전역 객체가 되므로 여러 함수에서 공동으로 사용할 수 있는 일종의 public 객체라 할 수 있습니다.

소스라인 90~103 : 연락처 객체인 Contact 객체를 생성하는 함수입니다. 하지만 이 함수만으로는 연락처 데이터베이스에 저장되지 않는다는 점을 잘 파악하고 있어야 합니다.

소스라인 91 : 이 구문이 폰갭의 연락처 객체를 생성하는 구문입니다.

소스라인 92~93 : Contact 객체의 속성을 이용하여 연락처 정보를 기록하고 있습니다.

소스라인 94~101 : Contact.name 속성은 ContactName 객체를 값으로 합니다. 따라서 ContactName 객체를 생성하고 ContactName의 속성으로 정보를 입력한 후 Contact.name 속성에 ContactName 객체를 대입하는 과정이 필요합니다. 이 기본 원리를 이해한다면 폰갭의 연락처에 대한 구조를 이해했다고 할 수 있습니다.

소스라인 102 : 생성된 연락처 객체를 alert() 명령으로 사용자에게 간단하게 알려줍니다.

스텝 5

다음은 연락처 객체를 단말기의 연락처 데이터베이스에 저장하는 구문입니다.

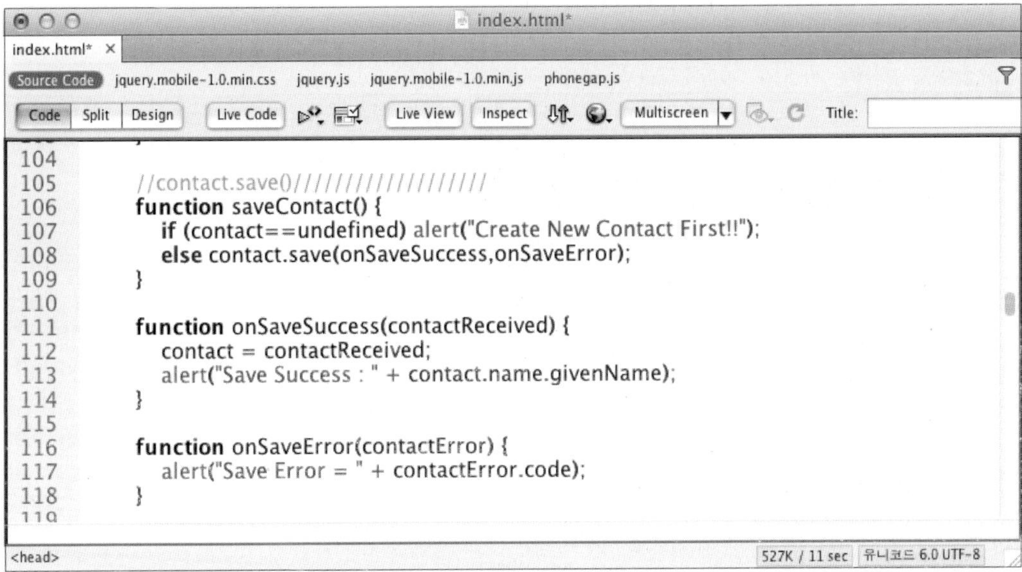


```
104
105     //contact.save()///////////////////////
106     function saveContact() {
107         if (contact==undefined) alert("Create New Contact First!!");
108         else contact.save(onSaveSuccess,onSaveError);
109     }
110
111     function onSaveSuccess(contactReceived) {
112         contact = contactReceived;
113         alert("Save Success : " + contact.name.givenName);
114     }
115
116     function onSaveError(contactError) {
117         alert("Save Error = " + contactError.code);
118     }
119
```

소스라인 106~109 : 앞서 생성하거나 호출한 연락처 객체를 저장하는 함수입니다.

소스라인 107~108 : 연락처 객체인 contact 전역 객체가 정의되지 않았다면 저장할 수 없기 때문에 조건문 처리를 하고 alert()로 안내하고 있습니다.

소스라인 108 : Contact.save() 메소드로 단말기의 연락처 데이터베이스에 저장을 요청합니다. 이 메소드는 성공하면 onSaveSuccess() 콜백 함수를 실행할 것이고 실패하면 onSaveError() 콜백 함수를 실행할 것입니다.

소스라인 111~114 : 저장에 성공했을 때 실행하는 콜백 함수입니다. 이 함수는 저장에 성공한 Contact 객체를 전달받습니다. 이 객체를 contact 전역 객체에 기록하고, alert()로 저장했음을 안내합니다.

소스라인 116~118 : 저장에 실패했을 때 실행하는 콜백 함수입니다. ContactError 객체를 전달받아 alert() 명령으로 오류를 안내합니다.

스텝 **6**

다음은 ContactField 객체를 이용하여 전화번호를 추가하거나 수정하는 함수입니다.

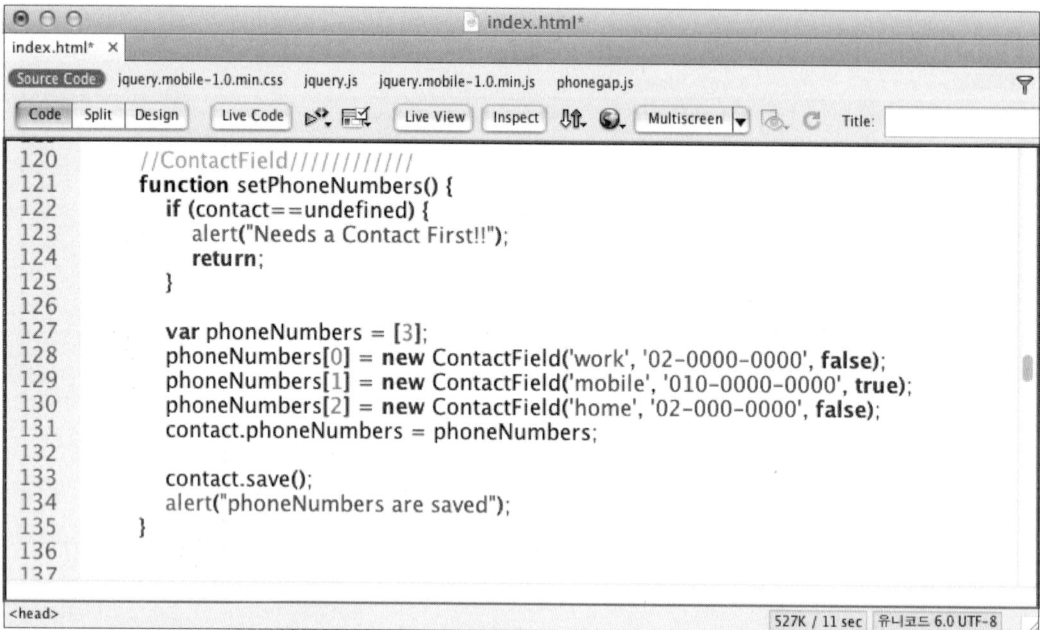

```
120    //ContactField////////////
121    function setPhoneNumbers() {
122       if (contact==undefined) {
123          alert("Needs a Contact First!!");
124          return;
125       }
126
127       var phoneNumbers = [3];
128       phoneNumbers[0] = new ContactField('work', '02-0000-0000', false);
129       phoneNumbers[1] = new ContactField('mobile', '010-0000-0000', true);
130       phoneNumbers[2] = new ContactField('home', '02-000-0000', false);
131       contact.phoneNumbers = phoneNumbers;
132
133       contact.save();
134       alert("phoneNumbers are saved");
135    }
136
137
```

소스라인 122~125 : contact 전역 객체가 정의되지 않았을 때는 전화번호를 정의할 수 없기 때문에 조건문으로 제한하고 있습니다.

소스라인 127 : 전화번호를 기록하는 Contact.phoneNumbers 속성은 배열 객체이므로 추가할 전화번호들을 배열 객체로 작성해야 합니다. 본 사례는 3개의 전화번호를 작성하고 있습니다.

소스라인 128~131 : ContactField() 클래스(객체)를 이용하여 전화번호의 "유형, 전화번호, 대표 여부"를 정의한 후 배열 객체에 하나씩 대입합니다. 그리고 이렇게 수집한 배열 객체를 Contact .phoneNumbers 속성에 대입합니다.

소스라인 133 : Contact.save() 메소드로 수정한 전화번호를 단말기 연락처 데이터베이스에 저장합니다. 이때 Contact.save() 메소드에 콜백 함수를 정의하지 않으면 저장 결과를 알려주지 않습니다.

소스라인 134 : alert() 명령으로 전화번호를 저장했다는 안내를 합니다.

스텝 **7**

다음은 주소를 저장하는 함수입니다.

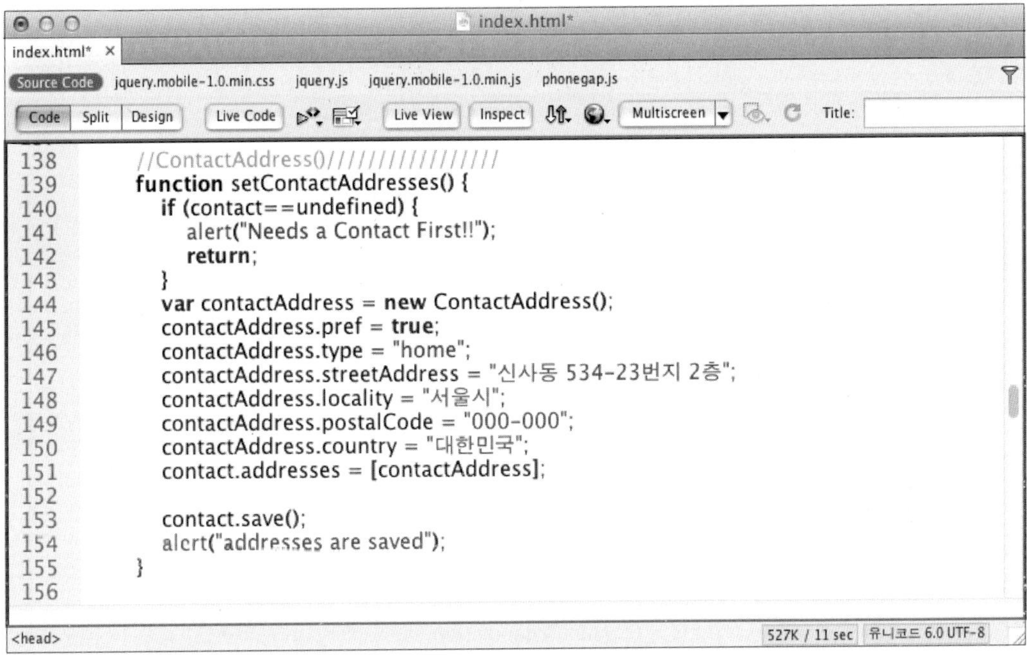

```
138    //ContactAddress()///////////////////
139    function setContactAddresses() {
140        if (contact==undefined) {
141            alert("Needs a Contact First!!");
142            return;
143        }
144        var contactAddress = new ContactAddress();
145        contactAddress.pref = true;
146        contactAddress.type = "home";
147        contactAddress.streetAddress = "신사동 534-23번지 2층";
148        contactAddress.locality = "서울시";
149        contactAddress.postalCode = "000-000";
150        contactAddress.country = "대한민국";
151        contact.addresses = [contactAddress];
152
153        contact.save();
154        alert("addresses are saved");
155    }
156
```

소스라인 140~143 : 주소 역시 저장할 연락처 객체가 없으면 무용지물이기 때문에 제한 조건을
걸어 주고 있습니다.

소스라인 144~151 : 주소는 ContactAddress() 클래스를 사용합니다. 이 사례는 앞에서 봤던
ContactField() 클래스와 다른 방식으로 객체를 생성하고 속성 값을 작성하고 있습니다. 이는 완전히
다른 종류의 객체이기 때문이 아닙니다. ContactField() 클래스 사례와 같이 작성할 수도 있고
ContactAddress() 클래스와 같이 작성할 수도 있습니다. 매개변수이든 속성이든 같은 개념으로
사용할 수 있는 같은 종류의 객체입니다. 또한 contactAddress 객체를 대입할 때 대괄호([ ])를
사용하고 있는데 이는 배열 형식으로 Contact.Addresss 속성에 대입하기 위해서입니다.

소스라인 153~154 : Contact.save() 메소드로 변경한 주소를 저장하고 alert()로 저장했음을 알립니
다.

스텝 **8**

같은 방법으로 정의하고 있는 소속 정보를 저장하는 함수입니다.

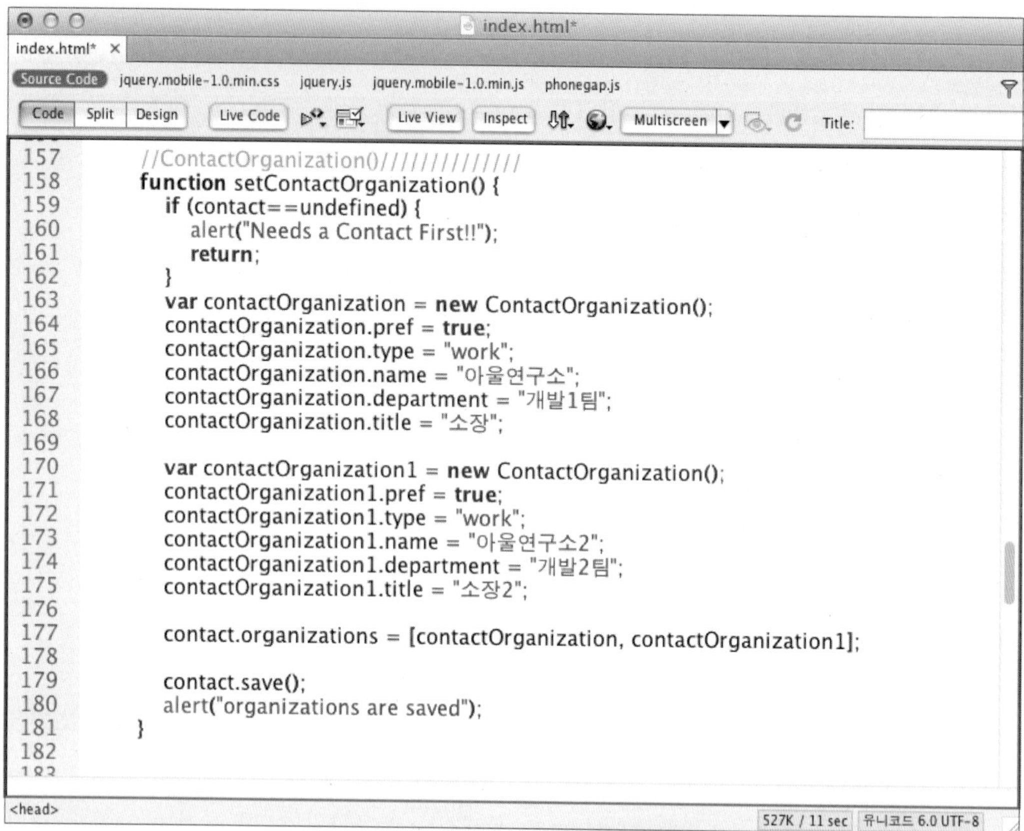


```
157        //ContactOrganization()////////////////
158        function setContactOrganization() {
159          if (contact==undefined) {
160            alert("Needs a Contact First!!");
161            return;
162          }
163          var contactOrganization = new ContactOrganization();
164          contactOrganization.pref = true;
165          contactOrganization.type = "work";
166          contactOrganization.name = "아울연구소";
167          contactOrganization.department = "개발1팀";
168          contactOrganization.title = "소장";
169
170          var contactOrganization1 = new ContactOrganization();
171          contactOrganization1.pref = true;
172          contactOrganization1.type = "work";
173          contactOrganization1.name = "아울연구소2";
174          contactOrganization1.department = "개발2팀";
175          contactOrganization1.title = "소장2";
176
177          contact.organizations = [contactOrganization, contactOrganization1];
178
179          contact.save();
180          alert("organizations are saved");
181        }
182
183
```


소스라인 159~161 : 저장할 연락처 객체가 있을 때만 소속 정보를 수정하도록 제한하고 있습니다.

소스라인 163~177 : 소속 정보는 ContactOrganization 객체로 작성할 수 있습니다. 여기서는 2개의 소속 정보 객체를 생성하고 대괄호를 이용하여 배열 형식으로 Contact.organizations 속성에 기록하고 있습니다. 위의 3가지 유형의 작성법을 이해했다면 연락처 속성들과 그 속성에 대한 객체들과의 관계를 충분히 이해할 수 있었을 것입니다.

소스라인 179~180 : 소속 정보를 저장하고 저장했음을 안내합니다.

스텝 9

다음은 연락처 객체를 복제하고 저장하는 함수를 작성하고 있습니다.

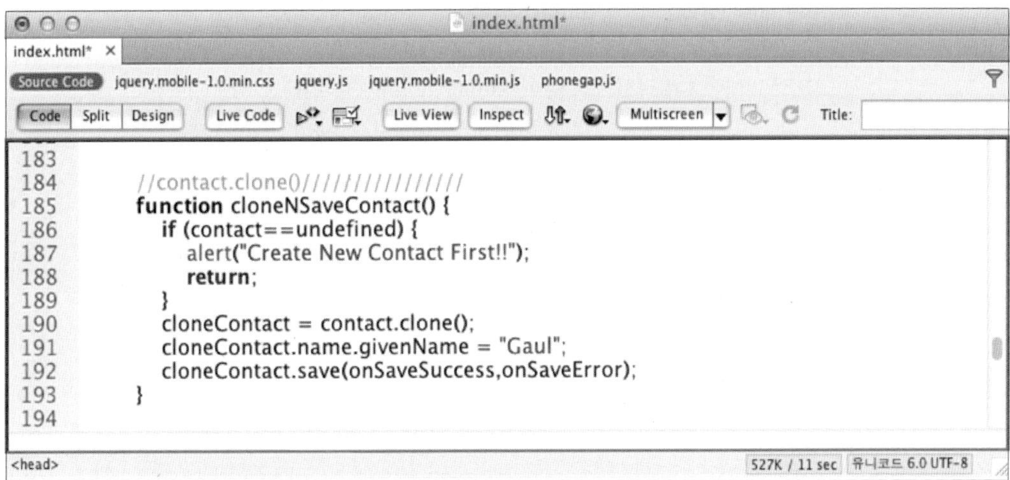

```
183
184    //contact.clone()////////////////////
185    function cloneNSaveContact() {
186        if (contact==undefined) {
187            alert("Create New Contact First!!");
188            return;
189        }
190        cloneContact = contact.clone();
191        cloneContact.name.givenName = "Gaul";
192        cloneContact.save(onSaveSuccess,onSaveError);
193    }
194
```

소스라인 186~189 : 연락처 객체가 있을 때만 실행하도록 제한하고 있습니다.

소스라인 190 : 사용자가 선택하거나 생성한 연락처 객체를 Contact.clone() 메소드로 복제하고 cloneContact이라는 전역 객체에 기록합니다.

소스라인 191 : 복제한 연락처 객체에 givenName 속성만 "Gaul"이라 변경하여 복제된 연락처를 구분할 수 있게 했습니다.

소스라인 192 : 복제한 연락처 객체인 cloneContact 객체를 단말기의 연락처 데이터베이스에 저장합니다. 이 저장 메소드에는 콜백 함수를 지정했기 때문에 저장 결과를 알려 줄 것입니다.

스텝 10

다음은 지정한 연락처 객체를 삭제하는 로직입니다.

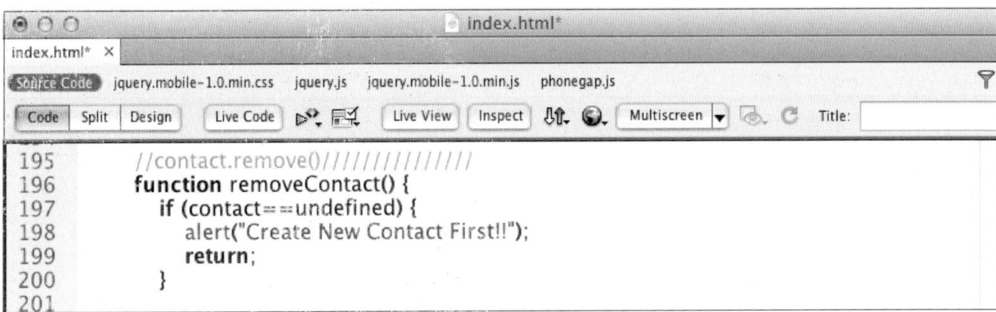

```
195    //contact.remove()////////////////////
196    function removeContact() {
197        if (contact===undefined) {
198            alert("Create New Contact First!!");
199            return;
200        }
201
```

```
202         var contactInfo = ""
203            + "\n# displayName: " + contact.displayName
204            + "\n# formatted: " + contact.name.formatted
205            + "\n# honorificPrefix: " + contact.name.honorificPrefix
206            + "\n# familyName: " + contact.name.familyName
207            + "\n# givenName: " + contact.name.givenName
208            + "\n# middleName: " + contact.name.middleName
209            + "\n# honorificSuffix: " + contact.name.honorificSuffix
210            ;
211
212         if (confirm("Do you want to delete it?"+contactInfo)) {
213            contact.remove(onRemoveSuccess,onRemoveError);
214         }
215      }
216
217      function onRemoveSuccess(contactRemoved) {
218         alert("Removal Success : " + contactRemoved.name.givenName);
219      }
220
221      function onRemoveError(contactError) {
222         alert("Remove Error = " + contactError.code);
223      }
224
225   </script>
```

<head>   527K / 11 sec   유니코드 6.0 UTF-8

소스라인 196~215 : 사용자가 선택한 연락처 객체에 대해 삭제를 요청하는 함수입니다.

소스라인 197~200 : 지정한 연락처 객체가 있을 때만 실행하도록 제한하고 있습니다.

소스라인 202~210 : 삭제할 대상에 대한 정보를 문자열로 작성하여 contactInfo라는 객체에 기록하고 있습니다. 이 객체는 아래의 confirm() 명령에서 안내문으로 사용할 것입니다.

소스라인 212~214 : confirm() 명령으로 정말로 삭제할 것인지를 묻고 이 확인 대화상자에서 사용자가 "YES" 버튼을 눌렀을 때만 삭제 요청 구문을 실행하게 합니다. 연락처를 삭제할 때는 Contact.remove() 메소드를 사용합니다. 이 메소드는 삭제에 성공했을 때 onRemoveSuccess() 콜백 함수를 실행하고, 실패하면 onRemoveError() 콜백 함수를 실행합니다.

소스라인 217~219 : 삭제에 성공했을 때 실행하는 콜백 함수입니다. 이 함수는 저장에 성공한 연락처 객체를 받아옵니다. 이 연락처 객체를 이용하여 삭제 성공을 알립니다.

소스라인 221~223 : 삭제에 실패했을 때 실행하는 콜백 함수입니다. 이 함수는 ContactError 객체를 전달받아 오류 안내를 하고 있습니다.

15.3 안드로이드 포팅

폰갭의 Contacts API는 안드로이드와 아이폰에서 지원하지만, 윈도우폰에서는 아직 지원하고 있지 않습니다. Contacts 프로젝트도 jQuery Mobile의 디자인 스타일을 사용하고 있습니다. 웹 소스를 포팅하는 방법은 이전의 프로젝트들과 다름이 없습니다.

안드로이드에서는 실물 단말기에서 실험하고, 아이폰에서는 가상기기를 통해 실험해보도록 하겠습니다. 실험할 때 주의할 점이 있다면 너무 많은 연락처 정보가 있는 단말기에서는 연락처 가져오기에서 많은 연락처 데이터를 가져오기 때문에 무리가 있을 수 있으므로 소스의 filter 속성에 검색어를 독자의 상황에 맞도록 적절히 정의하고 실험할 필요가 있다는 것입니다.

안드로이드 프로젝트 살펴보기

스텝 1

안드로이드 프로젝트에서 사용하는 소스 파일들은 그림과 같습니다.

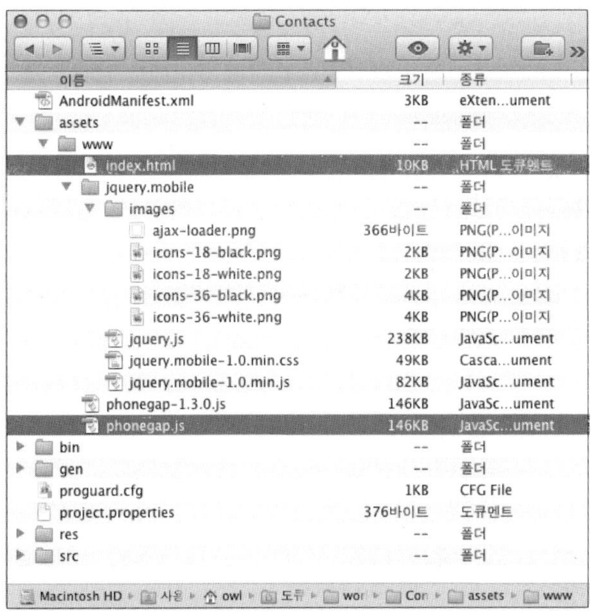

스텝 2

이클립스에서 이 프로젝트를 열어 보면 그림과 같이 나타납니다.

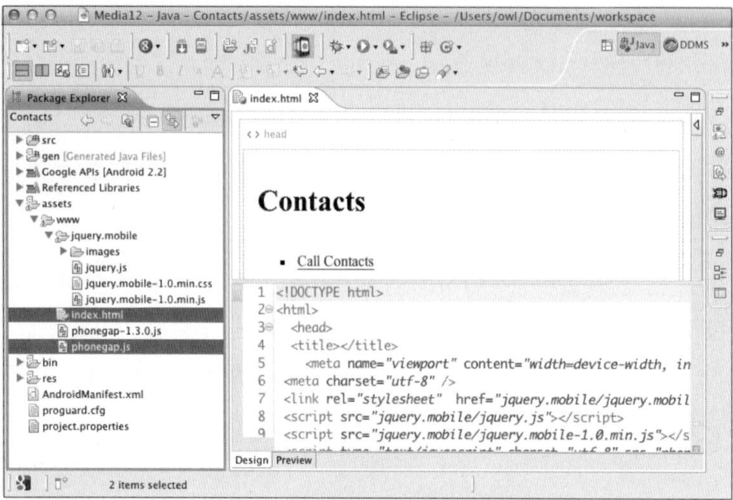

스텝 3

필자는 먼저 갤럭시탭에서 실험해보겠습니다. 최신형 안드로이드 폰으로 실험하는 것도 좋지만 대중이 사용하는 안드로이드 버전 중 최하위 버전에서 실험하는 것이 대중을 위한 앱을 만드는 기본 자세라는 것도 잊지 않기를 당부합니다.

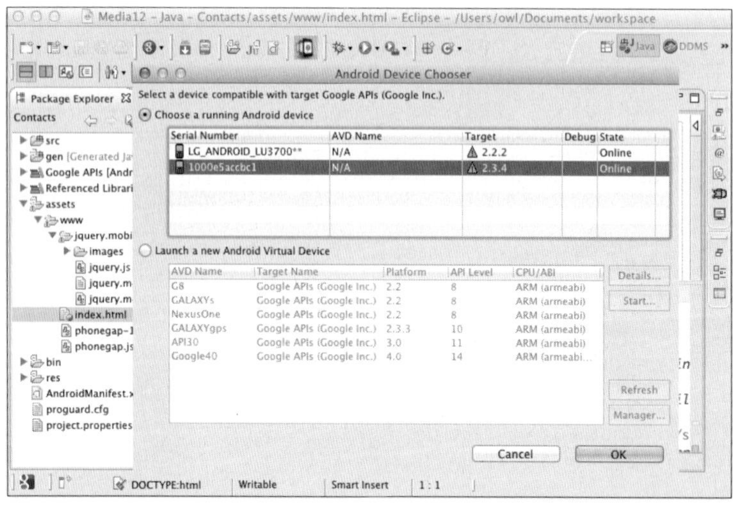

실물 단말기에서 실험하기

스텝 1

그림과 같이 8개의 버튼으로 이루어진 실험 화면이 나타났습니다. 첫 번째 "Call Contacts" 버튼을 터치하여 단말기의 연락처 데이터베이스에 있는 모든 연락처를 호출했습니다. 필자의 실험 단말기에

650

는 등록된 연락처가 없어 그림과 같이 0건으로 나타났습니다. 필자는 연락처가 없을 때 Null Point 오류가 발생하지 않는지를 확인하기 위해 연락처를 모두 지운 상태에서 실험했습니다.

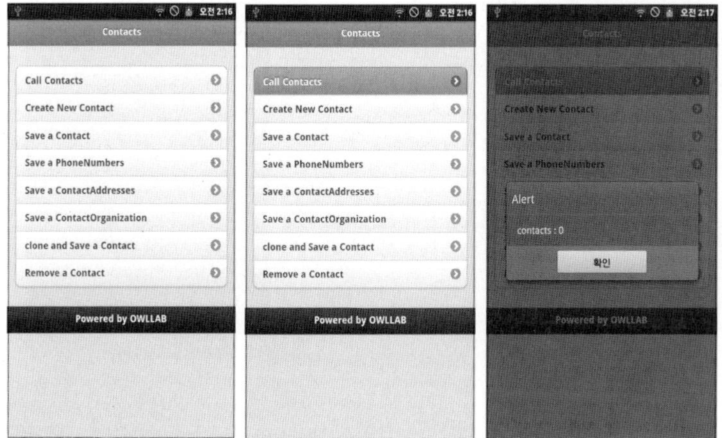

스텝 **2**

두 번째 "Create New Contact" 버튼을 눌러 연락처 객체를 생성했습니다. 아직은 생성한 연락처가 저장되지 않은 상태입니다. 세 번째 "Save a Contact" 버튼을 눌러 생성한 연락처를 저장했습니다.

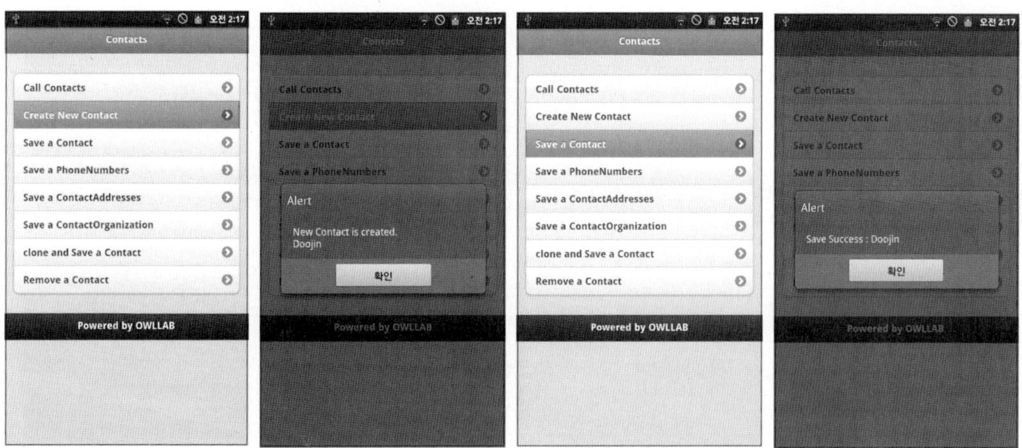

스텝 **3**

그림과 같이 "Call Contacts" 버튼을 이용하여 저장된 연락처를 확인해봅니다. 현재 1개의 연락처가 있군요. 연락처 내용도 소스에서 정의한 연락처가 맞습니다. 네 번째 "Save a PhoneNumbers" 버튼을 눌러 소스에서 정의한 3개의 연락처를 저장했습니다.

651

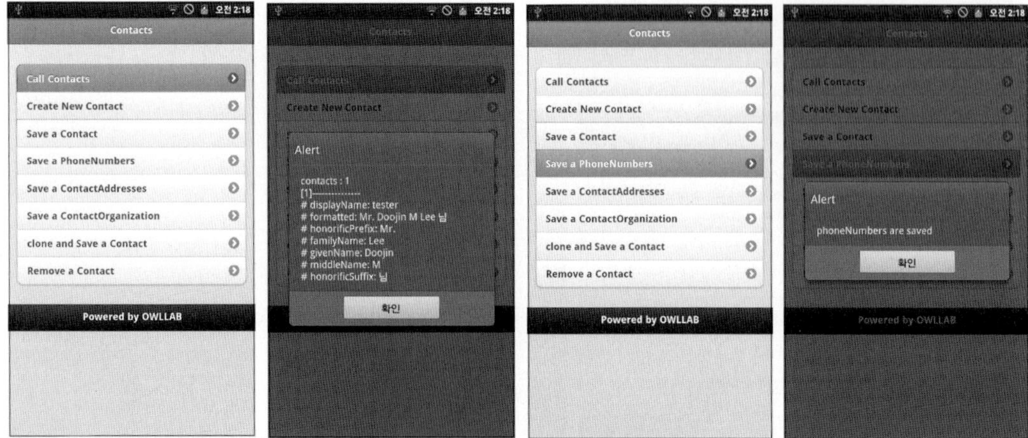

스텝 4

"Call Contacts" 버튼을 수정된 연락처 정보를 확인해봤더니 3개의 연락처가 저장된 것을 확인할 수 있습니다. 하지만 대표 연락처에 대한 속성 값은 잘 연동되지 않습니다. 다섯 번째 "Save aContactAddresses" 버튼을 눌러 주소를 저장해봅니다. 저장 완료 후 "Call Contacts" 버튼으로 저장된 주소를 확인합니다.

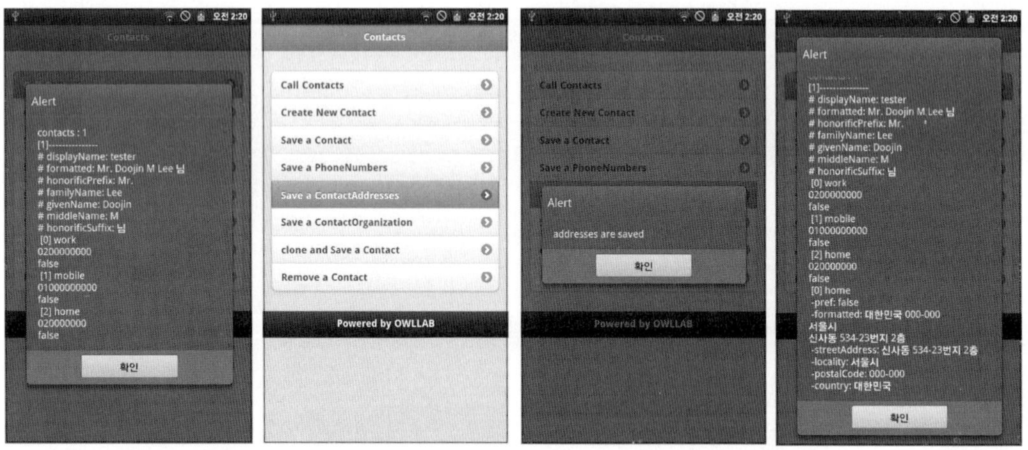

스텝 5

여섯 번째 "Save a ContactOrganization" 버튼을 눌러 소속 정보 저장 실험을 합니다. 저장 완료 후 "Call Contacts" 버튼으로 저장된 소속 정보를 확인해봅니다.

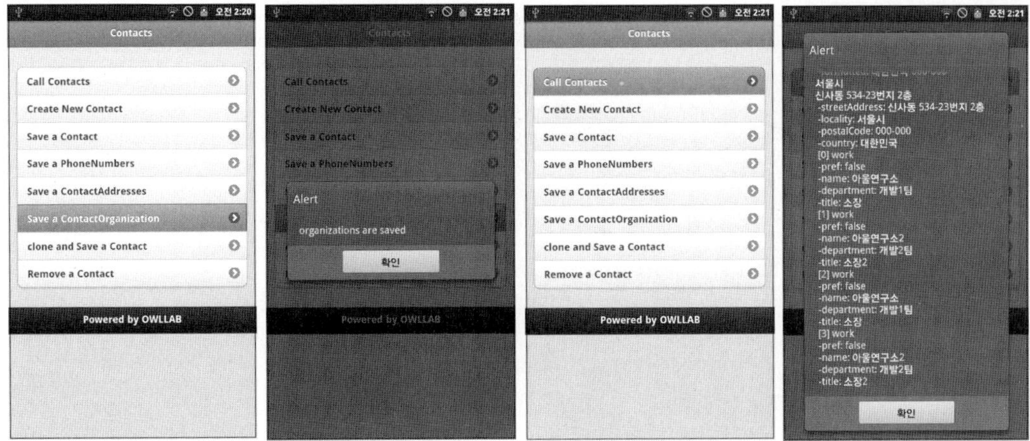

스텝 **6**

일곱 번째 "clone and Save a Contact" 버튼을 눌러 현재 선택된 연락처를 복제합니다. "Call Contacts"
버튼으로 연락처 목록을 호출해보면 그림과 같이 "Gaul"이라는 복제된 연락처를 확인할 수 있습니다.

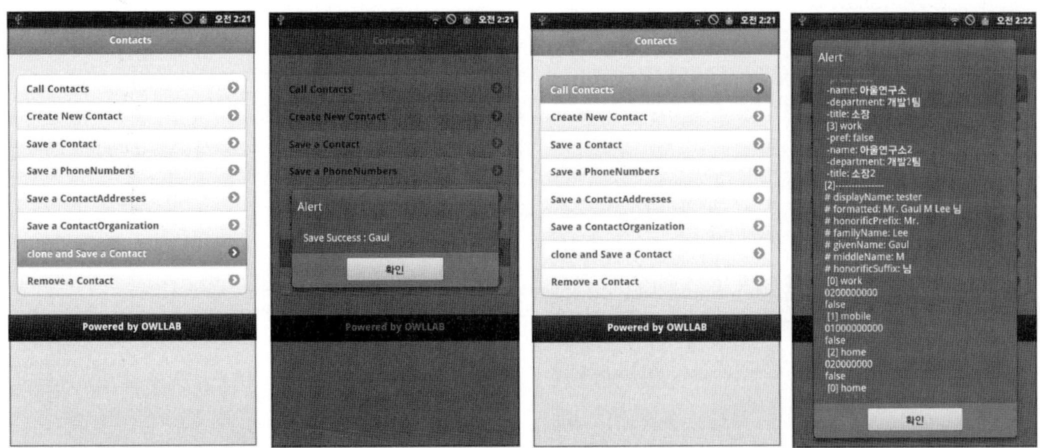

스텝 **7**

끝으로 "Remove a Contact" 버튼으로 연락처 삭제 실험을 합니다. 앞서 "Call Contacts" 명령을
실행했기 때문에 현재 선택된 연락처는 첫 번째 연락처입니다. 이 연락처가 삭제될 연락처가 됩니다.
그림에서와 같이 삭제할 연락처를 확인하고 삭제를 실행합니다.

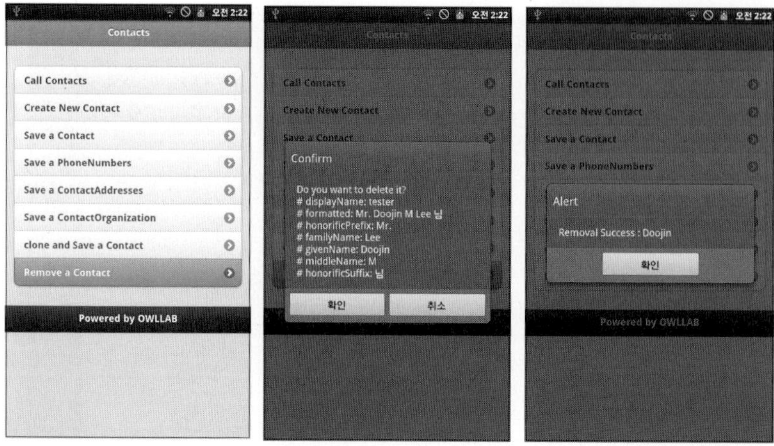

스텝 8

"Call Contacts" 버튼을 삭제 후 연락처 정보를 확인하면 "Gaul"이라는 1개의 연락처만 남아 있는 것을 확인할 수 있습니다.

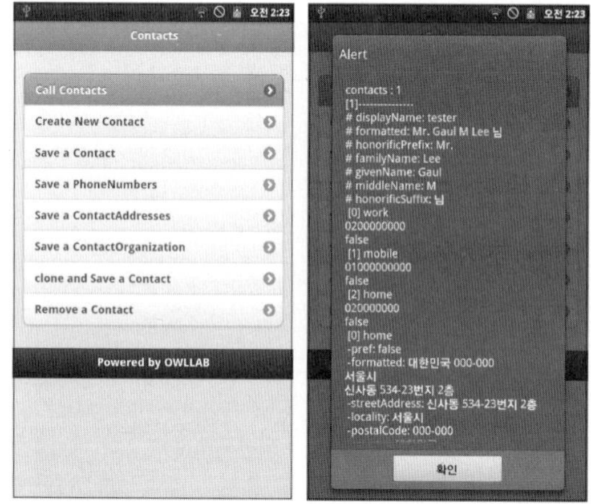

스텝 9

위의 작업으로 단말기의 연락처 앱과 연동이 잘되는지 확인해보기 위해 단말기에 탑재된 연락처 앱을 실행해봤습니다. 그런데 그림과 같이 남아 있어야 연락처가 안 보입니다. 폰갭의 문제가 아니라면 필자의 연락처 앱에 문제가 있는 것 같습니다. 연락처 관련 다른 앱을 실험으로 설치하는 과정에 발생한 문제일 수도 있고 갤럭시탭에 원래 탑재된 연락처 앱의 문제일 수도 있습니다. 이럴 경우는 갤럭시탭에서 문제를 해결하려고 하기 전에 먼저 다른 단말기에서 실험할 필요가 있고 또는 다른 플랫폼에서 실험해볼 필요가 있습니다.

개발할 때 중요한 선택의 기준이 있는데, 이는 문제가 발생했을 때 부분적인 문제에 머물러 있으면 부분에 대한 문제만 해결할 수 있고 전체적인 문제를 해결할 수 없다는 것입니다. 그래서 이와 같은 경우, 하나의 단말기에서만 문제를 해결하려 하지 않고 다른 플랫폼, 다른 단말기에서 먼저 실험하고 문제의 해결책을 찾아가야 한다는 것입니다.

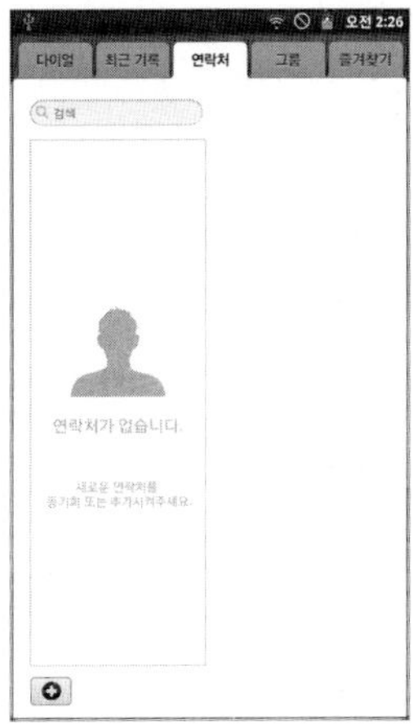

스텝 10

그림과 같이 필자는 다른 단말기에서 먼저 실험해보기로 했습니다.

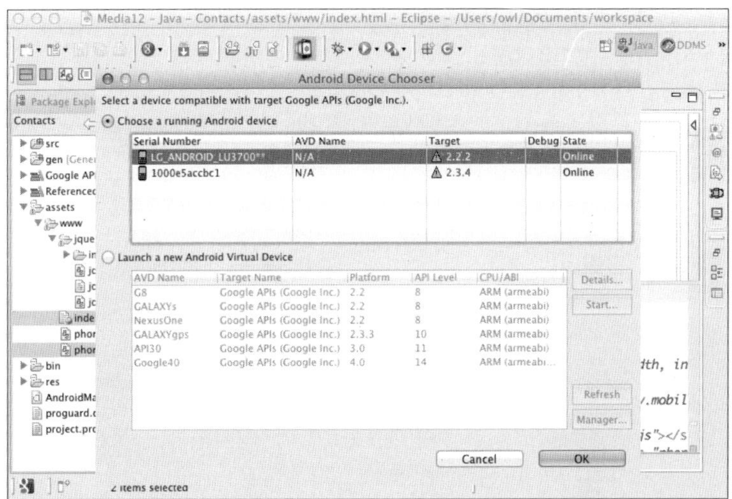

스텝 **11**

그림과 같이 다른 단말기에서 실험해본 결과 Contacts 프로젝트에서 실험한 연락처 정보가 단말기에 기본으로 탑재된 연락처 앱에서도 나타나는 것을 확인할 수 있었습니다. 따라서 서로 같은 연락처 데이터베이스를 사용하고 있다는 것을 실험을 통해 확인할 수 있었습니다. 갤럭시탭에서 발생한 문제는 갤럭시탭에서 지원하는 연락처 앱에서 연락처를 인식하는 어떤 필수 조건이 있는 것으로 예측할 수 있습니다. 이 부분은 본론에서 너무 벗어나지 않도록 이쯤해서 마무리하겠습니다.

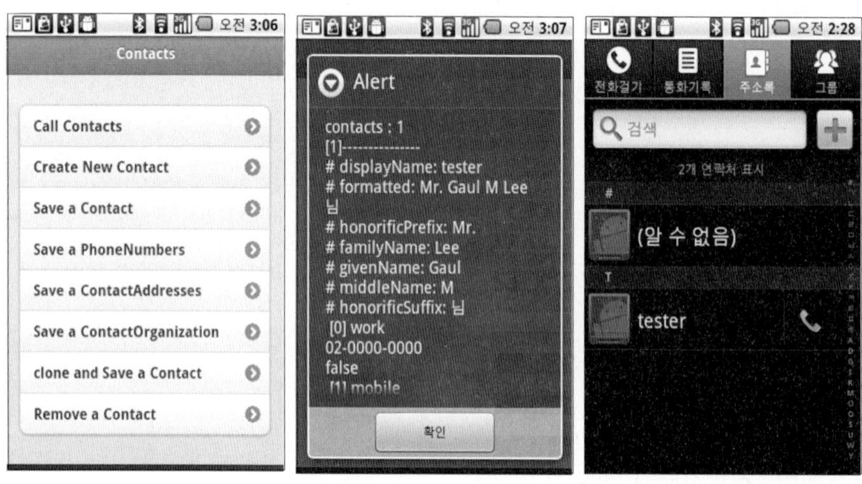

15.4 아이폰 포팅

아이폰도 웹앱 소스의 포팅은 이전에 설명한 아이폰 프로젝트 포팅 과정과 다르지 않습니다.

아이폰 프로젝트 살펴보기

스텝 1

준비한 웹앱 소스를 Xcode에 그림과 같이 포팅했습니다.

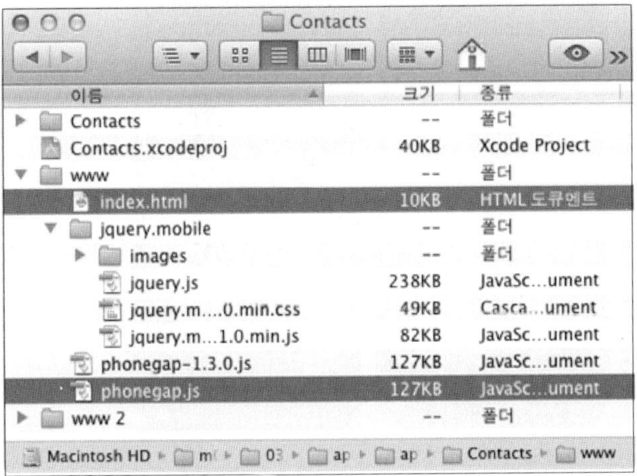

스텝 2

Xcode에서 이 Contacts 프로젝트를 살펴보면 그림과 같습니다. 아이폰에서는 가상기기에서도 충분히 폰갭의 Contacts 기능을 실험할 수 있기 때문에 가상기기에서 실험하도록 하겠습니다.

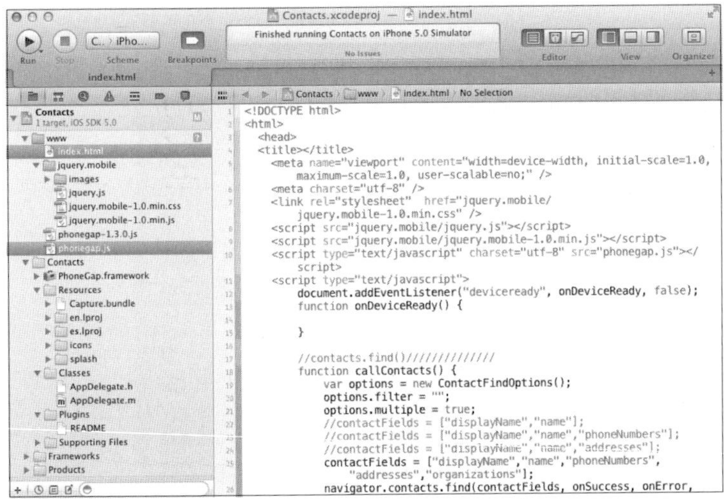

실물 단말기에서 실험하기

아이폰의 실험 과정도 안드로이드와 다르지 않기 때문에 간략하게 살펴보겠습니다.

스텝 1

폰갭에서 제공하는 스플래시 (Splash) 화면을 거쳐 Contacts 화면이 나타났습니다. "Call Contacts" 버튼으로 연락처를 호출했더니 연락처가 비어 있습니다.

스텝 2

연락처 객체를 생성하기 전에 저장을 요청해보면 먼저 연락처 객체를 생성하라는 안내문이 나타나고 저장을 시도하지 않습니다. 두 번째 버튼으로 연락처를 생성하고, 세 번째 버튼으로 생성한 연락처를 저장했습니다. 그리고 네 번째 버튼으로 소스에서 준비한 3개의 전화번호를 저장합니다.

스텝 3

다섯 번째 버튼으로 선택된 연락처에 주소를 저장하고, 여섯 번째 버튼으로 소속 정보를 저장하며,
일곱 번째 버튼으로 연락처 복제 및 저장을 실행했습니다. 그리고 "Call Contacts" 버튼으로 저장된
연락처를 모두 호출해보면 그림과 같이 2개의 연락처가 잘 저장된 것을 확인할 수 있습니다.

스텝 4

두 번째 복제로 추가된 연락처인 "Gaul" 연락처를 확인한 후, 여덟 번째 버튼으로 연락처 삭제를
실행했습니다. 그리고 나서 "Call Contacts" 버튼으로 다시 연락처를 호출해보았더니 1개의 연락처만
남아 있는 것을 확인할 수 있습니다.

659

스텝 5

끝으로 아이폰에 기본으로 탑재되어있는 연락처 앱을 실행해서 연락처를 확인해보니 그림과 같이
마지막으로 남은 연락처 정보를 확인할 수 있습니다. 아이폰은 아무래도 다양한 제조사에서 제공하는
안도로이드와 달리 사과 집(?)에서만 제공되기 때문에 표준화가 잘되어 있어 개발하는데 간편한
이점이 있습니다.

Chapter 16

Connection : 네트웍 통신

폰갭은 Connection 객체를 통해 단말기에서 지원하는 통신 프로토콜 정보를 가져올 수 있도록 지원하고 있습니다. 폰갭의 Connection은 네트웍 상태을 확인하는 기능만 제공하나 여기서는 AJAX 솔루션을 이용하여 구글 서버에서 위성 좌표 정보를 JSON 방식으로 구하고 이 JSON 데이터를 해독하여 구글 지도를 화면에 출력하는 방법을 함께 보여줍니다.

16.1 | Connection의 사용

Connection 객체는 단말기에서 지원하는 통신 방법에 대한 성보만 제공하는 단순한 구조입니다.

❶ 속성
  • type : 네트웍 방식에 대해 다음의 상수 중 하나를 리턴합니다.

    Connection.UNKNOWN : 알 수 없는 통신 방식

    Connection.ETHERNET : 이더넷 통신 방식

    Connection.WIFI : Wi-Fi 통신 방식

    Connection.CELL_2G : 2G 통신 방식

    Connection.CELL_3G : 3G 통신 방식

    Connection.CELL_4G : 4G 통신 방식

    Connection.NONE : 통신을 지원하지 않음

❷ 지원하는 플랫폼 : Android, iPhone, Windows Phone 7 (Mango), Blackberry WebWorks (OS 5.0 and higher)

활용 사례는 다음과 같습니다.

```
document.addEventListener("deviceready", onDeviceReady, false);
function onDeviceReady() {
    findConnectionType(); }

function findConnectionType() {
    var networkState = navigator.network.connection.type;
    alert("Connection type: "+ networkState); }
```

16.2 Connection 폰갭 프로젝트

Connection 프로젝트에서는 폰갭의 Connection API에 대해서도 실험하지만 폰갭의 Connection은 네트웍 상태만 간단히 확인하는 기능만 제공하기 때문에 실제 통신과 관련해서 많이 사용하는 AJAX와 JSON을 활용하는 사례를 포함했습니다. XML 해독에 대해서는 앞서 File 프로젝트에서 소개한 바 있습니다. 응용 프로그램이 서버와 통신할 때 XML 통신 방식과 JSON 통신 방식을 보편적으로 많이 사용합니다. XML과 JSON은 각기 장단점이 있지만 특히 모바일에서는 데이터 양이 비교적 적은 JSON 방식을 많이 사용해왔습니다. 또한 JSON 방식은 구글맵에서 연동 사례를 많이 볼 수 있습니다.

이 프로젝트는 백그라운드에서 서버와 통신하는 AJAX 솔루션을 이용하여 구글 서버에서 위성 좌표 정보를 JSON 방식으로 구하고, 이 JSON 데이터를 해독하여 구글 지도를 화면에 출력하는 형식으로 구성했습니다. 특히 윈도우폰의 경우 폰갭의 Connection API가 7.1 버전의 가상기기에서는 작동하지 않고 AJAX를 사용하는 객체가 다르며, 한글의 경우 URI 인코딩 과정이 필요한 특징이 있습니다. 개발하고 실험하는 개발자의 관점에서 이와 같은 특징들을 해결하는 과정을 보여줄 것입니다.

웹앱 소스 파일 구성

이 프로젝트의 웹 소스는 그림과 같이 이전의 프로젝트와 크게 다르지 않습니다. 초보자들이 원리를 쉽게 파악할 수 있도록 index.html 파일에 주요 기능들을 담았습니다.

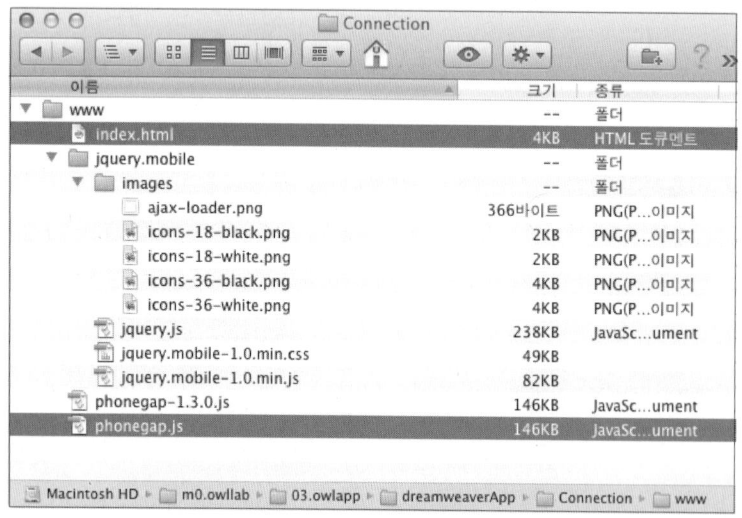

웹앱 소스 화면 분석

이 프로젝트는 그림과 같은 하나의 화면만으로 실험할 수 있게 구성했습니다. 이 앱에서 실험할 수 있는 내용을 정리해보면 다음과 같습니다.

- 기능 1 : 폰갭이 감지하는 네트웍 상태를 조회할 수 있는 버튼
- 기능 2 : 검색할 주소를 입력할 수 있게 하고 실험의 편의를 위해 기본 값을 설정해 두었습니다.
- 기능 3 : 입력한 주소로 구글 서버에 JSON 위성 좌표를 요청하고 그 결과를 <textarea>에 출력합니다.
- 기능 4 : <textarea>에 받아온 JSON 데이터를 해독하여 전역 변수에 기록해두고 대화상자에 해독한 위성 좌표를 출력합니다.
- 기능 5 : 전역 변수에 기록해둔 위성 좌표를 기반으로 구글 지도를 요청하여 화면에 출력합니다.
- 기능 6 : 받아온 JSON 데이터를 대화상자로 살펴볼 수 있는 버튼을 <textarea>에 제공합니다.

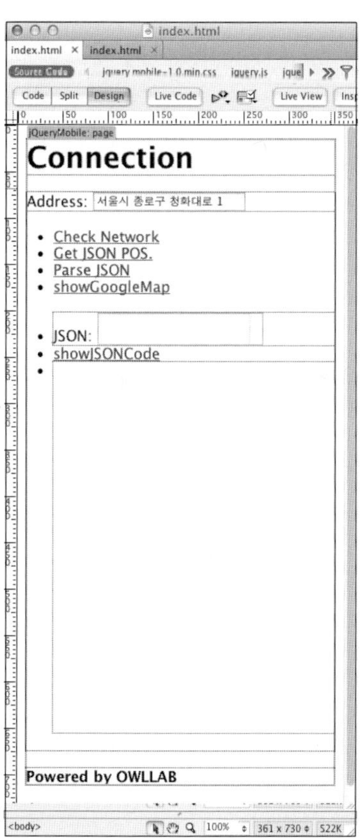

HTML DOM 소스 분석

index.html 파일을 소스로 살펴보면 다음과 같습니다.

스텝 **1**

이 소스에서는 구글 지도를 화면에 출력할 수 있도록 구글 사이트에서 제공하는 구글맵 자바스크립트 라이브러리를 참조하는 부분을 눈여겨보기 바랍니다.

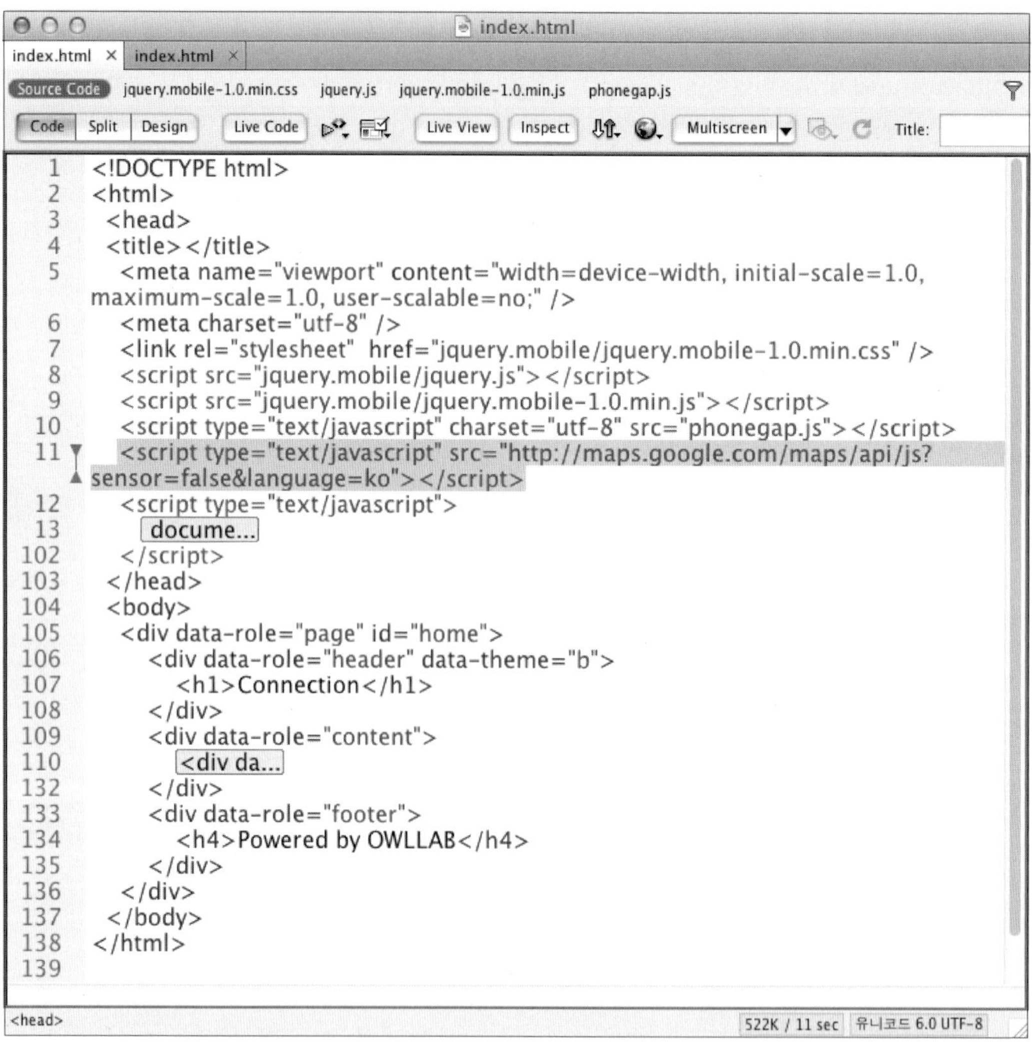

소스라인 7~10 : jQuery Mobile과 폰갭 라이브러리를 참조하고 있습니다.

소스라인 11 : 구글 지도를 화면에 출력하기 위한 구글맵 자바스크립트 라이브러리를 참조하는 구문입니다. 이 구문이 있어야 구글 지도를 웹 화면에 출력할 수 있습니다.

소스라인 12~102 : 폰갭의 Connection과 AJAX 통신, JSON 해독, 구글맵 관련 자바스크립트 로직이 있는 부분입니다. 잠시 후에 상세히 살펴보겠습니다.

소스라인 105~136 : jQuery Mobile로 화면을 작성하고 있습니다.

소스라인 109~132 : 내용 영역이며, 이 프로젝트를 실험할 수 있는 사용자 인터페이스를 작성하고 있습니다. 잠시 후에 상세히 살펴보겠습니다.

스텝 2

사용자 인터페이스로 배치한 HTML 객체들을 살펴봅니다.

```
107          <h1>Connection</h1>
108       </div>
109       <div data-role="content">
110          <div data-role="fieldcontain">
111             <label for="address">Address:</label>
112             <input type="search" id="address" value="서울시 종로구 청화대로 1" />
113          </div>
114          <ul data-role="listview" data-inset="true">
115             <li><a href="javascript:checkNetwork(false);">Check Network</a></li>
116             <li><a href="javascript:getJSONPOS();">Get JSON POS.</a></li>
117             <li><a href="javascript:parseJSON();">Parse JSON</a></li>
118             <li><a href="javascript:showGoogleMap();">showGoogleMap</a></li>
119          </ul>
120          <ul data-role="listview" data-inset="true">
121             <li>
122                <div data-role="none">
123                   <label for="jsonText">JSON:</label>
124                   <textarea id="jsonText"></textarea>
125                </div>
126             </li>
127             <li><a href="javascript:showJSONCode();">showJSONCode</a></li>
128             <li style="height:400px;">
129                <div id="map_canvas" style="width:100%; height:100%;"></div>
130             </li>
131          </ul>
132       </div>
133       <div data-role="footer">
134          <h4>Powered by OWLLAB</h4>
```

소스라인 110~113 : data-role 속성을 "fieldcontain"으로 설정하여 항목 이름 (Label)과 입력란을 하나의 영역으로 묶어 주고 있습니다.

소스라인 112 : 아이디가 "address"인 입력 객체의 type 속성을 "search"로 설정하여 검색어 입력란임을 화면에 표시하고 있습니다. 이와 같은 설정은 jQuery Mobile에서 지원하는 기능입니다.

소스라인 114~119 : 링크 버튼들을 목록형으로 배치하고 있습니다.

소스라인 115 : 폰갭이 감지하는 네트웍 연결 상태를 확인하는 버튼입니다.

소스라인 116 : 입력란에 입력된 주소를 검색어로 구글 서버에 JSON 위치 좌표 정보를 요청하는 버튼입니다.

소스라인 117 : 구글 서버에서 받아온 JSON 데이터는 아래의 <textarea> 객체에 보관해두는데 이 객체에 있는 JSON 데이터를 해독하여 위도와 경도 값을 추출하는 버튼입니다.

소스라인 118 : 해독한 위도와 경도 값을 기반으로 구글 서버에 구글맵을 요청하는 버튼입니다.

소스라인 124 : JSON 데이터를 기록해두는 <textarea> 객체이며, 아이디를 "jsonText"로 정의하고 있습니다.

소스라인 127 : <textarea> 객체에 있는 JSON 데이터를 살펴보기 편리한 대화상자로 출력하는 버튼입니다.

소스라인 128~130 : 아이디가 "map_canvas"인 <div> 객체는 구글 서버에서 받아오는 구글맵 객체를 출력하는 영역입니다. 이 영역은 가로, 세로 모두 100%로 크기를 설정하고 있습니다. 이렇게만 하면 다른 HTML 객체의 설정으로 인해 화면에 나타나지 않을 수 있습니다. 그래서 <div> 영역을 둘러싸고 있는 <li> 객체의 높이를 400px로 설정하고 있습니다. 또한 하나 더 알아야 할 것은 jQuery Mobile은 기본 설정이 가로 방향으로 100%라는 것입니다. 따라서 <li>의 가로 방향에 대한 크기는 설정하지 않아도 100%로 출력됩니다.

자바스크립트 소스 분석

스텝 1

이 프로젝트의 자바스크립트 로직을 살펴봅니다.

```
10      <script type="text/javascript" charset="utf-8" src="phonegap.js"></script>
11      <script type="text/javascript" src="http://maps.google.com/maps/api/js?
    sensor=false&language=ko"></script>
12      <script type="text/javascript">
13        document.addEventListener("deviceready", onDeviceReady, false);
14        function onDeviceReady() {}
15
16        //Check Network//////////////////////
17        function checkNetwork(state) {
18          var conType;
19          try {
20            conType = navigator.network.connection.type;
21          } catch (err) {
22            //alert(err);
23          }
24          if (conType=="none" || conType=="unknown") state = false;
25          if (!state) alert("network.connection.type\n"+conType);
26          return state;
27        }
28
```

소스라인 13~14 : 폰갭 라이브러리를 호출합니다.

소스라인 17~27 : 폰갭에서 감지한 네트웍 연결 상태를 구하는 함수입니다. 나중에 이 구문은 윈도우폰에서 폰갭의 Connection을 지원하지 않을 경우 교정할 필요가 있을 것입니다.

소스라인 18 : 연결 상태를 기록할 지역 변수입니다.

소스라인 19~23 : 폰갭의 Connection이 지원하지 않을 경우에 대비하여 try~catch 구문으로 예외처리를 하고 있습니다.

소스라인 24 : 네트웍이 끊어졌을 경우 state 값에 false를 대입합니다.

소스라인 25 : state 값이 false일 때 alert()로 안내 창을 출력합니다.

소스라인 26 : state 값을 리턴하여 네트웍 연결이 가능한지 여부를 알려줍니다.

스텝 2

다음은 AJAX에 대한 구문입니다. AJAX를 사용하려면 먼저 통신 객체를 생성해야 합니다. initRequest() 함수는 이 통신 객체를 생성하는 기능을 합니다. 통신 객체는 웹브라우저에 따라 생성하는 객체가 다른데, 다음은 일반적인 통신 객체 우선순위에 따라 try~catch 구문을 이용하여 통신 객체 생성을 시도하는 방식을 사용하고 있습니다.

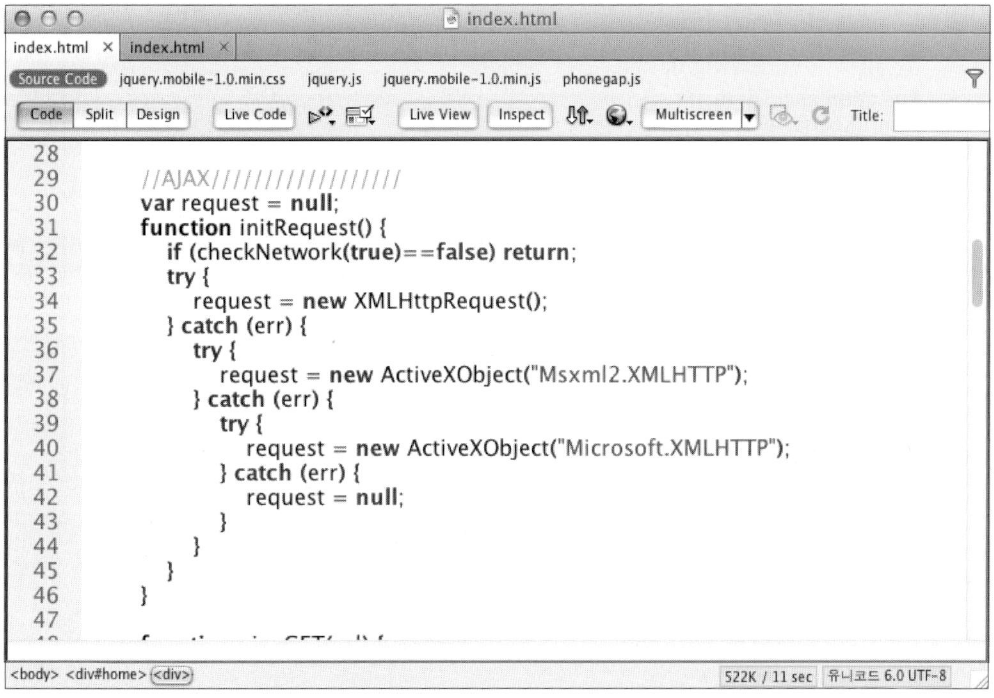


```javascript
28
29    //AJAX/////////////////////
30    var request = null;
31    function initRequest() {
32      if (checkNetwork(true)==false) return;
33      try {
34        request = new XMLHttpRequest();
35      } catch (err) {
36        try {
37          request = new ActiveXObject("Msxml2.XMLHTTP");
38        } catch (err) {
39          try {
40            request = new ActiveXObject("Microsoft.XMLHTTP");
41          } catch (err) {
42            request = null;
43          }
44        }
45      }
46    }
47
```


소스라인 30 : request라는 전역 객체를 선언하고 있습니다.

소스라인 32 : 위에서 정의한 checkNetwork() 함수를 이용하되 기본 상태 값을 true로 하여 네트웍에 문제가 있을 때 알림 창을 출력하게 합니다. 이 함수의 결과로 리턴하는 값이 false이면 네트웍 연결이 끊어진 상태이므로 이하 로직을 실행하지 못하게 return으로 처리합니다.

소스라인 33~34 : 먼저 대부분의 웹브라우저에서 지원하는 XMLHttpRequest()로 통신 객체 생성을 1차로 시도합니다.

소스라인 35~37 : 1차 생성에 실패하면, MS Windows에서 사용하는 Msxml2XMLHTTP ActiveX 로 통신 객체 생성을 2차로 시도합니다.

소스라인 38~40 : 같은 방법으로 Microsoft.XMLHTTP ActiveX로 3차 생성을 시도합니다.

소스라인 41~42 : 3차 시도까지도 실패하면 request 객체를 null로 처리합니다.

스텝 **3**

다음은 AJAX 통신을 요청하고 서버에서 받아온 결과 데이터를 <textarea> 객체에 기록하는 함수입니다.

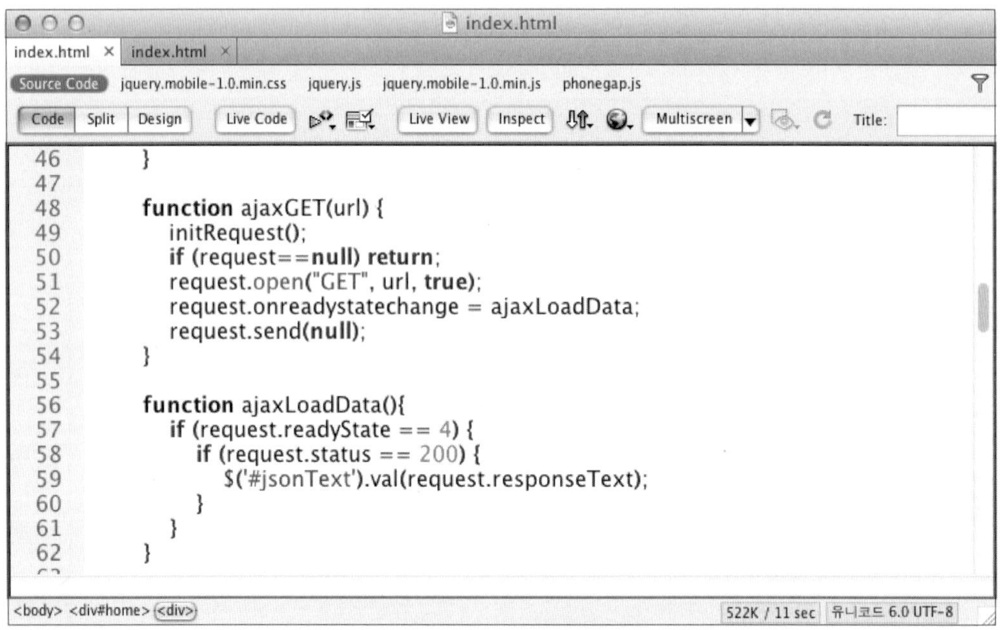

```
46        }
47
48        function ajaxGET(url) {
49            initRequest();
50            if (request==null) return;
51            request.open("GET", url, true);
52            request.onreadystatechange = ajaxLoadData;
53            request.send(null);
54        }
55
56        function ajaxLoadData(){
57            if (request.readyState == 4) {
58                if (request.status == 200) {
59                    $('#jsonText').val(request.responseText);
60                }
61            }
62        }
```

소스라인 48~54 : AJAX 통신을 요청하는 함수입니다.

소스라인 49 : 위에서 정의한 initRequest() 함수를 실행하여 통신 객체를 생성합니다.

소스라인 50 : initRequest() 함수 실행으로 통신 객체를 생성하지 못했을 경우 return 명령으로 로직을 중단시킵니다.

소스라인 51 : 전달받은 url 경로로 AJAX 통신을 요청합니다. open() 메소드의 3번째 인자는

Async 속성으로 동기형 통신을 사용할 것인지, 비동기형 통신을 사용할 것인지를 정의합니다. 본 사례는 서버에서 데이터를 받았을 때 처리해야 할 로직이 있기 때문에 동기형 통신을 사용하고 있어 true 값을 사용합니다. 동기형 통신은 서버에서 데이터를 받는 시점을 onreadystatchange 속성으로 감지할 수 있습니다.

소스라인 52 : 통신을 요청한 후 그 통신 상태에 변동이 있을 때 ajaxLoadData() 함수를 실행합니다.

소스라인 53 : send() 명령으로 요청 데이터를 서버에 전송합니다.

소스라인 56~62 : 서버에서 통신 결과를 받아올 때 실행하는 함수입니다. readyState 속성은 참고와 같이 5가지가 있습니다. 따라서 readyState 값이 4이면 서버에서 데이터를 받을 준비가 된 상태가 됩니다. 또 status 값이 200이면 서버와 연결에 성공했다는 것을 의미하므로 이 때 응답 데이터를 request.responseText 속성으로 받아올 수 있습니다. 이 데이터는 <textarea> 객체를 의미하는, 아이디가 "jsonText"인 객체에 기록합니다.

참고 AJAX의 request.readyState 속성 값

속성 값	의미
0	통신 요청(request)이 초기화되지 않은 상태
1	서버와 연결됨
2	서버가 요청을 접수함
3	요청을 서버에서 처리하는 중
4	서버가 요청 처리를 완료하고 응답(response)이 준비됨

참고 AJAX의 request.status 속성 값

속성 값	의미
200	통신 성공함
404	서버 페이지를 찾을 수 없음

스텝 4

다음은 <textarea>에 있는 JSON 데이터를 해독하여 위성 좌표의 위도와 경도 값을 추출하는 함수입니다.

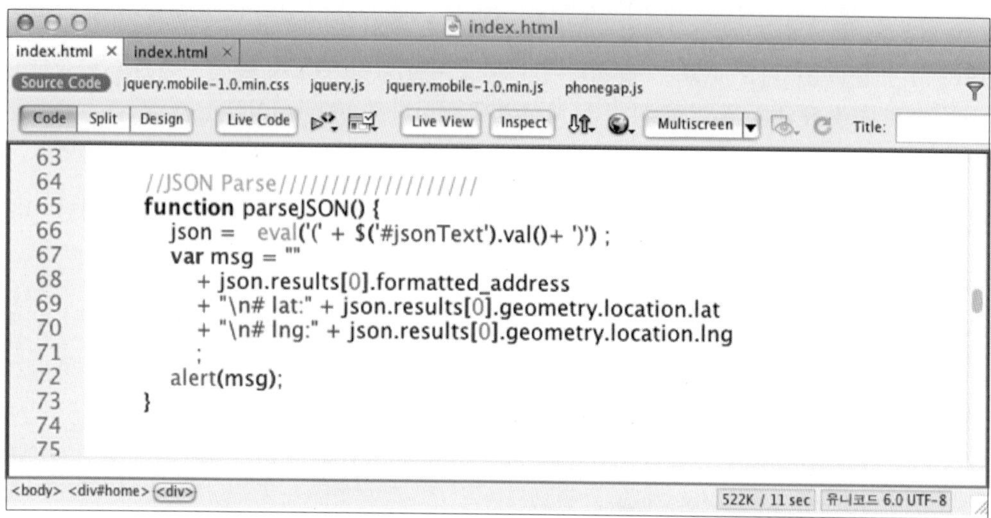

소스라인 66 : JSON 데이터를 eval() 명령으로 자바스크립트 객체로 변환하고 json 전역 객체에 기록합니다.

소스라인 67~71 : 안내 창에 출력할 위치 정보를 문자열로 조합합니다.

소스라인 68 : 요청한 위치에 대한 전체 주소를 추출하는 구문입니다.

소스라인 69 : 요청한 위치의 위도 값을 추출하는 구문입니다.

소스라인 70 : 요청한 위치의 경도 값을 추출하는 구문입니다.

소스라인 72 : 위치 정보를 대화상자로 출력해줍니다.

스텝 **5**

구글 서버에 위성 위치 정보와 구글맵을 요청하는 구문들입니다.

```
 83        function showGoogleMap() {
 84           var latlng = new google.maps.LatLng(json.results[0].geometry.location.lat, json.results[
    0].geometry.location.lng);
 85           var myOptions = {
 86              zoom: 16,
 87              center: latlng,
 88              mapTypeId: google.maps.MapTypeId.ROADMAP
 89              };
 90           var map = new google.maps.Map(document.getElementById("map_canvas"), myOptions);
 91
 92           var marker = new google.maps.Marker({
 93              position: latlng,
 94              map: map,
 95              title: "Target"
 96           });
 97        }
 98
 99        function showJSONCode() {
100           alert($('#jsonText').val());
101        }
102     </script>
103   </head>
```

<head>   522K / 11 sec | 유니코드 6.0 UTF-8

소스라인 78 : 구글의 영문 서버일 경우에 대한 사례를 주석 처리하고 있습니다.

소스라인 79 : 구글의 한국 서버를 기준으로 위성 위치 정보를 요청하는 주소를 정의합니다. 이 때 address 매개변수에는 사용자가 입력한 주소를 대입하고, sensor 값은 true로 설정하고 있습니다.

소스라인 80 : 위에서 정의한 ajaxGET() 함수를 이용하여 구글 서버에 위성 위치 정보를 요청합니다.

소스라인 83~97 : 구글맵을 화면에 출력하는 함수입니다.

소스라인 84 : 구글 서버의 구글맵 라이브러리에서 지원하는 google.maps.LatLng() 메소드로 위성 좌표 객체를 생성합니다. 이 때 사용하는 위도와 경도 값은 앞서 해독해 기록한 json 전역 객체에서 추출합니다.

소스라인 85~89 : 화면에 출력할 구글맵에 대한 옵션을 정의하고 있습니다.

소스라인 86 : 지도의 확대 비율을 16으로 설정하고 있습니다.

소스라인 87 : 지도의 중심점을 앞서 구한 목표 위성 좌표로 설정하고 있습니다.

소스라인 88 : 지도 유형을 일반형으로 설정합니다. 위성 지도를 사용하려면 google.maps .MapTypeId.SATELLITE로 설정합니다.

소스라인 90 : 아이디가 "map_canvas"인 영역에 구글맵을 출력하되 앞서 정의한 옵션을 적용하여 원하는 위치, 확대 비율, 형태의 지도를 출력하게 합니다. 또한 이 지도 객체를 map이라는 지역 객체에 기록해둡니다.

소스라인 92~96 : 이 지도에 목표 지점을 마커로 표시하는 구문입니다.

소스라인 99~101 : <textarea>에 기록해둔 JSON 데이터를 대화상자로 출력해주는 함수입니다.

16.3　안드로이드 포팅

이클립스의 폰갭 프로젝트 생성 마법사를 통해 Connection 프로젝트를 생성하되 jQuery Mobile 샘플과 함께 생성했습니다. jQuery Mobile 라이브러리 파일들만 남기고 나머지 샘플 소스들은 모두 삭제한 후 앞서 준비한 웹 소스를 복사해왔습니다. 앞서 소개한 포팅 과정과 다른 특이점은 없습니다.

안드로이드 프로젝트 살펴보기

스텝 1

이 프로젝트의 소스들은 그림과 같습니다.

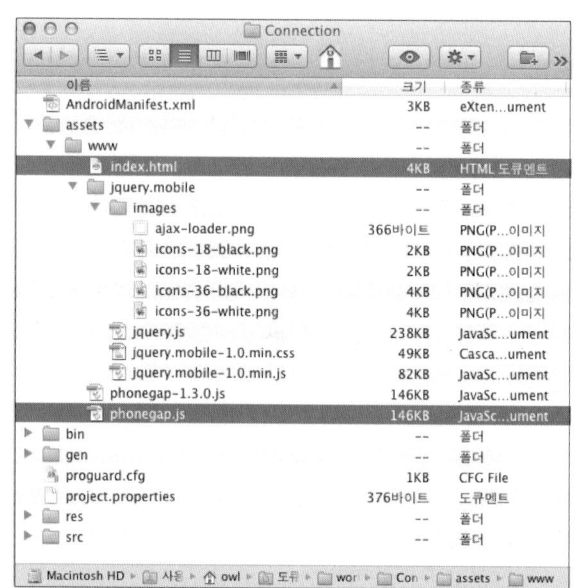

스텝 2

이 프로젝트를 이클립스에서 살펴보면 그림과 같습니다.

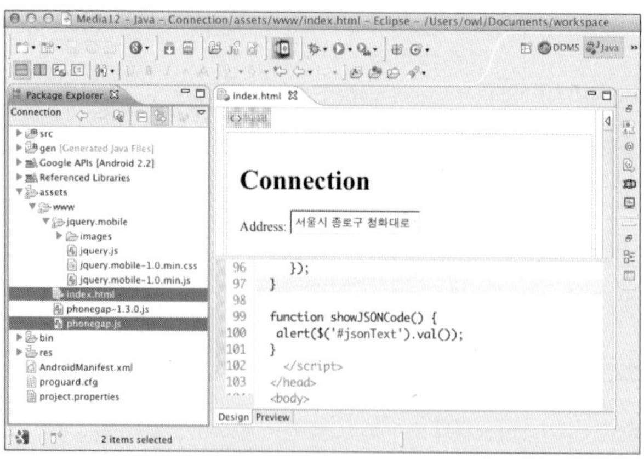

스텝 **3**

안드로이드는 그림과 같이 실물 단말기에서 실험하도록 하겠습니다.

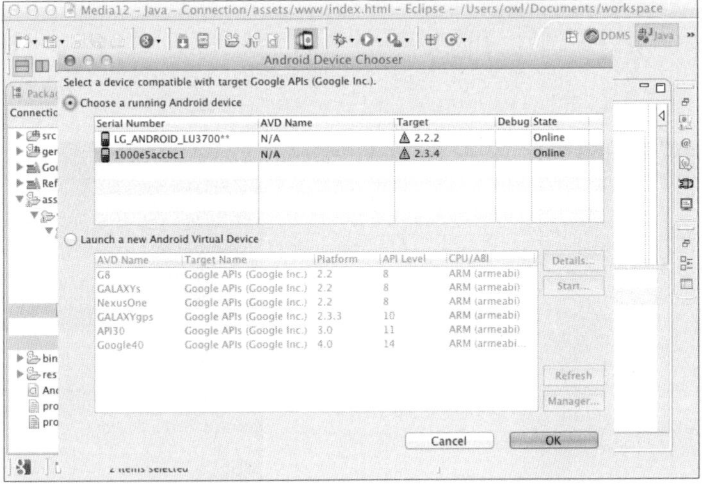

실물 단말기에서 실험하기

스텝 **1**

화면에는 기본 값으로 설정한 검색 주소가 입력되어 있습니다. "Check Network" 버튼을 터치하면
단말기의 네트웍 상태를 대화상자에 출력해줍니다. 필자의 실험 단말기는 Wi-Fi 네트웍을 사용하고
있습니다.

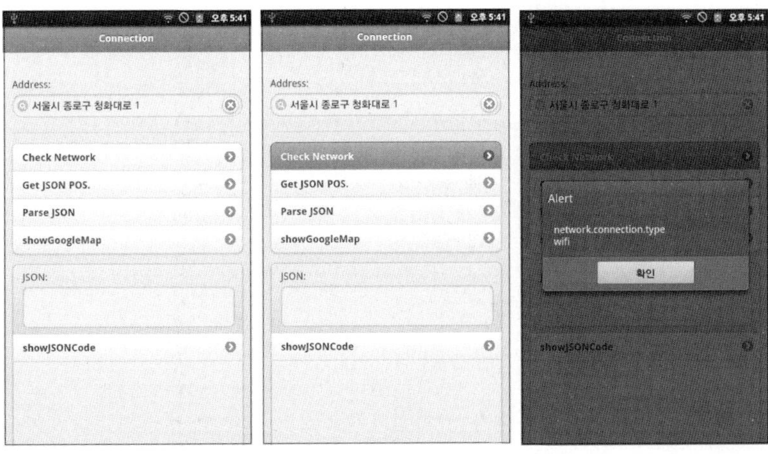

스텝 **2**

"Get JSON POS." 버튼을 터치하여 구글 서버에서 Address 입력란에 입력된 위치의 위성 정보를
받아와 항목명이 "JSON:"인 Textarea에 출력합니다. "Parse JSON" 버튼을 터치하면 Textarea에
있는 JSON 데이터를 해독하여 "json"이라는 전역 객체에 기록하고 위도와 경도 값을 대화상자에
출력해줍니다.

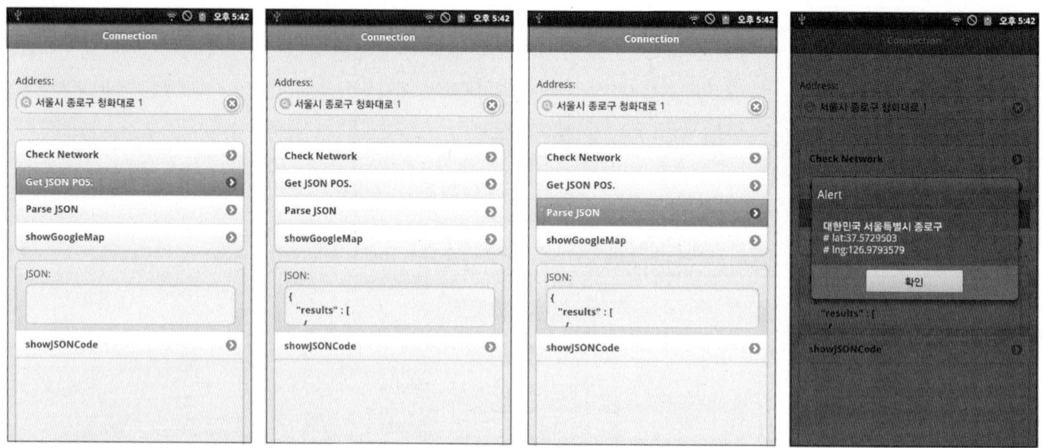

스텝 **3**

"showGoogleMap" 버튼을 터치하면 "json"이라는 전역 객체에 있는 위치 정보를 목표 지점으로
하는 구글 지도를 화면에 출력해줍니다.

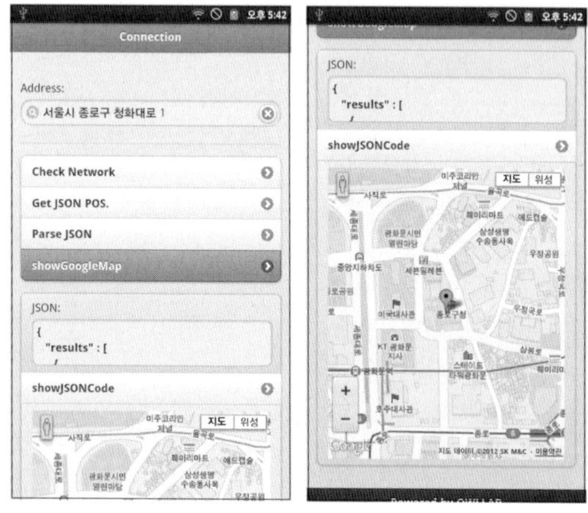

674

스텝 **4**

지도 위에 있는 "showJSONCode" 버튼을 터치하면 Textarea에 있는 JSON 데이터를 대화상자에
출력해줍니다.

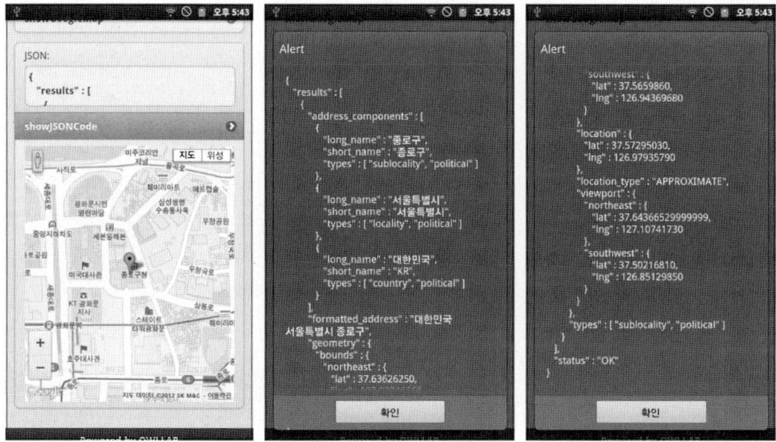

16.4 아이폰 포팅

Connection 프로젝트는 구글 서버와 통신을 해야 하기 때문에 다른 프로젝트에서 설명한 바와 같이 아이폰 포팅에서는 PhoneGap.plist 파일에서 구글 서버에 대한 whitelist 설정이 필요합니다.

아이폰 프로젝트 살펴보기

스텝 **1**

Xcode의 Connection 프로젝트 소스들은 그림과 같이 구성되어 있습니다.

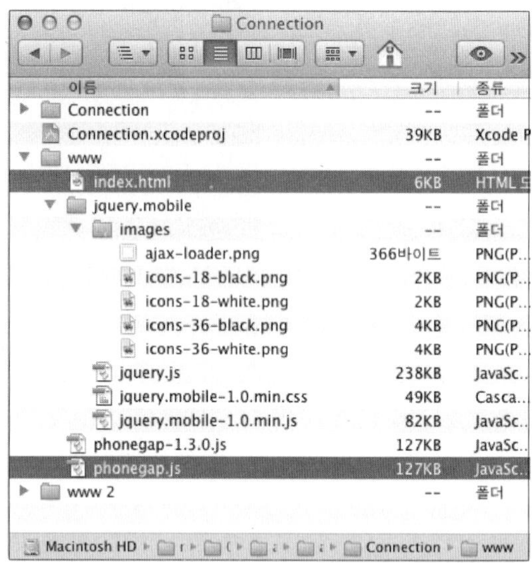

스텝 **2**

Xcode에서 본 Connection 프로젝트는 그림과 같습니다.

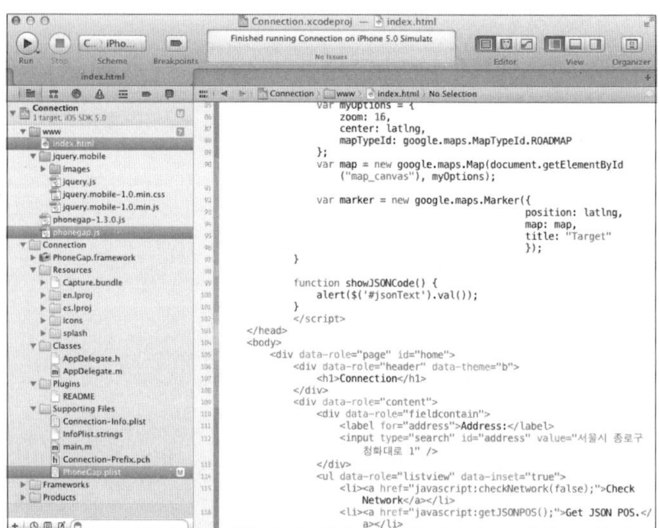

스텝 3

그림과 같이 PhoneGap.plist 파일을 열고 ExternalHosts 속성에 "*" 아이템을 추가합니다. 이렇게
하여 구글 서버와 통신을 할 수 있게 했습니다.

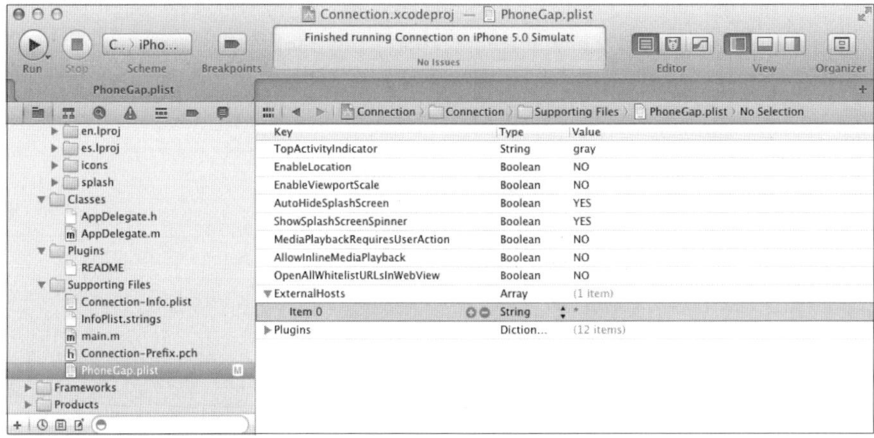

가상기기에서 실험하기

아이폰은 가상기기에서 실험하도록 하겠습니다.

스텝 1

아이폰에서는 사용자가 입력한 주소로 실험하겠습니다. 그림과 같이 입력란 오른쪽에 있는 "✕"
버튼을 클릭하여 기존 주소를 삭제하고 새로 입력했습니다. 먼저 "Check Network" 버튼을 클릭하여
네트웍 연결 상태를 확인해봅니다. 현재 Wi-Fi 네트웍을 사용하고 있는 것을 확인할 수 있습니다.

스텝 **2**

개발자 컴퓨터의 네트웍 케이블을 해제하고 무선 네트웍도 모두 차단 후에 다시 "Check Network" 버튼으로 네트웍 상태를 확인하면 그림과 같이 "unknown"으로 나타나는 것을 확인했습니다. 다시 네트웍 케이블을 개발 컴퓨터에 연결하고 "Get JSON POS" 버튼을 클릭하면 잠시 후 Textarea 에 JSON 데이터가 나타납니다. "Parse JSON" 버튼을 클릭하여 JSON 데이터를 해독해서 대화상자에 위치 정보를 출력해줍니다.

스텝 **3**

"showGoogleMap" 버튼을 클릭하면 그림과 같이 목표 지점의 지도가 나타납니다. "showJSONCode" 버튼을 클릭하면 대화상자에 JSON 데이터가 나타납니다.

16.5 윈도우폰 포팅

윈도우폰 포팅에서는 주요 포팅 과정과 윈도우폰에서 교정해야 할 자바스크립트들을 살펴보겠습니다. 스마트폰이 등장하기 전에는 개발자들이 윈도우에서는 되는데 맥이나 리눅스에서는 안 된다는 것이 화두였습니다. 그런데 이제는 아이폰이나 안드로이드폰에서는 되는데 윈도우폰에서는 안 된다는 것이 화두가 됐습니다. 십 수 년 만에 기술의 중심이 변한 것입니다.

윈도우폰 생성 및 웹 소스 포팅

스텝 **1**

"New Project" 창에서 폰갭 템플릿 프로젝트를 선택하고, "Connection"이라는 이름으로 프로젝트를 생성합니다.

스텝 **2**

비주얼 스튜디오에서 불필요한 웹 소스를 그림과 같이 삭제합니다.

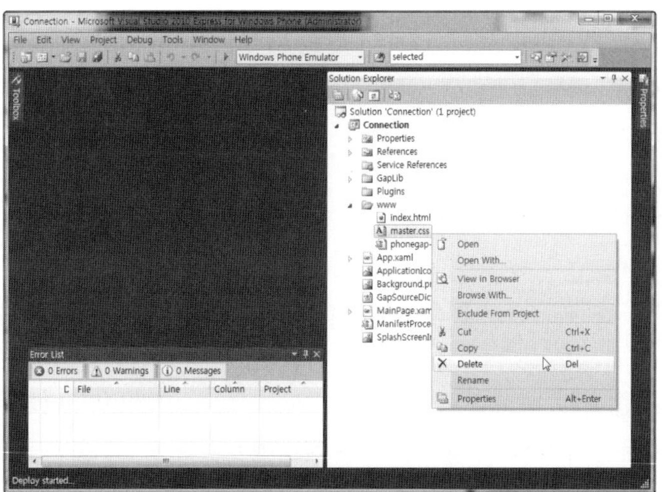

스텝 **3**

프로젝트에 있는 파일을 삭제할 때는 그림과 같이 확인 대화상자가 나타납니다.

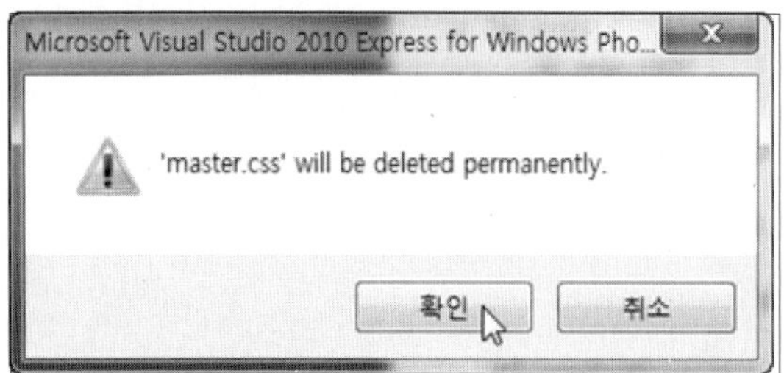

스텝 **4**

폰갭 라이브러리 파일을 복제하여 "phonegap.js" 파일을 만듭니다.

스텝 **5**

이전 프로젝트에서 만들었던 console.js 파일을 복사해옵니다.

스텝 **6**

안드로이드에서 만들었던 웹 소스를 복사해서 윈도우폰 프로젝트의 www 폴더에 복사해왔습니다.

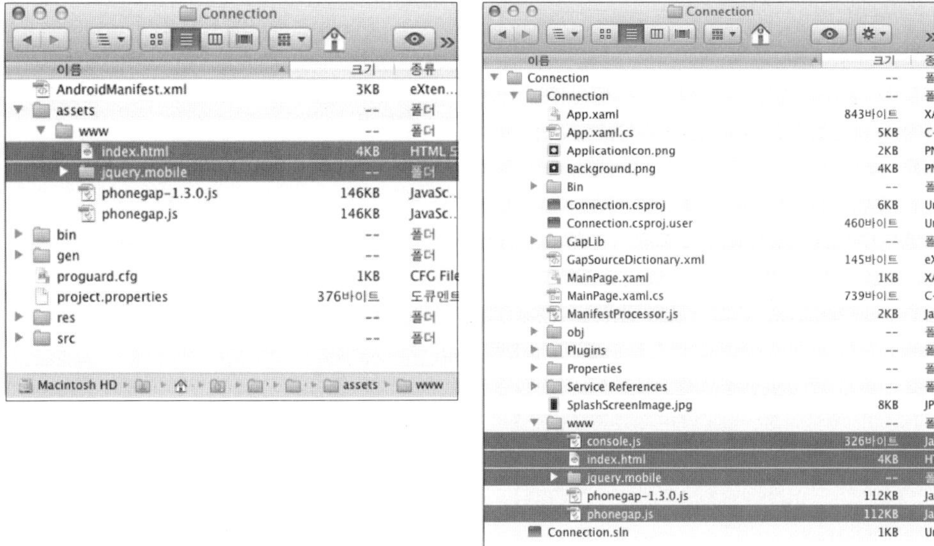

스텝 7

다시 비주얼 스튜디오 화면에서 복사해온 index.html 파일을 열고 console.js 파일을 참조하는 구문을 추가합니다.

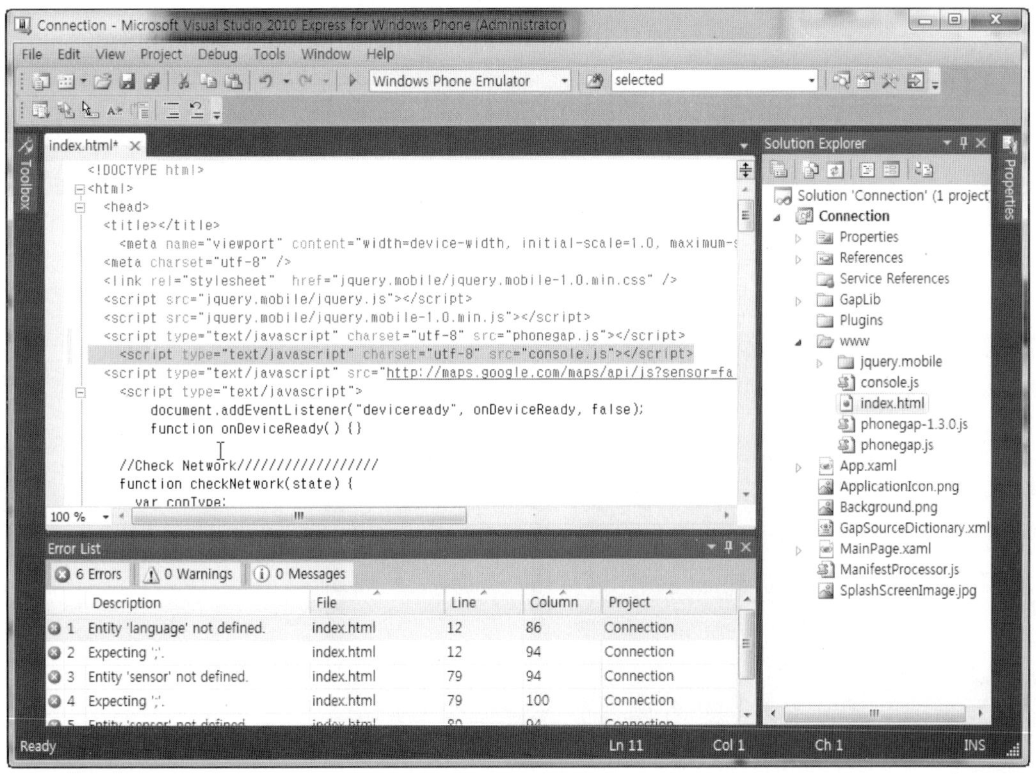

가상기기 1차 실험

스텝 1

이제 가상기지에서 실험할 준비가 완료됐습니다. "Start Debugger" 버튼을 클릭하여 가상기기에 설치합니다.

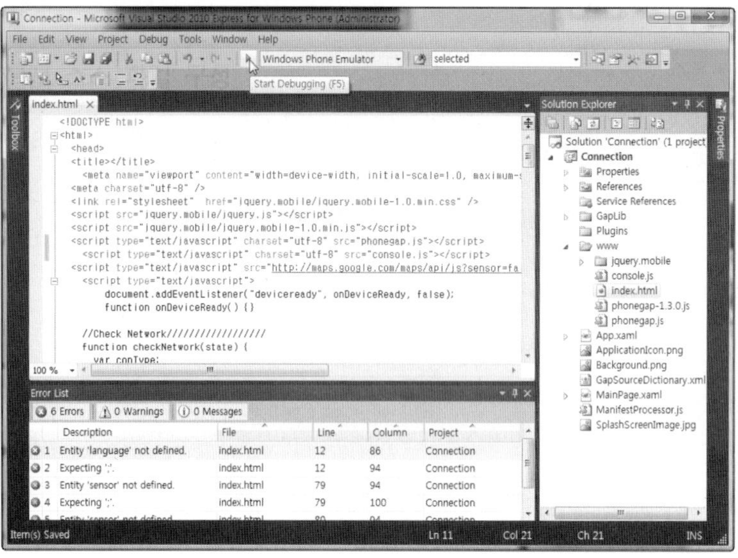

스텝 2

"Check Network" 버튼을 클릭했더니 "unknown"으로 네트웍 상태가 나타났습니다. 하지만 개발자 컴퓨터는 네트웍이 연결된 상태입니다. 이 실험으로는 폰갭이 7.1 가상기기에서는 올바로 지원하지 않는 것으로 보입니다. 대화상자에서 "ok" 버튼을 클릭했더니 그림과 같이 "false" 화면이 나타납니다. 이는 윈도우즈 익스플로러 구 버전에서 나타나는 현상입니다. 이 부분도 교정할 필요가 있습니다.

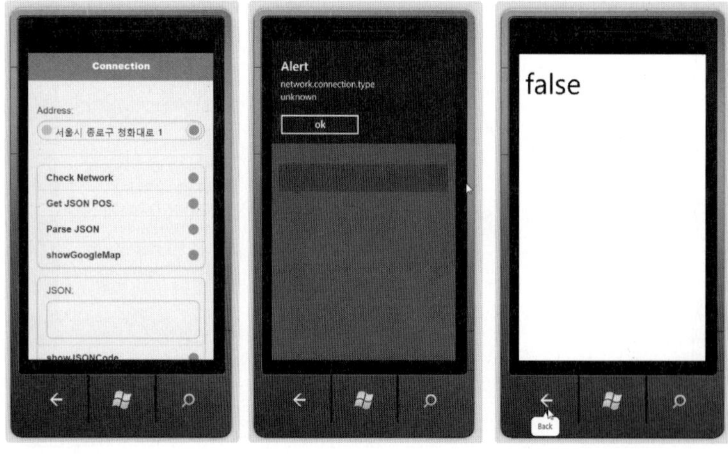

윈도우폰용 최적화

위의 문제점을 기초로 웹 소스를 다음과 같이 교정해보겠습니다. 이 교정은 윈도우폰만을 위한 교정임을 유의하면서 살펴보기 바랍니다. 비주얼 스튜디오는 HTML 및 자바스크립트 작성에 대한 지원이 부족해서 필자는 드림위버를 사용하여 index.html 파일을 수정하기로 했습니다.

스텝 **1**

그림과 같이 console.js 파일을 참조하는 구문을 확인합니다.

```html
<!DOCTYPE html>
<html>
  <head>
  <title></title>
    <meta name="viewport" content="width=device-width, initial-scale=1.0,
maximum-scale=1.0, user-scalable=no;" />
    <meta charset="utf-8" />
    <link rel="stylesheet"  href="jquery.mobile/jquery.mobile-1.0.min.css" />
    <script src="jquery.mobile/jquery.js"></script>
    <script src="jquery.mobile/jquery.mobile-1.0.min.js"></script>
    <script type="text/javascript" charset="utf-8" src="phonegap.js"></script>
    <script type="text/javascript" charset="utf-8" src="console.js"></script>
    <script type="text/javascript" src=
"http://maps.google.com/maps/api/js?sensor=false&language=ko"></script>
    <script type="text/javascript">
        document.addEventListener("deviceready", onDeviceReady, false);
        function onDeviceReady() {}
```

스텝 **2**

checkNetwork() 함수는 항상 true 또는 false를 리턴하기 때문에 윈도우폰에서 링크 설정으로 사용하기에 부족함이 있습니다. 그래서 그림과 같이 checkNetworkOnly() 함수를 추가했습니다.

```javascript
    //Check Network/////////////////////
    function checkNetwork(state) {
        var conType;
        try {
            conType = navigator.network.connection.type;
        } catch (err) {
            //alert(err);
        }
        if (conType=="none" || conType=="unknown") state = false;
        if (!state) alert("network.connection.type\n"+conType);
        return state;
    }

    function checkNetworkOnly() {
        checkNetwork(false);
    }
```

스텝 3

다음과 같이 initRequest() 함수도 교정했습니다.

```
33        //AJAX///////////////////////
34        var request = null;
35        function initRequest() {
36            //if (checkNetwork(true)==false) return;
37            //try {
38            //   request = new XMLHttpRequest();
39            //} catch (err) {
40                try {
41                    request = new ActiveXObject("Msxml2.XMLHTTP");
42                } catch (err) {
43                    try {
44                        request = new ActiveXObject("Microsoft.XMLHTTP");
45                    } catch (err) {
46                        request = null;
47                    }
48                }
49            //}
50        }
```

소스라인 36 : initRequest() 함수에서도 checkNetwork() 구문이 이 실험에서 무효하기 때문에 checkNetwork() 구문을 주석 처리했습니다.

소스라인 37~39, 49 : 앞의 1차 실험에서 보이지 않지만 윈도우폰 7.1 가상기기는 XMLHttpRequest()를 인식하는데 올바로 통신을 못해 이 부분을 주석 처리하고 Msxml2.XMLHTTP를 1 순위로 교정했습니다.

스텝 4

윈도우폰에서는 한글을 자동으로 URI 인코딩 처리하지 못하는 문제가 있습니다. 그래서 그림과 같이 자바스크립트의 encodeURI() 명령을 사용하여 한글 주소를 인코딩하도록 교정했습니다.

```
79        //GoogleMap////////////////
80        function getJSONPOS() {
81            //var url =
"http://maps.google.com/maps/api/geocode/json?address="+$('#address').val()+"&sensor=true";
82            var url = "http://maps.google.co.kr/maps/api/geocode/json?address="+encodeURI(
$('#address').val())+"&sensor=true";
83            ajaxGET(url);
84        }
85
86        function showGoogleMap() {
87            var latlng = new google.maps.LatLng(json.results[0].geometry.location.lat,
json.results[0].geometry.location.lng);
88            var myOptions = {
89                zoom: 16,
90                center: latlng,
91                mapTypeId: google.maps.MapTypeId.ROADMAP
92            };
```

스텝 5

″Check Network″ 링크 버튼의 설정을 checkNetworkOnly() 함수로 교체했습니다.

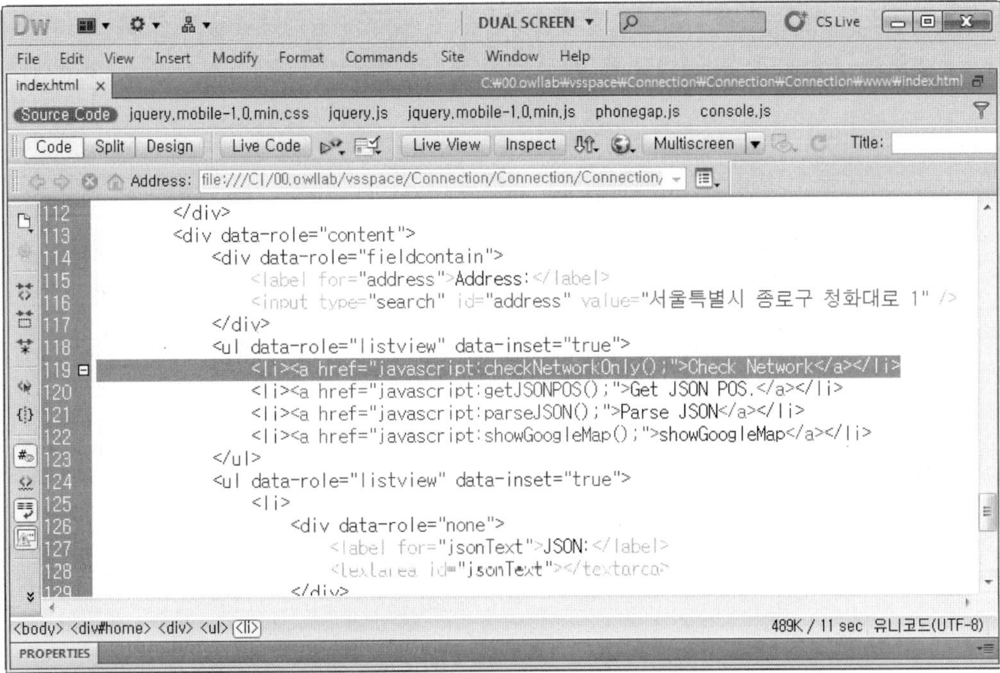

스텝 6

비주얼 스튜디오로 돌아와서 교정한 index.html 파일을 확인합니다. 그리고 ″Start Debugger″ 버튼을 클릭하여 2차 실험을 시도합니다.

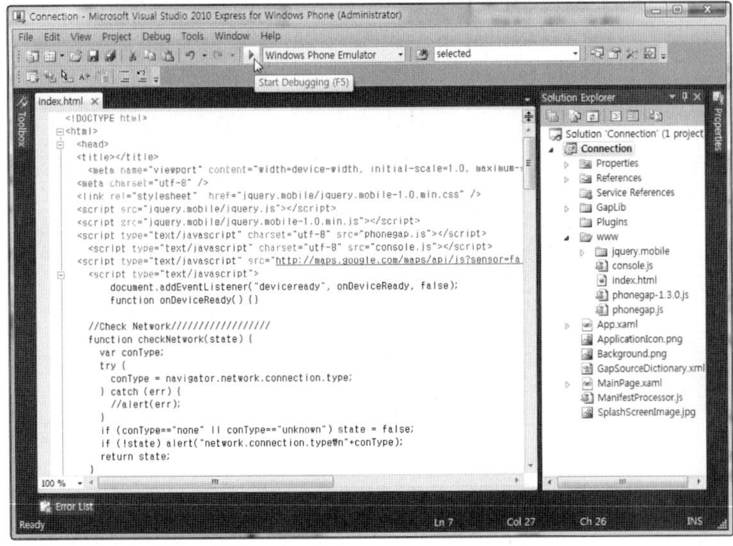

가상기기 2차 실험

스텝 **1**

먼저 ″Check Network″ 버튼을 다시 실험해봅니다. 네트웍 상태와 무관하게 ″Get JSON POS.″ 버튼을 클릭하고, ″Parse JSON″ 버튼을 클릭하여 입력한 주소에 대한 목표 좌표를 구합니다.

 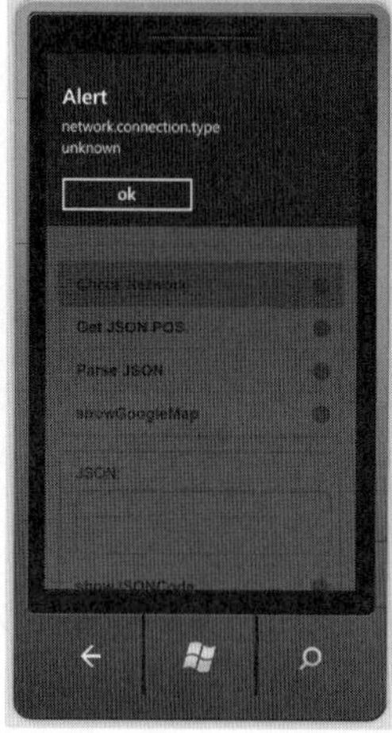 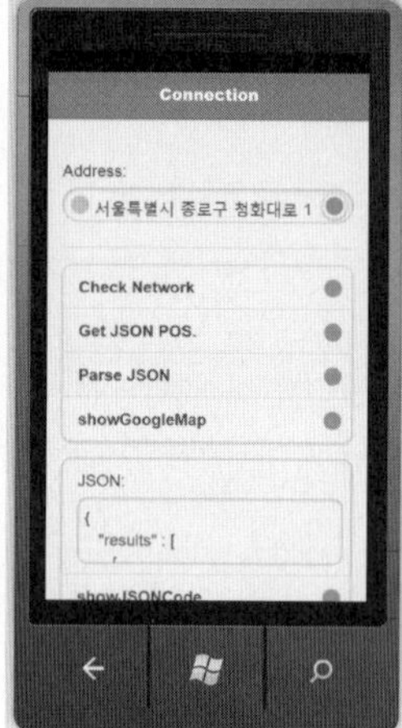 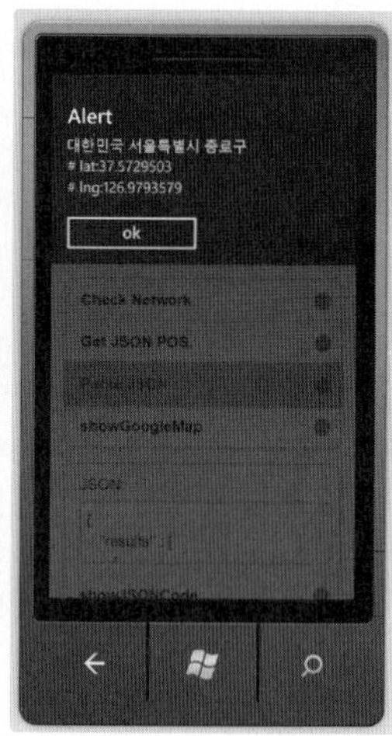

스텝 **2**

″showGoogleMap″ 버튼을 클릭하여 구글맵을 화면에 출력해봅니다. 끝으로 ″showJSONCode″ 버튼을 클릭하여 JSON 데이터를 대화상자에 출력해봅니다.

 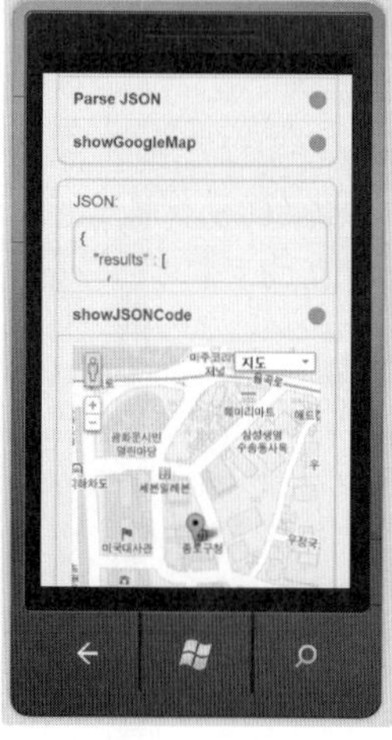 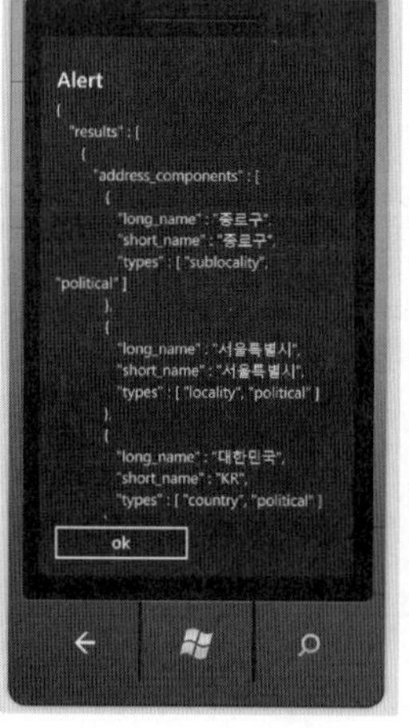 

Chapter 17

Geolocation : GPS 위치정보

폰갭은 Geolocation API를 통해 단말기에서 지원하는 GPS (Global Position System) 센서와 연동할 수 있게 지원합니다. 이 API는 W3C Geolocation API를 기반으로 만들었습니다. 폰갭에서 지원하는 위성 위치정보 솔루션은 주로 단말기가 감지하는 GPS 정보를 웹 페이지로 가져오는데 주안점이 있습니다.

이 솔루션은 현재 위치만 감지하는 geolocation.getCurrentPosition() 메소드와 위치 변동을 감지하는 geolocation.watchPosition() 메소드를 제공하며 이에 따른 객체들과 콜백 함수들로 구성됩니다.

17.1 Geolocation의 사용

폰갭의 Geolocation 솔루션은 다음과 같은 요소로 구성되어 있습니다.

구분	객체 및 메소드	기능
객체	Position 객체	위성 위치정보를 기록할 수 있는 객체
	PositionError 객체	geolocationError() 콜백 함수에서 전달받는 GEO 오류 객체
	Coordinates 객체	위성 위치를 정의하는 좌표 객체
메소드 매개변수	geolocationSuccess() 함수	위치정보를 감지하는데 성공했을 때 실행하는 함수. 이 함수는 Position 객체를 전달받음
	geolocationError() 함수	위치정보를 감지하는데 오류가 발생할 때 실행하는 콜백 함수. 이 함수는 PositionError 객체를 전달받음
	geolocationOptions 객체	geolocation.getCurrentPosition() 메소드와 geolocation.watchPosition() 메소드의 옵션 매개변수로 사용하며, 위성 정보 감지 옵션을 정의하는 객체
메소드	geolocation.getCurrentPosition () 메소드	단말기의 현재 위성 위치를 감지하는 메소드
	geolocation.watchPosition () 메소드	단말기의 위성 위치 변동을 감지하는 메소드

geolocation.clearWatch() 메소드	geolocation.watchPosition() 메소드로 실행한 감지 명령을 종료하는 메소드

Position 객체

단말기에서 전달받은 위치정보를 기록하고 있는 객체입니다. 이와 같이 단말기에서 가져온 위치정보 관련 객체들은 모두 읽기 전용이라는 것을 상기하고 살펴보기 바랍니다.

❶ 속성

- coords : Coordinates 형으로 위성좌표를 기록하고 있습니다.
- timestamp : DOMTimeStamp 형으로 가져온 위성좌표의 생성 시각을 밀리초 단위로 기록합니다.

❷ 지원하는 플랫폼 : Android, iPhone, Windows Phone 7 (Mango), BlackBerry (OS 4.6), Blackberry WebWorks (OS 5.0 and higher)

활용 사례는 다음과 같습니다.

```javascript
document.addEventListener("deviceready", onDeviceReady, false);
function onDeviceReady() {}
function getCurrentLocation() {
    navigator.geolocation.getCurrentPosition(onSuccess, onError); }
function onSuccess(position) {
    var coordinates = position.coords;
    var timestamp = position.timestamp;
    var gpsInfo = "[GPS Information]"
    + "\n# latitude: "+ coordinates.latitude
    + "\n# longitude: "+ coordinates.longitude
    + "\n# altitude: "+ coordinates.altitude
    + "\n# accuracy: "+ coordinates.accuracy
    + "\n# altitudeAccuracy: "+ coordinates.altitudeAccuracy
    + "\n# heading: "+ coordinates.heading
    + "\n# speed: "+ coordinates.speed
    + "\n# timestamp: "+ timestamp
    + "\n# Date: "+ new Date(timestamp);
    alert(gpsInfo); }
function onError(positionError) {
    var errMsg = "[PositionError]"
    + "\n# code: "+ positionError.code
    + "\n# message: "+ positionError.message;
    alert(errMsg); }
```

PositionError 객체

단말기에서 위치정보를 가져오는데 실패했을 경우 전달받는 위성 위치 오류 객체입니다.

❶ 속성
- code : 오류 코드를 기록하는 속성입니다. 아래의 오류 코드 중 하나를 값으로 사용합니다.
  PositionError.PERMISSION_DENIED : 권한 부족으로 인한 오류
  PositionError.POSITION_UNAVAILABLE : 위치를 감지할 수 없음
  PositionError.TIMEOUT : 감지 시간 초과
- message : 오류 메시지를 기록하는 속성입니다.

❷ 지원하는 플랫폼 : Android, iPhone, Windows Phone 7 (Mango), BlackBerry (OS 4.6), Blackberry WebWorks (OS 5.0 and higher)

활용 사례는 다음과 같습니다.

```
document.addEventListener("deviceready", onDeviceReady, false);
function onDeviceReady() {}

function getCurrentLocation() {
    navigator.geolocation.getCurrentPosition(onSuccess, onError); }
function onSuccess(position) {
    var coordinates = position.coords;
    var timestamp = position.timestamp;
    var gpsInfo = "[GPS Information]"
    + "\n# latitude: "+ coordinates.latitude
    + "\n# longitude: "+ coordinates.longitude
    + "\n# altitude: "+ coordinates.altitude
    + "\n# accuracy: "+ coordinates.accuracy
    + "\n# altitudeAccuracy: "+ coordinates.altitudeAccuracy
    + "\n# heading: "+ coordinates.heading
    + "\n# speed: "+ coordinates.speed
    + "\n# timestamp: "+ timestamp
    + "\n# Date: "+ new Date(timestamp);
    alert(gpsInfo); }
function onError(positionError) {
    var errMsg = "[PositionError]"
    + "\n# code: "+ positionError.code
    + "\n# message: "+ positionError.message;
    alert(errMsg);
}
```

Coordinates 객체

Position 객체의 coords 속성이 Coordinates 객체를 받아오며 이 객체에는 위성좌표의 정보가 있습니다.

❶ 속성

- latitude : 위도 값을 Number 형으로 기록합니다.
- longitude : 경도 값을 Number 형으로 기록합니다.
- altitude : 고도 값을 Number 형으로 기록합니다.
- accuracy : 정확도를 Number 형으로 기록하며 미터 단위를 사용합니다.
- altitudeAccuracy : 고도에 대한 정확도를 Number 형으로 기록하며 미터 단위를 사용합니다.
- heading : 진북 방향을 시계 방향의 각도 값으로 기록합니다. 값은 Number 형을 사용합니다.
- speed : 단말기의 속도를 meters/sec 단위로 기록합니다. 값은 Number 형을 사용합니다.

❷ 지원하는 플랫폼 : Android, iPhone, Windows Phone 7 (Mango), BlackBerry (OS 4.6), Blackberry WebWorks (OS 5.0 and higher)

활용 사례는 다음과 같습니다.

```javascript
document.addEventListener("deviceready", onDeviceReady, false);
function onDeviceReady() {}
function getCurrentLocation() {
    navigator.geolocation.getCurrentPosition(onSuccess, onError); }
function onSuccess(position) {
    var coordinates = position.coords;
    var timestamp = position.timestamp;
    var gpsInfo = "[GPS Information]"
    + "\n# latitude: "+ coordinates.latitude
    + "\n# longitude: "+ coordinates.longitude
    + "\n# altitude: "+ coordinates.altitude
    + "\n# accuracy: "+ coordinates.accuracy
    + "\n# altitudeAccuracy: "+ coordinates.altitudeAccuracy
    + "\n# heading: "+ coordinates.heading
    + "\n# speed: "+ coordinates.speed
    + "\n# timestamp: "+ timestamp
    + "\n# Date: "+ new Date(timestamp);
    alert(gpsInfo); }
function onError(positionError) {
    var errMsg = "[PositionError]"
    + "\n# code: "+ positionError.code
    + "\n# message: "+ positionError.message;
    alert(errMsg); }
```

geolocationSuccess() 콜백 함수

geolocation.getCurrentPosition() 메소드나 geolocation.watchPosition() 메소드에서 위치정보를 성공적으로 가져왔을 때 실행하는 콜백 함수입니다. 이 함수는 Position 객체를 전달받습니다.

사용형식	`function(position) {` `}`
매개변수	position : 위성 위치정보를 가진 Position 객체를 전달받는 매개변수입니다.

❶ 지원하는 플랫폼 : Android, iPhone, Windows Phone 7 (Mango), BlackBerry (OS 4.6), Blackberry WebWorks (OS 5.0 and higher)

활용 사례는 다음과 같습니다.

```javascript
document.addEventListener("deviceready", onDeviceReady, false);
function onDeviceReady() {}
function getCurrentLocation() {
    navigator.geolocation.getCurrentPosition(onSuccess, onError);
}

function onSuccess(position) {
    var coordinates = position.coords;
    var timestamp = position.timestamp;
    var gpsInfo = "[GPS Information]"
    + "\n# latitude: "+ coordinates.latitude
    + "\n# longitude: "+ coordinates.longitude
    + "\n# altitude: "+ coordinates.altitude
    + "\n# accuracy: "+ coordinates.accuracy
    + "\n# altitudeAccuracy: "+ coordinates.altitudeAccuracy
    + "\n# heading: "+ coordinates.heading
    + "\n# speed: "+ coordinates.speed
    + "\n# timestamp: "+ timestamp
    + "\n# Date: "+ new Date(timestamp);
    alert(gpsInfo);
}

function onError(positionError) {
    var errMsg = "[PositionError]"
    + "\n# code: "+ positionError.code
    + "\n# message: "+ positionError.message;
    alert(errMsg);
}
```

geolocationError() 콜백 함수

geolocation.getCurrentPosition() 메소드나 geolocation.watchPosition() 메소드에서 위치정보를 가져오는데 실패했을 때 실행하는 콜백 함수입니다. 이 함수는 PositionError 객체를 전달받습니다.

사용형식	`function(positionError) {` `}`
매개변수	positionError : 오류 정보를 PositionError 객체로 전달받는 매개변수입니다.

❶ 지원하는 플랫폼 : Android, iPhone, Windows Phone 7 (Mango), BlackBerry (OS 4.6), Blackberry WebWorks (OS 5.0 and higher)

활용 사례는 다음과 같습니다.

```javascript
document.addEventListener("deviceready", onDeviceReady, false);
function onDeviceReady() {}
function getCurrentLocation() {
    navigator.geolocation.getCurrentPosition(onSuccess, onError);
}

function onSuccess(position) {
    var coordinates = position.coords;
    var timestamp = position.timestamp;
    var gpsInfo = "[GPS Information]"
    + "\n# latitude: "+ coordinates.latitude
    + "\n# longitude: "+ coordinates.longitude
    + "\n# altitude: "+ coordinates.altitude
    + "\n# accuracy: "+ coordinates.accuracy
    + "\n# altitudeAccuracy: "+ coordinates.altitudeAccuracy
    + "\n# heading: "+ coordinates.heading
    + "\n# speed: "+ coordinates.speed
    + "\n# timestamp: "+ timestamp
    + "\n# Date: "+ new Date(timestamp);
    alert(gpsInfo);
}

function onError(positionError) {
    var errMsg = "[PositionError]"
    + "\n# code: "+ positionError.code
    + "\n# message: "+ positionError.message;
    alert(errMsg);
}
```

geolocationOptions 객체

geolocation.getCurrentPosition() 메소드나 geolocation.watchPosition() 메소드에서 사용하는 옵션 매개변수입니다. 이 객체의 사용 형식은 다음과 같습니다.

```
var geolocationOptions = {maximumAge: 5000, timeout: 10000, enableHighAccuracy: true};
```

❶ 속성
- frequency : 위치정보에 대한 감지 간격을 밀리초로 정의합니다. 기본 값은 10000 밀리초인데, 폰갭 매뉴얼에 따르면 이 속성은 W3C 스펙이 아니어서 앞으로 폰갭에서 지원하지 않을 계획이라고 하며 대신 maximumAge 속성을 사용하기를 권장합니다.
- enableHighAccuracy : 가장 정확도가 높은 감지를 하도록 요청하는 속성이며 Boolean 형으로 정의합니다.
- timeout : 감지 제한시간을 Number 형으로 정의합니다. 밀리초 단위를 사용합니다.
- maximumAge : 감지한 위치 값을 메모리에 기억하는 시간을 밀리초 단위로 정의하며 Number 형을 사용합니다.

❷ 지원하는 플랫폼 : Android, iPhone, Windows Phone 7 (Mango), BlackBerry (OS 4.6), Blackberry WebWorks (OS 5.0 and higher)

❸ 안드로이드 특기사항 : 안드로이드 2.X 버전의 가상기기에서는 enableHighAccuracy 속성을 true로 설정해야 위치정보를 가져올 수 있습니다.

활용 사례는 다음과 같습니다.

```
document.addEventListener("deviceready", onDeviceReady, false);
function onDeviceReady() {}

function watchLocation() {
    var geolocationOptions = {maximumAge: 3000, timeout: 5000,
        enableHighAccuracy: true};
    watchId = navigator.geolocation.watchPosition(onSuccess, onError, geolocationOptions);
}

function clearWatch() {
    navigator.geolocation.clearWatch(watchId);
    alert("watching is stopped.");
}
```

```javascript
function onSuccess(position) {
    var coordinates = position.coords;
    var timestamp = position.timestamp;
    var gpsInfo = "[GPS Information]"
    + "\n# latitude: "+ coordinates.latitude
    + "\n# longitude: "+ coordinates.longitude
    + "\n# altitude: "+ coordinates.altitude
    + "\n# accuracy: "+ coordinates.accuracy
    + "\n# altitudeAccuracy: "+ coordinates.altitudeAccuracy
    + "\n# heading: "+ coordinates.heading
    + "\n# speed: "+ coordinates.speed
    + "\n# timestamp: "+ timestamp
    + "\n# Date: "+ new Date(timestamp);
    alert(gpsInfo);
}

function onError(positionError) {
    var errMsg = "[PositionError]"
    + "\n# code: "+ positionError.code
    + "\n# message: "+ positionError.message;
    alert(errMsg);
}
```

geolocation.getCurrentPosition() 메소드

단말기의 현재 위성 위치정보를 가져오는 메소드입니다.

사용형식	navigator.geolocation.getCurrentPosition(geolocationSuccess,[geolocationError], [geolocationOptions]);
매개변수	• geolocationSuccess : 현재 위치정보를 성공적으로 가져왔을 때 실행하는 콜백 함수를 정의합니다. • geolocationError : 오류가 발생할 때 실행하는 콜백 함수를 정의합니다. 이 매개변수는 옵션입니다. • geolocationOptions : 위성 위치정보를 감지할 때 사용하는 옵션 설정입니다. 이 매개변수는 옵션입니다.

❶ 지원하는 플랫폼 : Android, iPhone, Windows Phone 7 (Mango), BlackBerry (OS 4.6), Blackberry WebWorks (OS 5.0 and higher)

활용 사례는 다음과 같습니다.

694

```javascript
document.addEventListener("deviceready", onDeviceReady, false);
function onDeviceReady() {}

function getCurrentLocation() {
    navigator.geolocation.getCurrentPosition(onSuccess, onError);
}

function onSuccess(position) {
    var gpsInfo = "[GPS Information]"
    + "\n# latitude: "+ position.coords.latitude
    + "\n# longitude: "+ position.coords.longitude
    + "\n# altitude: "+ position.coords.altitude
    + "\n# accuracy: "+ position.coords.accuracy
    + "\n# altitudeAccuracy: "+ position.coords.altitudeAccuracy
    + "\n# heading: "+ position.coords.heading
    + "\n# speed: "+ position.coords.speed
    + "\n# timestamp: "+ position.timestamp
    + "\n# Date: "+ new Date(position.timestamp);
    alert(gpsInfo);
}

function onError(positionError) {
    var errMsg = "[PositionError]"
    + "\n# code: "+ positionError.code
    + "\n# message: "+ positionError.message;
    alert(errMsg); }
```

geolocation.watchPosition() 메소드

단말기의 위치가 변동되는 것을 감지하는 메소드입니다.

사용형식	navigator.geolocation.watchPosition(geolocationSuccess, [geolocationError], [geolocationOptions]);
매개변수	• geolocationSuccess : 단말기의 위치 변경 감지를 성공적으로 가져왔을 때 실행하는 콜백 함수를 정의합니다. • geolocationError : 오류가 발생할 때 실행하는 콜백 함수를 정의합니다. 이 매개변수는 옵션입니다. • geolocationOptions : 위성 위치정보를 감지할 때 사용하는 옵션 설정입니다. 이 매개변수는 옵션입니다.

❶ 지원하는 플랫폼 : Android, iPhone, Windows Phone 7(Mango), BlackBerry(OS 4.6), Blackberry WebWorks (OS 5.0 and higher)

활용 사례는 다음과 같습니다.

```javascript
document.addEventListener("deviceready", onDeviceReady, false);
function onDeviceReady() {}
function watchLocation() {
    var geolocationOptions = {maximumAge: 3000, timeout: 5000, enableHighAccuracy: true
};
    watchId = navigator.geolocation.watchPosition(onSuccess, onError,
            geolocationOptions);
}

function clearWatch() {
    navigator.geolocation.clearWatch(watchId);
    alert("watching is stopped.");
}

function onSuccess(position) {
    var gpsInfo = "[GPS Information]"
    + "\n# latitude: "+ position.coords.latitude
    + "\n# longitude: "+ position.coords.longitude
    + "\n# altitude: "+ position.coords.altitude
    + "\n# accuracy: "+ position.coords.accuracy
    + "\n# altitudeAccuracy: "+ position.coords.altitudeAccuracy
    + "\n# heading: "+ position.coords.heading
    + "\n# speed: "+ position.coords.speed
    + "\n# timestamp: "+ position.timestamp
    + "\n# Date: "+ new Date(position.timestamp);
    alert(gpsInfo);
}

function onError(positionError) {
    var errMsg = "[PositionError]"
    + "\n# code: "+ positionError.code
    + "\n# message: "+ positionError.message;
    alert(errMsg);
}
```

geolocation.clearWatch() 메소드

geolocation.watchPosition()으로 실행 중인 위치 변동 감지 서비스를 종료하는 메소드입니다.

사용형식	navigator.geolocation.clearWatch(watchID);
매개변수	watchID : geolocation.watchPosition() 메소드로 리턴받은 위치 변동 감지 서비스 아이디입니다. 이 아이디를 기준으로 서비스를 종료합니다.

❶ 지원하는 플랫폼 : Android, iPhone, Windows Phone 7 (Mango), BlackBerry (OS 4.6), Blackberry WebWorks (OS 5.0 and higher)

활용 사례는 다음과 같습니다.

```javascript
document.addEventListener("deviceready", onDeviceReady, false);
function onDeviceReady() {}
function watchLocation() {
    var geolocationOptions = {maximumAge: 3000, timeout: 5000, enableHighAccuracy: true
};
    watchId = navigator.geolocation.watchPosition(onSuccess, onError, geolocationOptions);
}
function clearWatch() {
    navigator.geolocation.clearWatch(watchId);
    alert("watching is stopped.");
}
function onSuccess(position) {
    var gpsInfo = "[GPS Information]"
    + "\n# latitude: "+ position.coords.latitude
    + "\n# longitude: "+ position.coords.longitude
    + "\n# altitude: "+ position.coords.altitude
    + "\n# accuracy: "+ position.coords.accuracy
    + "\n# altitudeAccuracy: "+ position.coords.altitudeAccuracy
    + "\n# heading: "+ position.coords.heading
    + "\n# speed: "+ position.coords.speed
    + "\n# timestamp: "+ position.timestamp
    + "\n# Date: "+ new Date(position.timestamp);
    alert(gpsInfo); }
function onError(positionError) {
    var errMsg = "[PositionError]"
    + "\n# code: "+ positionError.code
    + "\n# message: "+ positionError.message;
    alert(errMsg); }
```

17.2 Geolocation 폰갭 프로젝트

이 프로젝트는 폰갭의 Geolocation API를 실험할 수 있도록 구성했습니다. jQuery Mobile 라이브러리를 사용자 인터페이스로 사용하고 있다는 점 외에 눈여겨 볼만한 기술사항이라면 자바스크립트에 밀리초를 제어하는 간단한 사례가 포함되어 있다는 것입니다.

웹앱 소스 파일 구성

이 프로젝트도 폰갭의 라이브러리와 jQuery Mobile 라이브러리를 그림과 같이 연동하도록 준비했습니다. 폰갭의 Geolocation에 대한 실험 로직은 모두 index.html 파일에 있습니다.

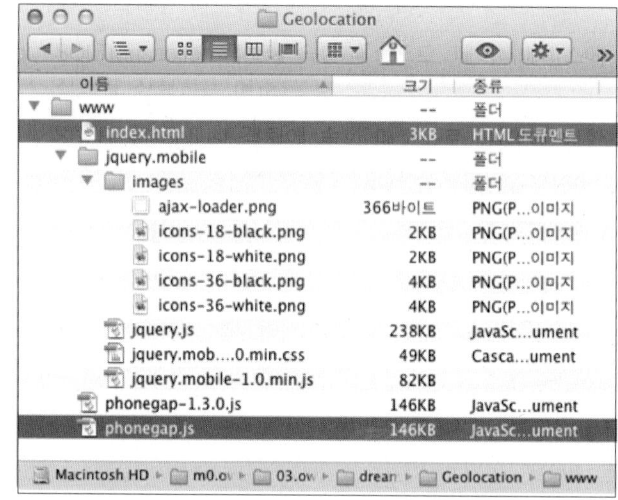

웹앱 소스 화면 분석

index.html 파일에서 사용하고 있는 사용자 인터페이스는 그림과 같은 화면으로 구성되어 있습니다. Geolocation 기능을 실험해볼 수 있는 링크 버튼들은 다음과 같은 기능을 합니다.

- Get Current Location : 단말기의 현재 위치를 요청합니다.
- Watch Location : 단말기가 위치 변동을 감지했을 때 실행하는 기능입니다.
- Clear Watch : 위치 변동 감지를 종료하는 기능입니다.

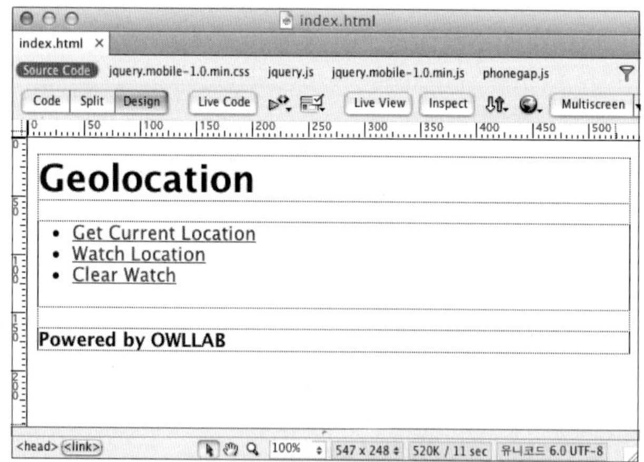

HTML DOM 소스 분석

index.html 파일을 소스에서 살펴봅니다. HTML DOM 객체의 구조는 매우 간단한 링크 버튼으로 구성했습니다.

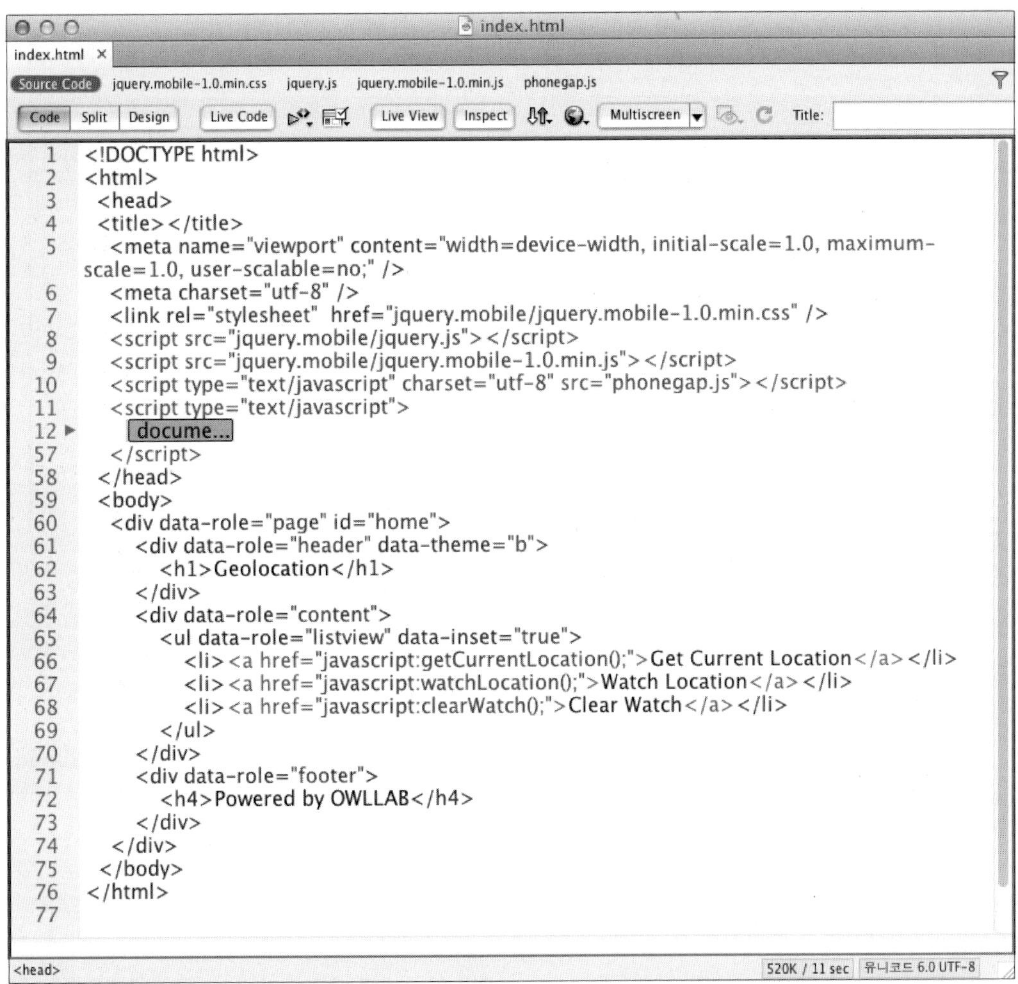

소스라인 5 : 화면 출력 비율을 1:1로 설정했습니다.

소스라인 8~11 : jQuery Mobile과 폰갭 라이브러리를 참조합니다.

소스라인 11~57 : 폰갭의 Geolocation 기능을 실험하기 위한 자바스크립트 영역입니다.

소스라인 64~70 : jQuery Mobile의 내용 영역에 목록 형식으로 앞서 언급한 3개의 링크 버튼을 배치하고 있습니다.

자바스크립트 소스 분석

스텝 1

폰갭의 Geolocation에 대한 자바스크립트 소스를 살펴봅니다.

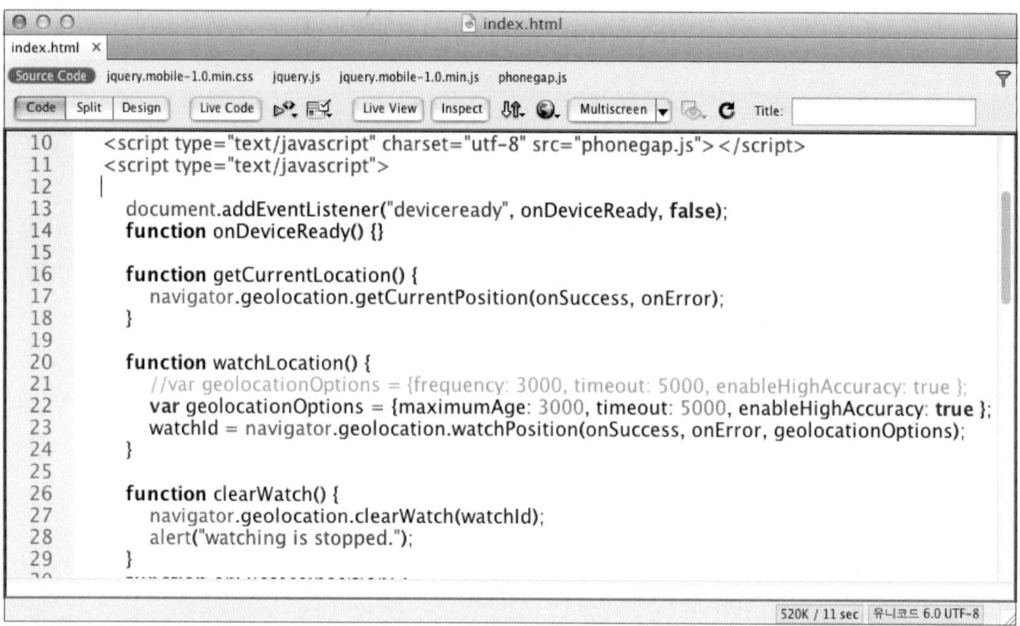


```
10      <script type="text/javascript" charset="utf-8" src="phonegap.js"></script>
11      <script type="text/javascript">
12        |
13          document.addEventListener("deviceready", onDeviceReady, false);
14          function onDeviceReady() {}
15
16          function getCurrentLocation() {
17             navigator.geolocation.getCurrentPosition(onSuccess, onError);
18          }
19
20          function watchLocation() {
21             //var geolocationOptions = {frequency: 3000, timeout: 5000, enableHighAccuracy: true };
22             var geolocationOptions = {maximumAge: 3000, timeout: 5000, enableHighAccuracy: true };
23             watchId = navigator.geolocation.watchPosition(onSuccess, onError, geolocationOptions);
24          }
25
26          function clearWatch() {
27             navigator.geolocation.clearWatch(watchId);
28             alert("watching is stopped.");
29          }
```


소스라인 13~14 : 폰갭 라이브러리를 로드합니다.

소스라인 16~18 : 단말기의 현재 위치를 요청하는 함수입니다. geolocation.getCurrentPosition()
메소드로 현재의 위성 위치 정보를 단말기에 요청합니다. 이 메소드는 위치 감지에 성공하면
onSuccess() 콜백 함수를 실행하고, 실패하면 onError() 콜백 함수를 실행할 것입니다.

소스라인 20~24 : 단말기의 위치 변동 감지를 요청하는 함수입니다. geolocation.watchPosition()
메소드로 위치 감지를 요청하는데, geolocationOptions 속성을 이용하여 감지 주기와 타임아웃,
정확도 옵션을 설정하고 있습니다. 이 메소드는 감지 아이디를 실행 결과로 리턴하여 watchId
라는 전역 객체에 기록해둘 것입니다. 또한 위치 변동 감지에 성공하면 onSuccess() 콜백 함수를
실행할 것이고, 실패하면 onError() 콜백 함수를 실행할 것입니다.

소스라인 26~29 : 앞의 geolocation.watchPosition() 메소드로 감지 중인 변동 감지를 종료하는
함수입니다. 여기서는 초보자를 위해 간단하게 변동 감지의 시작과 종료 구문을 구사하고 있지만,
실제 앱 제작에 사용할 때는 watchId를 통해 이미 작동 중인 변동 감지를 확인한 후 감지의 시작과
종료를 할 필요가 있습니다. 이 소스로 예외적인 실험을 해보면 알게 되겠지만, 감지 요청을 중복해서
하면 이전의 감지 아이디를 알지 못해 감지를 종료할 수 없는 문제가 발생할 수 있고, 중복 감지

요청을 하는 것 자체가 시스템에 부담을 줄 수 있습니다.

스텝 **2**

다음은 앞에서 사용한 콜백 함수에 대한 정의입니다.

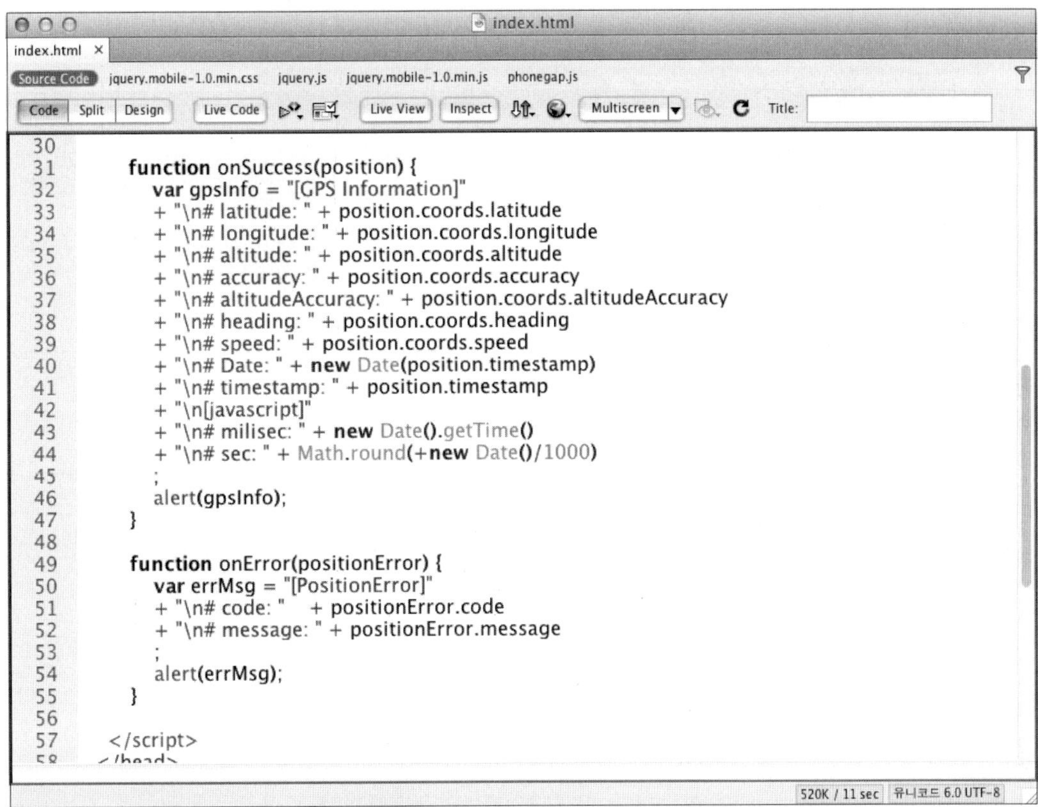


```
30
31        function onSuccess(position) {
32            var gpsInfo = "[GPS Information]"
33            + "\n# latitude: " + position.coords.latitude
34            + "\n# longitude: " + position.coords.longitude
35            + "\n# altitude: " + position.coords.altitude
36            + "\n# accuracy: " + position.coords.accuracy
37            + "\n# altitudeAccuracy: " + position.coords.altitudeAccuracy
38            + "\n# heading: " + position.coords.heading
39            + "\n# speed: " + position.coords.speed
40            + "\n# Date: " + new Date(position.timestamp)
41            + "\n# timestamp: " + position.timestamp
42            + "\n[javascript]"
43            + "\n# milisec: " + new Date().getTime()
44            + "\n# sec: " + Math.round(+new Date()/1000)
45            ;
46            alert(gpsInfo);
47        }
48
49        function onError(positionError) {
50            var errMsg = "[PositionError]"
51            + "\n# code: "    + positionError.code
52            + "\n# message: " + positionError.message
53            ;
54            alert(errMsg);
55        }
56
57    </script>
58    </head>
```


소스라인 31~47 : 위치 감지에 성공했을 때 실행하는 콜백 함수입니다. 이 콜백 함수는 Position 객체를 전달받습니다.

소스라인 32~41 : 전달받은 Position 객체의 속성들을 이용하여 감지한 위치 정보를 문자열로 조합하고 있습니다.

소스라인 42~44 : 순수 자바스크립트에서 지원하는 현재 시각을 밀리초로 구하고 이를 초로 환산하는 사례를 보여주고 있습니다.

소스라인 46 : 위에서 조합한 문자열을 대화상자로 출력해줍니다.

소스라인 49~55 : 오류가 발생했을 때 실행하는 콜백 함수입니다. 전달받은 PositionError 객체를 이용하여 오류 코드와 오류 사유를 화면에 출력합니다.

> **참고** timestamp

timestamp는 Unix time을 기초로 하여 1970년 1월 1일 00시 00분 00초를 영점으로 하여 지금까지의 시간을 초 또는 밀리초로 계산한 값을 의미합니다. 하지만 플랫폼에 따라 이 시간의 표기를 정수로 표시하는 경우도 있고, 이 정수를 사람이 읽을 수 있는 형식으로 자동 변환해서 제공하기도 합니다.

> **참고** 위치 감지 시각과 자바스크립트 실행 시각은 다릅니다

Geolocation 프로젝트에서는 단말기가 감지한 시각과 자바스크립트에서 처리한 시각을 별도로 표시하여 그 시간차가 어떻게 되는지 파악할 수 있도록 구성하고 있습니다.

아이폰의 경우 그림과 같이 Position.timestamp 값을 정수로 출력하는데, 자바스크립트에서 구한 milisec 값과 비교하면 약 1초 정도의 차이가 있는 것을 알 수 있습니다.

이 차이는 단말기의 환경에 따라 달라질 수 있으나 로직이 무거운 경우 그 차이는 더할 것이므로 그 처리 시간을 잘 따져 실제 프로젝트에 반영해야 할 필요가 있습니다.

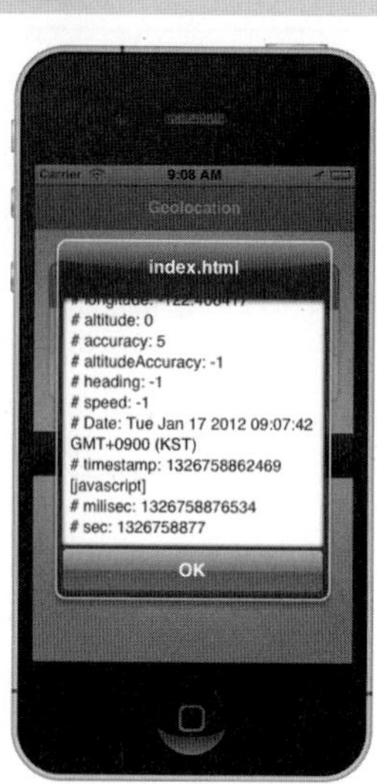

스텝 3

위와 같이 준비한 index.html 파일을 웹브라우저에서 열어 보면 그림과 같은 jQuery Mobile 형식의 화면이 나타나는 것을 확인할 수 있습니다. 물론 이 웹브라우저에서는 폰갭 라이브러리가 작동하지 않기 때문에 버튼을 실행해보는 것은 무의미합니다.

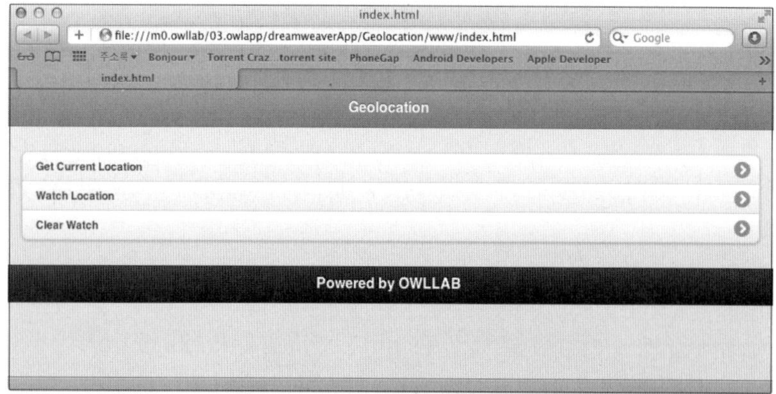

17.3 안드로이드 포팅

이전 프로젝트들에서 소개한 안드로이드 포팅 과정과 다른 바가 없습니다.

안드로이드 프로젝트 살펴보기

스텝 **1**

안드로이드 프로젝트의 소스들은 그림과
같이 준비했습니다.

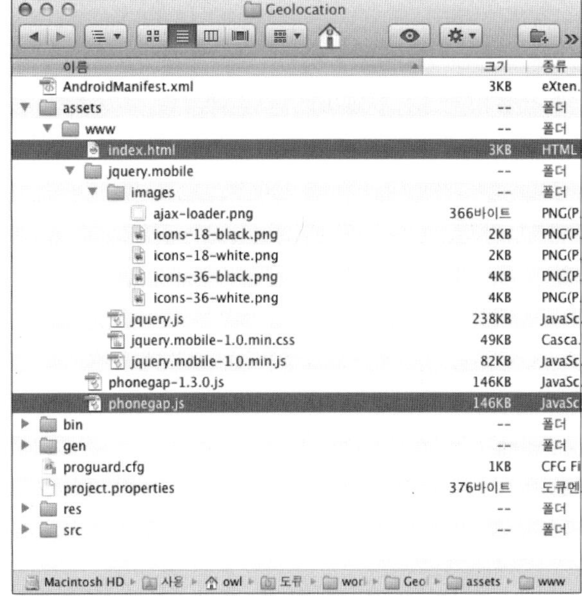

스텝 **2**

이 프로젝트를 이클립스에서 열
면 그림과 같습니다.

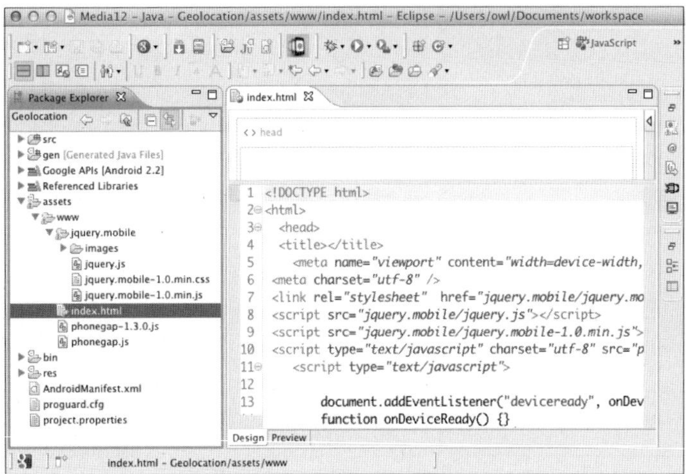

스텝 3

그림과 같이 안드로이드에서는 실물 단말기에서 실험해보도록 하겠습니다.

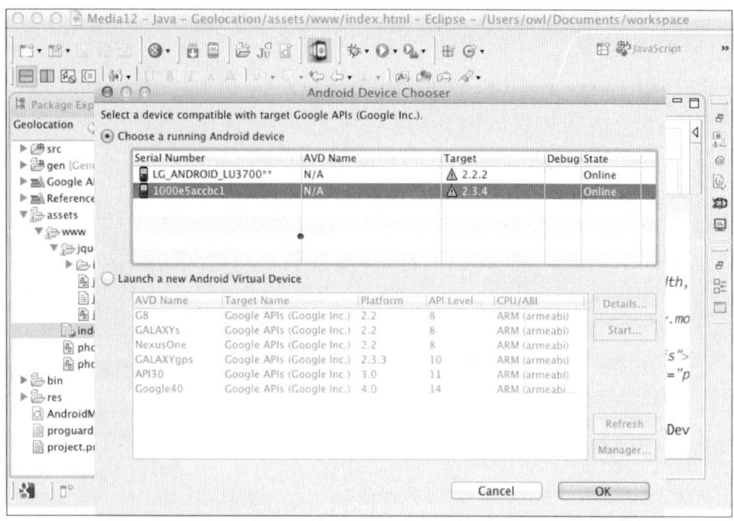

실물 단말기에서 실험하기

스텝 1

실물 단말기에 Geolocation 앱이 설치되면 그림과 같이 화면에 3개의 버튼이 나타납니다. 첫 번째 "Get Current Location" 버튼을 터치하면 그림과 같이 단말기가 감지한 위치 정보를 폰갭을 통해 받아와 대화상자로 출력해줍니다. 물론 단말기가 네트웍이 가능할 때 위치 정보를 가져올 수 있습니다. 또한 단말기 설정에서 자신의 위치 정보를 감지하지 못하도록 제한한 상태의 경우도 Geolocation 앱이 위치 정보를 가져오지 못합니다.

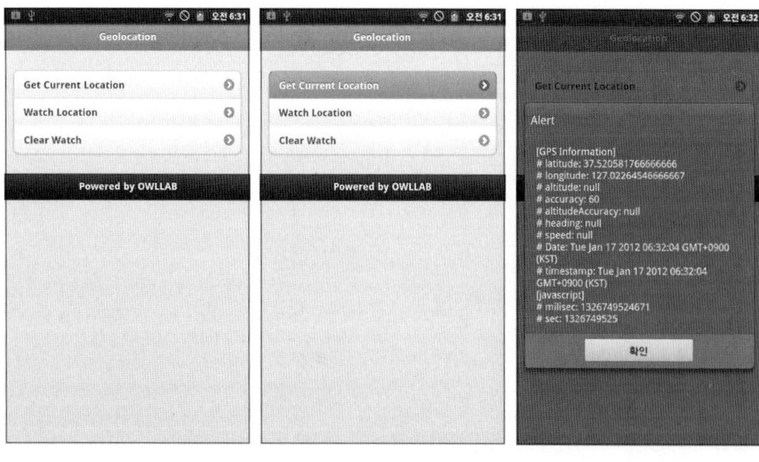

스텝 **2**

두 번째 "Watch Location" 버튼을 터치하면 화면 상단의 상태 바에 위치를 찾고 있는 아이콘이
나타납니다. 그리고 잠시 후 위치 변동을 감지하여 그 결과를 나타내는데 필자의 단말기 실험에서는
마침 5초로 설정한 타임아웃에 걸려 오류 처리를 했습니다. "확인" 버튼을 터치하여 대화상자를
닫으니 곧바로 다시 감지한 위치 정보를 대화상자로 표시해줬습니다.

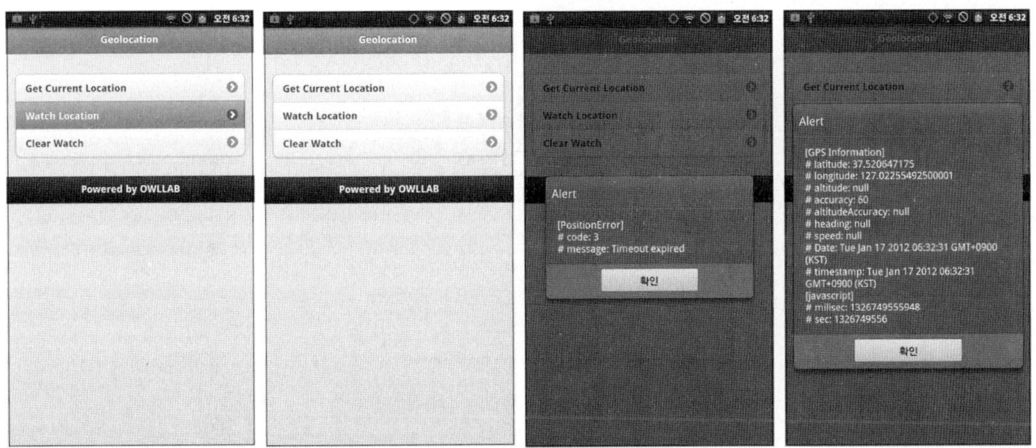

스텝 **3**

세 번째 "Clear Watch" 버튼을 터치하면 앞에서 실행 중이던 위치 감지를 중단합니다. 위치 감지가
종료되면 그림과 같이 상태 바에 감지 주기인 3초마다 깜빡이던 아이콘이 사라지고 더 이상 나타나지
않습니다. 위치 감지를 실험할 때는 두 번째 버튼을 중복하여 터치하면 세 번째 버튼이 이전에
실행 중이던 위치 감지를 종료할 수 없습니다. 이는 앞서 소스 분석에서도 언급한 바와 같이 위치
감지 아이디는 맨 마지막 감지 서비스만 기억하고 있기 때문입니다.

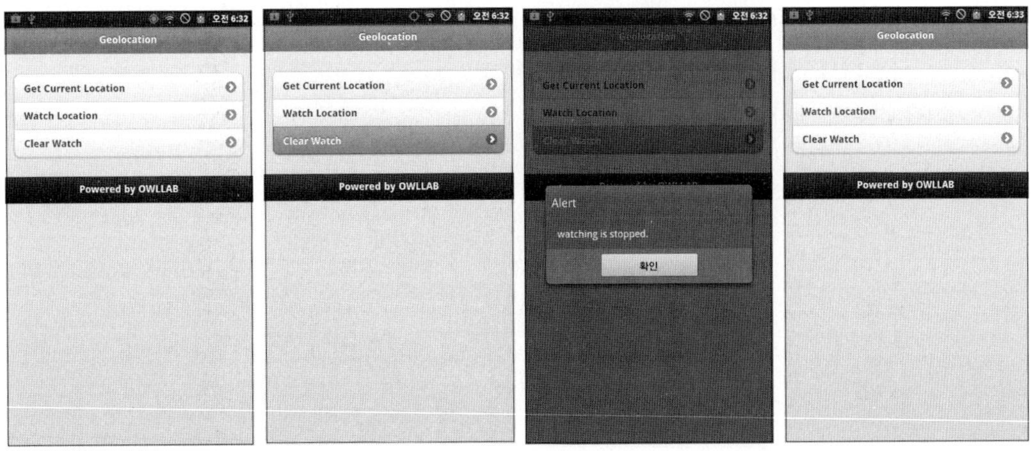

17.4 아이폰 포팅

아이폰 포팅도 이전에 소개한 프로젝트들과 포팅하는 방식은 동일합니다.

아이폰 프로젝트 살펴보기

스텝 1

Xcode 프로젝트 소스들은 그림과 같습니다.

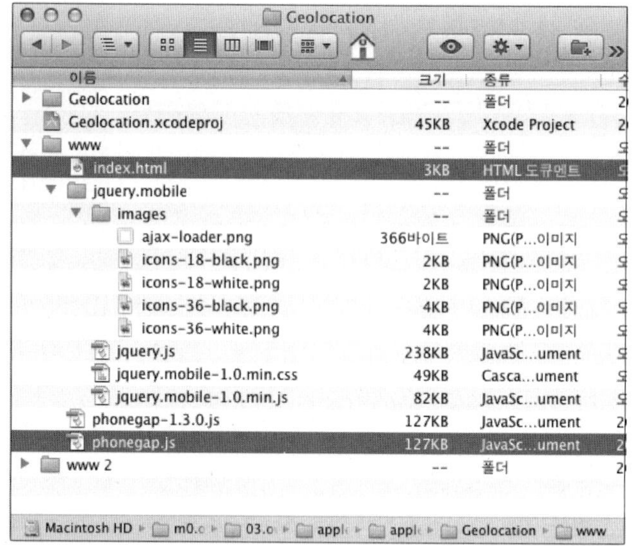

스텝 2

Ceolocation.xcodeproj 파일을 더블클릭하여 Xcode 프로그램에서 Geolocation 프로젝트를 열면 그림과 같이 나타납니다. Scheme에서 가상기기를 하나 선택하고 Run 버튼을 클릭하여 실험해보겠습니다.

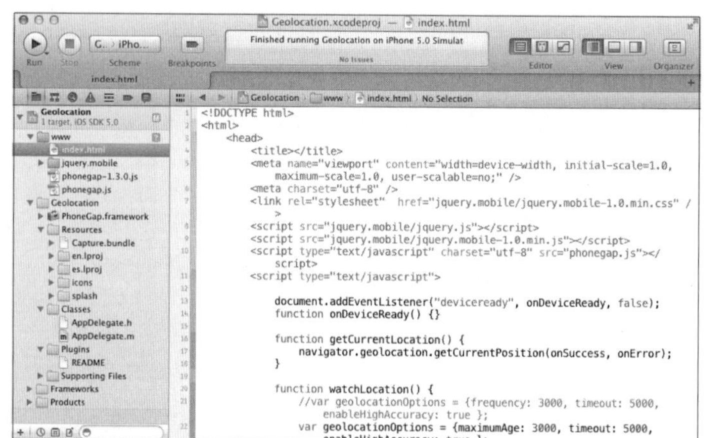

가상기기에서 실험하기

스텝 **1**

Geolocation 앱이 가상기기에서 설치되고 실행되면 그림과 같이 나타납니다. 이 가상기기는 처음으로 위치 정보를 사용하기 때문에 "Get Current Location" 버튼을 처음 클릭하면 그림과 같이 위치 감지를 허락할 것인지를 묻는 대화상자가 나타납니다. 이 대화상자에서 "OK" 버튼을 클릭해야 Geolocation 실험을 할 수 있습니다. 만일 "Don't Allow" 버튼을 눌렀다면, 단말기 환경설정에서 위치 정보 허용으로 변경 설정할 수 있습니다.

스텝 **2**

다시 "Get Current Location" 버튼을 클릭하여 단말기의 현재 위치를 요청하면 그림과 같이 나타납니다. 하지만 이 정보는 실험을 위한 가상 정보라고 할 수 있으니 참고하기 바랍니다.

스텝 **3**

"Watch Location" 버튼을 클릭하면 안드로이드에서와 같이 상태 바에 위치 감지를 실행하고 있다는 아이콘이 주기적으로 깜빡이기 시작합니다. 하지만 가상기기에서 실험하기 때문에 단말기의 위치를 이동하여 실험할 수 없습니다. 이 실험을 하려면 가상기기의 위치 정보를 변경하는 시뮬레이터 프로그램이 필요한데 이쯤에서 실험을 정리하는 것이 좋을 것 같습니다. 이 실험을 쉬운 방법으로 하려면 Xcode에서 다시 Run 버튼으로 Geolocation 앱을 재설치하고, 곧바로 "Watch Location" 버튼을 클릭하면 그림과 같이 감지한 결과를 한 번은 볼 수 있습니다.

스텝 **4**

"Clear Watch" 버튼을 클릭하면 상태 바에 나타나는 감지 서비스가 종료됩니다. 여기서도 "Watch Location" 버튼을 두 번 이상 누르면 이 소스만 가지고는 감지 서비스가 두 개 이상 실행되기 때문에 맨 마지막 감지 서비스만 종료할 수 있고 이전의 감지 서비스는 종료할 수 없음을 상기하기 바랍니다.

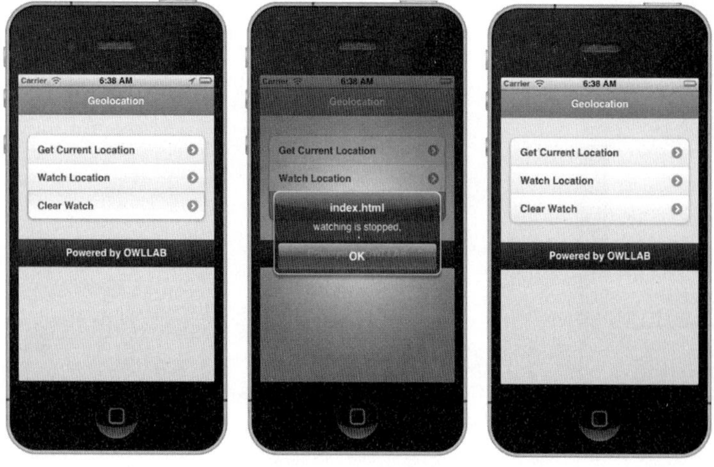

17.5 | 윈도우폰 포팅

윈도우폰에서의 포팅도 특기사항은 없습니다.

윈도우폰 프로젝트 살펴보기

스텝 **1**

비주얼 스튜디오를 위한 Geolocation 프로젝트의 소스는
그림과 같습니다.

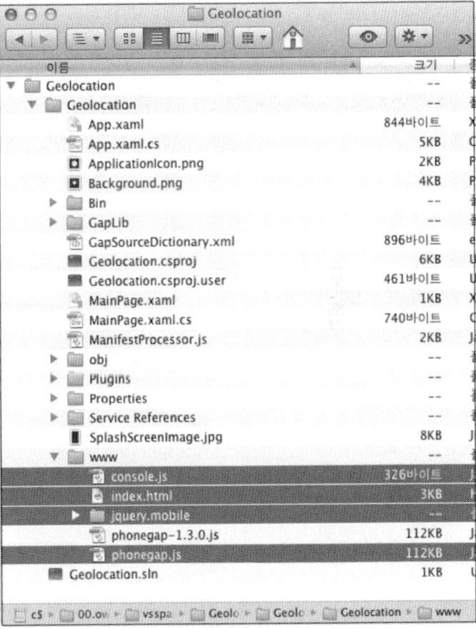

스텝 **2**

Geolocation.sln 파일을 더블클릭
하면 그림과 같이 비주얼 스튜디
오에서 Geolocation 프로젝트가
나타날 것입니다. 물론 이 프로젝
트에서도 console.js에 대한 참조
처리를 해주어야 하고 이미지에
대한 "content" 설정을 해야 합니
다. "Start Debugging" 버튼을 클
릭하여 가상기기에서 실험해보
겠습니다.

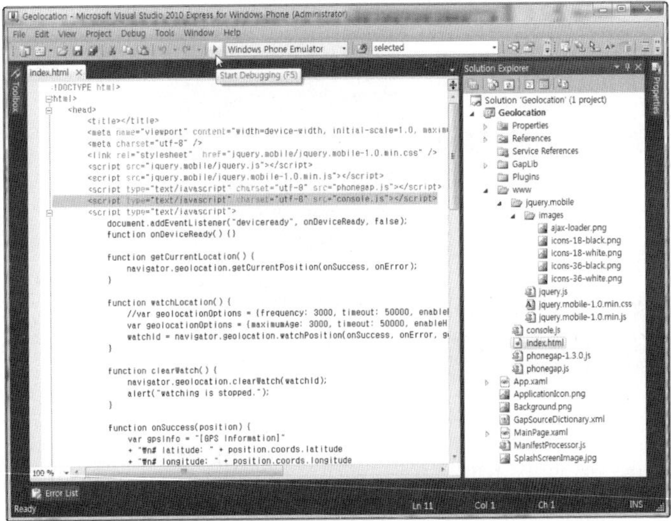

가상기기에서 실험

스텝 **1**

첫 번째 버튼인 "Get Current Location" 버튼을 클릭해봤습니다. 7.1 가상기기에서 됩니다.

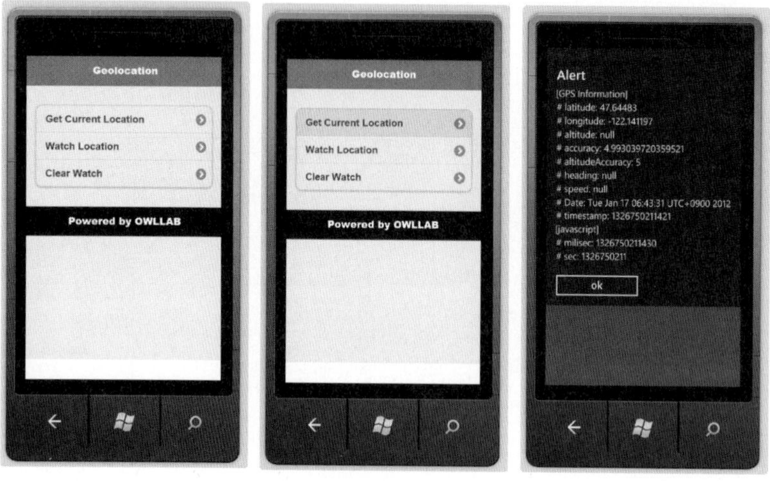

스텝 **2**

두 번째 "Watch Location" 버튼을 클릭했더니 그림과 같이 한 번은 위치 정보를 감지합니다. 그런데 상태 바에는 위치 감지에 대한 아이콘은 지원하지 않고 있습니다.

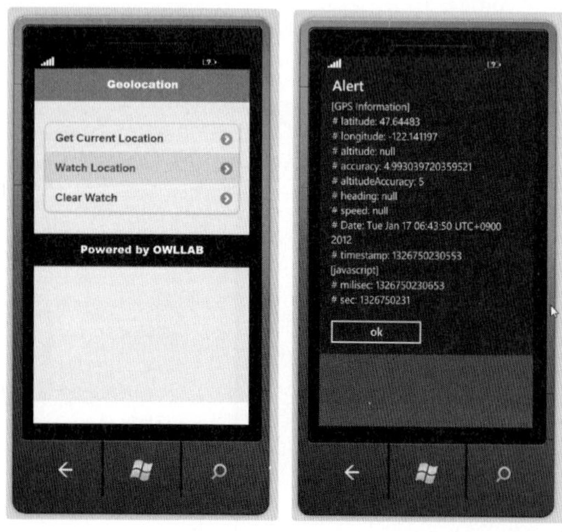

스텝 3

끝으로 "Clear Watch" 버튼을 클릭하여 그림과 같이 감지 서비스를 종료했습니다.

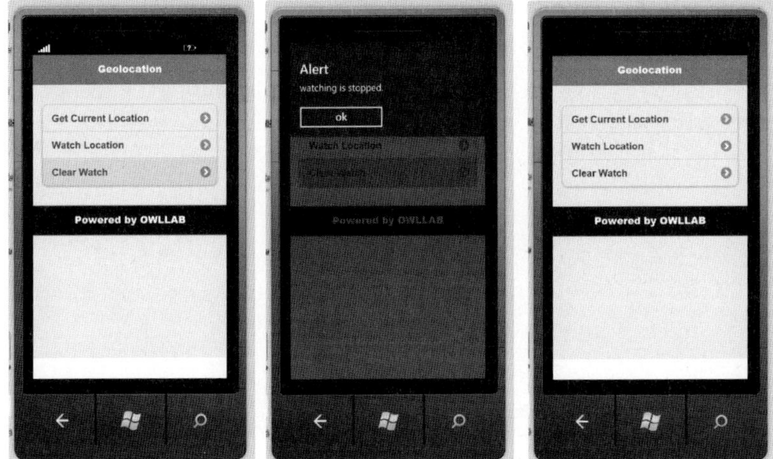

Chapter 18

Storage : 로컬 데이터베이스

폰갭의 Storage API는 W3C Web의 SQL Database와 Storage API 솔루션을 기반으로 단말기와 연동할 수 있도록 만들었습니다. 단말기에 따라 저장 기능을 지원하는 단말기의 경우, 폰갭이 단말기의 저장 솔루션과 연동하는 방식으로 구현하고, 저장 기능을 지원하지 않는 단말기의 경우는 W3C 솔루션을 통해 저장 기능을 구현하고 있습니다.

18.1 Storage의 사용

폰갭의 Storage 솔루션은 다음과 같은 요소로 구성되어 있습니다.

구분	객체 및 메소드	기능
객체	Database 객체	로컬 데이터베이스를 제어할 수 있도록 하는 폰갭의 데이터베이스 객체
	SQLTransaction 객체	지정한 Database 객체에 SQL 문을 실행할 수 있도록 하는 폰갭의 질의 객체
	SQLResultSet 객체	SQLTransaction.executeSql() 메소드로 실행한 결과 데이터를 받아올 때 사용하는 폰갭의 결과 데이터 객체
	SQLResultSetList 객체	SQLTransaction.executeSql() 메소드로 실행한 결과 데이터 목록을 받아올 때 사용하는 폰갭의 결과 목록 객체
	SQLError 객체	SQL 실행 과정에 발생할 수 있는 오류 정보를 기록하는 객체
	localStorage 객체	W3C Storage에 접근할 수 있는 인터페이스로, key/value 형식의 데이터들을 입출력할 수 있는 객체
메소드 매개변수	name 객체	openDatabase() 메소드의 매개인자로, 데이터베이스 이름을 정의
	version 객체	openDatabase() 메소드의 매개인자로, 데이터베이스 버전을 정의
	display_name 객체	openDatabase() 메소드의 매개인자로, 데이터베이스 표

		시 이름을 정의
	size 객체	openDatabase() 메소드의 매개인자로, 데이터베이스 용량을 bytes 단위로 정의하는 객체
메소드	openDatabase() 메소드	Database 객체를 생성하고 리턴하는 객체
	Database.transaction() 메소드	Database 객체에 속한 메소드로, SQLTransaction 객체를 통해 데이터베이스에 질의를 실행하는 트랜잭션 메소드
	Database.changeVersion() 메소드	Database 객체에 속한 메소드로, 데이터베이스의 버전을 변경하는 메소드
	SQLTransaction.executeSql() 메소드	SQLTransaction 객체에 속한 메소드로, 데이터베이스에 질의를 실행하는 메소드
	SQLResultSetList.item() 메소드	SQLResultSetList 객체에 속한 메소드로, 질의에 대한 결과 목록에서 원하는 행 데이터를 호출할 때 사용하는 메소드
	localStorage.key() 메소드	localStorage 객체에 속한 메소드로, key 이름을 리턴하는 메소드
	localStorage.getItem() 메소드	localStorage 객체에 속한 메소드로, key에 대응하는 값을 호출하는 메소드
	localStorage.setItem() 메소드	localStorage 객체에 속한 메소드로, key에 대응하는 값을 대입하는 메소드
	localStorage.removeItem() 메소드	localStorage 객체에 속한 메소드로, key에 해당하는 아이템을 삭제하는 메소드
	localStorage.clear() 메소드	localStorage 객체에 속한 메소드로, 모든 아이템을 삭제하는 메소드

Database 객체

로컬 데이터베이스를 제어할 수 있도록 지원하는 폰갭의 데이터베이스 객체입니다.

❶ 지원하는 플랫폼 : Android, iPhone, Blackberry WebWorks (OS 5.0 and higher)

이 객체는 Database.transaction() 메소드와 Database.changeVersion() 메소드를 제공합니다. 이 메소드들을 살펴봅니다.

Database.transaction() 메소드

Database 객체에 SQL 질의를 실행할 수 있도록 하는 트랜잭션 메소드입니다. 데이터베이스에서 "트랜잭션"이란 일련의 SQL 작업 단위를 말합니다.

사용형식	Database.transaction(executeSQL, errorCB, successCB);
매개변수	• executeSQL : 데이터베이스에 실행할 질의 명령을 실행하는 일종의 콜백 함수입니다. 이 함수는 SQLTransaction 객체를 전달받으며, SQLTransaction.executeSql() 메소드로 실행할 SQL 명령 구문을 작성합니다. • errorCB : 오류가 발생할 때 실행하는 콜백 함수입니다. SQLError 객체를 전달받습니다. • successCB : executeSQL 함수 실행을 성공했을 때 실행하는 콜백 함수입니다.

❶ 지원하는 플랫폼 : Android, iPhone, Blackberry WebWorks (OS 5.0 and higher)

활용 사례는 다음과 같습니다.

```
document.addEventListener("deviceready", onDeviceReady, false);

function onDeviceReady() {
    openDB();
}

var db;
function openDB() {
    db = window.openDatabase("Database", "1.0", "PhoneGap TestDB", 200000);
}

function createTable() {
    db.transaction(executeSQL, errorCB, successCB);
}
```

```javascript
function executeSQL(sqlTransaction) {
    var sql = "";

    sql = "DROP TABLE IF EXISTS testTb";
    sqlTransaction.executeSql(sql);

    sql = "CREATE TABLE IF NOT EXISTS testTb (id unique, name, comment)";
    sqlTransaction.executeSql(sql);

    sql = "INSERT INTO testTb (id, name, comment) VALUES (1, '이두진', 'Merry X-mas!')";
    sqlTransaction.executeSql(sql);
}

function errorCB(sqlError) {
    var msg = "[" + sqlError.code + "]"
    + "\n" + sqlError.message;
    alert(msg);
}

function successCB() {
    alert("success!");
}
```

Database.changeVersion() 메소드

데이터베이스의 버전을 변경할 때 사용하는 메소드입니다. 앱을 업그레이드하는데 데이터베이스가 변경되어야 하는 경우 데이터베이스 버전을 업그레이드해야 합니다. 이 때 이 메소드를 활용합니다. window .openDatabase() 메소드로 데이터를 호출할 때 데이터베이스의 버전을 지정해주는데 이 버전이 올바르지 않으면 데이터베이스를 열 수 없다는 점을 유의하기 바랍니다.

사용형식	Database.changeVersion(oldVersion, newVersion);
매개변수	• oldVersion : 변경 전 버전을 DOMString 형으로 정의합니다. • newVersion : 변경할 버전을 DOMString 형으로 정의합니다.

❶ 지원하는 플랫폼 : Android, iPhone, Blackberry WebWorks (OS 5.0 and higher)

활용 사례는 다음과 같습니다.

```javascript
document.addEventListener("deviceready", onDeviceReady, false);
function onDeviceReady() {
    openDB("1.1");
    if (db==null) dbVersionUp(); }
var db;
function openDB(version) {
    try {
        db = window.openDatabase("Database", version, "PhoneGap TestDB", 200000);
        showDBInfo();
    } catch (e) {
        alert("Failed DB openning!!\nVer "+version+" \n"+e);
    }
}
function dbVersionUp() {
    openDB("1.0");
    db.changeVersion("1.0", "1.1");
    openDB("1.1");
    showDBInfo();
}
function showDBInfo() {
    if(db==null) {
        alert("DB is not ready!!");
        return; }
    alert(db.version);
}
```

SQLTransaction 객체

Database 객체에 SQL 질의를 할 수 있도록 하는 트랜젝션 객체입니다.

❶ 지원하는 플랫폼 : Android, iPhone, Blackberry WebWorks (OS 5.0 and higher)

SQLTransaction 객체는 SQL 질의를 실행하는 executeSql() 메소드를 제공합니다.

SQLTransaction.executeSql() 메소드

SQL문을 실행하는 메소드입니다. 이 메소드는 Database.transaction() 메소드의 executeSQL 콜백 함수를 통해 실행할 수 있으며 SQL 문의 실행 성공 여부는 Database.transaction() 메소드의 errorCB 와 successCB 콜백 함수로 확인할 수 있습니다.

사용형식	SQLTransaction.executeSql(sqlStatement[, arguments, callback, errorCallback]);
매개변수	• sqlStatement : 데이터베이스에 질의할 SQL문을 정의합니다. • arguments : SQL 문에 "?"와 같은 변수를 사용할 때 이 변수에 대응하는 값을 배열로 정의합니다. 이 매개변수는 옵션 인자입니다. • callback : 질의 성공시 실행하는 콜백 함수를 정의합니다. 이 매개변수는 옵션 인자입니다. • errorCallback : 질의 실패시 실행하는 콜백 함수를 정의합니다. 이 매개변수는 옵션 인자입니다.

❶ 지원하는 플랫폼 : Android, iPhone, Blackberry WebWorks (OS 5.0 and higher)

활용 사례는 다음과 같습니다.

```
document.addEventListener("deviceready", onDeviceReady, false);
function onDeviceReady() {
    openDB("1.0");
}

var db;
function openDB(version) {
    try {
        db = window.openDatabase("Database", version, "PhoneGap TestDB", 200000);
    } catch (e) {
        alert("Failed DB openning!!\nVer "+version+" \n"+e);
    }
}
```

```javascript
function createTable() {
    db.transaction(executeSQL, errorCB, successCB);
}

function executeSQL(sqlTransaction) {
    var sql = "";

    sql = "DROP TABLE IF EXISTS testTb";
    sqlTransaction.executeSql(sql);

    sql = "CREATE TABLE IF NOT EXISTS testTb (id unique, name, comment)";
    sqlTransaction.executeSql(sql);

    sql = "INSERT INTO testTb (id, name, comment) VALUES (1, '이두진', 'Merry X-mas!')";
    sqlTransaction.executeSql(sql);
}

function errorCB(sqlError) {
    var msg = "[" + sqlError.code + "]"
    + "\n" + sqlError.message;
    alert(msg);
}

function successCB() {
    alert("SQL Execution is successful!");
}
```

SQLResultSet 객체

이 객체는 SQL 문의 실행 결과 데이터를 받아올 때 사용하는 결과 데이터셋 객체입니다.

❶ 속성

- insertId : INSERT 구문으로 데이터베이스의 테이블에 레코드를 추가했을 때 전달받는 레코드 아이디입니다. 이 속성은 INSERT 구문에 대해서만 사용해야 합니다.
- rowAffected : INSERT, UPDATE, DELETE와 같이 테이블의 행에 영향을 끼칠 때 변경된 행 수를 기록하는 속성으로 변경 행이 없으면 0 값을 기록합니다. 이 속성을 지원하는 플랫폼에서는 undefined를 리턴합니다.
- rows : SELECT 구문으로 레코드를 요청했을 때 질의로 가져온 행 데이터를 SQLResultSetRowList 형으로 기록하는 속성입니다.

❷ 지원하는 플랫폼 : Android, iPhone, Blackberry WebWorks (OS 5.0 and higher)

활용 사례는 다음과 같습니다.

```
document.addEventListener("deviceready", onDeviceReady, false);

function onDeviceReady() {
    openDB("1.0");
}

var db;
function openDB(version) {
    try {
        db = window.openDatabase("Database", version, "PhoneGap TestDB", 200000);

    } catch (e) {
        alert("Failed DB opening!!\nVer "+version+" \n"+e);
    }

}

function createTable() {
    db.transaction(executeSQL, errorCB, successCB);
}
```

```javascript
function executeSQL(sqlTransaction) {
    var sql = "";

    sql = "DROP TABLE IF EXISTS testTb";
    sqlTransaction.executeSql(sql);

    sql = "CREATE TABLE IF NOT EXISTS testTb (id unique, name, comment)";
    sqlTransaction.executeSql(sql);

    sql = "INSERT INTO testTb (id, name, comment) VALUES (?,?,?)";
    sqlTransaction.executeSql(sql,[1, '이두진', 'Merry X-mas!'], insertOK, errorCB);
    sqlTransaction.executeSql(sql,[2, '이두진', 'Happy New Year!'], insertOK, errorCB);

}

function insertOK(sqlTransaction, sqlResultSet) {
    var msg = "# insertId : "+ sqlResultSet.insertId
    + "\n# rowAffected : "+ sqlResultSet.rowAffected
    + "\n# rows.length : "+ sqlResultSet.rows.length;
    alert(msg);
}

function errorCB(sqlError) {
    alert("[" + sqlError.code + "]" + "\n" + sqlError.message);
}

function successCB() {
    alert("SQL Execution is successful!");
}
```

SQLResultSetList 객체

이 객체는 SELECT 문과 같은 SQL 실행 결과 데이터를 목록형으로 받아올 때 사용하는 결과 목록 데이터 객체입니다.

❶ 속성
 • length : 목록 데이터의 행 수를 기록하는 속성입니다.

❷ 지원하는 플랫폼 : Android, iPhone, Blackberry WebWorks (OS 5.0 and higher)

이 객체는 item() 메소드를 제공합니다.

item() 메소드

이 메소드는 item(i) 형식으로 사용하며 i로 지정하는 행 데이터 객체를 리턴합니다. 이 행 데이터 객체는 자바스크립트의 Object 형 객체입니다. 이 행 데이터 객체에 필드명을 이름으로 하는 객체를 요청하면 원하는 행의 필드 값을 구할 수 있습니다.

활용 사례는 다음과 같습니다.

```javascript
document.addEventListener("deviceready", onDeviceReady, false);
function onDeviceReady() {
    openDB("1.0");
}

var db;
function openDB(version) {
    try {
        db = window.openDatabase("Database", version, "PhoneGap TestDB", 200000);

    } catch (e) {
        alert("Failed DB opening!!\nVer "+version+" \n"+e);
    }
}
function selectData() {
    db.transaction(selectSQL, errorCB);
}
function selectSQL(sqlTransaction) {
    var sql = "";
    sql = "select * from testTb where id>? ";
    sqlTransaction.executeSql(sql,[0], selectOK, errorCB); }
```

```javascript
function selectOK(sqlTransaction, sqlResultSet) {
    var msg = ""
    //+ "\n# insertId : "+ sqlResultSet.insertId
    + "\n# rowAffected : "+ sqlResultSet.rowAffected
    + "\n# rows.length : "+ sqlResultSet.rows.length;

    msg += "\n=============================";

    var rsl = sqlResultSet.rows; //SQLResultSetList
    for (var i=0; i<rsl.length; i++) {
        msg += "\n";
        var j=0;
        for (var fieldObj in rsl.item(i)) {
            if (j>0) msg += "| ";
                msg += rsl.item(i)[fieldObj];
                j++;
        } //for j

        // msg += rsl.item(i).id;
        // msg += "| "+ rsl.item(i).name;
        // msg += "| "+ rsl.item(i).comment;
    } //for i
    alert(msg);
}
function errorCB(sqlError) {
    alert("[" + sqlError.code + "]" + "\n" + sqlError.message);
}
function successCB() {
    alert("SQL Execution is successful!");
}
```

SELECT 구문의 실행 결과에 대한 SQLResultSet 객체는 insertId 속성을 지원하지 않습니다. 따라서 insertId을 사용하면 자바스크립트 오류로 인해 그 이하 구문을 실행할 수 없게 됩니다. SQLResult Set List.item()에 있는 필드명을 구하려면 for (var fieldObj in rsl.item(i)) {...} 구문을 활용합니다. SQL ResultSetList.item() 메소드는 자바스크립트의 Object를 리턴하고 자바스크립트의 Object는 그 안에 있는 객체들을 이와 같은 방법으로 모두 호출할 수 있습니다. 위의 사례에서 fieldObj는 rsl.item(i) 안에 있는 객체들의 이름을 호출할 수 있습니다. 따라서 fieldObj는 필드명이 되고 rsl.item(i)[fieldObj]은 해당 필드의 값이 됩니다.

SQLError 객체

이 객체는 SQL 실행 결과 과정에 오류가 발생할 때 오류 정보를 기록하는 객체입니다.

❶ 속성
- code : 오류 코드를 기록하는 속성이며, 다음의 오류 상수 중 하나를 사용합니다.

  SQLError.UNKNOWN_ERR : 알 수 없는 오류

  SQLError.DATABASE_ERR : 데이터베이스 오류

  SQLError.VERSION_ERR : 데이터베이스 버전 오류

  SQLError.TOO_LARGE_ERR : SQL 문이 너무 길 때 발생하는 오류

  SQLError.QUOTA_ERR : 용량 초과 오류

  SQLError.SYNTAX_ERR : SQL 구문 오류

  SQLError.CONSTRAINT_ERR : 제한에 의한 오류

  SQLError.TIMEOUT_ERR : 실행 제한 시간 초과에 의한 오류

- message : 오류에 대한 설명을 기록하는 속성입니다.

❷ 지원하는 플랫폼 : Android, iPhone, Blackberry WebWorks (OS 5.0 and higher)

활용 사례는 다음과 같습니다.

```javascript
document.addEventListener("deviceready", onDeviceReady, false);
function onDeviceReady() {
    openDB("1.0");
}


var db;
function openDB(version) {
    try {
        db = window.openDatabase("Database", version, "PhoneGap TestDB", 200000);

    } catch (e) {
        alert("Failed DB opening!!\nVer "+version+" \n"+e);
    }
}


function createTable() {
    db.transaction(executeSQL, errorCB, successCB);
}
```

```javascript
function executeSQL(sqlTransaction) {
    var sql = "";

    sql = "DROP TABLE IF EXISTS testTb";
    sqlTransaction.executeSql(sql);

    sql = "CREATE TABLE IF NOT EXISTS testTb (id unique, name, comment)";
    sqlTransaction.executeSql(sql);

    sql = "INSERT INTO testTb (id, name, comment) VALUES (?,?,?)";
    sqlTransaction.executeSql(sql,[1, '이두진', 'Merry X-mas!'], insertOK, errorCB);
    sqlTransaction.executeSql(sql,[2, '이두진', 'Happy New Year!'], insertOK, errorCB);
}

function insertOK(sqlTransaction, sqlResultSet) {
    var msg = "# insertId : "+ sqlResultSet.insertId
    + "\n# rowAffected : "+ sqlResultSet.rowAffected
    + "\n# rows.length : "+ sqlResultSet.rows.length;
    alert(msg);
}

function errorCB(sqlError) {
    alert("[" + sqlError.code + "]" + "\n" + sqlError.message);
}

function successCB() {
    alert("SQL Execution is successful!");
}
```

localStorage 객체

이 객체는 W3C Storage 객체의 인터페이스에 접근하여 key/value 형식의 데이터를 기록할 수 있도록 지원하는 객체입니다. localStorage 객체 안에 들어 있는 데이터 객체들의 수는 window.localStorage.length로 구할 수 있습니다.

❶ 속성

- length : localStorage 객체 안에 들어 있는 데이터 객체들의 수를 리턴합니다.

❷ 지원하는 플랫폼 : Android, iPhone, Blackberry WebWorks (OS 5.0 and higher)

활용 사례는 다음과 같습니다.

```
document.addEventListener("deviceready", onDeviceReady, false);
function onDeviceReady() {}

function getLocalKeyName() {
    var msg = "";
    for (var i=0; i<window.localStorage.length; i++) {
        var keyName = window.localStorage.key(i);
        if (i>0) msg += "\n";
        msg += "[" + i + "] key Name: "+ keyName;
    }

    alert(msg);
}
```

이 localStorage 객체는 다음에 소개하는 메소드들을 통해 로컬 데이터를 제어할 수 있습니다.

localStorage.key() 메소드

localStorage에 저장된 변수(key) 이름을 리턴합니다.

사용형식	var keyName = window.localStorage.key(i);
매개변수	i : 호출하고자 하는 키 번호를 정의합니다. 이 값은 배열과 같이 0 부터 시작하는 정수입니다.

❶ 지원하는 플랫폼 : Android, iPhone, Blackberry WebWorks (OS 5.0 and higher)

활용 사례는 다음과 같습니다.

```javascript
document.addEventListener("deviceready", onDeviceReady, false);
function onDeviceReady() {}

function getLocalKeyName() {
    var msg = "";
    for (var i=0; i<window.localStorage.length;i++) {
        var keyName = window.localStorage.key(i);
        if (i>0) msg += "\n";
        msg += "[" + i + "] key Name: "+ keyName;
    }

    alert(msg);
}
```

localStorage.getItem() 메소드

localStorage에 저장된 데이터를 변수(key) 이름으로 호출하고 그 값을 리턴합니다.

사용형식	var value = window.localStorage.getItem(key);
매개변수	key : localStorage에 저장된 키 이름을 대입합니다.

❶ 지원하는 플랫폼 : Android, iPhone, Blackberry WebWorks (OS 5.0 and higher)

활용 사례는 다음과 같습니다.

```javascript
document.addEventListener("deviceready", onDeviceReady, false);
function onDeviceReady() {}

function getLocalData() {
    // var value = window.localStorage.getItem("key1");
    // alert("key1: "+ value);

    var msg = "";
    for (var i=0; i<window.localStorage.length;i++) {
        var keyName = window.localStorage.key(i);
        var value = window.localStorage.getItem(keyName);
        if (i>0) msg += "\n";
        msg += "[" + i + "] "+ keyName + ""+ value;
    }

    alert(msg);
}
```

localStorage.setItem() 메소드

localStorage에 변수(key)와 값(value)으로 데이터를 저장합니다.

사용형식	window.localStorage.setItem(key, value);
매개변수	• key : localStorage에 저장할 키 이름을 정의합니다. • value : key에 대한 값을 정의합니다.

❶ 지원하는 플랫폼 : Android, iPhone, Blackberry WebWorks (OS 5.0 and higher)

활용 사례는 다음과 같습니다.

```javascript
document.addEventListener("deviceready", onDeviceReady, false);
function onDeviceReady() {}

function setLocalData() {
    window.localStorage.setItem("key1", "value1");
    window.localStorage.setItem("key2", "value2");
    window.localStorage.setItem("key3", "value3");

    alert("3 keys are saved.");
}
```

localStorage.removeItem() 메소드

localStorage에서 변수(key) 이름에 해당하는 데이터를 삭제합니다.

사용형식	window.localStorage.removeItem(key);
매개변수	key : localStorage에서 삭제할 키 이름을 정의합니다.

❶ 지원하는 플랫폼 : Android, iPhone, Blackberry WebWorks (OS 5.0 and higher)

활용 사례는 다음과 같습니다.

```javascript
document.addEventListener("deviceready", onDeviceReady, false);
function onDeviceReady() {}

function removeLocalData() {
    window.localStorage.removeItem("key1");
    alert("key1 removed.");
}
```

localStorage.clear() 메소드

localStorage에 저장된 모든 데이터를 삭제합니다.

사용형식	window.localStorage.clear();

❶ 지원하는 플랫폼 : Android, iPhone, Blackberry WebWorks (OS 5.0 and higher)

활용 사례는 다음과 같습니다.

```javascript
document.addEventListener("deviceready", onDeviceReady, false);
function onDeviceReady() {}

function clearLocalData() {
    window.localStorage.clear();
    alert("All local data are removed.");
}
```

openDatabase() 메소드

폰갭의 Database 객체를 생성하여 리턴하는 메소드입니다. 폰갭의 단말기 로컬 데이터베이스 연동 구조 상 Database 객체를 생성하는 것이지만 웹앱의 데이터베이스 논리에서 본다면 "데이터베이스 연결"이라는 개념으로 이해할 필요가 있습니다.

따라서 openDatabase() 메소드는 데이터베이스를 연결하는 역할을 하는데 그 성공 여부를 자바스크립트에서 감지하려면 try {...} catch{...} 구문을 사용할 필요가 있습니다. 또한 데이터베이스의 버전에 따라 자동으로 업그레이드할 수 있는 솔루션이 필요한데 이 때 앞서 소개한 Database.changeVersion() 메소드를 활용합니다.

다음에 소개하는 활용 사례는 단순히 데이터베이스에 연결하는 구문이외에 데이터베이스 버전을 관리하는 솔루션도 포함하고 있습니다.

사용형식	var db = window.openDatabase(name, version, display_name, size);
매개변수	• name : 데이터베이스 이름을 정의합니다. • version : 데이터베이스 버전을 정의합니다. • display_name : 데이터베이스 표시 이름을 정의합니다. • size : 데이터베이스 용량을 bytes 단위로 정의합니다.

❶ 지원하는 플랫폼 : Android, iPhone, Blackberry WebWorks (OS 5.0 and higher)

활용 사례는 다음과 같습니다.

```
document.addEventListener("deviceready", onDeviceReady, false);

var _dbLatestVersion = "1.1";
var _dbOldVersion = "1.0";
var _dbCurVersion = _dbLatestVersion;

function onDeviceReady() {
    var db = openDB(_dbCurVersion);
    if (db==null) dbVersionUp();
}
```

```javascript
// DB Connection
function openDB(version) {
    var db;
    try {
        db = window.openDatabase("Database", version, "PhoneGap TestDB",
            200000);
    } catch (e) {
        alert("Failed DB openning!!\nDB Ver "+version+"\n"+e);
    }
    return db;
}


// Change DB Version
function dbVersionUp() {
    if (confirm("Would you try to Upgrade your DB?")) {
        var db = openDB(_dbOldVersion);
        db.changeVersion(_dbOldVersion, _dbLatestVersion);
        var changedDB = openDB(_dbLatestVersion);
        _dbCurVersion = changedDB.version;
    }
}


// Show DB Infomation
function showDBInfo() {
    var db = openDB(_dbCurVersion);
    if(db==null) {
        alert("DB is not ready!!");
        return;
    }

    var msg = db.display_name
    + "\n name : "+ db.name
    + "\n version : "+ db.version
    + "\n size : "+ db.size;

    alert(msg);
}
```

18.2 Storage 폰갭 프로젝트

이 프로젝트에서는 폰갭의 Storage API를 실험합니다. 폰갭의 Storage는 크게 다음의 2가지 유형으로 나눌 수 있습니다.

[방식 1] SQL Database 방식 : 로컬 데이터베이스를 사용하는 방식
[방식 2] localStorage 방식 : 로컬 환경 설정을 사용하는 방식

이 2가지에 대한 실험과 함께 앱에서 로컬 데이터베이스를 사용할 때 앱이 버전업 됨에 따라 로컬 데이터베이스도 업그레이드할 필요가 있는데 이 때 로컬 데이터베이스를 업그레이드하는 로직도 함께 소개합니다. 로컬 데이터베이스 업그레이드 실험을 하려면 구 버전의 데이터베이스가 있는 단말기에서 신 버전으로 업그레이드하는 약간 복잡한 과정을 거쳐야 제대로 실험할 수 있습니다. 이 부분까지 실험하는 것은 기본적인 폰갭의 데이터베이스 제어 법을 충분히 익히고 나서 이 프로젝트의 버전업 로직을 참조하면 각자 충분히 쉽게 응용하여 실험하거나 곧바로 실전에 활용할 수 있을 것입니다. 이 부분을 독자가 언제 필요로 할지는 모르겠지만 꼭 필요할 때 참고해도 늦지 않을 것입니다.

참고로 폰갭의 SQL Database를 원활하게 활용하려면 SQLite에서 사용하는 SQL 문에 대한 기초 지식이 필요합니다. 이 부분은 본서의 주제에서 너무 벗어나기 때문에 SQL 문에 대한 상세한 설명은 생략하도록 하겠습니다. SQL 문에 대해 전혀 모르는 초보자님들은 별도로 SQLite에 대한 자료를 인터넷에서 찾아보거나, 귀찮다면 그냥 SQL 문에서 쓰고 있는 영문을 그대로 보고 이해하기 바랍니다. SQLite에서 사용하는 SQL 문은 아주 간단하기 때문에 처음 보는 개발자도 쉽게 이해할 수 있으리라 생각합니다.

웹앱 소스 파일 구성

Storage 프로젝트를 위해 준비한 웹 소스는 그림과 같습니다. 이 프로젝트의 핵심 로직은 모두 index.html 파일에 있습니다.

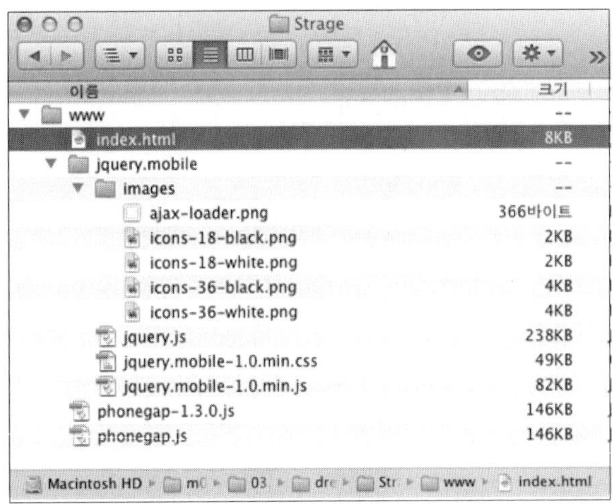

웹앱 소스 화면 분석

이 앱의 화면 구성은 그림과 같습니다. 좀 많아 보이지만 3가지 부류로 나눌 수 있습니다. 첫째, 데이터베이스 업그레이드에 관한 버튼들과 둘째, 로컬 데이터베이스를 실험할 수 있는 버튼들 셋째, 로컬 환경 설정을 실험할 수 있는 버튼들로 구성되어 있습니다.

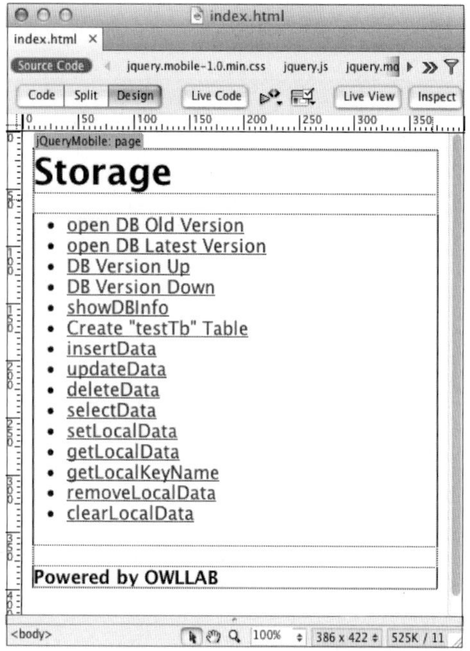

HTML DOM 소스 분석

스텝 1

index.html 파일을 소스로 분석해보겠습니다.

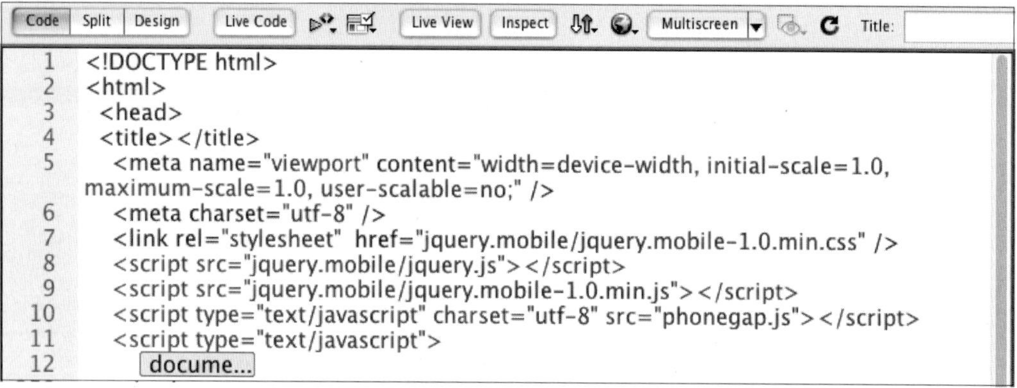


```html
1  <!DOCTYPE html>
2  <html>
3   <head>
4   <title></title>
5     <meta name="viewport" content="width=device-width, initial-scale=1.0,
   maximum-scale=1.0, user-scalable=no;" />
6     <meta charset="utf-8" />
7     <link rel="stylesheet"  href="jquery.mobile/jquery.mobile-1.0.min.css" />
8     <script src="jquery.mobile/jquery.js"></script>
9     <script src="jquery.mobile/jquery.mobile-1.0.min.js"></script>
10    <script type="text/javascript" charset="utf-8" src="phonegap.js"></script>
11    <script type="text/javascript">
12        docume...
```

```
259        </script>
260      </head>
261      <body>
262        <div data-role="page" id="home">
263          <div data-role="header" data-theme="b">
264            <h1>Storage</h1>
265          </div>
266          <div data-role="content">
267            <ul data-role="listview" data-inset="true">
268  ▶           <li><a ...
283            </ul>
284          </div>
285          <div data-role="footer">
286            <h4>Powered by OWLLAB</h4>
287          </div>
288        </div>
289      </body>
290    </html>
291
```

소스라인 7~10 : jQuery Mobile과 폰갭 라이브러리를 참조하고 있습니다.

소스라인 11~259 : 폰갭의 Storage 기능을 실험하는 자바스크립트 영역입니다.

소스라인 266~284 : jQuery Mobile 페이지의 내용 영역에 listview 형태의 링크 버튼들을 배치하고 있습니다.

스텝 2

내용 영역에 배치한 버튼들을 살펴봅니다.

```
262    <div data-role="page" id="home">
263      <div data-role="header" data-theme="b">
264        <h1>Storage</h1>
265      </div>
266      <div data-role="content">
267        <ul data-role="listview" data-inset="true">
268  ▼       <li><a href="javascript:openDB(_dbOldVersion);showDBInfo();">open DB Old Version</a></li>
269          <li><a href="javascript:openDB(_dbLatestVersion);showDBInfo();">open DB Latest Version</a></li>
270          <li><a href="javascript:dbVersionUp();">DB Version Up</a></li>
271          <li><a href="javascript:dbVersionDown();">DB Version Down</a></li>
272          <li><a href="javascript:showDBInfo();">showDBInfo</a></li>
273          <li><a href="javascript:createTable();">Create "testTb" Table</a></li>
274          <li><a href="javascript:insertData();">insertData</a></li>
275          <li><a href="javascript:updateData();">updateData</a></li>
276          <li><a href="javascript:deleteData();">deleteData</a></li>
277          <li><a href="javascript:selectData();">selectData</a></li>
278          <li><a href="javascript:setLocalData();">setLocalData</a></li>
279          <li><a href="javascript:getLocalData();">getLocalData</a></li>
280          <li><a href="javascript:getLocalKeyName();">getLocalKeyName</a></li>
281          <li><a href="javascript:removeLocalData();">removeLocalData</a></li>
282  ▲       <li><a href="javascript:clearLocalData();">clearLocalData</a></li>
283        </ul>
284      </div>
285      <div data-role="footer">
286        <h4>Powered by OWLLAB</h4>
287      </div>
288    </div>
289  </body>
290  </html>
291
```

소스라인 268 : 구 버전 데이터베이스를 호출하는 버튼입니다. 이 버튼이 올바로 작동하려면 구 버전 데이터베이스가 이전에 존재하는 상태이어야 합니다.

소스라인 269 : 최신 버전 데이터베이스를 호출하는 버튼입니다.

소스라인 270 : 구 버전에서 최신 버튼으로 데이터베이스를 업그레이드하는 버튼입니다.

소스라인 271 : 신 버전에서 구 버전으로 다운그레이드하는 버튼입니다.

소스라인 272 : 현재 선택한 데이터베이스의 버전 및 정보를 출력하는 버튼입니다.

소스라인 273 : CREATE SQL 문으로 선택한 데이터베이스에 테이블을 생성하는 버튼입니다. 이 버튼은 기존에 같은 이름의 테이블이 있을 때 DROP 문으로 삭제하고 난 후 생성하는 로직으로 구성되어 있습니다.

소스라인 274 : INSERT SQL 문으로 생성한 테이블에 데이터 등록을 실험하는 버튼입니다. 본 사례에서는 2개의 샘플 데이터를 등록하도록 작성하고 있습니다.

소스라인 275 : UPDATE SQL 문으로 데이터 수정을 실험하는 버튼입니다. 본 사례는 1개의 데이터를 업데이트하고 있습니다.

소스라인 276 : DELETE SQL 문으로 데이터 삭제를 실험하는 버튼입니다. 본 사례는 1개의 데이터를 삭제하고 있습니다.

소스라인 277 : SELECT SQL 문으로 테이블에 있는 데이터 검색을 실험하는 버튼입니다.

소스라인 278 : 로컬 환경 설정에 환경 값을 기록하는 실험을 하는 버튼입니다. 본 사례는 3개의 샘플 설정을 기록하고 있습니다.

소스라인 279 : 로컬 환경 설정 값들을 대화상자에 출력하는 버튼입니다.

소스라인 280 : 환경 설정의 변수들을 모두 출력하는 버튼입니다.

소스라인 281 : 환경 설정을 1개 삭제하는 실험을 하는 버튼입니다.

소스라인 282 : 환경 설정들을 모두 초기화하는 버튼입니다.

자바스크립트 소스 분석

스텝 **1**

자바스크립트로 작성한 로직들을 살펴보겠습니다.

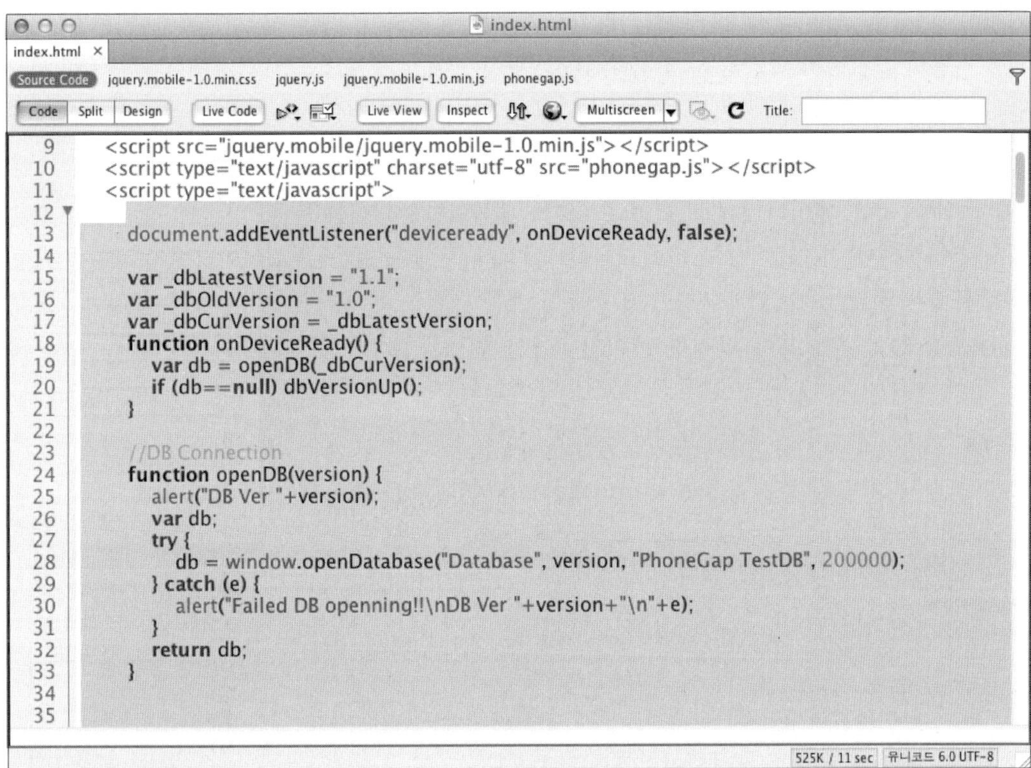


```
 9    <script src="jquery.mobile/jquery.mobile-1.0.min.js"></script>
10    <script type="text/javascript" charset="utf-8" src="phonegap.js"></script>
11    <script type="text/javascript">
12
13        document.addEventListener("deviceready", onDeviceReady, false);
14
15      var _dbLatestVersion = "1.1";
16      var _dbOldVersion = "1.0";
17      var _dbCurVersion = _dbLatestVersion;
18      function onDeviceReady() {
19        var db = openDB(_dbCurVersion);
20        if (db==null) dbVersionUp();
21      }
22
23      //DB Connection
24      function openDB(version) {
25        alert("DB Ver "+version);
26        var db;
27        try {
28          db = window.openDatabase("Database", version, "PhoneGap TestDB", 200000);
29        } catch (e) {
30          alert("Failed DB openning!!\nDB Ver "+version+"\n"+e);
31        }
32        return db;
33      }
34
35
```


소스라인 13 : 폰갭 라이브러리를 로드하고 로드가 완료됐을 때 onDeviceReady() 콜백 함수를
실행할 것입니다.

소스라인 15 : 데이터베이스의 최신 버전을 "1.1" 버전으로 선언하고 있습니다.

소스라인 16 : 데이터베이스 구 버전을 "1.0" 버전으로 선언하고 있습니다.

소스라인 17 : 현재 앱이 사용하는 버전을 _dbCurVersion이라는 변수로 선언하고 기본 값을 최신
버전인 _dbLatestVersion으로 대입하고 있습니다. 따라서 이 앱은 기본 데이터베이스를 최신 버전으
로 사용합니다.

소스라인 18~21 : 폰갭 라이브러리를 로드했을 때 데이터베이스 자동 업그레이드 로직을 실행하고
있습니다.

소스라인 19 : 먼저 현재 버전의 데이터베이스를 호출하는 시도를 합니다.

소스라인 20 : 위의 시도로 데이터베이스를 호출하지 못했을 때는 자동으로 최신 버전으로 업그레이드
하는 dbBersionUp() 함수를 실행하게 합니다.

소스라인 24~34 : 지정한 버전의 데이터베이스를 호출하는 함수입니다.

소스라인 25 : 이 앱은 폰갭의 데이터베이스 기능을 실험하기 위한 앱이기 때문에 현재 어떤 버전을 사용하고 있는지 확인을 하기 위해 alert() 구문으로 현재 요청하는 버전을 화면에 출력하고 있습니다.

소스라인 26~32 : window.openDatabase() 메소드로 2M 용량의 데이터베이스를 호출합니다. 이 때 주의할 것은 데이터베이스 이름과 데이터베이스 표시 이름을 구 버전에 사용했던 것과 동일하게 작성해야 업그레이드와 다운그레이드하는데 문제가 없습니다. 데이터베이스 연결 또는 생성에 문제가 없으면 데이터베이스 연결 객체인 db를 리턴하고, 실패할 경우 안내문을 출력하도록 try~catch 구문을 사용해야 안전한 데이터베이스 연동을 할 수 있습니다.

스텝 **2**

다음은 위에서 연결하거나 생성한 데이터베이스에 테이블을 생성하는 구문입니다.

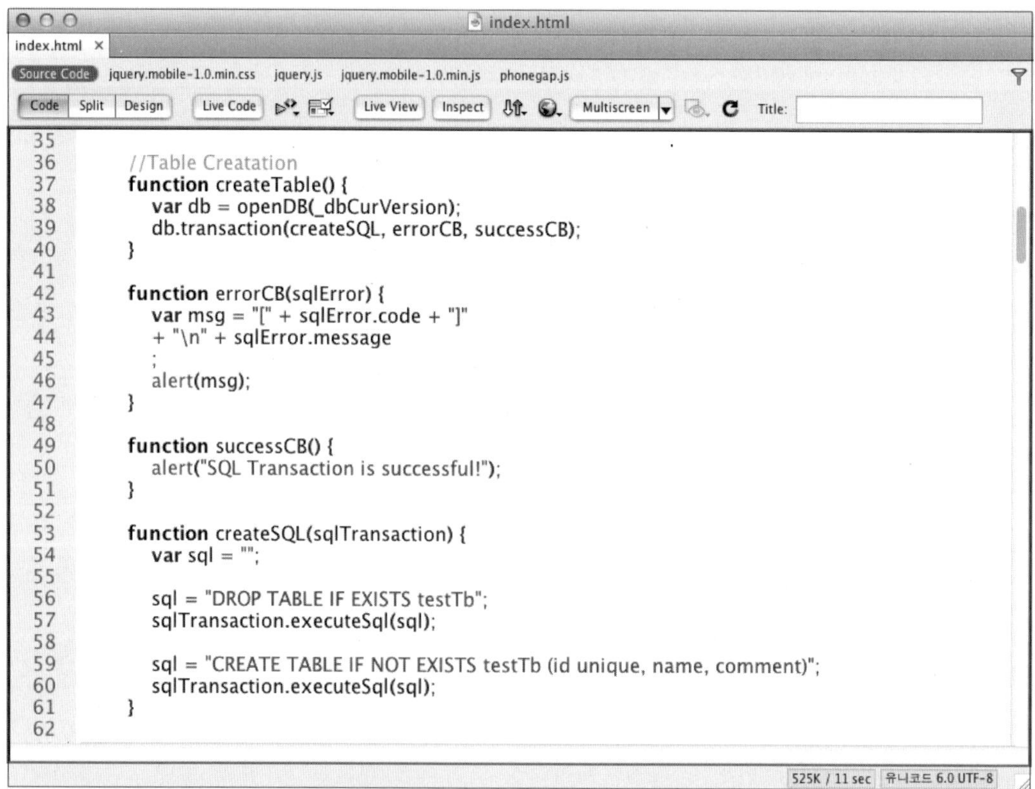


```
35
36      //Table Creatation
37      function createTable() {
38        var db = openDB(_dbCurVersion);
39        db.transaction(createSQL, errorCB, successCB);
40      }
41
42      function errorCB(sqlError) {
43        var msg = "[" + sqlError.code + "]"
44        + "\n" + sqlError.message
45        ;
46        alert(msg);
47      }
48
49      function successCB() {
50        alert("SQL Transaction is successful!");
51      }
52
53      function createSQL(sqlTransaction) {
54        var sql = "";
55
56        sql = "DROP TABLE IF EXISTS testTb";
57        sqlTransaction.executeSql(sql);
58
59        sql = "CREATE TABLE IF NOT EXISTS testTb (id unique, name, comment)";
60        sqlTransaction.executeSql(sql);
61      }
62
```

소스라인 37~40 : 테이블을 생성하는 함수입니다.

소스라인 38 : 데이터베이스에 연결하고 연결 객체인 db 객체를 받아옵니다.

소스라인 39 : db 객체의 트랜잭션 메소드를 시작합니다. 이 메소드는 createSQL 콜백 함수를 실행하며 실행 중에 오류가 발생하면 errorCB() 콜백 함수를 실행할 것이고, 성공하면 successCB() 콜백 함수를 실행할 것입니다.

소스라인 42~47 : 트랜잭션 실패에 대한 콜백 함수입니다. 이 콜백 함수는 SQLError 객체를 전달받습니다. 이 객체를 이용하여 오류 사유를 alert() 구문으로 화면에 출력해줍니다.

소스라인 49~51 : 트랜잭션에 성공했을 때 실행하는 콜백 함수입니다. alert() 구문으로 작업에 성공했음을 화면에 출력합니다.

소스라인 53~61 : 테이블을 생성하는 콜백 함수입니다. 이 콜백 함수는 SQLTransaction 객체를 전달받습니다. 이 객체의 executeSql() 메소드를 이용하여 SQL 문을 실행합니다. 이 함수는 테이블 생성에 앞서 구 버전의 테이블이 있으면 삭제하는 DROP SQL 문을 실행합니다. 이와 같은 로직이 데이터베이스의 업그레이드에 필요합니다. 물론 업그레이드 정책에 따라 기존의 테이블을 보존하고 필드만 추가한다거나 변경하는 등의 조치를 취할 수도 있지만, 본 사례에서는 가장 간단한 방법을 소개하고 있습니다.

소스라인 56 : 기존 데이터베이스에 testTb라는 테이블이 있을 경우 DROP 구문으로 삭제하는 SQL 문을 작성하고 있습니다.

소스라인 57 : 위에서 작성한 SQL 문을 실행합니다.

소스라인 59~60 : 같은 방법으로 CREATE 구문으로 testTb라는 테이블을 생성합니다. 이 CREATE 구문에서 "IF NOT EXISTS"라는 구문을 사용하는데 이는 말 그대로 기존의 testTb라는 테이블이 없을 때만 생성하라는 의미입니다. 본 사례는 이미 앞에서 testTb를 삭제하도록 정의되어 있기 때문에 이 조건문이 별 의미가 없습니다. 단지 그런 방법도 있다는 것을 보여주기 위한 구문입니다. testTb라는 테이블은 4개의 필드로 생성하고 있다는 점을 기억하고 다음 소스를 살펴보기 바랍니다. SQL 문을 이용하여 데이터베이스와 소통하는 방식은 모두 이와 같은 방식을 따릅니다. 이 부분만 잘 이해했다면 나머지는 쉽습니다.

스텝 3

다음은 위에서 생성한 테이블에 데이터를 등록하는 로직입니다.

```
63    /*
64    insertId : INSERT Only
65    rowAffected : INSERT/UPDATE(indefined)
66    */
67    //Insert, Update, Delete Result : OK
68    function sqlOK(sqlTransaction, sqlResultSet) {
69        var msg = "# insertId : " + sqlResultSet.insertId
70        + "\n# rowAffected : " + sqlResultSet.rowAffected
71        + "\n# rows.length : " + sqlResultSet.rows.length
72        ;
73        alert(msg);
74    }
75
```

```
76        //Insert Data
77        function insertData() {
78          var db = openDB(_dbCurVersion);
79          db.transaction(insertSQL, errorCB, successCB);
80        }
81
82        function insertSQL(sqlTransaction) {
83          var sql = "";
84          sql = "INSERT INTO testTb (id, name, comment) VALUES (?,?,?)";
85          sqlTransaction.executeSql(sql,[1, '이두진', 'Merry X-mas!'], insertOK, errorCB);
86          sqlTransaction.executeSql(sql,[2, '이두진', 'Happy New Year!'], insertOK, errorCB);
87          //sql = "INSERT INTO testTb (id, name, comment) VALUES (1, '이두진', 'Merry X-mas!')";
88          //sqlTransaction.executeSql(sql);
89          //sql = "INSERT INTO testTb (id, name, comment) VALUES (2, '이두진', 'Happy New Year!')";
90          //sqlTransaction.executeSql(sql);
91        }
92
93        function insertOK(sqlTransaction, sqlResultSet) {
94          var msg = "# insertId : " + sqlResultSet.insertId
95          + "\n# rowAffected : " + sqlResultSet.rowAffected
96          + "\n# rows.length : " + sqlResultSet.rows.length
97          ;
98          alert(msg);
99        }
100
```

소스라인 68~73 : 이 함수는 자주 범할 수 있는 부적절한 사례를 보여주기 위해 실험 과정에 남겨둔 것입니다. 이 프로젝트에서 이 함수를 사용하지 않을 것입니다. 이 함수는 등록, 수정, 삭제에 대한 공동 콜백 함수로 사용하는 경우인데, 이렇게 사용할 경우 주석에 메모하고 있는 바와 같이 insertid 속성의 경우 INSERT에서만 지원하기 때문에 자바스크립트에서 NULL POINT 오류가 발생하는 문제가 있습니다.

소스라인 77~80 : 데이터 등록을 요청하는 함수입니다. 데이터베이스에 연결한 후, 등록을 요청하는 insertSQL() 콜백 함수를 트랜잭션 메소드로 실행하는 형식을 따릅니다. 참고로 이와 같이 테이블 생성, 등록, 수정, 삭제, 검색 등 각 로직에서 각각 데이터베이스 연결을 따로 실행하는 데는 이유가 있습니다. 데이터베이스는 열고 닫음을 확실히 해야 데이터의 참조 무결성을 유지할 수 있고 데이터베이스 공유에 발생할 수 있는 문제를 미연에 방지할 수 있습니다. 물론 폰갭 라이브러리에서도 db.close()와 같은 메소드를 사용할 것을 권장하지 않는 것으로 보아 이를 어느 정도 자동 처리하고 있으리라 예상합니다만 폰갭 라이브러리를 내가 만들고 업그레이드하는 것이 아니기 때문에 100% 확신할 수는 없습니다.

소스라인 82~91 : 데이터를 등록하는 콜백 함수입니다. 이 함수 역시 SQLTransaction 객체를 전달받아 SQL 문을 실행할 수 있습니다.

소스라인 84~86 : 여기서는 SQL 문에서 사용하는 변수 "?"를 사용하고 있습니다. 이 변수의 순서에 맞게 executeSql() 메소드의 두 번째 매개변수에 배열로 대입할 값을 정의합니다. executeSql() 메소드는 이 사례와 같이 SQL 변수에 대한 값과 콜백 함수를 옵션으로 사용할 수 있습니다. 여기서는 executeSql() 실행에 성공하면 insertOK() 콜백 함수를 실행하고, 실패하면 errorCB() 콜백 함수를 실행할 것입니다.

소스라인 87~90 : 이 주석은 "?" 변수를 사용하지 않을 경우에 대한 사례입니다. 참고하기 바랍니다.

소스라인 93~99 : 데이터 등록에 성공했을 때 실행하는 콜백 함수입니다. 이 콜백 함수는 이전 부모 함수에서 전달받은 SQLTransaction 객체와 SQLResultSet 객체를 전달받습니다. 그 중 본 사례에서는 SQLResultSet 객체의 속성을 출력하여 등록 상태를 확인하도록 구성해서 ResultSet 속성에 대해 실험할 수 있게 했습니다.

스텝 4

다음은 데이터를 업데이트하는 로직입니다.

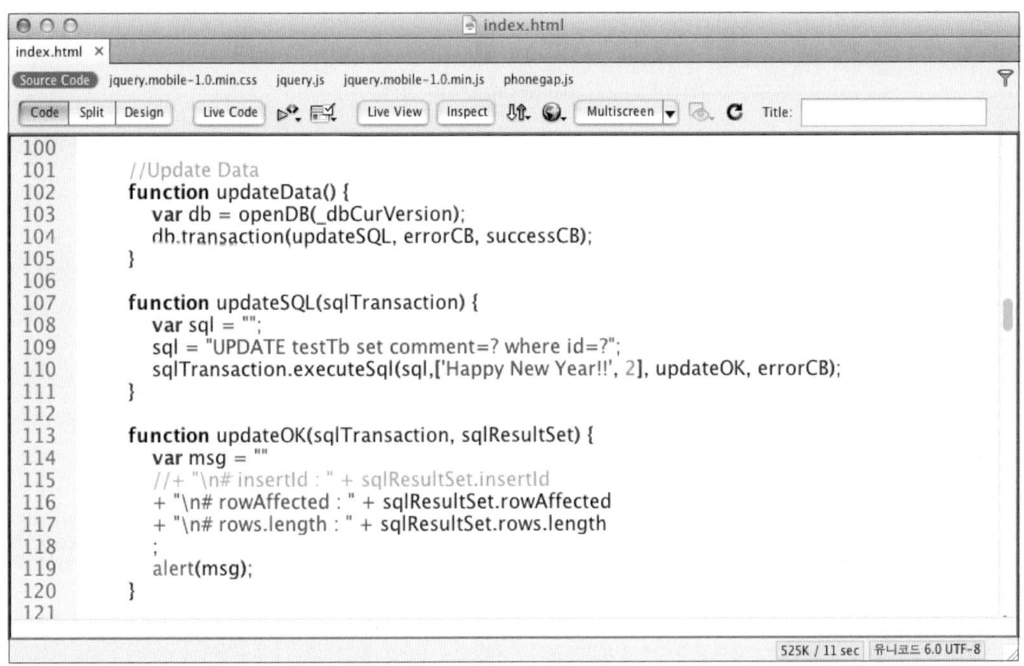

```
100
101    //Update Data
102    function updateData() {
103        var db = openDB(_dbCurVersion);
104        db.transaction(updateSQL, errorCB, successCB);
105    }
106
107    function updateSQL(sqlTransaction) {
108        var sql = "";
109        sql = "UPDATE testTb set comment=? where id=?";
110        sqlTransaction.executeSql(sql,['Happy New Year!!', 2], updateOK, errorCB);
111    }
112
113    function updateOK(sqlTransaction, sqlResultSet) {
114        var msg = ""
115        //+ "\n# insertId : " + sqlResultSet.insertId
116        + "\n# rowAffected : " + sqlResultSet.rowAffected
117        + "\n# rows.length : " + sqlResultSet.rows.length
118        ;
119        alert(msg);
120    }
121
```

소스라인 102~105 : 데이터 업데이트를 요청하는 함수입니다. 이 함수도 데이터베이스에 연결한 후 updateSQL() 콜백 함수를 이용하여 데이터 수정을 요청하고 있습니다.

소스라인 107~111 : 데이터 수정을 실행하는 콜백 함수입니다. 여기서도 UPDATE SQL 문에서 "?" 변수를 사용하고 있습니다. id 필드의 값이 2인 데이터를 찾아 comment 필드의 값을 수정하고 수정에 성공하면 updateOK() 콜백 함수를 실행하도록 작성하고 있습니다.

소스라인 113~120 : 데이터 수정에 성공했을 때 실행하는 콜백 함수입니다. 수정의 경우 SQLResultSet.insertId 속성을 지원하지 않기 때문에 주석 처리하고 있다는 것을 눈 여겨 보기 바랍니다.

스텝 **5**

다음은 데이터를 삭제하는 로직입니다.

```
121
122        //Delete Data
123        function deleteData() {
124          var db = openDB(_dbCurVersion);
125          db.transaction(deleteSQL, errorCB, successCB);
126        }
127
128        function deleteSQL(sqlTransaction) {
129          var sql = "";
130          sql = "DELETE FROM testTb where id=?";
131          sqlTransaction.executeSql(sql,[2], deleteOK, errorCB);
132        }
133
134        function deleteOK(sqlTransaction, sqlResultSet) {
135          var msg = ""
136          //+ "\n# insertId : " + sqlResultSet.insertId
137          + "\n# rowAffected : " + sqlResultSet.rowAffected
138          + "\n# rows.length : " + sqlResultSet.rows.length
139          ;
140          alert(msg);
141        }
142
```

소스라인 123~126 : 데이터를 삭제하는 deleteSQL() 콜백 함수를 실행하는 함수입니다.

소스라인 128~132 : DELETE SQL 문으로 id 필드 값이 2인 데이터 삭제를 SQLTransaction .executeSql() 메소드로 요청합니다. 이 메소드는 삭제에 성공했을 때 deleteOK() 콜백 함수를 실행할 것입니다.

소스라인 134~141 : 데이터 삭제에 성공했을 때 실행하는 콜백 함수입니다. 여기서도 SQLResultSet .insertId 속성을 주석 처리하여 자바스크립트 오류를 방지하고 있습니다.

스텝 **6**

다음은 테이블에 있는 데이터를 목록으로 호출하는 SELECT SQL 문 실행 로직입니다.

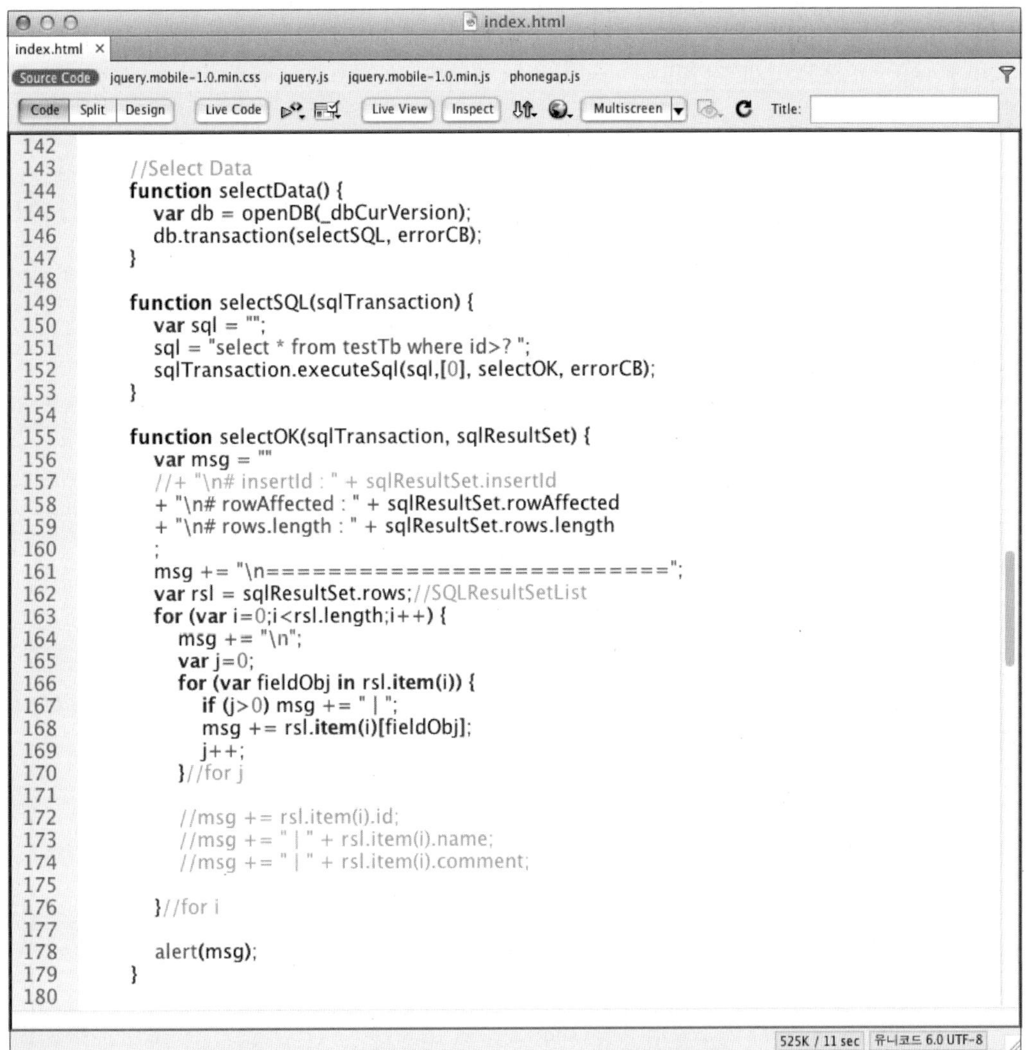


```
142
143       //Select Data
144       function selectData() {
145         var db = openDB(_dbCurVersion);
146         db.transaction(selectSQL, errorCB);
147       }
148
149       function selectSQL(sqlTransaction) {
150         var sql = "";
151         sql = "select * from testTb where id>? ";
152         sqlTransaction.executeSql(sql,[0], selectOK, errorCB);
153       }
154
155       function selectOK(sqlTransaction, sqlResultSet) {
156         var msg = ""
157         //+ "\n# insertId : " + sqlResultSet.insertId
158         + "\n# rowAffected : " + sqlResultSet.rowAffected
159         + "\n# rows.length : " + sqlResultSet.rows.length
160         ;
161         msg += "\n=============================";
162         var rsl = sqlResultSet.rows;//SQLResultSetList
163         for (var i=0;i<rsl.length;i++) {
164           msg += "\n";
165           var j=0;
166           for (var fieldObj in rsl.item(i)) {
167             if (j>0) msg += " | ";
168             msg += rsl.item(i)[fieldObj];
169             j++;
170           }//for j
171
172           //msg += rsl.item(i).id;
173           //msg += " | " + rsl.item(i).name;
174           //msg += " | " + rsl.item(i).comment;
175
176         }//for i
177
178         alert(msg);
179       }
180
```


소스라인 144~147 : 데이터베이스에 연결하고 트랜잭션 메소드로 selectSQL() 콜백 함수를 실행합니다.

소스라인 149~152 : SQLTransaction.executeSql() 메소드로 id 필드의 값이 0 보다 큰 데이터를 모두 검색하는 SELECT 구문을 실행합니다. 이 메소드는 검색에 성공했을 때 selectOK() 콜백 함수를 실행할 것입니다.

소스라인 155~179 : 검색에 성공했을 때 실행하는 콜백 함수입니다. 이 함수가 전달받는 SQLResulltSet 객체는 여러 개의 데이터를 기록하고 있습니다. 이와 같은 경우 SQLResulltSet.rows 에 데이터들을 배열 형식으로 보관하고 있습니다. 이 배열을 하나씩 반복하여 아이템들을 추출하면 검색한 데이터를 모두 추출할 수 있습니다.

소스라인 159 : 검색된 레코드 수를 구합니다.

소스라인 162 : SQLResulltSet.rows를 rsl이라는 객체에 기록합니다. 이하에서는 rsl로 사용할 것입니다.

소스라인 163~176 : rsl에 등록된 객체 수만큼 반복하면서 아이템 (데이터 레코드)을 하나씩 추출합니다.

소스라인 166~170 : 추출한 아이템은 rsl.item(i) 입니다. 이 아이템 안에는 각 필드의 데이터가 들어 있습니다. 이 필드들을 반복하여 그 값을 하나씩 추출해냅니다.

소스라인 178 : 위에서 조합한 데이터 정보를 대화상자로 화면에 출력합니다.

스텝 **7**

다음은 데이터베이스 버전 변경에 대한 함수들입니다. 단, 이 함수는 기존의 구 버전의 데이터베이스가 있을 때만 유효합니다.

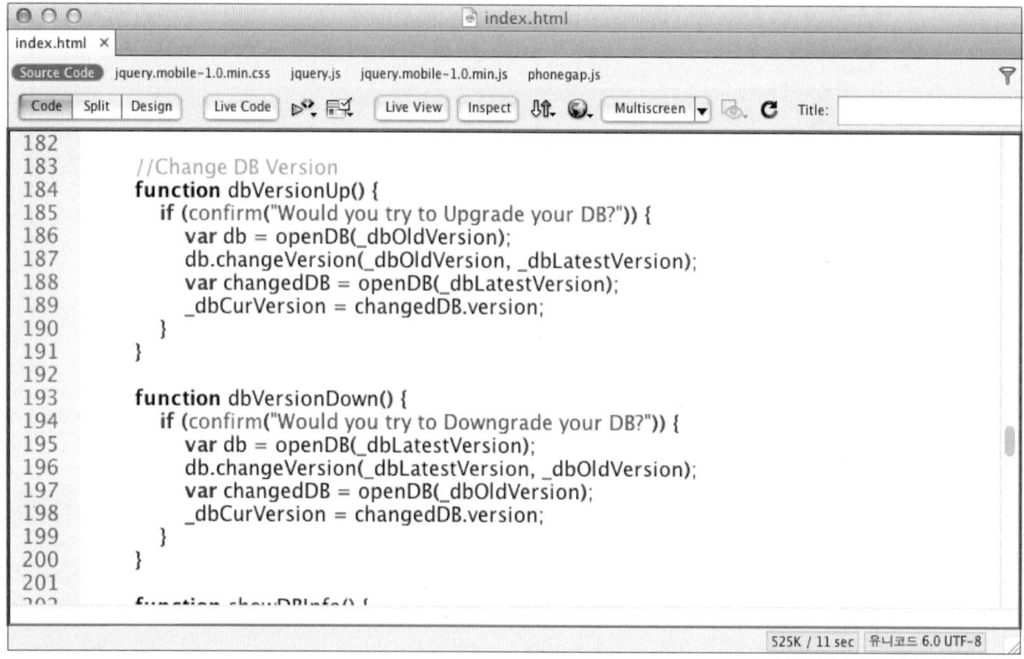


```
182
183      //Change DB Version
184      function dbVersionUp() {
185        if (confirm("Would you try to Upgrade your DB?")) {
186          var db = openDB(_dbOldVersion);
187          db.changeVersion(_dbOldVersion, _dbLatestVersion);
188          var changedDB = openDB(_dbLatestVersion);
189          _dbCurVersion = changedDB.version;
190        }
191      }
192
193      function dbVersionDown() {
194        if (confirm("Would you try to Downgrade your DB?")) {
195          var db = openDB(_dbLatestVersion);
196          db.changeVersion(_dbLatestVersion, _dbOldVersion);
197          var changedDB = openDB(_dbOldVersion);
198          _dbCurVersion = changedDB.version;
199        }
200      }
201
202      function showDBInfo() {
```

소스라인 184~190 : 데이터베이스 버전을 업그레이드하는 함수입니다. confirm() 구문으로 실행 유무를 확인하고 있습니다. Database.changeVersion() 메소드를 이용하여 구 버전을 신 버전으로 변경하고 신 버전의 데이터베이스를 열고 그 버전을 현재 버전인 _dbCurVersion 변수에 기록합니다.

소스라인 193 : 같은 방식으로 신 버전을 구 버전으로 변경하는 함수입니다.

스텝 8

현재 데이터베이스 버전을 연결해보고 그 결과를 화면에 출력하는 함수입니다.

```
201
202        function showDBInfo() {
203          var db = openDB(_dbCurVersion);
204          if(db==null) {
205            alert("DB is not ready!!");
206            return;
207          }
208          var msg = db.display_name
209          + "\n name : " + db.name
210          + "\n version : " + db.version
211          + "\n size : " + db.size
212          ;
213
214          alert(msg);
215        }
216
```

소스라인 203 : 현재 버전의 데이터베이스에 연결을 시도합니다.

소스라인 204~207 : 데이터베이스 연결을 하지 못했을 때는 안내문을 출력하고 로직을 중단시킵니다.

소스라인 208~214 : 데이터베이스에 대한 정보를 alert() 구문으로 화면에 출력해봅니다.

스텝 9

다음은 로컬 환경 설정에 관련된 로직입니다.

```
216
217        function setLocalData() {
218          window.localStorage.setItem("key1", "value1");
219          window.localStorage.setItem("key2", "value2");
220          window.localStorage.setItem("key3", "value3");
221          alert("3 keys are saved.");
222        }
223
224        function getLocalData() {
225          //var value = window.localStorage.getItem("key1");
226          //alert("key1: " + value);
227
228          var msg = "";
229          for (var i=0; i<window.localStorage.length;i++) {
230            var keyName = window.localStorage.key(i);
231            var value = window.localStorage.getItem(keyName);
232            if (i>0) msg += "\n";
233            msg += "[" + i + "] " + keyName + "" + value;
234          }
235
236          alert(msg);
237        }
238
```

소스라인 217~222 : window.loadStorage.setItem() 메소드를 이용하여 Key=Value 형식의 환경 변수를 등록합니다.

소스라인 224~237 : 환경 설정 값들을 모두 화면에 출력하는 함수입니다.

소스라인 225~226 : 환경 변수 1개만 추출하여 화면에 출력하는 사례입니다. 참고하기 바랍니다.

소스라인 228~236 : 로컬 환경 설정에 등록되어 있는 모든 환경 설정 데이터를 출력하는 구문입니다.

스텝 10

끝으로 환경 변수 이름을 추출하고 환경 변수를 삭제하는 함수들입니다.

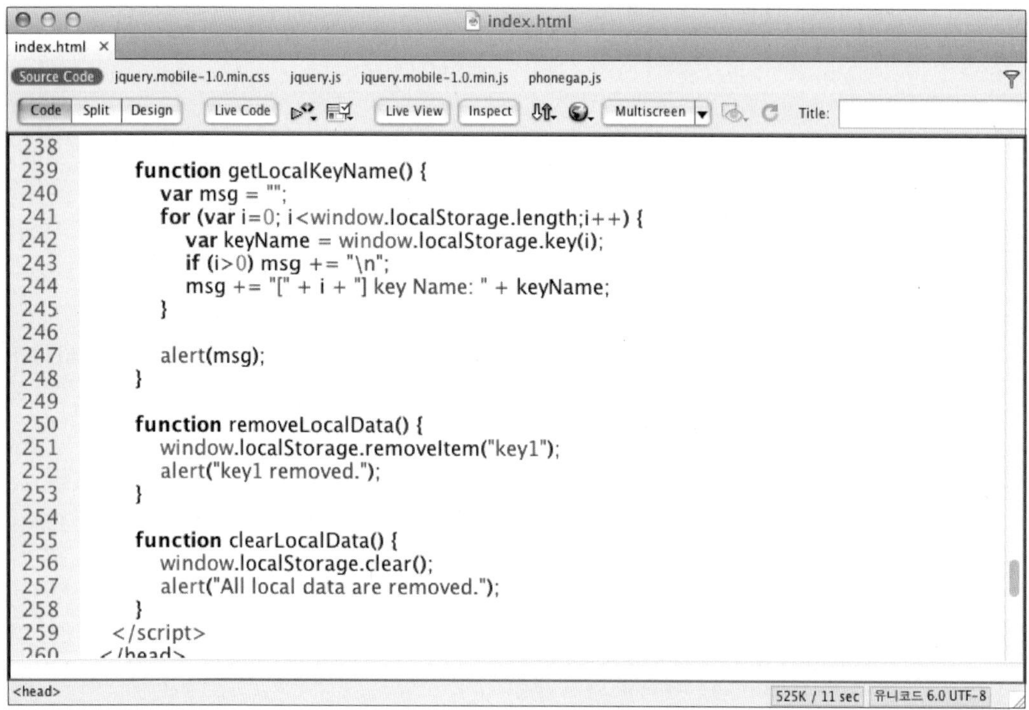


```
238
239        function getLocalKeyName() {
240            var msg = "";
241            for (var i=0; i<window.localStorage.length;i++) {
242                var keyName = window.localStorage.key(i);
243                if (i>0) msg += "\n";
244                msg += "[" + i + "] key Name: " + keyName;
245            }
246
247            alert(msg);
248        }
249
250        function removeLocalData() {
251            window.localStorage.removeItem("key1");
252            alert("key1 removed.");
253        }
254
255        function clearLocalData() {
256            window.localStorage.clear();
257            alert("All local data are removed.");
258        }
259    </script>
260    </head>
```

소스라인 239~248 : 반복 구문으로 localStorage에 등록된 변수 이름들을 모두 출력하는 함수입니다.

소스라인 250~253 : 변수명이 "key1"인 환경 변수를 삭제하는 함수입니다.

소스라인 255~258 : 로컬 환경 변수들을 모두 삭제하는 함수입니다.

18.3 | **안드로이드 포팅**

폰갭의 Storage API는 안드로이드와 아이폰에서만 지원하기 때문에 윈도우폰에서는 실험하지 않습니다. 앞에서 설명한 소스대로라면 1.0 버전의 데이터베이스가 설치되지 않은 사용자의 단말기에 1.1 버전부터 최초 설치가 될 것입니다. 이 배경을 염두에 두고 실험 과정을 살펴보기 바랍니다.

안드로이드 프로젝트 살펴보기

스텝 **1**

안드로이드 프로젝트는 그림과 같은 소스들로 구성 되어 있습니다. 포팅 상의 특기사항은 없습니다.

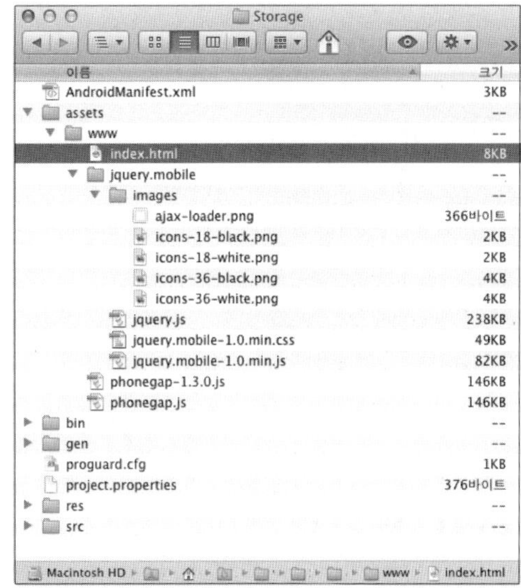

스텝 **2**

이클립스에서 본 Strorage 프로 젝트는 그림과 같습니다.

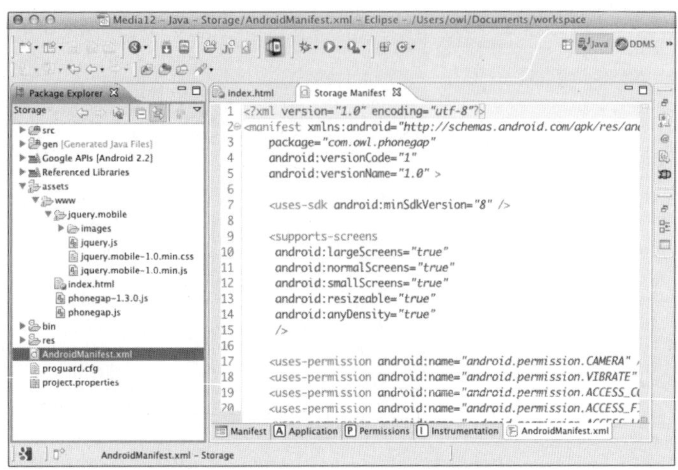

실물 단말기에서 실험하기

안드로이드에서는 실물 단말기에서 실험하겠습니다.

스텝 **1**

첫 화면이 나타나면서 데이터베이스 버전이 1.1임을 알려줍니다. 대화상자를 확인하고 "확인" 버튼을
터치하여 대화상자를 닫습니다.

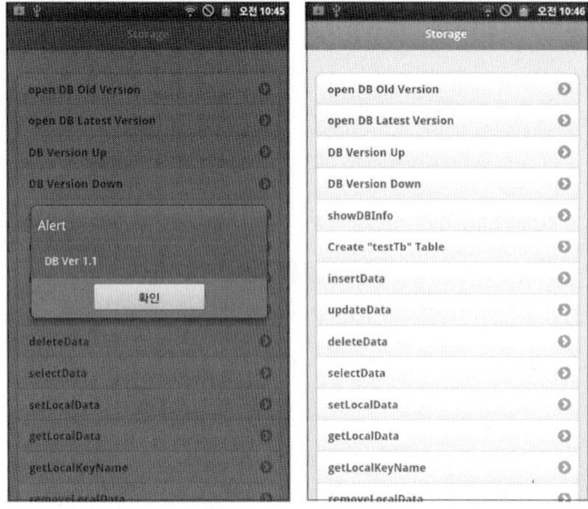

스텝 **2**

"open DB Old Version" 버튼을 터치해봅니다. 처음에는 1.0 버전과 연결을 시도하지만 이 단말기에는
1.0 버전의 데이터베이스를 설치한 적이 없기 때문에 다시 자동으로 1.1 버전으로 돌아오면서
선택한 데이터베이스 정보를 출력해줍니다. 하지만 안드로이드에서는 Database 속성들이 모두
undefined로 나타납니다.

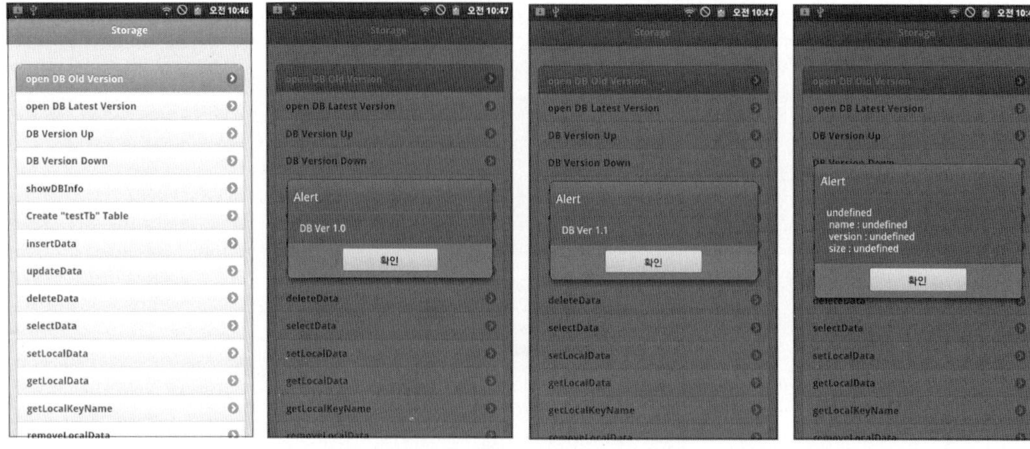

스텝 3

"showDBInfo" 버튼을 터치해서 다시 데이터베이스에 연결을 하고 데이터베이스 정보를 요청해봤지만 지원이 안 됩니다.

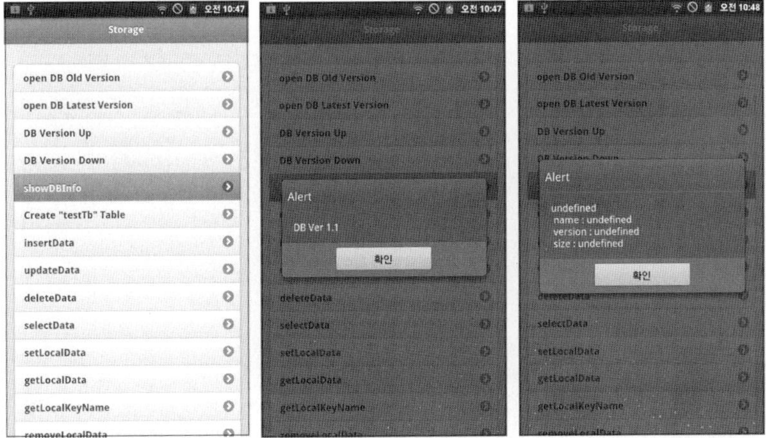

스텝 4

"Create testTb Table" 버튼을 터치하여 테이블 생성을 시도했습니다. 이 소스는 데이터베이스에 연결할 때마다 버전 정보를 출력하도록 했기 때문에 그림과 같이 버전 정보에 대한 대화상자가 나타난 후 실행 결과를 보여주고 있습니다.

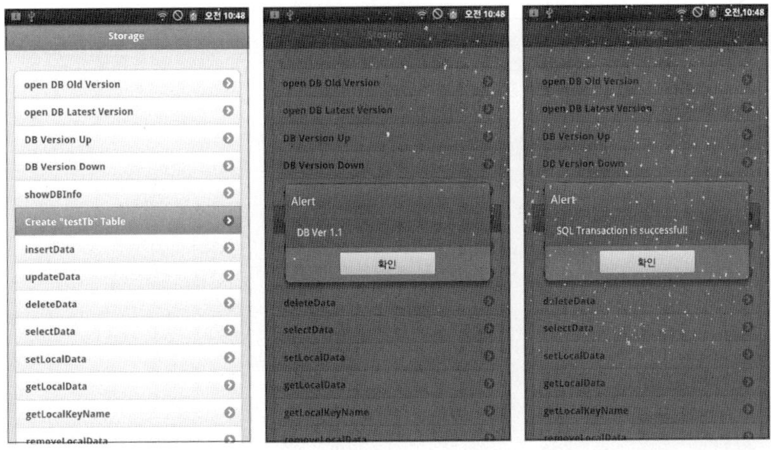

스텝 **5**

"insertData" 버튼을 터치하여 위에서 생성한 테이블에 샘플 데이터를 등록합니다. 본 사례는 2개의 데이터를 등록하도록 작성했기 때문에 등록 결과 알림 창이 두 번 나타나고 끝으로 트랜잭션 성공을 알리는 대화상자가 나타났습니다.

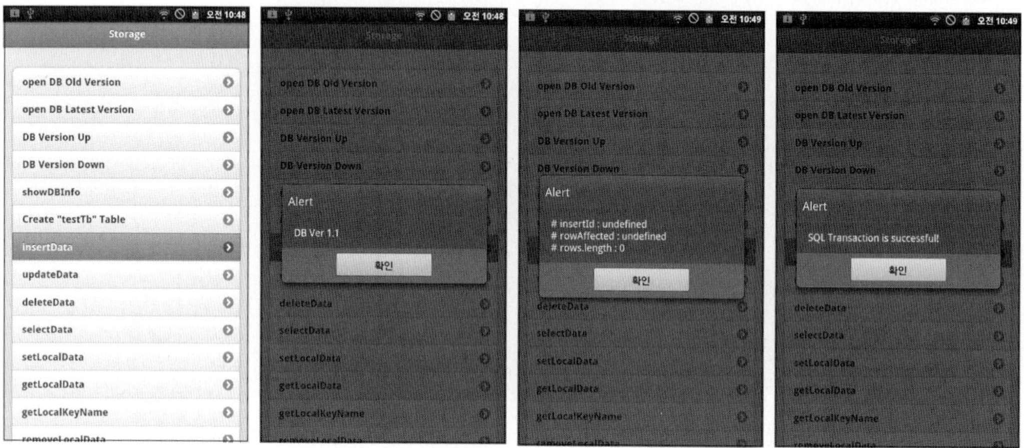

스텝 **6**

이 상태에서 "selectData" 버튼을 터치하면 등록된 2개의 데이터가 알림 창에 나타납니다. 여기서 두 번째 레코드에 느낌표(!)가 하나 있는 것을 눈 여겨 보기 바랍니다.

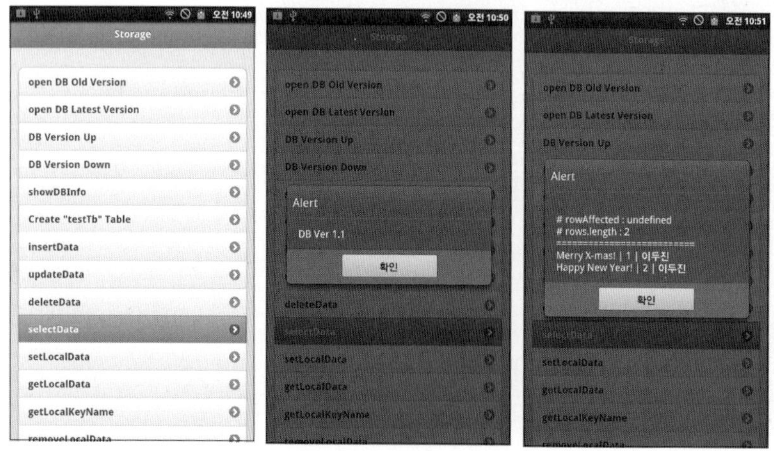

750

스텝 **7**

"updateData" 버튼을 터치하면 그림과 같이 성공 메시지가 나타납니다. 기대와는 다르게 rowAffected
와 같은 데이터를 올바르게 받아오지 못합니다. 그래도 꼭 필요한 기능들은 잘 되고 있습니다.
이 실험을 통해 대중적으로 사용할 수 있는 속성과 그렇지 못한 속성을 가려 실제 프로젝트에
활용하기 바랍니다.

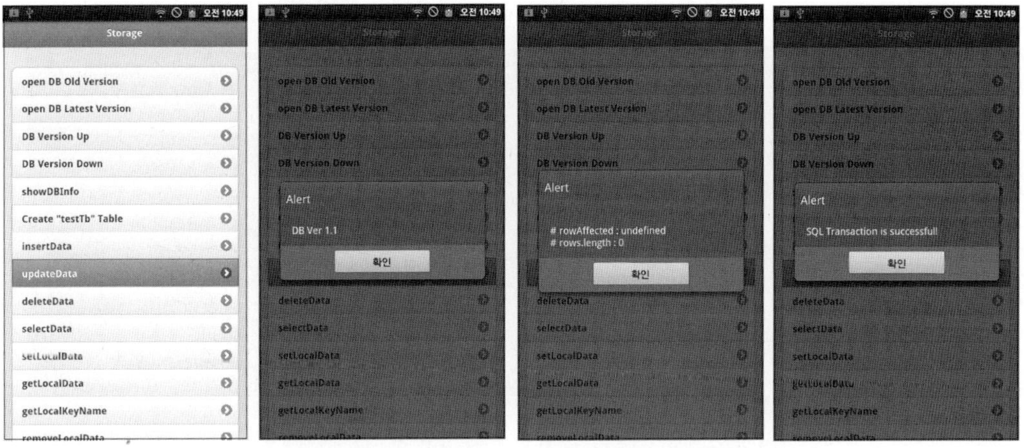

스텝 **8**

다시 업데이트한 후의 데이터를 확인하기 위해 "selectData" 버튼을 터치해봅니다. 그림과 같이
두 번째 레코드에 느낌표(!)가 두 개로 업데이트된 것을 확인할 수 있습니다.

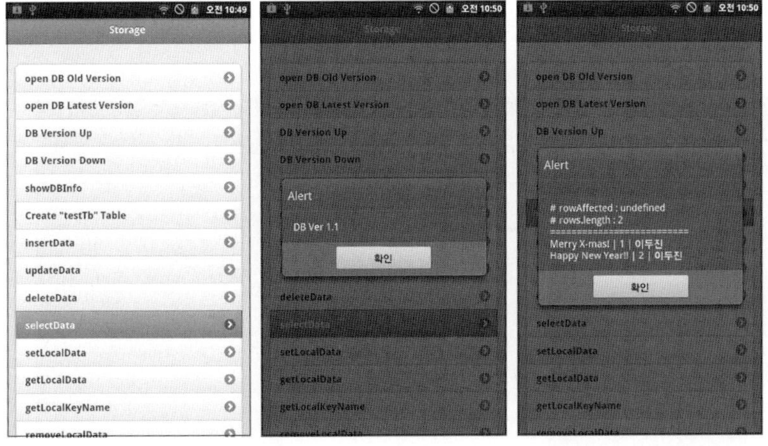

751

스텝 **9**

"deletaData" 버튼으로 레코드 삭제를 실험했습니다. 대화상자의 내용으로 볼 때 잘 삭제된 것 같습니다. 다시 "selectData"로 삭제 후의 데이터를 확인해보니 1개의 데이터만 남았습니다. 삭제 기능도 rowAffected 속성이 유효하지 않다는 것 이외는 잘 작동합니다. 이것으로 로컬 데이터베이스에 대해서는 생성, 등록, 수정, 삭제 모두 본연의 기능은 잘 지원하는 것을 확인했습니다. 단지 안드로이드에서 Database 관련 속성과 SQLResultSet의 일부 속성은 아직 신뢰할 수 없습니다.

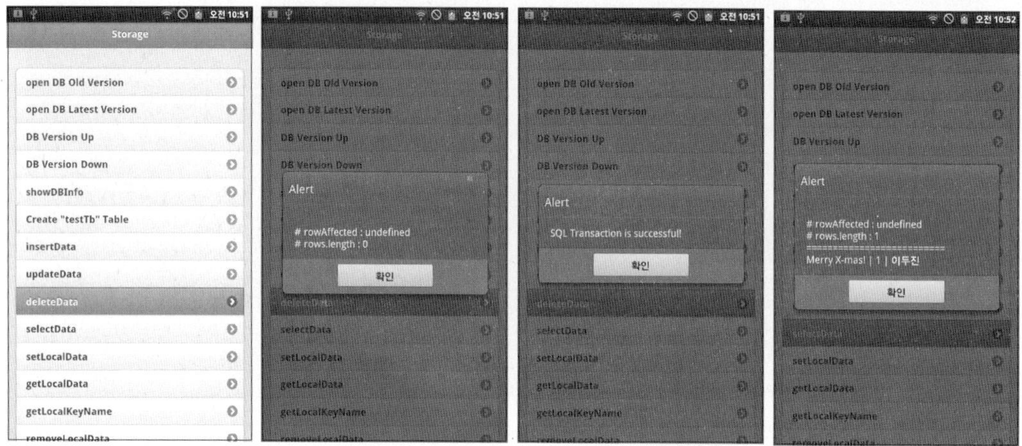

스텝 **10**

이번엔 로컬 환경 설정에 대한 실험을 하겠습니다. "setLocalData" 버튼은 소스에서 준비한 3개의 데이터를 등록합니다. 그리고 "getLocalData" 버튼으로 등록된 데이터를 확인해봤습니다. 의도한 대로 잘 작동합니다.

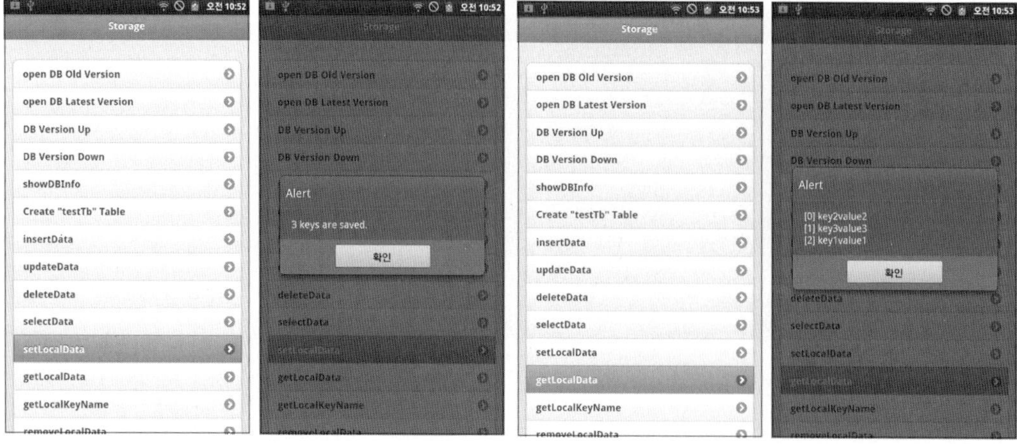

스텝 11

"getLocalKeyName" 버튼으로 앞서 등록한 환경 변수들의 이름을 모두 출력해봤습니다.

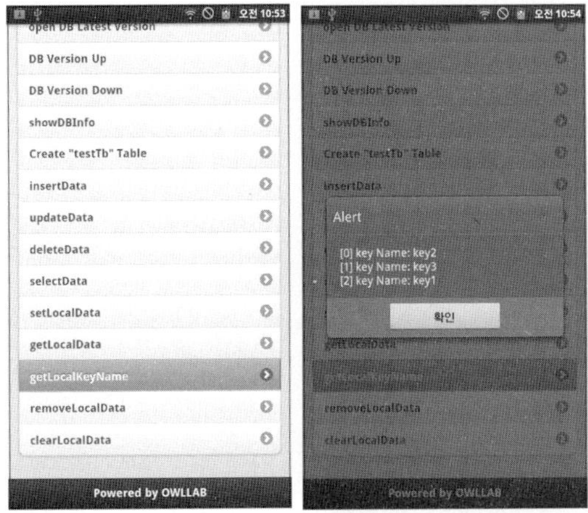

스텝 12

"removeLocalData" 버튼을 터치하여 소스에서 준비한 1개의 환경 변수를 삭제했습니다. 그리고 "getLocalData" 버튼으로 삭제한 후의 남은 환경 변수를 확인해봤습니다. 3개 중 1개가 삭제되고 2개가 남은 것을 확인했습니다.

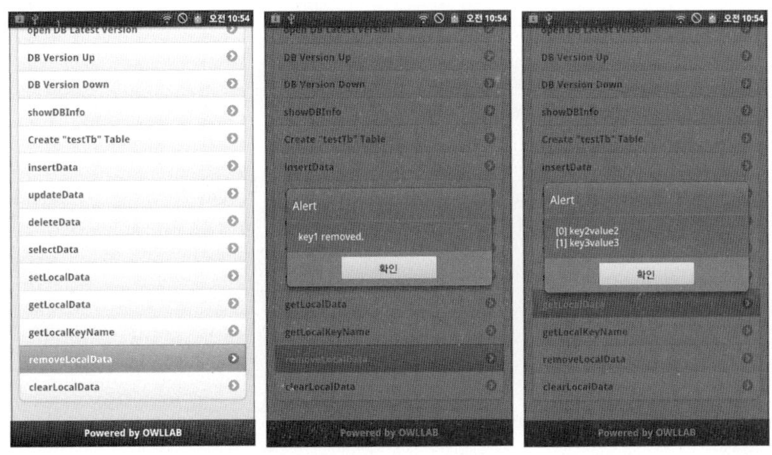

스텝 13

"clearLocalData" 버튼으로 모든 환경 설정을 삭제했습니다. 그리고 "getLocalData" 버튼으로 남은 환경 변수가 있는지 확인해보니 의도대로 모두 잘 삭제된 것을 확인할 수 있습니다. 이로써 로컬 환경 설정에 대한 폰갭의 기능은 100% 만족스럽습니다.

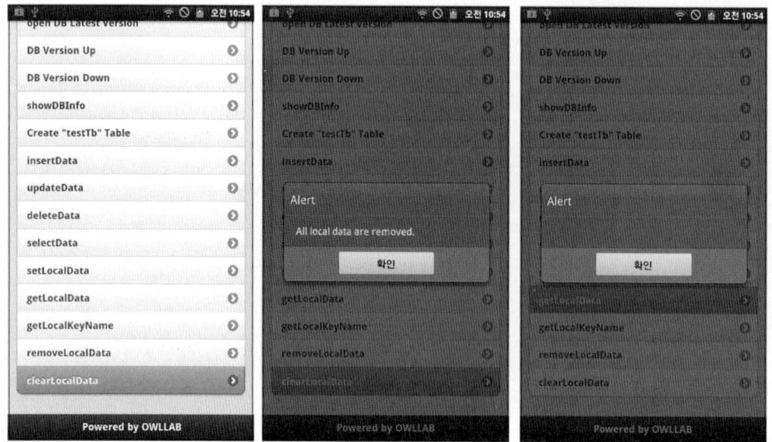

18.4 아이폰 포팅

아이폰은 안드로이드 보다는 지원하는 속성들이 많습니다. 기본적인 기능들은 물론 원활하게 작동합니다. 아이폰에 웹앱 소스를 포팅하는 데도 특별한 사항은 없습니다. 이전 프로젝트에서 설명한 바와 같이 Xcode에서 폰갭 프로젝트를 생성하고 jQuery Mobile 라이브러리와 index.html 파일을 가져왔고, phonegap.js 파일은 Xcode 용을 사용했습니다.

아이폰 프로젝트 살펴보기

스텝 **1**

아이폰을 위한 Xcode 소스는 그림과 같습니다.

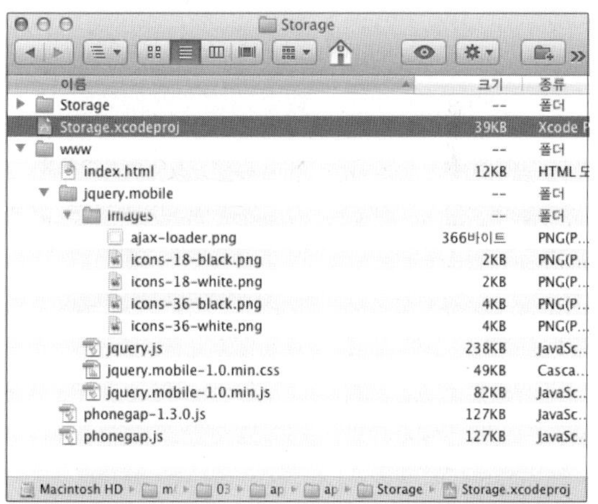

스텝 **2**

Storage.xcodeproj 파일을 더블클릭하면 Xcode에서 그림과 같이 Storage 프로젝트가 나타납니다.

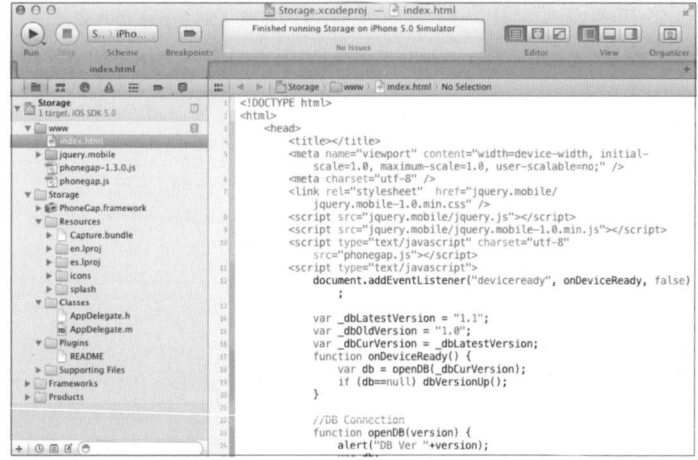

가상기기에서 실험하기

아이폰에서는 가상기기에서 실험을 하도록 하겠습니다. 안드로이드에서 이미 상세 화면은 보여줬기 때문에 아이폰에서는 축약해서 캡처 화면을 보여 주겠습니다

스텝 1

아이폰에서도 첫 화면이 나타나면서 데이터베이스 버전을 대화상자로 알려줍니다. "showDBInfo" 버튼을 터치하면 그림과 같이 나타납니다. 아이폰에서는 Database.version 속성이 올바로 작동하는 것을 확인할 수 있습니다.

스텝 2

"DB Version Down" 버튼을 클릭하면 confirm() 명령으로 실행되는 확인 대화상자가 나타납니다. "OK" 버튼을 클릭하면 1.1 버전에서 1.0 버전으로 다운그레이드를 시도하고 1.0 버전의 데이터베이스가 없어 연결할 수 없다는 안내가 나타납니다. 만약 이전에 1.0 버전이 설치되어 사용하고 있었다면 다운그레이드에 성공했을 것입니다. 이 실험에서는 다운그레이드에 실패했기 때문에 자동으로 1.1 버전으로 복귀합니다.

스텝 3

"showDBInfo" 버튼으로 현재 버전을 확인해보면 1.1 버전인 것을 확인할 수 있습니다. 그리고 아직 DB가 준비되지 않았다는 안내문도 나타납니다.

스텝 4

"DB Version Up" 버튼도 실험해보겠습니다. 그림과 같이 1.0 버전에 1.1 버전으로 업그레이드를 시도합니다. 물론 이것도 1.0 버전이 없기 때문에 당연히 실패할 것입니다.

스텝 5

다시 "showDBInfo" 버튼으로 데이터베이스 정보를 확인해봅니다. 그림과 같이 정상적으로 1.1 버전으로 복귀했습니다.

스텝 6

이제 테이블 생성부터 실험해보겠습니다. 그림과 같이 등록할 때 SQLResultSet.insertId 속성이 잘 지원됩니다. 안드로이드보다는 지원 상태가 좋아 보입니다. 현재 2개의 레코드가 등록된 상태입니다.

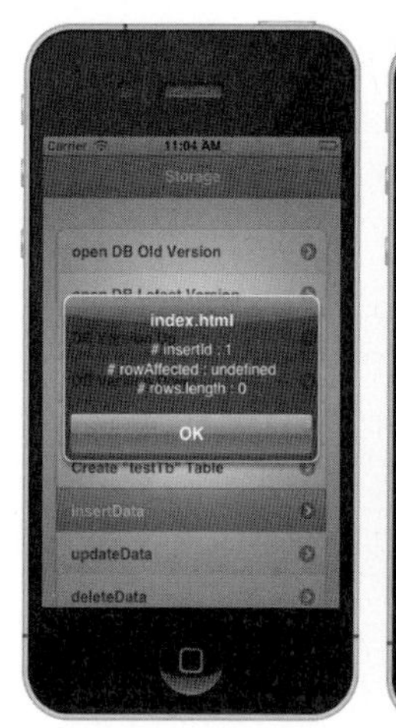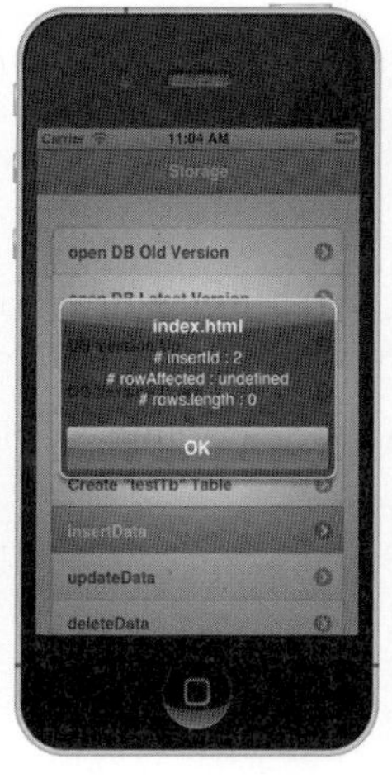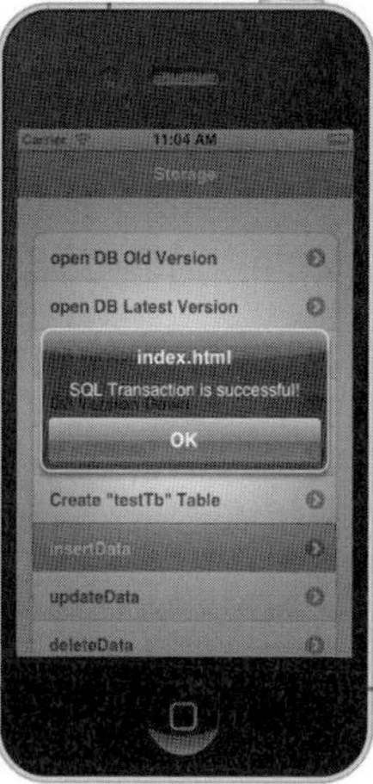

스텝 7

이번엔 "updateData" 버튼으로 업데이트 실험을 합니다. SQLResultSet.rowAffected 속성은 아이폰에서도 유효하지 않습니다. 이 실행으로 2번째 레코드에 느낌표(!)가 두 개로 수정됐을 것입니다.

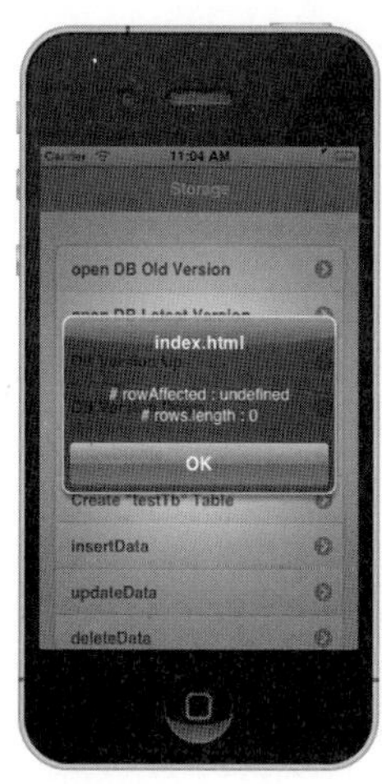

스텝 8

"deleteData" 버튼으로 두 번째 레코드를 삭제했습니다. 그리고 "selectData"로 남은 레코드를 확인하면 그림과 같이 1개의 레코드만 남은 것을 확인할 수 있습니다.

스텝 9

로컬 환경 설정 기능에 대해서도 실험해봅니다. 그림과 같이 "setLocalData" 버튼으로 환경 정보를 3개 등록하고, "getLocaData" 버튼으로 환경 설정을 확인해보았습니다.

스텝 10

"removeLocalData" 버튼으로 삭제 실험을 하고, "clearLocalData" 버튼으로 전체 삭제 기능을 실험해봤습니다. 모두 그림과 같이 의도대로 잘 작동했습니다.

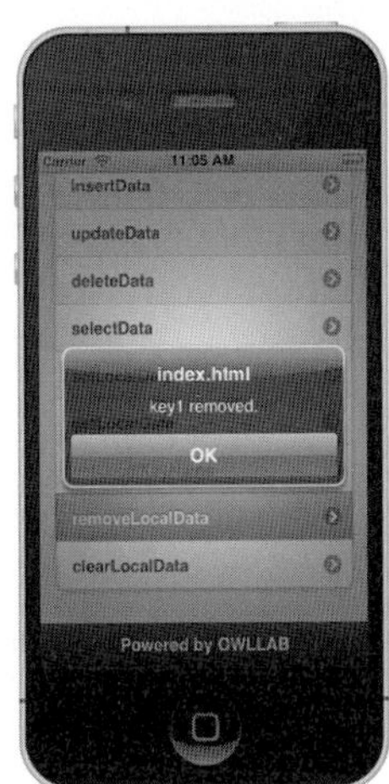
insertData
updateData
deleteData
selectData
index.html
key1 removed.
OK
removeLocalData
clearLocalData
Powered by OWLLAB

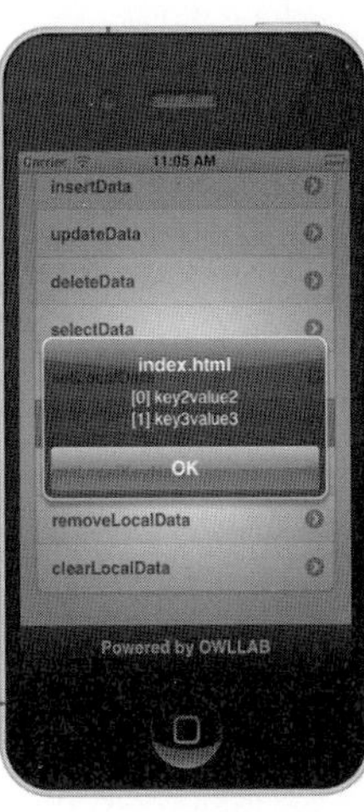
insertData
updateData
deleteData
selectData
index.html
[0] key2value2
[1] key3value3
OK
removeLocalData
clearLocalData
Powered by OWLLAB

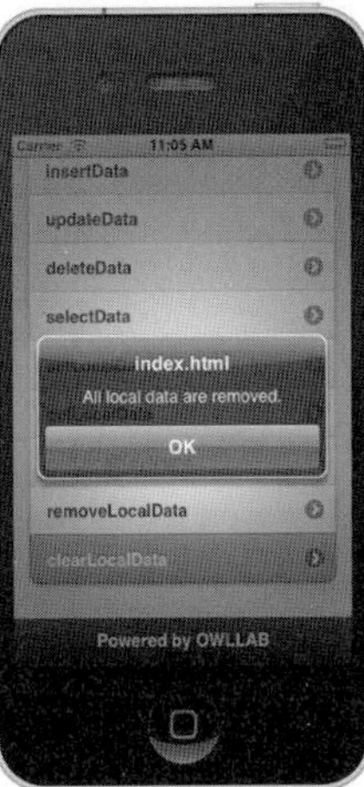
insertData
updateData
deleteData
selectData
index.html
All local data are removed.
OK
removeLocalData
clearLocalData
Powered by OWLLAB

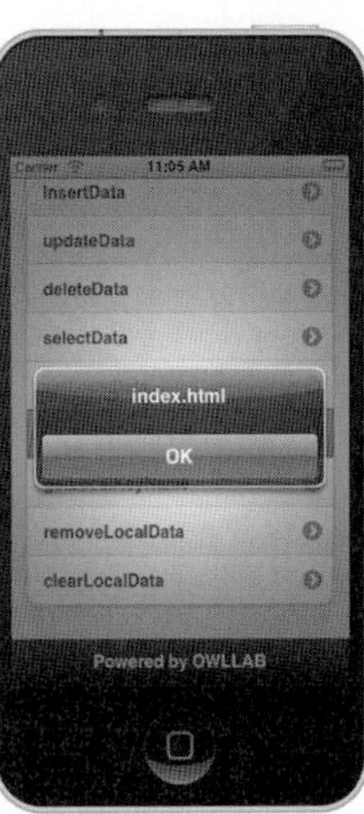
insertData
updateData
deleteData
selectData
index.html
OK
removeLocalData
clearLocalData
Powered by OWLLAB

꼬리말

여기까지 오신 분들만 읽을 수 있는 필자가 드리는 꼬리말입니다. 필자가 프로그래밍을 보는 관점 중 중요하게 여기는 두 가지가 있습니다.

프로그래밍에는 자신의 생각이 담겨야 한다.
실용적인 프로그래밍이어야 한다.

그동안 프로그래밍을 하면서 많은 개발자들을 양성하기도 하고 협력하여 개발하기도 했습니다. 그런데 아쉬운 것은 정말로 훌륭한 개발자를 만나기가 참으로 어렵다는 것입니다. 아마도 창의성과 현실의 접점에 도달하기가 그리 쉬운 일이 아니어서 인가 봅니다.

분업화가 속도전에는 좋지만 우리는 여기에 조화를 담지 못하고 있습니다. 실무를 모른 채 설계를 한다거나, 전체적인 흐름을 모른 채 부분만 채우는 양극단에서 중심점을 서로 외면하는 것 같습니다. 현대의 프로그램은 기획, 디자인, 프로그래밍이 1 : 1 : 1로 합쳐져서 만들어지는데 어느 쪽에서도 공동의 철학은 찾아보기 어렵습니다. 모두 다 돈만 쫓는 하청 제조공장만 해왔기 때문입니다. 이는 철학은 등한시한 채 지속되는 학벌 지상주의와 대기업 지상주의에서 그 근원을 찾을 수 있습니다. 사회 분위기가 젊은이건 기성세대건 할 것 없이 대기업에서 일하는 것이 최대의 행복이고 그것을 자랑으로 여겼기 때문입니다. 대기업의 총수가 함께 누리는 것을 최종의 목표로 했다면 상황은 많이 달라졌을 수도 있을 것입니다. 하지만 전혀 그렇지 못했고 또 앞으로 변화될 낌새조차도 보이지 않습니다. 화가 나서, 잠도 못 이룰 정도로 폭발할 것 같아서 시위하고 욕한다고 해결될까요? 그렇다고 대기업 불매운동을 하고 망하게 한다고 정말 이 문제가 해결될까요? 물론 그렇게 하려 한다 해도 그렇게 되지 않을 확률이 99%입니다. 왜냐 구요? 남을 탓하기 전에 먼저 나를 돌아봐야 하는데, 그런 건 별로 관심이 없습니다. 서민층이 극빈층으로 내몰리고 벼랑 끝에 몰리고 나서야 죽을 힘을 다해 행동하는 것이 우리의 모습인 것 같습니다. 부수고 싸우는 것이 통하는 시대도 있습니다. 그런 암흑시대가 다시 올 수도 있겠지요. 하지만 그 전에 할 수 있는 것이 있습니다. 삶은 삶 그 자체로 가치가 있으며, 최소한의 물질적 소유조차 "함께"를 지향해야 한다는 것을 다 같이 자각해야 합니다. 무한 경쟁의 승자 독식에 충실한 일부 그릇된 대기업이나 자본가들은 단지 현재의 상대일 뿐이고, 그 상대의 형태는 우리의 삶이 지속되는 동안 계속해서 바뀌어 갑니다. 형태만 없어졌다고 해서 문제가 해결되지 않는다는 것입니다. 문제의 형태가 없어진 후에는 또 다른 형태로 그 의도가 자리 잡기 때문인데, 이런 의도가 성공하는 것은 결국 우리들의 마음과 철학의 문제입니다. 돈만을 추종하는 생각들이 지휘를 하고 그것을 숭배하는 대중이 있기 때문에 선량하고 성실한 대부분의 사람들이 극빈층이 되어가며 소수의 지휘자 측근들만 포식하는 세상이 되고 있는 것입니다. 우리 모두 자신만의 안녕만을 염려하지 말고 세상 밖으로 나와 제대로 된 목소리를 내야 합니다. 그래야 세상이 차츰 바뀌어 갑니다. 숨어 지내지 맙시다! 그래서 상식이 통하는 그런 세상을 만듭시다!

찾아보기